共享创新 共塑未来：
构建科技创新开放环境

——2024浦江创新论坛

（上册）

Sharing Innovation and Shaping the Future:
Towards an Open Environment for Scientific and
Technological Innovation

Pujiang Innovation Forum 2024

中国科学技术发展战略研究院 编

科学技术文献出版社
SCIENTIFIC AND TECHNICAL DOCUMENTATION PRESS

·北京·

图书在版编目（CIP）数据

共享创新 共塑未来：构建科技创新开放环境：2024浦江创新论坛 = Sharing Innovation and Shaping the Future : Towards an Open Environment for Scientific and Technological Innovation—Pujiang Innovation Forum 2024. 上册 / 中国科学技术发展战略研究院编. -- 北京：科学技术文献出版社, 2025.8.
ISBN 978-7-5235-2772-6
Ⅰ. F121-53
中国国家版本馆 CIP 数据核字第 2025PU5077 号

共享创新 共塑未来：构建科技创新开放环境——2024浦江创新论坛. 上册

策划编辑：牛欣硕　　责任编辑：李　晴　　责任校对：张永霞　　责任出版：张志平

出 版 者	科学技术文献出版社
地　　址	北京市复兴路15号　邮编　100038
出 版 部	（010）58882952，58882087（传真）
发 行 部	（010）58882868，58882870（传真）
官方网址	www.stdp.com.cn
发 行 者	科学技术文献出版社发行　全国各地新华书店经销
印 刷 者	北京厚诚则铭印刷科技有限公司
版　　次	2025 年 8 月第 1 版　2025 年 8 月第 1 次印刷
开　　本	787×1092　1/16
字　　数	882千
印　　张	44.25
书　　号	ISBN 978-7-5235-2772-6
定　　价	128.00元（上下册）

版权所有　违法必究

购买本社图书，凡字迹不清、缺页、倒页、脱页者，本社发行部负责调换

《浦江创新论坛创新研究丛书》
编委会
（按姓氏笔画排序）

主　任：徐冠华

副主任：林　新

委　员：吕　静　朱启高　刘冬梅　陈宏凯　骆大进
　　　　　解　敏

编写组：王　冰　王　灿　王伟楠　韦东远　毛义君
　　　　　田念平　苏　牧　李　哲　李阳阳　李静铢
　　　　　肖新宇　张若琦　邵学清　周　琰　周代数
　　　　　姜　扬　姜晨野　贺　琼　殷梦宇　葛梦然
　　　　　韩元建　谢宗伯　潘沽晞　戴海涛

浦江创新论坛简介

由中华人民共和国科学技术部和上海市人民政府共同主办的浦江创新论坛，创设于2008年，论坛主席为科技部原部长、中国科学院院士徐冠华先生。17年来，论坛始终围绕创新议题，旨在汇聚全球创新力量、研讨科技创新趋势、构建开放创新生态、凝聚创新治理共识，积极应对时代挑战和重要全球性问题。

论坛始终围绕创新主题，紧扣时代脉搏，携手全球创新力量，聚焦创新驱动发展战略，关注创新体系建设，洞悉产业变革风云，以全球视野谋划和推动创新。论坛已成功举办17届，共吸引了全球超过2300位政界高层、学界泰斗和商界精英汇聚浦江，聚焦创新合作、创新活力、创新趋势，围绕产业、创业者、区域、政策、金融、全球健康和未来科学等方面的焦点、热点，从不同层面、不同角度深入研讨国际创新趋势、展望发展前景，形成了一批对经济发展和产业创新具有突出价值的深刻见解，产生了重要的社会影响力。

为进一步促进中国与世界各国发展科技伙伴关系，拓展创新网络，论坛于2012年首创主宾国机制，设立主宾国论坛。过去几年，德国、芬兰、俄罗斯、以色列、英国、丹麦、葡萄牙、新加坡、塞尔维亚、阿联酋、荷兰、巴西、匈牙利等国分别以主宾国身份亮相论坛，习近平主席和时任总理李克强及历届主宾国国家领导人先后为论坛发来贺信或作视频致辞，引起全球广泛关注，为不同国家、不同机构的创新合作搭建桥梁。科技部部长和上海市人民政府主要领导每年均出席论坛并作主旨演讲。

为进一步促进区域协同创新发展，论坛于2012年首创主宾省（市）机制。北京市、四川省、黑龙江省、江苏省、浙江省、安徽省、广东省、河北省、陕西省、重庆市、海南省、湖北省、山东省先后担任论坛主宾省，重点依托区域（城市）论坛、政策论坛等专题论坛及主宾省延伸活动，开展各类交流互动、促进区域协同发展、优化资源配置、打造新的增长极。

作为连接科技创新供需双方的创新桥梁，论坛于2020年首次增设"全球技术转移大会（INNO-MATCH EXPO）"，以"创新需求"为导向，突出"以需带供，创新服务"概念，搭建科技成果供需资源汇聚平台，发掘合作潜力，创造合作价值。又于2023年增设"全球创业投资大会（WeStart）"，聚焦科技创业项目和投资，为创业人才搭平台、汇资源，提供创业资本、孵化空间、技术验证、专业服务、生活配套等服务，吸引全球技术创业团队集聚，培育科技创新企业。

立足新时代、新起点，论坛将紧紧围绕世界科技强国和具有全球影响力的科技创新中心建设，在科技创新领域中聚焦重点、把握特点、引导热点、突出亮点，以"启迪创新思想、传播创新理念、激励创新精神"为使命，致力于建设成为"全球科技创新交流平台"，不断提升国际影响力，在推动世界和中国科技创新、支撑引领全球创新发展方面发挥更大的作用。

前 言

2024年，浦江创新论坛以"共享创新 共塑未来：构建科技创新开放环境"为主题，聚焦开放合作，探讨如何在当前国际形势下，打造开放、公平、公正、非歧视的科技创新环境；聚焦世界经济发展需求，探讨科技创新如何支撑和引领高质量发展；聚焦前沿科技发展，探讨如何培育和发展未来产业，开辟新领域新赛道；聚焦改革与创新，探讨如何深化科技体制机制改革、优化创新生态，提升创新体系整体效能；聚焦人工智能技术合作与治理，探讨如何让技术变革更好惠及人类。

2024年论坛举办了1场开幕式及主论坛，围绕科技伦理、前沿科技发展、科技政策（科技金融）、创新文化、区域创新、国家自主创新示范区建设等议题举办了24场专题论坛，2场展示对接（InnoMatch全球技术转移大会、WeStart全球创业投资大会），2场特别对话（青年科学家座谈会、女科学家座谈会），以及系列成果发布、青年创新讲坛Y-HUBs、创新赛事等配套活动近百场。论坛主宾国为匈牙利，主宾省为山东省。主宾国匈牙利总统舒尤克·道马什为论坛致贺信。

本届论坛邀请来自中国、匈牙利、美国、英国、德国、荷兰、巴西、日本等40个国家和地区的345位嘉宾发表演讲，线下参会人数逾1.4万人（超70%为45岁以下的创新创业者），线上直播观看量达6000万次，是历届论坛中人数最多、规模最大的一届。

浦江创新论坛正加快实现前沿创新思想的策源地、世界科技发展的风向标、国际科技合作的助推器、全球创新人才的引力场、全球技术转移的枢纽地"五大功能",成为促进全球科技创新交流合作的重要平台。

Contents 目 录

第1章 开幕式暨全体大会（主论坛） 1

1 领导贺信 2
匈牙利总统舒尤克·道马什的贺信 2

2 领导致辞 3
上海市委书记陈吉宁的致辞 3
山东省副省长宋军继的致辞 4
联合国科学和技术促进发展委员会执行主席彼得·梅杰的致辞 5
世界工业技术研究组织协会主席哈森·曼达尔的致辞 6

3 主旨演讲 8
科技部部长阴和俊的主旨演讲 8
匈牙利文化与创新部副国务秘书拉斯洛·博迪什先生的
　主旨演讲 11
中国科学技术协会主席万钢先生的主旨演讲 13
中国科学院院士、中国科学院原院长白春礼的主旨演讲 17
英国皇家学会副会长马克·沃尔波特的主旨演讲 20
2023年度国家最高科学技术奖获得者，中国科学院院士、
　南方科技大学校长薛其坤的主旨演讲 23
美国国家科学院、美国国家工程院、美国国家医学院、美国人文与
　科学院院士及中国科学院外籍院士勒罗伊·胡德的主旨演讲 25
上海交通大学李政道研究所青年学者许金祥的主旨演讲 27
西湖大学生命科学学院副研究员白蕊的主旨演讲 29

第2章 国际人类表型组论坛：表型组与精准医学ᅟᅟ32
    1 论坛概况ᅟᅟ32
    2 嘉宾致辞ᅟᅟ33
        世界分子影像学会主席、复旦大学人类表型组研究院执行院长
        田梅的致辞ᅟᅟ33
        勒罗伊·胡德院士新书《科学驱动的全面健康时代》发布ᅟᅟ36
    3 嘉宾演讲实录ᅟᅟ38
        基于表型组学的福清队列研究进展ᅟᅟ38
        RNA视角下的男性生殖健康调控ᅟᅟ41
        以整合＆动态为基础的精准健康与营养研究ᅟᅟ45
    4 互动对话ᅟᅟ48

第3章 创新文化论坛：格物穷理，推动文化与科技双向奔赴ᅟᅟ54
    1 论坛概况ᅟᅟ54
    2 嘉宾演讲实录ᅟᅟ54
        以软文化涵养硬科技ᅟᅟ54
        文化链接与全球创新ᅟᅟ58
        架设科技文明交流互鉴的拱顶石ᅟᅟ61
        英国的科技创新文化ᅟᅟ64
        呼唤"仰望星空"的创新文化ᅟᅟ66
        科学的进化：科学文化与创新文化的合流ᅟᅟ69
        跨学科的力量：打通学科之间的隔阂以驱动创新ᅟᅟ72
        培育创新文化ᅟᅟ75
    3 圆桌论坛ᅟᅟ78

第4章 国家自主创新示范区高质量发展论坛：深化体制机制改革 加快发展新质生产力ᅟᅟ85
    1 论坛概况ᅟᅟ85
    2 嘉宾致辞ᅟᅟ86
        工业和信息化部规划司副司长吴家喜的致辞ᅟᅟ86
        上海市科学技术委员会副主任翟金国的致辞ᅟᅟ88
        张江宣言：国家自主创新示范区高质量发展共同倡议ᅟᅟ89
        探索奋斗十五载　建好国家自创区ᅟᅟ91

3 嘉宾演讲实录 94
  加速高新区自创区产业科技深度融合，
    提升新型工业化现代产业集群化水平 94
  新时代国家自主创新示范区的新使命 98
  进一步完善区域创新生态　因地制宜发展新质生产力 101
  当好改革试验田　为高水平科技自立自强做出中关村贡献 105
  探索制度型开放　推动自创区高质量发展 108

4 改革创新对话 112
  自创区如何贯彻落实党的二十届三中全会精神，进一步全面
    深化改革，更好地发挥创新试验田作用 112

第5章 区域创新发展论坛：科创中心引擎区域高质量发展 124
1 论坛概况 124
2 嘉宾致辞 124
  科技部政策法规与创新体系建设司司长解敏的致辞 124
3 嘉宾演讲实录 126
  长三角创新的三个问题 126
  打造创新区 128
  区域科技创新中心建设的中国实践与发展趋势分析 131
  深入融合、创新发展，积极推进粤港澳大湾区建设 136
  巴西利亚：科技创新融合政策推动区域发展 139
  加强科创中心知识基础设施建设，助力区域高质量发展 141
4 互动对话 144
  在建设科创中心的过程当中，需要有什么能力的年轻人，
    他们应该如何参与其中？ 144

第6章 科技伦理论坛：科技伦理治理与负责任创新 148
1 论坛概况 148
2 嘉宾致辞 148
  科技部副部长、国家科技伦理委员会副主任邱勇的致辞 148
3 嘉宾演讲实录 150
  加强科技伦理治理，促进负责任创新发展 150

推进科技伦理治理，整合联合国教科文组织关于人工智能、
开放科学、神经技术等领域的框架 154
医学伦理治理：中国的实践 157
聚焦生命科学前沿，构建伦理安全体系 160
为善而生，生成式人工智能的伦理问题 164
以 5W1H 框架应对人工智能和数字治理的复杂性 167
4 互动对话 171
创新与责任：构筑未来科技的伦理框架 171

第7章　全球健康与发展论坛：创新诊断产品赋能全球健康高质量发展 ...180
1 论坛概况 180
2 嘉宾致辞 180
科技部人才司副司长李昕的致辞 180
比尔及梅琳达·盖茨基金会北京代表处首席代表郑志杰的致辞 182
3 主旨演讲 184
中国城市污水公共卫生风险监测 184
诊断工具可及性的需求 186
一种诊断本地化的加速器 189
新加坡诊断产品化的引迁 193
影响的证据和优化影响的契机 196
非洲疫苗与诊断制造业 199
闻微见著：智能体育大模型引领儿童健康全球合作与发展 202
利用新型快速荧光定量 PCR 法诊断结核病 205
4 圆桌讨论 208
与生态系统合作伙伴共商中国诊断策略 208

第8章　国际合成生物学创新论坛：合成生万物，创融新未来 ...224
1 论坛概况 224
2 嘉宾致辞 225
上海合成生物学创新中心战略发展委员会主席金勤献的致辞 225
3 嘉宾演讲实录 226
基于合成生物学的新型化学工业愿景 226

电遗传学..229
　　　融合化学与生物的合成科学..232
　　　用合成生物学揭开蛋白质组复杂性的神秘面纱..................................235
　　　创新循环经济：科思创合成生物学应用..238
　4　互动对话..240
　　　对话一：合成生物学开启生物医药新篇章......................................240
　　　对话二：美与科技共舞——美丽健康中的高价值分子............................246
　　　对话三：绿色化工——共塑可持续化工产业的未来..............................253
　　　对话四：跨界融合——学科协同创新助力生物经济发展..........................259

第9章　中荷绿色化学与循环塑料研讨会..266
　1　论坛概况..266
　2　嘉宾致辞..266
　　　荷兰气候政策与绿色增长部可持续工业发展处长
　　　　Karlo van Dam 的致辞..266
　　　荷兰驻上海总领事郭媚瑶的致辞..267
　　　长三角国家技术创新中心管委会委员陈宁的致辞................................268
　　　荷兰化学行业协会代表的致辞..270
　　　荷兰化学建设区块联盟代表的致辞..271
　　　荷兰 Brightlands 循环空间代表的致辞.......................................272
　　　荷兰格罗宁根地区代表的致辞..273
　　　荷兰马尔文帕纳科（Malvern Panalytical）公司代表的致辞.....................273
　　　荷兰 Nature's Principle 公司代表的致辞....................................274
　　　荷兰 Plantics 公司代表的致辞..274
　　　荷兰格罗宁根大学代表的致辞..275
　　　荷兰 Solinatra 公司代表的致辞...275
　　　荷兰驻华大使馆科学研究员代表的致辞..276
　　　荷兰阿姆斯特丹大学范特霍夫分子科学研究所代表的致辞........................276
　　　荷兰 Wittenburg 公司代表的致辞..277
　　　荷兰瓦赫宁根大学代表的致辞..277
　3　嘉宾演讲实录..278
　　　塑料回收..278

　　　　塑料循环的政策、研究及行业动态..280
　　　　生物基化学品..284
　　　　"双碳"背景下，生物制造及循环经济产业发展..............................285
　　　　二氧化碳捕集与利用（CCU）技术在荷兰的实践..........................290
　　　　助力碳中和的碳循环与碳捕集利用..292
　　4　闭幕致辞..294
　　　　荷兰驻华大使馆科技和创新参赞费睿扬的致辞............................294

第 10 章　前沿科技发展论坛：前沿技术——塑造未来，创新合作..................295
　　1　论坛概况..295
　　2　嘉宾致辞..296
　　　　科技部副部长龙腾的致辞..296
　　3　主旨演讲..297
　　　　能源资源供应链安全与发展战略..297
　　　　量子技术前沿——超冷原子..303
　　　　材料科学与工程领域的人工智能..309
　　　　芯片推动系统技术进步、系统引领芯片技术创新——微系统技术
　　　　　发展的思考..314
　　　　在第二次量子革命中乘风破浪..318
　　　　中国能源转型路径与前沿关键技术..319
　　　　生物制造改变未来..323
　　　　塑造未来，创新合作..325
　　　　量子计量基准前沿探索..327

第 11 章　科技政策论坛：科技金融政策与实践专题论坛..............................331
　　1　论坛概况..331
　　2　嘉宾致辞..331
　　　　科技部副部长邱勇的致辞..331
　　　　上海市政府副秘书长王平的致辞..334
　　3　嘉宾演讲实录..335
　　　　完善金融支持科技创新体系　推进上海国际科创中心建设..............335
　　　　为欧盟及荷兰清洁能源与原材料转型提供资金支持......................337

　　　　科技金融的几个新趋势 341
　　　　上海科技金融的政策与实践 345
　　4　圆桌对话 349
　　　　构建同科技创新相适应的科技金融体制机制和政策环境 349

第 12 章　中国—匈牙利论坛 363
　　1　论坛概况 363
　　2　嘉宾致辞 364
　　　　匈牙利文化与创新部副国务秘书拉斯洛·博迪什的致辞 364
　　　　科技部国际合作司司长戴钢的致辞 365
　　3　嘉宾演讲实录 367
　　　　医疗保健领域的创新实践 367
　　　　结合医学与未来医学模式 369
　　　　IPCEI 的研究成果 373
　　4　分组讨论 375
　　　　医疗保健服务创新解决方案 375
　　5　主旨演讲（一）... 382
　　　　具备多领域科研能力和国际合作网络的领先工科大学 382
　　　　成长为高科技强校的经验分享 384
　　　　在研究与创新领域的全球影响力 387
　　6　问答环节 388
　　7　主旨演讲（二）... 389
　　　　中草药中的抗病毒先导化合物 389
　　　　德布勒森大学的草药研究与发展 391
　　　　源于中医药的新药创制 393
　　8　闭幕致辞 396
　　　　科技部国际合作司副司长王晓的致辞 396

第 13 章　"一带一路"专题研讨会：高质量建设"一带一路"联合实验室 398
　　1　论坛概况 398
　　2　嘉宾致辞 399
　　　　科技部国际合作司司长戴钢的致辞 399

3 主旨演讲

加纳视角下"一带一路"倡议与非洲发展愿景的协同与共鸣 401

中国—塞尔维亚"一带一路"联合实验室天然产物与药物

发现介绍 403

埃及提升可再生能源产量的举措 406

架起"一带一路"科技文化交流合作的空间桥梁 408

射电望远镜BINGO、BINGO/ABDUS项目和巴西—中国合作

伙伴关系 411

沙特法赫德国王石油与矿业大学（KFUPM）：参与"一带一路"

建设 414

"一带一路"中老铁路工程国际联合实验室介绍 417

创新引领发展——以南非为例 419

4 问答环节 422

第14章 空天海洋先进科学与技术论坛 425

1 论坛概况 425

2 嘉宾致辞 426

中国科学院微小卫星创新研究院院长胡海鹰的致辞 426

上海市科学技术委员会副主任屈炜的致辞 427

3 主旨演讲 428

空间无边界 428

多模态人工智能用于海洋科学技术的预测 430

赤道群岛国家遥感卫星任务需求 434

海岸带卫星遥感应用研究 437

连接今天与明天：利用当前和下一代卫星推进地球观测 440

整合遥感和近地表地球物理学，为沿海管理和抗灾能力提供

信息 444

近海台风强度变化科学实验 447

推进深空探索：挑战与机遇 449

深海高精度导航和定位技术 452

中国月球和深空任务光谱有效载荷介绍 454

空间科学合作新范式 ... 457
　　工程设计流程数字化转型面临的机遇和威胁 ... 460

第15章 量子科技论坛：未来之光——量子计算和量子器件的科技创新 ... 466
1 论坛概况 ... 466
2 嘉宾致辞 ... 467
　　时任上海市人民政府副秘书长尚玉英的致辞 ... 467
　　科技部前沿技术司副司长傅小锋的致辞 ... 468
3 嘉宾演讲实录 ... 469
　　贝尔不等式：从好奇心到安全保障 ... 469
　　中国的量子信息研究 ... 476
　　从单个原子到信息处理的量子科学 ... 482
　　里德堡原子碰撞与飞行原子量子比特视角 ... 490
　　利用量子纠缠增强测量精度 ... 494
　　迈向无耗散拓扑电子学 ... 498
　　量子网络能超越数字计算机吗？ ... 504
　　量子信息产业发展现状及展望 ... 508
　　量子技术中的原子与光子 ... 513
　　利用原子进行射频传感 ... 518
　　原子与分子量子模拟的新道路 ... 524

第16章 绿色低碳创新论坛：科技创新塑造未来能源产业新格局 ... 528
1 论坛概况 ... 528
2 嘉宾致辞 ... 528
　　上海市虹口区委常委、副区长关也彤的致辞 ... 528
　　上海市科学技术委员会二级巡视员郑广宏的致辞 ... 530
3 嘉宾演讲实录 ... 532
　　驾驭未来：巴西可持续能源转型政策 ... 532
　　碳中和目标驱动绿色低碳设计创新 ... 534
　　面向可再生能源转型的系统思考 ... 538
　　泰国可持续航空燃料（SAF）的能源政策展望 ... 541
　　钙钛矿叠层组件产业化进展报告 ... 543

　　　　保加利亚氢能技术和电动汽车充电基础设施的发展.......................546

第 17 章　上海国际计算生物学创新论坛：计算生物学赋能生物医药创新......549
　　1　论坛概况..549
　　2　嘉宾演讲实录..550
　　　　离子通道药物研发——AI 时代的创新和机遇..................550
　　　　基于人工智能的药物发现平台开发，以心脏保护疗法为例..........554
　　　　AI 在医疗领域的探索和应用..558
　　　　AI 在临床诊疗中的应用，从帕金森病谈起.....................563
　　　　多维数据驱动的脑疾病探索..566

第 18 章　未来能源论坛：推动未来能源技术革命，加快绿色低碳转型发展........573
　　1　论坛概况..573
　　2　嘉宾演讲实录..574
　　　　船海动力能源变革与绿色燃料技术..................................574
　　　　化工与制药行业脱碳的考虑：热量与能源、战略、安全与韧性......580
　　　　绿色燃料合成技术进展和未来部署..................................584
　　　　面向绿色经济的国际能源合作..587
　　　　磁约束核聚变能研发的进展与展望..................................591
　　　　中国未来能源的技术路线图和产业化前景......................595
　　　　"双碳"目标下流程工业脱碳面临的机遇和挑战.............598
　　　　氢气：未来能源重要原料..604

第 19 章　Web3.0 创新论坛..607
　　1　论坛概况..607
　　2　嘉宾致辞..607
　　　　上海市科学技术委员会副主任屈炜的致辞......................607
　　3　主旨演讲..609
　　　　隐私计算..609
　　4　专题报告..613
　　　　区块链的技术挑战分享..613
　　　　元计算、人工智能和 Web3.0..616

后量子时代的隐私计算 619
　　Web3.0 生态及其治理挑战 622
　　征信与区块链加速融合，助力金融机构"焕羽新生" 625
　　中国太保区块链创新应用 630
　　BME 的 Web3.0 活动和挑战 633

第 20 章　全球创业投资大会：WeStart 主论坛——重构·新生 636
　1　大会概况 636
　2　嘉宾致辞 636
　　科技部副部长陈家昌的致辞 636
　　上海市人民政府副市长刘多的致辞 637
　　匈牙利文化与创新部副国务秘书拉斯洛·博迪什的致辞 639
　3　嘉宾演讲实录 640
　　投贷联动与科技金融 640
　　进一步深化科创板改革　不断优化创新生态 642
　　从成果到市场：创新大业中大学的角色与挑战 645
　　引导耐心资本　助力科创发展 647
　　资本赋能产业　创新引领未来 650
　　耐心＋创新：新质生产力下的创业投资 653
　　投资服务新质生产力　助力科技成果转化 655
　　创新新势力 658
　　全球创业投资发展 661
　　投早投小投长投硬　共建硬科技创业雨林生态 663
　　为创新注入科技金融新动能 665
　　早期投资的新投资逻辑 667
　　科技企业如何借资本之力 669
　4　圆桌论坛 672

第1章

开幕式暨全体大会（主论坛）

2024年9月7日，由科技部和上海市人民政府共同举办的2024浦江创新论坛在上海市张江科学会堂隆重开幕。本届浦江创新论坛以"共享创新 共塑未来：构建科技创新开放环境"为主题。主宾国匈牙利总统舒尤克·道马什向论坛致贺信。上海市委书记陈吉宁，山东省副省长宋军继，联合国科学和技术促进发展委员会执行主席彼得·梅杰，世界工业技术研究组织协会主席哈森·曼达尔分别向大会致辞。科技部党组书记、部长阴和俊，匈牙利文化与创新部副国务秘书拉斯洛·博迪什，第十三届全国政协副主席、中国科学技术协会主席万钢，中国科学院院士、中国科学院原院长白春礼，2023年度国家最高科学技术奖获得者、中国科学院院士、南方科技大学校长薛其坤，美国国家科学院、美国国家工程院、美国国家医学院、美国人文与艺术科学院院士、中国科学院外籍院士勒罗伊·胡德（Leroy Hood），上海交通大学李政道研究所青年学者许金祥，西湖大学生命科学学院副研究员白蕊分别在全体大会上作主题演讲。

1 领导贺信

匈牙利总统舒尤克·道马什的贺信

舒尤克·道马什　匈牙利总统

> 2024年是匈牙利与中华人民共和国建交75周年。两国历史悠久，合作基础深厚。当前，中匈两国合作意愿强烈，已在经济、文化和创新等领域构建了多层次合作关系，成果丰硕。习近平总书记访匈进一步巩固了两国友好关系。匈牙利虽国土面积小，但创新成就显著，为全球培养了众多思想和学术巨匠。在全球技术变革背景下，中匈两国积极支持创新，视对方为强化创新之路上的合作伙伴，期待深化合作，为两国乃至全人类带来福祉。匈牙利视中国为重要朋友，祝愿论坛成功，期待两国友好合作结出更多甜美果实。

2024年，匈牙利与中华人民共和国迎来建交75周年。值此特殊时刻，匈牙利很荣幸成为2024浦江创新论坛的主宾国。中匈两国都是历史悠久的文明古国，两国之间的友好交往源远流长。75年在历史长河中或许只是沧海一粟，但它见证了近年来两国合作打下的坚不可摧的深厚基础。

如今，中匈两国有着强烈且共同的合作意愿，这足以跨越数千千米的地理距离所带来的隔阂。基于这种共同意愿，两国已在全方位、多领域构建起多层次的合作关系。在相互尊重与信任的基础上，两国在经济、文化和创新等领域的合作成果丰硕，堪称国际合作的典范；在兼顾双方利益的前提下，两国携手努力也取得了显著成效。

习近平总书记近期对匈牙利的访问，进一步巩固和深化了两国之间的友好合作关系，对此行我仍记忆犹新。匈牙利不仅孕育了众多坚定守护价值的杰出人才，也是执着创造价值的创新者的摇篮。

众所周知，匈牙利为世界培养了众多思想家和学术巨匠。尽管匈牙利是一个面积和人口规模相对较小的国家，但匈牙利的创新者却在全球各地发光发热。我们在诺贝尔奖等顶尖科学奖项上的获奖人数，远超出了国土面积和人口数量所预示的范畴，这充分彰显了匈牙利人民对科学的坚定信念与不懈追求。

当今世界，技术进步正推动全球持续变革，一切都在不断发展、创新。我们每天都能在这种变化中发现更优、更具价值的解决方案。而中国，无疑是全球发展的重要推动力量之一。

中匈两国都积极通过各种方式支持创新，因此，我们是创新之路上志同道合的合作伙伴。相互交流经验、借鉴成果，是我们的共同愿望。这表明，我们需要的不是孤立，而是开放与合作。中国在技术发展和专业人才培养方面所展现出的成就令人鼓舞,我们期待与中国成为相互激励、携手共进的合作伙伴。在此,我代表匈牙利,真诚地表达与中国深化合作的意愿,希望我们的合作能够为两国人民乃至全人类带来福祉。

孔子曾说:"有朋自远方来,不亦乐乎?"对于匈牙利而言,与中国结为朋友,是我们的荣幸。最后,我衷心祝愿2024年的论坛取得圆满成功,希望会议和研讨能够收获丰硕成果,也祝愿两国的友好合作不断结出更加甜美的果实。谢谢大家!

2　领导致辞

上海市委书记陈吉宁的致辞

陈吉宁　中共中央政治局委员、上海市委书记

> 上海正按照党的二十届三中全会战略部署,紧紧围绕推进中国式现代化进一步全面深化改革,加快建成具有世界影响力的社会主义现代化国际大都市。推进中国式现代化根本要靠科技现代化提供基础性、战略性支撑,实现高质量发展,迫切需要科技创新引领产业创新,培育发展新质生产力。

加快向具有全球影响力的科技创新中心迈进,是习近平总书记于2014年赋予上海的国家战略使命。十年来,上海紧抓科技进步大方向、产业革命大趋势,采取集聚人才的大举措,矢志不渝地强化科技创新策源功能。在此期间,科创中心建设实现了从基础构建到框架搭建,再到功能强化的飞跃。

2024年,上海市全社会研发经费投入占GDP比重已从10年前的3.41%提升至4.4%,重大科技基础设施从4个增至15个,高新技术企业数量从5433家跃升至2.4万家。顶尖人才汇聚,原创成果频现,三大先导产业加速发展,上海这座创新之城正释放出前所未有的创新活力。

当前,上海正按照党的二十届三中全会战略部署,紧紧围绕推进中国式现代化进一步全面深化改革,加快建成具有世界影响力的社会主义现代化国际大都市。推进中国式现代化根本要靠科技现代化提供基础性、战略性支撑,实现高质量发展,迫切需要科技创新引领产业创新,培育发展新质生产力。

我们将把深化科技体制改革摆在更加突出的位置,持续构建支持全面创新的体制机制,持续推动教育科技人才良性循环,持续释放创新主体和科技人才活力,努力在推进中国式现代化中充分发挥龙头带动和示范引领作用。

第一，以深化改革进一步强化科技创新策源功能。当前，科技创新已进入前所未有的密集活跃期，科学研究正不断突破人类认知边界，我们将积极顺应科研范式变革，坚持长期主义，深化科技布局，保持战略敏捷，提升基础研究投入强度，加大基础研究先行区建设力度，大力推进高风险、高价值基础研究，积极探索科技创新的新型组织形式，激活创新主体力量，尤其是强化企业科技创新主体地位，加大关键核心技术攻关力度，深化前沿性、颠覆性技术研发，努力产出重大原创性、颠覆性成果。

第二，以深化改革进一步提升创新体系效能。打造具有全球影响力的科创中心，必须拥有强大的科技治理体系和治理能力，我们将着力构建全链条加速机制，深化创新规律研究，持续做强科技服务业，大力培育高质量孵化器和特色产业园区，完善科技创新成果转移转化和产业化机制，扎实推动科技创新和产业创新深度融合，着力构建全要素支撑体系，建立更加符合创新规律的人才评价制度、更加有效的服务于科技创新的金融服务体系、更加自由便利的数据流通共享机制，让各类创新要素充分涌动，活力迸发。

第三，以深化改革进一步激发开放合作动能。科技进步是世界性、时代性课题，开放合作是科技造福人类的必由之路，我们将进一步践行国际科技合作倡议，扩大科技计划对外开放，围绕提升生命健康水平、开发高效新能源、拓展人类发展空间等共识性领域，强化面向重大科学问题的国际协作攻关，进一步融入全球创新网络、深度参与人工智能等领域的全球治理，与各国携手打造开放、公平、公正、非歧视的创新环境，让科技更好造福人类。

各位来宾、朋友们，浦江创新论坛自2008年成立以来，一直致力于交流创新成果、启迪创新思想、传播创新理念、激励创新精神，已成为促进全球科技合作的重要平台。本次论坛以"共享创新 共塑未来：构建科技创新开放环境"为主题，意义十分重大，希望大家深入交流研讨，提出真知灼见，共谋创新合作，携手开创人类科技发展更加美好的明天。预祝本次论坛圆满成功，谢谢大家。

山东省副省长宋军继的致辞

宋军继 山东省副省长

> 山东作为东部沿海大省，被赋予"走在前、挑大梁"的重任，尤其强调增强经济社会发展创新力。山东全省牢记嘱托，多管齐下推进科技创新：一方面，高能级平台快速发展，海洋领域国家实验室立足青岛，众多重点实验室协同构建特色体系，展现战略科技力量；创新主体茁壮成长，高新技术与科技型中小企业蓬勃兴起，带动规上工业企业高研发投入，打通科技与经济转化路径。另一方面，凭借优厚政策吸引大量人才，形成院士领衔、领军人才担纲、庞大人才支撑的创

新梯队；硬核技术频出，每年攻坚重大科技项目，诸多领域成果填补空白；创新生态不断优化，打造"政产学研金服用"共同体，推进国家级改革试点。

山东作为中国东部沿海的人口、文化、经济与科技大省，2024年5月习近平总书记再度亲临视察，赋予其"走在前、挑大梁"的重任，要求其在增强经济社会发展创新力等方面积极作为。

全省牢记嘱托，加速实施创新驱动发展战略，因地制宜发展新质生产力，全力构筑区域创新高地：一是高能级平台加速崛起。海洋领域国家实验室扎根青岛，21家全国重点实验室、9家省实验室与277家省重点实验室协同，构建起"1313"四级实验室体系，彰显山东战略科技力量。二是创新主体茁壮成长。3.2万家高新技术企业、4.6万家科技型中小企业蓬勃发展，带动规上工业企业超50%投入研发，打通科技强到经济强的链路。三是优秀人才加速集聚。凭借"最优加一点"政策，汇聚164位院士领衔、2100多名领军人才担纲、1500多万人才支撑的创新梯队，激发创新活力。四是硬核技术不断涌现。每年百项重大科技项目攻关，全球首座第四代核电站、热效率柴油机、高速磁浮交通系统等重大成果填补了空白。五是创新生态持续优化。聚力打造"政产学研金服用"共同体，推进3项国家级改革试点，创新生态圈生机盎然。

如今，山东凭借坚实的科技创新基础，叠加完备的产业体系、海量的创新需求、庞大的市场规模，共同塑造了山东科技创新的集成优势，孕育了深化科技交流合作的丰厚土壤。未来，山东将在科技部等国家部委的指导下，在高校科研机构和院士专家的支持下，认真学习借鉴上海等兄弟省市的成功经验，着力构建科技创新开放环境，在平台打造、机制攻关、成果转化等方面深化与全球科学家、企业家的全方位合作，共同汇聚创新驱动、高质量发展的澎湃动能。

预祝本次论坛圆满成功，谢谢大家。

联合国科学和技术促进发展委员会执行主席彼得·梅杰的致辞

彼得·梅杰　联合国科学和技术促进发展委员会执行主席

2024年日内瓦年会已将"全球科技与创新合作促发展"这一核心主题列为优先议题。科技创新合作关乎可持续发展未来，战略规划、要素、研发、创新四大关键领域相互关联，仰赖国际携手。

今日探讨"全球科技与创新合作促发展"这一关键主题，2024年4月日内瓦年会将其列为优先议题，成员国及联合国其他成员深入讨论，共同参与相关报告撰写，报告点明科技创新合作关乎可持续发展未来，强调战略规划、要素、研发、创新四大关键领域，其相互关联，仰赖国际携手。

首先，战略规划至关重要。各国必须设定明确、具体、可衡量的目标，与全球科技创新趋势保持一致。国家创新体系的发展不应是孤立的，而应该融入更广泛的国际框架当中，这种方法也将确保技术进步的好处能够公平分配，帮助实现可持续发展目标。

其次，科技创新发展要素的重要性不容忽视。这些要素包括创新所需的实体和数字基础设施，以及推动技术进步的人力和知识资源。发展中国家通常在这些方面面临着重大挑战，特别是在获得稳定的数字基础设施和必要的技能方面。因此，国际合作对于弥补这些差距就显得至关重要，要确保所有国家都能充分参与全球科技创新生态体系。

再次，研发是合作的支柱。需要增加资金，特别是在低收入和中等收入国家，这些国家在研发投资方面依然远低于全球平均水平。通过促进国际合作，我们也可以集中共享知识资源，推动解决从气候变化到疫情等最紧迫的全球挑战。

最后，创新的关键作用。从研究到市场化的产品和服务的转变，需要强有力的公司和合作伙伴关系，孵化器、加速器和实验场对于培育想法并使其成为现实至关重要，有利的政策环境支持也必不可少。

科技创新和数字合作在《未来契约》中的重要性得到进一步体现，《未来契约》将连同其附件《全球数字契约》于9月23—24日在纽约举行的未来峰会期间提交给联合国大会。《未来契约》旨在加快实现可持续发展目标，提出了58项行动，其中包括7项与科技相关的行动，并且将在峰会期间由国家元首和政府首脑批准。前路明晰，须强化国际合作，公平共享科技创新成果，迈向可持续包容世界，祝浦江创新论坛取得圆满成功！

世界工业技术研究组织协会主席哈森·曼达尔的致辞

哈森·曼达尔　世界工业技术研究组织协会主席

"共享创新　共塑未来"意义重大，意味着要共同探寻落实方案之路。不仅要合作，更要携手创新。1966年成立的联合国工业发展组织，由173个成员国构成，致力于打造全球创新大家庭以应对全球挑战，尤其是联合国可持续发展目标，需合作与共同创新并行。浦江创新论坛正是分享成果、共寻方案、塑造未来的绝佳平台。当前科技研究开放环境有利于应对挑战，但环境、社会、经济、技术、地缘政治等多领域交织的综合性挑战，解决难度远超单一挑战。

说到全球面临的共同挑战，其实一直都有，科学技术专家肩负着找到恰当应对方式的责任。如今我们面临的挑战形势越发复杂、动态多变，这就意味着相应的解决方案不像以往那么容易给出，跟过去的经验大不一样。要想弄清楚全球性挑战是什么，以及为什么这些是重要挑战，或许不算太难，可最难的是如何找到解决方案。

在"共享创新、共塑未来"的进程中，这一点至关重要，它意味着什么呢？这意味着我们要共同探寻办法来落实我们的方案。我们一直在应对全球挑战，像气候变化就是重大挑战之一，大家都知道，到2050年全球平均气温升高不能超过1.5 ℃，可遗憾的是在2023年就已经升高了1.2 ℃，可见挑战巨大且日益严峻。所以，我们应对挑战的方式必须改变，当下答案很明确，那就是开放合作，这毋庸置疑。

我们不但要合作，还要携手创新。每次看到"共享创新、共塑未来"这个话题，我都觉得它不光指明了一条路径，还给出了我们如何共同发展的答案。我所代表的机构是联合国工业发展组织，这是一个国际科技组织，成立于1966年，由173个成员国组成，主要宗旨是打造全球创新大家庭，让这173个成员国的科研组织汇聚起来，共同应对全球挑战。

尤其是要应对联合国可持续发展目标（sustainable development goals，SDGs），这不仅需要合作，还要求共同创新。浦江创新论坛提供了一个绝佳平台，让我们能够分享研究成果，共同找出解决方案，塑造未来。

如今科技研究有一个更加开放的环境，在一定程度上，能帮我们共同应对刚才提到的那些挑战。再次强调，不管是环境、社会、经济、技术还是地缘政治方面的挑战，单独应对其中某一个，或许相对容易些，但要应对这5个方面（环境、社会、经济、技术及地缘政治）合在一起的挑战，要找出解决方案就复杂多了。

下一届WAITRO创新大会将于9月在中国南京举办，在此我邀请大家参加我们的全球科技研发组织年度峰会。9月的南京，我们的创新将会带来很好的影响力，既要从科技角度找到解决方案、实现创新，同时也要关注创新带来的影响。

感谢主办方邀请我参加这个重要论坛，我十分期待聆听各位发言人的分享，也希望这次论坛能帮我们找到应对全球挑战的方案，不仅给出答案，还能指明如何实现目标。谢谢大家。

3 主旨演讲

科技部部长阴和俊的主旨演讲

阴和俊　科技部党组书记、部长

> 科技进步是世界性、时代性课题，唯有开放合作才是正道。中国政府始终坚持推动构建人类命运共同体理念，主动融入全球创新网络，致力于与世界各国携手打造开放、公平、公正、非歧视的科技创新环境，让科技更好造福人类。下一步，中国将以落实全球发展倡议、全球安全倡议、全球文明倡议为战略引领，与世界各国开展广泛而深入的国际科技交流合作，编织更加紧密的"科技朋友圈"，为共同应对人类社会面临的全球性问题贡献中国智慧，主要包括：一是持续深化政府间和民间国际科技合作；二是全力推动"一带一路"科技创新合作走深走实；三是聚焦全球性问题挑战深化联合研究；四是积极参与全球创新治理。

浦江创新论坛创办17年来，始终以创新为主题，聚焦国家需求，坚持国际视野，吸引来自近百个国家和地区的专家、学者和企业家深入研讨、广泛交流、紧密合作，产出一批高质量成果，传播了中国对外开放的声音，有力助推了国际科技交流合作，为国家科技事业发展贡献了重要力量。

2023年，习近平总书记向论坛致贺信，希望浦江创新论坛坚持以创新为主题，启迪创新思想、传播创新理念、激励创新精神，为推进国际科技合作、增进人类共同福祉做出新的贡献。习近平总书记的殷切期盼，为办好浦江创新论坛指明了方向，有力鼓舞了广大科技人员投身科技强国建设。

2024年的浦江创新论坛我们邀请到匈牙利作为主宾国，舒尤克·道马什总统专门向论坛致贺信，匈牙利文化与创新部副国务秘书拉斯洛·博迪什出席论坛开幕式并作主旨演讲，这充分体现了匈牙利对本次论坛的高度重视和对推动中匈科技创新合作的真诚愿望。

匈牙利具有深厚的科技创新底蕴，历史上先后培养了17位诺贝尔奖获得者，在物理、化学、生物、医学等领域为世界科技发展做出了巨大贡献。中国和匈牙利虽然相隔千里，但两国人民友好情谊源远流长。近年来两国政府科技主管部门共同建立起中匈政府间科技合作联委会机制，支持双方在科技项目、人员交流等方面开展合作，并取得一系列丰硕成果。2024年是中匈两国建交75周年，习近平主席5月对匈牙利进行国事访问，两国共同宣布将中匈关系提升为新时代全天候全面战略伙伴关系，双方签署共建联合实验室备忘录，中匈科技创新合作迈上新台阶。中国科技部愿同匈牙利文化与创新部一道，以落实两国元首会晤重要共识为引领，持续深化中匈科技务实合作，为中匈两国关系发展贡献更多科技力量。

论坛主办地上海既是一座现代化国际化大都市，也是全球创新网络中的关键节点。刚才陈吉宁书记在致辞中强调，要充分发挥科技创新在推动高质量发展中的重要作用。近年来，上海深入落实国家战略部署，聚焦高质量发展，加快建设具有全球影响力的国际科技创新中心，积极打造国家战略科技力量，加快构建现代化产业体系，国产大飞机、大型邮轮实现商业运营，量子科技、合成生物学、脑机接口等新领域新赛道加快布局。科技创新综合水平进一步攀升，在世界知识产权组织发布的2023年全球创新指数报告中，上海位列世界科技集群第五。

我们特别欢迎山东省作为本次论坛的主宾省。近年来，山东省级财政科技投入连年增长，带动全社会研发投入连续两年增幅超过10%，综合科技创新水平位居全国前列。深入实施科技成果评价、科技人才评价等全国改革试点，积极构建山东省科融信综合服务平台，加快山东省科技大市场建设，着力打造全国重要的区域创新高地、人才集聚高地和科技创新策源地。

中国政府高度重视科技创新，深入实施科教兴国战略、人才强国战略、创新驱动发展战略，充分发挥科技创新的基础性战略性支撑作用，大力提升原始创新能力，培育壮大新质生产力，科技体制改革打开新局面，国际科技交流合作取得新进展，科技创新的政策制度环境不断优化，国家科技事业发展呈现新格局新气象。2023年，中国全社会研发投入超过3.3万亿元，研发投入强度达2.64%，其中基础研究投入达到2212亿元。签订技术合同95万项，成交金额达6.15万亿元，授权发明专利92.1万件。

量子科技、集成电路、人工智能等领域取得一批重大原创性成果，新能源汽车、锂电池、太阳能电池"新三样"产品出口增长喜人。在世界知识产权组织发布的2023年全球创新指数中，中国排名第12位，今天的中国已成为全球技术创新和产业变革的重要策源地和驱动地。

2024年6月，中国召开了全国科技大会，习近平总书记在大会上发出了建设科技强国的总动员令，在大会讲话中深刻总结了中国科技事业发展"八个坚持"的成功经验，提出了"五个强大"的科技强国内涵和5个方面的战略部署，强调中国建成的科技强国要增进人类福祉，推动全球发展。7月，党的二十届三中全会对构建支持全面创新的体制机制做出重要部署，要求扩大国际科技交流合作。这为我们构建科技创新开放环境、推动科技改革发展指明了方向。

习近平总书记指出，科技进步是世界性、时代性课题，唯有开放合作才是正道。国际环境越复杂，我们越要敞开心胸、打开大门。中国政府始终坚持推动构建人类命运共同体理念，主动融入全球创新网络，致力于与世界各国携手，打造开放、公平、公正、非歧视的科技创新环境，让科技更好造福人类。

构建科技创新开放环境，是顺应科技内在发展规律的必然选择。科技的发展和进步是全球各国科学家互相学习、彼此借鉴、共同创造的成果。当前，世界新一轮科技革命和产业变革正加速演进，科学知识多层面覆盖、学科多领域融合、技术多相位链接的特点日益凸显，科学研究的综合性、复杂性、融合性日益增强，人工智能、量子科技、生物技术等新兴技术快速迭代，国际科技合作需求不断增强、边界不断拓宽。构建科技创新开放环境，实现创新要素高效流动，高质量利用全球创新资源，比以往任何时候都更加重要，也更加必要。

构建科技创新开放环境，是应对全球性问题挑战的关键之举。科技创新是人类共同应对风险挑战、促进和平与发展的重要力量。气候变化、粮食安全、能源安全等全球性问题亟待科技提供新的解决方案。新兴技术的快速发展带来科技伦理挑战与安全风险，亟待建立全球科技创新合作治理体系。面对全球性问题，没有一个国家能够独善其身。世界各国应携手推进跨国科技问题协同治理，共同为全球可持续发展、增进人类福祉贡献高质量的科技解决方案。

构建科技创新开放环境，是以科技现代化支撑中国式现代化建设的重要一环。当前，中国正以中国式现代化全面推进强国建设、民族复兴伟业。中国式现代化不是封闭的现代化，而是与世界各国一道，实现和平发展、互利合作、共同繁荣的现代化。更高水平、更高质量的科技开放合作，不仅符合中国自身现代化建设的内在逻辑，也符合全球繁荣稳定发展的共同利益。

中国始终秉持开放包容、互惠共享的国际科技合作理念，目前已与161个国家、地区建立了科技合作关系，签署了118个双边多边政府间科技合作协定，加入200多个国际组织和多边机制，参与近60项国际大科学计划和大科学工程，牵头组织"深时数字地球""海洋负排放"等国际大科学计划，深入实施"一带一路"科技创新行动计划，成功举办首届"一带一路"科技交流大会，面向全球发布国际科技合作倡议，为世界科技创新发展提出了中国方案、做出了中国贡献。

下一步，中国将以落实全球发展倡议、全球安全倡议、全球文明倡议为战略引领，与世界各国开展广泛而深入的国际科技交流合作，编织更加紧密的"科技朋友圈"，为共同应对人类社会面临的全球性问题和挑战贡献中国智慧。为此，我愿提出以下几点倡议。

一是持续深化政府间和民间国际科技合作。优化政府间科技合作联委会、创新政策对话等机制。积极践行并推动国际科技合作倡议，促进人才、技术、成果、平台等多维度合作贯通。支持民间科技创新合作，扩大科技人文交流。建立与国际接轨的科技服务规范，鼓励外资企业在华研发。完善来华工作、居住、出入境等便利化措施，为更多国际科技组织和各国科学家、企业家、投资人来华创新创业提供更加优质的服务。

二是全力推动"一带一路"科技创新合作走深走实。突出共商、共建、共享，高质量建设"一带一路"创新之路，优化"一带一路"联合实验室建设，支持"一带一路"国家共建技术转移中心、孵化器、加速器等平台。用好"国际杰青计划""发展中国家技术培训班"等交流机制，推动中外优秀青年科研人员开展深入的研究合作。

三是聚焦全球性问题挑战，深化联合研究。面向全球科学发展和应对共同挑战的需求，在重点领域开展联合研究和战略性合作。深入实施"深时数字地球""海洋负排放"等国际大科学计划和大科学工程，构筑国际基础研究合作平台。

四是积极参与全球创新治理。围绕人工智能、生物技术、空间技术等新兴技术应用和伦理风险议题建立交流合作机制，共同制定标准和规则体系。深化清洁能源、气候变化等相关领域国际交流对话，促进国内技术标准规则与国际标准规则对接。建立健全在华设立和运行国际科技组织的政策和制度，支持国际科技组织在华落地发展。

科技创新日益成为推动全球经济复苏和可持续发展的重要动力，日益成为各国改善民生和应对挑战的决定性因素。加强科技开放合作既是各国人民的普遍诉求，也是世界科技发展的大势所趋。面向未来，中国将继续秉持人类命运共同体理念，不断健全科技对外开放体制机制，不断完善面向全球的科技创新体系，同世界各国一道，为构建全球科技共同体、促进人类文明进步贡献更多的科技创新力量。

匈牙利文化与创新部副国务秘书拉斯洛·博迪什先生的主旨演讲

拉斯洛·博迪什　匈牙利文化与创新部副国务秘书

> 匈牙利是东西方的桥梁，兼具底蕴与活力，从电脑、电动车研发到魔方诞生50年，科技创新成果不断。匈牙利以提升经济竞争力为政策基石，成效卓越，多项指数排名靠前，深知其对可持续发展意义重大，将创新研发置于核心，近年竞争力、创新格局大变，研发投入大幅增长，还制定2040年前跻身全球创新表现十佳国家战略，含三大目标：一是强化国际科技合作；二是助力企业出海；三是吸引创新活动落地。创新无国界，面对诸多挑战需全球合作，创新塑造未来，还应关注年轻一代，加强中匈教育人才交流，培育创新者。

我深感荣幸能参加浦江创新论坛，同时，我代表匈牙利政府，衷心感谢论坛主办方邀请匈牙利担任2024年的主宾国。这既彰显了中匈两国的友好关系，也印证了双方携手推动全球创新与合作的共同承诺。

多年来，中匈关系蓬勃发展，双方彼此尊重、相互促进。我们充分利用与中国的紧密纽带，浦江论坛为深化合作尤其是科研与创新领域的协作，提供了独一无二的契机。

今天，我想简要分享合作创新、共创成功的愿景，期望与中国在科技领域携手实现。

全球重大科技创新成果无一不是跨国合作的结晶，即便当下世界局势多变，国际创新合作取得的成效仍远超独立研究。例如，诺贝尔物理学奖得主 Ferenc Krausz，正是凭借与国际同行合作才斩获殊荣。近年来，中国作为科技大国进步斐然，研发投入占 GDP 比重及专利申请量等方面均超越欧盟，比亚迪等企业蓬勃发展，中国重新定义了行业格局，令人印象深刻、备受鼓舞。

匈牙利素有"连接东西方的桥梁"之称，角色独特，兼具东方底蕴与创造活力，能与东西方完美融合，这一特质在科技创新领域也得以充分体现，从电脑发明到电动车研发，再到 2024 年庆祝魔方诞生 50 周年，皆为明证。

提升经济竞争力是匈牙利经济政策的基石，成效显著。2023 年我们在经济复杂性指数排名中位居第十四，在全球创新指数中高新制造与出口位列第五，这让我们深知能够借此推动可持续发展，因此将创新与研发置于国家发展议程的核心。令人欣喜的是，近年来匈牙利变化巨大，不仅整体竞争力提升，创新格局也焕然一新。2023 年，匈牙利是欧洲创新记分牌中唯一排名上升的国家，过去 10 年研发投入翻倍，知识经济显著增长，同期研发投入更是增长 3 倍，足见匈牙利推动科技进步的坚定决心，未来匈牙利将持续发力，提升研发能力。

我们制定创新战略，志在 2040 年之前让匈牙利跻身全球创新表现十佳国家之列，围绕这一战略，确立三大主要目标：其一，强化并拓展国际科技合作。匈牙利高校、科研院所基础雄厚，诺贝尔奖得主数量排名世界第 11 位，科学家出类拔萃，但卓越成果多源于合作，我们要深化国际协作。其二，助力匈牙利企业拓展海外市场，扶持创新型、出口导向型企业成功迈向海外市场。浦江创新论坛这样的平台，恰恰就是展示匈牙利高校、科研院所乃至中小企业创新活力，寻求合作契机的绝佳舞台，诚挚欢迎大家到匈牙利参观，相信定会给大家留下深刻印象。其三，吸引更多研究与创新活动落地匈牙利。匈牙利是外国直接投资（foreign direct investment，FDI）流入大国，以 GDP 占比衡量，优势显著，如今中国投资不断涌入，2023 年中国已成为匈牙利最大投资国，匈牙利营商环境与 FDI 支持系统堪称一流。若中国企业有意在海外设立研发中心，匈牙利地处欧洲中心，潜力巨大，值得考虑。

此外，2023 年匈牙利的 Katalin Kariko 和 Ferenc Krausz 两位教授荣膺诺贝尔奖，2024 年 Bierre Luillier 教授荣获沃尔夫奖，借此机会向他们致以祝贺，这些荣誉彰显了匈牙利人才实力与创新活力，我们愿与大家分享成功经验。

创新无国界，它跨越文化与地域的隔阂。面对气候变化、医疗等诸多挑战，既需各国携手，更需全球通力合作。借助浦江创新论坛平台，大家交流思想、缔结伙伴关系、催生创新成果、塑造美好未来。

谈及未来，不能忽视年轻一代，必须为年轻工程师、企业家和科学家创造更多的合作机会，搭建交流网络，推动未来创新。中匈两国间的教育与人才交流至关重要，通过开展相关项目，促进学生与研究员互动，培育下一代创新者。

最后，再次向中国表达诚挚的感谢。本次会议为匈牙利提供展示成就、交流合作的良机，与会代表积极探讨，与匈牙利创新者深度互动，共创合作新局面，这不仅将加固中匈双边关系，更将助力全球社会进步。

愿我们携手踏上创新征程，共创美好未来。谢谢！

中国科学技术协会主席万钢先生的主旨演讲

万钢　中国科学技术协会主席

> 在推动新能源汽车发展过程中，需构建科技创新的开放环境，中国产业平台全面开放，吸引各方深化合作，加大投资，加强沟通，摒弃贸易保护主义，实现互利共赢。对未来发展的感悟包括：发挥新型举国体制优势，推动科技创新转化为产业创新新动能；凝聚战略科技力量，培育壮大新质生产力；营造创新环境，培育跨界融合的产业体系；秉持开放合作精神，共同应对人类面临的挑战。未来，将继续以国家战略目标为科技创新的出发点，构建技术创新体系，坚持自立自强，推动科技创新与产业创新深度融合，积极参与全球创新版图与经济格局构建，实现强国梦、复兴梦。

今天，我想围绕"深化全球合作，共同应对气候变化，推进可再生能源和新能源汽车的高质量发展"这一主题，结合自身经历，与大家分享关于未来发展的思考，以及如何扎实推动科技创新与产业创新的深度融合，助力发展新质生产力。

在应对全球气候变化的征程中，习近平主席于2020年9月在联合国大会上提出，中国的二氧化碳排放力争于2030年前达到峰值，努力争取2060年前实现碳中和。中国政府发表了《关于加快经济社会发展全面绿色转型的意见》，其中一个很重要的意见，就是要明确碳排放总量和碳排放强度将来要作为国民经济发展的约束性指标。同时，对于构建以可再生能源为主的新型能源体系提出了明确的要求和规划。

从实际成果来看，我国在碳排放减少方面成绩斐然。相较于2005年，2023年单位GDP二氧化碳排放量累计下降超50%。能源结构持续优化，2023年煤炭消费量占比降至55.3%，可再生能源发电量占全社会发电量的1/3，可再生能源装机量达1450 GW。

从地面交通角度来看，电力驱动的高速铁路的运营里程已经超过了4.5万千米，而新能源汽车累计销售量超过了2500万辆。同时，我们正在构建碳排放的交易市场，截至2023年底，全国碳排放交易市场碳排放配额累计成交量达到4.42亿吨。

光伏、风电与储能产业蓬勃发展，有力推动经济前行。2023年底，中国光伏发电装机容量达 6.09 亿千瓦，同比增长 55.2%。我国 25% 的国土面积为沙漠，在沙漠边缘铺设光伏设施，不仅能抑制水分蒸发，还能逐步催生绿地，如库布其沙漠，太阳能板下已长出绿草，孕育出生物群落。同期，风电装机容量达 4.41 亿千瓦，增长 20.7%。为保障光伏等间歇性可再生能源的平稳输出，已建成电力储能项目 8650 万千瓦，其中锂离子、钠离子等新型储能达 3450 万千瓦，同比增长 1.5 倍。

就新能源研发和产业化的历程来看，中国很早就关注到汽车交通领域中的排放问题，1995 年就部署了新型动力电池的开发，1999—2008 年加速了燃油汽车的清洁化，推广清洁燃气汽车，组织了混合动力汽车的研发并开展了一系列试点。2001 年，我国启动了第一个国家新能源汽车重大科技专项，历经 20 余年，明确了以能源安全、大气环保和产业发展为目标。在此过程中，确定了以纯电动汽车、插电式混合动力汽车和燃料电池汽车为发展方向，同时聚焦智能化动力控制、高效电力驱动及动力电池系统，不断加大基础研究与未来发展投入。

2012—2020 年，新能源汽车进入市场研发阶段。2021 年，面向 2035 年明确了新能源产业发展的重点。自 2010 年进入市场，用 5 年多时间实现产能占比 1%（年产 45 万辆），2020 年占比超 5%，正式迈入产业化阶段，2023 年占比已达 31.6%。

当前，新能源汽车发展呈现区域特色。纯电动汽车集中于东南部地区，而西北部和北部地区受寒冷气候与城市间距影响，以插电式混合动力汽车（含增程式电动汽车）为主。我国插电式混合动力和增程式电动汽车具备长电动续航里程、高内燃机排放效率和强自控能力的特点，在城市运行时可实现零排放，越野和高速行驶时使用燃油，WLTC 测试百千米油耗低于 2.1 L。

在产业格局方面，排名前十的整车企业占总销量的 86.8%，前 6 位的动力电池企业占总销量的 88.5%。截至 2023 年底，中国汽车保有量为 3.4 亿辆，千人均约 240 辆，远低于欧洲的 500 辆和美国的 800 辆，中国发展空间广阔。2023 年生产近 950 万辆新能源汽车，出口 120 万辆，国内市场消费潜力巨大，所谓产能过剩并不属实。

新能源汽车发展离不开充电桩建设。市场化初期以公共充电桩为主，随着新能源汽车保有量的增加，公用充电桩与私用充电桩同步增长，目前私用充电桩数量远超公用充电桩，桩车比为 1∶2.6，换电站保有量也不断提升。新能源汽车与全国可再生能源协同发展，2023 年可再生能源装机占比超 50%，为新能源汽车绿色发展奠定了坚实基础。

随着新能源汽车全面进入市场推广阶段，其发展态势发生变化。电动化、智能化和低碳化要求我们构建全新研发布局，核心技术聚焦于安全高效的新型车用系统、新一代底盘与电力电子架构，以及车、人、路、云融合的驾驶需求。

展望未来，中国新能源汽车将在多方面持续突破。高安全、高比能、高温域的市场需求将推动动力电池性能持续提升。目前，我国动力电池主要沿两条技术路线发展：一是高比能动力电池；二是高性价比动力电池。常见锂离子电池能量密度约 300 瓦时 / 千克，固液混合电池已装车，能量密度达 450 瓦时/千克，全固态电解质电池研发也在推进，能量密度有望超 400 瓦时/千克。同时，我们重视电池产业链回收与再利用，退役汽车电池可用于储能，回收率达 90%。

在推动新能源汽车发展过程中，充分利用电动汽车作为移动储能单元的特性，鼓励使用绿电和波谷电充电，并通过车网融合实现车载储能向电网高峰补电。高速公路服务区等公路设施旁正在构建可再生能源补能设施，换电模式也在逐步发展。

下一代智能网联新能源汽车将形成全新结构。平台化结构整合动力电池、电驱动、线控转向等，与旋盘底架构成新底架，车身集成探头与中心计算机，操作系统升级为中心计算机控制的域控制系统，以此构建自动驾驶架构，实现由中心结构协同感知系统，经预测、规划、决策后由底盘执行。

这类汽车需与网络深度连接，借助云计算平台对行驶中遇到的复杂问题进行标注、模拟、训练与实验，持续提升自动驾驶性能。此外，我们正大力推进车路云协同的智能网联架构建设，如北京亦庄的自动驾驶试验区，通过建设路侧感知系统，让汽车提前掌握路口全方位信息；山区公路也在布局路侧感知资源，提升行车安全性。如今，在北京、上海等地打开导航，已能提前获取前方两个红绿灯信号，北京亦庄还实现了实时交通信号向导航系统的传输，显著提高了导航精度。近半年来，北京高级别自动驾驶示范区通过网联信控优化，使车辆拥堵时间缩短 30%，平均速度提升近 50%，为自动驾驶提供了更精准的导航支持。

安全是自动驾驶的首要考量。交通场景中存在诸多不规则意外事故，为此我们与交管部门深入分析事故原因，并采用可验证、可回溯的生成式人工智能方法加以解决。自动驾驶汽车的能力本质上是基于交通规则的博弈能力，我们通过车路云协同，基于生成式驾驶大模型解决方案，让汽车学习驾驶员在实际驾驶中的顶情况，从而获取人类驾驶智能，并通过实践不断优化，这与语言大模型有所不同。以上海示范区为例，构建封闭区域，利用云控汽车、模拟行人和自行车构建模型，如模拟交通信号灯失效场景，让汽车学习如何在复杂情况下感知、决策与行动，避免碰撞，通过车车交互博弈提升通行效率。类似的多参与者交互、转弯道与直行车辆博弈、紧急刹车等场景，都可通过大模型训练后在试验场验证，并将结果反馈至数字控制模型。

下面简单介绍中国氢燃料电池汽车发展情况。在我国大规模推广电动汽车的背景下，氢燃料电池汽车也备受关注。我国商用汽车（载重卡车、公交车等）数量虽占比不大，但道路排放占比达 55%，氢燃料电池汽车成为降低商用车排放的关键力量。为此，我国开展了氢能和燃料电池汽车城市群科技示范工程，在东部 40 多个城市进行示范，氢燃料电池汽车累计推广量达 2.1 万辆，涵盖城市工况、物流运输、工程及港口等多元场景。典型案例是 2022 年北京冬奥会，1200 多辆氢燃料电池汽车投入使用，运行半年多，氢气全部来自可再生能源（风力发电），实现零故障、高算力，减排二氧化碳 2200 多吨，充分验证了氢燃料电池汽车在寒冷冬季运行及绿电应用的技术与经济可行性。通过示范，我国实现八大部件自主技术突破，关键技术成本大幅下降，系统成本降低80%，电堆功率密度提升1倍以上。下一步，我们计划以长途客车、重载货车、物流车等为重点，在高速公路开展示范，构建氢能高速通道，支撑燃料电池汽车区域性、规模化示范与中长途运营，同时推动可再生能源直接制氢与就近储运，降低运营成本。

正如众多嘉宾在致辞中所提及的，我们需要共同构建科技创新的开放环境。在清洁能源与新能源汽车合作领域，中国产业平台全面开放，大众、宝马、特斯拉等合作伙伴深度融入中国新能源汽车产业。中国产业链开放包容，吸引各方深化合作、加大投资，推动产业链对外合作不断发展。在海外市场，我国新能源汽车出口贸易与海外投资同步增长，比亚迪、上汽、长城、奇瑞等企业积极布局海外本地化生产，如宁德时代和比亚迪计划在匈牙利建立生产基地，对此我们大力支持。

然而，在20多年的新能源汽车研发与生产历程中，我们也遭遇诸多痛点、堵点与难点，对全球产业转型面临的挑战感同身受。当前，交流与合作仍是全球汽车产业发展的主流趋势。我们应增进互信理解，深化务实合作，实现互利共赢，将此作为推动全球新能源汽车发展、共同应对气候变化的具体行动。在此过程中，加强沟通，摒弃贸易保护主义，助力2030年可持续发展目标的实现。

最后，结合我国发展实例，谈谈我对未来发展的几点感悟。

第一，发挥新型举国体制优势至关重要，这是将科技创新转化为产业创新新动能的关键。回顾过去，在载人航天、北斗导航、探月工程、移动通信、资源勘探、大飞机等国家重大专项中，产学研深度融合，有力推动了产业发展。我们应以国家战略目标为科技创新的出发点，发挥新型举国体制优势，保持战略定力，长期部署基础研究、技术创新、产业发展与市场运行的全链条工作，为产业创新开拓新方向、培育新动能。

第二，必须凝聚战略科技力量，培育壮大新质生产力。新能源汽车在发展初期，曾面临叫好不叫座的困境。2014年5月，习近平总书记视察上汽，强调发展新能源汽车是我国从汽车大国迈向汽车强国的必由之路；2020年习近平总书记视察中国一汽，对创新提出要求；2023年习近平总书记又前往广汽研究院，关注核心技术自主研发与国际合作。这启示我们，要坚持以企业为主体、产学研深度融合的技术创新体系，凝聚各类战略科技力量，打造全产业链创新企业群体，满足社会多元需求，培育壮大新质生产力。

第三，开放创新不可或缺。我们要营造创新环境，培育跨界融合的产业体系。树立自主创新、自立自强的理念，在长期研发过程中保持公开透明，展示各阶段成果，吸引社会各界支持产业创新。过去20年，新能源汽车不仅推动传统汽车产业转型升级，还催生了新的产业生态，在电驱动、电控制、芯片、软件基础设施、网络与导航自动更新等领域形成跨界融合，超越传统产业链概念。

第四，秉持开放合作精神，共同应对人类面临的挑战。以开放包容的胸怀引进来，以合作互利的智慧走出去，加强国际交流与沟通，营造开放、公平、公正、非歧视的国际化发展环境，携手应对共同挑战。展望未来，在可再生能源与新能源汽车发展中，我们要继续以国家战略目标为科技创新的出发点，构建以市场为导向、企业为主体、产学研融合的技术创新体系。坚持自立自强，扎实推动科技创新与产业创新深度融合，有力促进新能源汽车新质生产力的培育壮大。以高水平开放合作的姿态面向世界，积极参与全球创新版图与经济格局构建，主动开展开放合作。同时，持续推动科技体制机制创新，实现发展的质量变革、效率变革、动力变革，在引领科技革命与产业变革中实现强国梦、复兴梦。

中国科学院院士、中国科学院原院长白春礼的主旨演讲

白春礼　中国科学院院士、中国科学院原院长

> 科技创新是培育发展新质生产力的重要引擎，历史上的科技革命都孕育出了前所未有的新产业，引领了生产力的跃迁。未来产业作为新质生产力的关键支撑，已成为重塑国际格局的重要力量和国家竞争的战略制高点。科技创新在培育新质生产力过程中具有前瞻性、引领性和颠覆性等特征。我国已经建立起体系化、大规模的创新系统，具有规模庞大、部门众多的产业体系，以及大规模的市场和人才、体制优势，这些都是我国发展新质生产力的重要基础和保障。为了更好地发展新质生产力，建议强化前瞻性、基础性研究的全面布局，推动科技创新与产业创新的融合发展，并加强重要的国际合作。通过这些措施，可以持续推动科技创新和产业创新深度融合，助力发展新质生产力，为高质量发展提供有力支撑。

今天我跟大家分享的主题是"科技创新发展，培育新质生产力"。大家知道，2023年9月7日，习近平总书记在黑龙江主持召开了新时代推动东北全面振兴座谈会。座谈会上，习近平总书记强调要积极培育新能源、新材料、先进制造、电子信息等战略性新兴产业，积极培育未来产业，加快形成新质生产力，增强发展新动能。

2024年1月，习近平总书记在中共中央政治局第十一次集体学习时也强调，新质生产力由创新起主导作用，它摆脱传统经济增长方式、生产力发展路径，具有高科技、高效能、高质量特征，符合新发展理念的先进生产力质态。习近平总书记关于新质生产力的重要讲话，体现了中央全面深化改革的发展战略需求，也为推动高质量发展指明了方向。2024年6月，召开了"科技三会"，即国家科学技术奖励大会、全国科技大会和两院院士大会。在这次"科技三会"上，习近平总书记再次强调，要扎实推动科技创新和产业创新深度融合，助力发展新质生产力。

那么，什么是新质生产力呢？习近平总书记也讲过，新质生产力是由技术革命性突破、生产要素创新性配置、产业深度转型升级而催生，以劳动者、劳动资料、劳动对象及其优化组合的跃升为基本内涵，以全要素生产率大幅提升为核心标志。其特点是创新，关键在质优，本质是先进生产力。

所以，我们说科技创新是培育发展新质生产力的重要引擎。从历史上看，到现在为止，人类已经发生过 5 次科技革命，这 5 次科技革命包括 2 次科学革命和 3 次技术革命，而 3 次技术革命又带来了 3 次工业革命或产业革命。每一次科技革命都孕育出了前所未有的新产业，引领了生产力的跃迁。

18 世纪，物理学的突破带动了蒸汽机的发明和广泛应用，英国因此培育壮大了钢铁、纺织等新型工业。19 世纪初，有机化学领域的重大突破使德国在化工制药方面带动了未来产业的发展，即使到如今，德国的化工制药在国际上也占有非常重要的地位。19 世纪末，电磁理论的重大突破也带动了电气产业等全新产业的发展。到了 20 世纪，以美国贝尔实验室发明晶体管为标志，计算、信息网络、集成电路（包括软件）等全新产业相继出现。

进入 21 世纪，互联网、物联网、集成电路等新兴产业迅速崛起，进而推动了社会生产力实现了一个新的飞跃。所以，从国际上看，未来产业作为新质生产力的关键支撑，已经成为重塑国际格局的一支重要力量，也是国家竞争的一个战略制高点。重大科技突破孕育出新质生产力，催生新的经济增长点，在更高层次、更高水平上重塑产业链和生态系统。

近年来，各个国家，尤其是欧美发达国家，大力支持未来产业的总体布局，已经把孕育发展未来产业作为一个重要的战略部署。例如，美国高度重视未来产业的发展，2021 年发布了一个培育未来产业的法案，计划每年投入 100 亿美元支持未来产业的发展，其中包括大力发展量子信息和人工智能等。欧盟也发布了《加强面向未来欧盟产业战略价值链报告》，旨在围绕欧盟六大战略性产业和面向未来的产业来重塑全球竞争力和领导力。

那么，为什么我们要强调科技创新培育新质生产力呢？它主要有哪些特征呢？我觉得可以从以下几个方面来看：

首先，从科技发展规律来看，科技创新在培育新质生产力过程中具有前瞻性、引领性和颠覆性等特征。

关于前瞻性特征，驱动新质生产力培育的科技创新往往诞生于人类知识的盲区，具有高度的未知性和不确定性。它往往植根于高水平的基础研究，甚至产生于很多非共识的项目。例如，mRNA 技术引领了新一轮药物和疗法革命，但主要的发明者女科学家卡塔琳·考里科曾经一度没有固定的职业，直到其获得诺贝尔奖时还是副研究员。

关于引领性特征，推动新质生产力培育的科技创新具有牵一发而动全身的作用。它对创新的突破不仅会带来新的产品和新的服务，还将推动传统产业转型升级，激发经济发展的新动能，同时也通过新的产业创造了大量的市场和新的需求。例如，合成生物学被誉为继DNA双螺旋结构发现和人类基因组测序之后的第三次生物学革命。

关于颠覆性特征，推动新质生产力培育的科技创新具有颠覆性特点，将完全打破已有的技术路线或格局，来重塑一个全新的格局。例如，核聚变一旦实现突破，将颠覆全球的工业格局。

其次，关于我国发展新质生产力的基础和优势。一是我国已经建立起体系化、大规模的创新系统，这是中国实现发展新质生产力的一个重要技术基础。到2023年，我国研发经费支出已经超过3万亿元，研发强度大约是2.64%，这也覆盖了各个重要的创新领域。中国科学家发表的SCI论文数量和高被引论文数量排名都居世界第2位。在衡量高质量科研论文的产出指标——自然指数中，中国位居世界第二。同时，国内发明专利申请量和PCT专利申请量都位居首位，中国成为全球科技创新的一个重要贡献者。二是我国具有规模庞大、部门众多的优势，已经形成了非常完备的产业体系。我们是全世界唯一拥有联合国产业分类中全部工业门类的国家。我国已经成为世界第一制造大国，制造业增加值占全球的比重接近30%。所以新产业发展所需的各类材料、器件、设备我们都有相应的生产能力。另外，在未来产业所依赖的先进的数字基础设施方面，如高速互联网、5G网络、数据中心等，我国也已经具备了良好的条件。三是我国具备大规模的市场，在人才、体制方面都有培育发展新质生产力的重要保障。我国具有巨大的市场及多元化的市场需求，这是未来产业和新质生产力发展的落脚点。我国现在创新人才的规模稳居世界首位，而且高校每年培养的科学技术领域的学生和工程师具有重要的规模优势。我国新型举国体制也强调长远规划和系统集成能力，统筹国家发展的各个领域，包括经济、技术、社会等方面的发展布局和资源配置，以及保持长期耐心的投入。

最后，我再说几句关于发展新质生产力的建议。我想提三点建议供大家思考：其一，强化前瞻性、基础性研究的全面布局。基础研究是未来产业技术创新的源头，没有基础研究的长期积累和雄厚基础，技术创新与突破、应用开发往往没有后劲甚至不能实现。但技术研究又充满了不确定性，需要体系化的、前瞻性的研究布局。尤其要强化一些非共识的前沿布局，形成自由探索的创新土壤，让重大的创新成果在开放、宽容的环境中能够源源不断地生长出来。其二，要推动科技创新与产业创新的融合发展。我国有超大规模的市场和产业体系，这是孕育未来产业发展新质生产力的宝贵资源，要进一步探索构建产学研合作的创新平台，构建起高效、协同和可持续发展的科技创新与产业创新格局，持续加大人员投入，鼓励高校和科研单位加强联系合作。其三，加强重要的国际合作。国际合作是科技创新的一个重要载体，包括人员的交流。

英国皇家学会副会长马克·沃尔波特的主旨演讲

马克·沃尔波特　英国皇家学会副会长

> 大会主题"共享创新、共塑未来"意义重大，因我们面临巨大环境挑战，需承担代际责任，利用技术应对全球问题。气候变化、细菌耐药性、病毒传播、生物多样性丧失及农业问题均亟待解决，且需科学家、研究人员创新应对。科技虽带来机遇，但也伴随挑战，需谨慎对待。国际合作对解决重大问题至关重要，英国皇家学会与中国有长期合作历史，将继续促进国际科学交流。中英合作虽有成就，但需注意风险，如研究被滥用、信息泄露等。科学家与政策制定者需共同努力，认识到潜在滥用行为并采取行动，确保政策不阻碍重要合作。最后强调，科学是全球合作事业，需共同努力应对挑战。

今天出席浦江创新论坛的开幕式，我感到非常荣幸和高兴。当前科技发展和创新步伐前所未有的快速，同时我们生活在一个充满不确定性的时代。今天大会的主题是"共享创新、共塑未来"，在我看来非常有意义。如果我们不积极应对这些挑战，会发生什么后果？因为我们现在面临的环境挑战如此之大，未来的危险很有可能成为现实，而这些挑战将会是我们的孩子们、孙子们，甚至子子孙孙都要共同面对的。所以我们应承担代际责任，即利用技术的方式共同应对气候变化等一系列全球挑战。

今天，大家都谈到了气候变化。很遗憾，我们的地球正在以前所未有的速度变暖，并不断打破原有的纪录。气候变暖导致天气系统发生了很多变化，这些变化很有可能变得不可逆转。还有很多其他环境性的挑战，如原本我们认为可以通过抗生素应对一系列细菌感染，但现在为什么做不到了呢？因为细菌正在对原本用来杀死它们的药物产生耐药性。这次新冠疫情也给我们证明了，一个新的病毒会对生活的各个方面产生怎样的影响。这些新病毒不需要护照，也不需要签证，它们不尊重社会秩序，会轻松地跨国境传播。

再来说说生物多样性，我们现在正在经历地球上第6次生物大灭绝，全球的生物多样性正在大规模丧失。在这个过程中，我们并不一定了解这会对我们的生物多样性带来什么大的影响。例如，传播花粉的昆虫灭绝会产生重大的影响。我们还看到，寄生虫类的疾病不仅仅在赤道附近传播，现在也开始向北和向南传播。当然还有农业问题，未来30年后，地球预计将有100多亿人口，怎么养活这么多人？这些问题都有一个共同点，就是人口遇到了巨大的挑战。有的国家面临老龄化社会，而有的国家的年轻人在四处寻找工作，所以很有可能产生移民问题。

与此同时，科技不断发展，我们见到了很多了不起的新科技。我们已经听到关于能源科技、信息技术的进一步提升，人工智能、机器人系统、自动化系统的崛起，还有量子科学、空间科学等讨论。所有的这些科技方面的发展都会彻底改变我们的生活，它们很有可能带来积极的改变，但也有可能带来负面的影响。所以我们需要非常谨慎地对待。

这些问题也有一个共同点，就是它们都需要科研人员开发出一些创新的解决方案。刚才白春礼院士已经说到，科学家和研究者的首要任务就是做一些由好奇心驱动的基础科学研究。这些技术以前是我们做梦都想不到的，但它们能帮助我们解决一些挑战，如开发一些负担得起的疫苗。mRNA疫苗对于目前的科学医疗工作者来说可能是重要的挑战，因为它现在非常昂贵。我们怎样才能让各国人民都用得起这些好的治疗方法呢？这也是我们需要为他们解决的问题。

与此同时，这些科研人员要和工程师、技术人员一起，把这些技术产业化，把解决问题的能力释放出来。我们认为，创新不会来自单独工作的个人或小组，我们现在比以往任何时候都需要进行大规模的国际合作，这样才能解决一些重大的问题。

最终，我们都呼吸着同样的空气，依靠着同样的地球，依赖于同样的水循环系统，所以我们面对的是共同的问题。说几件有关英国皇家学会的事情，皇家学会和中国有长期的合作关系。1660年，英国皇家学会正式成立。英国皇家学会外事部门的第一位负责人是1773年任命的。我是英国皇家学会的副会长，同时也是外事部门负责人。刚才的同事提到，我们将致力于促进全球研究人员合作，创造出一些有利于全球发展的创新成果。

中英科学家之间的交流有一段很长的历史。最早我们主要是进行一系列关于中国的讨论。我们有一个期刊叫《哲学汇刊》，早期版本经常讨论中国的科学和技术。例如，1667年，这个期刊评论了德国某学会一位名叫基歇尔的人所著的《中国图说》这本书，该书讲述了中国一些天然产品的神奇药用价值，而且中国还有一些重要的天然产品，如奎宁，1000多年来中国人民都用奎宁治疗疟疾，另外还有漆器、印刷术、火药、铸铁等技术都是由中国发明的，这些基歇尔在书中也有描述。

从18世纪到19世纪，英国皇家学会会员和中国进行了更多的交流和接触，这些交流涉及药物、针灸、动物、植物、外科设备、瓷器、丝绸和中文等主题。英国有一个真正充分认识到中国文明科技进步的科学家，名叫李约瑟，他也是一位生物化学家，是皇家学会的会员，他原来在剑桥大学工作。1942—1946年，李约瑟和他的夫人生活在重庆，他的夫人叫鲁桂珍，也是一名很杰出的研究人员。在第二次世界大战期间，他们都在重庆工作。于1944—1946年走遍了中国，学习了中国的历史和文化。从1947年开始，李约瑟就开始撰写他的代表作《中国科学技术史》，这是一部多卷本的著作，一直到他1995年去世时都在写这本书。后来这本书扩展到27卷，今天仍然是西方重要的参考文献。

当前，中国是英国开展合作研究的第二大单一国家合作伙伴，仅次于美国，而且这一合作还在不断深入。研究人员希望能够和全世界最好的科研人员进行合作，而且这种合作产生的科研成果往往会被其他科研人员多次引用。

一个非常成功的合作案例是英国约翰·英纳斯研究中心和中国共同运营的一个叫植物和微生物科学联合研究中心的项目。这是由中国科学院和英国生物技术与生物科学研究理事会（BBSRC）共同资助的，他们研究的是应对全球粮食安全和可持续医疗保健的挑战。我期待本周能够参观这个中心。

英国和中国之间的紧密联系也体现在英国皇家学会和中国科学界的交往过程中。我们继续和中国开展了很多成功的资助项目，以促进国际科学交流。自2016年以来，我们与中国的对口机构——中国科学院举行了一系列成功的政策对话。这些对话将中英两国科学家聚在一起，讨论与新兴技术相关的一些政策。有一个关于人工智能的伦理会议已经召开了，接下来还会继续召开几次这方面的会议。

2024年早些时候，我特别高兴地看到了关于空气质量和气候变化主题的青年研究人员会议。这一类的会议非常重要。其不仅讨论了重要的话题，传达了重要的信息，更重要的是可以让这些本来没有机会见面的科学人员见面。让青年研究人员在一起见面是非常重要的，因为他们的未来非常光明，非常远大。有的时候，这些青年科学家面临的最大困境是暂时没有条件或能力证明自己，但同时他们的优势在于自己的职业生涯还很长。

所以现在加强这一系列的合作是很必要的，我们还需要一个强有力的科研资助的支持框架，以及支持未来科学合作的监管制度。我们现在需要考虑到底应该用什么样的方式来支持科学，然后面对未来。中英合作虽然有很多值得庆祝的成就，包括一系列的国际科学的成就，但我们不能对未来的挑战视而不见。不可避免的是，国际研究合作会带来一些风险，虽然存在很多机遇，但几个发言人也都已经提到了，那就是研究被滥用或者是被利用，这里面存在不平等。

例如，在合作过程中开发出一种新药，但不是所有的伙伴国家都能够平等地获得这些药品的成果，或者有可能个人信息泄露，个人或者机构的声誉在此过程中受损，有可能卷入更广泛的社会威胁等。每个政府都有保护公民的首要责任，这就要求我们关注风险、韧性和国家安全的问题。

对于我们科学家、工程师和技术专家来说，这又意味着什么呢？首先，作为科学家我们需要认识到我们的工作在哪些方面有可能被滥用，并且要采取相应的行动。其次，政策制定者也需要确保他们的政策不会有意或者无意阻止那些有可能有助于解决人类面临的关键挑战的重要合作。

最后，我想引用一句中国谚语："独木难支。"一根木头支撑不起一座大厦，我们需要共同努力。在我们展望未来，准备应对全球挑战时，以及面对所有的经济机遇时，我们需要利用可再生能源来帮助减少气候变化最坏后果的产生。

我们也需要不断地提醒自己一点：科学过去是、现在是、将来也将永远是一项全球的合作事业。谢谢大家！

2023年度国家最高科学技术奖获得者，中国科学院院士、南方科技大学校长薛其坤的主旨演讲

薛其坤　中国科学院院士、南方科技大学校长

> 量子计算机基于量子比特进行并行处理，理论上能提供远超超级计算机的计算能力，但其实面临诸多挑战，如量子晶体管的制作和极低的工作温度要求，预计需10～20年才能研制出通用量子计算机。尽管如此，中国在量子计算机领域仍处于领先位置，但要实现广泛应用还需全球共同努力。必须要强调基础研究的重要性，呼吁创新与合作，量子计算机的发展离不开这些要素。

我非常荣幸能在这次浦江创新论坛上做报告，并借鉴白春礼院长关于新质生产力的观点，来谈谈从传统计算机发展到如今正蓬勃发展的量子计算机这一专业领域。

为了更好理解传统计算机与量子计算机算力的崛起，我们先回顾一下数学知识。幂指数比如说 2^{10} 是10个2相乘，它等于1024，约等于1000，近似于 10^3，这也就是我们二进制中1000个字节的来源。以此类推，2^{60} 约等于 10^{18}，即100亿亿，而每秒100亿亿次浮点数的运算速度是目前世界上最强大的超级计算机的信息处理速度。再进一步，2^{70} 约是10万亿亿，这是未来更强大的超级计算机可能达到的运行速度。

传统计算机硬件的发展基于两大重要发明：贝尔实验室的晶体管发明及集成电路的发明，这些发明的物理学家也因此获得了诺贝尔物理学奖。现在芯片的发展已经非常令人惊叹，如英特尔的 Core i7 处理器，一个芯片就包含了17亿个晶体管，这比中国的人口还要多。经过六七十年的发展，计算机已经达到了令人惊奇的水平。现在的超级计算机已经超过了刚才提到的每秒100亿亿次浮点数的信息处理速度，中国的天河、神威超级计算机也在逐渐接近这个水平。然而，运行速度和存储密度的提高，也带来了一些问题。例如，晶体管数目达到6000万亿个的超级计算机，如美国橡树岭国家实验室的ORNL，它的体积非常大，占地1/4个足球场，每天消耗的电量是50万千瓦时。

此外，CPU 芯片也发展到了图形处理的 GPU。例如，英伟达的 H100 芯片，已经可以集成800亿个晶体管，算力已经达到超级计算机的1%。而美国 Cerebras 公司的 AI 加速芯片更是集成了4万亿个晶体管，算力超过了超级计算机运行速度的1/10。同时，在芯片制造技术上，如20秒光刻机已经接近2纳米的水平，但其体积也变得非常庞大，重量达到了150吨。

然而，AI 时代、大数据时代的到来又需要更强大的算力。为此，我特地请清华大学的同事唐杰教授介绍了他们最新技术所需的算力。例如，6秒的视频处理需要2000张英伟达 H100 GPU 芯片学习训练1个月。如果把视频长度增加到30秒，就需要4000张英

伟达 H100 GPU 芯片训练 3 个月。而要制作 1 小时的电影，算力需求就变得非常巨大了。最近特斯拉计划构建一个超过 40 亿级超级计算机算力的 AI 系统，其功率达到了 70 兆瓦，需要一个小型电站才能满足运行需求。

因此，在实现联合国 2030 年可持续发展目标的过程中，我们显然需要更高的算力、更高的存储密度，同时按照可持续发展的要求，需要更低的能耗。为了解决这些问题，需要很多科学家朝着这个方向努力。其中，量子计算机就提供了一个非常重要的可能。

为了理解量子计算机的算力，我们回顾一下概率论的基础知识。一枚硬币有 2 种状态，即正面和反面，所以一枚硬币有 2 种可能性，我们记为 2 的一次方。如果有 2 枚硬币，就有 4 种状态，记为 2^2。同理，3 枚硬币有 8 种状态，是 2^3。如果有 N 枚硬币，出现可能的状态就是 2^N。量子计算机就是基于这样的"量子硬币"或"量子比特"，它们具有两个明显不同的状态。量子体系可以制作量子比特，但物理上要求非常高。

量子计算机通过量子纠缠和叠加同时操纵 N 个量子比特或量子硬币的 2N 种状态，进行信息的并行处理。在理想情况下，由 70 个理想的逻辑比特制备的计算机将提供 15 万亿亿次的计算能力，这超过了 100 台超级计算机的运行能力。所以，量子计算机的强大算力来自指数加速的原理。

那么，传统计算机和量子计算机有什么相同点和不同点呢？传统计算机是基于场效应晶体管工作的，而量子计算机则可能使用量子晶体管，如约瑟夫森结。约瑟夫森因发现约瑟夫森效应获得了 1973 年的诺贝尔物理学奖。约瑟夫森结就像一个三明治，两边是铝，中间加了一层氧化铝。铝的来源非常广泛，降温后可以形成超导体，从而制作超导量子比特或量子晶体管。但是，与工作在室温的场效应晶体管不同，量子晶体管必须工作在零下 273 ℃ 左右的温度，这几乎接近热力学不可达到的温度。因此，一旦制作出量子计算机，需要庞大的制冷机，其体积也不可能小。

所以，如果有一天我们研制了实用的通用量子计算机，其占地会因为制冷机的体积而变得非常大，可能达到 1/10 个足球场那么大，永远不能小型化。你也不用担心你的笔记本电脑和超级电脑会被量子计算机替代，这就像汽车永远不会被飞机替代一样。

当然，你可能会问什么时候能研制出量子计算机来解决我刚才谈到的问题。从物理学角度来看，至少还有 5 道难关需要攻克。全世界没有一个人能说得很精确，但估计需要 10～20 年才能研制出通用的量子计算机。然而，计算机的研制本身就是一个体现人类智慧的创新工作，同时也是一个国家最强科技实力的象征。因此，这是一个战略必争之地。今天科技部阴和俊部长也在这里，咱们国家包括全世界很多国家在这方面都做了非常好的部署，并且发展得非常好。

我的报告想告诉大家的是，基础研究是整个创新链中非常重要的一部分。在大数据信息时代，我们需要更强大的算力，而量子计算机具有非常好的前景。但是，这需要物理学家、电子器件专家、计算机专家的共同努力。中国在这方面处于世界的第一梯队，但要形成一个广泛应用的量子计算机，就像现代计算机一样，还需要全世界科学家、工程师、创业家的共同努力。因此，我觉得这次会议主题"Share Innovation, Shape the Future"是一个非常好的话题，量子计算机同样离不开这样的主题。

美国国家科学院、美国国家工程院、美国国家医学院、美国人文与科学院院士及中国科学院外籍院士勒罗伊·胡德的主旨演讲

勒罗伊·胡德　美国国家科学院、美国国家工程院、美国国家医学院、美国人文与科学院院士及中国科学院外籍院士

> 未来，我们将通过人工智能处理大量基因组和表型组数据，利用数字孪生技术跟踪个人健康状况，预测并调节健康状态。这种医生与 AI 的合作伙伴关系将应对当代美国医疗面临的五大挑战：医疗质量总体不高，老龄化人口快速增长，慢性病呈爆炸式增长，多样性、平等性和包容性问题，医疗成本指数级上升。我们希望通过以下三大核心理念解决这些问题：一是从关注疾病转变为关注健康和预防。二是推动数据驱动的医疗更加民主化，让全球都能受益。三是利用 AI 优化健康服务。

今天我非常高兴能来到这里，与大家分享我在创新工作中的经验。我在加州理工学院（Caltech）担任助理教授时，就开始探索人类复杂性的问题。通过一系列的范式变革，我最终提出了"人类表型组计划"，这一计划有望推动医疗领域发生重大变革——从传统的疾病护理模式转变为健康护理或预防性护理模式。我希望通过数据驱动的方式，结合个人的基因组和表型组，来评估和优化个人健康。

在加州理工学院时，我已经意识到要研究人类复杂性，就需要生成大量信息并全面分析个体状态。然而，当时的技术和分析工具还无法将这些数据转化为对生物复杂性的深刻理解。从 20 世纪 70 年代开始，我见证了几次范式变革，它们帮助我们更好地理解生物复杂性，并构建了下一代医疗保健的愿景。

第一次范式变革：将工程学引入生物学，如对 DNA 和蛋白质进行多种方式的改变，并进行 DNA 测序。

第二次范式变革：人类基因组计划。1985 年，我受邀参加了第一次基因组项目会议，并参与了项目的启动评估。当时，我们虽面临挑战，但也看到了可能性。一些人担心，大规模的基因组研究可能会打破传统生物学研究的小组模式。

第三次范式变革：提升部分人的能力，让他们开发出应对人类复杂性的新技术和新

战略。我在加州理工学院提议建立跨学科研究领域，这一提议得到了生物学系的支持。比尔·盖茨也在西雅图建立了第一个跨学科实验室，并取得了初步成功。但我意识到，大型州立大学在进入下一个变革阶段时可能会面临障碍。

因此，我提出了系统生物学的概念，并于2000年离开加州理工学院，创建了自己的系统生物学研究所，试图解决如何管理大量生物学数据的问题。我们意识到，每一个普通人的健康和疾病状态都基于大量的生物学数据，需要用全面综合的方法来理解其复杂性。我还提出了"4P医学"的概念：预测性（predictive）、预防性（preventive）、个性化（personalized）和参与性（participatory）。前3个"P"与科学相关，我们已经明确了实现路径。但第4个"P"——参与性，即如何让医疗领域的目标受众抓住这些机会，至今仍是挑战。

2005年左右，我获得了1亿美元的资金，并将其投入ISB公司，用于开发4P医学理念。我们发现，与其研究单个个体，不如研究100个人的基因组和表型组随时间的变化情况。后来，我创立了Arivale公司，吸引了5000多名客户，他们提供了自己的基因组和表型组数据。这为我们带来了巨大的洞见，并推动了第六次范式变革。

第七次范式变革发生在2017年，我成为普罗维登斯医疗中心（Providence Medical Center）的首席科学官。我意识到，大型医院的官僚体系无法真正推动创新。于是，我创建了一个非营利组织——Phenome公司，致力于数据驱动的科学研究。我坚信，新的想法往往需要新的组织形式来实现，因为旧的官僚体系会对创新带来巨大挑战。

通过这些经历，我总结了以下经验和教训：

①每一次范式变革都从根本上改变了我们思考生物学的方式，如自动化基因组测序。

②实现这些变革需要建立新的组织架构，并且需要长期的、坚定的乐观精神。

③最难的是说服同事，尤其是年长的同事，年轻一代通常更容易接受新理念。

那么，什么是数据驱动的健康？基因组和纵向表型组数据对健康意味着什么？这些数据将揭示各种潜在的可能性，由表型决定，包括从出生到死亡的全过程。其中，个人的运动、饮食、压力和睡眠等生活方式因素是第一个表型；第二个表型是生活环境，包括血液检测、可穿戴设备监测的生理学数据、肠道微生物、饮食和药物等。这些因素将以全新的方式改变我们的生活。

如何说服怀疑者？我提出了"人类表型组计划"（HPP），计划在未来10年对百万人进行基因组测序和其他相关研究。我们整合了全基因组、临床化学、肠道菌群、蛋白质代谢物分析、睡眠监测等数据，发现了200多个可操作的行为节点。通过这些关联性，我们可以找到预防疾病、提升健康水平的方法。

例如，我们在癌症发生前4年就能通过血液中的蛋白质变化进行预测，还能通过生物年龄评估健康状态：如果生物年龄低于实际年龄，说明健康状况良好。此外，我们还通过游戏等方式提升大脑认知能力，即使是80多岁的老人也能从中受益。

目前，人类表型组计划已经取得了显著进展。我们收集了大量数据，建立了生物银行，开发了计算平台，与BUCK研究所等机构合作，研究衰老模式。我们还通过家庭医生向大众推广基因组和表型组的概念，希望将常见慢性病（如阿尔茨海默病、癌症、心脏病和糖尿病）转变为可干预的疾病。

从短期来看，我们将重点关注糖尿病项目，计划从1000人开始并逐步扩大规模。从长期来看，我们计划在未来10年内实现以下目标：

①证明数据驱动的健康管理能够提升个人健康水平。

②大幅降低医疗成本，因为慢性病是医疗成本的主要来源。通过早期发现和干预，我们可以显著降低其发病率。

③提升表型组技术，将数据整合到可穿戴设备中，实现数据驱动健康的民主化，让发展中国家也能受益。

未来，我们将通过人工智能处理大量基因组和表型组数据，利用数字孪生技术跟踪个人健康状况，预测并调节健康状态。我们希望将每个人的基因组和表型组数据纳入大语言模型，为个人提供无限的健康提升可能性，并为医生提供临床证据，帮助他们采取具体措施提升个人健康水平。

这种医生与AI的合作伙伴关系将应对当代美国医疗面临的五大挑战：医疗质量总体不高，老龄化人口快速增长，慢性病呈爆炸式增长，多样性、平等性和包容性问题，医疗成本指数级上升。我们希望通过以下三大核心理念解决这些问题：一是从关注疾病转变为关注健康和预防。二是推动数据驱动的医疗更加民主化，让全球都能受益。三是利用AI优化健康服务。谢谢大家！

上海交通大学李政道研究所青年学者许金祥的主旨演讲

许金祥　上海交通大学李政道研究所青年学者

> 缪子是探索微观和宏观世界的重要工具。它作为一种神奇粒子，比电子重200倍，具有磁场和高穿透性，能穿越大气层至地球表面。物理学家发现缪子磁性是物理学一大谜团，其旋转速度的计算与实验测量间存在微小差距，可能暗示未知粒子的存在。为解决此谜团并深入探索宇宙，国际合作至关重要，需汇聚全球专业知识和前沿技术。此外，缪子探测技术已开发出先进粒子探测器，其中缪子成像技术尤为引人注目。它能对大型物体进行深层成像，穿透力远超X射线，已成功应用于考古学中的密室发现。缪子成像技术潜力巨大，可用于地下结构分析，为环境科学和基础设施安全提供新可能。实现这些应用需跨学科合作，地质学家、土木工程学家和物理学家需携手共进。

今天给大家分享一下缪子的故事,缪子是我们用来探索微观和宏观世界的重要工具。

首先,让我们花点时间观察一下我们周围的世界。无论是我们所处的会议室的地板、天花板,还是屏幕,甚至你和我,都是由物质组成的。20世纪初,我们已经了解到所有物质都是由原子组成的。原子内部有原子核,质子和中子都位于原子核内,而周围则是各种各样的电子。

为了探索是否还有比中子、质子更小的组成部分,物理学家们进行了各种实验。右边的图[①]就为我们提供了答案:在质子和中子中,还有更小的粒子,我们称其为夸克(quarks)。质子当中就包含两个不同的夸克。当然,我们一直在研究电子,而电子依然是最基础的粒子,没有其他内部结构。但是,除了这3种粒子之外,我们还发现了另外一种在宇宙中不断重复出现的粒子,那就是缪子。这也是物理界的一个谜团,我们并不理解为什么宇宙中会存在3种完全一样的这类粒子。

在过去的15年里,我花了很多时间研究缪子粒子,试图解开这个谜团。缪子真的是一种非常神奇的粒子,它比电子大概重200倍,有自己的磁场,会在磁场中产生反应,并且具有很强的渗透性。例如,它可以穿过10千米厚的大气层一直到达地球表面。

物理学最大的谜团之一就是缪子的磁性。如果你把它放到磁场当中,它就会像陀螺一样旋转。通过物理学原理,我们可以计算它在磁场中旋转的速度。缪子在磁场中的旋转速度测量精度已经达到了小数点后10位,我们使用超级计算机进行计算,并期待未来能够使用量子计算机来进行更精确的计算。

从实验上我们测量的精度也达到了小数点后10位,与理论计算的结果非常接近。但是很有趣的一点是,当我们把理论和实验进行比较时,发现两者之间存在一定的差距。在第8位小数上,大概有500个单位的差距。这个差距可能意味着存在未知粒子的影响,这是我们在过去100年中还没有发现的。为了解决这一差距,进一步了解宇宙,国际合作至关重要。

为什么国际合作如此重要呢?我们可以看到,为了提高这个领域的测量精度,我们需要来自全球的专业知识。实现这样的准确度,需要我们使用非常前沿的技术和精准的超导磁体。这些技术来自不同的物理领域和物理之外的学科,如天体物理、粒子物理和计算物理等。只有进行合作,我们才能克服挑战,实现高精度的测量。

接下来,我们从基础研究转到实际应用。从基本粒子开始,我们已经开发出了很多先进的粒子探测器。例如,欧洲缪子探测器及中国科学院高能物理研究所的相应谱仪,都用于探测缪子。我们使用的技术很简单,基本上是通过塑料闪烁体发出光线,当缪子穿过时,我们会捕获这些光。我们使用的是硅光电传感器。虽然看上去是非常简单的探测技术,但它有很多实际应用。

---

① 指作者演讲时演示的图片。因此文为后期整理,无法找到原图,为如实记录作者演讲内容,只能按原文描述。全书还有许多类似情况出现,如未做说明,均以如实记录作者演讲内容为准。

其中非常有趣的一个应用就是缪子成像。缪子成像技术可以对大型物体进行成像，因为缪子可以渗透得更深。相较于 X 射线，缪子可以穿透更厚的物质。例如，缪子可以穿透数千米厚的岩石。一个令人振奋的消息是，缪子成像技术已经成功应用于发现埃及大金字塔和卢浮宫金字塔下的密室。如果没有缪子成像技术，这些是不可能被发现的。

但是，缪子成像的应用不仅仅限于考古学。它的潜力很大，可以解决现代很多问题，如地下结构的分析。这给我们带来了很多可能性，无论是环境科学还是基础设施安全。要实现这些应用，我们需要跨学科的合作。最为关键的是，我们的缪子成像要获得成功，就需要地质学家、土木工程学家和物理学家进行合作。无论是在甘肃省探测矿质，还是在上海检查地下的基础设施，我们都需要跨学科的合作。

最后，我想强调两点：第一，国际合作至关重要，可以推动我们对宇宙的理解；第二，跨学科的合作也非常关键，能够把这些发现和技术变成实际的解决方案。

西湖大学生命科学学院副研究员白蕊的主旨演讲

白蕊　西湖大学生命科学学院副研究员

> 遗传病和癌症对人类健康构成严重威胁，而剪接体在其中扮演了关键角色。剪接体是遗传信息的"剪辑师"，负责将断裂的基因片段重新拼接，形成蛋白质来执行生命活动。剪接体的突变或剪接异常会导致严重的疾病，包括遗传病和癌症。我们的研究表明，35% 的遗传紊乱和几乎所有类型的癌症都与剪接体有关。然而，目前靶向剪接药物的研发面临重重困难，主要是因为对 RNA 剪接机制的研究匮乏，且缺乏相关的结构信息作为指导。我们团队在施一公教授的带领下，完成了对 RNA 剪接全过程机制图谱的绘制，并掌握了世界一流的剪接体研究技术。首次报道了 U12 型剪接体，揭示了人体内存在两条并行的剪接通路。

今天我演讲的主题是"遗传信息的'剪辑师'——剪接体与 RNA 剪接"。

众所周知，遗传病和癌症是威胁人类健康的元凶。让我们先看几组数据：在我国，每年有 80 万～120 万名新生儿患有遗传病，全球患者更是多达 4.5 亿人，其中一半都是儿童，且大部分都无法活过 5 岁。

研究表明，35% 的遗传紊乱和几乎所有类型的癌症都与剪接体有关。大家可能会问，什么是剪接体？为什么它会是如此多种疾病的致病因素呢？

我们都知道，遗传信息存储在 DNA 中，也就是基因。基因需要通过逐步的信息传递，最终形成蛋白质来执行生命活动，这个过程就是生命体的中心法则。但实际上，以人类为例，我们的基因是断裂的，就像电影素材库一样，是片段式的、不连续的。这时，就需要一个"剪辑师"来完成对基因片段的重新拼接，而这个"剪辑师"就是剪接体。这个过程即遗传信息被重新拼接的过程，被称为RNA剪接。

人类基因组计划告诉我们，人的基因大约有2万个，但编码的蛋白质却是几十万种。这主要是因为剪接体会对基因信息进行重新拼接。基于其如此重要的作用，如果剪接体发生任何突变或剪接异常，都将会导致严重的疾病。

左边这张图显示了几种典型的由于剪接异常导致的疾病，其中脊髓性肌肉萎缩症（简称"SMA"）更为大家所熟知，它是一种罕见病，很多患者在幼儿时期就夭折了。右图则显示，在同一个基因的不同位置发生错误剪接，就会导致4种完全不同的疾病，如肌营养不良、脂肪代谢障碍、早老症等。

剪接体的研究起步于20世纪80年代，因此，其组成及功能研究也越来越受到领域内的重视。剪接体是由300多个蛋白质组成的庞然大物。其中，一个基因的多种突变就会引起一系列的癌症。以骨髓增生异常综合征为例，我国每年新发病例有30余万人，其中有超过1/3的患者会发展为急性白血病。对这些患者进行基因测序统计分析后发现，他们一半以上的致病突变都位于剪接体上。

然而，目前靶向剪接药物的研发却屡屡受挫，几乎没有药物上市。仅有的几种药物也在临床一期就失败了。究其原因，主要是针对RNA剪接机制的研究极为匮乏，相关研究技术有待进一步突破。更重要的是，没有相关的结构信息作为药物研发的指导。因此，针对剪接体的靶向药物研发是非常困难的。

我们的研究旨在从分子层面去理解RNA剪接的发展过程，这样就可以了解这些疾病是如何发生的，从而有针对性地设计药物分子对相关疾病进行干预或治疗。

2014—2024年，我们团队在施一公教授的带领下，完成了对RNA剪接从分子层面的全过程机制图谱的绘制。我们可以自豪地说，在剪接体结构和分子机制研究领域，我们已经达到了世界领先水平。同时，我们还掌握了世界一流的剪接体研究技术，开发了一系列关于RNA剪接体内外的研究策略。此外，我们在2021年首次报道了世界上第一个U12型剪接体，它属于人类的另一条剪接通路。目前，我们也是国际上唯一可以针对U12型剪接体通路进行研究的团队。

这项研究告诉我们，人体内存在两条并行的剪接通路来协作完成对基因的剪接过程。因此，RNA剪接的实际机制可能比领域内的认知更加复杂。

那么，这些研究工作，如何给我们的药物研发带来指导意义呢？

首先，我们可以有针对性地进行靶向药物的研发。例如，我们在剪接体核心部位首次观察到了天然小分子的结合。通过进一步研究，我们认为它可能与剪接体激活有关，很可能是潜在药物靶点的设计位置。另外，精确定位了那些癌症高频突变位点，发现它们都与结合底物密切相关。这些突变可能影响了剪接体对底物的结合能力。因此，我们可以有针对性地设计药物分子，来改变剪接体与底物的结合能力，从而达到正常的剪接水平。

此外，我们还可以解析剪接体和候选药物的高分辨率结构，从分子层面对药物进行针对性优化，从而改善药物分子的药理和毒理性质。最重要的是，我们将体外剪接实验和高通量筛选有效结合，这有助于我们筛选能够上调或下调剪接过程的药物分子，从而加快靶向药物的筛选和研发进程。

第 2 章

国际人类表型组论坛：表型组与精准医学

1 论坛概况

国际人类表型组计划，于 2015 年在香山科学会议上由中外科学家共同提出，这一计划的设想是通过对全世界不同区域的大规模人群，用同一种标准尺度进行跨尺度、全周期的表型精密测量和数据系统解析，贯穿和破解基因、环境、表型之间，以及宏观、微观表型之间的关联和调控机制，画出人类表型组的图谱。该图谱将指导科学界进行下一步的研究和破解疾病与健康的奥秘，从而实现对人类健康的精准干预、精准管理。

本次论坛旨在聚焦表型组与精准医学，共同探讨生物医学的前沿发展，共同分享国际人类表型组计划的新阶段、新进展，共同探讨表型组与精准医学的未来。为生命科学探索和生物医药产业变革提供新动力，推动大健康产业的创新与发展。

2 嘉宾致辞

世界分子影像学会主席、复旦大学人类表型组研究院执行院长田梅的致辞

田梅　世界分子影像学会主席、复旦大学人类表型组研究院执行院长

> 多年来，国际人类表型组计划的科学倡议得到了全球学界同仁的关注和参与，也得到了国家和上海市的大力支持。从3个方面介绍国际人类表型组计划的一些概况和新进展：一是人类表型组计划介绍；二是新进展；三是新阶段发展的重点方向。下一步把表型组研究的内容形成我们一个新的创新策源地，对于新的基于中国人群的药物靶点发现、新标志物的产生和新的机制发现，形成一个新的表型渠道和方式，未来为我们提出更高价值的科学问题、发现新表型和更精准测量及推动未来生物医药更大发展做出我们表型组应该做的贡献。

尊敬的勒罗伊·胡德院士、各位专家、各位来宾：

大家上午好！

今天我们欢聚一堂，聚焦表型组与精准医学，共同探讨生物医学的前沿发展，共同分享国际人类表型组计划的新阶段、新进展。

在此我谨代表复旦大学金力院士、上海国际人类表型组研究院和复旦大学人类表型组研究院向各位的到来表示热烈欢迎！

国际人类表型组计划于2015年在香山科学会议上由中外科学家共同提出，这一计划的设想是通过对全世界不同区域的大规模人群，用同一种标准尺度进行跨尺度、全周期的表型精密测量和数据系统解析，贯穿和破解基因、环境、表型之间及宏观、微观表型之间的关联和调控机制，画出人类表型组的图谱。

我们也把这张图叫作导航图，最终能够按图索骥，指导科学界进行下一步的研究和破解疾病与健康的奥秘，从而实现对人类健康的精准干预、精准管理。

多年来，国际人类表型组计划的科学倡议得到了全球学界同仁的关注和参与，也得到了国家和上海市的大力支持。

2018年人类表型组计划国际协作组（IHPC）和中国人类表型组研究协作组（HPCC）在上海正式成立，在当年的浦江创新论坛上金力院士和今天在座的勒罗伊·胡德院士及英国的一位院士一起介绍了大科学计划的规划和目标。

时隔6年，人类表型组重返浦江创新论坛，我们也希望借此机会向大家汇报国际人

类表型组计划的最新进展。下面请播放 PPT，我给大家介绍国际人类表型组计划的一些概况和新进展。

我将从以下 3 个方面进行汇报：

一是国际人类表型组计划介绍。

二是新进展。

三是新发展阶段的重点方向。

因为今天在座的有很多是表型组学界以外的专家同行和嘉宾，我想从最基本的概念开始介绍，表型和表型组的基本概念是指人出生之后，基因在内外环境的影响下会有不同的表型发生，这种表型我们原来也称它为表现型（简称"表型"），表型组是指生物体从出生到死亡所有的物理、化学、生物这些表现型现象的集合，大家可以看到这样一个简单的概念。

生物医学的核心问题是什么？是要揭示宏观表型的一些微观机制。例如，生命科学从基因组走到了表型组，一步一步是根据历史的过程来发展的，从基因的一个密码如何通过转录组、蛋白组、代谢组、微生物组学，还有在我们自身及其他的内外环境、心理环境、社会环境、经济环境等这些环境的影响下，能够产生什么样的表型或者说表现型呢？

可以看到这些表型有方方面面的内容，这里罗列了一些常见的表型，其中有很多也是临床中常见的。

如何打通表型的微观和宏观之间的一些学术或者领域隔阂，并抓到这些表型的内在联系，是我们生命医学遇到的瓶颈。

人类表型组学就是这样一步一步发展起来的。首先在 20 世纪 90 年代初人类基因组计划被提出，后来因为在基因组计划推动过程中发现转录很重要，就出现了转录组学，研究了转录一段时间后发现光知道转录还不行，要去蛋白组学发掘它们之间的内在关联，走到蛋白组学再往前走，发现只有蛋白还不够，因为细胞有代谢，就又出现了代谢组学、细胞整体空间立体的细胞组学，再往后走就接近了肉眼可见，相当于从微观走到介观再到宏观，走到了临床上可以看到的组织、器官、影像，我们的行为、心理等，这些就形成了我们整个表型组计划要做的工作。

因此，在 2013 年 Nature 提出表型组研究将在生命科学领域发挥点石成金的作用，我们来看人类表型组计划顶层设计是什么样的，首先在中国上海开始了国际人类表型组科学计划（一期），这是在上海市委市政府支持下启动的，今天上海市科委领导也在座。一期是要对 1000 名健康上海在住人群进行全方位表型组的检测，同时汇聚全国大概 3 万个合作中心的专家领导的一些表型组及其他的一些人群队列进行相关的对比和分析。

再是勒罗伊·胡德教授在美国倡导的人类基因组计划（Human Genome Project），对于表型组的深度表型解析，形成国内、国际大小队列的一些整合，希望整合之后能够把这些复杂的生命系统，这些微观、宏观的数据都测出来，构建形成表型的关联网络，最终能够像基因组计划那样，形成基因组图谱。形成的导航图是人类表型组未来的导航图，可以按图索骥实现绘制人类表型组导航图的最终目标。

这些导航图能够为大科学计划提出什么样的科学问题，请看第二部分板块，这是6年前2018年的场景，当时有300多人参加，提出了大的计划，在过去6年中，形成了这样的网络，其中人类表型组国际协作组现在是由20个国家、24个科研机构形成的遍布全球的网络，这就是我们表型组的国际网络。

过去几年中除了疫情期间是在线上，其他时间都是在线下召开了很多的国际会议，一步一步推动表型组计划，2015年开始思考提出，2018年三大创始者正式提出形成表型组计划，每年都有新变化。2020年、2021年和2022年，人类表型组计划国际协作组大会通过了很多发展方向及一些共识和架构，大家可以看到这是我们的一些进展。

再往下就是表型组在一期上海人群的队列总结过程中，我们提出了4个"一"：

第一，建立了全世界第一个跨尺度、多维度、一站式人类表型组的精密测量平台，这个平台就建在上海张江、复旦大学张江校区。

第二，形成了第一套多组学的标准物质，已经成为国内和国际广泛使用的一套标准物质，我大概给大家科普一下标准物质是什么，可能有朋友说标准物质就是一米有多长、一千克有多重，用这样的标尺衡量全球所有中心检测是否准确、是否要在同一尺度下监测它，形成这样的物质作为标准物质对比，可以很好地保证质量可控、统一标准。

第三，形成了第一个自然人群表型组队列。

第四，绘制了第一张表型组导航图（1.0版）。

新发展阶段还有一些新的发展方向。例如，未来基于这样一个中国人的数据集，形成一个中国人自己的标准人群队列，能够做些什么呢？我们在表型组一期中发现，有30%的表型是有年龄区别和性别差异的，我们对标可以看到，表型组里面大家都去体检过，在医院有一个临床参考正常值范围，但目前为止参考范围都是对成人同一个标准、对儿童是同一个标准减半。

可以看到，血压140、90这个标准衡量20岁也衡量90岁，我们可以看到是有年龄差别的，同时到目前为止这些中间参考值一直是沿用国外文献引用来的数据，和在上海测量的结果有微妙不同。如何在我们中国人的数据中发现中国人的标准值，衡量是不是健康，健康中国人的衡量标尺将从我们表型组的研究中尝试探索新的方法和路径。

同时，我们对比了中国人群的几个队列，还有广为人知的 UK Biobank（英国生物银行）英国人群队列，发现上海队列招到的1000个正常核心人群更加健康，因此可以看到上述列出的这些事实。

由于时间关系，我就不多介绍了。期待在2025年的会议上再回来给大家介绍更多的进展。

国际人类表型组科学计划（二期）进入实施阶段，也是在上海市委市政府和上海市科委的领导和支持下展开的，2023年11月我们推动了二期的正式启动，当时勒罗伊·胡德院士和另外一位教授亲自来现场启动了它的按键，我们也召开了国内和国际会议，大家进行了新探讨，这是表型组上线数据平台，第一批PhenoBank（全球人类表型组数据协同研究平台）已经在2024年7月31日上线，希望对表型组研究有兴趣的科学家可以登录注册成为我们的应用用户，一起挖掘我们的表型组数据，推动表型组更大规模的研究。

下一步我们将把表型组的研究内容形成一个新的创新策源地，对基于中国人群的新的药物靶点发现、新标志物的产生和新的机制发现，形成一个新的表型渠道和方式，未来为提出更高价值的科学问题、发现新表型和更精准测量及推动未来生物医药更大发展做出我们表型组应该做的贡献。

最后给大家简单介绍一下未来科研技术的几个重点发展方向：

①分子影像，用宏观的影像看微观的世界，打通刚才几个组学界限和隔阂的瓶颈，成为能够直观展现表型组数据的平台，形成孪生数字人、功能数字人，为我们形成未来科学2.0、3.0版本打下框架和基础。

②对于微观认知，各种组学发展、技术发展推动我们对于空间组学的认知，空间组学也是表型组未来的发展方向，希望我们能够携手推动表型组共同发展，使人类能够更健康发展。未来还要建设系统生物学大设施，对于环境的影响也一定要融入表型组，刚才说基因和环境相互作用才能形成表型，前面介绍的是表型的精密测量，接下来还要做环境的精准可控＋表型的精密测量，以此形成对于人类身体奥秘的真正认识和开拓性探索。

最后感谢大家今天的倾听，希望我们能够携手共同推动表型组大科学计划。谢谢大家！

勒罗伊·胡德院士新书《科学驱动的全面健康时代》发布

勒罗伊·胡德　美国国家科学院、美国国家工程院、美国国家医学院、美国人文与科学院院士及中国科学院外籍院士

《科学驱动的全面健康时代》是由勒罗伊·胡德院士和系统生物学研究员Price院士合著，由金力院士带领团队进行翻译审校的重要著作。这本书集中体现了"科学驱动的全面健康"这一理念，将人体视为一个复杂而相互关联的整体，提出了通过现代科技尤其是数字驱动的科学理念和人体精密测量技术，收集纵向、动态的数据生成个人的密集动态数据云，从而实现个性化的精准健康管理，开发个性

> 化健康方案的理念并总结了实践经验。这不仅是对未来医学模式的革命性展望，更是实现未来生物医学范式变革的重要路径。

大家上午好，非常荣幸今天可以来到上海，而且还看到了这本书的中文版。这本书 2023 年由哈佛大学出版社联合我们出版的，今天有幸看到中文版在上海进行揭幕仪式。从这本书中可以看到个人的一些行为会对自己的健康产生影响，也可以帮助我们更好地了解自己的健康。对于健康，它是一个更加整合的概念，是更加复杂、更加复合的个体，这有点类似于中医，中医是从更高的维度去看待健康的构成，去进行更综合、更全面的健康控制和管理。

本书中使用了系统生物学的概念，可以帮助我们更好地了解健康。我们提出了新概念，即血液不仅贯穿不同的器官，而且在不同的器官当中也可以看到它会释放出不同的小分子，我们也通过血液更好理解疾病。这本书希望可以推动从出生到死亡的健康评估，在某一个重要的时间节点进行健康评估，可以提早获取信号，这些早期的信号可以帮助我们早期发现、早期预防、早期治疗疾病。对个人来说也是很重要的信息。

通过不同的形式，在不同的时间节点，对于不同的数据进行收集，可以帮助我们看到成千上万种干预方式，借此帮助我们根据自己的情况进行疾病的早期干预和管理。从未来发展来看，人工智能是非常重要的工具，可以做以下几方面工作。

第一，可以把自己的数据，如基因组、表型组的这些数据进行分析，把它转换成我们可能会遇到的，或者可能会有的疾病数据。

第二，我们可以借助 AI 更好地赋能医生，帮助医生更好地判断每个个体可能会有什么样的疾病。通过这样的人工智能赋能，医生不再是普通医生，他会获取非常大量的数据和高度智能化的建议。和以前相比，人工智能可以帮助健康管理、疾病预防、疾病诊疗达到前所未有的高度。我们也要知道应该如何才能更好达到这个目标，实现这样的愿景。就个人来看需要了解自己的情况。

第三，每个人都需要对自己的健康负责，都需要对自己可能会患的疾病进行干预，要有这样的责任感。我们也可以看到通过基因组学，的确给了我们很多数据和很多不同轨迹的线性图以供研究。通过自己所处的环境、生活习惯、行为，我们实际上是可以在这个环境中做出一些改变的。

在科学健康这部分，科学不是最难的，因为科学是可以去做的，可以进行干预的，可以进行精准医疗的。在科学健康领域，比较大的挑战是我们无法说服大家进行生活方式的改变，你这样做可能会活得更长、活得更健康。或者换一种很有意思的说法，你可能会获得额外 20～30 年高质量的寿命，那么你愿意去做出改变吗？谢谢大家。

3　嘉宾演讲实录

基于表型组学的福清队列研究进展

叶为民　瑞典卡罗林斯卡医学院教授、福建医科大学副校长

> 在国际上，以大型队列为基础建立越来越大的生物样本库一直是一个趋势。通过宏基因组、代谢组、蛋白组和暴露组，在不同尺度上进行多组学融合，可以拓宽健康相关数据的广度和深度。福清队列是在普通的大型队列和表型组之间找到所谓的精细化人群队列并进行探索。如果要做表型组，基于表型组队列概念，它需要有一个相对比较好的区域医疗中心，以支撑做精细体检。表型组研究为当地政府提供当地人群非常精细化的健康水平数据。未来希望通过将精细队列模式逐渐推广到全国不同区域，推动中国表型组学研究的发展，最终促进医患融合，提升医学科研水平。

尊敬的各位来宾，首先感谢组委会的邀请，能够给大家汇报我们正在做的福清队列研究进展。大家都知道现在国际上以大型队列为基础建立越来越大的生物样本库一直都是一个趋势，我是做传统流行病学的，从本科开始一直到硕士、博士都是传统流行病学专业，我们一般做的都是大型普通人群队列，数量比较大，一直在想能不能在普通大型队列和表型组之间找到所谓的精细化人群队列并进行探索。

这是福建地图，这是偏山区的，另外一块是沿海，这是目前我们做了接近 8 万人的队列，其中接近一半的部分做精细自然人群队列，我今天要介绍的就是表型组怎么应用到这个概念，怎么应用到我们普通人群的队列里面来。

我们过去做队列研究，通常做法就是一个村或者一个居委会走访，如果要做表型组，基于表型组队列概念，一定要有一个体检中心，人群也要相对稳定，因为要做随访。如果人群密度比较高、人群比较稳定，就需要有一个相对比较好的区域医疗中心，支撑做精细体检。

这是我们的自然队列，一开始挺困难的，我们参加国家级项目做试点，因为这个地方以前没做过，也不知道当地政府配合度有多高、人群配合度有多高，我们从一开始参加比较简单的项目到总结经验以后，于 2020 年开始做精细化队列。

从这个例子可以看到，自 2021 年开始就相对正规化了，我们建立了一个自己的体检中心（1200 平方米），现场团队 71 人，每天能做多少人？以前我们经常做流行病学调查，一天做 100～200 人，就 5～8 个工作人员，但是在这里我们一天做得最多不超过 60 人，

工作人员通常在 30～50 人，也就是说通常情况下工作人员比我们每天调查的人多。

除此之外，很多人在想你怎么把普通人群叫过来做体检，这还是很困难的。我们一般第一天安排一支队伍入村进行宣传动员，第二天请他们到体检中心做精细化调查。

这是我们总结出来的工作经验。我们一般安排两天，每个人的调查时间累计接近两小时，分布在两天之间，我们一般上课就上 45 分钟，不可能一天问同一个人两小时，可以看到我们一直做到全覆盖，做公共卫生要做隐私问卷，所以我们把可以问的都问了。

我们有自己的体检中心，检查项目覆盖得非常全面，如为了检查糖尿病我们设置了 OGTT（口服葡萄糖耐量试验）、肺功能检查、B 超、甲状腺彩超、骨密度检查，我们会有很多临床大夫参与，有口腔检查、嗅觉和听力检查、中医、心血管系统检查等。举个简单的例子，光我们眼科就有 6 台仪器，而且为了将来能做转化，我们尽量用国产仪器，尽量让国产仪器能够在普通人群中快速推广，所以需要积累中国人群数据。

这是我们采集的生物样本，我们会做分装，每个人的分装为 60 管，为什么要分装这么多呢？我们做大规模组学检测时还要保存将来用来做组学检测的样本，因为不知道将来会有什么新技术，所以要检测，也不能将样本解冻后再放进去，那样就不能用了。我们收集的生物样本包括粪便、唾液等，种类繁多。

为什么当地政府支持我们呢？我们最自豪的就是这个，我们每年能为当地政府提供一本当地人群非常精细化的健康水平报告，而不是疾病水平的报告。因为现在官方报告需要的是预期寿命，而不是肿瘤发病率和死亡率。而且现在能够把 4 万条普通人群的血压、血糖水平信息纳入数据库，作为临床试验和医疗的参考数据，未来这一规模将达到 5 万条。

这是几个简单的例子。可以看到绝大部分项目检查的参与率很高，有一部分项目稍微低于 90% 的，是因为有的项目开始比较迟，还有一些如 OGTT 参与率比较低，是因为有些人已经得了糖尿病了就不能做了。

又如，肺功能检测很多人有禁忌证不能做，还有些人吹气怎么都吹不好，因为我们主要还是在农村做，很多人文化知识水平不太高，所以很多时候肺功能检测很难做，做不好，其他项目我们都做得很好。

还有一个问题，在中国基本上女性应答率要比男性高，动员男性参加一直很困难。有的乡镇应答率很高，能达到 50%，有的乡镇还是偏低，我们一直努力的方向：一是提高男性的应答率；二是提高总体的应答率，做一个有代表性的人群。队列本身不需要有代表性，但因为我们是做公共卫生的，还有其他目的，所以还是希望有一个代表性人群。

另外，随访很重要，因为队列建立 5 年以后，在 2025 年底开始做第二次，所以这时候就需要重复调查，就做 active follow up，还有数字链接，全省有医疗大数据，所以他在任何医院看病我们都知道，我们还有医保数据，这是比较得天独厚的条件。

我们建了大型生物样本库，第一期已经建好了133台，现在已经装满了70台左右，第一期已经建好，第二期正在建设，有200～300台，两期共有500台的超低温冰箱加上20多台的全自动化液氮罐，为什么要上液氮罐呢？液氮可以实现生物活性的长期稳定保存，又可以保护生物分子结构完整性。这样一来，将来可为我们从事的营养学研究提供最好的生物样本基础。所以我们现在也准备在第二期干这件事。

正如大家所看到的这张幻灯片，这就是我们多组学计划，现在正在做的有30X人类全基因组、代谢组，蛋白质组打个问号，暴露组我们正在做的有4个，蛋白质组正在商量怎么做。

我们最近正准备投稿的一篇文章，T20（超高通量测序仪）通量这么大，它的发光系统是两侧的，T7是四侧的，T7是比较成熟的，但是T20成本低很多，到底T20跟T7有多少可比性，因为我们做大规模人群研究一定要算T20，T7太贵了，所以可以看到T20质量在末端错误率稍微高一点，但是在人群研究里基本上可以接受。

我们基本上走访一次需要5天，30人次的全基因组至少能做到600～700个，理论上是做720个，但是我们一般做不到，大概做700个，如果做宏基因组跑一次5天4000～5000个。每个人12～15 G的产出。所以它为我们做全基因组和宏基因组研究提供了非常好的平台。

举个简单的例子，我们还做了一部分人的重复测量，可以看到有239个人，我们做了3次，其实我们有7个样本，可以看到样本相对很稳定。

还有做代谢组和暴露组，因为我们做公共卫生，暴露组就是环境暴露，这时我们买了两台仪器：一台做代谢组，一台做暴露组。2024年开始做，到2025年夏天一年之内大概各做10 000人，所以我们暴露组和代谢组也是大规模在筛。

这是我们做的暴露组的东西，自己能够上2000～3000种，大规模人群做5万人左右，暴露组不可能做那么多，所以就只做300～400种。

我们准备这样做代谢组，新污染物的筛查不可能做得特别精细，毕竟是人群里我们一筛就筛几万个，但是不管怎么样基础的我们大概要做1000多种，2024年开始铺，为了做这个我们提供基础数据，样本也还存在那里，如果大家感兴趣可以接着做更精细的研究。

基本上现在光化学就已经做得相对非常稳定了，覆盖的氨基酸、脂肪酸、胆汁酸种类，目前大家比较感兴趣的我们基本上都覆盖了，当然还有很多更深度的、更复杂的我们将来再做，等后面有技术或者资金了再来做，这是我们自己的平台。

未来的计划，我们怎么做？在福建我们毕竟是省属高校，而且福建人群比较特殊，我们其实一直想给平台做个广告，我们类似于一种示范平台，也是受金老师的启发，我们平台包括现场平台、测序平台、各种各样的检测平台对大家都是开放的，比如说想知道精细队列现场是怎么做的，欢迎大家到我们那里去体验一下，工作基地以外还有居住基地，所以也可以参加我们队列。中国有 14 亿人口，有各种不同的民族，所以希望我们的模式能够逐渐推广。

我们现在都在申报重点研发计划，政府提供的资金是有限的，所以这个模式要推广，也需要像 UKB 一样的企业一起投资，中国要做到 50 万～100 万人精细队列，最终才能促进医患融合，来改善群众健康，医药产业最终才是提升医学科研水平这样的模式，我们在思考，也希望各位志同道合的同事一起努力。

最后，感谢组委会对我的邀请，感谢各位听众的聆听，谢谢大家！

RNA 视角下的男性生殖健康调控

刘默芳　中国科学院分子细胞科学卓越创新中心/生物化学与细胞生物学研究所研究员、PI

> 近年来，中国新生人口数量呈现断崖式下降，一个不可小觑的原因就是人类生育力的下降。表型组研究能够连接基因组、蛋白质组与环境因素，揭示基因与环境相互作用对生物特性和疾病的影响。表型组学使得从基因层面到临床表型的跨尺度分析成为可能，为生物医学研究提供了全新的视角。RNA 调控异常可能是男性不育的新病因，表型组研究有助于系统了解生物体内细胞发生、发育过程中的基因调控机制。

首先非常感谢田梅的邀请，让我有机会来给大家汇报一下近期的研究进展。

近年来，中国新生人口数量呈现断崖式下降，从 2022 年开始，我国人口出现了负增长。新生人口下降的原因有很多，包括社会经济方面的原因，还有一个不可小觑的原因就是人类生育力的下降。近期有一个流调数据显示，1973—2018 年全球平均男性的精子数量已经被腰斩，男性不育事实上已经成为一种无声的流行病。

从临床上来看，男性不育有很多原因，包括遗传方面的原因、激素方面的原因、生殖器官发育方面的原因，事实上在临床上有 58% 的不育症患者都被诊断为不明原因。不明原因并不是没有原因，只是还不清楚发病原因而已。对于从事基础研究的科研工作者来说，希望通过长期而系统的研究来揭示男性不育的致病原因及机制，为男性不育症的精准医疗提供理论基础和方法策略。

如果我们要深入系统地了解男性不育的原因，就必须认识精子发生的基本规律。精子发生是一个极其复杂且独特的细胞分化和发育过程，其间生精干细胞需要历经有丝分裂、减数分裂，还有减数分裂以后单倍体精子细胞的变形过程，这 3 个过程称作精子形成，之后才能形成高度特化的精细胞，也就是精子。

精子发生过程的基因表达调控也非常独特，在精子发生过程中它会有 2 次转录高峰，分别对应从有丝分裂往减数分裂转型，以及从减数分裂往减数分裂后转型这两个阶段。随之而来就会出现大量的 RNA 加工、储存、翻译还有降解等 RNA 水平的调控事件，这就使得 RNA 调控在精子发生过程中发挥了至关重要的作用。

与之对应地，人的基因组编码大约有 2000 个 RNA 结合蛋白，其中 1500 个 RNA 结合蛋白会在睾丸中特异性表达，或者高表达。另外，还有种类繁多的非编码 RNA 在睾丸中特异性表达。

过去的研究专注于精子发生的第 3 个阶段，即精子的形成阶段。精子的形成是一个剧烈的细胞形态变化和细胞染色质重构的过程，是一个连续的过程。尤其是在精子变形过程中，跟染色质 DNA 结合的组蛋白，最终要被高度碱性的鱼精蛋白取代，这个取代会导致精子的细胞核压缩，而细胞核压缩会导致精子细胞的转录活性逐渐降低直至完全停止。因此，精子变形过程中所需要的这些基因就要在更早期的发育阶段被提前转录，但转录出来又不能被马上翻译，需要以抑制状态存在于精子细胞中，直到特定的发育阶段再被翻译激活生成所需蛋白。这个现象我们叫作"转录-翻译解偶联"，也就是说转录跟翻译不会同步发生。

在精子变形的最后阶段，它会有一个细胞质的丢弃，对应于精子形成过程中的这些事件，精子变形过程中有 4 个非常重要的科学问题有待回答。一是精子细胞存在大量转录的 mRNA，这些 mRNA 存在非常高的可变剪接率，这些可变剪接是怎么被调控的？二是精子细胞中大量提前转录，但以抑制状态存在的 mRNA 的翻译激活又是怎么完成的？三是组蛋白和鱼精蛋白的交换是怎么被启动、区隔的？四是在精子变性的最后阶段，精子细胞中大量的 mRNA 是怎么被清除的？这些问题都还有待回答。

过去我们实验室主要聚焦精子形成中这 4 个重要的科学问题开展研究，系统地解答了精子细胞里面的翻译、调控问题。最初也是非常意外地发现小鼠的 MIWI 蛋白、piRNA 可以在球形精子细胞中和一些翻译形成复合物，介导了球形精子细胞中一大群 mRNA 的翻译激活。并且我们也进一步证明了 MIWI/piRNA 的翻译激活作用对于健康精子的形成是必需的。

近期我们又发现 piRNA 的长度对于其翻译激活作用非常重要，因为只有足够长的 piRNA 才会形成三阶段延伸的配对，这对于翻译激活复合物的组装非常重要。如果 piRNA 的长度变短，这个突变的小鼠即便在青壮年时期生成的精子数量，还有代表它精子活性的运动能力都会显著下降，尤其精子的畸形率会显著提高。

虽然我们之前的研究证明了在球形精子细胞里 MIWI 和 piRNA 参与了翻译的激活作用，但是我们更早前的工作发现，其实在精子典型的后期阶段 MIWI 和 piRNA 就转向跟脱腺苷酸酶 CAF1 相互作用，起到了相反的作用，就会诱导 mRNA 大规模清除降解，在后期精子细胞里面 MIWI 和 piRNA 不再发挥翻译激活的作用。

对于后期精子细胞 mRNA 的翻译激活作用又是如何完成的，我们团队的这 3 个小伙伴组成了攻关小组，花了7年多时间来解决这个问题，最终通过筛选发现有一个RNA结合蛋白叫FXR1可以通过相分离方式来激活后期精子细胞翻译，并且证明了这个FXR1相分离，不管是对于精子细胞里的翻译，还是对于精子细胞的发育和小鼠雄性生育力都是必需的。

总之，过去的工作围绕这4个科学问题开展了系统性的研究，也解答了精子变形过程中的基础科学问题。但是在关注精子形成的基础科学问题的同时，我们还关心RNA调控异常是否跟男性不育相关。我们发现，如果干扰了PIWI降解，就会触发组蛋白跟鱼精蛋白交换的过程从而导致男性不育，此项研究也首次证明了人的PIWI基因突变可以导致男性不育。随后发现，如果削弱piRNA的翻译激活功能也可影响男性生育力。这项研究工作还回答了小RNA领域一个非常重要的科学问题，就是同为小RNA，为什么piRNA需要比miRNA长50%左右，是因为piRNA需要足够长才会发挥翻译激活的功能。此外，还发现piRNA加工成熟的酶发生突变也会导致男性不育。我想这一系列的基础结合临床的研究率先证明了piRNA调控异常是男性不育的新病因。

除了从前关注的精子形成以外，减数分裂其实是哺乳动物精子发生过程中的另外一个谜团。我们知道减数分裂对于所有的有性生殖生物的生殖都是必需的。简单来说，减数分裂就是DNA复制一次，两次连续的细胞分裂，这样就会产生单倍体的细胞。非常有趣的是，精子发生和卵子发生过程中的减数分裂非常不一样。以小鼠为模式动物，在胚胎期的11.5天会出现原始生殖细胞（PGC）定植到生殖嵴的现象，接下来在胚胎期的13.5天才开始发生性别决定。在雌性的个体里面，所有的卵母细胞在非常短的时间，即胚胎期的13.5~14.5天就全部进入减数分裂，然后被阻滞在第一次减数分裂前期的双线期，一直到青春期才再恢复减数分裂，响应激素的作用，形成周期性排卵，直到卵母细胞耗尽。

相对而言，雄性生殖细胞完全是不同的模式，在出生前的阶段，雄性生殖细胞（精原细胞）会先通过有丝分裂形成初级精母细胞，随后处于停滞状态，出生以后，精原细胞重返细胞周期，到青春期开始进入减数分裂，形成精母细胞，精母细胞就会连续地进入减数分裂，从而连续不断地产生精子。这就是女性只能周期性地排卵，而男性可以连续不断地产生精子的原因。

当然对精子发生过程中减数分裂最关键的步骤就是prophase I，即减数分裂的前期。减数分裂的前期可以分成5个substate（子状态）。这个过程中会发生侧轴形成、识别配对、联会，所有的过程都是为了完成染色体的同源重组，这是一个非常复杂的过程。以小鼠为例，这个过程需要16天才可以完成。接下来的两次细胞分裂，只需要一天时间就能完成。换句话说，其实精母细胞在prophase I以后就获得了进入并且完成这个分离期的能力。但是这个过程中分子基础和调控机制都是长期不清晰的。

我们也非常意外地发现，MIWI蛋白会在prophase I的后期阶段，从粗线期的精母细胞开始一直到双线期还有中变期，会逐渐进入并积累到细胞核里面。

因为时间关系，我就直接告诉大家，我们的模型，通过大量的生化细胞及发育中的实验，最终发现MIWI蛋白在prophase I的后期阶段被程序化地入核，用于沉默减数分裂相关的基因，从而使得精母细胞获得进入并完成减数分裂的能力。具体来讲，在prophase I后期阶段MIWI蛋白会发生磷酸化修饰，跟核转运复合物KPNA的相互作用增加，被转运入核，在它结合的piRNA指导下去识别正在转录的那些减数分裂相关的基因，并且通过RNA谱型依赖的方式结合，进而招募HDAC6这个组蛋白去乙酰化酶去除H3K14的乙酰化。而H3K14的擦除会导致pBAF减少，从而使得减数分裂相关的基因被关闭。这项研究揭示了精母细胞获得进入并且完成分裂期能力的分子基础，也回答了雄性动物能够连续生产精子的原因。

事实上，男性生殖问题不单单是一个生殖问题，还是男性全生命周期健康的晴雨表，因为男性不育跟恶性肿瘤、慢病、死亡率之间都存在非常强的相关性。举个例子，男性不育症患者罹患癌症的风险远高于对照组。也就是说，男性中患恶性肿瘤和精子发生的障碍可能存在共同的病因学基础。

例如，有一个家族的基因叫作癌-睾丸抗原家族基因，正常的话这类基因是在睾丸组织中表达，但是会在人类肿瘤里被异常激活，因此癌-睾丸抗原家族基因一直被认为是人类进化的代价，它会导致男性生育力下降，并且增加罹患癌症概率。

我们实验室除了研究精子发生和男性生殖以外，还有一个副业关注RNA调控和肿瘤，我们重点关注的是这类癌-睾丸抗原家族基因。我们前期的研究发现，作为癌-睾丸抗原家族的成员，我们研究的PIWIL1蛋白以不依赖piRNA的方式激活泛素连接酶APC/C的活性，从而促进胰腺癌的转移。

近期研究又界定出另外一个癌-睾丸抗原家族的蛋白CIR1，它在睾丸组织中高表达。我们发现CIR1促进了肺癌的骨转移。骨组织是多种实体瘤转移的主要靶器官，肿瘤转移是一个非常复杂的过程。具体来讲，从原位灶脱落的肿瘤细胞通常会进入骨髓里定植，定植下来后要想办法存活下来，存活下来之后就进入了休眠状态。休眠过程可以持续10年之久，肿瘤细胞在骨髓里最终获得了重返细胞周期的能力，开始大量增殖，外生产生骨转移灶。实际上，第3个时间窗口，即重新激活这个过程是干预肿瘤骨转移非常重要的窗口，对于骨髓定植的这些癌细胞是如何逃逸休眠状态，重返细胞周期这个过程，我们还不清楚。同时对几乎所有肿瘤转移过程中都存在的休眠细胞如何重返细胞周期开始分裂、增殖的现象，这个科学问题一直也被认为是肿瘤生物学的圣杯问题。

我们也通过9年之久的工作，发现癌-睾丸抗原家族的蛋白CIR1是通过促进嘌呤的合成活化了骨定植休眠细胞，促进肺癌转移。简单来说，骨细胞的这些休眠细胞是低表达CIR1，低表达的CIR1导致H3K9的去甲基化酶PHF8发生泛素化降解，这样它就不能够激活下游和嘌呤合成的代谢酶，从而使癌细胞处于休眠状态。相反，获得了骨转移潜能的癌细胞高表达 CIR1，而 CIR1 是 USP7 去泛素化酶的要素，帮助稳定 PHF8，从而使得 PHF8 可以激活其下游的靶基因，即一些嘌呤合成的关键酶，包括 ADSS 和 PPAT，从而使细胞大量生产嘌呤，重返细胞周期，增殖破坏骨的结构、功能。在这个工作里面，我们也鉴定到一种 USP7 抑制剂可以有效干预肺癌骨转移。这项研究揭示了骨定植细胞是如何从休眠状态逃逸出来进入细胞周期的分子机制。

最后，非常感谢实验室团队成员勤奋努力的工作。也感谢很多合作者长久以来的支持和帮助，也感谢基金的支持，包括科技部、国家自然科学基金委、中国科学院，上海市，还有新基石研究员项目的支持。

谢谢大家。

以整合 & 动态为基础的精准健康与营养研究

林旭　中国科学院大学杭州高等研究院生命与健康科学学院首席教授、
中国科学院上海营养与健康研究所研究员

> 定义健康在国际上是一个难题，基因组学定义的健康不光指没有疾病，一个人在经受压力时，维持内稳态的弹性，是健康特别是功能性方面很好的指标。表型组学通过量化人体应对压力的能力，揭示健康的内稳态和代谢弹性。表型组学在个体化营养干预中发挥关键作用，通过代谢组学和脂质组学数据，揭示个体对不同饮食的代谢反应差异，为个性化饮食方案提供依据。表型组学结合可穿戴技术和连续监测方法，为实时分析代谢变化提供了新的工具，帮助人们更准确地评估健康状况。通过表型组学研究，我们能够更深入地理解不同膳食模式对代谢健康的影响，从而指导精准营养干预。

首先，非常感谢主持人的介绍，也感谢田梅老师和杨老师的邀请！今天我分享一下这两年我们团队在精准营养、精准健康方面的探索。首先我介绍一下我们的背景，其次介绍一下这两年的工作情况，就是关于定义健康的新理念。最后介绍一下基于多组学和可穿戴技术的干预，看一个如何把这些技术整合在一起的实例。

2024 年大家都讲健康，什么叫健康？实际上，如何定义健康到目前为止在国际上仍是一个难题。我们现在所谓的健康是用空腹体检和临床指标来定义的。比如说一个成年人空腹血糖不到 7.0，临床上就认为他不是糖尿病，但不等于他就健康，因为基因组学定义的健康不光是没有疾病。

如何定义健康，也是给了我们一个原点，因为你可以知道什么是不健康。在临床上，功能有改变才能够定义为不健康。

Cell 几年前曾经发表一篇综述文章，用 8 个项目、3 个类别来定义健康，其中有一个是 response to stress（对压力的反应），即人体对压力包括进食、生病和精神压力的反应，一个人在经受压力时，身体维持内稳态的弹性，是健康特别是功能性方面很好的指标。最早是荷兰科学家在做这方面的工作，他们认为健康和疾病的主要特征包括 flexibility（弹性），你 handle stress（处理压力）的能力保持它的稳态。他们用了一个方法来反映你应对压力的能力。大家可能比较熟悉的方法是口服葡萄糖耐量试验（OGTT），但该葡萄糖耐量试验除了检测葡萄糖以外，还有我们日常膳食里的碳水化合物、脂肪和蛋白质。所以他们发明了一个公式，用一个 challenge test（挑战性试验）来做。challenge test 能更好地反映身体应对压力的能力，就是指重新恢复到进食之前的血糖平衡。他们也使用了与器官功能相关的指标和代谢组，用健康空间模型来进行健康量化。然而这个模型是在 challenge test 以后的时间点来检测，就是把代谢组学、器官标记放在一起，这样的话有可能不能充分检测餐后的反应。因为最近有很多 paper（论文）陆续被发表，餐后的各项数据差距较明显，而且他们的模型中也没有评估基因组，也没有评估肠道菌群这些影响代谢比较重要的因素。

因此，我们团队过去几年开展了这类实验，也设计了一个标准的宏量营养素，所谓的宏量营养素就是糖、蛋白质和脂肪。混合宏量营养素耐受性测试中，在 120 名 20～70 岁的被测者中，有健康的也有代谢综合征的，他们就是阳性对照组。同时我们建立了一个二维模型。临床指标和代谢组的被测者做最佳限制性禁食标记，叫健康表型评分，然后我们将餐后 5 个时间点放在 B box 里。再建立一个同态适应性韧性评分，在 C Box 也有 5 个时间点的数据，在 D Box 里同时看其他因素影响，如 cognatic（血缘）、肠道菌群等。我们给这些指标打分，从 0～1，0 就是分值最低，最高的就是 1，0 是最不好的，1 是最好的。

我们发现只有同态适应性韧性评分，就是餐后的分数比较高的指标与比较好的代谢 traits（特征）相关，如血脂、血糖这些都比较好。同时我们把一个时间点的数据，就是 HPS（health phenotype score）和 6 个时间点同样的一组数据放在一起，这两组数据是高度关联的，也就是说你把餐前餐后的数据加在一起，不能提供很多的信息，而把它们分开测量时，我们看到这个餐后的弹性评分不同，通过动态测量可以得到更多的信息。

同时我们基于内稳态的分数对被测试者进行区分，我们发现不管分值高还是低，这些人在同样的甚至 response over all 内稳态情况下，它们在糖代谢、脂代谢和蛋白质代谢上都有所不同。所以我们后期也做了一系列干预。如果证实每个人代谢糖、脂和蛋白质的能力不一样，比如现在减肥经常讲我要吃高脂、低脂，就可以告诉你你的身体代谢更加适合哪种方式。我们刚才讲的这些标准碳水、蛋白质和脂肪都会产能，但是全世界没有人做过它在能量稳态方面的弹性研究，所以我们用了能量代谢的金标准来检测它的能量稳态弹性与健康的关系。

我们在这个实验当中加入一批正常体重的人，一批超重的人，进入实验之前给了这些受试者一个静息代谢场，这里进行 challenge test，就是 MMTT test（mixed-meal tolerance test，混合餐耐量试验），测量了 7 个时间点，包括 5 个小时的血液。

另外，同一天同一批人，我们把他放在 exercise（运动场，在 challenge test 另一个场里）。这批人在静息场和运动场，所有人都携带了 CGM（动态血糖监测系统），全部做了测试。

能量代谢稳态的影响是比较大的，实际上在 challenge（挑战性试验）前后，能量代谢指标包括碳水氧化、脂肪的氧化趋势都是类似的。总体来说，肥胖男性的能量代谢高于正常体重男性，又高于肥胖女性，正常体重女性最低。再看呼吸熵是用碳水还是用脂肪、蛋白质，碳水是 1，脂肪是 7，蛋白质是 8 和 9，我们发现呼吸熵在 challenge 一开始增高，后面减少，也反映了给他吃了糖以后，糖氧化然后再脂肪代谢，所以呼吸熵会降下来。同时呼吸熵的变异程度比较有意思，正常体重的人高于肥胖组，我们发现高体重肥胖的或者体脂比较高的人，这个指标是下降的。大概跟胰岛素抵抗有关系，同时这些肥胖的人能量代谢的弹性变低了。

实际上我们最近用了一种新的算法，就是将 CGM、代谢场进行同步，因为它们是连续检测，我们发现这些人有 3 个 cluster，如果我们在能量代谢上给了一样的东西，它有 3 种 cluster，血糖相应地也有不同的 cluster，有的人血糖开始比较高，几小时后又回到正常，有的是两个 pick 出现比较晚，而且第二个 pick 更高。还有一种也是双 pick 更晚，比如他们在胰高血糖素、胰岛素和脂代谢方面都是不一样的，在相同的方面个体的差异是非常大的。为什么？现在初步发现不同时间点代谢物是不一样的。干预以后我们也看到了在能量代谢上面，energy expanding、body mass、Fat 氧化这些指标都降低，RQ 上升，用糖多了，用脂肪少了，这跟游离脂肪酸减少，胰岛素抵抗的改善都是有关系的。这些我们也正在研究，这是中国科学院的先导项目之一，中间是我刚才重点讲的，我们会有这些多组学数据，这次表型院甲基化组数据刚拿到，我们肠道菌群和菌群代谢物数据也马上拿到，我们已经拿到了部分代谢组数据，也做了多点维生素测量，所以我们现在要讨论怎么样把这些数据放在一起，包括连续血糖监测，individual 变化那些细节。同时也可以跟之前的研究和另外的研究相互验证，最后还是希望把它化繁为简，把最主要的预测和时间点总结出来，将来可以被其他人应用，不然那么复杂是没有办法运用的。

另外一个例子就是我们做的干预实验，这是全球首次对地中海饮食、江南膳食进行了比较研究，我们重点考察了以豆制品和蔬菜为主的膳食，还有上海当下以高比例红肉和精米精面为主的膳食，这是比较难做的实验，6 个月的 full-feeding 提供三餐，每周 5 天，同时也佩戴可穿戴的仪器，体重秤连着 APP，做了 CGM，以及核磁。

同时，这两种饮食方案是等能量的，因为我们想看营养效果，所以要把能量影响因素排除掉。总体来说我们做了 6 个月实验，在设定了 25% 的能量限制情况下，参与者的体重都减少了 7%，而且内脏脂肪也相对减少，等能量的情况下减重方面没有差异。

用常规的 OGTT 来看，这 3 组等能量的话，超重肥胖的前糖也是没有区别的，我们用 CGM 看出区别来了，因为只有地中海饮食的话，低血糖风险比对照组 significant 减少，因为对照组是精米精面容易消化，江南膳食对低血糖的风险较低。

我们同时也用了代谢组，这里面我们用脂质组学发现了一批脂质，用我们在北京、上海的队列人群进行验证，发现有些习惯性吃鱼的人，左边绿的 box 这些脂质是增加的，另外我们发现吃肉的干预里，这些 marker 再经过我们队列验证，和长期摄入红肉有关系，这些是红色的 box 脂质，这些脂质和不好的代谢有关。

最近我们也是进行了 non target 代谢组分析，也发现这 3 种膳食有它自己的 signature，同时这些 signature 跟鱼类摄入有关，它更和胰岛素的敏感性增加及胰岛素抵抗减少有关。同时健康饮食，如江南膳食和地中海饮食，它的水果蔬菜都有自己的 specific mark，这些标志与增加的 disposition 有关，也是胰岛素的指标，不好的饮食、不健康的饮食 homeroom 的这些 marker 也跟不好的 melbourne profile 有关。因为我们是多点测量，在 OGTT 4 个时间点都做了组学分析，我们也发现增加 responses 代谢物在两个健康饮食更好的 favorable group course 有关系，这类代谢产物，也有些与肠道菌群有关。在对照组里，有些代谢物的 responses 减少是与不好的 group course encourage 有关系的。总体来说，最近国内外，大家都比较爱用很多 marker 做食谱 marker，像 fresh food intake，同时这些 marker 又可以 lect 它和疾病的关系，和哪些 pass away 的关系。而且它的动态变化比较重要，包括它和器官、代谢、功能修复等，这个路还很长，我们还是继续努力在探索，希望到时候也可以跟大家相互合作。

我们最终还是想把所有研究内容转化应用，最后要谢谢上海、杭州团队的共同努力，谢谢大家！

4 互动对话

主 持 人：
  田 强，美国系统生物学研究院（ISB）特聘研究员。

互动嘉宾：
  叶为民，瑞典卡罗林斯卡医学院教授、福建医科大学副校长；
  刘默芳，中国科学院分子细胞科学卓越创新中心 / 生物化学与细胞生物学研究所研究员、PI；
  吕 明，山东大学临床研究中心执行主任、山东大学齐鲁医学院临床流行病学与循证医学系主任、教授；

林　旭，中国科学院大学杭州高等研究院生命与健康科学学院首席教授、中国科学院上海营养与健康研究所研究员。

观众：各位专家好，我有一个问题主要想问一下叶教授，刚刚很荣幸听到叶教授的精彩演讲，也了解到您在癌症研究领域是权威专家，作为普通人大家对癌症关注度都是很高的，有一个可能不是很专业的问题想请教一下叶教授。

我了解到我们普通人可以去做基因检测，通过基因检测之后，我听说可以很明确知道你自己将来会得什么癌症，费用也不低，好像几万块钱，但是从我比较浅显的生物学知识来说，感觉癌症应该既有先天的基因决定，更多还是后天的饮食、生活习惯，还有接触的环境因素，所以我总感觉从原理上不是很能理解，您从权威专家角度来说，对普通人做基因检测去识别未来自己可能得什么癌症，它的理论依据是否足够充分？我们作为普通人是否有必要去做这种检测？谢谢叶教授。

叶为民：感谢这位观众的提问。

这是一个特别好的问题，首先我当然不反对你做基因检测；其次说价格太高了，其实没有那么贵，就像我们可以做几万个人的基因检测，没有那么贵。

它是这样的，刚刚你自己也说到了，有些有遗传性的肿瘤，如果家族里肿瘤高发，比如说像 BRCA1、BRCA2 跟乳腺癌、卵巢癌的关系，建议有这种家族遗传史、肿瘤遗传史的去做基因检测。对绝大部分，特别是中国高发的，如现在排在第一位的肺癌，肝癌、胃癌、食管癌，你单纯做肿瘤基因检测只能说明你易感不易感。比如胃癌主要是由幽门螺杆菌感染所致，我们做了临床试验发现，要是没有幽门螺杆菌感染基本就不会发生胃癌，这个时候遗传基本上就没有作用，必须要有环境因素才起作用。我们现在正在福建推广幽门螺杆菌在肿瘤高发区不做遗传检测，直接普查普治，所有感染的都治疗。

像肺癌，基因检测测不测都无所谓，最重要的是戒烟。其实很简单，但是遗传检测有很多其他作用，举个简单例子，比如说能不能喝酒，会不会喝酒脸红，一测就测出来，还有精准营养是很有作用的，有些人怎么吃都不会胖，这里有很多道理。单纯的基因检测我们不推荐也不反对，如果你有这样的需求我们建议你做，但是你不要对单纯的基因检测结果抱有太高期望，这不太现实。健康的生活方式最重要。

举个简单的例子，包括政府决策上也是类似的，比如说最近空气污染提得太多，像预防肺癌大家就忘了，公共卫生学界过去十年、八年一直在推动立法，禁止公共场所抽烟，但是后来把空气污染提得太高，慢慢声音就没有了，现在还是没有立法。所以我讲的意思是从公共卫生角度来说，还是要抓住主要原因。

现在很多研究把它做成类似抖音等所谓网红的科学，其实是不对的。对于公共卫生来说最重要的就是戒烟，对任何一个人来说最重要的也是戒烟，所以政府应该做的事情，最应该做的就是这件事，其他都是次要的，不是不重要，只是戒烟是最重要的。

所以我讲做基因检测我不反对，但是更重要的是你们在座有吸烟的人先把烟戒了，这是对社会对自己最大的贡献，谢谢你。

主持人： 谢谢叶教授的精准回答，不愧是做校长的，我们知道人类表型组是人类基因组计划之后生命科学领域又一个战略制高点和原始创新源，人类表型组国际大科学计划就是针对规模人群队列、跨尺度、全周期对人体做精密测量，寻找基因、环境和表型之间，宏观与微观之间的关系，今天上午田梅教授也给我们讲了要绘制一个导航图的大科学计划。今天的互动环节也将围绕表型组学理念、技术等怎么能够推动我们精准医学进行跨越式发展，我们今天也给几位嘉宾准备了几个问题。

先是叶为民教授，因为您长期从事队列研究，而且有非常丰富的经验，大概进行了二三十年，从您这么多年研究中，您觉得现在表型组大数据分析方法和技术，为您自己的研究带来了哪些benefit（优势）？

叶为民： 谢谢，我是2018年参加金老师的表型组的，6年前接触到这个，我一开始还是想做一个传统的，50万人、100万人的队列，后来想还是要做得精细一点，改变了我自己的科研方式，我们之前做大型流调，自己讲得不好听有点像蝗虫似的，一个村子一个村子"扫荡"过去，或者到医院，一般是不建基地的，就是快速进行。你要做精细或者表型，就需要建立基地，UKB也是基地，它是二十几个科研基地之一，所以它是有体检中心的。

但是UKB的专业点跟我们不太一样，我自己做公共卫生，UKB最大的问题就是应答率太低，它是完全依靠志愿者，做科学研究没有问题，但是我们在国内，中国14亿人要考虑到公共卫生的问题，所以我们还是要有更高的应答率。在高应答率情况下，有代表性的人群再做表型组，其实是非常困难的。一个志愿者来做一个礼拜、两个礼拜都没问题，但比如说一个镇适龄人群10 000人，要让5000人都来做这个事情就会非常困难，所以这里对我们表型组也提出新的要求，我们要更多地了解，所以很多从政府角度也要宣传，让大家更关心自己，政府也要来推动支持。科学研究从过去的个体行为逐渐演变成一种政府行为。

从另外一个角度来说，假设我们在国内，有代表性的精细队列能够做到50万～100万人，是能够真真正正回答很多问题的，而且这个差能够转化再应用，因为现在大家都有做体检，发现体检是没有用的，我说的可能有点过了，那种初级体检没有用，一定要做精细化体检，精细化体检不可能做那么多项，哪些是有用的，怎么好好做体检，这个其实是公共卫生的最大问题。

举个简单例子，瑞典几十年前就停掉了全民体检，他们发现体检是没有用的，一定要有针对性地做精细化的体检，所以我们很希望从金老师讲表型组开始到精细队列再找出怎么能精细推广应用的体检，我觉得能够真真正正做到医患融合，做到提高全民健康水平，降低医保费用。所以很多时候要提高到这样的站位。

我们医改当然挺好的，尽量少花钱，我觉得2.0、3.0应该做到这一步，让大家活得更好、少生病，降低费用，而不是简单地去减少花钱。谢谢。

主持人：谢谢，我这里也给表型组研究院做个广告，刚才也提到你们那边做了很多测序、代谢等，就是表型组研究院研制了一套标准化的物质，希望能够应用到您以后的工作中。

叶为民：对我们有用。前期政府测序用的就是中华家系1号，后面代谢组看看怎么能用上。标准很重要，出来的结果人家到底信不信，有一个重要标准，质量就提高了，所以很感谢你们的工作。

主持人：谢谢，请您把麦克风转给刘教授。刘教授一直做生殖健康方面的研究，您觉得表型组学对您自己的工作有没有什么帮助？给您带来了什么变化？

刘默芳：我觉得这非常有帮助，刚刚我讲完以后就跟叶老师讨论，因为刚刚我的第一张PPT就提到我们国家生育率或者新生人口呈现断崖式下降，这个很难用遗传方面的原因解释。

断崖式下降最重要的原因是孕龄延后，因为在我们父母那个年龄段20多岁时就生孩子了，但是上海孕龄男性第一胎33岁，女性已经接近30岁，虽然可能对女性来说孕龄更加严重一点，因为女性在35岁之后生育能力呈现断崖式下降，当然男性也会逐步下降。

我这个稍微扯得有点远，但是有一个跟表型组特别相关的现象是生育力的问题，生育力存在非常巨大的个体差异，这是客观事实，但是很多人听来像一个笑话。二孩政策从2016年放开以后，有些人想生二胎，结果生不出来，到医院去检查说他是男性不育，他就很生气，怀疑第一个孩子是不是自己的，所以就有很多无厘头的官司出来了，闹出很多事情来。最后做亲子鉴定，第一个孩子的确是他的，这是什么原因呢？有一部分男性，他们其实存在生育力低下的问题，在他们年轻时有一定的生育能力，这样的话第一个孩子肯定是他的，但是后面他们可能过了比如说30岁以后，精子发生的能力就变得非常弱了。其实不管是男性还是女性都会存在这种情况，所以我想从表型组学的角度其实是可以看得到这些指标，比方我们做表型组学的时候把精液参数考虑进去，尤其在年轻人群里，我们就可以告诉他们你的精子数量、质量都不太理想，你如果想生孩子的话就要趁早结婚生孩子，省得今后要花很大力气去做试管。这些问题，我觉得今后表型组学、精液参数对我们做生殖研究来说也是非常重要的。

相对而言，女性生殖系统指标，包括现在影响女性生殖最严重的就是多囊卵巢综合征，这样的人群其实有非常显著的特征。多囊卵巢综合征女性，雄性激素比较高，她外观表现为有胡子，身上毛发比较重，有明显的外表特征，所以我们可以给她一个提示。如果这个女性没有结婚，没有涉及生育问题，就不会去关心，只是觉得自己长得有点男性化而已，但实际上这是多囊卵巢综合征的特征。

我觉得如果表型组学把这些指标整合在一起，可以给很多人群预警，在生殖方面可以有预警，告诉她比方说我提到的多囊卵巢综合征也是可以逆转的，最重要的是需要减肥，肥胖跟这个相关性很强，或者给她使用一些抗雄处理方式，也可以让她恢复一定的生育能力。我们生殖生物学跟表型组学可以非常完美地交叉结合，在我们做基础研究过程中，借助遗传因素的研究也可以回答生殖生物学中很多的根本问题，因为精子发生没有体外的研究系统，对于这些发育过程中分子事件、调控机制都不清楚，也许借助一些遗传突变也可以帮助我们回答一些生殖生物学中的根本问题。

主持人：谢谢刘教授为我们的表型研究组指明了新方向。吕教授您这些年一直做临床研究的工作，表型组对临床科研带来哪些助力，哪些技术会有更大的需求？

吕明：您这个问题特别好，我一直在医院工作，虽然我也是做流行病学的。在临床上精准医学和表型组学对临床进步有很大的促进作用，在座学临床的不是特别多，医生在诊治疾病的时候是很粗放的，不会因为你这个病是非常独特的，在诊断和治疗过程中仍是参考群体的指标，不管是诊断还是治疗，就像高血压得给你降压，这种降压药不好使，换下一种，到底为什么，现在随着精准医学和表型组学的进步，能给临床更多的抓手。可以把我们的患者根据组学进行精细分组。还有一个问题，组学给临床的诊治带来非常大的飞跃，包括现在肿瘤的诊疗，有非常精细的分型。VEGF（血管内皮生长因子）合适的通道就通过这些人来表达，PD-1、PD-L1，新的靶向性、抗体性的药物，给临床带来革命性的飞跃。我们可以对患者进行细分，进行有针对性的治疗，效果就不一样了。原来是"千人一药"，现在是"一人一方"，更加精准。组学和表型组学的进步，能够通过临床的诊治惠及所有人。

从临床的角度看，精准预防更有意义，而不是大家普遍去做什么。针对高危人群进行有针对性的预防，是一举两得的，从国家层面、公共卫生的层面受益更大，而不是所有人都去做一个没有必要的体检。

我还有一个小问题请问一下林老师，林老师做的精准代谢我仔细听了，拍了很多图片。您对于肿瘤或者是从预防的角度，觉得代谢能给我们提供什么启示？因为我们研究肿瘤病因的时候会发现，有些肿瘤是瘦人的病，像叶老师带着我们做上消化道的肿瘤，食管癌、胃癌都是瘦人的病，稍微胖一点还有保护作用。有些肿瘤患者如下消化道的是肥胖有问题的，这个问题能给我们什么提示，从预防角度如何能够把精准代谢考虑进来？

主持人：谢谢吕教授的回答和提出的非常精彩的问题。

林旭：我在美国读书时都是做营养和肿瘤的，肿瘤的预防很重要，特别是很多肿瘤是基因问题，实际上基因决定一个门槛，比如你两边家族史是容易发病，但不是一定会发病。如果你的生活方式比较好，是可以预防的，不是说一定会有。像肥胖也是，如果父母双方都肥胖，你就容易肥胖，如果只有一方肥胖就比双方都肥胖的发生概率低一点。

如果都不肥胖，他就有比较小的概率会肥胖，肿瘤也是一样的。如果你饮食过度，不运动也是一样会肥胖。癌症也是一样的，我的导师是做营养和肿瘤的，他是创始人，他的理论就是这样，说肿瘤这些都是 threshold（门槛），你如果有比较高的遗传概率，你的 threshold（起点）比较低，就比较易感。但是你是否患病，取决于你后天的努力，你要比一般人更注意。比如说你要多吃蔬菜，少吃红肉，通过运动保持好体重，不抽烟。就像肥胖，如果两边都胖，也不是一定会胖，你要比别人更注意营养的摄入要平衡，这都不是绝对的。

肿瘤的话，我以前研究前列腺癌、乳腺癌，这跟营养非常相关，跟肥胖也很有关系。前列腺癌本身跟红肉和牛奶等食物相关，当时我们国家牛奶还比较少，这些都有关系，跟预防是非常有关的。如果只是基因问题你是不能改变的，生活方式的改变是很重要的，像直肠癌、乳腺癌、前列腺癌、子宫癌，一肥胖首先就是子宫癌，这些都是可以预防的。膳食、运动很重要，但是早发现也很重要。

主持人：谢谢林教授，再次感谢 3 位演讲嘉宾及这个环节的精彩对话，谢谢大家。

第3章

创新文化论坛：格物穷理，推动文化与科技双向奔赴

1 论坛概况

习近平总书记在全国科技大会、国家科学技术奖励大会、两院院士大会上的讲话中指出，"坚持培育创新文化，传承中华优秀传统文化的创新基因，营造鼓励探索、宽容失败的良好环境，使崇尚科学、追求创新在全社会蔚然成风。"这一重要论述，是在新时代科技事业发展实践中，对规律性认识不断深化与积累的关键经验。在科技创新发展进程中，明晰"什么是创新文化""如何培育创新文化"，以及"谁来培育创新文化"等核心问题，是开展具体工作的重要基础。与会嘉宾针对这3个关键问题展开深入探讨，一致认为在当前新一轮科技革命和产业变革的背景下，世界各国应借此契机，积极培育创新的价值观念；通过完善制度保障，营造良好的创新氛围；以更加开放的姿态，推动国际科技交流与文明互鉴。

2 嘉宾演讲实录

以软文化涵养硬科技

张碧涌　时任科技部党组成员、科技日报社社长

习近平总书记在全国科技大会、国家科学技术奖励大会、两院院士大会上强

> 调"坚持培育创新文化"的战略意义。科技日报社作为科技宣传主阵地,近年来通过四大实践路径深化创新文化建设:一是培育创新文化要大力弘扬科学家精神;二是培育创新文化要精心讲好创新故事;三是培育创新文化要做好新时代科普工作;四是培育创新文化要推动文化与科技双向奔赴。

2024年6月24日,在全国科技大会、国家科学技术奖励大会、两院院士大会上,习近平总书记用"八个坚持"系统总结了新时代科技事业发展的宝贵经验。其中第七个坚持明确指出要"坚持培育创新文化"。习近平总书记的最新重要讲话对创新文化建设提出了更高要求。

2023年浦江创新论坛首次设立创新文化论坛,由科技日报社与上海市科学学研究所联合承办。2024年作为第二届,我们两家单位继续携手推进。一年来,我们深切感受到创新文化在国家科技创新体系中的战略地位日益凸显,创新文化的氛围也更加浓厚,此刻场外以伽利略路、爱迪生路等中外科学家命名的道路标识,正是创新文化蔚然成风的一种体现。

过去一年,有关各方都为培育创新文化做出了新的努力,科技日报社也是如此。下面借这个机会,我结合科技日报社近年来的探索实践,围绕"如何培育创新文化"谈几点认识,主要讲以下4个方面。

一、培育创新文化要大力弘扬科学家精神

2024年是中华人民共和国成立75周年。最近党中央决定隆重表彰一批功勋模范人物,名单也已公示。其中,有4名"共和国勋章"建议人选,其中王永志、王振义、李振声3人均为院士科学家,占比为3/4;有10名国家荣誉称号建议人选,其中王小谟、赵忠贤、黄大年3位都是科学家。科学家在其中占比非常高,这充分说明党和国家对科学家的重视,以及对科学家精神的重视。

科学家精神是创新文化的核心要素之一。《科技日报》作为承担党和国家科技宣传任务的重要主流媒体,弘扬科学家精神义不容辞、责无旁贷。近年来,报社聚焦爱国、创新、求实、奉献、协同、育人的科学家精神,持续用力、久久为功,主要做法:一是推出系列深度报道。院士访谈系列,两院院士是科技界的杰出代表,是科技前沿的开拓者、重大任务的担纲者,也是青年人才成长的引领者,更是科学家精神的示范者。因此,我们精心做好院士访谈栏目,持续推出相关内容。二是"科学家手稿系列"。这是《科技日报》与中国科协创新战略研究院联合策划的一项活动,主要依托老科学家学术成长资料采集工程,推出以直观展现科学家的学习笔记、科研手记、书信、手稿等资料为主要内容的常态报道栏目。通过这些真实的一手材料,讲述背后的感人故事,展现科学家对党和国家的忠诚,对科学事业的追求。三是"总师对话"系列。主要聚焦卓越工程师。2024年国家首次表彰了卓越工程师及其团队。卓越工程师既是工程技术人员的优秀代表,也是科学家精神的重要践行者。因此，我们开设了"总师对话"栏目，专门采访总工程师、总设计师、总畜牧师等卓越工程师代表，围绕工程技术的创新、组织管理人才培养等话题进行深入研讨，展现其中蕴含的科学家精神。

此外，我们还注重对青年科技工作者的引导。报社专门组织召开了青年科研助理代表座谈会，主题是"传承科学家精神，担当新时代科技工作者使命"。

二、培育创新文化要精心讲好创新故事

创新文化不是空中楼阁，需要通过具体事物呈现出来。我们认为，从科研一线挖掘有意义、有意思的案例，精心讲好创新故事，将创新文化有机融入其中，能够起到春风化雨、润物无声的效果。近两年，《科技日报》在头版头条开设了《创新故事》专栏，征集新闻线索，主要挖掘重要科技成果诞生的过程，揭示重大变革突破背后的关键。一个个鲜活的案例，不仅让读者看到科技工作者的思辨与创新、专注与勤奋、方法与精神，也能让读者感受到新时代创新文化的内涵和特点。

目前，"创新故事"系列已经刊出了近百篇深度报道。其中，有的报道再现重大科研攻关的历史背景，激发强烈的创新自信，如《为C919造7050铝合金》《从亿万年到半小时》《为中国制造再添一枚金牌》等；有的反映科技成果诞生过程中的思辨过程，倡导科学的思维方法，如《在地下撑开一把伞》《用琥珀守护电池安全》等，讲述创新过程中如何突破难题；还有的重在展现科研攻关过程中的人文精神，塑造科学家群像，如《要啃就啃最硬的骨头》《映山红缘何四季常开》等，分别记录了中国农业科学院、井冈山大学、哈尔滨工业大学的科研团队自主创新的过程。这些报道都产生了强烈的社会反响，激励和鼓舞着广大科技工作者攻坚克难，积极抢占科技竞争和未来发展制高点。

除了讲好故事，还要讲好道理。2024年借全国科技大会召开的契机，《科技日报》在一版开设了《创新谈》栏目，主要聚焦社会热点的科技新闻，大力弘扬科学家精神，倡导创新思维方法。目前已经推出了《给重大科技成果冠上中国名》《科技成果不妨先尝后买》《为楼上创新楼下创业点赞》等文章，多数被全网转发。很多网友评价这些评论有温度、有态度，已经初步形成了品牌效应，对于传播创新文化起到了很好的促进作用。

三、培育创新文化要做好新时代科普工作

培育创新文化、营造创新氛围需要全社会共同参与，科学普及的作用不可或缺。《全民科学素质行动规划纲要（2021—2035年）》提出，到2035年，我国公民具备科学素质的比例达到25%，科学文化软实力显著增强，人的全面发展和社会文明程度达到新高度。其中，专门针对青少年、农民、产业工人、老年人、领导干部和公务员5类人群，分别实施5项科学素质提升行动。

做好科普，首先要解决好"为谁做科普"的问题。刚才提到的行动纲要的5项规划，已经回答了这个问题——5类重点人群应是科普的重点对象。《科技日报》旗下的《科普时报》一直把青少年作为科普的重点对象，注重科学教育的宣传。同时，也很重视对老年群体的科普宣传，刊发了大量关于生活消费、生命健康等方面的内容，得到了中国科协的大力支持。不过，针对农民、产业工人、领导干部和公务员这3类人群，科普工作做得相对不够充分，特征不够明显。下一步，我们要在这方面进一步系统谋划。

除了回答"为谁做科普"的问题，还要回答"谁来做科普"的问题，即如何提供更高质量的科普服务。主要是丰富科普专家资源，深化科普供给侧改革。近年来，《科普时报》改版后，专门开设了院士科普版，连续登出了10位院士讲科普的报告。《科技日报》也从国际视角切入，利用与外籍专家联系紧密的优势，开设了《外专讲科普》专栏，推出了《AI研发药物又快又便宜》《恐龙体型为什么这么大》等科普作品，传播力较强。

此外，还要回答"怎样做科普"的问题，重点是做好新媒体时代的网络科普。《科技日报》近两年专门组建了新媒体工作室，制作科普短视频，打造科普新骑兵。目前已经发布了800多条原创短视频，总播放量超过2亿次，越来越受到社会各界的关注。

四、培育创新文化要推动文化与科技双向奔赴

无论过去还是现在，文化与科技的交融互进始终是推动社会不断向前发展的重要力量。众所周知，中国古代四大发明中，造纸术和印刷术都与文化相关，它们本身就是科技与文化交融互进的典范。它们既是科技成果，也推动了文化的发展。

时至今日，道理依然相同。诺贝尔生理学或医学奖获得者屠呦呦发现青蒿素，也是从东晋葛洪的经典著作中获得灵感。所以，科技与文化无论过去还是现在都密不可分。

基于这种认识，《科技日报》把文化与科技融合作为重要的报道内容。一是开设了"中华文明探源工程·考古中国"系列；二是开设了"科技文明探源"系列，广受欢迎，包括对《梦溪笔谈》的解析，对都江堰工程的剖析，对中国古代数学发展的介绍，以及对传统农业中科学革新方面的介绍。这些报道，彰显了"不忘本来才能开辟未来，善于继承才能更好创新"的理念；三是"文化中国行"系列，聚焦科技赋能文化发展，展示了科技在文物修复、传统文化发掘和中国开发方面的重要支持作用，在社会上营造了传承中华优秀传统文化中创新基因的浓厚氛围。

通过开展这些工作，我们更加深刻地认识到文化与科技融合可以双向赋能。例如，在历史文化遗产的保护和利用方面，一方面，在科技的加持下，历史文化遗产的保护和利用方式焕然一新，为创造性转化和创新性发展提供了更多可能；另一方面，当科技工作者投入历史文化遗产的保护和利用中时，他们也可以亲手触摸中华文明历史的脉搏，进而更好地传承中华优秀传统文化的创新基因。

以上就是科技日报社近年来在培育创新文化方面所做的工作。我们期待通过此次会议，从各位中外专家的演讲中获得更多启示。下一步，我们要坚持创新驱动，继续做好创新文化的研究与传播工作，让创新文化软实力更好涵养科技创新硬实力。谢谢大家！

文化链接与全球创新

保罗·博若思　世界工业技术研究组织协会秘书长

> 培养创新文化，我们需要可持续发展，需要全球的协作。如果我们不保护这个地球，不保护整个人类的生态系统，每个人都将受到不利的影响。中国拥有独特的结构优势，可以作为可持续发展的摇篮。有两个主要原因：一方面，中国拥有超大城市，在这样庞大的人口背景下，必须解决可持续发展的问题；另一方面，中国拥有非常好的机构、基础设施和机制等方面的优势。希望接下来中国能成为全球可持续发展的引领者。

大家上午好！我给大家介绍一下世界工业技术研究组织协会（WAITRO）和江苏省产业技术研究院所做的工作，同时也分享一下我对文化创新及创新文化的见解。

WAITRO组织是全球领先的研究和技术组织网络，是一个独立的非营利组织，由联合国工业发展组织于1970年发起成立。它并非联合国的直属机构，但由联合国工业发展组织发起成立。我们拥有来自超过75个国家的180多个成员和合作伙伴。我们的成员不是个人，而是组织，尤其是公共和私营的研究组织、大学及大学实验室。这些成员为WAITRO平台带来了巨大的优势和实力，使我们对全球问题有着深刻的洞察和理解。

我们的会员遍布拉丁美洲、加勒比地区、撒哈拉以南地区（拥有40多个正式会员）、中东和北非，欧洲也是我们重要的科研重镇，丹麦等国的科研院所与我们有着密切合作。除此之外，亚太地区同样是我们的重要区域。这一点非常重要，因为它让我们将WAITRO与江苏省产业技术研究院连接在一起。此前，我们已经在相关研究院设立了WAITRO秘书处，这非常好，我们也希望未来能够不负使命。

WAITRO有着自己的使命，即在全球范围内推进创新，其中有两个关键词：一是赋能成员；二是促进工作。我们通过帮助成员共聚一堂，讨论交流真知灼见，同时希望突破国界、不同科学领域及跨文化的边界，携手合作。只有通过这样的方式，我们才能解决未来50年全球面临的最大问题。我们相信，在未来的50年里，没有任何一个国家能够独善其身，如疫情、老龄化、清洁饮用水、全球变暖等问题，这些都需要我们群策群力，形成共识才能解决。我们也需要扪心自问，如何弥合文化的鸿沟，实现跨文化合作？虽然这并不容易，但WAITRO可以提供一个中立的平台，让大家相见、相识、相知，从而找到我们之间的"最大公约数"。

WAITRO的成立并非偶然，从一开始我们就希望更新整个工业基础设施。如果每个国家各自为政，如美国或其他国家已经在某些方面开始发力，但同时也意识到各国之间存在一定的分歧。那么，WAITRO要做什么呢？就是基于这样的经验，找到相关人才，让他们能够合作解决问题。我们既是世界工业技术研究组织，也是创新的大家庭。通过这个大家庭，大家可以了解各种细节，找到解决问题的方法。

WAITRO 有自己的秘书处，我是秘书长，但我们并不负责整个 WAITRO 的运营。运营方面，我们有专门的执行委员会和完整的委员会架构。Hasan Mandal 是我汇报工作的主要对象。我们还有两位相关的副主任，以及不同区域的代表。

说到创新文化，有时我听到别人说要打造创新文化，我会浅浅一笑。在这方面，我们不需要刻意。创新应该是与生俱来的，并且随着人类的进化，创新也在不断发生。大家可以发现，如果有一个小朋友过生日，也许 6 小时后你就会看到他为这个生日准备了怎样的礼物，这说明创新是人与生俱来的。

与此同时，创新是无处不在的。很多创新来自年轻人，他们会带来创新性的做法。我们必须严阵以待，并且鼓励年轻人不断提出问题，让他们展现自己的好奇心。也许在促进创新的过程中，我们不需要太多干预，因为人类天生就希望了解事实、发现真相、解决问题。

创新力并不一定总能带来相关影响，创新文化需要有创新性的影响力。这样的创新并不一定会带来实际的影响。

作为秘书处工作的一部分，我们将在几个月后即 11 月中旬在南京举办 WAITRO 峰会，届时将邀请所有成员参加，同时也会举行重要的全员大会。会议将聚焦创新性的解决方案，以实现可持续发展。虽然主要是会员参加，但对所有普通公众也开放。

那么，我们究竟缺失的是什么呢？这是我最喜欢的一张图表，它来自几年前福布斯的一项调查，列出了美国初创技术公司失败的原因。我们采访了 101 家初创公司的创始人，询问他们失败的原因。这个图表其实并没有提到任何与技术本身相关的原因。失败的最重要原因是什么呢？首先是缺乏市场需求，其次是融资不足或企业自身造血能力不足，最后是没有找到合适的人才。这三点让我们学到了什么？我之前只是一个物理学家，也有过在美国的创业经历，有时真的需要吸取相关的教训。我们要知道，人们购买的不是技术本身。如果你只想卖技术，99% 的情况下你会失败。人们真正购买的是解决问题的方案。

这与中国有什么关系呢？对于所有颠覆性创新，对于我们需要的创新，我们要解决可持续发展方面的各种问题。这些创新举措目前可能还不存在。几年前，当我看到一份关于电动出行的报告时，我印象很深刻。以前我告诉孩子们，不要读太多报告，但这份报告真的让我眼前一亮。我们要利用商用车来推动整个行业的创新和突破，实现合力发展。为此，我们必须培育需求，只有这样才能创新，才能更好地打造良性竞争环境。当时是 1987 年，那时候还没有太多的电动汽车，大部分都是普通的燃油车，但当时就有这样的远见，非常不容易。

同样，大家会关注西方市场，看看西方市场现在怎么样了，以及为什么中国新能源汽车厂商和品牌能够在西方市场占据优势，甚至引领西方市场，哪怕西方政府出台了各种补贴政策。昨天（9月7日）万钢主席也提到了这一点。借此机会，我也想说一说2009年中国所推出的一份文件，该文件当时聚焦于北京的试点工作，旨在不断改善空气质量。如果要改善空气质量，就要针对中国13个一线城市实现汽车的电动化。为此，我们必须发展电动汽车，并且要建设基础设施，如充电桩等。2019年，我们就有了这样的远见，新能源方面的倡议可以追溯到那个时候。2009年，电动汽车的出行方案可能看起来并不切实可行，甚至有些天马行空，成本也非常高昂。

那么，我们要做的是什么呢？就是要创造中国的国内市场。对于整个产业，会有部分补贴。正是有了这样的政策支持，市场被创造出来，并且越来越多的市场参与者参与到竞争中。可以看到一个例子，美国有一家公司专注于太阳能电池，每年烧掉几十亿美元。最终我们看到它很快破产，可能需要一千万美元来收拾这个烂摊子。这说明了什么呢？说明企业仅靠自身是不够的，还需要政府引导。政府引导创造需求、创造市场，所有相关企业进入这个市场开始良性竞争，这就是中国新能源市场一步步建立起来并不断发展的轨迹。

除此之外，欧盟也出现了"绿政"等相关政令，2007年或2008年就有了这样的苗头。有了中国的国内市场之后，我们就有了创新载体，能够不断互相学习、互学互鉴、共同进步，像智能电网的打造等都是其中的一环。可以看到在智能充电桩基础设施建设方面，中国可以说是独占鳌头，并且领先于全球其他国家。在中国，全球电动巴士的数量肯定也是最多的。

江苏省产业技术研究院在省内做了哪些工作呢？我们的使命一直是成为江苏省的创新引擎。为此，我们聚焦以下3个不同的方面：

①我们有自己的省产研院专业研究所，弥补省内科研的不足。目前在省内有90个研究所，我们还会与上海地铁建立联合研究院。

②聚焦行业需求，省产业技术研究院与江苏省的龙头企业共建了联合创新中心。我们要了解业界存在的痛点，并且提供相关的解决方案。

③聚焦全球创新网络的打造，与全球科研院所和单位进行合作，以此促进创新。

作为组织的秘书长，我们的成员不仅仅是科研院所，我们更希望能够解决科研方面的问题并获得足够的资金支持。除了正式会员之外，我们还有准会员，那么我们要做的是什么？就是在权威范围内把所有的科研及相关行业的需求对接起来，这样就能产生项目，因为供需结合到一起，再通过投资界的加持，最终打造相关科研的影响力。

上次我们WAITRO的峰会是在非洲举办的，当时是2022年，也是聚焦可持续发展目标的实现。大量的项目似乎没有为投资者做好完全准备，投资者似乎还没有看到这些项目如何与上下游连接。在这方面，他们在投资时可能会有一些犹豫，甚至觉得商业实体现在还不太适合介入。

除此之外，我还想跟大家分享一下我们对人口的预测，特别是对未来25年中国和非洲人口的预测。大家可能会对这样的人口预测比较感兴趣。25年后，市场在哪里？非洲大陆将是一个重要的市场。2024年WAITRO中国峰会将主要关注在可持续发展目标（SDG）项目中如何做好投资准备。我们也会举办网络论坛，大家可以在YouTube上查看相关信息。我们还会征集海报，重点在于可持续发展目标的影响力及吸引投资者的路线图。我们将邀请入选的研究人员在峰会上展示海报，排名前10的将进入全体会议进行最终投票。

在江苏省产业技术研究院，我们更多的是做跨界融合，而不仅仅关注单个产业的发展。创新也是如此，我们需要培育创新文化，需要将世界团结起来。我们需要可持续发展将世界团结在一起，需要全球协作，因为每个人的利益都会受到影响。如果我们不保护这个地球，不保护整个人类的生态系统，每个人都会受到不利影响。所以我们需要团结一致。

另外，中国拥有独特的结构优势，可以作为可持续发展的摇篮。有两个主要原因：一方面，中国有像上海这样拥有2400万人口的超大城市，在这样庞大的人口背景下，必须解决可持续发展的问题；另一方面，中国拥有非常好的机构、基础设施和机制等方面的优势，像江苏产业技术研究院就有很好的机制。所以我们称中国为可持续发展的摇篮，希望接下来中国能成为全球可持续发展的引领者。

架设科技文明交流互鉴的拱顶石

郭哲　中国科技馆馆长

> 科技革命从线性发展转向内生的球形爆破模式，带来新的科技观、时空观和哲学思考方式。人类价值观面临被颠覆的风险，而中华文化传统中的系统论、天人合一思想等，为应对科技革命提供了宝贵启示。中华文明在现代科学发展中面临结构性挑战，需要重建价值理论，倡导有诚信、负责任的科研。科学文化的价值在于促进不同文明之间的交流，超越意识形态，推动系统论和整体论的发展。创新文化的构建应避免二元对立，增强包容性，关注人类福祉和全面发展。中国以诚信为基础，推动从模仿到创新的转变，助力科技强国建设。

很高兴再次来到浦江创新论坛之创新文化论坛。当今时代，当我们讨论科学文化和创新文化时，科技发展的自身变量、经济社会发展的冲击力度及给人类主体带来的全方位影响，都构成了一个全新的环境和生态。刚才保罗·博若思先生提到，创新是无处不在的，文化也是如此。在这个过程中，中外科技文明之间、古今科技文明之间，迫切需要加强对话、沟通和交流。今天，我想围绕这个主题，给大家做一些简要汇报。

科学正迈向一个无尽的疆界，无论从宏观尺度，到微观粒子世界，到生命的本质，再到人类意识本身，科学技术工程带来的系统性变革正在催化经济产业的新业态、新模式，以及社会结构的深刻转型。

回顾过去60年的发展，或许能带来不同的认识。Nature曾对过去60年人类创造的重大变革式创新进行分析，发现其趋势在持续下行。今天取得的很多成就，大多是基于上一次科学革命的成果，无论是宇宙大爆炸理论、DNA双螺旋理论还是量子理论，都未出现类似的重大理论里程碑。因此，我们可以说科技革命已经告别了"革命时代"。但从另一个角度看，从科学技术本身的内部规律来看，我们或许正在进入一个新时代——一个创新的密集时代。

丁肇中先生曾用一个图表生动地展示了从极微观领域到宏观层面的科学技术关系。科学基础的不断拓宽和加深，推动技术高峰的高度不断提高。跨领域的学科交叉和集成创新，为我们从高峰迈向新的高峰提供了核心动能。习近平总书记提到科学技术的四步发展规律，以及全国科技大会中提到的4个"极"的发展趋势，都表明科学技术正在向深度和广度迈进。这对我们理解这一轮科技革命和产业变革的内部规律，以及科学范式、科研行为方式、科学家与社会互动的方式，都带来了新的情境。

今天，我们尤其要关注这一轮变革对经济社会和政治发展的重大影响。既要关注已经取得的成就，更要重视在发展中产生的巨大不确定性和风险。这种不确定性是由巨大的变化力而非静态的发展指标决定的。

如何扩大人类对科学未知疆界的探索范围？伟大的创新很难预测。我们看到，历次科技革命大多是事后评估，很少有人能在事前准确判断这是一次颠覆性创新。如果能提前看到，那它也就不算颠覆性创新了。因此，我们需要转换视角，传统的惯性目标思维和依靠"大力出奇迹"的方式已不再奏效，这是由时代不确定性造成的。然而，宽容失败、容忍失败，尤其是对创新的包容，显得更为重要。无论是个体、企业、组织还是国家，如何在不确定性中开辟自己的生态位，是我们今天讨论文化的重要前提。

以这一轮变革为例，其龙头是新一代人工智能，其变化超出我们的想象。当ChatGPT-3问世时，业界普遍预测通用人工智能、AGI时代的到来还需80年。昨天（9月7日）开幕式上提到，真正的量子容错计算机出现可能还需20～30年的科学研究准备，这仅仅是基于当前起点的预测。但在人工智能领域，随着GPT-4的出现，AGI的到来可能只需十几年，甚至如今看来可能只有两三年的窗口期。

根据OpenAI的定义，当人工智能在高价值就业岗位上与人类看齐甚至超越人类时，AGI时代即将到来。AI正在改变科学、教育和社交。如果在未来高经济价值的就业岗位上，AI形成与人类对齐的能力，将带来更深层次的革命。我们曾认为传统货币的功能是分配劳动力，那么当AI达到这种能力时，货币的价值又在哪里？AI带来了人与机器从辅助到共生，再到共存的时代。特别是随着生物经济的快速发展，未来人机融合将进一步加快。我们将从10年前的万物互联时代，快速进入万物共生的时代，这势必对整个思维方式和文化产生普遍性影响。我们已经告别了工业时代那种精准完美的思维，进入了不确定性思维时代。

这一轮科技革命从线性的外延式发展，转变为内生的球形爆破模式。科学技术的融合带来了一种新的大科技观，甚至包括我们对虚实不分的两个世界——数字世界、物理世界，以及我们所处的社会空间——带来的新的时空观。我们的认识论、本体论，这种哲学思考方式，包括原来科学与人文二元分离的传统立场，都需要重塑。那么，人类的普遍价值观如何不被这一轮科技革命颠覆？这是人类共同面对的话题。

正如在数百万年前人类文明长期的停滞期之后，工业革命带来了生产力的跃迁式发展。未来，我们将进入什么样的时代？也许AI可以替代很多人类原本的领地，但从今天来看，物理新规律的发现、数学的新猜想等，仍是AI难以企及的。但未来如何预见这种发展？我想这也充满不确定性。

更重要的是，我们要关注科技快速进步中的"灰犀牛"。对于"黑天鹅"事件，人类或许无能为力，但对于逐渐显现的风险和系统性挑战，我们必须做好充分准备。因为未来科技带来的社会风险，我们必须将科技进步控制在合理的边界内，这是我们今天谈论科学文化、创新文化必须秉持的原则。

科学文化的价值和意义在今天尤为凸显。不同文明之间、古今中外之间进行对话和交流，从而创造出新的文明形态，超越现有的意识形态。特别是从历史的长周期和大尺度来看，中外科技文化交流的最大公约数，是从还原论进入系统论、整体论。

循中华文化的传统之道，从程朱理学的融合，到五四新文化运动对科学文化的全面发展，再到改革开放后辩证理性的重建，今天我们面临着用现代科学对常识理性进行再次重构的机会。中华优秀传统文化蕴含着宝贵的精神财富，对今天瞬息万变的科技文明仍具有深刻的启发意义。我们的系统论、以人为中心的天人合一思想、对自然规律的观念、宇宙演化及历代学者形成的治学理念，同样存在着批判和质疑的精神。

在新的时代，从轴心文明发展到科技革命，如何理解中华文明在现代科学方面存在的结构性困难和障碍？我们的价值理论如何重建？特别是秉承中华优秀传统文化的自觉性，用现代科学成果循道，是今天整个社会和思想转型的重要道路。

所以，我们要回答的问题是：是割裂还是融合？这是时代之问。科技是发展的利器，也可能成为风险的源头。人类可持续发展的17个重要目标，无一不需要我们用新的科技手段和文化方式来消融这种障碍，用世界性的眼光审视正在进行的系统性连接和整合。

对于创新文化的时空联系也是如此。我们对今天科学文化发展的思考，要避免陷入简单的二元对立。从古希腊到近现代科学体系的建立，普遍性背后也隐含着很多以西方为中心的思维方式。许多哲学家和科学家也在不断反思这个问题。任何一个文明体都需要对自身的文化整体性和复杂性，以及对方文化的复杂度和整体性，有系统性的理解。因此，我们对科学文化研究的框架，也必须有更强的包容性。

无论是科技发展的终极目标，还是今天讨论科学文化发展的终极目标，普遍性的融合、双向奔赴，最终都要建立在对人类福祉的终极关怀上，一切为了人的全面发展。我们经历了轴心文明时代、文艺复兴，到人类不断启蒙，再到今天站在变革的时代。在大众科学文化进步的创造和传播过程中，人类社会也将面临新的文化复兴。这个主体来源于大众，更要发挥整个科技界的主体作用，特别是作为文化主要的创造源头，科学界要更加倡导有诚信的科研、负责任的科研。

在科研强国的攀登过程中，我们以诚信奠定科学文化最深厚的基础。只有这样，在强国攀登的道路上，我们才有可能从源头的跟踪模仿，转向更多的规律发现、科学发现，从而逐渐达到科技强国的目标。这也是今天科学界面临的共同使命。

欢迎大家到中国科技馆参观指导！正如这次论坛的主题"格物穷理"，在今天的科学革命背景下，我们要从线性的发展模式、还原论的发展模式，转向更加系统、整体的思考方式。不仅是"格物穷理"，还有一种新的方法——"博物致知"。欢迎大家到中国自然科学博物馆、中国科技馆来，谢谢大家！

英国的科技创新文化

汤姆·斯塔福德　英国谢菲尔德大学教授

> 英国在工业革命前已有7所古老大学，如剑桥大学三一学院，其科研崇尚独立与友好竞争精神。然而，随着时间推移，英国的大学在注重科研和教学的同时，也面临工作量大、就业不稳定、资金不足等挑战，这些问题促使英国改善教学体系，引发对科研评估指标的讨论。"负责任的指标"非常重要，科研评估需引入新原则，关注文章发表情况、期刊影响因子加权值等，同时解决出版社不透明问题。此外，英国的大学注重培养研究能力，英国皇家学会报告显示，接受科学训练的人创新成功率更高。

大家好，我来自谢菲尔德大学认知科学系。今天我主要聚焦决策过程中的科学研究，同时也会探讨相关的文化、政策和决策。之后，我会分享一些关于英国的研究情况及研究院校的网络搭建情况。目前我对中国的科研和创新了解还不多，所以可能会更多地分享我所熟悉的英国高校和院所的科研创新情况。

说到英国大学的办学模式，早在工业革命之前，英国就有7所非常古老的大学。比如这幅图展示的是剑桥大学三一学院，它是16世纪最古老、最负盛名的高校之一。当时的大学聚集了许多学者,他们独立于政府,不受任何政府约束,亦无相关义务。他们在科研中崇尚的是友好竞争的精神,为荣誉而战,不存在任何独裁行为。英国的科学家达尔文就是一个很好的例子,他是一位非常独立的科学家,拥有独立人格。

英国大学一方面注重科研,另一方面也注重教学。然而,在这种模式下,英国科研人员有时会失去一部分想象力。随着时间推移,许多英国大学的生态和系统也发生了相关的变化。大学聚焦于科学研究,50%的年轻人会选择进入高校深造,同时也会有大量政府投资,以及对投资收益的要求和科研重点攻关项目。

目前,英国的科研正处于蓬勃发展阶段,但我们面临着各种各样的挑战,如工作量大、就业不稳定、资金不足,甚至在经济不景气的情况下,创新规模也会受到影响。这些问题在全球从事科研的人员中或多或少都会遇到,这也是英国研究文化所面临的挑战。

这些问题给我们带来了压力,促使我们更好地完善教学体系。例如,如何衡量科研实力?是看发表文章的数量还是成果数量?这些指标似乎都成了硬性标准。但如果一味追求这些指标,可能会背离科研的初衷,甚至有人从事科研只是为了发表文章,而不是真正为科学事业献身。

在看到这些问题后,我们该如何应对?关于这些挑战,英国科研体系中也出现了许多讨论和辩论。接下来,我想跟大家分享一下这些辩论中双方的观点。

首先,我想说的是"负责任的指标"。我会按照重要性顺序依次介绍这些内容。文章能否被接受,需要经过同行评审甚至主编评审。因此,我们需要进行负责任的指标审查,并引入新的原则来更好地指导这些指标的使用。这些指标可以帮助我们进一步提升科研的高质量生产力,而不会削弱科研质量。例如,我们可以应用相关指标来评估文章的发表情况及期刊影响因子的加权值。我们也会关注出版社的不透明、不公开问题,负责任的指标应该成为一项运动,帮助我们更好地了解这方面的需求。

根据英国国家的研究评估,有一个相关的研究卓越框架。英国所有的科研院所和研究机构都会展示自己的科研成果,并且每7年进行一次全国范围内的调查和评估。这一评估框架由政府设计,将25%的奖项分配给科研院所。基于此,评估会更多地聚焦于人类环境和文化方面的考量。更重要的是,机构需营造一种支持科研人员的文化氛围。到2029年,英国将通过文化激励机制,包括研究卓越框架,来支持科研人员的工作,尤其是高质量研究。

前面提到的评估指标,需要优先考虑新颖性、严谨性、研究方法的稳健性,以及研究的可重复性和可重现性。这意味着我们的研究成果是可以转化的。在不同领域,如生物医学,都有相应的研究评估指标。

基于此,我们希望在研究方法上保持高度的严谨性。在开展研究过程中,必须确保研究质量,因此研究质量保障的流程也是必要的。在严谨性方面,我们希望在跨学科、跨领域中实现最佳实践的借鉴和互学。在英国的在线性网络中,我们更多地关注学术网络和研究质量的提升，而不仅仅是研究的数量。

这是开放研究，是英格兰研究署的计划。在开放研究网络上，材料、文章、数据、分析脚本等都可以公开共享。这些内容都是公开的，研究人员也可以在这个平台上分享他们的研究文档和资料。我们还会提供相应的培训计划，帮助研究人员掌握参与开放研究计划的技能。在创新方面，我们也需要为创新搭建平台。在研究过程中，我们需要注重细节，需要有平台来进行文档化和后续共享。这样的高效平台也代表着科研方面的创新。

前面提到了研究的可再现性和可重现性，需要考虑新颖性及相关指标。所有指标都是为了确保研究过程中保持最高的质量。研究人员在做研究时，应更多地关注质量，而不仅仅是为做研究而做研究。

对于大学机构来说，不仅仅是进行研究和发现，更重要的是培养研究技能和能力。这里提到的是英国皇家学会的报告，其中展示了接受过科学训练的人在研究过程中会有更好的表现。当这些研究人员进入社会后，如果他们在大学阶段掌握了研究技能，他们的创新成功率会更高。因此，大学内部注重人才研究能力和技术的培养是非常关键的。

这是英国推出的"元科学"平台。主要针对研究学方面的工作，包括资金和评估等方面。这样的机构的最终宗旨是使我们的研究更加有效、更加公平。我们将于2025年在伦敦举办元科学大会，期待中国嘉宾的出席和参与。以上就是我的分享，谢谢大家！

呼唤"仰望星空"的创新文化

田杰棠　国务院发展研究中心产业经济部部长、研究员

> 未来产业最稀缺的3个要素包括：第一，前瞻性、持续性、非共识的研究投入，这既包括科学发展的基础研究，也包括创新，不仅仅是科学的概念，还有创新的概念。第二，一批能够以5～10年为周期、长期潜心研究的顶尖科研人才。第三，能够最早进入并支持商业化的天使投资，以及具有5～10年前瞻性眼光的耐心资本投资人。这就需要未来产业培养耐心的创新文化、长期主义的创新文化。

很高兴能参加这个论坛，因为创新文化是一个非常重要的话题。从制度和组织层面来看，我们需要解决一些问题。从经济学角度来说，存在一个"契约不完全"理论。无论是公司之间签订的合同，还是政府部门制定的政策制度，都很难穷尽所有可能的场景，因此总会存在一些漏洞，容易被钻空子。这种情况下，创新文化就能起到很好的兜底作

用，当然，这是我们对它的期望。

我不是专门研究创新文化的，只是从产业研究的角度谈一些感想。这些感想不一定完全正确，也不一定全面，但我希望能起到抛砖引玉的作用。今天我想讲的是，未来产业呼唤什么样的创新文化。我们的产业体系非常庞大，但今天我主要聚焦未来产业需要什么样的创新文化。

发展未来产业是我国的一项重要战略部署。2020年开始，习近平总书记在地方调研考察时就提到，要抓紧布局战略性新兴产业和未来产业。2023年9月，习近平总书记在黑龙江考察时提出了"新质生产力"的概念，强调要积极培育未来产业，加快形成新质生产力。这是未来产业发展的大背景。

2024年国务院的《政府工作报告》中专门提到，要制定未来产业发展规划，包括量子技术、生命科学等新赛道。同年1月，工业和信息化部等七部门印发了《关于推动未来产业创新发展的实施意见》，这标志着未来产业已成为我国的一项重要战略部署。

那么，什么是未来产业呢？其实并没有一个通常的定义。未来产业是由新一轮科技革命孕育和催生的，目前尚处于技术突破的关键期或商业化的探索导入期。在未来10年，它可能具有较大的增长潜力或较强的战略性。

那么，未来产业最稀缺的要素是什么？在我看来，至少有3个要素比较稀缺：

①前瞻性、持续性、非共识的研究投入，这既包括科学发展的基础研究，也包括创新，不仅仅是科学的概念，还有创新的概念。

②一批能够以5～10年为周期、长期潜心研究的顶尖科研人才。

③能够最早进入并支持商业化的天使投资，以及具有5～10年前瞻性眼光的耐心资本投资人。

因此，知识、科研人才和产业创投这3个要素是我国发展未来产业最稀缺的。

那么，未来产业需要什么样的创新文化？从刚才提到的这几个要素来看，我觉得目前最缺的就是耐心的创新文化、长期主义的创新文化。这大概包含以下几个含义：

首先，我们需要那些仰望星空的人。我们有14亿人口，从概率上讲，这样的人肯定存在。只是他们可能被各种考试制度和不同的环境"折磨"掉了，我们需要把他们筛选出来。千里马肯定是有的，缺的是伯乐。

其次，我们需要一个包容和发现这样人才的社会环境。当你在街上看到一个人盯着星空时，不要觉得他傻。我们要珍惜这样的人才，特别需要这样的社会环境。

关于创新文化的传统，刚才郭哲馆长已经讲得非常透彻。中华文化中创新的传统源远流长。左边是3600多年前中国商朝的第一个君主——商汤，在自己洗澡的器具上刻的"苟日新，日日新，又日新"。右边是《诗经》中周文王说的"周虽旧邦，其命维新"。所以今天我们可以说，中华民族是一个有着五千年历史的民族，但现在到了一个"其命维新"的时刻。

举个例子，在中国南北朝时期，公元478年，我国著名科学家祖冲之参加了一场指南车的比赛，他和一个叫索驭驎的工匠比谁的指南车做得更好，尤其是车在高速转动时能否一直指南，这可能和今天的高铁有一拼。后来的结果是祖冲之胜出。这个年代在欧洲是西罗马帝国于476年灭亡的两年后，而中国正在举办这样的比赛。我们常说好的工匠很重要，但如果不是像祖冲之这样能计算圆周率的人，即便在技能比赛中，也未必能取得最终的胜利。

后来在15世纪、16世纪西方出现了科技革命，17世纪出现了产业革命，18世纪出现了东西方的大分流。很多欧洲学者和美国学者都分派研究这个问题，这其实是一个老生常谈的问题，也就是李约瑟之问。我们的创新传统和文化是很深厚的，但为什么后来出现了大分流，我们没有赶上第一波科技革命的步伐？

这个问题当然很复杂，也有很多答案。我只是想分享我的一点体会，因为我读的书也不够多。

陈寅恪在哈佛大学演讲时曾说，中国思想学术的传统有"唯求实用、不究虚理"的特点，这与西方有很大的不同。后来在20世纪80年代，中国哲学家李泽厚先生用"实用理性"概括传统文化的特征，当时对我们这一代人影响很大。他讲到强调人世的现实，过分偏重于实用的结合，于是相对忽视甚至反对抽象思辨。当然，这完全是个人的理解，不一定正确，但至少反映出所谓功利化的文化在古代思想中是存在的。

改革开放40多年来，我国取得了伟大成就。我们的工程师和产业技术工人发挥了非常重要的作用，我们吸收了很多世界先进文化，从低成本化、规模化到后来的自主创新，工程师发挥了非常大的作用。这是2020年的数据，现在可能有将近2000万名工程师，这是世界上任何一个国家都非常羡慕的队伍。

工程化很重要，但我们还要在这个基础上向前看。华为的任正非先生在2024年上半年的大学座谈会上讲道，大学不要管当前的"卡脖子"问题，大学的责任是"捅破天"，不要被两三年的工程问题所累，要着眼于未来二三十年国家产业发展的需要。他说大学要努力让国家明天不困难。他虽然是工程师出身，但在产业实践中越来越发现着眼于未来的重要性。当然，二三十年可能比我们讲的未来产业的时间还要长，所以对未来产业来说，既需要二三十年大学的努力，让国家明天不困难，也需要大量企业研发人员和企业家，让未来产业在未来5～10年能够开花结果。

最后，我想谈谈如何培养这种文化。刚才保罗·博若思先生也说过，创新是与生俱来的。但如果想把一个成年人从功利性很强的人变成有耐心的人，恐怕有些困难。但从孩子的角度来说，我们怎么不抹杀他的好奇心？尤其是在各种考试制度的约束下，如何做到这一点，对当下是一个非常大的挑战。中国是一个大国，我们有多元化的家庭，有能力做到的最好能在培养下一代的过程中，第一，注意不要泯灭孩子们的好奇心。第二，我们还是要鼓励拥有改变人类命运的胸怀和梦想。其实这种文化在传统文化中也有体现。

我记得孔子就讲过"君子谋道不谋食",现在我们对单位里年轻人进行教育时,这句话仍然是第一句话:不要为了简单的收入做事,而是为了做事而做事。当一个人做到行业顶端时,收入肯定不是问题。还有一句话是清朝曾国藩讲的"但求耕耘,不问收获",这体现的是长期主义、耐心主义,与胸怀和梦想有很大的关系。第三,我们要鼓励与不同的人交流。即便现在世界地缘政治风险不断加剧,也要鼓励在国际化的场合与不同的人探讨问题。人的思想进步往往来自多种不同的冲击。中国共产党一直有这方面的文化,即比较、反复、交换,从不同的角度看一个观点,不断提高自己的认识,这也是重要的方向。

科学的进化:科学文化与创新文化的合流

李正风 清华大学教授

> 我们现在可能既不是简单的科学文化,也不是简单的创新文化。在科学技术不断发展,从人类之外进入人类自身,并开始深刻改变人类社会运行逻辑的情况下,人类可能需要共同塑造一种面向不确定未来的"创世文化"。这种"创世文化"需要对社会文化进行改造,而改造社会文化有几个重要的因素:负责任和可持续发展的文化;多元包容协作共赢的文化;共同致力的文化。

今天我想和大家讨论的题目是《科学的进化:科学文化与创新文化的合流》。

为什么选择这个题目呢?我们想要理解文化和科技的双向奔赴,理解科学文化和创新文化之间的关系,以及创新文化在当下和未来会有怎样的发展。我们需要一个认识的切入点,而这个切入点就是从科学革命的角度来展开。我们需要理解科学为什么会不断进化,以及在进化过程中,科学文化发挥了怎样的作用,同时,今天与科学创新相关的文化又面临着什么样的挑战。

从科学进化的角度来看,我们需要理解它在以下几个方面的不同表现:

第一个方面是对象的进化,从简单的个体到复杂的系统,从低级的运动到高级的运动,从人类之外的自然对象(以前我们更多探讨的是人类之外的自然现象)到今天,我们越来越关注人类自身,包括脑科学、人工智能、生命科学等领域。

在这一过程中,我们一再强调科学变成了"无尽的前沿",科学知识在不断积累,学科体系也在不断完善。截至2021年,我国大学设置了14个大的学科门类,包括112个一级学科和740个具体的专业方向。为什么科学的"无尽前沿"能不断向前推进?这是值得我们深入分析的问题。我们需不需要这么多知识?

第二个方面是方法的进化,从科学研究的方法来看,我们获取知识的方式从哲学思辨，到经验试错，再到16、17世纪实验试错的兴起。一方面，技术性替代不断加强，人类认知活动借助仪器和机器设备等技术手段，不断开拓新的认知领域，比如前面提到的"四极"研究，显然利用了大量先进的技术手段和仪器设备；另一方面，进入现代实验室试错和改错的新阶段后，数学和实验方法紧密结合。发展到今天，数字化技术带来了大数据时代，计算模拟、机器学习等手段也开始进入科学研究领域。在这个过程中，人们不断分析科学研究范式的演变，提出了4个范式，而现在又出现了第五范式——"AI for Science"（人工智能驱动的科学研究）。人工智能对人类认知行为的技术替代从肢体上升到头脑，将AI技术用于学习、模拟、预测和优化自然现象，从而促进科学的发现和创新。

第三个方面是科学形态的进化，从早期的科学精英，到如今从事科学研究的庞大的科学共同体；从学院科学到后学院科学；从科学家到不断建立的科研机构和国家科学体系。在这个过程中，研究人员的数量和论文发表数量不断增加，科学投入也在不断增加。伴随这一进化过程，出现了许多组织变革和制度创新，比如科技社团的成立（如英国皇家学会）、研究型大学的出现（如19世纪最早在德国出现的洪堡大学）、科学期刊制度的建立（使科学论文公开发表共享并借此集体纠错成为可能）、政府对科学的投资（科学基金制度的建立）及国家实验室的出现等。

从这些进化的进程来看，科学文化在其中扮演了什么样的角色？科学的核心使命是探求可靠的知识，一切与科学相关的认知和功能实现都与这一核心使命密切相关。首先，科学文化需要对科学知识的价值给予认可，这是我们在文化层面需要突破的第一点。除此之外，还需要在思想和行动上对知识生产的方法和技术、组织与制度进行探索、选择和形塑。

具体来说，在我看来，科学文化在科学进化过程中，一个周期内往往会经历几个阶段：先进思想和文化观念引导科学的建制化。比如培根提出的"知识就是力量"以及"实验哲学"对英国皇家学会的影响，还有洪堡新的大学理念对研究型大学的影响。在这些先进思想文化的引导下，一些先行者将成功开展新的探索，而这些先行者的成功探索会带来新的文化理念的社会认可。从这些成功经验中，我们会提炼并确立一些专业化、制度化的行为规范，使先行者的实践探索变成社会中的行动惯习。在这种情况下，科学文化基因逐渐向不断丰富的、相对独立的科学文化发展，并深刻影响和改变社会文化。科学的进化及科学中心的转移，总是伴随着文化的自觉和文化的变革。在科学发展的不同阶段，人们需要根据科学发展的新特点和新规律，不断树立新的文化自觉。

那么，科学革命为什么能够持续进化？尤其是科学研究队伍不断扩大，科学研究需要的投资不断增加，为什么会出现这样的现象？一方面，我们认识到科学知识的价值，这是我们在思想文化上的变化；另一方面，我们发现了实现知识价值的途径和方法，即建立了科学发现与技术发明、创新之间越来越紧密的关联。

这是美国 1953—2020 年基础科学投资增长的情况。投资在不断增长，但增长最快的来自产业部门，而政府、高等院校及非营利组织的投资增长相对比较稳定。在这个过程中，技术不断迭代、升级。

这种联系带来的直接变化是什么？一方面，科学改变了技术创新进化的轨道；另一方面，科学加快了技术创新进化的速度。从技术的角度来看，这种变化越来越多地从基于经验的技术转向基于科学知识的技术。从人类社会产业变革的角度来看，每一次重大的技术变革和产业变革，都加深了技术对科学的依赖。我们也注意到，科学发现与技术发明之间不断形成不同类型的循环。比如右边的图是美国学者研究贝尔实验室发现晶体管及半导体产业发展过程中，科学发现与技术发明之间循环的机制。从特定角度揭示了发现与发明之间交互促进的循环：每一次循环都在促进科学研究技术化的同时，也在推动技术发明的科学化。

科学进步与技术创新之间的关系是什么？当前社会对创新的概念存在泛化的倾向，我们希望回到创新原本的含义。按照德鲁克的说法，"创新要赋予资源创造财富的新能力"；按照熊彼特的说法，"企业家在经济活动中引入新的组合、新的要素"。从资源的角度来看，科学和技术成为越来越重要的创新资源。一方面，科学和技术本身是重要的资源；另一方面，科学和技术赋予传统资源以新的价值。

知识的生产、扩散和应用正在形成越来越紧密的交互作用循环。这种协同进化带来的后果值得我们深入分析：一方面，它推动我们走向国家创新体系和全球创新网络，创新体系特别强调产业界、学术界和政府之间制度创新的互动；另一方面，它推动我们走向以科学和技术为基础的创新时代。2000 年，气候学家提出了"人类世"的概念，至今仍有争议。但无论争议如何，我们可以看到人类对所生活的环境及自然界的影响越来越深刻，人类活动成为影响地质时代变化的重要因素。其中，关键在于科学技术发展带来的创新趋势不断加速。

在这种情况下，文化将发生什么样的变化？我们不再是简单的科学文化或创新文化。在国家创新体系中，在以科学和技术为基础的创新时代，或者在"人类世"中，科学文化和创新文化之间是否会出现合流的倾向？在这个过程中，我们面临什么样的挑战？这是值得我们分析的。这两种文化之间会有一些共鸣，如如何鼓励创新、如何鼓励引入新引擎以促进新发展的探索精神。

另外，每个公民都有可能成为科学家，都有可能成为创新者，创新无处不在。因此，探索和创新的自由及平等的权利需要社会的保障。

此外，合理的质量控制和伦理法律的约束是必要的。例如，科学研究中要诚信，不能造假；在创新过程中要为消费者提供可靠的产品。这两者之间的冲突值得我们关注，包括公共利益和商业利益之间的冲突。又如，在数字化技术不断发展的过程中，商业力量介入数据资源的控制后，带来了科学知识是否可以共享，以及商业利益如何在过程中继续发挥作用的问题，包括今天期刊作者付费等变革，都是应对公共利益和商业利益之间冲突的新尝试。

还有开放开源与封闭断流的问题：我们究竟是选择开放开源，还是选择封闭，甚至相互之间断流？是选择共享协作，还是选择保护竞争？显然，在科学文化和创新文化之间，这种内在冲突是存在的。这种内在冲突加上科学技术及创新的不断加速，使人类的能力越来越强，对生活的世界干预的规模、范围和深度越来越大。在这种情况下，我们正面临着危机。

《人类简史》的作者赫拉利曾说，我们现在面临的困难是拥有神的能力但不负责任，贪得无厌，想要什么都不知道。这种危险恐怕是当今世界最大的危机。其实，不负责任的不仅仅是科学家、工程师或企业家，有时候也可能是运用我们所创造出来的知识、技术和创新成果的其他人。在这个过程中，人类立场、国家立场和个人立场的冲突与竞争加剧了这个问题的复杂性。那么，这种情况该怎么办？这正是当下非常尖锐、非常突出的文化挑战。我们需要走向一种新型的文化。尽管这种文化比较理想，但从人类命运的角度来看，它是值得我们为之奋斗的，即让科学、技术和创新的加速发展，服务于人类命运共同体的根本利益。

可能的走向是：我们现在既不是简单的科学文化，也不是简单的创新文化。在科学技术不断发展，从人类之外进入人类自身，并开始深刻改变人类社会运行逻辑的情况下，人类可能需要共同塑造一种面向不确定未来的"创世文化"。这种创世文化需要对社会文化进行改造，而改造社会文化有以下几个重要的因素：①负责任和可持续发展的文化；②多元包容、协作共赢的文化；③共同致力于的文化。

以上是我要向大家分享的内容，谢谢大家！

跨学科的力量：打通学科之间的隔阂以驱动创新

布尔丘·格德里　匈牙利塞格德大学技术转让公司业务开发部部长

> 创新文化的新功能和新角色是跨学科的"战略+"。对未来的学科"战略+"的几点建议：第一，建立信任和尊重。第二，聚焦更大的愿景，而不仅仅是简单的问题。第三，要有清晰的战略和策略，而不仅仅是干巴巴的路线规划图。第四，我们现在所处的不仅仅是信息时代，更是灵感时代。第五，寻求新事物，不仅要外求，更要内求。第六，为了连点成线，我们要制定相关战略。第七，尊重文化传统，同时也要打破教条。

各位好，非常荣幸来到这里参加如此精彩的论坛。我向大家介绍一下我们在创新文化方面的看法。

首先,我想讲讲目前创新的状况。如果大家还记得史蒂夫·乔布斯的时代,当时的创新理念更多是关于极简主义、专注和清晰。在乔布斯时代,创新的核心就是极简主义——要做到这种极简主义、专注和精简是非常难的。然而,随着乔布斯时代的落幕,在过去的5～10年中,我们看到了一种更加复杂的螺旋式发展。越来越多复杂的项目开始涌现,创新项目也变得越来越复杂。这是因为技术进步日新月异,它给我们带来了一定的困难,甚至是迷茫。最重要的秘密就是颠覆性的创新并不来自实验室的新发明,而是来自找到不同连接的新方法——找到不同技术、新理念之间结合的新方法。

在现有的科技水平之上,集成系统变得非常有价值。这种集成式的技术可以帮助我们打造更高层次的产品,无论是在数量上还是在功能上,产品的价值都会更高。这是显而易见的。但在我们看来,这其实是一个具有革命性的创举,只是它还没有完全实现。

在新的科技前沿创新方面,我们必须找到新的集成方法,把现有的技术进行整合。这是我今天想重点谈的内容。目前我们看到的是孤岛式的技术创新——我们总是希望聚焦于某一项技术,认为通过这种方式可以推动整体技术的变革。但就像在马拉松比赛中,一个人跑得再快,整个马拉松队伍也不会因为他一个人的冲刺而前进。所以,关键点是什么?在未来,我们并不是要去找到全新的东西,而是要向内看,找到一种新的观察方式,看看我们现有的东西能否帮助我们进行创新。

这就是我今天的观点。我认为,创新文化正扮演着一个新的角色。我可能会更多地聚焦于企业和交互方面,也会聚焦于科研方面。在业务发展过程中,我们发现了这一点。我也会不断以战略思维来思考,创新文化究竟有着怎样的新功能和新角色?这就叫作跨学科的"战略+"。

那么,这种新角色是如何产生的呢?首先,我们要学会"连点成线"。对于跨学科的"战略+",他们不一定来自项目本身。例如,如果是一个IT项目,参与者不一定是IT专家。我想给大家讲一个故事:我之前学的是哲学,但后来曾专注于智慧城市项目、3D技术及数字化方面的工作。所有人都会问我:"你之前学哲学的,怎么会做这些项目?"我也会这样问自己。但正是因为这种"过路人""局外人"的身份,我才能够"旁观者清",能够拥有跨学科的理念,能够看到其中的症结,能够更好地判断出哪些技术可以帮助我们解决哪部分问题。

前面的所有演讲人员都提到了一点,那就是要打破信息孤岛,要把人为的边界移除。无论是技术中心还是创新中心,打破孤岛都是非常重要的。跨学科"战略+"在打破孤岛方面一定是行家里手。

通过打造新系统,能够为他们带来商务财务上的回报。这是一种系统层面的连接。与此同时,我们还要坚持守护自身的愿景。我之前提到过,乔布斯有远见,他的远见不仅仅是苹果手机这么简单,而是整个科技革命。在这样的远见加持下,我们聚焦于项目,跟大家说说我们如何能够更好地通过艺术、科学,在大的项目中实现创新。对于更小的细节,可能并不是我们需要关注的。我们既要见树木,更要见森林——这是更大的愿景。

还有一个概念是"异花授粉"。在我的领域,我一直可以有各种各样的跨学科想法。在哲学方面,我们有这样的问题:如果没有问题,我们就要打造这样一个元框架,去看看如何更好地构建这样一种解决方案或解决框架。在这方面,可能不一定每次都行之有效,并不是通过一对一、线性的方式实现的,更多是跨文化的思考,把所有不同方面的好奇心集合起来,让各个科学家共享自身的愿景及相关的知识。同时,我们也要把创新战略的活力激发出来。对于创新性的战略,它越来越具有创业性,越来越具有原发性。这样的创新文化就是我们喜闻乐见的。我们希望所有的创新想法能够流动起来,而不是阻断它们的流动。对于这样的创新,我们应该直接探索一下,并且应该提出更多的系统性方案。通过这样的方式,我们能够创造价值,承担起责任,避免同质性的竞争。但为了实现这一点,我们要更多地打造创新文化,保证创意的流动性。

一方面,我们要更好地把科技和人文结合起来。因为现在我们看到科技和人文之间有巨大的鸿沟,我们有强大的科技,有各种"黑科技"应运而生;另一方面,整个社会对科学和技术的了解似乎并不那么深入,这就是我们看到的鸿沟。我不清楚大家是否观察到了这一点。在过去几天,我们看到了各种各样的技术出现,比如一些非常好的想法能够更好地反哺社会,但对于技术本身,我们似乎了解得并不多。之后,我们要成为一个好的跨学科专家,甚至跨学科专家的"翻译人员",能够把不同学科的语言翻译出来。这就是我之前提到的"架起桥梁"。

现在我们来看一个具体的实例。匈牙利是一个比较小的国家,与中国相比,我们的智慧城市试点项目与中国的大项目相比也是小巫见大巫。但大家不妨从这个项目中学习了解。随着项目的推进,我们会发现一个悖论:我们创造的价值似乎更多,但本身带来的赋能价值似乎更少。例如,我们有越来越多的停车传感器、用电测量设备,还有越来越多的基础设施,似乎会让整个局面变得越来越混乱,对于城市、终端用户及其中的人而言都会更加混乱。

在5～10年前,我们见证了这样一种悖论的提出,就是"选择悖论"。我们在面对选择的时候,如用户端的选择,是要更多的自由还是用户的快乐,或者他使用这个系统的舒适性?这就是哲学上的思考。我们是需要聚焦于现实,按照既定的规则来推进相关项目,还是在项目中,一方面保住创新和灵感,另一方面也能保住用户的使用舒适性?在功能方面,我们需要做到的就是集成——有集成的系统、功能,并且提供非常清晰的维度。

再看一下跨学科的工作,能否帮助我们在仔细聆听的时候揭示一些隐藏的特性?刚才提到的智能工作台,它有什么工程学的设计?我们有手机充电、无线热点、躺椅等几个不同的功能。这就是一个简单的功能集成的创新之举。当我们做这个项目时,我们看到的只是表面功能，但真正的功能是什么？这可能是一个新的聚会地点，它可以给手机充电，可以放音乐，还可以上网。这就是一个像磁铁一样吸引年轻人关注的功能台，吸引了年轻人的注意力，激起了他们的兴趣。通过这样一种小的智能工作台的植入，能否振兴一个社区或者周边的地区？这种技术创新加上跨学科的想法，可以帮助我们揭示整个项目底层的隐藏特性。这些特性更加深入，更加有意义。它们不仅需要表面的技术功能，更需要跨时代具有革命性的底层功能，以及对这些功能的理解。我们最终就是利用这样的思维定位了这样一个产品，这无疑是大家前所未见的创新理念和深度挖掘。

如果大家希望我给出一些建议的话，对于未来的学科"战略+"而言，我有以下7条建议，供大家参考：

①建立信任和尊重。在这个会场中有非常多的科学家，因此我们必须要虚怀若谷、求知若渴，并且要建立信任和尊重。

②聚焦更大的愿景，而不仅仅是简单的问题。在愿景的引领下，我们才能朝着正确的方向行进，不会被细小烦琐的事务转移注意力。

③要有清晰的战略和策略，而不仅仅是干巴巴的路线规划图。比如在这方面，我们看到了众多极具能力的高管和创新者，他们的角色和职责不断调整和改变，而不是被框死。

④我们现在所处的不仅仅是信息时代，更是灵感时代。所有这些人如果有灵感，肯定都是来自信息。信息只是基础，灵感才是我们从信息中抓取到的东西。

⑤搜寻新事物，不仅要外求，更要内求。

⑥为了连点成线，我们要制定相关战略。

⑦既要尊重文化传统，也要打破教条。

谢谢大家，感谢大家的聆听！

培育创新文化

史蒂文·霍夫曼　硅谷知名投资人

> 创新的起点在于团队，企业需要挑选真正具有创新精神的人，并赋予他们自由去探索和尝试。创新者是稀有的，因此企业必须营造一种能让员工感受到心理安全的文化环境，让员工能够自由表达想法。信任是创新文化的重要组成部分，员工只有在相互信任的环境中才会敢于创新，谷歌的研究也表明，最具创新力的团队往往处于高度互信的氛围中。创新团队应从规模较小、跨学科的成员开始，通过思想碰撞和不同领域的专家合作来孕育最佳创意。最后，企业可以找到那些

> 天生的创新者，组建独立的创新团队，并为他们提供时间和资源，从而突破瓶颈，甚至改变行业和世界。

今天非常荣幸能够参加浦江创新论坛并发言。首先要感谢上海科学学研究所邀请我参加这次创新文化论坛。我的名字叫史蒂文·霍夫曼，但在硅谷，人们叫我"霍夫船长"，因为我是 Founders Space 的创始人兼董事长。Founders Space 是全球领先的创业孵化器和创新中心之一。

同时我也是获奖书籍《让大象飞》的作者，这本书深入探讨了创新的整个过程，这正是我们今天要讨论的主题——企业如何进行创新，如何在企业内部培育创新文化。一切都要从团队开始，你必须挑选合适的人。如果没有挑选到合适的人，就永远无法实现创新。许多 CEO 和董事长会说："我公司的每个人都是创新者，每个人都会创新。"其实，他们都是在自欺欺人。事实上，绝大多数员工并不是创新者，他们只是追随者。创新者是非常稀有的，他们通常会走自己的路。你必须吸引这样的人加入你的组织和企业，并且给他们创新的自由，这是最重要的，要让他们有做不同事情的自由。

那么，如何做到这一点呢？关键是在组织中营造一种能让员工感受到心理安全的文化环境。这意味着你的员工，尤其是创新团队中的创新者，可以自由表达他们的想法。他们知道，即使提出一些看似奇怪的观点，或者与上司意见相左，甚至想开展一个看似不会成功的项目，也不会受到批评或被压制。他们可以自由地追寻和探索自己的想法，直到得出结论。如果因为这些人提出了你认为不符合企业战略、不寻常或过于冒险的想法而惩罚他们，你就会扼杀公司内的创新。只有真正鼓励创新的公司，才能让创新者自由发挥他们的想象力，说出那些可能会极具争议或挑战传统观念的想法。因为这些地方正是创新的宝藏所在。所以，如果你需要找到突破性的创新，就需要真正改变这个行业的环境。

另外一个重要的点是，你需要建立起信任关系。员工不会在充满恐惧的文化中创新，因此必须营造一种相互信任的文化。谷歌就发现了这一点，他们会衡量所有团队，发现最具创新力的团队往往处于互信的环境中。无论他们说什么，无论他们和谁在一起，都会得到无条件的支持。

我们还需要做到的是倾听——倾听创新者的心声。如果我们的管理风格是自上而下的，往往就会扼杀创新。在自上而下的管理中，虽然组织效率可能会更高，但每个人只是跟随者。在这种组织结构中，我们无法促进创新。那么，我们能否尝试一种自下而上的管理风格？这种风格更多地鼓励人们接受失败，直至成功。我们需要反复尝试，鼓励创新者走出去，接受失败。有时候，失败并不是真正的失败，因为通过失败，他们可以获得经验及新的信息，并从失败的过程中学到更多。创新是一个学习和发现的过程，而不是从 A 点到 B 点完成任务的过程。创新的过程是曲折的，创新者们在行进中不断摸索。

他们会沿着一条路走下去，遇到死胡同时会再换一条路，直到最终找到答案。

同样，我们也需要明白，当他们创新时，一开始商业模式可能并不清晰。商业模式往往会在后期逐渐明朗。所以我通常会告诉那些找我咨询的公司 CEO，如何打造创新文化。我告诉他们，首先不能只关注宏观的想法。从一开始，那些看似宏大的想法可能并不具有创新性，因为这些宏大的想法可能已经有人在做了。真正能发展成宏大想法的，通常是那些非常微小、微不足道的想法——你可能会忽略它们。但即便不是一个宏大的想法，它也可能给我们带来一个解决方案，最终带来商业机会。如果是一个宏大的想法，其他人也能想到。所以，我们可能要从一些微小想法开始。

就像埃隆·马斯克的 SpaceX 一样，所有人都告诉他这行不通，在这个世界你永远无法让一家私营的航空公司盈利，说他这是在与政府竞争。但我们看到，马斯克没有理会这些反对的声音，他还是做了。而且现在，技术已经改变，我们可以找到不同的路径，做到之前不能做到的事情。所以，一开始可能只是一个微小的想法，但它会逐渐走向大的成就。一开始，所有人都说这是行不通的疯狂想法，但这正是你创新的切入点。那么，如何让我们的员工也做到这一点呢？需要一步步来做。他们可以通过提出想法、去测试、遭遇失败、学习、分析所做的工作，再进行实验——这就是创新的循环，一遍遍重复，直到突破的出现。

最后，我想说的是关于打造创新文化方面的建议。创新文化的核心就像游乐场，你必须允许人们玩耍、享受乐趣，因为创新本应该是充满乐趣的。如果你身处一个激发灵感的氛围中，这意味着你的员工可以有相应的工具，他们可以自由购买设备，不受任何限制。你不能说："你不能买这个，不能买那个，你需要得到审批和批准。"如果你这样做，会拖慢进度，甚至扼杀创新。

在亚马逊，他们的创新也是从一个小的创新团队开始，打破自上而下的管理模式。通过这一创新团队，他们真正从一个规模小的团队开始发展壮大。我们可以慢慢培养团队。如果是一个规模很大的创新团队，其实最终对我们的创新并不利。可能只是两三个人的创新团队，他们来自不同学科、不同职能部门，有心理学家、工程师、经济学家，他们可以共同协作。通过思想的碰撞，再加上 AI 领域的专家、不同学科的交汇，才能孕育出最佳的创意和创新。

所以，我想鼓励大家回到公司后，在公司中找到那些天生的创新者——那些敢于挑战权威、想要实现想法并付诸行动的人。你应该在你的员工队伍中找到这样的人，组建一个独立的创新团队，为他们创造这种氛围，你的组织才能真正实现创新。

我们需要在整个公司投入充足的时间和资源，突破瓶颈，最终能够彻底改变这个行业，甚至改变世界。

非常感谢大家的聆听！我叫"霍夫船长"，如果大家想联系我，可以通过 Founders Space 找到我的联系方式。我也经常来中国，非常乐意与大家合作。虽然这段视频是在硅谷录制的，但我希望大家能够携手合作，共同创造伟大的事物，并对这个世界产生积极的影响。

3　圆桌论坛

主持人：
  王　元，中国科学技术发展战略研究院原常务副院长。

嘉　宾：
  汤姆·斯塔福德，英国谢菲尔德大学教授；
  布尔丘·格德里，匈牙利塞格德大学技术转让公司业务开发部部长；
  保罗·博若思，世界工业技术研究组织协会秘书长；
  郭　哲，中国科技馆馆长；
  李正风，清华大学教授；
  田杰棠，国务院发展研究中心产业经济部部长、研究员；
  徐　剑，上海交通大学媒体与传播学院副院长；
  刘　超，中国农业银行总行投资银行部副总经理。

王元：参加圆桌论坛的有两位先生是没有在主题论坛上发言的，所以首先请来自上海交通大学的徐剑老师和来自中国农业银行的刘超老师，各自花一点时间就这个主题发表一下自己的意见。

徐剑：谢谢主持人，我是来自上海交通大学媒体与传播学院的徐剑。今天讨论的核心是创新文化。前面听了很多嘉宾对创新文化的理解，而我主要是做城市形象研究的。为什么今天来参加这个会议？我们有一个很有趣的研究发现。近几年，上海有了一个新的城市 IP，那就是拥有全世界最多的咖啡馆。上海目前共有 9500 多家咖啡馆，我们从 2019 年开始追踪这一数据。2019 年，上海的咖啡馆数量只有 6500 家，而 2023 年增长到了 9500 多家。上海也是星巴克和瑞幸门店最多的城市。

我们将咖啡馆作为城市形象的 IP 进行研究，发现了一个很有趣的现象。咖啡馆大多设在人流最密集的区域。在上海，咖啡馆最密集的 10 个区域除了南京路、人民广场、陆家嘴、徐家汇这些传统商圈外，还有两个半区域是大家不太容易理解的：五角场、漕河泾和张江。为什么说是"两个半"？漕河泾是互联网公司聚集的区域，张江是高科技和生物医药公司聚集的区域，而五角场主要是大学城。这些区域并不是人流最密集的商圈，但为什么它们的咖啡馆密度最高呢？我们研究后发现，咖啡馆和创新之间存在某种关联。

咖啡馆的空间设计是开放式的，这与包厢文化截然不同。在包厢文化中，每个人进入包厢都要寻找自己的座位，这是一个漫长的过程。但在咖啡馆，我们从来不需要找座位,哪怕和领导聚会,大家也会随意落座。因为咖啡馆本身就是开放的,座位没有等级次序,也没有自上而下的权力安排。这种空间设计是自下而上的,而不是自上而下的,所以我们把咖啡馆理解为一个开放创新的空间。在这样的空间里,每个人都可以平等自由地交流思想,创新的灵感也在这里萌发。

这就是我对创新空间的理解。创新的最小想法不仅来自科学问题,还与空间规范有关。如果一个空间是开放创新的,那么它就可能孕育出更多创新的思想。

王元:刘超老师是我们这次会议唯一一个来自金融界的同志。有请发言。

刘超:感谢主持人,首先,我非常荣幸今天能够在这里与科技界的嘉宾及中外名校的代表们同台讨论科技创新的话题。作为一名金融从业者,我的日常工作是与不同行业、不同企业的代表进行深入沟通。在这个过程中,我深刻体会到"科技驱动发展"这一理念已经深入人心,并广泛应用于各行各业的各个领域。今天,主持人多次提到本次会议的主题是"文化与科技双向奔赴",而金融与科技之间,正是这种双向奔赴关系的典型体现。

在2023年的中央金融工作会议上,习近平总书记提出了"五篇大文章"的概念,其中涉及科技金融、绿色金融、普惠金融、养老金融和数字金融。在这"五篇大文章"中,科技金融被列在首位。

王元:我插一句话,这个对于第一、第二的认识,就是文化潜在的意识,并不因为它排在第一,它就是最重要的,养老金融一样重要,一定要注意表述的语言,我们需要对这种文化、意识有一种批判的态度。

刘超:刚才提到金融与科技创新的共生关系,其实我们是共同发展、耦合共生的。在我的行业里,金融发展基于科技创新,发生了巨大的变化。例如,货币支付的状况已经发生了很大变化,大家可能很久都没有见过现金了。因为我们现在都是通过线上办理各种业务和支付。在我小的时候,父母去银行存取钱都是用存折,但我工作学习后用的是银行卡。而现在,如果你去银行的物理网点,会发现卡片也用不上了。我们的网点有很多先进设备,几乎可以办理柜员能办理的所有业务。现在我们可以通过人脸识别和无卡化方式存取钱。这就是科技对金融文化的变革。因为科技发展,金融行业的经营模式、服务理念、服务产品和服务手段都发生了很大变化,这是第一个方面。

第二个方面,科技发展离不开金融支持。刚才保罗·博若思先生在演讲中提到失败的原因:第一是没有需求,第二是缺乏资金。所以,金融支持科技的一个重要方面就是提供资金支持。传统商业银行的资金支持主要体现在信贷方面。但近年来,随着科技企业的发展,许多科技企业处于初创阶段,更需要股权资金的支持。这也促使金融行业除了在信贷资源上给予倾斜外,还要在股权资金上给予更多支持,帮助科技企业成长。这就是我对金融和科技共生关系的简单阐述,谢谢主持人。

王元:谢谢刘超老师。现在进入提问环节,我想对金融从业者的老师提个问题,您刚刚说股权的资金支持，银行我们都知道是做信贷的，从银行等传统的金融机构来看，我们怎么做股权的金融支持？

刘超：商业银行传统的业务模式主要是信贷资金支持，这种模式对于处在初期的企业可能存在一些障碍。例如，这些企业自身往往更需要股权资金，而非信贷资金。基于这种变革需求，从农业银行自身来看，农银集团除了银行，还拥有各种其他牌照的子公司。例如，我们成立了专门的农银投资公司和农银国际子公司，这两家公司可以直接为企业提供股权融资服务。如果有合适的项目，我们也可以将这些项目推荐给农银集团的其他子公司。

另外，我们银行这两年一直聚焦于如何拓展服务，建议构建一个服务于科创企业的股权生态圈。如果有些项目在信贷或审批上不太合适，我们可以通过这个生态圈，与外界的 PE 投资机构和其他股权投资机构合作，共同为企业发展提供服务。

王元：针对郭哲馆长有一个问题，关于科技文明非常宏观的报告让我深受启发，我想请教一下，在这样一种大尺度科技文明的剧变下，博物馆尤其是科技类博物馆作为创新文化传统的承载展示空间，会不会受到文明变革的挑战，有没有可能做出哪些应对？

郭哲：中国的科技馆大多是基于欧美科学探索馆的模式演变而来，与传统以收藏为主的博物馆有很大不同，它更强调互动性和流动性。在未来的科学文化培养中，尤其是针对青少年，我们觉得一个非常重要的且迫切的任务是如何打破博物馆有形的"围墙"，让它变成一所没有围墙的大学校。这就需要在科学教育等方面引入新的理念来引领方向，同时需要有相应的内容来支撑。这无疑对所有科技馆来说都是一个新的命题。

我们中国科技馆在这方面也做了一些尝试。例如，我们和大学、科研院所通过建立联合实验室的形式来广泛地开展合作。一方面，我们将大量科技投入所形成的科学原型，通过转化途径变成可以和公众互动的产品，这种双向奔赴的方式，对于公众理解科学来说，扮演着非常重要的媒介角色；另一方面，我们也要为科学家的社会责任提供一个展示的平台。通过联合实验室及未来的馆校合作，我们要建立一个和中小学科学教育相互支撑，但又不是简单延伸的社会化科学教育体系。这对我们真正做好未来的科学教育是一个挑战，尤其是对于探索性人才的培养，也需要有新的突破。

王元：我这边想请汤姆·斯塔福德教授回答两个问题：第一个问题是在英国科研人员中最大的困扰是什么？第二个问题是现在英国科研界和公众之间的沟通桥梁大概是怎么建立的，有没有常态化的机制？

汤姆·斯塔福德：非常感谢，这个问题涉及的方面比较多，我简要回答其中的几点，讲讲我们英国研究的文化。

目前在英国的大学校园里，我们经常讨论研究文化，包括如何开展实践、进行可靠的科研，以及研究社区的形成、团队合作的支持，还有培训与指导。

现在英国的年轻研究人员确实面临诸多挑战，包括疫情带来的阻碍，以及在协作方面存在的困难，尤其是对外协作的机会相对较少。

因此，大学确实需要做出一些改变，尤其是在对年轻研究人员的指导、奖励、培养和资助方面，都需要更多地向年轻研究人员倾斜。对于年轻研究人员，一方面要给予他们心理上的安全感，鼓励他们积极走出去，接触更多领域；另一方面，也要营造一种开放的文化氛围，帮助他们获取不同方面的资源。其中，最重要的就是加强引导和指导。

王元：田杰棠先生，我想请问您一个问题，您讲到了未来产业和创新文化的关系。但您提出了两个概念：其中一个是创新产业需要创新文化，不同于传统产业的创新文化，我没有特别理解，您能够再系统阐述一下什么是传统产业的创新文化，何为未来产业的创新文化吗？

田杰棠：感谢王院长提出深刻的问题，这确实体现了两种产业创新模式的区别。传统产业，比如传统工业，在工业中占比高达80%，体量庞大，可谓"船大难掉头"。此外，它们难以承受巨大的风险，因此首要任务是守住基本盘。从事创新工作的人都清楚，无论是中国企业还是外国企业，大企业往往倾向于开展渐进式创新，或者说是秉持工匠精神、追求精益求精，很难进行颠覆性创新，尤其是那些可能动摇自身业务基本盘的突破。以电动车转型为例，奔驰和大众等传统车企已经呼吁多年，但最终实现电动车转型的却是特斯拉，如今还有比亚迪，而这一变革并没有发生在奔驰和大众这样的传统大企业中，这就是本质区别。

对于传统产业而言，它们仍然需要一种充满好奇心的创新文化。需要时刻关注世界上有哪些未来产业的中小企业正在进行颠覆性创新，并通过专利收购、资本兼并等各种方式，将这些创新成果纳入自身体系，使其成为有机组成部分。这样可以使传统产业的升级过程更加顺畅，而不是被中小企业的颠覆性创新彻底改变技术路径，导致大企业陷入即便拼命追赶也很难追上的困境。这才是核心区别所在。

提问：我想接着问一下田杰棠部长关于未来产业创新文化的问题。在您刚才的报告中，您提到了与未来产业相适应的创新文化，其中特别提到了大学教育的定位问题。您引用了任正非先生的话，指出大学不应仅仅着眼于当前国家面临的"卡脖子"问题。

那么，我们该如何培育与未来产业创新文化相适应的大学教育呢？在大学里，甚至有人说现在的课程体系已经崩溃了，不是接近崩溃的边缘，而是已经完全崩溃了。在这种情况下，我们该如何培育与创新文化相适应的大学教育？您有什么具体建议？

田杰棠：任正非先生讲的是顶尖大学，而不是所有大学。大学也需要分层，这是第一个问题。过去大学可能需要更多地在基础研究方面做出贡献，推动社会进步。

第二个问题更难回答：我们该如何在大学里培养这样的文化？可能有很多答案，但我想说一个。现在，我们的大学都在呼吁高校的自主权，但在目前的情况下，即使给了自主权，高校能否真正接得住？很多高校在行使某些自主权时出现了问题。所以，至少有一点是明确的：我们的大学需要更好的治理结构，也可以称为现代大学制度，就像现代企业制度一样。例如，需要建立一些学术治理机制和领导机制，以及处理不同治理机制之间的关系。在这方面，还是有一些探索的。又如，清华大学的施一公老师在西湖大学的实验中，正在探索一些新的治理结构。也许他探索的经验将来可以被现在的高校吸收。

王元：我对此表示质疑，如果能够被现有的高校吸收的话，他为什么要出去办西湖大学呢？

李正风：大学的角色正在分化。从培养人才的角度来看，一部分学生将来会去创业，另一部分则会进入研究机构工作。这两类学生的行为方式、所接受的文化理念和习惯都有所不同。这种差异不仅与学生自身的价值观和职业取向有关，也反映出大学培养的人才本身就应该具有多样性。然而，现在出现了一个问题：大学要培养多样化的人才，但大学的文化是否足够包容？是否存在用创业文化冲击科研文化，或者反过来，用科研文化培养创业人才时出现偏差甚至伤害的情况？

国内大学目前存在过度同质化的问题，这是需要关注的。如果大学的职能能够进一步分化，或者我们对科研文化、科学文化与创业文化、创新文化之间的差异有更清晰的认识，那么情况可能会有所改善。这种认识不仅需要决策者具备，教师和学生也需要具备更准确的判断。学生应该能够在大学里学到与他们职业取向相关联的文化理念和行为准则，为未来的职业生涯做好准备。这样培养出来的人才才能在社会上，在不同的领域中，展现出更好的适应性。

至于您提到的施一公为什么出去办大学，我并不了解具体的背景。但他所做的可以看作对新型教育模式的一种尝试。最近，中国的大学也在进行很多变革，但这些变革仍然受到现有社会文化等多种因素的影响。

王元：同样的问题提给来自匈牙利塞格德大学的布尔丘·格德里先生，你对这个问题有什么看法？

布尔丘·格德里：我觉得，不同的架构和框架能够带来完全不同的科研模式和科研成果，而所有这些成果一旦产生，对创新都是有益的。问题在于，现在的大学功能过于繁杂，我们需要思考大学究竟应该具备什么样的功能和使命。例如，在匈牙利，许多大学正在反思，是否应该与产业和企业对接。这是他们对企业创业型大学文化和思维方式的探索。

我们目前仍处于发展的起步阶段，但最好的方法并不是制定一个固定的蓝图，规定大学未来每一步应该怎么走。我们更多地会看到，这是一种科研型大学的严谨做法。对于不同架构、不同策略之间的沟通，我们需要的是一种对话机制，并且需要"异花授粉"的概念。在保持战略灵活性的基础上，要确保大学能够有条不紊地推进自己的工作。

在匈牙利，我们不断强调需要快速适应和迭代。这种快速响应的能力，本身就是历史的一部分，而这种文化和心理框架，以及对快速适应的认识，也应该融入创新文化，甚至科研文化当中。因此，最好的体现就是不断保持流动性，快速适应变化。但在文化层面上，我们也需要相互尊重，并且保持科学的严谨性，通过这样的方式来取得学术上的成就。

提问：我想问一下来自匈牙利塞格德大学的布尔丘·格德里教授。我在匈牙利读的博士，您刚才提到跨学科的发展，现在科研领域通常称为交叉学科。作为一名大学青年教师，我想问一下，您认为在交叉学科研究过程中，最困难的问题是什么？是要鼓励一些具有复合背景的科学家，还是鼓励来自不同背景的科学家团队进行合作？在具体实施过程中，可能会面临什么样的困难和问题？

布尔丘·格德里：感谢您的提问，这个问题非常有深度。我尝试回答一下，分享一下我的看法。

现在最大的挑战在于，我们通常很难在同一个层面上进行交流。比如在一个会场里，可能有许多汽车工程师，他们都是行业领袖，但同时也有社会人文学的专家。这些专家可能会疑惑，一群工程师在这个会议室里到底在做什么。我们要建立的是信任。作为跨学科的战略家，其他领域的人可能不了解汽车的原理或设计。但从文化层面来讲，如果我们能创造一些"微型的共同空间"，让他们觉得虽然自己不是这个行业的人，但可以作为一个好的倡导者融入其中，那就很好。因为这些"小泡泡"能把我们全部联系在一起。我们希望通过这种方式，自然地促进更多的对话，并借助领导力推动多学科合作的项目。

王元：受委托方的要求，我来把上午的演讲做一个总结。

非常感谢 8 位嘉宾的主旨发言，他们都发表了非常精彩的演讲。传统文化是一个非常广泛的主题，他们从不同角度阐述了自己的看法。精彩的不仅是他们分享了自己的观点，更在于他们提出了更多值得思考的问题。

我有很深的感触。在创新文化的过程中，我们常常使用一些先进的概念，用一些好听的词汇来形容创新文化。但在这个过程中，我们似乎回避了一些东西。例如，有的词语在中国是一个负面词汇，而在英美等国家，它却是一个积极的词汇。在英语环境中，个人主义的定义可以追溯到挪威剧作家易卜生的一句话：把自己打造成一个有价值的人，以此来吸引他人。这种个人主义观念催生了私有产权等一系列契约和法律。而在中国，积极主义是积极的，但在西方语境中，积极主义却带有一些负面含义。因此，在文化交流中，同一个概念在不同文化中可能产生完全不同的含义。在创新文化方面，我们尤其需要注意这一点。

在他们的发言中，大家提出了很多问题和想法，如仰望星空、关注未来产业、推动学科交叉等。但关键问题是，我们如何构建这些理念？如果不去构建，它们就会仅仅停留在意念层面，而这种意念可能只是你个人的，而不是大家共同的。那么，我们如何将创新文化变成一种集体的共识和普遍行为呢？

我的体会是，在构建创新文化时，我们一定要先批判、先否定，然后再去构建。这需要我们有勇气正视创新文化中存在的问题。例如，刘超老师提到的五大金融领域，科技金融排在第一位，但这并不意味着它就是最重要的。这只是表述上的问题，必须有的排在前面。

我们还需要关注一个问题，那就是科层组织。大学和许多机构都非常明显地体现出了这种科层结构。从一开始，人们就被划分到一个个的格子里，一层层地往上走。如何打破这种科层结构？因为科层结构意味着程序，意味着权力分配，意味着获取资源需要走程序。这种科层结构往往会阻碍创新。因此，如何重新构建这种组织形式？这是一个非常重要的问题。

第二点是质疑。我们都认为质疑是一种很好的行为，这种文化需要我们去构建。我读过很多书，发现中外大作家之间有一个很大的区别。我看书时通常会先看序言，思考其中的关系。在西方学者的序言中，除了感谢各种人和机构之外，很重要的一点是感谢学生在课堂上对他们的质疑。我翻阅过很多中国学者的专著，却很少看到这样的内容。例如，李正风教授的书中有没有感谢学生在课堂上提出不同意见的部分呢？在德国的课堂上，老师非常鼓励学生提出不同的意见，甚至会感谢他们。我们如何构建这样的文化？

第三点是流动。无论是交叉学科还是未来产业的发展，人的流动才能带来文化的差异，带来文化的多样性，带来文化的争议，从而催生新的文化。因此，我们的流动性必然要求部门之间更加开放。如何构建这些机制，真正解决我们目前存在的问题？这不仅是说说而已，而是需要我们去认真思考和构建的。

在座的嘉宾们为我们提供了很多思路，非常感谢。同时，也感谢听众们认真聆听和积极提问。特别感谢会场服务人员和优秀的同传翻译，大家辛苦了！下次再见，谢谢大家！

第4章

国家自主创新示范区高质量发展论坛：深化体制机制改革加快发展新质生产力

1 论坛概况

2024年是国家自主创新示范区（简称"国家自创区"）启动建设的第15年。4月23日，习近平总书记在主持召开新时代推动西部大开发座谈会时强调，要"建好国家自主创新示范区"。党的二十届三中全会做出进一步全面深化改革的总体部署，提出健全推动经济高质量发展体制机制、构建支持全面创新体制机制，对深化开发区管理制度改革、加快推进新型工业化、加强科技创新与产业创新融合发展等做出明确要求，为新时期推动国家自创区高质量发展指明了方向。在新形势、新目标、新使命下，首次举办国家自主创新示范区高质量发展论坛，具有十分重要的意义。

浦江创新论坛创设于2008年。17年来，论坛始终围绕"创新"主题，着力汇聚全球科技创新资源，推动创新链、产业链和服务链的深度融合。在浦江创新论坛上，共话国家自创区高质量发展具有重要的意义。

本次论坛旨在深入贯彻党的二十届三中全会精神，落实全国新型工业化推进大会和全国科技大会部署，聚焦深化体制机制改革、加快发展新质生产力，搭建国家自创区高端交流平台，更好发挥国家自创区深化改革、扩大开放、协同区域、创新发展的功能，加快推动国家自创区的高质量发展。

2 嘉宾致辞

工业和信息化部规划司副司长吴家喜的致辞

吴家喜　工业和信息化部规划司副司长

> 中央高度重视国家自创区建设发展，站在新的起点上，要以习近平新时代中国特色社会主义思想为指导，全面贯彻落实党的二十大和二十届三中全会精神，落实全国科技大会和全国新型工业化推进大会的部署。坚持继承、巩固、创新发展，坚持系统观念、问题导向，以发展高科技实现产业化、发展新质生产力为主线，以促进科技创新和产业创新的深度融合为重点，将国家自创区打造成为全面深化改革的试验田、全球创新网络的重要枢纽和新质生产力的引领区，有力支撑建设制造强国和科技强国。

尊敬的翟金国主任、田玉龙总工、白津夫局长和吕薇部长，各位领导，各位国家自创区的同仁，大家上午好！非常欢迎大家参加2024年浦江创新论坛——国家自主创新示范区高质量发展论坛，这是国家自创区设立以来，规模最大的一次交流活动，也是国家自创区转隶工业和信息化部以来第一次全体性的交流活动。

首先，我谨代表工业和信息化部规划司向参加本次论坛的嘉宾表示热烈欢迎！向论坛承办单位工业和信息化部火炬中心、上海科委，协办单位江苏科技厅、浙江经信厅、安徽科技厅、安徽工业和信息化厅表示衷心的感谢，向一直以来在国家自创区一线奋斗耕耘的各位同事，和长期以来关心国家自创区发展的各界人士表示崇高的敬意。

党中央高度重视国家自创区建设发展，习近平总书记多次到中关村、张江等国家自创区考察调研，发表重要讲话，做出重要指示。今年4月23日，习近平总书记在主持召开新时代推动西部大开发座谈会时强调，要"建好国家自主创新示范区"。《中华人民共和国国民经济和社会发展第十四个五年规划和2035年远景目标纲要》提出，要发挥中关村国家自主创新示范区先行先试作用，强化国家自创区、高新技术产业开发区（简称"高新区"）的创新功能。截至目前，国家自创区的数量已达23家，涉及全国21个省（自治区、直辖市）的60个城市，覆盖66个国家高新区。15年来，国家自创区充分发挥改革试验田作用，出台各项政策近千条，一批立足于本地实际的改革举措陆续出台，一批首创性、突破性的政策在全国推广复制，一批重大科技创新成果持续涌现，一批具有国际竞争力的产业集群不断兴起，形成了改革驱动创新、创新引领发展的生动局面。

自去年转隶以来，工业和信息化部党组高度重视国家自创区工作，部领导多次开展实地调研，对加强国家自创区工作提出了明确要求，制定了《推动国家高新区和自创区高质量发展2024年工作要点》，明确了年度的工作重点，组织国家自创区的发展改革情况评估，开展国家自创区政策试点的揭榜挂帅等工作，积极谋划推动新时期国家自创区的改革发展。

当前新一轮科技革命和产业变革加速演进，我国实现高水平科技自立自强、推动新型工业化、加快发展新质生产力的任务更加迫切。党的二十届三中全会围绕推进中国式现代化对进一步全面深化改革进行了系统部署，对国家自创区的下一步发展也提出了明确的要求。今年是国家自创区建设的15周年，站在新的起点上，我们要以习近平新时代中国特色社会主义思想为指导，全面贯彻落实党的二十大和二十届三中全会精神，落实全国科技大会和全国新型工业化推进大会的部署，坚持继承、巩固、创新发展，坚持系统观念、问题导向，以发展高科技实现产业化、发展新质生产力为主线，以促进科技创新和产业创新的深度融合为重点，将国家自创区打造成为全面深化改革的试验田、全球创新网络的重要枢纽和新质生产力的引领区，有力支撑建设制造强国和科技强国。

为此提出4点建议：

一是坚持先行先试、大胆探索。率先在深化体制机制改革中做示范。围绕构建支持全面创新体制机制，统筹推进教育、科技、人才体制机制的一体化改革，引领推动重大科技创新的机制、成果转化的机制、企业主体、人才发展、财税金融等方面的体制机制改革和政策创新，优化国家自创区的管理体制，完善国家自创区的立法工作，在进一步全面深化改革中发挥示范引领作用。

二是坚持科技引领、创新驱动。率先在因地制宜发展新质生产力中做示范，加强基础前沿研究和关键技术突破，统筹推进传统产业的改造升级、新兴产业的培育和未来产业的布局，打造高新技术产业集群，开辟更多的新领域、新赛道，加快构建以先进制造业为骨干的现代化产业体系，完善创新创业的服务体系，推动成果转化和规模化应用，落实好各项优惠政策，引导社会资本投早投小、投长期和投硬科技，培育壮大瞪羚企业、独角兽企业、专精特新企业和科技领军企业，打造新质生产力的主力军。

三是坚持协同联动、优势互补。率先在区域协调发展中做示范，促进国家自创区的各园区在突出特色优势的基础上，加强协同联动，促进创新要素高效顺畅流动，加快提升创新体系的整体效能。深化国家自创区之间的交流合作，健全南北合作的机制，促进跨区域的人才、资金、技术等的共享，发挥国家自创区的作用，着力打造动力引擎，引领带动区域的高质量发展。

四是坚持全球视野、合作共赢。率先在高水平开放中做示范，主动对接高标准的国际经贸规则，加快形成具有国际竞争力的制度和政策体系，持续营造市场化、法治化、国际化的一流营商环境，推动创新链、产业链、供应链的国际合作，深度融入全球创新网络和经济体系，构筑汇聚全球创新资源的开放高地。

下一步，工业和信息化部将会同相关部门，进一步完善政策体系，支持国家自创区发展。我们将构建国家自创区"1+N"的政策体系，推动出台国家层面的顶层文件。按照"一区一策"，差异化制定各国家自创区的改革实施方案，我们将深化国家自创区政策试点的"揭榜挂帅"工作，推动各自创区立足国家需求和自身实际，开展先行先试改革。我们将深入推动国家自创区、自由贸易试验区（简称"自贸区"）的"双自联动"发展，在有条件的国家自创区开展试点。我们将加强经验总结和政策推广，遴选一批改革创新案例和成熟的政策，按程序在全国复制推广。

创新永无止境，改革未有穷期。让我们共同努力，不断开拓国家自创区改革发展的新局面，推动国家自创区高质量发展实现新的跃升，为加快实现高水平科技自立自强、推动新型工业化、发展新质生产力做出新的贡献，共同书写创新引领中国式现代化的宏伟篇章。

最后预祝本次论坛圆满成功，谢谢大家！

上海市科学技术委员会副主任瞿金国的致辞

瞿金国　上海市科学技术委员会副主任

> 奋进新征程，上海将坚持全球视野，服务国家战略，紧紧锚定世界领先科技园区的建设目标，加快实现"四个第一"。也就是要努力成为科学规律的第一发现者，要努力成为技术发明的第一创造者，要努力成为创新产业的第一开拓者，要努力成为创新理念的第一实践者。发挥国家自创区和自贸区"双自联动"的叠加优势，继续推出一批先行先试的政策和创新制度，奋力成为全面深化改革的先行区。

尊敬的田玉龙总工、家喜副司长、先志书记、年初副主任，各位领导、各位嘉宾，女士们、先生们，大家上午好！

今天我们相聚上海张江科学会堂，共同参加国家自主创新示范区高质量发展论坛，在此我谨代表上海市科委感谢工业和信息化部等国家部委对上海张江国家自主创新示范区的关心指导和大力支持，也热情欢迎23个国家自创区的代表，以及长三角地区各高新区的代表。

党的二十届三中全会吹响了进一步全面深化改革、推进中国式现代化的进军号。2011年以来，张江自创区深入贯彻落实习近平总书记关于建好国家自主创新示范区和上海科创中心建设的重要指示精神，在政策探索、原始创新、产业培育、创新生态、辐射带动等方面都取得了积极成效。创新策源能力全面增强，集聚了以国家实验室为引领的

300 余家各类研发机构，已建、在建和规划的国家重大科技基础设施共 20 个，科技创新的国家队日益壮大。

主导产业集聚效应日益凸显。2023 年，张江自创区集成电路产业规模占到全国的 20%，累计获批一类国产创新药、创新医疗器械的数量均占全国的 20%，备案上线的大模型数量约占全国的 20%。这里以上海 8% 的土地面积汇聚了上海 80% 的高端人才、80% 的外资研发机构及 80% 的科创板上市企业。率先践行全面创新改革试验，探索形成集成电路的保税监管模式、试点药品上市许可持有人制度等创新政策，国务院向全国推广的改革举措当中，有 20% 左右也是来自上海。

各位领导、嘉宾、朋友们，奋进新征程，上海将坚持全球视野，服务国家战略，紧紧锚定世界领先科技园区的建设目标，加快实现"四个第一"。

要努力成为科学规律的第一发现者，产出更多具有原始独创性、重大突破性和引领带动性的原创成果。为发展新质生产力提供高水平的源头供给，推动张江自创区成为科技创新策源功能的核心承载区。

要努力成为技术发明的第一创造者，推动科技创新和产业创新的融合发展，超前布局前沿技术和颠覆性技术，全链条地推进底层技术攻关、成果应用，勇当高水平科技自立自强的排头兵。

要努力成为创新产业的第一开拓者，深入实施三大先导产业的新一轮上海方案，实施世界级产业集群登高工程，开辟发展新领域、新赛道，加快打造世界级产业集群的主阵地。

要努力成为创新理念的第一实践者，勇担进一步全面深化改革的使命。发挥国家自创区和自贸区"双自联动"的叠加优势，继续推出一批先行先试的政策和创新制度，奋力成为全面深化改革的先行区。

各位领导、嘉宾、朋友们，本次论坛是各国家自创区和高新区交流的高端平台，也希望更多代表广泛交流思想，携手推进新型工业化，拓展发展新空间，培育发展新动能，构筑发展新优势，有力支撑高水平科技自立自强和中国式现代化建设。

最后，预祝本次论坛圆满成功，谢谢！

张江宣言：国家自主创新示范区高质量发展共同倡议

吴俊 上海市张江科学城建设管理办公室副主任

> 为贯彻落实党的二十届三中全会精神，深入落实习近平总书记关于"建好国家自主创新示范区"的重要指示精神，23 家国家自主创新示范区齐聚上海张江，发起《国家自主创新示范区高质量发展共同倡议》。倡议进一步强化自创区推动全

> 面深化改革的示范引领作用，进一步强化自创区推动高水平科技自立自强的主力军作用，进一步强化自创区培育发展新质生产力的先锋作用，进一步强化自创区推动高水平对外开放的枢纽功能，稳步扩大制度性开放，主动对接国际高标准经贸规则。

尊敬的各位领导、各位同仁，大家上午好！

今年是国家自主创新示范区建设15周年。为贯彻落实党的二十届三中全会精神，深入落实习近平总书记关于"建好国家自主创新示范区"的重要指示精神，今天，我们23家国家自主创新示范区齐聚上海张江，发起《国家自主创新示范区高质量发展共同倡议》。

新时代新征程，以中国式现代化全面推进强国建设、民族复兴伟业，实现高质量发展是首要任务，实现新型工业化是关键任务。我们决心立足新发展阶段，牢固树立新发展理念，服务构建新发展格局，坚持向改革要活力、向创新要动力、向开放要竞争力，以等不起慢不得的使命感和紧迫感，勠力齐心、共赴新程，努力将国家自创区打造成为全面深化改革的试验田、全球创新网络的重要枢纽和新质生产力的引领区，为以中国式现代化全面推进强国建设、民族复兴伟业做出国家自创区贡献。

我们倡议，进一步强化自创区在推动全面深化改革中的示范引领作用。贯彻落实党的二十届三中全会重大改革部署，率先开展自主创新体制机制改革和政策先行先试，优化以产业需求为导向的科技创新组织机制，加强新领域新赛道制度供给，建立未来产业投入增长机制，完善推动战略性产业发展政策和治理体系，深入推进教育科技人才体制机制一体化改革，创新园区治理模式，奋力开创全面深化改革新局面。

我们倡议，进一步强化自创区推动高水平科技自立自强的主力军作用。坚持"四个面向"，加快布局建设一批重大创新平台，集聚一批全球高层次人才，着力成为国家战略科技力量的重要承载地。强化产业基础和共性技术供给，超前布局前沿技术和颠覆性技术，大力建设概念验证、中试验证平台，建设一批高能级孵化载体，积极推进场景应用示范，全链条推进底层技术攻关、成果应用，着力打造创新主体高度集聚、创新要素自由流动、若干创新成果全球领先的科技园区。

我们倡议，进一步强化自创区培育发展新质生产力的先锋作用。强化企业科技创新主体地位，支持科技领军企业、单项冠军企业、独角兽企业加快成为世界一流企业。因地制宜发展新质生产力，持续巩固提升优势产业、培育壮大新兴产业、前瞻布局未来产业，全面提高新型工业化水平，打造具有世界影响力的产业集群。促进各类先进生产要素向发展新质生产力集聚，推动科技产业金融良性循环，集聚各类专业服务机构，营造一流的营商环境，加快形成区域间要素循环畅通、产业链融通互补的创新共同体。

我们倡议，进一步强化自创区推动高水平对外开放的枢纽功能。稳步扩大制度型开放，主动对接国际高标准经贸规则，在知识产权保护、环境标准、政府采购、技术交易、数据流通、金融领域等实现规则、规制、管理、标准相通相容，打造透明稳定可预期的制度环境。依托我国超大规模市场优势，积极搭建国际科技合作交流平台，强化全球资源配置能力，大力推动跨领域、跨学科、跨机构、跨国界的协同创新。

让我们共同努力，在新征程上，增强机遇意识，坚持问题导向，落实实干要求，不断开辟发展新领域新赛道，塑造发展新动能新优势，推动国家自主创新示范区成为高水平科技自立自强、推进新型工业化和培育新质生产力的引领力量，为推进中国式现代化做出新的更大贡献。

探索奋斗十五载　建好国家自创区

何年初　工业和信息化部火炬中心副主任

> 目前，国家自创区有 23 个，同时也覆盖了 66 个国家高新区。国家自创区推动科技创新和产业创新融合发展取得了新的成效，拥有国家级科研平台 1964 家、高新技术企业 12.8 万家。新时代建好国家自创区，也要谱写中国式现代化新篇章，更好地贯彻党的精神，进一步落实全国新型工业化推进大会和全国科技大会部署，加强协调联动。下一步，我们将在工业和信息化部规划司的指导下，进一步完善国家自主创新示范区的政策体系，打造"四梁八柱"。

尊敬的田总，各位领导、各位专家，非常荣幸，今天由我为大家介绍国家自创区 15 年以来的发展情况。

大家知道我们上海是一个外面热、屋里冷的城市。小时候大家可能用过"热得快"烧水，放进去之后水很快就沸腾了。但是国家自创区 15 年来，实际上走出了慢工出细活的历程。转瞬间 15 年过去了，我们坚持大胆设想、小心求证，应该说走出了一条有中国特色的发展之路。下面给各位领导汇报一下国家自创区发展的基本情况。

2021 年 11 月 24 日，习近平总书记主持召开中央全面深化改革委员会第二十二次会议，强调"要支持中关村国家自主创新示范区更好发挥科技资源和制度创新优势，开展高水平科技自立自强先行先试改革"。

2024 年 4 月 23 日，习近平总书记主持召开新时代推动西部大开发座谈会，强调要"建好国家自主创新示范区"。从去年相关的职能从科技部转移到工业和信息化部以来，我们开展了大量的工作。

《国务院关于同意支持中关村科技园区建设国家自主创新示范区的批复》实际上是支持中关村在全国先行先试，发挥表率作用。从 2009 年开始，国家自创区开启了实施创新驱动发展战略的先期探索，形成了一系列文件和制度成果，也进一步夯实了国家自创区改革发展的政策体系。

目前，国家自创区有23个，覆盖了大部分的行政省区，涉及城市60个，同时也覆盖了66个国家高新区。给大家透露一个消息，稍后田总会给大家讲国家自创区、自贸区和高新区之间的三角循环的模型，会非常精彩。

国家自创区坚决落实国务院批复的目标定位，共性目标主要是围绕国家体制机制改革、自主创新能力的建设，发展高技术产业，以及发挥好示范引领和先行先试的作用。

应该说我们上海张江自创区也走出了一条符合上海特色的路，成为培育战略性新兴产业的载体，实现科学发展，成为我们整个创新驱动发展战略实施非常重要的示范区域。武汉东湖自创区将被打造成为创新驱动引领区、科技体制改革先行区、军民融合创新示范区、中西部地区发展新的增长极。东湖实验室我前不久去参观过，确实非常壮观，而且很多军工领域的关键核心技术也是出自东湖高新区。

国家自创区推动科技创新和产业创新融合发展，取得了新的成效。比如说，国家重点实验室、国家工程研究中心、国家工程技术研究中心及国家地方联合的工程研究中心的占比都非常高，这个图非常清晰地给大家展现了我们15年来取得的成效。目前，国家自创区拥有国家级科研平台1964家，同时国家自创区的高新技术企业的情况也非常令人乐观，很多具有硬科技特色的高新技术企业在我们国家自创区布局，目前拥有高新技术企业12.8万家。

国家自创区登记的技术合同成交金额屡创新高。科技成果在国家自创区的转化更加顺畅和高效，认定登记的技术合同成交额达15 770.5亿元，占全国的25.7%。目前，全国技术交易额、合同的交易额、合同的交易量是非常大的，下一步我们会进一步打造国家统一的技术交易平台，更好地为我们各个地方的国家自创区和高新区提供精细化的、全生命周期的服务。目前，西安自创区、杭州自创区和成都自创区也开展了先行先试。比如说，丝路科学城布局大科学装置等。杭州自创区突破一平方千米一家上市公司，并以全市1/25的土地，创造了1/3的工业增加值。成都自创区在全国率先提出"中试+"的生态理论，因为中试概念是我们最近几年多次提到的热词，中试是关系到我国科技成果转化的非常重要的环节，也是解决科技创新两个"死亡谷"的科技载体，因此，成都自创区率先探索出来一条行之有效的道路具有十分重要的意义。

国家自创区走在改革创新的最前沿。15年以来，国家自创区充分发挥改革创新的示范作用，大胆探索适应本地区科技创新和产业发展需求的改革措施，出台各类政策近千项。从2009年的中关村，到东湖的"黄金十条"，还有上海张江和深圳自创区等，这些地方出台了一系列政策文件。

到2017年，其他国家自创区也陆陆续续在前面几位领头羊的大力支持和领导下，推出更新、更好、更务实、更有效的政策。长春自创区和哈大齐自创区提出了很多"真金白银"的政策。尤其是景德镇的高新区、昌江区两区融合打造了不错的品牌效应。

国家自创区持续完善科技产业金融一体化发展体系，坚持创新要素为高质量发展充分赋能，构建了完整的创业孵化链条。最近，国家出台了"四链融合"政策体系，为科技产业金融良性循环奠定了非常重要的制度基础，也为下一步更好优化创新创业的生态环境提供了相应的支撑，其中有一项就是火炬中心这么多年的火炬大数据，因为每年每个月我们都在做高新产业、高新技术、高新园区的统计工作，我们汇聚了大量数据。

我们在数据基础上，依托一些高校和机构，研发了创新积分制。就是把全国所有的高新技术企业相关数据汇聚到一个平台上面，通过模型实时给大家展现每个企业的创新积分情况，从而更好地引导各个地方的智慧招商，为金融赋能、上市培育提供了非常基础的参考。目前，我们已经发布了全量的创新积分数据，能够更好地为金融机构和地方提供相应地参考。

同时，在风险补偿、信用激励、政银企合作、产业基金等方面助力创新发展，大力推动科技—产业—金融良性循环，撬动引导包括金融在内的各类资源，更好地支持早期项目，支持中小企业发展，支持长期的发展，支持硬科技，培养耐心资本、智慧资本和长期资本，为我们国家的科技创新提供可持续的资源。

国家自主创新示范区有力支撑区域重大战略、区域协调发展战略，大家知道党的二十届三中全会提到，要构建跨行政区合作发展新机制，深化东中西部产业协作。实际上我们国家自创区早在15年以前，就在探索这条道路。比如说，珠三角自创区，作为建设粤港澳大湾区的重大平台，初步形成了一系列创新体系，在科研攻关、成果转化、规则衔接、人才交流等方面不断开拓一点两地的新格局。

积极发挥跨区域的协同作用，加强区域创新合作，在东西部协作、深化产业合作方面，武汉东湖、兰白自创区积极承接相关的产业转移工作。

国家自创区深入推进"双自联动"改革试点，实现优势互补，有效释放改单叠加效应，形成具有全球竞争力的开放创新生态。比如，苏南、天津、长株潭自创区，尤其是长株潭自创区加强与自贸区的联动发展，推动建设55个飞地，实现24项同飞工程，同时国家自创区所在地区党委高度重视，保障有力。自成立以来，积极推动法治建设，以立法的方式为"敢为人先"创新改革提供坚实保障，目前已有超过10家国家自创区通过省人大颁布国家自创区条例，立法保障国家自创区先行先试政策高效推进落实。

相信国家自创区未来的发展会跑得更快，过去是慢工出细活，相对来说慢一点没关系。刚才我们张江宣言也提出了，下一步我们是"等不起慢不得"，如何从过去的慢工出细活，向加速赛跑、加速前进转型也是摆在我们面前很重要的课题和任务。

新时代建好国家自创区，也要谱写中国式现代化新篇章，更好地贯彻党的精神，进一步落实全国新型工业化推进大会和全国科技大会部署，加强协调联动。作为全面深化改革的试验田、全球创新网络的重要枢纽、新质生产力的引领区，国家自创区要不断发展高科技、实现产业化、加快形成新算力，为推进中国式现代化做出国家自创区的贡献。

金部长非常重视国家自创区的发展，在多个场合、多个会议，包括署名文章中，都在强调下一步建好国家自创区的一系列思路、想法、举措和建议，包括发挥好国家自创区引领作用，大胆探索优化创新机制，力争打造世界创新科技园区和创新高地，支持"一区一策"开展探索。

下一步我们将在工业和信息化部规划司的指导下，进一步完善国家自主创新示范区的政策体系，打造"四梁八柱"。"四梁"就是先行先试、改革创新、部省合作、区域协同；"八柱"就是政策试点、揭榜挂帅。我们现在正在制定文件，很快会发布。

今天中关村的张主任也到了会场，下午我们要复制推广您那边的经验。通过"双自联动"、科技金融、常态化合作交流、宣传推广，以及跨区域产业合作等措施，能够更好地凝聚 178 家国家高新区的力量，更好、更快地将 23 个国家自创区，打造成为新的创新高地、成为支撑新型工业化的重要力量。

以上就是我的汇报，谢谢大家！

3　嘉宾演讲实录

加速高新区自创区产业科技深度融合，提升新型工业化现代产业集群化水平

田玉龙　工业和信息化部原党组成员、总工程师

> 改革开放是我们发展的关键手段。要向改革要活力、要开放、要竞争力、要创新力。改革开放是我们下一步深化高新区、自创区发展的新的关键点、突破口，要加强国家科技战略力量建设，要重视规模效应。自创区是产业和政策高地。经济形势越困难的时候，越需要科技创新，科技新的引擎、新的动能越要赋能。要加强顶层设计的协同、政策的协同、规划的协同。要优化布局，拓展产业集群，扩大合作网络。关键要勇于探索，使自创区成为"排头兵"、工业化集群的试验田，也成为"双循环"的先行者，为中国式现代化建设和新型工业化发展贡献新的力量。

各位领导、各位专家，大家上午好！非常高兴受部里规划司、火炬中心和上海市科委的邀请，参加今天的专题论坛。刚才看到联合举办单位，我就感到非常有新意。我们部里的火炬中心加上"一市三省"科技部门和工信部门第一次联合举办这样一个论坛，意义非常重大，也非常有开创性。

自高新技术司转隶以来，部党组高度重视，特别是壮龙部长多次就高新技术和产业

变革、产业发展如何紧密结合,如何落实党中央、国务院的战略决策部署进行研究。我觉得这次的专题论坛在整个自创区发展当中应该具有里程碑意义。

在座的很多是专家,我过去从事国防科技的管理工作,后来到部里分管装备发展工作,所以重点谈点个人的工作体会与大家交流。总的来看,当今时代处于科技革命和产业变革的一个关键期,在这个时期党中央提出,推进中国式现代化,建设现代化产业体系,实际上科技仍然是动力源泉,产业是经济增长的根本,所以"如何促进产业和科技的融合"这个大的命题在新时期应该被赋予新的动能。我想谈的主要是如何在新型工业化过程中,进一步优化现代化产业体系,推动引导产业科技发展的问题。刚才年初系统地汇报了我们自创区发展的历程,特别是党中央、总书记提出的要求,我想这都是我们发展的指引。

从党中央的战略部署来看,发展新质生产力,加快推进新型工业化,积极推动区域协同创新,这条脉络实际上是一个大的链条,既是一个技术链条,也是一个产业链条,更是一个价值链。如何在这个链条上发挥高新区、自创区的国家创新重要基地作用?在新的时期能够再激发新的动能,这个意义非常重大。刚才大家达成的张江宣言实际上是一个充分体现这个使命和责任的行动宣言。

从党的二十届三中全会来看,这又给我们提供了难得的机遇,也给我们提出了更高的要求。我觉得大家要重视学习,改革开放是我们发展的关键手段。要向改革要活力、要开放、要竞争力、要创新力。改革开放是我们下一步深化高新区、自创区发展的新的关键点、突破口,特别是这里面有一个重点,就是要加强国家科技战略力量的建设。什么是国家战略科技力量?我过去一直在搞国防,当然我们国防的主力军都是国家战略,但现在我感觉到国防是立足于我们国家的,包括现在产业是立足于国家的一些基础性底座,叫基础的物质基础。高新区从覆盖面、规模、质量看,已经具备了国家科技创新和产业变革的基础。所以,促进科技与产业的融合,应该先行先试,打造出具有国际核心创新功能的产业集群。产业集群的发展模式,应该是促进融合、促进学科交叉、促进机制突破的一个非常好的模式,这个模式在国际上也得到了广泛的应用。刚才说高新区建设了 35 年,自创区建设了 15 年,它们都有个特点,广覆盖、基础好、模式新,我们的政策体系、我们的基础能力建设,包括我们的人才聚集都形成了一定的规模,大家一定要重视规模效应。

这样庞大、分布这么广,覆盖了全国 21 个省份的大规模建设,在国外、在西方是很难实现的。这种规模效应,就是我们的国家队,是国家基地,是国家科创基地。特别是有些标识性的自创区,像我们中关村、张江,包括深圳,以及前几家初创时期较大的自创区,现在能看出来这些自创区体现出国家队的作用。我们认为它现在已经成为高新技术产业集群化发展的主阵地,这正体现了高新区发展自创区模式的重要意义。昨天我跟年初探讨,过去我对高新区本身了解不深,通过这种学习,我理解了高新区、自创区和自贸区的关系。我个人理解，高新区更多是技术集聚，要汇聚一批技术的集群和技术的企业，是一个技术高地。从自创区来说，我认为它是产业和政策高地，更多是产业大集群、政策的体系化。自贸区是金融市场的高地，特别是国际化的市场高地。我认为，我们要更多地做实、做强高新区的能力，它的惠及度要做高；要做强自创区的引领性，然后要做大"走出去"的能力。因为"双循环"国际产业化的总体布局，我们从产业规模来看有一定的效果。不仅在国内，在国际上，"双循环"产业链布局也要找准有利位置。我想高新区促进了自创区的发展，会支持或支撑自贸区扩大发展，所以我觉得这个链条的逻辑是非常重要的，因为高新区的发展是我们的根本基础。

当然了，自创区经过15年建设，高新区经过35年建设，有一大批装备、一大批技术和一大批企业，特别是一大批人才。我刚才看了一下展板，我们聚集的从国外回来的人才有25万人，规模效应十分明显。我相信随着政策逐渐利好，我们的方向越来越清晰，这种聚集度会越来越高。因为我在部里原来分管重大装备、大飞机、船舶，我也了解到重大装备的体系，特别是产业链大量布局在高新区和自创区的大体系里面，作用非常有限。未来的发展不是单一学科，也不是单一技术的发展，一定是交叉融合创新的。举个例子，像大飞机C919的发展，我看全国布局，基本上20多个省份都参与了，上千家、上万家的企业中有大量的中小企业，而且都是科创型企业，这些企业是非常有活力的、非常有竞争力的。怎么能够通过高新区、自创区的模式有效地组织，有效地形成一种更有合作、协同、创新的链条？这非常有意义。

2020年新冠疫情以来，我参与了整个物资保供、疫苗研发、药品的组织协调工作，深切感受到，我们在短短的时间内形成研发能力、物资保障能力、疫苗和药品保障能力，正是得益于我们这种有效的组织。当然，这很大程度上得益于我们高新区的组织模式——它能够很快地形成研发链、供应链等完整链条，我觉得这是高新区要认真总结的经验。年初介绍的情况让我体会到社会主义的制度优势，就是集中力量办大事。因为我是搞工程出身的，无论大飞机、火箭卫星，还是载人航天，我们就是把国家的组织优势充分发挥了，在政治优势的基础上，把组织优势做强，建立了体系、机制，形成了政策，牵引着成千上万的企业有效聚集、力量有效协同。我们不仅在技术、装备方面取得了实质性成就，而且在软环境、生态建设方面也值得我们不断弘扬、不断传递。刚才说要大家多交流，这种会议就是交流模式。

当然我们现在也要清醒地认识到，我们面临很多的挑战，我们所处的环境还是比较困难的。经济形势越困难的时候，越需要科技创新，科技新的引擎，新的动能越要赋能。为什么党中央高度重视科技创新、高度重视科技和产业融合、高度重视新型工业化？这是未来现代化产业体系建设的根本，如果这些没有突破，后面就没有基础。现在发展中存在一些问题，我认为全球的科技革命、全球的科技产业进入了一个战略调整期，这个调整期给我们带来了很多挑战，也带来了很多机遇。现在新技术发展这么快，科技和产业的竞争越来越激烈，也产生了新的布局。西方国家"小院高墙"，"朋友圈"重新打造。对我们来说，这带来了巨大挑战，甚至是限制、阻滞，对我们是非常不利的。越是这种情况，越需要我们协同，需要紧密团结，形成合力。

现在总体来看，178家高新区的布局要避免"散"的问题，第一就是要加强顶层设计，这就是我们高新技术体系转到工业和信息化部以后产业链、创新链的结合，要加强顶层的协同、政策的协同、规划的协同。

第二是融合浅科技通过转化转移，更深度地融合到产业里面去。这里面有机制问题，也有政策问题，同时还有品牌问题。现在我们有了大量的成果，但是只有一招鲜，要在国际上站得住，无论是产品，还是产业，都要培育国际化的、一流的品牌。因为高新区和自创区是国家队，就有责任培育这样的品牌，我觉得这方面可能需要更多的投入、更多的组织。

第三是政策，我觉得可能还是有点散。我们各个高新区、自创区都有政策，往往政策多，就存在相互协同、相互借鉴的问题，怎么把政策体系化、优化，使政策有效，关键是央地要联动，中央各部门的政策和地方的政策要协同起来。当然这是个人的看法，不一定准，仅供参考。

现在的关键，我认为要实现这样的调整，实现新的台阶的调整，应该更多地聚力到优化布局上，拓展产业集群，扩大合作网络。我特别赞同刚才先志和家喜两位领导提的一些措施，我觉得这些措施非常重要。通过思考，我提出3点意见：

第一点是聚焦前沿技术集群化发展，加强交叉融合，培育创新科技联盟。刚才关于长三角高新区联盟的发言，我特别赞同。前两年成立了一个长三角重大装备协同机制和创新联盟，也在发挥作用。我觉得长三角要先发力，特别是在大区域、大协同、大集群方面要发挥作用，起到引领作用。

第二点是聚焦产业集群化，特别是在产业变革和未来产业发展中起到引领作用。

第三点是聚焦国际化集群，培育全球化人才网络。

简要介绍一下我的一些考虑。针对第一点，为什么要搞前沿技术集群化？技术的迭代周期越来越短，如果仅靠单一技术发展，恐怕路会越走越窄，所以下一步要进行产业集群化发展。现在我们有这么好的基础，要把技术的集成度和产业的体系化有效结合起来，联盟的培育很关键。长三角的第一个创新联盟，就很有意义。要从政策、技术、队伍、力量上形成整合，我觉得这样对我们国家在科创上的联盟化发展、集团化发展、集群化发展非常有意义。因为现在的技术都不是单一技术，我分管大飞机和两机专项，包括航天的大的技术体系，没有一个是单一技术，都是学科交叉、技术交叉。交叉才能有创新，而交叉是我们创新型企业产生的源泉。单一企业生命力是有限的，交叉企业的生命力就非常强。

总结一下，就是3点。第一点，一定是前沿技术、高新技术、战略技术，这些领域要促进交叉，通过交叉打通前沿研究、技术研究和技术创新，与创新链形成链条供给，这里面的关键是央地政策。

第二点是产业集群，刚才介绍得比较多了。产业集群的关键是要把实验室、工程中心和实验基地有机地结合起来，形成网络体系。就产业布局而言，在人工智能、智能制造等方面要形成合力。实际上，大家都知道要打造国际化产业集群。

第三点就是国际合作，国际合作的集群发展，是我们一定要重视的。高新区、自创区是窗口，这个窗口作用后续怎么发挥？特别是在建立"双循环"的机制下，如何使高新区、自创区和自贸区形成合力，打通这个关系，建立协同的模式，吸引更多的全球化人才进入这个体系里。

这是我想重点讲的3点，一些观点和建议仅供大家参考。最后，关键要勇于探索，推进央地的政策联动，促进高校、自创区协同，国内外同步，使自创区成为"排头兵"、工业化集群的试验田，也成为"双循环"的先行者，为中国式现代化建设和新型工业化发展贡献新的力量。介绍这么多，不一定正确，仅供大家参考。

谢谢！

新时代国家自主创新示范区的新使命

白津夫　北京工商大学数字经济研究院院长、中央政策研究室经济局原局长

> 我们已经进入了数字新时代，全面开启了中国式现代化新征程。新时代国家自主创新示范区被赋予新使命，要从全局发展的战略高度来统筹谋划，从创新示范的角度优化布局。第一，要认真总结自创区兴办以来的成功经验和主要做法，面向新时代全面提升创新发展水平。第二，要发挥政策优势和体制多元高效特点，加大赋权自创区先行先试的力度。第三，要把握创新范式变革的趋势，掌握数字化创新的主动权。第四，要顺应生产力发展的要求，打造新质园区。更要以科技创新带动全面创新，把握数字经济的机遇，为实现高水平科技自立自强和中国式现代化探索新路径。

首先，我要对火炬中心表示衷心的感谢！是火炬中心带领我们到各个自创区做了深度的调研。我数了一下，大多数的自创区我都去做过调研，真的获益匪浅，也起到了更好为领导决策服务的作用。所以，我由衷地感谢火炬中心，感谢我们的自创区。

今天我发言的题目是《新时代国家自主创新示范区的新使命》。我们已经进入了数字新时代，全面开启了中国式现代化新征程。新时代国家自主创新示范区被赋予新使命，所以我们要按照习近平总书记提出的"建好国家自主创新示范区"的要求，从全局发展

的战略高度来统筹谋划，从创新示范的角度优化布局。立足加快形成全球竞争新优势，形成引领全国高水平创新、高质量发展的新格局，进一步强化国家自主创新示范区的改革创新示范引领作用，进一步放大国家自主创新示范区的集群化效应，更好发挥高质量发展动力源作用。我从这个方面，谈4点想法。

第一，要认真总结自创区兴办以来的成功经验和主要做法，面向新时代全面提升创新和发展水平。要更好发挥新型举国体制优势，着力在自主创新上实现新突破，在高质量发展上形成新优势。在区域核心经济增长极建设上，取得新成果。更加强化自主创新优势，更好发挥示范引领作用，努力开拓自创区发展新路径。刚才前面几位都讲到了这个话题，我认为，在这一点上我们确实肩负新的使命。

第二，要发挥政策优势和体制多元高效特点，加大赋权自创区先行先试的力度。我们说自创区取得今天的成果，和我们赋权先行先试是分不开的，所以我们要继续加大赋权的力度，继续走在改革开放的最前列，成为新时代创新发展的试验田。自创区取得的成就源于开放、赋权和先行先试，进一步推进自创区创新发展，仍然要加大开放赋权的力度，创造更宽松的环境，实现更高水平的发展。如果说自创区在我国改革创新的历程中，取得了一系列重大突破和辉煌成就的话，那么面向新时代，更加需要加大政策支持的力度，持续优化改革的创新生态。我认为自创区将继续领航中国创新发展，并成为全球创新网络的重要枢纽和创新发展的高地，这方面我们过去做得很好，未来要进一步加大力度。

第三，要把握创新范式变革的趋势，掌握数字化创新的主动权。数字新时代，数字化成为变革型的力量，将重组要素、资源，重塑经济结构，同时也在推动创新范式的变革，重构创新的逻辑，优化创新的流程，改变成果转化的方式，并进一步拓宽数字化创新转化为现实生产力的路径。所以我们要从实际出发，因地制宜，谋定后动，卓有成效地推动创新发展走向深入。数字化创新的最大特点是什么呢？它主要体现在开放创新与价值共创上。

所谓开放创新，主要是指创新过程的开放性。一是由外而内地整合外部知识和先锋人才。二是由内而外地强化对外关联投资，来实现创新成果的外部商业化。三是放大合作效应，形成创新联盟或者创新网络。我们刚才看到多园区联盟就是这样一个伟大的创举，从而增强它的融合性。

所谓价值共创，就是让利益相关者积极参与创新全过程，共创价值、共享成果。我认为数字化创新是时代的特征，希望我们在实践中要充分把握。过去创新的套路已经不灵了，也走不远了。这里需要特别指出的是，数字化创新是基于AI、大模型的创新，这在国际上被誉为什么呢？叫创新的第四范式。AI、大模型正加速科学智能成为全球科研创新的核心驱动力，不仅加速了创新的进程，而且正在重新定义创新。

过去创新通常被解读为技术创新，甚至成为一种认知范式。在数字化条件下，创新的真正含义是什么呢？是新的联系。这是一个全新的概念，它真的揭示了数字时代创新的本质，更加体现了数字化互联互通的核心要义。如果我们还抱残守缺，还不围绕技术创新进一步谋篇布局的话，可能会在时代发展中落后很远。

如何形成新的联系呢？主要是通过跨界连接多元化人才和企业，来创造新的价值。这对于过去的"小院高墙"式旧模式具有颠覆性的意义，也让我们对于创新有了新的认知。新的联系更加体现高度互联世界的基本要求，深刻改变创新要素的组合方式和互动方式，并将对创新的关联性产生持续的影响。我想这一条需要引起大家的特别关注，因为创新的逻辑变了，如果我们仍沿用过去的方式，是很难奏效的。因此，只有真正把握数字化创新的真谛，才能更好发挥自创区的作用，推动数字化创新又好又快地发展。所以，我期待我们的自创区、我们的高新区在未来要把握数字化这个大的趋势，围绕数字化创新，做好谋篇布局。

第四，要顺应生产力发展的要求，打造新质园区。新质生产力是由技术革命突破、生产要素创新性配置、产业全面转型升级、数字化深度融合所催生的当代先进生产力。新质生产力不仅推动企业更全面地利用现有的技术，还不断地激发对新技术的需求，从而进一步推动创新继续深入、创新园区高质量发展。新质生产力具有高科技、高效能、高质量的特征，加快发展新质生产力，既要求发挥其自身优势，也要强化载体支撑。通过自创区建设发展，能够进一步提高载体功能，更好发挥集聚优势、集约发展的作用，实现创新主体多方参与、创新要素适配组合，从独创到共创，从创意开放到过程开放，从产业优势到集群优势，形成全流程开放创新，实现创新链与产业链的深度融合，促进创新成果转化近乎零距离。从实践看，近年来我国科技成果转化的质量和效率不断提高，越来越多的黑科技、高精尖技术实现转化落地，这与创新流程缩短是有一定关系的，我们说这是现代化的大趋势。

最后，我要特别强调党的二十届三中全会的决定，关于数字经济的发展，前所未有地提出了几个重大思想。

第一个是关于加快数字经济发展的这些重要精神，主要体现为健全促进实体经济和数字经济深度融合制度。

第二个是加快构建促进数字经济发展的体制机制。

第三个是完善数字产业化和产业数字化的政策体系。

从制度、体制机制和政策体系来进一步提升数字经济发展的水平，这是前所未有的，也是重大的创新。我希望我们园区发展要把这些重要思想，贯穿到实际发展过程中，真正从制度的方面、体制机制方面、政策体系方面走在全国的前列，为数字经济发展，为数字新时代更好地建设，做出我们的努力。

在此，我祝愿自创区越办越好，继续发挥创新引领作用，放大示范效应，不断开创区域发展的新局面。同时，也希望我们的实践能够为决策提供更多更好的思想源泉。

以上就是我简要的发言，谢谢！

进一步完善区域创新生态　因地制宜发展新质生产力

吕薇　国务院发展研究中心创新发展研究部原部长

> 区域创新体系是国家创新体系的重要组成部分，我国区域创新体系建设进入新的阶段。要深化科技体制改革，因地制宜发展新质生产力。我国已经进入高质量发展阶段，自创区发展面临新的任务和使命。自创区的发展要加强几个衔接，第一个要与国家区域协调发展战略和区域重大战略相衔接，分层次地发展，构建各具特色的区域创新体系。第二个要与党的二十届三中全会改革方案相衔接，系统设计新一轮改革方案，打造自创区的升级版。第三个要与建立因地制宜的发展新质生产力的体制机制相衔接。第四个要与高新区发展相衔接。

很高兴参加今天的论坛，刚才各位领导和专家做了精彩的发言，对我也是很好的启示。

我今天和大家交流的题目是《进一步完善区域创新生态　因地制宜发展新质生产力》，主要包括两部分内容。

第一部分是我国区域创新体系建设进入新的阶段。区域创新体系是国家创新体系的重要组成部分，随着创新要素在全球流动，向创新生态环境好的地区集聚，地区间的竞争成为创新生态环境的竞争，各地都通过改善创新生态环境，集聚创新要素，实现创新发展。我国的区域创新体系建设在不断地完善，从开始建设高新区到发展创新型城市，再到现在建设国家自主创新示范区，国家自创区已经成为建设区域创新体系的重要抓手。2009年建设中关村自创区的时候，提法是依托条件好的高新区，进一步完善科技创新体制机制，加快转变经济发展方式，推动创新区的发展。而现在我们提的是聚焦科技自立自强，加大体制机制创新和政策先行先试力度，整合国家创新区资源，优化创新生态，探索创新区发展的新路径。

刚才已经介绍了，现在全国已经有23个自创区，主要有3种类型，一是依托城市的某个区域建设自创区；二是依托整个城市建设自创区；三是依托跨地区多个高新区建设自创区。我先在这个表里面把它分一下类。

目前自创区的发展有几个趋势，第一个是地区创新能力差异化，自创区的分类分层发展。我做了一个研究，按照区域科技创新能力指数进行分类，这个表里面左边是31个省（自治区、直辖市）的科技创新能力指数，右边是中国进入全球科技集群的前40位的地区。根据这些进行分类，可以看出我们自创区确实是分层次地进行发展。

第一梯队是具有国际影响力的创新中心，科技创新指数居前6位，主要分布在东部地区，其中包括北京、长三角和粤港澳大湾区。在这几个地区当中，有5个全球科技集群。

第二梯队就是科技创新指数居前10位，或能力指数居前10位的，主要布局在中西部高技术产业和创新要素密集区，包括武汉、西安、重庆等。在这些地区中，有两个全球的科技集群。

第三梯队就是转型发展区，科技创新指数在第11～21位。这些城市大都是老工业基地，工业基础、科技基础设施比较好。

第二个趋势就是央地共建，因地制宜建设自创区，体制改革不断深入，生态环境不断完善。现在自创区的改革，从单项制度改革和优惠政策转向了营造创新生态和国际化升级。以中关村为例，2009年中关村开始进行第一批的改革试点，率先推出了16项先行先试的政策。2023年加快推动北京国际科技创新中心建设工作方案当中提出，要营造具有国际竞争力的创新生态，全面深化体制机制创新，改革在不断深化，在国际化升级这方面，提出要建设国际科技创新中心。科创中心，现在主要是北京、上海和粤港澳大湾区，这3个地区又有各自的定位。中央和地方共同推进自创区的建设，因地制宜开展改革。截至2021年底，自创区和所在省份已经出台了5000多项创新发展政策。刚才讲到中央出台的政策有1000多项，地方配套的这些政策也很多。

第三个趋势就是科技创新和体制机制改革"双轮驱动"，成为发展的新动能。刚才火炬中心的专家已经详细地介绍了，我这里不再多讲，但是可以看得出来自创区的高新技术企业很活跃，科技资源很富集，同时形成了一批世界科技集群。根据世界知识产权组织的统计，今年刚刚公布的科技集群中，我国有26个科技集群，世界前5位的科技集群当中，我国有3个，在前40位当中，我国有7个。这些世界科技集群都在有自创区的地区，这说明自创区的发展在科技上具有带动作用。

第二部分，深化科技体制改革，因地制宜发展新质生产力。目前我国已经进入高质量发展阶段，自创区发展面临新的任务和使命，包括以下几个方面。

第一，"十四五"规划提出，国家制定了区域协调发展战略，对区域发展进行了战略定位和重大战略布局。我们自创区要和这个相匹配。

第二，党的二十大提出要强化国家战略科技力量，战略科技力量的提法是4类科技力量再加上建设全球创新中心和区域创新中心。我们这个自创区就是一个重要的战略科技力量的集聚地。

第三，我们现在强调要因地制宜发展新质生产力，实现科技创新引领产业创新。所以我们自创区的发展要实现科技创新体系与产业创新体系的融合发展。

第四，我们全面深化改革提出要建立全国统一大市场。我们自创区要在更大范围内优化创新资源的配置，国家提出2035年要建成科技强国，实现高水平科技自立自强，我们自创区就要确保供应链自主可控和安全。因此，在新的形势下，自创区成为发展新质生产力和实施国家区域发展战略的重要支撑，要进一步深化体制机制改革，打造自创区的升级版。

接下来，我认为自创区当前发展要加强以下几个衔接。

第一个要与国家区域协调发展战略和区域重大战略相衔接，分层次地发展，构建各具特色的区域创新体系。

这里我想讲几个层次，首先，就是要建设全球创新中心，加强高水平的改革开放体制机制示范，形成全国创新策源地。比如说，北京要建设中关村世界领先科技园区；长三角要整体建设国家技术创新中心；粤港澳大湾区要推进综合性国家科学中心和国际科技创新中心的建设。

其次，要建立具有全国影响力的区域科技创新中心，主要包括刚才讲的第二梯队，如武汉、成渝、西安、汉中等。主要是建立高水平的内陆开放平台，发挥中心城市带动区域创新的作用。

再次，要建立新旧动能转换的创新示范区，包括山东、河南、东北老工业基地等。主要是要加快新旧动能转换，提高关键领域攻关能力和自主创新能力，建设先进制造业基地。在这些地区，应该重点开展国有企业创新体制机制试点，以及探索新兴技术改造传统产业的投入机制和实施模式。现在用新兴技术改造传统产业，需要新的投入模式和实施模式。

最后，要建设区域科技创新中心，关键是要进一步细化，主要包括刚才讲的其他类型的自创区。要进一步细化落实改革方案，改善创新生态环境，提高创新要素的吸引力，进而提高产业转移的承载能力。

第二个要与党的二十届三中全会改革方案相衔接，系统设计新一轮改革方案，打造自创区的升级版。在建设全国统一大市场方面，要构建跨区域的创新合作机制，促进创新要素跨区域联动和优化配置。比如说，现在长三角要建立科技创新共同体，粤港澳大湾区要实行内地和港澳体制的衔接；京津冀要示范不同层次地区之间的协同发展机制。在利用大市场优势方面，要优化新业态、新领域的市场准入环境，培育应用场景，提高创新的规模效应。比如说，健全鼓励创新的标准体系和检验检测服务体系，进一步完善鼓励创新的采购和招标制度，还要进一步落实落细首台（套）、首批次的相关政策。

同时在建立公平竞争的市场环境方面，要为各种所有制、各种规模、各种技术路线的企业提供公平获得创新资源的机会和参与市场竞争的机会。在这里包括加强知识产权保护，建立公开透明的、稳定可预期的政策和激励机制，鼓励创新者进行长期投资。同时，要健全各类创新要素市场评价与报酬机制，支持有能力的民营企业牵头承担国家的重大科技计划等。

第三个要与建立因地制宜的发展新质生产力的体制机制相衔接。重点就是加强科技创新体系与产业创新体系的深度融合，在我们自创区里面建立两个体系融合的区域创新平台，探索各类新型科研机构的体制机制，建立与功能定位相匹配的运行机制和治理结构。我们现在有很多新型研发机构，但是由于一部分的功能定位和体制机制还不够完善，所以效果不够明显，这方面应该分层次地开展工作。

一个就是要进一步完善国家实验室体系的体制机制，一业一策。同时，要优化整合国家和地方的产业创新中心。比方说，现在长三角就在建立长三角产业创新中心，实行三省一市的合作机制，还要进一步规范和鼓励社会力量创办新型研发机构，主要是要加强法制化的保障。因为很多试点没有经过相关法律法规的认可，所以不够稳定。特别强调的是要加强非营利机构的体制机制试点，现在很多新型研发机构都是非营利机构，但是非营利机构的制度建设现在还是很缺乏的。同时要加强企业技术创新主体的地位，培育以企业为主导，产学研、高校协同融合，还有大、中、小企业融通的优势产业创新集群。这里边其实刚才各位专家都讲了很多，我想特别强调的一点是，要鼓励多种形式的供应链上下游企业协同创新。这个主要是要试验，要建立风险共担、利益共享的机制。同时还要打通高校、科研院所与企业的人才交流渠道，鼓励科研人才向企业集聚。企业科技创新主体地位的形成，需要科研人才。

另一个就是要转变发展模式，建立适应新兴产业和未来产业的投入机制，特别要探索构建前沿技术领域的科技创新和投入模式。新兴产业和未来产业具有市场和技术的不确定性。要实行政府、市场和社会有机结合，政府重点支持前端的研究开发，培育市场和应用场景，在有些领域可以做早期用户。科技成果的产业化发展，主要还是由市场选择、企业主导。在新的形势下，进一步完善风险投资机制和政府性基金机制，培育长期耐心资本。因为未来产业的投资周期长、风险大，多种技术路线竞争，大多是小企业创新创业，所以需要长期投资和容忍失败，在这方面确实需要加强试点和示范。

第四个要与高新区发展相衔接。因为自创区还是以体制机制改革和创新生态建设为主，要通过改革来推进、促进高新园区的升级，实行分类施策与"一区一策"相结合。分类施策就是根据功能定位，来确定各类自创区的改革和政策重点。比方说，刚才讲的国际科技创新中心和动能转换中心，可能既有共性，也有特殊性。"一区一策"是根据各地的特点和政策实施情况，来确定改革和落实的重点。下一步应该加强自创区改革的评估，因为现在高新区有一套成熟的评价指标。要进一步完善自创区的评价体系，重点评估改革的落地情况和效果，要总结经验，发现问题，特别要梳理现有的机制和政策，实行新增和退出相结合。有一些已经不适用的政策和机制要退出。进一步提高改革和政策措施的针对性和精准度，降低政策门槛，扩大适用范围，简化流程，加强部门协调，推广可复制的经验。

以上就是我今天跟大家交流的内容，有不当之处希望大家批评指正。谢谢！

当好改革试验田　为高水平科技自立自强做出中关村贡献

张宇蕾　北京市科委、中关村管委会党组成员、副主任

> 中关村是我国第一个高新区、第一个国家自主创新示范区。习近平总书记指出，中关村已经成为我国创新发展的一面旗帜，中关村要加快建设世界领先的科技园区。从15周年整体数据看中关村的贡献，第一，中关村为我国贡献了50多项部市的支持政策；第二，加强原始创新、基础研究，为科技创新和产业创新的深度融合提供高质量的供给；第三，推出了关键核心技术攻坚战的行动计划，梳理了五大领域、256个"卡脖子"点，将实施九大专项；第四，强化企业的创新主体地位；第五，持续打造开放创新的生态。下一步，要更好地发挥国家自主创新示范区的平台载体作用，还要当好体制机制深化改革的试验田。

尊敬的各位领导、各位专家，各位自创区的同仁，大家上午好！非常荣幸能够参加今天（9月8日）的论坛，并且向大家分享一下中关村自创区15年来开展的工作、取得的成绩。当然了，也是在转隶之后希望得到工业和信息化部支持，推动我们23家自创区的下一步工作，我也想提一些不成熟的建议。

刚刚几位领导、各位专家做的整体发言，让我很有收获，而且大家很多是从中关村角度进行案例分析的。中关村是我国第一个高新区、第一个国家自主创新示范区。2013年9月，中央政治局第一次走出中南海的集体学习，就来到了中关村，习近平总书记在这次学习上指出中关村已经成为我国创新发展的一面旗帜，在之后3次向中关村论坛致贺时，也都指出了中关村要加快建设世界领先的科技园区。

在今年的中关村论坛上，工业和信息化部、科技部和北京市人民政府联合出台了《中关村世界领先科技园区建设方案（2024—2027年）》，也提出了要在2035年全面建成世界领先科技园区的目标。

今年正好是中关村自创区批复15周年，借这次机会，我们也是按照工业和信息化部火炬中心的要求，对15周年的整体数据进行了一次梳理。大家也可以看到，考虑到别超时，这个数据呈现稍微精简了一些，但是每一个数据都凝练了这15年来围绕自创区取得的各方面的进展。比如说，我们的收入，从2009年的1.3万亿元到2023年的8.7万亿元，增长了5.7倍。再比如说，我们中关村的企业数据，尤其是国家高新技术企业的数据，实现了6.7倍的增长，在这里面没有体现。在2009年我们一家超过千亿级的企业都没有，但是去年（2023年）有11家。当时北京市委、市政府提出中关村十百千工程，就是希望有一天能够有一家千亿级收入规模的企业，而现在我们已经超过了11家。其他的数据，因时间关系我不一一列举，但是所有的数据都表明这15年我们是大踏步地前进。而这前

进的主要动力就是改革，可以说中关村因改革而立、因改革而兴。

这些年来，中关村成了原始创新的策源地、高科技企业的出发地。我们主要从5个方面进行了探索。我们在"十二五"期间推出的"1+6""新四条""新新四条"均获国务院批复，而且陆续有30多项政策推广到了全国，"十四五"期间特别是2021年11月24日，中央深改委为我们一下子批复了24条政策，这24条政策有21条已经由海淀核心区推广到了中关村全域，其中研发费用加计扣除已经在全国推广，大家如果关注了党的二十届三中全会，就会发现教育科技人才体制机制一体改革、科技体制改革当中，那些原话就来自于中关村的24条先行先试政策。所以，不管是家喜司长，还是年初主任，都说下一步要推广24条，这也是中央已经在下一步工作当中予以落实的。但是这些工作，为什么还是很难做？2021年，中央深改委审议了24条，我举个例子，我们在科技成果转化当中有6项工作，2022年用了一年时间争取国家部委的支持，这也得到了科技部成果司的大力支持。

我们其中有一项政策是推动中央在京单位适用《北京市促进科技成果转化条例》，其中可以把个人的收益提高到70%，就这一项政策我们找了9个部委，用了一年时间。还有一项科技成果计划单列，我们认为科技成果也是国有资产，但是它和传统的国有资产保值增值是不同的。这一项因为涉及清华、北大等中央在京的机构，我们找了5个部委，最终由这几个部委联合签章推进，这样下来我们一共有50多项部市的支持政策。

2022年政策出台后，2023年我们开始重点进行案例征集与实践工作，其中先使用、后付费模式的第一个案例，是首师大的红外监测政策，交由一家企业使用。它使用时不用付费，成功了之后再付费。这样我们今年开始评估，明年争取这些政策可以在自创区先行先试、复制推广，这更好地发挥了中关村作为体制机制改革试验田的作用，为大家做好压力测试和政策的试点推广，之后就很快了。

第二个就是这15年来，我们不断地加强原始创新、基础研究，为科技创新和产业创新的深度融合提供高质量的供给。习近平总书记曾指出，科技创新和产业创新融合的基础是增加高质量科技供给。北京作为首都，确实有得天独厚的优势，中央在京的大院大所中，高校有92家、科研机构有1000多家，我们的基础研究经费达470亿元。昨天上午我也看了一下上海的数据，上海是180亿元，但是和上海、深圳不同，我们这470亿元当中，将近400亿元都是来自中央在京单位。我们还拥有411位"高被引科学家"，超过了波士顿，两院院士839位，是全球都不多见的原始创新策源地。这些资源如何转化为经济发展的动能？我们也进行了积极的探索，实施了基础研究的领先行动，围绕数理化4个基础研究领域、7个应用基础研究领域和X个交叉基础研究领域，推动我们的基础研究和产业相结合。

我们去年（2023年）也推出了关键核心技术攻坚战的行动计划，梳理了五大领域、256个"卡脖子"点，准备实施九大专项。今年，我们要出台科技成果转化的五年行动方案。因为我们明显看到这一轮中关村的创业是以科技成果转化为主的，和上一轮我们的创业（以移动互联网、平台经济为主）有很大的不同，所以我们要更好地发挥我们创新策源的能力。我们之前也探索了，推动企业参与基础研究，为此推动39家企业和北京自然科学基金设立了联合基金，目前外部经费和市财政经费的比例是1∶1。我们将企业的问题上升为科学研究的课题，面向92家高校、1000多家院所，通过揭榜挂帅机制吸引他们承接攻关，以此发挥我们的策源能力为企业赋能，从而加快形成我们的新质生产力，形成1个万亿级的产业集群和9个千亿级的产业集群。并且，去年也出台了未来产业规划，布局了20个细分方向。有时候中关村确实是先行先试一点，我在中关村工作了14年，最早我们提出移动互联网这个词的时候，工业和信息化部觉得互联网就互联网，为什么要移动？有些概念是提得早一点，但是后来也达成了共识。包括大家看到的去年中央经济工作会议上提出的生物制造，我们提出合成生物时是在去年9月，也是把它作为我们下一步的发展重点。

实际上，在未来产业的整体布局中，不管是大数据、人工智能，还是量子、生命科学，我们已经出台了30多个细分的产业领域政策，像去年我们也出台了商业航天政策，围绕一"箭"一"星"已经应用，南箭北星的产业格局也基本形成，前不久我们参加了科技部前沿司召开的一次座谈会，发现各地商业航天企业基本上都是从中关村这边辐射带动出去的，像微纳等，所以我想我们已切实成为产业策源地。

第四个就是强化企业的创新主体地位，前面的数据大家也看到了，基本上我们每年有5万家企业诞生，这里面哪些企业好，哪些企业不好，我们针对它们的研发投入，针对它们的成长性，给它们一系列不同的支持。针对独角兽企业，有"独角兽10条"，针对领军企业，有创新联合体，针对小微企业，有研发投入补贴。其中，领军企业最典型，比如说，支持百度建设国产化人工智能一站式软硬结合的创新联合体；支持小米打造3C智能制造技术创新中心，举全国之力使其成为第一个国家级3C智能制造创新联合体。

第五个就是持续地打造开放创新的生态，在全国率先成立25个标杆孵化器，并提出孵化器进入了4.0硬科技成果转化的创业阶段。支持社保基金先行先试，设立了12年长周期的专项基金。大家知道今年融资非常难，尤其是美元资本的退出。新冠疫情之前，中关村所有企业60%的资金来自私募股权投资，但是新冠疫情之后额度下降得很大。我们做了千亿级规模的8支基金，这8支基金由国资GP管理，全部由政府直投。按照殷勇市长所说，资本投涨杀跌，在涨的时候，资本源源不断投入，但是现在正是寒冬，资本在观望，这个时候政府就要站出来，要为大家营造良好的环境。另外，在营商环境方面，特别是外资环境，一会儿商务部领导也会介绍，我们专门出台了关于外资的16条政策。

下一步，我们要更好地发挥国家自主创新示范区的平台载体作用，还要当好体制机制深化改革的试验田。刚刚白局长、吕薇部长都提了这个建议，我们也希望下一步在工业和信息化部的领导下，在自创区范围内，实现产业的转移升级、整体资本的利用，这里面还有很多层面需要我们协同，需要国家部委的协同。面向全球创新策源地，我们的技术如何转化？如何在全国形成大循环？北京中关村是有技术的，但是我们的企业缺场景。很多的企业到外地去，我们是支持的，因为它到了外地，有更广阔的市场，它能发展得更好，而且有很好的产业基础配套，这样大家能够形成合力，以前都是单打独斗。希望下一步能够在国家部委的支持下，通过顶层设计进行布局，发展我们的新质生产力，推进我们的新型工业化，而且着力培育我们的一流企业，特别是工业和信息化部有国家级资本，如国家级的基金，期待能进一步明确这些资源如何服务我们的创投企业、服务我们的独角兽企业，还有如何带我们"走出去"？明年中关村将承办国际科技园区协会（IASP）2025年大会，这个协会有来自80多个国家的300多个园区的成员，我们应思考如何依托这一平台形成全球的创新网络？我们希望大家明年能够参加，希望得到工业和信息化部的支持。

最后，也衷心感谢工业和信息化部和各兄弟自创区一直以来对中关村的大力支持，也感谢各位专家，包括白局长、吕薇部长，前期在中关村国家自主创新示范区设立时，给我们非常大的支持。后续，我们也建议工业和信息化部能够进一步发挥专家智库的作用，为自创区的发展提供指导，在政策先行先试领域，如资本、生态的构建，场景的构建，包括刚刚吕薇部长提到的评估方面，能够进一步指导我们。

再次感谢大家，希望我们携手共同为中国式现代化做出自创区的贡献，谢谢大家！

探索制度型开放　推动自创区高质量发展

张威　商务部国际贸易经济合作研究院副院长

> 在全球开放的态势中，首先，全球经济增长的态势是比较低迷的。这个过程中，中国仍然是全球经济增长中非常有韧性、有活力的一个点。其次，全球贸易投资的格局是在发生深刻变化的，无论从贸易还是投资来看，中国都是一个具有非常强吸引力的区域。但是我们必须客观地面对，在全球的贸易和投资的格局变化中间，中国面临的外部环境发生了变化，也决定了中国的开放形势、开放模式都要发生比较大的变化。党的二十届三中全会加大了对外开放这部分的比重，相比党的十八届三中全会，这次用了5个方面的内容，去考虑如何完善高水平的对外开放体制机制，从而促进中国经济高质量发展。

尊敬的各位领导、各位来宾，大家好！非常高兴有机会参加这次论坛，前面跟各位领导和专家也学习了很多，作为这个环节的最后一个嘉宾，我比其他嘉宾多一个任务，我需要尽早结束这个环节。我希望用尽量短的时间，跟大家分享一下如何通过制度型开放来推动自创区的高质量发展。

前面几位领导讲了很多关于全球科技产业发展的内容,我来给大家分享一下全球开放的态势。这个表格大家可以从横纵两向来看,如果从横向看,以2008年作为一个节点,全球经济下滑的速度是非常快的,从年均5.7%下降到3.3%。如果从纵向看,中国的年均增速一直接近全球的3倍,只有在最后的这5年,这一差距缩小到1个百分点,贸易也是一样的。如果你横向看全球的贸易,其实下滑得很厉害,纵向看我们的贸易基本上是全球贸易平均增速的2倍,但是在2018—2023年也缩小到1个百分点的差距。

从2010年起,我们的服务贸易比全球好。但是2018—2023年我们比全球的增速要慢一点。全球投资比较复杂,因为反映了全球经济发展低迷的状态,实际上2008—2023年,全球投资流量的增速是 −0.6%,比1992—2007年的等时长,如果都按15年算的话,大概下滑了18个百分点。

中国利用外资的流量和存量,其实出现了很明显的变化,中国利用外资流量的增速要比对外投资流量的增速慢。我们利用外资和对外投资存量的增速,也有比较明显的变化,最终形成的结果就是中国利用外资在全球利用外资中的比重,在2008—2023年上升了5个百分点,但是对外投资的比重上升了6个百分点。也就是意味着在2008年之后的这段时间,中国的对外投资与中国的利用外资的增长之间,实际上出现了增速的反差,在这样的格局下,应该说全球的贸易投资格局也发生了比较大的变化。

左边这张图反映的是全球投资格局,我们是亚洲的发展中国家,在全球投资格局变化当中仍然占有重要的地位,贸易格局的变化有一个比较明显的区域化特征,那么这种区域化的特征反映的是每个区域的对外贸易在全球贸易中的占比,高的大概也就是不到40%,美国更低,就是北美洲更低,北美洲的对外贸易无论从进口还是出口来衡量,大概占到全球贸易的10%～15%,但是如果看区域内的贸易,比如说亚洲区域内、欧洲区域内、北美洲区域内的贸易,这个比重是比较高的,我们能够看到红色的是欧洲,它就是区域内的出口占比最高的,将近70%。

如果是进口的话,我们看2008—2022年亚洲区域占比,大概也在60%左右,即便是刚才我们说北美洲的对外贸易在它的整个全球贸易中的占比只有10%～15%,但是它有50%的出口和30%的进口都是在本区域内完成的。

这样的一个全球开放态势的变化,反映了什么呢?首先,全球经济增长的态势是比较低迷的。这个过程中,中国仍然是全球经济增长中非常有韧性、有活力的一个点。其次,全球贸易投资的格局是在发生深刻变化的,无论从贸易还是投资来看,中国都是一个具有非常强吸引力的区域。但是我们必须客观地面对,在全球贸易和投资的格局变化中间,中国面临的外部环境发生了变化,也决定了中国的开放形势、开放模式都要发生比较大的变化。党的二十届三中全会加大了对外开放这部分的比重,相比党的十八届三中全会,这次用了5个方面的内容,去考虑如何完善高水平的对外开放体制机制,从而促进中国经济高质量发展。

自创区何主任的报告我认真看了，我也做了一个梳理，自创区其实是有非常明确的开放基因的，我算了一下，我找的资料不一定有何主任的权威。23个自创区里面，只有3个自创区的目标定位里面没有开放，另外还有3个区域，包括今天的张江、珠三角，还有郑洛新自创区，开放创新内容是居首位的，所以自创区理应成为中国扩大制度型开放、完善高水平开放体制机制的一个重要的组成部分。

中国的开放，严格来说是制度型开放，基本上以下两条大的路径在走。

第一条，协定开放，包括双边协定、区域协定、多边协定等。

第二条，自主开放，我们基本上用两个开放性的平台在推。

①有限面积，基本上有22个自贸区这样的开放平台，都是在120平方千米的范围内实践。

②我们还有一个产业开放平台，产业开放平台是服务业扩大开放的综合试点示范，这个是所在行政区域协调的，跟自创区有很大的关系。

先说这两个平台的作用，自贸区现在有22个，推广了349条经验，4/1000的国土面积中大概有1/5利用外资，1/5服务进出口。

我们的服务业扩大开放试点示范大家可能不太了解，现在是一共11个省份，大概推出了1300多项试点任务、190多项创新成果，国土面积不到3%，承担全国1/4的服务业增加值、50%的利用外资和75%的服务进出口。所以其实这两大平台，在中国的开放过程中都是具有非常重要作用的，自创区跟两大平台都有关系。

左边这个因为是主办方提供的表，现在双联动区域展板上显示的是13个，多了个成都天府，右边是我算的11个。在扩大开放中，只有海南没有自创区。因为这两个平台对我们而言，是同级别的开放平台，两个平台累计起来，23个自创区有18个，是最高水平的开放平台，所以用好这些开放的举措对下一步自创区开放发展是非常重要的，那么接下来我结合党的二十届三中全会的精神跟大家就一些重点做一个分享。

首先是在扩大自主开放方面，这是党的二十届三中全会中具有标志性的内容，在稳步推进制度型开放中，自主开放是全国统一的，主要的工作是用足用好现在的制度性安排。主动对标CEPA（《内地与香港关于建立更紧密经贸关系的安排》）、DEPA（《数字经济伙伴关系协定》）、CPTPP（《全面与进步跨太平洋伙伴关系协定》）等高标准经贸规则，同时也要维护多边贸易体制的地位。

自主开放方面，我个人建议，自创区有3个方向是全国其他类型园区没有的。比如说，在规则、规制管理和标准的制度型开放中，我觉得标准应该是自创区的重点，因为这一块代表着国际前沿，也是国际竞争力的核心体现。

刚才在外面展板上看到，自创区有非常多的颠覆性的创新，这意味着会有颠覆性的新的产业发展赛道，包括新的产业发展模式，这些方面是需要通过开放的态度提供新的制度供给的。

除了前面讲的党的二十届三中全会关于开放的内容,科技领域讲了国际组织的落地问题,产业领域涉及人才的移民制度问题,教育领域涉及理工类大学合作办学的问题。这些都是符合自创区的调性,为国家的自主开放探索新路径、积累新经验的部分。

其次是在外贸体制的改革方面,目标是培育国际竞争新优势。我觉得两个点非常重要,一个是数字贸易的创新,另一个是服务贸易的创新。预计到2040年左右,服务贸易大概会在全球货物加服务的贸易中占到40%~50%,同时叠加全球可数字化的服务贸易,占服务贸易总额的比例大概在50%以上,所以两者叠加会衍生更多的新业态、新模式,自创区应该为这些新业态、新模式提供更好的制度环境。

政策协同上,我们更多强调的是贸易跟财税、金融产业政策的协同,对自创区来说风险防控尤为重要,因为它们可能比全国其他区域更容易面临贸易救济、出口管制等方面的风险。

再次是在利用国际资源方面,要促进国内流通市场的发展。同时,自创区也要充分考虑跨境资源的配置,包括科技、金融等。

利用外资和对外投资,这两块我觉得有两个点。利用外资,要重点关注扩大开放。全部制造业马上清零,无论是自贸区,还是未来的自创区,都是扩大开放的试验田。下面这张图反映的是全球投资中,服务业的投资占50%以上。上面那张图显示的是全球区域协议中,有服务贸易内容的协议也在迅速增长。我们说利用外资要重点关注服务业的对外开放,要为外资创造公平的竞争环境。对外投资这块,我不知道自创区现在的情况,但是从国家开放的大势来说,通过"走出去"更好地整合国内国际两种资源可能是一个趋势。所以,不管你有还是没有,都要关注一下"走出去"跟"走回来"的制度体系建设,以及自创区、高新区立足国内,如何与国外的100多个园区实现协调互通,这才是构建新发展格局的应有之义。

最后是在区域联动方面,从区域开放功能上,东部和中西部其实在开放中是有定位的,也希望东西部和东中西部各自去找定位,就是东部是制度型开放的引领者,中西部和东北地区是高水平开放的平台、枢纽和战略腹地。同时刚才也讲到区域联动,要打破区域之间要素流动的壁垒,实现对内开放与对外开放的有机结合,也要实现区域重大战略之间的有效结合。

实现自创区产业和城市、自身和周边、平台和平台、区域和区域之间的协调联动,最后一个开放的内容是"一带一路"。跟各位强调一下,共建"一带一路"的国家中,前10位的国家贸易占比将近60%,这是稳定锚,潜力国有46个,贸易额超过100亿元,其中有12个国家贸易年均增速超过10%,以上这都是重点。未来希望大家能把握住这些稳定锚、潜力股,通过外贸、外经、外资"三外"联动,通过第三方市场合作,通过丝路电商完善体制机制,推动科技创新,深化设施联通,加强务实合作,进一步拓展自创区的发展空间。

我就跟大家分享这些，谢谢大家！

4　改革创新对话

自创区如何贯彻落实党的二十届三中全会精神，进一步全面深化改革，更好地发挥创新试验田作用

主 持 人：
　　庞鹏沙，工业和信息化部火炬中心政策研究与自创区处处长。

互动嘉宾：
　　翟金国，上海市科学技术委员会副主任；
　　俞　钧，杭州市科学技术局党组成员、副局长；
　　周　斌，湖南省科学技术厅党组成员、副厅长；
　　卢铁城，成都高新技术产业开发区管理委员会党工委副书记；
　　陈文丰，北京市长城企业战略研究所总经理。

庞鹏沙（主持人）： 首先我们有请上海科委翟主任谈谈上海张江自创区这10多年的发展成绩。

翟金国： 感谢庞处长，各位同仁。成绩不敢讲，刚才听了中关村管委会张主任的介绍，确实成绩更加优异。我想从制度创新、政策先行先试的角度，简单汇报一下我们上海张江自创区的工作。

自2011年国务院同意支持张江高新区建设国家自创区以来，按照习近平总书记要求，我们积极推进制度创新及政策先行先试方面的相关工作。

第一个，我想讲率先开展全面深化改革的工作。按照国家对上海系统推进全面创新改革试验的要求，我们在相关部委的支持下，做了很多制度上的探索和创新。比如说我们集成电路保税监管的模式、药品上市许可持有人制度、医疗器械注册人制度、外籍人才入境时的登记制度，以及外国毕业生就业的相关制度等。我们初步看了一下，在这些年当中上海为国家先行先试的制度创新，大概贡献了20%的力量。

第二个，我们积极践行国家授权的有关政策，进行先行先试的探索。比如说在研发费用加计扣除、职工教育经费税前扣除、企业股权和分红激励、技术成果转让税收减免等方面，都做了大量的探索和尝试。这些工作、这些政策的推进，为我们企业减轻了科研财力方面的负担，激发了企业的创新活力，增强了企业投入科技创新的意愿。

第三个，我们整个上海这边做了一些努力，比如说市级财力跟所在区的资金进行市、区联动，共同组建了张江自创区专项基金，在这个基础之上，我们也积极探索有关的"先投后股"模式，同时也宽容失败，把整个工作都做起来。我觉得为兄弟省份或者其他园区做了制度上的探索。

我想简单介绍一下这些。

庞鹏沙（主持人）：前面您发言的时候，我也注意听了，上海有3个20%，刚才讲了3个80%。您刚才又提到了，还有20%的先行先试的做法也在全市做了复制和推广。上海张江在改革方面确实下了大力气，有资金、有政策，而且确实也有试点、有贡献，为全国自创区的发展做出了示范。谢谢！

下面，我们请杭州市科技局党组成员、副局长俞钧先生，给我们介绍一下杭州自创区的发展情况。

俞钧：好的，感谢庞处，感谢各位领导，让杭州自创区有机会做一个交流分享。在2016年G20峰会期间，习近平总书记在介绍杭州工作时，就提出"杭州是创新活力之城"。杭州自创区创新创业活力强、数实融合度高。近年来，我们围绕国务院批复杭州自创区的"五区一中心"定位和赋予杭州先行先试的5个方面，在国家部委的大力支持下，省市区三级联动协同推进体制机制创新和政策创新，重点在科技金融结合、知识产权运用、人才集聚、"两化融合"等方面，开展一系列的试点工作，厚植我们创新创业的沃土。同时，有10余项改革举措在全国复制推广。

比如在科创金融改革方面，杭州在全国首创基于企业创新能力的科技企业征信机制，推出企业创新积分。这项工作作为新型的科技金融政策工具，不断在国家高新区推广，今年进一步在全国范围内拓展至科技型企业。

同时，2022年杭州被列入了国家金融改革试验区，进一步做深科创金融这篇大文章，2023年杭州的科创贷款余额同比增长22%，杭州的科创票据累计发行超过190亿元。

接下来，在知识产权运用方面，我们也积累了一定的经验。在杭州成立了全国首个基于数字经济产业的知识产权保护中心。同时，我们创新性地提出了推进数据知识产权的体制改革，在全国落地了首单基于区块链存证的数据知识产权质押贷款项目、首单数据知识产权的交易项目，发布了全国首个数据知识产权的地方标准，从而拓展了知识产权的增值服务。2023年，全市知识产权质押融资的登记企业超过2000家，质押融资的金额超过了300亿元。

最后讲讲我们的人才集聚，杭州也是全国首批外籍"高精尖缺"人才试点城市，我们创新推出了"三定三评"高层次人才分类认定的模式，每年吸引35岁以下的大学生超过35万人。然后，杭州的人才净流入率也是连续多年居全国前列。

以上是我们的探索，希望为其他的兄弟城市提供参考。杭州在很多方面还需要向大家学习，谢谢！

庞鹏沙（主持人）：杭州也是比较特殊，杭州自创区是两个高新区共同参与建设的。刚才俞局长重点介绍了两个我印象比较深的方面，一个是创新活力强，另一个是数实融合程度高。您刚才讲了在知识产权方面，创造了很多全国首个，这些经验也是值得我们各自创区去学习和借鉴的。

下面我们有请湖南科技厅的周斌厅长，给我们介绍一下长株潭自创区的工作进展。

周斌：主持人好，大家上午好！我们湖南地处中部，在改革方面自己跟自己比还是有些进步，但是跟北上广比，我们还是有差距。我简要介绍一下长株潭自创区的基本情况。今年是长株潭自创区获批的10周年，对我们自己来讲这10年长株潭自创区的发展还是取得了显著的成绩。

比如说外贸总收入增加了3倍，高新区企业增长了15倍，技术合同成交额增加了25倍。核心区的研发投入强度是4.24%，整体来讲也取得了超级杂交稻、超高速轨道列车、超级计算机及北斗导航等"三超三深"的重大科技成果。有的领导人去了，总结为自主创新"长株潭"现象。这些年我们通过改革，重点推进自创区的建设，特别是在科技金融、军民融合这些方面做了一些探索。

在科技金融方面，大力推进信用贷款，构建了"一库、一体系、一资金、一平台"的体系。一库，就是创新企业库。构建了知识价值的评价体系，构建了省、市，包括园区的风险补偿资金池，也构建了线上线下支持信用贷款的平台，整体推进了信用贷款。目前，为长株潭地区的创新企业提供信用贷款200多亿元。我们合作银行给长株潭企业贷款，累计贷款金额达到3000多亿元，带动效应很强。

在军民融合方面，大家知道国防科技大学地处湖南长沙。如何推进军民融合的创新，是我们的重大命题。这些年我们成立了湖南先进技术研究院，国防科技大学的成果通过技术研究院的平台进行转化。为此，我们建立了军民融合产业园，以及湖南省产业技术协同创新有限公司、天慧基金。构建"一园一基金"的模式，推动军口再落地转化，在全国也具有一定的首创意义。

我们在工业和信息化部火炬中心的指导下，推进企业积分制的试点，是全国13个试点区域之一。科学构建企业的积分体系、评价体系，科学精准刻画积分企业，大力推进金融活水注入企业，为有积分制的企业提供财政支持30多亿元，授信100亿元。

比如说在开展科技项目的风险能力审查、推进科技创新和治理能力双融合等方面做了一些探索。总之，这是我们的一些做法，下一步我们将更好地学习先进、发达地区好的经验，把改革推向深入。我就简单介绍这些情况。

庞鹏沙（主持人）：谢谢周厅长，周厅长还是很谦虚，做得已经很好了，还要向全国学习。他刚才用一组很亮眼的数据，给我们呈现了外界所说的"长株潭"现象，希望其他自创区的同志不要把目光局限在北上广，其实其他自创区的好经验、好做法也值得学习。

下面有请成都自创区的党工委卢书记，给我们介绍一下成都自创区的工作。

卢铁城：谢谢主持人，借此机会把成都自创区发展建设情况做一个简单汇报。主要有两句话，一个是"五个坚持"，另一个是"四点成效"。

成都自创区以"五个坚持"为导向，贯彻落实国务院对成都自创区相关的要求和目标任务，在政策上先行先试，取得了一定成效。这"五个坚持"，就是坚持以自主创新为导向，坚持技术引领牵引，坚持创新战略平台建设，坚持专业化园区集聚，坚持战略腹地建设。其中，战略腹地建设是成都自创区的一个鲜明特色。

"四点成效"，主要是在创新战略平台、创新网络、中试验证和现代化产业体系方面。在创新战略平台建设发展上，创新策源能力有了强化。因为成都的国家实验室在天府新区，我们对标国家实验室建设两个天府实验室，也是围绕主导产业开展工作，一个是天府绛溪实验室，围绕电子信息，另一个是天府锦城实验室，围绕生物制药。

另外也引进了最好的创新资源，北大生物、清华电子不断加持，现在应该说世界顶尖的科学家不断向高新区集聚。同时获批了两个国创中心，建设了15个岷山实验室，这些政策先行先试后在全国推广。

在创新网络上，我们围绕细分赛道，建设一些专业化的园区，促进科技创新和产业创新在园区深度融合，链接全球的创新资源。现在有80万名创新人才，国家级人才有547人，我们建立百亿元的天使母基金，形成品牌，名列全国前三。然后建立5年3000亿元的产业基金，另外我们在创新积分制上，规模数量一直是全国高新区里面最多的。

在中试验证上，我们在2022年底推出了中试十条，解决了怎么建、谁来建和持续建的问题。面向对外服务、制造这两个标准来建设和认定中试平台，同时我们提出"瓦特式人才＋市场化投资＋科创团队"中试平台建设模式。现在已经建设了49个中试平台，投资大概50多亿元，1800多个中试项目落地转化，也形成了"研发＋中试＋孵化＋基金＋中试场景"的生态，我们思考未来5年可能会达到千亿元的产值。

在现代化产业体系上，成都自创区主导产业是电子信息、生物制药、数字经济，电子信息瞄准"芯屏端"这个产业，比如说从芯片到显示屏，再到集成创新的终端应用，是全产业链的，生产全球60%的iPad、50%的MacBook。因为去年投资不景气，所以用1000亿元投资两个大的项目，一个是填补了西部晶圆制造空白，另一个是深化了柔性显示的产业，以后到2027年全球40%的柔性显示都产自这个地方。生物制药经过6年的发展，已经跻身全国第一方阵。在数字经济领域，我们集聚了11万家企业，涌现了王者荣耀、哪吒等一些产品，积极推进游戏出海，代表国家参与全球数字经济的竞争。我就汇报这些。

庞鹏沙（主持人）：成都自创区不沿边、不靠海，作为内陆的开放创新高地，为全国其他省份自创区创造了很多的经验。也打造了一些比较熟悉的现象级的创新改革模式，比如刚才说的中试＋孵化模式，同时成都的天使基金群的打造，值得大家去看一看、走一走。

这是第一轮，我们刚才请各个自创区代表先给我们简要地从面上把他们的一些发展成效做了一个介绍。可能大家跟我一样，也不是很解渴。下面我们就一些大家比较关注的话题，再做一些深入的交流。

首先，大家都知道党的二十届三中全会把科技创新和产业创新融合发展，明确地做了一些部署。我们自创区确实是创新资源最为富集的地区，如何将这些创新资源转化为最为有效的生产力？首先有请翟主任，就这个话题给我们再做一些深入的介绍。

翟金国：我就简单说一下，从张江自创区的角度来讲，我想从3个方面推动科技创新和产业创新融合发展。

第一个，强化科创资源的源头供给，因为我们还是想要发挥在沪的国家战略科技力量的作用，通过国家实验室的龙头牵引作用，体系化地布局这个创新高地。目前这里已经集聚了300多家科研机构，已建、在建和规划的这些国家重大科技设施也有30个。我们想要把所有的这些力量集中起来，由它们牵引，跟我们的企业联合把它做好。

第二个，我们想发挥企业在过程中的主体作用。按照中央科技委文件的要求，我们要充分发挥企业作为科创主体的出题人、答题人、阅卷人的作用，我们初步统计了一下，全社会的研发投入比例当中，上海的企业2022年投入的创新资金占R&D的比例大概在68%，到2023年又进一步提升到71%。在这个过程当中，我们市科委在科技项目布局上，也强化了他们的作用，跟他们联合做了一个"探索者"计划。鼓励和支持企业与政府联动，做一些科技创新的活动，尤其是加大基础研发的投入。前面我跟家喜司长聊的过程当中提到，大的企业、科技龙头企业参与技术研发投入，不仅仅是资金的事情，而是它们能够整合技术需求的提出、应用场景的牵引等方面，我觉得这个也是非常关键的。

第三个，我们想强化整个创新生态的构建，这里面要发挥龙头企业的带动作用，我们要构建大企业的开放中心，还有工程中心，然后带动中小企业、整个产业链形成创新的闭环。如果有可能做到更高层次的集聚，能够实现"上下楼就是上下游"，就能更好地把成果转移转化应用拓展起来。

另外，前面我看有些专家和领导在发言交流过程中也讲到了高校院所的科技成果转移转化的问题，这个过程，我觉得是我们整个创新生态构建中非常重要的一个环节。前面听张宇蕾主任讲，花了一年时间找了9个部委，我们在上海的高校科技成果转化和一些科研院所成果转化中，也花了大量的精力，要做制度上的创新和突破，确实不容易。但是我的感觉是只要花力气去推、去跑、去沟通，总能有所收获。

最后，科技创新体系当中要素的集聚，尤其是科技金融这个方面的布局，我觉得也是相当重要。大家也知道昨天我们在开幕式上，龚正市长启动了上海未来产业基金，将来100亿元的布局，这个里面最大的核心就是投早投小、投硬科技，做长周期的布局，而且做好了一定比例的牺牲准备，宽容失败。所以，我想通过这几个环节共同发力，把整个科创生态和产业生态建设好。

我就简单介绍这些。

庞鹏沙（主持人）：张江做这么多，背后核心的问题，是我们如何营造更适合创新成果充分涌现、更适合创新技术充分转化的创新生态。有了良好的生态，科技创新和产业创新融合发展这个命题我想也会迎刃而解。

有请杭州俞局长，就这个话题做一些详细的介绍。

俞钧：谢谢主持人。民营经济是浙江和杭州的最大优势、最大特色和最大资源，这点大家都有共识。特别是自2022年以来，杭州提出了打造科技成果转移转化首选地的目标，从而加速推进创新资源转化为产业竞争优势。主要有以下3个方面想跟大家分享。

第一个方面是做强供给侧。我们始终坚持产业创新的需求导向，打造高能级的创新平台，提供高质量的创新供给，杭州自创区布局建设了大科学装置、省实验室及新型研发机构。围绕这个生态圈，我们推进了基础科学设施"沿途下蛋"的机制。以前我们各个地方都在搞大科学装置，都有产业化应用的环节。我们想通过这样的模式，进一步推动前沿技术创新成果加快转化为新质生产力。基于此，近期刚刚建设了年产100台的临床医疗设备。

第二个方面是做大需求侧，我们企业是最大的需求侧。围绕这一块，我们还是坚持企业科技创新主体地位，特别是不断扩大科技企业的规模，不断夯实基石和底座。杭州连续多年实施科技型初创企业和高新技术企业的双倍增计划，从而形成大企业引领、中小企业活跃的发展新格局。

第三个方面是做优服务侧。我们建立完善了科技成果转移转化的全链条服务体系，打造了创新创业最优生态。我们成立了杭州市技术转移转化中心（简称"杭转中心"），也发布了成果转化的垂直应用大模型。我们市委书记到杭转中心看了之后，也是给予了充分的肯定。同时，我们引入了国际的技术转移转化机构，布局建设了30个概念验证中心，开展了中试基地的建设，同时我们也扩大了成果转化的基金规模，目前全市设立了50亿元成果转化基金，从而推动更多的成果在杭就地应用、就地转化。通过这样的途径，2023年杭州全市的技术交易额突破了1500亿元，同比增长50%。

以上是我做的简单介绍，谢谢！

庞鹏沙（主持人）：杭州自创区根植于民营经济，在这个过程中，确实充分应用了市场导向的创新发展机制。另外也把政府有形的手与市场这个无形的手做到了有机结合，创造出了有助于我们创新向生产力转化的优势。

其实我们搞创新，主要瞄准未来新赛道、新产业，加快发展新质生产力。怎么发展新质生产力呢？我想在座的各位领导可能也有一些思考，下面我们有请成都自创区的卢书记给我们介绍一下，他对新产业、新赛道这个问题的理解和认识。

卢铁城：谢谢主持人。应该说成都的产业基础还是比较好的，另外产业链也比较完整。我们还是结合成都的产业发展优势，坚持"四个面向"，围绕六大领域梳理出了12

个未来产业赛道。比如说先进算力，我们从芯片到算力服务器，再到算力基础设施建设。还有大模型，以垂直大模型为主，也兼顾了大模型的建设，另外特别瞄准人形机器人这个产业。工业无人机整个技术实力还是不错的，还有卫星互联网，其实卫星互联网这个概念最早起源于成都，成都中电科二十九所在全球最早提出空天地一体化系统，后来为马斯克点亮星链。另外，在我们的能源领域，有氢能和新型储能。在生物领域，有细胞与基因治疗，还有合成生物学等。

根据未来产业的机制，我们按照重点机制突破、企业主体培育和产业跨界融合全链条，做了7项工作。

第一个是促进创新策源能力的提升。联合实验室、高校院所、创新企业和国家级创新平台，采用创新联合体和揭榜挂帅的方法，有组织地开展颠覆性技术和"卡脖子"技术的攻关。

第二个是次序深化中试跨型计划。引导链主企业、专精特新企业建设更多的中试验证基地和平台，使科技成果能够就地转化。

第三个是持续培育硬科技企业。刚才俞主任也说了，硬科技企业是未来产业的引爆器，我们采用"引"和"育"的两种模式，找到未来产业的"苗苗"企业，进行精准的滴灌，进行培育和发展。

第四个是持续提供应用场景。我们按照场景挖掘、筛选、第三方清单发布、对接路演和推广服务这些场景的创新促进机制，使新一代人工智能、氢能等得到应用验证。

第五个是持续拓展未来产业发展空间，建设专业化园区，打造未来产业先导区。

第六个是持续营造未来产业的创新生态，使全球的人才很好地集聚，金融服务给予其强有力的支持。

第七个是持续完善未来产业的治理机制，营造宽容试错的环境。建立工作专班，形成督导机制，进行日常的督察、监测、跟踪、督导和工作通报，使未来产业发展能有序地推进。

因为时间问题，我就汇报这些。

庞鹏沙（主持人）：谢谢！成都自创区在未来产业育成方面有自己的方法论，形成了四个合力。刚才卢书记介绍了7个机制，大家跟我一样，后续也会持续关注。在我们这种工作机制的情况下，能不能请成都自创区在未来产业育成方面积累一些经验，形成可复制可推广的模式？

我们知道长城所常年跟踪新产业、新赛道的发展，有请长城所的陈总就布局未来产业发展，加快形成新质生产力，提一些建议。

陈文丰：谢谢主持人。长城所这些年一直在关注新赛道和未来产业的发展，我们去过全国很多自创区，发现一件很有意思的事情。现在新赛道成为各地加快培育新质生产力的一个重要手段和政策工具，而自创区又是全国新赛道、新领域里面最集中、最具爆发力的主阵地。我们看到现在最活跃的不管是人工智能也好，还是商业航天、合成生物，讲我们的量子，讲我们的低空经济，基本上都是最早在自创区里面涌现、爆发起来的。就这个话题我想谈 3 个观点。

第一个，我认为新质生产力在"高"，更在"新"。为什么这么讲？如果说以前有一句非常有名的话：光谷在"光"，更在"谷"，讲的是"光"跟"谷"之间的辩证关系，现在我们讲"高"和"新"之间，它仍然有个辩证关系。过去我们很多地方政府把资源都配置在制造业的规模提升、效益提升等方面，这是解决中国制造业从低到高问题的一个核心，我认为是非常重要的。下一步，在当前的外部环境已经发生很大变化的情况下，尤其是中美之间博弈更深刻的情况下，我认为我们需要把资源配置在很多新的方面，如颠覆性技术、前沿技术、新产业、新业态，让这种新的东西在中美之间博弈的状态下，能够抢得先机。当然不是说"高"不重要，"高"仍然重要，但是我们在这个阶段可能需要做更多的资源配置在"新"上，这是我讲的第一个问题。

第二个，新赛道我也觉得还是要做选择。未来产业新赛道的选择好与不好，是我们培育未来产业的一个核心要素。我们发展什么？我觉得首先需要去发展跨界融合这个领域。在风口上，在国家重点支持的方向上，在科技属性非常强的这些领域上，这些要做选择。然后，我们做选择，不是凭空来的。我觉得对区域、对适合什么样的新赛道要做评估，核心是做关于新赛道的生态评估。我们既要评估创新创业的生态，也要评估产业生态适不适合新赛道的发展，我们讲的因地制宜是什么？还是你这个地区的基础，所以我们要评估这个区域的创业活力怎么样，要评估这个区域的研发机构怎么样，要评估这里的创新服务机构怎么样，这是对这个区域创新创业生态最重要的评估工作。当然也要评估我们的产业基础，如果说在这个赛道领域，连 3 家、5 家企业都没有，我认为成功率不会太大。只有评估确定了以后，我们才能认为这个区域适合什么赛道，为后面怎么去发展打下很好的基础。

第三个，一个赛道到底怎么干？现在很多自创区提出赛道选完了，但是怎么干不清晰。我认为最重要的是资源配置要到位，要有综合性的手段，才能够把新赛道干好。要把我们的场景，把我们的基金，把我们的新型研发机构，包括市场化的促进机构，多种政策工具集中在一起，才能保障我们这个新赛道顺利发展。

新冠疫情之后，我们去过全国很多园区，这两年发现一个非常有意思的现象，很多高新区传统的动能都在下降，而且下降得很厉害。我们非常期待有新动能、有新赛道能够提上来，最后发现很多园区里面的新赛道空喊了很多年，但是并没有做成规模。很多高新区也在反思，说过去这些年在科技创新方面花了很多钱，为什么没有效果？说明科技创新和产业创新融合得还不够好。也有很多的园区说过去人工智能热的时候，我们出台了人工智能的规划意见，元宇宙很热的时候，我们又出台了元宇宙的指导意见，为什么这个产业我们发展不好？最后我问这些园区一句话，你发布了意见，你的资源有没有往这些新赛道上倾斜？你有没有搞一个园区，你有没有搞一支基金，相关的配套你有没有配置到位？这是决定这个新赛道在现在这个阶段能不能干成功的非常关键的因素。

我们过去观察苏州工业园区，总结出来搞纳米、搞生物医药，人家总归有了"八个一"，后来叫"十个一"。"八个一"机制、"十个一"机制背后是什么？我认为背后是对这个新赛道、对这个新兴产业资源的配置，而且需要十年如一日的长期主义，才能把这个新赛道真正做起来。所以，我觉得当我们赛道选定之后，我们要进行很好的资源配置，这是当前我们去发展未来产业新赛道的一个可行的手段。

好，我就分享这些。

庞鹏沙（主持人）：谢谢陈总，陈总也是结合长期做的大量案例，特别是跟自创区频繁互动方面，提出了自己对未来产业，发展新赛道、新产业、新业态方面的一些思考。

我们也能感受到一个智库的呐喊，等不得、慢不起。在这个过程中，陈总也透露出对大家的建议，还是要冷静。刚才几位嘉宾在科技创新、产业创新，还有发展未来产业方面的一些实践做法，以及一些思考建议，希望能够对大家有所启发。另外，我们也知道自创区除了示范，还有一个很重要的价值使命，就是要引领和带动发展。

今天特别邀请了东中西部具有代表性的自创区，既有依托单个城市建的，也有依托城市群建的。长株潭自创区在区域协同方面确实做了很多示范，也做了很多尝试，有请周厅长就如何发挥自创区的示范引领带动作用，从具体的做法方面，再给我们做一些详细的介绍。

周斌：好，时间不早了，我简要介绍一下。长株潭确实是依托长沙、株洲、湘潭3个城市来建设的，资源整合相对来说还是有点难度。我们省委、省政府高度重视，习近平总书记也是十分关心，包括总书记今年去湖南考察时也强调了还是要大力推进长株潭一体化。所以省委、省政府一直高度重视长株潭自创区建设，晓明书记从海南到湖南当书记，一直在推进。

这些年来我们大致有这么几个做法。第一个是建立相关的工作机制，我们省级层面成立了长株潭事务中心，该中心是正厅级的事业单位，专门推进长株潭工作的创新。而且原来我们科技厅专门有个处室，就是为了推进长株潭自创区的工作。

第二个是政策法治环境的营造，我们长株潭自创区进行了地方的立法，两次制订了三年行动计划，包括2020年2个三年的行动计划。今年专门制订了长株潭提质升级的行动计划，政策方面持续推进，设立了相关的工作专项，我们一直有3亿～5亿元的专项资金，支持长株潭自创区重大攻关、平台建设持续推进。

第三个是推进园区的产业协同发展，长沙、株洲、湘潭3个高新区差异化、个性化的发展，包括长沙重点打造科创谷，株洲是动力谷，湘潭是智造谷。3个城市产业结构有所不同，依托不同的产业特点，实行相应的政策。同时又协同发展，包括人才政策的协同、共性平台的打造，如新能源、新材料等。湖南也有共同推进产业集群建设的特点，目前长株潭这个区域，有5个先进制造业的产业集群，有10个接近千亿的产业集群。长株潭区域创新协同发展，为共同促进产业的体制升级发挥了很重要的作用。

还有就是长株潭科教资源比较丰富，这些年重视成果转化。长沙有3所985高校，特别是中南大学在成果转化方面，在全国还是比较领先的，早在10多年前就提出两个70%的政策：科技成果、知识产权可以作为公司注册资金的70%以上；成果转化收益的70%以上可由团队分享。这些政策大力推进成果转化，像中南大学现在科技成果有14个，近年来孵化了8家上市公司，对湖南整个产业的发展，起到重要的推进作用。

下一步，也就是前面我讲的进一步探索，要向兄弟城市学习。

庞鹏沙（主持人）：谢谢周厅长。自创区很重要的使命，是要为区域的重大战略，以及区域协调发展战略，做一些局部的压力测试，做一些制度的创新。所以我们也期待长株潭自创区能够在这方面做出新的更大的贡献。

另外，我们也知道在工业和信息化部党组，特别是金部长提出要开展"1+N"的政策体系设计要求以来，长株潭率先响应，目前湖南科技厅也在跟工业和信息化部这边共同研究制定支持长株潭自创区下一步改革发展的一些政策方案，我们也期待这个方案能早日出台。

刚才相关的嘉宾专家已经就自创区发展的一些成效，以及一些具体的做法和经验进行了介绍。今天也很难得，我们工业和信息化部的吴司长作为自创区政策制定的研究者，全程参会。借最后一轮发言机会，希望每个嘉宾能够言简意赅地，把国家层面自创区政策研究或者制定方面需要具体做的工作提出来，让吴司长能够一并记录，通过本次的交流把大家的意见带回去，作为下一步工作努力的方向。

请从卢书记开始。

卢铁城：非常荣幸，机会很难得。上次家喜司长到成都自创区来指导工作的时候，已经给了很好的指导。借此机会，我就提3点建议。

第一点希望支持建设全国性的中试验证平台网络，这是家喜司长给我们的启发，让我们牵头建立成渝地区的中试网络，从而扩展到全国，进而打造或者完善中试平台或者创新体系，推动中试基地和平台能高质量发展、高水平提升。

另外，成都自创区非常愿意将前期的经验与各个自创区分享。对于有中试需求的企业机构，我们做好服务，助力发展新质生产力。

第二点支持成都自创区加强战略腹地建设和关键产业备份，在战略平台的建设、世界一流企业的培育、专业化研究的集聚和优势产业集群的提升方面赋能，提升成都自创区对国家重大布局的承载力。

第三点希望部里以及其他部委的领导多多支持我们成都自创区的创新发展，在未来产业先导区建设上，以及在一些先行先试的政策突破上给予更多的指导。

就汇报这些。

周斌：借此机会提两点请求。

第一，长株潭自创区深化改革现在是关键时期，请部里多指导我们把方案完善好。第二，家喜司长前面介绍了，我们对政策的"揭榜挂帅"表个态，一是积极争取，二是请求部里把一些政策的试点放到长株潭自创区，我们抓好落实。

我就汇报这些。

翟金国：我就提点简单的建议，第一个是希望对我们这些新产品的实验、验证、中试的平台能够做系统性的谋划。

第二个是对未来培育的产业，做好统筹布局，分步实施。我举个例子，今天早晨聊到低空经济，我估计很多的自创区也在布局这个。现在不是说无人机飞不起来、飞不远、飞不动，这里面涉及很多空管、公安、交通，甚至保险、军方政策方面的协调，一旦这个能打通，未来产业的布局肯定会得到很好的帮助。

俞钧：一个是希望国家层面进一步加强对自创区的顶层设计，前面吴司长讲到下一步会出台相关的政策，进一步明确自创区建设目标和任务，从而为自创区提供工作指引。

第二个希望自创区进一步开展先行先试的政策实施，支持自创区结合各自的特点，常态化申报先行先试政策。同时，设计一些科技、人才、金融、海关跨部门的政策，希望得到国家部委的支持。

最后感谢工业和信息化部和火炬中心给我们这么好的机会，希望今后能搭建更多的交流平台，有助于我们相互学习、相互交流。

陈文丰：我们一直研究自创区这个话题，提3个方面的建议。

第一个还是希望中央层面有一个关于自创区的指导性的文件，15年了从来没有一个正式文件讲我们是谁，从哪里来，到哪里去。这个问题不解决，我觉得大家好像都找不到自己的身份。

第二个建议，在国家层面上，应该有一个响应各自创区提出的政策协调的机制。过去这几年只有中关村在做这件事情，不是其他的自创区没有诉求，也不是其他的自创区提不出政策诉求，只是在国家层面上缺少这么一个政策协调的机制。

第三个建议我也希望是从国家层面上，对地方政府发展自创区，到底配置什么资源，要提出明确的要求。可以这么讲，自创区相比于自贸区，在有的地方受到地方政府的关注还不够。在管理体制、战略位势、资源配置，包括专门的人力配置方面都有所欠缺，是因为国家层面上没有提出相应的具体要求，我觉得把这一点解决好了，实际上是对我们各个自创区最大的赋能。

庞鹏沙（主持人）：谢谢各位领导、各位嘉宾刚才的分享。大家的期待很多，也确实是我们正在做的一些事情，是未来我们需要考虑、需要重点去关注和推动的一些事情。今天可以说是自创区工作从科技部划入工业和信息化部以来，开启的一个新篇章，我们对未来也是充满期待。我们希望在座的各位领导，还有在自创区工作的同仁们，能够一如既往地支持我们做好这项工作。

这次交流只有一个小时，时间也比较紧张，会前吴司长专门交代我们以后要搭建常态化的自创区工作交流机制，特别是可以分专题、分主题，甚至分区域地进行常态化交流，也希望各位领导和嘉宾一起献计献策，群策群力，把这项工作做好。

今天的论坛到此结束，再次谢谢大家！

第5章

区域创新发展论坛：科创中心引擎区域高质量发展

1 论坛概况

本次论坛以"科创中心引擎区域高质量发展"为主题，重点围绕国际科技创新中心和区域科技创新中心的建设，探讨如何深入实施区域协调发展战略和区域重大战略，加快形成梯次联动、优势互补的格局。

2 嘉宾致辞

科技部政策法规与创新体系建设司司长解敏的致辞

解敏　科技部政策法规与创新体系建设司司长

科技创新中心作为国家科技创新体系的核心构成部分，已成为各国把握科技革命契机、提升国家创新能力的重要抓手。我国对科技创新中心建设给予了高度重视，依据国家总体战略部署，科技部正积极统筹推进北京、上海、粤港澳大湾区三大国际科技创新中心，以及成渝、武汉、西安3个具有全国影响力的区域科技创新中心建设。面向未来，我们将持续深化科技创新中心建设，不断夯实和提升科技创新中心原始创新及策源能力，强化科技创新中心在引领经济社会高质量

> 发展中的核心作用,扩大科技创新中心的辐射带动效应,积极营造开放包容、充满活力的创新生态环境。

尊敬的童院士、吴院士、刘书记,各位嘉宾,大家上午好!

今天相聚在上海浦江创新论坛,聚焦"科创中心引擎区域高质量发展"主题,共谋创新合作机遇、共话合作创新发展,我代表科技部政策法规与创新体系建设司向各位与会代表和嘉宾表示热烈的欢迎,向长期以来支持区域科技工作、关注浦江创新论坛的各界人士表示衷心的感谢。

区域科技创新中心是国家科技创新体系的基本构成,具有集聚性、协同性等特点,对发挥科技、教育、人才等优势,形成区域特色创新体系、产业体系和创新文化具有重要作用。科创中心是国家区域创新战略的重要内容,也是建设科技强国、实施创新驱动发展战略的重要举措。

当前建设充满活力的科创中心成为世界各国抢抓科技革命机遇、提升国家创新能力的重要举措。纵观全球科技发展史,每次科技浪潮和产业革命都是以科创中心的形式孕育发展的,每次科技强国的崛起也都伴随着新科创中心的出现。我们大家熟悉的硅谷、伦敦、东京、巴黎等科创中心孕育出一大批引领世界潮流的创新产品和创新企业,改变了我们的生产生活方式,带来了经济的活跃和繁荣。随着新一轮科技革命和产业变革的来临,科技创新呈现出学科交叉、多元复杂、跨界融合、协同开放的特征,需要科创中心的大组织、大分工和大协作,利用规模效应和集聚效应,进一步降低科创成本,提高科创体系效能,缩短从基础研究到产业发展和经济增长的周期。

中国政府一直高度重视科创中心建设,习近平总书记在全国科技大会、国家科学技术奖励大会、两院院士大会上明确提出2035年建成科技强国的宏伟目标,提出完善区域科技创新布局,打造具有全球影响力的创新高地。根据国家的总体部署,科技部目前正在从两个层面推动科创中心建设:一是统筹推进北京、上海、粤港澳大湾区3个具有全球影响力的科创中心建设,着力强化原始创新策源能力,培育壮大战略科技力量,营造具有国际竞争力的开放创新生态,打造建设科技强国的战略支点;二是积极推动成渝、武汉、西安3个区域科创中心建设,推动科创中心与产业创新深度融合,支撑地方经济高质量发展。根据世界知识产权组织发布的全球创新指数榜单,中国有26个创新集群进入排名,深圳—香港—广州集群列第2位,北京列第3位,上海—苏州列第5位,反映出中国科创中心发展的成效和蓬勃发展的态势。

面向未来,我们将进一步积极推进科创中心建设,一是强化科创中心原始创新和策源功能,加强基础研究和前沿探索,持续产出重大研发成果;二是提升科创中心引领经济社会高质量发展的能力,以科技创新引领产业创新,推动传统产业改造升级、新兴产业培育壮大及未来产业布局,发展新质生产力;三是增强科创中心辐射带动作用,推动科创中心打破区域行政壁垒、市场壁垒等，实现高效协同，打造各具特色、优势互补的区域科技创新格局；四是打造开放包容的创新生态，促进与世界各国交流合作，促进创新要素高效自由流动，支撑构建更加开放协同的全球创新体制。

尊敬的各位嘉宾，今天群贤毕至，希望与会嘉宾充分交流，碰撞思想，共同谋划推进包括中国在内的世界各国的科创中心更好发展。最后，衷心感谢大家对中国科技事业的关注和支持，预祝本次论坛取得圆满成功。谢谢大家！

3 嘉宾演讲实录

长三角创新的三个问题

吴志强　同济大学教授、中国工程院院士、德国国家工程院院士、国务院学位委员会委员、全国人工智能战略咨询专家委员会委员和召集人

> 大都市创新需要"高原风"，相比纽约、伦敦、波士顿等全球顶尖科创中心，上海在吸引国际高水平科技人才、促进原创科研成果转化、吸引风险投资3个方面均存在一定差距。上海国际科技创新中心要打开两个扇面，一个向中国打开，一个向世界打开，要以宽广胸怀接纳优秀人才，激发区域科技、经济、社会全面发展。科创活动需要都市生活，不同人群需要在都市生活空间中开展跨组织、跨学科交流，从而促进创新。同样的创新基因和不同的创新要素结合产生创新密码。长三角的密码就是使亲友、学友、校友形成生生不息的创业链，三友变战友，形成我们的"高原风"优势。

非常高兴回到浦江创新论坛区域论坛，同时也很高兴我调整了演讲的主题，因为过于理论化的讨论并不适宜。今天，我将聚焦于长三角创新的3个核心问题，这3个问题至关重要。在此，我们曾对全球12个创新集群进行比较研究，涉及美国东西海岸、欧洲、以色列、日本及中国的多个集群，并基于大量数据进行了深入分析，得出了诸多结论。我的一个博士生在这方面荣获了重大奖项，今天我就从他的博士论文中提取关键要点，并与大家分享一些特别的见解。

上海创新园区最缺的三大要素：一是高端人才，二是原创，三是风险投资。第一，缺高端人才。全球高端人才在上海的集聚是远远不够的，世界上顶级的科技人才纽约占40%，上海仅占了2%，这是远远不够的，所以上海需要思考如何大规模集聚顶级人才。第二，缺原创。对比纽约、伦敦、波士顿，上海的原创占比也是不足的。第三，缺风险

投资，非常缺。上海虽有早期科技投资热潮（类似硅谷初期），但当前缺乏系统性风险投资文化，上海的投资一定要形成投资文化才可以。

总结起来，上海缺的是"高（高端人才）、原（原创）、风（风险投资）"。上海建设科创中心，最需要以非常广阔的胸怀接纳四面八方的优秀人才，面向国内和国际两个"扇面"，促进产业、企业、产品创新发展，全面激发区域科技、经济、社会发展活力。

问题大家看得很清楚了，我今天就讲怎么破题。同样的创新基因、不同的创新要素结合是成功的重要密码。

一是关于创新基因。创新有风险大家都清楚，但是我们有海外的资源、学生的资源、教师的资源等各方面资源，它们像基因一样集聚在一起，促成不同的资源融合。例如，当时我们花8年时间做世博会，立下一个愿望，就是办成一个"永不落幕的世博会"，世博会100多年历史就是搞创新，凡是创新的就拿过来，我曾经说过世博会有3类国家：创新国（展示前沿技术）、祖宗国（依赖历史遗产）、土产国（输出传统资源）。上海需以世博精神为蓝本，打造"世界城市日"般的国际平台，吸引全球创新要素。纽约超越伦敦成为第一创新城市的案例表明，全球视野与本土实践相结合至关重要。

二是关于创新要素。创新策源需要科技创新七大要素和都市生活八大要素，科技创新七大要素包括：研发与技术验证、创新孵化、产品开发与优化、市场定位、知识产权与法规、市场推广、综合管理。中国创新常聚焦前端科研，而国际经验更重视后端市场化环节。例如，张江园区道路多以历史人物命名，却缺乏当代科学家标识，这弱化了创新策源地的象征意义。张江等园区需完善都市生活"八大要素"：居住、餐饮、医疗、教育、购物、娱乐、出行、公共服务。一个都市的活力往往在不经意间，通过与不同人士的聚餐等社交活动孕育出科创的灵感和原创策划。大量的策划工作实际上是在餐饮和社会交往中完成的，这些活动虽无形，却至关重要，因为它们是科创策源的发源地。不同人群和跨国机构间的交流互动，激发了原始创新的火花。只有认识到这一点，我们才能理解为何硅谷众多企业纷纷设立各种平台，以促进资本与新思想的融合。长三角地区汇聚了南方丰富的经济思维与北方众多城市的基础资源，在上海，这些要素的精准配置显得尤为重要。我们正致力于对上海的各个要素进行详尽的分析，包括它们的分布面积和适宜的配置位置，尽量对其进行优化。随着一系列优化措施的实施，上海的发展将更加精细化。届时，我们将能够清晰地识别出哪些创新要素需要精准配置，从而达到最佳效果。

三是长三角的"三友"密码。长三角地区拥有独特的"三友"特质，这在全球范围内实属罕见。与伦敦、纽约、波士顿等国际知名城市相比，除共有的基因外，长三角还具备其独特的空间要素。这些要素构成了一个密码，一个专属于上海人工智能发展的密码。实际上，上海拥有的要素数量众多，这些要素往往不为人所熟知，其中最显著的特色是这里蕴含着独特的文化密码。这其中的关键，在于上海与江浙地区天然的文化血脉联系，上海人 1/3 是浙江血脉，1/3 是江苏血脉。追溯至 150～170 年前，上海地区尚属江苏的一部分，当地居民易于接受新知，涌现出大批留学生，他们学成归国后，将现代文明的火种最先播撒在这片交融之地。正是这种地缘文化的深度交融，造就了上海独特的创新生态。

我们通过 CAETS 等平台，吸引顶级科学家与机构落地上海，Alexandre Villain 亦在此列。大量人才被吸引至上海，这成为上海的又一独特优势。在上海几乎能够轻松找到同学、亲戚，甚至校友，尤其是来自浙江和江苏的人士，他们形成一个完整的网络。过去我们未曾意识到这一点，但通过前几年的研究发现，这种网络是上海及长三角地区跨城联合发明专利的原始动力。例如，对上海与长兴、嘉兴共同发明的专利进行深入挖掘后发现，这是两位中学同学共同完成的，他们后来分别就读于不同的大学。你还会发现，这些联系包括亲戚、师生、校友等众多关系。我们所掌握的关键是将这些关系转化为创业的合作伙伴关系，这正是长三角地区最重要的优势所在。因此，尽管长三角地区存在一些优缺点，但其最大的优势在于我们能够将这些关系转化为创业要素。在过去两年里，我们成功举办了众多活动，吸引了大批亲友和校友齐聚上海。显而易见，众多获奖者所在的创新团队均由来自 3 个不同专业的成员组成，这充分凸显了跨学科合作的深远意义。最终，各类创新要素凭借共通的创新基因在上海得以融合。长三角地区之所以取得成功，关键在于将亲友、学友、校友这 3 种关系交织成一个持续不断的创业链条，从而塑造了独具特色的"高原风"（即高端人才、原创、风险投资）。尽管仍存在不足，但我们掌握着独特的密码，正是这一密码构筑了我们的竞争优势。

我从报告中选取了一个关键点，为大家进行详细解读，以便大家能够清晰地认识到自身的不足之处，同时也能明确自身的优势所在。

谢谢大家。

打造创新区

Gary Hack　美国宾夕法尼亚大学原设计学院院长、

全球城市规划领域专家

当前城市的发展不应仅依赖于消费、旅游、文化及既有财富积累，而是必须积极推动创新，推出新产品。构建创新区域需具备若干关键要素：首先，需提供充足的地产空间；其次，需吸引高素质的企业家及更多商业人才；再次，需有风险投资与市场紧密相连；最后，还需要有良好的政策环境支撑。同时，快速响应新兴概念，如 AI，亦至关重要。在创新区建设过程中，政府部门与创新部门的协同合作尤为关键，正如费城和纽约造船厂的案例所示，创新中心的发展离不开政

> 府部门的授权。此外，大学也扮演着不可或缺的角色，既要助力初创公司的商业化进程，亦需提供必要的基础设施支持。

我深感荣幸能来到上海，向童教授及所有主办此次会议的组织者表达诚挚的感谢。我有幸聆听了许多精彩的演讲，并汲取了众多富有洞见的观点。我计划将这些理念带回我的国家。在此，特别感谢我的同事吴院士，他时常向我引荐各界人士，与我共同探讨交流各种观点。此外，吴院士还持续为我提供研究支持，并将研究成果推广至其他项目。

在过去的数十年间，我有幸多次访问美国东海岸的3座城市：波士顿、费城和纽约。我在波士顿度过了25年，在费城居住了20多年，如今在纽约也已生活了15年。这3座城市在昨日的讨论中被反复提及，它们在投资领域投入了巨额资金。今天，我将与大家分享这3座城市的一些经验，并介绍一些观点，希望能为各位的未来展望提供助益。尽管文化背景存在显著差异，我们相隔甚远，但许多事物在本质上是相通的。

我将阐释两项核心价值定位，这一理念已历经多年沉淀，并吸引了众多研究者的关注。许多投身于经济发展研究的人士普遍认为，通过寻求产业合作并将其引入城市，可以构建优质的商业环境，进而推动其他领域的发展。这种观点促使人们随着就业机会的流动而不断迁移，逐渐形成了创新文化。然而，实际情况可能并非如此。原因何在？通常在寻求合作时，人们需要迁移到其他地区，而这种合作往往建立在创新之上，尤其是渐进式创新。渐进式创新意味着它需要在既有的框架内进行。在美国，普遍认同的观点是，应直接跟随人才的流动，并关注那些关键因素，为他们提供创新的机会。因为人才具有极高的创新性和创造力，职业机会自然会随着人才的流动而转移。同时，众多美国城市已经认识到，它们不能仅仅依赖消费活动。这些城市不仅仅是购物消费的场所，而且正在重新定义其在经济发展中的角色，通过创建创新区域来实现多样化发展。总体而言，首先需要具备一定的地产资源，以提供人们居住和工作的空间；其次，必须培养高水平的企业家精神，以吸引更多商业人才；再次，引入风险投资和与市场的紧密联系也是不可或缺的；最后，良好的政策环境和对新兴概念的快速响应同样重要。许多城市已抓住人工智能（AI）的发展机遇，通过建立科创中心来吸引人才，从而推动创新。在美国东海岸，一些具有悠久历史的地区亦显现出创新的生机，下面我将分享一些案例。

第一个是宾夕法尼亚大学。

宾夕法尼亚大学拥有一个庞大的计算机系，该系成立于战后，旨在推动计算机技术的商业化，并计划将其迁至其他城市。为了吸引人才并集聚创新思维，该地区致力于将这些创新思维转化为产品，并广泛推向市场。宾夕法尼亚大学在20世纪60年代得到了美国政府和费城市政府的共同投资以建设该区域。在城市更新过程中，曾出现过不少争议，且该地区在当时相对偏远，交通亦不甚便利。至20世纪80年代，该地区的发展逐渐加快，如今已演变成一个规模庞大的创新孵化基地。过去 15 年间，众多建筑和设施的兴建极大地促进了各行各业的创新活动。这片土地见证了众多企业的兴衰更迭，孕育了众多电脑软硬件公司，化学产业亦在此蓬勃发展。众多研究机构应运而生，部分区域更是吸引了全球化学公司的关注，成为全球化学研究及化妆品、香水等产业发展的核心。然而，该地区亦曾面临发展瓶颈，随后引入了医疗设备产业。如今，高新技术产业和生命科技业务在此聚集，众多实验室亦在此设立。该区域拥有 17 栋建筑和超过 1000 个住宅单元，这些住宅基础设施显得尤为重要，它们是创新生态系统不可或缺的一部分。

同样重要的是，该创新中心与其他创新中心一样，致力于人工智能领域的孵化工作。近期，该中心与两家投资公司建立了合作关系，为有潜力的公司提供风险投资。他们已经成功合作，每年能够投资 2.88 亿美元以孵化有价值的新业务和新技术。同时，已有 200 家高科技及生命科学公司入驻该创新区，许多公司在此孵化并迁移到更大规模的设施和创新中心。目前，宾夕法尼亚大学正在创建一个新的中心区，建造的第一座建筑是孵化中心，旨在服务那些希望将创意转化为产品的大学师生。现在，所有人都有机会参与创新，只需支付较低的租金，即可租用办公桌、办公室并使用会议室，这是首次为创新者提供此类空间资源。当然，商学院也会提供咨询，指导师生如何组建公司。一旦创新业务准备就绪，即可迁至创新中心，获取更优质的环境以实施下一阶段的发展计划。

还有一块区域是前海军基地，之前被称为费城海军造船厂，第二次世界大战期间是海军造船厂。联邦政府将其出售给费城市政府，以便开发成企业创新孵化中心。目前，企业正准备在此建设办公楼，以拓展其业务空间，这片土地上将出现各种创新基础设施，以满足不同发展阶段企业的需要，通过完善基础设施建设，增强区域吸引力，从而吸引更多的企业入驻。

第二个是麻省理工学院。

麻省理工学院的创新活动集中在剑桥的创新区域，那里是创新和创业想法的聚集地。自 20 世纪 60 年代起，该区域旨在服务特定群体，吸引了众多生物技术和生命科学公司。麻省理工学院不直接出售房产，而是将房产租赁给创新者和机构。该学院规划了麻省理工学院大学公园，包括研发设施和生活设施。20 世纪 60—80 年代中期，规划项目大多完成，每个建筑容纳了 10～15 家创新企业。废弃工厂被改造为创新中心，建立了孵化器和孵化机构，生命科学公司数量显著增长。全球 22 家顶尖企业中有 20 家将研发岗位迁至该区域，包括拜耳公司等。孵化器实验室为创新项目提供短期孵化和专家指导。该地区已成为生命科学领域创新资源的聚集地，有 125 家核心公司、157 家初创公司和 32 000 名员工。创新思维不仅来自学术机构，也来自应用研究机构。4 个独立研究实体机构的许多员工同时在麻省理工学院从事教学和研究，将成果授权给创业者。East 公司通过技术授权，成功结合研究与商业实践，推动创新与创业活动。

第三个是纽约创新企业园区。

实际上，纽约在早期并未拥有任何一所知名的技术型大学，与最近的康奈尔大学也存在一定距离。纽约市政府制订了一项计划，旨在打造一个核心的创新企业园区。在纽约，曾存在一个第二次世界大战后遗留下来的废弃造船厂，后来经过改造，成立了一家公司，致力于推动该区域的发展。该公司为企业发展提供了资金支持，并建设了基础设施，根据纽约市的需求，开发了一系列服务产品。鉴于纽约悠久的电视娱乐传统，如广播电视综合体曾是美国重要的电视制作中心，他们决定建立一个体验中心，以满足纽约市区的需求。此外，还包括制备中心和制作中心等设施。例如，新建的建筑采用了不同的布局和颜色，以区分不同的行业。他们特别设计了一种设备，可以部署到街道上，将电动汽车与住宅连接起来。所有邻里都能为停车人员提供相应的电力服务。此外，还有成衣、电子设备等多个工作坊，这些工作坊作为区域基础设施的一部分，近年来已经更新了其发展目标，并正在推进新的项目。他们还涉足食品工业和绿色制造领域。在媒体中心，他们建造了双层建筑以发展复合产业。目前，该区域已经吸引了450多家公司入驻，这些公司之前并未在此地创业，大约有11 000名员工。这些产业综合体能够提供广泛的服务，以支持公司的创业活动。

从上面分享的创新中心建设案例来看，可以总结出以下几点：

一是均强调了供给部门与创新部门合作的重要性。这一点至关重要，因为获得必要的批准和许可证是业务运营的关键。同时，即便在创新中心，如费城和纽约的造船厂，也必须获得政府相关部门的授权和牌照。

二是大学在支持初创公司方面扮演着不可或缺的角色。商业化的实现需要大学的有效协助，并建立必要的设施，以便企业家们能够顺利开展创业活动，并推进创新进程。我们致力于为企业家们提供一个良好的环境，以促进初创企业文化的发展。

三是对于新概念必须迅速进行迭代。一旦出现新的技术或人工智能技术，我们必须具备快速迭代的能力，改变城市和政府的治理模式，以应对新概念的出现，吸引新领域的专业人才聚集。

四是初创企业和成熟企业并重。我们不能仅仅依赖初创企业，也应为成熟和传统企业创建创新区域，并促进人才流动以激发创新。

这些是我与大家分享的案例，希望能对您有所启发。

感谢各位。

区域科技创新中心建设的中国实践与发展趋势分析

刘冬梅　中国科学技术发展战略研究院党委书记

区域科技创新中心在实现高水平科技自立自强中承担着重要使命，是因地制

> 宜发展新质生产力的重要载体。目前，我国已在北京、上海、粤港澳大湾区布局建设三大国际科技创新中心，并在成渝、武汉、西安建设了具有全国影响力的区域科技创新中心。面向未来，应围绕国家重大区域发展战略的实施，依据各地科技创新基础及独特区位优势，进一步优化科技创新中心布局。同时，持续推进国际科技创新中心统筹建设，推动各科技创新中心错位发展，并开展改革试点，探索在推动科技成果转化等方面的有效经验。

尊敬的各位来宾，中国科学技术发展战略研究院是科技部直属单位，专注于科技政策研究工作，旨在为国家科技创新决策提供有力支撑。

高质量发展成为时代的主题，科技创新中心是高质量发展的重要引擎，所以我特别高兴有机会跟大家分享中国区域科技创新中心建设实践和未来发展趋势。

中央政府高度重视区域科技创新中心建设，党的二十大报告明确提出，统筹推进国际科技创新中心、区域科技创新中心建设，同时也提出，加快建设世界重要人才中心和创新高地。在今年（2024年）6月召开的全国科技创新大会上，习近平总书记提出了六大统筹策略，其中之一便是区域创新统筹。同时，习近平总书记还着重强调了完善区域科技创新布局，强化央地协同联动，打造具有全球影响力的创新高地。7月召开的党的二十届三中全会特别强调了区域科技创新，提出完善实施区域协调发展战略机制，优化区域开放布局，并出台了相应的文件。

根据目前国内外的研究现状，关于科技创新中心的研究大致可以分为4类。一是对区域科技创新中心概念内涵的理解，这一概念具有鲜明的中国特色，国内外学者对其内涵进行了深入的讨论和阐释；二是对已建成的科技创新中心成功经验的归纳总结，包括对国际上成功案例的分析，以及对我国已建立10年左右的三大国际科技创新中心经验的总结；三是研究如何构建科技创新中心，为当前科技创新中心建设提供理论指导；四是现有区域科技创新中心的评价研究，如世界知识产权组织发布的百强科技集群排名及众多研究机构设计的科技创新城市评价指标等。

今天，我想从4个方面谈谈我的看法。

一是区域科技创新中心与高质量发展的关系。

国内外学者对区域科技创新中心的认知存在差异，这主要源于该概念所具有的鲜明中国特色。众所周知，科学中心、技术中心、区域科技创新中心等概念纷呈。那么，究竟何谓区域科技创新中心呢？在整合众多学者的见解后，我们总结出其四大核心特征：科技创新资源的密集度、科技创新活动的集中度、科技创新实力的雄厚程度及科技创新辐射的广泛性。

我们认为，根据区域发展的能级特征，科技创新中心可划分为国际科技创新中心、具有全国影响力的科技创新中心和区域科技创新中心三大类别。国际科技创新中心以基础研究为核心，覆盖范围广泛。具有全国影响力的科技创新中心主要聚焦应用研究，旨在引领重点产业的升级发展，辐射并带动大区域范围的高质量发展。区域科技创新中心覆盖范围可能包括单一省份或相邻省份。这类中心的创新方向以技术应用为主导，充分利用省级资源优势，紧密对接国家发展战略，有力支撑地区重点产业的创新驱动发展。

我们正在推进2024年中国区域科技创新评价报告的研究工作。在此过程中，多项数据有力地彰显了中国区域科技创新中心的强劲发展势头。例如，今年8月，世界知识产权组织在新加坡发布的科技创新中心城市排名中，北京、上海、粤港澳大湾区国际科技创新中心均跻身全球前五。同时，我国一些全国性的科技创新中心也榜上有名，且排名相对靠前。

从区域科技创新评价报告的数据中不难看出，北京在科技创新水平上稳居全国首位。无论是研发投入强度、万人科技论文数量，还是发明专利拥有量，北京均遥遥领先于全国其他地区。此外，北京输出技术合同的成交额近8000亿元，稳居全国之首。上海在本报告中位列全国第二，其研发投入强度达到4.44%，远超全国平均水平（2.64%）。在每万人发明专利拥有量及技术交易成交额方面，上海同样表现卓越。广东在推动粤港澳大湾区国际科技创新中心建设方面成效显著，排名全国第四，技术合同成交额占全国的8%以上，技术出口额更是高居全国首位，占比接近三成。

北京国际科技创新中心的建设，有力推动了京津冀地区的整体进步。简而言之，京津冀地区的腾飞得益于三地优势互补、协同发展。在北京国际科技创新中心的引领下，天津综合科技创新水平已跃居全国第五，科技人力资源指数和科技活动产出指数稳居全国首位；河北综合科技创新水平相较于2023年提升了两位。与此同时，上海在辐射长三角地区创新发展方面亦表现卓越。从2024年数据来看，长三角地区三省一市在综合科技创新水平方面均位列全国前十，且在多个指标上表现突出。该区域有研发活动的企业数占全国比重接近40%，在研发人员、企业研发人员、地方财政科技投入、高技术产品出口额、装备制造业营业收入等指标方面，均在全国占据重要地位，技术国际收入更是占全国的一半。这些数据充分表明，区域科技创新中心的建设有效促进了高水平科技自立自强，并作为强劲引擎支撑了我国经济的高质量发展。

二是中国区域科技创新中心建设情况。

北京、上海、粤港澳大湾区三大国际科技创新中心今年迎来了建设10周年的重要里程碑。这3个中心不仅各自肩负着独特且共通的国家使命，还在国家重大区域科技规划中扮演着举足轻重的角色。此外，成渝、武汉和西安也被认定为具有全国影响力的科技创新中心。其中，成渝的认定源自国家层面的顶层设计，而武汉和西安则是通过地方提出方案并经中央批准的方式确立的。

在国际科技创新中心与具有全国影响力的科技创新中心建设齐头并进之际，另一个关键概念——综合性国家科学中心也应运而生。北京、上海、深圳和西安在这一领域与国家科技创新中心的定位相辅相成，更加聚焦于重点区域的深度发展。例如，上海张江、北京怀柔、安徽合肥，以及深圳光明科学城和深港合作区，均已成为科技创新资源高度集中的核心地带。

每个科技创新中心都是创新资源的密集汇聚地。以北京为例，其"双一流"高校数量高达34所，远超其他省份。从关键指标来看，无论是研发经费总量、研发经费投入强度，还是专利授权数占比、高技术产业研发经费占比及高技术产业营业收入占比，这些创新中心均展现出创新资源的高度集聚。此外，创新资源的另一重要体现是平台基地的建设，包括国家实验室、综合类国家技术创新中心，以及工业和信息化部的国家制造业创新中心等，这些科技创新中心同样是创新平台基地的密集分布区。此外，开发区作为创新资源汇聚的核心区域，无论是国家农业高新技术产业示范区、国家自主创新示范区，还是国家级新区及国家农业科技园区，均在"3+3"科技创新中心展现出显著的集聚效应。

三是对新时期区域科技创新中心建设的思考。

在3个国际科技创新中心及武汉等具有全国影响力的科技创新中心之后，我们深入分析了21个省份的194个地级市的相关数据。经过筛选，我们确定了人均GDP超过全国平均水平且研发投入强度超过1.5%的城市，共计39个。在此基础上，我们进一步选取了8项核心指标，涵盖研发经费投入、研发人员数量、发明专利数量及高新技术企业数量等，这些指标均为衡量科技创新能力的关键指标。通过严格筛选，划分出不同梯队的城市：第一梯队包括武汉、西安、长沙；第二梯队涵盖济南、沈阳、大连、郑州等，共计12个城市；第三梯队则包括贵阳、湘潭、银川等，共计24个城市。

在遴选科技创新中心时，我们遵循3项核心原则。首先，城市群须位于国家重大战略区域，其建设对国家培育创新增长极具有深远意义；其次，该城市及其城市群应能有效辐射并带动周边区域协同发展；最后，城市群需拥有雄厚的科教资源、经济实力和创新能力，并兼顾其辐射带动作用。基于此，我们认为武汉、西安、郑州和沈阳理应成为具有全国影响力的区域科技创新中心。事实上，武汉和西安已被国家认定为具有全国影响力的科技创新中心。此外，省域级别的科技创新中心，如呼和浩特、昆明等，构成了次一级别的科技创新中心。

尽管武汉已崛起为具有国际影响力的科技创新中心，我们仍建议进一步推动整个城市群的发展。应以武汉为核心，联合湖南长沙和江西南昌，共同打造长江中游的科技创新中心。我们一直积极倡导这一构想，即武汉、长沙和南昌携手共建，同时宜昌、湘潭和鹰潭也应成为该城市群的重要成员。从省内视角来看，宜昌在科技创新领域表现突出，而鹰潭的高新技术产业发展势头强劲。因此，我们建议以武汉为引领，构建长江中游的科技创新中心。

西安作为具有全国影响力的科技创新中心，建议其与兰州携手，共同构建协同发展的副中心,并将咸阳、宝鸡、白银纳入考量,以打造一个区域性的科技创新中心城市群。咸阳、宝鸡与白银作为上游城市,研发人员数量在全国领先。西安研发经费投入已达到482亿元,投入强度为5.17%。建议黄河中上游科技创新中心的建设由西安与兰州共同推进。

在审视了现有的科技创新中心之后,我们再来审视中国区域科技创新发展战略。我们注意到,中国东部、中部、北部,粤港澳大湾区,长江经济带,以及"一带一路"倡议,都是当前共建的重点,长江流域和黄河流域的布局也应纳入考量。京津冀、粤港澳大湾区和长三角的块状布局已经形成,均设有创新中心。长江流域的中下游地区也已建立创新中心,而黄河流域部分地区尚未建设创新中心,东北地区亦缺乏创新中心的引领。鉴于此,我们建议在黄河下游以郑州为核心,联合济南、青岛作为协同副中心,共同建设黄河下游的科技创新中心。郑州作为国家重要的综合交通枢纽,拥有电子信息、汽车及装备制造、生物及医药等特色产业体系。济南是中国重要的装备制造基地,智能制造和高端装备产业基础坚实,青岛则在海洋产业发展方面具有雄厚实力,电器产品制造亦发展良好。在郑州、济南、青岛建设黄河下游科技创新中心的同时,淄博、潍坊、洛阳等省内城市,应以其良好的研发基础和蓬勃发展的高技术企业,以及坚实的工业制造基础,以协同创新的方式共同打造黄河下游的科技创新中心。此外,考虑到东北地区其当前的创新基础,我们建议以沈阳和大连为中心,以长春、哈尔滨、盘锦为腹地,共同构建城市群。

在审视国际上具有影响力的科技创新中心之后,我们开始对省级科技创新中心的规划与布局进行深入思考,主要考虑两个关键因素:一是地理幅员的广泛布局,二是"一带一路"倡议下的对外开放策略。因此,结合本区域的开放性布局,如福州,可以依托其在21世纪海上丝绸之路核心区的研究优势,构建具有地方特色的区域科技创新中心。昆明则可利用其面向东南亚的航空枢纽地位,打造区域科技创新中心。呼和浩特作为中蒙俄经济走廊的关键节点,也应建设一个具有开放特色的区域科技创新中心。这些是我们对未来省级区域科技创新中心建设的初步构想。

四是对未来科技创新中心政策走向的建议。

当前看来,区域科技创新中心在实现高水平科技自立自强方面肩负着至关重要的责任。我国正倡导根据地方实际情况发展新质生产力,而不同层级的区域科技创新中心理应成为这一战略的实践平台和推动力。

首先,必须统筹规划国际科技创新中心建设。3个国际科技创新中心作为资源丰富、技术密集的地区,应当成为科技创新的发源地,并在新技术应用、创新创业等领域成为体制机制改革的示范区。基于这样的试验和探索,3个国际科技创新中心应进一步成为科技创新的策源地,以及新质生产力发展的先锋和引领区。只有当这3个中心实现既定目标,我们才有望在11年内建成世界科技强国。同时,我们应推动北京、上海、粤港澳大湾区这3个国际科技创新中心发展具有特色的产业集群，并构建未来产业发展的新生态系统。鉴于未来产业在新质生产力发展中的关键作用，以及其固有的不确定性和高风险性，3个国际科技创新中心的作用显得尤为关键。

其次，构建引领新质生产力发展的创新增长极和增长带。在此过程中，中央政府应首先加强对区域科技创新中心等层面的指导，强化科技创新引领作用。例如，全国性科技创新中心的错位发展，应通过规划实施、任务部署及统筹力量的建设共同完成。同时，促进新兴产业创新要素的汇聚，打造新质生产力生态圈，以提升整个区域的规模效应。

最后，依托重点地区开展改革试点，以探索有效经验。我们党在刚刚召开的二十届三中全会上提出许多改革措施，在区域科技创新中心建设方面，建议首先促进重大创新成果在重点区域的落地，即通过各方力量的统筹协调，确保在重点区域重大创新成果取得明显成效并发挥带动作用。此外，我们不能忽视作为国民经济基石的广大产业。选择典型地区，围绕数字化和绿色化开展创新试验，同样至关重要。同时，必须破除制约科技成果转化的体制机制障碍，提升科技成果转化效率，以促进区域科技创新中心的进一步发展。

以上就是我跟大家分享的主要内容，谢谢大家。

深入融合、创新发展，积极推进粤港澳大湾区建设

谢永强　澳门科学技术发展基金行政委员会主席

> 澳门作为粤港澳大湾区发展的四大核心城市之一，拥有诸多独特优势。它实行简单低税制，是一个自由经济体，具备独立的立法权，拥有与国际接轨的商业环境，以及包容多元的社会文化氛围。为吸引全球人才，澳门推出的人才引进政策涵盖了教育、医疗、出行和居住等多个方面，为科学家们提供了优越的生活条件及便捷的国际交流平台，致力于打造人才高地，营造良好的发展环境。

感谢童院士的精彩介绍，我非常高兴有机会在浦江创新论坛上与各位分享关于经济发展的见解，以及粤港澳大湾区融合进程中的相关工作。今日报告将围绕以下几个核心部分展开：首先，我将从城市视角出发，带领大家进一步了解澳门。尽管在座各位可能对澳门已有一定了解，但我仍希望向大家展示澳门的另一面。其次，我将探讨澳门如何在大湾区的发展中找到定位，进而为国家的发展贡献力量。最后，作为科技发展基金的代表，我将简要介绍该机构的职能。实际上，我们的机构与国家自然科学基金委员会、科技部在科学项目资助方面有着相似的功能，主要负责澳门特别行政区科技发展和相关平台建设的支持工作。

一、对澳门新的认识

澳门在疫情前每年接待近 4000 万人次游客，目前虽尚未完全恢复，但也已达到疫情前游客数量的九成。澳门面积仅为 32.9 平方千米，人口不足 70 万人，却能吸引大量来自内地及世界各地的游客。相信许多曾经踏足澳门的朋友们，都能深刻体会到这个城市作为东西方文化交汇点的独特魅力。尽管澳门的地理面积微小，但它在福布斯旅游杂志的全球五星级酒店数量排名中位居榜首。此外，澳门亦是亚洲会议城市之一，其展会、会议场所与消费、住宿设施融为一体，这正是澳门广为人知的一面。在粤港澳大湾区的定位中，澳门无疑是一个国际旅游中心，同时也是一个东西方文化交融的典范。

澳门同时也是中国商贸合作的重要平台，澳门在全球范围内拥有最多的五星级饭店，这只是其众多"第一"中的一个。令人惊讶的是，澳门不仅拥有多个国际知名的重点实验室，而且在半导体产业等关键领域取得了显著成就。而且以集成电路国家重点实验室为例，在全球号称有奥林匹克支撑的会议上发表论文的数量连续多年位居世界第一。澳门也积极融入国家发展的整体布局，其国家重点实验室在 2023 年与国家航天局合作，成功发射了一颗地球低轨道高精度卫星，开创性地融入国家的科创体系。澳门也积极参与国家的太空任务，在"天问一号"项目中贡献了澳门的力量。同时，澳门也与国际社会在卫星领域开展了广泛的合作。

在高等教育成就方面，澳门拥有一所 C9+ 联盟成员大学，即澳门大学。它虽然很年轻，但是表现非常突出，已在全球排名中跃居第 14 位，并在泰晤士高等教育年轻大学排名中列第 38 位。在工程学、化学、社会科学及生物化学等学术领域，澳门大学同样展现出了卓越的学术能力。

在学术基础与科研产出方面，包括论义和著作的发表，虽然我们仅有 70 万人，但是在粤港澳大湾区里面我们是排到第十，排在前面的是一些大家比较熟悉、规模比较大的城市，如广州、深圳、香港等。特别值得一提的是，在 FWCI 引用影响力方面，澳门大学位居第二。

澳门是大家所熟知的世界旅游中心，提供了丰富的旅游设施和便利的生活条件。此外，澳门还有其他的名片，比如是内地 5 个美食之都之一。通过以上介绍，我们希望展现一个更加全面的澳门形象，包括其在国家科技发展中的融入及在科研领域的贡献。

二、澳门在大湾区发展中的定位及对国家发展的贡献

粤港澳大湾区的最新数据已为各位所熟知，该区域在不足全国 1% 的面积内，居住着 6% 的人口，却贡献了全国 11% 的经济总量，澳门在其中扮演什么角色呢？自 2019 年国家颁布《粤港澳大湾区发展规划纲要》以来，共有 49 项政策直接惠及澳门，其中 13 项与科技创新相关。澳门作为粤港澳大湾区 4 个核心城市之一，与广州、深圳、香港并列，共同构成了大湾区的发展引擎。大湾区内设有 3 个科创带，包括广为人知的香港-深圳、广州-佛山科创带，以及澳门-珠海科创带，澳门在其中扮演的角色值得深入

探讨。人才是创新中心的关键，探讨如何吸引高端人才至澳门，以及澳门作为中国的一个重要平台，其独特优势何在，将是本次分享的重点。最后将从产业链角度出发，探讨澳门如何发展具有比较优势的产业。

澳门有别于内地的其他城市，粤港澳大湾区非常特别，该地区在"一国两制"框架下，包括香港和澳门两个特别行政区，拥有独特的税制和经济自由度，以及独立的立法权，有比较独特的优势。澳门的商业运作与国际接轨，使其成为一个国际化的城市，具有较强的包容性，且澳门的个人所得税率相对较低。

香港和澳门在"一国两制"的政策下，有相同的地方，也有不一样的地方。例如，在法律体系方面，香港实行的是普通法体系，与英美法系国家的法律体系相衔接；而澳门则采用大陆法体系，与欧洲大陆及内地的法律体系更为接近，这为国际法律专业人士提供了不同的法律环境选择。

在官方语言方面，香港使用中文和英文，而澳门则使用中文和葡萄牙语，这为澳门带来了一定的语言优势。

澳门根据国家的定位和自身需求，打造人才集聚高地。为此，澳门实施了国际人才引进政策，并提供了稳定的社会制度、良好的治安环境、优质的教育资源、先进的医疗设施、丰富的美食选择、便捷的出行条件和舒适的居住环境。澳门作为国际化的城市，其居民可以免签前往146个国家和地区，同时有80多个国家和地区的公民可以免签进入澳门。例如，来自美国或巴西的科学家若计划参加澳门的会议，仅需通过网络购买机票即可轻松抵达澳门，这体现了澳门的独特优势。

在粤港澳大湾区的交通网络建设中，澳门与大湾区内的主要城市形成了便捷的一小时生活圈，这不仅改善了生活条件，也为建设人才高地提供了良好的环境支持。

澳门在构建与葡语系国家合作平台方面发挥了重要作用。作为中国与葡语系国家贸易合作的枢纽，澳门不仅推动了葡语系国家行动纲要的合作项目，还在2023年得到了科技部的支持，建立了中国与葡语系国家的国际交流中心。此前，一系列葡语系国家的创业大赛已在澳门成功举办，这些大赛主要面向巴西和葡萄牙。澳门还定期举办葡语系国家企业网络会议，并与相关国家联合资助项目，建立了"一带一路"实验室。

在产业发展方面，澳门致力于多个产业的发展，包括集成电路产业和大健康产业。特别值得一提的是，澳门在中医药现代化和国际化方面扮演了重要角色。澳门拥有国家重点实验室，专注于中医药研究。除了科研成就，澳门特别行政区政府还配套了相关政策，包括设立独立机构来完善药物审批制度，赋予澳门独立发证的能力。此外，澳门还配合粤港澳大湾区的发展规划，通过大湾区药械政策，使符合条件的药品能够进入内地市场。在中医药国际化方面，澳门利用"一带一路"平台，与各国建立良好关系，推动药品出口至巴西、莫桑比克等国家，取得了显著成效。澳门还建立了产学研转化平台，以促进中医药发展和国际化进程。

在国家的支持下,澳门于2021年发布了《横琴粤澳深度合作区建设总体方案》,这标志着国家支持澳门融入大湾区发展。粤港澳大湾区涵盖香港、澳门和广东省,其发展带来了互补优势。然而,由于存在"一国两制"、3个税区、3个法律体系和3种货币制度,融合仍面临挑战。横琴作为实验点,展现了"咸水区"与"淡水区"融合的特色,横琴的管理体系融合了广东省和澳门特区政府的元素,管委会和执行委员会由省长和行政长官主导,9个职能局中有4个由澳门特区政府派驻。横琴实施了创新的管理体系,包括一线放开、二线管住和电子围网,实现了澳门与横琴货物的无障碍流通,无论是在关税还是在物流方面。在金融方面,横琴的营商环境正逐步与澳门接轨,促进了金融流通,在澳门融入湾区发展中起到了缓冲和创新的作用。

三、科技发展基金的作用

在融入湾区发展的过程中,科技发展基金与国家多个部委展开了深入合作,涉及科技部、中国科学院及其他机构,亦包括一些境外机构。同时,通过与横琴政策的联合资助,利用科学基金的力量,促进了与横琴共同融入大湾区的发展。

四、总结

澳门作为一个国际旅游胜地,有很多政策优势。通过今天20多分钟的介绍,大家了解到不一样的澳门,希望大家与澳门在企业发展、科技合作等方面有更多的互动。我今天的报告就到这里。

谢谢各位。

巴西利亚:科技创新融合政策推动区域发展

Alexandre Villain　巴西联邦共和国巴西利亚市科学、技术和创新秘书处(SECTI)执行秘书

> 巴西正在推进3项旨在促进科技创新发展的关键倡议:首先是聚焦技术人才培养的倡议,其次是专注于环境领域的循环技术研发的倡议,最后是创新技术领域的综合发展倡议。在制定相关政策时,我们广泛寻求各类创新合作伙伴,以协助应对多方面的挑战。

作为巴西的技术中心,巴西利亚一直致力于为政府提供解决方案。这座城市虽然年轻,仅有64年的历史,但其居民数量已达到300万人,分布在35个不同的行政区域,总面积约为5779平方千米。去年(2023年),巴西利亚的GDP达到了530亿美元。显而易见,巴西利亚已成为技术的中心和枢纽,政府对技术创新的发展给予了高度重视,将GDP的10%作为科创资金。政府之所以如此重视科创体系,是因为巴西利亚具备几

个促进科创发展的框架。首先是科创秘书处，我本人即来自该组织，其主要使命是将政策制定与科创相结合。其次是联邦特区研究支持基金会，该基金会致力于支持各种科创倡议，并负责融资工作，旨在联合各方力量，为科创发展提供资金支持。此外，我们规划了100万平方米的产业园，计划将各种技术融入其中，并欢迎各方考察访问。最后，巴西利亚联邦特区大学于去年成立，这是当地政府创办的唯一一所大学，而巴西利亚还拥有众多联邦创办的大学及其下属的研究机构，均隶属于联邦政府。

在设计政策时，我们考虑了很多，最重要的是要筛选出关键思路，并寻找到创新解决方案的合作方，以帮助我们解决各种问题。接下来，我将逐一介绍我们的三大项目，这些项目均能融合技术，以促进巴西科技创新的发展。首先是技术人才培养倡议，其次是专注于环境的循环技术倡议，最后是创新技术倡议。

第一个倡议是技术人才培养倡议。该项目由巴西全国工业联合会发起，旨在满足科技产业发展对高素质专业人才的需求，并推进产业内部的认证和学习，以赋能更多工人掌握技术，促进商业发展。目前，该项目已启动80%的招生工作，80%的产业工人参与其中，已有超过40%的专业人士完成培训并获得认证，投身相关行业。

第二个倡议是循环技术倡议。该项目从当地政府获取废弃资源，覆盖35个行政区域，推动循环经济的发展。我们回收了大量废弃电脑，并加以重新利用。循环技术倡议带来了显著的环境效益。例如，节省超过2亿升水资源和2000多桶原油。

第三个倡议是创新技术倡议。这是一个关注人工智能的项目，专注于人工智能，旨在推进高科技产业的发展和商业化，并创造良好的生态系统以推动技术进步。首先，我们注重数字融合与培训，确保所有人都能熟悉AI技术，并将其融入联邦特区的产业发展，特别是帮助低收入人群采用生成式AI工具完成日常工作。其次，我们专注于AI驱动的技术智能调度平台，特别是在公共政策领域，利用AI技术解决医学问题，包括智力障碍和脑部异常等议题。再次，我们积极举办众多会议和论坛，今年我们举办了三大主要会议，均包含丰富的AI内容。巴西利亚校园展览会有16个主题，吸引了4万人参与，展示了1000多个技术相关项目，成为巴西境内最大的技术展览会。我们还举办了2024年创新技术峰会，吸引了5000多名观众。此外，我们还创办了AI峰会，即AI体验会议，同样吸引了大量观众参与。最后，我们致力于研究和建设基础设施，联邦特区执政官推动产业发展和AI发展，我们成立了相关的工作组，并提供资金推动AI技术项目的发展。

这就是我展示的所有部分，我们目前有多个项目，各有侧重，但它们共同体现了促进巴西可持续发展的目标。

感谢各位的聆听和参与，祝各位一切顺利。谢谢。

加强科创中心知识基础设施建设，助力区域高质量发展

李琳　爱思唯尔全球高级副总裁兼大中华区总裁

> 科创中心持续产出高质量的科研成果，而这些高质量的科研成果正是创新的重要基石。当这些科研成果实现产品化和商业化后，将对经济社会发展产生显著的推动力。各城市在学科和产业发展方面展现出独特的优势特征和发展趋势，涵盖人才集聚、科研基础、战略布局及政策配套等多个维度。知识基础设施的完善，为科创中心的建设提供了坚实有力的支撑。

尊敬的各位嘉宾、各位观众，上午好！

首先向主办方表达最诚挚的谢意，感谢主办方提供这个宝贵的机会，让我能够在今天的区域创新发展论坛上，就爱思唯尔近年来在加强科创中心知识基础设施建设方面的思考与实践进行分享。

我的演讲将分为3个部分。首先，我将探讨科创中心如何产生高质量的科学研究成果；其次，我将阐述基于科学的创新如何对区域的高质量发展起到引领和支撑作用；最后，我将强调知识基础设施建设作为强大支持的重要性。

在分享我们的思考和观察之前，我认为有必要介绍一下爱思唯尔公司，这将有助于大家更好地理解我们的观察视角。爱思唯尔是全球最大的科学信息公司之一，在过去多年里，我们一直致力于为全球科研人员和医疗专业人士提供服务和支持，助力他们的工作，推动科学进步，改善健康成果，以造福人类社会。我们为全球25 000家客户提供服务，包括大学、政府研究机构、创新企业及其医院等。在出版方面，我们拥有超过2900种出版物，我们支持客户在科研决策上取得成功，实现他们的战略目标。去年（2023年）以来，我们也在加速利用人工智能与我们的内容产品结合。例如，Scopus可以提高医生的工作效率。在过去几十年中，爱思唯尔为中国的政府和学术机构提供服务，与150多家创新企业和120家独立医院合作。我们发表了70万项中国的科技成果，与15万名中国同行评审专家合作，我们在北京、上海和深圳设有办公室，这3个城市都是科技创新的核心城市。这为我们了解和支持科创中心、参与科创中心的建设提供了宝贵的机会。

一、科技创新中心持续产出高质量科研成果是创新活动的根基

创新成果转化为产品并实现商业化后，对社会经济发展具有显著的推动力。首先，我们从科研论文这一视角审视科技创新中心的科研产出与质量，对全球20余座以创新竞争力著称的城市进行了分析。在过去的5年中，中国的城市在科研产出和持续增长方面展现出显著优势，北京和上海在总量上占据领先地位，而深圳则以19%的综合增长率引

人瞩目。在比较中，中国城市的高质量科研产出增长速度最快。我们采用全球前1%的论文作为研究的替代性指标，观察到4个中国城市在增长力方面均位于前列。其中，上海的论文总量排名第3位，年均增长率超过10%。研究数量与质量同步提升，使得这些城市在全球科技竞争中占据显著优势，形成了以城市为核心的区域创新中心。

此外，我们还观察到不同城市在学科和产业发展方面展现出不同的趋势和优势，这反映了各自独特的人才集聚、科研基础、战略规划及政策和投资配套情况。我们通过学术产出占比这一视角来揭示各城市在不同产业和学科领域的关注重点。观察到中国城市在物质科学领域的产出相对领先，而北美和欧洲城市则在健康和生命科学领域占据优势。以人工智能为例，人工智能是上海的三大先导产业之一，我们发现上海在该领域科研论文的年均增长率高达24%，超过中国乃至全球平均水平。这一增长率远高于上海全学科10%的年均增长率。此外，上海在人工智能产学研合作领域的比例也高于全球水平，达到7%。人工智能的产学研合作从侧面展现了上海在人工智能创新和产业发展方面的迅猛趋势。根据上海市政府统计数据，2018—2023年，全市规模以上人工智能企业数量几乎翻倍，产业规模从1340亿元增长至3800亿元，年均增长率达到23%。这一案例在一定程度上展示了科研对城市经济发展的积极影响，后续我们将继续对这些关联进行更深入的探索。例如，探究大学在可量化的科研产出之外，对城市及区域经济和社会发展所做出的贡献。

二、科学创新对区域高质量发展的引领与支撑作用

在分享具体案例之前，我想先介绍我们与学术界共同构建的评估框架，该框架的构建源于我们不断收到来自全球学术领导者的反馈，他们期望学术评估能够更加全面，涵盖从投入、产出到多元化成果，以及这些成果对社会经济的影响力和贡献。因此，在观察与研究的过程中，我们推导出了这样一个框架，它包括5个方面的内容：第一是资源投入与条件，第二是教育与人才培养，第三是知识创造过程，第四是知识产出与科研成果，第五是这些成果对社会与经济的影响。下面的案例将展示如何应用这个评估框架来理解大学在推动社会与经济发展中的作用。

我们与荷兰的埃因霍温理工大学合作，探索了其在区域影响方面的贡献。该大学位于荷兰城市中心，是充满活力的高科技创新生态聚集区，飞利浦、阿斯麦等企业与大学机构建立了联系，并共同组建了智慧港董事会。在这一过程中，我们采用了一套指标来衡量这些机构在协作方面的表现，并通过人才、科研、成果转化及治理等维度分析它们在整个创新生态系统中的关系和作用。该研究还运用了第四代大学的概念，该概念主张教育与科研创新的一体化研究，特别关注大学对社会和区域发展的影响。阿斯麦、飞利浦等企业的参与使得整个协同创新和科研系统充满活力，共同提升了埃因霍芬理工大学的科学研究能力，推动了该地区不断探索和拓展科学前沿，加速了商业化的进程。

中国的城市也从产学研的互动中获得了显著的利益。我们从城市和地区的角度观察知识生产与利用之间的关系，分析了2016—2022年科研论文和专利在城市之间及城市内部的互动关系。例如，我们研究了引用北京、上海、深圳科研论文的中国专利，发现深圳创新与北京基础研究之间有着紧密联系，长三角其他城市与上海之间也存在密切的联系，这反映了背后的支持机制，也充分体现了北京、上海为产业发展所提供的知识和研究基础。

荷兰和中国的案例都很好地阐释了科学研究如何推动区域科技发展。

三、知识基础设施建设是一项极为重要的支撑

所谓知识基础设施，其范畴不仅涵盖科研机构与科研人才，还包括充足的风险投资和科研基金，乃至大型科学设施。这包括了与会专家们在开场时所提及的线下空间，这些空间为创新联动和交流提供了场所。此外，它还应包含一些无形的能力，这些能力应覆盖政府、科研工作者、产业界及企业家们在互联网上协同工作的空间，能够运用数据进行智能的科研战略的规划和指导，以及制定和实施科研战略的能力。同时，它还应包括建设平台以促进知识在更广泛范围内共享、流动、交流和共创等一系列能力。

在加强科创中心知识基础设施建设时，我们可以提供3个方面的支持。第一，我们提供科研情报信息和数据洞察服务。爱思唯尔在数据和分析方面帮助政府机构、大学和研发企业更好地理解全球创新生态、本地创新竞争力及自身关注的领域，从而制定科研发展的规划和行动方案。第二，作为全球领先的学术出版机构，我们一直致力于加速知识的发现和传播。我们支持科研人员发表科研成果，促进学术交流。基于期刊和图书，如ScienceDirect、Scopus等，我们建立了基于可靠内容和可信基础的平台，以促进不同领域和学科间及学术界与企业界的知识流通。例如，今年推出的ScopusAI，旨在帮助科研人员和创新工作者跟踪其学科领域的最新科研进展，并能迅速了解和整合创新工作中所需的不同领域知识。今年4月，在中关村论坛北京国际科技创新中心的开放科学平台发布仪式上，ScopusAI服务正式发布。第三，我们可以协助促进合作并提升国际影响力。正如我之前所述，知识基础设施包括提供平台，使各研究机构、企业能在协同平台上就目标和协作方式达成共识，相互支持共享信息，并高效协同工作。我们也支持和促进多种合作方式，通过构建完善的科研信息和知识分享平台，使科研知识有效连接和分享，推动科研和创新合作，并展示科研成果和影响力。在北京、上海和粤港澳大湾区3个科创中心，我们协助众多客户搭建了这样的平台，以实现他们的目标。这些都是我们为促进科创中心知识基础设施建设所做的努力。

最后请允许我做一个总结：首先，基于科学研究的创新活动对于推动科学进步与经济增长具有至关重要的作用，各国的科技创新中心均致力于加强研究投入；其次，科研与科技创新共同体应广泛开展合作，深入探讨如何更准确地评估科研投入对社会及经济的全面影响；最后，我们非常期待与科技创新中心及区域和城市加强合作，共同推进基

础设施建设，以促进知识流通，支持区域内的科研与创新活动，进而实现区域的高质量发展。

谢谢大家。

4　互动对话

在建设科创中心的过程当中，需要有什么能力的年轻人，他们应该如何参与其中？

主 持 人：
　　霍佳震，同济大学中国科技管理研究院常务副院长。

互动嘉宾：
　　吴志强，同济大学教授、中国工程院院士、德国国家工程院院士、国务院学位委员会委员、全国人工智能战略咨询专家委员会委员和召集人；
　　Gary Hack，美国宾夕法尼亚大学原设计学院院长；
　　刘冬梅，中国科学技术发展战略研究院党委书记；
　　谢永强，澳门科学技术发展基金行政委员会主席；
　　Alexandre Villain，巴西联邦共和国巴西利亚市科学、技术和创新秘书处执行秘书；
　　李　琳，爱思唯尔全球高级副总裁兼大中华区总裁。

霍佳震：有请我们演讲嘉宾和对话嘉宾上台。

尊敬的各位来宾，大学刚才所作的报告极为精彩，相信在座的许多听众都希望与各位专家进行深入交流。在座的许多嘉宾都是年轻人，我想提出一个问题，在建设科创中心的过程当中，需要有什么能力的年轻人，他们应该如何参与其中？换言之，这些年轻人非常希望了解他们如何能够参与其中，以及他们应当具备哪些能力。吴院士之前提到上海拥有3个关键要素，其中也特别强调了年轻人的作用，以及上海的国际化特质。其他几位嘉宾也谈到了这一议题。鉴于我们来自不同的国家和地区，我想从各自的需求出发，探讨不同地区对于创新中心建设的需求和想法有何不同。

关于年轻一代在科技创新中心所扮演的角色，我谈的是国际科技创新中心的建设，以及众多科研机构和科技公司对于支撑国际科技创新中心发展所需人才的贡献。无论是科研机构还是科技公司，它们不仅需要高端人才，也需要来自不同城市的人才，以推动整个产业的发展。我们探讨了年轻人在科研公司和科研机构中能够发挥的作用。

首先,回到今天的主题,即开放创新平台的概念。所谓开放,意味着能够与众多人士建立联系,并具有对不同文化的包容性。我相信每位年轻人都具有独特的特质。如果你具备强大的沟通能力,并能包容不同的文化,这无疑是一个优势。但是也不等于说你是技术型的人就有很好的发展,因为在科技公司中,技术的积累和科技的快速进步要求你不断学习,持续提升自己,这些都是至关重要的技能。

Gary Hack:很高兴听到这么多关于建立国际创新中心的论述,这让我回想起15年前我所接触的一些理念。15年前,我抵达上海,负责上海世博会展馆的设计工作。当时,有一家公司位于同济大学附近,由该校的一些教师创立。该公司吸引了众多青年才俊,在业余时间共同研发产品,这些产品并非高科技产品,主要是照明产品。然而,我意识到这是一次极佳的机会。这些公司能够集结数百甚至上千名员工,在数年的准备后,为上海世博会提供LED照明解决方案,并且品质远超其他公司,这些方案和产品均出自上海同济大学周边的青年才俊之手。同时,我认为这种创新精神应当代代相传。

麻省理工学院也致力于培养新的商业项目,众多风险投资公司每年都会挑选3～4个优秀项目,采用学生提出的技术方案进行商业化运作。至少有一半的项目能够享誉国内外。如今,这些项目已取得显著成效。起初,这些项目由学生发起。我个人坚信,学生和大学实际上能够通过推广这些项目,在上海乃至其他地方发挥重要作用。我认为,自下而上的创新和创业战略至关重要,它有助于我们把握最前沿的技术趋势。

霍佳震:刚才讲到麻省理工学院旁边的一些创新区,我也去过那里,读书之后到那边工作和实习,这是非常好的一个方面。

刘冬梅:我认为这是一个很好的问题。早晨抵达时,我注意到在场的许多青年,他们很可能是同济大学的学子。作为上海高校的大学生,你们大约25岁,我深感羡慕,因为你们正处在人生的黄金时期。无论是学习还是研究,这个年龄段的人创造力最为旺盛。因此,年轻人在建设科技创新中心方面扮演着至关重要的角色。我们正生活在一个伟大的时代,这个时代为创新和创造提供了丰富的机遇。根据我从事科学研究的经验,我非常赞同刚才那位教授的观点,即研究应与实践相结合。在你们20岁左右的年纪,应当寻找到自己真正的研究兴趣。如果能够凭借兴趣和热爱去从事某项工作,其成效往往远胜于单纯为了获得学位而从事某项工作。热爱是驱动研究工作的一种极为有力的动力。

从研发的全过程来看,研发包括基础研究、应用研究和试验开发,成为研发人员后,对个人的要求是多方面的。因此,我认为及早发现自己的兴趣所在,并以热爱为动力来规划职业生涯,是顺应时代潮流的明智选择。科技部已经推出了一系列支持青年科研人员创新创业的政策,而上海也拥有本地的特殊政策。在这样的良好环境下,身处国际化大都市的年轻人们,你们将拥有更广阔的舞台,共同建设我们的国际科技创新中心。这个中心既是人才高地,也是创新高地,你们将是其中最活跃的力量。

Alexandre Villain：在巴西的创新型企业及技术公司的研发中心中，众多企业也认为技术技能与创新能力至关重要。许多公司期望能够吸引那些具备创新精神的年轻人。这些年轻人同样需要具备良好的社交能力与软技能，因为这些能力对于公司的整体创新极为关键。

　　吴志强：个人认为，前往北京、上海或其他大城市的主要目的，在于寻找那些自己故乡所缺乏的要素。城市规模越大，可供选择的要素就越多，个人可配置的资源也就越丰富。因此，前往大城市，睁开双眼去观察不同的事物，寻找并串联起各种不同的要素。要素的多样性和独特性越强，成功的可能性也就越大，这是首要考虑的因素。

　　其次，我想特别对年轻人强调的是，面对众多要素，必须睁大双眼去观察。我之前提到的"三友"，并非永远固定不变，而是应当转变为创新的战友。否则，他们可能沦为狐朋狗友，这是非常不利的。如果来到上海，仍然只是与故乡的亲友或校友频繁聚会，那么个人是难以脱颖而出的。必须将"三友"转变为创新的伙伴，这样才能真正实现共同创新。如何在开阔眼界的同时，又能够专注于一个焦点呢？我认为，年轻时多接触不同的团队至关重要。走访不同的团队，观察各种团队文化，即便是在上海张江这样的地方，也有成千上万的团队、文化、人才和环境。多接触不同的团队，寻找那些最适合自己所追求目标的团队，这是非常成功的做法。关键在于找到最适合自己的小环境，因为并非上海或张江本身，而是张江中的某个团队，能够让你获得最大的成功。这需要个人去探索和实践。当内心感到找到了真正能够发挥自己优势和兴趣的地方时，那便是成功的最佳土壤。每颗种子都需要一片适合自己的小土壤，在张江、在上海，最重要的是要积极走访、观察，因为这里能够提供丰富的环境。

　　我就讲到这里。

　　李琳：我有幸与杰出的科学家们紧密合作过，在他们身上我汲取了宝贵的知识，现在愿意与年轻朋友分享。

　　首先，正如多位前辈所提及的，保持个人的热情至关重要。我将这种热情总结为对未知的好奇心，对感兴趣的事物保持持续探索，在这个兴趣轨道上与自己的热情自由地流动和结合。同时，不断追求新知，对不同的元素、观点、方法和方案持续提出疑问。我也一直这样激励自己。

　　其次，我认为跨学科合作的重要性不容忽视。世界上的许多问题，无论是企业界还是学术界，都具有复杂性。世界是由问题构建的，而非单一学科或产业。因此，解决问题时需要跨越多个知识领域、背景和行业进行合作。在合作中，同理心是一个关键能力，它要求我们站在他人的立场上理解对方，共同创造更贴合重大问题的解决方案，这一点至关重要。

　　最后，我长期从事产品开发和云计算领域的创新工作，对科研和产品创新过程有着深刻的体会。我认为，无论是在职业发展、科技创新还是创业过程中，坚持和毅力都是不可或缺的。没有任何产品或企业从一开始就是完美无缺的。它们都需要在不断的迭代过程中成长,而这种坚韧不拔的精神至关重要。

以上便是我想与大家分享的内容。

霍佳震:感谢我们 6 位专家的精彩分享,大家都明确指出了年轻人应当如何提升自我。其中,软技能被一致认为是至关重要的一项能力,这一点也得到了大家的广泛认同。我们希望通过提升这一能力,大家能从各位专家的见解中获益匪浅。

第6章 科技伦理论坛：科技伦理治理与负责任创新

1 论坛概况

科技伦理是开展科学研究、技术开发等科技活动应当遵循的价值理念和行为规范，是人类共同价值在科技活动中的体现。当前，新一轮科技革命和产业变革深入发展，生命科学、医学、人工智能等科技活动正在不断突破人类认知边界，带来很多伦理挑战，迫切需要科技创新主体、学术共同体、政府部门乃至全社会共同思考，积极应对。本次论坛聚焦科技伦理治理与负责任创新，邀请国内外知名专家学者，围绕热点问题开展深入对话交流，为实现科技创新高质量发展与高水平安全良性互动积极建言献策。

2 嘉宾致辞

科技部副部长、国家科技伦理委员会副主任邱勇的致辞

邱勇　科技部副部长、国家科技伦理委员会副主任

> 科技伦理治理攸关人类文明长远发展，是全球共同关注的议题。中国将持续加强科技伦理治理，积极推动深化科技伦理领域的国际交流合作，促进科技创新更好地造福人类。

尊敬的尚玉英副秘书长，尊敬的各位嘉宾、女士们、先生们，大家上午好！很高兴和大家相聚上海，共同探讨科技伦理治理与负责任创新这一重要的议题，在此我谨代表科技部和国家科技伦理委员会向论坛的召开表示热烈的祝贺，向长期以来关心和支持科技伦理工作的各位嘉宾表示诚挚的欢迎。

科技伦理是开展科学研究、技术开发等科技活动应当遵循的价值理念和行为规范，是人类伦理共同价值在科技领域的具体体现。当前新一轮科技革命和产业变革深入发展，科学研究不断突破人类认知边界，技术创新进入前所未有的密集活跃期，生命科学、医学、人工智能等前沿科技交叉融合，在促进科学发现、推动经济社会发展的同时，也给人的尊严和平等、隐私和自由、社会公平和正义带来新的挑战，给全球范围现有伦理秩序带来强烈冲击，迫切需要科技创新主体、学术共同体、政府部门乃至全社会共同思考，采取系统性措施积极应对。

习近平主席指出，科技是发展的利器，也可能成为风险的源头，要前瞻研判科技发展带来的规则冲突、社会风险和伦理挑战，完善相关法律法规、伦理审查规则及监管框架。中国政府始终高度重视科技伦理治理，积极倡导科技向善理念，着力构建覆盖全面、导向明确、规范有序、协调一致的科技伦理治理体系。

一是坚持立足国情，将科技伦理治理作为增进人民福祉、实现中国式现代化的重要赋能手段。中国始终立足于自身科技发展历史阶段及社会文化特点，认真理解和把握科技创新的技术属性和社会属性高度融合的特征，发布关于加强科技伦理治理的意见。系统提出科技伦理原则、治理要求、重点任务和保障措施，逐步建立符合中国国情的科技伦理体系。

中国政府始终坚持以人民为中心的发展理念，高度关注科技创新在促进经济发展、社会进步、民生改善和生态环境保护等方面的作用。强化科技伦理治理，助力推动前沿技术在安全可控轨道内不断拓展应用场景，加速赋能千行百业，支撑高质量发展和中国式现代化的实现，促进创新成果惠及广大人民。

二是统筹发展和安全，将科技伦理治理与科技创新同谋划、同部署、同落实。

中国政府将科技伦理治理贯穿于科学研究、技术开发等科技活动全过程，系统构建包括《中华人民共和国科学技术进步法》《科技伦理审查办法（试行）》的多层级制度体系，组建国家科技伦理委员会，健全完善各级政府部门、科研机构、企业、学术共同体、科研人员及社会公众等多方参与、协同共治的治理机制。

聚焦前沿科技伦理敏感领域，制定伦理指引和行为规范，发布需要开展伦理审查复核的科技活动清单，强化科技伦理审查监管和风险监测预警，开展机制化、常态化科技伦理教育和培训宣传，提升全社会科技伦理素养。

三是践行人类命运共同体理念，推动科技伦理治理交流合作。

中国政府始终秉持开放发展理念，2023年11月，科技部部长阴和俊在首届"一带一路"大会上发布国际科技合作倡议，明确提出尊重科技伦理、塑造科技向善理念，加强对新兴技术发展的包容和审慎管理。近年来，中国积极参与全球科技治理，在联合国教科文组织、世界卫生组织、各国议会联盟等国际组织关于科技伦理重大议题研讨和规则制定中贡献中国经验。积极推动同欧盟国家开展科技伦理交流研讨，与欧盟拟定未来科技伦理领域的合作计划，鼓励和支持各类研究机构在科技伦理领域开展跨国家、跨文化的交流合作，同世界各国共同应对科技伦理风险和挑战。

各位嘉宾、各位朋友，科技伦理治理攸关人类文明长远发展，是全球共同关注的焦点，需要各方深入探讨、凝聚共识、共抓机遇、共克挑战，中国将继续加强科技伦理治理，积极推动深化科技伦理领域的国际交流合作，促进科技创新，以更好地造福人类。

一是坚持科技向善，促进负责任创新。

科技伦理治理关乎科技创新的价值方向，应以增进人类共同福祉、促进人类社会可持续发展为目标，以尊重人类权益、保障社会安全为前提，明确科技创新始终朝着有利于人类文明进步的方向发展，实现科技创新高质量发展与高水平安全良性互动。

二是坚持伦理先行，实施敏捷治理。

科技创新快速迭代使科技伦理风险不断变化，要加强科技伦理风险监测，强化源头治理和全链条部署，实施更加符合科技活动规律的敏捷审慎治理策略，把好伦理方向盘，对脑机接口、干细胞和再生医学、合成生物学等前沿科技带来的伦理问题，利用新技术、新手段，实施分级、分类、精准治理。

三是开放合作，共享科技盛会。

坚持相互尊重、平等互利，尊重不同国家、不同民族在文化传统等方面的差异，公平、公正、包容地对待不同社会群体，搭建国际科技伦理常态化交流平台，不断弥合分歧、增进互信，推动形成普遍参与的国际机制和具有广泛共识的伦理规则，共同破解伦理治理难题。

最后，预祝论坛取得丰硕成果，谢谢大家！

3　嘉宾演讲实录

加强科技伦理治理，促进负责任创新发展

戴国庆　科技部科技监督与诚信建设司司长

> 面向未来，科技伦理治理攸关全人类命运，是世界各国面临的共同课题。中方愿与各方就科技伦理治理加强沟通交流，为推动形成多方参与、协同共治的国

> 际机制和具有广泛共识的伦理框架贡献力量，促进科技更好地造福人类，共同构建人类命运共同体！

尊敬的各位嘉宾、女士们、先生们，大家上午好！非常高兴今天能有机会跟大家相聚在上海，共同探讨全球科技伦理治理的未来之路。在此，我谨代表科技部监督司向参会的各位嘉宾表示诚挚的欢迎。

正如邱部长刚才在致辞中提到的，中国政府正在以很快的速度开展科技伦理治理，加快推进新时代具有中国特色的科技伦理治理体系建设，向全球贡献科技伦理治理中国智慧。下面简要介绍一下这方面的情况。

一、健全治理体系架构

（一）注重顶层设计和系统部署

2022年我们出台了《关于加强科技伦理治理的意见》，作为国家层面科技伦理治理指导性文件，提出了科技伦理治理的要求，明确了治理基本原则，对加快推进科技伦理治理工作的职责体系、制度体系、审查体系和监管体系建设做出了系统部署。为地方政府和有关行业管理部门、科研单位、科技共同体及社会公众等组织实施科技伦理监督工作提供了重要的遵循。

（二）健全职责明确、协同共治的治理体系机制

科技伦理治理涉及政府管理部门、科研机构、企业等创新主体，以及科研人员和社会公众等，需要各方广泛支持、积极参与。中国政府积极致力于建立职责明确、协同共治的治理体制机制，不断提高治理的效能。

①完善政府科技伦理体制，科技部统筹全国科技伦理工作，地方政府和行业主管部门按照职责权限和隶属关系，具体负责本地方、本系统的科技伦理治理工作。

②明确科技伦理治理管理的主体责任，高等学校、科研机构和企业等各类创新主体是开展科技活动的主要责任单位，负责本单位科技伦理日常管理和教育，健全科技活动全流程的伦理监管机制，对本单位科技活动的伦理风险要主动研判，及时化解，严肃查处违反科技伦理要求的行为。

③科技社团积极发挥自律自净作用，制定本领域科技活动诚信和科技行为规范，加强理论研究、教育引导和知识宣传等。

④科技人员要自觉遵守科技伦理的要求，主动学习科技伦理知识，增强伦理意识，自觉践行伦理原则，坚守伦理底线，对违背科技伦理要求的行为要主动报告，坚决抵制。

二、完善政策制度

（一）加快法治化进程

近年来，中国科技伦理领域立法、修法不断加快，多项法律政策正式施行，法律法

规体系逐步完善。2022年新修订实施的《中华人民共和国科学技术进步法》，对建设科技伦理治理体系、强化伦理审查、违反科技伦理要求的法律责任都做出了具体规定。此外，《中华人民共和国民法典》《中华人民共和国刑法修正案》《中华人民共和国个人信息保护法》《中华人民共和国生物安全法》等法律法规，对个人信息和数据的利用、生物技术研究开发与应用等科技活动的伦理要求做出了明确的规定。新增了克隆人类胚胎、违反基因编辑伦理规范等行为的入刑标准和刑事责任等条款。

（二）完善伦理审查和监管制度

2023年，科技部联合十部门发布了《科技伦理审查办法（试行）》，作为通用性较强的伦理审查规范，该办法对伦理审查的程序和标准做出了规定。国家卫生健康委联合科技部、教育部印发了《涉及人的生命科学和医学研究伦理审查办法》，进一步规范了生命科学和医学两个领域的伦理审查的原则、规则。科技部出台《新一代人工智能伦理规范》，提出了人工智能伦理的原则和研发规范。《科研失信行为调查处理规则》《医学科研诚信和相关行为规范》《国家自然科学基金项目科研不端行为调查处理办法》等文件对各类科技伦理的违规行为的调查和处理也都做出了规定。

（三）出台伦理指引和标准指南

国家科技伦理委员会相关分委员会研究发布了脑机接口、嵌合体、人类基因组编辑等研究的科技伦理指引，科技部也编发了《负责任研究行为规范指引（2023）》，为科研单位和科研人员合规开展科研活动提供了指导。中国国家人工智能标准化总体组发布了《人工智能伦理治理标准化指南》，从治理技术和解决方案、标准体系建设等方面提出了人工智能伦理治理的标准化建设指南。

三、塑造负责任创新理念

（一）推动科技伦理培训和教育机制化

①科技部建立科技监督评估培训平台，为全国政府部门、科研院所的科研人员提供了政策解读和学习方面的服务。

②教育部启动高校科技伦理教育专项工作，将科技伦理学纳入亟须发展的学科专业清单，加快推动科技伦理课程建设、教材建设和师资培训。

③科研机构按照要求对本单位的科研人员在入学、入职、职称晋升等重要节点开展伦理教育和培训，定期对伦理委员会成员开展培训，增强其履职能力。

（二）加强正向引导和宣传

为了鼓励和引导科研人员践行学术规范和科技伦理，通过"全国科技活动周"及《科技日报》的宣传、"科技伦理前沿谈"等活动开展面向公众的伦理宣传，鼓励科研人员就科技创新中的伦理问题与公众进行交流，推动提升全社会科技伦理素养。

四、加强伦理审查监管

借鉴国际通行做法，建立了职责明确的科技伦理审查体系。

①科技伦理委员会按照科学、独立、公正和透明的原则,公开审查制度和审查程序,客观审慎地评估科技活动的伦理风险,依规开展伦理审查,并自觉接受相关方面的监督。

②从事科技活动的单位履行本单位科技伦理审查管理的主体责任,建立健全科技活动全过程伦理监管机制和审查质量的控制、监督评价机制等,加强对伦理高风险活动的动态跟踪、风险评估和应急处理。

③各地方相关行业主管部门负责建立本地方、本系统科技伦理监管框架和制度规范,加强对各单位科技伦理委员会和伦理高风险科技活动的监督管理,对可能产生伦理高风险的科技活动,组织专家对伦理审查结果进行复核。

建设上线了科技伦理的信息登记平台,由科技伦理管理主要责任单位按照要求对各单位设立的伦理委员会和需要审查复核的科技活动进行登记,同时这项工作也为地方和行业主管部门加强监管提供了有力的支撑。为加强各基层单位对各基层伦理委员会的监管、探索,建立伦理委员会的认证制度,推进委员会能力建设,提升伦理审查质量和效率。

五、开展伦理前瞻研究

①开展科技伦理国际治理策略研究。围绕科技伦理治理的新形势、新问题分析研判可能带来的重大伦理风险和挑战,借鉴国际社会的立法情况、治理路径和监管策略等,提出了中国科技伦理治理的策略建议,不断完善符合中国国情并能与国际接轨的科技伦理治理制度和原则。

②开展前沿技术伦理风险问题前瞻研究,支持国家科技伦理委员会和各分委员会及相关机构开展本领域科技伦理发展态势、高风险活动跟踪监测,开展脑科学、人工智能、合成生物学、基因编辑、生命和数据保护、自动驾驶等方面的科技伦理前瞻问题研究,更快更准确地识别并预警风险,采取有效的保护措施。

六、深化国际交流合作

中国一贯坚持开放发展理念,积极参与全球科技伦理治理,并推动各层面开展务实合作,加强交流对话。

①积极推进与国际组织的合作交流,在联合国教科文组织、世界卫生组织等国际组织伦理相关委员会中任职的中国专家积极参与了卫生健康领域《人工智能伦理治理标准化指南》《人工智能伦理问题建议书》《国际科技伦理宪章》等国际规范的起草制定。科技部与欧盟委员会科研创新总司围绕科技伦理等政策制定、实践经验开展交流对话。

②开展科技伦理学术交流与合作。中国科学家积极参与了国际学术组织开展的人工智能、脑科学、基因编辑等方面的科技伦理问题的研究,参加了欧盟国家科技伦理委员会论坛、人类基因组编辑国际峰会,为国际社会加强伦理治理提供支持,在世界人工智

能大会等国际交流平台设置伦理议题，推动开展多层次、多领域的交流和研讨。

面向未来，科技伦理治理攸关全人类命运，是世界各国面临的共同课题。中方愿与各方就科技伦理治理加强沟通交流，为推动形成多方参与、协同共治的国际机制和具有广泛共识的伦理框架贡献力量，促进科技更好地造福人类，共同构建人类命运共同体！

谢谢大家！

推进科技伦理治理，整合联合国教科文组织关于人工智能、开放科学、神经技术等领域的框架

Shahhaz knan（夏泽翰）　联合国教科文组织驻华代表处负责人

> 关于科学和科学研究工作者的框架一直是2017年以来联合国教科文组织非常重视的内容，因为它建立起来的标准可以促进研究和应用，同时可以支持各个科学家的权利和责任的实现。它的核心原则涉及人权及合规和伦理，我们如何加强在科学技术领域的合规研究？联合国教科文组织有两个非常重要的领域：第一是自由，科学家的自由；第二是科学家的安全，不仅是保护科学家，还要建立科学研究者和环境的联系，这对于科学探索非常重要。

尊敬的各位来宾、女士们、先生们，大家下午好！

我很荣幸，也很开心可以跟大家交流联合国教科文组织在伦理治理方面所做的事情，以及我们如何将人工智能的各个框架结合在一起，同时将它跟开放科学和神经科学结合在一起。

大家知道，我们有一个宣言叫《世界人权宣言》，第27条是让每个人都能因科学和技术而受益，并且可以自由参与文化生活。科学和技术是基本的人权，这也是我们对于科学和技术的合规伦理非常重视的原因。

联合国教科文组织是致力于通过促进教育、科学、文化、交流，加强全人类共同纽带的专门机构，工作内容当然还涉及自然科学和社会科学，我们可以用科学的方式保护地球和海洋，同时也可以将工作生活与科学和技术的社会维度结合在一起。我们的工作目标涉及方方面面，包括一系列的可持续发展目标，包括关于水的目标，还有关于科学及创新的目标，跟可持续城市相关的目标，跟气候变化、环境相关的目标。

女士们、先生们，开放科学是我们工作非常重要的部分，联合国教科文组织2021年就通过了开放科学这个概念，在开放知识的领域工作，尤其关注开放基础设施、与社会对话等。所以针对开放科学领域，我们正在努力让科学以更好且更可持续的方式来实现

我们的发展目标，主要渠道是通过加大投资、人力资源的投入，通过开发优良的创业政策环境，以及通过创造公开开放科学的文化和完善的基础设施等。

同时，我们也努力在开放数据方面做很多的工作，使开放的数据能够被人工智能所使用，通过这种数据的整合使得数据可以被寻找、被获得及实现多平台的互通。我们还在做很多的事情，包括将开放科学和开放数据用于可持续发展。同时，我们也将可持续发展融入气候变化治理领域、农业及基础设施领域，并且将地表水领域和电子的基础设施领域结合在了一起。

联合国教科文组织非常推荐的一个话题是人工智能的伦理，这是第一个全球性的关于人工智能伦理的标准，它意味着我们要在人工智能系统里面完全考虑到人权及人的尊严，并且要将人工智能的好处让所有人类都能享受。怎么实现呢？主要通过更好的数据管理，将它们更好地融入生态系统中，将不同性别、不同教育背景和不同领域的研究结合在一起。

《人工智能伦理问题建议书》是2021年通过149个成员国的批准的。女士们，先生们，加强人工智能的伦理治理意味着我们需要将人工智能的好处惠及所有人类，同时我们要安全和平地使用人工智能，唯有此才能让所有人享有共同的权利、承担起共同的责任，来实现全球范围内的跨文化交流，我们同时也在协助成员国将人的价值和人的尊严跟人工智能结合在一起，让我们所有人都可以以和平的方式生活在这个地球上，同时保证了对各个现象的包容及对多样化的尊重。

《人工智能伦理建议书》有非常多的原则，其中一个核心原则是响应性及责任和可追溯性。还有一个核心原则是利益攸关方与适应性治理和协作。女士们、先生们，我们现在非常关注和成员经济体之间的沟通，主要有这么几个政策领域。

比如说该建议书的"政策行动领域"部分提到，政策领域三是关于数据政策的，政策领域八是关于教育和研究，当然还涉及人工智能在文化方面的研究和使用，以及人工智能在性别领域的使用等。《人工智能伦理建议书》是数据政策领域非常重要的一个建议书，因为它保证了我们在人工智能方面有正确的立法，影响评估机制，可以很好地保护我们每个人的安全。

同时我们有正确的数字管控及追责机制，人工智能的伦理跟公开数据有很大的联系，而且需要大量公开信息反映人工智能相关维度的特征及问题。该建议书现在已经被翻译成很多语言了，而且可以在线上下载。可能大家知道，将相关领域的数据生产出来及被非常智能地使用起来需要耗费大量的能量，在2025年的时候这方面的耗电量可能达到整个社会耗电量的20%。此外，要耗费大量的水和能源，这意味着我们在设计人工智能相关的计算系统的时候要考虑到水的合理使用。

另外，人工智能和环境都是未来非常需要关注的两个维度，因为人工智能涉及水资源的消耗和碳足迹的产生，涉及原材料的获取及我们对于环境影响的评估，人工智能对于环境有很大影响，社会、机器是可持续发展的两个维度。

黄色代表人工智能的负面影响，绿色代表正面影响。

女士们、先生们，联合国教科文组织还将准备情况的评估用到各个过程，我们希望进行更多的评估。同时，我们在50多个国家和地区进行了相关法律法规政策的推荐，从采纳到执行都在和合作伙伴和合作国家进行更多联系，将以新的论坛形式让大家知道。

比如说人工智能合规用于女性话题，我们看到了有一个全球的论坛，专门研究人工智能的伦理，它有来自600多个国家的参与者，同时有40个部长级官员参加。同时，这些框架都是非常好的框架，比如这个关于人工智能伦理的女性论坛是一个非常有力量的网络。

同时，我们也讨论了很多的话题。如何将人工智能与可持续发展、人权相结合，尤其是人权和可持续发展目标的核心内容与人工智能的伦理核心内容相得益彰。

最近联合国教科文组织有一个创新性的开发项目。主要是关于神经技术和科技伦理治理。这也是神经科学的前沿领域，其意识到了神经科学对于人类眼睛的影响，所以说这是一个非常棒的信息。

我们怎么将人与脑机接口结合在一起？我们怎么将它与神经刺激技术结合在一起？怎么将它与非医学领域结合在一起？在这方面不管是神经的隐私还是认知的自由都是我们要考虑的问题，当然要考虑的问题还有人的身份、自治力、公平等。联合国教科文组织有非常多的全球对话，希望在这方面建立起一定的标准。

对于伦理神经科学，我们联合国教科文组织建立起了一个专家小组，由24位全球专家组成，一起来起草相关的全球标准。同时我们也有全球性的规范性文书，该文书将在2025年推出。全球性规范性文书促进了公共意识和教育的话题讨论，希望更多利益相关者可以参与。

关于科学和科学研究工作者的框架一直是2017年以来联合国教科文组织非常重视的内容，因为建立起来的标准可以促进负责任的研究和应用，同时可以支持科学家的权利的实现。它的核心原则涉及人权、合规和伦理，我们如何加强在科学技术领域的合规研究？联合国教科文组织有两个非常重要的领域：第一是自由，科学家的自由；第二是科学家的安全，不仅是保护科学家，还要建立科学研究者和环境的联系，这对于科学探索非常重要。

我们现在正在指导成员国将伦理的标准带到国家科学技术平台，并且促进多样性及包容性的政策实施。联合国教科文组织对于科学和技术是非常关注的，感谢大家的倾听，希望可以听到大家更多的声音，谢谢！

医学伦理治理：中国的实践

王辰　中国工程院院士、国家科技伦理委员会委员、医学伦理分委员会主任、中国工程院副院长

> 医学伦理是重点锁定在人的终极利益上的，是以人为它的全部视野的，所以它与社科和人文更为融通，不同于生物伦理和生命伦理，它们是交融协同的。

尊敬的各位与会专家，医学伦理是伦理学中一个非常大的门类，因为涉及人的终极利益——生命和健康，所以很多是重大和特殊的问题，我们国家在这方面做了大量前期的工作，但是还有很多我们需要思考的问题，今天就这些问题跟大家做一点讨论。

首先这代表个人的观点，不和任何其他的代表组织和利益发生冲突。

从 4 个方面来谈：

①伦理的概念。
②医学的概念。
③医学伦理的概念。
④相关国家和国际上的一些问题。

一、伦理

对于我们国家在医学教育和科学普及上的很多相关问题，包括跟医学伦理相关的问题，还是需要有一点基本的观念，因为这些观念是谈医学伦理的基础。

关于伦理的定义，我们需要有一些自己的思考。概而言之，伦理是对人的行为加以判断，基于这种判断树立价值取向和行为取向，这就是我们对伦理的理解。

伦理的核心内容是关于人的思想行为，对自身、他人乃至人类首先是无害的，其次是至善。

而伦理学是研究伦理的学术体系，伦理学本身也是关于道德的哲学，涉及的道德问题实际上是行为是否正当的标准。

从范畴上来说，医学伦理学主要归类于应用伦理学，但是规范伦理学和描述伦理学也都与医学有广泛交集，由于医学是巨大的、独特的，同时是一个很综合的系统，所以它的范围很广泛。

二、医学、健康、卫生

医学以往主要集中在疾病的防诊治上，这是它主要的内涵，包括现在对医学的定义也基本是这样。而实际上医学已经发生重大的转变，由过去应对疾病而转化成为照护健康了。健康照护和疾病应对的伦理上的出发点是有差别的。为了在疾病状况下恢复、在高危状况下维护和在相对健康状况下增强病患健康的这样一个体系叫作医学。

实际上，人类一切知识体系和技术体系都是医学的基础，人类用所知和所能来维护人的终极利益——生命和健康，概括为三大类就是自然、社会和人文，人文跟医学是密切相关的。

远古时期最开始是神灵主义，纯人文的，自然哲学也是人文的，以后跟科学、生物学有密切的交集。现代医学的特点绝不仅是科学，它的特点叫 scientific medicine，叫科学医学，这是一个非常突出的特点，但是医学不是仅以科学为基础的，还包括人文部分，即人文和文化。

现代医学的主要特征就是我所强调的这样，从与科学的关系来讲，它远非科学、远非医学全部的基础，所以这个概念非常的清楚。经常搞不清楚医学和生命科学或者生物学的关系，实际上如果从医学三大基础来看，生物学和生命科学是自然科学技术中直接或间接涉及生物学部分，它们是主流的一个基础，但远不是全部。

所以生物学在医学自然科学中居主流位置，但远不是全部，还有社科、人文等。所以生物学或生命科学、医学不是它的一个门类，而且生命科学不能包括全部，科学也不能包括医学全部，所以医学也不是一门科学。如果说医学是一门科学 99% 的人都会点头，其实不是，医学是以科学为主流基础的，而实际上医学在科学之外还有很多东西，临床医学是偏重于个体健康维护的，群医学是偏重于群体乃至人类健康维护的。

基于这一系列的变化，其实我们应该能够感觉到伦理学在这里已经发生变化了，不是狭隘应对与疾病相关的伦理问题，而是一个从个体到人类整体健康的照护问题了。所以医学是以多学科为基础的，是关于人终极利益的，是国际上讲的至高和至圣之学。

另外一个概念是基于医学的卫生，卫生是基于医学的原理，但不止医学原理，它是为了维护健康所采取的一个转换过程和行动。知道青霉素治肺炎这是医学，造出青霉素、注射青霉素这叫卫生，不得肺炎、肺炎好了这叫健康，所以它们不同。

卫生的决定因素为医学、社会和环境，因此医学和与卫生相关的伦理学也涉及社会和环境相关问题，远远不是医学本身。个体卫生由临床医学指导，公共卫生由群医学指导。

健康过去的经典定义是世界卫生组织讲的包含生理、心理和社会健康三大类，现在实际上应该再加上一个环境健康，因为 70 多年以后这个情况不一样了，世界卫生组织当年讲的三大含义已经不能涵盖所有了，而且健康和疾病是相对的，健康是一种相对的应然状态，其实这个伦理设计发生很大的变化，所以健康一定要包含环境健康。身心健康是个体的，社会健康是人际的，而环境健康是天人的，这一点要很清楚，于是伦理也在变。

医学和卫生、健康的关系是什么？医学为学、卫生为行、健康为果，这都牵涉到医学伦理学所涉及卫生的行动和健康追求过程的问题。我们知道医学向健康转移，由当前向长远转移，由个体向人类的价值转移，医学伦理学的道德出发点、行为正确性出发点也发生了变化。

三、医学伦理

医学伦理实际上是对医学卫生行为是非善恶的思考判断及据此产生的价值观和行为取向，它的核心也是无害和至善。其本身也有医学伦理的哲学思考，是衡量医学和卫生行为是否正当的标准，将医学伦理分成这几大类有相应伦理学的内容，这都是我们逐项考量的。

现在框架有了，但每个框架里面国家的状态还是不完善的，重点关注的问题就是这些，也是刚才几个伦理里面所关注的问题。

四、国家医学伦理的现状和问题是什么？

观念初步建立起来了，尽管已经有 40 多年的历程了，但它有时候依据每个人的判断、感情、知识、主观形成的好恶而定，法系有所建立，但是像刚才讲的，需要进一步完善。学科相对还是比较薄弱的，这些已经是尽国家、专家所能找到的从国家对应到国际上伦理主要规范和法律的评价标准。

但医学伦理面临很多突出的问题。

①技术方面一系列的问题。

②从社会人文方面来说，安乐死的问题、生命观的问题，我们国家由于文化传统的独特性，所以在生命观的相关问题上还有很多需要特别进行哲学和伦理思考的地方。

③老龄化带来的一系列变化的问题，像老龄长护，即老年人长期护理，实际上不只是长期护理，而是长期失能照护的问题，包括他的财产如果在失智的情况下应该怎么处理？如何不被侵吞？如何不被淹没在银行里？这些事情都是要考虑的重大问题。

践行卫生伦理原则需要行动，从健康资源来看这是特大问题，我们国家的健康资源有待投入，不要仅把这个看成是 cost and burden（成本和负担）。It is expected to be an investment（它预计将会成为一项投资），这个要很清楚，而且未满足的健康需求、健康的公平问题、卫生体系建立的强健问题都是重大问题，在医学上必须有大医学观、大卫生观、大健康观，而且必须兼具人类观、众生观和星球观。

所以公共卫生除了 global health（全球卫生）之外，还有 plant health（植物健康）。我们开玩笑说，人类已经符合很多肿瘤细胞的生物学特征，过度攫取周围、攫取环境、攫取自然，而最终使自己的利益严重受损乃至于遭受灭顶之灾，这就是我们说的一定不能成为定向肿瘤细胞，这是大医学伦理的重大问题。

医学伦理问题的解决方略是什么？

我从事医学教育很多年，在系统教育上医学教育从基本概念、专业设置上都有诸多问题，必须要依靠现代观念慢慢加以校正，3 个伦理委员会分别出台了一个，我觉得挺好的，大家继续努力，在学科发展上，必须适时、健康、优先地发展战略，这是党的二十届三中全会提出来的。

我们经常把医学卫生健康事业放在辅助、服务性的行业位置上，但在一个文明社会里面，医学卫生健康事业应该是主流、核心、最前沿、最优先的战略，所以这种观念的转变还是一个大的问题。

在社会衡量的指标方面，从经济指标过渡到健康指标是全球趋势，由此树立与医学伦理相关的观念。在医学伦理的解决方略问题方面，健康资源投入和医疗价格问题若不解决，很多问题将无解。在卫生体系问题方面，强韧的卫生体系、resilient health system（有弹性的卫生系统）这个要讲，而且在大医学、大卫生、大健康方面，应当提出以健康产业为主要产业，以健康为主要社会发展目标，在生产力已经相对发达的情况下，应当有一个更好的人类社会发展目标，人类卫生健康共同体、人类命运共同体都是相关的事。

所以health（健康）概念必须深入人心，它是人、环境、众生手拉手一同健康，最后达到健康大同的境界。学科上一定要注意，伦理学是极为重要的，但学科的内容和手段是多元的，经常有人说，学科是独立学科，但没有一个学科是独立的，学科是独特的，不是独立的；是开放的，不是封闭的；是融通的，不是隔绝的；是协同的，不是掣肘的。伦理学学科建设一定要秉持这样的原则。

医学伦理是重点锁定在人的终极利益上的，是以人为它的全部视野的，所以它与社科和人文更为融通，不同于生物伦理和生命伦理，它们是交融协同的。

因为时间关系，以上就是我简要的阐述，感谢大家，请给予指正。

聚焦生命科学前沿，构建伦理安全体系

周琪　中国科学院院士、国家科技伦理委员会委员、
生命科学伦理委员会主任、中国科学院副院长

> 在生命科学快速发展的过程中，在未来有限的时间里，我们一定会看到生命科学从描述、修饰、合成到创造的过程，更会看到生命科学和人工智能与其他领域深度的融合和合作，这将会深刻地改变人类的生活。在这种情况下，我们面对的伦理的风险、治理的挑战都是空前的，需要全社会、全球各界的同事们共同努力，一起来应对我们面对的未来的风险，一起来解决可能存在的这些困难。

女士们、先生们、各位朋友，今天我想和大家分享一下关于生命科学的前沿和伦理体系构建的一些思考。

分为几个部分。

一、生命科学前沿的发展态势

过去我们经历了农业经济时代，那个年代的生产要素是土地和劳动力。之后进入

工业时代，资本和技术成为核心要素。进入数据时代后，数据成为我们的生产要素。在生命经济、生物经济的时代，人类遗传信息、人类遗传资源都成为生产要素中的核心部分。

在这样一个新的形势下，任何引起社会公众关注的伦理和社会问题一定是科学前沿带来的新的伦理挑战和对监管的挑战，一定是跟人类社会息息相关的，跟每一个人息息相关的。到现在我们看到生命科学已经成为经济发展的重要组成部分，随着社会的迭代，贡献率会越来越高。

各个国家对生物经济的重视也带来了一个很大的监管问题，生物经济现在是各个国家，包括欧盟成员国、美国、中国共同关注的一个非常重要的发展方向。2022年中国在发布国家生物战略纲要之后又发布了《"十四五"生物经济发展规划》，后面还会陆续出台相关重要的战略布局和规划，这跟国际上是同步的。对于未来人类社会发展，尤其是与生命科学、生物技术相关的工作，我们做了战略的部署。生命为什么处于这样一个地位？在生命科学过去几个世纪的发展中，我们从列文虎克发明显微镜找到细胞，到后面达尔文、拉马克提出进化论，到孟德尔提出"遗传因子"，再到中心法则的提出，我们一直在逐步理解和解读生命现象，尤其是人类基因组计划的出现，让我们大幅提升对人类生命本质的认知。随着人类对基因的认真解读，从转基因到后面精准的基因编辑，再到合成生物学，人类突然发现从认知、修饰、合成到创造，我们具备了一个完整的技术体系。过去这么多年大家关注干细胞与再生医学技术，包括嵌合体、脑机接口，今天更关注的是人工智能和生命技术的结合。

刚刚联合国教科文组织的Shahhaz khan（夏泽翰）讲到，在未来发展过程中人工智能将会在水资源、能源资源消耗上占据大部分资源的份额，同等计算条件下可能只有亿分之一的能源消耗。未来生物技术和智能技术的有机结合，已经让我们逐步过渡到现在这样一个阶段，就是人工智能已经可以精准地帮我们预测到被认为是皇冠上明珠的蛋白质结构。疫情期间人工智能辅助的药物的设计、药物的筛选已经给我们提供了极大的便利。

我们认为生物技术已经到了变革的前夜，因为我们从认知、修饰、合成到创造走了一个完整的发展链条。我们已经逐步进入一直期待的人工智能领域。IT和BT的结合已经远远超越了生物技术和AI的有机结合。未来这种发展的态势必然会给监管和伦理带来巨大的挑战。

二、伦理挑战

简单跟各位朋友分享一下，过去这些年生命科学发展带来的社会问题和伦理问题。这里主要有个人发展和群体发展之间的矛盾。科学发展和监管与立法之间有时间上的矛盾，也有发展和安全的相应矛盾。

过去几年大家一直比较关注基因编辑问题，尤其是基因编辑进入生殖器相关工作领域的伦理问题，刚刚几位同志的报告里都讲到了，包括华盛顿的峰会，包括人类基因编辑的分会，都涉及人类在面临共同问题时如何保持行动的一致性。基因编辑可以遗传到下一代的基因修饰，在没有经过严格的伦理监管、法律管控情况下，当其投入到临床实践中的时候，我们面对的是未来几个世纪、几代人难以解决的遗传资源的跨代传递问题，这也是重大的伦理和社会问题。

类似的问题出现在各个国家，包括转基因技术在动植物中规模化应用，包括胚胎发育和嵌合体能够潜在地获得人类的生殖细胞和神经发育的时候，这种伦理问题和社会问题之间的矛盾已经显得非常突出了。

今天我们讲到了嵌合体。我记得当年在欧洲、在美国多次的研讨会里面，大家一直关注的一件事情就是我们都不希望有一天在牛的生殖腺里面看到人类的配子，我们更不希望有一天这些动物具备人的智能和大脑的回路与神经活动。这些情况该如何避免？科技的发展远比我们当时的预期要快，今天类器官、类人，未来数字人的出现，会带来很多新的伦理问题。

从小分子到大分子、有机的合成结构，再到简单的原核生物的出现，我们相信在很短的时间里就会看到真核生物的合成，也会看到细胞的集聚带来器官组织功能的建立，甚至带来新的生命形态的出现。这种情况下一些从来无法预见的生命活动、生命现象可能出现，我们可能将要面对前所未有的伦理挑战。

在发展的过程中，前沿生物技术本身就具有两用性，也具有两面性，带来社会公益福祉的同时也带来风险，带来生命科学的福音也带来潜在的灾难。

在与个人权益相关的重大伦理风险领域我们谈了很多，如果我们个人的遗传信息也是一个重要的生物资源，也是商业社会交易的一个商品的时候，我们的隐私该如何保护？我们该如何确定未来在临床领域经常讲的知情权？在与经济社会发展相关的重大伦理问题里面，现在生命相关的数据跨境流动，已经成为了最重要的一个被监管的领域，因为生命的数据是用于人类健康长远福祉建设的重要生产要素。它的监管、流通、溯源、收益该如何分配？未来依然有很多的挑战。

伦理治理成为国际社会共同面对的问题。

三、伦理治理

无论是在政策层面还是在组织机构层面，伦理学在各个国家都是被高度重视的，大家共同关注的是如何以组织的形式来推动伦理学有序发展。中国一直高度重视这个领域，跟国际社会一起在积极推动。今天中国国家科技伦理委员会3个分委员会主任都在，我们也一直在考虑，该如何更加有序地融入国际体系，如何更好地整合国内相关资源。但在生命伦理方面依然面临诸多的挑战。

很多伦理问题和科学问题是社会公众高度关注的。但这一领域又是专业壁垒和门槛极高的领域，很多专业上的问题一般的公众是难以理解的。所以存在着很多专业上的不对等。中国有民间的科学家，在不具备专业知识的情况下对于很多的政策、方向有大量的讨论和异议、争议，这对于未来科学的发展也会带来冲击。

今天农业农村部的同志也在，农业领域的转基因作物在中国受到很多关注，而且受到很多阻碍。科学是什么？伦理是什么？监管又是什么？同时还存在很大的利益冲突。但是大家都认为基因编辑是可以快速获得暴利的领域，所以国内的公司、国外的公司在背后起到了极大的推波助澜的作用，当然也存在地域的差异。

除了信息不对等，我们还存在跨领域、跨部门协作的新需求，尤其未来在生命技术、生物技术、人工智能领域这种大规模的交叉、融合和汇聚，带来的伦理问题的复杂性远不是一个部门、一个机构、一个领域和行业能够解决的。如果这些问题在一个国家就面临跨部门的挑战，在不同区域、不同国家，这种差异可能会更加明显。

同时，伦理的发展和技术的发展是不同步的，社会的监管和技术的发展也是不同步的，我们在立法、政策、法律法规方面的建设速度一定是滞后于科技发展的。但现在技术发展给我们完善一个监管体系的时间窗口越来越小，因为技术发展的特殊性决定发展的速度越来越快，但如何让制度的完善能跟科技尽可能的同频共振，这既是一个社会问题，也是监管在法律上的一个重大的议题。

在生命科学方面还有很多的挑战，伦理学会推动的嵌合体研究是一个持续很多年的议题，到后面我们再逐步规范，包括类器官在各个领域出现的一些新的伦理挑战和相关监管条例的出台，可能需要科学发展的持续性，以及逐步完善在伦理和监管方面的各种政策和规范。

在构建生命伦理安全体系方面有一些建议。

领域之间要鼓励交叉融合和互动，希望推进嵌入式的生命科学伦理风险研判，尤其加强对于技术发展带来伦理风险治理的研究，需要各个跨学科部门一起来做这些工作。在中国的创新体系里面，在技术发展的同时，法学家、社会学家、伦理学家是一同参与的，很多重大的活动都是统一进退的。在公共讨论方面，加大科普力度和科学的普及宣传也是一个重要的方向，通过公众论坛提升公众的科学素养和伦理意识是一个必须要完成的工作。社会的认同是科学发展的基石，社会的尊重也是科学能健康发展的前提和保障。

在推进负责任的创新和研究方面，是需要防范很多风险的，负责任的创新和研究的理念需要多团队的合作、早期的介入、持续的监管。尤其重要的是不能基于科学带来的负面风险和事件来处理伦理问题，一定要加强技术预见和风险预警。很多工作不能等到问题出现以后我们再去堵窟窿，应该在对技术的风险做重大研判之后，做早期的预防。

在细分领域推进法律法规、标准指南的相关修订工作，尤其是这些专业的委员会要发挥引领和创新的作用，定期评估现行法规和各自领域，加强国际合作，推动各个国家法律规范和指南的协同发展，应该形成一些国际的共识。

在推进生命科学伦理审查监管制度方面，要按照国家相关部门的要求和国际社会的共识，加强多层级的规范体系的监管和监控。在推进全球生命领域伦理治理的合作方面，我们一直在倡导要尊重价值的多元化。这跟生命的 diversity（多样性）是一样的，文化和价值观也是多元的，尊重多元的价值观也是人类社会发展中的一个共识，大家应该有的一个共识。各个国家的理念是不一样的，文化是不一样的，制度体系也是不一样的，但人类共同的价值和善恶美丑的判断应该有共性。提倡包容、多元的全球伦理框架，推动各国在伦理议题上达成共识，在一些基本层面达成共同的协议，这是我们推动领域发展、实现国际共同进步的一些思想和举措。

最后在生命科学快速发展的过程中，我们一定会在未来有限的时间里看到生命科学从描述、修饰、合成到创造的过程，我们更会看到生命科学和人工智能与其他领域深度的融合和合作，这将会深刻地改变人类的生活。在这种情况下，我们面对的伦理的风险、治理的挑战都是空前的，需要全社会、全球各界的同事们共同努力，一起来应对我们面对的未来的风险，一起来解决可能存在的这些困难。

谢谢大家！

为善而生，生成式人工智能的伦理问题

高文　中国工程院院士、国家科技伦理委员会委员、
人工智能伦理分委员会主任、鹏城实验室主任

> 人才是很重要的，所以通过合作培养国际人才也很关键，我们一定要把这方面的工作做好。希望生成式人工智能能够科技向善，让这些最好的技术为社会的发展、为科学的发展做出更大的贡献！

各位专家、各位领导，刚才王辰院士代表医学伦理分委员会对医学的伦理应该怎么做有了非常好的一个分享，周琪院士代表生命科学伦理委员会也对生命伦理分委员会的工作论述得非常详细。和生命科学、医学比较起来，其实人工智能是一个年轻的学科，或者说是一个非常年轻的领域，现在正在发展，变化很多。

最近比较火的是生成式人工智能，我就围绕生成式人工智能怎么管理，伦理上我们应该关注什么问题，代表分委员会跟大家汇报一下我们的一些想法和做法。今天我们分委员会很多重要的专家都在，清华大学的薛澜教授、南开大学的龚克教授都在，他们在这个领域里有很多非常好的观点，不单在国内，在国际上都有很大的影响。

所以应该说这个领域既是大家非常关注的我们必须要做一些事的领域，同时又是不能做太多的一个领域。为什么这样讲呢？因为大家知道从人工智能完整的概念提出到今

天只有68年的时间,所以又将这68年分成3个阶段。

第一个阶段是基于逻辑推理的人工智能,完全是数学和逻辑学,用计算机的办法对它进行推理,这大概经历了20年。

第二个阶段是基于规则的专家系统阶段,这些规则既可能是人写的,也可能是用神经网络训练出来的。从2006年开始到今天,还不到20年的时间。

第三个阶段,即今天我们所面临的阶段,是基于深度神经网络的这样一个阶段。

神经网络到今天又经历了两次浪潮:第一次浪潮是判别式人工智能,用神经网络可以对图像进行分类,比如识别人脸,或者把图像里面的落日、雪、猫等进行分类,在这个阶段中国产生了人工智能"四小龙";今天我们处于从2017年开始的第二次浪潮,即生成式人工智能。从2017年算起,生成式人工智能出现的时间也还是比较短的。所以整个变化演进得非常快。

什么叫生成式人工智能?你给它很多数据,用这些数据去训练一个模型,训练完以后再给它提问,它就能根据你的提问预测出后面应该是什么东西。这个预测因为是基于概率的一个统计规则,所以在大多数情况下都相当准,百分之九十几的准确率都有可能。当然预测出来的东西有可能是你喜欢的,也有可能是你不喜欢的,所谓不喜欢的我们就说没对齐,价值观没对齐,意识形态没对齐,或者自己领域没对齐,所以后来又开发出了一些对齐技术。所谓对齐技术就是通过微调,通过人类反馈的强化学习,慢慢把人们不喜欢的东西、这个群体不太喜欢的答案封住,就产生了今天的生成式人工智能,很好用。

生成式人工智能令人惊奇。现在人工智能在伦理方面其实有两大派:一派要坚决把风险给控制好,而且现在就要非常重视,如果有任何风险我们一定要把风险给控制好,另外一派认为现在人工智能没有发展到需要你立刻踩刹车的阶段,只要把刹车设计好就行。现在国内两派都有,欧洲发达国家有相当高的比例要把人工智能严加监管,这个观点非常明确。

对于中国来讲,我们应该怎么做?就人工智能这个议题,我们分委员会觉得基本的立场是首先要设计、要规范,通过做标准,通过伦理本身的规范,使你在一开始的时候就知道要装个刹车,汽车要装个刹车,机器人要装个开关,关键的时候能踩刹车,关键的时候能够把电给关掉。

我们知道生成式人工智能目前还是基于文本,就是基于预测的技术,可以从文本生成一个文本。我们说文生图,就是从文本生成一个图像,也可以从文本生成一个视频。那它会带来一些法律风险,可能会造假,可能会抄袭,这种东西可能会对社会带来危害,所以我们需要在伦理上监管这些问题。

生成式人工智能除了文生文以外还要考虑文生图,所以要考虑多模态。因为大的语言模型是一维的数据串,但是到了图像就变成二维的图像,是二维的数据,到视频就变成了三维的数据，这些数据怎么在统一架构下进行训练和学习？这里面有很多技术上的事需要你考虑。考虑了这些事其实对于伦理问题我们就会比较清楚，将来这些事如果要做的话大概要规避的是什么问题？生成式人工智能最可能带来的是我刚才说到的，文本到文本的抄袭和造假，文本到图像的造假，文本到视频的造假，这会带来很多犯罪问题。

比如说选举，通过生成一些假的信息影响选举结果。比如说诈骗，可以用它伪造一些东西，如声音、图像、视频，让上当者认为这是他的一个领导、他的一个亲戚，这样就可能导致一些不良的社会后果。所以整个伦理包括数据安全、隐私安全，还包括反对歧视、恶意使用、劳动的剥削等。

要想规避这些事，伦理上面我们说将来能踩刹车、能关电源，设计的时候要留有处理的手段，比如数据安全，你有办法对这些安全进行检测或者对它进行管理。隐私也是一样，和数据安全类似。

针对恶意使用，你要有检测手段，知道什么是真的，什么是生成的。现在根据蛛丝马迹能够判断出来，但是魔高一尺道高一丈，它们俩老是在博弈。你今天能造假，明天可能就有一个技术能把你造假的东西识别出来，后来出来一个新的东西技术又跟不上了，所以老是这样一个博弈的过程。当然在这个过程里面，我们必须要有足够的技术手段或者一些可以作为刹车的东西对它进行规范，我们要在数据、算法或者使用当中设立一些规范，设立一些标准，使将来可以将其作为刹车来使用。

刚才我说的第三轮人工智能的发展是判别式人工智能、生成式人工智能，这两个现在已经发展得如火如荼，下一轮是什么？很可能是具身智能，也可能是人形机器人。这些东西一出来可能会对劳动力市场造成影响，目前对劳动力市场影响规模还不大，真正对劳动力市场影响大的是下一轮。下一轮机器人大量被使用，人怎么样仍然有工作，这可能是我们必须要面临的一些问题。

针对这些问题的一种解读是，将来可以创造其他新的工作的机会；另外一种解读是，必须适度，有些地方要把度给控制好，这不仅是伦理问题，也是社会问题。

要想把这些治理好，就要加强人工智能技术研究，加强制度设计。这两个方面都很重要，人工智能的技术研究非常关键。装个刹车容易，但是刹车的好坏、能不能及时刹住都和技术有关，要加强技术研究。

装不装刹车、什么时候装刹车，制度方面必须要给予配合。任何车上路必须装刹车，任何人形机器人想投入使用必须要有一个能够被人控制的开关，关键的时候能把它的电源关掉，这方面要规范好，制度上要设计好。

技术上要想做好有很多的细节，因时间关系不能全部展开，我就讲一点。现在技术上要想判别一个东西，到底是人做的还是天然的，模型是不可解释的。现在人工智能比较糟糕的地方，就是很多是不可解释的，数据进去出来就是这个结果，为什么是这个结果解释不清楚,或者部分解释不清楚,模型要可解释。

另外就是对齐的问题,对齐要靠人一点点输入,把人的一些回答、人的一些解读输进去来对齐。有没有更好的对齐方法?这也需要技术上跟进。

前面周琪院士提到目前人工智能给我们带来一个比较大的技术和社会问题就是耗能太高,现在可能1%~3%的耗电在计算方面,只要人工智能稍微再往前走一两年,大概有10%的耗电,再往前走可能要30%的耗电。怎么办?算力必须加强。有一个规模法则,规模不够做不出好的人工智能,要想规模够,算力规模要够,数据规模要够。当然规模够是不是一定全靠拼规模?当然也不一定。我们说人就吃一点东西,但是我们智力水平非常高,比现在超级计算机的效率高。怎么样能把人的效率转移到机器上?我们搞了生物计算机、量子计算机,这都是后话了。就本身怎么样有效利用这些电力去做适当的算力,这实际上是一个问题。另外,现在国内"百模大战"消耗了非常多的资源,到底要不要那么多?模型就两种,开源模型和闭源模型,怎么高效使用它们是我们要考虑的。

数据也需要形成规模,我们一直说中国的数据多,多是多,第一不是那么干净,数据里面垃圾太多;第二,这些数据被条块分割以后不能汇聚到一起去训练,这也是很大的问题,怎么通过数据交易,通过数据要素的流通把这些打通,这可能是技术上需要解决的问题。在制度方面,希望关于生成式人工智能,我们要有一些理论方面的研究,像前面医学和生命领域针对很多理论分门别类做一些研究,人工智能也一样。

在这方面国际上做的工作很多,我们可以借鉴,也可以输出我们的一些认知。法律法规也可以列出一些能够很好规范生成式人工智能的办法,如知识产权的管理、数据的保护、训练数据的管理。

在这方面现在已经有一些大家认可的人工智能治理的原则,包括和谐友好、公平公正、包容共享、尊重隐私、安全可控、共担责任、开放协作、敏捷治理。

总结一下,这件事需要整个领域形成共识,另外要加强国际合作,我们经常参加一些欧洲的、北美的研究讨论,所以国际合作非常重要。因时间关系不能全部展开,复旦大学做了很大的贡献,代表分委员会对复旦大学表示感谢。

人才是很重要的,所以通过合作培养国际人才也很关键,我们一定要把这方面的工作做好。希望生成式人工智能能够科技向善,让这些最好的技术为社会的发展、为科学的发展做出更大的贡献,谢谢大家!

以 5W1H 框架应对人工智能和数字治理的复杂性

S. Matthew Liao(马修·廖) 美国纽约大学生命伦理学中心主任、教授

> AI 持续在发展,将对人们生活的方方面面产生影响,我们将有非常庞大的法

律体系的支持，同时要有更多灵活度以促进行业的发展。

大家上午好，我很荣幸可以参加今天的论坛，我想感谢翟晓梅教授的邀请，非常开心来到这里。今天我要跟大家讲的是驾驭人工智能和数字治理的复杂性，我把它称为5W1H框架。

人工智能和数字化技术已经成为越来越常见的技术，这些技术的发展速度非常之快，很多伦理关键的框架都有需要改进的地方。我提到了用不同的方法来进行这方面的研究，人工智能和数字治理其实指的是人工智能和数字化技术的开发和使用所牵涉的政策、程序和规范。

比如说欧盟通过了人工智能的法案，美国的白宫发布了与人工智能相关的总统行政指令，其他国家像加拿大有与人工智能相关的法律法案，中国有生成式人工智能的法律，英国也有相关的法律。

很多人相信治理是非常重要的。但现在没有关于怎么管理这两个领域的框架，所以我今天要讲的是一个框架，也就是将决策点分为5个非常重要的问题。何事、何因、何时、何地，以及如何进行监管。

通过回答这5个系统性的问题，我会用5W1H框架，让大家更好地思考和审视与AI相关的一些话题。

第一个问题，讲到AI治理的话，监管的对象是什么？其中一个方案是要考虑数据，数据是人工智能的核心成分，人工智能中数据的使用会牵涉到公正性和隐私。要解决这些与数据相关的问题，人工智能的开发者要保证他们的训练数据是正确的，而且没有任何的偏见。

另外要关注算法，还有模型。人工智能、生成式人工智能可以有非常棒的技术，但是它也会带来一些错误和误导的信息，未来要解决这些问题就要有很多的验证，来保证它的可靠性和精准度。

另外一个方案是板块的方案，关注的是技术，人工智能技术会用到的领域，比如自动驾驶方面的AI和医疗方面、金融决策方面的AI是不一样的。

最后我们看一下数字化的话题，要看一下人工智能在什么风险级别，我们要知道什么是不可接受的风险，什么是高风险，什么是有限的风险，什么是可接受的风险。这意味着我们要对数字化技术有更高的要求，因为数字化技术风险比较高。再讲一点，我们要有政策制定者，要对非常好的资源进行分辨、分析和分配，以便更好地使用。

分析人工智能风险的结果不一定是精准的，不精准的结果可能会带来一些好的人工智能技术。

另外一个问题，我们为什么需要监管？其实答案有很多。最重要的一个原因，就是这些行业的发展要遵循严格的伦理标准，当然也有一些其他领域的原则，比如健康领域，生物科学、生命伦理，这些传统的生命伦理学的原则是有益的，不会伤害自主和公正，这些人工智能的原则需要具备一些可解释性。

我们也看到 AI 带来了一些独特的挑战，需要与 AI 相关的法律进一步的完善。比如现有关于 AI 的法规没有办法解决用大量所需要的数据进行 AI 训练的问题。另外就是公众对于 AI 技术的信任度的问题，最新的一些研究发现公众对于 AI 企业有一定程度的不信任感，这可能会对 AI 的长期发展造成阻碍。

不同的国家也在保护自己的 AI 技术，维护本国的利益，特别是有一些国家将竞争放在安全之上，将竞争放在合作之上。这是一些可以应用于自动攻击的设计。比如杀伤性的机器人可能会导致第三次世界大战。所以这就带来了一个问题，谁应该来监管人工智能？主要的一个观点是 AI 应该由技术专家来监管，但其实 AI 技术非常复杂，所以负有责任的相关人员需要对自己技术的局限性有深度的理解。但是 AI 不仅应该由技术专家来管理。技术专家能够告诉我们这些技术是否能够精准地起到作用。

我们是否需要使用这些系统？要考虑到社会安全问题、伦理道德问题等，对各个方面进行衡量不仅需要数据科学，同时还要法律、社会领域的一些专家的共同研判。如果将这些法规仅仅交给一些科技人员，他们只能够做出原先基础上的判断，并没有办法推出一些新的模式，同时这也需要社会各界谋划共同的管理机制。当然还有一些其他利益冲突。这种中心式的方式能够更有效地为社会服务。但是中心化的管理可能会降低灵活度，并且使创新受到阻碍。

有些人觉得大众也应该参加到 AI 政策的制定过程当中，因为我们知道，AI 应用在医疗、健康和教育领域，这些被 AI 直接影响的人也应该发声以得到更多的重视。当然还有一些公共服务、咨询等各种各样的方式，都应该为监管提供更多的助力。但是大众是缺乏专业科技技能的，所以他们有可能会受到一些利益团体的影响。

现在我来讲一讲，什么时候我们应该进行监管。这里有几个方式，上游式的、下游式的，或者是全生命周期的监管方式。

上游式的监管，专注于技术的早期发展阶段，这种方式的优势是能够早期发现问题，并且能够引导人工智能向积极的方向发展。但与此同时，它很难预测技术当中潜在的风险。

下游式的监管，专注于科学技术发展后的阶段。也就是说，对现存的技术进行管理。这种下游式的管理方式需要承担更多的风险，在整个过程中它是回顾性地去管理。但是这种方式只有在问题出现之后才去解决问题。AI 系统到那个时候可能已经投入使用。

全生命周期的监管方式更加全面综合，就是在生命周期每一个阶段都需要进行监管，我们觉得应该将上游、下游结合起来，另外还需要解决存在的挑战。如果过多、过早进行政策的限制，会限制技术的创新发展，但是如果当问题出现之后再去治理，又会为时过晚。

监管应该在什么地方发挥作用？全球的政府都在制定不同的策略，其实我们也听到过各种政策。各个国家根据自己的优先目标、价值观等来制定法规，保护各国的利益。但是如果完全依赖于国家层面的治理还是有缺陷的，因为AI是跨境的，有数据的跨境流动、有算法的流动，这些都是全球性的。

这也使一些人说我们必须要有国际的合作，国际AI治理也面临着巨大的挑战。一般来说，这些国际性的政策发展都是滞后的，滞后于AI技术的发展，同时它的执行机制也需要得到进一步的探讨和保证。有些人说，需要当地政府、学术机构、私营机构努力沟通。政府也要考虑到社区的需要才能制定相对应的AI监管机制。

最后，我要讲一讲监管机制应该如何制定。有两种方式，即软法和硬法。软法指的是实践和道德伦理的约束。软法相比于那些正式的法律法规更新得更快，并且有更多的灵活性。但它的缺点是没有强制约束力，并且实施起来比较困难。

讲到硬法，也就是说一些具体法律法规的制定，它也可以依法强制执行，有强大的法律约束力，反映出了社会的价值。但是硬法的制定缺乏灵活性，并且时间非常长，对于一些中小型企业的业务发展来说就会有制约作用。

这就是5个W和1个H的框架。欧盟及美国都在采用这些方式，欧盟监管哪些方面？欧盟采用以风险为基础的方式进行监管。他们为什么要做监管呢？要确保AI的系统是安全的，是值得信任的。要维护各方基本的利益。在欧盟是谁来做监管的？很多的AI公司都在和政府机构、学术机构进行合作，这些合作是由政府来监管的。

人工智能何时以何种方式监管？它是全生命周期的管理，当然它也是在国家、国际层面进行监管。如何监管？利用一些软规章和硬规章来进行。当然软规章针对那些风险较低的AI，可以由相关的机构制定层次较低的规则进行管理。

美国不同的行业情况有所不同，比如针对医疗保健，FDA有一些法规，但现在并没有联邦层面的AI的法律法规。为什么他们要进行管理呢？是希望能够去除偏见，提高透明度。由谁来监管呢？一般来说是由公司、研究者和政府机构进行监管。什么时候进行监管？FDA各个机构都会参与到下游管理当中。

大部分的问题都是在出现之后进行解决的，这是一种下游管理的方式。在什么地方进行监管？每一个行业及不同州管理是不一样的，像纽约州在AI工具使用方面根据纽约州的法律进行监管。

对5W1H的规章是如何进行监管的？欧盟及美国都在不断进行法律法规的改进，美国在不断更新这方面的法律，欧盟需要有更好的灵活性以适应不断变化的AI发展。5W1H框架其实表明了欧洲和美国可以通过国际的合作进一步促进人工智能的监管。

最后总结一下，AI持续在发展，将对人们生活的方方面面产生影响，我们将有非常庞大的法律体系的支持，同时要有更多灵活度以促进行业的发展。政府也在做更多的努力来促进技术的发展以保护人们的利益，5W1H的政治框架保证了公司、研究者、政府、大学及公众能够更好地促进行业的监管和促进技术的发展，谢谢！

4 互动对话

创新与责任：构筑未来科技的伦理框架

主 持 人：
  金　力，中国科学院院士、复旦大学校长、国家科技伦理委员会委员。

互动嘉宾：
  龚　克，中国新一代人工智能发展战略研究院执行院长、先进计算与关键软件（信创）海河实验室主任；
  翟晓梅，北京协和医学院教授、北京协和医学院生命伦理学研究中心执行主任；
  薛　澜，清华大学苏世民书院院长、清华大学公共管理学院学术委员会主任；
  王国豫，复旦大学哲学学院教授、复旦大学科技伦理与人类未来研究院院长；
  段伟文，中国社会科学院哲学所科技哲学研究室主任、研究员；
  Anselm Kamperman Sanders（桑德斯），荷兰马斯特里赫特大学法学教授、全球化和国际法规研究所（IGIR）所长、欧盟生物技术和基因工程领域专利法发展和影响的专家组成员；
  Ning Wang（王宁），苏黎世大学研究员、世界经济论坛技术政策未来理事会成员。

金力（主持人）：第一个议题为"实现科技创新与伦理责任平衡的最大挑战是什么？"

前面我在开场的时候谈到了科技颠覆式创新带来了巨大的机遇和风险，我想请7位嘉宾分别谈一下当前平衡科技创新与伦理责任的最大挑战是什么？这是一个很大的问题，首先请段伟文教授发言。

段伟文：在这样一个科技时代，我们面临的最大挑战是科技越来越深入到生活、生命和社会的各个环节。科技的研究实际上是把以往科学的实验室搬到整个社会，让整个社会成为一个伦理的实验室。但是一些风险是不可逆的，如果我们缺乏预见性，我们的科研人员、科研机构、相关的行业缺乏对科技伦理风险的感知和认知能力，这样的风险就会像刚才有的代表讲的，可能变成完全由事件被动推进的治理的活动，我们要转被动为主动，很重要的一点就是要加强相关的研究，加强相关的机构、行业、企业对科技风险的认知，我觉得要在认知能力提升的基础上再从国家的角度、治理的角度把它转化为治理的行动。

金力（主持人）：提升认知的能力特别重要，下面请龚克教授发言。

龚克：科技创新和伦理责任的主体都是人，所以与其说这是两者的平衡，不如说这是两者的结合，结合起来就是负责任创新。挑战是什么呢？我们有没有将伦理意识和创新能力结合的人，他的认知和他的能力平衡，伦理的意识和伦理行为能力、创新的意识和创新的能力高度融合，培养出这样的人才是我们面临的挑战，实现负责任创新的挑战。

金力（主持人）：龚教授特别强调了伦理意识的重要性，下面请王国豫教授发言。

王国豫：我觉得有两个问题。第一个问题，我们现在处在一个多元价值的时代，一方面要包容多元；另一方面在具体的问题上要形成共识，这会变得非常困难。在多元包容、价值包容和共识方面如何能够达成一个平衡？我觉得这非常困难。

这就涉及第二个问题，责任的问题。我们现在要负责任创新，大家都意识到这一点，但是真到落地的时候，它的责任的动机和我认知到责任的动机及我真正在行为层面上实行负责任的行为之间还是有很大差距的，我觉得这是很大的挑战。

金力（主持人）：面对多元的价值观，如何达到这种平衡，负责任的能力本身又是一个很关键的因素。下面请翟晓梅教授发言。

翟晓梅：谢谢金老师的邀请，科技伦理实际上是我们科技共同体一个内在的要求。我们经常说创新，但是创新只意味着新，并不必然同时意味着好，所以什么是事实，什么是价值，都是它内在的属性。这之间永远会有一些张力，我们如何应对这些张力？我觉得负责任的创新、负责任的科学研究活动是比较好地应对它的重要的方面。

金力（主持人）：翟晓梅教授强调，不仅是科学家个人的意识，整个群体的共识也特别重要。下面请薛澜教授发言。

薛澜：我觉得这里最大的挑战，是怎么样去形成一个社会伦理思考能力，我们现在讲到伦理的治理好像要通过专家来形成一套规则，我们来遵守这套规则。但实际上这个规则是变化的，因为技术在变化，我们人的社会观念也在发生变化，所以我觉得首先这是一个动态的规则。

其次，这套规则不能仅仅是学者的，更应该是整个社会的。所以如何形成社会伦理思考的能力？Ethical reasoning（伦理推理）的能力是关键的，所以我们这套能力的形成，我觉得其实是最具挑战性的。

我想今天的活动对推动这方面的工作应该是非常有帮助的。

金力（主持人）：下面请王宁教授发言。

王宁：我觉得最大的挑战就是怎么执行的问题，因为国际上对不同价值观的体系有不同的共识。不管什么价值观体系，最终要落实到怎么将这些价值观应用到科技的制作，就是生产和执行，还有应用的过程当中。我个人认为目前最大的挑战，对于搞科技伦理的学者来说，是 operation level（操作水平）的问题，而不是 normative level（规范性层面）的问题。

金力（主持人）：Anselm Kamperman Sanders 教授，您的答案我们想听一下。

Anselm Kamperman Sanders：我觉得我们要意识到一点，在前沿科技中有非常多的不确定性，这些不确定性逼着我们要不断地重新评估一些风险，所以我们一些相关的前瞻性内容可能会因为这些风险而出现。这些风险是常见的风险吗？是可控的风险吗？这些风险会带来什么样的影响？这些风险意味着什么？这些让我们不断地重新思考我们的伦理框架。这里要关注一点，就是要保证我们有多学科视角来审视科技进展，以及不断对伦理框架进行重新评估。如果缺乏一个清晰伦理框架，我们就没有很高层级的信任，不管是人与人之间的信任还是社会层面的信任都会因此而缺失，因为我们要学习和采用这种更好的前沿科技。

金力（主持人）：几位学者都讲得特别好，刚才 Anselm Kamperman Sanders 教授特别强调要连续不断地去评估风险，并且要前瞻性看问题，这就回到薛澜教授刚才提到的，这本身就是一个动态的过程。在各个领域的科技创新当中，AI 的发展尤其引人注目。发展科技的根本目的是增进人的福祉，"AI for good"（智能向善）已经成为国际社会对 AI 发展的共识与愿景，这个愿景是否可能实现？以及如何实现？接下来我们就进入下面这个议题。

第二个议题：AI 与人类价值的协同进化是否可能？有哪些技术、法律和伦理的路径，可以实现为善而生？

这里谈到与 AI 相关的伦理治理，我想到龚克教授您曾多次提到的要"为 AI 立心"，这是否意味着您认为 AI 与人类价值可以协同进化？您如何看待迈向这一理想的过程？为了实现 AI 的"向善而生"，我们又应该如何做呢？

龚克：是的，我认为可以实现协同的发展，我化用了一句古语，"为天地立心"，我说"为 AI 立心"。如果是立心，立什么心？谁来立心？怎么来立心？我想可以引用一下今年（2024 年）3 月联合国第 78 次大会通过的一个关于人工智能的决议，这是联合国大会少有的针对一项具体技术，由 General Assembly（音）通过的一个决议，那么这个决议的题目叫 "Seizing the opportunities of safe, secure and trustworthy artificial intelligence systems for sustainable development"，所以这里有 3 个关键。

第一，这是一个 opportunity（机会），不是一个 threat（威胁），这是非常重要的，关系到怎么看人工智能。

第二，人工智能应该是安全、可靠、可控的。目的是什么呢？For sustainable development（为了可持续发展）。所以我们想立这个心，就要把可持续发展价值观植入

AI 里面去。

第三，谁来做这件事呢？当然是人来做这件事。人要做这个事，先要自己有关于伦理价值的共识，然后基于这个共识把它变成法规、变成政策、变成规范、变成导则、变成技术标准。基于这样的技术标准和所有的导则，创造出将人类的价值共识植入 AI 系统的技术手段，并且发展出检验它是否能够很好地实行的技术手段，这样就把它立起来。

在这个过程中最重要的还是人，人有没有价值的共识，人有没有强烈的伦理意识。把伦理意识植入 AI 系统的能力是所有问题的关键，如果人们将其植入 AI 系统，AI 系统和人打交道的时候会很快识别纠正人类的不符合伦理的行为。比如我跟它对话的时候，如果我歧视女性，它会告诉我这不对，这不符合人类伦理观，从而纠正我这样的行为。

反过来，如果人有很强的伦理意识，我们也可以发现 AI 犯的错误，所以这就实现了人和 AI 的协同进化，但从根本上来讲伦理问题是人的问题，是人的伦理意识和人的行为能力的问题，所以关键在人。

金力（主持人）：谢谢。薛澜教授，您曾经提到过人工智能技术发展非常快，因此需要"敏捷治理"，这也跟您刚才的观点是一致的，因为它是动态的。请问您认为在"敏捷治理"的同时应当如何处理不同治理机制之间的矛盾？

薛澜：的确，刚才前面几位发言者特别谈到了技术发展和治理机制之间有步调不一致的问题。我想因为这个问题存在所以需要"敏捷治理"，但是我们治理机制是多元的，现在国际上也有很多这方面的讨论。

另外，针对不同的治理工具，包括部门的很多规章，现在大家也都讨论要不要出台人工智能的法律。这些可能都是我们需要去考虑的。

我个人感觉，我们现在想用一套机制自上而下把所有的问题都管住可能不是容易的事情。从过去这几年中国人工智能的治理来看，其实我们是一种自下而上的、问题导向的治理，针对这些问题我们出台一些相关的法律法规，在这个基础之上进行不断的整合。

我觉得今后还是得按照这样一个模式去走。目前是不是需要有一套通用性更强的模式，其实有些法学人士已经开始在做这件事情。我觉得还是要非常慎重地平衡发展和治理两方面的关系。

另外，讲到治理规则，我们都会想到政府。我觉得最核心的还是开发人工智能系统的企业和使用人工智能的用户，我想基础可能更重要。不管是技术的生成还是应用都要靠他们来做，技术向善的理念、伦理推理的能力，这些方面的渗透我觉得可能是最核心的。

金力（主持人）：谢谢！薛澜先生说得非常好。在应用领域，王宁教授在机器人和自动系统的社会伦理问题方面有非常深入的研究，您是否认为科技能够真正向善而生呢？在不同的应用领域，我们是否有可共享的方法论来帮助制定可靠的伦理规范呢？

王宁：谢谢您的提问，我觉得这个问题不是是否的问题，而是应该有，所以我在做一个 normative safety statement（符合规范的安全声明）。我觉得要制定出理论框架，这个理论框架对于应用是有指导意义的。我觉得这个伦理框架的重要性就在这里。

下一个问题是用什么样的方法论来构建理论框架。刚才您提到"可共享"这个关键词，我认为比较有意思，我个人粗浅的理解，就是说一方面它有可靠性，这又回到了刚才说的需要有非常扎实的理论基础，这样才会可靠。

另一方面又需要具有所谓的灵活性，用我们的说法来讲叫"放之四海而皆准"，不能只应用在某一个应用领域，在其他的应用领域也有指导意义。我觉得这样一套既可靠又灵活的方法论，应该是有可共享性 nature（特征）的。

最好的方法论应该是什么样呢？怎么样才可以制定出一套行之有效的方法论，它本身又该用什么方法来制定呢？这是目前我一直在关注的问题，谢谢您。

金力（主持人）：谢谢王宁教授，生成式人工智能的发展让我们见识到了 AI 强大的创造力和生产力，但同时 AI 作品的泛滥也给知识产权带来了很多争议。这里我想请教一下 Anselm Kamperman Sanders，您如何看待当今人工智能发展所带来的知识产权侵权的争议？在当下如何对知识产权进行界定和保护？

Anselm Kamperman Sanders：非常感谢，这是一个非常有意思的问题。

非常有必要去训练 AI，同时也给它们一定的自由。比如在版权方面能够更好地去做数据的挖掘，这意味着你可以获得不同的数据来源，这些平衡的数据集包含了来自各方的观点。但是从另外一个角度来说，算法及它们的权重会决定神经网络的透明度。

这些数据集的透明性是会产生影响的，所以要保证 AI 技术是符合伦理道德的，因为我们不能够去做伦理道德上的妥协。同时我们也看到在一些不同的管辖区域当中，这些立法也在进行。当然将 AI 与人类的创造力进行对比，非常有必要让 AI 能够持续从人类的发展中学习，否则 AI 只能够从现有的知识学习，而且 AI 从技术和社会的角度来说进展是非常有限的。

我们当然也需要去补偿那些知识的贡献者。对我来说，即使这些信息是收集起来的，它们不具有特定的知识产权，但是你是否应该对这些用于培训 AI 的数据拥有所有权，应该从中受益，欧盟《人工智能法案》也在解决这一问题。如果你驾驶的汽车有 AI 的辅助，你是否需要获得这些信息？如果是一些医疗的信息，当 AI 提出医疗解决方案的时候，我们也是受益者。

另外，我们也看到，其实不仅是版权、知识产权的问题，还有关于专利方面的纠纷，AI 在抄袭其他人的发明。法律当中其实也讲到了有一些 AI 并不会去侵犯知识产权。但是我们知道，AI 也受到了训练，训练之后的成果是否侵权，我们也要在未来进行探讨。

金力（主持人）：感谢刚才几位嘉宾对这个主题的分享，人工智能向善而生不仅是一个理念，更是我们对未来的承诺，不仅需要大家有相同的看法，还需要通过法律、政策等各种途径来保障人工智能的健康发展。

下面我们进入下一个话题，基因编辑等生物技术发展应用逐渐成为各界关注和争论的焦点，生物技术的应用理应设立清晰的伦理界限和规范，为了人类的福祉设立规范的过程更是需要国际社会的共同努力。接下来，我们看一下这个议题：生物技术的道德边界究竟由谁来确定？国际社会如何协同治理？

生物技术的创新和发展关乎人类切身的利益。今年（2024年）7月8日，为规范人类基因组编辑研究行为，促进人类基因组编辑研究健康发展，我国国家科技伦理委员会医学伦理分委员会制定了《人类基因组编辑研究伦理指引》。想请教一下翟晓梅教授，您是如何看待这个指引在生物技术研究和应用道德边界方面的建设性作用？中国在国际社会协同治理过程中又应该承担什么样的角色？

翟晓梅：谢谢金院士的提问，我们都知道科学进步是推动医学发展的，这是人类基因组编辑技术发展和应用的价值所在，毫无异议。但同时它产生重要的伦理问题和社会问题，特别是人类生殖系基因编辑技术的临床应用所面临的风险。我们知道它不可能局限在某一个国家、某一个共同体、某一个社会，因为它是可传递的，它可能给人类带来重大的风险。

中国基因编辑婴儿这个案例之后，实际上人类基因组编辑技术的应用和治理问题成为各国政府、科研机构、学术界共同关心的一个焦点问题。中国的生殖系基因编辑研究和临床应用其实也在这个过程中得到了前所未有的关注和审视。我们看到的就是中国政府和国家科技伦理委员会对此问题高度关注，所以国家科技伦理委员会医学伦理分委员会编制的第一份伦理规范就是《人类基因组编辑研究伦理指引》。无论是体外实验室研究、临床前研究，还是临床应用，都是不同的科研活动，面临的伦理挑战也是有区别的，所以这个指引我觉得有特别重要的一个特点，就是把它们做了区分，各自面临的伦理挑战是什么？伦理问题是什么？关注点是什么？分而论之，这是非常重要的，否则基因编辑婴儿事件之后人类基因组编辑成了禁忌话题，这是不应该的。

针对这份指引，我们做了一些区分，分别对一些伦理问题进行了论证，包括将临床研究和临床应用做了一个区分，把治疗和增强也做了一个区分，这无疑是非常重要的。另外，我看到这个指引还有一个特点，它提出了关于行动优先和防范优先的两个截然不同的伦理立场和分析，提出要达到最佳的平衡。一个是有害推定，一个是无害推定，我们无论秉持哪一方刻板立场，都很难推动人类基因组编辑的健康发展。

该指引提出要做出一个恰当的平衡而不是非此即彼。我们涉及临床研究，特别是体细胞的临床研究，或者是早期的临床应用的时候这一点很重要，因为相关风险评估问题事实上超越了实验室和基因组编辑生殖器基因的边际风险考量问题。风险评估的时候，我们要考量其和疾病严重程度的风险是否相平衡。

平衡这样的区分比较重要，该指引还有一个特点，就是提出了代际公正的问题。代际公正的问题是整个国际社会在伦理学考量当中很少提出的，但是它是一个很重要的问题，特别是对于生殖系基因编辑。生命科学的进步应该引起我们的重视，过去关注太有限了，所以该指引强调了生殖系基因编辑临床研究特别要考虑未来世代携带变异基因的这种可能性。所以代际公正的问题，提出的是我们这代人对未来世代有什么责任的问题。

UNESCO（联合国教科文组织）有一句话我觉得对我们很有启发，它说科学技术的进步不能成为科学界科学家的一个特权，其实给我们的是一个责任的问题，我觉得该指引提出的这个问题是非常重要的，是非常好的一个问题。

该指引还提出刚才说的平衡问题，该指引伦理学的考量应该是动态的。科技发展可能会首先考虑科技发展带来的安全问题，随着技术的进步、知识的积累，安全问题会得到解决，但是依据动态的评估，安全问题也是一个动态的平衡。该指引提出对理论学习的考量是适时的平衡，以此来适应飞速发展的科技和我们社会价值的变化。我觉得这些都是该指引的一些亮点。

关于金老师最后一个问题，我们作为人类命运共同体的一个成员，结合中国的国情提出了与国际准则一致，又符合我们国家法律规范和中国实践的这样一个伦理指南。分析中国伦理治理的立场，还对伦理学上的可辩护性进行了论证，贡献中国的经验，贡献中国的智慧，及时回应国际社会的关切，都是我们在国际社会协同治理过程中非常有价值的内容，谢谢。

王国豫：刚才翟老师讲得特别好，特别全面，我们几年前恰好做过这方面的研究，所以我想在全球的层面上，回应您刚才提的那个问题。我们当时的研究是看全球基因编辑方面有什么治理准则，另外科学界是不是有一定的共识。后来我们针对基因编辑相关问题发放了调查问卷。当然我们回复率没有那么高，差不多5%，也有几千人回复了。有两个情况让大家觉得比较吃惊。

第一，我们搜集了在国际上有影响的大家形成的一些共识，问有多少人知道。不到一半的回复说他们知道这些准则，说明人们对这些准则知晓的程度非常低。

第二，准则是关键的问题是大家有没有共识。我们发现很多关键问题上根本没有共识，区域的差别非常大，不同国家、不同地方的专家差别非常大。

我们真正要在国际上形成生命科学治理的共识非常有挑战性，中国做的这件事情非常重要。怎么加强和国际同行的沟通交流，真正在国际上形成共识，是巨大的挑战。

金力（主持人）：刚才两位讲得特别好，我觉得在一些简单粗暴的一刀切的惯性思维的现状下，这个指引强调了分类治理的问题，强调了动态的问题，强调了平衡的问题，强调了各国之间的差异。这个指引对推动基因编辑的技术的发展和相关的伦理体系的建立会起到非常积极的作用。

讲到生物技术创新道德边界和规范，同样我想需要符合"善"的机制和原则，这里有个问题请教一下 Anselm Kamperman Sanders，对知识产权赋权的探索如何影响生物技术的发展和应用，并且是否有助于实现联合国 SDG 目标？

Anselm Kamperman Sanders：非常感谢您的提问。我之前是专家委员会的成员，主要是做相关的研究，研究前沿科技对于可持续发展目标实现的影响。有一点很明确，全球知识产权对于人类社会有非常好的影响，创造出一个非常好的投资环境。

但是它也有相反的作用。比如有些话题是不能有专利的，这也是生物科学技术的特色。当然还有其他的一些影响，我们需要慎重地考虑。正是通过这种方式，我们知道不同的国家有不同治理的层级、深度和阶段，而且对于同一个技术有不同的看法，这也是我们要做的基于风险的评估。

同时，风险需要有预警机制，有一些国际纷争是关于生物技术产品的，这就成为一个贸易的问题。所以世界贸易组织（WTO）因为美国的一个请求，重新审核了欧盟对于生物产品和生物技术的一个出口禁令。

有一点很明确，世界贸易组织有一个协议，是关于清洁的方法，也是一个对于清洁程度的分析方法，基本的问题是在这个背景下到底什么是国家主权，在人工智能方面各个国家施行的标准是什么。

如果你非常仔细地倾听刘教授茶歇前的演讲，你就会有不一样的视野，也就是怎么看待伦理风险。

欧盟有相关的数据法案，将公民放在第一位的。美国更多地关注各个领域。在中国语境里面，我们看到自己所在国家统一的执行。要真正实现可持续发展目标，我们要找到一个共识点。谢谢。

金力（主持人）：谢谢 Anselm Kamperman Sanders，我们知道精准医学是一项基于数据的新兴医学科学与技术，这里我想请教一下王国豫教授，您怎么看待数字技术在医学领域中的应用？如何保证数字技术和医学的结合可促进人民的健康和福祉？

王国豫：感谢您提出这个问题。数字技术给精准医学带来了根本性的改变。首先医学的主体及医学的客体、医学的目的都有了改变。过去我们根据人的感知来判断你患病还是健康，医学的目的是寻找疾病、寻找实体。今天我们实际上根据数据来判断你是健康还是患病，研究的课题有了很大的变化。

其次，主体也有很大的变化。过去医学研究的主体是科学家和医生，现在有各种各样数据的收集者。还有各种组学技术、各种参与者等，医学主体也发生了变化。医学的目的从过去关注疾病到今天关注健康，整个的范式都有了很大的变化。

刚刚讲到精准医学建立在数据基础之上，数据最大的特点是可复制的，是可流动的，是可篡改的，是可造假的。从哲学上讲，数字技术最大的一个特点叫脱域，空间和时间都可以脱离，可以永久保存，可以自由流动。这就是我们今天讲的在治理上数字技术给医学带来的挑战。

如何保证金院士说的这一点？我觉得实际上是非常难的。刚刚翟老师和薛老师都谈到了这方面的问题。我前面讲要寻求共识，但涉及具体的问题，不同的主体有不同的价值追求，而且外部的监管也非常重要，所以很难寻求到共识。

但是更重要的，前面也都讲到了，就是我们整个社会伦理的意识。所以我觉得像今天这样一种公开的讨论能够让大家意识到数据有这样一个特点，那就是它是可以造假的、可以伪造的、可以流动的。另外，数字对于生命科学、对于医学来讲特别的重要。因为它是我们的身份证，是刻在骨子里的身份证，这一点不容篡改，不容忽视，不容侵犯。不光从事数字技术的人要认识到这一点，我们每一个人都要认识到数字对于我们来讲其实就是生命，我觉得这个很重要。

金力（主持人）：非常感谢各位嘉宾今天的分享，通过各位智慧的分享，我们更加清晰地认识到平衡技术进步和伦理责任的重要性，我们也非常希望社会各界都能主动参与到这场关乎人类未来的讨论中来，以共同的智慧和努力去达到一个目标，就是搭建起一个能够保证技术创新既快又稳的科技伦理框架。

为了使科技发展进一步增进人类福祉，实现联合国可持续发展目标，加强国际互信合作，加快形成在科技伦理治理领域的共识至关重要。所以我们还需要更多类似今天持续高质量的对话，因为时间的关系，分享到此结束。

我特别感谢浦江创新论坛提供的思想交流的舞台，感谢各位嘉宾的真知灼见，也感谢各位观众、听众的热情参与，谢谢大家。

第 7 章

全球健康与发展论坛：创新诊断产品赋能全球健康高质量发展

1 论坛概况

随着人工智能、基因测序、即时检测技术等前沿技术的飞速发展，全球健康创新产品的研发与应用迎来了前所未有的黄金时期，极大地增强了全球健康治理的效能与响应速度。

本论坛旨在联动国际组织、政府部门、科研机构、企业等多方跨界对话，面向全球健康发展需求，聚焦疟疾、结核病等关键诊断产品，探讨如何打通产品开发、成果转化、推广应用与国际合作中的断点、堵点和难点，推动全球健康创新产品在中低收入国家的公平可及，进而为全球健康高质量发展贡献上海力量。

2 嘉宾致辞

科技部人才司副司长李昕的致辞

李昕　科技部人才司副司长

> 面对全球卫生健康领域的持续挑战，我们迫切需要凝聚全球智慧，加强人才交流与国际合作，共同推动创新诊断产品的研发与应用，实现人类对健康美好生

> 活的共同向往,为全球健康高质量发展贡献更多"上海智慧"和"中国方案",建设人类卫生健康共同体。

尊敬的加纳环境与科学创新部部长海福尔女士,尊敬的郑志杰主任,各位嘉宾,女士们、先生们,大家下午好!在金秋时节,我们相聚在上海这座充满活力的城市,共同见证浦江创新论坛之全球健康与发展论坛的隆重开幕。

首先我向出席本次论坛的来自海内外的各位嘉宾,表示最热烈地欢迎!向长期以来关注和支持浦江创新论坛的朋友们,致以最诚挚地感谢。浦江创新论坛已经举办到第十七届了,我还记得10多年前,我当时在科技部的国际合作司国际组织与会议处工作,和国内外的同仁,还有上海市科学技术委员会的朋友共同讨论如何推动浦江创新论坛的国际化。浦江创新论坛自创立以来,便以其独特的视角、前瞻的议题,成为连接国内外科技创新资源,促进国际交流与合作的重要桥梁,它不仅是中国科技成果展示的平台,还是全球科技创新思想碰撞的盛会。在此,我们共同探讨科技前沿的趋势,分享创新的经验,为推动科技的进步和人类经济社会发展贡献自己的智慧和力量。

作为浦江创新论坛的重要组成部分,全球健康与发展论坛也已经举办到了第5个年头。全球健康与发展论坛的设立,旨在搭建一个全球健康领域的高端对话平台,推动在健康领域的国际交流与合作,共同应对全球健康挑战,这不仅是对人类的健康福祉负责,也是构建人类卫生健康共同体的重要举措。

习近平总书记强调,人民的健康是社会文明进步的基础,在全球健康与发展的大背景下,我们有责任,也有能力为人类的健康做出更大的贡献。今天,我们再次聚焦全球健康与发展这一重大议题,面对全球疫情新发和再发传染病的持续挑战,健康不平等的问题日益凸显,以及人类对美好生活的共同向往,我们迫切需要凝聚全球智慧,加强国际合作,共同探索促进全球健康高质量发展的新路径。

本次论坛的主题"创新诊断产品赋能全球健康高质量发展",正是对这一时代呼吁的积极响应。还记得2019年底,我刚从国外回来,2020年初参与科技抗击新冠疫情的工作,当时最紧迫的一个问题,就是尽快开发和大规模生产与新冠诊断有关的工具。创新诊断产品的研发与应用,不仅能够提高疾病诊断的效率和精度,降低误诊率,还能够推动医疗资源的合理配置,为偏远地区和弱势群体带去更优质、更高效的医疗服务。

上海作为中国,乃至全球生物医药产业的重要基地,始终秉持着开放包容、创新引领的理念。近年来,上海在生物医药科技方面取得了显著的成绩,建立了完善的创新生态体系,为全球健康事业的发展提供了强有力的支撑。同时,上海积极建设具有全球影响力的国际科技创新中心,拥抱全球化,加强与国际组织和世界各国在科技创新、健康医疗等领域的交流合作,共同应对全球性挑战。

值得一提的是,比尔及梅琳达·盖茨基金会,与中国,包括上海在内的有关政府部门、科研院所、大学、企业、医院紧密合作，在疫苗研发、传染病防治、慢性病管理等领域取得了丰硕的成果，不仅惠及中国，也为全球健康治理提供了宝贵的经验。

在此，我想引用习近平总书记的一句话："人类同疾病较量最有力的武器就是科学技术，人类战胜大灾大疫离不开科学发展和技术创新。"中国与其他国家在卫生健康领域开展了广泛的合作，1963年中国第一个医疗队去了阿尔及利亚，去年（2023年）是中国援非医疗队成立60年。在刚刚闭幕的中非合作论坛·北京峰会上，发布了《关于共筑新时代全天候中非命运共同体的北京宣言》。

让我们以此次论坛为契机，共同推动创新诊断产品的研发与应用，为全球健康高质量发展贡献更多的"上海智慧"与"中国方案"。

最后，预祝本次浦江创新论坛——全球健康与发展论坛圆满成功，也希望我们在未来的日子里携手共进，共建人类卫生健康共同体，共创全球健康事业的美好未来。谢谢大家！

比尔及梅琳达·盖茨基金会北京代表处首席代表郑志杰的致辞

郑志杰　比尔及梅琳达·盖茨基金会北京代表处首席代表

> 全球诊断领域急需各界的关注与资源投入。但是，现实中的数字却令人震惊——据世界卫生组织估算，尽管大约70%的医疗决策是基于检测的结果做出的，但仅有3%～5%的医疗预算投入在诊断领域。为此，去年的世界卫生大会特别通过了一项新决议，目的是加强全球的诊断能力，其中包括督促各成员国加大对诊断工具的研发投入。

尊敬的海福尔部长、李昕副司长、曹京华主任，各位嘉宾，女士们、先生们，大家下午好！首先非常感谢科技部、上海市人民政府，以及浦江创新论坛为举办这次大会所付出的辛勤努力，感谢今天来参会的各位伙伴、同仁，尤其是来自远方的朋友们。

非常期待和大家在这里一起讨论创新诊断产品如何赋能全球健康高质量发展。我相信没有人能够否认诊断的重要意义，因为它是抵御疾病的最前沿，每一个医疗决策都依赖于正确的诊断。人类历史上几乎每一次检测技术的飞跃，都拯救了千千万万的生命。这里包括17世纪显微镜的发明，1895年X射线的发现，20世纪80年代PCR技术的发明，还有21世纪基因组测序技术的进步等。

在全球健康危机日益严峻的今天，世界对更加精准、简便、快捷和价格低廉的检测技术及工具的需求更加迫切。然而，全球在检测领域面临硬件和软件等诸多挑战。一方面针对结核病、疟疾等历史悠久的顽固传染病的检测技术虽然能够继续实现迭代和突破，但是不断涌现的新型传染病。例如，刚刚过去的新冠疫情，也让公众看到了检测技术应用产品存在的功能上限。另一方面，即便是已经有的检测技术和产品，也面临公平获取的难题。在很多中低收入国家，临床医生甚至无法获得实验室、检测设备。即使具有相关设备，由于距离遥远、不便移动，常常使患者获得检测极为困难。

除了硬件设备的难题，诊断里还存在使用成本高、质量不佳，或者医疗人员培训不足等挑战。由此，全球诊断领域急需各界的关注和资源投入。据世界卫生组织估算，约70%的医疗决策是基于检测的结果做出来的，但仅有3%～5%的医疗预算投入到诊断领域。为此，去年（2023年）世界卫生大会特别通过了一项决议，目的是加强全球的诊断能力，其中包括督促各成员国加大对诊断工具的研发投入。

比尔及梅琳达·盖茨基金会长期致力于通过投资创新，确保每一个人都有机会过上健康而富足的生活。促进诊断公平，是实现健康公平的重要一环，而中国是这一领域的重要合作伙伴。举一个令人兴奋的例子，AI辅助阅读胸片是新冠疫情以后出现的几项新技术之一，它使得结核病筛查变得更加便宜、更加容易。我们相信它将对中国消除结核病，这一人类历史上最古老的传染病产生重大影响。目前中国已经具备AI辅助阅读胸片的技术，这大大降低了传统胸片筛查对于专业技术人员的需求，节省了时间成本和经济成本。很多地区在年度老年体检中接入胸片检查，由AI辅助进行读片筛查。

在辅助本国人民的同时，中国的创新者还在为全球诊断公平做出贡献。还是以结核病诊断为例，快速分子诊断有利于提高诊断的准确性，提升耐药结核病的诊断率，从而使更多的患者得到治疗。传统的痰液样本很难采集，大约有一半的患者采集不到痰液，而舌拭子使其成为可能。比尔及梅琳达·盖茨基金会正在研发针对结核病等传染病的检测产品，及时为中低收入国家提供更加高性能、低成本、快速便捷的病原学诊断工具。

除了抗击结核病，消灭疟疾也是重要的事项。因为疟疾影响了50万儿童，所以后续的治疗及儿童的生存至关重要。为此世界卫生组织建议所有疑似疾病感染的患者，在接受治疗之前都要接受检测。快速检测试剂因其操作简单等特点，尤其适合在资源有限的基层社区进行筛查。供应严重不足，始终是推广疟疾快筛面临的挑战。需要根据疫情，随时启动规模化生产，全球具备供货条件的厂商屈指可数。就在3个月之前，由中国生产的疟疾快筛产品被正式列入目录，为产品及时大量供给提供了更大的可能。

我们期待与包括中国在内的全球伙伴一起，进一步推动诊断技术与产品的创新与运用，以确保中低收入国家最有需要的人群也可以从中公平受益。

上海不仅是中国，也是全球生物医药科技创新网络的重要节点，凭借其雄厚的研究基础、丰富的临床资源、完善的平台体系及产业集聚的优势，正不断为全球健康创新做出重要贡献。

今天在这个融汇全球智慧和资源的平台上，我期待能够看到更多的创新思想的火花，更多的跨界、跨国的合作。

最后，祝愿本次论坛圆满成功，比尔及梅琳达·盖茨基金会期待与在座各位一起继续努力，建设一个更加健康和公平的世界。谢谢大家！

3 主旨演讲

中国城市污水公共卫生风险监测

施小明 中国疾病预防控制中心副主任

> 围绕中国城市污水公共卫生风险监测及健全监测预警体系做了前瞻性分析并提出建议。

各位领导、各位专家、各位同仁，非常高兴有这样的机会来参加浦江创新论坛，特别是今天的全球健康与发展论坛。此前，我曾经参加过两次浦江创新论坛的活动。刚才李昕司长和郑志杰主任均提到新技术在支撑技术发展，在支撑我们的医疗、卫生、健康等方面的作用。

在新冠疫情当中，全球污水的流行病学有了很大的进展，特别是对污水当中新冠病毒的检测，这对于提前预警或者早期发现病原流行和传播是极其有用的，全球很多国家都在做这样的工作。

对污水的监测不单单是在病原的领域，在很多其他的领域，包括化学品、耐药菌、耐药基因、毒品等领域都是重要的，因此借今天这样的机会，我从4个方面来分享一下在中国的城市污水公共卫生风险监测领域所做的工作。

城市的污水主要来源于生活污水，当然还有其他的一些来源，这是非常复杂的。不同的国家、不同的城市，污水的科学化处理的程度也是不一样的。尤其是人体排泄的污质，能够反映出人群的健康状况。其中包括的物理的信息、化学的信息，尤其是生物性的信息，对于我们人群公共卫生的监测意义是巨大的。而且不像在人群当中的研究，它需要有伦理学的知情同意等考虑。它的检测成本也是非常低的。

2001年美国的EPA的专家提出了污水流行病学概念。在中国，我们的团队一直在跟进全球污水病毒的监测情况。因为当时中国采取动态清零的政策，在当时的背景下，很难在污水当中开展有关的工作。

2022年，新成立的国家疾控局建立新冠多渠道监测体系，将城市污水纳入其中，在2022年和2023年开展了工作。截至2024年8月，针对污水的流行病学相关的文献，美国都是关于病原的，中国涉及化学污染物的监测比较多。

污水的监测有几个重要的作用，第一，污水监测能够早期预警传染病的暴发；第二，对病原变异的识别；第三，评估化学品消费和使用。污水的监测已经进入黄金时代，很多医学的大咖都对污水监测进行了相关的报道。这是跟大家报告的第一个方面。

第二个方面是全球污水监测项目的进展情况。目前世界卫生组织正在推进关于污水病原监测的专家共识工作。这项工作计划用两年时间，确定优先监测的病原或疾病。世界卫生组织对于多病原、优先监测的特定病原，目前确定了5种，包括脊灰、新冠、流感、霍乱和伤寒等。

美国目前在50个州1200多个点位进行监测，每周一次，由美国CDC和相关的部门组织，主要监测病毒的浓度、15天阳性率、两周百分比的变化，还有病原株的检测。同时，美国对航空器污水进行监测，这对人口大规模跨国流动的监测是很有意义的，目前涉及100多个国家。

还有更多的国家开展了污水的监测项目，包括加拿大、澳大利亚，还有欧盟整个Umbrella项目。国际上对航空器污水的监测也有相应的推进。尤其对病毒变异的监测，意义是重大的，能够早期发现输入性新毒株的情况。

在巴黎奥运会、残奥会开展的污水的监测中，经过一系列的论证，主要对4种传染性病原体进行监测，包括脊灰、天花、新冠和麻疹等。污水当中也可以进行化学品，包括兴奋剂的监测，巴黎奥运会并没有对这些进行考虑。

第三个方面是我们国家污水监测进展。在疫情出现以后，我们在积极推进污水监测相关工作，早期我们主要做技术的储备，构建污水新冠病毒检测的技术体系，尤其是样品的浓缩富集，还有核酸的提取和检测。我们和清华大学、中国科学院生态环境中心一起对污水中新冠病毒的浓缩富集进行研究，优化不同的方法，当时这项工作以行业标准进行发布。目前这项工作在全国更大范围开展，预计明年能够转化为国家标准进行发布。

疫情期间，当时缅甸有疫情的流行，后来发现瑞丽老是疫情清不干净，应用我们的方法开展了一些工作，在一部分的采样点检出阳性的样本，这应该是一个很好的证明，当时利用的污水，还有河流的水体。然后搭建了这个系统，全国的疾控中心都会通过这个系统报送信息。我们国家对城市污水的监测，主要监测疫情的态势和趋势。疫情的上报可能会受到多种因素的影响。作为我们国家在新冠监测当中一个重要的补充性的渠道，污水的检出率，包括检出病原体的浓度是客观的，不能有任何的改变。

目前这项工作覆盖我国31个省，600多个点位开展监测工作。从明年开始，我们每个省份由2个地市会扩大到4个，就会增加一倍的覆盖率。明年我们全国监测点位的数量和美国差不多，他们有1200多个点位，我们有1300多个点位。明年我们国家40多个城市入境的航班会进行病原体的监测，包括新冠病毒和猴痘病毒。

我们还进行了全国的污水病原监测实验室之间的比对，总体定性和定量都达到93%以上。在最近几年开展的工作当中，病毒核酸阳性检出率和病毒流行的态势还是一致的。

病毒载量的数据，从 2022 年到 2023 年，基本上经历了 4 次疫情的波峰。最近的一次，流行率应该是上一次疫情的一半左右。这和我们预估的差不多，所以污水的数字能够做一个很好的佐证，它排除了任何人为的因素。除了在全国所有的省份 100 多个城市开展工作之外，我们明年还会扩展到 13 个省份开展城市污水公共卫生的监测。这里面的监测不单包括新冠和猴痘，还有流感、诺如、霍乱、耐药基因，以及对一些药物的监测，这样使污水的监测作用发挥得更好。未来可以增加对更多的化学品的监测，同时我们也在启动未知病原体识别的工作。中国 CDC 的环境所正在推进这样的工作。我们在一些入境的航班上也检出猴痘病毒，包括去年（2023 年）10 月从伦敦到成都的航班，还有今年 8 月从首尔转机到济南的航班。在入境的健康申报当中，并没有这些信息，这对当地疫情的防控是非常不利的。

我们还开发了一些新的方法，包括呼吸道病毒、致病菌的富集和检测方法。这是污水的数字 PCR 的检测。目前正在构建 5 种致病菌定量的方法，未来这些方法都会应用到污水相关的工作当中。

污水监测的很多技术和方法，还有待进一步的标准化。对一些模型的研究需要加强。通过污水浓度的一些数据，如何能够更好地推动对人群感染规模的估计是污水监测的未来展望，可能涉及不同的层面，包括 AI 新技术、场所监测、国际的交流合作等。

期待污水公共卫生监测这项工作能够更好地开展，谢谢！

诊断工具可及性的需求

大卫·博伊尔　帕斯适宜卫生科技组织诊断部门负责人

> 帕斯适宜卫生科技组织是一个总部位于美国西雅图的国际非营利组织，致力于推动疫苗、药物、诊断试剂、医疗器械、公共卫生系统服务和创新。面对全球健康的新需求，需要不断改善诊断工具，特别是疫苗、诊断试剂等产品的技术创新和全球合作。

大家好！感谢会议主办方的盛情邀请，让我有机会在本次论坛上发言。

帕斯适宜卫生科技是一个国际性的非政府机构，我负责诊断部门的工作。我们很多的诊断工作涉及贫穷、低资源的地区，这些地区基础设施跟不上，而且健康卫生政策的支持相对来说也有一定的滞后性。在新冠疫情刚刚暴发的时候，高收入的国家有自己的厂商可以给他们提供相应的检测装备，但是很多中低收入的国家没有这方面的能力，世界人口中，有将近 50% 的人是没有办法获得诊断工具的，而且中低收入国家的基层护理当中，只有 19% 的患者能够享受到最基本的诊断技术的治疗。如果我们能够在诊断方面加强，6个疾病方面的诊断可以拯救很多人，大概可以避免110万人的死亡。

中低收入的市场面临哪些重大的挑战？一是缺乏高质量的数据，让我们不太能够了解当地的状况，如缺乏什么样的产品。二是当地政策和监管要求也存在一定的变化，执行不一定非常到位，而且市场的碎片化程度比较高。三是很多国家的采购政策是由捐赠国的优先级决定的，所以他们的活动相对来说比较零散、缺乏连续性，支付的意愿也不是特别强。四是这些产品的设计要考虑到极端的条件，如高温、高湿度，还要考虑保质期的情况。如果要让这些产品真正能够用在目的地，保质期相对要长一点，如果做不到，可能错失不少的机会。

做诊断的人相对来说比较熟悉，诊断工作包括5个阶段。第一个阶段是诊断工具的概念和研究，即我们需要采取哪些措施，才能让产品成功推向市场。

从企业的角度来讲，有哪些动机能够满足这些未满足的需求，这个问题非常重要，只有知道了这个，企业才能够行动起来。接下来就是做好市场研究、临床研究的数据和指南等。在这个基础之上，我们需要考虑到用户，如最后会在哪里使用。这个产品是针对中国的，中国的使用状况很可能和卢旺达的情况完全不一样，具体情况要具体分析。而且我们需要知道这个产品有没有数据支持，它是在城市使用还是在农村使用，是否能够服务于这方面。

再有要扩充到监管层面，很多的产品要世界卫生组织认证，如果没有世界卫生组织认证，注册就会相对严格，很多的时候要看USFDA或者CPR、VDR等。对利益相关者要进行梳理，不仅从医学诊断角度，还要考虑到卫生部门的政策，考虑到经销商、采购方等不同的方面。最后，对于用户进行培训，产品进行采购之后，要确保妥善使用，进行妥善的存储也是要培训的。如果大家买得不对，用的效果不好，也会失去采购的意愿。

最后要知道终端用户怎么看待这个产品，如果最终的用户觉得你这个产品不好用，他的采购意愿也就不强。最后我们要知道用什么样的技术将其变成现实。

第二个阶段是研发和可行性分析，我们要知道这个产品在技术上是不是可行的，研发的时间大概有多长。例如，多长时间才能够获批上市，在这方面列出技术性的问题，而且还要不断更新。在这里我要特别强调TPP，就是技术性能参数，描述了很多的产品的特性和特征，只有满足这些参数产品才能够最终开发成功。在这个过程中，我们面临一个重要的挑战，在研究当中，最好使用临床中用到的样本，最初阶段有可能在实验室中做，最终肯定是使用临床样本的，不然也没有办法知道临床实践的情况。第三个阶段就是知识产权，这里面不能涉及专利等问题。第四个阶段就是验证、设计准备等，在这个阶段我们要确保产品能够达到生产规格的要求。我们的厂商是否能够满足要求，以及在商业上是否能够合理，在设计监管措施的时候就要考虑注册、登记、验证等，这个时候还要考虑产品设计。队列要有多大，才能够满足监管方面的要求？这个时候我们要找到合适的合作伙伴，提前考虑到这些问题。做设计锁定，这个时候要有一个原型，进行量化生产之前要有原型。一旦对设计进行锁定，后面都是基于这点的。不然的话到后面可能还需要做出算法或者流程方面的调整，会涉及大量的经费。

最后要完成我们的验证性的研究，保证我们这项技术符合要求，因为最后就要进行量化生产。在这里我们的主要目的就是在人口当中进行测试，要看在哪里进行发布。最好你对这个地方已经相对比较了解，而且接下来要做一个比较完整的临床设计，并且在做临床设计的时候，要考虑到监管过程中需要提交哪些文件。如果要做 P2 的话，有 7 个关键的步骤，如 QMF 临床数据等。接下来，就是获得监管方面的审批，这个不可能一蹴而就，很可能要有相应的整改等。可能是 6～12 个月，而 WHO 的时间更长一些，如果你认为 WHO 的预认证非常重要的话，很可能在前期就要做好充分的准备，最后要经过全球基金的采购。还有，在获得预认证的过程中，也要接触全球基金。

第五个阶段就是可及性和规模化的生产。要看在扩大生产的过程中，是否有足够的利润空间等。在这个阶段已经有了大量的资金投入，所以就要扩大生产，并且还需要进一步扩大潜在的市场供销网络，还要扩大自己的注册市场的范围。只有在当地的市场获批之后，产品才能进行推广和销售。

现在向大家介绍我们帕斯是如何通过这 5 个阶段的，特别是第二个阶段和第四个阶段。首先要看这个市场的可及性，在这一阶段，我们要特别关注的是，是否有自己的实验室，是否有自己丰富的经验等。当然我们也可以看 TPP，要评估各种指标。在产品的验证方面我们还做了很多的分析性的对标，这意味着我们有很多的独立产品，目前都是一样的。我们对同一组指标进行对标，在盖茨基金会的支持之下，做了很多这方面的工作。

确保进入市场之后，风险得到对冲和控制。要想规模化生产，特别强调我们的产品和用户的需求能够保持完全一致，这样才能够被采纳。好的产品，只有被使用，才能真正发挥作用。比如在非洲，有相关的生命实验室，所开展的业务主要就是针对像疫苗等相应的产品的可用程度进行评估。所以我们其实让最终的目标人群和我们的用户进行针对性的反馈，就知道他们大概的情况是什么样子，基于这些反馈进行改善。

最后是使用阶段，一旦你的产品上市，你们怎么样积累更多的循证的依据？怎么样扩大它的使用范围？帕斯也会支持中国 IVD 的制造商，帕斯在疫苗的生产和诊断工具的生产方面，有多年的经验。我们在杭州有相应的项目，在这里还会提供一些技术性的支持，包括结核病技术的援助、艾滋病病毒的检测，还有脊髓灰质炎的检测。我们会做相应的对标性的分析，与这些开发者一起去做一些检测，在实验室做相应路径的检测。在这里我们一起去进行最好的技术开发，在帕斯，现在也在做相应的 WHOPQ 项目。在拉丁美洲帕斯启动了相应的临床研究，这取决于相应的市场大小。帕斯现在在中国境内，正在进行一些小型的诊断工具的开发合作。

帕斯，现在已经在做 WHOPQ 的对标性的分析，当然要开发下一代的抗体产品。可以看到有一些领域再用过去的一些检测的方法，是行不通的。在疟疾这个领域，快速的诊断能够进行更好地治疗，所以现在也在与相应的公司合作，进行产品检测性能的分析，后续帕斯会把这些产品与开发者进行分享。这样他们的资源和钱就不用花在前期阶段，能进行更多的技术性的转移，以节省其他的开发者的资源和时间。

在疟疾的检测方面，尤其是疟原虫的检测方面，这个项目其实也是开放的，我们的血清抗体每 0.5 毫克或每毫升的价格是 90 美元。

我们的一个创新项目的目标是与 GHII 进行合作项目的开发，以更好地保证或者援助中低收入的国家获得更多更高质量 IVD 的产品。为此需要搞清楚 IVD 的产品标准与监管方的标准或者 WHO 的标准存在哪些差距。我们与学术团队、当地监管的专家会进行沟通联络，搞清楚技术规格的要求，然后了解本地的技术规格或技术标准的要求，基于此，我们再去提供技术的援助，解决这些问题。

针对中国的 IVD 本地生产商，我们也做了一些投入，我们的目的是更好地帮助他们。在这个领域，我们现在也在共同制定一些产品开发的方案，当然首先要建立起相应的监管的框架，要符合本地要求。所以我们要看一下现在整体的情况，基于此，我们才能纳入更多的中国的 IVD 公司。例如，了解监管方文件相关的要求，以提供相应的培训。当然，我们还要在进入新市场的时候，了解利益相关方都是谁，有哪些需求，与各国的健康监管部门要有紧密的合作。

最重要的一点，我们能够帮助中国体外诊断产品公司找到海外扩张的机会，然后在新的市场，跟利益相关方进行沟通，以此去生产一些高质量的体外诊断产品。

过去几年，我们集成了 3 个中国 IVD 产品，并获得了 WHO 的预认证。帕斯参与了其中 31% 的项目。

我们跟中国的这些生产商，从 1977 年就开始了合作，50 年前我们就已经开启了与中国的合作之旅，在中国做相关的项目，提供相应的援助。谢谢大家！

一种诊断本地化的加速器

塔斯利马里夫·赛义德　细胞和分子平台中心（C-CAMP）首席执行官

> 结合 InDx 的优势，指出技术创新和协作需要更加本土化，要加快推进适合本土诊断技术的建设。

我们其实都希望能够进一步改善这些诊断工具的可及性和可支付性，全球都是如此，尤其是中低收入的国家。我是 C-CAMP 的 CEO，今天我想给大家分享的就是我们做的一些工作。

开始我想给大家从新冠疫情讲起，因为新冠疫情重塑了我们这个行业。2019年我们平台中心成立，当时想要搭建起一个沟通的平台，让学术界和产业界更好地沟通，然后促进更多新的诊断产品的开发。

在过去几年的时间里，我们一直做这些工作。新冠对于我们诊断行业起到了非常大的促进作用，尤其是在解决公共健康的问题方面，新冠把诊断放在最中心的位置。

大概2020年3月，印度有了第一波疫情的高峰，当时我们在疫情的应对方面出现了非常大的问题，可及性也出现了非常大的问题。我们意识到我们太过依赖新冠核酸检测、PCR工具的进口。我们当时也意识到本地的供应非常有限，并且价格非常高，不是每个人都能用得上，并且有的时候除了可及性的问题，它的质量也不好，所以我们当时确实面临着非常大的挑战。疫情过去以后，我们回过头去看，印度的医疗诊断行业有哪些可以吸取的教训？例如诊断工具，我们需要高的灵敏度，才能够更精准地进行检测。不是所有的试剂都能进行本地生产，也不是所有的诊断试剂盒都能进行本地生产。质量水平不高，优化工艺也存在问题的，确实我们印度的体外诊断行业存在方方面面的问题，我们确实做了很多的事情去改善。后来我们尝试建立一个全国性的平台，对我们的MSE，以及我们的诊断行业进行赋能。基于此，我们试剂盒的产量大概是100万/天这样的水平，我们有3个主要的措施。

第一就是在我们这个指数之下做一个数字平台来保障所有的合作伙伴，使政府、中央实验室、中小企业、供应商都能够汇聚到同一个平台。

第二要创造一个新的架构，我说的不是一个新的基础设施或者新的实验室，而是利用现在已经有的国家实验室。这样在中小企业碰到问题的时候，就可以在我们这个平台上面来做质量的评估、试剂的优化等，我们认为这样一个平台有了基础设施硬件和知识软件，就可以进行快速的检测，这个COE的过程非常重要，就是卓越中心的架构。

第三就是让这些企业得到完整的、全产业链的支持。这个数字平台是在2020年7月做的，当时获得了洛克菲勒基金会的支持，在我们艰难的时候，给予了我们巨大的帮助。我们的卓越中心，有一个专门的化学品卓越中心、一个临床研究的卓越中心、一个抗原抗体相互作用的卓越中心，还有针对生物制剂的分析，以及对企业质量和放量生产的卓越中心，当然还有关于信息服务的卓越中心。我们为本国的中小型企业助力，让他们把自己的生产做得更好，提升一个层次。

在接下来一年到一年半的时间当中，通过我们的努力，两家企业取得了长足的进步。准确地说，有202家企业在我们这个平台得到了助力，他们推出了416个产品，完成了130多个项目，所以进步还是非常之大的。

因为我们充分发挥了实验室平台的作用，整个的生态系统得到了很大的提升。最显著的就是成本的大幅下降。例如，因为实现了检测试剂本地化大量生产，我们检测试剂的成本下降，下降幅度是非常之大的。有一种试剂原来的成本是10美元，现在只是过去的一小部分。另外,引入的成本也大幅下降。特别大的一个成就是,有一种试剂的成本从原先的 25 美元降到了现在的 25 美分,基本上是原来的百分之一。这也意味着很多中小型的企业可以获得高质量、低成本的试剂,不少试剂都是由我们这个平台提供的。

这些工作产生的影响非常巨大,因为涉及的产品多种多样,有引物,有试剂,因此可以开展不同的检测。在一年半的时间里,我们真正能够做到每天做 100 万次的 RT PCR 检测,极大地提升了我们产品和检测的可及性和价格上的可负担性。所以大幅降低检测试剂的成本,提高了检测试剂和产品使用的可及性,让我们的快速抗原检测等技术能够得到快速推广。这也是一个群策群力的过程,这是我们国内第一次建立一个全国范围内资源汇聚的技术平台,对我们正在经历新冠疫情的阶段,做到了快速响应。

第一步就是快速建立市场,汇聚资源,进而带来成本的下降。过去在印度做一次 RT PCR 检测的成本在 60 ~ 70 美元,相对于当地的收入是非常之高的,但是在短短的一年到一年半的时间,这个成本下降到了 4 美元左右,已经是相对来说可负担的,RT PCR 试剂盒也极大地造福了患者。这就意味着我们在经历第二轮、第三轮的新冠疫情时,快速检测设备的可及性大幅地提高了,这也让我们能够更好地应对新冠疫情,这是应对新冠疫情非常积极的一个例子。

在开展这项工作的过程当中,我们也要确保加强当地生产能力的建设,虽然当时是为了疫情做准备,但是它会产生长期的影响,要长期坚持做下去。我们构建了当地的生产网络,它是一个系统性的工程,有了知识的储备,保障了质量,整个的流程得到了优化,对于整个价值链是极大的提升。疫情结束之后,如何在这个基础上做得更好呢?在盖茨基金会和洛克菲勒基金会的支持之下,我们现在再接再厉,加强了对其他传染性疾病的检测能力。我们的愿景是创造一个全国层面的检测平台,因为没有平台的时候,企业要进行资源的汇聚,找不到一个锚点。

这就是我们走过的历程,非常期待能够进一步增强在印度检测和监测方面的能力。因为现在我们已经有了高质量的、价格相对低廉的检测产品,接下来做的就是如何能够做好这些产品的配送,改善当地的卫生、健康状况。

我们的优先领域非常的明确,新冠疫情之后,要特别关注急性的、不具有特别区分性的发热性的疾病,例如登革热、流感和类流感的疾病,另外要关注结核。

Index 整体的卓越中心由几个技术中心构成,第一个就是质量的板块,这个板块的重要性不言而喻,包括了质量评估、质量改进,还有对于创新性的方法开展质量认证等。第二个重要的板块,就是在临床和环境当中进行非常好的验证。这对于中小企业非常的重要,很多中小企业如果没有验证方面的相应支持,很可能在后续的监管申请的时候,会经历困难。很多的时候,会多花很多的时间,这也就意味着我们需要给他们非常精确的辅导,帮助他们更好地完成验证的过程。这样,他们在申请监管审批的时候,会更加顺利,在这方面我们也已经和医院开展了很多合作。

第三个板块是在监测方面，我们要加强技术方面的开发研究等。环境的监测，也是非常重要的一个板块。在印度我们有一个关于新冠疫情在污水当中的监测项目，做得还是相对比较成功的，我们也对其提供了间接的支持。在这个基础上，我们也想看针对环境方面的流行病学监测，能否开发出更加精确的技术？现在很多疾病监测的试剂都是针对人的，对于环境监测不太合适。所以我们就想有没有合作伙伴一起来开发针对环境监测的诊断工具。在这个方面，我们看到各个不同领域的卓越中心，以及它们的关注点。我们也希望通过这些卓越中心的努力，不断推动印度诊断产业的高质量发展，支持他们开发新的创新型的技术，进一步加强我们对大流行病的防范能力。

现在世界卫生组织高度关注猴痘，好像在 Index 之前对猴痘的关注比较少，已经有 16 个 RT PRC 的检测试剂正在准备申请的过程当中。如果我们能把诊断试剂的开发企业、制造企业都汇聚到一起，相信他们一定能帮助我们更好地做好大流行病的防范工作。这个卓越中心还有一个领域，就是环境监测。第一肯定要加强技术的进步，第二要做好商业化，第三也要在社会面上产生积极的影响。如果这样做，受益的不仅是印度，还有广大的中低收入国家。

在这方面说一下我们最近的能力建设，特别是在盖茨基金会的支持之下，我们的工作持续推进。在这方面，世界卫生组织和印度当地合作，主要就是帮助印度当地的企业申请世界卫生组织的预认证，我们这个工作已经持续了一年左右的时间，也希望未来能够让很多的产品拿到世界卫生组织的预认证。其实之前我们也组织了一个会议，在 C-CAMP 的筹备之下，印度当地的企业和世界卫生组织相关部门进行了很好的对话。

接下来我们要和全球健康实验室进一步加强技术的合作。因为我们现在有个专门的卓越中心，其主要的目的是希望能够通过加强高通量机器人的平台来进行快速的迭代式的诊断检测技术的发展。我认为这其实也是我们一项很好的工作。所以我觉得未来要想缩短流程，就要最大化利用机器人的能力。加强定制化机器人的能力能够更好地进行技术的转化，还有通过我们 C-CAMP 的平台，能够帮助诊断公司进一步加速试剂及相应的诊断工具开发的流程。

在这里我再小结一下，其实我们本地的开发和生产已经给我们带来了高质量、可负担的诊断工具及相应的试剂。我们现在在印度已经能够用上高质量低成本的诊断工具了，并且我们现在也有相应的能力去进一步超越。当然了，我们也知道这些举措能够进一步影响到中低收入的国家，以此进一步加强全球医疗健康事业，所以我要感谢所有的政府及非政府的组织给我们持续的支持。这是我们 Index 的团队成员，我要感谢他们。

这就是我给大家分享的全部内容，如果大家有任何问题，我也非常乐意解答。

新加坡诊断产品化的引迁

翁瑞芬　新加坡医疗诊断发展中心副首席执行官

> 新加坡医疗诊断发展中心不断推动医疗诊断领域产品研发和市场化，近年来市场影响力不断提升。以新加坡诊断产品化的路径为案例，通过各方的参与，诊断生态系统中的伙伴在验证、测试、遵守条规中将创新产品推入全球市场，并将累积更多经验。

大家下午好！非常感谢主办方给我这样的机会，向大家分享一下我们在新加坡做的一些工作。我们的诊断发展中心，是由新加坡商务部支持，今天在这里我简单介绍一下自己的工作，还有现在我们在疫情防范方面做的一些工作，以及相应诊断工具的生产和全国性的举措。

我们是一个全国性的平台，现在DXD是由新加坡科技部主导，其缩写是Astar。在过去30年里，Astar是新加坡以科学技术为主导的研究平台，我们支持4500多名研究者，主要关注生物技术方面。除了传统的IP管理及技术转移，现在还有Astar创新的专业团队，会进行一些国家级的项目，主要帮助知识产权的研发项目进行商业化和上市，并提供相应的服务。

我们DXD的使命如下。首先我们在新加坡开展的是全国性的项目，我们的使命和职责主要是把诊断行业的一些IP转化为临床实践，并且希望提供更加标准化的诊断服务。这些诊断工具是可便捷使用的，能更好地造福患者，并且具有可支付性，在新加坡贸易工业部的主导和支持之下，DXD不仅带他们进行能力建设，还会帮助这些诊断公司进行一些项目的孵化，建立诊断医疗技术的生态系统，以此支撑更好的生态体系的发展。

DXD是2014年成立的，受到了整个诊断生态体系取得的成绩的激励，在过去10年我们一起达成了许多里程碑。在过去10年时间里，DXD共同开发了15个诊断产品，这些产品已经在全球45个国家上市，并且有超过1800万名患者用上了我们共同开发的诊断产品。生产的相应诊断产品的营收，大概达到了2亿美元，过去几年的投资额大概达到了1700万美元，这就是新加坡诊断行业的发展现状。当然，将其放到全球的生态系统里面，有点微不足道，我们还是希望新加坡能够起个好头，朝正确的方向去发展。DXD现在有80位全职员工，70%的员工负责产品开发，我们有多学科开发的能力。我们覆盖不同的领域，包括体外诊断的试剂开发、分子诊断、蛋白诊断等，还有器械的相关服务。我们还有工程方面的开发能力，包括床旁诊断这样的一些解决方案的开发能力。

在生物学方面，我们的分子诊断、免疫诊断获得了ISO 13485的认证。我们团队会设计一些相应的软件架构，还会整合AI及机器学习，然后提供整套的解决方案。像ISO

19471 及 ISO 623004，分别针对风险管理及医疗软件，我们也进行了相应的认证。

在使用方面，我们会帮助用户进行监管材料的提交，并且会帮助合作方进行技术转移等。在 DXD 第二大团队，也就是质量及法规团队，我们负责内部质量，还会支持 QMIS，给相应的商业合作伙伴以帮助。尤其在共同校准的项目中，给合作伙伴提供相应的服务。

在诊断工具的上市或部署方面，为了进一步帮助一些公司进行产品的转化，我们也有相应的合作实验室。这个实验室获得了新加坡卫生部的认证，也是 CAP 认证的机构，我们可以进行跨国多中心的临床验证，这对产品的注册是非常重要的，尤其是对于海外产品的注册。我们临床诊断主要针对产品的上市服务，我们要确保市场有充分的需求。

对于诊断的一个解决方案，就是把开发和转化与市场化进行有效的连接。事实并不是这么的顺滑，为什么呢？我觉得大部分原因是大家觉得诊断工具还是医疗体系的成本太高。还有就是诊断工具有时会存在工程制造方面的问题。我们在开始具体的技术工作之前，到底为谁解决问题，这个问题到底是什么？还有诊断工具到底能给我们带来怎样的最终价值？这些都是需要提前谋划到位的。

在产品开发的最终阶段提一些正确的问题，会帮助监管方重塑监管策略。在上市之前我们会就预期用途跟监管方进行相应的沟通，这样就不会影响我们最终上市的进度。在我们产品开发的过程中，KPP 的定义会影响最终的决策，包括产品的再优化、设计、设计的验证和确认，以及供应链。这就是为什么 DXD 的团队将最多的时间和精力花在产品优先项的定义上，我们把它叫作最终的设计确认。诊断工具的可及性和可负担性，对于诊断工具的使用还是非常大的挑战。它受到多因素的影响，如成本、解决方案的形式、可用性，所以在我们产品的性能之外，我觉得最重要的一点是要理解诊断产品开发的整体流程和工艺，包括患者流怎么样，工作流怎么样，现金流怎么样，数据流怎么样。在这个服务中，谁是支付方？解决方案的开发过程是整体性的，会有多个利益相关方，包括技术的开发方、我们的技术人员、我们的供应商、我们的支付方，还有这些工厂。

在这里给大家举了几个例子，就是 DXD 在过去几年开发出来的产品。虽然说我们的产品形式多种多样，但有一个共同点，就是公有部门和私营部门通力合作来推动这些产品的开发，这时候就要求我们有一个很好的背景的 IP 提供商，要有一个很好的临床网络，让我们提供高质量的临床数据、临床样本，同时还要有很好的临床见解。另外还要有一家私营企业，帮助产品上市，很多时候还要有企业的投资方和资金的提供者。当我们做 DXD 使其成为全国平台的时候，经常会问一个重要的问题，新加坡这么小，我们有没有足够的原材料支持这个国家级平台持续的发展？其实对于很多临床和研究的项目，DXD 都会参与，其中就包括了我们全国精准医疗项目，就是对于每一个新加坡人的基因型、表型等，要进行相应的检测，了解基因组相关信息，我认为这给我们诊断科学的发展带来了很多的机会。

另外，我们在最初开发的几年，建立起来一个稳健的产品开发引擎，该引擎在新冠疫情期间发挥了巨大的作用。在2020年1月底的时候，我们发现第一例新冠的病例，然后在17天的时间之内，在科学家的帮助之下，我们建立了一个非常复杂的RT PCR检测方法，支持所有公立医院和私营医院。我们的团队和新加坡的卫生科学局开展了合作，针对所有的新冠检测提供了临时性的许可指导文件，我们的产品第一个投入临床使用，也是第一个获批的。到2020年3月初，我们的RT PCR检测试剂盒已经应用到全球30个国家和地区，也拿到了FDA、EUA等多个监管部门的认证。而且这也是DXD第一次直接作为产品的所有者，将产品推向了市场。这就表示我们这个产品能够快速通过临床开发，而且在当地的几个公司也获得了授权。

在新冠疫情期间，大家都清楚地知道世界上不可能有一个适用于所有病例的最理想的诊断方法，只能是具体情况具体分析，不同病例不同诊断。但是现在我们已经看到新冠疫情出现了无症状的感染者，这个时候就要求有更好的诊断工具，以进行快速响应。所以我们就有RT PCR进行病例的发现，进而做好病例的隔离，切断社区传播链等。在全球性的样本制备试剂短缺的情况下，需要我们找创新性的解决方案来克服在试剂供给方面存在的各种缺陷，或限制性的因素。这个时候，我们的DXD就直接提供了RT PCR，用了一个新的标准的PCR工作流程。在我们的支持下，美国合作伙伴和其他国家的合作伙伴，即使在试剂短缺的情况下，依然可以开展临床相关的工作。另外，我们建立起当地的RT PCR试剂本地生产企业，我们建立起来的这个制造供应链，不仅能够满足新加坡本地的需求，而且能够进行进一步的推广。2020年8月左右，新加坡再次出现了员工宿舍中的多起疫情病例，这个时候我们不可能继续依靠过去那样手动的PCR网络工作流。这个时候DXD和工程师进行合作，实现检测的自动化。开始我们使用了UTMT，后面实现了数据分析和上报的自动化。这其实极大地减轻了实验室工作人员心理上的压力，因为当时实验室中的工作人员身心疲惫，引起了很多人的关注。另一方面，大家也比较担心当时新加坡，还有世界其他国家和地区，实验人员的受训状况参差不齐，但是有了这种自动化，就可以降低这方面的压力。有了这种工具之后，我们可以更好地了解在个人层面、在群体层面的免疫保护，以及接种疫苗感染之后的保护的异同等。所以我们的工作不仅为新加坡的疫苗政策的制定提供了非常有效的临床工具，还帮助了周边很多地方的疫苗政策的制定。到2021年12月的时候，新加坡已经决定和疫情长期共存，但那个时候很多人要进行自测，这时需要操作简便、价格低廉的设施，ART就成为新加坡家喻户晓的名字。从幼儿园孩子到菜场的老奶奶，都知道这个ART该如何去检测。

真正好的检测措施就是满足人们的需求，适应当时的环境。

现在与大家分享一个我们在东盟开展的检测项目。2017—2018年，我们和菲律宾合作伙伴共同组织了一个活动，叫作东盟检测活动，这个项目之所以推出，就是因为当时需要推出相应的诊断类产品，能够适应需求。毕竟在东南亚很多国家，检测工具的可及性仍然有问题。所以得到了东盟部长级会议和科学界和技术界的广泛支持。

东盟诊断项目特别关注的是两个层面的相关活动。第一就是产品研发项目，主要就是希望能够找到一些相应的研发项目，在东盟成员国之间联合研发形成合力。我们参与的其中一个项目是泛东盟的血清学检测项目，其中包括6个东南亚国家，我们发现在接种疫苗之后，加强针的免疫动力学可以提供指导。再有就是这个研究产生了大量的血清样本，有助于我们未来为应对疫情更好地开展临床研究。

第二是综合抗体的多重检测项目，这主要是为诊断或者检测未来高致病性病毒做好准备。我们为东盟的诊断项目提供了一个平台，让相关人士和部门走到一起，就最佳实践进行经验的分享，共同探讨现在有哪些临床方面的需求未被满足，诊断解决放在其中可以发挥什么作用，并且可以共同探讨实际应用中的状况。

最后，在经历新冠疫情以后，新加坡和很多国家一样，推出了一项大流行防范项目。在卫生部的主管监督之下，诊断已经成为疫情防范的重要支柱，DXD也已经成为诊断方面的一个领导者。主要包括3个方面。

第一个就是找到专门针对不同的可能具有流行病潜质的病原体的有效监测和诊断方式。

第二个就是在新加坡及东南亚地区，现有的供应链也要做好准备，才能够确保在疫情流行期间，不至于出现检测试剂短缺的情况。

第三个就是保证产品的可及性，以及要有最佳实践的支持，保障在疫情期间运营的效率及产品的供给。作为一个全国性的平台，我们一直在做一件事情，就是希望能够帮助监管机构更好地理解体外诊断。本着这个目的，我们已经推出了多轮的培训活动，希望能够介绍关于体外诊断试剂设计、开发、生产、监管的相关考虑。这是我们和DNUS的监管卓越中心联合开展的项目。

我的发言到此结束，非常希望和大家开展更多的探讨，也希望和在座的更多人成为朋友，谢谢！

影响的证据和优化影响的契机

巴哈蒂·恩戈恩戈　比尔及梅琳达·盖茨基金会中西非区域代表

> 研发投资及扩大诊断覆盖面等话题同样受到与会者关注。比尔及梅琳达·盖茨基金会中西非区域代表巴哈蒂·恩戈恩戈，在论坛中分析了全球健康研发投资的现状和趋势，并对未来发展提出了建议。

首先我要感谢主办方对我的邀请，非常荣幸能够来参会。各位领导，大家下午好！

今天的论坛就是探讨怎么样创新，怎么样塑造未来，我们谈的不是怎么赚钱，而是怎么挽救生命，这真的非常重要。我们要去共享创新，要改变未来，就要谈一下这个生态体系。我们要想现在手上有的资源和证据共享之后，能产生什么样的影响呢？我知道很多的决策者及相应的一些利益相关方，大家很多年以前就聚集在一起，想到了这样的举措，以及资金的支持能对未来产生什么样的影响，以及怎么样改变未来，其实很多的领导在过去也进行过很多的思考。

今天我给大家讲一下过去20年全球健康投资的回报。很多时候大家觉得它可能只是一个投入的成本，但是它也给我们带来了回报。我们要想一下过去20年的环境及其他因素的影响，新冠疫情当然是个转折点。我们还可以想一下其他的一些经济体，未来20年可能产生的影响，还有科技怎么去影响未来的发展。我们将这样的趋势和变化利用好了之后，如何优化未来的回报，如何挽救生命？最后我要跟大家讲一下中非研发的合作机遇。

过去我们做了不同的决策，现在放在时间轴上去考量。1994—2020年，我们总投资额大概有979亿美元，这些投入在一些疾病的研究方面是失败的。但是在20年的时间里面，我们成功生产出了183种针对相应疾病的产品，并获得了监管部门的批准或世界卫生组织的资格认证。有一些产品获批，像针对疟疾的疫苗，还有针对一些被忽视的疾病的疫苗等。在过去10年里，我们取得了非常多的进展。疫苗的产生带来了非常大的机会，产生了非常大的影响，通过全球R&D的投入和投资，因贫困或被忽视疾病导致的死亡人数下降了30%以上，这就是我们过去20年投入的回报。

所以我们不仅要看到这些批准的产品组合，还要去看一下我们是否有一些改变游戏规则的创新。我们看到不同的疫苗、疫苗的原型，也是有差别的。我们现在进行的对话，或者我们现在的发展趋势是利用分子技术的诊断方法。

我们通过引入新的诊断方式，去挽救更多的患者的生命。当然对于单克隆的抗体药物，包括疫苗，也都是从中获益的。我们再来看一下总体的投资回报是什么样子。在这里我们做了相应的研究，我们有很多利益相关方受到不同基金会的资助，做了很多不同的研究，我们其实有非常大的投资回报。2000—2040年，对被忽视疾病研究的创新预计挽救4000多万人的生命，会避免28.3亿个伤残调整寿命年（disability adjusted life year, DALY），超过75%的生命得到挽救。对于孕产妇的医疗保健也会有更多的投资，带来一些创新性的变革。

结核及HIV，也是我们关注的重点。在孕产妇的保健方面，现在也有越来越多的投资，所以我们要去想一下未来20年我们要做怎样的考量。在这里我们看到有这样的一些产品类别的转化和变化，在平台科技方面，有非常大的爆发，所以现在我们有159个候选药物，是非常大的数量。尤其针对HIV及结核，还有40%是在诊断领域，我觉得最重要的是怎么样去分享科技，怎么样进行产品的优化，还要避免一些新型诊断产品的重复。

我们看到这个领域有非常大的增长，主要来自平台科技的增长。我们现在预计在2040年可能会推出284种产品，这些新的产品有更好的疗效，当然，我们还会在产品管线中见到像 m-RNA 产品这样的一些新的候选药品。当然现在最重要的就是找到进一步支持研究的资金，在这里我们要确定的是我们存在怎样的一些空白和缺口，然后我们怎么样填补这些缺口，去实现健康医疗的公平。我们有一些产品可能不会得到补充，但是新的产品当然是更有效的。我们要考量最差的情况，例如我们还需要大量资金才能将具体的产品推向市场。具体的资金缺口从哪里填补呢？我要评估的就是我们怎么样更好地利用这样的平台去共享技术，然后降低资金成本，更好地运用相应的机会提高产品的成本有效性。研发可以用不同的方式去做，我觉得这种方式可以节省更多的成本。我们要关注公平性及生命的拯救，在这里做了相应的调研，我们关注用户案例，我们要考量生态系统的变革，这样才能够进一步提高我们的效率。

第一个大的机会点，就是我们要使用人工智能，这是毫无疑问的。看一下全球的研发，我们要特别关注人工智能的使用能够挽救更多的生命，并且研发更高效。第一点能降低成本，第二点能够缩短上市时间。但是具有挑战性的技术领域，就是 AI 技术的可用性。在 AI 的使用和部署方面，怎么样在收入水平不同的国家之间来提高它的公平性，我们要更好地利用这样的一些共享的机会。我们怎么样去做呢？这也是关键点，其实通过AI 的部署和使用，能够降低成本。

第二个大的机会点，就是多做临床研究。在非洲大陆我们有非常多的创新性的临床研究计划，我们也可以使用对照的设计来进行临床试验。有一些临床研究会使用创新的手段，能够把实验成本降低 40%。我们在谈到数据共享、临床机会的时候，可以使用数字化的系统，连续性共享一些临床研究，而不是说开了一个研究，关了再开另外一个。通过这样的机会，我们能够降低 40%～60% 的成本。

第三个大的机会点，就是新型的生产方式。通过使用模块化的生产方式，还有进行 m-RNA 的优化，我们可以看到创新不仅存在于临床试验，还可以存在于生产端等。还有 m-RNA 的机会，单克隆抗体的机会，使用好这些技术之后，我们可以极大的降低成本。

第四个重要的机会点，就是在非洲可以去协调和统一我们相应的标准和监管要求，通过这样的方式，可以缩短监管获批的时间。例如缩短一到两年，避免在其他国家的重复监管审批。这对于监管和管理都存在相应的挑战，机会已经出现了，所以我们需要进行合作，把这样的机会落到实处。用不同的方式去做生意，去创造和利用新技术，这样才能降低成本，提高产品有效性。

所以，在我看来，非洲和不同的伙伴合作，特别是中国的伙伴，是大有可为的。

第一就是通过技术转让和能力转让，实现低成本的制造。特别是涉及高通量的即时检测技术和分子诊断技术，不管是传染性疾病还是慢病，都需要创新性的解决方案。我们需要思考哪一个特定的方向可以让我们的合作伙伴发挥各自的优势。

第二就是充分发挥创新型的、可支付的技术平台，即插即用的平台，特别是mRNA、单抗，还有人工智能这些技术也有很多的机会。我相信在这方面也有很多的机会，例如非洲已经在使用 mRNA 疫苗网络，特别是临床网络可以给大家降低成本。大家可以以更低的成本、更高的效率开展这方面的研究。

第三就是在非洲也开展了精准医疗和临床研究方面的工作，有很多的机会可以由各方通力合作抓住。非洲有多个国家和地区，这就让我们在精准医药和临床研究方面有很多的机会，可以让我们生产更好的产品。在基金会支持下的 PGI 网络，还有其他的一些出资机构，也在这方面做了很多的工作，帮助南南合作伙伴结出丰硕的成果。

第四就是有了产品，但是没有市场，这并不是理想的解决方案。如果我们没有巨大的市场需求，或者说针对已经有的产品没有创造出相应的市场，这个企业也没有各种研发的动力，在这方面也没有很多的合作的机会。特别是在南南合作的框架之下，我们可以找到一些解决方案，如创新式的提前市场承诺。作为一个全球市场的增量市场，可以向生物技术型的企业释放一个信号，而且有利于当地市场走上市场化的道路。我们已经发布了很多政策性的文件，有很多的政策制定者、很多的社区参与到这些报告的编制过程当中。我的发言结束，非常期待与大家进行后续交流。谢谢！

非洲疫苗与诊断制造业

阿马多·萨尔　塞内加尔达喀尔巴斯德研究所首席执行官

> 塞内加尔达喀尔巴斯德研究所一直致力于疾病的预防和治疗的科学研究及培训，其首席执行官阿马多·萨尔在论坛中分享了非洲疫苗与诊断产品制造业的发展，他表示强化疫苗等产品的发展将极大改变非洲的医疗现状。

首先我要特别感谢会议主办方给我机会，让我能够在此论坛发言。首先向大家介绍一下我的单位——塞内加尔达喀尔巴斯德研究所。我们是一个非营利机构，也是一个私营机构，由两个单位发起成立，一个是塞内加尔的政府，另一个就是巴黎的巴斯德研究所。遍布五大洲 26 个国家。有一点特别的重要，就是这个机构构成的网络。它是 19 世纪建立的，于 1924 年以巴斯德命名，今年（2024 年）我们迎来网络的百年华诞，在 12 月会举行一个庆典，希望大家莅临。

这么多年，我们的研究所是如何适应各种不同的环境的？1927 年，我们发现黄热病病毒，而且在此之后，每一次出现一种疾病，就进行病原体的隔离，并且开发相应的疫苗。后面有些在塞内加尔进行生产，有的获得了世界卫生组织的预认证。过去我们也发现了一些新的威胁，在新冠疫情之前，我们刚刚开始了一个非常重要的诊断生产和研发的项目,而且这也给我们一个机会,让我们重新审视如何可以把诊断做得更好,这个涉及使用移动实验检测站,特别适用于非洲地区。这项创新工作,获得了盖伦奖。

接下来给大家介绍我们的愿景和使命,主要希望能够在塞内加尔和非洲,以及全世界推出更公平、更可持续的健康产品。

第一个方面就是要深入社区工作,要能早期发现,因为这种流行病都是从当地社区开始的,我们一定要有特别合适的疾病监测研究工具。

第二个方面就是要加强人才的培养。我们希望能够加强人力资本的建设,给他们进行知识的传输,才能够打造更加美好的未来。

第三个方面就是生物产品的制造,生物产品的制造为什么是我们关注的重点呢?这涉及公平性的问题,发展中国家确实面临这样那样的困难。这涉及各个不同的国家,如果看一下他们的 GDP 就会发现,其实疾病负担最大的国家大部分为非洲地区,占了很大的比例。在这方面我们必须进行大量的投资,而且会产生巨大的经济影响。

如果我们看产品本身,非洲当地的产品和生产的状况,只占了 1%。换言之,非洲 99% 的疫苗产品是需要进口的。说到诊断和医疗设备试剂,只有 5% 是本地生产的,外部依存度非常高,所以自给自足就成为非常重要的问题。在短短几年当中,我们发现未来非洲在改善全球状况当中所占的比重也会越来越大,这就要求非洲找到当地合适的解决方案。

我所在的单位——达喀尔巴斯德研究所,对于我们的战略进行了大量的反思,在盖茨基金会的支持之下,我们也积极对上述问题进行调整和应对。现在我们有五大旗舰型的项目。

第一个项目是跟疫苗相关的,我们将其称为 MADEBA,主要针对疾病免疫和自主,在非洲要加强制造能力。具体使用自培养、mRNA,还有软细胞技术等来加强研发能力的建设,同时通过相应的研究,来实现疫苗的生产。因为每年非洲可能会出现 120 个疾病的暴发,其中 80% 都是广泛影响非洲和中东地区的疾病,在这个过程当中,疫苗就发挥着非常重要的作用了。

第二个项目叫 DAVAX,涉及亚单位和活病毒的疫苗。其实这个方面要取得成功,肯定需要和不同合作伙伴的通力合作。其中就涉及中国的合作伙伴,可以一起合作研发。

第三个项目是 ST Africa,通过整合的方式去做。

第四个项目就是诊断产品的生产,主要就是针对 NTP 在本地进行的加速化生产。新冠疫情期间,我们觉得要携起手来,去解决制造上存在的一些问题。这个就成为我们的愿景和使命,我们的想法是更好地服务非洲,进一步发展健康医疗,提高产能,要进行产品的进一步的细分等。所以我们 DIA Tropix,有一些检测不可用的,还有一些成本太高的。要更好地开拓英国、韩国,还有其他的市场。还要有更好的供应能力,为此我们会收取会员费,承担固定的成本。这些成员只需要支付相应固定的成本。我们还有

CDC、一站式的新冠的检测，还有 WHO，今年有 15 个国家一起参与。我们的费用 40% 是向会员收取的。这个费用一般是少于 1 美元的，40% 的会员会有劳动力的成本。当然，会员越多平台承担的成本就会越高。

第五个项目是 DIA Tropix，是由 IPD 与我们一起建立的生态系统，让你进行更好的产品开发，然后进行相应的研究和检测测试。我们也会通过系统的建立，建立起一些不同的联系点，这样能进行更好的疾病监测。还有一个病毒库，这个时候我们就能进行更好的临床试验。我们现在把它扩大到了西非地区，16 个国家一起协作，用同样的系统和同样的模式，去进行更加早期的检测，然后进行更好的大暴发的防范。其实在新冠疫情暴发之前，我们就开始建立相应的基础设施，我们进行了首个 RLDT 原型的生产，并获得了 ISO 的认证。2021 年，我们受到不同成员机构的支持，这些基金会不仅给予我们一些具体的项目资金，并且支持我们工业化，我们希望通过产能的扩大，能够把这样一些产品惠及整个非洲。

2021 年 10 月，我们拿到了区域的 EUL。其实当时新冠的检测在非洲是非常大的问题，可以看到我们的生产有非常好的质量控制。我们的包装及组装，都是根据 ISO 13485 的标准进行的，当时我们认证也是做得非常快。所以我们想要做的不仅是针对这样的一些疫情，我们也希望我们的产品能够多元化。例如，黄热病、脑膜炎、疟疾都是非常重要的，这对我们的生产商业模式的设计非常的重要。

不管这个疾病是否具有相关性，我们都会找到相应的会员进行工业化的治疗。所以这个也能加速我们工业化的发展，我们也能够按照不同的时间点进行非常好的防范和相应的准备。我们今年还有两个非常重要的项目，一个是 HIAV，一个是 PMIA。除了这两个之外，我们还会评估其他的 INDT。现在整个的环境非常的重要，如果说市场不存在，产品不具有可持续性，因为有些产品利用率确实非常低。除了我们这些热带疾病的监测，我们现在还会做一些主要流行性疾病的监测，如 HIAV、疟疾等影响范围大的疾病。为了做到这一点，我们也会进一步扩大产能。

在第一个厂区，当时我们的产能一年 200 万～400 万次的检测量。后面搬到了更大的工厂，我们一年的产量是 5000 万～7500 万次，这取决于具体的情况。现在我们把这些生产量大的产品线进行转移，最重要的一点，就是要获得相应的支持。我觉得我们要得到不同的组织和机构的支持，我们塞内加尔的前任总统也给了我们非常多的支持，还有非洲发展银行的领导、法国外交部的部长等，给了我们非常多的支持，也支持了一些技术转移的项目。现在英国相关的政府领导也给了我们很多的支持，Pleasure 是我们在欧洲最知名的商学院，在这个商学院里，我们的案例作为一个成功的案例进行分享。我们想要创新，想要吸引眼球的技术，不仅要解决实际的问题，还要吸引商业人士一起进行产品的开发。

这就是我分享的全部内容，谢谢大家！

闻微见著：智能体音大模型引领儿童健康全球合作与发展

孙锟　上海交通大学医学院附属新华医院院长

> 应将人工智能赋能儿童健康保健，并创新诊断技术，缩小全球儿童卫生保健水平的地域差异，降低全球儿童死亡率。

非常高兴受邀参加本次论坛。今天我汇报的题目是《闻微见著：智能体音大模型引领儿童健康全球合作与发展》。题目看上去很高大上，小小的听诊器是不是为全球可持续发展2030年的目标做一点贡献？这是今天谈的主题。

首先是背景，全球健康挑战是非常巨大的。尤其是5岁以下儿童死亡数量，全球有500万人，而且在新生儿出生后的第一个月死亡的大约有230万人，其中9.5%来自全球婴幼儿死亡率最高的国家。基于这个情况，我们主要分析哪些疾病、哪些原因会导致新生儿，尤其是5岁以下儿童死亡。

我是一名儿科医生，是小儿心血管医生，我更关注先天性心脏病。其确实是20岁以下人群死亡的主要原因，所有先天性心脏病需要早期的筛查、早期的诊断、早期的干预。但是目前在先天性心脏病领域，整个筛查、诊断资源是不足的，尤其是低收入国家。

在我国一年新生儿中先天性心脏病患儿有15万人，很遗憾的是差不多有7万人存在漏诊的风险。其中1/3的先天性心脏病患者因为没有得到及时的诊断和治疗，在术后第一年就会死掉。所以我们经济负担是非常重的。

目前对先天性心脏病常规的筛查，就是经皮氧饱和度检测，再加上听诊。但是非常遗憾，我不知道在欧美国家，包括其他的国家，基层对先天性心脏病听诊识别能力到底有多高。我们国家除了产科在出院时会出现漏诊，实际上我们基层儿科漏诊率更高，只有30%能筛查出来。在2016年我们做了全中国的儿科资源调查，发现基层儿科医生的能力与当地5岁以下儿童死亡率密切相关。这不仅是数量的问题，更重要的是基层儿科医生的能力，其中包括听诊能力。这种状况怎么改变？资源分布不均。筛查技术要求高，基层儿科听诊能力有限，我们必须对先天性心脏病的筛查技术做一些创新和推广。基于这个思考，我们前面做了一些工作。人工智能现在是一个非常好的技术，现在有很多这方面的研究，包括人工智能的儿童的心超、智能的听诊、智能心电图、智能预防疾病的预测模型等，这里方法很多，包括神经网络、机器学习、Deep Learning（深度学习）、自然语言处理等。

因为有这方面的优势，我们如何提高筛查的精准度？怎么进行个体化疾病的评估？包括怎么样对疾病做辅助决策，甚至辅助随访？这些可以用人工智能方法去做。基于这些思考，我们前期做了一些工作。因为基层儿科医生听诊能力比较差，很多患者到我们医院看病，往往失去了最佳治疗机会，最后只能进行心肺移植。我们以前的医生经常到农村乡下去筛查，这效率太低。唯一的办法，是提高基层儿科医生的听诊能力，及时筛查出来，转诊到我们这里来，就不会耽误病情。我们前期联合了全国 16 家儿童专科医院，收集先天性心脏病的特征，包括音频、心超报告、检查报告，甚至相关的信息，同时我们建立了多模态的临床数据样本库。我们制定了标准化采集的流程，包括门诊怎么采集、住院怎么采集、采集的流程、临床信息的规范。

对这些样本进行标准化采集以后，我们共采了近 1 万例，形成音频样本，包括临床数据，一期、二期我们都采了不少的病例。在这个基础上，凭借人工智能 Deep Learning 和云计算等技术对这些音频开展分析，以此来判断这个声音是不是属于先天性心脏病特征。很高兴这个系统已经形成，我们现在人工智能听诊器的准确率可以达到 97%，而且获得了医疗器械证，可以作为医疗器械进行应用了。

在这些采集的技术上，很重要的是如何利用我听了三十几年的小儿心血管医生听诊的能力和经验，教给人工智能，然后赋能给基层儿科。这里面很重要的工作，就是信息系统标注，包括对正常心音的分离、异常杂音的标注提取等工作，我们自己研发的技术已经可以做到这些。所以我作为具有三十几年听诊经验的专科医生，希望把我的听诊经验通过人工智能传递给其他儿科医生。

我们在算法方面做了很多探索，比如通过视频能量图开展诊断分析，我们相应开发了一些模型，包括一维卷积神经网络模型、多任务模型等，同时研究怎么样更好地提高它们的精准度。

在云平台方面，我们搭建了应用层、分析层、管理层、采集层、设备层等一系列的云平台。这个云平台有利于通过蓝牙实时传输到手机，进行云计算，再逆向返回到听诊器的屏幕上面，已经完成这方面的开发工作。

我们现在在全国成立了听诊研究中心，希望能够采集更多的病例，更多地赋能基层儿科医生。只要将数字化的音频采集出来，我们就能在云平台上进行计算，这是我们现在在做的拓展工作。

前段时间我们做了一个试验，专门成立了国家卫生健康委的科技赋能儿童计划，启动了慈善基金项目。有的家长说，买个听诊器没必要。基层儿科医生本身的工作负担比较重，收入也比较少，让他买听诊器也不现实。我们就成立了慈善项目，给基层儿科医生免费送听诊器，对他们进行先天性心脏病筛查的培训。我们前期做了一个培训，基层儿科医生能力确实大幅的提高，筛出了很多他们以前没发现的先天性心脏病，说明我们这个项目是有效的。

我们需要更多的、更准确的筛查，不能漏掉尤其是复杂严重的先天性心脏病。我们在人工智能算法方面进行了一些改进，像前期我们用的深度学习的方法，它能够完成二类或多分类的诊断任务，内存资源消耗比较少。但它有个缺点，多类别的效果不好，而且不可能使用自然语言进行互动，因为基层儿科医生如果能够跟人工智能设备进行语言互动的话，可以起到更好的效果。所以我们前期在这方面做了一个探索，叫体音的基础模型，用大语言的模型克服困难。

通过我们的验证，通过几个方法的对比，我们研发的体音基础模型 BSFM 优于其他模型，包括 ChatGPT 等。我们对大模型中对疾病的分类模型也有很大的改进。我们的大模型语言的模型，实际上除了对先天性心脏病的杂音以外，包括肠鸣音、呼吸音，这个方法也是有效的。这个大语言模型，主要利用音频特点、多分类的诊断和推演的任务，引入大模型的语言模型，形成多任务的分析。同时我们针对心音数据的多模态的分析，进行模型的预训练，设计增强的损失的函数。经过这些调整以后，现在的大模型我们同样用语言大模型来做，你问 ChatGPT 一个问题，"以上一段心音，你知道是什么吗？"你看 ChatGPT 回答的是什么？"I am sorry"。这是现有的语言大模型存在的问题，而我们现在这个模型，可以针对心音质量，包括第一音、第二音诊断质量，给你回复。给它一个输入杂音，它会告诉你这个疾病的很多信息。通过这些信息，我们在多模态大数据中取得了一些成果，开始用深度学习的方法，然后进行语音计算平台的搭建，最后我们搭建出基于体音的多模态的大模型。

为什么我们要做这个？实际上我们考虑另外一个问题，我们小小的听诊器，为 2030 年的全球可持续发展到底起到什么作用？我们看看这个数据，实际上现在全球的感染性疾病当中，像肺炎、腹泻、疟疾、创伤差不多占了 50%，尤其是肺炎、腹泻。如果能够早期发现、早期治疗，效果肯定会好。我们想是不是可以用听诊器，用听诊的方式进行早期的人工智能辅助的诊断呢？

因出生地点的不同，儿童生存的概率存在很大的差别。像撒哈拉沙漠以南的死亡率就高，澳大利亚、新西兰死亡率就低。我们的听诊器更需要用于欠发达地区。因为这样的情况，一些国家无法实现 2030 年可持续发展目标。

现在来看，语言大模型建立以后，怎么样解决导致 5 岁以下儿童死亡的肺炎与肠炎问题？在座的各位妈妈最纠结的是什么？就是小孩子感冒、咳嗽。我们用这个体音大模型，希望把先天性心脏病早期诊断出来，这样的模式还可以用于腹泻诊断。而且希望能够把这个大模型用于疾病筛查、疾病诊断、疾病远期的判断。这个大模型的优势是可以统一建模，分析不同的体音，包括心音、呼吸音与肠鸣音。我们研究大模型本来是为了早期识别先天性心脏病的杂音，只要你胃镜是肠鸣音，它同样给你早期的预警、早期的筛查和诊断，有很好的交互方式。

人工智能现在非常热，但是人工智能精准的场景非常少，但我坚信人工智能赋能听诊器以解决我们基层家庭的一些健康的困扰，实际上是非常有作用的。因为我们心音、肠鸣音、呼吸音没有国界，与皮肤是什么颜色也没有关系，只要是肺炎，美国人、中国人、日本人的心音是一样的，既然没国界，我们这样的研究就可以赋能全球中等发达地区，尤其是全球欠发达地区，来降低全球儿童的死亡率，这是我们最终的目的。

谢谢各位！

利用新型快速荧光定量 PCR 法诊断结核病

夏涵　予果生物首席执行官

> 利用新型快速荧光定量 PCR 法诊断结核病的舌拭子的案例，阐明了创新技术在诊断结核病方面的应用，以及微生物诊断的广阔前景。

大家好！非常荣幸能够接到组织方的邀请，来与大家分享我们在结核诊断方向做的一些尝试。作为一家创新创业的企业，我们和大家分享从临床的角度、临床的需求出发去开发一个新产品的时候，所经历的整个的过程。

首先，肯定要做结核诊断。因为结核诊断是有需求的。我们有一个 2035 年终结全球结核病的目标。2023 年在中国可能有将近 80 万个新发的结核患者，他们预测全球有 1000 万个结核新发的 case（案例）。我们怎么样才能终结结核的大流行呢？就有两个方向：一个是更好地诊断、更早地诊断；一个是控制耐药的发生。

作为一家企业，就要从这两个方向去开发，给医务工作者提供非常好的方案。从中国结核的防控角度来讲，2023 年发表的一篇文章总结出我们有 5 个比较大的挑战。区域之间的不平衡，还有一些比较高发的结核的耐药率，在关键的干预点上我们的理解与举措是有偏差的。还有在疫情后的新情况之下，如何在新的基础设施的基础之上，更好的控制结核？

在中国的医疗体系之下，我们有综合医院，也有专科医院。这些医院的职能是不同的。患者有了可疑的症状之后，会去专科医院、社区医院，或者三级医院。每一个点其实都是蛮重要的，都是可以干预的点，不同的机构对诊断的需求是不一样的。在任何级别的医院里面，简单的、干净的样本是一个大的需求。但是在专科医院里面，因为已经诊断了，所以我们要把耐药的表型或者基因型测出来。

我们从予果生物公司的角度，看怎么解决早期发现和更好地发现耐药这两个问题。

首先看早期发现，我们的产品叫 TB Easy，就是我们对舌拭子的诊断。从 2010 年国际的金标准，到利福平耐药的检测，到 2020 年我们基于痰的多重耐药的金标准检测，直到 2023 年 WHO 提出我们要用 TNGS 这样的方法做更好的耐药检测。检测的产品越来越灵敏，越来越方便，基于痰液的样本，我们可能还有 30% 的感染者是未被发现的，这就造成在社区内的传播。痰液为什么有问题呢？

第一，我们在做临床试验的时候，有不少患者没有办法产生痰。你非要让我吐痰，我吐出来的可能是口水。这导致在临床机构检测里面，有些是口水，影响了下一步的检测。

第二，对于医务工作者来说，综合医院里面检验科看到痰液，尤其疑似结核患者的痰液是比较头疼的。第一步要打开盖子做液化，这个痰液是没有灭活的。医务工作者暴露在气溶胶污染的风险之下，更别说我们体检机构里面如果采痰的话，是更加困难的挑战。这导致了一些局限。从2014年开始，不同的机构、不同的组织就开始呼吁我们要去做其他的样本的类型，当然里面有粪便、尿液这样的样本类型，最后明确的舌拭子样本类型是一个比较好往前走的方向。因为用一个更方便、更安全、更简单的样本，其实可以提高我们的检出率，还可以把检测的成本降下来。

我们做了一个文献的review（回顾）。从2015年开始，就有不同的团队用舌拭子做结核诊断的灵敏度的分析，其实差别还蛮大。数字差别大的原因是什么？我们发现一个比较重要的因素，在不同的国家、不同的人群里面，由于舌苔上面细菌载量不同，或者发病程度不同，会导致敏感性的偏移。例如在中国高数据的人群就少一些，但是低数据的人群多一些。

有了舌拭子以后，因为采样的样本更简单，所以它的touch point（接触点）就会更多一些。在社区医院、综合医院、社区筛查点都可以方便地进行采样。在此基础上，我们开发出了基于舌拭子的产品。这个是和金标准去比的，一是它有比较可靠的灵敏度；二是结核在中国来说，经常是一个"穷病"，我们希望把结核的诊断cost（费用）降到尽可能的低。经过疫情的锻炼，我们有很多的产能可以把基于QPCR的产品的成本降得更低，造福更多的患者。

在此基础上，我们做了两项研究。一是临床前的研究，入组了将近900个患者，用RMRS进行了比较。二是地域的选择，新疆结核病发病率比较高，南宁靠近东南亚的边境，也有一些比较高的结核病的发病率，河南因为养了很多的牛、羊，有比较高的发病率，所以我们在这几个省进行了检测。从我们的数据上看，如果我们和金标准去比，总体的一致率达到93.4%。如果我们和MRS比，一致性达到93.3%。

其次就是结核病的耐药性怎么做。现在WHO推荐的方法是用tNGS来做，因为它耐药的位点特别多，尤其是最近贝达喹啉这样的药上市以后，是用QPCR没有办法覆盖的。在tNGS和算法基础上，开发了TBPro的产品。我们在设计的时候，其实国外已经有这样的产品了，它也是非常优秀的产品。我们怎样才能做一个更好的产品呢？测序本来就很复杂，我们要把测序的复杂度降低，首先要把TAP给降低，因为我们可以设计更好的引物，所以我们可以测得更短。

另外，因为采用了更短的引物，我们的检出限可以更低。我们检测系统鲁棒性可以更高，大家看到IOD的CFU是非常好的，基于这个基础，我们开发了刚才提到的TB easy这样的产品。

我们把 TB Pro 和 TB easy 结合在一起,来控制结核未来的诊疗路径。首先用 QPCR base 的舌拭子的检测产品,便宜、方便、安全地去做第一步的筛查。如果是否定的,筛查就结束了。如果是肯定的,在有条件的情况下,我们对样本做耐药的检测,耐药检测出来以后,就可以有更好的治疗方案。这是从我们治疗角度去看。

再次,我们和盖茨基金会合作的时候,就发现其实做好人员的培训是一个非常大的挑战。那么如何去解决这样的问题?我们建成了全球第一台缩微型的 P2+ 实验室。整个机器是 1.68 平方米,由 3 个舱室组成,每个舱室之间的压强是不一样的,空气流控制也不一样,这样可以把 100 多步,甚至 180 步的手工操作变成一个人一步完成。而且对人员培训的要求,可以降到很低。这样可以进一步提高标准化水平和降低成本。

第二个挑战是如何做好数据分析。从生物经济学的角度来说,每一个平台,甚至每一个科研的组织都会不一样。如果我们有非常好的标准化解决方案,能够提高报告质量,提高检测效率,这也是我们的一个尝试。

第三个挑战是如何做好患者诊断。我们认为在人类和微生物的斗争中,有几个比较大的转折点。1660 年显微镜的发明,使我们知道有微生物的存在。到了 1950 年有了培养,后面就有了伟大的 BD 公司的建立。1988 年 PCR 商业化成功了,就有了生物梅里埃和复星医药的蓬勃发展。我们有了比较好的契机,可以把患者诊断数字化,这个数字化我相信会促进下一代诊断的发展。比较大的挑战就是数据的标准化,因为如果不标准,你的数据质量就会很差,如果没有高质量的数据,任何的模型都无法建立。

产业界的办法是提高数据的一致性,在这个基础上开发更多更好的患者诊断产品。我们在上海和北京都有中心,欢迎大家去我们的中心看一看,一起去探讨如何做出更好的患者诊断的产品。

怎么样把舌拭子的产品做得更好?我们基于过去的证据,用新的技术云相专家一起定义 TPP,然后基于新的 TPP,去定义新的产品。在新的产品之后,我们用新的产品产生更多的数据,产生更多的证据,由证据指导我们建立更新的 TPP。其实这是一个闭环的过程,但在这个过程中,挑战还是挺大的,如何更快地定义一个好的 TPP,决定了这个产品的生命力,决定了它能为商业带来多大的价值。对企业来说,这个过程是漫长的,涉及我们怎么样能够把这个 TPP 做好、定义好,怎么样在 TPP 的基础上,开发出好的产品,最后服务患者。企业、科研界、医院、基金会,还有政府,能够找到更好的方法,我们一起携手并进,使从科研到产品变得更高效、更有效,这其实对整个诊断来说是更有用的。

感谢盖茨基金会,还有其他国际组织的支持,在这样的基础之上,我们现在也积极与全球各个实验室积累更多的证据,促进从创新到证据的过程,更加明确地定义舌拭子这个创新诊断的样本的 use case(用例)是什么。在什么情况下我们该用?无痰患者的定义是怎样的?其实有很多没有解答的问题需要我们解答。

人类和微生物的斗争已经很多年了，从当时雅典的大瘟疫，到中世纪的黑死病，到西班牙的大流感，到前几年的新冠疫情，一直在打仗，什么时候能够开发出更好的产品，做到诊断公平？感谢盖茨基金会的支持，能够让结核的诊断时间从一个月缩短到更短的时间。

谢谢大家！

4 圆桌讨论

与生态系统合作伙伴共商中国诊断策略

主持人：

　　苏拉比·多西，比尔及梅琳达·盖茨基金会肠道疾病、诊断、基因组学和流行病学（EDGE）团队高级项目官。

互动嘉宾：

　　马尔·纳吉姆，United Al-Saqer Group（UASG）医疗保健和生命科学执行董事；

　　翁瑞芬，新加坡医疗诊断发展中心副首席执行官；

　　陈春竹，菲鹏生物诊断战略总监；

　　庄焱文，英科新创全球健康总监；

　　施亮，伯杰医疗国际销售部总监。

> 面向全球健康发展需求，论坛聚焦疟疾、结核病等关键诊断产品，围绕如何将诊断产品从研发阶段转化为成熟产品，并在中低收入国家中实现其广泛应用，以满足这些地区特定的医疗需求等话题，展开了一场极具深度的圆桌对话。

苏拉比·多西： 大家下午好，我是苏拉比·多西，来自盖茨基金会，欢迎大家来参加我们今天的圆桌讨论。

首先要感谢主办方对我们的邀请，让我们来一起探讨诊断。其实前面的演讲嘉宾都讲到了诊断的重要性，我们对高质量诊断的可及性是不一样的，诊断及健康医疗能决定我们人类健康的情况，我们看到47%的全球人口其实是没有诊断的可及性的，尤其是中低收入的国家，在初级诊疗的层面只有19%的人口能获得诊断服务。

在新冠疫情之后，中低收入的国家与高收入的国家共同见证了IVD行业蓬勃的发展，这带来很好的机会，能让我们创新发展，并且能有更好地诊断产品的可及性，能够更好地服务中低收入的国家。在中国，我们之前一天有5100万次的检测量，我们看到IVD

的行业吸引了40亿美元风险投资资本的进入。所以可以看到现在诊断行业有了新的趋势，对于中国、印度及其他的中低收入国家有什么样的意义呢？我们怎么样更好地利用政府、机构及NGO，还有我们行业公司的力量，去加速相应产品的开发，提高它的可及性等。在今天的圆桌讨论当中，大家会进行充分的讨论。

在这里我向大家介绍一下我们的讨论嘉宾。

首先我们来看一下，首先是我们的马尔·纳吉姆，医疗保健和生命科学执行董事；翁瑞芬，诊断发展中心首席执行官；陈春竹，菲鹏生物诊断战略总监；庄焱文，英科新创全球健康总监；施亮，伯杰医疗国际销售部总监。

首先请各位进行简单的自我介绍，给我们描述一下你们公司的情况，以及你们所做的工作。

马尔·纳吉姆：大家好，我是马尔·纳吉姆，是医疗保健和生命科学执行董事，之前是一名外科医生。我们公司主导相关医疗行业的创新，在10年前加入了阿布扎比的医疗健康部，主要负责在阿布扎比创建科学的生态系统，我们吸取新加坡、中国及爱尔兰的经验，创建了非常好的基础设施。现在我们负责新冠的应对产品，其实新冠对我而言，是非常难忘的一次体验。我不仅通过新冠疫情了解了全球医疗健康产业的复杂性，包括我们的地缘政治、经济及其相应的影响，也知道经济、政治、社会及方方面面，其实都在互相影响，所以大概在一年前，我加入了现在这家公司。现在主要负责一些投资计划战略的制定，比如怎样更好地服务中东和南非地区等，怎样更好地服务我们整体的环境和人群。我们也要好好思考怎么进行投资，优化我们最终投资的回报。

翁瑞芬：大家好！我是翁瑞芬，是诊断发展中心首席执行官。我给大家讲过DXD是新加坡政府创建的一个平台，主要关注的是诊断行业。我们帮助这些诊断产品把IP转化为商业化的产品。在过去的9年时间里，我都负责这块儿的工作。我自己的背景也是生物技术方面。所以我坚信要做好诊断行业，一定要搞清楚怎么样找到正确的患者，给他们提供正确的治疗，在他们发病之前，更早地发现他们，然后尽早地让他们看医生。所以DXD的关注核心，一直是怎么样发现这些关键的医学及健康行业的需求，然后更好地为诊断赋能，更好地找到最佳的IP，最后把它们进行转化。

在民营经济领域，我们在探寻怎么样更好地开发我们的能力，如帮助一些成熟的产品进行上市前的注册；怎么样更好地优化它的生产能力；怎么样从经济及商业可持续性的角度，更好地让它们服务更多的患者。所以DXD其实就像一个赋能的机构一样，在这些诊断产品的整个生态系统中做出我们的贡献，然后能够直接和间接对它们产生积极的影响，来构建更好的生态系统。

陈春竹：大家好！我是陈春竹，我的博士专业是遗传学，博士学位是12年前在中国科学院获得的。自此之后，我的整个职业生涯都致力于产业界的发展，特别是IVD体外诊断行业的发展。我之前在企业做过管理，做了6年的时间，也做过3D药物，做了5

年左右。现在在菲鹏生物做战略总监，主要希望能够推动技术创新和上市战略的实施。

庄焱文：大家好！我是庄焱文，是英科新创全球健康的总监，我们是一个中国的 IVD 企业先驱，在中国 35 年了。我之前在私营医院工作过，在 IVD 行业的工作经验超过 5 年了。在聆听了各位发言嘉宾就公共卫生行业贡献的真知灼见以后，我认为诊断行业确实能够促进这个目标的实现，在未来我们非常高兴能够和大家共同讨论诊断技术的发展。

施亮：大家好！我是施亮，经济学出身的，我 2007 年开始在医疗器械行业工作，当时主要负责一些医疗器械的销售和市场营销工作。2014 年我开始做 IVD，特别是即时检测方面的相关器械。当时的主要产品是凝血功能检测仪，以及关于心脏标志物和炎性标志物的即时检测医疗器械。这些工作经历，让我更好地了解到基层诊疗层面，以及医院具体科室对这些检测技术的需求，与实验室的视角非常不一样。

我现在在伯杰医疗工作，我们公司在 PCR 分子诊疗检测方面发挥着非常重要的作用，特别是在中国经历新冠疫情期间，我们也提供了 20 亿剂次的检测试剂，这个数据的体量还是非常惊人的。通过这种方式，我们为抗击疫情贡献了一分微薄的力量。目前我们特别关注的是分子诊断技术即时检测工具，因为在我们看来市场上对这类产品的需求非常的强劲。我们把自己的经营理念总结为 4A。

第一个 A 是加速。我们需要改进检测方式，让结果出得更快。

第二个 A 是价格更加低廉，特别是中低收入国家要更可承受。

第三个 A 是可及性，要从多个维度看待产品可及性这个问题。对于检测试剂来说，我们认为它应该在室温当中进行存储，毕竟我们所面对的客户至少有一部分是生活在农村地区，他们没有专门的存储设备，或者没有低温的存储设施。所以我们整个系统需要更具可及性。例如，检测系统的设计最好能够像 iPhone 一样，不需要专门的用户界面，也可以完成检测。

第四个 A 是我们的产品能够易于读取，结果能够易于上传，这也是可及性重要的组成部分。因为诊断毕竟只是整个闭环的一个组成部分，在完成了检测之后，作为医疗机构，必须要上传数据、分析数据，并且据此开具处方，这是我们的 4A 主要理念。

苏拉比·多西：首先想问大家几个问题，之后可以请台下的观众向各位提问。作为主持人，我想问的第一个问题，其实大家刚才在自我介绍中已经提到了，能不能提一下你们当前的工作重点和诊断、分子检测顺序有什么关系？

马尔·纳吉姆：非常高兴能够来到这里，目前我工作的重点就是发掘新的投资机会。希望能够最大限度发挥作用，获得最高的投资回报。

说到诊断，可以说是现在我们投资最关注的领域。回顾过去的 10 年，不难发现，诊断技术取得了长足的发展，创新人员、研究人员、企业家迫切需要找到新的诊断解决方案。在座的各位医护专业人员，当然很多人年龄和我非常接近，大家还记得 10 年之前，医疗领域出现了一个比较大的挑战，就是同样的工具、同样的程序，在发达国家可以获得，在很多中低收入国家确实难以企及。

另外涉及产品质量，这在很大程度上都是和操作人员有关系的，之前有位嘉宾讲到用听诊器来做听诊听音，这种器械给专业人士提供了诊断的工具。我记得自己在上医学院的时候，我们的教授让我们在医院当中来听患者的心音，当时同一个屋里有100个人，教授希望我们知道这项工作的难度，并可能导致误诊。而且我们在毕业的时候没有一个人能够把听诊做得特别精确，刚才说的听诊器就是非常重要的工具。

另外一个例子，如果我们需要通过X射线诊断肺炎，那肯定需要有X射线机。这需要占用很大的空间，还需要消耗能源。过去10年当中，技术取得了长足的发展，这个时候我们的听音设备也取得了长足的进步，现在要进行肺炎的诊断，我们可能通过其他的设备就可以完成。例如，现在有一些眼科的诊断设备，就可以让我们了解就诊的患者是否存在高血压、是否有糖尿病等。过去的那种占地面积很大、技术要求非常高的基础设施，现在已经不再需要了。随着技术的进步，高质量的诊断技术已经得到了普遍的推广，这也让我们能够在世界各地更加准确地判断疾病。

另一方面，随着技术的进步，过去有些国家没有参与到技术研发的过程中，但是他们现在能从技术的进步中受益。例如，非洲、中东、南美、亚洲的国家，这些国家过去只是使用先进的西方国家的技术，但现在他们提出要开发自己相应的技术，这实际上给我们整个行业的版图带来了巨大的挑战。过去他们只是被动的技术的接收者，但是现在越来越多的技术、越来越多的解决方案都是过去被动接收的这些国家和地区提出的，这也是我们现在投资的方向。但是现在投资更多关注分子诊断、细胞诊断、基因诊断等，另外还要和人工智能技术结合。

翁瑞芬：刚才马尔·纳吉姆博士从投资的角度谈了对于诊断的关注，传统的风险投资不愿意投资这个领域，因为这方面投资和普通的医药产品投资，不可同日而语。而在支付领域，更多关注药品而不是诊断，因为他们也要考虑到支付意愿。

另外我听到大家说诊断当中要结合数字技术和人工智能技术，也觉得特别高兴，刚好和我们在DXD关注的几点高度契合。我们作为新加坡国家平台，特别关注以下几点。

第一，希望进一步加强我们综合的能力，其中包括诊断能力。

第二，我们希望能够充分理解企业商业模式，特别是针对新出现的数字化诊断技术及数字诊疗技术。之前我听到孙锟老师说用非常简单的听诊设备解决医疗中儿童出现的先心病问题，觉得特别高兴。未来我们也希望能够加强跨学科的诊断产品的开发能力，在2014年的时候我们也特别关注体外IVD试剂，我们认为IVD体外诊断能够产生大量的数据，让我们更好地了解人体生理特征、体内生化指标的变化，找到最佳的治疗方案，不管是个人层面还是整体人群层面。

但是当我们看待复杂疾病，特别是慢病，其实我们也知道不可能只关注某一组生化标志物，或者说不可能靠一组数据就知道该如何对一个慢病患者进行治疗。因为它们有不同的敏感性和特异性。所以在 2016 年和 2017 年的时候，DXD 就开始加强自己的数字能力建设，因为我们未来的诊断发展，第一是多模态的，第二肯定是要实现更好的互联互通，就是要把分子、蛋白、抗原，各种临床的角度都要综合在一起，融合各项成像技术，提高整体诊断的水平，让诊断结果更加可信。在此基础上，指导患者进行管理和治疗。所以现在我们特别关注这种综合能力，我们也做 QPCR，但是我们不只关注 IVD 为一个试剂，而是要综合性地研判，减少一些手动解读的误差，改善我们的工作流。

未来我们要做的是继续加强我们的技术能力，把不同的能力进行更好的整合。现在我们第二个要点和重点就是商业化。很多时候大家觉得诊断产品是我们医疗健康体系的额外成本，其实要理解诊断的价值。例如，基于诊断结果，我能够改变患者的治疗策略，可能要换药。诊断其实是种投资，而不仅仅是一笔开销。这样我们就能够有更加有效的医疗模式，从更深层次的角度来看，更好地把一些金融式的模型转化为商业成功的模式，去实现成功的商业化。

马尔·纳吉姆：这里我想补充一点，我觉得你提到很重要，有时候大家觉得有信任的缺乏，其实不一定是真实的。在投资界，大家可能对诊断缺乏信任和信心，其实不一定是这样。

例如，有一些新药大家都知道是需要投资的。但是我的一个观点是，为什么诊断这么具有吸引力呢？诊断在进行扩展，它之前可能只是一个诊断疾病的工具。例如，患者到医院来要用到这些诊断的工具，进行疾病的诊断。以前是这样的情况，但是我觉得现在它变成了一个创新型的工具，我们谈到基因检测、多组学、新的检测，所以你可以看到有非常多不同的创新，这个时候我们就会谈到预防。现在可以做不同的检测，去给这些患者进行筛查，甚至在发病前五六年，我们就知道他可能发病，然后进行预防。

现在我们的诊断能够提高健康服务的水平。例如，通过诊断，我们能够知道哪些蛋白的水平有了变化，哪些维生素的水平有了变化，以及如何延长器官的寿命。基于这样一些诊断检测的结果，可以做出更好地判断，新型的诊断变得更加便捷，这不仅只是一个床旁的检测了。很多时候我们可以看到有不同类型的检测方法，也都是可用的。

还有 DNA 的检测条，同一天你就能拿到检测结果。就像新冠自检的试剂盒一样，你可以自己做不同的检测。例如，去健身房锻炼的时候，就能够简单做个 ECG。现在还有连续血糖监测仪，可以持续进行监测。所有这些新的技术都在推动诊断行业进一步发展，并且使诊断行业成为健康行业重要的一环。当然不同的国家情况是不一样的，之前诊断的占比只有 2%，但现在有的国家达到了 20%，我觉得可能会有进一步的增长。我们希望进一步增加它的可及性，如果说投资人看不到这点，这将是非常大的遗憾。我觉得很重要的一点就是要加强与投资界沟通，让我们了解诊断的价值。

苏拉比·多西：谢谢你们的分享。我们知道在不同的层面，诊断确实都会有不同的需求。接下来我就把话筒交给陈女士。

陈春竹：谢谢多西女士，我们公司的第一个重点领域是传染病。菲鹏生物是2001年创建的，过去23年我们关注的都是一些传染病，像疟疾、艾滋病，还有丙肝、乙肝等，包括一些呼吸道的疾病。我们看到HIP的检测试剂，它有最高的敏感性，它的检出最低线是0.3，这个在全球仍然是最佳的灵敏度。

在疟疾的检测方面，因为现在HRP23的缺失，导致疟原虫检测困难，但是我们现在有非常好的试剂。除此之外，在新型的传染病、H1N5及猴痘的检测方面，我们都有相应的产品，并且我们的产品已经完成了非常多的迭代。最近我们看到猴痘的一个最新的产品，LOT大概是1 g/L，这些疾病领域就是我们的优先项和重点项。

第二个重点的领域就是AI的技术。人工智能能够对我们的产品进行更好的赋能，让它变得更加精准，并且我们还会关注先进的平台。例如，进行抗体的开发、单细胞的开发。还有将这些平台整合起来，开发创新性的产品，这就是我们现在的主要的工作，以及重点项目。

庄焱文：对于英科而言，过去30年都很关注创新产品。第一，我们有个检测平台，在生成的技术方面，我们主要的专注点是进行程序的更新，希望能够研发出一些赋能性的技术。最近我们开发了新的产品，能够赋能抗原分析，提高特异度与灵敏度。我们首先会使用这些技术，也会尝试将其应用到其他的一些疾病的领域，这可能对灵敏度有更高的要求。通过这些方式，我们会看到一些可扩展解决方案的更新。

第二，在分子学领域，最近我们也整合了8项核心技术。有相关扩增技术，有相应的冻干粉技术。我们通过这样的集成，减少了需要的设备数量。之前需要不同的设备进行PCR的扩增，还需要不同的设备进行检测。我们在简化这样的解决方案，让我们的诊断能够去中心化，让我们的诊断有更高的质量。

第三，自检已经成为诊断行业的未来趋势，所以我们的诊断也希望能够变成更具有预防性的路径技术，我们希望能够更好地利用这些技术平台来进行自检，然后把它跟我们的分子学的检测进行一个结合。

施亮：客户的需求是非常多元的，所以产品组合也要多元化，才能够满足不同的需求，但是资源有限。我们是一家500人规模的公司，资源有限，主要专注于分子诊断的领域。我们的目的是开发一个手持式的检测设备，然后用电池驱动，希望这个产品用在低中收入国家的初级诊疗当中。

在4A的原则之下，现在这个技术其实能够满足它的需求，我们现在的flow检测时间是半分钟，非常快，也有非常好的价格，在新冠之后，我们有非常好的趋势，怎么样用侧向流动的检测？在准确度方面可能存在一定的缺陷。我们现在也希望将分子诊断的技术用到自检及初级诊疗当中。谈到分子诊断，其实我们有很多不同的技术，有很多不同的路径，如 IPA 等。当然不同的技术有不同的优劣势，如 RT PCR 的成本非常高。在进行信息的最终分析之后，我们选择了一个相对比较创新的技术及路径，叫作温差技术，我们有两个温度的设置，我们使用这项技术让酶停止运行，所以这是非常创新的技术。

还有检测的 Panel，在未来我们有计划去把 Panel 扩大，但是现在我们主要关注的还是基因性传播的传染病。

苏拉比·多西：非常感谢，我听到的主题就是使用人工智能创新型的技术、分散式的技术，实现技术应用的下沉和基层使用，非常感谢大家的分享。

接下来想问一个问题，大家刚才都提到了一些必要的检测技术，要让它们对普通人群具有可及性，面对的挑战是什么？是政府的支持，是监管层面的，是研发层面的，还是其他层面的？要克服这些挑战，你打算怎么做？施亮，您怎么看？

施亮：因为我们所选择的技术路线创新性非常高，没有之前的成熟商业产品进行验证，所以在技术细节层面我们有很多需要迫切解决的问题，这也是最大的挑战。但是我们的目标非常明确，希望能够达到 3A 的级别，就是要可负担，要快速、准确，要可及。

庄焱文：从生产企业的角度来说，就是要生产稳定性高、质量高的产品，同时保障患者的安全，这点非常的重要。对于我们来说，如何保证在小批量生产的同时，依然能够高度有效？这是我们每天需要思考的问题。当然现在我们还需要更具创新性，要探索开发更加先进的具有过程性、分析性的技术，从研发到过程工艺到产品成型到销售的方方面面。

我们刚才跟大家提到了横向流式技术平台用于产品标记等这种新技术的应用，要做好验证环节，这种验证需要合适的方法，需要全面、合适的条件，涉及产品、湿度，以及样品的可用性等。只有所有这些问题得到妥善解决，产品才能批量生产并上市。要克服这些挑战，我们要确保尽量做好验证工作，如硅基性平台，其实我们做了 150 多次的验证实验，涉及可用性研究就已经做了 40 多次，总体工作量还是非常之大的。在这个基础上，开展临床研究，但是现在一方面要确保产品的质量；另一方面要确保患者使用这个产品是安全的。这既具有挑战性，又令我们觉得非常兴奋，因为我们现在孵化的是全新的平台，在孵化的过程当中，我们积累了经验，并且有可能将这些经验应用到疾病控制领域的其他方面。同时推出的这个产品更具有针对性，也是非常好的，从而为公共卫生事业做出自己的贡献。

陈春竹：说到我们面临的挑战，有 3 个方面。

第一是信息获取非常有限。现在的信息基础设施往往是不足的，疾病暴发的信息在企业层面是有滞后性的。

第二是样本采集存在一定的难度。大卫在发言的时候提到了临床层面的样本采集对于研发工作的重要性，我们需要基因测序才能决定分子结构和肽链结构。我们必须使用当地采集的样本，但是大部分的企业没有足够大的当地网络，要找到合适的用于验证性测试的样本非常困难。

第三是价格。价格水平在很大程度上决定了一个产品的可及性。企业有的时候必须控制成本，有定价权。但是企业要有这个定价权的话，一定是要有批量生产的能力，同时也要承担自己的社会责任，所以就要找到合适的定价水平。所谓合适的定价水平，一方面有足够的力量，保障整个供应链和企业在商业上是可行的；另一方面也能够承担起自己的社会责任，贡献于公共卫生。

至于我们菲鹏的观点，首先我们有着自己非常明确的使命，菲鹏的主要使命就是让我们的诊断产品能够尽早进入市场，这个产品是可及的，是可负担的，是准确的。而且我们认为现在的价格水平还是比较合理的。其次我们希望我们的产品性能非常卓越，同时具有成本效益，毕竟我们在这个领域深耕超过20年，给我们各方合作伙伴都提供了支持，我们是引领研发工作，让产品最后具有成本效益的。

在今天的发言中已经提到过，世界卫生组织的预认证对于产品的成功非常重要。21个获得世界卫生组织预认证的艾滋病药物中有6个，10个获得预认证的疟疾药物当中有7个都是使用我们的产品。我们希望通过技术转移，通过材料推出全方位的解决方案，尽量能够做好自己的工作。

习近平总书记提到，我们应该加强和非洲国家之间的合作，助力非洲当地的生产，特别是医药产品的生产。希望助力非洲国家加强本地疾控中心的能力建设。事实上菲鹏加入了这项工作，我们也和很多的非洲国家的政府卫生部门、非政府组织等加强了合作。最近我们也和当地的合作伙伴加强了疟疾产品的推出，以加强在非洲当地做好疟疾检测工作。

苏拉比·多西：非常感谢，您刚才的总结非常到位。第一要合理的定价，第二要低成本的当地生产，还有支持当地生态系统的建设。非常感谢！

翁瑞芬：我完全赞同各位提出的观点。刚才提到如何把创新部署到真正的产品开发的过程当中，我们如何能够确保在生产过程当中，做好质量控制，如何做好定价工作，其中一部分涉及信息方面的不对称，以及在沟通方面的各种问题。而且我也注意到，刚才主持人提到了在诊断领域使用人工智能。我简单谈谈，我认为当前我们面对的一大挑战，我们现在部署数字诊断、数字治疗面对的最大挑战，并不是算法或者模型。现在无论是大语言模型，还是各种数字化的能力都已经取得了长足的发展。关键是我们如何来使用，或者具体来说我们如何在使用这些模型的基础之上做好质量控制；使用什么样的数据，我们如何制定相应的验证战略和程序，以确保我们在使用这些工具和布局的时候，评估是全面的。

其实这一方面的挑战并不只是数字诊断所特有的。在我们经历新冠疫情的时候，在市场上有很多的流式技术检测工具，大家都在纷纷进行报道，都在做分析，而且当时就问出了一个问题，就是"面对这么多的产品，在政府进行采购的时候，应该优先采购什么样的产品？"当时的卫生部就觉得这个问题非常棘手，因为数据海量，做好数据解读是有一定难度的。所以当时他们找到DXD，因为我们是全国性的平台，他们希望我们有标准化的评估方案，涉及方法学，涉及检测的复现性，还涉及生物裁剪、标本指标等。因为只有建立全面评估体系，才能够对不同的产品进行横向比较。然后从中选出最好的，在这个基础上进行选择，选出最好的检测试剂盒在国内推广。

如今我们做数字诊断检测开发的时候，也需要类似的过程。现在很多的临床机构都可以提供数据，但是对这些数据要做好质量评估，这就要求我们有一套很好的评估方法学，做好方法的验证，也做好前期的知识产权相关工作。在两个层面真正推进数字化的诊断工作。

第一，提高我们检测的效率，如图像分析、X射线检测等。

第二，把多模态的临床信息进行有效分析，指导临床决策，并且反馈回来，帮助医师更好地开展患者管理。在这个过程当中，很多都要涉及AI和数字技术的使用，但是要应用这些工具，一定要有标准化的方式对这些算法进行评估、验证等。

马尔·纳吉姆：非常感谢。如果你问我未来主要面对的挑战有哪些，我会说主要是在宏观层面。新冠疫情时期，世界各地都受到了政治、地缘方面的影响。其中有一个相对好的影响，那就是政府更加关注医疗卫生事业，而且企业也更加关注开发新的解决方案，投入非常多的资源，不仅仅只是金钱，也包括监管。新冠疫情期间产生了很多不同的解决方案。

很多人介绍了新冠疫情期间的应对经验，包括新加坡的经验等，我觉得我比较担心金融危机、经济危机或者地缘政治的危机。它有这样大的危机，才会引起大家的注意。现在我们这么多的公司开发不同的解决方案，这些危机已经过去了，相应的投资会下降，他们又去寻找新的项目。现在基本上没有人注意新冠了，但通过这个经验，我们还是应该有所学习，因为我们要记住之前好的经验，也要记住做得不够好的地方，要吸取教训。

我们的一些决策者，包括政府的决策者，当时可能面对两难的局面。那就是在诊断行业，选哪一种诊断支持行业的发展？当然我是从企业家的角度去谈这个事情，你的公司要开发不同的诊断产品，其实很多时候他们会到政府这边，说我们有这样的解决方案。我建议大家可以带着问题来，不要一直都是带着解决方案来。然后你要告诉他们，你们现在面临什么样的问题，先跟他们提问题，然后再说你有一个解决方法，能够解决这个问题。

我一直关注的点，其实跟盖茨基金会也是一样的，像疟疾、HIV都是我们面临的共同的问题。我建议从上到下列出我们需要面对和解决的问题。然后看一下这些问题哪些是最紧迫的，也要告诉决策者他们面临的最大的问题是什么。作为一个投资者，我们在做投资之前，肯定要把它彻底搞清楚。有时候其实95%的解决方案就在问题本身。最后还有一点，AI 现在已经成为高频词，大家每天都会谈到 AI。我会说不要说做 AI，要说我有个问题，AI 可能能帮忙解决。以我自己的经验，还有 GCC 及其他的一些国家，他们其实想要的是数据，所以数据量越大越好。

另外，最重要的是不仅要收集数据，还要对数据进行验证。我们在开发的时候，要注意解决方案在生物学、物理学及化学方面的表现，还要注意解决方案在 IT 方面的问题。我们做床旁自检，他们有时候只会告诉你是或者否的检测结果，就像妊娠检测，就会告诉你是否怀孕了。我想接下来的解决方案就是自动上传所有的数据，我们看到人干预越少，数据传输的流程其实会越完美，然后出现的问题越少，便于将这些数据输入中心系统。

医生要到患者身边进行体温、生命体征的检测，才能判断如何治疗。现在我们有了 AI 技术，对于医护人员而言，能够减轻他们的一些负担，还会降低成本。我们谈到血液检查的机器、X 射线检测的机器等，包括使用一些简单的方案检测前列腺癌，所以我们现在所有的信息都能够输入我们的手机，也能够通过应用进行呈现。我很多时候都会说医学界，以及健康界，其实它是艺术，不是科学。我们就像梵高、像毕加索一样，其实是在做一件艺术性的事情，我觉得 85% 的医疗其实还是科学，但是最大的问题就是没有标准化，这就是为什么我们有这么大的变异性，导致我们最终服务的质量不高。

所以我们要标准化、科学化，这样我们医生就能够更多地从事艺术的这部分工作。这个就是我想跟大家分享的。

苏拉比·多西：这里我想补充两点，也是刚刚我自己想到的，我觉得要从低级别去关注我们用户的需求，创建相应的用户案例。还有最重要一点，有了数据之后，要能够进行验证，这样子才能够在下游中用到这些最佳的用户案例，并且用到我们的 AI 技术，谢谢您的分享。

我们还有另外一个问题，我觉得这个问题前面讨论过了，那就是诊断产品是不是你们现在业务的一个中心或者是业务的要点。

庄焱文：你是想说技术转移吗？

苏拉比·多西：你们现在主要的产品是什么？

庄焱文：就是手持分子诊断系统，我们用的技术其实叫对流温度变异法，跟传统方法不太一样，跟 RT PCR 也不一样。我们认为这个在准确度，以及在成本控制方面是最佳的技术。

谈到设备的未来，我们希望更容易地上传数据，所以我们会得到相应的检测结果，检测的结果能够通过云端进行上传和连接，产品也有这样一个特性。还有一个检测的 Panel（控制板），现在我们主要关注的是性传播疾病，未来也希望能够把检测的 Panel 进行扩大，包括 UTI。

像血液检测等，我们也会做一个应用。我们公司要做一个检测，现在是用侧向流动的技术，有非常高的灵敏度，所以能用来进行抗原检测。我们会检测疟疾、PQS、PV 等，基于相关平台，进行非常好的疟疾的监测。

有很多国家采取抗击疟疾的战略，我们的诊断技术也能进行快速诊断。另外，针对 HBV 分子的检测，现在非洲很多的国家也在进行相应的开发。

还有一些冻干粉的技术等，我们也在做一些去中心化的解决方案，包括高温、高湿的环境之下产品的开发，希望能够有更好、更合适的产品有效期。这样的设计能够减少人操作的步骤，是未来我们想要开发的一些分子诊断的平台和技术。当然我们现在有一些能够直接使用的技术，也希望能够与中国公司合作。

陈春竹：对于菲鹏，我们关注免疫技术相关的检测。在这里面我还是想向大家介绍一下我们的核心产品，首先是传染病的监测，这里介绍一下我们的数据，我们 HIV 的检测，是 0.3 国际单位每升。对于疟疾，我们也可以去做耐药的检测，每升 20 个国际单位。像 HRP 三期缺失的疟原虫，我们也是可以检测的。还有新冠、猴痘等，我们现在也有一些检测的工具。

然后讲一下我们的性能数字，像猴痘检测的检测线按 CTV 的值，稀释后的样本检测线大概是 30。新冠的检测产品，我们也进行了 5 次的迭代，每一代的产品都有最佳的性能。现在我们稀释过的样本的检测线按 CTV 的值，是 33。我觉得这个性能是非常完美的，放在全球我们可能都是最好的。

总结一下，用我们的专业来实现一些高质量，并且具有成本效益的诊断解决方案。我们把自己定位为领先的上游平台公司，欢迎大家与我们合作，我们的使命是帮助我们的客户生产最好的产品，造福全球的患者。谢谢！

翁瑞芬：在这里想与大家分享的观点，既包括了技术的角度，也包括了疾病的关注领域，毕竟我们也是特别关注疾病防范检测。有几点技术关注的领域，第一就是基因组学，如何将其用在诊断当中？在人口学层面开展精准的诊断和护理，这其实也和新加坡的健康卫生优先重点相关。过去几年，新加坡卫生部特别强调要有一个"健康新加坡"的项目。简单来说，在这个项目框架之下，我们需要有先进的技术，发现可能患病的人群，进一步开展有效地医护干预措施，并且在全国层面更加有效地开展医疗资源预算的管理。所以我们也需要从产品设计、运营及分析的角度，开发基于基因组学的产品，要降低产品价格，同时保证产品质量。

在基本的医疗护理点，我们也希望能够有即时使用的诊断技术，如分子诊断。在横向流动技术中，结合分子诊断的技术，既能够降低成本，又不影响检测的质量，同时缩短检测出结果的时间，让之前基于抗原的横向流动技术的成本更低一些。

另外，说到基于 AI 的数字技术应用，之前也与大家分享过，希望我们能够实现部分过程的自动化，提升效率。未来我们也希望通过这种方式，进一步通过数字诊断支持医疗决策。这也是我们现在特别关注的一些技术重点。

再说疾病，一个是慢病的管理，如肿瘤的管理；再就是心血管疾病的诊断和管理；现在我们特别关注女性和儿童的健康。我们如何充分发挥诊断的作用？针对像新加坡这样国土面积小的国家，诊断可以更好地发挥人力资源的作用。

第三个关注的点就是传染病，不仅要关注新加坡国家层面的疾病防范平台，作为DXD，我们也需要看所谓的和平时期、非疫情时期传染性疾病的可能性。所以我们也和各有关单位开展了合作，包括临床实践人员、科研人员、高校教授等，与他们共同讨论各种不同的疾病，特别是脓毒症的情况。

马尔·纳吉姆：今天非常高兴，刚才大家表达的观点与我的观点几乎一致。我们现在的投资也非常关注刚才说到的几个领域，如基因组学，还有多组学的研究。在阿布扎比，可能有70万人已经完成了测序，在阿联酋测序也是达到一定比例的，这就有不少的临床数据。在阿布扎比我们也在积极地使用数字化的技术，刚才新加坡的代表提到了数字化技术的应用。而在我们这边，我们也在做类似的事情，毕竟寻求医疗帮助的人他们可能在就诊的过程中，要登录系统，这里记录了他们的基因表型、遗传学的信息等，当然这一切都是在公平、透明、自愿的基础上的。我们也希望把这个系统和个人的情绪打通，例如我们也会了解他们的情绪，如何来表达情绪，有什么爱好等。然后将这些信息融合在一起，在数字世界打造一个数字孪生体。这也是我们现在打造的4.0版本，我们认为在未来10年，在开发产品过程中，不再需要进行临床试验，只要有数字孪生世界当中的受试者就可以了。这也是我们希望实现的一个愿景。当然，对于监管机构来说，如果要把现有的这些规则做出相应的调整，以适应未来不需要开展临床研究，即对医疗和诊断试剂进行批准的状况，这肯定是存在一定的挑战的。但是我们现在已经看到类似的趋势。例如，在药物发现的过程中，我们有一些药物在候选的过程中即使不做动物研究，也可以进行一期和二期临床研究。

另外，针对要问的问题，我们现在的问题是解决过去的问题还是现在的问题呢？其实是希望更好地预测人类社会在未来可能出现的情况。例如，在未来的10～20年，我们会面对什么样的人口结构？毕竟那时的人口、社会和环境都会发生巨大的变化，如果哪个企业家在未来能够抓住这个机会，相信会取得巨大的发展。这就要求针对人类在未来10年、20年、30年当中可能出现的问题，有一个预判。

我们也鼓励大家能够抓住大数据、数字化、人工智能所带来的优势，抓住这个机会。

最后，针对我们现在做的这些理论化的工作，不管我们在纸面上谈得多好，在实际落实过程中，肯定会碰到这样那样的挑战。所以在未来我们就要管理好自己的预期，因为作为一个企业家来说，一定需要具备这样的能力，毕竟我们不管规划得有多好，多具有前瞻性，真正到实施阶段肯定会出现这样那样的问题、这样那样的挑战，这就要求我们需要具有合作的意愿，而且是非常迫切和强烈的意愿。通过新冠疫情我们清楚地看到，要应对挑战，必须加强合作，在疫情过程中，最愿意开展合作、能够开展最广泛合作的这些国家和地区，也是应对最好、发病率最低、恢复得最快、死亡率最低的。这也是我们要时刻记住的一点，就是对自己开展的工作，不要有保守封闭的心态，而是要积极开展合作，拥抱合作。

苏拉比·多西：非常感谢您刚才跟我们分享的观点。现在看看各位观众有没有想问的问题，可以跟嘉宾互动，可以让观众和嘉宾交流一两个问题。各位观众，对台上的嘉宾有没有想问的问题？

提问：先说一下新冠疫情，之前我们提到100天的使命，有100天左右的时间开展诊断、开发疫苗，然后治疗病原体。我想问一下你们公司有什么样的策略，在100天内做好EULA呢？

翁瑞芬：我先来说，您刚才问的问题也是我的KPI。刚才阿马多·萨尔博士说得非常好，这方面的投资越来越多了，人们也知道诊断发挥的重要作用。在非疫情时期，大家似乎已经忘记了新冠疫情出现时各种各样的情况。现在让企业家在这方面能够保持持续关注，从我们的角度上来说，这就要求我们不仅关注某一个特定的病原体，还要在我们国家有两到三个支柱。

第一，要考虑这个产品在疫情期间使用的情况。

第二，在非疫情期间要做好哪些筹备，例如现在针对猴痘要做好未雨绸缪，就是刚才提到的基于抗原的流式检测技术等。所以我们和新加坡的企业保持着非常密切的关系，即使在非疫情期间也非常关注抗原的诊断技术有哪些特别值得关注的。然后在这个基础上，找到合适的方法学，并且将其进行常态化、机制化，做到在疫情期间能够快速推出，并且即时检测。

另外，我们如何知道下一场疫情可能是由哪个病原体所造成的，这就要求我们在进行诊断的时候不能只关注人类，而要有一个更加广泛的视角，包括化学检测诊断、环境检测诊断、污水的监测等。我关注的领域的另外一个团队，也会收集来自动物环境当中的数据，将其与医院当中的数据进行横向的比对。

然后说到制造企业，要求我们跟其他的生态企业开展合作。看待诊断需求的时候，不能只看人，而是要关注动物、环境，甚至也要关注食品等。在这个基础上，建立一个完善的供应链。只有这样，在疫情真正暴发的时候，我们平时打下的这些基础，很多的供应就可以在短时间内跟上。

马尔·纳吉姆：对于我来说，疫情让我意识到3个问题，因为疫情是让人们团结的一个重要的契机。现在有了这个平台，就要学会充分使用。

刚才说到百日计划，过去开发一个产品，让这个产品获批要打通不同的专业壁垒。毕竟这个过程，整个链条很长，从开始的创意到最后的产品上市，每个阶段都要有通力的合作，要调动自己的专业背景知识。这时候我们需要把所有的资源汇聚在一起，让大家进行决策。只有打破不同专业之间的壁垒，才能够提高我们决策的效率。你可以看到在平台上，最重要的一点就是做好这样的对齐。例如，在开发一个产品时，如果说产品能挽救 A、B、C，甚至每个人的性命，这个时候大家就更愿意去投资，而不是对它置之不理。我觉得你要把这个信息传达到位。

还有，就是优先选择能产生大影响的产品。有大影响的产品，能够吸引更多的人去使用。

好的，这就是我的理解和见解。最后还有一点，你想要用 100 天去做一件事情，这个时候你一定要提一个问题，就是为什么？不要轻易接受别人的答案。

陈春竹：100 天的使命，也就是我们要为下一次的大暴发做好准备。100 天的时间内，我们要生产出相应的疫苗。要从根本上了解疾病的发展趋势，还要去做技术储备，这样当下一次疫情到来的时候，我们才能做好准备和防范。我们的 CEO 侯先生也想跟大家讲几句。

侯先生：关于大卫这个问题，为什么我主动请缨上台来？我先自我介绍一下，我是菲鹏生物的 CEO，同时我也是做研发的。大卫这个问题，属于菲鹏做重大传染病研究以来特别关注的。

我给大家再分享一个数据，2000—2023 年新冠疫情期间，菲鹏做的免疫诊断的相关产品给全球贡献了 150 亿份抗体。全球用的一半以上的抗体来自于菲鹏，我统计了一下，我们做了 12 千克，如果要用小鼠生产，应该要 100 万支。但在菲鹏内部我们是用发酵罐。在新冠疫情期间，我们有 100 多个发酵罐，从 3 升到 7 升，再到 20 升，再到 50 升到 200 升，我用这个例子来回应大卫的问题。

菲鹏 20 多年来，我们在底层的技术平台把相应的原材料开发出来，做到相应的应用场景的试剂。公司内部搭建相应的化学发光的平台，或者分子诊断的平台。目的是平台反过来开发原料。有了这 20 多年的沉淀，我们也希望在新疾病出现的时候，菲鹏能够快速响应。

我们实现了新冠疫苗接种目标。其实我非常关注重大传染病，包括新发的。美国今年（2024 年）牛群感染的 H5N1，其实菲鹏在快速开发，已经有好几代产品了。菲鹏这两年开发了大量的猴痘抗体，我很有信心地说我们猴痘的单抗应该属于最好的。它的灵敏度下限能够做到 6.5 PF/mL，对春竹所说的 CT 值，接近 CT 30。所以以这个为例，第一，我们有比较强的敏感度。第二，菲鹏在重大传染病领域不是为了盈利，我们最开始做的产品就是艾滋病检测试剂，直到后面的丙肝、疟疾检测试剂，我们希望关注每一个重大传染病和新发传染病，只要一出现，第一时间能够响应。我们联合英科新创、伯杰，这些都是非常好的合作伙伴。

我再分享一下我们的技术平台布局。在这方面我想后面如果有更多的机会，我们第一时间去响应。只有我们快速响应，动起来，才能联合更多的下游企业，一起把产品做出来。

我觉得在技术平台和整体的底层布局上，准备度相对还好。菲鹏最大的挑战，是在第一时间掌握重大传染病信息，第一时间进行响应，我觉得这一块是咱们今天很多组织的优势。菲鹏很希望能够有机会跟大家合作。

施亮：大卫，不好意思，我没有听清你的问题。我们的创始人有微生物学的背景。其实在 CDC，他们是有 10 年的经验，对新的传染病我们会发出警报。我们关注分子诊断，当有一项新的传染病出现的时候，我们设计相应的引物、底物等，还需要相关酶来设计相应的检测试剂盒，这些都能在短时间之内完成。

我们的产品其实在新冠疫情期间也得到了验证。新冠疫情期间我们供应了 20 万份的试剂盒，如果居住在上海的话，你们其实都用过我们伯杰的 PDCR 的产品。我们已经有了非常好的经过验证的系统了，这就是为什么在开始的时候，我不觉得这对我们是一个挑战。

我其实完全赞同继续合作。因为我们要把疫情应对转化为积极预防，需要方方面面利益相关方的参与，包括政府、机构、我们的各行各业，所以通过新冠疫情，我们现在已经有了相应的经验。

从机制上而言，我们知道怎么样去应对它，但是从生产的角度来看，要去支付一些成本，如新的检测、新的生物标记物，这些不是完全免费的。所以说新的疾病出来之后，会出很多新的文章，但是怎么样去上市，其实还是有很多事情要做。

很多时候对于产品而言，真的上市你要做很多的确认验证，包括临床研究和实验。我觉得这也是我们生产商需要注意的成本。

关于这些疫情的信息，还有新型传染病的一些信息，怎么样让这些信息变得透明。例如，西非国家猴痘疫情的状况，怎么让这个信息能够传递得更快，我觉得也是非常重要的一个问题，我们要去好好解决。

现在我们常规地会去查看 WHO 的网站，关于新的传染病等与盖茨基金会这边也有非常密切的沟通。我觉得还是要更多地、更积极地做些沟通，去交流信息，这是我们需要做的。下次疫情到来的时候，我们能够做更大的准备。也就是说，你掌握的信息越多，你就能够做更积极主动的决策。不管是 R&D 的决策，还是投资决策，还是干预的决策，都是如此。这是我想分享的第二点。

第三点从生产商的角度来看，我们的侧向流动技术存在生产自动化的问题。我们在中国很多地方都是半自动化的，对于生产能力而言，我们能否实现全自动化？我觉得这是个我们要解决的问题。因为要做全自动化，所有验证的过程要再走一遍，从监管方的角度、从生产及学术界角度来看，都是非常大的工作量。所以我觉得厂商的生产能力，某种程度上还缺乏相应的应对能力，这个就是我想到的 3 个要点。

谢谢！

苏拉比·多西：谢谢大家的解答。这里我小结一下，我觉得在疫情之后合作至关重要。今天的主题回应了这个要点,还有在本地的层面上要进行更多的合作。

最后我要感谢大家,感谢所有的讨论嘉宾,我觉得今天的讨论非常的精彩,并且有非常多的洞见,感谢大家!我邀请观众用热烈的掌声感谢我们今天的讨论嘉宾,谢谢大家!

第 8 章

国际合成生物学创新论坛：合成生万物，创融新未来

1 论坛概况

合成生物学是结合生物学、基因组学、工程学和信息学等多种学科的知识和技术的一门跨多个学科的交叉型学科，是研究对生物体或生物系统进行有目标的设计、改造乃至重新合成的学科。合成生物学在化工能源、生物医药、化妆品、医美及大宗化学品等领域有广泛的应用。其中，在生物医药领域的影响尤为显著，不仅能够加速药物的生产过程，还能提高药物的安全性和有效性。随着技术的进步和应用的深入，合成生物学将在未来医药领域扮演越来越重要的角色。

上海在合成生物学领域具备先发的科研实力、国际化的合作网络和完备的工业体系，抓住合成生物学重构世界经济格局的历史机遇，打造具有全球灯塔地位的合成生物学产业集群。

本次论坛旨在促进合成生物学产业革新、激发产业潜力、助力环境友好。以"合成生万物，创融新未来"为主题，聚焦合成生物领域的科技创新，促进产业界和学术界智慧与资源的交流。通过多轮主题演讲和圆桌对话，深入挖掘合成生物学在生物医药、高价值分子、绿色化工等领域的应用潜力，共同剖析合成生物学的技术趋势与产业发展。此外，大会邀请了多位国际合成生物学领域的顶尖学者、行业领军人物及投资界负责人出席，希望连接产业界与学术界的智慧与资源，携手推动合成生物学领域的持续革新与全面发展。

2 嘉宾致辞

上海合成生物学创新中心战略发展委员会主席金勤献的致辞

金勤献 北京清华工业开发研究院副院长、
上海合成生物学创新中心战略发展委员会主席

> 上海在引领合成生物学技术革新、加速科技成果产业化进程及深化国际科研合作方面展示出了无可比拟的优势,为中国在全球合成生物舞台上的竞争力提升奠定了坚实的基础。上海合成生物学创新中心搭建的这个连接学术界和产业界的智慧与资源的国际化交流平台,为全球合成生物领域的发展做出了积极贡献。

尊敬的各位来宾,大家下午好!感谢各位在百忙之中来参加2024年国际合成生物学创新论坛。在这里,请允许我代表上海合成生物学创新中心对今天来现场参会及线上观看直播的各界朋友表示热烈的欢迎和衷心的感谢!

上海作为中国乃至全球经济、金融和科技的领先中心之一,不仅汇聚了顶尖的科研机构和人才资源,更以其开放包容的城市氛围和前瞻性的发展战略成为中国合成生物学发展的高地与桥头堡。在引领合成生物学技术革新、加速科技成果产业化进程及深化国际科研合作方面也展示出了无可比拟的优势,为中国在全球合成生物舞台上的竞争力提升奠定了坚实的基础。为进一步推动中国合成生物学领域的国际化、产业化和市场化,上海合成生物学创新中心于2023年11月在上海市科学技术委员会的支持和指导下正式成立,并于2024年10月14日举办了揭牌仪式。创新中心以非营利方式与国内外科研机构、非营利组织、领军企业等广泛合作,面向全球开展合成生物领域的人才网络搭建、技术合作、概念验证、科技成果转化等工作。中心的目标和愿景是依托上海在合成生物学领域先发的科研实力、国际化的合作网络和完备的工业体系,抓住合成生物学重构世界经济格局的历史机遇,以产业落地为导向,围绕生物医药、高价值分子、大宗生物化学品建设三大转化平台,建设合成生物学领域全球领先的开放合作体系、工程转化体系和产业发展体系,形成创新链、产业链和人才链相融合的合成生物学创新生态,打造具有全球灯塔地位的合成生物学产业集群。

本次论坛也是上海合成生物学创新中心搭建的一个连接学术界和产业界的智慧与资源的国际化交流平台,希望大家能够通过这次活动相聚在上海,共同分析合成生物学的技术趋势与产业发展,深化国际交流与合作,推动这一领域实现更多的突破性进展,为全球合成生物领域的发展做出积极的贡献。

今天的活动我们也非常荣幸邀请了多位国际合成生物学领域顶尖的学者及国内外行业领军人物，在稍后的环节中，他们将分别带来精彩的分享，让我们共同期待。

最后，希望在座的各位都能够不虚此行、满载而归，谢谢大家！

3 嘉宾演讲实录

基于合成生物学的新型化学工业愿景

Gregory Stephanopoulos　麻省理工学院化学工程系教授、代谢工程实验室主任

> 代谢和合成产物有助于解决世界上一系列包括环境改变和气候变暖在内的重大问题。目前，合成生物学领域已开发出包括利用已获批化合物控制蛋白的转录、翻译和降解，以及可控的蛋白降解等在内的一系列新技术。二氧化碳固定在生物燃料合成方面的应用潜力巨大。传统化工合成发展较为成熟，合成生物学、代谢工程等新技术需要被市场识别及政府支持，才能在产业转型升级的浪潮中充分释放其变革潜力。细胞代谢途径的工程化修饰有望带来更高的分子产出率。

首先，非常感谢主持人的介绍。正式演讲之前，我想分享一下我对于合成生物学的观点：

合成生物学是一个比较广泛的研究领域，有很多方面值得深挖。比如，通过关注不同的研究方向，帮助我们在整个环境中识别更多不同机制和不同物质。又比如，对于分子的分泌机制，我们也有研究者会更关注合成生物学，根据不同分子行为或者它们的稳定性等不同性能方面的特点研究。当然，也有不同的转化应用，这些转化应用已经转化到了化学品的生产上，生产的化学品现在每天都可能被使用到的。我今天的演讲也会更多地关注合成生物学的可持续性和长期发展，以及现在每天都会应用的与合成生物学相关的化学产业。

站在新的视角上，通过合成生物学和代谢工程，我们既可以了解到更多与环境相关的科技，也可以了解生产过程中的化学和能源。我根据自己在这一领域多年的经验积累，在应用前景方面，合成生物学的机制与工程化技术的整合的核心技术是工程化，也就是代谢工程化，借此我们可以更深入的理解分子合成的机制与过程。不仅如此，我们要做一个无缝的流程，同时避免产生细胞抑制作用，合理化生产预期的产品，这就是我们想要的应用转化。

我们为什么要这么做？是基于我们目前的能力基础考虑，还是为了解决目前面临的挑战？处于现在的社会，我们可能还会有其他原因。对于未来而言，在合成生物学及代谢工程中化学物质的制备是非常重要的核心技术，这些都是非常关键的问题。因为我们问到这些问题可能出于科学好奇心，这可能使我们走得更远。同时，我们看到这种科学猜想也是未来一些科学问题的解决方案，就会看到非常有潜力的技术在未来发挥作用。

在这张幻灯片上，我们可以看到有很多的点和小字，这些其实是它的细胞，还包括这些微生物细胞。我们能够看到这些小小的点代表了化学代谢产物，分子都是位于细胞内的，连接这些点的线能够把一种化学物质转化为另一种化学物质。在我们身体当中的细胞会用到不同的化学物质，有4000～5000个点和分子组成了这些细胞。同时，这些不同的点通过几千种化学反应互相交联，所以我们看到不同的线连接这些不同的点。这是细胞的功能及细胞发挥作用的方式。我们在左上角可以看到细胞代谢的方式，比如糖的代谢，包括微生物和我们自己的细胞都非常喜爱糖类物质，因为糖是能量来源。我们可以看到，这是一个非常复杂的代谢网络，通过它可以合成很多的化学物质和能量，这样的话细胞才能够发挥非常重要的功能——生长，细胞生长也是非常重要的。我们想做的工作就是"劫持"这些非常复杂的细胞网络。比如，在这里经过干预之后可以阻止某种化学物质的合成，这也是我们去转化非常复杂的代谢产物，形成比较简单的化学物质，最终能够形成一系列的化学物质。这样的话，我们现在已经达成了一些目标，包括比较少的这些化学反应的所谓的"管线"。我们通过这种方式可以获得很高的产出，我们使这些细胞生长之后，通过一系列化学反应和发酵反应产生出更多的产物，所以这些糖类物质就能生成这样的物质。当然，这不是唯一的产物，这里有一系列产物列表，通过不同的应用方法，包括用到了合成生物和生物工程技术，这里包括有机酸，包括醇类物质，还有一些多聚体等。我们并不是要产出单个物质，实际上，我们可以通过对整个代谢途径的工程化修饰，让它实现更高的分子产出率。所以，不仅需要证明微生物能制造这些分子，包括每毫克、每升的单位，更重要的是提高它们的产量，比如几千吨的产量，通过微生物工程化修饰，让它进行一些工业化的公益产出。

接下来我向大家介绍一下生物能源方面的内容。现在生物能源对于环境和气候变化都非常重要，我们跟大家讲的这种生物能源的合成过程不是基于葡萄糖，而是基于一系列的碳水化合物的改变和修饰，可以通过两种微生物来完成。第一种是模式菌株，另外一种是嗜热杆菌，我们通过这种系统可以实现右侧所示的化学反应。可以通过二氧化碳的固定得出一些产物，可以生成酸类，它能够被细菌所摄取，然后生成油类物质，这个油类物质就是我们需要的能源物质，包括可以用于航空燃油、航运燃油，以及汽车燃油等，所以这种应用有非常大的潜力。同时，它不仅仅生成酒精，而且它依赖于氢原子，我们可以看到，它通过二氧化碳的固定能够生成一些业界非常重要的物质，包括航空、航运、路面交通所用的原油。我们现在并没有办法通过其他路径合成这种用途的油类物质。我们还可以着眼于一些食用油，美国已经开展了类似的工程，产量近15亿吨。另外，我们可以看到还有几千亿级的产出，我们要进一步扩大产量来满足业界需求，包括航运、航空等领域的需求。我们现在确实也遇到一些困难，如何能够在未来几年内更好地推进这种物质的产出，提高它的效率。

接下来，我们可以看看代谢和合成产物对于解决世界上的重大问题，包括环境变化和气候变暖等一系列问题的作用。接下来，我们就聚焦关键核心技术方面。

首先，让我们来了解一下什么是核心技术。之前给大家展示过通路，也就是微生物细胞内点和线组成的通路。我们可以做一下比较。比如，请大家看左侧的交通地图，这是波士顿的地图，它代表了不同的生物化学路径，也就是说碳足迹和能源足迹沿着这张地图移动。可以看到在某个点当中，我们不知道在波士顿市中心有多少交通流量，各街道到底有多少交通流量，我们很想知道这点，因为这种交通流量决定了这个网络中某个化学反应的重要性。同时，我们通过观察街道的宽度和大小并不能够决定。比如，这些大街道并不一定交通流量最大，当然会有所谓的"大道"，也会有很多比较小的街道。有很多大的街道其实没有被充分利用，而小的街道反而交通流量大，所以有时候小街道才会成为交通瓶颈。我们通过用到一些放射性的示踪物质帮我们识别这些步骤或者瓶颈，这样我们就可以改良微生物，让它克服瓶颈，加大产量，以及未来能够为更多产业应用并发挥作用，所以说我们需要生物化学、合成生物学技术及很好的工程学来实现这些目标。

当时我的一个学生问我，代谢工程最重要的要义是什么？精髓是什么？我给他展示了一幅卡通图片。左侧的图上可以看到有一位教授被学生提问，教授说我们需要解决非常多的数学问题，用以解决这些复杂问题。我们看到，只有在这些数学问题都解决之后，教授才能确切地回答这些问题。

接下来，我想跟大家讲一个关键问题。为什么我们要用生物学来代替一些化学反应，就是我们在合成生物学中需要做的事情，我们会涉及到很多化学相关领域，包括化学领域的试管、反应，我们只不过是在微生物中做这些化学反应。那么，为什么要在微生物中做化学反应和化学相关的实验？我们做化学产业的时间并不长，不到100年，但是为什么即便是化学产业，现在已经是非常大的产业，是几千亿级的产业，那么为什么我们要改变它？为什么要代替它？答案也非常简单。如果我们注重可持续发展，就不能无限地扩大化学生产，因为大多数化学产业都是基于天然气、石油完成的，这是不可持续的。之前向大家展示的技术，给了我们一个机会，能够减少温室气体的产生，比如刚才讲的二氧化碳的固定，是不需要使用化学燃料或化学能源来完成的，所以，通过新技术的发展来减少温室气体的排放，我觉得无论大家是否喜欢这一点，未来还是有这个趋势。所以，有一些问题还是值得我们思考的，如果我们有这么好的技术，我们也看到了微生物有很高的产量，那么为什么我们没有看到这些微生物工程已经很大程度地替代了化学产业？我的答案是以下几点。

第一，我们确实看到了业界向这个方向的重大转型，尤其是在中国，我已经观察到合成生物学对于化学物质的合成已经非常强大，我们看到很多中国业界人员也注意到了这一点，他们更加重视可持续发展和环境保护。

第二，我们看到这些新技术，有时还不能与现有的化学业界的技术相比，因为这些技术已经存在了大约100年的时间，它们能够很好的利用这些化学产物，已经有很多固定的发展态势，那么一些新技术要和它竞争也有可能会遇到一些挑战。同时，合成生物学能够提供很多的优势，包括它的持续性、可持久性，我们其实要通过在经济上的奖励，使合成生物学及代谢工程更好地和化学业界竞争，创造一个可持续的未来。

合成生物学和现在所看到的一些生物技术，已经可以取代现有的化学工艺或者化学流程。虽然整个过程或者过渡仍然还需要时间，全球气候变化、变暖等也会进一步减少消耗，实际上这是个特殊问题，并不是技术上的问题，不是我们的技术达不到，而是我们需要更多政策上的支持。对于现在的可持续流程或者可持续技术而言，先需要被市场识别、被政府支持，如果这两点做不到，技术的应用就会受到限制。所以，我觉得就像我之前所说的，我仍希望大家可以从我的演讲当中记住几个点：一是我们现在遇到很多的表达问题，比如气候变暖问题，大家一定要记住，它不是从技术上达不到控制和管理，而是一个特殊问题；二是我们现在所谓的可持续工艺或者流程是可以实现的，并且我觉得可能在5年内，我们会有非常好的措施来进一步减少二氧化碳的排放，更好地控制并真正地解决气候问题。

谢谢大家！

电遗传学

Martin Fussenegger　巴塞尔苏黎世联邦理工学院生物系统科学与工程系、
巴塞尔大学生物技术与生物技术教授

> 相较于光遗传学是基于视网膜成像机制进行相关的研究，电遗传学是通过电场的刺激反向干预大脑中蛋白质的生成，对于特定的疾病，可以根据不同的细胞网络识别出特定的位置进行电场治疗。通过直流电进一步编辑不同的哺乳动物的基因表达，可以进行Ⅰ型糖尿病小鼠血糖调控，改善小鼠的高血糖情况。合成生物学与合成化学的融合不仅能够促进新药物和新材料的开发，还能够推动产业绿色转型。电遗传学的快速发展、物联网等新兴技术的涌现令过去不可能的研究成为可能。

非常感谢大家对我的邀请，我今天下午和大家分享我自己对于合成生物学方面的一些见解，我觉得我们现在的确也正在朝着一个电遗传学的世界发展，我也希望在之后的时间可以和大家更多地介绍我们的研究。现在有很多新兴的技术，包括物联网，以及很多不同的设备、高精尖技术，都让我们实现了过去可能做不到的研究。现在的研究团队，在光遗传学方面做了很多的研究，比如中国团队在光遗传学方面的研究。还有光遗传学这个概念的应用，是基于视网膜成像机制进行相关的研究，它是一种蓝光技术，可以穿透我们的皮肤，在皮下刺激细胞，并生成LP1，有望应用到糖尿病等不同疾病的治疗中。

对于大脑研究，我们发现可以通过电刺激的方式进行电场的捕获，电场的刺激可以反向干预大脑中蛋白质的生成。对于一些特定疾病的患者来说，我们可以根据不同的细胞网络识别出特定的位置，进行电场治疗。在之前的研究中，使用电场或者蓝光等技术，单用电池供电还是耗能较大，仍不能简易使用，那么我们应该如何进行优化？西湖大学的一名教授提出了一个观点，即人类细胞对于电力有感知或者有反应，β细胞对于血糖同样有感应和反应，这是这个想法刚开始提出的原型，我们在这里可以看到它的机制，也可以看到它可以更好地控制钙离子通道。当时的第一步就是克里斯托弗所做的研究，可以看到有两个电极的时候，可以通过旋转电极去连接高压发电机，可以通过电流作为信号去激活或者抑制特定的基因表达，之后也是做了一些生物电力植入设计。在这里可以看到这个设备可以植入动物体内，也可以释放胰岛素，这里就可以通过这个技术进行长期的糖尿病的治疗。比如，可以每天两次通过这种电流为信号，去进行胰岛素释放，我们也可以有一个比较快速的胰岛素释放系统，实际上和β细胞的作用是非常类似的。最后，如果这个设备需要充电，我们也会有比较便携的充电宝式的设备进行供电。

我们的团队也进行了后续研究，通过直流电进一步调控不同的哺乳动物的基因表达。一边是一台发电机，另一边是对血糖水平的控制，同时它也可以通过这种可穿戴设备来进行细胞行为和功能的控制。这里有一个传感器，可以看到它可以进入细胞核，然后进行特定基因表达的抑制或者激活，从而去控制细胞的行为和功能。在这里我们看到的就是一个对于转基因骨髓干细胞的更好的控制和释放。这里是一位来自中国的研究者，他非常热衷于中医研究，这是通过针灸的方式，用针灸接电进行Ⅰ型糖尿病的控制。我们可以看到，对于针灸的针，它是通过电线的缠绕进行改良，也可以看到在针灸的过程中，可以进行Ⅰ型糖尿病小鼠血糖控制。通过几次尝试，可以在小鼠中进行血糖调控，并且也可以进一步管理小鼠的高血糖情况。

在这里我们看到是音乐诱导的细胞控制，之前我们和学生沟通，看看在未来有没有什么更多的想法和方式来控制细胞，当时学生就说可以通过音乐，也可以看到有一些环境噪声及音乐对比，通过包膜的机制，它也会有相对应的通路。因为音乐的刺激，可以看到在环境噪声中，钙离子也会通过不同的渠道进行流动，实际上我们也可以通过音乐去促进胰岛素的分泌。在这里看到的是机械敏感受体。第一步是一个软性底部的六板孔，这是音乐输入口、加速度技术输入端，还有一个压力平衡孔等，并进行组装，这里是频率范围，通过不同音乐频率范围可以看到细胞的反应。我们可以看到大概 60 赫兹，如果未来要用于治疗，这是一个比较好的频率，它可以更好的诱导系统开启。

我们可以看到，不同的细胞在这个过程中的反应并没有太大的差异。节拍是否有重要影响，就看节拍的重要性。我们有一个对比，一边有节拍，差不多 2 秒会关闭这个节拍，另一边没有节拍。在连续 3 秒的过程中，我们可以看到较高的胰岛素水平。我觉得最让人惊讶的是，Beats off 中可以看到对这个规律的捕捉。

在实验中，我们也让参与者挑选他们最喜欢的音乐，可以看到不同的音乐类型，包括流行音乐也能够很好地诱导胰岛素的分泌。其实我并不是特别喜欢流行音乐，我们也可以听一些电影音乐原声，大家可能都有自己喜欢的电影音乐原声。我们看一下古典音乐，尤其是贝多芬的交响乐，它似乎对于诱导胰岛素释放的疗效并没有那么好，包括一些钢琴曲也是如此。这个也算是一个好消息，因为我们仍然能够听自己喜欢的音乐，而不用说一定要达到治疗效果。另外，我们可以看到包括新闻，如 BBC 新闻等可能也会对这个系统造成影响，包括胰岛素，我们也在细胞器中进行了检测。我们可以看到，听觉细胞对于音乐的刺激非常敏感，可能出现化学的去极化，可能需要 4 个小时才能完成细胞整个去极化和恢复。当我们每天诱导两次的时候，每一次其实都会得到最大的胰岛素的释放，而且它的细胞通透性也是非常低的，因此我们在动物实验中验证了这个研究结果。我们设计了一个小鼠的音乐厅，将 2 个反射器直接放置在小鼠的腹腔内，我们可以通过这种方式直接将音乐作用于小鼠，包括音乐放大器，还有 MP3 播放器。通过这样的方式，小鼠就不会和音乐共振，但是会享受音乐。

可以看到，小鼠的胰岛素水平提高到了和野生型一样的水平，高血糖水平会不断下降，所以它会和野生型非常接近。有人说现实生活中并没有可移动的音乐厅，但我们看到这些小鼠其实没有在笼子里，它们现在看起来也比较开心，因为它们原来的血糖水平比较高，听了音乐之后血糖水平有很明显的下降，同时音乐能起到类似腹部按摩的作用，不是说每一次听音乐都要让胰岛素水平非常高，但是大家要记住，音乐其实直接对我们体内起作用。如果我们转一个方向，比如在街道上，这些音乐就不能发挥作用。我们在某个点听到了音乐，比如在周边行走，这种情况下音乐就不会诱导胰岛素的释放。我们在全球也有很多的粉丝，比如这位女士。

最后，非常感谢大家的聆听，尤其要感谢克里斯托弗设计了非常好的实验，同时感谢各位音乐提供者。感谢大家！

融合化学与生物的合成科学

丁奎岭　上海交通大学校长、中国科学院院士

> 合成生物或者生物合成是合成科学的一部分，是以酶作为反应的桥梁，建立基因、化学结构和生物产品之间的逻辑关系。通过设计来构建细胞工厂，提高产量，加速分子的进化，并开展应用研究。合成化学与合成生物学相辅相成、优势互补，让合成更高效、更清洁，能够创造更大的价值。通过交叉融合、原理创新、技术变革、突破路径，建立科学研究的新范式，造就一批顶尖学者，打造国际领先的中心。合成科学是分子创制的核心和基础，未来的合成趋势是精准、绿色、高效、便宜、有用。化学与生物合成的协同才刚刚起步，还面临着途径不通、原理缺失、工程化难等诸多挑战。

我是研究有机化学的，这次来学习也是个非常宝贵的机会，其实对于合成生物我是不太懂的，但是试图在合成化学和合成生物之间找到一个共同的语言，所以我的题目是《融合化学与生物的合成科学》。

无论是生物合成还是化学合成，本质上都是合成。合成是创造物质的基础。如果我们人类没有物质基础，生活在真空里肯定是不行的，所以化学不会被替代。我认为永远也不会。因为刚才讲了很多生物的合成，里面的每一步都是化学反应，所以分子的合成跟我们生命健康、农业材料等都有非常密切的关系，到底这个世界上有多少已知分子、物质？2021年5月8日已知分子数量达到1.5亿，所以功能物质之创造彻底改变了人类的生产生活方式。现在登记的分子数量已经超过2亿，所以合成的能力在快速提升。

按照化学空间理论，我们合成的空间有多大？10^{63}，我们人类所能触及的只是沧海一粟。如果我们去看合成科学发展的历程，从无机物到有机物、从平面到立体、从小分子到高分子，合成科学对我们人类的影响是深远的。如果我们身上没有高分子，我想这就难以想象了。从简单到复杂，未来的合成趋势就是要更加的精准、绿色、高效、便宜、有用，不是说10^{63}都去合成。如果你去看100多年来的诺贝尔化学奖，分子和合成研究占了一半多。

科学问题是什么？无论是化学合成还是合成生物，化学合成已经达到了空间成熟的程度，无论多么复杂的分子，经过一段时间的摸索，我们总会把它做出来。这是两个标志性成果，维生素B_{12}和海葵毒素。

未来我们是不是要做越来越复杂的事情，不断地去挑战极限？最近的诺奖又给出了答案，卡尔·巴里·夏普莱斯（Karl Barry Sharpless）教授在上海交通大学拥有实验室，这说明化学合成依然需要高水平的科学创造力和洞察力，探索无限的可能。我想他提出

来的点击化学（click chemistry）就是两个核心的概念，第一是简单，链接要非常简单；第二是功能。合成生物学是不是也需要这样？大家想一想。

合成生物学或者生物合成其实是探索自然智慧和奥秘，它是合成科学的一部分，大家都知道是以酶作为反应的桥梁，建立基因和化学结构，结合产品之间的逻辑关系，它实际上的工程理念是通过设计来构建细胞工厂，然后通过优化这个细胞工厂的过程，提高产量，加速分子的进化，并开展应用，这是毫无疑问的。12年前，这两位非常厉害的科学家，一个是合成生物学家，一个是合成化学家，他们有一场非常著名的争论。10年以后，大家看到这个局面没有变化，合成化学也没有被合成生物学取代，合成生物学也没有被合成化学打倒，二者仍然共存。我想每一个方面都有自己的优势，但是也有自己的短板。怎样扬长避短，让合成效率更高、更清洁，能够创造更好的价值，这是根本。

众所周知，投资人是用脚投票的，如果技术不能创造价值，那么投资人的热度就会下来，这是来自投资人的数据。大家看看合成生物学方面的投资，领军企业遇到的情况，这个大家也都知道。到了这样一个瓶颈期，其实就是我们找突破口的关键时刻，同志们不要觉得到了瓶颈期就没有办法做了，其实恰恰这个时候需要突破，然后找到它的突破点。我刚才说了化学合成有它的优点，量大、面广、通用，但是也有缺点，高污染、高耗能、高风险。一提到化学，人们谈"化"色变。生物合成有它的优点，温和、安全、专一，但是也存在问题，因为它是自然进化，原件少，你要做一个东西就是长不出来，适配性低、通用性差，稳定性也是个大问题，特别是真正应用的时候。所以我们能不能把化学合成和合成生物学的优势都利用好？这叫守正创新。

举个例子。青蒿素的化学合成在20世纪80年代就做出来了，19步第一次做出来，收率只有0.3‰，没有工业应用价值。生物合成、合成生物学讲了那么多年，从一开始的发表到现在，一点青蒿素都没有做出来，只能做到青蒿酸，你不做出来，青蒿素是没有用的。这个不是用光化学的方法，而是用热化学的方法，两步就把它做出来，这样一结合，是一个完美的合成生物学和合成化学的例子。从二氧化碳到甲醇的转化是化学方法，所以媒体宣传也要精准，不要误导。我非常喜欢这个工作，这是雷晓光的工作，他把紫杉烷的合成搞清楚了。如果让合成生物做这个侧链，肯定是做不到的。还有很多的例子。

为什么会形成这样的局面？我觉得主要是学科壁垒，合成生物和合成化学"老死不相往来"，这就会导致当你连接的时候途径不同，融合的时候没有原理，工程化困难。如果看看化学合成过去发表论文有300多万篇，合成生物发展也很快速，有100多万篇，但是在这两个交叉协同的领域里，只有不到1000篇，这就是问题所在。但是从科学的第一性原理来讲，无论是生物合成还是化学合成，其第一性原理都是化学键的活化、断裂和重组。基于第一性原理，我们的机遇就有了，如果能够把生物合成和化学合成融合起来，通过两者从理论到技术的深度融合，来建立合成科学研究的新范式，开拓合成科学发展的新空间。在这片空白地里，也许你能够找到"金子"。对于怎么做，我有以下三点建议。

上海作为合成生物学的高地，如何推动合成生物学的发展？要靠融合，要靠各种技术的融合，包括化学、AI技术的融合。第一点，化学和生物可以接续。这主要是突破路径。第二点，要融合。在细胞里，生物和化学融合。第三点，应用。只有这样才能做到顶天立地，在合成生物这个领域开辟新的天地。前后接力，通过前后接力可以突破单一的化学或者生物方法难以实现的合成路径，或者难以达到的合成效率。

举个例子。合成氟苯尼考以前需要8步，现在通过2步就可以合成了。前后接力是相对比较容易的，融合起来是比较难的，主要分两个层次，第一个是在酶的层次上，怎么样通过人工智能、化学或者生物的方法去设计、去改造酶，甚至把化学催化剂塞到酶里去实现合成。第二个层次是在细胞里构建人工细胞反应器，把细胞里一部分的反应用光化学催化剂、电化学催化剂做，这样的话把决定步骤解决了，合成生物的效率也就提高了，当然这些方面需要原理的创新，我只是举个例子。比如把氧化酶和自由基控制的催化剂结合起来，就可以实现复杂的分子合成。从二氧化碳到聚乳酸，我们走通了，但是效率不高，这是交大第一次走通，我们是否可以用光催化剂、电催化剂。第三个就是应用，一个是规模要大，另一个是做的分子要多。通过搭建AI辅助的工业酶或者菌株的高通量合成平台，还有化学连接的平台，这些都对分子的创制非常重要，还有工程化的结合，最后真正的创造价值还是要实现药物的高效创制，一个是老药的低成本合成，一个是新药的多样性合成，没有这种多样性，是做不出药的。所以我想提一点建议，生物学家要学习化学，只有学习化学，才能认清生物机制。化学家也要认识生物，生物体系为什么有那么高的效率？能量物质怎么转移？你去发展学习仿生体系，聚焦重要的具有战略价值的合成转化过程，投资人都是讲究战略价值的，医药材料人工智能等最后对科学本身、对这个世界的进步也是有帮助的，这在布局方面，我觉得老一辈做不了，只有靠年轻人，所以青年人才队伍最重要，老一辈都在舒适区，都已经做得很好了，不会改，所以要靠青年人。另外，鼓励交叉环境、顶层设计，持续的资助非常重要。

这是一个愿景。通过交叉融合，希望突破路径、创新原理、变革技术，建立科学研究的新范式，造就一批顶尖学者，打造国际领先的中心。最后，我用雨果的一句话结束，与有待创造的东西相比，已经创造出来的东西是微不足道的。我们认为合成科学、合成生物学、合成化学未来探索的领域是无限的，通过合成创造的价值，用我们创造的分子影响和改造世界。

谢谢大家！

用合成生物学揭开蛋白质组复杂性的神秘面纱

Matthew DeLisa 康奈尔大学史密斯化学与生物分子工程学

> 通过合成生物学技术，科学家们能够编辑微生物基因，利用其提取物生产疫苗和生物药物，这不仅大大加速了药物的生产过程，还提高了药物的安全性和有效性。基于AI、机器学习等技术，研发人员能以一种程序化的方式更加精准和快速地进行蛋白质合成和修饰，有望开发出新的成药分子。去中心化的生物工厂和无细胞合成等技术能进一步降低成本，提高蛋白医学的可及性。可编程的蛋白修饰对于复杂的靶标蛋白非常关键，这在未来有很大的发展潜力。生物反应过程的精准控制对于精准医学的发展至关重要。

大家下午好！非常感谢大家对我的邀请和招待，今天有幸参与2024年国际合成生物学创新论坛。我今天和大家分享如何通过合成生物学解锁人类相对复杂的蛋白质组学信息。

我们都知道基因处于基因组当中，大概有25 000多种不同的结构，对于我来说这是一种非常复杂的结构。如果与其他的物种进行对比，比如一个非常小的、裸眼看不到的生物，差异性就会小很多。对于这种生物来说，它有31 000个不同的基因。也就是因为所有的这些基因组和基因的构成，我们可以思考，可以说话，可以交流，可以有各种各样不同的行为，我们也可以有这个身体。我们也知道基因组当中不仅仅有基因本身，基因上也有RNA，也会生成蛋白质，虽然目前还没有发现蛋白质的复杂性，我们仍可以看到有成千上万种不同的结构，也可以看到不同的蛋白质形态。所有蛋白质都会有相应的形态，特别是它们有不同的或者改良之后不同的结构。在不同的物种中，都有特定的蛋白质形态。在这里我列举了一些，可以看到复杂性也来自于蛋白质形态。我们可以由此更多地深挖合成生物学的价值。通过合成生物学，我们可以更好地了解蛋白质形态方面的信息。

现在有很多科学研究、技术，包括今天很多专家讲到的内容，都可以帮助我们更好地解析蛋白质形态。这些蛋白质形态可以帮助我们更好地打开成药的资源，我们对于这部分了解越多，我们越有更多的机会发现成药的靶点或者成药的机制。自然界中也有转录后的变异。蛋白质有不同的修饰形态，包括蛋白质羟基化、泛素化、酯化等，在这里有两个关键点都是合成生物学可以真正产生作用地方。

第一点，通过合成生物学，如果我们有分子级的精确度，能够大规模地生产所有的人类蛋白质，那会怎么样？实际上我们可以通过合成生物学更好地了解这些关键的蛋白质，包括我自己也非常地相信蛋白质工程技术也非常关键，有很多技术在合成化学这个部分想要进行大量或者批量生产或者制备这还是有挑战的。所以，我觉得这完全可以和合成生物学进行整合，可以更好地进行关键蛋白质结构的研究。

第二点，如果说我们以这个速度的应用性和可靠性知道有超过 1 000 000 种蛋白质结构，会怎么样？大家对这个也比较熟悉，通过这种技术，我们可以生产这种蛋白质形态，我们可以把它在动物身上或者在人类患者身上进行应用，并可以进行新药探索。

接下来，和大家分享两个应用领域。

第一，其中一种修饰方法就是蛋白糖基化修饰。我们介绍的第一个技术就是无细胞的蛋白合成技术，我们不是用活细胞生产这些产物，实际上可以用细胞提取液或者细胞裂解后的裂解液进行培养。这其实也是非常有意义的，我们称之为 cell-free 技术，可以偶联活细胞环境和催化技术，所以合成蛋白机制都可以进行修饰，也能够加上我们所需要的修饰。我们第一步所需要的细胞就是要建立细胞裂解液或者细胞提取液，之后我们可以用到细胞内的催化系统，以这种方式就可以偶联细胞的活性和合成生物的过程，通过这些过程去合成非常复杂的蛋白分子。因为需要活细胞，有时成本非常高的。而且细胞有时会有一定的抵抗性，有时甚至会呈现疲惫，因为要合成这么多的分子。所以我们如果解耦联这两种过程，也就是说不进行活细胞条件下的操作，就能够有非常多的优势。过去几年，我的实验室也做了很多工作，第一种是用合成生物的方法对活细菌进行修饰，让它能够产生羰基蛋白质产物。我们前面讲到，有很多微生物其实从来没有合成过我们想要的物质，我们能够通过这个工程的修饰，让它们产出从来没有产出的蛋白，可以用合成生物学的工具，这样就能够合成非常复杂的羰基化蛋白，这些细胞也能够合成在自然条件下从来没有合成过的物质。其实我们所需要的只是活细胞的裂解液或者提取液，这样能够驱动细胞外的合成过程。我们也通过这种过程合成了非常多的羰基化蛋白。之前我们也讲到，包括一个分子的精确性，我们现在有了一致的终产物，包括羰基连接在蛋白质上，它的形态是非常统一的，同时我们也能够形成非常同质化的分子，通过这种方式能够生成非常好的细胞产物，包括羰基化蛋白。

另外，我们现在已经进行了一些产物流程设计，我们也可以试图在未来合成所有的已发现的羰基化蛋白。我们看到这些结构，都会有一些羰基结构或者碳水化合物，我们可以用细菌合成这些不同的分子，这在现在也已经成为了现实。我们也可以用这些细胞的裂解液或者提取液完成，我们已经用这些技术生成了很多有价值的蛋白质产物，它们对于治疗疾病有着非常大的潜力，包括羰基化的原单克隆抗体也可以用到细胞裂解液或者细菌，来生成我们需要的蛋白。另外，我们还会有一些联合的疫苗，在这个过程中还会有一些蛋白载体，能够替代包括用到能够治病的羰基化蛋白刺激我们的免疫系统产生抗体。所以，这些分子其实都是非常复杂的分子，用我们之前的合成技术也能够进行合成。

第二，不仅仅是制备这些分子，当然这本身就有很大的价值，但是我们看到在微细胞内，是否能够和不同的修饰过程联系起来，这个其实也有非常大的机遇，我们需要了解这些修饰对于蛋白的价值。同时，可不可以更加精准地控制这种生物过程，来产生一些新的包括人类药用的分子。接下来我给大家简单介绍一下。总的来说，我们称之为蛋白组学的编辑。我们看到蛋白组学可以通过程序化的编写或者擦除进行编辑，这也是可编程的，所以我们有机会能用到现有的工具，包括AI或者机器学习建立一些新的分子，以一种程序化的方式非常精准和快速地进行合成和修饰，这样的话蛋白组就能够更好、更快地进行修饰和编辑，最后对基因组也能够发挥很好的作用。如果在细胞内有这个靶标，就可以编写和利用这个编写擦除器，它可以结合到感兴趣的靶点上，通过人工智能和机器学习进行修饰，我们也能够将它和很多的修饰酶相结合，这些修饰酶其实对于引入我们所感兴趣的修饰的位点起到非常重要的作用。当然，这些分子在实验室设计出来之后，我们要将它们递送到靶标细胞或组织内，以找到它们的作用靶点，并和靶点相结合。通过我们的引导酶或者蛋白结合，因为它们两者之间非常接近，所以这个酶现在已经结合到了蛋白上，就可以发挥它的修饰作用。所以这里包括单糖类物质的结合，通过这种方式我们可以引入任何的基团，同时这也是一个可逆的过程，不仅仅可以把这个基团装上去，也可以把它拿下来，我们称之为程序化的蛋白编辑。

早期的一个案例，开发出了所谓的靶蛋白的降解，我们会用到一些返溯体和不同的酶，它可以结合很多蛋白的结合位点。我们也会有一些引导分子，它会出现一些返溯链，这个返溯链会使得靶标蛋白在蛋白酶体中降解，可以选择性地帮我们移出一些靶标蛋白，因为我们也可以用机器学习进行这个过程的编程，使我们能够很快地建立一些新范式。可能没有那么快，但是相对传统的技术来说，蛋白降解的过程还是快得多。同时，我们也会用到一些递送技术，包括LNP，它能够将修饰蛋白引入体内到达它的靶点，所以我们也进行了一些转基因小鼠的试验，我们用LNP载体可以通过定向载药，这种技术平台能够使得我们将合成生物学产物直接的递送到体内，发挥一系列细胞生物学作用。同时也能够产生非常多的不同的蛋白形态，发挥它们的作用。

最后我来做一下总结。我们知道合成生物学给了我们非常好的机会，能够用到基于细胞的技术，尤其是对细菌的细胞而言。同时还有无细胞技术，包括使用它们的裂解产物或者提取产物，这对于我们未来的药物研发也是非常重要的。这些技术都是非常简单易用的，可以用到工程化之后的大肠杆菌，但其他的细菌来合成客制化或者修饰化的分子，不仅仅是重复的生产，同时我们也要考虑到整个生产的过程和个性化生产，对于未来的疾病治疗也可能会发挥一系列作用。同时，这些简单易用的系统能够进一步降低成本，我们也可以通过去中心化的生物工厂或者合成技术进一步扩大蛋白医学的可及性。有时生产这些产物是非常昂贵的，因此降低成本也是非常重要的。另外，我们可以看到，蛋白组学编辑技术，包括编写、擦除等技术，能够利用蛋白组学的特性发挥一系列的编辑作用。我们还讲到了可编程的蛋白修饰，这个尤其是对于我们非常复杂的靶标蛋白来说是非常关键的，尤其是一些蛋白药物，有的时候它在表面不一定能够很好地进入细胞，能够通过我们编程化的蛋白修饰之后，使得小分子蛋白更好地进入到细胞内，对于之前不能成药的靶点也能够发挥作用，也能够治疗目前不能治疗的疾病，在未来有很大的潜力。

感谢大家的聆听！

创新循环经济：科思创合成生物学应用

雷焕丽　科思创集团高级副总裁、中国区总裁

> 合成生物学不仅在医药领域有着广泛的应用，还在推动材料科学和工业生产向更加可持续的方向发展。其中，生物基材料有望替代传统的石油基塑料，减少对化石燃料的依赖。实现可持续发展目标，需要价值链中各利益相关方的共同合作，一个大学、一个公司、一个国家没有办法单独实现。科思创为了减少二氧化碳排放，提出创新循环和回收战略。合成生物学使科学家们能够利用生物质资源，如玉米或稻草，生产出100%生物基材料，这不仅是减少温室气体排放的新方法，还是促进循环经济发展的新举措。

尊敬的各位学者，女士们、先生们，下午好！今天非常荣幸参加此次盛会。我非常荣幸能够代表我们公司——科思创，跟大家分享我们的可持续发展旅程。

感谢主办方，在我之前的很多位专家，尤其是第一位专家设定了很好的方向，专家们也讲到了合成化学和合成生物学紧密的联系，现在大家都已经了解了两者关联的重要性，这也是我们在科思创所做的重要工作之一。

首先，我们从生物原材料开始，之后会跟大家介绍公司信息，大家可能对我们还不太了解，我们的品牌才建立9年，然而我们公司的历史已经超过了100年，原因很简单，因为在2015年，我们从拜耳分出来成为一家独立公司，之前是在法兰克福上市。总的来说，我们公司有非常长的创新历史，并且我们也有非常强的研发创新基因。在社会中，我们这个角色实际上非常重要，为什么这么说？首先有很多的材料实际上都是我们发明的，比如1937年，我们发明了聚氨酯，之后，在不同的时期都有不同材料的发明和发现，这些内容也都可以在我们的官网上了解。有很多的需求都可以从我们的解决方案中找到答案。也是因为对于这些材料的应用，我们的足迹覆盖了很多不同的行业，比如汽车、交通、建筑、木材家具、电器电子、化学品、运动休闲等行业。

在之前，我们的愿景是做到完全的循环，也就是说这是对可持续化的承诺，我们不仅要更好地改变不同的行业，我们想要更多地改变生活，我觉得这个不仅是一个口号，在这个口号之下，我们有四大非常扎实的战略。我们现正在在寻找一些替代的原材料，比如使用生物质或者报废产品，更多的进行废物再利用。同时也想要更多地摆脱对新能

源的依赖。我们致力于使用更多的可再生能源，比如太阳能、风能等，怎么做？我们需要合作，我们要有一些创新循环和回收的方法。我们现在实际上也看到有很多的所谓的废料，实际上都是可以进行回收再利用的，哪怕是二氧化碳，实际上也是我们的资源之一。我们有一些化学循环回收系统，也有一些热裂解、机械回收等技术。对于原材料这个部分，我们做了很多工作。这是一支很普通的圆珠笔，但是这并不是聚碳酸酯的第一个产品，它是由废水回收制成的；我们也做了一些化学回收，但是化学回收解决不了所有问题，可能只能解决5%的问题，还有机械回收，这个部分我们现在也有了长足的进展。但是目前这两者还没有做到完全的覆盖。比如说我们有一些生物基质材料，我们也要看到如何做回收。2021年，我们从欧洲引进了一些项目，我当时也和上海市副市长沟通我们要引进这个，他问我为什么，我说因为我们没有。实际上Our Vision是由中国出口的食用废油制成的，我们也是要在本地要进行讨论的。对于一些厨房用油出口之后，我们对于原材料的收集，对于我们出口这些原材料之后，我们也要考虑到这些原材料再利用的问题。我觉得就目前来看，我们的解决方案是，我们可以提供一些联合解决方案，比如可以更多地覆盖我刚才所讲到的不同类型的回收。

其次，我讲一下化学部分。实际上我们也有许多的线性的生产，在化学池当中，我们有很多苯胺的生产，我们可以看到苯胺是化学工业中非常关键的中间体之一。我们也会觉得在整个制备的过程中，会产生非常多的一氧化碳。我们有高温高压工艺环境，这也是我们可能会进行反思的点，就是我们如何改进，也是因为这个分享或者因为这个思考，我们提出了这个新的方法，因为这是一个非常典型的化学和生物的结合所提供的解决方式。我们所做的是对原料进行两个创新反应步骤：生物催化和化学转化。相反，我们使用生物质，比如碳水化合物、玉米或者是稻草，碳原料是100%生物基，它是一个重要的减少二氧化碳排放的新方法，我觉得这对于我们整个行业来说都是非常有意义的。如果说你把它看成是一个实验室的结果，没错，它的确是在实验中做出的，但是我们已经把它提升到了一个更大的规模。2023年，我们在利物浦的工厂已经开始尝试，在德国的工厂也是我们在全球第一个生物基工厂，我们也在进一步探索和开发新工艺。这页上所有的logo，代表的都是我们和其他的大学、机构合作所得到的结果，包括德国出资支持的项目，比如这是由德国食品和农业局支持的。我之所以讲这个，是想再次重复一下丁校长所说的，要想做到这样大的改变，一个大学、一个公司、一个国家可能没有办法做到，因为我们的完全可循环或者可持续发展需要一个很完整的价值链，以及一个更好的生态圈，这就是我们需要各个不同的利益相关方的支持，我觉得这也是一个特别了不起的成就。作为一个跨国公司，很多人都会觉得这个可能只有在德国才能做到，事实上这个也不准确，回到中国来看，实际上中国是科思创最大的市场，在上海实际上有我们最大的生产基地，也已经落地了我们工程塑料业务食品全球总部以及亚太创新中心，我们在整个大中华区也有10个生产基地、3300名员工，通过上海地区总部可以和大学、机构以及其他创新中心进行连接和合作,共同去解决大家所面对的这些问题,包括我们现在也在做一些非常大的项目,比如现在已经成立了合作网络,叫作ICIFP,我觉得要把我们的研究成果真正地转化到实际应用当中,真正地在行业中和应用中解决问题。大家都有很多机会,不仅仅是企业有机会,社会、政府也都有很多的机会。所以我想借此机会邀请大家,让我们价值链上的所有成员进行合作,我们只有合作才能达成这样一个结果,才能真正地达成我们的目标,并且也可以更好地完成我们100%可循环的目标。

谢谢大家!

4 互动对话

对话一:合成生物学开启生物医药新篇章

主 持 人:
  Barbara Di Ventura,弗莱堡大学生物学教授。

互动嘉宾:
  Matthew DeLisa,康奈尔大学史密斯化学与生物分子工程系教授、生物技术研究所所长;
  潘　静,北京高博医院血液肿瘤免疫治疗科主任;
  丁　胜,全球健康药物研发中心主任;
  叶海峰,华东师范大学二级教授、生命科学学院副院长。

Barbara Di Ventura:非常感谢大会邀请我来主持此次论坛。这次会议的信息量非常大,也非常精彩,我们讨论了合成生物学的巨大潜力和作用。接下来,我们要向各位参加对话的嘉宾提出第一个问题。

您觉得传统医学和现在基于合成生物学的医学最大的差别在哪里?在用合成生物学来促进医学的发展方面,您想跟我们分享哪些洞见?尤其是和传统医学相比有哪些优势,以及通过合成生物学的方法有哪些范式可以使用。首先,有请来自德国的Matthew DeLisa教授跟我们分享。

Matthew DeLisa:我简短地介绍一下。我之前上台和大家进行了分享,大家也看到我们的工作是用合成生物编辑微生物,同时通过微生物制造和生产下一代疫苗、生物药物等。

Barbara Di Ventura:您能不能和我们分享一下在医学方面的洞见的转变,相对于传统医学,现在基于合成生物学崭新的医学领域有什么样的转变?

Matthew DeLisa：这的确是非常有意义的问题。我在分享中也触及到一些这方面的内容，能够精准地控制这个生物的流程是我们的一大优势。另外，我们能够控制生产的分子，也能够帮助我们控制生物的过程，有着更好的精准性，也能够实现对疾病的精准治疗，也许不仅仅是在合成生物学方面，在整个生物制药和生物科学方面都能够通过精准控制来实现更好的目标。当然，现在的转变对于人类健康和疾病患者来说都是非常大的福音。

叶海峰：正如刚才 Matthew DeLisa 教授所讲的，我 15 年前也作为他的学生跟着他学习过，今天非常高兴再次有机会与他共同展开讨论。我在 Matthew DeLisa 教授的实验室做了博士研究，我现在在上海也建立了自己的实验室，我们聚焦于如何设计合成基因，以及使用智慧的合成生物的方法，来实现很好的基因控制。通过这种方式，我们可以对细胞进行重编程，达到一些治疗目的，包括为代谢性疾病患者和肿瘤患者提供更好的药物。目前我们已经开发出了一系列新技术，包括使用一些已经获批的化合物，来控制蛋白转运、蛋白翻译和蛋白降解，我们也做了一些可控的蛋白降解相关的研究，同时我个人也非常感兴趣，用到智慧的生物合成物来开发出下一代的治疗方法，通过这些非常智慧的生物计算机进行处理，包括益生菌，通过口服益生菌也能够治疗一系列疾病，这也是我们目前研究的新方向。

Barbara Di Ventura：您给我们介绍了你们正在进行的工作，尤其是和之前传统医学相对比，现在我们有了一些新的方法，还有生物传感器，以及新的药物递送方法。您也给我们介绍了这个系统和之前传统系统的差别，现在我们通过很多智慧疗法来更好地运用靶向治疗方法，也能够很好地起到类似于自然的治疗方法的效果，更好的靶向治疗各种不同的疾病。接下来有请潘教授和我们分享。

潘静：我是一名血液肿瘤科医生。过去 10 年左右时间，我们的团队主要聚焦于免疫治疗和免疫治疗的临床应用。尤其是在一些肿瘤的治疗中，主要聚焦于 CAR-T 细胞治疗。您之前问到传统药物和生物合成药物的差别。今年的一次会议上，我们也看到有一些数据的呈现，这些数据是关于免疫治疗之后相关的基因突变，以及放疗之后的突变。从我们的临床经验中，如果患者接受了传统化疗，有的患者可能会出现治疗相关病症的复发，当我们进行相关的 CAR-T 临床试验的时候，发现了对于这些患者治疗的新方法。这就是我对于传统医学和新一代生物制药差别的分享。谢谢！

丁胜：首先我想感谢主办方召集这么多的专家开启新篇章的对话，也感谢大会的邀请。我是一名化学专家，也是合成生物学方面的研究人员，在实验室也做了一些用合成生物学相关方法进行细胞命运调控和干细胞相关的研究。我们的实验室也会用药物试验的方法进行小分子识别，进行调控方面的研究，同时实现一些研究转化，进行临床研究和药用疗效评估。感谢您的提问。我和大家分享一些不同的观点。我觉得在生物制药行业，至少在最近 100 多年，治疗方式的研发基本上要基于了解疾病，辨识出疾病的靶点，然后进行探索和研发，看看某些分子或者合成的小分子，或者是一些比较大的分子，比如抗体是否能够去靶向这些靶点来治疗疾病。但是在传统范式中，有的时候我们可能只会有 5～10 个产品作用于同样的靶点、同样的机制，也是服务于同一个适应证。这样的话，我们只不过是在同样靶标中不断的迭代和优化这些分子，这也是我认为在生物制药行业中为什么很少会有这样的公司，比如几千亿市值的公司。我们再看其他领域，有万亿级市值的公司，其中一个原因就是在其他领域，产品可以不断迭代更新，可以有第 10 代，包括第 10 代的 iPhone 或者其他产品，我们就可以不停的将一个产品进行迭代，进行更多应用的拓展，我觉得在过去的 3～5 年，在生物制药行业，也许能够看到在不远的将来，出现治疗方法的革命。不仅是针对一些特异形的靶标开发出特异形的分子，现在这个行业也看到了一种新的范式的转变，也就是说通用型的细胞，能够进行研发和制备，来治疗一系列疾病。无论是哪种细胞类型都可以发挥作用，包括前面讲的诱导干细胞和基因编辑技术。我们通过这些技术，能够建立起一些通用的细胞物质，不是供体提供的，而是通用的，可以持续地进行迭代编辑和修饰，同时也能够大规模的进行生产。对于不同疾病的治疗都可以用到同类细胞来靶向不同的器官和组织，这会是一个非常好的由合成生物学赋能的转变。

Barbara Di Ventura：非常好，您提到了"通用型"这个概念，在我看来可能和另外一个重要的特征相符，也就是说现在医学提到的"个性化"诊疗，不仅仅是合成生物学，而是更多的由生物制药行业所推进，包括现在有很多肿瘤患者的治疗中要进行肿瘤测序来找到能够特异性靶向患者肿瘤突变的药物，来实现个性化诊疗。您是否能够跟我们分享一下个性化医疗和您的研究方面，是不是说您的研究也会更多关注这个方向？

Matthew DeLisa：这是非常好的问题，我之前可能没有深入地思考。在个性化诊疗方面，我可能更多是在做基于碳水化合物的疫苗研究。我们在开发这些疫苗时主要针对一些感染型疾病，包括多重耐药的细菌，同时在疫苗开发过程中要去刺激免疫系统，其实也和肿瘤疫苗有很多共通之处。在我看来，在个性化的诊疗中，我会思考同样的疫苗不仅能针对感染性疾病，同时也能针对肿瘤发挥很好的作用，这一点确实是非常具有挑战性的。我们早期有一些研究没有成功，我们也可以从这些失败中进行学习，所以这对我们来说是非常重要的机遇，包括下一代疫苗的研发正在积极推进。我们通过发掘疫苗更多的力量帮助我们解决更具有挑战性的问题，同时我们也会在肿瘤治疗中想到疫苗。我们可能开始研制一些通用型疫苗或者仿制疫苗，使其发挥作用。我们知道肿瘤是非常个性化的疾病，我们要了解肿瘤学相关的免疫机制，同时通过合成生物学的方法建立更好的疫苗系统，使其能够以个性化的方式作用于患者，所以这是我在个性化医疗方面的见解和分享。

叶海峰：在精准医疗方面，我觉得根据个性化诊疗概念和定义的不同，举个例子，比如乳腺癌，乳腺癌有不同的亚型，也就是说我们需要取一些样，做一些样本活检，然后再判定这个患者是哪一种亚型的乳腺癌,最后医生再针对这个患者用什么样的药物进行治疗,这个可能是我们所说的精准医疗。对于合成生物学或者合成药来说,我觉得是更加智能的给药,更加智能的载药。比如针对哺乳动物,我们可以在患者身上进行细胞和组织的分离,做一些体外处理和培养,然后再把它回溯到患者身上。在行业当中,我们的确也觉得这样一种治疗方式或许可以使所有的患者受益,但实际上并不是这样的。在合成生物学领域,我们能做什么?我会觉得,如果我们可以开发出一种非常智能的药物,比如口服益生菌,可以把合成计算或者合成编码嵌入到这个技术当中,它就可以进行智能的疾病诊断,这个是很有意思的。在未来,这也可能是下一代基因治疗和细胞治疗的好方式。

Barbara Di Ventura:我想问一下,对这些患者进行益生菌合成生物学嵌入编程的时候,我们是不是也需要考虑不同患者的情况?还是说我们所有的患者都用同样的药物?我们需要考虑患者的蛋白质组学或者其他组学信息吗?

叶海峰:您指的是什么?

Barbara Di Ventura:就是我们刚开始的这一步,比如要给这个患者用药,他要服用的就是益生菌,现在我们也看到了口服益生菌,或者像您讲到的,比如要进行癌症筛查,您是否也需要知道我们想要进行口服益生菌给药的患者的 mRNA 还是什么?

叶海峰:口服益生菌只是一个例子,我们也可以做其他的治疗,比如针对致癌病毒,我们可以通过一些不同的载体去进行研究,我们现在已经在做了。我们可以通过这种技术更好地判断这个患者是哪一种亚型的乳腺癌,再去看这个患者的生物特性是什么,然后再看肿瘤细胞的生物特性是什么,再进行针对性的治疗。

潘静:我觉得 CAR-T 治疗已经算得上是某种意义上的精准医疗,每个患者都会有不同的 CAR-T 细胞的产品,因为我们都是要先进行取样。我们在做临床试验的时候发现,不同剂量的 CAR-T 治疗会带来不同的结果,所以我觉得这也是比较有挑战的点。如果我们想要把它作为一种疗法,我们还需要进行更加细化的对比。我们需要知道,首先这个患者需要什么样的 CAR-T 产品,比如说他具体是什么样的基因突变,通常也会选择一个靶向药,然后去联合 CAR-T 给这个患者进行治疗。这也是我们在未来对每一个患者会做的一个个性化医疗方案。

丁胜:这是一个很好的问题,当然个性化医疗、精准医疗这个概念,对于患者来说是很好的一个事情,目前也在开发过程中。从目前来看,特别是在疗法开发的过程当中,个性化医疗仍然有很多挑战。比如自体 CAR-T 治疗太贵了,可能对于很多患者来说,可及性不够高。如果我们要发展个性化医疗,目前来看,我觉得在我们的行业当中仍然很难扩量。我们需要有很多的选择,然后才能对某一个患者进行联合治疗。到最后,这种方法也可以向传统的中医进行学习,比如对于每一个患者,我们都是根据他的情况单独开药方和选择药物。我觉得或许就像我之前所说的,如果有这种通用性的细胞治疗方法也是可以解决这个问题的。从一种情况来看，也是可以更好地解决细胞内的这些问题，每一个点实际上可能也都需要我们花10年时间、数百亿元的投入去了解，才能真正地把它转化成个性化医疗。所以对比来看，我们未来也可以把关注点放在细胞替代疗法上，去使用通用细胞概念。如果这样一个概念或者这样一种路径走得通的话，我觉得个性化医疗的风险和成本都会降下来。

　　Barbara Di Ventura：就像您之前所说的，如果说我们要做个性化医疗、精准医疗，我们的确需要了解更多的机制，比如更多的配体、不同的结合位点等。就像我们之前所说的，您之前也讲到了，如果反溯化这部分，您也讲到我们很难在一个短时间内上量。如果我们讲到个性化医疗，对于蛋白质组学这部分，也可以通过蛋白质组学技术进一步加速这方面的发展。从您的概念来看，您觉得和传统的单抗或者传统的抗体进行对比，合成配体的特点是什么？

　　Matthew DeLisa：这是一个很有意思的问题。首先如果说我们看到结合配体，比如在我们做合成的时候有很多的数学计算过程，我们也需要借助AI和机器学习等工具，这些实际上都是一些很枯燥的工作。但是这些工作也为药物开发和疾病治疗探索带来了很高的价值，这个领域本身对于蛋白质设计、蛋白质结构要有了解。今天我们也都提到了，并不仅是要看到整个蛋白质肽，还要看到它可以起到怎样的作用，所以我觉得结合所谓的合成是非常重要的。目前来看，我们的研究也已经取得了比较好的结果，可以比较快地识别出多肽或者蛋白质不同的结合机制，或者说它也可以和细胞表面的受体进行结合，也可以借助药物载体进行给药。我觉得多肽或者肽类和细胞，它的无限性可能和我们的抗体相对比，还是值得去进行深度研究的。而且我觉得我们也要对比它不同的尺寸和大小，我们也要看它的比例，如果这样来看，或许它的可能性的确是无限的。如果说我们可以看到一些比较大的分子，现在可以看到它的结合位点或者不同的结合方式，特别是现在和一些成药载体或者是载体结合，也有一些成功的经验。目前我们仍然在探索过程中，也看到很多的研究，未来10年在这个领域，它的进展空间实际上也是专注于蛋白质，并且我们通过对这部分更多的研究来加速药物开发、更好地设计蛋白质、更好地与酶结合活性，研究它的相应机制影响，这的确是目前这个领域的挑战。

　　Barbara Di Ventura：我们说到了合成生物学，的确也讲到了不同点，比如不同的菌类，不同的形态，而且我们也讲到做一些动物研究也会有不同的研究结果，这也是我们所要看到的。比如在我们进行治疗时可能会带来的一些影响。实际上您的一些研究有很多合成生物学和合成化学的结合，您也使用一些小分子，在不同的分子或者细胞当中进行研究。我想问一下，就您个人来看，从现在实验室的现状来说，或者在未来的实际情况下，应该如何在医院中进行应用的扩展？

　　丁胜：这是一个很好的问题。在我们的研究领域中，包括我们自己做的一些工作，我给大家举两个例子。

第一个例子：供体来源的细胞疗法。这些细胞是从供体当中获取和分离的，同时它也是在体外进行一定处理的，包括基因编辑、病毒载体递送、过表达或者消除等，还可以通过小分子治疗来进行调节，包括 CAR-T 领域可以进行一些分子修饰，比如 TWS190 这个例子。之前我在我的博士工作当中，大概是 20 多年前首次发现它的，现在也已经在 CAR-T 细胞制备中常规使用，能够产生一些所谓的干细胞记忆表型，也能够在患者体内持续更长的时间，停留更长的时间来治疗肿瘤，所以这种细胞是来源于供体的治疗细胞。第二个例子：在我们领域，我们也会看到很多的 LPS 诱导的方面，包括基于 LPS 的细胞治疗或者说是不同的细胞类型、免疫细胞等。同时还有一些脑特异性细胞、胰腺特异性细胞，这些也已经在人体实验中被研究。我也参与创办了一家公司，在 2007 年，也是致力于用 LPS 细胞，或者是其他方式修饰之后来治疗自身免疫疾病的一家公司，所以这些已经在临床试验中进行验证了。当我们了解到它更多的优势和挑战的时候，我们就能够进一步进行迭代和更新，通过一些体外处理和工程学让它变得更好。

Barbara Di Ventura：您觉得在实验室探索方面，最困难的一步是什么？尤其是将这些实验结果用于临床实践，最大的困难是什么？

丁胜：在将实验室结果转化成临床研究或最终产品方面的挑战，第一，我们了解的内容有时非常有局限性，我们有时觉得都了解了，但实际上只了解部分，同类药物中的第一种药物往往会失败，包括它的研发可能需要经过 10 次失败才能获得 1 次成功，所以这个挑战确实存在于我们的认知当中，对于全局观的认知有时候不足，是一个很大的挑战。第二，转化其实也取决于我们能不能融到足够的资金来持续推进研发工作，融资市场方面的挑战有时候比学术方面的挑战更大。

Barbara Di Ventura：您能不能跟我们分享一下 CAR-T 细胞目前的现状，以及您觉得未来的发展方向是什么？

潘静：之前 CAR-T 细胞作为这个领域的一个非常具有代表性的进展，过去 4 年，我其实也是在 T 细胞肿瘤中 CAR-T 疗法中做了一些研究，我发现这个研究领域其实有很多的挑战，即便是在 AML，CAR-T 治疗当中、白血病当中，也有很多临床转化挑战。当我们在肿瘤患者 T 细胞当中进行临床研究的时候，我们发现可能在这个领域主要有三个障碍，第一点是 CAR-T 细胞 CD7、CD5 也会表达在正常的细胞上，这样会有一定的交叠。第二点也是主要的考量，长期的免疫疗效，我随访了 4 年时间，有一些患者没有接受移植，CAR-T 细胞在他们体内疗效还是不错的，但是我们发现免疫的重建是非常低水平的。我们经常会说到需要可控的过程，可控性是非常重要的。尤其是在 TL 和 ML 当中，如果患者出现严重的不良事件，包括感染等，我们就需要停止 CAR-T 细胞的输注。开关的组件，之前有过发表，但是在临床应用中其实并没有发挥作用，我尝试了所有的开关机制，都没有发挥作用。所以我会跟这些学者说，你们还是需要研发更强大的可控的"开关机制"，才能让我们更好地控制治疗的起止，这点对我们来说是非常重要的，这绝对是合成生物学未来的发展方向。

Barbara Di Ventura：我们已经花了很长的时间进行讨论，接下来是最后一个问题，您觉得未来5年最大的突破点在哪里？尤其是合成生物学、生物医学方面最大的潜力和发展方向。

叶海峰：未来5年，我觉得不是一段很长的时间，我们首先需要非常强的政策支持，将实验室已经有的很好的治疗策略和技术，转化到业界新的产品或者成果中，我们需要很好的政策支持。使用益生菌治疗糖尿病就是其中一个很好的例子。目前，我们常规使用胰岛素的注射或者GLP-1等治疗糖尿病，它现在是非常流行的，但是也会有很多的副作用，而且还需要注射。未来，我们可能会通过工程化的益生菌进行口服递送，这个制剂当中还有葡萄糖浓度的感受器，它可以感受葡萄糖的浓度，同时按需释放胰岛素和GLP-1受体激动剂，所以它有一定的智慧性。另外我们也在进行实验，针对政府关注的基因修饰的益生菌，有的时候在临床当中的使用可能会比较困难，这是我们遇到的问题。

Barbara Di Ventura：是的，我觉得公众的认知也是非常重要的。我们合成生物学家也需要跟公众做更多的科普，让他们了解，正如我们在疫情当中看到的一样，关于疫苗的科普，这样才能得到更多的支持。

此次的对话非常成功，信息量也非常大，非常感谢各位讨论嘉宾给我们带来的精彩讨论。谢谢大家！

对话二：美与科技共舞——美丽健康中的高价值分子

主 持 人：
  Brian Kennedy，新加坡国立大学健康长寿中心主任，生物化学与生理学杰出教授。

互动嘉宾：
  翁经科，美国东北大学植物与人类界面研究所所长，化学、化学生物学和生物工程教授；
  沈　頔，巴斯夫新材料有限公司亚太区个人护理解决方案开发和创新高级经理；
  刘彦君，上海宝济药业股份有限公司创始人、董事长。

Brian Kennedy：非常感谢大家，我们这里的讨论嘉宾背景非常丰富，大家也可以从各自的角度探讨一下合成生物在各个领域的应用。

翁经科：首先我要感谢主办方举办此次非常精彩的大会，让我们可以共同探讨合成生物学在生物健康中的作用。我是翁经科，我之前在波士顿大学做过一些研究。我们从植物中获得灵感，主要研究植物相关的分子机制，研究哪些分子可以用来制作和研发新的药品，以及如何通过植物相关的遗传研究和一系列的转录和翻译机制，来看到它们的蛋白分子的作用。同时我们也会看到很多复杂的植物相关的机制，它们如何在困难的环境中生存，它们的物质如何被用于进行人类健康干预，以及这些背后存在的机制。总的来说，我们是通过从植物中汲取一些灵感，同时也通过合成生物技术来进一步扩大非常难以获得的分子的产量。此外，我们也会去探索自然植物的一些新的模式。上一个对话中，我们已经听到了很多小分子需要更强的精准性，比如一个分子针对一个靶点，我们可以看到植物当中有时候一个分子会有非常多的靶点，甚至有上百个靶点，从网络医学的角度来说，通过对它们有更进一步的了解，来增进人类的健康。

Brian Kennedy：首先我觉得，了解植物的一些通路和微生物的编辑，这点是非常重要的。另外，植物细胞也可以被用于制作人类相关的药物。您觉得利用这些植物细胞，包括微生物，能够给我们人类健康带来哪些益处？

翁经科：这是一个很好的问题，实际上这也是我们在实验室中之前遇到的挑战。比如我们在进行转化的时候，很多时候都会有比较大的挑战，之前也有嘉宾做了分享，我们也做了一些基础研究，也是看怎么样才能先把微生物做好，可以进行比较特定的通路的研究。又比如要做新的分子，我们需要了解一些植物特性，这样可以分离出不同的组织，可以和细胞的组织进行对比，但是我们会发现在植物当中，分子的产生就会暂停，事实上我们也要更好地了解它是什么样的机制。在大豆当中，也会有一些不同的特性，还有其他不同的环境和因素的影响。比如番茄中的一种成分，对于紫杉醇治疗癌症的药物，这两者之间的影响。也就是说，这个过程还是有很多挑战的。

Brian Kennedy：接下来的问题要问刘教授。

刘彦君：我们做一些重组的酶或者重组蛋白质。这句话怎么讲？我们知道基因工程药物发展到现在有40年了，以前的基因工程主要聚焦于怎么改善蛋白质的基因序列，怎么改善载体的功能。做了这么多年，还是有很多的酶和蛋白质需要一些翻译或者修饰，比如我们知道有一些蛋白质，它的安全性和羧基化的修饰有关系，还有一些蛋白质、一些酶不能正确折叠，在细胞内就降解了。这些药之前都是从动物脏器里面提取，实际上在临床上已经应用了很多年，它不是一个新分子，但是工程技术很难把它表达出来。我们把底盘细胞，比如改造了很多动物细胞的基因序列，使得一些酶羧基化能够得到充分修饰；比如透明质酸酶等，我们都是通过羧基化工程使得这些蛋白得到充分的翻译或者修饰，比如酶蛋白酶，酵母细胞内因为不能正确的折叠所以就降解了。所以宝济药业应用合成生物学的手段，把一些重组蛋白翻译后修饰的药物、需要正确折叠的药物大规模生产出来，现在都已经完成了临床三期，所以宝济药业是做这件事情的。

Brian Kennedy：好的。我也想要更多地了解您刚才所说的三期研究，是不是还可以说更多一些？比如是什么样的适应证。

刘彦君：实际上宝济药业和其他的常规药企不太一样，我们更多研究的是临床应用场景。比如透明质酸酶，它可以促进大容量的皮下液体和药物吸收，如果临床三期先注射了透明质酸酶，然后再进行皮下注射抗体药物，能成功解决大剂量皮下给药难题。10毫升的注射量都很难吸收，更不用说30毫升、50毫升。借助透明质酸酶，我们就把医院急诊、门诊需要静脉输液3～5个小时的过程缩短到3分钟，大大节约了临床资源，也提高了药物安全性，所以这是我们的一个介绍。因为之前这些药物很多都是从动物脏器提取的，在临床上应用过，但是不安全，所以应用场景就少了。如果我们用重组人的序列，安全性提高，这些药物又重新获得生命。实际上这几年透明质酸酶在美国和欧洲已经得到了临床上的广泛应用，很多中国的患者也得到了更安全和更便利的治疗，由于我们使用的是合成生物学技术，也避免了技术的简单重复。比如中国有几十家药企在做同一药物靶点，如果我们解决了工程技术问题，我们宝济药业所有的药物在中国就都是第一家，目前还没有竞争对手。大家都知道中国的科技产业内卷很严重，同一个品种很多家在做，如果我们把合成生物学的技术解决之后，我们就不靠这些所谓的产能过剩来参与全球竞争，大家都能找到合适的位置，大家都会相互的帮助、共赢。所以我们在中国已经有30多家合作伙伴，我们在市场上不是竞争对手，而是伙伴，大家互相取长补短。我们也帮助很多中国的公司，把他们大容量的药物由静脉滴注改成皮下注射，因为很多老人和儿童都存在静脉输液困难，我们解决了他们这部分未得到满足的临床需求。

Brian Kennedy：接下来问一下沈教授。

沈頔：大家好，我来自巴斯夫，今天很荣幸可以代表巴斯夫参加此次浦江创新论坛。我自己是负责整个亚太区个人健康这部分的创新和研发，也包括不同制备技术、客户服务，还有指甲、假发等相关部分的应用开发。我觉得非常重要的一点就是，我们要提供可持续的发展方案和解决方案，希望可以帮助客户更多关注美妆产品或者其他的医美产品，可以达到更绿色、可持续的发展。

Brian Kennedy：市场上是不是有现成的产品？

沈頔：现在化妆品行业还在整合，所以还是在比较早的阶段，我可以和大家稍微讲一下在我们公司合成生物学的应用。因为巴斯夫在化学品制造方面在全球也是领军公司，我们通过和合成生物学的整合，获得了一个新的机遇，也可以做更多的创新。我给大家举一些例子，但是就目前来看也仅限于研发方面。在市面上有很多的公司，现在已经在进行小分子创新，也是使用合成生物学。比如说透明质酸，还有其他不同的机制。在我们公司，我们对于这部分小分子非常感兴趣，以及后续的优化和改良。比如氨基酸，或者在其他个人护理方面，比如食物和营养品方面，我们都在做后续改良。

Brian Kennedy：因为我自己也给迪奥做顾问和咨询工作，的确我们现在也看到有很多化妆品和护肤品当中有很多合成生物，以及通过不同的新技术可以提取的不同成分，但是这部分已经做得很卷了，我们可以通过技术做的不太多了。

沈頔：是的，我们现在使用更天然的方法替代动物测试，我们不仅仅有这方面的要求和监管。我们还有化妆品，比如护肤品行业，这个行业有机构要求和不同的规范，特别是在一些检测方法上，现在也有很严格的要求，我们的确还有很多的讨论要做，这样的挑战还是挺有意思的。

Brian Kennedy：因为我自己也做一些药物开发，在做药物开发的时候，我们也看到了，比如在结构生物学方面，有很大的调整、很大的进步，我们现在可以看到有很多的小分子药物逐渐浮出水面，也逐渐被我们发现不同的合成药的小分子的靶点，它也丰富了临床的产品管线，可能15年或20年之前有很多的限制，那是因为当时我们的结构生物学发展得还不够。那么我们如何应用生物学方面的进展，特别是您这边也想要通过使用合成生物学来推动更多的临床试验，这部分在未来会是怎样的情况？

刘彦君：就像您刚才所说的，临床试验实际上是一个非常大的挑战。我们挑的这个品种是至关重要的，很多药物在临床阶段需要长达8～10年，实际上我们利用合成生物学能够很好地把临床的风险控制住。比如以往选择的药物都是在化学基的制造过程中，制造成本很高，环节很多，环境污染很大。我们在选择这些药物的时候，就挑一些临床确实急需的，适应证周期评价比较短，实际上这些药物和传统药物相比，安全性和质量都得到了提高，临床疗效的评价是非常好的，这样的话可以节约很多时间，降低很多的风险，也会节约很多的金钱，所以这是我们公司选择项目优先考虑的点。我不知道是否回答了您的问题。

Brian Kennedy：您确实很好的回答了我们的问题，在临床试验中更高的疗效对于整个试验有更大的帮助。同时我们觉得在合成生物当中，合成的这些分子实际上要比来源于其他领域的分子，总的来说更加安全。您觉得在翻译后的蛋白修饰方面，我们还能做哪些工作进一步改善它们的安全性？根据文章和文献，应用合成生物知识对这个问题的解答是怎样的？

刘彦君：第一点，比如第一个例子，说的是很多药物的安全性问题，由于翻译后修饰羧基不完全，使得它的蛋白质疏水基团暴露，如果充分进行羧基化修饰，实际上会很有效地把这个问题解决，所以国外的一些药物，它实际上是增加了羧基化的修饰。

第二点，传统的从动物脏器提取的成分，杂质很多。比如透明质酸酶，从动物提取的话一定会出现过敏反应，患者为了解决问题就只能忍受。利用重组蛋白质可以避免过敏反应，通过合成生物学大量生产这些蛋白质，纯化的步骤相对严格一点，这样的话安全性就得到了极大的提高。

通过合成生物学的助力，药物的安全性、有效性都得到了大幅提高，我们公司现在也初步体会到了用合成生物学合成的这些药物的优势。

Brian Kennedy：您提到了透明质酸酶，这点非常重要，确实我之前在长寿领域也有很多相关的研究。比如有一种裸鼹鼠，它们可以活30年，它们也没有显示出任何衰老的迹象。所以科学家问到这个问题，裸鼹鼠相比其他鼠类为什么可以抗衰老，其中一个原因是它们的透明质酸酶分子链非常长，它们的透明质酸酶有很多的链接，可能这种特异性的透明质酸酶和长寿有关系，所以我们的研究者也决定进行研究，来看看为什么这种长链的透明质酸酶可以在小鼠上实现长寿的目标，把它们敲除之后看看是不是小鼠还可以长寿。

刘彦君：透明质酸酶只是一个组织的填充物，支撑我们正常的形体，随着研究的深入，我们发现，它实际上和生命起源、衰老确实有关系。我们做的重组的透明质酸酶实际上是精子头部，精子头部的透明质酸酶和卵细胞接触之后，把卵细胞的细胞外基质降解形成受精卵，现在发现受精卵不是跑的最快的，而是最幸运的那个精子，前面的精子把工作做完了，最幸运的那个精子进入卵细胞。随着这些机制的发现，实际上透明质酸酶有很强的生物学功能，比如它的配体就是很多细胞的CD44，实际上介导很重要的免疫反应。随着科学的发展，你刚才说的这些生命学机制，大家研究得越来越多，或许有一天，透明质酸酶或者透明质酸不仅仅作为辅助用药或者女士美容，实际上它未来可能会有很多意想不到的作用。

Brian Kennedy：如果你们的研究有结果的话，我们的抗衰老领域可能就不存在了。因为你们解决了很多问题，所以透明质酸酶和透明质酸在很多产品中存在。

沈頔：是的。我们巴斯夫还没有纯度非常高的透明质酸，但是我们有着非常好的生物多聚物，在化妆领域确实能够给皮肤以更好的保水的作用，在抗衰老领域也有帮助。

Brian Kennedy：您提到用微生物，包括来自植物方面的微生物，也许它们有非常好的特性能够帮助我们，我们现在讲到植物领域，可能有成千上万的分子，您觉得怎么样？

翁经科：是的，这是我们每天都在研究的领域，每一个植物的种类可以看到有几十万、几百万种代谢物，我们不可能一一研究。确实，我们说到之前的DNA、RNA合成的中心法则，以及RNA技术，很多的蛋白质和酶，还有很多的代谢产物，都值得我们去探究。在挑战方面，我们要考虑的主要是哪些分子在发挥作用，代谢组学其实也能够发挥很重要的作用，包括在人工智能的辅助下，我们现在也有了非常敏感的质谱仪等技术，来捕获这些质谱并发挥作用。我们也发现通过这种方式，能够预测它的代谢产物的特性。同时通过这些实验室化合物，我们也能够发现它们对于人类健康的助益。回到之前的问题，药物研发中的挑战其实要经历非常严格的临床试验才能找到，对于一些疾病能够发挥有效且安全疗效的药物。同时我们也发现有些监管机构的作用，对我们来说也是一个动力，可以让我们在整个领域当中做更多的工作，去发现更多的分子，能够进一步减缓或者降低健康系统的负担。所以在抗衰老领域确实有着大量的分子，如果我们长期给健康人群使用，也许能够预防一些疾病的出现或者复发，包括糖尿病、心脏病、神经退行性疾病，这方面研究有很多潜力。

Brian Kennedy：植物和人类是共同进化的，其实植物也会为动物供给非常多的分子作为食物或者是其他来源,那么也可能会改变动物的结构,所以我们从自然当中能够汲取到非常多的信息,针对动物在长期的调控方面我们也能够知道得更多。

翁经科:植物在地球上已经存在了几十亿年,人类只存在了几十万年,所以植物和动物之间的接触比人类有更长的历史。我们可以看到植物的自然产物,也可以看到一系列分子,有些是我们比较偏好的,因为这些分子能够和其他生物体共同进化。我们自己也有一系列研究,发现了一些具有生物活性的分子,它们会针对某个目标而演化。比如我们在实验室看到了一种生长非常慢的西藏药用植物,它会产出某种分子,可以提高人类的能量水平,降低压力水平。我们的假设是,这种分子其实是植物演进过程中出现的,帮助它们应对压力的,包括强烈的紫外线照射或者高纬度环境。或许这种分子在动物或者人体中也能够发挥类似的作用,使我们获益。

Brian Kennedy:确实我们也经常听到这种论调,比如把植物的自然提取物应用于个护或化妆品中,或者应用到药用中可以发挥很大的作用,比如水杨酸就是很好的案例。我们在衰老的过程中,会有一系列分子发挥作用,我们在一些酵母中发现的信号通路,或者动物中的信号通路,在人类当中也有相似的作用。就这一点来说,真正共同作用于动物和植物的分子可能很多。

翁经科:现在可能只是冰山一角,目前有记录的物种只有40万个。在40万个物种中,每个都有不同的代谢体系。此外,在合成生物学领域,我们可以利用这些生物合成的多样性,针对不同分子、不同机制发挥作用,研发出一些新的分子,我们也能够找到一些丰度比较低的分子。同时,也可以和化学界联合,在一些实验室中开发出一些新的药物分子。这项工作和细胞培养其实有很多的关联,我之前在麻省理工大学工作过,他们有3000多种来自于植物的细胞系,这也是一个比较老的科研项目。他们可能做了很多内部研究,但没有披露研究结果,最后他们结束了这个项目,也利用了非常多的资源,对我们来说也非常的宝贵。

Brian Kennedy:您讲到会和很多公司进行合作。

刘彦君:我们不光跟中国公司合作,还跟很多欧洲的公司合作。我们开玩笑说透明质酸酶是一个"百搭"的药物,它可以和上百种静脉滴注药物组合变成皮下注射药物。比如百特药业300毫升的免疫球蛋白和透明质酸酶联用,由于它的安全性大大提高,所以无论是医生还是患者及家属,在家里就可以自己注射。比如罗氏的赫赛汀、美罗华,都是著名的药物,还有强生CD38抗体,它们纷纷从静脉滴注变成了皮下注射,使得很多患者不需要去医院,节省了医疗费用,保险公司也愿意这样做。如果到医院静脉滴注就需要几个小时,还要付治疗费用。所以我觉得这是一个革命性的时代,就是在不知不觉中皮下大输液的时代已经到了。如果我们公司自己做,会浪费这个机遇;如果我们和很多公司一起做,帮助他们尽快的由静脉滴注变为皮下注射,整个社会的患者和所有的公司都会受益,所以我们有很多的合作伙伴。

Brian Kennedy：可以说您有一个平台能够和很多公司合作，把他们的产品变成皮下注射，您觉得有多少静脉滴注药物可以变成皮下注射，百分比是多少？

刘彦君：我觉得几乎所有药物都可以混合使用，也可以先给患者使用透明质酸酶后给药物。透明质酸酶可以和抗体药物做成一个复方制剂，同时给患者使用。比如免疫球蛋白，因为它是血液制品，百特采用的策略就是先给透明质酸酶，后给药物，从这个角度来说它可以和所有的药物进行皮下注射，药物的安全性大大提高。举个例子，强盛的一个药物作用于免疫细胞，几乎所有的患者都会有反应，事先必须打激素，换成皮下注射，3分钟就可以解决，没有不良反应。所以很多给药途径和治疗时代都在不知不觉中到来，我们也不愿意浪费这个机会，我们的策略就是不设门槛，和所有的公司合作。

Brian Kennedy：好的。实际上，我们也可以看到皮下注射这部分还可以做得更好。

刘彦君：临床试验做的都是FIH（Fist-in-Human）试验，它的疗效没有降低，但是安全性大大提高了。所以无论是FDA（美国食品和药物管理局）还是EMA（欧洲药品管理局），如果是皮下注射变静脉滴注，所有的监管部门会关注的很多；如果静脉滴注变皮下注射，监管部门就比较鼓励这样做。

Brian Kennedy：好的，它看起来也更有可能提升产量。您讲到了护肤和化妆品合作伙伴，是否有一些学术上的合作？

沈頔：是的，在巴斯夫有很多的合作和研究项目，不仅仅是和大学，同时也和一些初创企业进行合作。比如使用合成生物进行分子创新的时候，我们开发的最终目的是提供一个可持续发展的解决方案。合成生物学或者其他的高科技技术，实际上只是技术的一个渠道和平台，要更多地聚焦于可持续发展的解决方案。如果我们没有办法就一个方向达成统一，可能就会有一些不一样的声音，所以我们在合作初期就应该就这样的想法达成共识。

Brian Kennedy：因为很多时候大家都会说和学术机构合作比较有挑战，因为它们对于自己想做的事情比较坚持，可能产品也是需要保留它们所有想要保留的作用和功能等，但是真正做的时候还是比较有挑战的，要在统一的方向上尽可能找到一些共同点。

沈頔：是的，我们过去也有和不同大学合作的经验。之前也会和大学合作伙伴进行沟通，比如巴斯夫有很多的合作目标，都是通过合作达成的。我们有一个可持续发展资源，如果你想做一个项目，你要看到它的不同来源，比如它是天然来源还是不同化学合成的来源等。之前我也听到有一些合作伙伴跟我反馈，如果你要做天然提取的物质比较难，我买一个现有的就可以，这样的话你是否可以接受？我会回答要看情况，不是我一定要把合成生物和天然材料对立起来，而是我们希望可以在整个过程中去了解所有的情况。如果在一开始就使用合成生物或者合成化学的分子，那么它可能也会影响到整个项目的结果。比如你使用的是一个化学的东西，那么到最后就不能说自己的东西是天然的，因为我们的确有很多的客户，他们可能更愿意有可持续的发展，它可能更天然，但是疗效可能更慢，我们也看到有很多的消费者愿意为这个概念买单，所以我们还是要具体情况具体分析。

Brian Kennedy：的确我们也看到在医学相关领域也有这样的情况，这也是值得我们进行思考的点。我们差不多到时间了，再问最后一个问题。您觉得合成生物学下一步会是什么？

翁经科：我觉得可能要创造一些现在还不存在的市场，因为我觉得对于合成生物学来说，我们看到新靶点、新机制的竞争，我们也看到有很多传统赛道的拥挤，我觉得通过合成生物学，我们也会有更多突破我们想象的应用，包括之前的讨论，以及现在的讨论中也的确看到了要尽可能地减少动物测试，也会有更多高价值的体现等，可以看到有更多高价值的分子。

Brian Kennedy：感谢大家的讨论，我们这部分讨论就结束了。

对话三：绿色化工——共塑可持续化工产业的未来

主 持 人：
> 罗德平，新加坡国家科学院院士，马来西亚科学院院士，南洋理工大学杰出大学教授。

互动嘉宾：
> Gary Knight，英威达尼龙化工（中国）有限公司董事长；
> 朱　健，上海化学工业区发展有限公司副总经理；
> Jacqueline Cecile Victoire Vaessen，荷兰化学学会主席团队；
> 刘　莉，立时集团创投中国负责人。

罗德平：今天非常荣幸参与第三个讨论，我们也有一个非常重要的课题，特别是讲到可持续的概念，首先请各位介绍一下自己，以及您对于绿色化工和您自己的产品或工艺是如何进行整合的。

Gary Knight：首先非常感谢主办方的邀请，我觉得今天真的学到了很多。今天很高兴，也很荣幸可以听到各位专家的分享。我们也要关注一下我们的行业。

我们在中国有一家全球化公司，公司在 2004 年被收购了，目前主要是做尼龙化工，比如纤维等化工制品。我负责中国这部分业务，是中国公司的董事长，也负责科研。我的工作包括改变这个行业的环境和行业生态圈，我觉得这是非常重要的。作为一个运营方面的管理者，在过去几十年里，化工领域应该如何做得更加可持续化，这始终是一个重要的课题，在我们每天的工作中都要进行思考。我们每天的工作应该如何改变才能真正地改变价值链、改变环境、改变生态圈，使我们的一些改变也可以被其他的公司所接受或者借鉴，把这种可持续的策略转化成更高的价值，所以我也特别期待在之后和大家有更多的分享，我们也是非常鼓励做出改变的。

罗德平：好的，我也想补充一下。我想知道，您有没有感受到循环利用或者回收合成尼龙制造这方面的一些压力？

Gary Knight：实际上我并没有感受到压力，因为现在从我们行业中产生的废弃物来看，数量真的是很庞大，并且很可能并没有被很好地利用起来。它们可能被填埋或者倾倒到海洋中。这里我可能先讲一点，之后会跟大家分享更多。对于回收这部分，我们要非常重视，因为我们所生产的尼龙材料大概有 2 英寸宽，不仅有很强的韧性，还有很好的耐高温的特性。尼龙本身就是一个比较强韧的材料，所以制造的过程中或者在后续回收的过程中，想要打破尼龙的强韧性，所需要的能量或者技术也是非常高的，所以我们现在也有一些非常好的合作伙伴在一起研究这些技术。我们相信，未来通过合作，特别是在尼龙的回收利用方面，会是一个非常重要的领域，我们也会实施更好的项目。

罗德平：问您一个基础问题，尼龙材料韧性很强，很难降解，那么如果通过酶解反应能不能让它变得可溶，比如用一些溶剂。

Gary Knight：这个问题其实在很多研究中都有涉及，今天还不能给你一个明确的答案。但是通过探索其他机制，我们一定会找到让尼龙降解的方法，否则它会成为在填埋点或者在海洋中长期甚至永久存在的一种废物，我们需要有方法作用于它。

朱健：大家好，我来自上海化学工业区。我们园区是中国首家以石油化工和化工新材料为主导产业的国家级经济技术开发区，位于上海市的最南端。从 1996 年开发建设以来，经过 20 多年的发展，上海化工区已经成为汇集国内化工企业最多、产品能级和产品关联度最高的开发园区。可持续发展是我们园区在建设过程中的一个核心理念，从我们开发初期就构建循环经济的产业链，到之后的绿色制造，包括我们推动废弃物的循环利用等。这几年我们也非常关注合成生物学等新技术在化工行业绿色转型发展当中的作用，所以我们也布局了一些绿色低碳和生物制造的项目。

刚才听了各位专家的演讲，能受邀参加这次活动我感到非常荣幸，因为我算是一个非常特殊的代表，我是来自产业园区。我相信很多好的技术最后都需要朝着商业化和产业化的方向发展，所以也非常荣幸今天能来学习，并且分享一下我们的想法和做法。谢谢！

罗德平：非常感谢！在我们很多产业园区中，都能看到大量鼓励绿色循环经济及可持续经济的措施，能否介绍下这些鼓励措施都包括哪些内容？是不是包括一些政策支持，能够让更多的人才汇聚，包括使更多可持续发展相关的人才汇聚于此？

朱健：主持人说的非常正确。从一个产业园区的角度来讲，我们不仅是为产业的投资方提供一个空间载体，更多的是扮演一个产业助推者的角色，我们需要汇集更多的资源要素，来创造一个更好的产业生态。特别是对于一些新兴技术的发展，更加需要产业园区来进行推动。所以我想不仅仅是一些政策上的扶持，我们更多的希望能够打造一个产业链、创新链、价值链一体循环的体系，来帮助这些新技术更好的进行产业化转化和落地。

罗德平：非常感谢，下一位有请 Jacqueline Cecile Victoire Vaessen。

Jacqueline Cecile Victoire Vaessen：我来自荷兰化学工业领导小组。荷兰的化学工业在欧洲及全世界范围内都是非常重要的，持续的创新也让我们在未来保持领先的地位。我不是一名研究者，而是领导小组的主席，我们主要聚焦于构建更多的桥梁，包括争取政府和公共机构的科研基金等。但是我也非常看重一些新的工艺和技术，包括合成生物学等方面。稍后我会跟大家分享一些实例，主要是如何通过新技术实现附加价值。我们也要构建可持续的化学工业。对于化学工业来说，有好的治理才能实现好的目标，所以我们要共同努力，使我们的产业变得更加绿色。同时也要看到如何减少化学能源的使用，包括利用合成生物工艺、发酵工艺，还包括使用生物可降解材料。我们现在也和监管机构合作了一些项目，以帮助公司、研究机构、大学，也许大家听说过它们的名字，荷兰北部有很多公司，如在生产瓶子方面有丰富经验的 TFT 公司，所以我们也在绿色方面做了很多工作，使得我们的碳产品更加的绿色化。同时，对于多聚尼龙的回收也做了非常多的工作。另外，我们在荷兰也有一个全国性的塑料回收项目，我们不断扩大它的规模，来加大塑料制品的回收力度。此外，我们还有一个早期研发项目 CCU，它也是从工业的工艺中捕获二氧化碳，大概能够捕获 40%～50%。我们可以看到，去年巴西有一些来自于甘蔗的生物酒精，它可能会有 40%～50% 的生物酒精，另外一部分是二氧化碳。这也使得我们有了一个很好的工具去生产，包括生物制备的酒精，还有其他化学产物。所以我觉得整个化学工业未来会更加趋向于绿色化和工业化，我们也在这个方向上做出我们的贡献。

罗德平：确实我们听到您提到非常多的新技术，包括您使用的是可再生能源，包括使用甘蔗进行生物酒精的制备，那么用普通的木头和草怎么样？

Jacqueline Cecile Victoire Vaessen：是的，荷兰的伐木业也正在进行一系列的工作和创新项目，我们也可以通过处理木头来生成一些生物能源或者生物能源气体。比如我们之前和一所大学所做的工作，他们也是在实验室的规模下，用橙子皮材料（橙子皮包含柠檬酸或柠檬素），通过一系列的化学反应来制造具有生物可塑性的多聚物材料，这个附加值是非常大的。但是它还没有商业化，荷兰相关的研究人员也在上海，大家感兴趣的话也可以跟他们沟通。比如我们生产橙汁的话，橙子皮就会被浪费，它是废物利用很好的案例，也值得我们学习。

刘莉：大家好，我来自新加坡立时集团，立时集团成立于 1962 年，总部在新加坡，我们现在是涂料解决方案的供应商。除了在建筑领域应用之外，我们还覆盖了非常广泛的工业领域，包含汽车、船舶等领域，当然除了涂料之外，我们还有很多非涂料类型的解决方案。非常感谢主办方的邀请，让我有机会参加这个论坛。我们是一个 CVC，我们的主要方式是通过投资专业基金以及与初创企业和研究机构进行小股权投资和合作，来推动这个行业的发展。合成生物学领域是我们公司非常重要的可持续性发展战略方向之一，我们力争更多地跟合成生物学及生物基制造的研究机构、企业和创业团队合作，推动这个产业链中生物基的应用和可持续发展。非常感谢今天能够参会，我也希望通过这个论坛认识更多的合作伙伴，推动更多的发展。

罗德平：作为风投方面的公司，您在融资过程中有没有发现合成生物方面的趋势，也就是说这些公司目前的融资方向是怎样的？

刘莉：这是一个非常好的问题，我们有资金的投入，未来也会有回报。现在大家讲的"耐心资本"和长期投入，我们更多是希望通过战略方式来做正确的事，推动全行业和社会的可持续发展，这对我们来说是一个重要的方向。

罗德平：其实有的时候从风投这边获得资金是非常困难的，如果我们作为公司想要说服你们进行投资，最好的方法是什么？因为现在获得风投是很困难的。哪些方向是你们最感兴趣的？

刘莉：我只能说这是一种可能性。

罗德平：谢谢！您讲到绿色可持续发展的下一步，未来的方向应该是怎样的，也许可以整合合成生物学，这可能是比较技术性的问题，您觉得下一代的尼龙或者塑料方面你们会怎么样做投资布局？因为我知道我们的公司并没有停止研发新的尼龙，一些新的尼龙产品可能能够更好的进行回收，包括能生成单体或者多聚体，这样就能够改变产品的特性，或者是找到更好的将多聚物切成单聚物的方法。

Gary Knight：根据我们做的项目我来回答你的问题，然后再看一下未来。我们有没有困于现状？我们公司非常关注创新，我们之前也讲了，哪怕是在传统工艺中，也希望整合更多绿色化工生产的工艺和技术。在2010年的时候，我们开始做一些合成工艺整合，所以对于这部分的合成工艺来看，尼龙工艺生产是比较基础也是比较重要的工艺。我们也做了一些尝试，在那个时候，我们没有合作伙伴，可能是我们的投资人觉得有某一个项目或者某一种技术比较好，然后在这个过程中我们学习到了很多，我觉得这是很重要的。因为在我们做研究的时候，很多时候也并不是说要有一个100%好的结果，而是说在做研究的时候能够获得什么。我们在2018年的时候转变方向，就像我之前讲到的，合作是非常重要的，因为通过这么多年的经验，我们发现很多事情不是一个企业就可以做到的。我们也希望通过传统技术可以更多地转化为生物基，提出更好的、可持续的解决方案。所以我们就开始和合作伙伴一起做这些项目，然后把它做得更大。比如对于聚合物来说或者是聚合物的尼龙，这是一个和我们生活息息相关的产品或者物质，实际上刚刚也讲了它很难被溶解和酶解，当然在我们寻求合作的时候看到了非常多有吸引力的技术和方向，包括合成生物，也包括其他方面。

罗德平：就像你之前所说的，实际上我们也尝试了水处理，还有酶解。就水处理来看，它本身就很有挑战性，包括酶解也有挑战性。如果说你的产品是高价值的，我觉得还是比较值得去做水处理或者做酶解的。但是如果说价值不是那么高，可能在这个过程当中，我们就不太愿意去做。实际上我们可以看到在这个过程当中产生的废水，在化工行业来说应该是非常常见的，所以我觉得我们也应该涉及对于废料废水这部分的处理和回收，不仅仅是使用新技术对产品本身进行优化，而是说使整个生产链更加绿色，你们是怎么做的？

Gary Knight：我觉得的确如此，因为我们在整个想要推崇绿色化工的过程当中，如果通过合成生物学或者通过其他技术来看，如果这个问题没有解决，那么它也会持续影响尼龙这个产品或者这个产业的发展。所以我们也希望可以通过使用和合成生物的整合，去看一些可能被我们认为已经没有价值的这部分的产品，可以再次利用这些产品的价值。

罗德平：当我们说到化学品、化工的时候，很多时候人们都会比较警惕，比如说它是一个生物技术公司可能就会比较吸引人，你们在布局的时候有没有这样的策略？或者你在说服政府的时候有没有什么策略，告诉他们其实这是一家非常绿色的化工厂。

朱健：这是我们工作当中经常会遇到的矛盾。化工产业是国民经济一个非常重要的支柱，但同时近几年的确大家对于化工产业也产生一些误解，谈"化"色变，大家觉得化工产业很重要，但是最好不要建在我们周围。上海化工区从开发初期，就把化工所涉及的一些主要的问题，比如安全问题、环保问题、社会责任问题等都放在规划布局的首要位置。我刚才也谈到了可持续发展的问题，从项目的引进就希望它是有先进技术的，在安全性上是可靠的，大家是有充分的、高度的环境技术和责任来履行各家企业的日常运行。我们在规划上除了对企业有这样的要求之外，园区在安全和环保上也做了大量的投入，我们通过一体化公用工程，通过一体化配套来帮助所有的化工企业解决一些污染物排放和污染物处置问题。我刚才介绍过，我们是 1996 年启动建设，在建设初期，其实在国内没有很多的经验可以借鉴，我们当时去欧美很多的化工企业和化工园区学习，所以一开始就依照欧美比较高的标准来规划整个园区，同时在整个推进过程当中，我们非常关注的社会责任。Gary Knight 所在的英伟达也是我们化工区非常重要的企业。我们会通过一些公众开放日，让周边社区居民了解现代化工是怎样的，我们如何处置一些危险的化工品或者大家担心的危险废弃物，让公众更好的理解。

第三个层面，我自己也感受到化工的特点，的确目前为止还是摆脱不了对于自然资源的污染，高排放、高污染、高风险，所以在整个"绿色革命"过程中的确需要有很多新技术来进一步助力。前一阶段我们也关注园区实现塑料循环利用，我们通过一些新技术把废塑料等实现绿色产品循环利用。下一步，利用合成生物技术，我们用生物基材料取代化石基材料，也是一个非常重要的方向。

罗德平：非常感谢，我们对于绿色有很多的定义，也有很多不同的理解。比如我的工艺很绿色，但是绿色到什么程度，还没有一个统一的标准。比如有的工艺说是很绿色，但是我们看到的环境还很脏，我们有很多不同的理解，你可不可以跟我们分享一下你认为最绿色的是什么情况？

Jacqueline Cecile Victoire Vaessen：绿色化工指的是我们所使用的原材料本身就是一个很绿色的材料，或者说它就是一个循环再生的材料、更加天然的材料。在整个工艺过程中，也不会产生太多的污染。我觉得这可能也是可以通过合成生物学做到的。之前我看到一个创新的点，实际上菌群可以用来消噬二氧化碳，而且之后可以制成动物的饲料，这也是比较绿色的工艺和循环，所以我们要看到整个生产链。如果是这样的话，在未来，我们可能就不需要再使用植物或者草料去喂这些动物，就可以使用合成再生的动物饲料给动物喂食。通过合成生物，我还有点不敢想，我们到时候会有多绿色的结果，肯定是非常绿色或者是非常环保的，可能也会超出我们的想象。如果借助人工智能，我们也可以找到比较可行的来源，进行大数据算法的捕获，然后再去做。

罗德平：实际上你刚才讲到的这个点还是非常有意思的。对于我自己而言，特别是在使用水的时候，比如我们没有浪费，也不产生废水，它可以进行100%循环使用，并且也是可以在常温下使用的。如果在这个过程中也会对这个水的成分造成影响。所以我想问下一位，你们在投资一家公司的时候，比如是一家小公司找你投资，你们也都知道这部分相对来说，比较难募集到钱，你投资的时候是怎么样进行决策的？

刘莉：从我们的角度出发，从股权投资结构来讲，我们是以小股权投资为主。我们会非常尊重合作伙伴，给予各位专业人士和创始人充足的空间和决策权，所以在股权方面我们不会有大股权或者有尝试控制的动作。

罗德平：因为我们知道生物学研究是一个非常长的过程，它可能需要很长的时间才能看到结果，可能这个结果还是阴性的，如果投资太少可能也不会看到结果，可能风险很大。

刘莉：我解释一下为什么生物基或者合成生物是我们非常看重的领域。我们做过涂料产业的 LCA 评估和计算，当然每个产品有细分产品线，有差异，但是通常来讲60%左右的碳排放来自原材料，10%～20%的碳排放来自包装，通过原材料运用的转换可以非常有效地降碳，对于这个产品的可持续性或者绿色发展是非常有促进作用的。除了包装，我们还可以用循环可利用的材料。这也是回应你提到的，合成生物学是一个过程非常长的、需要投资人或者全行业的人共同推动的领域，但我们依然坚信这个领域是非常值得投资的，因为它对于降碳领域非常重要。我们也希望在这个领域通过我们的小投资和投后的帮助，以及和初创企业、研发机构的共同研发来推动这个产业更加绿色，更加可持续。

罗德平：我们探讨了投资，还探讨了工业园区，今天的对话嘉宾来自不同的背景，给我们带来了非常丰富的见解和洞见，再次感谢各位嘉宾，也再次感谢主办方。本次对话结束。

对话四：跨界融合——学科协同创新助力生物经济发展

主 持 人：

付小龙，北京清华工业开发研究院副院长，上海合成生物学创新中心理事长兼执行主任。

互动嘉宾：

刘陈立，中国科学院深圳先进技术研究院副院长；

Seeram Ramakrishna，新加坡国立大学教授，中国工程院外籍院士，英国皇家工程院院士，印度国家工程院院士，新加坡工程院院士，东盟工程技术研究院院士；

汤卫华，森松集团高级副总裁，森松生命科技 CEO；

汪 敏，因美纳大中华区医学部总监。

汤卫华：非常感谢大家坚持到现在，现在是国际合成生物学创新论坛最后一个环节，我们有幸邀请到了 4 位专家进行探讨。今天下午的会议卓有成效，从合成生物学创新中心成立以来，我们顾问委员会中的很多委员也做了很好的学术报告。我们这个行当面临的一个挑战就是太跨学科了，我们感觉这个学科就是"顶天立地"的学科，化学、量子、物理等，几乎所有科学领域都在报告中出现了；同时，这个学科又太"立地"了，从生命健康到化工行业，基本上没有这个行业不覆盖的，包括刚才提到的化工园区和科创。这个行业还非常有艺术性，刚才也说了，听音乐可以缓解糖尿病病情。所以今天这个环节提到要协同助力生物经济发展。合成生物学为什么如此广泛，就是因为它如此深入融入到了我们的经济生活，因此合成生物学用什么样的工程、产业，最后要回到经济这个词：怎么样为人类创造价值，让人类的生存状况更好？无论是内在的健康还是外在的环境都是为了人类服务的。所以我们在这个环节请来了刘陈立主任，目前国家唯一的合成生物学产业创新中心就是由刘陈立主任负责的。我们还请来了 Seeram Ramakrishna，他是新加坡国立大学教授，以及森松集团的汤总，我们也知道森松集团在整个生命健康领域和装备领域有强劲的市场占有率，还有来自检测行业的汪总。请各位简单的介绍一下自己，也谈谈各位专家自己觉得在跨界融合的领域，你们在自己的工作或者研究过程中做过哪些工作。

刘陈立：大家好，首先感谢论坛的邀请，让我能够参加浦江创新论坛这么重要的活动。刚才小龙院长提到首先要介绍自己在交叉领域上的经验。我 2006 年开始做合成生物学，而刚才这个主题是合成生物学要和经济结合，所以这里面有两个交叉点。合成生物学本身是一个交叉领域，其他学者来到生物学这个领域，把生物学、工程学、化学、物理、信息等学科融合在一起，形成了一个新的领域方向，在 2000 年开始叫合成生物学，所以它需要不同的人在一起。第二个交叉，现在我们提到合成生物学，更多是把它当作一个技术，而不是一门科学。希望它赋能的产品能够用在不同的领域，像今天好几个论坛，生物医药、化工、材料等，这里面又需要另一个交叉，就是市场要素的交叉，不仅需要有技术，还需要有产业端、政府端、资金端，所以这个交叉对于合成生物这个产业来讲又是一个新的命题，因为它是未来产业，也就是说目前还不存在这样一个成熟的产业生态，所以需要各个要素、各方在一起融合交叉。所以在这里，我觉得这两个交叉领域所需要的既有共性，又有个性。第一个共性的就是需要透明，大家需要在透明环境下的交流；第二个很重要的是信任，虽然大家没有一起干过合成生物学，没有一起把一个技术变成产品推向市场，但是大家互相信任对方，能够把这件事做成；第三个对于两个交叉都重要的是降低预期，因为这是一个新领域，市场是新的，需要大家一起打造，一起探索。我先分享这些。

Seeram Ramakrishna：非常感谢。正如前面讲的，我首先简单自我介绍一下，然后在学科协同方面提供一些见解。首先，我想祝贺主办方，这次会议涉及了非常多的创新，其实创新就体现在解决目前的挑战，以及去面对未来可能出现的问题，做出新的应对方式，所以这和人类发展也是非常密切相关的。其次，我要祝贺此次大会，因为今天我们举办的是合成生物学论坛，我觉得合成生物学一定能够改变人们在地球上的生活方式。大家可能会问为什么。因为我们知道联合国是由近 200 个国家组成的，在 2015 年的《巴黎协定》中提出所有的国家都应该支持联合国可持续发展目标，所以我们看到这些目标，它包括人们的健康和人类可持续发展。正如主持人所讲的，我们所做的一切事情都要对人类健康有益。所以合成生物学的重要性，首先在于它非常契合联合国可持续发展目标。另外，我们要通过创新来实现所有的材料和资源的生产。我们知道 50% 的碳排放都和材料、资源的处理过程或者工艺相关，那么合成生物学在这方面有非常大的机遇来做出它自己的贡献。

大家可能会问，为什么我会这么说。因为我来自新加坡国立大学，我过去在新加坡做纳米科技以及工程学方面的研究，两者都是多学科交叉的领域，所以我个人是非常乐观的。我们看到其实有着非常多的国际性的数据库，囊括了来自全世界的科学家，每年他们都会发现顶尖的科学家做出的这些贡献。在过去 10 年间，我们看到了这些科研趋势，有近 50% 的科学家都是多学科交叉领域当中的科学家。所以我觉得跨学科合作是非常重要的，而且每个学科也都是平等的。最具挑战的方面也是我们在合成生物学及其他交叉学科方面研究的进步，所以我们在合成生物学中也取得了一些新的进展，它也能够继续帮助我们进一步创新，帮助我们的下一代获益。

汤卫华：大家好，感谢主办方的邀请，我来自森松集团。我们主要帮助客户实现产业化，我们提供核心设备和解决方案，最终帮助客户实现产业化。第一，我们帮助客户从实验室装置变成产业化；第二，从产业化以后变成规模化、效率化。

从合成生物学方面来说,我们是跟着市场在跑,可能有的时候我们跑得比较早,最早的时候我们做的是可降解塑料,当时我们是跟一些日本客户合作。这几年我们做替代蛋白,一个是动物细胞的替代蛋白,包括植物基方面的替代蛋白,现在在美国已经帮一些客户产业化了,另一个就是胶原蛋白,我们有几个头部客户也已经产业化了。另外在可持续能源领域,包括生物燃料方面也做了不少的工作,都是一些头部客户的产业化相关工作。谢谢!

汪敏:谢谢付老师,也感谢主办方的邀请。通常最后一个环节都没有什么可以说的,前面的环节已经把有些内容都说了,我就简单说说。

对于我个人而言,我所做的工作很交叉,我们公司的工作也很交叉。我在国外学校做了很多年的研究,差不多10年前回国跟着朋友做,先后做了多个领域,我整个经历不知道算不算跨界或者交叉。因美纳这个公司大家都知道,它是在全球做基因测序仪的,最近几年它实际上也是从仪器的提供商慢慢变成了一个研究者,在临床和科研端,做了很多这方面的工作。从一个做核酸检测的公司,现在面向多组学,甚至加入了蛋白质和蛋白质组学这些东西,也够交叉。整体来说就是这样的。

付小龙:大家对4位专家有了初步了解,可以看到有两位科学家,两位企业家,而且两位企业家都来自全球知名的公司,他们都提到了交叉融合,确实是现在面临的迫切需求。但是交叉和科学比较有挑战,科学就是不交叉,叫正交,只有正交了才能有比较合理的结果。临床上不行了才可以交叉。

首先请刘院长为我们分享一下他们是怎么做交叉的。刘院长在国家级创新平台,我也参观过,确实做得非常好,在一栋楼里完成了科研、孵化、大平台整个融合的交叉,非常令人感觉到交叉的活力和魅力,请刘院长再分享一下怎么样让基础科研和产业化这么好地融合和交叉在一起。

刘陈立:其实我们现在还在探索,没有所谓的经验可以分享,我想谈一些感受。关于"楼上科研,楼下产业",其实是因为我们深圳地不多,空间太小,所以只能挤在一起。这次到浦东,每平方千米里面创新的浓度非常高,这是除了北京,全国各地都要向上海学习的地方。刚才说到把基础研究跟产业结合在一起,我觉得是一个比较难的话题,甚至有人觉得这可能是伪命题。基础研究的目的是理解自然背后的规律,产业的目的就是有用、量足、价格便宜,这就是产业。所以这两个目标是不一致的,这两个其实很难交叉在一起。但是我们现在试图把基础研究和产业联系在一起,我觉得中间缺一个环节,需要另外一批人把里面有可能有价值的东西变成想法,再由企业把它变成产品,再通过其他合作方把产品变成商品,最后进入到大家的生活中,所以需要很多人参与。当然不排除做基础研究的科学家是"六边形战士",但是这样的科学家很少,这种小概率事件不能当作规律来看。我们还需要有畅通的机制和组织方式,我觉得金主任和小龙主任在北京和上海做的SSIC就是一个很好的案例。

付小龙：接下来这个问题要问 Seeram Ramakrishna，感觉纳米材料是一种万能材料，最终所有材料都会被纳米材料替代，越是平台基础性的技术，越需要和应用交叉，所有的纳米材料怎么样应用是个值得研究的问题。不知道你是否看过一部中国电影叫《三体》，在电影里纳米材料已经成为一种重要材料，这种制备技术和应用之间确定有非常多的交叉点，交叉范围还是比较广泛的，这些问题从您的学术角度应该怎么理解？在合成生物学领域，我们这两年开始用合成生物法大量合成纳米材料或者大分子材料，刚才在下面开会也讨论，比如德国也有一个材料在放大过程中遇到很大问题，生物技术和纳米领域如何进行交叉，也特别希望您跟我们分享一些真知灼见。

Seeram Ramakrishna：非常感谢付主任的介绍。首先，我非常认可刘院长讲的，他之所以说把不同的职能归到一栋楼里是因为限制，因为地贵，这也是合作的一个非常重要的点。我们要把合作放在一个更大的视角中看，如果放在全球来看，我们看到不同的公司、不同的国家、不同的地区，都有非常类似的情况。对于同样的行业背景，通过相似的社会背景来看，我们应该如何进行合作。我们可以深深地思考一下，因为科研是没有边界的，就像很多人都会觉得好像政府之间很难做到无缝沟通，但是科研和政治是非常不同的，虽说我们也受到地域限制等，但实际上我们做科研或者进行讨论，它应该是无缝的合作，所以我觉得的确有机会可以做全球科研或者研究基金。但是因为很多国家，可能并没有自己的资助资源，我们也可以看到有一些国家他们本身做的科研可能有95%依赖于外部投资，我们需要看到科研整体的跨界融合是非常重要的，不管是在纳米材料或者其他不同的材料中，我们的跨界融合都是非常重要的。我觉得倒是政府，特别是在制定不同政策的时候需要关注的点不同，这些我们在10年前的确也讨论过。从我身边的这两位非常成功的专家来看，我觉得他们对于这个课题的理解过程，实际上已经决定了在未来他们会越来越成功，也会进一步引导全球创新。所以我觉得这是非常重要的一点，即更多地去倡导跨界融合与合作，进行更多的学科协作。

我来讲一下刚才的问题。我们现在在做两个比较有意思的科技项目。我们在中国有合作伙伴，我们也有生物基的塑料材料，现在在新加坡用来做食物包装，就像我们之前讲到的，具有可循环、可回收的特点，所以我们也可以看到对于这些新型的塑料材质，哪怕它被丢弃，也不会对环境造成太大的污染，并且可以很好地降解。我们在寻求解决方案的过程中，也可以寻求多个国家或者多个大洲的合作。我们在德国、印度也有合作，我们做了昆虫基的技术，就像您之前所说的酶解的技术，它们也会分泌出酶，然后把这种酶转化成肥料或者其他的用法，在之后也看到在化妆品、护肤行业、食物包装等都有更多的应用。很多高级别的医院、健康保健系统在2050年也可以实现碳中和，医院如果达到碳中和，也就是说所有的治疗都是碳中和的，所以未来我们有很好的、可持续发展的未来，我们也通过一些可持续的化学物质和产物来实现这一点。同时还包括合成生物学和其他的生物学方法，这些方法可以作为我们的解决方案。

其次，纳米科技本身也是一个多学科交叉的研究领域，自 2000 年开始就有非常多学科的研究者聚焦于纳米科技研发，我们现在也有一些纳米工厂，也可以设计这些产品，同时提高整个工艺的效率。同时在生产之后，比如包装、包膜，以及递送系统、干细胞系统等，这些独特的技术都能够帮助我们提高药效，因为有时候药效还不够，还需要整体提高药物的有效性，这样它们才能够成为进一步改善人类健康的解决方案。

最后，人类只有思考才能发展，发展需要大脑，大脑就需要纳米科技，我们可以在不同的维度对脑神经元进行探针研究。我们也可以看到如何利用这些信号帮助需要帮助的人去治疗疾病等，纳米科技可能会成为一个改变未来的工具，包括脑机接口等技术也是如此。所以有两个领域，我是充满信心的，一个是合成生物学实现的可持续以及碳中和的方向，另外一个是脑机接口方面的纳米科技的应用，我觉得这两个领域对于人类未来的生存是非常关键的。谢谢！

付小龙：Seeram Ramakrishna 详细分享了这些科技领域的交叉点。下面要问汤总，刚才提到的装备解决方案非常重要，因为对于普通的消费者和老百姓来说是没有办法直接使用任何科学和技术的，比如有谁在用人工智能这项技术吗？有谁在用大模型？大家只会用大模型产生的工具——chatGPT。所以，如果没有装备，就无法架起技术和消费者之间的桥梁。所以要问汤总，一方面技术进步特别快；另一方面消费者的需求特别普适，怎么样解决这些问题？

汤卫华：对于森松集团来说，我们涉及的领域比较多，目前主要是两大板块。一是能源材料板块，二是生命科技板块。在能源材料板块，我们强调可持续发展比较多，比如 CEF、生物燃料、通过回收进行燃料的再利用。当然在生命科技方面包括医美、生物制药，包括日化、食品等，看起来这两个领域似乎不相关，但是我们为什么将它们融合在一起，因为底层技术是很重要的，这个反应器是很重要的。比如怎样把油变成乙醇，包括垃圾回收，植物废料、秸秆怎样变成乙醇，乙醇又怎样变成航空燃油等。还有生物制药，还有反应器怎么样变成规模效应之后，我们的人造肉才会有更大的规模效应，否则没有规模效应，所以底层技术非常重要，我们把底层技术打通之后，帮助客户从前端研发实现产业化。中间如果要过渡的话会浪费很多的时间和机会，我们早期就参与到客户的研发阶段，当然我们参与是研发到规模实现，这是我们的强项，避免客户在产业化当中的一些问题，把研发和产业化的时间缩短，提高产业化之后的运营效率，这是我们做的事情。目前，我们和很多客户在合作。我们从前端参与到后端，是研发和产业化的桥梁。

付小龙：这个桥梁非常重要。接下来要问汪总，汪总的因美纳也是一个桥梁，基因是我们探知生命的第一个桥梁，基因检测今天已经不稀奇了，但是基因进入了新时代，你刚才也提到更加交叉，基因进入了多组学时代。不管要看基因，看蛋白组学，还要看各种各样的组学，现在我们发现人体内有一个微生物群体和体细胞数量相差不多，怎么样把它进行更好地融合，这个学科领域和原来的领域相比，发生了较大的变化。这两年人工智能的出现让整个核酸测序和蛋白环节也发生了翻天覆地的变化，而且这个领域已经超越摩尔时代，它其实比摩尔时代的进步速度更快，接下来这个领域会怎么样继续进行交叉，因为这是一个引擎。

汪敏：我简单说说。因美纳基本上参与了所有的国家级的基因组项目。你刚才说到桥梁，这个桥梁对于我们而言，除了技术上的融合，还从简单的核酸测序变成了多组学。我们最近也收购了一些公司，更重要的现在从科研往临床方面做了一些桥梁，在这个过程中刚才说你创造了什么价值，另外一个很重要的一点就是，一定要从做科研变成做临床，这中间必须得学，必须尊重临床医生的想法。你刚才说 AI，我们最近也在 AI 上做了很多，我们做的 AI 不是现在说的人工智能这种东西，而是说我们在这个领域里一个很重要的问题。我们现在做全基因组，从去年到现在，我们在 Nature 和 Science 上发表了很多文章，这些研究对遗传罕见病的治疗是很重要的，对于药物如何筛选靶点也是很重要的，要从大海中找出对你有价值的东西。

付小龙：非常感谢各位专家的分享。还有一点时间，我们快速地再问最后一个问题，我们为什么搭建这个论坛？龚正市长说在今天这个地缘政治下合作更加重要，更加需要用开放包容的心态开展跨界合作。今天最后一个问题，各位专家可以看到在座的要么是外企，要么是外籍院士，我们如何开展跨界合作进行交叉？

汪敏：我想了三个词。第一，心态要开放；第二，合作的时候一定要有共赢，这个东西不是说你自己想做，就把对方强拉进来做；第三，要有一个愿景，我们不是为了合作而合作，一定要有目标，这个目标从一开始就要设定好，然后朝着这个目标努力。

汤卫华：除了这些方面还有一个更重要的方面，就是怎么样保证双方的利益，特别是双方的 IP 很重要。还有就是跨文化，同样一件事情，有些地方大家是没有问题的，但有些地方就是不行的。举个例子，比如说植物蛋白肉，在美国一些地方是合适的，但是在意大利就是被禁止的，对于一些跨文化沟通和管控也是很重要的，怎么样保证双方共同利益是非常重要的。

Seeram Ramakrishna：非常感谢。我觉得我的观点稍微有些不一样，因为我们看到这些国家聚在一起开始进行合作的时候，会讨论很多的问题。但是很少情况下，他们会探讨如何来共同进行科学研究，以及在未来这些国家如何进一步合作。举例来说，我们现在有新加坡和美国的自由贸易协议，在新加坡，我们可能会更注重循环经济，因为循环经济是我们新的重要领域，能够为我们提供竞争优势。但是我们看到不同的国家，有的时候跨学科合作并不一定能非常成功，我不知道在座的有没有政策制定者，也许 50% 的情况下，我们的研究是单个领域的，另外 50% 的情况下，我们的研究会是多学科的，也会有国内或全球的多学科合作。如果是全球跨学科合作，我觉得至少要有 3% 的研发经费聚焦于跨国界合作。有的人问为什么是 3%？其实关于研发经费的比例，我做过一些研究。比如一些领先国家,他们可能会在研发方面花费5%,在美国和中国是2.5%或者3%左右,也有的国家是1%。所以我们可以看到,人均GDP也是我们需要关注的。我觉得我们也可以看一下,3%的R&D投入是不是可以用来吸引更多的跨界合作?我觉得这的确也是需要进行思考的。

刘陈立:这个话题其实是这次浦江创新论坛的主题,即如何通过科学与技术创新,促进国际合作。浦江创新论坛提了一个非常好的目标,即打造一个开放的环境。操作上,我觉得要区别开来看,双边合作是容易的,就是两个国家、两个地区,这个是相对容易的,只要大家目标一致,谈好合作方式。但如果是多边合作,真正意义上的多国合作,那实际上是很难的,特别是在目前这种情况下。我觉得需要有几个要素。

第一,要有共同的目标,这个目标要高远,这个目标是全人类都非常渴望达到的,无关乎眼前的利益,而是人类和这个星球未来的发展,这个目标是非常重要的。比如无限的寿命、在地球上消除某种疾病、取之不竭的能源和永远干净的水,类似这样的命题虽然很远,但是目前的科技,特别是合成生物学的发展,有机会能够靠近这些之前很难想象、但是现在可以去触及的目标,我觉得这个应该是最重要的要素。

第二,在有这种要素的情况下再有一个平台,比如浦江论坛、中关村论坛,当然还有国际上的其他论坛,能够把大家组织在一起,以一个比较好的合作机制去做。我觉得现在的世界,虽然有不同的纷争,还有战争,但是合作是主旋律,特别是面对这样巨大的挑战,以及全人类都要抵达的那个彼岸,需要合作。我们政府间或者这些好的国际平台应该推动这样的合作,去实现这样的目标,这是超越双边的,应该是多边全球化的合作,我觉得这也是我们的目标和方向。

谢谢!

第 9 章

中荷绿色化学与循环塑料研讨会

1 论坛概况

促进中荷双方深入了解绿色化学与循环塑料领域的最新发展情况,为荷兰与长三角相关领域的科技公司、科研院所搭建桥梁,促进合作与对接,利用浦江创新论坛这一高层次平台举办活动。

2 嘉宾致辞

荷兰气候政策与绿色增长部可持续工业发展处长 Karlo van Dam 的致辞

Karlo van Dam　荷兰气候政策与绿色增长部可持续工业发展处长

> 荷兰气候政策与绿色增长部始终致力于推动绿色企业发展壮大,助力传统企业绿色转型。本次研讨会将聚焦循环塑料、生物基材料、碳捕集与利用技术三大领域,这也正是荷中两国推动原材料体系转型的核心方向。近年来,中国在循环经济建设方面取得重大进展,尤其是在提高塑料回收的数量与质量方面成效斐然。荷方期待通过本次交流与中方建立新的合作纽带,在未来拓展更多务实合作空间。

大家下午好!我是荷兰气候政策与绿色增长部可持续工业发展处长,非常荣幸在这里与大家见面,也欢迎大家来参与今天的研讨会。首先,我谨代表荷兰气候政策与绿色增长部,向活动主办方荷兰驻上海总领事馆、长三角国家技术创新中心(NICE)表示衷心感谢!

荷兰气候政策与绿色增长部始终致力于推动绿色企业发展壮大,助力传统企业绿色转型。我们坚信,唯有通过跨领域协作,才能在"零碳"征程中促进公共部门与私营部门协同投资,并实现前沿技术创新突破。在此过程中,成功的绿色商业案例将发挥关键示范作用。

本次研讨会将聚焦循环塑料、生物基材料、碳捕集与利用技术三大领域。同时,这也正是荷中两国推动原材料体系转型的核心方向。值得关注的是,中国在碳循环领域展现出了令人瞩目的战略决心,昨日的交流让我们深切感受到中国正在大力推进环境治理体系的升级。中国通过加强化工行业环境监管,显著提升了行业清洁生产效能。同时,中国在循环经济建设方面取得重大进展,尤其是在提高塑料回收的数量与质量方面成效斐然。明日起,荷兰代表团将实地走访中国化学与材料领域的龙头企业与创新型企业,期待能深入了解中国在清洁技术研发及产业化方面的最新成果。本次随团来访的专家团队汇聚了荷兰高校与企业的顶尖力量,这也充分体现了荷兰对深化荷中绿色合作的高度重视。

我们始终将气候目标视为重要的商业机遇。基于共同的战略愿景,荷方期待通过本次交流与中方建立新的合作纽带,在未来拓展更多务实合作空间。期待今天下午大家的精彩发言和讨论,谢谢!

荷兰驻上海总领事郭媚瑶的致辞

郭媚瑶　荷兰驻上海总领事

> 荷中两国在科技领域的合作历史悠久,成果丰硕。去年,荷中两国政府续签了合作备忘录,强调通过合作应对气候变化等两国面临的全球性挑战。荷兰致力于在2050年实现碳中和目标,化学工业将在这一过程中发挥重要作用。希望荷中双方通过本次会议加强相互了解,寻找合作机会。

大家下午好!我是荷兰驻上海总领事郭媚瑶。我们很荣幸能与长三角国家技术创新中心共同举办此次研讨会,并衷心感谢上海市科学技术委员会的大力支持!

荷中两国在科技领域的合作历史悠久,成果丰硕。在长三角地区,我多次与各地领导交流,无论是在南通市还是在其他地方,当地领导经常会提到荷兰在水利工程方面作出的贡献,我们也多次深入探讨了双方加强相关合作的事宜。去年,荷中两国政府续签了合作备忘录,强调通过合作应对气候变化等两国面临的全球性挑战。

在荷兰，我们正迅速向碳中和经济模式转型，致力于在2050年实现这一目标。化学工业将在这一转型过程中发挥极为重要的作用，我们不仅需要化学工业助力经济的可持续转型，更需要其自身实现绿色转型。应对这些全球性挑战离不开国际合作，我很高兴看到双方企业、研究机构及政府代表都对相互了解和探索合作机会表现出浓厚的兴趣，也衷心感谢大家的支持。

今天，我们有机会互相交流，探讨双方的共同兴趣点。希望大家充分利用这个机会，进行富有成效的讨论，谢谢！

长三角国家技术创新中心管委会委员陈宁的致辞

陈宁　长三角国家技术创新中心管委会委员

> 长三角国家技术创新中心（以下简称"国创中心"）是国家战略科技力量的重要组成部分，始终致力于搭建产学研协同创新平台。经过十余年发展，国创中心已设立100余家专业研究所，孵化200余家科技型企业，促成超过50亿元技术交易金额，与全球300余家科研机构建立合作关系，引进1500余名高层次人才，获得4亿元财政投入。国创中心通过研究机构与项目公司双轨并行的模式实现技术转化，累计建成超过500个联合创新研究机构。国创中心提出了科技创新的"钟表模式"，形成了以市场需求为导向的闭环创新系统。同时，国创中心构建了包含五大要素的创新生态赋能体系，建立了包含三个阶段的合作范式。国创中心致力于打造具有全球影响力的创新枢纽，推动产学研深度融合与社会价值创造。

尊敬的各位来宾，下午好！我是长三角国家技术创新中心管委会委员陈宁。非常荣幸与大家在此相聚，下面我将详细介绍国创中心的相关情况，着重阐述国创中心在创新生态体系中的定位与实践。

作为国家战略科技力量的重要组成部分，国创中心始终致力于搭建产学研协同创新平台，其核心职能是搭建科研机构与产业界的转化桥梁，构建国际创新合作网络，同时积极探索社会创新解决方案。2013年，江苏省率先成立了产业技术研究院，经过8年的实践探索，该研究院于2021年正式升级为长三角国家技术创新中心（NICE）。目前，国创中心已形成"一中心、多基地"的发展格局，在上海设立总部的同时，计划于2025年底前完成浙江、安徽两省的战略布局，与江苏共同构建覆盖长三角三省一市的创新网络。作为国内创新活力最强、国际化程度最高、产业基础最雄厚的区域之一，长三角地区承载着国家创新驱动发展战略的重要使命，以占全国17%的人口规模创造了25%的GDP总量，并拥有560万在校大学生及密集的高校和科研机构，这些都为创新发展提供了坚实基础。

经过十余年发展，国创中心已构建起六大核心支撑体系。一是在材料科学、生物技术、能源环境等5个重点领域布局建设100余家专业研究所，形成"研究所+科技公司"的双轮驱动模式；二是通过设立专项基金培育创新项目，累计孵化科技型企业200余家，培育形成多个具有国际竞争力的创新集群；三是建立市场化技术转移平台，累计促成技术交易金额超过50亿元；四是构建开放式创新网络，与全球300余家科研机构建立合作关系；五是打造创新人才高地，累计引进高层次人才1500余人；六是建立多元化投融资体系，累计获得各级财政投入4亿元。通过市场化运作，初始6000万元财政资金已滚动增长至2亿元，形成可持续发展的创新生态。

在创新生态体系中，国创中心通过研究机构与项目公司双轨并行的模式实现技术转化。研究机构专注于前沿技术研发，项目公司则深耕特定行业领域与客户群体。我们建立了联合创新中心机制，与年营收超亿元的成熟企业合作，累计建成超过500个联合创新研究机构。这些机构是国创中心体系的核心组成部分，通过向合作企业征集技术需求，已累计获取2400余项技术攻关课题，其中已获得投资的900余项课题通过攻关实现了技术突破，并将技术成果转化收益持续投入到下一轮研发当中。我们构建了技术需求方与供给方的双向对接平台，同时与国内外高校开展深度合作，目前已建立覆盖100所国内高校及80所国外高校的合作网络，并与跨国企业保持常态化技术交流。对于处于技术转化阶段的创新研发机构，我们建立了专项认证体系。这类机构以技术输出为核心业务，通过为企业提供技术解决方案推动产业升级，在学术界与产业界之间发挥桥梁作用。教育是创新生态的核心枢纽。我们始终坚持产学研协同育人理念，通过建立多元化教育机制，培养兼具产业认知与市场洞察力的复合型人才，使学生深度理解消费者需求。这一理念是长三角教育联盟的核心理念，与传统学术教育形成了差异化互补。

在创新模式构建方面，国创中心形成了与六大核心支柱对应的创新机制。在研发机构方面，我们推行研发团队持股制度，即通过核心研发团队持股，实现人员与项目的深度绑定，确保科研人员深度参与研究院及企业项目，建立技术转化与人才发展的双向赋能体系。我们采用研发资助与股权转化相结合的机制，在项目孵化期提供资金支持，待技术成果市场化后再将资助转化为股权。同时，我们构建了六大创新理念框架，涵盖创新本质认知、创新主体界定及创新平台定位等方面。对于国创中心而言，创新不仅包含技术突破与专利产出，更强调创造具有社会价值的核心价值体系。创新主体体系包含研究者、科学家、工程师、投资者等多元群体，其中企业家在创新要素整合与价值创造中发挥枢纽作用。在创新平台方面，大学与科研机构是原始创新的策源地，而企业则是技术转化与价值创造的主体，两者形成协同创新生态。技术攻关和成本控制是企业创新的重要考虑因素。我们重构了创新流程认知框架，将传统技术成熟度模型升级为六大转化模式，涵盖从基础研究到工程化应用再到市场化的全链条。针对传统线性创新模式的局限性，我们引入创新"钟表模式"，即以市场需求为导向形成闭环创新系统，通过资本、人才、技术等创新要素的协同运转，实现从概念验证到模式升级的全周期管理。该模型突破了传统的线性思维，强调创新起点在于市场需求导向，通过动态调整创新路径实现预期成果。

在创新生态建设方面，国创中心构建了包含五大要素的赋能体系：独立创新主体、高效协同网络、价值共享机制、成果转化通道、容错试错空间。其中容错机制尤为关键，通过建立科学的评估体系，对创新过程中的试错予以包容，这也是国创中心成为优质创新平台的重要特征。

关于合作机制，国创中心建立了包含三个阶段的合作范式：初期形成合作共识、中期推进成果转化、长期构建稳定伙伴关系。针对不同合作需求，我们提供联合研发、合同制研发、概念验证、招投标等多元化合作模式，始终保持开放创新态度。

创新平台如同桥梁，连接知识与市场两端。在中国文化语境中，这种连接作用如同筷子——作为餐饮文化的核心载体，其价值不仅在于工具属性，更在于促成食物与食客之间的交互体验。国创中心正是这样的创新桥梁，通过精准把握中国市场特性与国际创新趋势，构建双向开放的创新生态系统。通过上述创新体系建设，我们致力于打造具有全球影响力的创新枢纽，推动产学研深度融合与社会价值创造。谢谢大家！

荷兰化学行业协会代表的致辞

荷兰化学行业协会代表

> 荷兰正在推动"循环塑料2050"战略目标的实现，致力于通过技术创新实现废弃物资源化利用。为解决化学工业对碳基原料的依赖问题，荷兰提出了开发生物基替代材料、构建农业残留物与林业废弃物循环利用体系、推进二氧化碳捕集与利用（CCU）技术产业化三大解决方案。荷兰重视中小企业发展与人才培养，呼吁构建政府、企业、金融机构、科研机构多方协同的可持续发展体系。荷兰期待与中国加强合作，为全球化工行业的绿色转型贡献智慧。

尊敬的各位来宾，我谨代表荷兰化学行业协会（ChemistryNL）发言。荷兰在化学工业领域始终保持全球领先地位，尤其在通信、物流、能源、农业食品及高新技术等领域具有显著优势。我们致力于通过不断创新延续这一优势，并将创新模式深度融入国际合作，以推动各领域可持续发展。

在化工行业创新实践中，我们积极探索公私合作伙伴关系（PPP）与产学研协同机制。此次访华期间，我们很高兴地看到中国在循环经济领域已形成成熟的产学研合作模式。这与荷兰推动的"循环塑料2050"战略目标高度契合。尽管当前塑料循环利用率尚未达到预期,但我们必须加快实现2030年中期目标的进度。通过技术创新实现废弃物资源化利用,既是产业转型的必由之路,也是本次研讨会的核心议题之一。

化学工业的脱碳进程具有特殊挑战性。作为基础原材料产业,化学工业对碳基原料的依赖短期内难以完全消除。为此,我们提出三大解决方案:一是开发生物基替代材料,二是构建农业残留物与林业废弃物循环利用体系,三是推进二氧化碳捕集与利用(CCU)技术产业化。目前全球CCU技术仅实现24%的碳转化率,新加坡工业碳捕集率不足4%,这表明该领域仍存在巨大的技术提升空间。

在创新生态构建方面,我们高度重视中小企业发展。大型企业的绿色转型需要配套产业支持,而初创企业往往是颠覆性技术的发源地。荷兰通过设立专项基金、建设创新孵化平台等方式,已培育出一批具有国际竞争力的绿色科技企业。本次的荷兰代表团中就有多家此类企业代表,我们期待通过深化对华合作,加快创新成果的规模化应用。

人才培养是创新体系的核心要素。荷兰注重产学研深度融合,通过校企联合培养项目、博士后创新计划等机制,为行业输送高端技术人才。我们注意到中国在国家级创新中心建设方面成效显著,建议双方加强人才交流与联合研发,共同攻克化工行业的技术瓶颈。

最后,我们呼吁构建多方协同的可持续发展体系。这需要政府制定前瞻性政策,企业承担环境责任,科研机构突破关键技术,金融机构提供绿色融资支持。荷兰代表团期待与中国伙伴共同探索创新合作模式,为全球化工行业的绿色转型贡献智慧。谢谢大家!

荷兰化学建设区块联盟代表的致辞

荷兰化学建设区块联盟代表

> 荷兰先进研究中心化学联盟与行业伙伴合作建立了校企联合培养机制,为青年人才提供了前沿技术实践平台,促进基础研究成果向产业化转化,同时提高青年人才的专业能力与综合素养。我们期待与中方加强合作,共同探索绿色化学技术创新路径。

尊敬的各位来宾,我谨代表荷兰先进研究中心化学联盟(Chemical Building Blocks Consortium)发言。本联盟的愿景是通过绿色化学技术推动循环塑料体系建设,加速实现无废弃物社会转型,并助力全球能源结构优化。

在产业协同方面,联盟与行业伙伴开展深度合作,通过校企联合培养机制系统提升学生的专业技术能力与创新素养。我们与多所顶尖研究型大学建立了战略合作伙伴关系,其中包括由诺贝尔奖得主汉斯教授领衔的科研团队，这些合作网络为青年人才提供了前沿技术实践平台。联盟依托高校的科研优势构建跨学科技术研发枢纽，通过共享实验室资源、联合课题攻关等方式促进基础研究成果向产业化转化，目前已形成了覆盖材料科学、环境工程、能源技术等领域的协同创新网络。

在人才培养过程中，联盟注重专业能力与综合素养的双重提升，除了加强技术培训之外，还通过组织国际学术论坛、行业案例研讨等活动，着重培养学生的沟通协调、项目管理等职业能力。

在此，我谨代表联盟感谢主办方提供的交流机会。我们期待与中国同仁深化合作，共同探索绿色化学技术创新路径，为实现全球可持续发展目标贡献智慧。谢谢大家！

荷兰 Brightlands 循环空间代表的致辞

荷兰 Brightlands 循环空间代表

> 作为一家专注于发展塑料循环经济的开放性创新平台，荷兰 Brightlands 循环空间将重点推进构建全闭环循环设计体系、开发循环经济基础设施、建设中试生产基地、搭建技术展示与转化平台四大核心领域的工作。我们诚挚欢迎中国投资者前来考察，并邀请中国企业家参与园区共建，共同探索塑料循环利用的创新路径。

尊敬的各位来宾，我谨代表荷兰 Brightlands 循环空间（Brightlands Circular Space）发言。我们是一家专注于发展塑料循环经济的开放性创新平台，重点推进以下四个核心领域：一是构建全闭环循环设计体系，通过与高校及科研机构的深度合作，我们计划在明年启用面积为 4000 平方米的创新实验空间，该空间将整合循环经济模型设计与循环建筑技术研发功能；二是开发循环经济基础设施，我们已建成专业的废弃物预处理中心，通过自主研发的清洗、分拣及再生技术，可将塑料废弃物转化为高纯度再生塑料，为后续加工环节提供优质原料；三是建设中试生产基地，该基地配备氮气保护、氢气催化等先进工艺设备，可实现从再生塑料到新型塑料制品的完整生产链测试，目前已形成年产万吨级的中试能力；四是搭建技术展示与转化平台，通过可视化生产流程演示及定制化实验服务，为行业伙伴提供技术验证与工艺优化支持。

作为荷兰的国家级重点循环塑料机构，我们已获得 4 亿欧元国家基金支持，旨在加速推动塑料循环发展进程。我们的机构位于 Brightlands 化学工业园区，该园区位于荷兰与德国、比利时的边界，该园区配备了国际一流的公用工程系统，现有 20 余套标准化生产装置及配套实验室面向全球开放合作。我们诚挚欢迎中国投资者前来考察，并邀请中国企业家参与园区共建，通过共享技术研发资源、联合开展工艺优化，共同探索塑料循环利用的创新路径。谢谢大家!

荷兰格罗宁根地区代表的致辞

荷兰格罗宁根地区代表

> 荷兰北部的格罗宁根地区规划建设 400 公顷的循环经济产业园区,计划于 2050 年之前实现全闭环运营。园区将重点吸引资源高效利用、废弃物资源化等领域的企业入驻,诚邀中国企业家参与试点项目合作,共同探索循环经济发展新模式。

尊敬的各位来宾,我谨代表荷兰北部的格罗宁根地区发言。当前,我们正在实施多项创新项目,其中位于格罗宁根海港的循环经济试点项目尤为引人关注。该区域作为重要的工业聚集区,规划建设 400 公顷的循环经济产业园区,计划于 2050 年之前实现全闭环运营。园区将重点吸引资源高效利用、废弃物资源化等领域的企业入驻,并配套提供政策支持与基础设施保障。我们诚邀中国企业家参与试点项目合作,共同探索循环经济发展新模式。谢谢大家!

荷兰马尔文帕纳科(Malvern Panalytical)公司代表的致辞

荷兰马尔文帕纳科公司代表

> 作为一家专注于微尺度精密测量技术的科技企业,荷兰马尔文帕纳科公司开发了对塑料材料的化学元素组成进行精准检测的核心技术,并正在推动检测方法的标准化,促进国际贸易中的技术标准衔接。期待与中国伙伴深化合作,共同构建可持续发展的产业生态。

尊敬的各位来宾,我来自荷兰马尔文帕纳科(Malvern Panalytical)公司,很高兴有机会用中文与大家交流。我们是一家专注于微尺度精密测量技术的科技企业,致力于为工业领域提供先进的成分分析解决方案。在塑料循环经济领域,我们的核心技术可实现对塑料材料中化学元素组成的精准检测。通过对影响回收效率的关键元素进行分析,我们能够为客户提供定制化的检测方案。当前,我们正在积极推动检测方法的标准化,这不仅有助于提升行业检测精度,更将为塑料循环产业链的规范化发展提供技术支撑。

标准化检测体系的建立,对于促进国际贸易中的技术标准衔接具有重要意义。我们期待与中国伙伴深化合作，通过技术协同创新，共同构建可持续发展的产业生态。谢谢大家！

荷兰 Nature's Principle 公司代表的致辞

荷兰 Nature's Principle 公司代表

> 荷兰 Nature's Principle 公司专注于生物发酵技术研发，已成功开发出具有自主知识产权的乳酸生产工艺，该工艺在生物可降解塑料领域具有广阔应用前景。我们期待与中国伙伴在原料供应、工艺优化及终端产品开发等环节开展深度合作。

尊敬的各位来宾，我是荷兰 Nature's Principle 公司的代表。作为高校科研成果孵化的科技企业代表，我们专注于生物发酵技术研发。通过生物技术创新，我们已成功研发出具有自主知识产权的乳酸生产工艺。乳酸作为重要的生物基材料，在生物可降解塑料领域具有广阔应用前景。我们注意到中国生物塑料产业正处于快速发展阶段，荷中两国在该领域存在显著的技术互补性与合作潜力。

我们诚挚寻求与中国伙伴在原料供应、工艺优化及终端产品开发等环节开展深度合作。区别于传统技术路线，我们的生物发酵技术具有以下显著优势：一是通过菌种改良与代谢调控技术，可以实现不同纯度乳酸的定制化生产；二是我们创新开发的模块化反应系统，可以使生产过程具备高度灵活性，能够适应多元化市场需求。这些技术突破为生物塑料产业的可持续发展提供了创新解决方案。谢谢大家！

荷兰 Plantics 公司代表的致辞

荷兰 Plantics 公司代表

> 作为一家专注于生物基树脂研发的企业，荷兰 Plantics 公司开发的生物基树脂体系可实现对传统环氧树脂及易分解产生甲醛等有毒气体的脲醛树脂的替代。这种新型材料在保持优异力学性能的同时，实现了全生命周期的绿色化。我们计划在中国建立生产基地，推动生物基树脂的本土化应用。

尊敬的各位来宾，我很荣幸能向大家介绍荷兰 Plantics 公司。作为一家专注于生物基树脂研发的企业，我们的产品具有以下核心优势：100% 来源于生物基、完全可回收、兼具热固性与热塑性、无毒环保、具备优异防水性能。

在技术创新方面，我们成功突破了传统认知中生物基树脂难以实现高性能化的技术瓶颈。通过分子结构设计与合成工艺优化，我们开发的生物基树脂体系可实现对传统环氧树脂及易分解产生甲醛等有毒气体的脲醛树脂的替代。这种新型材料在保持优异力学性能的同时，实现了全生命周期的绿色化。

目前，我们已为多家合作伙伴提供定制化解决方案，助力其开发环保型复合材料产品。鉴于中国制造业的强大基础及对绿色材料的迫切需求，我们计划在中国建立生产基地，推动生物基树脂的本土化应用。期待与各位深入探讨合作机遇，共同构建可持续发展的产业生态。谢谢大家！

荷兰格罗宁根大学代表的致辞

荷兰格罗宁根大学代表

> 荷兰格罗宁根大学专注于生物基绿色化学反应技术研发，目前已实现从生物残渣中提取高附加值化学品，成功开发出包括轻质芳烃在内的系列产品。同时，在材料循环利用领域，我校团队创新开发了超临界二氧化碳处理技术，为塑料与橡胶的循环利用提供了全新解决方案。

尊敬的各位来宾，我谨代表荷兰格罗宁根大学发言。我们专注于生物基绿色化学反应技术研发，目前已实现从生物残渣中提取高附加值化学品，成功开发出包括轻质芳烃在内的系列产品。

作为拥有 30 年行业经验的技术团队，我们将在明日专题论坛中详细分享技术进展。在材料循环利用领域，我们致力于通过材料回收技术创新，与行业伙伴开展深度合作。以聚丙烯和橡胶回收为例，针对传统 50 年技术路线中材料老化衰退的行业痛点，我们创新开发了超临界二氧化碳处理技术并已获得专利授权。该技术可有效提升材料性能，为塑料与橡胶的循环利用提供了全新解决方案。诚挚希望与各位深入探讨技术创新路径，共同推动绿色化学产业发展。谢谢大家！

荷兰 Solinatra 公司代表的致辞

荷兰 Solinatra 公司代表

> 荷兰 Solinatra 公司自主研发的 Solinatra 材料是一款完全由天然农业废弃物生产的无污染、无异味的生物基塑料壳，期待与中国伙伴合作研发新技术，并实现

> Solinatra 系列产品在中国的商业化生产。

尊敬的各位来宾，我来自荷兰 Solinatra 公司，很荣幸向大家介绍我们自主研发的 Solinatra 材料。这是一款完全由天然农业废弃物生产的无污染、无异味生物基塑料壳。

我们期待与中国伙伴在以下领域开展深度合作：一是研发新技术；二是在中国制造并商业化生产 Solinatra 系列产品，并扩大市场。期待与各位携手合作，谢谢大家！

荷兰驻华大使馆科学研究员代表的致辞

荷兰驻华大使馆科学研究员代表

> 荷兰驻华大使馆科学研究员主要从事可持续化学、能源转型及循环经济领域的研究，愿深入了解中国市场的技术需求与应用场景，持续推进循环化学领域的技术研发与国际合作。

尊敬的各位来宾，我是来自荷兰乌特勒支大学的研究员兼博士后，主要从事可持续化学、能源转型及循环经济领域的研究。作为荷兰驻华大使馆科学研究员，我有幸获得此次短期访华机会，专注于可持续化学方向的前沿探索。

此次随代表团来华访问，不仅为我提供了与产业界、学术界同仁交流的平台，更让我深刻体会到各领域对循环化学技术的迫切需求。通过深入了解中国市场的技术需求与应用场景，我们将持续推进循环化学领域的技术研发与国际合作。非常荣幸能与各位分享研究成果，期待未来在可持续发展领域开展更多实质性合作。谢谢大家！

荷兰阿姆斯特丹大学范特霍夫分子科学研究所代表的致辞

Sonja Pullen 荷兰阿姆斯特丹大学范特霍夫分子科学研究所研究员

> 荷兰阿姆斯特丹大学范特霍夫分子科学研究所 Sonja Pullen 研究员在超分子催化领域具有深厚积累，同时专注于分子设计、合成与分析技术研发，愿与各位在可持续化学领域开展深入交流与合作。

尊敬的各位来宾，我是荷兰阿姆斯特丹大学范特霍夫分子科学研究所的研究员 Sonja Pullen，主要从事可持续化学研究，在超分子催化领域具有深厚积累，同时专注于分子设计、合成与分析技术研发。

我十分认同陈宁委员刚才提出的"钟表模式"理念，我们研究所也是钟表上的指针之一，致力于成为技术转化与赋能的重要枢纽。此次能有机会随团来华访问，我深感荣幸，期待与各位在可持续化学领域开展深入交流与合作。谢谢大家！

荷兰 Wittenburg 公司代表的致辞

荷兰 Wittenburg 公司代表

> 作为一家生物基化学研究领域的创新企业，荷兰 Wittenburg 公司通过提供技术开发支持、建立跨国协同网络、构建绿色技术矩阵三种方式助力构建可持续产品体系，期待与各位携手推动塑料产业的可持续发展。

尊敬的各位来宾，我谨代表荷兰 Wittenburg 公司发言。作为一家生物基化学研究领域的创新企业，我们致力于支持循环经济与生物基经济转型，并推动其实现市场化应用。

我们通过以下三种方式助力客户构建可持续产品体系：首先是提供技术开发支持，我们重点聚焦聚合物研发与生产流程管理；其次是建立跨国协同网络，我们在荷兰与中国均设有分支机构，支持产品全生命周期管理，加快研发成果的市场转化；最后是构建绿色技术矩阵，我们聚焦温室气体减排，选用高效节能材料及循环再生材料，开展废弃材料高值化利用研究，并通过全流程优化材料的利用与再利用路径，从源头避免有害物质的产生。期待与各位携手推动塑料产业的可持续发展，谢谢大家！

荷兰瓦赫宁根大学代表的致辞

荷兰瓦赫宁根大学代表

> 荷兰瓦赫宁根大学聚焦生物转化催化技术、生物基分子功能化技术、计算机辅助设计技术 3 个核心技术，致力于为生物基经济转型提供技术支撑，期待与各位在生物基材料研发、工艺优化等领域开展合作。

尊敬的各位来宾，我来自荷兰瓦赫宁根大学，主要从事生物基化学与化学工程研究，致力于为生物基经济转型提供技术支撑。

我们的研究主要聚焦以下 3 个核心技术：一是生物转化催化技术，我们通过开发高效的生物转化催化剂，提升生物质资源向高附加值化学品的转化效率；二是生物基分子功能化技术，我们运用物理化学手段对生物基分子进行结构修饰，拓展其在医药等领域的应用范围；三是计算机辅助设计技术，我们通过分子模拟与建模优化材料性能，同时开发了流程管理系统，为生物基经济转型提供全链条解决方案。

值得一提的是，我们近期与蒙牛集团联合发布了最新合作项目。期待与各位在生物基材料研发、工艺优化等领域开展更多实质性合作，谢谢大家！

3 嘉宾演讲实录

塑料回收

Marc Spekreijse　荷兰循环塑料国家增长基金项目总监

> 荷兰循环塑料国家增长基金聚焦循环设计、构建智能分类体系、开发多元化循环技术三大核心领域，致力于提供塑料回收与循环利用的整体化解决方案。基金会倡导建立"回收、分拣、再生"的闭环体系，通过化学或物理加工技术，将废弃塑料转化为聚合物原料，实现化学回收与循环利用。基金会推进的重点项目包括将废弃轮胎解聚再生为橡胶原料、通过化学解聚实现饮料瓶身与瓶盖同步回收、将废弃纺织品转化为再生聚酯材料等。循环经济项目主要面临经济可行性差、政策协同难、技术转化周期长三大核心挑战，需通过强制性回收政策与系统性解决方案推动材料的持续循环利用。基金会2024年计划开展10余个重点研究项目或产业化项目，已形成总金额达2350万欧元的资助计划。未来，基金会将建立知识共享中心，深化社区协同机制，强化示范项目建设。

尊敬的各位来宾，我是荷兰循环塑料国家增长基金项目总监Marc Spekreijse。下面，我简要介绍一下我们在塑料回收领域的工作进展及未来规划。

作为荷兰可持续发展战略的重要组成部分，塑料回收技术始终是推动循环经济转型的核心技术之一。我们通过生物基原料应用与传统塑料回收技术的协同创新，持续提升资源利用效率。

在资金投入方面，我们已获得三轮专项基金支持，累计金额达2.2亿欧元。同时，我们高度关注绿色经济转型中的能源变革。绿色氢能作为重要能源载体，将与碳捕集与利用技术形成协同效应。二氧化碳捕集不仅能减少工业污染，更可作为新型碳源用于化学品合成，后续将由我的同事详细阐述相关技术路径。我们的专家团队由9名行业技术骨干组成，覆盖塑料回收全链条。针对具体技术问题，可随时与我们的专家团队取得联系。值得强调的是，我们的项目得到了荷兰国家循环经济委员会的支持。该委员会由行业专家与荷兰循环经济领域的代表组成，并设立技术顾问委员会，向社会各界提供专业指导。

我们主要聚焦以下三大核心领域：一是循环设计，通过生命周期评估优化产品结构；二是构建智能分类体系，涵盖追溯、清洗、分拣及表征分析等环节；三是开发多元化循环技术，为不同类型塑料提供定制化回收解决方案。除此之外，我们还着重推进系统集成技术研发，通过采用全生命周期管理理念，实现塑料回收与循环利用的整体化解决方案。我们不能仅聚焦于价值链中的单一环节，而是要通过跨阶段流程设计，将微塑料污染防控纳入系统集成体系，在塑料的生产、使用、回收等各环节实现污染控制与资源高效利用。同时，我们设立了专项基金支持科学界与学术界的创新研究，通过技术赋能推动价值链升级。

众所周知，传统塑料生产流程包括石油裂解、单体合成、低聚物及聚合物制备、塑料制品加工、废弃处置及回收分拣等环节。在塑料长期利用方面，我们倡导建立"回收、分拣、再生"的闭环体系，理想状态下应避免焚烧处理。荷兰已建立较为完善的塑料废弃物回收体系，通过材料回收而非焚烧发电实现资源再利用。尽管填埋法在欧洲部分地区仍有应用，但已不再是主流处理方式。

从塑料处理流程来看，通过化学或物理加工技术，可将废弃塑料转化为聚合物原料，实现化学回收与循环利用。在传统线性生产模式中，我们开发了化学解聚、生物解聚及溶剂解聚等技术，可将塑料高效分解为基础化工原料。我们也希望能够实现塑料价值链的逆向追溯。尽管逆向追溯过程会增加能源消耗与资源投入，并导致成本上升，但并非所有塑料都适用相同的逆向回收路径。因此，我们需要在技术可行性与材料特性之间找到平衡点，持续优化回收方案。

目前，我们正在推进的荷兰国家循环塑料测试中心（NTCP）项目聚焦于材料表征分析、分拣及清洗技术研发，相关技术已成功应用于荷兰轮胎行业。该技术可实现轮胎材料的高效回收，通过清洗、分拣及表征分析，将废弃轮胎解聚再生为橡胶原料。在欧洲，我们与可口可乐公司合作开展聚烯烃包装材料回收项目，通过优化回收工艺，实现瓶盖与瓶身的一体化回收，使可回收材料占比提升至30%。该项目创新性地采用化学解聚技术，实现瓶身与瓶盖同步回收，显著提高资源利用效率。针对纺织行业，我们开发了聚合物、尼龙及棉纤维的综合回收技术。通过清洗、分拣及表征分析，可将废弃纺织品转化为再生聚酯材料，为纺织行业提供可持续的原料解决方案。

荷兰目前已实施10个重点循环经济项目，其中部分项目对中国企业具有显著吸引力。我们面临的核心挑战包括以下3点：首先是经济可行性问题，根据Simon-Kucher咨询公司的分析，循环材料生产成本较高，而传统材料价格优势明显，导致循环材料在市场竞争中处于不利地位。建立可持续的商业案例需要突破循环产能体系构建、循环材料市场接受度提升这两个关键瓶颈。其次是政策协同难题，欧洲各国在塑料循环领域的监管措施存在显著差异，部分国家禁止废物焚烧，部分国家提供回收补贴，这种碎片化的政策环境增加了跨国企业的合规成本，地方政策与欧盟指令的衔接仍需加强。最后是技术转化周期，据测算，欧洲塑料全循环的实现依赖于全欧洲的循环生产能力，而目前产能建设仍存在明显滞后性。以包装材料为例，预计需要到2040年才能实现物质循环，当前仍需加快技术研发与产业化进程。尽管面临多重挑战，我们始终坚持全欧洲协同发展理念。在缺乏强制回收政策的背景下，行业通过自主创新推动塑料袋等产品的循环应用。同时，针对纺织、塑料等不同价值链的价值差异，我们正在探索差异化的循环解决方案。

接下来继续介绍回收领域的实践进展。我们已收集多个案例，例如纺织行业的T恤衫与衬衫产品，由于缺乏强制回收机制，其生命周期末端的资源再利用率仍有待提升。这表明需通过强制性回收政策与系统性解决方案，推动材料的持续循环利用。当前塑料循环经济发展已进入关键阶段，必须采取果断行动应对这一紧迫形势。

2024—2025年，我们计划开展10余个重点研究项目或产业化项目，包含分拣技术机械化改造、实物展示项目及技术演示项目等，目前已经形成了总金额达2350万欧元的资助计划。其中，技术演示项目将重点推进解聚技术等前沿领域的成果转化。在研究方向上，我们将聚焦柔性聚氯乙烯材料开发、汽车行业循环应用示范、地毯废弃物资源化及化学回收系统优化等课题。

尽管现有化学回收技术还不完善，但我们的系统整合计划涵盖以下三大重点方向：一是建立知识共享中心，通过资助荷兰合作伙伴，加快构建循环经济知识转化平台，促进技术成果的开放获取；二是深化社区协同机制，通过跨领域合作网络，共同应对塑料循环经济发展中的系统性挑战；三是强化示范项目建设，通过塑料包装价值链的知识共享示范，验证循环经济模式的可行性。

在时间规划方面，第一批项目已完成征集并于去年正式启动，第二批项目的征集预计将于明年开展，具体信息可通过领事馆获取。感谢各位的关注！

塑料循环的政策、研究及行业动态

杜欢政　联合国环境规划署—同济大学环境与可持续发展学院特聘教授、中国合成树脂协会塑料循环利用分会会长

中国合成树脂协会塑料循环利用分会致力于推动中国塑料产业的可持续发展，并与荷兰保持着密切的交流合作。塑料循环的核心在于实现资源循环利用与经济可行性的双重目标。在中国100亿吨的二氧化碳净排放量中，45亿吨将通过金属、塑料等材料的循环利用实现减排，这一战略定位将赋予塑料循环产业重大历史使命。随着国家相继出台支持政策，循环经济已成为推动中国经济高质量发展的新

> 引擎。通过化学回收技术的创新应用，可实现秸秆、废弃塑料等资源的高效回收利用。未来，要实现企业端技术创新与消费端理念升级的良性互动，推动构建新型绿色供应链。

尊敬的各位来宾，很高兴来到长三角国家技术创新中心，与荷兰代表团共同探讨塑料循环议题。我已深耕塑料循环领域逾二十载，并因此荣获达沃斯世界经济论坛全球循环经济奖。我也是中国合成树脂协会塑料循环利用分会（CPRRA）的创始人兼会长，我们协会始终致力于推动中国塑料产业的可持续发展。

长期以来，我们协会与荷兰保持着密切的交流与合作。通过今天的技术分享，我们深刻认识到荷兰在塑料循环领域的先进经验与技术优势。基于此，协会计划开展两项重点工作：一是组织会员企业与荷兰技术团队进行深度对接；二是明年率中国代表团赴荷兰考察，重点关注循环经济园区、示范项目、资金政策及前沿技术。此举将进一步挖掘中荷两国在塑料循环领域的互补潜力。

塑料循环是全球性难题，其核心在于实现资源循环利用与经济可行性的双重目标，这需要将商业逻辑与技术创新深度融合。值得一提的是，中国在塑料循环领域已涌现出诸多创新实践，例如上海等地的创新案例，后续将择机向各位详细介绍。大家可能想不到，我今天所穿的就是一件由秸秆制成的衣服。我们已经打通了这件衣服的产业链条，即秸秆回收、制糖联产黄腐酸、乳酸合成、聚乳酸纺丝、成衣制造共5个环节。不过，提升资源循环过程的经济可行性仍然是我们需要持续攻关的方向。

当前，中国每年有超过2亿吨塑料有待循环利用。根据国家规划，在中国100亿吨的二氧化碳净排放量中，55亿吨将随着能源结构的调整实现减排，45亿吨将通过金属、塑料等材料的循环利用实现减排。这一战略定位将赋予塑料循环产业重大历史使命。随着中国碳减排的深入推进，我们正迎来生物质材料与循环经济发展的新时代。构建高效循环体系，已成为当前产业研究的核心命题。

从政策演进视角来看，近年来中国循环经济发展经历了显著转变。我早期的研究聚焦于废弃物处理，当时被业界戏称为"垃圾教授"，这也是因为相关领域长期处于产业边缘地带，当时并没有获得太多认可。但随着习近平总书记在二十届中央全面深化改革委员会第四次会议、二十届中央财经委员会第四次会议等重要场合多次强调循环经济的战略价值，以及国家相继出台《推动大规模设备更新和消费品以旧换新行动方案》《关于加快构建废弃物循环利用体系的意见》等政策文件，明确将废弃物回收体系建设、设备更新、消费品以旧换新纳入国家战略布局，循环经济已成为推动经济高质量发展的新引擎。

2009年，我提出了资源循环利用产业体系框架。在此基础上，我撰写了该领域首部专著《中国资源循环利用产业研究》，并参与了国家发展改革委《战略性新兴产业发展规划》起草工作，首次将资源循环利用产业确立为国家战略性新兴产业。

中共中央、国务院出台的《关于加快经济社会发展全面绿色转型的意见》提到，到2030年，中国节能环保产业规模将达到15万亿元。节能环保产业涵盖节能产业、环保产业及资源循环利用产业三大领域。同时，《"十四五"循环经济发展规划》提到，2025年中国资源循环利用产业产值将达到5万亿元。国家发展改革委有关负责同志表示，据相关机构测算，中国每年工农业等重点领域设备更新需求在5万亿元以上。我们团队将聚焦资源循环利用产业体系，重点推进金属、塑料等关键材料的全生命周期管理，为实现"两个5万亿"新兴产业目标提供核心支撑。

下面，我通过一个具体案例来说明我们探索的循环经济实践路径。最近几年，我们与耐克公司合作开展了鞋类循环项目。中国每年鞋类消费量达10亿双，被丢弃的旧鞋若直接采用焚烧法处理，会产生大量二氧化碳。我们与耐克公司合作开发了TPU与EVA两种材料的分离回收技术，并已在江苏省建成全球首条中试生产线。项目分三个阶段推进，研发一期的目标是完成材料分离技术验证，研发二期的目标是利用分离回收的材料开发出18种衍生产品，研发三期的目标是构建"鞋到鞋、服装到服装"的闭环循环体系。这个案例表明，循环经济需按材料类别、产品类型、应用场景等构建专项循环系统，通过物质流、价值流、环境流、信息流的协同优化，实现商业化闭环。

从政策演进的角度来看，中国的塑料循环利用经历了三个阶段。首先是起步阶段，主要是出台了两项禁止或限制性的政策文件，包括2001年4月出台的《关于立即停止生产一次性发泡塑料餐具的紧急通知》和2008年3月出台的《关于限制生产销售使用塑料购物袋的通知》，初步建立了塑料循环利用的政策框架。其次，2020年以来是政策深化阶段，国家提出了"双碳"目标，全国人大常委会修订了《固体废物污染环境防治法》，国务院出台了《关于加快建立健全绿色低碳循环发展经济体系的指导意见》和《新污染物治理行动方案》，相关部门密集出台了《"十四五"塑料污染治理行动方案》等一系列政策文件。最后，"十五五"时期将是攻坚阶段，要力争全面推进塑料全生命周期管理。构建塑料循环体系需要把握三个核心维度：物质循环遵循质量守恒定律，经济循环追求技术溢价、品牌溢价与设计溢价的协同效应，制度循环则依赖政策创新。

在制度建设方面，我们于2013年出版了《中国资源循环产业发展研究》，提出了生产者责任延伸制度（EPR）理论框架。该书由中国气候变化谈判代表谢振华先生作序，并获得科技部专项支持。通过推行这一制度，可有效推动产业端的循环经济实践。

在城市治理层面，我们构建了"人民城市"理论体系。值得一提的是，我2005年编写的《循环经济知识读本》，被列为浙江省干部培训指定教材。这充分体现了中国从国家宏观战略到基层实践一线对循环经济的高度共识。塑料循环的核心在于建立高效分类体系，既需要自动化分类技术，也离不开人工分拣体系的支撑。我们在上海推动的垃圾分类实践已形成成熟方案，其核心在于社区层面的有效实施。为此，我们专门编写了《社区垃圾分类操作指南》，系统阐述了分类标准与执行路径。

当前，我们重点推进六个关键领域的工作：一是通过源头减量与循环替代控制塑料污染；二是分门类、分场景构建产业链闭环；三是强化回收企业的产业链整合能力；四是推进产业链、消费链、回收链的协同闭合；五是探索押金返还制度与数字化管理的结合；六是突破化学回收技术瓶颈。这些举措共同构成了塑料循环的系统性解决方案。

这里我着重介绍一下化学回收技术。以秸秆制糖联产黄腐酸技术为例，我们通过自主研发的发酵技术与煤化工工艺突破，成功将农业废弃物转化为高品质纺织原料。这种化学回收技术的创新应用，使秸秆基材料从传统的粗糙制品升级为精细化产品，目前已在中国多地开展试点示范。在塑料回收领域，我们倡导"梯级利用"策略，即优先采用具备显著成本优势的物理回收技术，而当物理方法无法满足要求时，则采用化学回收技术。以聚酯材料为例，对于高纯度聚酯（纯度≥90%），可采用日本帝人公司的对苯二甲酸二甲酯（DMT）法生产工艺；对于中低纯度聚酯（60%≤纯度＜90%），则可采用我们自主研发的对苯二甲酸双羟乙酯（BHET）法生产工艺。该方法成功解决了棉涤混纺材料（涤纶含量约60%）的回收难题，先将废旧聚酯纺织品解聚为对苯二甲酸双羟乙酯单体原料，再利用这些单体原料重新生产出食品接触级的再生聚对苯二甲酸乙二醇酯（r-PET）材料。目前，我们已建成日处理量1吨的中试生产线，该生产线稳定运行超过一年。未来，我们计划建设年处理量3万吨的商业化生产线，进一步验证该技术的可行性。对于无法通过化学回收处理的聚烯烃类材料，可尝试采用催化裂解技术；若催化裂解仍不可行，则可通过焚烧发电法处理，并对焚烧飞灰进行安全填埋，构建起梯级利用的循环经济路径。

以聚对苯二甲酸乙二醇酯（PET）回收为例，我们开发了基于人工智能与光谱识别技术的全自动分选设备，可精准识别全球6300余种PET瓶的材质、颜色及品牌特征。该设备已在宁波稳定运行半年，上海也于上月投产了首套设备。目前中国已有6家企业获得美国FDA认证，可生产食品接触级再生材料。我们正在与可口可乐、百事可乐等企业共同组建再生聚对苯二甲酸乙二醇酯（r-PET）、再生聚丙烯（r-PP）专项工作组，致力于推动食品接触级再生材料的产业化应用。

此外，我们还实现了废弃聚苯乙烯（PS）材料的"跨界"回收再利用。我们将传统认知中"无用"的泡沫塑料转化为镜框、相框等文创产品，相关技术已成功助力合作企业于前年在上交所科创板上市。针对联合利华、宝洁等品牌的高密度聚乙烯（HTPE）包装回收难题，我们正从技术合作与市场拓展两个维度推进解决方案。

在绿色供应链建设方面，我们通过品牌企业引导消费理念转变，推动消费品行业构建新型绿色供应链。中国市场正逐步实现企业端技术创新与消费端理念升级的良性互动。在快递包装领域，我们正在重点推动聚烯烃类（PP/PE）循环包装箱替代一次性纸箱，相关研发成果已在京东物流等企业实现规模化应用。汽车零部件行业则采用可循环托盘箱替代传统包装，有效减少资源消耗。在消费品领域，我们与耐克、蚂蚁金服合作推出了

"旧鞋新生"计划,将每一双鞋回收产生的碳减排量转化为蚂蚁森林虚拟种树,实现线上线下闭环联动,吸引年轻群体参与可持续消费。在外卖行业,我们受上海市发展改革委委托,重点探索聚丙烯(PP)餐盒的回收路径。值得一提的是,我们正在与爱马仕、开云集团、香奈儿、Gucci等国际奢侈品牌合作,协助其履行可持续发展责任,开展高端产品的资源循环利用。我们希望能通过线上绿色集市与线下实体商业的场景化联动,实现可持续产品的品牌溢价、设计溢价与场景溢价。

2022年,我们配合上海国际消费中心城市建设,在"五五购物节"期间创设"上海绿色消费季",通过建立专项生产基地,系统推进可循环产品与生物质材料的市场化应用。正如我们常说,曾经处于产业边缘的废弃物研究,如今已站在了经济发展的中心舞台。谢谢大家!

生物基化学品

Lara Engelfriet 荷兰气候政策和绿色增长部绿色化工和循环经济事务高级政策顾问

> 生物基政策框架的关键在于建立循环可持续发展体系,通过可再生、可循环的生物基材料推动完成碳减排目标。荷兰气候政策和绿色增长部对生物质资源的各种应用场景进行了优先级划分,以明确生物质资源的最优利用路径。荷兰在农业、化工、物流基础设施等方面具有优势,有利于推动生物基材料产业发展。未来,荷兰将重点推进生物基聚酯纤维碳循环项目,并推动各方共同构建可持续的产业生态。

尊敬的各位来宾,下午好!我是Lara,来自荷兰气候政策和绿色增长部,主要负责绿色化工与循环经济领域,特别是生物基材料的政策制定与技术推广。我们的战略核心在于通过生物基解决方案推动零碳转型。

欧盟为完成到2030年减少50%的碳排放量、到2050年实现净零排放的目标,需要构建可持续的碳循环体系。生物基政策框架的关键在于建立循环可持续发展体系,通过可再生、可循环的生物基材料推动实现碳减排目标。因此,我们制定了涵盖生物多样性保护、水资源管理及社会经济影响的可持续性标准,并强调生物质原料的本地化生产原则。

在技术应用层面,我们对生物质资源的各种应用场景进行了优先级划分:第一类是高价值应用,包括化工原料、功能涂层及建筑材料等高附加值产品,这类应用具有更长的碳储存周期,需通过财政补贴、监管框架优化等政策工具引导资源配置;第二类是转型期应用,主要针对航空航天、航运等中期技术突破领域,需通过增加研发投入激发创新动能;第三类是基础能源应用,涵盖发电、供热等领域,荷兰将逐步减少政策支持,推动产业向更高价值方向转型。这种分级策略旨在明确生物质资源的最优利用路径,各政府部门需协同制定差异化政策工具,确保转型路径的系统性与协调性。

荷兰政府始终致力于推动生物基材料产业发展,通过构建可持续价值链从生物质资源中创造经济价值。我们的战略重点聚焦于技术驱动的市场培育,生物质原料的利润率提升被视为未来发展的核心要素。荷兰在生物基产业领域具有独特优势:首先是农业食品领域,作为全球第二大农产品出口国,荷兰拥有先进的甜菜种植技术,这种优质作物可作为生物基原料的重要来源;其次是化学领域,荷兰拥有欧洲第四、全球第十的化工产业,且将生物基材料、循环制造链等绿色化学作为重点发展方向;最后是物流基础设施,鹿特丹港作为欧洲最大港口,构建起覆盖全欧洲的高效运输网络,为生物质原料及产品流通提供坚实支撑。

近期,我们将重点推进基于甜菜等碳水化合物的生物基聚酯纤维碳循环项目。该项目获得了荷兰国家增长基金支持,预计到2050年将创造15亿欧元经济增量,并形成完整的生物基聚酯纤维价值链,目前已获得3.4亿欧元专项投资。选择生物基聚酯纤维的原因在于其具备以下显著优势:易于实现闭环循环,具有可生物降解特性,基于碳水化合物转换的低能耗工艺,以及更小的土地占用需求。

生物基塑料产业发展需要突破传统合作模式。我们通过政策引导,推动价值链各环节参与方建立新型合作关系,共同构建可持续的产业生态。以荷兰生物基化学品企业Avantium为例,该公司专注于生物基2,5-呋喃二甲酸(FDCA)及生物基聚2,5-呋喃二甲酸乙二醇酯(PEF)的研发生产,其开发的全球首条商业化FDCA生产线将于下个月投产,产品将用于生产饮料瓶等包装材料。Avantium首席执行官将在稍后的环节与各位深入交流,其他参会企业还包括树脂、芳香烃、聚羟基脂肪酸酯(PHA)等领域的创新企业,相关信息可参考会议资料。谢谢大家!

"双碳"背景下,生物制造及循环经济产业发展

张嘉育 中国石油和化学工业联合会可持续发展总监

> 中国正在加速推动塑料循环经济领域的政策突破、标准建设、产业整合。中国生物基制造产业仍处于发展初期。中国石油和化学工业联合会梳理了国际政策演进脉络,推动建立石化行业碳管理体系,牵头开展"双碳"背景下石化行业竞争路径研究,推进全球塑料治理谈判,并推动塑料产品全生命周期设计。生物燃料、生物基化学品、生物基材料、生物制药、食品行业相关应用、酶制剂相关产品是生物制造行业当下的六大热门发展赛道。塑料循环生态的核心在于构建生态、经济"双可行"的商业模式,可通过提升再生塑料的品质和提高原生塑料的气候风险成本来实现循环塑料的经济性。

尊敬的各位来宾，我是中国石油和化学工业联合会的张嘉育，负责可持续发展、塑料循环经济及绿色供应链相关工作。在会前交流中，Mark先生提出"塑料安全的核心挑战是什么"这一重要问题。结合中国实践，我观察到塑料循环经济领域存在三个积极发展信号。

首先是政策突破。正如杜欢政教授所言，循环经济的核心在于打通产业链。食品接触级再生聚对苯二甲酸乙二醇酯（r-PET）在欧美已实现产业化应用，但中国对相关政策长期保持审慎态度。近期，我们协会与中国国家市场监督管理总局进行了深入沟通，预计今年底至明年初将在食品接触级再生聚酯的同级回收应用方面取得重大突破。

其次是标准建设。在中国，化学回收技术长期以来被误认为与土法炼油存在关联，导致其产品（如再生油）的成分标准难以规范。我们协会在本行业具有较大的影响力，80%以上的中国顶级化工企业都是我们协会的会员，有很多跨国公司也是我们协会的会员。我们协会正在联合大型石化企业制定化学回收聚酯的行业标准，并将推动其升级为国家标准。这将为化学回收原料建立可追溯、可验证的质量体系，助力产业规范化发展。

最后是产业整合。循环经济的经济性困境在于其原料成本占比高达60%～70%。令人欣喜的是，中国首个国家级资源循环企业——中国资源循环集团有限公司已完成组建。该公司将系统优化回收再生环节，通过规模化运营降低原料成本，为循环经济产业提供坚实支撑。我们近期与该公司塑料业务负责人进行了深入沟通，双方就塑料循环生态建设达成高度共识。未来塑料产业链将形成"三轨并行"格局，除传统石油基原生塑料外，再生塑料（包括物理再生与化学再生）和生物基材料将成为两大核心发展方向。这一趋势充分说明，生物制造与塑料循环产业在中国具有广阔前景。

我们认为，中国与荷兰在生物基材料、塑料循环领域存在大量技术合作与投资机遇。正如会前与Mark先生交流时所述，中国石油和化学工业联合会期待与荷兰创新机构开展深度合作，共同探索产业协同发展路径。

值得关注的是，生物基材料和循环塑料在中国正迎来发展热潮。从企业高管到技术人员，生物基技术已成为行业论坛高频议题。但需客观认识到，中国生物基制造产业仍处于发展初期，需借助外部技术力量与市场需求形成双向驱动，才能实现产业突破。为此，我们重点开展了以下几项工作。

第一，我们梳理了国际政策演进脉络。自1998年至今，中国、美国、欧盟等全球主要经济体均在生物基材料领域持续加大政策支持力度，这为产业发展提供了重要的制度保障。我们观察到，"双碳"目标已成为生物基材料发展的核心驱动因素。基于生命周期评估（LCA）的科学共识，生物基材料被广泛认为是具有显著碳减排效益的解决方案。

第二，我们正在推动建立石化行业碳管理体系。石化行业需要确定切实可行的碳减排实施路径。作为石化行业碳管理的核心机构，我们正在承担两项重要职能：一是主导制定石化产品碳足迹核算标准体系,二是协助政府构建产品碳足迹管理体系并推动石化行业纳入碳市场。在2030年"十五五"规划收官时,包括石化行业在内的八大高碳排放行业将全部纳入碳市场,这意味着碳管理将直接影响企业的经营效益,对于减碳成效显著的企业,碳资产将转化为收入来源,对于未达标的企业,碳成本将显著增加。因此,减碳能力将成为未来5~10年企业盈利能力的关键决定因素,这种"双碳"驱动机制,将有力加速生物基材料与塑料循环产业的发展。在企业战略规划层面,我们为石化企业提供专项服务,将减碳业务(包括石油基产品优化、再生塑料等)单独进行价值评估与战略规划。根据专业测算,在石化行业的供应链环节,生物基材料具有实现77%以上的碳减排潜力。该数据由我们的合作伙伴通过LCA得出,充分验证了生物基技术的环境价值。

第三,受国家发展改革委委托,我们牵头开展了"双碳"背景下石化行业竞争路径研究。我们的核心任务是系统梳理"十四五"至"十五五"期间(2021—2030年)石化行业关键核心技术攻关方向与降碳技术路线图,通过组织多领域专家开展技术评估与量化打分,最终形成可视化分析图谱。从评估结果可以清晰看到,生物基材料被列为具有战略意义的优先发展序列,该技术兼具颠覆性技术属性与显著降碳潜力,无论是中期产业化突破还是长期产业布局,均需持续强化政策支持力度。

第四,推进全球塑料污染治理谈判。当前,全球塑料污染治理进程备受关注,联合国正在就关于塑料污染(包括海洋环境污染)的具有法律约束力的国际文书的制定开展政府间谈判。根据最新进展,第四次政府间谈判会议(INC-4)已完成主要文本草案,第五次政府间谈判会议(INC-5)预计于年底前完成,这次会议将最终确定全球塑料治理的监管框架。中国作为重要参与方,正积极推动公约文本纳入循环经济原则与技术合作条款。截至目前,文本草案主要规定了13项义务,我们对各项义务的产业相关度、产业影响力和谈判优先级分别进行了评估。

第五,推动塑料产品全生命周期管理。在产品设计阶段,需重点关注生物基材料替代方案与再生塑料应用方案的系统开发。欧洲塑料制造商协会(Plastics Europe)发布的报告显示,在生物基材料下游应用领域,汽车行业占比为7%,展现出显著的市场潜力。我们协会与整车制造企业共同评估后认为,再生塑料方案经济性较高,性能补强难度较低,产业较为成熟,在未来对原生塑料的替代中占据重要地位,是主要的替代方向。同时,生物基材料同样蕴含着巨大的潜力,在未来的塑料配方体系里,生物基尼龙、复合生物基尼龙等材料将可能替代邻苯类、双酚类等添加剂。

从以上几项工作中可以清晰地看出,生物基和塑料循环这两个领域在未来都拥有十分广阔的发展前景。聚焦生物制造领域,其产业化的品种不断涌现,呈现出蓬勃发展的态势。下面,我将简要梳理生物制造行业当下的六大热门发展赛道。

一是生物燃料。2021年,包括生物乙醇、生物柴油等在内的全球生物燃料市场规模已超过 1500 亿美元。随着各国的政策驱动和成本的持续降低，生物燃料将逐步替代化石燃料，预计 2030 年的全球市场规模将超过 2800 亿美元，也就是保持近 7% 的复合年均增长率。各国已针对生物燃料出台多项支持政策，重点发展氯醇胺一体化，即氯胺、氯甲醇、生物柴油及绿色的生物燃油等技术方向。作为行业枢纽，我们协会国际部收到的国际国内投资合作咨询中，近半数来自绿色生物燃料领域，说明其呈现出显著的技术创新与资本聚集效应。值得特别关注的是可持续航空燃料（SAF）领域，根据国际航空运输协会（IATA）2050 年净零排放战略，SAF 将贡献 50% 至 75% 的减排量。我们预测，中国 2030 年的 SAF 年需求量将达到 6050 万吨，约占喷气燃料总需求的 8%。

二是生物基化学品。未来，大宗化学品生产将逐步由传统的化工方法向生物制造转型，特别是成熟化学品的生产路径将优先转型，因为这些品种多为低附加值的平台型化合物，具有需求量大、成本敏感度高等特点，生物制造将具有更加明显的成本与环保优势。例如，在有机酸领域，平台型化合物丁二酸、苹果酸的生物发酵水平可达 100 g/L，丁二酸生物制造法比传统的石化路线成本降低 20%、碳排放减少 90%；1, 3—丙二醇的生物制造法比传统的石化路线能耗降低 40%、碳排放减少 20%。

三是生物基材料。生物基材料的上游是木质素、纤维素、淀粉、多糖、植物油等生物基原料，中游是由其解聚或转化生成的各种小分子生物基单体，下游则是由这些生物基单体重新制备的生物基材料产品，如生物基塑料、生物基纤维、生物基橡胶等。例如，在生物基尼龙领域，据测算，高温尼龙单品市场规模可达 210 亿美元/年。从竞争格局来看，当前主流技术路线均采用蓖麻油为原料，其他高温尼龙及复合材料技术仍处于实验室研发或产业化试点阶段。中国正在加速高温尼龙国产化替代进程，重点突破关键技术瓶颈。

四是生物制药。生物制药行业在近年来取得了显著的发展，并且在未来几年内将继续保持高速增长。生物制药的发展方向和热门赛道主要包括基因工程药物、抗体药物、疫苗研发、细胞治疗、生物传感器和智能医疗设备、药物发现和设计。目前生物制造行业正处于产业化深水区，政策端与产业端协同发力，推动生物制造从实验室研发向规模化产业化加速迈进。政府和企业都在加大投入，推动技术突破和产业布局。例如，工业和信息化部、国家发展改革委正在部署生物制造中试能力建设平台培育工作，力争到 2027 年培育 20 个以上中试平台。

五是食品行业相关应用。生物制造可以替代传统种植和养殖的食品生产方式，颠覆传统的食品供给格局。据联合国预测，2050 年全球人口将增长到 100 亿左右，届时光靠地球本身将无法为人类提供足够的食物。生物制造通过细胞工厂生产淀粉、蛋白、油脂以及其他营养功能因子，将颠覆现有的食品生产与加工方式，摆脱人类所需营养素及天然化合物对资源的依赖，防止以破坏环境为代价的发展。根据麦肯锡的预测，随着合成生物技术的不断突破，替代蛋白领域有望在 2023—2030 年实现快速发展，功能性营养组分、细胞培养肉等领域有望在2030—2040年实现快速发展。

六是酶制剂相关产品。酶制剂主要包括饲料酶、工业酶、洗涤酶、食品酶等类型，2022年全球市场规模达到125亿美元，预计2028年将达到181亿美元，也就是保持近6%的复合年均增长率。将生物制造应用于酶制剂领域，可实现对酶蛋白的分子设计和改造，创造高性能工业酶，降低生产成本，提高产业竞争力。目前，中国在饲用酶制剂领域约占全球市场14%的份额，但在工业酶制剂领域仍落后于国际领先企业。未来，我们希望能够向高端酶制剂领域迈进。

我们系统梳理了中国各省份生物基产业发展图谱，涵盖重点领域布局与技术发展水平。从区域分布来看，长三角等发达地区在生物制造领域保持领先地位，各省份正在结合资源禀赋形成差异化发展格局。

在塑料循环经济领域，我们与公众环境研究中心（IPE）联合编制的《构建塑料循环生态，探索消费后塑料污染治理的中国方案》研究报告，将在下周召开的中国国际石化大会上正式发布。正如杜欢政教授所言，塑料循环生态的核心在于构建"双可行"的商业模式。在生态可行性层面，需要构建贯穿前端设计—分类回收—再生环节—循环利用全生命周期的闭环体系。在经济可行性层面，同级再生塑料价格在性能达标的前提下需低于原生塑料，确保社会综合使用成本具有竞争力：

（同级再生塑料价格－成本削减＋合规成本－减碳效益）≤（原生塑料价格＋气候风险成本），

这是再生塑料价格构成预测模型。我们综合考量未来技术演进趋势，重点分析了化学回收技术成熟度对成本下降的影响。随着生态园、工商业园区的品牌企业及品牌所有者对供应链透明度与合规性要求的持续提升，未来合规成本有可能进一步增加。在此背景下，塑料循环经济的减碳效益将成为实现循环经济的核心路径。以中国核证自愿减排量（CCER）机制为例，当化学回收与物理回收技术达到规模化应用水平时，可通过CCER等碳交易机制实现碳减排量的市场化交易。此外，在碳普惠体系探索中，塑料循环的节能降碳成效有望转化为可量化的经济效益。与此同时，随着欧洲塑料包装税等政策的实施，以及气候风险成本内部化趋势逐渐显现，原生塑料使用成本将持续上升。在此背景下，再生塑料通过技术迭代实现品质提升，叠加原生塑料面临越来越严格的国际合规约束，将使得塑料循环的经济性逐步实现。

接下来介绍我们开展的生活源、工商业源塑料循环利用的实践。在生活源方面，我们协会与跨国石化企业、品牌企业联合开展了塑料循环生态项目。针对低价值可回收物（如塑料膜、塑料袋包装）的回收难题，我们发起"软塑新生"项目，通过品牌商联动构建生活源塑料循环经济体系。在工商业源方面，我们协会与汽车行业协会、原始设备制造商联合测算了车用塑料的产量规模。未来5年，中国汽车报废量将逐年增长，预计到2030年报废汽车塑料年产量将达560万吨，占全国再生废塑料总量的7%以上。在行业论坛中，汽车领域塑料循环利用已成为工业园区重点关注的议题。

最后我想强调，中国石油和化学工业联合会始终致力于搭建全球塑料循环经济合作网络，已与国际化学品协会理事会（ICCA）、欧洲化学工业理事会（Cefic）、亚洲环境与资源协会（AEAPW）等国际组织，国内政府部门、国内外智库及研究机构，以及全球和国内会员单位建立深度合作关系。我们正在构建以物理再生、化学再生、生物基材料为技术路径，以技术创新、政策协同、国际合作为支撑的"三横三纵"产业协同体系，并通过该体系整合全产业链生态伙伴，共同推动塑料循环经济发展。我们坚信，在"双碳"目标驱动下，塑料循环生态与生物基材料产业将加速发展。中国石油和化学工业联合会愿与全球伙伴携手，共同贡献中国智慧与解决方案。谢谢大家！

二氧化碳捕集与利用（CCU）技术在荷兰的实践

Mark Schmets　荷兰气候政策和绿色增长部可持续发展工业、
循环经济和国际合作事务部负责人

> 要实现真正的循环经济，需构建碳循环全生命周期管理体系。生物基转化、物理与化学回收、碳捕集与利用（CCU）是碳循环的三大技术路径。CCU价值链可衍生出燃料、有机材料等多元化产品。CCU技术面临的核心挑战包括开发具有更高转化效率与选择性的新型催化剂、优化电化学工艺、降低能耗和构建高附加值工业应用场景等。荷兰正在构建CCU技术演进路线图，将首先聚焦前沿技术的研发攻关，随后对具有潜力的技术进行中试放大与产业化探索。

尊敬的各位来宾，我是荷兰气候政策和绿色增长部可持续发展工业、循环经济和国际合作事务部负责人Mark Schmets。在荷兰，碳行业正加速向碳捕集、利用与封存（CCUS）业务转型。我们特别区分碳捕集与利用（CCU）和碳捕集与封存（CCS）的技术路径，因为CCU技术侧重于将二氧化碳转化为高附加值产品。值得关注的是，荷兰经济事务与气候政策大臣已签署北海碳封存项目协议，这标志着荷兰在碳管理领域取得的重大突破。

从更宏观的视角来看，我们正迎来清洁科技黄金十年。CCU技术因其创新性和市场潜力，被视为未来可持续发展的核心方向。我们构想的未来工厂将通过集成直接空气碳捕集（DAC）技术、光伏阵列和生物燃气发电系统，构建零碳能源闭环。

CCU技术在可持续产业发展中发挥了关键作用。为遏制气候变化加剧，荷兰等欧洲国家和中国都在积极推动生物能源替代化石能源的转型进程。目前阶段的生物能源应用还只是清洁能源转型的开端，要实现真正的循环经济，需构建碳循环全生命周期管理

体系。

碳循环有三大技术路径：生物基转化、物理与化学回收、CCU技术。在CCU技术中，二氧化碳的捕集技术将在长期碳管理中发挥核心作用，未来需努力降低二氧化碳捕集的成本；同时，将二氧化碳转化为一氧化碳的能源消耗相对较低，因此在短期内将一氧化碳作为重要中间体具有显著优势。在荷兰，工业尾气、焚化炉尾气等碳源捕集技术已进入规模化应用阶段，尽管当前部分技术的能耗依然较高，但从长远角度上看，CCU技术将是未来的战略方向。荷兰的本土初创企业正聚焦热化学转化、生物转化等关键技术突破，形成多元化的技术发展路线。

从中间体视角来看，CCU价值链可衍生出燃料、有机材料等多元化产品。荷兰与瑞士合资企业正通过生物化学技术将二氧化碳转化为航空燃料、聚酯材料、动物饲料等产品，该企业也有在中国投资建厂的计划。

CCU技术面临的核心挑战包括开发具有更高转化效率与选择性的新型催化剂、优化电化学工艺、降低能耗和构建高附加值工业应用场景等。在价值创造过程中，高耗能企业将从二氧化碳的排放者，转变为二氧化碳的转化者和循环产品的制造者，这种转变将成为推动碳减排的关键动力。

我们正在构建CCU技术演进路线图。第一代技术的技术成熟度（TRL）为6～8级，目前已实现小规模的示范性应用，例如Twente公司开发的将二氧化碳转化为甲醇的技术、zenid公司开发的将空气中的二氧化碳转化为可持续航空燃料的技术等。对于这些技术，主要目标是推动各部门之间的协作，验证技术的可行性并控制成本；主要任务是通过不同的原料、转化技术、产品的组合，探索构建5个年产千吨级的示范性应用新价值链。

第二代技术的技术成熟度（TRL）为3～6级，目前正在进行试验性生产，例如Deep Branch公司开发的将二氧化碳与氢气通过微生物发酵转化为有机物的技术。对于这些技术，主要目标是进行新技术的开发与试验，解决各环节存在的技术问题，跨越技术发展"死亡之谷"；主要任务是对试点项目给予不同规模的研发资助，促进不同机构开展协作攻关，通过底层技术创新实现碳转化效率的提升。

第三代技术的技术成熟度（TRL）为1～3级，目前仍处于早期的实验室研究阶段，例如人工光合作用技术。这些技术的主要目标是提出颠覆性创新路线以提高碳转化效率和稳定性，实现从单碳化合物到多碳化合物的"一步法"转化；主要任务是联合科研机构、产业部门及投资机构开展协同创新。

根据这样的路线图，我们将首先聚焦前沿技术的研发攻关，随后对具有潜力的技术进行中试放大与产业化探索。我们将构建产学研协同创新平台，整合研究院所、高校、初创企业、中小企业及跨国公司等多元主体，强调化学工业与生物技术的跨界融合创新，通过技术突破赋能二氧化碳资源化解决方案，开发先进碳基材料。集群内初创企业通过知识共享机制开展联合研发，可通过市场化机制购买IP。荷兰已形成成熟的协同创新机制，支持不同规模创新主体之间的深度合作，这一创新模式正推动荷兰成为 CCU 新兴市场的前沿阵地。我们期待与中国伙伴深化 CCU 技术合作，共同应对气候变化挑战。谢谢大家！

助力碳中和的碳循环与碳捕集利用

孙予罕　怀柔实验室山西研究院院长、上海低碳技术创新功能型平台负责人

> 二氧化碳可作为一种新的碳源，与生物质、塑料等有机原料一同用于燃料和化学品的生产。例如，可通过二氧化碳加氢制备绿甲醇、汽油与航空燃油等燃料，或制备低碳烯烃、芳香族化合物等化学品，以上技术均需以可再生能源供应为基础，目前已分别处于实验室研究或中试阶段。同时，可将废弃农用塑料薄膜等塑料废弃物转化为聚烯烃蜡，该技术已经完成中试，正在进行商业化探索。

尊敬的各位来宾，我是怀柔实验室山西研究院院长、上海低碳技术创新功能型平台负责人孙予罕。当下，碳捕集与利用（CCU）、碳循环以及碳中和已成为全球关注的核心议题。在产业文明不断发展的进程中，我们面临着气候变化这一严峻挑战。随着全球能源消耗量的持续攀升，二氧化碳排放量也随之增加，然而目前尚未找到能有效减少或封存二氧化碳并使其回归原始状态的办法。因此，我们需要采取两项关键行动：一是寻找替代性材料，特别是可再生材料；二是开展二氧化碳的捕获、存储与利用工作。

二氧化碳可作为一种新的碳源，与生物质、塑料等有机原料一同用于燃料和化学品的生产。中国的产业结构与美国等其他大国存在显著差异，所以需要探索适合自身的解决方案。除了通过发展可再生能源这一替代路径来实现"双碳"目标之外，还有一种选择是将二氧化碳转化为新材料，也就是可循环、可回收的碳源，这正是我们目前关注的方向。

下面来探讨一下未来的发展趋势。二氧化碳的利用有多种不同的方式。通过生物捕捉、电化学催化、光催化转化等方法，可将二氧化碳转化为一氧化碳或有机物，而这些方法无一例外地需要能量输入，因此我们将其称为 Power to X 技术。接下来我将展示一些案例。

第一是绿色甲醇生产，即借助二氧化碳加氢反应来制备高纯度甲醇。我们研发了纳米限域结构铜-氧化物复合催化剂，其催化转化效率超过 25%，且稳定性超过 4000 小时。同时，我们将催化剂粉体与粘结剂构筑成多级孔道结构，制备多孔隙高强度成型颗粒。应用该技术，我们在海南建设了年产量达 5000 吨的工业中试工厂，目前已试运行超过 2400 小时。尽管成本较高，但该项目已取得阶段性成果。在此基础上，我们又在江苏

大丰启动了生物基甲醇工厂建设，设计年产量 30 万吨，预计明年可实现规模化生产。随着绿色甲醇产业化进程的不断加快，我们已收到国内外航运企业的订单意向。

第二，在二氧化碳加氢制备汽油与航空燃油领域，我们与德国等国家的领先企业合作，完成了小型中试。该项目使用氧化铟（In_2O_3）催化剂实现二氧化碳加氢反应，再使用 HZSM-5 分子筛实现碳 – 碳耦合。对于二氧化碳加氢制备汽油，我们目前已完成催化剂吨级放大制备与商业示范，催化剂寿命超过 5000 小时，二氧化碳总转化率达到 85%，汽油选择性达到 76%，汽油品质达到国 VI 标准。对于二氧化碳加氢制备航空燃油，我们已完成催化剂千克级放大，在 100 mL 的单管上完成了性能优化与反应条件考察，正在开展催化剂的吨级放大制备研究，计划今年内在四川省建成年产量 1000 吨的中试装置。

第三，在二氧化碳加氢制备低碳烯烃领域，我们构建了高效耦合催化剂，同时实现了高转化率（> 25%）和高选择性（> 85%）。目前，我们已经形成催化剂放大制备技术，完成成型催化剂模式评价，具备启动工业中试的条件。

第四，在二氧化碳加氢制备芳香族化合物领域，我们构建了 $ZnZrO_x$ 催化剂，实现了在 280 ℃ 温和条件下的高选择性芳烃合成，转化率达到 74.5%，对二甲苯（PX）产率最高达到 331.8 mg·$gcat^{-1}h^{-1}$。

另外，我们也在思考，能否将生物质（如秸秆、玉米芯等）和塑料废弃物再次加工为有用的产品？这些物品以前通常被我们视为垃圾，通过焚烧法进行处理，其含有的碳元素将被转化为二氧化碳并排放到大气中。如果能将它们转化为石脑油、石蜡等产品，即可实现"变废为宝"。我们已经完成了将废弃农用塑料薄膜转化为聚烯烃蜡技术的实验室研究和中试，正在新疆布局初创企业及进行商业化探索，选址新疆主要是因为新疆的废弃农用塑料薄膜比较多，为项目实施提供了良好条件。但从经济性角度出发，仍需进一步提高聚烯烃蜡的附加值，这也是我们下一步需要重点思考的问题。

据我所知，巴斯夫、霍尼韦尔等国际化工巨头也已开展生物质与塑料废弃物回收利用相关技术研发。例如，霍尼韦尔的 UpCycle 项目，可利用行业领先的分子转化和热解技术，将 HDPE、PP、PSPET 等塑料废弃物转化为霍尼韦尔回收聚合物原料，并应用于新塑料的生产。

需要强调的是，只有在结合可再生能源的前提下，二氧化碳才能真正成为碳基资源，被转化为各种产品，实现碳元素的闭环利用。生物质和塑料废弃物可作为替代资源生产燃料或化学品，这些技术路径需以可再生能源供应为基础，共同构成"碳中和"综合解决方案。未来的发展方向应是多技术协同的系统化方案，而非单一技术突破。谢谢大家！

4　闭幕致辞

荷兰驻华大使馆科技和创新参赞费睿扬的致辞

费睿扬　荷兰驻华大使馆科技和创新参赞

> 在本次研讨会上，各位嘉宾围绕应对气候变化与发展循环经济议题，探讨了荷中两国在循环塑料、生物基材料、碳捕集与利用等领域的创新实践。期待荷中双方挖掘更多合作契机，深化在循环经济领域的务实交流。

尊敬的各位来宾、同仁，我是荷兰驻华大使馆科技和创新参赞费睿扬，非常荣幸能够参加本次研讨会。刚才，各位嘉宾围绕应对气候变化与发展循环经济议题，特别是荷中两国创新合作展开了深入探讨。

为应对全球性挑战，我们需要开展多维度的国际合作。本次论坛的议题设置将有助于深化荷中双方在可再生资源领域的共识，构建碳循环体系。值得关注的是，荷中两国在化学工业领域的合作前景尤为广阔，中国合作伙伴正在参与荷兰相关项目的实践，杜欢政教授也已计划赴荷兰访问。这些都为双方携手构建塑料循环经济生态提供了重要契机。其他嘉宾围绕碳捕集与循环利用展开探讨，如孙予罕教授重点聚焦于二氧化碳加氢技术及其规模化应用面临的挑战，为我们开阔了技术视野。

在此，特别感谢长三角国家技术创新中心作为联合主办方，以及上海市科委对本次活动的大力支持。正是得益于这样的交流平台，我们得以挖掘更多的合作契机，深化双方在循环经济领域的务实交流。谢谢大家！

第 10 章

前沿科技发展论坛：前沿技术——塑造未来，创新合作

1 论坛概况

本场论坛旨在汇聚全球顶尖科学家共同研讨新一代信息技术、量子科技、新材料、新能源、生物制造等前沿科技发展趋势，推动构建更加开放的创新生态，积极应对时代挑战和重要全球性问题，并推动社会发展。

出席会议的领导和嘉宾包括：科技部副部长龙腾先生，科技部前沿技术司司长郑健，上海市副市长刘多女士，中国工程院院士、中国工程院原副院长干勇先生，加州大学伯克利分校教授、劳伦斯伯克利国家实验室材料科学部教职科学家、加州量子计算挑战研究院主任丹·斯坦普·库恩先生，美国国家工程院院士、香港大学工程学院院长大卫·斯罗洛维茨先生，中国科协副主席、中国工程院院士、华中科技大学校长尤政先生，布达佩斯技术与经济大学校长、电气工程学院院长哈桑·查拉夫先生，中国工程院院士、怀柔实验室主任汤广福先生，中国工程院院士、北京化工大学校长谭天伟先生，世界工业技术研究组织协会主席、伊斯坦布尔科技大学校长哈森·曼达尔先生，中国计量科学研究院原院长方向先生。

2　嘉宾致辞

科技部副部长龙腾的致辞

龙腾　科技部副部长

尊敬的各位来宾，女士们、先生们、朋友们：大家下午好！非常高兴参加2024浦江创新论坛前沿科技发展专题论坛，首先我谨代表科技部对本次论坛的召开表示热烈祝贺！对大家的到来表示热烈欢迎！向长期以来关心支持前沿技术发展的各界人士表示衷心感谢！

当前，全球科技创新进入了前所未有的活跃时期，以人工智能、信息技术、量子科技、基因技术、新能源、新材料、深海探测等为代表的前沿科技，正在迅速改变着我们的生产方式、生活方式乃至社会结构。

前沿科技发展不仅代表一个国家的整体科技实力，更是经济社会发展的动力源泉，在应对全球性挑战、推动产业变革、提高人类福祉方面发挥着至关重要的作用。中国政府高度重视科技创新工作，坚持把科技创新摆在国家发展全局的核心位置。

在今年6月召开的全国科技大会上，习近平主席发表了重要讲话，强调：中国式现代化要靠科技现代化作支撑，实现高质量发展要靠科技创新培育新动能。

不久前闭幕的党的二十届三中全会强调，要统筹强化关键核心技术攻关，推动科技创新力量、要素配置、人才队伍体系化、建制化、协同化。要强化基础研究领域、交叉前沿领域、重点领域的前瞻性、引领性布局。

这些部署要求，为中国建设"科技强国"指明了前进方向，也为前沿技术发展创造了重要条件。科技部始终把前沿技术作为国家科技创新的重要组成部分，持续加大投入力度，优化政策环境，推动技术创新链与产业链深度融合。

我国前沿技术发展取得积极成效，在量子信息、干细胞、脑科学等前沿方向取得了一批有影响力的重大原创成果。我们也认识到，前沿技术的发展既充满机遇，也面临巨大挑战。技术的不确定性、资源的有限性、伦理和法律的挑战等，都可能成为前行道路上的障碍。需要集全球之力，共同探索攻克技术难题，推动技术突破，实现共赢发展。

浦江创新论坛一直以来坚持国际视野，定位于国际科技合作平台，今天的前沿科技发展专题论坛，特别邀请了国内外一流科学家和科技管理工作者来共同探讨和分享前沿技术发展现状、趋势等话题。

在此，我有几点思考与大家分享交流：

第一，把准前沿技术发展规律，做好前沿技术发展的顶层设计。前沿技术具有高度创新性、交叉融合性和快速迭代性等特点。它们能够引领未来科技的发展趋势，推动社会和经济的重大变革。发展前沿技术，就是要充分尊重科技创新规律，把准前沿技术特点，前瞻布局前沿技术的未来发展策略。从政策引导、前沿交叉研究、产学研用融合、人才培养、科技伦理、风险管理等多方面入手，统筹推进教育科技人才体制机制一体化改革，有效增强前沿技术发展的政策供给和人才供给。

第二，建设良好的前沿技术创新生态，推动前沿技术发展再上新台阶。良好的创新生态是前沿技术高质量发展的前提和重要保障。要优化重大科技创新组织机制、改进科技计划管理、统筹关键核心技术攻关，推动科技创新力量、要素配置、人才队伍的体系化、建制化、协同化。要完善长期资本投早、投小、投长期、投硬科技的支持政策，健全重大技术攻关风险分散机制，建立科技保险政策体系。还要持续深化科技体制机制改革，重视科研试错探索的价值，支持和保护科研人员创新的积极性和创造性，切实提升前沿技术创新能力。

第三，深化国际科技交流与合作，构建开放共享的全球创新网络。科技创新是人类共同应对风险挑战、促进和平与发展的重要力量。当前，科技创新的广度、深度、速度、精度前所未有，科学研究的复杂性、系统性、协同性显著增强。国际合作是推动科技创新的必选项，只有持续加强与世界各国的科技人文交流，不断增进彼此友谊，才能完成好科技进步这个世界性、时代性课题。

我们愿意进一步拓宽和深化国际科技合作交流，与世界各国共享前沿技术发展成果，为全球科技进步和可持续发展做出中国贡献！

女士们、先生们、朋友们，时维九月，序属三秋，在这个收获的季节，希望能通过本次论坛汇聚众智，为探索前沿技术发展的科学家、企业家和政策制定者们，提供一个分享观点、加强合作的交流平台，为推动前沿技术发展、以科技力量应对全球挑战，共创人类美好未来贡献力量！衷心预祝本届论坛取得圆满成功！

谢谢大家！

3 主旨演讲

能源资源供应链安全与发展战略

干勇　中国工程院院士、中国工程院原副院长

> 能源资源供应链安全与发展战略是实现中国式现代化的关键。我国能源资源需求巨大，但资源禀赋有限，矿产资源保障能力弱且进口依赖度高。新一轮科技

> 革命、气候变化和大国博弈深刻影响全球能源资源格局。我国新能源发展迅速，但产业链供应链存在薄弱环节。为此，需多措并举保障新能源矿产供应链安全，大力发展能源材料，构建面向未来的能源电力及应用体系，推动传统工业转型和工业体系重构，实现"电动中国全电社会"目标，促进区域协同发展。

尊敬的龙部长、刘市长，各位嘉宾，女士们，先生们，大家下午好！

我这里讲的是中国工程院最近在能源、资源、供应链安全与发展战略方面的一些研究，事实上就是在材料、信息、能源的支撑下，中国工程院和中国式现代化的发展之路，安全、稳定、快速、高效。下面我将从3个方面来讲。

一、能源资源格局

党中央高度重视能源安全，当然我们现在的需求量极大。人类90%以上的能源，80%以上的工业原材料，70%以上的农业生产资料都来自于矿产资源。

而且我们看到，我国矿产资源禀赋相对有限，大概每年生产的矿产资源占全球应用量的7%，但是我们使用了全球32%的资源，在原材料工业领域，使用量超过全球50%，这个量很大。

我们用14.53万亿元开发的矿产资源价值，支撑了国内冶金大概50万亿元，基建40多万亿元，一共90多万亿元制造业的产业规模，支撑了国内生产总值126.1万亿元。我们认为现在影响全球能源资源格局的三大因素，一是新一轮科技革命，二是气候变化，三是大国博弈。

（一）影响全球能源资源格局的三大因素

1. 新一轮科技革命：促使发达国家重新回归、巩固工业化

我们一直重视制造业和实体经济，矿产和材料是各国工业化的根基，维持消费持续增长，从矿产、材料，特别是很多前沿材料，到元器件、零部件、关键基础件，再到装备，主要是各种新一代的高端装备、重大工程、前沿未来产业，支撑着经济、社会、国防的发展。

2. 气候变化：推动全球能源结构发生重大调整

进入新能源驱动的新时代，我们认为在2050年实现"碳中和"的时候，电力和氢能将成为终端能源。全球经济从"燃料驱动"向"材料驱动"转变，古代烧秸秆、木柴，到现代是煤炭、石油、天然气，很快将要实现由各种材料驱动的能源发展，风电、光伏、新能源、核电、氢能、储能，这是一个很重要的变化。全球新能源材料需求快速增长，包括镍、锂、钴、石墨、稀土等。

3. 大国博弈：新能源的发展是影响国际竞争的关键

能源有限，而且新能源的发展中国走在最前面，在"双碳"目标下，中国能源结构正在发生颠覆性变化，新能源装机规模已经超过火电，火电装机只有47.6%，但是因为

火电发电比较稳定，发电量占 69.3%。新能源装机规模持续扩大，"新三样"（电动汽车、锂电池、光伏产品）已经成为中国制造迈向高端化、智能化、绿色化的崭新名片。从全球市场份额看，"新三样"占比量很大，新能源汽车年均销售 3000 万辆，占到全球比重的 60%，锂电池销量也占比超过 70%，光伏硅片占比约为 95%，光伏组件占比约为 78%。

通过我们在新能源方面的努力，光伏发电水平不断提高，成本从十几年前的 0.36 美元，下降到现在 0.036 美元，降至原来的 1/10。未来，如果转化率能到 30%，成本可能降到 1 毛钱或者 1 美分，风电成本也降低了 1/3，反而是燃气轮机、煤电贵，核电的成本改变不大。

习近平总书记提出的新质生产力，是指依靠创新和优势资源要素组合起来形成的新生产力的快速发展。战略性新兴产业比例快速增加，未来产业尽快落地，这都是新质生产力的目标。为新能源提供了最广阔的应用场景。

我们看到，美国在人工智能方面占有一定的竞争优势，算法、算力、数据应该说还比较领先。在技术层的机器学习、计算机视觉等也有一定程度的领先，但是在应用层面，涉及自动驾驶、智能金融、智慧医疗等，包括制造业，中国应用的场景会很多，而且并不一定落后。

算力的增长给数据中心建设带来了新挑战，我们加速计算从 CPU 到 GPU，计算从串行到并行，长时计算，现在每天每月一直不停，随着 AI 智算 ChatGPT、SORA 等超级应用发布，我们看到了效率、计算速率和创新能力的提升，但是目前能耗巨大，人工智能的耗电量不断攀升。

国际能源署 2024 版《全球电力报告》显示，预计到 2026 年全球人工智能、加密货币和数据中心三大板块总用电量将超过 1000 太瓦时。郑南宁院士估计 2030—2035 年数据中心和算力将消耗我们电能的 16%，现在是 8 万亿度电 / 年。

AI 的尽头是算力，而算力的尽头是电力。我们看到特斯拉首席执行官马斯克说："下一个短缺的将是电力。"Open AI 首席执行官山姆奥特曼说：人工智能将消耗比人们预期更多的电力，未来的发展需要能源突破。英伟达 CEO 黄仁勋说："超级 AI 将成为电力需求的无底洞。"

所以能源非常重要，我们看到从能源革命到材料革命，到信息技术革命，到功率器件的演进，新器件新材料交织起来支撑了第五次工业革命的到来，我们觉得中国式现代化这条路必须要走下去。

（二）问题与挑战

新能源产业链供应链的基座建立在矿产资源与材料的开发利用之上，为什么今天要谈资源的问题？我国现在所有的能源资源、矿产优势资源和国内的短缺资源，都在进行战略上的研究。基于材料的新能源系统，涵盖所有的太阳能、光伏燃料、电池、储能、特高压、电力系统储能、能源转化与开发，甚至包括高端装备、医疗健康重大工程。

能源格局的重大调整导致新能源矿产使用量急剧攀升，这提出了供应链安全的问题。2035年新能源汽车将占汽车总量的70%，数据中心耗电量将占社会总用电量的15%左右，这是很厉害的。

我国矿产资源有四大特征：

特征1：我国矿产资源需求数量大，约占全球1/3。煤炭消费占全球56%；粗钢占全球54%；精炼铜占全球60%；原铝消费占全球63%；锂消费占全球70%，去年降到50%多一点；钴消费量占全球66%。

特征2：我国资源储量少，只占全球资源价值量的7%。石油人均资源量仅为世界平均水平的8%、天然气为25%、铁矿为60%（此项最多，但还达不到全球人均水平）、铜矿为23%、钴矿为10%、镍矿为18%。

特征3：我国矿产资源保障能力弱，69%依靠海外。有13种比较重要的战略矿产资源70%是进口的，对外依存度大。

特征4：我国矿产资源进口过度依赖少数国家，进口通道过于集中。比如澳大利亚对我们的铁矿石供应等，进口的矿产资源大部分是通过马六甲海峡运输，第一进口来源国占比很高，依赖海外资源的供应链，这里面有潜在风险。

实际上我国能源产业发展好，新能源汽车绝对领先，特高压水平也很高，技术水平达到国际绝对领先的地步。风光发电绝对领先，但是新能源矿产资源供应链较为薄弱，这就不匹配了。如高温石英、石墨等。

（三）对策与建议

第一，多措并举，保障我国新能源矿产供应链安全。大力推进国内矿产资源增储上产，现在中国工程院已经开始在做稀有金属、贵金属、稀散金属的战略研究，自然资源部等也开始将我们的资源储量进一步的"勘查—找矿"突破战略行动。

第二，设立涵盖全链条核心技术的重大科技专项。提高我们资源的利用效率，尽量提高所有的采矿、选冶、材料、回收利用技术，我国的矿产资源以难采的共伴生矿为主，这是中国矿产的主要特点。这需要新一代的技术，建立数字矿山、数字选矿系统以提升效率。

第三，着力提升资源循环利用水平。为了实现二次循环（循环经济），我们正在建立大量的数字平台、回收平台、循环平台，但是和国外发达国家比还有一定差距。

第四，稳定海外矿产资源供应。必须要强化与中亚、东南亚有关国家形成我们资源供应的联盟或者联合体，这非常重要。我们要找新朋友，降低海上开发的安全风险。所以我们说要加大与这些国家的合作，2023年我国用镍几乎全部进口，与这些国家一定要加强合作，变"南方来矿"为"南北两方来矿"。

第五，构建关键矿产应急保障体系。增加储备，特别是对重要的战略矿产，特别是稀贵金属，我们只有0.45%的资源，这个0.45%的概念是每年只能生产3～4吨的贵金属铂、钌、铑、钯，这是我们自己的资源，我们需求量接近 185 吨，还要增加 2 万吨左右，大量靠回收和进口。

二、大力发展能源材料，建设中国特色的清洁能源系统

（一）光电转化材料

汤广福院士最有发言权，我们的晶硅－钙钛矿叠层电池转化率已全球领先，中国隆基集团 2023 年 11 月实现基线理论效率是 43%，之后达到了 33.9%，最近又有提升。这个是太阳能技术，我们要提高晶硅电池转化效率，推动薄膜太阳能电池，特别是新型的钙钛矿叠层电池，效率要进一步地提升。

同时，碲化镉薄膜太阳能电池用于光伏建筑一体化也在进行，特别是新一代的建筑材料，以后要做到"人人用电""人人发电"。

从多晶到单晶，从 P 到 N 及未来的叠层电池，除了 TOPcon，还有异质结，一直到钙钛矿的叠层，我们要把效率提上去。

（二）燃料电池

高温固体氧化物燃料电池（SOFC）和高温燃料电池的电解槽非常重要，它们将优化制氢和分布式电源，将优化终端用户层和发电层之间的有机联系，因为它可以是"氢变电"或是"电变氢"，我们应该推动这一领域的发展，最近美国和日本在这方面做得比较多一些。

（三）动力电池与储能电池

动力电池与储能电池能量密度必须提高，应该达到 400 Wh/kg 左右，以及储能储电。未来不光是短时储能，长时储能的要求也越来越迫切，我们感觉长时储能除了抽水蓄能以外，氢能作为储能载体将会起到重大作用。

钒液流电池也是我们国家应该发展的，它具有功率大、稳定性好、钒 100% 可回收的优点。我们说海陆空天电动化、智能化、网络化。无人化的发展需要先进电池，包括耐高温、长时、高功率、智能化的电池。电池的进步大家可以看到，所有电池材料的进步推动电池技术发展，包括钙钛矿、全固态、液流，钠离子电池已经实现工程化。

看一下今年评的奖，国家大奖里面，电池有 7 项二等奖、1 项一等奖，我们在这方面下了很大的功夫，这以后对电池的应用和储能有很大帮助。

（四）可控核聚变关键材料

美国也是把终极能源压在了核聚变上，我们的核聚变能力也上来了，我们各种核聚变堆都有，"洪荒 70"进步也不小。

（五）风电机组用关键材料

风电技术除了 16 MW 以上大叶片的碳纤维钴钾铌硼材料突破以外，电池永磁直驱电机的应用大幅提高了效率。特别是最近在风机转动轴承上加上永磁电，让它悬浮起来，做悬浮轴承，可以大大地降低摩擦，使风力发电效率更高，使很多没有风力优势的地方，具备风力发电的能力。

（六）能源清洁高效利用关键材料

700 ℃的超超临界改造正在进行。目前，每度电 330 g 标准煤的消耗，通过 600 ℃的温度和 33 MPa 超超临界，可以降到 270 g 标准煤，上海外高桥做到了 267 g 标准煤，如果到 700 ℃使用耐热合金，可以降到 210 g 标准煤，可以应用于中国 40 多亿吨煤 50% 的发电。所以 700 ℃超超临界电站装备特种合金材料的发展，对能源科技进步影响巨大。因为，我们燃煤发电技术的装机容量太大了。

（七）先进半导体材料

先进半导体在能源领域起到巨大的作用。"双碳"目标的实现有助于万物互联、国防安全。我们绿色的箭头是混合集成，异质、异构在整个 5G 通信，未来的 6G 通信，包括新能源汽车、高铁、输变电等方面都有重大的影响。垂直的坐标是按照"摩尔定律"硅芯片的发展到现在 7 nm、5 nm、3 nm，我们走上面的横坐标在化合物半导体上下功夫，我们说到 14 nm 以下 EUV 对我们有一定的限制，但是我们化合物半导体上和国外差距很小，精度就是 90 nm 以上，这个叫"超越摩尔技术"，"后摩尔时代"我们也在布局量子计算、光计算、低维材料的计算等，来赶上信息技术推动能源技术的发展。碳化硅推动传统电网向半导体电网发展，柔性智能电网的出现必须在功率器件上下功夫。

碳化硅在新能源汽车领域的应用，使现在的硅基芯片和 IGBT 逐渐要被碳化硅的工艺器件代替，特斯拉首先开始研究，我们的比亚迪、吉利、长城等也开始跟进，可以减少大量的重量和器件内部的功耗，提升电能转化效率。还有外延材料的发展非常重要，6 英寸、8 英寸中国一点不落后，我们的 8 英寸已经量产，我们碳化硅的单晶衬底的技术已经进入到全世界领先行列，导电的晶圆达到全世界的第二水平，半导体晶圆到第三，水平还是上来了。

氮化镓支撑着移动通信、基础设施等的发展，5G 基站、数据中心材料发展很好，我们看到 6 英寸硅基氮化镓外延主流技术在电子电器方面的重要作用。特别是在硅基上氮化镓的外延发光效率方面，中国在国际上是领先的。

（八）构建材料研发新范式

人工智能和材料联合起来发展非常快，我们看到了数字工厂，算法、算力实现材料人工智能创新工程的基本条件已经具备，我们的材料基因组计划已经开展。建立材料全生命周期综合研究评价设施可以得到数据，我们把应用场景打磨得很好，所有的原位检测，各种柔性参数都能得到，长期疲劳周期的实验得到的数据是很可靠的，我们在这个领域也开始行动。

三、建立面向未来的能源电力及应用体系

我不细讲能源电源结构的变化，我们看到中国工程院宣讲了一个国家电网的模型，估计 2030 年左右风电和光伏能达到装机容量 17 亿千瓦左右，发电量达到 2.5 万亿度电，

到 2060 年装机容量能达到 48 亿千瓦，发电量可以达到接近 8 万亿度电，相当于现在的总发电量。我说的是绿电，到 2030 年可以增加 5.4 万亿度电，5.4 万亿度绿电可以产生 1 亿～1.2 亿吨绿氢，如果生产到 1.4 亿吨绿氢，将覆盖我们终端能源的 15%，如果达到这个目标，"碳中和"将成为可能。

所以，以"碳中和"为目标的能源革命的三大支柱是绿氢、清洁能源、节能能效。以后可再生能源都是以电的形式存在，氢也可能最后以电的形式存在，而且锂网的电源上可以做燃烧、还原、催化等，所以我们的煤化工其实也已经在工业上应用，这也没问题。因此，"电动中国、全电社会"的目标将会得到实现，这是中国工程院陈立泉院士一直在告诉我们的。

基于新能源的新一轮的"西部大开发"完全是有可能的。这是有基础的，能落地的。西部可再生能源非常丰富，潜力巨大，为什么要"西电东送，西气东输"？这样千千米能源输送是不安全的，如果利用能源和算力，大量能源可以建立数据中心、算力数据，又或者大量的数据创新，应用场景的模型，各种高端的新型工业化的技术都可以过来，西部开发就成为可能，所以变"西电东送"为"东数西算"，推进西部地区的新型工业化。2023 年，习近平总书记在黑龙江考察调研期间提出了新质生产力的概念，东北三省作为老工业基地，现在也有可能成为新质生产力发展的沃土。

我们变"南方来矿"为"南北两方来矿"，这个"矿"是打引号的。我举个例子，如果从北方运来 5000 万吨矿石变成海绵铁，我们不光是买矿，在那建厂直接还原，用那的天然气和矿石变成海绵铁，作为炼钢原料，东北三省经济就上来了。

光计算技术可能实现"换道超车"，中国在发展硅芯片过程中，在大芯片上可能会受到限制，但是我们的光计算可能出现新的计算模式，计算效率大大提升，最后也可能达到 1 nm、2 nm 的状态。

关于光子芯片的应用现状，光计算 PIC（光集成电路）也成为我们的新路径，在依托新能源实现传统工业转型和工业体系的重构，最终实现材料、信息和能源一体化发展。

量子技术前沿——超冷原子

丹·斯坦普·库恩　加州大学伯克利分校教授、加州量子计算挑战研究院主任

> 超冷原子技术是量子科学的重要前沿领域，具有广阔的应用前景。超冷原子通过激光冷却等技术，可实现极低温下的原子操控，为量子计算、量子模拟、量子通信和高精度测量等提供有力支持。量子技术的发展正从基础科学研究迈向工程化应用，面临从实验室到实际应用的技术转化挑战。国际合作与协同是推动量子技术发展的关键，通过与全球同行的合作，可以加速技术突破和应用落地。超

> 冷原子技术有望在材料科学、信息技术和可持续发展等领域带来重大变革,为解决全球性问题提供新的思路和方法。

非常感谢各位能够邀请我来参加今天这个非常重要的论坛。

大家知道英文里面有一句话是这样说的,如果你把一种材料带到一个已经有很多这种材料的地方,你就好像把煤带到纽卡斯尔一样——徒劳无功。大家知道吗?英国的城市纽卡斯尔本身就是一个有很多煤矿的地方,所以把煤带到纽卡斯尔并不是一个非常有效的做法。现在我可以这样说,如果把量子技术带到上海来,大家是不是也有类似的想法。

可以看到,在上海有最发达的、最好的量子技术,因为一些上海本地的大学有非常成熟的技术。今天早上我也刚刚去看过,这里的确是量子技术研究的前沿,上海可能还有这样的科学社群,可以给全世界都带来好处。

我非常喜欢访问上海,我讲一个新型技术的前景,可能现在讨论这个事情有点早,给大家把这个作为一个技术讲可能还有点为时过早,但是我可以与在座的各位一起来展望一下未来的情况。

前几天我也了解到量子技术的前景非常广阔,我上网了解了一下亚马逊的情况。比如当你在美国亚马逊订购东西,它们会给你寄来一个盒子,这个盒子里面产品名字叫quantum,当时我收到这个盒子把它打开时我以为那里面会有一个什么尖端的量子技术产品,结果发现这个盒子是空的。我又仔细看了一下,发现这个盒子并不是真的全空的,因为里面包含了很多的原子,所以如果我用一些比较高级的技术就可以看到这些原子。就这样一个盒子,里面差不多有 10 个量子比特。

大家知道吗?在量子科学里面,它们都是无限长的,所以这些原子不会消失也不会腐烂。在这页里可以看到,这就是量子技术的实质,大家可以看到正在开发的实验技术。我给大家简单地介绍一下,这里有一个聚集的激光束,还有专门调整的激光可以吸收原子气体,并且把原子冷却到一个比较低的温度。

比如说是 1 微开尔文这样的范围内,我们可以用这些光线对它们进行捕捉,所以在每个光束里,它的功率跟激光功率差不多,我们把这些原子放在这样的一个组里面。实际上大家看到的就是我在伯克利实验室里面的一些实验数据,我们把原子放在真空室的数组里面,可以设想一下,用这些捕获的单个原子构建一组量子技术。听起来可能有点牵强,我们可以回顾一下早期计算是怎么做的。大家知道,或者说在很多方面,最开始的时候我们使用电灯泡、自行车,那时用什么来帮我们存储信息,那个时候大家可能想不到,现在我们会用纳米尺寸的硅来帮我们存储信息。

我们要有梦想,要展望未来。大家可以看到这是一个中性原子,或者超冷中性原子,这已经是一个重要的科学话题,而且一段时间以来大家都在讨论这个话题。可以说这种实验发展是基于过去几十年的一些研究和基础科学，随着时间的推移，我们对它们有了更好地控制，可以看到很多原子的特点，差不多应该是在20世纪80年代的时候，那时量子物理刚开始发展。在我们学会如何实现原子冷却之后，也就是上文所说的降到微开尔文的温度，我们就可以有所收获，我们就可以控制原子的行为方式，它就可以帮助我们来存储一些信息。

现在我们可以使用这些冷却到非常低温的原子气体来进行广泛的科学应用，这就是我们所做的一些工作。在这里我们可以看到，比如现在可以创建一个系统，里面包含了很多冷却的原子，我们可以将其视作新型的人造材料，我们将冷却的原子放置在一个不同的环境条件之下。

我们可以使用原子气体来感应一个电场，或者感应一个磁场，随着时间的流逝可以达到一个比较高的精度。大家可以看到，这里是我们所做的一些科学的研究，其中之一就是对量子力学的一个系统性研究，我尽量跟大家讲清楚一点，因为这是一个现在比较热门的、大家都在讨论的话题。

我们如何来构建量子计算机，如我们可以用困在激光中的某一个原子，用它们来做量子计算机。这就好像过去的晶体管一样，我们可以把它叫作新晶体管。大家知道量子科学技术现在是一个非常流行的词，如果我们讨论量子力学就不一样了。量子力学不是一个新的理论，量子力学已经有100多年的历史了。量子力学对我们来说更像是一门工程学科，所以量子力学就是我们学习如何控制某种东西这样一个工程目标，我们对它实现控制利用之后，可以大规模地生产它，然后让它造福整个社会。

我们知道量子力学有一些非常基础的技术内容，大家在这个图里面可以看到，在欧盟，他们做过一个非常好的图表，里面列出了一些关于量子科学、量子技术发展的计划，也讨论了4个支柱。

大家知道量子通信技术可以应用在通信领域，这是量子科学应用的一个主要方向。我相信大家可能都听说过量子计算，比如说经典计算，对于有些具体问题来说，传统的计算方法可能永远解决不了，但是用量子计算机就可能帮助我们解决这些问题。我们认为量子计算机的计算能力可以呈指数级增长。还有量子模拟的话题，我们可以讨论很多内容，在这里我们可以创建一个量子系统，来研究一些不同的内容，大家当然有很多非常重要的实际问题，可以使用量子模拟器来帮助我们解决这些问题。很多时候我们会体会到世界在发展，但是我们面临很多材料或者技术方面的挑战，而且很多挑战都是跟技术材料有关的，这时可以用量子科学的设备帮我们进行材料研究。

另外，可以使用量子系统帮我们做更加准确的测量。大家知道，它测量磁场的时候，灵敏度非常高。例如，我们可以建一个非常大的望远镜，帮我们观测其他的星球。这些都是量子科学可以应用的地方。

再举一个例子，比如说可以用超冷原子来做很多工作。

第一，量子模拟。大家知道材料科学的标准方法是什么吗？实际上就像辩证法一样是两方面的，一种是实验主义，另一种是理论主义，基本上就是这样做的。也许实验主义者会找到一些材料做测量，发现一些有意思的特性，他们会跟理论科学家交谈，讨论所发现材料的特性，可能我们会找到一大堆非常有意思的材料，当然有的时候也可能是相反的，因为理论科学家可以想出关于新材料的一个好想法。我们再看一下量子模拟器，量子模拟器在这里面也起到非常重要的作用。例如，有一位理论物理学家可能想到某种新型材料，也许我们很难找到证明它存在的直接证据，但我们可以构建一个这样的量子模拟器，就可以帮助我们模拟这样的材料，这也是理论物理学家正在考虑的一些内容。我们需要在里面建立联系，用这个理论解释实际的物理现象，这就是量子模拟器可以给我们带来的好处。大家可以想象一下，比如说你对某些材料有些自己的想法，如它有一些特性，想进一步了解，你就可以运行量子模拟器，验证一下你的想法是否正确。

第二，在另外一个版本的量子模拟器里面，我们研究了几十年。例如，我们想了解晶体物理学的特性，就需要构建一个真实的现实生活中的实验系统，不是在晶体里面使用电子，而是在里面用原子，也可能是粒子，就像费米粒子，这样我们可以看到里面可能会存在真实的晶格，这就像一个晶体状的电位，原子在里面移动，这样就可以看到一些真实的材料，我们可以对原子的系统进行测量，可以更好地了解材料的物理学特性。

刚刚讲的例子是最近这些年来物理科学大家最感兴趣的东西，有一个说法是"二维材料"，具体来说这是一些二维的材料，但是会具有一些非常了不起的特性，如有一些协调性，还可以跟光进行互动，如果说我们在讨论"二维材料"时，解释它们的特性时，我们会说有一种涉及带状的结构，它可以告诉我们晶体里面的一些内容，所以我们在看结构的时候，可以帮我们了解这个材料的特性。

这样一个超冷的原子模拟器可以帮助我们解释相关的内容。我在伯克利做过很多的工作，但是大家知道，在世界上其他的实验室里面也有很多人在做这方面的研究，我们的目的就是要研究这些材料的特性和它们的结构，希望将来能够研究出来新的材料。

我曾经跟微软的一位量子技术部门的负责人讨论过量子计算机的话题，我们聊到将来量子计算机会不会帮我们解决很多重要的问题。当时我就问他，大家认为量子计算机可以解决很多问题，比传统计算机能解决更多的问题，但是我们并不知道情况是否属实，因为我们知道有两种不同的算法，知道量子计算机的算法是优于经典算法的，但是并不知道量子计算机是否适用于其他方面的一些计算。它比传统计算机好的方面在于可以帮助模拟材料的特性，这点肯定是做得很好。但如果将来量子计算机被证明只是在模拟材料方面做得比较好，别的方面不行呢？对方当时就反驳我，他有一些不同的意见。我们知道全球正面临一些非常严峻的问题，比如说全球变暖、气候变化等。

大家都知道，我们一直都在使用不同的资源，这是非常重要的转变。纵观全世界，很多地方已经取得了类似的进展，有一些地方没有达到这样的水平，他们也希望发展，如果发展得好的话，可能要消耗更多的资源，我们要学会如何把经济的发展按照可持续发展的方式推进。

前面我也谈到了，信息技术的用途非常广泛，而且生产效率很高，提高了我们的生活水平。同时，它也消耗了很大一部分的能源，我们想到的这种办法是不是可以更经济？在这个领域中，我们也考虑到要把人类进行自我改造，在十几年内实现自我改造的成功。当然技术的改进总是一个缓慢的过程，但我们要有这样的信心去改变，考虑到在推动材料科学发展这方面，我们希望能够通过大家的努力共同应对这个挑战，这也是值得大家关注的。

超冷原子是很重要的，它可以用来解释毫米级的引力红移，谈到超冷，大家认为这是原子物理学近几年来最令人惊讶的发展，就是光原子钟（锶原子光晶格钟）的发明，大家肯定听说过这个光原子钟，因为它的运算非常精确，但它在运行过程中也存在不精确的情况。如果放大到宇宙的层面来讲，一点点的偏差就会引起很大的错误。

当然在实验室中科学家发明了光原子钟，光学的原子钟已经开发出来了，但是这里不是具体讲运行原理，这是实验室级的锶的光学原子钟。实际操作过程中，大家看一下用于相对论大地测量的可移动的原子钟是什么样的。相关的实验小组不仅学会了如何使用光原子钟的技术，而且把体积做得足够小，可以用在卡车上，可以四处移动，而不是固定式的。这里面提到"相对论的大地测量"，比如说你可以在地球表面测量你所在地区的高度，通过测量引力红移来实现这一点，这种方法应用是非常广泛的，其中的应用包括地下水的分布情况，水位的高低，可以通过这样的方法来测量水资源的分布。

最近大家知道原子物理学也经历了一些革命，一个新的革命在我第一张幻灯片有谈到，人们可以形成一个单个原子阵列，通过创建单个原子阵列可以发现原子镊子阵列，这里面会形成一大堆的激光束，把激光束聚集到一个真空室当中，冷却以真空室的原子，就会发现这是一个腔室内的冷却原子，而这个激光只容纳一两个原子，另一部分是另一组激光束，不含原子。一个是含有原子的激光束，一个是不含原子的激光束，我把它叫作"镊子陷阱"，这里面原子、镊子的阵列，被大家称为原子物理学的革命。

这里面显示的是装入镊子，镊子阵列的顺序，查找填充的镊子 10 ms 的图像，有些是空的。我们获得了这些信息之后，可以移动这样的镊子，把移动镊子形成镊子的阵列或者镊子的宿主，这一套排序是我们实验室的图片，看一下光诱导原子损失，使原子的数量减少到 0，或者减少到 1，这样的话形成很有趣的阵列，通过这些有趣排列配置的阵列，看一下原子在哪里。

它们形成一个晶体，类似于图中的晶体，这样的突破去年才完成。这是一个架构，我们形成量子计算的架构，通过量子计算的架构可以用于另一块，里德伯镊子阵列，而不是原子的镊子阵列，通过里德伯镊子阵列形成了阵列量子处理器，实验的顺序跟前面差不多，只是我们加了第 4 条里德伯介导实现相互作用，这样每一个镊子的形态就出来了，或者实现量子模拟的新前沿，这个是关于里德伯镊子阵列的量子处理器。

第一次架构形成了，这看起来就让人觉得非常了不起，大家看一下在这个过程中原子以排列的形式呈现出来，所谓的逻辑量子的方式或者逻辑量子的比特的方式来实现的，这样把它们放在一个区域中被激光所照射，再对其进行相关测量。测量过程中可以把光打到这些原子上，并查看它们的荧光状况，这里有一篇文献，里面也谈到了这点。

观察量子计算机的实时情况，你能看到它的移动状况。这是哈佛大学的一个研究小组的成果，每一个黑点都是保存在真空中的原子，我们用光照射它的时候可以看到原子发生了一些移动，所以要看一下原子之间驱动量子的移动。这是一个特定的电路，显示的是特定的计算序列，这是一堆逻辑性的量子比特，在量子计算机中应该实现。量子计算机看起来像普通的计算机，跟我的手机差不多大，但是也可以是一堆聚集的激光器。

我同事的工作还涉及将原子镊子作为量子传感的推动器技术，图片中所呈现的是他正在展示如何使用原子镊子作为量子传感的推动技术，这里面涉及了一个量子纠缠态，大家看一下，还有其他的应用，包括量子通信或量子的网络连接，与光子强耦合的镊子阵列或里德伯量子处理器。我知道在上海大家也有类似的量子技术，非常让人感到痴迷，中国各城市之间也有这样的一些光纤网络，通过携带量子密钥的方式进行传输，这是量子通信和网络传输的应用，比如说我们认为超冷原子也可以在量子通信和网络当中进行使用。这是我们工作中的一个小进展，即在两个镜子之间实现了量子的通信。就像以前的复印机，把书面的一些信息传输过来，把写的东西变为光，然后投射到其他的地方，这个光可以被拦截和利用。

这里面的技术我就不再详细介绍了，明天上午对这个话题有另外一个详细的演讲，希望大家明天也会参与我们另外的一个关于这个话题的详细演讲。

现在再看一下原子级的光学超材料，这里面是原子级的组装，前面谈到的一些技术是非常早期的，这里面显示的是实验室的图片，包括从实验到应用技术，这是量子的工程挑战，我们要设计一下图中左边的系统，这是我在实验室拍的，设计具有长寿命、相干性、纠缠性的大规模的量子系统，包括工程控制的系统、架构和设备。

大家看左边的实验室里乱糟糟的东西，怎么能变成右边集成化的非常可靠的状态？从实验室到应用的技术，我们需要可靠的设备，怎么能够把实验转化为应用，这是大家作为观众可能感兴趣的一点。

从学者的角度来说，我们既要看到要解决的科学问题，也要考虑到工程的问题。世界各地有很多工程部门，工程部门逐渐发展出一些新的专业知识，或者叫专长。这种专长会扩展为量子工程的一个新的分支，在新的量子工程的分支中，我们考虑怎么样能够实现大规模的相干量子系统很重要，要实现长寿命的相干性和纠缠性，这是工程设计方面的巨大挑战，我们需要以工程师的思维为导向，来形成这样的能力。我们还要考虑技术长期的发展和应用。我们现在要做的是要有一些不断发展的基础科学，这就需要国际合作与协同,这也是我来中国的原因,希望打造与中国同行协同合作的渠道。

美国还有一个现象,在中国可能不多,很多新企业也大胆地进入了先进的技术研发中来,应该说有很多实验室的东西,有了这些产业与技术相连的合作,就可以真正推动技术突破,当然还需要一定的勇气才能做到这一点。

这是我要谈的主要内容,我们讨论的超冷原子,包括超冷的分子,是量子科学中有力的工具,超冷原子也是一项新兴技术,我们希望它可以为广泛的量子信息提供相应的支持,利用超冷原子能够实现材料科学的量子模拟和量子传感器,应用的前景也是很广阔的,包括量子计算、量子通信等。

谢谢各位!

材料科学与工程领域的人工智能

大卫·斯罗洛维茨 美国国家工程院院士、香港大学工程学院院长

> 人工智能在材料科学与工程领域的应用正推动材料研发的变革。材料是工程的基础,其性能直接影响设备和结构的效率与可靠性。传统材料开发周期长、效率低,而人工智能技术可加速材料发现与优化。通过高通量计算和实验,结合多模态设计,人工智能能够在材料设计中综合考虑多种特性。大语言模型可用于挖掘文献中的知识,提高数据召回率,并辅助材料设计。人工智能还可优化量子力学模拟,加速材料特性预测。未来,人工智能有望进一步缩短材料从发现到应用的时间,推动材料科学的快速发展,助力解决工程中遇到的材料瓶颈问题。

感谢各位能够留到现在来听这个内容,除此之外,我在这里还想感谢一下会议的组织者,能够邀请我参加这么一个非常有意思的会议。

我本人是一名工程师,今天我们听到了很多人讨论科学家怎么办,讨论了工程师关心的一些问题,科学家需要与工程师合作。

在这段时间里,我想给大家介绍一下,如何能够把工程做得更好,当然这是基于一些新的工具,因为在过去几年我们也看到了一些新开发的工具问世。

可以说这是一个令人感到非常兴奋的领域,在我提供的材料里大家可以看到,这些工具实际上都非常新,没有一个是发明超过一年的。大家能够看到这些技术的发展速度非常快。

下面我简单地做一个介绍:

我们为什么要关注材料科学?特别是未来的材料科学,我觉得这个问题的答案非常清楚。我们可以看到几乎所有的工程设备和结构都是由材料做成的,实际上任何工程,

包括它的结构、最终的性能等,很多时候都是取决于材料的特性是什么、局限性在哪里、它是如何失效的,以及它是怎么被制造的。

我们用喷气式飞机的发动机举一个例子,讨论到这些的时候你会发现一个很有意思的点,它本质上是一个燃烧器,或者说内燃机。里面有一些通用的功能,比如燃料在发动机里面燃烧的温度越高,它燃烧的效率就越高。这么高的温度之下,到底哪种材料可以承受、可以运行?燃烧的效率越高,消耗的燃油越少,消耗越少的燃料,飞机会变得更轻。实际上可以看到飞机起飞的时候,40%的重量都来自它携带的燃料。

如果燃烧更高效,就不用带那么多燃料了,少带一点就可以,这样飞机就可以变得更轻。同样,飞机的结构就可以变得更轻,这样整个飞行的机器就更加的高效,所以我们在讨论高效的机器工程时,这实际上就像一个收益的放大器一样,材料微小的改进,就可以带来非常大的收益。

接下来,我给大家介绍一下常见材料开发的阶段。

在材料的发现阶段,现在可以利用人工智能技术,这是大家非常关注的领域。在图中大家可以看到,很多时候我们找到的都是一种颠覆性的新材料。刚刚前面丹·斯坦普·库恩(Dan Stamper-Kurn)先生在讲的时候也涉及了这方面的内容,如一些新材料、新类别,可以给我们带来非常大的回报。

但是在工程技术方面,大家也知道,一旦发现了一种材料,需要花很长的时间,投入很大的资源,才能真正地将它应用在工程领域。所以发现新材料,的确是技术发展非常重要的一部分,但是也必须意识到一点:在我们这个行业里有一句老话——"这是你听说过的最好的材料"。到底下一步会是什么样?所以我们首先可以做一些合成,看一下如何生产这种材料,然后我们可以开始生产它,了解它基本的特性,然后测量它的特性,进行工程应用。

有时候我们可以找出这种材料的低效和不足之处,看看是否可以用合金来提高它的特性,然后就能学会如何对这种材料进行加工,这样可以调整它的微观结构,让它正好适合我们的应用,从而可以循环利用。

刚刚讲到这部分,实际上材料工程99%的应用都来自这个地方,我们可以进行不断的优化。如果看一下这里一些材料的示例,可以看到像特氟龙,或者一些其他的材料,如薄膜、砷化镓等,或者锂电池材料,像这些材料,很多时候就是从刚发现这种新材料时,到最后真正大规模应用,有可能要经过20年左右的时间。所以我们也需要考虑到这方面的一些问题,需要了解这个过程,让这个过程变得更快、更高效。

我在这里给大家提两个问题:

第一,我们需要解决材料的合成空间问题。比如说你需要某种材料属性的结合,但是实际上摆在你面前的是,元素周期表里面并没有那么多的成分可以满足你的要求,所以这是一种非常具有挑战性的技术。有的时候你把它们组合在一起,数量非常多,你会发现，你不仅需要知道哪些材料组合在一起，而且需要知道每种材料的数量是多少，这里面就有一个巨大的空间，这真正是我们开发材料的难点之一。我们也意识到，在这么大的空间里，实验做得并不够。而且我们了解得也不多，所以目前的问题就是可以真正可用的数据很少。

第二，即使我们了解了很多材料工作的基本原理，当把它应用于实际材料的时候，也会碰到很多问题。像我本人是做材料理论的，很多在材料理论阶段的思考都是非常理想化的一种状况，觉得各个方面都可以用，都没有问题。但是很多材料在实际应用中并不适用，所以如果看一下热导率，也就是跟电子学结合，观察一下它的结构、原子振荡等方面的问题，这些都是由材料里的一些缺陷导致的。

所以，在很多材料工程中，知道材料的缺陷是解决问题的关键。我们现在就面临两个问题，其中之一是能不能找出一些新的方法，来帮我们解决这些问题。

现在讲到这里，我们发现可以利用人工智能技术获得帮助。每一个应用领域的人员都会听到人工智能，我们讨论的是人工智能在科学方面的应用，中国在这方面是处于世界领先地位的。我觉得这是一个非常重要的领域，接下来我给大家介绍一下在这方面我们所面临的，特别是导致效率低下的挑战。首先，我们缺乏有效的分析方法，要了解哪些是有效的分析方法，既要有理论，也要有相关的问题，然而这两者的交集并不大。其次，很多时候我们需要试错、反复测试，需要专家的经验。有人说我们需要某一个专家，因为这个专家有很多的经验，我觉得这个地方就可以考虑使用人工智能技术，所以关键的是理论和实验的研究方向。我们需要一个这样的基础的平台，来帮助我们进行有效的连接。

给大家举个例子，可以看到从一端的原子尺度发展到另外一端，这个距离是很长的，所以我们会讨论到很多不同的应用场景，但是真正从发现到应用还有很长的路要走。我所讨论的一种新的研究模式，首先是需要收集保存我们找到的所有数据，因为最后要利用的就是这些数据，这就是我们需要学习的东西。其次，现在会有一些新的工具，可以利用它们做一些高通量的实验，我们要做的是如何把这些内容厘清，把它们结合在一起，这是一个新行业，是一种新业态。可以感受到这个行业的力量，顺着行业的要求可以看到科学家需要做的事情。

人工智能在材料科学中的具体应用领域包括哪些？答案可以应用在很多领域。

首先，可以看到这是一些基本的原理，软件的构建需要高精度的工具。我先来介绍一下集成所有这些内容的计算平台，如何能够做到高通量的计算、高通量的实验，以及多模态设计，我们不仅仅是设计了一个特性，而是设计了一组特性。所以我们应该从多个维度去看这些问题。接下来，看一下这些东西是如何组合到一起工作的。从左边可以看到，比如说要描述一个晶体结构，你会怎么描述？如果问我的话，我可以用固体物理学里面的普通工具来回答它们的结构是什么样的，因为我们可以捕捉到这种晶体的结构，可以看到所有这些空间里面的矢量是什么样的。我们把它看作基于神经网络的一种方法，有一整套算法可以用来设计和应用。2018年，我们就可以用一种计算方法来计算晶体结构，但是问题是如何能够更好地利用现有的信息来预测这些材料的特性，这是我们接下来需要做的事情。

我们可以通过量子力学理论，也可以通过实验的方法获得材料的特性。屏幕中下面第二个框里面可以看到这是一个衍射的图样，在这里可以找到哪些材料可以做一些金属的衍进，因为我们可以看到它的结构，这样用X射线测量就可以发现这些材料的特性。在左下角有个图，这是人们应用人工智能的一个例子，哪些合金具有比较好的玻璃成形性，需要输入的唯一变量就是合金的成分。

我现在试图举更多的例子来预测这个材料的结构，要知道我们现在每天使用的大多数的材料，里面都包括多种不同的钛合金，我们就想知道这些不同的钛合金的性质是什么。我们可以利用量子力学做一些计算，计算10个、100个、200个不同的量子，当然可以花20小时的时间用计算机算一下，计算出一个比较好的答案。但是，今天我可能要处理10万个，甚至数十万个例子，如果用传统经验可能就做不了了，但是用新方法得到的结果也是非常准确的。

我再给大家举一个例子，在人工智能材料领域的应用中，社区方面，我们把社区中应用到的材料尝试用新材料进行逆向设计，看一下这种物质的构成是什么，这种物质的构成是否能够满足我们的需求？它的属性如何？人们通过催化等方式来提炼出满足这些要求的物质。我刚才也谈到了结构性的材料，包括最后的一个问题，即大语言模型的问题。大语言模型是一个非常流行的话题，它最开始是用于理解文献，因为应用大语言模型理解文献是非常高效的。

大语言模型可以筛选出不同的案例，提炼出不同的经验知识，这很重要。它并非通过反复阅读100万次进行机械记忆，而是通过提炼，帮助人们来实现目标。怎么样从文献库当中挖掘知识，提高所谓的"回忆率"，我刚才谈到，如果把文献作为一个人体的话，这样我们可以把整个主体看清楚，所以我们可以训练大模型，大模型可以帮助人们从文献库中挖掘知识，提高"回忆率"。

材料科学家擅长分析也擅长推理，但是不太擅长回忆目前已经发表的文献上的一些数据，而计算机大模型可以帮助科学家读取这些数据。这是我5年前写过的类似文章，我当时研究的时候在讨论怎么样能够从非结构化的文本中通过一些格式的转换，一些文本清洗形成新文本，新文本经过过滤，过滤之后再形成句子等，这是一个训练的过程。

更具体地讲一下，通过序列到序列的办法来训练大模型，我们要了解最基本的术语，要从基本的术语开始，了解这些术语之后，比如有氧化钛等类似这样的材料，如果其他的材料文献里面出现了钛这个词，大模型就可以帮助人们找那些涉及氧化钛的内容，通过训练大模型，让它来学会怎么样进行抓取，通过序列到序列的方法，来实现文档级的关联，实现关键信息的读取，比如这里谈到的氧化硅等。通过训练之后就可以找到一些注释，从注释开始浏览海量的资料。

再回到结构下的数据。如果调整这样的模型，我们要进行数据库的建设，建设好了数据库，就可以纳入以前没有使用过的，或者被认为没有用的数据。例如，我们有了这样一个显微镜，它能看到很多图像，但是寻找过程中只有图像没有数据怎么办？这在过去被称为无用的数据，人们就把它"扔掉"了，其实这里面有大量的无用数据，也有大量可用的数据，现在有了大语言模型，大语言模型就能帮我们抓取和识别哪些是重要的数据。

现在通过人工智能技术，就可以把这些数据抓取出来。我们用扫描电镜，可以找到要找的东西在哪里。这是一个示意图，当然跟前面的一样，我们通过模拟的方式来找到我们要找的东西。稍微说一下，人工智能技术在辅助原子模拟这方面的工作，量子力学大家认为是一个黄金标准，虽然说是黄金标准，但是它并不完美，它还存在很多问题。如果我们把黄金标准辅以训练模型，比如我们训练一个模型来辅助这个黄金标准，这样的话就能建立一个新的量子模型，我们可以给出一个量子力学的精度，实现神经网络的模式。在运算速度方面，实现辅助后，它比量子力学本身的速度快很多个数量级。

在量子训练方面，看一下详细的东西，量子力学方法只能模拟小分子的原子，如输入几何形状等，我们现在要进行深度学习，也就是大的原子模型，原来是 DP 深势小分子模型，现在叫大型原子模型（LAM）。元素周期表的大多数元素都可以被人工智能大模型所涵盖，所以要做的就是给它输入一个成分，如原子，大模型就可以进行计算，还会在计算的基础之上进行预测，这是我们专门化的通用 DP 的工作流程，也就是 DP 深势的流程。

我们的应用有几个层面：

第一，如果你已经有原子数据，或者原子模型，你可以将同样的原理应用在成千上万的材料当中，可以计算材料的各种属性。这样速度就会很快，我们进行优化时，只要进行自动化优化就行了。例如，你告诉大模型要什么，大模型会自己生成成千上万种不同的工作任务来进行计算。把所有的东西进行计算，可以进行成千上万个计算作业，收集所有的信息来形成表格，这是一个用户友好的界面。

第二，人工智能技术确实帮助我们加速了材料设计。这里面有一个金属玻璃的分类问题，要进行金属玻璃的分类，要先定义什么是金属玻璃。金属玻璃是非晶态材料，通常由金属元素和其他元素构成。形成金属玻璃定义之后，我们有一个小的数据集，知道金属玻璃的成分，包括高强度、高热稳定性等，以及探索新的金属玻璃时会面临哪些问题，通过这样的模型可以推演，用大语言模型来帮助我们从小经验推演出大的数据，再进行大的推断和推演，这样形成一个新的人工智能模型。

这是我们的工程设计，包括快速地设计和数据生成。例如，输入一些信息，通过这些信息的输入给用户一些从科学上具有意义的结果，可以预测它的性质、性能，可以知道它的属性，在可预测性方面可以实现5倍的提升。有了这样的APEX核心模型，把它"喂"到人工智能模型里面去，人工智能模型可以进行合金合成，计算用户所需要的合金属性等，这样一步一步地就帮用户做出来了。然后可以预测宏观方面的特性有哪些等，这是多层的流程，或者叫多层次的过程，在多层次的过程当中要使用文献里面的数据，使用量子计算的方法，可以实现数据的筛选。

感谢各位的耐心聆听，谢谢！

芯片推动系统技术进步、系统引领芯片技术创新
——微系统技术发展的思考

尤政　中国科协副主席、中国工程院院士、华中科技大学校长

> 半导体技术与微系统技术的发展相互推动，对现代科技产业具有深远影响。半导体技术从材料到应用不断演进，其极小尺寸、超大工程规模、极纯材料和复杂工艺等特点推动了芯片和传感器的创新，进而引领系统技术进步。微系统技术则强调系统集成，通过三维制造工艺和异质材料集成，实现感知、信息处理等功能的高度融合，满足物联网、汽车、医疗健康、消费电子和机器人等领域的多样化需求。未来，应注重延续摩尔定律、拓展摩尔定律，加强产教融合，合理布局公共平台，并围绕市场需求开展示范应用，推动微系统技术成为新质生产力的使能技术，助力我国在全球半导体和微系统领域实现突破和引领。

尊敬的各位专家、各位领导，大家下午好！

因为演讲只有10分钟的时间，我想先把本次专题报告的主旨给大家讲清楚。大家也知道，现在从国家到每个老百姓都很关心芯片技术。芯片技术的发展趋势究竟是什么样的？我们该怎么干？大家也知道我们国家的芯片技术目前还是一个跟踪的状态，也就是说国外有什么芯片，我们基本上就在做什么芯片。

前一段时间我国芯片的发展，更多地体现出芯片技术对系统技术的一种推动，未来技术的发展会是什么样的？我们怎么做出世界上没有的，但是客观上需要的芯片？我想未来是系统的牵引，是我们芯片技术的创新，希望大家能够关注现在正在发展的微系统技术。

所以，今天我想从3个方面来讲，尽快讲完。

一、半导体技术的发展综述

大家都知道，20世纪中叶半导体技术的发展从材料技术进入到第三代，应用领域也是不断地拓展。半导体的产品经常按四大类进行分类，每一个分类里面都有细分的部分。

同时，随着材料技术的进步，从硅到第二代半导体，到通信技术的应用，再到第三代半导体，其在功率电子方面的应用也逐渐拓展。

而且在不同的行业里面，四大类器件应用的比例也发生了很大的变化，我认为这些比例将来可能会趋同，由系统的复杂性决定了我们将来利用技术的综合性。同时，大家也看到半导体技术非常具有颠覆性，一代的芯片，一代的传感器，决定了一代所需要的系统，像手机等，苹果手机为什么能够"击败"诺基亚，这是最好的说明。

半导体技术也有几个大的特点：尺寸极小，在纳米级。"超大"，是一个大型的工程。极纯，用的材料极纯。极繁，制造工艺极其的复杂，而且一直是技术创新在引领半导体技术的发展。

我来自高校，强调一下在颠覆性技术方面，高校的原始创新，对集成电路行业的发展也起到了决定性作用。半导体是一个技术和市场并重的产业，并不是有技术就能发展起来，市场的占有率对技术的需求和技术的发展也起着重要作用。大家都知道，半导体产业的产业链特别长，从供应链制造到产品，覆盖的面也宽。同时它确实也是一个颠覆性的技术、战略性的技术，每个国家都非常重视这项技术。作为一项基础环节，市场性很强。做出几个芯片不重要，做出几百万个、几亿个大批量的、便宜的芯片来使用很重要。

半导体产业集中度高，核心技术都掌握在少数人的手上，另外我们国家这几年从各个方面，包括国家战略、重大专项、大基金、科创板、人才都给予了很好的支持。我也把目前中国和世界其他国家的状况，用一个树状的结构图来说明，全世界其他国家和我们国家的结构，应该来说还是有很大的差距的。同时，我们在细分的产品占有率方面也还存在很多的问题，我们应该怎么做？还是从技术的角度，集成度、功能度、融合度的角度，审视半导体技术、集成技术究竟怎样发展。

更重要的是两个方面：第一，延续摩尔定律。摩尔继续往前走，2 nm、3 nm 可能更小，这个方向要坚持住，没有它的进步就不可能有其他的发展。第二，拓展摩尔模式。超越摩尔怎么办？这里面大家很清楚，有 3 个重要的方向，一是提高极纯度，因为功能和产品的价值已经不太相称了；二是材料技术的进步；三是微系统技术的进步。

二、微系统技术的发展概述

我讲一下微系统的进步，屏幕中这张图最明显了，在垂直方向上，要在深度方向继续做，做到几纳米，但是在广度方向上，应该是超越摩尔的另外一条路，就是说我们可能既要当短跑冠军，又要当长跑冠军。但是我们平常应用的系统更希望是个全能冠军，不光是能够算得快、存储得多，更多的是需要把感知、信息处理一直到人员能更好地集成起来，解决我们系统所需要解决的问题。

在超越摩尔的时代里，微系统的技术应运而生。我们为什么只做存储，不做计算？为什么不把一个系统做得更小？这是我们未来的一个方向，这个方向对现实也很有意义，比如说我们用微系统的观念，用三维的制造工艺把普通的 28 nm 所解决的问题，用三维集成，可以达到 2 nm 的工艺所达到的器件的性能，最典型的武汉长江存储就做了这方面的事情，全世界也是把微系统，特别是三维微电子的制造作为重要的研究方向来进行。世界上，美国 DARPA 专门有微系统技术办公室（MTO）来负责这一类的研究；欧洲一些地方都已经开始超前布局，同时也明确了重点方向——不是在硅上做，而是把异质不同的材料和不同架构的芯片集成在一起。怎么用纤维制造的工艺来实现大规模的制造，也是很多探索新材料、新方法所能构成的新前沿系统，这方面做了很多，而且已经取得了很多的实际应用效果。

当然，我们不是因为别人重视就重视，以下是我们自己分析的未来的微系统的五大驱动力。

第一，物联网。怎么把物理世界变成数字世界，支撑我们的数字经济？当然微系统是最重要的支撑，不能大家都做存储器、CPU，这肯定不太现实。

第二，汽车。智能汽车、网联汽车，实际上微系统在汽车的成本中占比已经发生了很大的变化，特别是智能驾驶、无人汽车这块，实际上需要替代人的功能，这个里面微系统占的成本就非常高。

第三，医疗健康。大家都很关心人的健康，未来肯定会形成台式、便携式、穿戴式、植入式的医疗健康系统，家庭的医疗和集中式的医疗一定会融合，而且目前也出现了所谓基于微系统技术的芯片肺、片上人体、片上心脏等微系统，这些微系统会大大地改变人的生活。

第四，消费电子。苹果手机、华为手机里大概有三十几个传感器，占成本的 40%～50%，是利润的主要部分，也是市场竞争力的主要来源。

第五，机器人。最近一段时间大家也在想人形机器人多么重要，一个人形机器人要能够完成动作需要 50 个以上的自由度，大概需要 100 个传感器，如果还要和外界的环境进行互动工作还需要 100 个传感器，如果我们的微系统做不好，我们的人形机器人将来绝对是有"关节炎、心脏病"，肯定做不好。2018 年，全世界也预测过，当时预测有万亿美元市场，其实到 2020 年的时候已经超过 25 万亿美元，所以在这么大的市场份额里面中国怎么办？我想应该超前进行部署。

微系统作为一项技术，也有其技术内涵，有几大要素。例如，微系统的架构搭建问题，微服务实现方法，以及如何把微电子、微机电系统、光电子及智能的算法集中起来形成一个微系统，这都是面临的技术问题。我们讲的微系统有 3 个本质问题：①怎么微型化？用半导体的工艺。②怎么有系统设计的理念？人是进化出来的，我们的系统是非常优越的，但是我们创造出来的客观系统往往没怎么进行优化，这该怎么办？③如何实现智能化？现在我们做出了一款芯片，中间是软硬件的结合，不是简单的一个硬件。

我们也在想，怎样把传感、测量、控制整合成一个系统，同时再把不同架构、不同材料的组件进行三维集成。我们也不能像微电子一样，微电子的最小单元是晶体管，怎么样划分微系统的最小单元，并形成能让最小单元实现系统集成的创新方案。未来的微系统可能包含一些核心的技术要素，比如说微电子，在现代微电子技术发展上，我们更希望能够实现可重构、存储计算一体化，信息系统有更多的集成，同时也有异质材料的集成。

对于光电子微机电系统（MEMS）来说，我们希望有更多的传感器，有更高的传递效率，更低的功耗，同时传感器要进行智能数据的处理。光电子不光要做硅光，可能要把所有的半导体材料中能够实现光学传输功能的部分都集成到一个芯片里面去，实现光电的混合，共同提高功率，提高动态的调整能力。

我们也做了一个技术体系的规划，希望能够把共性技术研究清楚，把功能单元模块化，同时在系统集成上能够开创一个标准和特殊相结合的系统，来面向应用系统做各方面的工作。当然，这里首先要吸收我们国家集成电路发展的经验，在设计技术上要进行创新。这个设计技术肯定比微电子更加复杂，微电子尚不能取得突破，在新的领域里面，我们怎么样从信息流、物质流、能量流上面能够创新我们国家的微系统设计的方法，形成我们设计的软件，显得格外的重要。

系统的集成可能是最重要的，因为全世界目前还没有人能够解决这个问题，在同质、同构的方面已经取得了一些成果，但是在异质、异构方面谁能突破这个问题，并且首先实现装备化？我想这就是未来领先世界的长板，是解决世界问题的重要手段，也是对世界的贡献。这么小的系统也不能进行一个一个地测试，一个一个地标定，如何实现智能化的测试自标定、自解决自身的问题，也是未来重要的方向。

三、建议

作为一项新质生产力的使能技术，它对未来的传统产业有着颠覆性的、革命性的影响，我们想要做好这件事，既要有目标，还要有战略的部署。

一是产教融合。因为这里面面临的问题比较多，需要创新的人才、创新的知识机构来支撑，同时也需要原创性的技术来解决。

二是合理布局。把公共平台建设好，公共平台提供公共服务，让更多的人在公共平台上能够积淀我们的技术。

三是围绕市场需求，做示范应用。希望国家能够更好地统一规划，把产学研用真正地落到实处，能够形成我们国家在信息技术领域的一个长板。

当然在近期，我觉得最核心的还是要把我们的设计工具、加工集成的装备和技术，以及测试应用的场景和示范的应用作为我们的突破口，这样能研究得更好。

我就讲这些，谢谢大家，希望大家多合作！

在第二次量子革命中乘风破浪

哈桑·查拉夫　布达佩斯技术与经济大学校长、电气工程学院院长

> 布达佩斯技术与经济大学在第二次量子革命中积极布局，推动量子技术的产学研用一体化发展。该校通过与高校、研究院所及企业（如爱立信、诺基亚等）组成联合体，分阶段推进量子技术研究与应用。2017年之前，该校不仅致力于量子计算机的研发，还关注量子技术的应用方向，如参与欧洲量子通信基础设施项目（QCI），推动量子密钥分发系统在安全通信等领域的应用。该校注重量子教育，培养青年人才进入量子领域，并在物理、工程、软件等多层面展开研究，开发新的量子算法等。此外，该校与各类企业合作，共同探索前沿领域，致力于构建量子互联网，其在量子领域的研究成果涵盖设计、实验和应用等多个方面。

非常感谢论坛能邀请我，大家下午好！

刚刚我进到这个房间的时候，我想大家讨论的内容肯定是不一样的，大家可能都会讨论AI，因为我知道有很多话题都是跟AI相关的。我所在的大学是欧洲历史悠久的大学，我们拥有243年的历史，所以今天我也选了一个比较短的话题，希望8～10分钟就可以讲完。我们现在做的很多工作，也包括AI大模型的工作，但是我也在研究量子方面内容。接下来我会给大家介绍一下我们所做的工作。

大家知道匈牙利是一个小国家，我们的总人口只有约1000万人，但是我们有很多的研究机构和大学，为了让我们的活动更加高效，可以给别人展示，我们组织了一些联合体，用联合体的方法来组织我们的活动。

具体来说，两所大学、一个研究所，或者是一些大的公司，比如说像爱立信、诺基亚、沃达丰，我们联合这几家公司一起驱动，组成这样一个联合体，然后把我们的研究结果在实践中进行验证，并且演示。

2017年之前，在2016—2017年的时候，当时我们得到了一些资助，就开始了这样的一个活动。但是我们的活动并不只是为了制造一台量子计算机，因为我们已经制造了很多，我们现在有这样的一些资源，就要合理使用它们。但问题是，我们要考虑这个量子研究的应用方向是什么。

谈到量子的应用，我们推出了不同的技术。比如说我们推出这样一个技术，我们有一个香港的项目，这个项目是多国共同合作的"量子通信基础设施项目（QCI）"，在欧洲QCI基于量子的通信网络，一共覆盖欧洲所有的27个成员国，我们负责匈牙利部分，想法是通过欧洲的网络，匈牙利也可以成为其中的一部分。所以，我们是欧洲QCI的一部分，我们是这样组织活动融入欧洲的网络之内。可以看到很多的活动围绕着匈牙利的

两所高校来进行，大家可以看一下量子密钥分发（QKD）系统，我们可以将量子的密钥分发系统用于安全、卫星、通信等，应用是非常多的。这里要谈到的是有了这样一个系统之后，我们可以实现非常稳定的通信交流。当然，作为一所高校，一方面我们做研发，另一方面教育也是我们的职责。

量子的时代已经到来了，我们引导年轻人进入量子领域，希望他们在量子技术的产学研用方面做出更大贡献。我们的活动分为两个部分，一个是理论层面的，另外一个是工程应用层面的，包括软件技术等。所以，高校采取这种方式，引导学生参与这样的活动。

物理学家（包括我们团队）围绕着新的量子光源进行了研究，包括新颖的 qubit 架构，包括一些信号的波长，我们为量子计算机建造了一些模型，用于医学领域。软件工程师也参与其中，他们推出了一些新的量子算法用于教学、研究。当然也用于量子通信，我所研究的领域是通信部分，通信现在不是一个单独的问题，而是综合性的问题，信息通过地面、空间来进行通信，所以对于我们来说要培养年轻人，使他们日后进入到量子的研究中，这里面列出了一些活动，目前我们也和许多企业进行合作。

匈牙利和各种类型的企业合作，包括一些小企业。这种密钥分发系统和量子密钥分发系统也有小企业的参与，为什么会有这样的合作？因为合作很重要，我们会共同开发一些应用程序，这是很具有实操意义的部分。

我们还有一个基于光子把信息传到空间的项目，这是 QKD 的一部分。由于时间有限，没有办法把细节展示给大家，这里面的关注点是我们谈到了基于量子的通信，或者叫作量子互联网，在这方面我们确实深耕了多年，在教育方面至少有七八年的历史，而且我们有众多产业界的合作伙伴。

大家看在实验室有很多不同的系部、不同的同事，我们联合起来围绕量子展开一些活动。我们在这些量子活动中获得了很多成果，包括设计，有些关于物理部分的实验，包括这里是关于诺贝尔 cubic 用于建筑层面的，还有阅读，包括在阅读多种不同的信息时，减少信息的损失，在物理系和电机工程系部都有我们所做的工作。

谢谢大家！

中国能源转型路径与前沿关键技术

汤广福　中国工程院院士、怀柔实验室主任

中国能源转型挑战与机遇并存，需通过科技创新推动能源体系变革。中国一次能源生产和消费量均占全球 1/4 以上，化石能源仍占主导地位，但新能源发展迅猛，风电、光伏装机容量已超 12 亿千瓦。能源转型路径包括清洁能源规模化、化石能源清洁化和多能源综合化，我国需要因地制宜发展多元能源。前沿关键技

> 术涵盖深远海风电、新一代光伏技术、灵活燃煤发电与碳捕集封存利用、沙戈荒新能源开发与西电东送、新型电网形态与电力装备、多能互补与数字化等。我国需在保供前提下稳妥推进能源转型，通过科技创新实现低碳发展，掌握能源技术主动权。

尊敬的各位领导、各位专家，大家下午好！非常高兴受到邀请，让我有机会给大家作汇报，我的题目是《中国能源转型路径与前沿关键技术》。下面我将从 3 个方面进行汇报。

一、中国能源发展现状

中国政府特别是习近平主席在第七十五届联合国大会一般性辩论上郑重宣布"二氧化碳排放力争 2030 年前达到峰值，努力争取 2060 年前实现碳中和"。二十大报告也把"积极稳妥推进碳达峰碳中和"作为加快能源革命、规划建设新型能源体系的重要内容。所以，政府的决心是非常大的。

回顾一下能源的总体情况：

我们国家一次能源生产总量是 48.3 亿吨标准煤，占世界总量 26.9%。消费总量为 57.2 亿吨标准煤，占世界总量 26.4%，也就是说全世界超过 1/4 的能源在中国被消耗了。其中，非化石能源占比只有 17.9%，也就是说我们化石能源占比是 82.1%，比世界平均值高大约一个百分点。从生产和消费来看，能源对外依存度为 8.9 亿吨标准煤，对外依存度是 18%。

化石能源仍然占主体地位，煤炭占中国能源消费总量的比重超 55%，世界 54.8% 的煤炭是在中国消耗的，原油消费 7.2 亿吨，我们自己生产大概 2.09 亿吨，对外依存度 73%，天然气消费 4000 亿立方米，自己生产 2100 亿立方米，进口量占比 42.3%，化石能源仍然是我国的主体能源。

新能源发展增速非常迅猛，截至今年 7 月，风电、光伏装机容量已经超过 12 亿千瓦，占全国发电装机容量的 40%，提前 6 年半完成目标，今年年底会超过 12 亿千瓦，达到 13 亿千瓦，这是典型的新能源大国加速发展的特点。

2023 年新增风电和光伏装机占全球新增容量的 65% 和 62%，全年风光发电量占全国发电量 15.6%，这个相对值在世界上还不算高，英国和德国比我们都要高。英国的风力发电量已经达到 40%，此项能源增长占比较大，增速很快。

我们在水电、核电方面稳步增长。水电装机达 4.21 亿千瓦，占总装机 14.9%，占总发电量 13.6%。说明一下，去年和前年因为气候变化，整个水电发电量是在下降，主要是气候变化造成雨水主要分布在东南沿海，没有降到西部地区，但今年整个情况变了，所以明年统计今年的数据水电又会增加，我们去年又装了很多煤电，世界上很多国家不理解，那是因为气候变化造成整个水电大幅下降。

我们去年核电装机很小，总装机也就占了2.2%，发电量占4.6%，相较于美国的20%、法国的70%、俄罗斯的38%等，我们核电比例还太小。因此，近期我们国家在加速布局一些核电项目，核准一些核电项目。

二、中国能源转型路径

因为水电发电量下降，我们去年装了不少煤电，为了保供，发电排放量占全球排放量近1/3，能源活动占总排放量的85%，发电占44%，所以要实现降碳，能源是主战场，电力是主力军，"碳达峰"之后"碳中和"只有30年时间，比世界任何一个国家的难度都要大，达峰难、中和更难。

能源发展总目标很明确，现在化石能源占82.1%，2060年新能源占比达到80%，化石能源降到20%以内，这个"一升一降"中间，化石能源有煤、油、气，新能源有风、光等，包括清洁能源、核能等，所以"一升一降"主要是能量巨大带来的难度很大。

转型总体思路：

一是清洁能源规模化，大力发展清洁能源。大力发展风光发电，特别是沙戈荒和海上风电的开发等，2060年大约要超过50亿千瓦，今年年底13亿千瓦，还有3～4倍新能源风光发电的发展空间，空间很大。稳妥发展水电，统筹水电和生态环境，希望2030年水电装机容量达到6.6亿千瓦，现在是4.2亿千瓦。稳妥发展核电，最近核准了8个核电项目，积极加快核电发展，特别是积极发展四代核电技术。我们不能受到铀资源短缺的约束，四代核电要提高铀资源的利用率，现在大约在0.56亿千瓦，希望2050年装机能到4亿千瓦，整个要新装近10倍的核电装机，电能占终端比例到2060年要接近70%，这个容量绝对值很大。

二是化石能源清洁化。加快推动煤电的低碳化发展，最近政府推出要推进煤电生物质的掺烧、绿氨掺烧等低碳改造，预计到2027年，煤电的碳排放量相对2023年要减少50%，煤电逼近气电，跟气电的排放量相当。通过4年的大力度整改，煤化工等产业提质增效，碳排放降低。大力发展CCUS托底技术，2060年需捕集、封存10亿吨以上二氧化碳，这是兜底的负碳技术。

三是多种能源综合化。我们主要是多元化发展，要因地制宜推动地热、波浪能、生物质能等各类能源的多元化发展，减少对单一能源的依赖，实现对能源的清洁、高效、可持续利用。特别是生产、传输、消费分别实现多能灵活互补、耦合转化、综合利用，实现有机协同。

三、前沿关键技术

我们国家的五类关键技术如下。

第一，深远海风电＋新一代光伏技术。我们现在主要开发还是近海和滩涂，远海风电资源是现有资源的3倍以上。以钙钛矿为代表的这些新一代光伏技术，领先于现在整个光伏硅基行业。在前沿关键技术，如大容量风机的关键部件、海上漂浮式动力学机制等高性能的钙钛矿叠层光伏组件等方面，这些都属于国家布局的正在攻关的项目，与国际同步发展。我们要关注亟待布局的前沿领域，包括高空的风力发电、一系列载流子，也包括量子点的激光等变革性的光伏技术，理论效率达到60%，国家亟待布局这些前沿技术。

第二，突破燃煤发电＋碳捕集封存利用技术。基于我国"富煤贫油少气"的能源资源禀赋，推动煤电清洁化改造，使其排放水平接近天然气发电标准，是符合国情的发展路径，一定要让剩下的煤电除了掺烧之外，还能够灵活性置换为新能源。同时，要发挥碳捕集封存的作用，把碳再捕集起来，这样才能保证将来实现清洁发电。所以在前沿关键技术方面，煤粉的燃烧、熔融储热、低能耗的捕集、高通量等，还需要再布局一些前沿技术，包括IGCC。10年前，我们跟美国有过合作，也做过一个工程，有利于碳捕集，通过集中捕集，降低捕集的成本。还有地下煤炭、石油地下原位转化，包括海洋的碳封存等前沿技术，还急需我们国家布局。

第三，沙戈荒＋西电东送。我国"西电东送"战略是基于能源资源与负荷中心逆向分布的基本国情提出的。当前新能源发电主要集中在西部和北部地区，而用电负荷主要集中在中东部。特高压输电技术最初主要输送煤电，未来需要适应大规模风光新能源电力输送，这要求我们加快研发新一代电力电子器件、智能并网技术，提升电网抵御换相失败等故障的能力，从而保障国家能源可持续发展战略的实施。

第四，新型电网形态＋新型电力装备。我们国家特高压大电网现在并网越来越难，这样的电网不一定适合新能源的并网方式，所以我们电网的形态结构要进行系统性重塑。先进的电力装备、新型的电网结构，包括大电网稳定控制等。前沿变革这部分，包括全直流的并网方式，人工智能设计的电工材料，半导体的一系列的新型器件等。

第五，多能互补＋数字化。数字赋能在我国未来多元能源的融合中是最关键的技术，新能源电网用户之间信息交互不足这些方面是我们的短板，在关键技术上风光互补、源网荷储协同互动、虚拟电厂等，这里说到的储能，包括氨氢、氢能、高温制氢、燃料电池等，我们都在攻关。我们的前沿技术急需布局，多能源AI全景调度，包括双向可逆燃料电池等，这些前沿技术都亟待布局。

结束语：

第一，我们国家的特点是富煤贫油少气，化石能源占主体地位，这个国情要求我们在保供的前提下，稳妥积极推进能源转型。

第二，要"先立后破"，推动清洁能源规模化、化石能源清洁化、多种能源综合化，形成新质生产力，向低碳化发展。

第三，关键在于科技创新、能源转型，需要大力实施一批、部署一批，再预研一批重大任务，把握能源技术发展的主动权。

汇报完毕，谢谢大家！

生物制造改变未来

谭天伟　中国工程院院士、北京化工大学校长

> 生物制造作为一种新兴的生产方式，正通过技术创新推动产业变革。生物制造利用生物质、酶、细胞等进行生产，涵盖燃料、化学品和药品等多个领域，具有能耗低、绿色低碳、专业化强等优点。随着全球对环境、能源和城市化等问题的关注，生物制造成为科技革命和产业变革的重要方向。生物制造将与医药、能源、食品、化工等产业深度融合，形成"生物制造+"模式，推动产业升级。其在应对气候变化方面也具有重要意义，可通过生物能源、生物航煤等替代传统高碳排放模式，并利用二氧化碳作为原料实现碳循环。未来，生物制造有望解决粮食安全、蛋白质供应等问题，其重点发展方向包括生物基化学品和材料、航空燃料、功能性食品和健康产品、二氧化碳转化等。

尊敬的各位领导，各位专家，我报告的题目是《生物制造改变未来》。

首先，介绍一下生物制造的定义，生物制造就是利用生物质，包括酶、细胞及多细胞的组织进行产品的加工，所生产的产品可以说非常多，既包括大吨位的燃料，也包括中等吨位的化学品材料，较小吨位的食品和饲料，以及我们非常小吨位的药品，包括疫苗的生产等。所以从这个定义来看，生物制造是一种生产的方式，而不是一个产业，因为它横跨了很多个产业。

实际上生物制造有别于物理制造，像机械，还有一般的化学品的制造。生物制造有很多的优点，比如在常温常压下能耗低、绿色环保。在专业性也是比较高的，而且能够生产很多普通化学制造难以生产的产品。生物制造已经列为我们国家的新质生产力，或者未来发展方向的一个重要的组成部分，这方面已经多次下发了有关的文件。

现在我们来看为什么现在非常关注生物制造。生物制造并不是一个特别新的学科，应该已经存在了上千年的历史，但是只是现在得到了人们的重视，因为首先有重大的需求，然后才有重大的技术突破。

重大需求方面，大家可以看到人类面临的共同挑战，包括环境问题、能源问题、城市化等，这些都要求我们用更少的土地、更少的水，甚至不用农药、化肥来生产更好的、更营养的、更健康的产品。靠什么？实际上就是靠生物制造。所以生物技术将成为新一轮科技革命和产业变革的重要制高点，从一些主要的发达国家来看，包括美国也制定了新的生物技术和生物制造的行动方案。从现在来看，未来在制造业中占有重大的比例，从现在的调研情况来看，在21世纪末70%的制造业的产品都可以由生物制造来生产，产值可能会达到整个制造业产值的1/3以上，就是30万亿美元以上。

生物制造刚刚已经说了是一种生产方式，而不是一种具体的产业，所以这种制造方式会向其他的行业和产业延伸，也就是说今天的生物制造，明天我们看到的可能是生物制造+，就是我们今天看到的互联网+也是一种横跨方式，我们可以知道生物制造+医药、生物制造+能源、生物制造+食品、生物制造+化工与材料等，这是因为我们现在一方面对绿色低碳有渴望，另一方面对高品质生活有期望。它可以帮助许多产业升级，实现新的突破，可以说是提供了一种新的方式。举个最典型的例子：像化工，我们现在来看有很多的产品，像塑料产品8000多万吨，合成纤维都是用千万吨计的。现在有可能通过生物制造，用可再生能源或者是可再生的原料，完全替代现在高碳排放的传统化工模式。

在应对气候变化方面，有《巴黎协定》，就是"控制温升2℃"的目标，而要达到这个目标，我们迫切地希望我们的能源革命，我们要求用新的可持续的能源模式，也就是说要用生物制造来生产一些新的能源，包括生物能源、生物航煤等。当然还有化学品，化学品又是一个很大的类别，因为碳排放很大一部分来源于化学品。

生物制造是利用可再生碳的制造方式，未来第三代生物制造技术刚好就是将二氧化碳作为生产原料。也就是生物制造完全可以把碳循环变成现实，因为大家可以看到，现在自然界的碳循环就是靠植物的光合作用，而这个过程太慢了，效率太低了。我们未来可能真的通过生物制造，把农业的模式变成工业化的模式，就可以彻底实现农业的工业化。包括有很多的化石能源产品，航空燃料碳排放量比较大，像汽车、卡车可能都被电动车替代，现在来看大型飞机减排还是很难的。塑料也是碳排放很大的，用生物基的材料来代替，完全有可能产生新的生物基材料，产生生物制造材料的新模式。

再举一个粮食安全的例子——蛋白质。在蛋白质方面，我们一年要进口1亿吨大豆，进口大豆长期受制于国外市场，这是有一定问题的。如果中国也用美国转基因大豆的种植技术来种大豆行不行？我们只有7亿亩[①]以上的耕地，这是不可能的，所以我们不可能用种的模式来获得这些蛋白质资源，要靠新的技术，生物制造就有可能把这种农业模式转变成固氮，固氮之后可以产生蛋白质，这完全有可能，这是未来解决中国蛋白质问题的一种全新方案。

最近这几年，生物制造的很多技术取得了突破，底层技术取得的突破，如关键的数据库等。再有低碳产品的制造体系也在中国逐步形成，包括未来还有一些底层工具，刚才已经说过了。重点发展方向有哪些？生物基化学品和材料，航空燃料，生物制造功能性食品和健康产品，化学品蛋白质耦合的联产，可以把二氧化碳用生物制造的方法，变成化学品或变成食品等，这些都有可能，这就是我们所说的第三代生物制造技术，这是未来的发展方向。

化石资源是古代生物或者动物埋在地底下几千万年形成的，是不可再生的。现在的

---

① 1亩约为666.67平方米。

生物制造技术可以用大概两三个月时间把植物进行再转化。未来有可能直接把二氧化碳简单转化为碳，再经过生物制造转化，这个生物制造转化二氧化碳的周期从人类整个历史来看变成了以分钟计，或者最多以小时计，未来生物制造将完全能够实现碳的循环。

谢谢大家！

塑造未来，创新合作

哈森·曼达尔　世界工业技术研究组织协会主席、伊斯坦布尔科技大学校长

> 在全球面临气候变化、资源短缺等多重挑战的背景下，前沿技术的协同创新成为应对未来不确定性的重要手段。世界工业技术研究组织强调通过"共同创造"模式，促进知识创作者与使用者的紧密合作，推动技术与社会的深度融合。未来十年，绿色和数字化转型将成为第六次创新浪潮的核心，人工智能、物联网等技术将发挥关键作用。同时，人工智能等新兴技术被用于科学研究，隐私增强技术等被寄予厚望。我们呼吁改变线性创新文化，转向迭代型协同创新文化，推动全球合作。

女士们、先生们，大家下午好！我很荣幸今天能够参与2024年的浦江创新论坛前沿技术分论坛。我们的主题是"塑造未来，创新合作"，基于这个主题，我认为本次会议具有极高的重要性。谈到这个部分，我们的主题是前沿技术，前沿技术是讨论未来，但是前沿技术也涉及协同合作，这很重要。一个是技术，一个是合作方法，今天我们只讨论前沿技术。

什么叫前沿技术？为什么我们需要创新协同，我把它叫作协同生成，或者协同创造。刚才主持人介绍了，我有两个身份，一方面我在高校工作，另一方面我也是我所在协会的主席，这个协会是一个关注可持续发展的组织。

我担任世界工业技术研究组织协会的主席，同时我也是伊斯坦布尔科技大学的校长。考虑到今后10年间的演进，现在我们已经面临全球的挑战，屏幕中右手边显示的是我们认为目前为止重要的议程，气候变化首当其冲。除了气候变化外，还有极端的天气事件，大家有可能感同身受的还有另外的一些挑战，包括资源短缺，图中绿色显示的是受到环境影响的问题。

从技术层面来讲，短期和长期存在的严重的全球风险和极端天气，以及气候系统的重大变化，造成了环境技术和数据层面的风险，这是我们共同面临的一些挑战。

从经济角度、地缘政治、社会和环境等层面看，我们面临的挑战是多层面的，基于我们科学界的经验，我们面临的的确是实实在在的挑战，这种挑战不仅是科学的，还涉及地理层面，以及其他层面，这些都会对前沿技术产生影响。

我们为什么这么做？因为我们面临的挑战是更复杂、更多元的，所以我们需要合作来克服这些困难。在研发层面，我们考虑到今后的10年要讨论哪些领域的互联互通，我们认为这将是全球风险应对的最佳解决之道。在过去的10年里，尤其是我们前面经历了新冠疫情，疫情造成合作的障碍这是毫无疑问的，但是风险是不是随着疫情的结束而结束？并不是这样的。

我们认为，要继续在前沿技术领域开展合作，应该考虑到这些前沿技术可以给我们带来更多的确定性，包括前面谈到的极端天气、网络安全、慢性病等，这些都是很重要的主题。这些主题之间是有相关性的，我们讨论的时候涉及社会、经济、地缘政治等不同的领域。

我们还需要新型的回答问题的方式，我把它叫作"共同创造"。回到我的主题，如果谈到多重的危机，还有一个政策方面的危机，这是多层面的情况。大家谈论到"2050可持续发展目标"，所以在议程上我们要针对不同的问题，有技术层面的问题，还有非技术层面的问题，甚至有社会层面的问题，都需要解决。这里面给出了18种不同的变化信号，这18种不同的变化信号有几个维度，包括可能产生的问题、影响，以及时间范围，我从3个维度来研究这18种变化的信号。

18种变化的信号数据可能有潜在的破坏性，这是来自古代的微生物或者是现代的新疾病，一方面更多地来源于古代，或者来源于北极，还有一些人畜共患病，还有时间范围的问题。所以我们讨论的是一个综合的问题，从这3个层面来看，新冠疫情带给我们一些教训，我们从中能够学到什么？我们要认真地做好自己的工作，包括使我们的居住场所更为宜居，控制空气质量等，其他层面自然灾害的加剧，包括热浪、火灾等，这些都是我们面临的技术问题。

如果谈到不同的变化信号，大家都知道"六次创新浪潮"，"绿色和数字化转型"被定为第六次创新浪潮，我们讨论的人工智能、物联网等，不仅是人机的技术，而且是各种协同的技术。

我们称为多种领域的协同，2023年有11个全球重大转变中的顶级研究前沿问题，共列为11个研究领域，这些领域被认为是最有可能为全球重大转变和第六次创新浪潮提供解决方案的方面，包括农业植物科学、生态环境科学、地质科学、生物科学等，这里面谈到了一些生态问题等，还有一些缺水的地区也面临挑战。

另外，我们又推出了10个新兴技术，图中是2024年推出的十大新兴技术，顶尖的新兴技术这里列出了一些，大家都听说过人工智能，用于科学开发的人工智能，包括增强现实技术、沉浸式技术等。涉及传输集成传感的通信，以及碳捕获的技术等，这是我们认为的十大新兴技术。这十大新兴技术在人工智能和数字化转型方面发挥重要作用，对实现我们所说的"共同创造"具有重要意义。

我们要改变创新的文化，从线性转变为迭代型的发展方式，要协同起来，大家要携起手来合作，文化方式的变化从线性到迭代型，包括知识的创作者和知识的使用者应该协同合作，我指的不只是研究机构进行创新，还包括高校和研究机构。我们要考虑到知识转化的方面，找到更好的解决方案，技术的创造者和知识的用户应该是有效的、开放的创新机构，从这个角度而言，浦江创新论坛也提到了这个重要的话题。

如果总结我们从新冠疫情中获得了哪些经验教训，那就是下一个趋势是要和社会共同创造技术，这是一个很大的教训。创造者和使用者应该协同创新，不仅仅是创造者自己去想，用户也应该成为创新系统的一部分，我们想要形成这样的一个系统。所以作为机构而言，包括我所在的组织，我们正在推动世界工业技术研究组织在这方面进行一些尝试。

比如说我们和中国有很好的合作，我们的组织覆盖世界五大洲，这是在全球的布局情况，我们希望和各地共同来解决问题。2024年的11月13—15日，我们在中国的南京召开世界公益组织2024年年会，我也向大家发出邀请，希望通过大家的努力，能为社会、为世界找到一些问题合适的解决方案。我们讨论的不只是创新前沿技术，还要讨论它们可能带来的潜在影响，所以我们面临的条件和情况更具有挑战性，更为严苛，技术层面要做好准备，我们希望能够更好地协同。

谢谢各位！

量子计量基准前沿探索

方向　中国计量科学研究院院长

> 量子计量基准前沿探索为测量技术带来重要变革。测量是科学的基础，计量基准是测量的标尺，而颠覆性技术对极限测量提出了更高要求。2019年国际单位制的变革开启了全面量子化时代，奠定了突破传统测量极限的物理学基础。量子计量利用量子效应实现高分辨率和高灵敏度测量，与传统计量有本质区别。中国计量科学研究院在量子计量基准研究中取得了显著成果，如在秒、千克、开尔文等单位新定义中做出了贡献，并多次获得国家奖项。未来，量子计量将继续探索更高精度的测量基准，如单光子剂量基准、量子微波基准等，推动测量技术进入"量子计量2.0时代"，实现从微观到宏观的精准测量，为科学技术发展提供支撑。

非常荣幸有机会跟这么多"大咖"同台，今天我演讲的题目是《量子计量基准前沿探索》。

首先，我们知道测量是人类认识世界的重要手段，可以说没有测量就没有科学。所有的测量活动都离不开计量的基准和基本标尺，如果说测量是一个给没有量值的事物赋值的过程，那么计量基准就是赋值过程的一个标尺。我们说颠覆性技术对极限的测量提出了全新的要求，这要求我们在极端环境、极高分辨率和极致量程下面去追求极限的准确度，这就是对我们提出的挑战。

实际上，在2019年国际单位制发生了根本性的变革，单位制进行了重新定义，计量开启了全面量子化变革。量子化变革实现了无处不在、无时不有的最佳测量的可能性。量子计量的思想不是从现在开始的，100多年前，无论是麦克斯韦还是普朗克，他们都提出来用量子技术来实现精密测量这么一种构思。这一次单位制的变革，奠定了突破传统测量极限的一个物理学基础，也就是以光量子作为测量标尺的最小刻度，精确度量世界万物成为一种可能。从时空、物质、能量3个维度，通过单位制的演变，从它的导出单位和整个量的演绎，实际上就是基于基本物理常数和定义常数来实现时间量推导出其他任意量，真正地使量的统一成为一种可能性。

今天谈的是基准，我先讲两个概念，什么叫基准？测量的基准就是我们经常讲的原级标准，不必参考其他相同量的标准，这就是我们的基准。量子基准就是利用特定的量子效应来复现物理量单位量值的基准装置，单位当然是量的量化标准，这就是我们讲的单位。实际上，国际单位制的7个定义是全球一致的测量基准。

量子基准、量子计量和传统计量有什么区别？简单来看，其实传统计量就是对连续量的叠加，量子计量就是基于量子效应测量一个离散的量计数的方法。实际上就是利用相干叠加、量子纠缠、量子压缩这些技术，对物理参数进行突破经典测量极限的高分辨和高灵敏度的测量。举个例子，前面的Kurn教授已经谈到了包括精密的原子时，其实原子时就是一个很典型的表征，它是用基于铯-133原子超精细结构对应的微波频率定义的时钟，实际上2019年它的重新定义，就让所有的基本单位实现了所谓的常数化。例如，千克，千克的质量用什么表示呢？用光量子来看就是 $m=hv/C^2$，这次定义中，我们实际上用的是能量天平和电功率天平，简单地说就是用一个电天平通过把质量溯源到电学量，实现的溯源。电流也是通过数电子的电荷数来实现的。温度的定义是通过玻尔兹曼常数将热力学温度基准溯源到基本物理常数，用如量子噪声、声学温度计、介电常数和多普勒展宽等多种方式实现它的定义。

实现定义刚才前面说过了，我们这个定义在实现什么呢？就是要做到它的原级标准和基准，就是不依赖于其他的量来实现这么一个过程。同时，这些定义过程还产生最大效应，就是实现了从过去的逐级传递到零链条可分发计量标准，实现一个扁平化的传递。如果说在过去实现的是量子计量的1.0，现在进入量子计量2.0的时代，它就是突破量子极限逼近海森堡极限，这是我们追求的一个新目标。

前面提到铯原子光晶格钟，我们已经进入了 10^{-19} 量级，*Nature* 上最近发表了一篇文章，就是美国国家计量院叶博士的项目组，实现了原子合纵，原子合纵的探索我们称之为"终极的时钟"，看看它的数值已经实现了很高的准确测量，预计它的时间精度可以达到 10^{-21}。

实际上有了时间，我们现在再做集成电路的时候，要到 7 nm，测量极限要达到 0.7 nm。我们现在用激光波长进行定义的话，一个干涉条纹有多少？有 633 nm，其实我们要得到 0.7 nm 的准确度，已经违反了基本测量原理，又回到了我们一尺之棰可以连续可分的时代。在量子技术上面，我们用 X 射线精确比较，学习硅晶的常数，用硅晶的常数来符合测量原理，突破测量极限，因为一个硅晶的常数能够达到 0.1922 nm，这样我们进入了皮米时代。同时，摆在我们面前的是过去的欧姆定律，在量子时代欧姆定律还存不存在？我们有量子化的电子、量子化的电压，当我们量子化的电流也实现了以后，电学三角还存不存在？这是摆在我们面前的问题。还有用单光子剂量基准实现量子坎德拉的测量。

还有用磁调控实现量子微波基准，这都是未来在量子基准上对我们提出的挑战，特别是更高的温度和极低的温度如何来实现有效的测量，前提也是要建立符合测量原理的高准确度基准。前面说到千克的重新定义，其实在这次的定义中是不完美的，没有真正地实现从微观到宏观架起一座桥梁，如何在微观和宏观之间架起一座桥梁，我们构想了有这么多前沿的方法可以进行探索。其实，摆在我们面前最重要的就是这次单位制的重新定义，给我们开辟了测量的无限可能，如何来享受这个红利，就是要实现可分发、零链条的溯源，这里面也涉及一系列的前沿技术。

最主要的是可配置、可制造、可移动的计量基准级的器件，很像前面谈到的微系统。在整个量子化变革的过程中，中国计量科学研究院很早就开始布局，"九五"计划期间就开始布局了量子技术的计量基准、计量标准的研究，坚持有组织的计量基础研究和技术攻关，在科技部的支持下得到了一系列的成果，我们从"九五"计划、"十五"计划、"十一五"规划一直到现在没有间断，特别值得一提的是"十三五"规划期间，就是 2016—2020 年期间，在科技部的支持下，专门部署了量子计量基准的关键技术研究，这 9 个项目里有 6 个项目得到了国家级奖，其中有 4 项得到了国家科学技术进步奖一等奖，这是中国计量科学研究院的成果。同时，在这次单位制变革里，中国计量科学院自然而然地做出了独特的贡献，比如说秒定义，比如说下一阶段秒新定义（光钟），还有开尔文新定义，还有千克的新定义。

这些是我今天想要给大家汇报的全部内容，总结来说，从 2006 年到现在，中国计量科学研究院在应对单位制变革过程中，获得了 4 个国家科学技术进步奖一等奖，2 个国家科学技术进步奖二等奖，这里仅仅只是讲到量子计量方面。同时，美国国家标准与技术研究院（NIST）从 1999 年到现在 5 次获得诺贝尔奖，可以说计量、计量基准、单位制的重新定义、量子计量基准这个赛道有无限的广阔空间，它不仅仅能够为国民经济服务，也为测量带来全新的手段、颠覆性的测量技术，同时也是能够获得突破，实现最佳技术价值的一个很重要的途径。

谢谢大家！

共享创新 共塑未来：
构建科技创新开放环境
——2024 浦江创新论坛
（下册）

Sharing Innovation and Shaping the Future: Towards an Open Environment for Scientific and Technological Innovation
Pujiang Innovation Forum 2024

中国科学技术发展战略研究院 编

图书在版编目（CIP）数据

共享创新 共塑未来：构建科技创新开放环境：2024浦江创新论坛 = Sharing Innovation and Shaping the Future：Towards an Open Environment for Scientific and Technological Innovation——Pujiang Innovation Forum 2024. 下册 / 中国科学技术发展战略研究院编. -- 北京：科学技术文献出版社，2025.8.
ISBN 978-7-5235-2772-6
Ⅰ.F121-53
中国国家版本馆 CIP 数据核字第 2025SL2423 号

共享创新 共塑未来：构建科技创新开放环境——2024浦江创新论坛. 下册

策划编辑：牛欣硕　　责任编辑：李　晴　　责任校对：张永霞　　责任出版：张志平

出 版 者	科学技术文献出版社
地　　址	北京市复兴路15号　邮编　100038
出 版 部	（010）58882952，58882087（传真）
发 行 部	（010）58882868，58882870（传真）
官方网址	www.stdp.com.cn
发 行 者	科学技术文献出版社发行　全国各地新华书店经销
印 刷 者	北京厚诚则铭印刷科技有限公司
版　　次	2025年8月第1版　2025年8月第1次印刷
开　　本	787×1092　1/16
字　　数	882千
印　　张	44.25
书　　号	ISBN 978-7-5235-2772-6
定　　价	128.00元（上下册）

版权所有　违法必究

购买本社图书，凡字迹不清、缺页、倒页、脱页者，本社发行部负责调换

第11章

科技政策论坛：科技金融政策与实践专题论坛

1 论坛概况

科技政策论坛是浦江创新论坛多年来坚持的一个品牌活动，始终聚焦科技政策主题，以问题为导向，以国家战略需求为牵引，广泛邀请国内外专家学者开展对话，为构建系统完整的科技政策体系积极提供理论前瞻和决策建议。

金融是国民经济的血脉，科技金融则是科技创新的助推器，对于科技创新发展至关重要。党的二十届三中全会明确提出构建同科技创新相适应的科技金融体制，这受到科技界、金融界和产业界的广泛关注。

本次专题论坛围绕深入贯彻落实党的二十届三中全会和全国科技工作会议精神，聚焦科技金融的政策与实践主题，以投早、投小、投长期、投硬科技为导向，以构建同科技创新相适应的科技金融体制机制和政策环境为目标，促进科技界和金融界交流互动，推动科技创新与金融创新深入结合，做好科技金融这篇大文章。

2 嘉宾致辞

科技部副部长邱勇的致辞

邱勇 科技部副部长

深化科技资源配置机制改革，完善科技贷款推荐机制，加强财税政策引导，

> 带动更多金融资本进入科技创新领域。不断提高科技创新企业融资获得感，为高水平科技自立自强和科技强国建设贡献科技金融力量。

尊敬的王平副秘书长，各位来宾，女士们、先生们，大家上午好！很高兴与大家相聚在上海，相聚在浦江创新论坛，我们今天上午共商共议科技金融政策与实践。我代表科技部，向与会的各位嘉宾表示热烈欢迎。

我们知道，今年6月全国科技大会隆重召开。习近平总书记发表重要讲话，全面总结了党的十八大以来我国科技工作取得的历史性成就，深入分析了推进高水平科技自立自强面临的形势，深刻阐述了什么是科技强国、为什么要建设科技强国、怎样建设科技强国这一系列重大理论和实践问题，明确了我国科技事业发展的历史方位，确立了我国科技事业发展的战略目标，部署了我国科技事业发展的战略任务，为新时代新征程推动我国科技事业发展提供了根本遵循和行动指南。

实践证明，科技革命和产业变革源于科技创新、成于金融创新、兴于产业创新。习近平总书记指出："要做好科技金融这篇文章，引导金融资本投早、投小、投长期、投硬科技"。党的二十届三中全会提出："构建同科技创新相适应的科技金融体制，加强对国家重大科技任务和科技型中小企业的金融支持，完善长期资本投早、投小、投长期、投硬科技的支持政策。"我们要深刻领会党的二十届三中全会和全国科技大会对科技金融工作的部署和要求，以"十年磨一剑"的坚定决心和顽强意志，攻坚克难，齐心协力做好科技金融工作。

近年来，在党中央、国务院的坚强领导下，在科技管理部门、金融管理部门和金融机构的共同努力下，我国已初步形成具有中国特色的科技金融体系。科技金融顶层设计不断完善，科技金融政策日益完善，科技金融产品和服务持续创新，地方科技金融创新实践不断涌现。借此机会，我今天向大家简要报告一下这些工作的进展。

一是加强科技金融协同合作，不断优化政策环境。科技部与中国人民银行、金融监管总局、中国证监会等部门紧密合作，共同开展顶层设计和系统谋划，搭建科技金融发展的"四梁八柱"。近期，我们会同有关部门陆续出台一批政策措施，如中国人民银行牵头制定《关于扎实做好科技金融大文章的工作方案》，中国证监会发布《资本市场服务高水平科技自立自强行动方案》《关于深化科创板改革　服务科技创新和新质生产力发展的八条措施》，金融监管总局制定《关于银行业保险业做好金融"五篇大文章"的指导意见》等。

二是加强与金融机构战略合作，推动科技金融产品与服务创新。发布和推广《"创新积分制"工作指引》，为企业精准画像，将企业创新指标转化为银行业熟悉的"财务数据"，创新积分评价结果与科技创新再贷款和专项担保计划等联动实施。按照"一行一策"的原则，推动中国工商银行、中国银行设立科技金融中心，建立总行—分行—支行—

网（点）四级联动的特色专营体系。中国建设银行发布《科技型企业全要素数字化赋能体系》，为不同发展阶段的企业提供数字化、便捷化全生命周期特色金融服务。在中央政策引导下，截至 2024 年一季度，高技术制造业中长期贷款、科技型中小企业贷款、"专精特新"企业贷款分别同比增长 27.3%、20.4%、17.9%，明显高于其他贷款的增速；科技型中小企业获贷率达到 46.5%，较 2017 年末提升 2 倍。

三是支持创业投资做大做强，促进科技创新与金融资本紧密对接。会同国家发展改革委等部门推动创业投资高质量发展。会同商务部等部门支持境外机构投资境内科技型企业。推动中国银行围绕人工智能、量子科技、生物制造等领域，在北京、上海、粤港澳大湾区 3 个国际科技创新中心，以及成渝、西安、武汉 3 个区域科技创新中心设立 300 亿元科创协同母基金。推动中国建设银行设立"创业投资二级市场基金"（S 基金），拓宽退出渠道，丰富创投生态。中国证券投资基金业协会数据显示，截至 2024 年 5 月，我国存续的创业投资基金共 24 262 只，创业投资基金规模达 3.26 万亿元。政府引导基金目标规模自 2017 年末的 9.5 万亿元，增长至 2023 年的近 13 万亿元。

四是着力提升资本市场服务科技创新的能力。充分发挥资本市场支持科技创新的关键枢纽作用，配合中国证监会落实资本市场服务科技企业高水平发展的十六项措施，加强对科技型企业的培育和辅导，建立健全突破关键核心技术的科技领军企业上市融资、并购重组、债券发行"绿色通道"机制。强化科创板"硬科技"定位，执行科创属性评价标准，优先支持新产业、新业态、新技术领域突破关键核心技术的"硬科技"企业在科创板上市，适应新质生产力相关企业投入大、周期长、研发及商业化不确定性高等特点，支持具有关键核心技术、市场潜力大、科创属性突出的优质未盈利科技型企业在科创板上市，提升制度包容性。科创板开通 5 年来，上市企业数量从首批的 25 家增长至如今的 575 家，上市增速高于主板市场，总市值达 5.19 万亿元，首次公开募股（IPO）募资总额累计 9108 亿元，"硬科技"企业占比近 89%。

五是推动科技保险发展，为科技创新提供风险保障。金融监管总局明确了科技保险定义，建立了科技保险统计体系。支持引导保险公司健全涵盖科技型企业全生命周期的保险产品体系，发展研发费用损失保险、产品研发责任保险、知识产权侵权责任保险、首台（套）重大技术装备保险、新材料首批次应用保险、软件首版次保险等新型险种，为从"实验室"到"生产线"的一系列科技活动提供一揽子保险服务。据中国保险行业协会数据，2023 年，我国科技活动主体保险业务数量 3.8 亿件，赔款 138 亿元；首台（套）、新材料保险补偿机制为全国各类重大技术装备和重点新材料首批次应用提供了近万亿元的保险保障；集成电路共保体（共同保险保障联合体）共计 24 家集成电路企业提供保险保障约 1.34 万亿元。

女士们、先生们，科技创新离不开金融的活水。我们在加快构建与科技创新相适应的科技金融体制机制方面仍然任重道远，还有很多工作要做。

一是科技金融政策需要持续完善，为金融机构和地方进一步打开政策空间。

二是金融供给与科技创新需求的匹配度还不够高，金融识别科技风险、进行风险定价能力还需进一步提高。

三是对国家重大科技任务的金融支持方式还需大力探索。

四是服务科技领军企业和科技型中小企业的金融工具产品不够丰富等。

我们将充分发挥部门合作和机构联动的优势，推动已经出台的政策落实落地，尽快出台包括科技保险、区域性股权市场、债券市场支持科技创新的政策文件和试点措施。深化科技资源配置机制改革，完善科技贷款推荐机制，加强财税政策引导，带动更多金融资本进入科技创新领域。不断提高科技创新企业融资获得感，为高水平科技自立自强和科技强国建设贡献科技金融力量。

最后，希望各位来宾在论坛期间深入交流、凝聚共识，积极为科技金融发展建言献策，共创科技金融的美好未来！预祝本次论坛取得圆满成功！

谢谢大家！

上海市政府副秘书长王平的致辞

王平　上海市政府副秘书长

> 上海将继续发挥金融改革试验田的作用，更好地为国家试制度、测压力、探新路，希望国家部委能一如既往支持上海的先行先试！

尊敬的邱部长、解司长，各位领导、各位来宾，女士们、先生们，朋友们，大家上午好！很高兴参加2024浦江创新论坛的科技政策论坛，与大家一起探讨科技金融的政策与实践。

首先，我代表上海市政府对本次论坛的举办表示热烈祝贺，特别是要向长期以来关心支持上海国际科创中心和国际金融中心建设的科技部领导和社会各界人士表示衷心感谢！

科技政策是科技创新活动的重要支撑，金融是科技和产业之间的桥梁和纽带，可以说构建同科技创新相适应的科技金融体制，完善长期资本投早、投小、投长期、投硬科技，是推动高水平科技自立自强的非常关键因素。

近年来，上海着力推动国际科创中心和国际金融中心双向赋能、联动发展，促进科技创新与金融创新深度融合。今年以来，我们不断强化科技金融的支撑力，设立总规模1000亿元的三大产业母基金和未来产业基金。截至今年6月底，全市科技型企业贷款存量户数为13.7万家，贷款余额达到1.24万亿元。我们深入实施"浦江之光"行动，科创板上市企业累计达92家，总市值排名居全国首位。上海作为改革开放的"排头兵"、创新发展的先行者，正依托金融市场完备、金融机构集聚等优势，构建覆盖全市的科技金融服务网络。

一是聚焦全链条支撑。上海将完善科技金融政策的服务矩阵，发挥多层次资本市场作用，强化"募投管退"全链条的支撑，加强保险对"卡脖子"技术攻关和创新产品研发的托底保障，形成覆盖科技企业研发、生产等各个环节的保障机制。

二是聚焦全要素集聚。上海将瞄准前沿技术和未来产业领域，用好三大产业的母基金和未来产业基金。引导社会资本协同加强产业链的补链、固链和强链，促进全球顶尖机构、人才、资本、技术等创新要素在沪集聚。

三是聚焦全过程创新。上海将促进科技、产业、金融高水平循环，撬动和引导更多耐心资本、长期资本投早、投小、投硬科技，为初创企业和团队提供良好的资金支持，进一步打造良好的科技金融生态。

下一步，上海将继续发挥金融改革试验田的作用，更好地为国家试制度、测压力、探新路，希望国家部委能一如既往支持上海的先行先试。

今天，国内外的科学家、企业家和投资人齐聚一堂，期待大家围绕论坛主题集思广益、畅所欲言，为上海加快国际科创中心和国际金融中心建设建言献策。上海将一如既往营造良好环境、持续优化政策举措，推动科技创新和金融创新深度融合迈上新台阶。

最后，预祝本次论坛取得圆满成功，谢谢大家！

3 嘉宾演讲实录

完善金融支持科技创新体系　推进上海国际科创中心建设

王长元　中国人民银行上海总部货币信贷调研部副主任

> 深入开展科技金融服务能力提升的专项行动，构建完善上海科技金融工作有效机制，推动上海国际金融中心和国际科创中心联动发展。

尊敬的邱勇副部长、王平副秘书长，各位嘉宾，女士们、先生们，大家上午好！非常荣幸受邀参加第十七届浦江创新论坛科技政策专题论坛。根据会议安排，下面我就完善金融支持科技创新体系、做好科技金融这篇大文章，与大家作一个交流。

习近平总书记多次强调，"坚持创新在我国现代化建设全局中的核心地位"。去年10月召开的中央金融工作会议明确提出，"做好以科技金融为首的五篇大文章"。党的二十届三中全会进一步明确，要构建同科技创新相适应的科技金融体制。今天，我们在这里举办以"做好科技金融大文章"为主题的论坛，应该说是恰逢其时。

服务实体经济是金融的立业之本，推动经济高质量发展离不开科技创新，颠覆性科技创新往往会为经济带来爆发式增长。在科技创新活动当中，如何最大限度发挥金融的支持作用，是科技金融这篇大文章的题眼。

科技创新与金融支持结合，为什么有些特别的地方？这与科技创新活动的自身特点高度相关。科技创新活动最大特点就是高风险、高收益，这就对金融供给的适配性提出较大挑战。挑战还是有很多的，但我想主要有以下3个方面。

第一，金融供给如何适配科技创新活动的高度不确定性，我觉得这是一个挑战。在我们这样以间接融资为主的金融体系中，间接融资决策主要根据过去和确定性来进行。比如我们对企业进行融资的时候，更多看重企业的过去表现。根据过去表现，我们来测算它未来的收益，然后进行融资决策。对于科技创新活动，特别是与一般企业相比，科技型企业未来是不确定的。如何为未来的不确定性融资，我觉得这是科技金融首先要破解的难题，否则谁会为不确定性进行融资？

第二，如何分配科技创新中的高风险和高收益。科技创新失败率比较高，但是成功的收益也非常大。大家经常讲的1和99的故事，100家企业，可能99家都失败，但是一家成功企业带来对实体经济的增长，获得的收益要大过99家失败企业。金融恰恰强调风险和收益对等，这是金融活动的一条基本规律。

做好科技金融这篇大文章，我想要对高风险要有很好的分摊机制。高收益要有很好的共享机制。特别是现在难度比较大，对于单个金融机构而言，就像科技型企业在进行融资时，它所面临的高风险就需要有高收益补偿机制，要建立这么一个机制，这是第二个挑战。

第三，科技创新对金融人才的要求更高。现代科技前沿有很多赛道，不同赛道又有很多细分领域。不同领域有不同的技术路径，不同的技术路径还有很多不同的工艺，这些技术细节和工艺都是我们成功的关键。

现在有一个很有意思的现象，做金融的要懂科技，我听说有些做投行的都要去看《科学》期刊。这个与20多年前不太一样，20多年前很多学理科、学工科的都是往金融领域跳，现在形势正在改变，很多学金融的反而要去钻研科技的东西。他不仅要懂科技，还要懂得预判科技的市场前景，这对金融从业人员的素质提出了更高要求。

面对这些挑战，中国人民银行这几年来也在积极探索。前面邱部长介绍了，中国人民银行牵头制定了一系列支持科技企业发展的文件，这些文件名字很有意思，如《加大力度支持科技型企业融资的行动方案》《关于做好科技金融大文章的工作方案》，这都是一些很实际的举措，都是以实施方案和工作方案为标题。

中国人民银行推动设立科技金融创新试验区。2022年，上海、南京、杭州、合肥、嘉兴等5个城市成为科创金融改革的试验区。

中国人民银行设立了一系列结构性货币政策工具，结构性货币政策工具就是通过央行货币政策工具，把更多金融资源导入科技创新当中。中国人民银行上海总部积极落实总行和上海市委、市政府的工作要求，也与其他部门一道，不断完善相关工作机制，出台多项政策举措，综合施策，共同推动科技金融发展。

科技企业融资需要大家共同努力。围绕前面讲的挑战，我们与主要金融机构建立了"五篇大文章"协同推进机制。我们积极整合信贷、债券、股权、保险等各类金融资源，促进各类金融机构衔接合作。

去年10月，中国人民银行上海总部推动设立上海科创金融联盟。这个联盟有一个特色，我们把全辖区内近百家大型银行、证券、保险和股权投资机构作为会员单位，以服务培育初创期、成长期科创企业为主导，把大家的力量汇聚在一起，形成优势互补，深化银行、债券、投资、担保等各业合作。

今年，我们联盟发布了《三年行动计划》。我们计划在未来3年之内，通过股权、贷款、债券、保险等渠道，累计投资2万亿元，促进上海新质生产力发展。最近，大家也看到，我们推出"点心贷"产品，这是五家大的银行和机构合作的成果。所谓的"点心贷"，就是作为点心大家都吃一点，都出一点力，大家在风险上面多分担一点，收益共享，这就是我刚才讲的如何分配高风险、高收益。

另外，在总行的大力支持下，去年7月，中国人民银行上海总部创新推出沪科专贷、沪科专贴，即科创专项再贷款和再贴现这两个产品，精准支持小微、民营类科创企业。这2项政策出台以后，企业和机构反响非常积极。今年1—7月，我们累计发放沪科专贷、专贴专项资金近300亿元，惠及科创企业4300余家，其中，高新技术企业占到9成。同时，我们积极推进科技型中小企业跨境融资便利化试点。我们把合格境外有限合伙人试点由临港新片区推进到全市，以更好利用国内国际两种资源。

下一步，中国人民银行上海总部将深入贯彻党的二十届三中全会精神，加强同各部门协同合作。深入开展科技金融服务能力提升的专项行动，构建完善上海科技金融工作有效机制，推动上海国际金融中心和国际科创中心联动发展。

最后，预祝本次论坛取得圆满成功，谢谢大家！

为欧盟及荷兰清洁能源与原材料转型提供资金支持

Karlo van Dam　荷兰气候政策与绿色增长部工业可持续发展处长

> 回顾过去，展望未来，我们非常有信心，也愿意与中国携手并进。中国设定了雄心勃勃的目标，包括绿色能源生产目标，我们也如此，中国的成功也令世界瞩目。

尊敬的邱勇副部长、王平副秘书长，女士们、先生们，大家早上好！今天，我非常荣幸能够参加上海浦江创新论坛。在接下来的20分钟之内，我尽量详细地给大家介绍一下荷兰的相关政策，主要介绍一下清洁政策和能源转型方面的工作。

首先介绍一下我本人的情况，我叫Karlo van Dam，在荷兰气候政策和绿色增长部工作。我所在的部门非常关注能源转型，大家可以看到，我们国家位于欧洲的西北部，可以说面积比较小，与中国比起来小了很多，中国可能比荷兰要大230倍。

实际上，我们荷兰也是世界上人口非常稠密的国家，是人口最稠密的国家之一。荷兰人口没有上海这么多，可能只有上海一半多。我今天会介绍3个部分。首先，我要介绍一下我们与中国之间的关系，然后我会探讨一下相关政策组合，最后探讨一下关于创新的内容。

就像我刚才讲过的一样，昨天我们一共有30个人来到这里，包括来自政府、大学、企业的人，我们三方是合作关系。大家知道，荷兰非常重视与企业的合作，这是一个实现新政策的最佳方式。

大家可以看到，在这上面我已经列出3个不同主题，包括循环利用、生物基材料、碳捕捉利用。实际上，这3个都是化石燃料的替代品。例如，我们需要对化工行业进行改造。可以说在这方面我们与中国有很多共同点，因为中国是最大的化工产品生产国、消费国。荷兰化工产品规模也非常大，可以说中国与荷兰在可持续发展和技术发展方面，有很多共同之处，我们有巨大的合作机会。

在这一页上面可以看到，这是我们代表团的情况。我们有很多合作伙伴，包括公司合作伙伴，我们可以与之建立长期合作伙伴关系。在中荷合作中，我们可以再接再厉。图片上也显示了不同的会议，包括中国科技部在北京举办的中荷科技合作磋商会议，中方科技部领导与荷方主席均出席了会议。除此之外，还有荷兰政府与中国其他机构的合作，包括与华东师范大学的合作等。

自1954年以来，中荷双方密切合作，荷兰是欧洲对中国商品的最大进口国。这是2023年的数据，欧盟对华投资也很高。中荷之间联系密切，荷兰原来有900多家公司在中国上海进行投资，现在已经超过1000家，非常活跃。荷兰也是开放经济和绿色政策的推出者，而且有优势的物流，荷兰是通往欧洲的门户。

毫无疑问，工业是荷兰和欧盟重要的部门。工业占荷兰国内生产总值的11%，工业增加值会达到1000亿欧元。能源密集型产业增加值占42%，荷兰工业的能源消耗也是比较多的，占比达到45%。当然，钢铁行业等其他行业也是岗位的主要提供者，至少提供10%的岗位。

我们再看一下整个荷兰各方面的表现，这是排名和统计数据方面的表现。大家可以看到，在很多指数和很多排名当中，荷兰表现都非常抢眼。从这个角度而言，荷兰有很强的创新精神，我们非常关注创新，我们也为此感到自豪。

回顾过去，展望未来，我们非常有信心，我们也愿意与中国携手并进。中国设定了雄心勃勃的目标，包括绿色能源生产目标，我们也如此，中国的成功也令世界瞩目。如果谈到欧洲政策和荷兰政策，就会涉及能耗和整个化学行业方面的转型，毫无疑问，化学行业也是荷兰的主要行业，在此行业，企业正在走向绿色化。

我们的目标是希望这些大的企业能够一马当先，成为绿色行业的领导者。大家看一下，我们推出了"2050荷兰循环经济目标"。2019年，荷兰就通过了《国家气候协议》。在过去五年间，我们有很多地方政策和目标设定。这里面显示的是国家目标，如到2030年，我们二氧化碳减排55%～60%。到2022年，我们要实现图中这个目标。我们将目标划分给各个部门，然后形成部门目标，包括工业、产业，目标排放从5400万吨减少到2900万吨。

与1996年的数据对比来看，荷兰已经实现了50%目标。到2050年荷兰将发展成循环经济体，欧盟的目标是到2030年将再生材料在其经济中的占比提高1倍，所以这也是荷兰在可持续发展和循环利用方面的目标。

我们前面轻松的部分已经完成，接下来的另一半更为困难和更具挑战性。这里面显示的是二氧化碳定价，如右上图所示，贸易市场上每吨二氧化碳价格，这个形式很清楚。在碳定价方面，大部分地区已经设计了这样的模式，中国也位于其中。欧盟的碳价是比较高的，现在大约是75欧元/吨。

从这个目标来看，我们已完成这样一些转型。这里面有CCUS技术，还有其他的技术。大家看一下，这里面包括碳捕获、封存技术，也包括效率测评等其他层面。我们其实面临很多挑战，正在向很多雄心勃勃目标迈进。大家也知道，化学工业是很重要的。化学是全球经济的基石，对于所有商品制造工业部门都至关重要。另外，化工行业生产了很多推动现代行业发展的材料，如电视、智能手机需要光引发剂和紫外线吸收剂等化学品；如果没有化学产品供应，农作物产量就会因缺乏杀虫剂和化肥而下降；如果没有化学品包装材料，食物就会更容易腐烂；如果没有现代的隔热材料，加热成本将会大幅升高；如果没有半导体专用化学品，电子设备就不会存在；如果没有现代化的洗涤剂，我们个人护理和卫生水平将会大大下降。

再看一下即将到来的政策，这里面是我们雄心勃勃的目标，即建立清洁的交通系统。我们选择了不同政策取向，想要推进更好的绿色化等。

如果谈到荷兰的政策指南，大家可以看一下，我们需要什么？我们需要融资和绿色的税收激励政策。尤其是绿色的融资，我们有很多成功案例。如果谈到融资这部分，大家可以看一下税收的激励政策，包括种子资金、风险资本、股权投资等。创新是我们最大的优势之一，只有通过创新、定向研究，通过技术创新才能向前推进。另外，还有市场监管，欧盟有共同的市场，荷兰试图与欧盟一起建立这样的市场。现在有很多基金正在投资这方面，包括保护荷兰内部市场，以及促进欧盟共同市场的发展。还有投资银行或者其他基金也进入到绿色行业，我们也获得了很多社会支持，包括养老金等其他层面的资金渠道。

请大家看一下，我们为转型提供了各种各样的资金，包括荷兰合作银行的资金，估计在引导上每投入1亿欧元，最终将产生6亿欧元的收益。在2019年的《气候协议》当中，我们计划成立大型气候基金会，其规模为350亿欧元。这350亿欧元可以分为不同的投资方向，这里面谈到的350亿欧元气候基金启动于2023年，包括支持早期创新型企业、可持续建筑物环境、核能源基础设施、可持续工业和创新型中小企业，还有脱碳气体发电站等，这是关于融资方面的计划。

另外一个重点是创新，我们的创新技术是按照主要优势来确定优先排序的。例如，有通用研发机构，还有专用研发机构。我们确定优先顺序，主要是根据国家优势来选择这些解决方案。优先排序考虑因素包括社会与任务的关键点，新技术的市场和未来等，我们也考虑未来的技术。另外，公司伙伴关系也很重要，我前面也谈到了与公司的合作伙伴关系。

荷兰推动政府、企业和知识机构共同参与，打造庞大的行业生态系统。另外，我们以使命为驱动来进行政策创新，使命就是创新目标，通过共同努力，使它在经济和社会层面产生影响。我们还启动了技术遴选，形成一些共识，这里面有几个不同的团队，能源可持续就是其中之一。我们遴选了多个重点支持技术领域，包括光学系统、集成光子学、量子技术、工艺技术、生物分子、细胞技术、成像技术、光机电一体化、人工智能、数据科学、能源材料、半导体和网络安全等。

还有13个优先发展的科技领域，即着眼于未来的方向，包括半导体、量子应用、创新药物、创新食品、绿色专用化学品、绿色制造业、通信感知系统、医疗技术、造船、绿色重型交通、软件、数字平台，以及水管理等。

另外，与可持续发展相关的技术市场也得到了很好的培育。我们推出了"可持续发展创新计划"，其中，15亿欧元用于清洁技术创新和升级，我们有国家级生物领域项目，产品包括循环塑料、绿色氢气、循环电池、太阳能和光伏、CCUS、金属回收利用，以及用于智能管理的技术等。大家看这里，15亿欧元当中，8亿欧元用于绿色氢气，2亿欧元用于塑料，3亿欧元用于生物制化学品，2亿欧元用于材料循环、电池等。我们还有市场参与，在这方面除了政府基金，还引入非政府资金，包括私营部门的资金，共同推进经济发展。

谈到市场监管和市场条件，在欧盟层面，我们希望形成一个共同的内部市场，这是欧盟想要做的。在欧洲，我们有清洁技术和原材料技术，欧盟委员会最近也推出了《绿色协议实施法案》。根据这个法案，将更好建设能源基础设施。

这里面涉及很多具体执行的详细政策，因为时间有限，不能把这些细节都跟大家分享。重要的几点有：第一，二氧化碳部分（ETC、CTS）；第二，很多政策支持可再生能源的创新和升级，到目前为止，这个项目还是比较成功的；第三，我们要保护欧洲市场，保护碳边界项目。我们希望能够更好地促进欧洲在这方面的发展，这是关于执行层面，当然还有不同的执行阶段。

在欧洲层面，我们呼吁制定可持续碳政策的方案，涉及不同的行业，我们把它叫作可持续性碳政策。同时推出一些联合声明，涉及不同的部门和国家，包括法国等其他国家。我们的目标是要从欧洲角度通过这样的倡议，尤其是要将化工行业作为起点。这是我们荷兰的国务大臣，我们推出了"一揽子"倡议，下一任欧盟委员会将会进一步行动。

关于欧洲的另外一个话题，我们把它叫作《安特卫普宣言》。2024年2月20日，世界工艺顶级展在安特卫普举行，并发布这个宣言，当时这个宣言叫作《欧洲工业倡议》，后来也被称为《安特卫普宣言》。我们的目标是，在政策层面就欧洲工业发展达成协议，这是一项针对整个欧洲的绿色协议，我们对它进行了修订。该协议涉及很多方面，包括对零碳和低碳循环产品的需求，开拓和改善内部市场，让创新框架更加符合新的立法精神等。

最后，我总结以下要点。

第一，我们现在确定了非常高的目标（雄心勃勃的目标），需要相关政策、相关补贴来实现这个目标。

第二，研发方面，大家知道在此过程之中，创新是关键。在创新方面有很多内容，我们还需要探索，并且有很多工作要做，荷兰相关部门现在正在做的就是与公司合作。很多地方还可以向中国学习，我们不一定要说太多，而是需要多做，很多地方需要进行转换。

大家知道，我们在这方面所做的一切，都必须要有相关行业政策和政府政策做支撑，这与我们所做的事情应该是一起进行的。我认为，接下来中国与荷兰彼此有很多地方可以相互学习与开展合作。讲到这儿，我的演讲就结束了，感谢各位的倾听！

科技金融的几个新趋势

赵昌文　中山大学国家发展研究院院长、讲席教授

> 对中国科技金融来说，非常态下要解决什么问题？我提出一个新概念，叫"融资中性"。也就是说，只要它有足够好的信用记录，只要它的科技创新活动是好的，就应该给它钱，不管它是什么样的企业。

尊敬的邱勇副部长、王平副秘书长，各位早上好！感谢会议的邀请。我按照会议安排，就科技金融发展新趋势跟大家做交流。

现在我们看到，科技金融经过这些年的发展，确实出现了不少新趋势，所以我用了几个新趋势来表示。因为只有15分钟时间，所以我就讲3个新趋势。以后如有更多时间，我们就讲第4个、第5个新趋势。

趋势一：公司化（CVC）

第一个新趋势是公司化，所谓的公司化趋势，也就是说现在越来越多的公司，特别是大公司，尤其是跨国公司、高技术跨国公司，它们比过去更加重视科技金融工作。尽管这些公司也许并没有科技金融理念，但是它们实际上在做着我们认为是科技金融应该做的工作。

我们看到很多行业的大公司专门成立了科技金融部门，在中国叫科技金融事业部，有很多相关的机构。在国外的大公司，专门成立创业投资或者风险投资部门，我想这是一个非常值得关注的趋势。

刚才我们看到的新能源，像荷兰卡洛·范·达姆先生讲到的绿色技术、清洁能源领域，其实还有生物医药领域都能看到这样的趋势。

我这里举一个例子，生物医药领域科技金融公司化趋势明星。大家能够看到，生物医药实际上由不同环节构成，有原创性药物研究与开发，也有中间环节，最后要做临床试验，最后是市场化、商业化。在过去这些环节都分别由不同部门来做，如大学、科研机构、中介机构，还有专门做临床试验的机构，最后是商业化、产业化的环节。

现在有一个非常重要的现象，越来越多的公司把更多注意力集中在临床试验或者商业化、产业化环节，这是过去10年非常显著的变化。大家看看10年前与今天，在生物医药领域的变化，我觉得这个趋势是非常明显的，新能源领域、新材料领域等很多领域都有这个变化。这个变化背后的逻辑是什么？就是专业的人做专业的事，我觉得这是分工的结果，是好现象。过去我们做风险投资，某种意义上也是专业的人做专业的事。比如说大学教授、科研机构有好的创新成果，实验室里面做完中试，与风险投资家进行谈判合作，最后形成风险共担、收益共享的利益共同体。

这种机制原本是好的，但是这种机制有一个很重要的问题。因为成果拥有者不太清楚下面的机构，也许下面有很多机构。它最大的问题就是外部机构，科技成果的创新创业者和风险投资者之间始终是合作关系。也许有些合作是很好的，我们的确也看到了很多好的合作，其实也有很多合作是不好的，比如科技创新的发明者不讲诚信，或者他的知识产权认识理念不先进等。比如有人用1.0成果与这个机构合作，用2.0成果与另外一家机构合作，这种事情很难从法律上追究他的责任，而更多是道德上的责任。现在越来越多的机构开始专注于做科技创新的投资，这是一个很好的变化，这是第一个趋势。

趋势二：平台化

平台化趋势最主要的特点是什么？我们这个时代越来越平台化，科技金融领域出现的平台也与这个时代大趋势直接相关。所谓时代的平台化，也就是我们过去企业模式是一种"管道型"模式,企业筹集生产和发展所需要的人财物资源,在企业内部进行生产,生产出来的产品拉出去销售,然后获得收入,扣除成本以后就是企业的利润,利润可以再增加投资,也可以进行分配,这是传统的"管道型企业发展"模式。

平台企业模式,除了刚才说的"管道模式",它还多了一个连接性。所谓的连接性是指左边和右边都可以连接外部资源。例如,左边连接的是生产者,右边连接的是消费者,甚至连接的是产销者(Consumer)。这种生产者、消费者,使得这个平台成为我们今天这个时代一个很重要的经济特点。所以大家现在可以看到,在福布斯全球排名前10位的全是平台公司。20年前,全是金融机构;再往前20年(20世纪80年代),全是大的能源、矿业巨头,这就是时代的特点。

平台化给科技金融带来了什么样的变化?这其实是很值得思考的。平台既是企业,也是市场。我们过去讲企业就是企业,市场就是市场,这两者之间是没有太多可替代性的。当然,搞制度经济学的科斯说,市场与企业之间是可以替代的,关键取决于交易费用。如果交易费用高的话,企业就可以将市场交易的行为内化到企业内部,从而实现企业内部的市场,这也是没错的,但是今天的平台远超科斯理论所能解释的范围。

越来越多企业的价值创造或者利润模式,不再取决于企业内部的人财物资源,而是取决于企业外部的连接性。当这种情况发生的时候,你说促进科技创新活动的金融能不创新吗?你还按照传统企业去看它的资产负债表、"财务三张表"?像中国人民银行王主任讲的,看它过去历史记录,哪里能够找到可信的重要价值信息呢?我觉得这是非常重要的变化趋势,从而也决定了今天科技金融活动必须适应平台化转型,这是第二个方面。

趋势三:非常态化

第三个新趋势叫非常态化,刚才大家讲了很多科技金融的事,在我看来都是常态化的事。所谓的常态化,就是岁月静好,该做什么做什么,该贷款的贷款,该投资的投资,该赚钱的赚钱。我们今天这个时代除了刚才说的那两个趋势之外,还有一个很重要的趋势就是非常态化。

我国从中央角度提出统筹发展与安全,哪里只是中国更加重视安全?现在世界发生了很多复杂深刻变化,特别是新冠之后,每一个国家都把产业链安全、供应链安全、科技安全、经济安全,甚至国家安全放到了更加重要的地位。在这样的背景下,科技创新活动、科技金融自然也有新的变化。我把这种情况下的科技金融分成两种:一种叫常态,一种叫非常态。

对中国科技金融来说,非常态下要解决什么问题?我提出一个新概念,叫"融资中性"。也就是说,只要它有足够好的信用记录,只要它的科技创新活动是好的,就应该给它钱,不管它是什么样的企业。

我们看过去这些年,中国的股票市场从某种意义上说已经实现了融资中性。你看上市公司,尤其是创业板、科创板,80%以上的上市公司都是制造型企业,都是科技创新活动相对更好的企业，且都是民营企业，在这个意义上，说明中国科技金融的理念还是足够先进的。当然，我们还需要进一步提升。

这两种模式最大的区别是什么？就是有没有时间限制？我刚才提到了"岁月静好"这个词。当岁月静好，没有时间约束，你可以做两年、三年、五年、十年，直到做出你想做的顶天立地的创新成果。但是时不我待的时候，当我们必须加快解决关键核心技术"卡脖子"问题的时候，哪里有什么岁月静好，这就是非常态。

我不是想把这个问题说成只有非常态，我后面总结的时候也还会说。我们今天面对的主要矛盾是解决非常态下关键核心技术"卡脖子"的问题，科技金融当然要去适应这样的战略任务和战略要求。

这是我自己做的研究，大家可以看左边这张图和右边那张图。当外部约束产生的时候，无论是"小院高墙"还是"脱钩断链"，对后发追赶性国家来说，其实没有第二个选择。只有一个选择，那就是发愤图强，尽快解决高水平科技自立自强的问题。基于这样的情况，科技金融也要尽快适应高水平科技自立自强的需要，而不是像曾经习惯的那样。

我十几年前就做科技金融，那个时候与现在真是紧迫性远不相同。我觉得非常态下的科技金融，某种意义上讲就是社会主义市场经济条件下的新型举国体制的金融安排，我理解成是非常态。它不是科技金融的全部，但是它是当前的主要矛盾，这是我特别想要说的。要用金融来换时间，要用金融来补短板，要用金融来拓市场。我们要支持创新活动，通过金融支持给它不断应用的机会，我们其实有很多好的科技成果，过去原本就有，只不过它应用的机会少。用的机会少，它怎么可能越来越好？不用，它就不可能去迭代升级。

过去无论是设备，还是软件，或者是硬件，我们都希望它们是全球最顶尖的技术和最好的产品。如果是这种理念，当然中国做的不可能都是最好的。如果不是最好的，它就不可能得到用的机会。如果得不到用的机会，它就不可能越来越好。科技金融作为非常态下的金融工具，首先要把这件事情作为重点之一，也就是现有科技成果获得更多机会应用的问题，我已经写过多篇这方面的报告。我曾经在国务院发展研究中心工作过15年，写过不少相关报告，要把科技成果用好，这是一个非常重要的方面。

过去两三年、三五年大家看到，当有些技术我们买不来，当有些技术不得不靠我们自己研发的时候，我们不是同样也进步了吗？有的时候"卡脖子"当然有不好的一面，使得我们在某一段时间内、在某些先进技术方面，甚至在市场方面受到影响。它好的方面是，当我们没有选择的时候，所有选择都是最好的。

非常态下的科技金融有一些基本特征：第一，它不能"撒胡椒面"，"撒胡椒面"哪能叫非常态下的科技金融，一定要有规模性。比如说像大基金那样的，小打小闹是解决不了大问题的，那是常态下的，那是岁月静好时的。第二，要与特定产业相结合，还要体现国家的政策意图。当然，还要靠市场机制，不能说非常态了，就不讲效率、不讲效益、不计成本，那不叫非常态。

由此，按照这样的标准，我觉得这几个方面应该是非常态下科技金融工具的首选。

一是政府产业投资基金。二是超长期特别国债。大家知道，从去年开始国家发行超长期特别国债，科技创新活动毫无疑问是其中一个重要方面。三是"卡脖子"产品保险。四是大银行特色部门。

因为今天时间有限，每个方面我都不能展开，我只是提出来。至少这4个方面满足刚才说的非常态下科技金融的基本特点，也可能还有第5个、第6个方面。

我稍微总结一下这3个新趋势。第一个新趋势，公司化。越来越多公司开始从事科技金融活动。过去也有，只不过今天越来越多，原因是显而易见的。刚才有位嘉宾讲，金融家要懂科学，现在金融家也要学科学。

第二，平台化。外部链接越来越重要，但我从来没有否定过平台公司自身人财物的重要性，毕竟内部资源是基础。

第三，非常态化。非常态下科技金融是当前主要矛盾，但是我也没有否定大家该做什么做什么。非常态下是主要矛盾，但是我也没有否定常态下科技金融活动的重要性，这个也很重要。某种意义上讲，既要看到当前新的发展趋势、新的变化，从而适应这样的变化，同时也要"两手抓""两手都要硬"。

谢谢大家！

上海科技金融的政策与实践

陈海鹏　上海市科学学研究所副所长

> 我们回顾历史上的几次工业革命可以看到，科技创新和金融创新在发展过程中是相互纠缠、相互促进的，共同引发、加速革命。当前，不仅科技研发组织模式在变化，科技金融产品和科技金融支持方式也在不断演进创新。

尊敬的邱部长、王秘书长，上午好！今天很荣幸向各位专家、各位领导报告上海科技金融政策和实践。我的报告主要包括3个部分，首先介绍科技金融发展的基本情况。

一、科技金融发展的基本情况

上海"五个中心"建设几乎人人皆知。在"五个中心"当中既有科创中心，又有金融中心，这两个中心的关系尤为密切。

一方面科创中心为金融中心提供了新的增长点和投资机会；另一方面，金融中心也为科创中心提供了必要资金支持和金融服务。在多年实践过程中，两个中心均非常关注成果转化及科技型中小企业成长。这个交集在我们实践过程中，相互促进、相互赋能，共同推进上海向具有世界影响力的社会主义现代化国际大都市迈进。

经过多年发展，在这个过程中，我们逐步形成了政府引导、市场主导、金融要素协同、覆盖创新全链条的科技金融体系。

首先，科技信贷作用突出。上海市在科技信贷探索方面起步比较早，2010年前后，我们开始推进科技信贷产品，随后又陆续推出科技"小巨人"信贷等多项产品。截至2023年末，我们的科技企业贷款户接近3万户，贷款余额突破万亿元，达到了10 486亿元。

另一方面，科技保险探索也起步很早。上海较早推出覆盖科技研发类、科技成果市场转化类、科技成果市场应用类科技保险创新产品。到2023年，为各类创新活动提供的风险担保金额超过5389亿元。

股权投资方面。上海私募股权投资和政府股权投资探索都比较早。尤其是上海科技投资公司，是国内最早成立的地方性风险投资公司，早在1992年就成立了。1999年又成立上海创业投资公司；2010年、2014年先后设立创业投资引导基金、天使投资引导基金。截至2023年末，上海私募股权创业投资基金管理人数达1700多家，仅次于北京，位列全国第二。

我们比较可喜的一点是，经过疫情的反复，2023年股权投资达到1234起，投资金额2472亿元，投资金额和规模位居国内领先水平。

发挥市场接续作用。截至2023年底，上海市有上市企业469家，其中科创板上市企业89家，科创板上市企业市值排名居全国第一位。为了助力股权退出和市场接续，设立私募股权和创业投资份额转让平台，该平台已经累计成交200多亿元。还特别成立S基金联盟，进一步提升私募市场灵活性，有效延长基金的生命周期，避免过早的清算。

这些年的探索，总的来说有3个方面的经验。

第一，政府积极搭台，努力打通科技与金融的通道。最早在科技型企业识别过程中，从贷款角度、银行角度，因科技型中小企业资产轻、融资难的特点，银行很难识别和判断其前景和风险。在这个过程中，政府主动踏前一步，通过有效手段进行专业化识别，适度为企业背书，构建政府、银行、担保公司、保险公司共担风险的模式，推出系列新产品，累计服务大量企业。

第二，投早，陪伴企业成长壮大。比较典型的例子是，2006年设立上海市大学生科技创业基金，我们可以看到，像米哈游、Titan、饿了么、AMEC等一大批企业都是在初创期由这个基金支持成长起来的。今年比较火爆的游戏公司是游戏科学，也就是推出《黑神话：悟空》的这家公司。当然，它的体量和规模与米哈游还是有一定距离，米哈游在前几年就推出《原神》，该游戏成为苹果市场和谷歌市场当年度最佳游戏。去年，库克访问上海期间，重点参访了米哈游。这家公司成长周期非常短，3名大学生仅仅利用了10万元大学生创业基金和政府提供的免费办公场地，就开始起步了。2011年成立，到现在才十几年，现在已经成为年营收达到700亿元的企业。从投早支持起步和发展来讲，还是起到了非常好的示范作用。

第三，科技与金融管理部门携手，积极探索先行先试新模式。2011年我们成为首批科技与金融结合试点城市；2016年成为全国投贷联动的首批试点地区；2021年承担先投后股的全面创新改革的国家任务。近年来，还在探索设立天使投资俱乐部，打造天使投资生态，以及出台一系列文件，形成覆盖全品类的科技金融创新体系。

二、展望思考

我们回顾历史上的几次工业革命可以看到，科技创新和金融创新在发展过程中是相互纠缠、相互促进的，共同引发、加速革命。不仅科技研发组织模式在变化，科技金融的产品和金融科技方法也在不断演进创新。

近年来，科技领域有一个很热门的话题，就是科研范式正在发生变革。从源头的科技成果产出，到成果转化，再到产品形成，最后到企业成长，周期大幅度缩短。就像刚才赵老师说的，时间压缩模式。我想，这个时间压缩模式不仅在中国，在全世界都存在。特斯拉从成立到成为市值最高的汽车制造企业，也只花了十几年时间，这在过去是不可想象的。

目前，基础研究当中的科研引领示范，不完全是由科研院所和高校发起的，更多科技型企业站到了科技创新最前沿，引领带动全社会创新。在这样的变革当中，金融创新加速企业成长的作用也变得更加突出，金融资源向科技创新活动的早期延伸也成为重要的趋势。

另一方面，全世界对基础研究的认识也在发生变化。我们国家对基础研究的认识也在不断深化，应该说，我们国家是最早提出基础研究还包含应用基础研究的这一说法的国家，早在20世纪60年代就已经提出。现在我们对基础研究的认识更加深化，除了前沿导向探索性基础研究，我们还有战略导向体系化基础研究，以及市场导向应用型基础研究。这个过程当中，大家可以关注到，如何进一步发挥市场作用，引导和推进基础研究，让我们的基础研究能够以终为始开展布局变得更加迫切。这个过程当中，金融资本不仅能够加大对科技创新的投入，而且也能在技术路径选优寻优、动态纠偏当中发挥更大作用，这也是更好发挥市场配置资源的重要手段。

随着科技创新的变革，促进科技创新发展的金融体系也应该相应变革，这也是从历史中看到的相应规律。当前，我国以间接融资为主的金融体系，更加注重安全性、流动性和盈利性，更加适应依靠投资驱动的比较传统的制造业。对于新的科技型企业和新的科技创新长周期、高风险、高成长、高回报的特性，我们把握得还不够精准，为了加速科技创新，需要进一步加大直接融资比例，加大早期、长期投资的比重。

尽管上海的股权投资经历了快速发展过程，但经我们研究，还是有几个方面的不足。

一是耐心资本供给不足。这方面已经说得很多，就不再赘述了。

二是投早、投小、投长期不足，比例相对偏低。

三是投资接续不足。特别是要促进产业金融良性循环，从而能够把现有体制下短周期链条通过长的有效接续做长。希望把从科技成果转化早期投资孵化，到IPO上市，一直到成长壮大整个接续过程做得更加紧密。

四是投资赋能不足。我们的天使投资文化、专业服务机构，包括刚才赵老师讲的产业链CVC之类的新机制都相对比较稀缺。我们看到，硅谷之所以能够成为全球科创中心，主要原因在于其在科技创新方面有重要引领作用，金融也很有特点。但还有一点，他们汇集了一大批对专业领域有着深刻理解和深厚情怀的投资人。

刚才王主任也说过，投资人要懂技术。他们的案例表明，有些投资人不仅是资金提供者，同时也是领域专家。例如，比较著名的彼得·蒂尔，就是与马斯克一起发起PayPal的创业者，他也因此赚到第一桶金。但他更加辉煌的事迹是帮助Facebook成为了顶尖公司。Facebook在成立半年之后，准备从哈佛转移到硅谷的重要原因就是彼得·泰尔的帮助。他在对专业领域和投资者热点有深刻认识的情况下，为Facebook投了50万美元，而且成为其外部董事，帮助企业一起成长。这笔投资最后随着Facebook的壮大也取得了巨大回报，形成了良性循环和持续替代的机制。一大批在科创界取得良好成就，而且获得了第一桶金的人，可以在投资界发挥更大作用，为投资赋能并提供更大支持。

因此，我们建议从以下几个方面着手，进一步加强投早、投小、投长期、投硬科技，构建与科技创新相适应的科技金融体系。

（1）培育耐心资本，引导社会资本投向早期

科技创新需要耐心资本的持续支持，未来希望能够在机制、渠道、模式等方面实现突破。例如，健全长期投资的差异化税收激励政策，鼓励更多耐心资本设立早期投资母基金，完善社会捐赠制度，设立科学基金，使其能够投资基础研究。

（2）做好战略接续，加速科技产业金融循环

科技创新布局也要以终为始，从0看到1、看到10，也要从10回看到1。在符合技术逻辑的同时，我们科技布局同样要符合市场逻辑。在科技管理过程中，要践行投资思维。政府科技布局要以市场投资为主形成战略接续，形成财政科技投入引导、市场接力、社会资本涌入的接续投资模式。

（3）完善生态赋能机制，培育天使投资的良好环境

刚才提到的有经验的天使投资人，其实是非常稀缺的，我们希望能够孕育优良天使投资文化。对容错机制，特别是对国有投资机构的容错机制，需要更好地落实落地。围绕高校、科研院所建设像大零号湾那样能够进行项目验证的工程化平台，创造中小企业能够便捷吸收利用科研资源的外部条件，探索更多创新持股孵化模式。

我的报告就这些，谢谢大家！

4　圆桌对话

构建同科技创新相适应的科技金融体制机制和政策环境

主 持 人：
　　　　郭　戎，中国科学技术发展战略研究院副院长。
互动嘉宾：
　　　　赵　楠，中国银行公司金融部副总经理；
　　　　崔喜苏，中国建设银行公司业务部副总经理；
　　　　王　凡，中国农业银行公司业务部副总经理；
　　　　匡彦华，中信银行投资银行部总经理；
　　　　林浩钧，广东省粤科金融集团有限公司董事长；
　　　　魏凡杰，上海未来产业基金总经理。

郭戎：因为今天我们的时间比较有限，一共有6位嘉宾。今天的观众，包括各位来宾，他们共同关心的几个话题，具有代表性的我就提出来。按照今天座位顺序，请6位嘉宾进行分享。

想请大家围绕习近平总书记提出的"投早、投小、投长期、投硬科技"，介绍一下本单位最突出的特色创新做法，每人发言时间不超过5分钟。

匡彦华：非常高兴能在这里参加浦江创新论坛，跟大家分享中信银行在科技金融方面的特色做法。在习近平总书记提出"投早、投小、投长期、投硬科技"之后，我们便在不断提升科技金融服务力度和水平。

我们思考习近平总书记说的"投早、投小"在银行信贷领域主要体现的是什么。实际上，体现的是为早期和小型科技类企业提供融资服务。两年前，我们就推出"积分卡"审批模式，完全跳出了过去以硬资产或者以财务报表表现来衡量一家企业的信贷能力的评估模式。我们把企业科技类成果、团队特别是管理者和核心团队，以及这家企业是不是有PE投资等，都作为积分打在了里面。

两年以来，我们已经为超过1000家企业，大概1200家企业提供了"积分卡"融资，其中1/3都是亏损企业。但全部都是硬科技企业，可以说这个产品对于投早有好处。特别是今年以来，为更好贯彻中央的精神，我们更是推出了"成果转化贷"，它是"从0到1"的产品，可以说是我们银行自成立以来，推出的最早的融资产品。这个产品有什么好处？它可以使得科研院所的研究人员在"从0到1"创办企业过程中就获得融资，只要他的技术足够硬，就可以获得融资。

同时，响应科技部的号召，今年我们还推出了创新积分制，以及通过使用LiteGBM大数据模型（人工智能模型）推出了"火炬贷"。这个产品一经推出，便获得了比较好的市场响应，包括客户、分行都给予了非常好的支持。这些是我们对于投早、投小的一点认识。

投长期主要是给予中长期融资，说的是资金来源的期限。我们大力开展科创类固贷业务。另外，我们重点开展的业务是成为科技企业的实控人，以及为融资团队提供股权激励融资。这是与券商（中信证券、中信建投证券）一起推出的长期性产品，最长期限可以达到7年，这也符合长期和耐心的特征。

对于投硬科技，我们是这样理解的，在我们推动科技金融业务发展的时候，核心就是要做好科技企业的选定，特别是硬科技企业边界的划定。我们中信银行两年以来，一共划定了6万家硬科技企业，现在我们把这6万家硬科技企业作为我们的目标客户，不断推动投资。近两年已经增加投资5000家新的硬科技企业，每年融资规模都在以100%～120%速度增长。

我们作为中信集团旗下最主要的金融机构，在中信集团和中信金控的领导下，成立了中信股权投资联盟。这也是用实际行动响应党中央的号召。中信股权投资联盟由中信集团、中信金控牵头成立，汇集中信集团旗下18家股权投资机构，包括中信金石、中信证券投资、中信医疗、中信农业、中信投资控股、中信资本等一系列在市场上比较知名的PE公司。这18家PE公司总投资规模已经超过3000亿元，投资覆盖超过1500家企业。

我们中信银行，作为中信股权投资联盟的会长单位，一直在牵头推动中信股权投资联盟能够与我们的分支机构，以及这6万家硬科技企业深度融合。今年以来也取得了非常好的效果，这是一个双向奔赴的过程。我们现在双向推荐客户，今年以来已经推荐了上千家企业。我们与中信股权投资联盟PE投资团队，共同考察客户，共同调研客户超过300家。实际上，这极大扩展了中信股权投资联盟的潜在投资名单。

我们觉得在这个方向上，我们做得还是比较有特色，也非常有信心与中信股权投资联盟一起，每年把200亿元投资基金送到最需要融资的硬科技企业手里。这就是我的简短汇报，其实我还有很多要说的话，希望能够找到其他机会，更好地展开。

谢谢！

郭戎：谢谢匡总。

赵楠：感谢主持人，也感谢两位司长。中国银行也非常荣幸今天能够受邀参加浦江创新论坛，我将把中国银行的做法与同业、各位科创领域伙伴进行交流和分享。

中国银行作为在中国国际化、综合化程度最高的中资银行，一直以来也高度重视金融支持科技自立自强的相关工作。首先，给在场各位领导、嘉宾做个汇报。截至今年7月末，中国银行为超过8.34万家各类大中小微科技型企业提供近1.75万亿元授信支持，以及包括投贷股债保租等在内的超过6500亿元的综合金融服务。

回应刚才主持人提到的话题,针对贯彻落实习近平总书记提出的"投早、投小、投长期、投硬科技"的要求,我也想谈谈中国银行在以下几个方面的特色举措。

第一,在完善政策顶层设计方面。2021年年底,中国银行就把金融支持科技创新写入集团"十四五"规划当中,形成专门章节,有序推动相关工作。在《"十四五"科技金融规划》发布后,中国银行也制定了《科技金融行动方案》,以及支持科技创新的30条举措。这些年来,每年都随着政策制度、监管措施更新在不断更新迭代。去年末,我们对标中央金融工作会议、中央经济工作会议,以及今年党的二十届三中全会精神和各类监管文件要求,对集团"十四五"规划和《行动方案》又进行了修订,在集团整体决策、特色客群服务、特色产品体系建设、投资管理、集团风险偏好、审批等各个方面细化政策和举措,充分发挥全球化、综合化优势,争做科技金融第一梯队中的领军银行。

第二,在优化组织架构方面。自中央金融工作会议之后,中国银行总行积极落实会议精神。在总行及北上广深江浙等24个境内一级分行,设立了专门的科技金融中心组织体系。在科技资源聚集区域,设置了百余家科技金融专营机构和特色网点,整体构建了总-分-支多层次组织体系,打造了服务科技创新高质量发展的整体梯队。

第三,在打造全生命周期服务体系方面。近几年,我们持续完善覆盖科技企业初创期、成长期、成熟期的各类金融产品的供给和服务体系。针对具有中等规模授信需求的科技企业,我们推出了科技金融专属授信模式。通过简化审批流程,设置专门营销岗位、尽责岗位、审批岗位等专门岗位,畅通绿色通道,加大对科技企业的支持力度。经过三年的实践,我们这样的模式在市场上取得了积极反响。目前,我们共批复3500笔,授信金额达到1500亿元,覆盖28个省份121个重点城市。

第四,在整体强化专业能力建设方面。中国银行去年与科技部深度合作,推出了针对科技企业的专属创新"积分贷"产品。基于对7万家企业创新能力整体数据的回归分析,运用人工智能手段,综合科技、财务、企业价值3个维度,量化推出评估模型。该模型能够快速评价企业的科技实力及未来发展潜力,从而精准匹配我们的信贷投资和综合化服务。这个产品推出以来,累计应用超过4300户,其中新授信客户批复总金额超过500亿元。

第五,在发挥中国银行大行作用方面。利用集团内专业投资平台,在国家科创高地,分批、分期筹设总规模为300亿元的科创母基金,引导市场资源配置,为提高科技创新的资本供给探索一种模式,加大对人工智能、量子科技等重点领域的支持力度。

今年中国银行还会推出"中银科创伙伴计划",引导市场各类融资主体形成合力,落实中央提出的投早、投小、投长期、投硬科技的要求,进一步发挥我们的优势,制定一系列具体举措。

谢谢各位!

王凡:各位领导、各位来宾,大家好!今天坐在"C位",有点汗颜。坐在"C位",

不代表农行科技金融业务做得有多好，主要是这次浦江创新论坛，我们农行是战略合作伙伴，前面加了一个创新战略合作伙伴，所以让我坐在"C位"。

事实上，科技金融业务并不是农业银行的传统优势业务。大家也都知道，服务"三农"和支持乡村振兴，是我们的主责主业，我们在"三农"和县域领域还是比较强的，我们与几家大行相比，科技金融进程比较晚。

大家都知道科技型企业聚集在城市里面，我们在城市领域竞争力与这几家大行比相对薄弱一些，我们的客户基础也相对差一些。这两年，整个科技金融业务发展也还比较快，我们行党委高度重视，举全行之力奋力追赶。

刚刚赵总报告了中行业务数据，投资科技型企业达到1.75万亿元。我们通过这几年快速发展，也超过了1.7万亿元，所以与几个先进同行相比，我们的差距基本上可以忽略不计，可以认为我们已经赶上了先进同行步伐。

在座的中行、建行，真的是科技金融领域的先行者，也一直是我们农行学习的榜样。我们三个其实在各种场合、各种会议经常碰面，我也经常向他们请教。

去年年底，我专门去过中行，面对面向赵总请教怎么样做好科技金融大文章。赵总特别热心，可以说是倾囊相授，细心指导我们怎么做好科技金融业务。我非常感动，也特别感谢赵总。我们四大行在各个领域都坚决贯彻落实党中央决策部署，步调一致，很多做法都差不多。

我抛砖引玉，简要讲一下农行的做法。农行在落实"四投"要求方面比较突出的创新做法是，我们比较注重顶层设计和系统推进，这也是党的二十届三中全会的改革思路。我们针对科技型企业特点，结合"四投"要求，打造了一套"七新"科技金融服务体系，包括新客群、新架构、新生态、新政策、新产品、新创投和新保障。为了保障"七新"服务体系的落地，我们建立了"六专"工作机制，包括专营机构、专业队伍、专项考核、专属办理、专门政策、专列资源。这样能够保证在工作推进过程中，系统性、整体性、协同性、时效性都比较强，目前也收到了比较好的效果。

在"七新"里面，我想专门谈一下新生态。生态圈这个词比较热，大家也谈得比较多，我们也是在竭尽全力分层级打造服务科技型企业的生态圈。自然界里的生态圈通常具备两个特点，生物多样性和相互依存共生共荣，我觉得这两个特点特别契合当前科技金融的发展趋势。

我们打造的科技金融生态圈有九大类合作主体，包括政、企、产、学、研、投、服、创，政就是指政府部门等各类经济机构；企就是刚才赵院长提到的创投的公司化趋势，我们与很多开展创投业务的核心企业开展了密切合作；产指产业集群、行业协会；学是高校；研是研究机构；投就是各类投资机构，包括政府产业引导基金等；服是指服务机构，包括咨询公司、会计师事务所、律师事务所等；创是指创业支持机构，包括孵化器、创客空间等。我们与这九大类主体开展各层级合作，共同为科技型企业提供高质量、接力式金融服务，能够有效满足科技型企业全生命周期的融资需求。

另外，农行的特色在于信农，我们在农业科技领域发力比较多。我们与农业农村部建立了非常紧密的合作关系，我们在种业，以及农机、现代农业服务体系等领域，支持力度比较大，这也是农行有别于其他几家银行的特色。

我就简单汇报这么多，谢谢！

郭戎：谢谢中国农业银行对论坛的支持，也希望下次王总还能坐"C位"。

崔喜苏：尊敬的解司长、郑司长、沈司长，主持人，各位同仁，各位专家、各位来宾，大家上午好！非常感谢科技部和上海市人民政府一直以来对建设银行科技金融工作的指导和支持。

中国建设银行坚决贯彻落实中央关于科技金融这一篇大文章的部署要求，充分发挥集团牌照丰富优势，打造了全周期陪伴、全链条覆盖、全集团协同、全维度支持、全生态赋能的科技金融"五全"服务体系。我们在顶层设计方面，要求实现全方位服务。同时在内部，我们提出构建数字化支持、差别化政策、专业化保障的科技金融"三化"支撑体系。基本上是在"五全三化"大的顶层设计框架下，全集团协同推进科技金融工作，助力加快实现高水平科技自立自强。

目前建设银行探索的做法主要有3个方面：

第一，邱部长讲话中提到，我们在科技部指导下，今年上半年发布了《全要素数字化赋能体系》，这个体系源于建设银行已经探索了5年之久的技术流评价体系。我们把知识产权变为一种可以融资的资产，用大数据方式建立了评价体系。建设银行全方位加强数字化建设，在技术流评价体系基础上，发展了"星光STAR"模型。我们率先在同业进行了科技创新内部评级，同时创新了投资流程。既要看科技型企业的融资情况，也要看它的投资情况。我们形成了体系化、数字化评价体系，针对科技企业，解决了看不懂、不敢贷的难题。

利用技术流评价体系，上半年我们与上海证券交易所、中证指数公司共同编制了中证建行科技创新领先指数。作为国内首个融入银行科技金融评价能力的股票指数，其得到了资本市场的有效验证。将整个企业科技创新属性转化为信贷投资融资属性，全力提升科技型企业融资可得性，这是第一个特点。

第二，我们围绕科技型企业两个周期发展科技金融业务。一个周期是企业生命周期，另一个周期是企业技术周期。我们全力满足不同阶段的差异化需求，围绕企业全生命周期中的"小、中、大"，我们适配了不同产品。例如，针对"小"，发挥建设银行在普惠金融方面的优势，打造了"开业进阶贷""善科贷"等产品，推动整个信贷服务投早、投小。

针对成长性较好的中型科技企业，刚才中国银行的赵总也讲到，实际上中型企业有自身特点，为此，我们也单独做了一套流程，以便中型科技企业更便捷地得到融资，这个创新产品叫"科技E贷"，这个产品已经在很多分行进行推广，提升了信贷效率。

针对大型企业，我们也加强了供应链融资、并购贷款、科创票据等综合化服务。针对企业的生命周期（技术生命周期），我们加强了科技研发贷、科技转化贷服务，特别是在上海国际科技创新中心，上海分行被授予总行级科技金融创新中心，我们给了它先行先试的产品创新权限，它打造了"从0到1"的建户链、科技金融成果转化服务方案，支持科技成果转化，这些都是我们提供的多元化产品支持。

第三，增强集团综合金融服务能力，满足科技型企业长期限的资本需求。我们充分发挥集团全牌照优势，强化母子公司协同，以商投一体化、本外币境内外一体化推动股债贷保体系构建。这是上半年总行党委的课题，上半年建行花了非常大的精力，利用半年时间在推动，旨在为各类创新主体提供股权、信贷、债券、保险等多元化接力式全方位的综合金融服务。同时，我们针对整个科技金融生态的建设，还搭建了线上科技金融智慧生态系统1.0，集成全集团股债贷保70余项重大产品，对外实现融资、撮合、产业、信息、人才等五大服务功能。

我就汇报到这里。

郭戎：谢谢崔总。

林浩钧：各位领导，大家上午好！首先，很抱歉，因为我是地道的广东人，普通话说得不好，等一下大家如听不懂，请多多包涵。

粤科金融是1992年邓小平同志提出"科学技术是第一生产力"后，广东省委、省政府在全国第一个响应的省级科技金融投资平台。我们比科技企业更懂金融，我们比金融企业更懂科技，所以投早、投小、投长期、投硬科技是我们的主业。下面，我从3个方面来讲解我们的做法。

第一，粤科金融积极主动与教学和科研单位联合成立基金，推动投早、投小。两年多来，我们已经与十多个国家和省级实验室、22所全国"双一流"建设高校，联合成立了13支基金，基金规模达240多亿元，全面推进投早、投小工作。

第二，撬动星辉资本推进投早、投小工作。2023年开始创办"粤科发布"，至今已举办29场，其中7场是专门针对科技成果转化的。比较成功的有全国科研机构成果发布、全国双一流高校成果发布、香港7所高校成果发布、中国科学院青年科学家成果发布等。我们通过这些成果发布汇聚了几百个成果项目，这些项目已经落地融资70多亿元，调动星辉资本来推动投早、投小。

第三，投早、投小、投硬科技。很多人感觉这些投资回报不一定很理想，针对这个问题，我们着重提升投早、投小的项目质量。第一个方面，我们主动与全国知名高校、科研院所进行对接，提高投早投小创投项目的靶向质量。我们与北大、清华、哈工大等"双一流"建设高校，与鹏城实验室等高水平研究机构主动对接，并将其视为原创性技术项目的全国第一方阵单位，挖掘投早、投小项目。投早、投小的项目搞得好，退出反而容易。因为投早、投小的项目估值不会很高,所以它会有 A 轮、B 轮、C 轮等很多机会。第二个方面,我们主动与高校、科研单位开展合作,由原来找项目、等项目向创项目转变。现在成立了全国创投金融联盟,有 10 家银行支持我们。凡是粤科金融领投的项目,高校、科研单位的技术人员参加可以免抵押担保,由问题导向、需求导向来创造项目,提高投早投小的靶向质量。

投长期,我们瞄准产业龙头企业,在延链、补链、强链方面发力。我们已经成立全国产业龙头联盟,设立了 135 亿元规模的基金,现在正对 6 个产业龙头企业进行延链、补链,与他们建立长期合作关系,助推龙头企业的长期发展。

投硬科技有 2 个方面的工作,发挥珠三角华侨比较多、港澳"一国两制"优势。我们成立海外华侨创新创业基金,把海外华侨的国外原创性技术和硬科技引回来。上个月,我们搞了一个全球侨界创新创业发布会,有 37 个国家和地区、805 个项目、100 多家独角兽企业参与,产生了很好的影响。另一方面,我们主动与政府对接,成立政府引导基金。广东有 21 个地级市,我们全面覆盖,都成立了产业引导基金。全国有 8 个省市与我们联合成立引导基金,我们正在建议广东省政府成立引导基金。通过与地方政府合作,结合地方经济的特殊需要来投硬科技。

这是我们的一些做法,谢谢大家!

郭戎:谢谢林总。

魏凡杰:大家好!我是上海未来产业基金的魏凡杰,今天特别感谢科技部领导的邀请。未来产业基金昨天在浦江创新论坛正式发布,今天算是我们第一次有机会分享我们对于基金定位的思考。

很早之前,在基金筹备早期,就与沈司长有过很多沟通,这个基金的成立,要特别感谢科技部领导的支持。

我们这个团队在投早、投小、投硬科技方面还是比较有经验的。2018 年,我们在北京成立了北京科创基金,那个时候就明确提出投硬科技、投早、投小。现在经过 6 年时间,我们积累了不少经验。上海未来产业基金关注各方面进展与经验,也有一些自己的思考,现从几个角度简单阐述一下。

第一,我们希望未来产业基金定位相对于之前北京的做法,能够有更新升级,这也是我们团队 6 年多实践后的升级。最重要的一点是,我们希望能够真正在颠覆式创新、多学科交叉,在真正有挑战的创新上做深度孵化。未来基金在 GP 寻找方面,希望能够找一些在深度孵化方面更具能力和认知的机构。大家也知道,美国风投引领了很多新的模式,包括美国知名风投公司孵化出的 Modular,这个大家都很熟悉。我们希望在这方面能够做一些工作,这对我们要求还是挺高的。需要找到有非常强认知能力的投资机构,这是我们后面要做的主要工作。对于我们这个基金定位来讲,最重要的一点是要有非常强的认知,我们希望能够挖掘出具有更强认知的机构。为了实现这个目的,我们也有一些思考，但还不是很成熟，后面还需要不断迭代。

我们会有战略科学家平台，这个平台有点类似于阿米巴模式。在细分垂直领域，我们会寻找真正对未来发展方向有比较强认知的科学家、投资人，包括企业家。希望在我们看重的未来方向上，能够形成深度超前认知，并形成共识。

第二，我们在管理公司股权架构方面做了一些优化工作，现在还在进行中。从整体来讲，我们希望能够把科学家资源、科学家社区引入进来。将母基金股东层面架构做成类似于偏公益的组织，在这种情况下，引入更多科学家、形成科学家联盟其实更有价值。目前，我们投的很多机构是完全市场化的，往后母基金平台将发挥平台优势，包括上海市整体资源优势，便能够聚集起更多科学家。

第三，我们希望更多支持年轻人。不仅支持年轻的科学家，还支持年轻的投资人。从2018年到现在，投资圈迭代非常快。2017年、2018年之前，更多是互联网投资转到硬科技投资，我们觉得往后就是深度孵化，在往更早方向，甚至往更前沿方向，会出现一些年轻投资人，可能未来十年以后才会冒出来，但我们希望更多支持有非常强专业背景的年轻投资人。

第四，我们希望打造 Open in the vision（开放共赢的愿景）。如果政府引导基金发挥政府引导基金优势、市场化 GP 发挥市场化 GP 优势、高校科研院所老师和科研人员发挥认知优势，还是能够打造出一个开放式创新生态的。这些是我们基金现有的还不太成熟的想法，后面我们也会不断迭代。基金成立以后，我们也会在实践中不断优化基金的操作方式。

谢谢大家!

郭戎：刚才几位嘉宾结合所在机构职能介绍了精彩实践，这些机构都是科技金融业界很有代表性的一股力量，我想在座的嘉宾肯定也有很多问题，让我们先放一放，看看后面是否还有时间。

接下来，我想请教的是，从你们的视角出发，你们认为当前面临的最大困难与挑战是什么？请每人发言两到三分钟。我也想对这个问题增加一些挑战性，最好用一句话说明，最多不超过三句话。先从魏总开始，魏总您的压力比较大。

魏凡杰：我简单总结一下，三句话。第一，目标单一。上海未来基金只做LP，这也是我们的考虑，要目标单一，引导基金不要多目标。

第二，容错免责，包括考核容错免责。其实容错免责在广东这边已经做了很好的尝试，耐心资本不仅仅是说期限要长，也包括对DPI的要求，以及对IR的要求，对这些都有一定耐心也是很重要的。

第三，现在比较大的挑战还是我刚才说的，投资人的范式也在发生变化，其实还是缺乏更专业、更有赋能能力的专业投资人，未来十年可能会更多出现这种情况。

我就分享这三点，谢谢!

林浩钧：作为创投机构最难的就是退出，我们粤科金融现在有项目，也有基金，投资搞项目都没有问题，但是现在退出真的很难。原有的渠道在收窄，新的渠道没有建立。我们投资机构是讲回报的，如果退出不了就不可持续，不像现在的国有投资机构那样灵活，这是第一个挑战。

第二个挑战是什么？怎么来判断和把握创投项目的预期回报？我们现在正处在百年未有之大变局当中，经济环境也在变化。怎么样在变局中寻找科创企业的稳定发展因素，这成为我们思考的问题。怎么样从困局中开新局？我想起了毛泽东主席的"四渡赤水"，在困难重重时，怎么样调动外界因素来破局，寻找成长规律是我们需要研究的。政府尤其是科技部要在政策、市场、赋能三方面形成"组合拳"，来应对这个挑战。

谢谢！

崔喜苏：我觉得困难和挑战包括3个方面。第一，耐心资本不足。市场上不缺资金，但缺耐心资本，特别是在当前的中国融资体系下，怎么样发挥大型银行子公司的力量、扩大耐心资本的供给，我觉得这个问题还是非常突出的。

第二，创新支持政策有待进一步细化。我自己认为，科技金融有一个非常重要的属性，就是它的创新性。刚才我们的专家也讲到，在当前这样的形势下，要建立高度适配的科技金融体系，必须从制度、机制上进行创新。例如，并购贷款、认股权贷款，这些都属于投贷联动的领域，怎么样在监管创新方面给予更大的支持，值得深入研究。

第三，生态体系建设。本次论坛的主题——共享创新，共塑未来：构建创新的开放环境，我觉得这个主题还是非常打动人的。解决金融资本是否进入的问题，根本上是解决风险的问题。解决风险的问题，其实是解决信息不对称的问题。怎么样解决信息不对称问题，实际上需要一个开放的生态环境，让信息更充分交流和分享。

我就主要说这些！

王凡：我个人觉得，目前最大的困难就是缺乏更为精准的指导，上海银行需要包括科技部在内的部委的指导，当然更重要的是监管部门对我们的指导。中央的任何要求，最终要到商业银行落地，首先要转化为比较明确的业务范围，即到底能做哪些，要转化为可以量化的指标，还要转化为最终可以统计的数据。这些问题不解决的话，我们很难指导分支行营销客户，中央的要求大家都比较好理解，但真正要落地就面临很多细节问题，比如多早算早？以前我们投B4轮都觉得很早，现在是不是要投A轮、天使轮，甚至这个企业刚成立，我们是不是就要投？多小算小？是按企业规模算，还是按授信额度算；多长算长？我们长期贷款五年以上，那就算长，这个是不是能解决真正的问题？包括硬科技，今天很多嘉宾演讲时也提到了硬科技方面的数据。我们现在真不太了解，什么是硬科技，哪些企业能够打上硬科技的标签。

今天中信银行匡总提到，他们有6万家硬科技企业，我下来后特别想请教一下，到底什么样的企业算硬科技企业。要是不明确这个标准，我怎么去指导分支行营销这样的企业，是不是可以搞个硬科技企业名单？如果有这样更为精准的指导，特别是监管部门对于这些问题的精准指导，我们做起这些工作来就更加游刃有余。

赵楠：我也非常赞同刚才各位同仁提到的这些问题。无论是从宏观还是微观的角度，其实都反映了现在科技金融工作中面临的方方面面问题。在这个基础上，我也补充3点。

一是传统理念；二是传统行业；三是传统服务。怎么解读？传统理念就是讲做了很多模型、很多分析、很多回归、很多大数据赋能，我们在市场上也见到很多专业公司、投资机构，各行各业各领域也都发布了很多对科技实力的评估体系。

回归到银行传统风险偏好的理念上来，这些结果怎么能够带动银行传统审批理念的变革，这样的结果如何运用到我们的最终决策上，这里面需要解决的问题有很多。例如，像银行风险偏好转变的问题，怎么样评估风险的问题，包括对具体人员尽职免责的问题等，都需要一系列体制机制的落地，才能够把进入人工智能时代的研究成果真正转化为我们做出更正确决策的路径。

对于传统行业而言，我们把现在市场上各类定义为高科技企业或者重点支持领域企业的海量名单，包括像高新技术企业、科技型中小企业、"专精特新"企业等这一系列企业，与它们对标的行业做了一个分析，发现这是一个非常复杂的行业体系。目前，这些名单涉及近百个行业大类，按照国家统计局的分类，还有近1500个细分行业。任何一家银行、一个客户经理或者一个部门、一个行业分析经理都很难在短时间内，对如此广泛的领域进行深度研究。现在这些新兴产业、新业态里面，又涉及多个领域的融合发展。他可能是某一行业专家，但他又不了解与该行业相融的其他领域专家的专业意见。怎么在最短时间里认知这些新兴行业、新兴赛道，金融机构整个体系专业队伍建设怎么与之相适配等，这些都值得深入探讨。

从传统服务来讲，我们一直以来都在分析研究。尽管这些年，科技金融在高速发展，但是仍然摆脱不了或改变不了，银行仍然以传统信贷为主体、兼顾服务科技型企业的现状。这一点就是刚才大家提到的，要着重推动生态建设、伙伴建设、各类融资主体形成合力，这些我就不展开了，我就补充这3点。

谢谢！

匡彦华：听了大家的发言，感觉非常受启发。我准备的基本上都被大家覆盖了，我这里重点补充两点。我觉得现在面临的困难中，第一是科技金融的风险补偿和风险分担机制的整个体系还不够健全。我们现在看到，银行在做科技金融过程中，实际上可以得到某些补助，如地方政府的一些财政补贴，或者风险分担基金事后的补偿。实际上，这些补贴和补偿与整个担保体系并不是完全相兼容。第二是目前科技金融并不是将发展科技作为核心要务。实际上，招商引资是区域营商环境的一部分。我们希望能够自上而下建立更好的针对科技型企业的融资担保体系。这个担保体系功能增强以后，银行就能够在科技金融中推进更小的投入、更早的投入、更硬的投入、更长期的投入，我觉得担保体系能发挥很好的支撑作用。

谢谢！

郭戎：刚才各位嘉宾在回答这个问题的时候，实际上都提到，要真正做好科技金融，离不开有效市场和有为政府的共同作用。

接下来一个问题，今天科技部负责政策制定的解司长，还有负责科技金融工作的郑司长和沈司长都在现场，你们感觉最急需的是哪一项政策，请提出建议。你们的政策建议越简短、越直接，领导们记忆就越深刻。

匡彦华：其实有很多政策需要领导们支持，我就提一个。对于更小、更早的这些初创企业的融资，我觉得需要更多发挥政府引导基金的作用。因为更小、更早的这些企业，只有政府发挥引导基金作用之后，才能更好地吸引更多社会资本进入。因为大部分社会资本都是以商业评估为基础，在更小、更早的时候，它的商业评估可能还没有进入完全论证阶段。在这个过程中，如果政府能够给予哪怕金额比较小、分散性的投资，都会对从天使轮到VC，再到PE，到后面的Pre-IPO的整个股权投资链条，起到较好促进作用。希望能够更好发挥国家融资担保基金在多层次政策设计和融资体系建设中的引领作用。

赵楠：我这边也提一点，我们中国银行工作团队与3位司长所在的部门，平时有特别多的交流场景。我们总体感觉，2023年，习近平总书记提出"五篇大文章"时，对科技金融的要求是"迎难而上，聚焦重点"。这其实已经揭示了这项工作既艰难又需长期探索的本质，它与另外4篇金融大文章最深刻的不同也就在这里。

从商业银行这几年的实践来讲，大家已经深刻认识和体会到这一点，但大家并不怕迎难而上。因为科技部是科技的主管部门，能够推动金融监管机构将更加开放和包容的政策环境赋予金融机构；又因为从事这项工作的人员都属于先遣队、先行者，大家本身面临的难题和压力就非常大。

我们在认知的同时，希望能有更多容错机制，尤其是在重点信贷领域、风险审批领域、授权体系，甚至在特别基础的数据统计领域等各个环节，都要出台尽职免责机制，鼓励大家能够勇敢面对复杂局面，敢于去创新。

另外，希望能够出台更加清晰和适配的产品创新政策，尤其是中央和地方之间的政策适配。我们讲科技金融产品创新，更多是要先行先试，从控制系统性风险等角度看，我们都是非常认同的。在地方有创新环境情况下，也希望中央监管单位能够出台政策，完善支持和协调机制，让其发挥好先行先试的示范作用。再就是明确我们的授权体系，到底总部承担什么样的权责、地方承担什么样的权责，这样可能会更好推动这套政策体系的落地和实施。

谢谢！

王凡：在这里我想提一个非常具体的建议，或者说是请求。中国农业银行有一个培训平台，叫"农行大讲堂"，是个非常好的培训平台。我恳请科技部领导，什么时候拨冗去我们"农行大讲堂",给我们上一堂关于硬科技的培训课程,为我们讲一讲什么是中央想要金融机构支持的硬科技,讲讲它的内涵和外延,包括金融系统怎么样更好支持硬科技,给我们上上课,我就提这么一个具体的请求。

崔喜苏:一是建议进一步丰富投资主体,特别是要重视大型商业银行子公司的力量,让子公司耐心资本很好地发挥作用。前期科技部已经给予建设银行,包括 S 基金、战略性新兴产业基金等在内的很多方面很好的指导。怎么样把这些基金快速运作起来?能不能像支持集成电路产业基金一样,给我们这些基金的长期资金供给一些差别化的政策安排?让资金来源长期得到保证,我觉得这个问题还是非常关键的。

二是建议加快生态系统建设,特别希望科技部发挥牵头作用,更多与金融机构进行信息共享,包括知识产权信息、重大科技项目信息等,让金融活水更精准流向科技部关心的领域。

林浩钧:原来科创是舶来品,从美西方引过来的,经历这么长时间,现在已经本土化、中国化了。我们原来是短缺经济,以前有很多机会,所以很多创投单位都是讲创造财富的神话故事,一包装、一上市就赚大钱,现在那些机会基本上没有了。结合现在从短缺经济向过剩经济转变的背景,从大的角度来说,整个政府或管理部门的思维要转变。既要发挥市场的自我调节作用,也要发挥政府宏观调控作用,让"看得见的手"和"看不见的手"交互作用,建立一个有为政府和有效市场相结合、相匹配的大政策体系。具体包括 3 点:

一是建立技术转移有效对接平台。没有一个有效的技术大市场,很多时候技术在哪里、成果在哪里、怎么落地等,都不知道。粤科提出了一个粤科发布,现在已经确定将其作为省政府发布平台了。一月一链(一个月一个产业链),广州市政府也在我们这里进行,也是一个月一个产业链。让项目的提供方、投资方、落地方有效对接,形成这样一个机制,能更好地推进项目对接。

二是建立切实可行的运行机制。金融部门在讲,我们也经常跟他们去谈,很多都是"口惠而实不至",表态的多、可操作的不多。我认为应该用实际效果来检验。我感觉要切实沉下去,制定一套切实有效的运行机制,包括财政、税收等政策,这里我就不展开了。

三是建立赋能机制。要真正做到科技+金融+产业良性循环,必须给整个生态赋能、全链条赋能,以促进、培育、推进科创发展,这是政策性建议。

接下来是有关发展的思考,我提出"四个新"。

第一个"新"是打造一支新力军。我认为创投机构现在是该改变的时候了,要提出一个中国特色的创投理论,不要再照搬西方的那套玩法。原来那套玩法现在玩不转了,很多第一批回国的创投"大V"现在都变成我的子联盟、子公司,已经很难经营了。我建议建立一支以国有创投为主体,以平台型、引领型创投头部机构为龙头,带动国有和民营"大合唱"的创投团队。要应运而生，使其成为创投的主力军。

第二个"新"是打造新的空间。通过投资协同、产业协同、区域协同来拓展投资新空间，不能像原来一样"单打独斗""散兵游勇"，都是找老乡圈、同学圈、朋友圈去合作投资项目，这个做法我感觉做不好。

第三个"新"是打造新的渠道。从3个方面来说，一是项目供给渠道。我们要通过政策支持，让大量原创性技术能够涌现出来。同时，还要建立全国科创项目大市场，使技术公开化、市场化、规模化，通过市场机制来推进，而不是自己去找、自己去做。

二是提供新的融资渠道。现在很多政府不容易，包括广东的政府也不容易，通过国有资本的进入，撬动和放大社会资本参与，提供基金新渠道。

三是放宽金融系统考评规则。参与股权并购、S基金设立，参与建立生态金融的政策。我与很多银行谈，国有银行的很多钱是不能用的，很多民营机构有2亿、3亿、5亿就不错了，他一投五年、七年、十年才能回报，事实上没有起到激活和大的作用。股权能不能质押，质押后能不能用于投入，这个条件没有，很多都是停留在说，没有真正操作。怎么样用金融为科创注入活水，我认为这也是新渠道的考虑。

第四个"新"是要有新的高度。科创在西方国家原来都是财务投资，投资回报是重要的考量。随着国家的发展，我认为我们国家要有新的高度。围绕国家科技战略、科技自立自强来服务，要更多推动原创性技术、战略性技术、未来产业发展。通过高质量发展来服务，真正培育新质生产力，真正在生产要素上，做到既解放，又发展。

魏凡杰：我想提两点具体的建议，第一点，现在创投融资环境不是特别好。之前与科技部也交流过，我觉得如果科技部能够牵头设立一个面向未来产业的母基金，我们可以非常好地配合。刚才中国银行领导说，中国银行母基金两年前就与科技部交流过。现在市场缺这样的基金，在国家层面、中央部委层面，如有这样的基金，可以与上海未来产业基金协作，这对创投业发展非常有好处。地方政府的资金反投各方面的诉求还是有的，央企的钱对于VC来说更好用，而且能够组合起来，这是第一点。

第二点，上海未来产业基金，包括上海市科学技术委员会，我们与科技部能够协同做一些事情。科技史上，有很多这种大的基金投入重大成果在上海落地产业化的案例，对于这个事，我们兴趣非常大。我们也会组织很专业的团队，大家一起来推动，这是我们后面希望有机会与科技部领导再汇报的事情。就这两件事，谢谢！

郭戎：谢谢各位嘉宾的精彩分享。现在时间也不多了，作为圆桌会议的必有环节，还是得有开放的问题，我们就留一个开放问题，大家看看有没有。

提问：我主要从事智慧城市顶层设计方面工作，我发现政策落地、获得融资真的很难、很难，我现在就碰到了这个问题。现场有科技部的领导，也有投资银行专家。按理说，智慧城市相关产业是我们国家急需的未来产业，它属于高科技，也属于硬科技。因为我是做方案设计的，主要为地方政府，包括中小城市政府做智慧城市咨询。我在找投资方的时候，他们问我是不是硬科技，有没有软著，有没有专利，有没有这个、那个，有好多门槛。我说我获得了什么奖，但像银行这些投资方是不认的，他们一定要看你公司的盈利、业务、团队、创始人背景、流水、交税等情况，他们还是要看这些的，我现在就碰到了这个问题。

听到要投早、投小、投长期、投硬科技、投国家战略，我这些都符合。又小、又早、又是面向国家战略，还是急需要解决的智慧城市建设问题。其实我们国家智慧城市建设已经有十来年了，但做得不好。没有哪个智慧城市研究院可以拿出完整的设计方案，以及整个方案的实施流程。他们不懂得整个ICT系统集成开发流程，这是最硬科技的。包括我们国家三大运营商，以及华为、阿里等方案解决供应商，都没有这样一个概念，都拿不出完整的设计方案，以及整个系统工程的流程，这完全属于核心的硬科技。如果我去找投资方、找政府的政策扶持，根本行不通，这就是一个难点。

郭戎：请我们"C位"王总来回答一下。

王凡：我尝试回答一下，我也能够理解您现在面临的困境。我个人理解是，投资方、商业银行关注的不是您的科技含量足不足、是不是不够硬，他们可能更多考虑您这个业务的下游，主要为很多中小城市政府提供服务，他们现在很担心地方政府债务，他们不是很担心您的业务本身。与政府债务相关的很多行业都受到了影响，回款都比较困难。

我给您的建议是，如果您能够为投资方、银行提供政府有履约能力、还款能力、付款能力的凭证，或者您有更好的背书，就能让他们比较放心。今天科技部的领导也在，上海银行现在普遍比较认可有政府背书的六类客户群，如科技型中小企业、高新技术企业，以及工业和信息化部主导的"专精特新"中小企业、"小巨人"企业等，您可以尝试申请获得这些资质。

如果您有这些资质的话，我相信所有银行都会非常积极支持您的企业，但您所处行业有其自身的特殊性，如果您是制造型企业，可能面临的情况又不太一样，这些问题和困难就会相对少一些。这是我个人的理解，不知道能不能解决您的问题。

郭戎：因为时间关系，我们今天的圆桌会议就到这里。今天通过圆桌会议，我们对科技金融政策、实践有了更深入的认识。做好科技金融，第一要有党中央、国务院的高度重视，各级党委、政府的积极推动；第二要有给力的政策；第三要有一支专业性很强、前瞻性很强、经验很丰富的队伍，才能把这些政策转化为推动实践的行动。

期待各位在接下来的工作中，能更好地为我们探索科技金融的实践。期待你们下次与我们进行更加精彩的分享，谢谢！

第 12 章

中国—匈牙利论坛

1 论坛概况

在中匈建交 75 周年之际，两国关系升级为新时代全天候全面战略伙伴关系，科技创新合作如何成为双边战略升级的核心引擎？中医药作为中匈文化交流的独特纽带，如何进一步转化为科技协同创新的突破口？2024 年浦江创新论坛中国-匈牙利分论坛以"医疗保健创新、科研能力展示和中西医合作"为主题，聚焦两国元首共识，探讨如何以科技合作为基石，打造中欧开放共享、互利共赢的典范。

匈牙利作为欧洲首个为中医药立法的国家，如何在传统医学与现代生物医学技术融合中开辟新路径？联合实验室、人才交流与成果转化机制如何破解跨国科研协作的壁垒？本论坛围绕三大核心议题展开：一是中医药创新与科技赋能，探索 AI、基因技术等前沿领域与中医药结合的可行性；二是全链条合作机制构建，从基础研究到产业化应用，如何建立产学研用一体化平台？三是科技人文深度融合，诺贝尔奖级科研底蕴与中国的创新生态如何互补，培育跨文化创新生力军？

论坛与会者呼吁深化联合研发、人才共育与民生导向的技术转化，将"立法先行"的优势转化为全球健康治理的实践标杆，让中医药不仅是文化符号，更成为科技合作的新质生产力，为中匈新时代全天候全面战略伙伴关系注入可持续动能。

2 嘉宾致辞

匈牙利文化与创新部副国务秘书拉斯洛·博迪什的致辞

拉斯洛·博迪什　匈牙利文化与创新部副国务秘书

> 中匈合作持续深化，中国现为匈牙利最大投资国。匈牙利创新实力显著：人口960万，拥有12位诺贝尔奖得主，全球创新指数排名第35位，高科技制造位列全球第五，研发投入不断增长，研发人员数量排名居欧盟第3。重点领域聚焦数字化转型、医疗健康、绿色能源、AI及网络安全，同步推进产学研联动，构建"大学—企业"技术转化生态。新举措包括成立联合研发体、促进初创企业孵化、强化技术商业化支持，旨在深化中匈科研及产业协作，推动双边创新共赢。

非常欢迎在座各位来参加今天的中国—匈牙利论坛。我用10分钟时间简短地向大家介绍一下匈牙利的创新和研究体系。我的分享包括匈牙利和中国不断加强合作的情况、匈牙利的研究和创新格局、研究和创新的重点领域，以及接下来几个月我们要采取哪些新的举措。

匈牙利和中国之间的关系千丝万缕，如果从一些关键数据来看，大概有两万名中国人居住在匈牙利，350家中国企业在匈牙利经营，而且中国是匈牙利的第二大进口国。过去10年的数据显示，中国的直接外商投资逐年攀升，2023年中国是匈牙利最大的投资来源国，2023年匈牙利吸收了中国在欧洲全部直接投资的44%。

我们一起来看一下新的格局，在这里有些关键数字。我这里想重点强调的是匈牙利有接近960万的人口，有12位诺贝尔奖获得者，其中包含在匈牙利出生的诺贝尔奖获得者。2023年我们有两位匈牙利诺贝尔奖获得者，他们主攻领域是物理学及药学。

如果我们看一下全球的那些重要排名及指数的话，大家也可以看到匈牙利经济创新指数达到14%，而全球创新指数是35%，以及欧洲的创新排名表中匈牙利排名第21位。从这些详细数据中可以看到，匈牙利在全球网络外商直接投资（FDI）目的地国中排名第一。在高科技制造方面，匈牙利的全球创新指数排名第5位。创新出口排名第9位，产品和出口的复杂度排名第9位，高科技出口占比达到10%。我们在欧洲的投资也是很高的，在研发和创新方面的持续投资也是逐年上升的，2024年的投资金额是2000年投资金额的3倍。如今，在研发部门工作的劳动力人口已经翻倍了，而且我们从事研发工作的人口数量在欧盟排名第三，匈牙利有6470名研究者，其数量也正在逐渐增加。

另外，在外商直接投资方面有了大幅增长，并且我们也在致力于为这些与研发相关的外方投资打造良好的投资环境。我们是欧洲企业税收率最低的国家，总税收率仅为9%，并且对于研发相关的领域，我们还提供非常优惠的税收政策，并且为这些与研发相关的投资提供资金融资的支持。

我们也有着非常好的研发环境。我们有欧洲排名前5%的大学，并且有着相应的研发设施、研发中心和基础设施。匈牙利的研究和创新策略主要是专注于技术方面，包括数字化转型，以及医疗健康、绿色能源、农业能源设施、环境改善和水处理等领域。AI、大数据、网络及自动驾驶等科技也受到广泛关注。另外，我们也很关注安全，包括网络安全、科技安全和太空安全。企业在研发方面的关注重点也主要是与科技、医药和信息技术相关的，还有汽车领域。

现在我们有哪些新举措呢？首先，我们希望能够在大学、研发机构和研究中心建立合作的共同体，能够让这些科研机构和大学与这些技术转化企业进行产学研联合，从而、为技术的商业转化打造良好的生态。

我们也会让大学与初创企业和成功企业都建立起良好的合作关系，从而能够创建起一个以大学研究机构为技术支撑的企业发展平台。我希望通过简短的介绍能够让大家对于匈牙利的创新环境有一个更好地了解。在这里和我一起来的有很多匈牙利企业、匈牙利研发专家们，我们后面会有更多详细介绍，我很荣幸能够在这段时间里给大家做提纲挈领的介绍，希望让大家产生更强烈的兴趣，来了解匈牙利的学校、科研机构和企业，并且衷心地希望能够促进更多中国与匈牙利之间的交流，谢谢。希望大家能够充分享受这次论坛。

科技部国际合作司司长戴钢的致辞

戴钢　科技部国际合作司司长

> 匈牙利作为欧洲首个为中医药立法的国家参与此次论坛。本届论坛以"发挥中医药优势，守护人类健康福祉"为主题，推动两国在传统医学传承、人才交流及科技协同创新领域深化合作。中方提出打造中欧开放共享科技合作典范，聚焦联合研发、人才培养及成果转化，助力两国经济与科技进步，为中匈新时代全天候全面战略伙伴关系注入科技动能。论坛亦旨在促进中医药国际化发展，惠及人类健康。

尊敬的拉斯洛·博迪什副国务秘书、亚当·基什署长，黄红副主任，参加会议的各位嘉宾，女士们、先生们、朋友们，大家下午好！

非常高兴来参加本次浦江创新论坛·中国—匈牙利分论坛，首先我谨代表中国科技部对论坛的成功召开表示热烈祝贺，向参加论坛的各位专家和代表，尤其是远道而来的匈牙利朋友，表示诚挚的欢迎！感谢匈牙利文化与创新部、匈牙利驻华使馆、匈牙利驻上海总领馆对中匈科技创新合作的大力支持，感谢匈牙利创新研发署和上海市科学技术委员会对筹备本次会议所做出的辛勤努力。

2024年是中匈建交75周年，同年5月习近平主席成功对匈牙利进行了国事访问，两国关系提升为新时代全天候全面战略伙伴关系，深化科技创新合作是两国元首达成的重要共识。在习近平主席访问的联合声明中明确提出，双方将深化科技创新领域的互利合作，在2024年举行中匈科技合作委员会新一届例会，继续扩大科技人文交流，加强联合科研平台建设，深入挖掘基础研究、应用研究、科技成果转化等方面的合作潜力，为中匈科技创新合作指明了方向。

今天上午科技部与匈牙利文化与创新部已经成功召开了中匈科技合作委员会第十届例会，共同谋划了未来中匈科技创新合作的重点方向。中国始终高度重视科技创新和开放合作，深度融入全球创新网络。目前，中国已与全球160多个国家、地区和国际组织建立了科技合作关系，签署了118个政府间科技合作协定，加入了200多个国际组织和多边机制。

在2023年召开的首届"一带一路"科技交流大会上，中国发布了《国际科技合作倡议》，提出坚持崇尚科学、创新发展、开放合作、平等包容、团结协作、普惠共赢6项基本内容，倡导践行开放、公平、公正、非歧视的国际科技合作理念，希望能与各国携手构建全球科技共同体，推动科技创新造福全人类。

匈牙利是世界知名的创新型国家，刚才副国务秘书先生介绍匈牙利已经有12位诺贝尔奖获得者，匈牙利高度重视科技创新和开放合作。在当前发展的新形势下，我们两国加强科技创新合作，一定能够为实现两国经济社会发展提供有力支撑，实现合作共赢。

本届论坛是"中匈科技创新日"的系列活动之一，论坛主题为"发挥中医药优势，守护人类健康福祉"。匈牙利是欧洲首个为中医药立法的国家，中医药在匈牙利得到了蓬勃发展，不仅为人们带来了健康，也促进了中匈科技文化交流。双方从传统中医药传承创新的角度，共同探讨如何加强人才交流、科技创新合作，发挥中医药优势，增进两国人民福祉，造福人类健康。

女士们、先生们，75年的时光见证了中国和匈牙利的友谊，也为未来双方进一步加深科技创新合作打下了坚实基础。我们愿意进一步加强对接，打造中欧开放共享、互利共赢的科技合作典范；我们愿意进一步深入交流，在双方共同感兴趣的合作领域加强合作；我们愿意进一步推动合作，深入开展联合研发、人员培养、成果转化应用和产业化发展，推动两国的科技进步和经济发展，为中匈新时代全天候全面战略伙伴关系贡献科技力量。

最后，再次对各位的到会表示衷心的感谢，祝匈牙利的同事们在华访问一切顺利。预祝本次论坛取得圆满成功，谢谢大家！

3 嘉宾演讲实录

医疗保健领域的创新实践

彼得·埃莱梅尔·费迪南迪　塞梅尔维斯大学副校长

> 塞梅尔维斯大学积极推动中匈医学合作，依托中国总理访匈协议及香港协作项目，倡导联合研发、人才共育及成果产业化，期待中国技术人才加入，共建中欧医学创新桥梁。

今天能够受此邀请，我深感荣幸。我现在是塞梅尔维斯大学负责科学创新的副校长，同时我也担任欧洲一家医学杂志的主编，能够帮大家评估一些肿瘤相关的医学文章。

塞梅尔维斯大学已经有200多年的历史，我们提供匈牙利语、德语、英语、意大利语的教学，在欧盟的6个成员国都有自己的分部。塞梅尔维斯大学也是世界上综合排名前100所大学之一。

作为科学研究部门的主管，我已在这一岗位工作了6年。我们部门承担着三大核心职能：教育、研发和医疗实践。塞梅尔维斯大学与复旦大学建立了长期合作伙伴关系，这是我们国际化发展的重要体现。我们的使命和愿景是：在全球高等教育领域保持领先地位。具体而言，我们致力于在泰晤士高等教育世界学科医学类排名中稳居全球前100强，并力争在欧盟临床诊断和医学科学领域保持排名前五的位置。同时，我们志在成为中东欧地区医疗创新体系的引领者和核心推动力。

这些都是我们的一些大学排名。在2024年世界大学排行榜中，我们名列前茅。在USNews排名中排在前50位，表现非常抢眼。而且在其他一些排名中也都取得了很好的成绩。

我们可以看一些大学的基本数据。刚刚也跟大家分享了我们超过1/3的学生都是国际学生，他们来自100多个国家，我们有5个国际校区，有4种培训语言，还有一个在瑞士校区专门用意大利语进行教学。280万个医学案例可能对其他国家来说不是特别多，但是对于匈牙利来说，这贡献了匈牙利全国10%的案例，非常棒。

我们在布达佩斯、汉堡、瑞士等都有自己的国际校区，我们国际学生的数量特别是中国在匈牙利留学的学生数量不断增加。我们希望能够提高中国在匈牙利学习药学、医学保健的学生比例。我们的科学产出主要是基于博士学生的数量，因此我们实施了多项举措扩大博士生规模，并已取得显著成效。目前，国际博士生占比已达35%，我们的目标是至少维持30%的比例，因为他们的学术素养和培养质量对科研工作至关重要。

就科研成果而言，我校各项指标均呈现持续增长态势。我校主办的学术期刊质量优异，在同类刊物中表现突出。科研影响力指标（如期刊影响因子）也稳步提升。作为匈牙利的科研标杆，塞梅尔维斯大学的科研水平远超全国平均水平。从我校的规模与人才储备角度来看，我校始终保持着全国科研领军者的地位。

在某些专业领域，我们已达到国际领先水平。例如，在心血管研究方面位居全球前列，在生命健康、医学等领域的表现同样也很出色。目前，我校已与全球排名前十的顶尖机构建立了合作关系。此次来访的重要目的，就是希望拓展与中国顶尖高校的合作。中国在医学研发领域的快速发展令人瞩目，我们期待中东欧地区能借鉴中国经验，深化塞梅尔维斯大学与中国院校的合作。

明天我们将访问复旦大学。复旦大学在科研影响力方面成就斐然，发表了大量高水平论文，我们十分期待与复旦大学建立合作伙伴关系。

塞梅尔维斯大学有非常多的刊物，有自己的科学报刊，如生理学等其他生命科学，肿瘤学、病理学等，这些刊物的主编都是我们大学的教授。我们为提升塞梅尔维斯大学的科研能力和科研成果数量做了非常多的努力。我们希望孵化一个创新的文化，能激发我们的学生、科学家开创自己的企业，不仅仅是高质量的研究，同时有更先进的知识、更好地进行投资，这是我们重点支持的领域。还有业务的开发、技术转移和一些衍生品，以及一些关键设施，研发的支持体系，尤其是在大学校内建立的体系。

关于这个研发体系，在过去5年中我们一直致力于打造一个良性循环的生态体系。该体系包含临床研发数据库、生物基因库等核心模块，并设有专门的临床药物研发中心。通过众多合作伙伴的支持（包括赞助商提供的实验资源、住院医师团队的临床协作等），我们的研究能力得到显著提升。这些扎实的基础建设工作，不仅有效推进了各项实验研究，也为扩大国际影响力奠定了坚实基础。

在中东欧地区，许多从高校和科研机构衍生的初创企业，以及风险投资机构（VC），都表现出对我们投资的兴趣。然而，受中东欧地区历史因素等影响，目前实际获得的投资规模仍有限。我们期待吸引更多投资者关注我们的早期项目，助力孵化培育。

当前，匈牙利已吸引部分大型跨国企业入驻，但中大型企业的数量仍有提升空间，现有投资仍主要集中在小型企业领域。

我们特别欢迎国际学生来匈牙利攻读博士学位。以医学领域为例，牙医和药剂师专业的学生在第四、第五学年即可进入博士阶段学习。这种培养模式不仅使学生能通过校企合作项目积累行业经验，更能使学生深度参与科研工作，实现学术与产业的双重成长。

我们的旗舰项目名为"支持科研创新"。正如副国秘先生所提到的，塞梅尔维斯大学科学园将于2025年正式启用，园区内设有7栋不同功能的建筑，旨在为学生打造沉浸式的创新环境。我们期待吸引来自欧洲乃至全球的企业入驻，尤其是来自中国的新兴公司。匈牙利愿意成为连接中国与欧洲、欧盟的桥梁。

我们的研究领域涵盖医疗设备研发、药物研发，并不仅限于医学，还包括药学、生命科学、航天科技等方向，这些均是当前重点拓展的领域。

塞梅尔维斯大学与众多企业建立了紧密的合作关系，包括大型制药公司和中小型企业。我们尤其重视与中国的伙伴关系，2024年中国总理访问匈牙利期间，双方签署了多项合作协议，包括高校合作及近期与中国香港的协作项目。我们希望更多青年才俊能主导中匈医学合作，促进两国学术交流与创新。我们期待两国人才培养合作尽快落地，越早越好。

正如副国务秘书先生所言，布达佩斯是全球创新与教育中心之一，塞梅尔维斯大学及多所知名高校均坐落于此。对于欧洲和欧盟而言，布达佩斯是具有重要影响力的地区，我们更希望将其打造成为欧盟的创新枢纽。值得一提的是，匈牙利为研发企业提供了极具竞争力的税收优惠政策，包括雇佣补贴和企业税减免等，堪称欧洲最优越的研发投资环境之一。

今天我们在此，正是为了寻求更广泛、更深层次的合作，共同推进研发项目，并探索早期创新项目，特别是在医疗器械和制药领域的投资机会。我们的科学园区、科创基地及塞梅尔维斯大学，将为未来的科技与产业合作提供坚实的学术支撑。我们诚挚欢迎中国的技术人才加入合作，共同开拓未来。很高兴能在此介绍匈牙利在创新领域的发展优势，欢迎大家提问，谢谢！

结合医学与未来医学模式

季光　上海中医药大学校长、教授主任医师

> 上海中医药大学聚焦中西医结合医学创新，提出"病症结合"诊疗模式，通过证候客观化、疾病-证候共响应标志物及靶向药物研发，破解中西医疗效评价差异难题。已发布11项老年慢性病的结合医学指南，2023年将新增17项，覆盖中国30种高发慢性病。学校以组学技术、AI赋能中医药精准辨证，构建现代医学与传统医学协同创新范式，为全球医学模式转型提供中国方案。

首先感谢主办方的邀请，他们告诉我今天有这样一个以中医药为主题的论坛，那我肯定要来。我是上海中医药大学的校长。

在上海中医药大学有两个国际组织：一个是国际标准化组织中医药技术委员会秘书处，到目前为止他们已经发布了114项中医药国际标准，为中医药的国际合作和交流做出了贡献；另一个是世界卫生组织疾病分类的专家委员会WHO ICD-11，过去5年他们陆续出版了第一版的ICD-11中医药分类标准和修订版的分类标准，为中医药的国际医疗服务提供了标准。上海中医药大学一直以非常开放的胸怀与全球从事中医药的工作者合作，在这里我也欢迎匈牙利的朋友们，如果有时间可以去上海中医药大学进行访问。今天我就结合医学与未来医学模式做交流。

我们学校建校历史还不到100年，2024年是第68年，但是它在新中国的历史上有举足轻重的地位。中国最早成立的4所中医药大学，其中就有我们大学。上海中医药大学虽然是一所以传统医学为主的大学，但是我认为它对世界医学的发展做出了贡献。

比如说1959年我们做了第一例针刺麻醉手术，是胃大部切除术。1976年，我们在针刺麻醉下做了148例肺叶切除术，现在针刺麻醉已经成为我们一种常规的麻醉方式，每年手术量大概在2000例，为那些不能耐受麻醉药或者使用麻醉药有风险的患者提供了手术的机会。1991年，上海地区第一个国家级新药胆宁片上市，胆宁片现在在加拿大和欧洲的一些国家都有销售。2002年，第一个抗肝纤维化的新药上市，尽管它是一种中成药，但是在20年前，它改变了肝纤维化不能逆转的历史。2010年，我们研制了第一台中医的四诊仪，这个四诊仪为中医的客观化提供了底层技术，现在在中国的很多跟中医相关的医院里都有这样的四诊集成的智慧中医管理系统，为我们的老百姓提供更好的健康管理。

上海中医药大学是国家"双一流"建设高校，2023年我们入选了国家医学攻关产教融合创新平台，也推动了第一个经典名方的上市。

下面介绍一下我们的老师和学生。我们学校有3位中国科学院和中国工程院院士，有一位欧洲科学院的外籍院士，还有3位国医大师，他们都是最资深的老师，在医疗教学科研一线带领着我们培养人才。我们还有25位国家级的高层次人才，他们都是我们的杰出教授。上海中医药大学是一所规模不大的学校，在校生9000人左右，研究生、本科生大概是1∶1的比例。其中，比较有特色的就是我们有1293名全日制留学生，70%来自"一带一路"沿线国家。这些学生的数量在本科生中占22%，所以上海中医药大学是一所比较国际化的学校，是国际学生学习中医的首选学校。

我们学校还有一个比较大的优势，就是有9所附属医院。这9所附属医院有将近9000张床位，每年服务的患者数量是2400万人次，这应该是比较大的数量。这些医院在全国中西医结合医院排名中都是非常靠前的，我们还建设了很多国家级医学中心，患者对我们医院提供的医疗服务也非常满意。

接下来谈谈结合医学与未来医学,如图这是我的老校长,中国科学院院士陈凯先先生。他一直说中医学将对未来医学体系产生影响,改变未来的医学模式。什么样的医学模式?就是产生结合的医学。这种结合医学将对生命科学的认识、对全球健康的帮助、对推动医学模式的转变产生根本影响,它甚至会影响未来的科技、未来的医学和未来的社会。上海中医药大学成立了中西医结合的研究院、中西医结合的学院,还有5所中西医结合的附属医院,我们一起来研究中西医结合医学的未来技术,为老百姓提供更好的医疗服务。

医学的形成是漫长的过程,我们都知道中医学和现代医学是两种完全不同的医学体系,它们的理论基础、思维方法、诊疗模式都不一样。所以在中国很长一段时间,我们一直在争论这两种医学体系要不要结合。到目前为止,这种争论都没有停止。我想要使两种完全不一样的医学体系结合起来,这需要去创造一种语言体系,这种语言体系能把中医和现代医学联系起来。

到了21世纪,生命科技发展到现在这样的程度,尤其是组学技术为中医和西医的结合提供了一种共同的语言。10年前我们就在预测现代医学的分子诊断多组学研究,以及人工智能和中医药的精确辨证、精准循证及精细方证。如果能够很好地结合,就会形成证病结合的医学,证病医学就是结合医学的核心,它对中医的诊疗模式、对现代医学的诊疗模式都有普遍的指导意义,能够进一步地提高疗效。

要实现两种医学体系的结合,我觉得有以下几个重要问题:

①如何去认识证候。证候对现代医学的人来说是非常陌生、非常困难的概念,我们首先要实现证候的客观化和定量化,使它不会因为医生不同而影响对证候的判断,所以我们借鉴了患者报告结局量表研制的方法来研制证候的PRO量表。通过一系列规范程序,我们会得到一些中医基本证候的患者报告结局量表。这是患者提供的一种自身感觉,对任何医生来讲都是同样的结果,既是定量的,又是客观的。为了验证这样一个量表的可行性,我们通过多个临床试验进行测试。

在第一个临床试验中,我们通过健脾的方法联合干扰素来治疗慢性肝炎,发现中西医结合的方法可以提高乙型肝炎患者对干扰素的治疗响应,而这样的提高跟细胞功能表型改变是有关系的。

第二,我们做了较大样本的流行病学研究,在中国非常流行的非酒精性脂肪肝中,我们看到了这样一个证候的流行。这个证候的流行表现出遗传学的基础,可以帮助我们进一步认识为什么中国有这么多的脂肪肝患者,为什么不同性别的脂肪肝患者有发病差异。我们最近做了一个研究,因为新冠病毒感染以后,疲乏患者增加,我们用传统方剂来治疗疲乏,发现有比较好的效果,更加神奇的是我们发现这样的证候患者报告结局量表和慢性疲劳综合征的Chalder疲惫量表、EQ-5D健康状态量表之间有非常好的相关性,于是我们提出了一个新的观点,中医的证候量表在一定程度上可以和Chalder、EQ-5D量

表一起来帮助慢性疲劳综合征的诊断和疗效评价。

类似这样的量表，我们做了不少。比如，湿证的量表，湿证是临床上最常见的一种中医证候。我们也做了简易的量表，在两个队列里进行验证，发现美沙拉嗪治疗溃疡性结肠炎的疗效跟是否为湿热证有关。当这个患者是湿热证的时候，美沙拉嗪的响应率明显降低。如果我们配合了清热化湿的中药，就可以显著提高它的疗效，而且湿热证的患者在血清中有特殊的胆汁酸表型，简单的2～3个胆汁酸就可以很好地预测它在梅奥评分当中的表现。在这个过程中，我们提出这些胆汁酸的标志可以帮助我们在疾病治疗过程中判断疾病的进展和预测疾病预后，减少患者反复接受肠镜检查的麻烦。

②疗效评价。相信欧洲的朋友对待传统医学，首要问题就是循证医学证据是否充分。中医药疗效评价，有以下两个重要的问题。第一个是中医说的方证一定要对应它的方剂和证候之间是有联系的，不是所有的方剂都可以去治疗所有的证候，一定是有内在规律的。这个规律我们必须遵循，这叫方证相应。右图显示的是如果方证不相应，疗效是有明显影响的，这是第一个问题。第二个问题就是疾病和证候疗效评价的不一致性，我们做临床研究的时候会有疾病疗效评价的结果，也会有证候疗效评价的结果。在很多时候，因为它的评价体系不一样，所以它的结果是不一样的。正因为不一样，很多人对包括中医药在内的传统医学提出了一些不同看法。所以现在我们要缩小疾病疗效评价和证候疗效评价之间的差距。在用同一种方法治疗疾病患者的时候，我们观察疾病变化和证候变化，提出了疾病证候共响应的概念，找到这批患者，给他们构建一个共响应的标志物，可能是一组指标，也可能是一个指标。用这样的方法，我们在两个临床试验中进行了验证，证实它有很好的效果。

在证病结合的疾病预测中，中国患病率很高的结直肠癌都是从腺瘤到癌症的过程中被发现的。现代医学可能认为这个途径都是一样的，但是通过中医药的分类，我们发现不同证候的腺瘤到癌的进展程度是不一样的，需要采用不同方法干预才能取得比较好的效果。

③如何实现精细服务。如右图，我们2013年做的研究，一个非常传统的中医药循证医学研究，我们在研究中发现了非酒精性脂肪肝治疗的新靶点。新靶点叫作THR-β，十年以后我们围绕这个靶点上市了第一个经典名方新药，叫苓桂术甘颗粒。一个现代医学的新药靶向THR-β治疗脂肪性肝炎的药物上市，被认为是一个具有里程碑意义的大事件。我把两个十年前的意外发现和2024年以来先后上市的中药西药放在一起，是告诉大家我们在传统医学的临床试验里获取可以帮助我们发现现代医学发现不了的治疗靶标，提供现代医学不能提供的治疗手段。

我们正在做的一个工作也是靶向非酒精性脂肪性肝炎的治疗，从传统的保肝中药五味子里找到了一种成分。现在我们已经证实它可以靶向巨噬细胞的表面受体——VDR受体来干扰巨噬细胞的重新编程，以此来治疗脂肪性肝炎，它可能是治疗脂肪性肝炎很有潜力的药物。

通过上面的实践，我们认为结合医学是一种对患者更有益的医学，它把疾病医学的优势和证候医学的优势更好地结合在一起，提供的是一种分类更加精细的医学、治疗更加精准的医学、对患者更加有效的医学。

我们在这样的结合医学观念指导下，围绕中国老年慢性病，编制了一系列证病结合的指南。2023年在上海召开的中国老年慢性病大会上，我们发布了11个指南。2024年10月，我们会在深圳召开的第二届中国老年慢性病大会上发布另外的17个指南，中国老年人30个最常见的慢病都会有结合医学的方法去保障他们的健康。这就是结合医学对未来医学模式发展的一种启示。

我就跟大家介绍这些，谢谢大家！

IPCEI 的研究成果

安德拉什·丁涅什　BioTalentum 公司首席执行官

> Bio Talentum 公司专注于生命科学19年，2024年4月末参与IPCEI项目，是6个成员国30家公司选的14个项目之一。项目涉及生物资源等多领域，还有糖尿病、心脏移植等研究，部分实验为药品研发指明方向。公司与中国多家机构有30年合作历史，未来将会进一步推进技术开发。

非常感谢在座诸位的聆听，我的名字叫安德拉什·丁涅什，非常高兴今天能够来到这里。我们跟中国的合作已经有30年的历史了，和不同的团队都有合作，比如我们和四川大学的教授在过去8年中合作一直在不断深入。同时，跟中国政府之间也有很多不同的合作，让我们之间的合作关系更加紧密。

我的公司在19年前成立，叫BioTalentum，主要专注于生命科学领域的研究。当我开始创办这家公司的时候，面临着非常多的挑战，主要聚焦在一些人类干细胞的研究领域，对于很多医药领域来说都是非常重要的，如病症学安全等。

干细胞的研究有非常多的应用领域，如在器官、细胞安全性领域。全球干细胞投资规模是450亿美元，都是使用这种高级的治疗方法，这一点非常重要，因为干细胞研究是非常新的领域。

融资一直是非常大的挑战。在过去19年中，我们排在匈牙利干细胞研究领域的第一位，还和很多不同的项目进行合作，比如和全球其他国家的一些公司进行合作。我们2024年有4个新的项目，比如与大的医药公司合作，最重要的一个就是我们的欧洲共同利益重要项目（IPCEI），规模是 5400 亿欧元，非常巨大。同时，还有匈牙利政府支持的一个项目，进展也很好。

在新冠疫情的全球危机中，欧盟深刻意识到必须推动变革，特别是在关键健康技术领域，如云计算、大数据和免疫疗法等。这些技术对公共卫生体系的未来发展至关重要。为了提升健康领域的创新能力，欧盟需要整合多方专家资源，促进跨领域协作。同时，融资机制也面临挑战——欧盟的融资标准严格，因此需要官方层面的支持，但政府间的合作不应干扰市场的公平竞争。具体而言，欧盟内部的协作应当遵循市场规律，避免对正常商业竞争造成影响。此外，持续加大科技研发的投入至关重要，以缩小技术差距，推动创新突破。这些因素共同构成了当前欧盟在健康科技融资方面面临的挑战。

这个项目是 2024 年 4 月末开始的，价值 10 亿欧元。我们希望再有 60 亿欧元的融资，所以总共是 70 亿欧元，这是一个规模非常大的项目。这是从 6 个成员国、30 家公司选的 14 个项目之一。我们有一些非常间接的合作伙伴，能够跟我们一起进行合作，也希望这对大学、科研院所、新产业会产生积极的溢出效应。4 个主要的项目叫作生物资源研究，开发更好的模型，能够进行测试，创造更好的疫苗和测试项目，创新性可持续发展的医疗价值链等。这 4 个都是非常重要的，因为它们实际上贯穿了价值链、产业链中的每一个环节。

另外，还有糖尿病项目、心脏移植项目。新冠病毒感染的后遗症会让人们的免疫系统混乱，有 18 个测试都发现了 II 型糖尿病的发病率会不断增加，我们没有现代或传统的方法能够一劳永逸地解决糖尿病问题，所以现在我们还是期待一个非常有效的方法。我们希望能够把这个过程分解，能够让他们的寿命延长几年，或者是 5～6 年、10 年。

还有一个作用于细胞移植的解决方案，目标是更好地移植新细胞。对于一些不好的细胞，可以将其淘汰，并进行新细胞的移植和培养，还有其他的一些帕金森疾病等，这些本来没有解决办法的，我们都可以通过药物治疗的。

还有干细胞的方法，2023 年在美国有两个患者都进行了心脏移植。20 多年前，我在美国一直是克隆项目的负责人；20 多年之后，我们可以利用猪的心脏细胞，把它移植到人中，让它治疗人的心脏病。例如，老年人口不断增加，如果用这种移植的方法可以延长他们的寿命，如 10 年、15 年。但是因为有些地方的心脏供体非常紧缺，所以我们可以用猪的心脏代替部分人类心脏的进行移植。

还有另外一个价值 700 万欧元的项目。例如，其他一些细胞的移植项目，这是人类的 β 细胞，这是一个小鼠实验，激光照射下，这些细胞是非常好的，能够满足人体需求。同时，我们可以不断地促进医疗开发，希望 7 年之后能进入临床试验，应用到整体的试验当中。另外，我们正在做心脏细胞的受体，以及体内毒性测试、疾病建模，我们可以研发出新的疾病对策，并且通过体内技术来提高药品开发的效率。我们现在的实验还没有完全获得成功，但是它已经为我们未来药品的研发指明了方向。接下来我们与中国国家药品监督管理局、成都的相关研究机构进一步进行合作与技术开发。

这是一些项目案例，比如在匈牙利的学校进行研发阿尔茨海默病的一些神经药物，预防和治疗偶发性阿尔茨海默病，并且能够为药品公司提供新的研发思路。这是我们的研发团队，匈牙利研发与创新署给予我们很多研发资金上的支持。我在上海已经待了几个月了，因为我们与中国政府和位于浙江诸暨的国伟科技有限公司进行了一些合作，带着我们的研究生和研发团队进行技术研发方面的合作。

我个人与中国的渊源很深，非常感谢大家此次能够来到论坛参与我们的活动，谢谢！

4　分组讨论

医疗保健服务创新解决方案

主　持　人：
　　诺拉·罗代克，匈牙利创新局国际合作和市场部主管。
讨论嘉宾：
　　伊尔迪科·格拉姆波斯，潘诺尼亚大学研发中心主管；
　　西拉德·佩尔奇，吉瑞制药创新及招标主管；
　　刘继勇，复旦大学附属肿瘤医院药剂科主任；
　　元唯安，上海中医药大学附属曙光医院副院长。

伊尔迪科·格拉姆波斯：谢谢大家，感谢主办方邀请我参加此次论坛和小组讨论，我来自潘诺尼亚大学研发中心。医疗保健对人类健康至关重要，而清洁的水源是保障健康的基础，因此水的处理对于人类的健康福祉也是非常重要的。我们的大学及研发中心致力于寻找用新的技术应对人类亟待解决的问题，如水处理、清洁水源及制药和健康领域的问题。我们希望通过技术创新服务更多的创新型企业，谢谢！

西拉德·佩尔奇：大家好，我是吉瑞制药的创新及招标主管。我们的总部在匈牙利，是一家建立于1901年、有着悠久历史的制药公司，目前已经有123年历史了，我们的市值已经达到10亿欧元。在研发、生产、销售及市场营销方面我们都打造了完整产业链，主要专注于包括女性健康及生物制药在内的4个战略领域。我们在全球有5000名员工，包括中国的200多名同事，我们在中国的分部位于上海。今天既然是创新论坛，我也想强调我们一直非常专注于研发，每年有10%的营业收入用于研发。

刘继勇：大家好，非常高兴受邀参加此次浦江创新论坛，我来自复旦大学附属肿瘤医院。复旦大学附属肿瘤医院成立于1931年，是中国建立的第一家肿瘤专科医院，它在放疗、病理、肿瘤内科治疗方面都是国内的奠基者和引领者。我们医院在上海拥有徐汇和浦东2个院区，与上海中医院高度融合。今年7月份，在厦门建立了新的医院——复旦大学附属肿瘤医院厦门医院。我们在国家区域医疗中心的战略指导下，与福建省肿瘤医院成立了区域联合医学中心。这家医院实际上是以创新肿瘤治疗的方法为己任，为患者提供高质量和全方位的肿瘤治疗临床科研服务，还有在乳腺癌、胰腺癌技术障碍等方面的医学服务，都具有比较好的治疗效果与治疗方式，与药物研究作为我们医院发展的重要抓手。目前，在医院的统一部署下，在肿瘤治疗的创新药物、创新疗法等方面配合临床科室共同为肿瘤患者提供创新型和高质量、全方位的药学服务。

元唯安：大家下午好，我叫元唯安，是上海中医药大学附属曙光医院的副院长。上海中医药大学附属曙光医院就在会场隔壁，非常近。这是一所中西医结合医院，在国内非常有名，已经成立了118年，现在有床位1500张、3000多名职工。除了能提供西医的基本治疗技术之外，主要特色在于中医的治疗服务。

诺拉·罗代克（主持人）：感谢各位的介绍，产学研的结合是我们能够将科技成果转化为产品的关键所在。所以我想问一下伊尔迪科·格拉姆波斯和西拉德·佩尔奇，你们在这方面的经验是什么？

伊尔迪科·格拉姆波斯：我们学校的全球研究中心建立于2014年。我们希望能够促进新的合作方式，不仅是在政府、学校及产业和研发中心，还能够进行多方合作。我们希望全球研究中心能够成为产业和学院之间的桥梁。有时候科学家做学术研究，不同的行业从业者做产品研究，但他们之间缺乏有效的交流，无法形成合力。因此，我们中心希望能够了解现在产业当中面临什么样的技术问题，并且了解学术界的一些最新成果，能够让他们共同进行研发。在基础学科的科研方面，需要学界的介入，并且推动产业方面的研发。

西拉德·佩尔奇：我非常高兴能够看到浦江创新论坛提出的一些新理念，希望能够共同打造未来创新的环境。很多领先的制药企业和医疗企业知道我们需要让多方参与进来，共同打造医疗创新的生态系统。我们需要与大学、研究中心、研究机构进行广泛合作，从而形成项目上的合力。我们另外也需要利用内部的研究资源，但是仅有内部资源是不够的，无法以一己之力来做所有的研究和创新，所以我们与许多创新机构、创新团体进行合作，并且与他们共同建立了这些创新目标和时间框架。

从企业的角度来看，我们需要考虑与怎样的研究机构进行合作。确定了合作伙伴之后，我们需要共同决定一些研发目标和解决方案，打造非常广泛的研发网络，如在女性健康、神经性疾病的研究方面，已经打造了广泛的研究网络，我们充分了解学者在做的一些前沿研究。另外，我们需要与学术界最优秀的学者进行共同研究，从而能够形成合力，让学界了解到企业需要什么，并且让企业知道研究者们正在研发什么，从而更好地诺拉·罗代克（主持人）：感谢您的分享。我们的分组讨论是关于医疗保健服务创新的，所以你们企业对于医疗保健服务创新的重要性是怎么看待的？

伊尔迪科·格拉姆波斯：我们主要关注水处理。我们的研究重点是如何能够提供更高清洁度、更高质量的水，并且为不同的产业水应用提供高质量的水源。不同的产业有不同的水需求，如纯净水、高纯水及具有负离子的水等，这些都需要应用最新的科技来为不同产业提供他们需要的水资源。我们需要与一些研究中心研发这些能够满足不同医疗服务及产业需求的水。对于废水处理，我们认为重要的一点是需要对废水进行有效处理，从而能够保护我们所生活的环境。水的循环也非常重要，我们希望有好的科技能够帮助我们阻止水的污染，能够循环处理水，这一点是非常重要的。这也是我们在这个领域能够取得的成绩。

诺拉·罗代克（主持人）：谢谢。你的公司在医疗领域创新中扮演着什么样的角色？

西拉德·佩尔奇：在生态系统和医疗行业中，我们扮演着举足轻重的角色，我们希望能够提供更好的医疗产品。作为欧洲的制造商，在可持续发展方面，非常重要的一点是我们有很多不同的规定和倡议，如在欧洲有 ESG，叫作环境、社会和政府监管，这些都是非常重要的。我刚刚没有谈到股票市场，但是对于投资者来说，他们需要非常注意可持续发展，因为这也是我们医疗行业所关注的重点。去年在主要的领域我们取得了一些非常好的成果，增加了产量，大概增加了 17.7%，同时因为我们运用了一些新技术进行创新，用水量减少了 20%，还使用了一些可再生能源、循环利用资源。此外，我们有数据驱动公司战略、工业 4.0 解决方案，性价比更高，更加可持续发展，能够让患者用得起我们的产品，这些都是非常重要的。

诺拉·罗代克（主持人）：非常感谢。我们看到天人合一对于传统中医来说特别重要。今天，传统中医能够在社会发展过程中扮演什么样的角色呢？

元唯安：中医在我们国家已经发展了很多年，尤其是现阶段，我们国家的医疗卫生整体政策是中西医并重，它们的地位是一样的。所以你能够在中国看到有专门的中医医院，综合性医院里有中医科，都能够提供全方位的中医服务。现在随着人们生活方式的改变，人们对健康有了更多地关注，这时候中医药的作用会越来越大。我们看到不光是中国的老年人喜欢接受中医治疗，这两年越来越多的年轻人也愿意接受中医药的治疗。中医药在现代的健康保健体系中的作用越来越重要。我在美国待过一段时间，美国也有越来越多的人认识到以中医药为代表的传统医药，越来越多的人愿意了解和接受这样一种治疗方式。

刘继勇：我接着元院长的话补充一下。元院长是中医的临床医生，我作为一名具有中医背景的药学人员，国家在"健康中国 2030"战略中明确提出了中西医结合的发展战略，前面领导在致辞中也讲到，匈牙利作为欧洲第一个对中医药进行立法的国家，也充分证实了其对中医药的认识和认可。目前，中国的老百姓在进行医疗服务选择的时候，除了可以选择现代药品，也可以选择传统的中医药方。作为科研工作者和药学工作者，更重要的是如何充分发掘传统中医药在现代疾病，特别是像肿瘤、高血压、糖尿病等慢性病治疗中的治疗效果。在发挥效果的同时，能够尽量提供安全有效的药品保障服务，这当中就需要制药企业、科研院所、临床医生共同配合，从天然产物、传统产物中寻找出高效、低毒、价廉的，能够为老百姓提供更好医疗保健服务的药品，真正达到中西医结合、中西医并重，谢谢！

诺拉·罗代克（主持人）：非常感谢。

西拉德·佩尔奇：很多时候大家的目标是一致的。我们认为不管是中医还是西医，都应该是有效的、循证医学的、安全的，并且都是老百姓能负担得起的。

诺拉·罗代克（主持人）：你认为传统中医与创新之间的关系是什么样的？比如它的创新元素，如何充分发挥中医的创新优势？

元唯安：所有的学科，不管是中医还是西医，一定要发展和创新，这个学科才有生命力，这是一个大前提。在这个基础之上，我认为现在中医和西医尽管理论基础不一样，但目标是一致的，都是为了治疗疾病、增进健康。就像前面季光校长所说的，中医为现代医学发展也提供了一些很好的思路，如中医治疗不同证候的亚人群分布，他发现一些新的治疗靶点，一些治疗的及时有效的现象，这对现代新药的研发有比较大的帮助。同样，现代医学的很多研究技术手段、研究方法，对解释中医药的治疗方法是不是有效、为什么有效，也有极大的科学基础作用。从这一点来说，我觉得两个学科之间应该是相互促进来实现最终目的。不管是中医还是西医，最终都是以提升健康水平、解决疾病问题为根本目的。

刘继勇：技术是不分中西医的。技术是我们共同创新的源泉，技术可以共享。如何把不同的医学体系结合起来，对它进行更深入地阐述，能够阐述其中的道理，更好地为患者服务，这是我们共同的目的。

诺拉·罗代克（主持人）：我非常同意在座各位的观点。癌症会造成全球患者的死亡，但是在肿瘤学领域，我们有些创新。肿瘤学领域的创新对于你和你的机构有什么样的启发？

刘继勇：这是一个非常好的话题，也是大家非常关注的话题。现在肿瘤已经成为全世界共同面对的主要疾病之一，在肿瘤治疗过程中，经过几十年的发展，我们对于肿瘤的治疗、药物已经有了很多进展。在推动肿瘤治疗过程中，我们的创新正如这次论坛的主题"共享创新，共塑未来"，创新是肿瘤治疗的动力和源泉，也是肿瘤治疗的生命线。例如，从传统的放疗、化疗进步到今天的免疫和靶向治疗，由传统的化疗药物进化到今天的细胞移植疗法，这些都离不开创新。

诺拉·罗代克（主持人）：非常感谢。你在开发和推广新的癌症治疗方法方面面临的主要挑战是什么？如何通过创新帮助你克服这些障碍呢？

刘继勇：目前，肿瘤的治疗虽然取得了非常长足的进展，但我们仍然有正在努力克服的问题，如 CAR-T 疗法，它在血液肿瘤方面取得了众所周知的治疗效果，但是目前对于实体肿瘤的治疗，CAR-T 疗法还面临着很大的挑战。CAR-T 治疗在实体肿瘤方面的治疗效果并不是很明显，我们如何克服这些障碍？如何让细胞免疫疗法取得更好的效果？新一代的治疗方法也正在临床研究中。另一方面是系统治疗药物，如现在的 PD-1 免疫治疗药物，它上市之后会出现耐药问题，会出现免疫相关不良反应的问题，如何通过治疗方案，以及通过多个药物的联合治疗，如双靶治疗或将免疫治疗与靶向治疗结合起来，这些可能都是我们克服这些问题的有效方法。再如，现在的 ADC（抗体药物偶联药）等，为攻克难以根治的肿瘤提供了新的选择。当然，我相信中医药在这方面可能也有更好的疗效。

元唯安：由于时间关系，我想分享一个简单的例子。肿瘤靶向药物治疗很容易产生耐药，这种耐药问题是肿瘤靶向药物治疗的一个很大的难题。就在去年，耶鲁大学牵头做了一项全球的多中心临床研究，他们用了一种中药，解决了索拉非尼在肝癌治疗中的耐药问题，效果还是比较好的。这是中西医结合解决一些问题的非常典型的例子。

诺拉·罗代克（主持人）：非常感谢。我们关注一下女性健康领域的问题，你觉得匈牙利和中国之间有哪些潜在的合作机遇？

西拉德·佩尔奇：虽然没有在肿瘤学上有合作，但是我们的合作主要聚焦在女性健康，比如女性绝经后出现的一系列问题的解决方案，再比如老年妇女的慢性病治疗，这是一个不断蓬勃发展的新兴市场，但目前还没有一个研发中心。我们希望有更好的监管，监管非常重要，我看到我们的同事都在微笑，因为大家都有一些切身体会，如美国的食品药品监督管理局和欧洲的食品药品监督管理局。我们可以看到中国的老龄人口非常多，我们希望能够有新的解决方案，也希望能够为他们达到老龄之后找到更好的服务方案，并且能够与企业和健康医疗服务的提供者们一起合作，找到最好、最有效的方案，为患者及老年人提供最好的服务。

诺拉·罗代克（主持人）：感谢您，我也想对各位专家提问，你们觉得未来在匈牙利和中国机构之间会有怎样的潜在合作领域呢？你们刚才已经讲到过企业之间的合作，你们觉得在中匈两国的机构之间存在什么合作机遇？

伊尔迪科·格拉姆波斯：跨学科合作、跨行业合作是非常重要的，因此我们也要有全球的合作伙伴。我们有着全球各地的合作伙伴，也很需要在中国，在技术、策略、战略方面能够找到合作伙伴，比如刚才讲到的化疗及放疗、免疫治疗等方面，其实它们也可以与中医或新的治疗方式进行结合，比如医疗领域也需要清洁的水源来满足医疗服务，同时创新的水处理技术也是很重要的，学校和企业之间的合作也是非常重要的。

西拉德·佩尔奇：我的情况比较特别，因为吉瑞制药从 1994 年进入中国市场建立分公司以来，已经在中国运营了30年，我们也花大量时间做了很多努力来发展中国的业务，中国是一个快速发展的市场，有很多患者需求，我们需要了解中国的市场，并且尊重中国市场的不同。中国的市场有它自己的特点，在深耕30年中国市场之后，我们了解了中国患者的需求，并且也知道随着中国老龄化的不断发展，需要服务的患者数量也会增长，市场也会增长。另一方面，我们也坚定了继续在中国发展的信心。我们在中国已经雇用了大量员工，员工数量也在持续增加，这也是企业与中国进一步合作的一些举措。另外，吉瑞作为一家制药企业，也在不断寻求新的理念、新的项目，我们希望能够与技术企业、女性健康服务医疗机构及相关的创新医学机构进行合作。

刘继勇：这是一个非常重要的问题，在我们国家"一带一路"倡议框架下，本次论坛特别邀请匈牙利担任主宾国，实际上就是我们合作的一个非常生动的体现。我们合作的领域可以有很多，尤其是在卫生行业和教育行业，作为复旦大学的老师，在这个领域有很多更能贴近民生的合作。吉瑞制药在中国已经深耕了30年，未来我们能否以此为切入点，结合中国患者的情况，在本土设立中国研发中心，更好地利用中国的市场资源和科研教育资源，以点带面来推动合作向纵深发展。虽然两国之间相距遥远，但是在医疗卫生教育方面还是有很多共性。我们能否从中探索出大家共同面临的问题，找到合适的点来建立相应的机构，从而开展相关的合作。或者说我们医疗机构之间可以建立起中医和西医交流的渠道，可以通过互派医生和互派学生的方式来加强我们的合作。这件事可能在我们国家的战略引领下，通过具体的机构，一项一项地落实。

元唯安：中国和匈牙利两国传统友谊深厚，人民之间也保持着密切的友好往来，在这样大的前提之下，作为医院，我们能合作的领域有很多。除了全球多中心临床研究可以合作，跟吉瑞这样的匈牙利企业也能够开展合作。例如，前面提到的女性健康，像绝经后的骨质疏松和其他问题，我们可以建立新药研发合作，也可以从传统的中医药里找一些新的潜在治疗靶点，从而开展合作。

伊尔迪科·格拉姆波斯：我觉得教育方面也是未来合作的一个领域。你们刚才提到了教育方面的合作，比如我们可以了解彼此在医学教育方面的进展，也可以互派留学生。现在也有中国的留学生来到匈牙利接受教育，您刚才提到的研究人员和学生的互访交流，也会是一个非常有效的加强合作的方式。

诺拉·罗代克（主持人）：非常感谢大家的分享。我们知道虽然两国之间有区别，但是我们有很多的共同点和共同兴趣及利益。非常感谢各位热烈的讨论，希望我们在会后也能够维持这样友好开放的交流。接下来有请在座的听众来进行提问，你们既可以向在座的专家提问，也可以向刚才的演讲者提问。

安德拉什·丁涅什提问：传统的中医通常让我感到着迷，它把不同的化合物进行组合以后就能产生不同的疗效，这也是中国文化中的一些传统智慧。在欧洲也有一些传统医学，但是我们的每种化合物都需要进行每个批次的质检。在中医药栽种培植中，批次与批次之间可能有不一样的营养物质和疗效，你们是如何控制批次与批次之间中医药的区别呢？

元唯安：首先这是一个非常好的问题，也是我们现在中药质量控制的一个核心问题。中药的很多植物药从种植再到药材中间有很长的环节，要完全实现质量控制是非常难的。我国在药品安全监督方面采取了多项措施，如在种植环节实施GAP（良好农业规范）标准化管理，由政府药品监督部门对田间种植过程进行严格监督。从药材到药品的过程中，有很多质量标准，不同药品可能有不同的质量标准，我国有很多专门从事药品质量标准研究的专家，他们任职于各个大学、研究机构中，这些研究标准成为国家标准之后，最后这个药材是不是合格，一定是按照这个标准去检测。如果这个药变成中成药上市的药品，它会有质量控制，复方药品也会有质量控制标准。因为我是临床医生，又刚好负责新药的临床试验，所以从我的理解回答一下这个问题。刘教授是药学专家，可能会再补充一下。

刘继勇：这是一个非常重要、非常有意思的问题。元院长从源头到过程上都已经很好地回答了这个问题，这个问题也是目前我们国家在推广中医药过程中非常关注的。我们的中药材大多数来自于天然产物，来自于植物或矿物，还有一些来自于动物，如何控制这些散在田间地头的植物的质量？我们有GAP基地，GAP方式能够建立专门针对某种药材的基地，在这个基地范围内，我们尽量做到它的生长环境、水分等的一致性。从源头上控制之后，我们会对每批植物药的采收季节、加工方式、炮制过程等进行规范。源头上标准制定好之后，我们如何通过实验手段来验证标准，前面元院长也谈了一点，上海中医药大学作为ISO标准的执行单位之一，也对这方面做了很多标准的制定。我们希望在这些标准制定后，不管是中国的药材，还是中医药，都能够形成规范的、可操作、可重复的标准。第三点是加强监管，我们的植物药在变成中成药上市后，国家药品监督管理局等会对相关药品进行定期质量抽检，保证药品质量安全，为患者提供安全有效的药品。

诺拉·罗代克（主持人）：非常感谢，大家还有没有其他问题？

提问：我有一个问题想问伊尔迪科·格拉姆波斯博士。中医在匈牙利的应用情况是怎样的？比如说我去医院的时候，我能够选择使用中医的疗法吗？

伊尔迪科·格拉姆波斯：非常感谢你的问题，因为我不负责医院，但我知道匈牙利是欧洲第一个将中医治疗方法立法的国家。

西拉德·佩尔奇：我不是中医的专家，我的同事也不是。但是我只能这样说，在匈牙利用中医治疗病人是合法的。

提问：我在布达佩斯攻读的博士学位，想补充一下刚刚这位同事问的问题。匈牙利有一个非常有名的中医，他相当于自己开了一个中医医院，中国人在他那边看病等于自费，但如果生病去匈牙利当地公立医院的话，全部是免费的西医。

诺拉·罗代克（主持人）：非常感谢您提供的关于匈牙利就医的信息。还有没有其他的问题？

提问：回应一下刚才那位先生的问题，在匈牙利怎么看中医。我是中国驻匈牙利大使馆负责科技创新合作的工作人员。在匈牙利中医是被立法、被接受的，那边有很多亚洲（包括越南、日本、韩国、中国）人，他们在那里工作，经常会遇到东方式的保健和医疗，有一些私立的华侨医生在那里依法行医，这是一种方式。现在我们也正在尝试在匈牙利的公立医院进行中医合作，匈牙利一家公立医院正在跟无锡中医药大学合作，尽快在那里建立中医科，中医科将来会拓展中医药治疗和应用方面的业务，我们正在探索这方面的工作。将来经过一段时间的探索以后，中医药可能会被纳入其他国家的健康体系。

诺拉·罗代克（主持人）：非常感谢。感谢大使馆的专业工作人员给我们做出的解答。如果没有问题的话，我要再次感谢所有的专家在小组讨论中发表的真知灼见。

5　主旨演讲（一）

具备多领域科研能力和国际合作网络的领先工科大学

哈桑·查拉夫　布达佩斯技术与经济大学校长

> 布达佩斯技术与经济大学（BME）工程学科享誉全球，建有8个国家级实验室，聚焦人工智能、生物科技、自动驾驶等前沿领域，并与欧盟及产业界深度合作，推动技术转化与初创孵化。凭借240余年的学术积淀与国际化网络，BME持续引领多学科交叉创新与工程教育发展。

非常感谢在座诸位，下面我用15分钟时间，给大家介绍一下布达佩斯技术与经济大学，我们的大学是有240多年历史的大学，我会竭尽全力全面介绍它。

我给大家选取了一些经典数据和图片，这是布达佩斯技术与经济大学的主校区，这个建筑已经有一千多年的历史，它是联合国教科文组织的世界遗产名录之一，历史非常悠久，是我们大学的主要建筑之一，图书馆也是建筑群之一。我们还有一些新的校区，比如一些新的科研或IT设施也在建设中。

布达佩斯技术与经济大学是欧洲最古老的工科大学，去年我们进行了建校两百多年庆祝活动。我们涵盖了工科的方方面面，学校规模和中国大学比当然是有点小，但是我们有23 000名学生，11%～12%是外国学生，还有1000多名教职工。

我们有研究生项目、硕博士项目，这些项目都是用匈牙利语和英语进行教学，现在我们还没有中文教学的科目，但是我希望以后会有用中文教授的科目。

关于欧盟项目。2020年签订的欧盟项目，我们大学的确是欧盟基金的受益者，布达佩斯政府在匈牙利大学中的确做得非常好，有欧盟专门提供的资金援助。

我们有非常好的工程学科排名。在历史长河中，大家如果看一下我们的大学历史，可以了解到我们的教育中心或研究中心，还有下一代的中心的发展脉络。我们今天讨论了技术转移，就是如何从研究中进行技术的转移。我们也逐渐开始实施技术转移，让研发成果、观念等帮助我们进行技术转移。

我们的研究基础设施也非常好，活动非常丰富，比如一些传统研究项目，我们是匈牙利很多卓越项目的参加成员，有七八个国家级别的实验室，聚焦在不同的研究领域，它们都是由匈牙利政府来创立的，希望能够推动不同地区之间，不同研究机构、大学之间的产学研合作。还有人工智能实验室、生物科学实验室等。之后我们的教授也会和我们分享更多，因为会谈到不同大学的科研能力。比如说石油公司、建筑公司、工程类公司都和我们进行合作，我们还有匈牙利中小企业研发中心，能够给中小企业提供一些解决方案，能够让不同的企业参与者都充分地从制造业中获益、从我们的研发成果中获益。

我们有6种不同的战略，使用不同的方法，同时也注重可持续发展。可持续发展对每个大学、每个研究机构来说都是挑战。如何更好地关注我们的未来及子孙后代的未来，是我们现在需要通力考虑的问题。

接下来是第四代校园建设，首先来看能力地图，就是向其他的大学、科研院所展示一下我们强项在什么地方。我们的能力地图是这样的，意味着我们在这个领域中研究机构的大小，它们有不同的能力。同时，让我们的合作伙伴看到这个大学的潜力点是什么，我们聚焦的点是什么。我们也有不同领域的解决方案，这种能力地图是在两年之间创立，再不断地更新，根据我们的研究成果也在不断丰富我们的能力地图。在欧洲的一些研发领域，我们有一些法律规范，比如说如何成为欧洲的创新体系中的一部分，大学、科研院所或产学研之间的关系在欧洲都是广泛关注的点。在很多工程技术类大学中，因为没有产学研合作，我们工程类技术大学是举步维艰的，从研发到市场的闭环非常重要。

我们非常看重生态系统。如何建立更加有活力的生态体系，香港的同事会跟我们更好地分享他们的方法，比如说政府、企业家、学校，所有的利益相关方，还有做研究的经理，他们的职责非常重要。现在我们想要建立一个类似美国麻省理工学院的模型，更好地让我们的研发成果实现转化，我们希望这种方法能够把研究的知识成果更好地商业化。

现在进行的一点就是每个月我们都有商业早餐。我们邀请一些关键的合作伙伴，共同讨论学校的教育重点、大学现在的研究重点，以及已经取得了哪些成果。我们希望更好地激发这些人进行合作，也意识到还有一些弱点，需要给研究者们提供更多的支持，能够让他们的研究成果更为有效地转化。这也是为什么我们现在认为学校在促进科学研究成果转化方面，还面临一些挑战。并且在匈牙利有些小型企业，要求我们向其提供科研方面的帮助，所以 BME 中心负责促进学校之间以及与 BME 关联的企业之间的合作与交流。我们去年在瑞士做出口贸易，在自动驾驶、云计算及显示器等方面的技术均做出了创新。

这一页展示了 BME 和欧洲的项目，以及在欧盟支持下一些项目的参与程度，我们的项目取得了极大的成就。并且这里可以分类显示出我们参与了哪些合作项目及和欧盟所做的合作努力。我们在欧洲的工程技术学习方面也是非常先进的，并且与其他国家的大学都有合作，我们与这些大型企业，以及匈牙利中小型初创企业都有相应合作。

我们聊到了医疗产业，也研究了如何将 AI 技术与医疗制药等行业相结合，并且展示了一些内容，由于时间有限，可能没办法向大家一一介绍。但是在 IT 和新兴技术领域，我们的科研能力也是比较强的。比如区块链及 Web3.0 和信息技术、隐私保护等方面，我们也有所研究。在人工智能和其他的新兴技术方面，我们都有所涉猎。

我们对于匈牙利的无人驾驶或自动驾驶技术也有很大投入，在匈牙利已经有实验测试基地，无人驾驶领域也有所建树。学校在科研方面的成功也离不开学界和企业的支持。很抱歉，因为时间有限，所以不能展开介绍。

另外，我想提一下我们与中国的一些高校和企业、研究中心都有合作，比如说复旦大学、厦门大学、西安电子科技大学、厦门的研发中心都有相应合作。

非常感谢大家。如果大家有其他感兴趣的问题，欢迎向我提问，谢谢！

成长为高科技强校的经验分享

彼得·格拉姆波斯　欧布达大学创新副校长、教授

> 欧布达大学构建产学研协同体系，成立技术转化中心与风投基金，孵化卫星定位系统、医疗氧气生成器及 3DHISTECH 病理扫描机器人等创新项目。与中国 MAGNUS 航空合作设立无锡研发中心，深化航空技术协作。作为欧洲新兴科技教育枢纽，欧布达大学以跨学科创新和产业转化能力为核心竞争力，致力于打造国际化科研环境。

感谢各位的莅临，今天很荣幸能够来到这里向大家介绍欧布达大学，它也是匈牙利的一所技术类大学，我们也关注科技工程领域，但是它的规模没有哈桑·谢拉夫博士所介绍的布达佩斯技术与经济大学的规模那么大。

欧布达大学是一所比较年轻的大学。我更想介绍学校的未来，而不是过去。我们建立于2010年，主要专注于工程科技等方面。欧布达大学有17个学院，主要都是在技术方面，并且专注于机械、计算机、建筑及医疗，我们还具备商学院及轻工业设计等方面的教学能力。

我们在全球大学排名中排第1000～1200名；在比较年轻的大学排名中排第351～400名；我们在计算机科学方面的排名是比较靠前的；在工程科技方面，我们排全球第600～800名。

我们是一所跨国的学校，总部在布达佩斯，但在全球的其他国家，包括匈牙利和邻国都有分布，最重要的是欧布达大学有3个科研产业园。我这里着重强调这一点的原因是希望能够邀请潜在的中国投资者来访问我们的科技园，并且寻求进一步合作。我们的3个科技产业园，一家在靠近布达佩斯的地方，另外两家分别在匈牙利中西部城市SZEKESFEHERVAR（塞克什白堡）及匈牙利南部城市KAPOSVAR（考波什堡）。这些科技园涉及的科技领域包括网络安全、信息技术、工业机器人及汽车制造和汽车研发等。

在全球合作伙伴关系方面，大家可以从这张PPT里看到，我们有188项国际合作，我们与清华大学有材料科学和研发方面的合作。我们与哈尔滨工业大学的胡教授在食品科技方面进行合作研究。另外，我们与重庆大学建立了联合机器人实验室。其实我们有着非常广泛的国际合作，尤其是与中国的大学、实验室和教授都有专业合作，我们希望在今后有更多的合作和交流。

我们作为一个比较年轻和规模小的大学，学生大约有1000名，较小的规模使得我们不能凭一己之力解决所有科研创新方面的问题。因此，我们有一些专注的领域，比如说像人工智能及相关的互联网安全应用和机器人等，它可以帮助我们专注于这些现有的关注点，包括绿色能源及水利科技和网络，以及制药服务、创新性建筑设计、环境保护等。

我们相信在建立起密切和有机的产学研合作关系后，我们能够与产业、企业、社会及政府进行密切合作，可以促进我们建立起一个全方位的合作体系。我们相信高等教育能够为社会、企业提供基础的研发能力和资源，并且通过与全球的伙伴进行合作，进一步提升教育水平和科研能力，从而更好地吸引欧洲及欧洲以外的投资，并且建立更好的研发创新策略。我们也创立了一些风险投资企业，与其他风投企业合作，并且能够在接下来的10年里吸引大量的外资。这些风险投资主要是用于资助那些初创企业，尤其是以高校为背景的初创企业，能够更好地促进匈牙利投资和企业研发的发展。

除了这些风投企业，我们还有优秀的技术转化中心，鼓励那些研究机构进一步将他们的研究成果转化为企业的成果及新的生意和业务模式，并且我们也致力于邀请全球的专家及企业参与到我们的合作中，其中也包括一些杰出的中国学者和研究者。另外，我们也希望能够成为本地区最具投资价值的高校和科研机构。在科研发展领域，我们也非常关注互联网医疗体系。我们的现任校长和前任校长已经建立起了互联网医疗促进委员会，为互联网医疗服务推广设立了交流平台，并且与全球很多著名的医疗院校，如日本东京大学、新加坡国立大学、维也纳医科大学等进行全球联合的研究。

另外，我也想分享一些成功案例。几周之前，我们的第一颗卫星在加州成功发射，该卫星可以进行定位协作，以及在卫星收集影像时提供稳定的轨道服务。几周之前我们的研发成果在火箭和飞船中得到了成功运用，并且保证了卫星的成功发射，这是我们第一个卫星接收器的应用。

另外一个成功案例是医疗氧气和空气生成器，这已经在一些医疗机构投入使用。这是我们的一位教授发明的系统，能够为有呼吸道疾病的患者提供充足新鲜的氧气。这个技术也被转移到匈牙利的医疗产品公司，进一步被开发成一种产品，能够用于不同的医疗场景。比如，瘟疫、毒气泄漏等其他的紧急情况，假设出现工厂灾害，引发一些呼吸问题，这些产品对呼吸系统来说都是非常重要的。

癌症研究是非常重要的研究领域，我们现在看到一些癌症研究设计中，很多都是进行动物实验。不同模型的研究和传统的化疗方法，这些癌症治疗方法都能够让我们的药物得到普及和推广。

还有一个非常重要且成功的案例是匈牙利的一个非常有名的公司，叫3DHISTECH公司。3DHISTECH公司创新出一套非常完整的工作流程，都是用机械臂来进行操作的，比如如何开启使用大的扫描器。我们和3DHISTECH公司共同开发的是一个国家级的科研项目，现在它已经开始商业化了，并且可以用于病理学或临床的实验，能够帮助我们分析很多病理的样本。在药物研究中，为了能够让药物研发更加有效，我们的策略是把它运用在工业互联网、工业实验室或生命科学领域中。还有一个项目是我们和大型医疗科技公司的合作，合作方向是使用机器人在样本转移、实验室工作中提升流程效率。我们和大的医药公司进行合作，刚刚完成了几个非常成功的实验，致力于在医药场景当中安排和使用机器人。

还有更多的和中国合作伙伴相关的案例，比如我们和MAGNUS公司的合作。因为中国也是航空公司的主要目标市场之一，MAGNUS航空公司在无锡设置了一个研发中心，我们会给他们提供教育或科技支持。

最后，我想给大家展示一下我们欧布达大学。对于莘莘学子来说，这里是非常棒的学习的地方，他们可以在附近的森林漫步，拥有良好的学习环境。

如果大家有机会的话，欢迎大家来参观我们的学校，非常感谢！

在研究与创新领域的全球影响力

伊姆雷·考奇科维奇　匈牙利布达佩斯罗兰大学科学学院院长

> 匈牙利罗兰大学作为匈牙利顶尖学府,聚焦四大前沿方向:气候变化应对、人工智能应用、生物医疗创新和太空科技探索。设有产学研转化中心,推动科研成果产业化。诚邀中国高校及科研机构在环境科学、AI 医疗、清洁能源等领域与匈牙利高校及科研机构开展合作,支持中匈联合培养青年科学家。

非常感谢,今天能够来到这里我感到万分荣幸。上海是座非常美丽的城市,我第一次来到上海,非常喜欢上海的氛围和环境。我今天想向大家介绍一下罗兰大学,它也是匈牙利规模最大的科学学院,我希望大家能和罗兰大学之间建立好的合作关系,能够达到创新研发的目的。

罗兰大学的历史非常悠久,建立于 390 年前。我们的学生非常多,有 36 000 名本科生,还有很多硕士生,以及 128 个博士项目。我们有很多的教职工,尤其在科学领域的教职工数量是最多的。我们有 5 名诺贝尔奖得主,还有很多与中国及亚洲之间的合作,我们在中外合作领域有悠久的历史。

刚才也和大家说了,我是代表科学学院的,我自己是一名医学家和生物学家,大家在新冠疫情之后都知道免疫有多重要,以及如何进行自我保护。我其实是代表罗兰大学的所有学院,我们还有生物、化学、物理、地球科学、地理等不同的学院。这是校区的照片。我们聚焦教育,尤其是培养年轻的科学家。我们希望培养更多的科学家,帮助大家成长为我们的教职工,能够参与国际竞争,也能够在国际竞争中取得不俗的表现。

接下来是我们学校的世界排名情况。物理学排在第 113 位,数学排在第 212 位,生物学排在第 338 位。每年有 405 篇 D1 区论文、823 篇 Q1 期刊论文,它们占匈牙利发表论文数量的 1/3。

可以看到非常多关于全球气候变化的话题,我们都有自己的解决方案。在新冠疫情之后,我们觉得气候保护也是非常重要的,还有治疗解决方案、诊断解决方案,我们希望能够更好地保护自己。另外,气候变化、全球变暖、干旱,都是非常重要的问题,可能对中国来说也是一样的。还有下一代的培养,以及建设更好的实验室等问题。因此,科学是我们现在非常关注的教育领域。

当我在准备 PPT 的时候,我认为这些对于全球来说都是非常重要的话题,比如气候变化、地球保护,你们在这个领域可以跟我们进行合作。比如说废水的处理,10 年之后有些资源就会枯竭,我们需要想出解决方案。新电池的解决方案也是我们潜在的合作领域之一。环境、气候,这些都是我们现在所聚焦的关键领域。

人工智能也是一个非常重要的领域。匈牙利在人工智能领域既有非常深厚的理论基础，又有高水平的技术发展能力。我们知道人工智能是非常重要的，我们的人工智能在癌症基因重组、抗生素阻断、空间、天气等方面，都做得非常好。

同时我们聚焦于教育我们的科学家或学生意识到人工智能的重要性，为什么我们这么强调人工智能？因为有些国际项目能够让科学家们受益，我们希望邀请中国学生参加匈牙利政府支持的这些科学项目。

生物学和健康是非常重要的领域。匈牙利是中东欧国家中非常注重生物疗法的国家，我们有自己治疗新冠的药物，开发了新的治疗肿瘤的药物，能够帮助他们进行治疗。同时，我们聚焦一些基因免疫系统疾病，实现早筛查、早治疗。癌症等都是免疫系统疾病，我们需要早一些发现。还有蛋白质结构分析，我们有自己的药物研发团队，比如促进肌肉放松的药物，在一些心血管疾病或大脑疾病之后，很多人都会有一种肌肉痉挛的问题，会带来一些潜在的新药研发机会，目前，这些新药已经过了临床一期的实验。

我们希望能够根据不同的医疗情况研发新的药物。现代材料也是我们教职员工所擅长的领域，此外在星际航空、粒子物理、太空研究等方面，我们也有相关领域的研究，并且我们希望能够在太空领域有所发展。

我们会有一个专门的研究与产业关联中心，能够让最新的研究成果顺利地转化为产业所能使用的科技成果。这是我的联络方式，如果在座各位对我们学校的科研能力及合作意向感兴趣的话，欢迎您通过邮件来跟我们联系，也欢迎大家访问我们学校的网站来获得更多相关的信息。我们也很愿意提供更详细的信息，包含我们与中国现有企业和科研机构的一些合作，希望可以为大家带来更多的经验交流的机会。谢谢！

6　问答环节

提问：三所大学在匈牙利都是非常有名的大学。因为我们今天邀请的嘉宾主要集中在医疗健康领域，我想问三所大学在健康领域的哪些学科方面可以跟我们进行互动？做一些合作或交流？我所说的健康领域主要是在医疗健康领域或生命科学领域，包括生物医药、生物医学工程等。

伊姆雷·考奇科维奇：非常感谢您的提问，我其实也参与了这些制药领域的研究。罗兰大学有生物学院和医疗方面的研究，并且与匈牙利的一些制药企业有着非常深入的合作。我们现在有科研和制药公司的需求，可以通过与我们的合作研发来解决他们的需求，如果在座各位医疗健康产业从业者有兴趣的话，可以跟我们的负责人联系。另外，彼得教授所代表的学校是欧布达大学，还有塞梅尔维斯大学，他们与这些制药企业有更为密切的合作，所以如果你们有具体的医疗合作及研发需求，可以联系我们及费迪南教授，他们可以更好地对接这些合作和需求。

提问：学校对一些项目的创新转化有没有什么政策可以分享？

伊姆雷·考奇科维奇：感谢您的提问。我们肯定会鼓励大家来进行技术的转化，我们刚刚与香港大学和上海大学的代表进行了交流，我们非常支持创新以及创新成果的转化。我们希望能够把这些创新带到学校，在有可能的情况下将科技变成现实、变成专利技术，希望我们的研究结果能够成为专利，并且能够带来相应的投资。如果研究人员对于将科技成果转化为产品或新的技术非常有兴趣，不仅我自己，而且我们的学校，都希望科技研发者能够获得相应的专利使用许可费或者相应的知识产权费等等。在学校与企业之间，我们可以达成合作协议，在框架合作协议下进行更为深入的研发合作。

我想再强调一点，这些初创企业、新兴企业与大学的合作其实是非常密切的。对于生物制药企业来说，可能有些初创企业需要把自己创新的内容出售给这些制药企业，比如我们曾经与日本的企业进行合作。日本的制药企业曾经把他们的学者送到我们学校来进一步了解当时正在研发的内容是否符合他们的要求和质量标准。我认为大学能够为这些初创企业提供相应的支持，并且能够支持教授、科研学者和学生进一步将他们的创新能力转化成为商业成果，从而支持企业的发展。

对于学校和企业之间的合作，以及创新能力和技术成果的转化，都有着支持作用。我们也知道科研中有一定包括市场方面在内的风险。所以我觉得从事研发的人不仅会获得学校的支持，在他们成功之后也可以更好地回馈学校。我们也希望企业和学校能够互相支持，共同承担风险并且共享成果。

7 主旨演讲（二）

中草药中的抗病毒先导化合物

叶阳　中国科学院上海药物研究所党委书记、副所长

> 中国科学院上海药物研究所聚焦传统中草药抗病毒活性成分开发，构建多技术集成平台，利用分子网络分析、新型 NMR（核磁共振波谱法）技术及高通量筛选，实现天然化合物高效分离与结构解析。团队通过系统性分离分析，从苦瓜、黄芩等 12 种植物中鉴定出 9 种新型抗病毒先导化合物，建立化合物数据库并优化制备工艺，为抗新冠药物研发提供创新路径。研究成果凸显了中草药在抗病毒药物开发中的独特价值。

今天非常荣幸能够来到这里，有机会和大家进行思想的交流和碰撞。我看到了后面

有很多学生代表,我今天想给大家讲一下中草药中的抗病毒先导化合物。

天然草药在药物研发中发挥着非常重要的作用,一半是市场的药物,一半是天然的药物,50%的抗癌药物是天然产品或是它的直接衍生产品,我觉得这一点非常重要。比如说紫杉醇和其他的一些化合物,它们都用于市场的抗肿瘤药物,还有免疫药物,非常突出的例子就是屠呦呦教授,因为研制了青蒿素而获得了诺贝尔奖。

在中国科学院上海药物研究所中,我们也非常注重传统医学,这些技术平台对我们来说非常重要,如何建立更好的中国科学院上海药物研究所的药物筛选,以及如何将这些技术平台应用于临床呢?因为很多观众对这个研究可能不是特别熟悉,所以我就跟大家讲一下,多技术集成平台实现高效地分离和分析,为化合物筛选建立一个数据库,包含理论数据和实际数据,我们希望更多数据输入。新的化合物应用是非常重要的。这和我们发现的一些药物类似,我们希望从这个植物中提取一些化合物。最开始的时候,一个快速删除重复的数据有很多信号,它们可以告诉你如何提取化合物用于去重复的分子结构。

我们使用这个结构非常复杂的技术,可以非常容易地看到分子的网格结构,希望能用分子的网格结构来进行分化,以便可以使用这种分化的能力。我们又看到类似的把它们放到一起,这是去复制的分子网络的第二部分,如何找到新的化合物,产生新的化合物非常重要,我们如何使用分子网络的方法,分析出两个新的化合物,能够非常容易地找到两个新的信号,这两个化合物是非常类似的。

我们还能够构建几个小的快速提取器。通过提取器,我们能够使用战略来评估植物内部的结构,能够更好地理解快提取器里哪部分是你想要的、哪部分是你感兴趣的。同时我们可以把下面红色部分节点数结合在项目中,我们所有的节点数都是化合物的数量,这是更加具体的,在最开始的时候有901个节点数,所有都结合在一起,最后降低到22个节点数,这对于我们的硕博士来说非常重要,能够帮助他们找到新的化合物。这只是其中的一个例子。

12种植物中有9种含有新的化合物。我们希望把新的化合物放在筛选、筛查中,能够进行新化合物的鉴定和活性测定,这的确有些挑战,但能够帮助我们让这些信号更加敏锐,让我们的化合物更加具体、明显,这对我们的结构解析来说非常重要。我们有一个例子,关于CSSF 1D在复杂糖苷结构解析中的应用,所有的连接都是不一样的,因为它的结构是非常具有挑战性的,所有技术结合在一起。没有晶体的状态,我们也可以做到。

高通量的筛选化合物库,比如说我们建立更好的化合物库,通过高通量筛选方法能够帮助我们找到所有化合物行为、它们的化学作用等。我们如何在中草药中找到抗病毒先导化合物,尤其是针对新型冠状病毒感染的。通过快速分离查尔酮的方法,我们可以快速看一下化合物是怎样的。我们搜索抗击新型冠状病毒感染的双黄连制剂,发现传统中医的方法一直是抗病毒的治疗方案中的重要组成部分。

2003年,我们做SARS研究的时候,发现双黄连口服液是非常有效的,同时我们可以把它和不同的中草药（金银花、连翘）放在一起。所以我们研究了 3 种不同的中草药，发现双黄连、连翘都具有非常好的抗病毒效果，这是两个效果非常好的化合物。我们能够把它与小分子结晶化，SARS-CoV-2、3CLpro 能够结合，这样抗病毒都能更好地进行阻隔，这是非常好的一种方法。

一般在中医中，我们发现黄芩苷表现出降低的效果，在抑制 3CLpro 中的效果非常好。我们收集了很多这种信息，对抵抗新型冠状病毒感染来说，双黄连口服液效果非常好。

同时，通过这种天然共价的小分子，我们可以看到很多化合物有类似的微观结构。我们对化合物进行了筛查，发现了类似的结构，发现 GSH 和 Cys145 之间的作用比我们发现的化合物的作用要强，尤其是在双黄连口服液中。所以我们是这样进行研究的，看它们之间如何更好地结合，进行细胞分析，发现了新化合物更好的行为反应，它的药物效果比 Molnupiravir 要好。

刚刚是实验室中的数据，下面我们看一下市场。湖南有一种茶叫藤茶，跟中国传统的茶叶不一样，它是由葡萄藤叶制成的，富含黄酮类化合物，和一般茶的风味不一样。科学家们总是非常好奇，于是大家用刀对葡萄藤叶进行切割，发现它含有杨梅素和二氢杨梅素，而当地茶叶中二氢杨梅素的含量为 27%。当地人经常会喝藤茶来保持健康，并且可以治疗他们喉咙痛的情况。之后我们也做了一些研究，想从藤茶中发现一些活性物质，这是我们优化的一些过程，最后针对混合物，不仅要将它们分离，还要能确认这些混合物的效果，对我们来说可以快速把这些黄酮类化合物进行分离并区分。

我们可以建立集成的技术平台，对传统中药中的药用价值进行系统性调查，并且分离出其中的化合物，对它们的效用进行分析，然后形成小微分子，从而能够为未来的制药做准备。以上就是我们团队的介绍，谢谢各位的聆听。

德布勒森大学的草药研究与发展

卡罗伊·派特　德布勒森大学副校长、教授

> 德布勒森大学是匈牙利第二大的大学，有草药医学研究中心，属当地医药研发集群，获得多方支持，目标是建立全球研发中心与产业群。集群促进政府、高校、企业合作，关注健康保健领域。研究涉及植物药物代谢、生物活性分析等，对 Tilia、辣根等多种植物药用价值开展研究，探寻天然抗菌物质取代合成抗生素的可能。

女士们、先生们，大家下午好。首先我想介绍一下德布勒森大学的背景，然后再来做我的演讲。

德布勒森大学是匈牙利第二大的大学，它是匈牙利第二大区中最大的学校。虽然不在首都，但是我们的学生人数已经超过了3000名，其中有800名学生来自中国。我们的大学是一所综合性大学，有着非常多的学科。我自己的学术背景是经济学，而我今天要讲的是德布勒森大学的草药研究与发展，对我来说也是一个重大挑战，我会尽量做介绍。

德布勒森大学有一个草药医学研究中心，我想介绍一下它的背景，以及我的同事们在这方面的研究进展。就像我刚才说过的，我们是匈牙利医药研发集群的一个中心，是城市医药研发中心，我们也得到了商务部、德布勒森大学等多方面的支持，建立起了医疗和医药的产学研集群。我们的目标是建立全球研发中心和产业群，进一步支持医疗方面的经济发展和产业发展。

我们最初的这些集群包括四大关键因素。我们能够更好地促进机构之间的合作，让学校、制药企业及德布勒森地方政府进行各方面的密切合作。当我们的条件成熟时，会将学校与企业的合作逐渐扩展到企业当中，并且成为当地医疗制药行业发展的主要推动力，促进集体化思维方式的发展。

为了将我们的医疗产业集群打造为制药行业的标杆企业，我们需要建立起共同的合作策略。医疗集群的主要关注点是能够促进当地政府，以及产业和高校之间的合作，能够共同进行与医疗相关的各项活动，包括医疗服务、生物技术及服务质量的保障，以及在科研、保健食品等方面的合作。另外，我们在医疗技术方面也有合作。

我们的一些主要举措专注于健康保健领域，包括农业企业生产的产品和生物科技基因学的企业，以及相关制药行业和替代性医疗服务、消费品企业和食品企业，我们都共同助力于医疗健康领域的发展。

接下来，我想介绍一下在德布勒森的这些医疗企业所研究的领域。我们关注血液代谢、植物药物代谢；关注草药生物活性的定量实验和分析方式、化验方式的研发；植物医药产品中的微生物研究和对于分类产品、酚类物质的一些定量化学研究等方面。

这是在欧洲比较常见的植物——Tilia。我们有相应的论文研究它的药用价值，它具有丰富的多酚类物质。辣根也是我们在欧洲经常使用的药材，它在传统医药方面用来治疗咳嗽及尿路感染等。已经有4000篇左右的相关文章介绍了辣根的医学价值，有些内生植物的真菌也具有临床价值。对于一些植物的分泌物，比如说多糖酯类的物质，我们进行了抗菌效果的研究，抗生素对于杀菌及抗感染是非常有效的，但是如果长期或过量使用抗生素，就会带来比较严重的不良反应。因此，我们也在研究其他抗微生物的天然原料，比如说蔗糖酯类的物质，以及一些天然植物物质，它们有天然抗菌效果，可以取代合成抗生素。

有些乳酯类产品具有稳定的特点，体外膜的扩散和研究说明了甘糖酯类物质的生物有效性。胡芦巴是一种植物，它是一种胃部刺激物，能够为肝脏提供保护效果，因此对它的使用效果也有广泛研究，已经证明胡芦巴的原料有很好的抗菌和抗炎效果。

这是一种酸浆果，它含有丰富的生物活性物质。有一些实验证明它可以提供丰富的抗氧化物，并且对于物理和病理学的研究也已经证明了它可以预防心血管疾病、糖尿病，还具有抗癌的效果。它能够降低血液中的血糖水平，对肾功能损伤的患者也有相应的预防和治疗效果，可以预防缺铁性贫血，它能够通过降低血红蛋白浓度来减少缺铁性贫血情况。

非常感谢大家的聆听。

源于中医药的新药创制

张彤　上海中医药大学中药学院院长、教授

> 中国中医药传承千年经验，以《黄帝内经》《伤寒论》为理论根基，结合现代科技实现创新突破。单味药研发成果显著：青蒿素、麻黄碱、三氧化二砷等经典分子获国际认可；红景天心血管药物完成中美Ⅰ期临床。中欧合作成果斐然，板蓝根、地奥心血康胶囊等通过欧盟传统草药注册，上海建立自动化银杏提取生产线。团队倡导"临床实证优先"策略，构建从古籍挖掘到国际注册的全链条研发体系，推动中医药现代化与全球化发展。

尊敬的各位来宾、各位同行，今天是关于中西医合作的交流，讲中医药的现代化，我昨天晚上准备到很晚，但是没有把它翻译成英文，还需要同传老师帮我翻译。我今天讲的是源于中医药的新药创制，我会以我的方式讲得尽量通俗一点，希望大家能够寻找到比较好的中医、中药与匈牙利进行合作的途径。

一、中医药的传承与创新

对中国来说，中医药是传承几千年的瑰宝，它实际上是长期以来人们在和疾病斗争过程中总结出的经验规律，用于疾病预防和治疗。这里展示了两本中医经典著作，它们分别是成熟于春秋战国时期的《黄帝内经》和成熟于秦汉时期的《伤寒论》。

长期以来，中医药在人类健康领域的贡献有几个典型的例子，包括现在仍得到现代科学认可。早在东汉末年，华佗就用麻沸散，在麻醉状况下给病人做腹腔手术。《肘后备急方》是差不多两千年前的书，这本书很有名，是治疗临床常见病的一部医药典籍，里面写道用含碘的化合物来治疗甲状腺类疾病。

这本书讲了用狂犬的脑组织外敷伤口来治疗狂犬病。一千年前，我们就已经用类似现代疫苗的原理做人工免疫。这是健康领域中为人类贡献的几个比较典型的例子。我是做新药研发的，中国的文字是象形文字，我们从"药"这个文字中可以看出，在中文里它是快乐的草，用草作为部首、用快乐作为它的组成部分，指代用草本植物来消除病患并带来健康的一些原料。

这本书是《神农本草经》,是我们中药起源的一本书,它成熟于公元前 400 多年,这本书上记载了 365 种中药,分成上、中、下三品。上品中药类似于现在的补益剂、营养剂,能够使人长期保持健康。中品中药能治疗疾病,还可以补养正气。下品中药是具有毒性的,这是几千年前古人对药物的认识。

二、源于单味中药的新药创新

刚刚叶教授已经做了一些现代科学的阐述,我从另一个角度给大家做进一步的解释。中药大多数来源于草本植物,我们国家的高等植物有 30 000 多种,居于世界第三位,药用植物 10 000 多种,矿物 1700 多种。常用药材,有的统计是 2000 多种,有的统计是 1200 多种。紫杉醇现在还是一线的抗肿瘤化疗药物。

屠呦呦教授从中医古籍中获得启发,提取青蒿素并因此荣获了诺贝尔奖,但是得到的启示是什么呢?很长一段时间内,青蒿素在临床中有作用,但实验室提取出来的它是没有作用的。为什么没作用?因为当时的实验室可能用的是一些热的提取溶剂,哪怕是乙醇也要七八十摄氏度,后来屠教授用乙醚提取,就获得了挽救千万人生命的一个明星分子化合物。中医药古籍是老中医在临床上用药经验的积累。

这是麻黄碱,也是一个明星分子。陈克恢是中国中药药理学的创始人,曾担任美国药理学会的理事长。他当时做助教的时候分离出了这个化合物,但这个化合物实际上不是他首次分离出来的。当时这个化合物是日本人从麻黄中分离出来作为扩瞳药来使用的,但是陈克恢本身是中医世家出身,他从小在中医药房长大,所以他认为麻黄碱的功效不可能局限于扩瞳的眼科应用。《伤寒论》里的麻杏石甘汤就是用麻黄来治哮喘,通过动物实验证实了麻黄碱具有肾上腺素的作用,现在可以广泛用于血管收缩和治疗哮喘。它可能是中枢神经药,也可以是合成毒品的原料,所以国内现在的使用是受管制的。

中药来源还有很多,中国对小分子药物的贡献有很多是中药所做的贡献。除了青蒿素,待会儿还会讲三氧化二砷、小檗碱。古代含小檗碱的中药里,黄连、黄柏等多用于治疗消渴病,就是现在的糖尿病,这些中药有降糖、降脂的作用。

这是我们学校目前正在做的,由林国强院士牵头,然后转让给和黄药业,获得了中美两国的 I 期临床试验许可。从红景天中提取单一成分,用于治疗心血管疾病,这是正在进行的一个小分子药物研发项目。

这是单一成分小分子。在座的同行应该都非常熟悉,叶阳教授刚才也讲了怎么分离、怎么解构。是不是所有的中药一定要做到单一小分子呢?这是大家应该认真讨论的问题,小分子可以说明它的机制,但是临床应用的时候有更多的形式。最早是德国专家提取了银杏叶中的物质,银杏叶的提取物对中枢和外周血管有很好的保护作用,可以用来防治心脑血管疾病。中、德、法等国都把它作为药品,而美国把它作为膳食补充剂,它是全球用量最大的植物之一。上海做银杏叶提取的工厂,可以实现提取自动化生产,生产线上有 5000 多个质控点。

我们要合作,要跟匈牙利同行一起推动植物药、中医药的发展。欧洲对中医药有很好的包容和推动作用,而匈牙利是第一个立法的国家。欧洲有《欧盟传统植物(草药)注册程序指令》。这是板蓝根制剂,可以缓解感冒和流感症状。

这两个植物药,一个是地奥心血康胶囊,用的是穿龙薯蓣的提取物,另外一个是从葛根里提取的总黄酮制剂,可以用于头痛和颈肩肌肉疼痛。这两款药物都是先从荷兰获得批准,然后在澳门上市,我们希望将更多的中草药的药物与匈牙利的同行合作,能够让它在欧盟注册,作为中草药的上市药物。

三、源于复方中药的新药创制

中药在临床上的使用不是通过单一的药材、单一的植物去治疗疾病。它有一个整体观,用整体方案来判断人和疾病的关系,用药的时候讲君臣佐使,是抓一个疾病的主要矛盾,用几种药物协同去治疗一个疾病。通俗理解就是中药复方治疗疾病可能是多种药物协同,但是它有一个主要矛盾、主要靶点。

下面可以再举一些复方的例子。三氧化二砷是我们中药里的一种毒性药,用来治疗白血病。实际上它在临床中医运用的时候不是单独运用的,在国内还发明了一个复方用药,叫复方黄黛片,复方的效果可能比单一成分更好。研究人员在实验设计里,做了很多配伍、很多研究,从动物整体、器官水平、细胞、基因、分子方面,把药物的相互作用、作用机制都讲得比较清楚,2008 年发表在著名的医学期刊 PNAS(《美国科学院院报》)上。

麝香保心丸源于宋代,它是第一个在中药里促进血管新生的中成药,对冠心病的远期预后有比较好的改善作用。2004 年在 Life Science 期刊,2015 年在 Science 期刊上对该药物进行了系列报道。这个药也做了国际注册的临床研究,投资了 3000 多亿元做市场观察。这个药在前几天举行的欧洲心脏病学会上也被报道,并作为一个非常好的案例被介绍。目前已经做了 4500 多场缺血性阻塞性的冠状动脉疾病的疗效和安全性评价。可能复方的成分一下子讲不清楚,但是它的疗效显著,现在有很多方法和临床证据可以证明它的确切疗效。

胆宁片是我们上海中医药大学附属龙华医院的经验方,它在加拿大获得了上市许可。前面我们讲的还是按照植物药的疗效、临床定位去注册,而胆宁片是第一个能够把中医的表述写在药品说明书里的,它作为天然药物,具有疏肝、保肝、清热通便的作用,大家可以在网上查加拿大批准的说明书文件。它是治疗胆囊疾病的,如胆囊炎,因此有些中医的表述,包括肝气郁结等,都写在说明书里。

这是我们正在做的苓桂术甘颗粒,在国内已经上市了。刚才季校长也把这个作为例子介绍了,包括在临床上做了哪些、怎么发挥作用,也做了一些研究。这个方子来自与《伤寒论》同一时期的《金匮要略》。中医讲的是治痰饮,痰饮反映到现在的某些表现上,我们讲肥人多痰，肥胖的人有脂肪堆积，可能有些共同的病理机制。现在临床治疗的疗法方案有伞式疗法、篮式疗法，实际上有很多中医里的异病同治。像这个方子，把它用到治疗脂肪肝、脂肪代谢异常方面，临床都获得了很好的疗效，并入选了"2022年度中医药十大学术进展"。

我们做方剂复方的时候，从药材到饮片、制剂，建立了多维质量控制体系，包括成分含量，包括土壤里的重金属残留，我们都做了详细的规定和检测。作为药品来说，从小分子出发、从靶点出发，它可能是一条通路，但是我们从临床出发，基于临床用药的经验，可以达到药品的属性。药品是用来治病的，只要它有效安全、质量可控，它就应该成为一个有效的药品。这是我们大学发展中药学努力的方向，也希望能够更多地开展国际合作。

从中药的创新药物开发，我们创造了小分子。从药材开始到最终做成制剂，除了做全过程的质量控制外，我们最近在临床实证的证据上有哪些进展？这是2023年发表的一篇文章，通过多组学的数据去解释中医药，是在多靶点跟人类蛋白质相互作用方面做的一个方法学研究。这篇文章是2023年发表的，做中药复方通心络胶囊的临床验证。证明它可以降低一些不良心血管事件发生的概率，具有较好的治疗和预防作用，减少心源性损伤。

上个月发表了两篇文章。一篇发表在 Nature Medicine 期刊上的文章，针对芪苈强心胶囊，进行了多中心随机双盲的临床对照，显示它在多项指标上对心力衰竭、心血管疾病有较好的预防治疗作用。还有一篇是复旦大学刚刚发表的，康教授把青蒿素的衍生物用在治疗多囊卵巢综合征上，相关成果发表于 Science。

源于中药，从它的临床实证出发，从临床疗效出发，针对同一个疾病可以做单一小分子，也可以做更多的多成分、多通路靶点，让它能够发挥更好的作用，医药是不分家的。药是做什么的？一定是给医生提供工具，药物要有效、安全、可控。希望我的分享能够增加在座各位同行对中医药的了解，也希望在将来能够寻找到更多合作机会，来推动中医药、天然药物的发展。我的介绍就到这里，谢谢！

8 闭幕致辞

科技部国际合作司副司长王晓的致辞

王晓　科技部国际合作司副司长

本次论坛围绕医疗健康与传统医药及创新主题交流，中匈产学研机构代表分

> 享实践思考。两国于1953年签署科技合作协定，成果丰硕。2024年，匈牙利作为主宾国，组织系列活动为合作提供新思路，盼合作助力两国发展，中国将加大力度支持国际科技合作。

尊敬的中匈双方的参会嘉宾，女士们、先生们、朋友们：

大家下午好！

浦江创新论坛——中国—匈牙利论坛即将落下帷幕，相信大家也一起度过了一个充实又愉快的下午，我谨代表中国科技部国际合作司感谢双方各位专家和嘉宾的精彩演讲，也特别感谢组织方，特别是全体工作人员为今天下午论坛所付出的努力。

今天下午大家围绕医疗健康与传统医药及创新这一主题，交流了思想、增进了互信、谋划了合作，双方产学研机构代表分享了科研对成果应用的实践与思考，也介绍了各自科研创新及国际合作的情况，并且共同为推动中医药现代化发展和国际应用进行了交流和研讨，相信今天的研讨对彼此都有启发。并且相信我们今天下午的这场交流会最终会转化成务实的合作，为两国的科技进步、经济发展和民生福祉做出更大的贡献。

就像今天论坛开幕的时候，我的同事戴钢司长提到的那样，今年对中匈双边关系来说是一个特别的年份，今年是中匈建交75周年，而且今年5月，习近平主席在访问匈牙利期间与欧尔班总理共同宣布将两国关系提升为新时代全天候全面战略伙伴关系，为两国关系指明了新方向，提供了新动力。

科技合作是双边关系的重要组成部分。想跟大家报告的是，两国在建交4年后，1953年我们便签署了政府间科技合作协定，70多年来，双方开展了宽领域、多形式、全方位的科技合作，在包括传统医药和医药健康的众多领域取得了丰硕成果。

今天也是在这一个特别的场合，2024浦江创新论坛很荣幸邀请到匈牙利作为今年的主宾国，中国科技部和匈牙利文化与创新部也专门共同策划了包括今天的中国—匈牙利论坛，还有主宾国的相关活动在内的中匈科技创新日活动，其中今天的论坛也是双方共同针对我们合作的重点领域，专门做了设计，也邀请了在座各位嘉宾和专家，共同为中匈科技创新提供新的思路和启发。相信今天的论坛也将为中匈科技合作增添新的空间和增长点。

当前，百年变局加速演进，新一轮科技革命和产业变革深入发展，人类面临着许多共同挑战，人类社会比以往任何时候都更需要国际合作。前不久中国刚刚召开了全国科技大会，也进一步明确了中国政府将以更大的力度支持和加强国际科技合作。

中方将继续开展与包括匈牙利在内的各个国家的国际科技合作，并会继续将与匈牙利的国际科技合作放在重要位置，也希望将中匈合作打造成国际科技合作（特别是中欧科技合作）的典范。同时，也希望将医疗健康和传统医药的合作打造成中匈科技创新合作的一大亮点，谢谢大家！

第 13 章

"一带一路"专题研讨会：高质量建设"一带一路"联合实验室

1 论坛概况

面对气候变化、卫生健康、粮食安全等全球性挑战，科技创新合作如何成为破解难题的关键？如何以"一带一路"联合实验室为纽带，推动科技合作从愿景迈向务实行动？本次论坛以"高质量建设'一带一路'联合实验室"为主题，汇聚共建国家政府官员、实验室管理者、智库专家及青年科学家，共探科技协同创新的深化路径，携手应对气候变化、卫生健康、粮食安全等全球性议题，为人类命运共同体注入科学动能。

会议重点推介中国与共建国家 50 余个联合实验室的实践成果，涵盖技术示范、联合研发、人才孵化等方面的经验，并倡议以更高标准推进实验室网络扩容升级，助力各国提升自主创新能力。

通过案例研讨与政策对话，论坛直面联合实验室建设中的现实挑战：技术转化效率如何提升？跨国协作中的标准差异如何弥合？创新成果如何更公平地惠及弱势群体？与会者呼吁以更高标准推进实验室网络扩容升级，将"大写意"转化为"工笔画"，让科技合作成为"一带一路"高质量发展的核心驱动力，为全球可持续发展书写共赢新篇章。

2 嘉宾致辞

科技部国际合作司司长戴钢的致辞

戴钢　科技部国际合作司司长

> 科技合作是"一带一路"倡议的重要组成部分，针对气候变化、粮食安全等全球性挑战，明确未来将重点推进 4 项工作，即扩大科技交往、拓展合作领域、建设合作平台、完善全球科技治理。同时介绍，当前已共建 50 多家"一带一路"联合实验室，正通过人员交流、联合研发、技术示范等举措推动合作，未来将进一步壮大联合实验室队伍以提升各国科研能力。呼吁与会者以务实精神为"一带一路"高质量发展及联合实验室建设献策，助力构建科技创新共同体，最后预祝研讨会成果丰硕。

尊敬的海福德部长，尊敬的黄虹副主任，各位来宾，女士们、先生们，大家下午好！

非常高兴和大家共同出席浦江创新论坛"一带一路"专题研讨会，首先我谨代表科技部对研讨会的召开表示热烈的祝贺，向积极参与和推动"一带一路"科技创新合作的各国同事表示由衷的感谢。

科技合作是共建"一带一路"合作的重要组成部分。2017 年 5 月，习近平主席在首届"一带一路"国际合作高峰论坛上提出中国愿同各国加强创新合作，启动"一带一路"科技创新行动计划，开展科技人文交流、共建联合实验室、科技园区合作和技术转移 4 项行动。

在 2023 年 10 月举办的第三届"一带一路"国际合作高峰论坛上，习近平主席把推动科技创新列为中国支持高质量共建"一带一路"的八项行动之一，明确提出中国将举办"一带一路"科技交流大会，与各国深化合作。

2023 年 11 月，科技部会同重庆市和四川省，落实习近平总书记的重要指示，在重庆成功举办了首届"一带一路"科技交流大会和"一带一路"科技创新部长会议。习近平主席向大会致贺信，指出中方将弘扬以和平合作、开放包容、互学互鉴、互利共赢为核心的丝路精神，深入实施"一带一路"科技创新行动计划，推进国际科技交流，与各国共同挖掘创新增长的潜力，激发创新合作的潜能，强化创新伙伴关系，促进创新成果更多惠及各国人民，助力共建"一带一路"高质量发展，推动构建人类命运共同体。

会上中方还发布了国际科技合作倡议，倡导并践行"开放、公平、公正、非歧视"的国际合作理念，坚持科学无国界、惠及全人类。

当前气候变化、卫生健康、粮食安全等重大挑战影响着全人类的可持续发展，科技部坚持以高标准、可持续、惠民生为目标，持续拓展"一带一路"科技创新合作的空间，携手各国共同应对这些全球性挑战。

我们今后将重点推进4项工作，一是持续扩大科技交往规模，特别是加强青年科技人才的交流与培养，通过双多边、政府间和民间的科技创新合作机制，围绕科技规划、创新政策、管理实践、科技治理等积极开展交流互鉴，共同提升科技交流的合作水平。

二是全面拓展科技合作领域，我们将推进实施可持续发展技术、科技人文、信息科技、创新创业4项专项合作计划，围绕共同的发展需求在农业科技、公共卫生、先进制造、生命科学、人工智能、能源科技、基础研究等领域与各国共同支持联合研究项目。

三是共同建设科技合作平台，共同促进联合实验室、技术转移中心、科技合作中心、联合孵化器等合作载体建设，推进涵盖人才培养交流—科技企业孵化—联合研发—产业落地等全链条合作模式。

四是携手完善全球科技治理，践行国际科技合作倡议，促进科技成果的共享，共同应对挑战和风险，维护各国科技发展的权益，打造开放、公平、公正、非歧视的国际科技发展环境，让科技更好造福人类。

共建联合实验室是"一带一路"科技创新行动计划框架下的重要合作内容，目前科技部和共建国家相关部门共同建设了50多家"一带一路"联合实验室，这些联合实验室为科技人员开展广泛交流提供了平台，共同推进了联合研究开发，积极组织技术示范和推广，联合培养科研人才，推动"一带一路"科技创新合作蓬勃发展。下一步科技部将不断发展壮大"一带一路"联合实验室，支持更多的联合实验室与共建国家一起提升科技合作水平，促进各国科研能力的提升，使其发挥更大的作用。

今天参会的各国学者和嘉宾齐聚我们浦江创新论坛"一带一路"研讨会，我们衷心希望大家以广阔的视野、深刻的洞见、务实的精神，围绕推动共建"一带一路"高质量发展、加强"一带一路"联合实验室的建设进行研讨，为共建"一带一路"科技创新共同体、更好应对全球挑战提出更多更好的建议，预祝本次研讨会取得丰硕成果，谢谢大家。

3 主旨演讲

加纳视角下"一带一路"倡议与非洲发展愿景的协同与共鸣

奥菲莉亚·海福德　加纳环境、科技与创新部部长

> 加纳通过港口扩建、数字基建、可再生能源等项目深化对"一带一路"倡议的参与，推动工业化、就业增长和经济多元化。作为非洲大陆自贸区总部所在地，加纳指出"一带一路"在提升区域互联互通、降低贸易壁垒等方面具有关键作用，助力非洲形成13亿人口的单一市场。同时，加纳呼吁平衡发展机遇与加强债务风险管控，倡导建立联合创新中心聚焦绿色科技、农业数字化，确保合作符合可持续原则。加纳愿以战略门户地位深化与中国及伙伴国的互惠合作，共同实现基础设施联通、产业链升级和包容性繁荣，为全球南方国家协同发展提供实践范例。

尊敬的各位同事，各位来宾，女士们、先生们：大家下午好！

很荣幸能在2024年浦江创新论坛上发表演讲，并且参加今天下午的"一带一路"主题论坛。今天下午的主题论坛汇集了具有创新思维和前瞻性思维的领导者，为"一带一路"倡议背景下探索全球合作的变革潜力提供了一个独特的平台。今天我们齐聚一堂，我很高兴和大家分享来自加纳的经验。中国的"一带一路"倡议与加纳的目标及非洲的愿景高度契合，加纳正与它们齐头并进。

女士们、先生们，和很多非洲国家一样，加纳看到了中国在2013年发起的"一带一路"倡议的重要性，并且认为"一带一路"是21世纪最重要的国际合作框架之一。"一带一路"倡议的目标是通过发展基础设施、贸易、文化交流来增强全球互联互通，促进经济增长和共同繁荣。这是"一带一路"的独特之处，它连通亚洲、欧洲、非洲，促进这些地区的商品、资本、技术、人员的自由流动。毫无疑问这会改变世界的格局，在全球的范围内，"一带一路"倡议通过创新和新的贸易路线提高物流效率，促进更大更宏伟的经济一体化，从而重塑全球的经济格局。

当前面临全球经济不稳定、气候变化等诸多挑战，"一带一路"为各国提供了一个汇集所有参与国可持续解决方案的合作平台。非洲拥有丰富的自然资源、众多的人口资源和不断增长的市场，将从"一带一路"推动的基础设施建设中受益匪浅。"一带一路"倡议中的项目和非洲的议程密切相关，《2063年议程》勾勒了一条由本国人民推动的一体化繁荣与和平非洲之路。包括加纳在内的很多国家，已经见证了参与"一带一路"倡议

的切实好处。"一带一路"倡议促进了关键基础设施的发展，改善了整个非洲大陆的互联互通性，并且打开了机会之门，让更多的非洲国家可以进入新的市场。

然而非洲也必须在战略上与"一带一路"倡议更加靠近，确保我们的项目和长期发展目标保持一致，共同推进可持续发展议程。

女士们、先生们，加纳通常被称为西非的门户，并且在"一带一路"倡议中具有重要的战略地位。加纳拥有丰富的自然资源、充满活力的劳动力资本及不断增长的经济，这也使加纳成为"一带一路"倡议中重要的一员，来增强互联互通，实现共享繁荣愿景。

"一带一路"倡议已经为加纳提供了宝贵的支持，让我们可以解决基础设施的一些需求，通过战略性的文件，如国家基础设施计划等，我们优先发展交通、能源、数字基础设施。在项目实施中，中国的融资及相关专业知识发挥了重要的作用，尤其在实施重点项目中，如我们在特马港的扩建项目中，通过加纳的工业化努力，特别是一区一场计划的实施，吸引了大量的"一带一路"参与国投资。这些投资也刺激了当地劳动岗位的创造、经济的多样性及制造业和农业的快速发展。通过这些努力，我们正在为全球的价值链做出贡献，也在经济上能够自力更生，从而实现援助愿景。

与此同时，"一带一路"倡议也为加纳提供了宝贵的机会，促进了加纳的数字化转型。中国的科技公司为一些关键数字基础设施的发展提供了支持，如光纤网络及电子政务平台等，这些举措对加纳发展知识型经济至关重要，并且这一过程可以推动包容性的增长。

作为环境、科技与创新部的部长，我必须强调环境可持续的重要性，对于所有的"一带一路"项目来说都是如此。加纳一直推行绿色发展战略，特别是通过可再生能源的增长来推动绿色增长。中国公司参与了一些可再生能源的项目，包括太阳能和风能，这些项目也符合加纳的能源目标和"一带一路"倡议对于可持续发展的重视。

人文交流对于可持续发展也至关重要。加纳一直受益于各种能力建设和举措，包括相应的奖学金及培训计划，这些举措增强了我国年轻人的能力，同时也增强了我们在"一带一路"倡议下的教育系统。

加纳也是非洲大陆自由贸易区的总部所在地。非洲大陆自由贸易区的主要目标是促进基础设施发展、贸易便利化及经济一体化，这与"一带一路"倡议保持一致。"一带一路"倡议和非洲大陆自由贸易协定都强调了加强基础设施建设的重要性，通过此举连接市场，这对促进区域发展和全球贸易来说至关重要。

非洲大陆自由贸易区致力于取消非洲大陆 90% 的商品贸易关税，创造一个拥有 13 亿人口的单一市场；而"一带一路"倡议专注于公路、港口和铁路的建设，来增强亚洲、欧洲、非洲之间的互联互通。通过"一带一路"倡议的基础设施建设，非洲国家可以延伸它们的贸易路线，提高物流效率，同时使非洲大陆的内部贸易更加无缝衔接，这也直接有助于非洲大陆自由贸易区实现非洲内部贸易发展的目标。

非洲大陆自由贸易区和"一带一路"倡议的一致性给加纳提供了巨大的机遇。对于非洲国家来说，这意味着我们有机会进入更大的市场，并且基础设施得到了改善，而这又可以反过来刺激我们的工业发展、经济多样化增长及就业岗位的创造。

"一带一路"倡议对于数字和交通基础设施的关注与非洲大陆自由贸易协定在降低贸易壁垒、创造增值产业及促进经济增长的目标是一致的。而这种合作可以吸引外商直接投资，提升加纳的价值链，使非洲在全球经济中具有更强的竞争力。最终，这两项倡议（协定）都将成为改变非洲经济格局的催化剂，进一步推动整个非洲大陆的共同繁荣。

"一带一路"倡议给我们提供了巨大的机会，但是我们必须清楚地认识到这一过程带来的挑战。如何管理债务对我们来说至关重要，"一带一路"倡议的融资可以帮助我们快速发展，但是加纳也致力于确保其能参与"一带一路"倡议，促使其经济可持续发展。在避免债务困扰及相应风险的前提下，加纳致力于保证所有"一带一路"项目按照最高的治理标准进行，我们会确保问责制的实施，并且最大限度发挥参与优势。

展望未来，加纳希望在"一带一路"倡议框架内与中国建立伙伴关系。希望这种伙伴关系是基于相互尊重、共同目标及致力于可持续发展的愿景。我们提议建立联合研究中心和联合创新中心，重点关注可再生能源、农业及数字技术。这些联合中心将促进知识交流，帮助我们迎接更大的挑战。

此外，我们也寻求通过"一带一路"倡议扩大贸易网络，特别是在农业加工、制造业等增值行业。通过这些领域的持续发展，加纳能够实现经济多元化，创造更多的就业机会，并且为"一带一路"倡议整体繁荣做出贡献。

最后我想说，"一带一路"倡议是全球互联互通及共同繁荣的美好愿景。对于加纳来说，"一带一路"倡议给我们提供了新的途径，让我们加速发展，促进贸易，加强创新。然而，"一带一路"倡议的真正成功取决于我们共同合作的能力，我们需要应对挑战，坚持可持续发展的原则，并且确保"一带一路"倡议所带来的利益是可以公平分享的。

加纳致力于成为"一带一路"倡议积极的和负责任的参与者，我们也非常期待加深加纳与中华人民共和国和其他伙伴国家的合作，以实现我们的共同目标。非常感谢各位的倾听，我非常期待今天我们可以卓有成效地讨论，非常感谢。

中国—塞尔维亚"一带一路"联合实验室天然产物与药物发现介绍

叶阳　中国科学院上海药物研究所党委书记、副所长

> 中国、塞尔维亚共建生物医药联合实验室依托两国在传统医药资源与技术上的优势互补，构建"上海—塞尔维亚—巴尔干"三位一体研发平台，聚焦天然化合物提取与创新药物开发。实验室通过分设研究组、举办跨国年会、联合培

> 训、技术互访及产学研合作形成协同网络。成果包括技术转移协议签署、国际媒体报道及"一带一路"科技联盟拓展。未来计划深化PANDA联盟建设，推进与UNESCO南亚网络、俄罗斯及非洲国家的合作，加速全球药物发现联盟构建，实现技术普惠与健康产业升级。

尊敬的海福德部长，尊敬的各位嘉宾，非常高兴受到科技部的邀请，向各位汇报我们前期在中国和塞尔维亚联合实验室建设过程中的做法和体会。希望这样的工作对于我们今后在全球其他地方建设有所帮助。我们是如何加强联合实验室建设的，我想以"解剖麻雀"的方式向大家介绍一下。让我非常自豪的是，虽然我们是中国科学院的单位，但是由上海市科学技术委员会推荐，我们是第一个在上海建立联合实验室的单位。下面我将分几个部分向大家汇报。

首先是相关背景。刚才戴司长已经明确，习近平总书记提出启动"一带一路"科技创新行动计划，也提到了我们联合实验室，以及联合实验室具体是干什么的。我们知道，塞尔维亚对中国来说是中东欧地区一个重要的战略合作伙伴。塞尔维亚也希望提升其在生物技术领域的科研能力。塞尔维亚和中国的情况非常相似，因为两国在传统草药方面有非常好的资源。这些草药可以帮助我们研发很多与传统草药有关的创新药物。我们看到近几年中国缺乏中药资源，而塞尔维亚有非常丰富的中药资源和知识，所以对于双方来说合作有很好的基础。

这些天然产物是非常重要的。我们看到世界范围内70%的小分子药物，其中大部分要么是从天然产物中发现的，要么是将天然产物经过修饰后生产的，所以我们要充分利用塞尔维亚的资源和中国的技术，在联合实验室进行研发。双方之间也有重要的互访活动，2019年，中国科学院院长白春礼和塞尔维亚总统会面，白春礼院长介绍了中国科学院"三位一体"架构及在科技成果转移转化方面取得的成功，邀请塞方加入"一带一路"国际科学组织联盟（ANSO）及"中国科学院国际人才计划"（PIFI），表示中国科学院愿推动双方在天然产物与新药研发、农业可持续发展、信息技术等领域的合作，为双边关系发展做出积极贡献。

同时，塞尔维亚科学、技术发展和创新部部长也和我们进行了会面，我们也拜访了塞尔维亚的相关学院和国家部门。其实我们在联合实验室的发展过程中，不仅关注塞尔维亚，也关注泛巴尔干地区。实际上，我们也建立了泛巴尔干天然产物和新药发展联盟（PANDA）。这个联盟是在2019年成立的，其实巴尔干地区的所有国家都非常乐于看到这个联盟的成立。我们也是专门挑选了相应的团队开展药物研发合作，非常开心，也非常自豪。之前科技部原部长王志刚也参观了这个天然产物和新药发明联盟，中国与塞尔维亚具有深厚的友谊。新冠疫情期间我们也有很多交流，把中国的防疫知识在塞尔维亚和巴尔干地区进行了分享，我们也派了相关团队帮助塞尔维亚和巴尔干地区抗疫。此外，

PANDA 也受到塞尔维亚高层领导的关注。

此外，我们还看到了当时塞尔维亚的教育科技和环境部的部长也和时任中国科技部部长王志刚共同签署了协议，最终联合实验室获得批准。中国科技部已经发文批准成立联合实验室，塞尔维亚与中方在上海共同宣布了实验室的建立。

我认为另外一件很重要的事在于，之所以要建立这家联合实验室，是因为我们希望中国和塞尔维亚在天然化合物分离提取方面的技术能力上开展合作，也更加希望中国和塞尔维亚之间可以在实验室的平台上共享技术，共同开发药物。整个工作组分成了不同的小部门，有不同的研究组别，分别在上海和塞尔维亚工作，共同建起了这个"三位一体"的研发平台。这些研发活动不仅在西浦国际商学院（IBSS）开展，也在整个巴尔干地区有非常广泛的辐射和影响。例如，中国和匈牙利之间的合作，匈牙利也是非常重要的联盟参与方，在过去 5 年中都发挥了非常重要的作用。现在已经有 11 个国家加入联盟，每年还会举办年会。即使在疫情期间，也举办了线上年会，去年是在上海举办，2024 年年会在贝尔格莱德举办。第四届年会不仅有中国和巴尔干地区的国家参与，我们还希望其他参与的国家都来参加年会，共同分享见解，促进合作。我们和联合国教科文组织、南亚区域合作联盟共同举办这届年会，效果非常好。同时我们还有塞尔维亚的培训项目，这也是中国第一次带领一批科研人才、科学家去海外举办科研培训。很多来自巴尔干地区的同事都参与了培训工作，而且培训工作富有成效。同时，来自克罗地亚的一组研究学者也访问了联合实验室。就像我之前讲到的一样，技术转移非常重要，塞尔维亚也派了一组科学家来上海药物研究所参观学习，并且走访了苏州的孵化机构、烟台和中山的药物高等研究院以及中山的药物创新研究院。在一周不到的时间，我走访了诸多机构，并给他们留下了深刻印象。中国国内媒体、海外媒体及"一带一路"国际科学组织联盟（ANSO）对此次访问都有报道。中国与塞尔维亚的科学部签署了协定，将会有更多的塞尔维亚学者来中国访学研究。

我受邀参加了中国—塞尔维亚科技合作委员会第六届例会，并分享了工作成果。当时感觉非常骄傲和自豪，在分享研究结果的同时，也坚定了做下去的决心。在中塞建交 50 周年的庆祝大会上，我参与了中塞"一带一路"联合实验室的揭幕仪式，感到非常自豪。科技部副部长陈家昌也出席了本次活动并发表了演讲。

我认为除了这些活动之外，还应建立一个联盟。众所周知，自然产品的研发和发现是长期过程，所以我们是和大型的研究院和应用机构合作，希望探索出新方法，来更好使用资源，增强扩大免疫规划（EPI）的生产制造能力。同时也希望有更多的生物医药公司加入进来，如我们与非常关注技术转移的武汉市科学研究所合作。所以我们在武汉的工业创新和研究所的平台上又建立起了一个平台，用于加快技术转移，同时加大了人才的交流互换，不仅有来自塞尔维亚的人才，还有来自非洲的人才。我们希望未来 PANDA 联盟更加稳健，同时我们也会进一步和"一带一路"国际科学组织联盟（ANSO）合作，建立起一个专门的单元共同推进科研成果的转移，争取2026年在贝尔格莱德开设办公室。同时也希望重新开始我们和联合国教科文组织南亚网络关于天然产品的合作，我们希望让PANDA和俄罗斯有更紧密的合作。前几天刚刚举办了会议，我们有良好的交流，希望借助PANDA联盟的平台，借助联合国教科文组织，利用我们的力量在中国科学院上海药物研究所的支持下，有更多的同事，特别是来自埃及、加纳及非洲其他国家的同事，把PANDA网络进一步壮大，可以在全球做更加前沿的药物研发。培育人才并且推广我们的技术，能够造福更多的人，让我们的技术组合也更加多元化。我们希望首先继续兴建联合实验室，然后强化PANDA网络，最后建立起全球药物发现联盟，帮助人们建立更好的健康生活方式，让全人类健康幸福生活。以上就是我报告的内容，谢谢。

埃及提升可再生能源产量的举措

穆罕默德·赫加齐　埃及科学研究技术院副院长、区域发展中心主任

> 埃及科学研究技术院通过完善科研体系、设立区域中心等夯实基础，实施太阳能、风能项目，推进绿氢项目。中埃共建可再生能源联合实验室，开展太阳能电池板研发、人员培训等合作，还有智能生物质发电项目利用固体废物转化能源。未来希望获得技术转移支持，推进国家实验室建设。

大家下午好！非常荣幸今天能够来到2024年浦江创新论坛，通过论坛，我们共同探讨了挑战和需求，从而更好推进"一带一路"倡议的发展。在我讲埃及是如何提升可再生能源发展水平之前，想首先和大家讲一讲我所在的埃及科学研究技术院（ASRT），它是1971年9月建立的。ASRT汇聚了尖端的科学家、政策制定者等人才，这些人才将共同解决埃及所面临的诸多挑战。

我们的愿景就是有效开展科研，并且和其他组织合作，共同提升埃及的科学和经济发展水平。我们的使命是营造一个良好的环境来促进科学技术创新，并且支持整个创新的周期。ASRT有很多的科学委员会，包括文化科学关系委员会，主要负责科学和创新发展。在我们的专门科学理事会部门，一共有20个由顶尖科学家组成的不同的专门理事会。每个理事会都有20%～30%的人员来自年轻一代的科学家和研究人员，这样的设置能够帮助我们实现可持续发展，让埃及可以应对未来的挑战。

还有一个很出色的部门是科学和文化关系部。科学和文化关系部的主要目标是承办国际层面的科技交流活动，其中有一个非常有趣的项目叫"儿童大学"项目。通过这个项目我们可以培育9～13岁有潜力的未来科学家，帮助他们具备各方面的能力。"儿童大学"项目现在每年有450个招生名额。

另外一个项目叫"下一代科学家"项目。"下一代科学家"项目由超过1.33亿埃及镑做支持，现在受到资助的学生有930多名；还有夏令营和冬令营项目、100个联合项目、120多篇论文的发表及14所大学的访问交流项目。

还有一个部门值得一提，就是创新和科技部门。这个部门的目标是为埃及培养人才，来解决迫在眉睫的问题和应对挑战。例如，埃及的南部有沙漠，沙漠当中有盐碱地，我们想通过一个战略项目实现盐碱地的脱碱。还有智能农业诊所，这也是造福埃及农业部门的项目。该项目通过科研创新来应用一些技术的成果，从而找到农业和作物面临的疾病，并且提升其健康水平。

除此之外我们还有一些孵化器，大概有47个；与此同时我们有50多个负责技术转让的办公室，希望将科学家、其他发明家和利益相关者都联系起来；我们也有国家层面的大项目。

接下来想和大家分享的是埃及的基因组项目。该项目由4个不同的部门共同协调开展。我们的目标是建立埃及基因组中心，对埃及人常见的疾病做早期的诊断和预测，我们希望建立个性化的医疗方式，同时培养埃及的科学家，探索古埃及的基因图谱。我们有区域发展中心，也是我一手建立的，在埃及有11个区域中心。另外，科学中心也会做很多研究观察，分析各地区面临的问题，希望这11个区域中心和不同的负责部门为当地居民提供服务。

可再生能源的区域发展中心是这11个区域中最值得分享的中心，我们有相应的太阳能项目，包括太阳能电池板、冷却系统全自动智能技术等。

其实埃及有很多倡议与国际气候协议保持一致，我们注重能源的多样化，包括绿氢、太阳能、风能等。

2024年，我们在苏伊士湾建立了225 MW的风力发电厂，对于绿氢项目也有相应备忘录的签订。埃及致力于促进该项目的发展，希望可以促进可再生能源的发展。

我们也有相应的立法，同时有中埃的可再生能源联合实验室。2014年，时任总统访华期间签订了联合实验室的相关协议，并开启了项目。2016年开始建设，希望其能够成为一个重要的科技转移中心，也会生产一些太阳能电池板。接下来我想和大家分享一个我们合作的成功案例，即中国和埃及之间的合作。

这是我们的智慧生物质发电站，我们将固体废物进行分类，使用人工智能把生物垃圾转变成合成气体、石化产品、肥料和生物炭。

另外就是教育培训和学院的发展。在之前就有中国团队来埃及对58名工程师、化学家和物理学家进行了相关培训。最后有38名相关人员参与到二期培训班，15名最终进入到运营和发展部门，5名工程师接受了维护工作的培训。

联合实验室对大学生进行了培训，大家可以看下培训的图片。为了增强双方合作，将合作成果最大化，我们也探讨了未来面临的挑战，以及对联合实验室的发展建议。中埃新能源联合实验室有3个阶段：第一阶段是研发阶段，这一阶段已经完成；第二阶段是对相应太阳能板进行测量和测试，这一阶段的相关工作我们也已经完成；第三阶段是太阳能面板的大规模生产。我们有这样一个布局图，是关于三期工厂的。可以看下相应的生产流程图，该工程花费了400万美元。还有一个项目是太阳热能的应用，希望能够通过这一项目促进太阳能技术的发展，利用太阳能。除此之外，蒸汽机、涡轮机在运行期间遇到了故障，无法发电。科学委员会给我们提出建议，需要对工作流程或者生产流程做相应的调整。另外，大家可以看下橙色部分的MATS项目，该项目有风能、太阳能、电解质，可以生产清洁能源，但生产过程也有一定的成本。

还有我们固体废弃物智能气化项目。这个项目是和中国重庆合作开展的，项目的备件也已经就位。最后还有不同领域的国家级实验室7个，包含基因实验室、纳米技术实验室、乳品实验室、电动汽车实验室等。希望这些国家实验室能够解决大规模的复杂问题，也希望其将基础科学转化为可以带来经济回报的创新科学。我们也有未来项目来支持这些国家实验室的发展，当然我们需要相应的设备和中国技术转移的支持，谢谢。

架起"一带一路"科技文化交流合作的空间桥梁

张永合　中国科学院微小卫星创新研究院副院长

> 指出太空与海洋领域合作对"一带一路"建设的重要性。回顾自2014年起中葡在太空与海洋领域的合作历程，双方共建星海联合实验室，在项目研发、数据探索等方面取得成果。未来计划从空间教育切入深化合作，同时依托丰富的国际合作经验拓展网络，推动科技与文化交流成果落地。

各位下午好！我是来自中国科学院微小卫星创新研究院的张永合。我演讲的主题听起来非常宏观，是从空间、宇宙的角度展开。

我们可以看到现在科技的发展非常迅猛，此外科技方面的投资也在不断增长。太空与海洋的基础设施在不断地建设中，在太空我们有星空卫星，在海洋中也有很多设备，我们可以看到，太空与海洋的联系越来越紧密。其实如何通过太空与海洋的应用惠及人民，利用现在的体系，对于普通个人和一个国家来说，如果没有太空与海洋的体系，我们无法进行很好的生活。

众所周知，在"一带一路"倡议下，各国之间在太空与海洋方面的合作变得越来越重要，因为只有共享数据，才能利益共享。

我们的愿景就是让海空互联，尽可能通过技术让海洋和太空连接，因为海洋和太空都是非常宏大的领域，所以可以关注的项目很多。我们的重点是数据中星海的互联互通。

所以中方和葡方开展合作，从深空到深海的深度数据中，探讨哪些新的领域可以探索和挖掘。

从 2014 年开始，时任中国科学院微小卫星创新研究院院长的李斌先生访问葡萄牙，与葡方开展交流合作。当时中国科学院的白院长会见了葡萄牙 Tekever 公司的相关人员，我和新院长又一次访问了葡萄牙。那一年我们见了很多专家，当时葡萄牙正在做一个宏大的规划，希望能够做一些太空领域的开发。当时双方的想法是一致的，不仅在项目上是一致的，而且也一致地希望共同创建联合实验室。葡萄牙有非常丰富的海洋资源，中国在太空领域有先进的技术，我们可以取长补短、互惠互利。

也是从那时起，我们双方的交流变得非常频繁。例如，葡萄牙科技部和中国科学院互相访问，中葡高层人员也有很多高频往来。在此之后，2018 年，葡萄牙是浦江创新论坛的主宾国，当时葡萄牙科技基金会（FCT）的院长宣布他们要和中国共建联合实验室，并在大会上做了详细介绍。同时我还参加了中葡科技创新合作研讨会，很多科技企业的 CEO 和科学家都参加了该研讨会，探讨中葡两国之间的合作。2018 年，中国和葡萄牙两国元首互访，习近平主席和葡萄牙总统签署了共建"一带一路"谅解备忘录。在协议的大框架下，联合实验室的建设得到了飞速发展。这是签订协议时的照片，照片中有中葡两国的领导人。

在太空与海洋之间，中方主要负责卫星，负责空间领域的技术，除中国科学院外还有其他机构，如做载荷的机构、研究数据的机构；葡方负责海洋探测和装备制造。我们研究院隶属于中国科学院，中国科学院下设 100 多家机构，这意味着我们有很多的兄弟单位可以共同参与合作。易教授也参与进来，还有测绘、数学领域的专家参与进来，我们很快有很多的兄弟机构共同参与合作。

图片上是当时中国科学院（CAS）的主席、院长和葡萄牙科技部部长，在中国科学院和葡萄牙科技部的支持下，双方共同签署了谅解备忘录。双方也提到了星海"一带一路"实验室的发展事宜，在会议上共同讨论如何进一步推进"星海"工作。中国科学院的愿景是能够设立一个海外研究中心，这样我们的资金就可以在葡萄牙很好地使用。

2019 年时任中国科学院副院长张亚平访问了葡萄牙，并且会见了科技基金会（FCT）相关负责人。FCT 也邀请了来自大学、科研机构的专家，共同制定学术研究方面的目标。在此之后，我们还设立了共同的指导委员会。2021 年 7 月，因疫情我们无法线下面对面地交流和开展工作，我们通过远程会议进行交流和合作。

在此之后，我们组建了由中国科技部支持的"一带一路"联合实验室。设立星海实验室之后，FCT 非常支持，也愿意和我们一起推广更多的应用，并设立了"一带一路"实验室，该实验室一开始是中国科学院牵头的，然后不断升级为一个全国性的科研平台。

就此有一个新的开幕仪式，时任中国科技部部长、葡萄牙的领导等以线上 + 线下的形式举办了"一带一路"实验室的启动会。我们中国科学院海洋研究所在青岛,我们在海外有里斯本、波尔图实验室,都关注空间和海洋的发展。

这是当时制定的目标,我们有很多科学应用。不仅有科学应用目标,还有技术和工程方面的目标。我们希望有更多项目上的合作,希望有更多的联合测试。在太空与海洋领域共同做一些测试。

在我们的实验室中,举办过很多的研讨会、很多的大会,这些便是我们所说的"太空—海洋"前沿论坛。得到中国科学院上海分院的支持,每次想开会的时候,都会邀请来自太空领域、海洋研究领域的专家。我们总是在讨论海洋和太空的交汇领域。明天就有一个会议,叫空天海洋先进科学与技术论坛。

我们的资金主要用于项目,如图所示。我们有很多下一级实验室,其主要工作是关注海洋环境模拟、微型卫星、利用卫星监测海洋、多来源的数据挖掘和数据处理应用等。通过这些工作的开展,我们可以更好地让太空和海洋连接起来,也可以让科学家和工程师之间有更好的协作。

现在参与太空与海洋项目开发的有中国科学院的实验室、上海本地的很多大学实验室(这些大学的实验室也都是国家级别的),以及来自澳门的一家实验室。

加入我们实验室的科学家在各自的领域都非常优秀,有不少科学家会讲葡萄牙语,其中有一位来自中国澳门的科学家,也能讲葡萄牙语。这样可以与葡方更好地开展合作,合作的内容主要集中在月球和行星的探索。

在工程学方面,我们设定了最初的目标,取得的主要成就如下。葡萄牙有制造微型卫星的愿景,我们的计划是为该微型卫星提供传感器,这款传感器不仅可以进行光谱检测,还可以进行近红外光的成像。虽然这颗卫星暂时没有发射,但是我们还在继续思考如何发射这颗卫星。

我们在中国发射了一些卫星。有一些技术展示了卫星及其设备。一些海洋设备无法和太空设备对接,所以研发的设备就可以使其对接,为双方搭起桥梁。

除此之外,我们还有一些刻印的成果。有很多科学家在研究数据的探索与发现,还有数据的应用。我们对全球的洋流数据进行了挖掘。

通过搭建合作平台,中国现在也有几位来自葡萄牙的科学家。我们可能也会邀请他们,即使这不在原计划内。例如,在上海大学和里斯本大学有一些联合办学的项目,我们知道上海大学和葡萄牙之间的交流非常多,所以我们也邀请了上海大学的一些老师来我们的研究所做顾问。也有一些葡萄牙学者来中国访学,我们也邀请他们加入。我们也会参加世界顶尖科学家协会(WLA)的论坛。WLA 是一个比较高端的、在上海召开的科学论坛,通常情况下会在每年的 11 月举办,所以今年 11 月我们会邀请相应的科学家和学者参会,希望有更多的交流。另外,在海洋生物学方面我们也有很多的会议。

总体来说,中葡太空与海洋合作是分几步走的。第一步是开展一些小规模的合作,即一起做一些事,并没有特别大的目标。在小规模的合作之后就可以做更多的事,因为双方政府、不同的部门之间也有一些合作计划,我们就可以有更多的发展项目。

在疫情期间我们无法面对面交流,需要应对相应的挑战和困难,但是现在我们已经有了新的机会,可以开展一些新领域的合作。尽管疫情3年没有开展面对面的交流,但是依然取得了一些合作成果。

关于未来,我觉得应该从教育入手,不仅仅是关于我们项目的教育,或者说是和职业生涯相关的具体的细节。我觉得需要从相应的航天教育开始,因此我们选择了一些学校,也开设了所谓的航天学院或航天项目。我们看到有一些非常好的选址,可以让我们开展教育,如杭州。我们在杭州也有一个研究中心,该中心可以提供10天的培训。10天的培训有两天在杭州,其余时间在上海,我们能够提供卫星装配、集成与测试(AIT)的培训。

除此之外,对于中国科学院微小卫星创新研究院来说,我们已经有20年研究空间的经验,发射了很多卫星,现在在通信卫星、导航卫星、遥感卫星等方面也有丰富的经验。我们研究院也和全球各地有很好的合作网络,也为阿联酋、巴基斯坦提供相应的合作项目。所以对我们来说,国际合作的网络已经非常完善,未来要继续拓展这些网络也非常便捷。

我们与世界其他国家的文化层面的交流,已经有了十几、二十年的发展历史。我们将其做成了微电影、小视频,并在CCTV进行播放。如果大家感兴趣的话,我们可以和大家分享视频,我在里面也扮演了一个角色。截至目前,我们共发射了126颗卫星。

刚才和大家分享了我们的成长故事,我们从很小的理念开始,从很小的事情做起,不断推广,也设立了中葡星海联合实验室,但是放在全球的合作网络中,我们依然有很多的领域可以探索研究,也可以和更多的国家建立起合作伙伴关系,因此我们也非常希望推广未来教育,让教育成果最终有一个真正的落地应用。谢谢!

射电望远镜BINGO、BINGO/ABDUS项目和巴西—中国合作伙伴关系

阿米尔卡·拉贝洛·德奎罗斯　巴西坎皮纳格兰德联邦大学教授

> BINGO、BINGO/ABDUS项目在巴西帕拉伊巴州建设射电望远镜,开展技术研发、人员交流等合作。去年签署合作协议,未来计划完成建设,推进新技术应用,借"一带一路"倡议的框架加速合作,秉持科学无国界理念,让人类共享科学成果。

各位下午好！非常高兴来这里，也很荣幸参加今天的会议，感谢各位来听我们的演讲。

首先感谢中国科学技术发展战略研究院的邀请，一直以来巴西和中国的合作非常紧密，无论对我个人来说还是对巴西来说都成效显著。

在我开始分享这个项目之前，我想说明这个项目是我方和中方共同做的一个研究，在分享这个主题之前，我也想和大家说一点，其实之前巴西也有很多大的科学项目，刚刚巴西召开了一个全国的科技创新大会，讨论了未来十年的发展战略。

我们有大科学团队，在会议上也讨论了纳米技术、物质技术、太空科技、社会科学等非常多领域的主题。我们知道现在要做大科学研究有时候面临很多的挑战，需要与各方开展合作。今天我来到这里就是想说真的非常开心，可以向大家介绍我不同领域的朋友，如果大家对他们的研究领域感兴趣，未来想做更深的交流和讨论，我也是非常高兴把各位介绍给我的朋友，以及我的巴西同事们。

接下来就来说一下我分享的主题。大家看到这张图有很多的信息，我们怎样了解这张图呢？其实这样的图可以让我们了解太空、了解宇宙，我们作为人类、作为科学家，其实不断探索的动力之一就是好奇心。科技的背后需要这样的好奇心，从人类有史以来，我们不能通过肉眼观测宇宙，需要借助望远镜等设备来观测宇宙。我们现在也可以用不同的望远镜观测宇宙，了解观测宇宙需要什么样的技术。其实之前的演讲嘉宾也提到了卫星，卫星是很有用的工具。观测宇宙需要不同行业的许多人，不仅仅是技术的合作，也是人的合作。我们需要不同国家人才的通力合作，而不是单打独斗。我们的宇宙一直在变大，需要不同时期的人去思考、去研究，通过历代人了解宇宙的进展、扩展，对于我们人类来说宇宙也是令人印象非常深刻的。

这是我们对宇宙的一个认识，以及我们通过射电望远镜可以看到的宇宙的扩展。通过望远镜我们希望研究宇宙正在经历什么样的变化，这可能是当今科学界面临的最重要的议题，包括暗物质。暗物质已经让宇宙加速地扩张了，所以我们的研究也非常关注这一领域，希望通过射电望远镜的研究来探索深空，同时也需要新的技术，需要能够联合许多顶尖的科学家，不同国家、不同学科共同开展研究，这也是我今天想传递的信息。

我们现在正在巴西的帕拉伊巴州设置射电望远镜。帕拉伊巴州是南美洲最东边的州。射电望远镜在如图位置，帕拉伊巴州是非常贫穷的地区，但气候非常适宜，因为地形和干燥的气候，所以很适合射电望远镜的建设，本地的人民也非常欢迎，非常愿意和我们共同开展这个项目。通过我们的射电望远镜项目，该地区也可以获得繁荣，当地的孩子未来可能成为工程师、科学家，所以他们很欢迎我们的项目落地。

这是我们的概念图，看起来是非常不一样的射电望远镜。这是我们的原创设计，它的设计如图所示。现在是其中的一台望远镜，大家可以看到我们总共有28个这样的望远镜阵列，这只是其中的一台。这是天线，天线的设计和制造都在巴西，我们能够看到它们是整个射电望远镜信号的来源。我们在巴西对它们进行了测试，每台的体积都非常巨大。除此之外，我们还做了一个小的测试，去看下它是不是可以达到预计中的性能，以及我们应该如何使用它。我们招募科学家和工程师做测试，这是中国和巴西的合作项目，双方各占50%。我们很开心和中国开展合作，这不仅可以加速发展，而且可以实现高质量的发展。中国的同事们开发了一个不同的阵列和天线。照片中是我们项目的协调员，来自巴西科学院的一位院士，他多次造访中国，这是在中国电科网络通信研究院（54所）大会上做测试。

我们学习了很多的新技术，包括卫星电子元件，这是我们一个学生的发明创造。现在这个电子元件又得到了优化，使其性能更加优异。我们这个里面有很多元件，都是定制的，它现在已经在北京了，所以这是一个非常棒的合作。在中国我们也共同做了一些发展，是完全开放的，这是非常好、非常棒的一种合作方式，所以我们对它的规划如图所示。这就是我们目前的设备状况。我还想做一个介绍，这个项目的规模可以说是非常大，要依赖一些外部的合作资源。去年我们也去了上海，陪同帕拉伊巴州政府访问了上海，我们参观了可以用于科学教育的FAST天文望远镜。当地有一个天文小镇，还有航天小镇，我们就发现这个概念很不错，回到巴西之后也要模仿中国的做法，因为我们已经建立起了这么大一个天文望远镜，为什么不把它和教育事业结合起来呢？所以我们当时的愿景就是打造一个航空小镇或者天文小镇，目前已经和承包商签了合同。同时，该项目的附近有恐龙的足迹化石，大家可以在图上看到恐龙骨的化石，这也可以帮助我们发展科学旅游业。除此之外，在这附近的地区，还有一些古人类的生活遗址，所以我们在当地发展天文望远镜的同时，既照顾到了科学教育，也渗透了以科学为主题的文旅。这是我们当时的概念图，这是航天小镇，这是承包商当时绘制的图，下个月就可以动工了，我们也参与了很多合作项目，巴西和中方一起管理这个天文望远镜，也会做很多科研项目。我们的工程师和科学家也可以住在这个小镇，设想我们的项目会带来非常深远的影响，这个设备能够在孩子们心中种下科学的种子，使他们成为未来的工程师和科学家。虽然说现在仅仅是起始阶段，但是我们将更多的资金投入工程和科学领域，这也是我们从中国之旅学到的宝贵经验。

对于我们的这个项目，主要的参与方就在这页PPT上。现在有更多的参与方，巴西和中国的机构纷纷要加入。我们看到了很多中国顶尖的大学都加入了该项目。这是巴西知名的大学，在航空航天领域有非常多的成果。

在去年的中国之旅上，我们还签订了合作协议，如FAST和天眼望远镜的合作。研究人员之间签署协议，是为了加强合作、分享知识，这样我们就可以更好地推进科学事业的发展。这是当时签署的谅解备忘录（MOU），也是去年中国之旅上达成的合作成果。

在未来，我们有什么样的计划呢？我们还是希望能够完成BINGO望远镜的建设，希望在今年年底前完成。除此之外，我们的项目雄心勃勃，希望能再上一层楼，希望这个项目可以更大、更好。我们也提出了新的理念，我的一位朋友在上海天文台工作，他是一位教授，他已经开始开发这一领域的 VR/AR 技术，从巴西到中国，可以覆盖很多地区，这是一个非常宏伟的计划，这不仅可以造福巴西和中国，同时还能够带动更多国家和地区的发展。这个项目所建设的望远镜甚至有可能成为最先进的射电望远镜。我们就可以为宇宙学和航空航天学提供更多的数据支持。我们的规划还在讨论中，这次来中国也会参与很多的讨论，这是我们未来的一些规划。

而且我们既然都已经在"一带一路"沿线了，也有联合实验室可以加速这些大型合作项目的开发，我想这是个天时地利人和的时刻，可以通过"一带一路"大框架下的科研合作带来更好的研究空间，让人类从科学技术的发展中受益。

这也是我们为下一阶段的发展正在开展的一项工作，我们现在有 5G 技术，但是还没有在射电望远镜领域得到应用。我们计划通过对阵列的使用将最先进的技术引入射电望远镜领域。目前，ABDUS 已经开始实施合作项目。ABDUS 是一位教授的名字，他的名言是科学的思想和创作应该由人类共享，他一直在推进科学技术的发展，造福发展中国家和第三世界国家。这对中国和巴西的合作具有非常重要的作用，他的这句话是"科学思想和创作应该是人类共同的知识和遗产"，我们也一直践行着他的这一理念。因此，ABDUS 象征着我们合作的精神。那些有机会见过 ABDUS 的人也会把这句话放在心中。

我们知道科学是无国界的。不同的国家都可以通过真正的科学开展合作。宇宙只有一个，我们应共同研究和探索宇宙，真正的科学可以让我们更加理解对方，更加实现文化的共融，而且科学也可以缔造友谊。朋友共同合作，在未来都可以推进科学技术更好地发展，去年巴西总统访问了中国，这展现了中国和巴西之间的长久友谊，其中的一个目标就是 BINGO 项目，两国领导达成了一致，都支持该项目。我们也非常期待习近平主席将于今年 11 月访问巴西，通过此类访问，中国和巴西之间的合作会进一步加深。我们可以作为很好的合作伙伴去为更好的科学研究努力。

接下来和大家分享一个小的视频，让大家对我们的合作项目略有了解，非常感谢各位的聆听，也感谢主办方让我到这里和大家分享。在科学方面，一定要和他人合作，这一点非常重要。

沙特法赫德国王石油与矿业大学（KFUPM）：参与"一带一路"建设

泰斯·伊万·索林　沙特法赫德国王石油与矿业大学综合石油研究中心主任

> KFUPM 地处沙特石油产区，正转型为研究型大学，与中国石油大学等机构签署谅解备忘录，共建联合实验室，聚焦石油工程、绿色低碳能源存储、影像技术等领域，推动技术研发与成果应用，助力中国和沙特能源领域合作及可持续发展。

非常荣幸今天可以来到这里，很高兴也很自豪可以成为"一带一路"倡议的参与者，也想和大家来表达我对组委会的谢意。目前，我们和中国石油大学有合作。

我们在"一带一路"倡议中的实践还处于比较初级的阶段，但是在疫情之前我们有很好地推动，后来因为疫情不得不中断一些项目。之前曾与中国石油大学建立了合作关系，也签署了谅解备忘录，未来将开展更多的合作。"KFUPM"与中国石油大学共建的联合实验室是针对沙特阿拉伯能源领域的。首先介绍一下沙特阿拉伯，之后再介绍一下我们的石油与矿业大学，然后大家就可以明白在"一带一路"倡议框架下我们做出的贡献。中国和沙特阿拉伯有很好的合作，沙特阿拉伯是位于中东的国家，自然资源丰富。

可以看到地图上这个点就是我们的国家。我们现在是一个王国，旅游业和其他领域都有很好的发展，所以"一带一路"倡议对于我国也有很好的推动作用。我们可以看到大学在这里，离巴黎很近。稍微放大一点来看，这就是我们的所在地，图片就是法赫德国王石油与矿业大学，目前我们的大学正处于转型阶段，我们希望成为以研究为导向的大学。

除此之外，我们可以看到周边是大片沙漠。在沙特阿拉伯，我们有很多文化遗产，也有非常恢宏的遗迹。大家可能觉得沙特阿拉伯的景色比较单一，但是沙特阿拉伯具有文化多样性、地貌多样性的特点。我们可以看到中国和沙特阿拉伯在"一带一路"倡议中，就已经建立起了很好的合作关系。我们位于达曼，这里拥有利于石油生产的自然环境。当第一桶石油在沙特阿拉伯被发现的时候，英国有位地理学家也对阿拉伯地区和海湾地区进行了相应的研究，他看到了沙特阿拉伯的潜力。

刚刚我和大家提到过，我们的大学目前处于非常重要的转型阶段。我们大学旁边也有一个非常大的石油生产公司，所以我们大学就处于一个非常优越的地理位置，便于开展研究。所以我们要向研究密集型转型，已经有了很好的基础。

我们的大学也和中国以及其他国家有很好的合作，希望研究密集型大学的转型。我们的大学现在有1万名学生，看一下地图，这个就是我们的大学，我们的大学所在地区有非常好的地形地貌，非常适合石油的研究。

沙特阿拉伯有"繁荣之井（PROSPERITY-WELL）"的理念。目前我们每天生产的石油桶数也是非常高的。沙特阿拉伯的资源十分丰富，而且我们也有很好的潜力可以继续对周边环境进行研究和开发。这是20世纪70年代这个区域的照片，照片里有一个钻井平台，现在已经不生产了，但是还能反映沙特阿拉伯过去在石油开采方面的丰富经验。潘教授和我从2016年就开始筹建综合石油研究学院，我们当时发现在地理科学和石油研究工程方面缺乏互动性，所以在我们学校建立了综合性的石油工程及地理科学学院，希望能够加强对研究的重视。我们也是在9年之前开始了这样的倡议，也是将地球科学和实验研究结合在一起，在"一带一路"倡议中，我们的目标是做一些开拓性的研究。

我们希望能够让该学院成为全球工程地球科学教育及研究领域的领导者，也希望通过"一带一路"倡议可以和其他的实体有更多的合作，包括中国石油大学等，这样我们真的可以成为该领域全球领导者。我们知道石油领域很复杂，如果真正想实现可持续发展的话，必须要采取合作才可以满足世界对于能源的需求。我们也希望成为研究的中心，这是我们的目标，我希望成立一个培训中心及研究中心，可以为"一带一路"倡议做出我的贡献。我们也会做方方面面的研究，包括一些基础科学和学术的研究。

最终成果的应用是我们的终极目标，我们也会发现自然界中新的现象，也愿和我们的合作伙伴一起做研究，另外，我们的一些其他服务商也会与中国石油大学做一些合作。

综合石油研究中心以项目为基础，包含不同的项目。我个人所做的研究大多集中在石油领域的基础研究。潘教授今天也在现场，他在材料科学方面做了很多的研究，致力于材料科学相关的应用。我们也有生物、科学及其他的发现研究，还有水净化的技术研究，现在这些是潘教授的主要关注领域。我们还关注了其他领域，将它们融入我们的研究中心。

那么现在 CPG 也和中国的机构开展合作，我们受到了管理层的高度鼓励，去和中国的政府部门和科研机构开展合作。目前我们的很多技术是由中国开发的，这些技术被整合到我们的钻井领域。例如，这个正在研究的关于管道的模拟技术，是在成都开展的。目前的生产中已经利用这一技术，该技术也被用于教育领域。我们与很多专注于油气行业的中国研究机构拓展合作，这里有更多的案例。今天下午是"一带一路"的专题研讨会，明天我们要去青岛，除此之外，我们会考虑整个"一带一路"中的不同角度，这是个很长的历程。我们还会拓展很多其他非"一带一路"的合作，其中有一个是我们大学与中国石化的合作项目。我们和中国石化有非常紧密的合作，我们参与了很多的研发项目，数量可以说是数不胜数。

我们和中国石油大学签署了谅解备忘录，这与我们今天研讨会的主题不谋而合。我们目前已经明确了这项合作的谅解备忘录和未来的发展方向，要通过共同的努力达到互利互惠的目的。我们共同建立了联合实验室，两国共同关注能够互补的项目，来达成这种协同效应。最有可能合作的项目就在青岛，我们可能会去实地考察一下，看看能不能通过可持续的视角切入。沙特这边有很多非常规的油气，主要分布在沙特的南部，我们会和中国石油大学共同关注绿色低碳的能源存储技术，以满足全球对能源的需求。

目前我们正在进行第一步，彼此进行接洽，商谈如何更好合作，达到协同效应。我们在传统资源、传统岩石开采方面有着非常丰富的经验，现在正在和中国石油大学及该大学的几个研究机构合作，探索更多关于影像技术的可能。我们现在需要做一些非常规油气的开采，来满足不断增长的需求，所以我们可能会在这些方面找到共同的发力点，达到互补的效果。这就是我今天要讲的内容，感谢组委会的邀请。

"一带一路"中老铁路工程国际联合实验室介绍

邹劲柏　上海应用技术大学智能技术学部副主任、轨道交通学院院长
上海市"一带一路"中老铁路工程国际联合实验室主任

> 中老铁路工程国际联合实验室由上海应用技术大学牵头，以铁路全产业链技术研发与人才培养为核心，依托"2所1中心"架构，深度融合北斗定位、光纤传感、5G及卫星通信技术，攻克跨境铁路沉降监测、电磁环境感知等难题。结合坦赞铁路经验与雅万高铁实践，探索中国标准本土化路径，计划在老挝设立工程师学院推进属地化人才培养，同步构建"科研-教学-产业"协同网络，助力"一带一路"铁路技术体系融合与可持续发展。

大家下午好！很高兴在这里向大家介绍一下我们中老铁路工程国际联合实验室的情况。

首先，实验室是依托上海应用技术大学设立的。上海应用技术大学是一所专注于应用技术创新的上海市地方院校，校区主要位于上海的徐汇和奉贤两地，学校有铁路学院。我们学校在培养学生时，不管是中国的学生还是老挝的留学生，更多是注重他们在科技方面的思维，以及他们的动手和实践能力。这样可以更好地服务于我们一线的工程，包括中老铁路后期的维护。

轨道交通学院是在2009年设立的，基本上和中国的高铁建设和发展是同步的。当然，这个学院最主要的还是聚焦于高速铁路和地铁的技术，培养一线人才，我们有幸在这样的条件下为中老铁路输送了老挝籍的留学生。

轨道交通学院虽然建立的时间不长，但是铁路相关的专业，如路基、设施、桥梁、隧道、通讯信号、车辆、牵引供电等均具备了一定的专业实力，所以有这样的专业实力可以为"一带一路"铁路全专业的技术知识提供良好的基础。

中老铁路工程国际联合实验室最开始是从中老两国的学生培养起步的。2016年刚刚开始建中老铁路时，我们学院的老师就参与了中老铁路前期的勘探设计，在那个时候就发现老挝很缺乏铁路方面的专业人才，所以我们就有这么一个想法，在上海市友协的支持下，和老挝的理工大学建立了一个跨国的人才培养项目。同时在开通仪式上，第一批老挝学生已经回到了老挝，服务于"一带一路"铁路，服务于中老铁路。所以通车仪式上，习近平总书记对我们这样的人才培养方式给予了赞许。

在之前人才培养的基础上，2021年6月，我们共同发起了联合实验室的建设工作，是考虑到铁路长期的运营维护中如何有更多的技术力量支持解决我们的铁路在世界不同区域运行过程中可能出现新的问题。同时在上海市科学技术委员会的支持下获批了"一

带一路"联合实验室。该联合实验室以铁路为纽带，是沿线高校和企业的桥梁。

依托该联合实验室，除开展科学研究外，还广泛开展了跨国活动，包括互联互通中心的建设。另外，除了联合实验室的参建单位，包括老挝国立大学，还有参与中老铁路建设的单位一起加入互联互通中心，来分享在中老铁路建设中的经验和体会。

2021年10月，中老铁路工程国际联合实验室就正式揭牌了。揭牌时我们按照铁路的特点，设计了"2所1中心"的架构，即基础设施研究所、移动装备研究所和数据传输中心，这与铁路的主要框架是完全匹配的。

为了更好地开展"一带一路"沿线工作，我们还是踏踏实实地从最开始坦赞铁路调研做起。这条铁路是20世纪70年代援建的，当时中国铁道部的专家和技术人员远赴非洲参加工作，我们从中获得了很多信息和经验，为新一期的"一带一路"建设提供了宝贵经验。同时对上海铁路局、昆明铁路局，目前在承担中老铁路运维的中老铁路公司都有充分的走访，甚至新开工的雅万高铁都有我们的老师和学生在开展科研工作。

在调研前期，我们结合科研实际情况，挑选了一些关键技术来开展研究工作。基础设施方面，我们利用北斗的定位技术，在基础设施相对薄弱的国外铁路线上进行沉降、线路偏移的检测工作。同时考虑到国外的基础设施相对国内差，基于光纤的传感技术也被用于国外铁路线路的检测工作。当然我们在老挝调研的时候也发现，其实老挝的自然环境保护得很好，相对来说老挝的基础条件，特别是铁路周边出现塌方和泥石流的情况反而比国内小，因为整个国家的植被覆盖率很高。但是温度很高，为了更好地对比中老自然环境差异，我们每年暑假都会从中老联合培养的研究生中挑选几位，由老师带领学生到现场进行勘探。

在车辆方面，主要对中老铁路的现场进行一些环境方面的检测，因为现在的列车都是通过移动通信控制的，所以对沿线的电磁环境进行感知技术的研究。考虑到远程的支持，我们也尝试通过北斗的短报文或者卫星技术来研究，进行跨境传输，在不同铁路沿线的场景下如何获得更有效的数据传输效果，这是一些具体的研究课题。

下一步，我们想将中老铁路的现场需求和国内在铁路和高铁上的最新技术两者结合起来，开展包括5G技术、卫星技术，还有数据智能方面技术的培训学习，同时和国内参与"一带一路"较多的企业，如中车集团、卡斯柯公司、国铁集团共同推进联合实验室的科研和建设工作。

对外合作方面，我们初期主要是和老挝苏发努冯大学开展实验室的建设。当时我们也从建设过程中与老挝国立大学和老中铁路公司开展互动工作。因为在老挝铁路的运营过程中，我们的学生已经在中老铁路承担了一线工程师的任务，他们也会经常反馈，一方面把学到的东西用到工作中；另一方面将工作中遇到新的问题，甚至国内没有遇到过的问题带回到科研课题里来。当然有一些成果已经取得了一定的成效，特别是在空中电磁环境的感知和分析方面。

这个小视频是关于基础设施课题的介绍，下面还有一个视频是关于无线课题中一个小课题的介绍。这两个是和联合实验室相关的项目，先在国内的铁路进行试验，并在赴老挝考察期间也开展了相关的科学研究。

我们依托中老铁路和对老挝的人才培养，包括联合实验室建设过程中一些经验，一方面在开展多国合作时，联合实验室的平台很好，给我们提供了和国外科研机构和大学合作的平台；另一方面也有科学研究和人才培养，老挝的学生前面几年是送到中国培养的，学成之后回国，我们考虑到老挝对人才的需求，下一步在老挝设立属地化的工程师学院。暑期已经有老师去老挝调研过，下一步是通过远程和出差相结合的方式培养铁路工程师。还可以通过技术转移，帮助老挝，特别是相对实力薄弱的部门，采用我们的技术可以更好地支撑他们的运营维护。当然也遇到了一些挑战，包括科研的需求，中国的铁路是整个中国完整的标准和技术的输出，在老挝的整个教育培养体系里面，怎么把我们中国铁路的专业知识植入老挝本土，这也是我们正在思考和希望解决的问题。同时，科研项目需要资金的支持，通过合作，希望在科研方面获得更多的资金支持。

我就汇报到这里，谢谢大家。

创新引领发展——以南非为例

姆隆吉西·塞莱　南非国家创新咨询委员会首席执行官

> 当前世界面临多重危机，南非与中国将双方关系提升为新时代全方位战略合作伙伴关系，南非积极参与"一带一路"倡议，在多领域共建联合研究中心与实验室。南非通过《科学技术与创新》白皮书规划发展，聚焦健康、能源等领域，提出氢能发展路线图。同时指出其面临的人才流失、性别失衡等挑战，期待与各方合作，倡导包容性创新。

各位同仁下午好，非常感谢主持人的介绍！也向在座的女士们、先生们问好，非常感谢主办方的邀请，能够来到这里和大家分享一下我们的经验。

今天也有我的两位同事在现场，在问答环节，他们也可以参与。我们会谈到3个方面的内容：第一，我们知道现在南非和中国有着非常广泛的合作，我会聊一聊中南两国间的合作；第二，我们稍微谈一下"一带一路"倡议；第三，和大家分享一下我们的政策环境，处于怎样的政策环境让我们可以促进"一带一路"倡议的实施。

首先分享一下背景，当然不会讲得太细，但是我们要意识到现在面临的大背景。正是在这样的背景下，南非和中国的伙伴关系显得非常重要，当下的世界正处在转型中，而且正处在多重危机的边缘。全球范围内都是这种情况，我们可以看到全球的不平等和贫困问题日益加剧，还面临气候变化，也需要应对能源、水、食物的问题，同时面临地缘政治的危机，这将持续影响我们的思维方式，以及科技创新领域的政策。此外，我们也看到科学研究创新的武器化，这也是我们需要处理的问题。现在进入后疫情时代，要应对技术的变化及生成式 AI 的出现。

我们再看中国和南非之间的科技合作。其实上周的时候，我们双方的高层领导有会晤，南非的总统来到了中国。双方领导将我们的关系提升至更高的战略水平，我们都非常重视"一带一路"倡议。南非也是非常认同这一倡议的。双方领导也达成共识，要将我们的双边关系提升到全方位战略伙伴关系，南非也在积极参与中。习近平主席和南非领导人同意将"一带一路"倡议和南非的国家发展计划结合起来，我们也希望在不同的领域有更多的合作，包括农业、医学、科技、基础设施的发展，并且应对气候变化，还包括能源、数字经济及人工智能等领域。

中国和南非之间也有联合研究中心和联合实验室。2019 年以来，我们两国就共建了不同机构的联合研究中心和实验室，南非的创新部门与河北科技大学等一些中国的学校有相应的合作。我们在 2023 年批准了技术虚拟实验室的搭建，联合实验室的申请是今年提交的。无论是中国还是南非，我们都非常支持在矿业研发方面的研究，这些支持来自于矿产技术委员会、中国农业农村部和南非比勒陀利亚大学。目前合作时间还不是特别久，涉及的领域还不多，但是我们相信未来一段时间会在更广泛的领域开展合作。

我们也看到了很多的挑战，就像前面几位演讲者讲到的一样，我们会把经验、教训和反馈告诉同事，这样能帮助我们从各自的经验中汲取智慧，来应对挑战。

当时我们并不关注空间领域，也不知道空间领域会有这么大。中国是我们很重要的全球合作伙伴，在大型射电望远镜（SKA）这个全球性的项目中，包括南非在内的 20 个国家加入了该项目，很多同事也参与了该项目，为了实现我们各自的梦想，我们建立了互联互通的合作机制，让更多的人参与进来。

各位同事，大家可能知道我们的政策背景，我们建立了联合研究实验室。南非的科学创新政策比较年轻，因为我们是在 1994 年独立的。我们需要去创新，建立科学技术体系，要有各种各样的政策改革。最新的政策改革是南非内阁发布的关于科学技术创新的白皮书。南非关于科学技术创新的愿景总结来说就是把 SKA 项目和我们的社会问题连接起来，共同建立一个可持续的、有包容性的社会，去应对不断变化的世界格局。同时，我们十年计划的主题也是通过加大对经济知识的认识来增强经济对社会的影响。我们的十年计划关注一些领域及现代化的大型项目，包含重要的战略领域，如农业、采矿、制造业、高科技的工业化、可再生能源、可持续发展、数字技术、循环经济等。大家也可以看到我们有一些优先发展的领域与中国整体的政策目标是有一些重叠的，而且有一些地方是齐头并进的。我们也希望可以解决一些未来的问题，比如面向未来的教育，又如未来社会中的就业问题。这些问题，以及不同利益相关者的关系都是需要我们着力解决的。

下面我会更加具体地讲一讲这些计划。刚才说得比较大而泛，我们在未来的社会中必须要思考快速发展的技术对人类、道德和伦理的影响与风险，我们还要解决人们生活中的公平性、平等性问题，同时我们还要考虑科学对整个社会的影响。

我可以再举两个例子。首先，健康方面的创新是非常重要的，人类不仅面临生理上的健康威胁，还面临心理上的健康威胁。新冠疫情进一步加剧了人们对健康问题的关注。我们关注给药系统、创新疗法、更加精准的诊断以及更加先进的医疗设备。

在能源创新领域，我们面临重大的能源挑战。这种能源挑战又和贫穷、不平等挑战构成恶性循环，我们希望未来更多人能够获得可负担的、更加清洁的、更加绿色的能源。

我们从新冠疫情中汲取了很多经验。南非是非洲大陆的一部分，我们下定决心提升疫苗的生产制造能力，这样就可以为下一次传染病全球大爆发做好准备。我们在过去积累了很多经验，非洲大陆必须自己具备这样的能力，这样在下一次的疫情防控中就不会掉队。

除此之外，我们的自然资源非常珍贵。我们发布了氢能发展路线图，希望2050年的时候建立起包容性的、可持续并且有竞争力的氢能经济。2050年之前实现包容性的近零碳排放，让利益相关方有一个共享的愿景，来发展氢气技术，提供一个更加有利的环境，以释放社会经济红利，造福国家和人民。

大家也可以看到我们现在的氢能重点是把重型的柴油卡车从用柴油转化成用氢能或者燃料电池的技术，这样就可以减少碳排放，我们的项目也受到了南非总统的支持。我们再看一下南非绿色氢气可以给我们带来的影响，它甚至能创造就业机会。大家可以再看一下我们有哪些潜在的技术可以在未来部署，以提升社会包容度，加速经济增长。我们不仅使南非，还可以使整个非洲南部的国家受益。赋能技术可以促进社会包容性，像人工智能也可以补充我们基础设施的不足，能够让通信技术更加发达。我们相信在南非，甚至在非洲大陆的其他国家都会有这样的发展。

在后面两页PPT中，我想再讲讲关键的问题。在座的各位同仁，我们诚挚邀请大家和我们合作，因为我们现在也面临一些急迫的挑战，如在科学技术创新领域如何将技术发展融入社会价值观，充分发挥科学技术的潜能等。我们的次系统、次领域也面临挑战，如学术研究的职业生涯中也有一些不稳定的情况，短期内我们有很多的人才流失，很多教授到了退休年龄，我们也需要新鲜的血液加入学术界。在南非，目前的学术界主要由男性组成，我们希望有更多的女教授加入科学研究的队伍中，这对我们来说是一个重大挑战。我们希望从其他国家学习经验，也希望能够了解本国的工业政策和国际技术联盟，它们可以发挥什么样的作用，从而解决全球挑战，提升可持续性，并且倡导这种包容性的负责任的科学创新。我们想知道创新当中存在不公平的情况时，谁是赢家，谁是输家，怎么解决两难的局面，怎么平衡合作和竞争。

这是我提到的关键问题，感谢大家给我发言的机会，期待未来和大家合作。

4　问答环节

主持人（上海科技管理干部学院院长 曾方）：感谢塞莱先生。这几天中非合作论坛正在北京举行，刚才围绕南非和中国的合作，特别是合作的领域、合作的方式及挑战，和合作的成果方面做了介绍，同时为这个论坛画了一个圆满的句号。刚才四位嘉宾从不同的角度，给我们解读了"一带一路"科技合作的多样性发展路径，也为我们推动"一带一路"高质量发展提供了一些新的启示和思考。接下来是一个讨论交流环节，大家有疑问可以举手提问，也可以指定专家作答，专家之间也可以相互提问和交流。我们设置这样的环节，提供这样的时间和机会，是因为我们认为交流是非常重要的。

提问：在我们的合作伙伴关系当中，我们可以从彼此的能力中相互补足，我们可能有实习生的交换项目。大家有没有什么想法，怎么让不同组织的人员交流互换？大家有这方面的经验吗？比如说实习生，我们来自加纳的同事刚才也提到了这一点。

邹劲柏：我大概说一下我们这边的做法。首先，我们和国外，如老挝的一所大学建立了校际联系。他们会在该校的大学生中抽取一些学习比较好的，或者对铁路比较感兴趣的，到我们学院读2年，读完之后一部分学生回老挝参加工作，还有一部分同学升入研究生部，参加我们的联合实验室项目，开展一些科研工作，每年都有这样的来回。当然考虑到远程培养成本问题，下一步我们会在老挝当地再开设工程师学院，进一步开展研究人员的合作工作。

提问：老挝的学生，他们来中国，或者来联合实验室的时候是学校赞助，还是自己承担费用？

邹劲柏：我们处于起步阶段。最开始是上海市政府提供了资金支持，后续有一些老挝当地的、家庭条件比较好的学生会自己承担一部分经费。大多数还是通过项目、政府的支持，包括"一带一路"基金支持留学生的培养。

主持人（上海科技管理干部学院院长 曾方）：我也简单介绍一下我们的项目。去年我们承担了一些培训项目，包括非洲的尼日利亚、中亚的哈萨克斯坦、吉尔吉斯斯坦，他们来我们这里参加培训，主要是科技、网络、安全方面的培训。但是这个是政府之间的合作项目，所以经费是由政府之间按照原来的协议规定提供。培训是在我们科技干部管理学院进行的。

提问：谢谢各位嘉宾的介绍，特别是几位嘉宾关于联合实验室建设进展的介绍，大家对于未来前景还是充满了信心和希望。我想提的问题是，目前有的联合实验室可能是刚刚建设，有的是已经运行了一段时间，合作形式也是从开始很小的项目或者初步的设想到人员交流，再到更深层次和更广泛的拓展。刚才介绍联合实验室的各位嘉宾都可以回答我的问题。在您的联合实验室建设的过程中,有没有一些特别突出的困难,特别是希望得到政府或者社会各界支持的?

回答1:在国际上,我觉得最重要的一点就是研究者及工程师,他们要有定期的交流和频繁的互动,通常情况下针对一些专家,他们如果是非常活跃的专家一般都非常忙。我们还要知道学生也是很重要的一环,对于中国科学院来说我们也有不同的合作院校,共有3所。我们也有不同的研究中心,所以我们需要有研究中心和大学之间的合作。我们当时和葡萄牙合作的时候,的确是遇到了一些挑战和问题,有时候会有人员职能的变动,开始和这波人对接,人员调动之后又和另外一拨人对接。葡萄牙使馆是非常积极的,不停地寻找合作伙伴,今天也有1位来自葡萄牙的合作伙伴,明天会参加会议,这个也是使馆建议的。这位代表也非常了解当地的研究者,所以我只是举一个例子,我们真的面临一些问题和挑战,非常需要得到当地政府的支持。我们提到当地支持的时候,比如巴西、葡萄牙的合作,同时也是非常依赖于第三方或者其他的支持,这是我的个人经验,我们涉及各行各业不同的领域,如果我们有一个集中性的合作,会让我们彼此有更好的了解。我不知道有没有这样的文化实验室,因为我自己是关注太空领域、空间领域,其他领域可能也有积极频繁的交流,这对我们的合作也有很好的促进作用。如果政府可以举办一些活动,如中国和巴西之间的会议等,在这样的会议上可以邀请不同的组织方和利益相关方,让我们可以更好地了解他们的发展。

回答2:我们需要涵盖不同的领域。巴西也有工程、生物科学、医学、空间科学等学科。在巴西,我们也面临类似的挑战,如何管理一些大的项目,也是张博士刚才提到的问题,因为主要的宝贵资源就是我们的学生、我们的人才。我们在巴西和其他国家,如果遇到一些地缘政治问题,或者经济危机问题,可能部分学生会选择离开,因此我们也是失去了一些人才。这是让我们非常伤心的事,因为我们已经投入了很多精力培养这样的学生。所以如果无法留住人才或者培养人才,对于职业发展来说是非常不好的一件事。人才是非常重要的,我相信人才问题是其他国家和我们共同面临的问题,包括我们在面临政治和经济挑战的时候,如何长期协调我们的项目,培养人才。这一点是非常重要的。

另外一点,从我自己的角度来说,从我的经验来讲,我们有中国和巴西之间的联合项目,如何来资助这个项目存在挑战。虽然已经有一定的资金就位了,但是还有很多问题,比如说中国的资金怎么到达巴西,巴西的资金怎么到达中国。这个流程、过程是非常复杂的,我觉得最好的方法就是在巴西有一个设备的生产,在中国向中方人员进行展示,中国的设备向巴西人员进行展示,这个其实是很好的方法,但是我们对于中巴之间的联合实验室,或者联合中心来说,我们能够让这样的交流、这样的互动更加可行,可以没有官僚主义方面或者其他的问题。像意大利有相应的机构,他们知道如何让很多人参与进来,但是像非洲、中国、巴西、南非,我们如何真正在合作的项目中让资金更加便捷地流动是目前的挑战之一。

提问：我今天想提问的是，推动共建"一带一路"高质量发展面临哪些挑战和机遇，如何克服这些挑战实现更高质量、更可持续的发展，同时促进沿线国家的经济繁荣与合作共赢。在全球化深入发展的背景下，如何进一步发挥"一带一路"倡议在推动创新驱动发展、构建开放型世界经济中的作用？

回答：我觉得这个题目比我做报告的题目还要大。我觉得至少应该让"一带一路"联合实验室的数量越来越多，通常是用一个国家级别的实验室来评判这个实验室，你到底积累了多少的学术资源，积累了多少的科学技术，还有积累了多少学术成果，通常在一个国家内是这样评判的。但是面对国家和国家之间的联合实验室，我们应该改变对实验室的评价标准。可以按照促进了哪些交流、到底带动了哪些发展的标准进行衡量。哪怕一个实验室最开始的时候基础非常薄弱，但是因为建立了一个通道，通过大家共同帮助把这个通道建设好，这是对国际实验室的衡量准则。

两个国家有自己的政治影响变动等，所以有时候发展得非常快，有时候发展得非常慢，所以我们也不能用课题的形式说要有两年完成一个什么样具体的课题，用三年完成什么样的课题。这个通常是将国内实验室的经验带到"一带一路"实验室，所以我们应该有更加开放和更加适合的目标。我觉得浦江实验室可以把"一带一路"实验室作为一个长期的项目。例如，今天来的伙伴们，明年还要来的，要带来什么，这个都是可以让大家看到的，每年都有改变，有一个比较大的团体，这个团体有自己的生长能力，本身它就是回答刚才那个非常大的问题的支撑。

提问：有一个问题想问南非的博士。感谢您的精彩分享，我想问的问题是，在南非与中国的合作当中，您认为比如说像联合实验室的建设或者共同的研发及相关的科技创新活动当中，政府、企业、科研机构、本地的参与者分别扮演了什么样的角色，以及在未来的合作中对中国政策层面和实践层面有哪些建议？

姆隆吉西·塞莱：非常感谢您的提问。非常幸运，上周的时候我们两国已经签署了一系列的合作协议，也指明了两国之间的合作方法和方式。我们有很多战略层面的合作，南非各部门的部长也在深化这些方面的合作。关于科技创新方面的合作，中国和南非之间的合作关系是非常重要的。南非科学与创新部的部长们也来到中国拜访了大学、研究中心、中小企业等，还有一系列的行程，都是为了进一步强化中国和南非的合作关系。在这次拜访之后，我想您的问题肯定会被更加清晰地回答。我们这个行程的安排就是希望有不同利益相关者可以直接面对面交流、讨论，这样才可以更好地匹配双方的需求。非常感谢您的提问，稍后我们愿意做更加详细的交流。目前我们联合实验室就像您刚才在我的演讲中看到的一样，还处于早期的联合实验室阶段，双方仍在接洽和相互了解。希望更多的中方企业加入合作，推动两国合作的发展，这是一些具体的层面。然后在战略层面是两国政府之间的长期合作。

第 14 章

空天海洋先进科学与技术论坛

1 论坛概况

面对浩瀚宇宙与深邃海洋的未解之谜，如何以科技合作突破国界局限，重塑人类探索边界的能力？当中国—葡萄牙星海"一带一路"联合实验室、中法天文卫星等跨国项目已架起合作桥梁，空天海洋领域能否成为全球协同创新的新典范？本论坛汇聚中国、阿联酋、葡萄牙、印尼等国的顶尖学者与机构，聚焦卫星数字化、海洋智能计算、遥感技术等前沿领域，共探科技合作的无限可能。

如何以数字化技术重塑卫星研发模式？如何破解海洋多模态智能计算的科学瓶颈？跨学科协作能否催生颠覆性海洋观测体系？国际合作如何跨越技术标准与资源壁垒？中法、中阿等联合项目经验，怎样为国际大科学计划提供可复制的协作模板？等等问题都值得深入探讨。

论坛呼吁以"空天无国界"理念深化联合实验室建设，推动数据互通、人才共育与工程共研，让"一带一路"科技合作从星空到深海全面开花，为人类治理空天海洋播下国际协作的种子，书写协同探索宇宙奥秘的新篇章。

2 嘉宾致辞

中国科学院微小卫星创新研究院院长胡海鹰的致辞

胡海鹰　中国科学院微小卫星创新研究院院长

> 依托卫星数字化技术重点实验室，汇聚国际顶尖人才，革新卫星研发模式，为国际科技合作提供新平台。呼吁更多国际伙伴加入探索，以本次论坛为契机，共筑空天海洋科技合作新篇章，助力人类探索未知宇宙与深蓝疆域。

各位嘉宾，女士们、先生们：

大家好！

请允许我代表空天海洋先进科学与技术论坛的承办单位，向远道而来的各位嘉宾、专家学者，以及所有关心和支持本次论坛的朋友们，表示热烈的欢迎和诚挚的感谢！

中国科学院微小卫星创新研究院作为空间领域的重要参与者，始终站在科技创新的最前沿，致力于通过国际合作，提升我国卫星技术的核心竞争力，推动航天事业的蓬勃发展。我们深知，科技创新没有国界，面对浩瀚的宇宙和深邃的海洋，任何国家的力量都是有限的，唯有携手并进，方能共创辉煌。

为此，我们积极搭建国际合作平台，与多个国家和地区建立了紧密科研合作关系。中国—葡萄牙星海"一带一路"联合实验室、刚发射的中法天文卫星（SVOM），以及中国与阿联酋的卫星合作项目等，都是我们合作的生动体现。这些项目的成功实施，不仅促进了双方在科技领域的深度交流，更为推动全球科技创新合作树立了典范。

同时，我们依托中国科学院卫星数字化技术重点实验室，汇聚国内外顶尖人才，致力于发展卫星数字化技术，重塑卫星研发模式。实验室的建立，不仅为我国卫星技术的创新发展提供了有力支撑，也为国际科技合作提供了新的机遇和平台。我们诚挚邀请更多国际友人加入我们的行列，共同探索未知，创造未来。

为此，我们要特别感谢各位专家、学者和领导对浦江创新论坛的支持与厚爱。正是因为有了你们的参与和贡献，论坛才能越办越好，影响力才能越来越大。我相信，在大家的共同努力下，本次空天海洋先进科学与技术论坛一定能够取得圆满成功，为推动我国乃至全球科技创新合作注入新的强劲动力。

最后，我衷心祝愿各位嘉宾在上海度过一段愉快的时光，期待我们在未来的日子里继续携手前行，共创科技合作美好未来！

谢谢大家！

上海市科学技术委员会副主任屈炜的致辞

屈炜　上海市科学技术委员会副主任

> 本次论坛汇聚阿联酋、印尼、葡萄牙、土耳其及国内顶尖高校院所的专家，聚焦空间无边界、海洋智能计算等前沿议题，旨在搭建产学研合作桥梁，推动颠覆性创新。作为浦江创新论坛首设的空天海洋主题分论坛，期待其持续深化国际科技合作，孕育国际大科学计划，拓展人类探索空天海洋的无限可能。

尊敬的各位来宾，女士们、先生们：

大家上午好！

很高兴出席空天海洋先进科学与技术论坛，与各位专家一起畅谈空间和海洋领域科学技术发展的新进展、新成果。在此，我谨代表上海市科学技术委员会向各位嘉宾的到来表示热烈的欢迎，对各位专家长期以来对上海科技工作的支持表示衷心的感谢！

上海市十分重视空天海洋领域工作，尤其是在国际合作方面有很好的基础。本次论坛的承办方——中国科学院微小卫星创新研究院，作为微小卫星及相关技术领域的总体单位，已成功发射包括北斗三号组网卫星、暗物质粒子探测卫星、量子科学实验卫星等在内的126颗卫星。刚才海鹰院长已经介绍，他们在国际合作领域卓有成效，包括中法天文卫星、中欧微小卫星，以及与葡萄牙共建的星海"一带一路"联合实验室。微小卫星创新研究院的空天领域国际合作只是一个缩影，但也体现了上海在空天海洋领域国际合作的深度和广度。

此次论坛的受邀嘉宾有来自阿联酋、印尼、葡萄牙、土耳其等国知名高校和机构的学者，也有来自主宾省山东的中国海洋大学，以及上海市相关知名高校和科研院所的学者。接下来各位专家将围绕空间无边界、海洋多模态智能计算、遥感卫星任务需求等议题，献上最新研究成果和前沿发展趋势分析，非常期待这个论坛能够成为连接产学研的桥梁，让更多专家围绕共同关心的主题开展更广泛的科技合作，碰撞出更多的思想火花。期待在大家的共同努力下，有更多颠覆性创新成果涌现，为人类发展空天、经略海洋带来无限可能。

浦江创新论坛是科技创新领域的国际论坛，今年是第十七届，以"空天海洋"为主题的分论坛是第一次举办，这是一个良好的开端。希望后续能够继续办下去，同时希望以此次论坛的举办为契机，拓展合作领域、搭建合作平台、谋划更多可能，进一步促进更宽领域、更深层次、更大力度的空天领域科技创新国际合作，埋下共同发起国际大科学计划、大科学工程的种子。

最后，预祝论坛取得圆满成功，谢谢大家！

3　主旨演讲

空间无边界

阿里·阿勒谢希　阿联酋大学国家空间科学技术中心主任

> 阿联酋视中国为关键伙伴，高度赞赏中方在技术、教育和政策层面的支持，以及双方为克服出口管制、技术兼容等挑战所做的努力。阿联酋呼吁以科学语言和文化交流弥合差异，深化全球数据共享与应用，共同探索太空可持续未来。

屈主任，女士们、先生们：

大家早上好！

特别感谢组织方给我一个能够跟大家做介绍的机会。今天我在这里与大家分享我的想法，我的这些想法刚才开幕式的时候大家都提到了，我们讨论到了科学无国界，需要共同合作。我今天演讲主要考虑空间无边界，所以我就用了这个作为演讲题目。两年前我加入阿联酋大学，当时采用了这样一个方法，我们希望消除边界、尝试合作，首先是在内部做，之后在全球范围内进行合作。目标就是为了人类在太空里面更好地工作，可以更好地获得可持续性发展。

我的名字叫Ali，本人来自阿联酋大学国家空间科学技术中心，我在航空领域工作了几十年，在此之前是一名飞行员，现在是该中心的主任。在我的职业生涯中，我一直采用不同方法支持人才、新的工程师工作，希望在太空之旅当中为人类创造更加美好的世界，希望我们能够取得和平、更好地支持彼此，在外太空中可以取得成就。

这是我工作的地方——NSSTC，它是由欧盟、阿联酋航天局和电信监管局于2016年联合成立的机构，其下面有一个技术开发单位，该单位会做卫星的设计和工程方面的工作，NSSTC还有组装、集成、测试、地面站运营等。所以对于NSSTC来说，太空方面的合作有很多，NSSTC尽量聚焦于高光谱工作、搜救工作、低轨定位等方面，因此这些是NSSTC工作的重点。

在中东，阿联酋并不是一个很大的国家，而是一个比较小的国家，但是在这方面我们的目标跟阿联酋的太空愿景是一致的，我们也致力于开拓该领域的创新，1997年探索宇宙的工作就开始了，当时是在Thuraya电信，这里大家可以看到，2014年成立了阿联酋国家空间机构。NSSTC是2016年成立的，致力于太空项目的商业化服务，目的是做一些培训，NSSTC要做体验式教学和培训。目标是培养新的工程师，来弥补学界和产业的空白，并能够帮助培训一些太空专家、太空企业家，把学术界和产业界更好地协调起来。

阿联酋与中国也建立了战略合作伙伴关系，两国于1984年建立外交关系，2018年建立战略伙伴关系，两国签署了合约，合作涵盖能源、基础设施、贸易、技术等方面。阿联酋是中国在阿拉伯地区最大的贸易伙伴，2023年双边贸易额超过750亿美元。2024年5月阿联酋总统访问了中国，此次访问的目的是加强双方在技术、人工智能、太空等领域的合作，两国在这方面签署了一些协议。

关于双方在航天领域的合作，可以具体说一下，2015年阿联酋国家航天局和中国国家航天局签署了谅解备忘录，双方将在很多方面展开合作，比如支持太空合作，我们还有一些经济太空计划，双方也举办了不同的展览活动。2023年，我们跟中国一起参加了COP28气候大会。除此之外，我们也会邀请在座各位同事参加我们主办的不同活动，今年、明年都有一些。

下面我会具体介绍一下双方合作的项目。第一是阿联酋和中国联合的地球观测卫星计划。我们使用卫星作为合作平台，在"813"卫星这个领域，我们的目标不仅仅是卫星项目，也不仅仅是为了发射卫星，而是通过该组织建立更多项目，展开更多合作。所以NSSTC被阿联酋航天局指定为与中国国家航天局开展所有航天活动的牵头机构。

中国在太空领域是新兴大国，这是NSSTC一开始就与中国开展合作的原因。在合作过程中，我们的同事也提出了很好的建议，希望在未来可以有更好的合作，我们也参观了很多中国航天领域研究机构，拜访超过了100家，也建立了非常好的教育和培训项目。大家都是值得信赖的合作伙伴，目前我们的合作已经超过一年，相信接下来我们的合作可以走得更远。

再介绍一下"813"卫星这个合作项目，这是前面所说的卫星无边界合作项目。"813"卫星项目里面有学术界、政府机构、合作伙伴、阿联酋太空行业，正如我们所展示的，我们的合作是没有边界的。我们的合作伙伴有微软、中国航天等一些大公司，这也是我们的计划所在，希望在这方面能够做得更好。

讨论一下具体应用，比如我们通过使用卫星，可以在哪些方面为人类做出更多贡献？我们是否可以改进可持续性？现在我们也让双方科学家在一起合作，通过这种方法可以收集更多数据，从而帮助我们实现可持续发展目标。

数据共享非常重要，我们都是在本地进行的。在阿联酋所做的工作，一共有14个国家参与，包括相关国家机构和利益相关方。例如，在ASCG机构里，有14个阿拉伯国家的学术研究机构和国际合作伙伴。除此之外，我们计划与CBAS合作，共同建立起可持续发展目标卫星联盟项目。

这就是今天我们讨论的内容，目前我们也在跟其他合作伙伴讨论，在全球范围内分享这些数据。

这是我的最后一页幻灯片，在未来我们会有很多机遇和挑战。右边主要展示的是挑战，针对这些挑战，目前我们的同事正在努力，希望能够克服这些挑战，并获得很好的进展，如出口管制、技术质量、知识产权等。尽管我们有流程和监管方面的差异，但正如我所讲的，双方可以携手弥合这些差异，因为真正文化层面的交流，语言不是障碍。而且我们也有标准协调和技术兼容等方面的任务，这一任务也很重要，让我们携手起来。

左边是从"813"卫星计划开始，逐渐向联合开发卫星任务、联合开放空间、建立联合实验室、共享卫星数据，以及科研交流、联合研究等项目拓展。我们讨论的是实实在在的工作，我这几页幻灯片不是为了做演讲而准备的，而是为了呈现我们每天实际做的工作。我每年在阿联酋和上海之间往返多次，上海是我的第二故乡，我们的协议是2015年签署的，去年又开启了新征程，效率更高、可及性更强。从阿联酋的角度而言，我们非常感谢中方同事做出的辛勤努力，不仅是上海，还有其他城市的学术界、商业界、政府部门等，都给予了我们非常有力的支持。

再次感谢主办方，使我有机会跟大家分享。今天我一直都在，如果大家有什么情况需要交流，可以随时跟我联系，也可以扫描二维码，非常感谢！

多模态人工智能用于海洋科学技术的预测

聂婕　中国海洋大学信息科学与工程学部教授

> 跨尺度融合框架、耦合数值模型与AI技术，通过物理信息约束和全局时空编码系统，解决误差累积、跨区域适应性及复杂模式捕捉问题，能实现80%数据缺失下的高精度预测。需深化AI与海洋科学的跨学科协作，推动算法工程化及全球数据共享，以应对极端灾害预警和海洋可持续发展需求。

很荣幸参与此次论坛，我来自中国海洋大学，主要研究方向是海洋大数据和人工智能。

近期人工智能给各学科都带来了重大变化，尤其是地球科学，比如与天气预报有关的模型——盘古气象模型等，这样的数据模型已超过了传统数据模型。AI在这方面已经成为技术主流，我们一定要注意这一点。AI传统的模型，主要用来模拟人的概念，包括人的视觉、语言等，这是最开始的。但这个系统并不容易，如果把它用于非人文学科，也就是自然科学尤其是地球科学，这个难度就非常大，这里面有很多不同的物理定律和混沌过程需要我们去解决，所以挑战很多。

在这个背景下，我跟大家分享的是多模态人工智能的海洋科学技术，主要探讨AI在海洋科学应用中面临的挑战，所以我演讲的题目是《多模态人工智能用于海洋科学技术的预测》。

谈到海洋环境，对未来趋势的预测是很重要的，所以海洋环境预报是全球性的预防极端灾害的迫切需求。如图所示，左边是洋流波，中间是拉尼娜现象，右边是日本福岛核污染水放射性物质扩散过程的模拟。这些全球的极端灾害都彰显了海洋环境预报的重要性，只有通过科学预报，我们才能确保安全和可持续发展。

从传统角度来看，基于物理模型的传统方法依赖于建模，模拟海洋的物理过程，但难以同时精确地刻画多尺度或者多模态过程。海洋不是静态的，而是动态的，所以海洋涉及多重物理过程。这些过程按不同尺度进行，如海洋环流，它覆盖几百千米，这是空间尺度。另外它的速度也非常快，特别是小的波会变得非常快，如海浪等非常小的波，它只覆盖几百米，但是速度很快。目前的预测模型只能模拟大尺度过程，因为大尺度过程往往简单，涉及的内部因素较少。而对于小波的过程，要求更高，所以通常使用经验参数或历史数据来进行模拟，这样的话会有不同程度的误差。这也是最近我们模型不能满足大家需求的原因，性能不尽如人意，促使我们要进行新模型的研究。

随着海洋传感技术的大力发展及海洋科学的快速发展，我们可以通过海洋观测、监测获得海量数据。全球与海洋相关的数据大大超过了大家的预期，这要归功于 AI 模型。深度学习的神经网络和传感模型，这些模型很多都是由数据驱动的，如盘古气象模型等，都超越了传统的数值估算方法。但在海洋领域，没有非常成熟、性能特别出色的人工智能模型。为什么没有实现？人工智能模型在气象学中表现得非常好，并蓬勃发展，但在海洋科学中表现得不尽如人意，为什么会这样？要回答这个问题，我们首先要了解人工智能工作的基本原理。

人工智能是基于大数据、大样本形成的模拟人工学习，通过人工智能可以定义样本模式，但我们要考虑到，不同数据和不同取样定义的模型是不一样的。数据是什么？数据就是你收集的信息。例如，每小时记录一次海面温度，一天 24 小时就可以记录 24 个海面温度。什么是样本？如果我想要做一个预测未来 4 小时温度变化的模型，每个样本里面有 6 个小时，每天我们需要多少个样本？这要根据取样的情况，怎样进行数据采样很重要。

我们用的是非重叠间隔方式，通过非重叠间隔可以形成滑动窗口，通过滑动窗口每小时可以取样 1 次，这样我们就有 24 个取样点。但滑动窗口对这些样本而言，24 个取样里面很多取样是重叠的数据，怎么办呢？在这种情况下，通过滑动窗口采样，我们可以获得比传统方法更多的样本，同时我们希望取样可以更加灵活，可以随时取样、随机取样，怎样做到这一点？确定哪个采样方法最适合 AI 模型训练很重要，如果取样能够实现独立性，就会有更好的灵活性，这是训练模型的假设前提。也就是说，这些取样必须互相独立，而且它们来自同一个分布的。为了实现这一点，我们要具备小规模样本，保证其稀疏性，保证它们之间没有重叠。

简单来说，为了确保各个样本的独立性，我们要在样本之间保持一定的空间间隔，比如把地球视为 3D 空间，每个取样都可以看作是一个小的立方体，如图所示，如果这个立方体越小，我们就可以得到更加独立的样本，用它来训练人工智能模型就更加合适。如果这个样本比较大，我们得到的样本独立性就比较低。接下来我们可以把海洋和大气的情况做一个比较，大气的移动主要是由于热量，热量会引发巨大变化，我们可以看到海洋里面含有很多能量，它的行动反应相对慢一些。我们以中国渤海为例，如果温度急剧下降，就会造成非常严重的降雪。如果产生赤潮，可能两周之后才会出现，但对于这些以数据为驱动的模型，如果我们的样本越大，就意味着样本量越大，所以我们应训练一些纯粹由数据驱动的模型。

接下来介绍两种不同的模型，首先是数字模型，数字模型适用于大规模的过程，我们还有一些数据驱动的模型，由此便提出了新的跨领域模型，即实际可以大规模部署应用于海洋建模的跨领域模型。我认为它有两个优势：①使用传统的数值海洋模型，可以进行大规模过程的模拟；②使用人工智能模型，可以进行小规模情况的训练，像摩擦系数或者其他小规模的模型，都可以用来训练。

我们看到了一个新的框架，这个框架可以帮助我们解决扩展问题，但也会带来几个技术方面的挑战。我只拿 3 个挑战给大家做介绍：①它是集成的，还有各种计算框架的问题；②在不同时空领域传输模型的挑战；③现在 AI 模型所面临的困难是一个非常复杂的难题。

跨尺度的异构融合模型有一个挑战，我们可以使用数值方法，采用偏微分方程等方法，较小的模型也可以依赖于人工智能。为了做更加准确的预测，需要把这几个模型进行耦合，主要有两个挑战：①误差的传播，这边有一个时差，当我们把两个模型融合在一起时，如果不能很好地管理其中存在的错误，模型的准确率就会下降。②移动模型的准确性，因为偏微分方程是遵循物理学规律的，是由数据训练所得的，因此可以做更多随机训练，所以需要仔细协调，确保其稳定地耦合。

第一，我们需要解决错误累积的问题，需要建模，而且需要与原始模型独立建模，这样就可以分析两个模型的差异，这里涉及很多术语。

第二，我们可以解决受训练模型约束的差异，我们可以把物理层的内容加入模型，用物理信息神经网络的高级方法，确保 AI 模型的预测不太随机。可以通过 SQL 方程观察到比较大的结果，从这个大的结果可以看出，这里有一个单刻度的 PD 方程，从中我们可以看到一个跨尺度多模态框架的结果。从中间部分的求解，可以看到建模也大大提高了计算的准确性。

我们的目标是希望能够设立一个在不同时空领域之间进行传递的 AI 模型，在这里我们需要提供数值模型。当前的 AI 模型具有非常有限的跨时空、跨时态能力，但它具有特殊的时间优势。因为所有科学都涉及特殊的时间因素，无论是中国渤海地区还是中国南海地区，在夏季、冬季都会有比较大的差异，这是我们训练的模型，冬天使用的时候发现 AI 可以改进一些。另外，它存在复杂性，这里是一个比较擅长捕捉局部信息的卷积网络的神经元或者 Transformer，但其难以处理大规模模型。

为了解决依赖性的问题，我们开发了一个适用于不同时间段、不同空间和各种情况的全局特殊时间编码系统，除此之外，我们还可以不断使用这个技术进行更新，确保 AI 模型在不同时间、不同地点都可以有很好的应用。另外，还可以采用基于 OLR（Outgoing Longwave Radiation）局部转移到长程的模型，来捕捉长期大规模模型之间的关系。基于图模型，可以在比较大的面积上进行传递，确保模型更有效地捕捉长期趋势。通过为期 6 个月的使用，可以对中国渤海的情况进行更好地预测。

还有一个问题是关于海洋数据混沌的本质，海洋数据受到很多物理过程的影响，如不同洋流、涡流、波浪，我们来看海洋数据，这些跟常规的图像都是不一样的。在普通的图像里面，大家可以轻松识别，但海洋数据这一混沌的性质很难让人工智能模型对它进行捕捉。所以需要考虑海水流动的动态过程，让视觉特征发生非常复杂的变化。

这里有一些比较细微的模式，细微模式很容易被掩盖。为了解决这一问题，我们也提出了提取算法，可以更好地适应相关关系，并较大程度上改变了外观。

基于这种技术，我们开发了一些数据补全的方法，即使是 80% 的数据缺失，该模型也可以继续使用，因为里面还保留了很多比较小的模型。与经典的数据插值相比，我们的方法将预测性能提高了 3.6 倍。

该模型在很多应用场景下被成功应用，如我们发布了世界上第一个高分辨率的海洋考古报告，还有一个大气的耦合模型，产生了更多的海洋大气模拟数据，我们可以把这些数据提供给全球共享。

除此之外，我们还开发了一些比较精细的数值预报模型，这些都是用于太平洋、印度洋和南海地区的预报模型。我们的模型现在已经应用于农业方面，还可以动态地做一些调整，以便更好地做出预测，让我们更好地了解中国黄海的情况，为在黄海区冷水鱼养殖提供数据支撑。

总结一下，跨级别的多模态框架可以应用到海洋环境中，对某些领域进行预测。我所使用的先进方法也需要非常深度的跨领域合作，主要需要人工智能专家和海洋生物学家一起做突破。除此之外，如果人工智能专家和海洋生物学家能够更好地合作开展研究，就可以让人工智能帮助我们解决一些比较复杂、深层次的问题。中国海洋大学的多模态大数据研究室，目前处于跨学科领域研究的前沿，我们的目标是在接下来的工作中，把创新型的算法带到工程领域，通过全球合作的方式进行应用。

感谢各位的关注，我们也期待未来有更多合作机遇，谢谢各位！

赤道群岛国家遥感卫星任务需求

罗伯特斯·赫鲁·特里哈扬托　印度尼西亚国家研究与创新局航空航天研究中心主管

> 作为赤道群岛国家，印度尼西亚陆地与海洋面积广阔，亟须高分辨率遥感卫星监测城市扩张、农业、非法捕捞及环境污染等问题。卫星数据助力打击非法活动、评估气候变化影响及实施灾害响应。呼吁通过国际合作优化卫星技术、共享数据资源，推动气候行动与可持续发展，同时开放本土校准站点及海洋传感器资源，协同应对区域及全球性挑战。

大家上午好，我来自印度尼西亚国家研究与创新局（BRIN），非常感谢中国科学院微小卫星创新研究院的邀请，使我有机会跟大家分享我们的工作。今天我的演讲是关于遥感卫星的话题，聚焦赤道国家、群岛国家遥感卫星的任务要求。

首先看一下印度尼西亚的基本概况，印度尼西亚的国土面积约为200万平方千米，有3个时区，从西到东大约跨越5000千米，这是印度尼西亚的地图。我们整个国家的海洋领土面积超过了陆地领土面积，从这个角度而言，我们需要遥感的空间技术，来确保我们能够更好地进行陆地和海洋的监测，更好地管理我们的自然资源。

这是非常典型的应用场景，第一个就是城市地区管理和土地使用的监测，比如爪哇岛就属于类似的情况，这是爪哇高速公路发展前后的对比图，卫星图的高分辨率使我们能够清晰地捕捉其中的变化。还有农村地区的区域，因为有些区域是人口稠密区，需要对农业和林区进行分类监测。最近能看到高速公路的扩展，在爪哇岛和其他区域，大家可以看到在顶部的区域中，绿色是森林区。这幅地图我每年都会更新，通过每年的更新，定义不同的区域，如红树林区域、沼泽区域、浅色的农耕区和园区。以爪哇岛为例，印度尼西亚60%的人口都居住在爪哇岛，同时苏门答腊岛也是印度尼西亚农业和林业较为集中的岛屿。

除了农业和林业之外，在卫星图像中也可以看到类似这样的区域，这是棕榈油的种植区，棕榈油是印度尼西亚很重要的农产品，印度尼西亚是世界上第二大的棕榈油生产国，管理这些规模庞大的树林，需要利用遥感技术进行数据采集。在农业方面，印度尼西亚每两周要更新一次主粮作物的成长状况，以确保我们对农产品有一个很好的监测，看它的产量到底是升了还是降了，使我们的口粮有保障。

看一下云层覆盖和VHR光学系统的应用，这是印度尼西亚10∶00的时候，在中国是11∶00，两国有一小时的时差。从图中我们可以看到一小时和两小时的变化情况，云层覆盖在这一小时内发生了变化。如果没有目前的遥感卫星，仅依靠高分辨率遥感很难实现。特别是小规模、小尺度的实现会更困难，这是我们面临的挑战。所以我们大部分光学遥感系统是在 9:00 之后监测的，那个时候云层已经来了，对于印度尼西亚群岛而言，我们要在大云层到来之前进行很好的信息和图像捕捉，因为云量少 15% 和多 15% 的差别很大。

在印度尼西亚，对于有些特别的太空资产，如光学遥感方面资产，我们确实有待进一步发展。这是第二颗卫星传感情况，在繁忙的海上航线，有很多海上船舶，交通非常复杂。一般根据我们的卫星所掌握的关于船舶的信息，这些船舶不都是合法的，有些是从事水上非法活动的船舶，包括走私、非法捕捞、非法转运等。左边是扫描的 2017 年船舶的活动情况，这里是捕鱼区，当时印度尼西亚渔业部的官员查阅并使用了这些信息，还有中国、巴布亚新几内亚、澳大利亚等国家的很多船只都要从这一海域通行。有些船只进来作业的时候没有许可证，因为他们要拿证的话必须付使用费；这里还有一些船来回移动，是用来运货的，但他们不应该这么做，因为他们没有许可证。所以通过遥感卫星，我们可以监测这些船舶的运行情况。

还有一些已经注册的渔船在这一水域进行捕捞作业，我们需要精准掌握这些数据。刚才我谈到了非法捕捞、非法运输，这些使印度尼西亚每年损失高达数十亿美元。

关于水面的情况，还有关于船只所造成的污染情况，大家在这里可以看这张照片，这里是新加坡跟我们之间的边界地方，这些洋流每个月都会变化，是不一样的，随着洋流在某个地区经过，大家在这里看不到有溢流，只能等到某个时期，如洋流流向无人岛的时候，我们就可以捕获一些相关证据，有些船只在这里会泄漏燃油，如果有雷达卫星，就可以帮助我们捕获这些证据，我认为这个非常重要。

这些卫星都是在太阳同步轨道上，它们应该是在极地轨道上面，这里一个周期大概是十四天。即使有我们这样的需求，但它们有时候并不能完全同步，可能还是会错过，所以我们需要能够更好地监测这些区域的行动。

除此之外，还有一些跟群岛有关的问题，主要是气候变化。这里是爪哇岛的北边，有些小渔村已经消失了，主要是因为水位上升，该村落被泡在了水下。这里离首都不太远，涨潮的时候海水也会涌进首都。

气候变化不仅仅导致海平面上升，还会引发其他的问题。例如，在雅加达，地面有些沉降现象，我们通过雷达卫星可以探测到，可以看到雅加达的北部，一年可能出现几厘米的下降。所以我们现在已经证明了气候变化对于印度尼西亚的影响，而且还会减少粮食产量，沿海地区的生态系统也会由此发生很大变化，我们需要缓解或者适应这种情况。像遥感控制技术将会很好地帮助我们适应这类情况，至于解决方法，前面的演讲嘉宾也提到过这个问题，首先要减少温室气体排放，这的确是全球经济界都需要密切关注的事，而不是某个国家的任务。因为我们处在同一个星球上，大家要做同样的事。

我们减少温室气体排放，在这方面需要国际合作平台，我们需要和中国、阿联酋或者其他一些国家，开展温室气体、气候变化方面的国际合作。

基于现有数据所做的分析，我们也进行了一些思考。对于印度尼西亚来说，到底需要什么样的卫星？绿线代表我们的构想，我们希望有一个10°左右的卫星，这跟之前的卫星一样，每天14次，每次90分钟，可以扫描我们的水域，这样的话两颗卫星就够了，就可以覆盖所有的区域。在这里，我们希望卫星的分辨率、性能比较好，所以我们想在这里有一些空间资产，卫星可以在9：00前到达赤道附近。在亚热带地区可能会有一些问题，如光线还没有达到最强的时候，就可能出现难以成像的问题。

这里有一些蓝色的线，这是我们的长远规划，我们希望物联网（IoT）可以涵盖所有远程的传感器，将来海啸、地震、火山爆发，这些都可以用传感器来进行监测。所以它并不是一种宽带或者卫星线路，它必须是低功率、无人值守的传感器，而且它使用的是太阳能电池板。

这是印度尼西亚用户的数据情况，当然用户主要是政府，卫星可以测量植物的情况，帮我们监测种植的植物、植被。我认为这样做，给我们带来最高的价值是能够帮助我们绘制非常好的地图，而且每隔几年可以更新一下。现在有很多不同的地图应用，这些可以用在土地、财务、税收方面，帮我们做更多的监测。除此之外，印度尼西亚农业部对遥感卫星的应用非常多，用来做一些农作物的产量评估，我觉得很重要，可以帮助我们更好优化化肥的使用情况，也可以帮助我们监测林业情况，还可以帮助我们监测污染情况，以及更好地监测自然资源开采的情况。

右下角大家可以看到，这是当时印度尼西亚发生洪水的影像，我们可以用非常高分辨率的卫星影像帮我们评估洪水带来的损失。跟左边相比，左边土地上面有些建筑物，但右下角没有了，或者有些地方原来是没有建筑物的，后来变成有建筑物了，我们的执法机构可以对比它们的不同，发现存在的问题。还可以观察到，哪些人在违反采矿规定，哪些人在对森林造成伤害，卫星可以协助更好地对未来经济社会进行规划。

我们也对合作持开放态度，我说的合作不仅仅是太空合作，跟此次会议的主题一样，我们对海事合作也持开放态度。大家也可以跟我们一起讨论，印度尼西亚愿意跟各位合作，比如在印尼我们也有不同的校准站点，可以更好地了解森林、陆地和海洋的情况，我们还有一些海洋的传感器。除了研究船之外，海事卫星也可以给各位提供很多帮助，卫星传感器也可以带来更多价值，还有一些卫星的控制站。我们向政府建议未来提供更多资金，希望可以找到更好的合作伙伴，帮助我们实现符合印度尼西亚的需求的目标。

谢谢各位，我就讲到这里，感谢各位的倾听！

海岸带卫星遥感应用研究

韩震 上海海洋大学教授、上海河口海洋测绘工程技术研究中心主任

> 通过多光谱分析，构建湿地植被光谱指数模型，结合土壤湿度评估生态质量；开发潮沟自动提取算法，量化航道工程对九段沙潮沟密度、曲率的影响；利用 Logistic-CA-Markov 模型，揭示工业化驱动潮滩动态演变规律，预测 2031 年空间重心迁移趋势；基于 InVEST 模型和 LMDI 模型，评估临港、崇明区碳储量与排放，构建云平台监测系统。海岸带需周期性实时监测与多源数据融合，发展高分辨率、全天候遥感技术，支撑赤潮预警、碳管理及全球海平面研究，服务生态保护与可持续发展。

大家好，我是韩震，今天我给大家介绍的话题是"海岸带卫星遥感应用研究"。

海岸带是海洋相互作用、交汇、耦合的区域，该区域人口资源丰富。它的工业化和城市化表现非常明显，而且资源环境会日益发生变化。在海岸带监测当中，卫星遥感技术是非常有效的手段。下面我将主要以上海市长江口为例，介绍一下遥感的应用，主要是上海的一些重大工程怎么用遥感技术进行相关研究。

一、海岸带植被生态遥感研究

长江口是典型的海岸带，也是一个河口，是淤泥海岸带。我们主要以长江口南汇湿地（位于长江口新片区）的 4 种典型植被：芦苇、互花米草、海三棱藨草和加拿大一枝黄花为例进行介绍。

遥感基础就是反射的曲线或者发射光谱的曲线，我们主要选择几个和植被非常有关的叶绿素指数，如红边、红谷、绿峰和近红外的波段。大家可以看到红边、红谷的位置及反射率，在不同的植被中都存在显著性差异。我们主要做了两个物候期的遥感，一个是夏季的，一个是秋季的，这也是我们进行生态遥感的基础，大家可以看到，差异比较大。

我们对这些光谱进行了分析，主要分析了吸收特征，特征值越大，受外界的影响越小，反之越大。我们主要提取了特征中心、特征面积和最大宽度等特征参数对它们的相关性也进行了有效分析，为将来区别不同植被提供了理论基础和算法设计基础。植被生长和生存环境有关，也就是和土壤湿度有关。我们根据 Plant Stress Detection Index 指数，进行和土壤湿度相关性的分析，来看植被生长的环境。我们选用了不同光谱的指数，如 Structure-independent pigment index、Pigment-specific simple ratio、Pigment specific normalized differenceratio 等，进行植被信息的有效提取。

植被信息主要分为 3 个部分，即色素、细胞结构和含水量，我们设计了与细胞结构

和叶绿素A、叶绿素B、胡萝卜素，以及与覆盖程度相关的光谱指数算法。大家可以看到，在夏秋两季，从上午9:00到下午3:00，这些植被指数在不同时间段、不同物候期都存在很大差别，这些差别就是我们用来判断不同植被生态效果的依据。

最后我们建立了一个系统，从消光系数的模拟，到光谱指数、光谱曲线等，进行了有效设计。这是系统的界面，在此基础上，我们做了上海南汇新片区生命质量的评价，分为低生境的、中生境的和高生境的。

二、海岸带潮沟系统遥感研究

我们的研究对象是长江口最大的湿地——九段沙湿地，这是上海唯一的一处国家级自然保护区，我们主要结合上海的深水航道工程进行了相关研究。我们采用的数据是Landsat的卫星数据，这是去噪的效果。我们是全自动提取，如果靠单纯的方法，如最大类间方差法，提取会出现断线，像红色的区域。我们有自己的设计、自己的专利。具体方法简单来讲就是，用数学膨胀的方法乘以低阈值，得到一个图像，减去最大类间方差法得到差值，做判断，再加上最大类间方差法，最后得到一个非常有效的结果。

这是九段沙的潮沟系统，长江口深水航道分为三期工程，投资大约150亿元，我们根据三期工程来做潮沟生态系统的变化分析，主要采用了以下4个指标：

①潮沟的密度，即单位面积上潮沟的长度；

②潮沟分叉率，即单位面积上潮沟分叉点的个数；

③潮沟的曲度，即潮沟的长度与两端的直线距离之比；

④潮沟摆动率，即潮沟从一侧最远观测的位置摆动到另一侧最远观测的位置，各段摆动距离的平均值。

这是一级潮沟的曲率和摆动率的相关性，总的来讲，潮沟越发达就是四级潮沟，相对比较弱就是一级潮沟。潮沟处在不同的成熟阶段，其摆动率和曲度就有显著变化。我们也做了潮沟曲度和分叉率的分析，规律有时候相似、有时候相悖，这是一级潮沟和二级潮沟、三级潮沟，都存在很大差异。

这是一级潮沟的摆动率和潮沟分叉率，我们可以将一级潮沟分为低摆动率和高摆动率。因为九段沙潮沟位于南岛堤的边界，随着距离的远近，潮沟的曲率和摆动率也发生非常大的变化。这是潮沟的分叉率和摆动率的关系图。

三、海岸带潮滩动态演变遥感分析

长江口北岸是上海的重工业区，像金山石化等，这些重工业区都会对潮滩演变带来很大影响，我们主要基于Logistic-CA-Markov模型做了一下动态演变分析。

我们采用的数据包括自然因素数据和社会经济数据，自然因素数据如砂土含量、粉砂土含量、黏土含量等，社会经济数据主要包括GDP空间数据和人口密度数据。我们看一下这些自然因素数据和社会经济数据，是如何驱动变化的。

Markov模型主要根据潮滩景观格局的初始状态和转移情况，来确定未来变化的趋势，对未来进行有效的预测。元胞自动机实际上就是网络动力学模型。逻辑回归模型主要通过回归方程模拟潮沟变化和驱动因素（包括自然和人为的）模拟其生成概率的情况。

这是长江口北岸 2007 年、2013 年和 2019 年生态和景观的分布，包括潮滩、草地、工地、水域等。这是它在 2007—2019 年不同年份空间格局的变化，这是空间重心的变化，也是景观生态格局的变化，我们来看一下。

这是我们得到的数据，2007—2013 年迁移距离只有 0.6323 千米，2013—2019 年迁移距离达 2.3142 千米，表明上海工业化会影响潮滩空间的演变，海岸带受人类的影响非常显著。

大家可以看到不同景观类型的转移，包括耕地、林地、草地、水域、建设用地等。由于城市化发展和工业化发展，很大部分土地类型都向城市用地方向转变。影响它的驱动力因素从高到低，主要是黏土含量、粉砂含量、水系距离等，有正相关的也有负相关的，正相关的像黏土含量，负相关的像水系距离。

我们对其进行了模拟和预测，包括 2025 年和 2031 年的。这是空间重心转移的模拟情况，空间重心发生了转移以及整体潮滩迁移的距离。据我们分析，到 2031 年将略微增长，但不是所有地方都增长，有些地方增长，有些地方减少，整体稍微有些增长。

四、海岸带碳储量和碳排放遥感研究

"双碳"是我们国家重要的战略目标，以长江口典型地区的临港新片区和崇明区为例，我们做了相关工作。针对临港新片区，主要做碳储量的研究；针对崇明区，主要做碳排放的研究。崇明区是世界级的生态岛，崇明岛和长兴岛都是零碳岛，可以从不同角度去分析。

最后，我们建立了一个基于云平台的系统。具体采用欧空局哨兵二号的数据，在碳储量方面主要采用 InVEST 模型，结合土地利用变化分析碳储量的驱动因素。崇明区主要利用自己的区域性碳排放模型，采用地理探测器和 LMDI 模型对驱动因素进行分析，最后建立了评估系统。

大家可以看到，这是不同区域的碳储利用状况，临港新片区有自己的功能划分，如智能工业区、产业区、海湾区，不同工业区的生态系统不一样，碳储量研究也是不一样的，我们就从功能区划的角度探讨碳储量的时空变化。我们对碳储量进行了四级划分，包括低值区、中值区、较高值区和高值区，碳储量划分和碳功能区划是密切相关的。这是它的碳储量变化，左边是 2015—2018 年的变化，右边是 2018—2031 年的变化。

驱动过程有自然因素和人为因素共同影响，也有单一人为因素影响，还有单一自然因素影响。无论哪种影响，可能使它增加，也可能使它减少，我们就看看在功能区划条件下碳储量的时空变化。

这是有关崇明岛、长兴岛和横沙岛的碳排放的报告。我们采用的碳排放模型主要涉及土地利用碳排放和能源消耗，也就是和产业结构关联起来，来分析碳排放的状况。在能源消耗碳排放驱动因素分析中，主要采用 LMDI 模型，从结构效应、技术效应、经济效应、人口效应 4 个方面探讨碳排放的情况，影响最大的两个因素，分别是经济效应和技术效应，二者均影响了崇明岛、长兴岛和横沙岛的碳排放。

最后我们建立了基于云平台的长江口典型地区的碳排放系统，主要利用国产软件和 PIE-Engine Studio 平台，采用 JavaScript 进行交互式编程，建立了长江口的碳排放系统。我们也做了中国海岸带的碳排放系统，集遥感数据、地物分类、碳储量、碳排放估算和驱动因素于一体，目的是建立一个数字化平台，即生态减碳的排放系统，如果大家愿意和我们合作，我们可以共享。如图所示，这是我们碳储量评估的子模块，这是碳排放评估的子模块，包括估算、驱动因子的分析等。

五、海岸带卫星遥感发展趋势

结合为上海长江口做的海岸带相关研究，谈一下我的认识，主要是两个方面：①我们要做海岸带应用，一定要有周期性实时调查；②进行信息系统建设，一定要有资料积累。

无论是调查还是建设，我们都取得了一些关键技术研究进展，主要表现在以下 4 个方面：

①我们现在数据很多，无论是遥感数据还是非遥感数据，都是多源、多模态、多时相的，下一步如何将它们进行融合同化；

②要做精细化的海岸带研究，我们团队也做近海的、大洋的，对于近海来讲，和海洋工程结合，需要高分辨率的观测，包括高空间分辨率和高时间分辨率，也需要全天候、全天时的观测，这样才能进行有效的数据挖掘；

③实践是检验真理的唯一标准，如何把真实数据和地面定标技术应用于海岸带研究，这也是关键，因为海岸带与陆地和海洋有区别；

④最终目的是把有效数据整合起来，解决像全球性海平面的升降、近海的赤潮、绿潮或者是海岸带和海岸工程有关的资源问题，为国民经济和人民服务。

这就是我的演讲，谢谢！

连接今天与明天：利用当前和下一代卫星推进地球观测

若阿金·若昂·索萨　葡萄牙系统与计算机工程、技术和科学研究所高级研究员

聚焦地球观测的跨领域协作与创新应用，认为中欧卫星数据融合对解决全球性挑战的潜力很大。通过哨兵系列卫星与无人机协同，实现精准农业发展、海洋污染监测、地质灾害预警及火灾评估。以中欧合作项目 Dragon5 为例，展示多源数据在生态保护与工程安全中的实践价值。呼吁加强国际合作，推动高分辨率卫

> 星网络、全天候监测体系及数据共享平台建设，培养下一代科学家，共同应对粮食安全、气候危机等全球性议题，赋能可持续发展。

感谢各位，非常高兴今天能够参加此次论坛，感谢主办方的邀请。今天是浦江创新论坛的最后一天，昨天、前天我已经参加了很多的会议，也做了很多演讲，也认识到浦江创新论坛有两个关键词：协作、合作，大家真正需要的就是协作和合作。我们现在面临这么多的挑战，如果真要解决这些问题，就得开展合作。所以再次感谢各位的邀请。

接下来我会把我的研究应用给大家做一个分享，但会介绍得比较简短。在座各位我之前都不认识，我本人不是来自航天航空领域，也不是专门做卫星的，但我一直认为自己是做遥感的。我们来看一下，在空间领域一般有两个部分，一部分需要有卫星，需要发射卫星；另一部分需要很多现代的传感器，下游还涉及一些具体的应用。如果没有应用，它们是无法独立存在的。所以我们需要通过具体的应用，解决具体存在的问题，这一点很重要。

在这一页PPT大家可以看到不同机构的图，我本人首先是在葡萄牙TRAS-OS-蒙特斯与奥拓杜罗大学担任一名高级研究员。UTAD地区，是一个山区，我们还有很多研究所、大学，都在UTAD地区。在这个大研究所里面，一共有1000多名研究员，他们研究不同领域，如电信、海洋遥感、机器人、电子等。有一所中学也在这个大学里面，我所在大学的研究重点是林业和农业，当然我们肯定需要遥感技术帮助我们处理信息采集等问题。

大家还可以看到Spotlite，这是一家技术公司，我也跟他们合作，我是这个公司的顾问，帮他们开发一些平台，这些平台主要用来对林业或者其他方面进行风险管理。最后一家是我最近创建的实验室，我们主要研究的是跟遥感和智能感知有关的内容。

所以我在正式介绍之前，先把我的国家、我所在的大学给大家做个介绍，这一点很重要，大家需要彼此了解。我们之间可以合作，不同国家可以签很多合作协议，但最后的合作都是由个人来完成的，归根结底还是人与人之间的合作，因此，我们彼此之间的讨论非常重要。

我来自一个怎样的国家？我的国家葡萄牙在地球的另外一边，我差不多是跨越半个地球过来的。葡萄牙的国土面积是中国的1/100，但我们却是独立经济体。我们UTAD接近西班牙边境，离西班牙有200千米。大家有没有听说过麦哲伦？UTAD地区是麦哲伦的故乡。UTAD是非常知名的鳕鱼生产地，另外，我们国家还有克里斯蒂亚诺·罗纳尔多（简称"C罗"），如果你有机会去葡萄牙的话，你会特别喜欢那里的食物。

非常重要的一点是，我们跟中国有非常紧密的合作，两国间的合作早在500年前就开始了，大家可能都有了解。虽然葡萄牙面积不大，但在海洋探索方面经验非常丰富，现在我们也希望通过努力恢复当年在海洋领域的辉煌时刻，或者说有出色的蓝色经济。

葡萄牙十分有潜力，我所在的这所大学是个颇具规模的大学，有1万多名学生，这个规模在葡萄牙来说不是最大，在中国来说可能会更小，我们主要研究科技方面，特别是无论哪个行业大家都需要的电子产品。

这是我们的校园，它非常漂亮，也是在欧洲排第2位的植物园，在这里有超过1000个不同的植物物种，占地面积约为300公顷。

UTAD位于杜罗河谷的中心地带，非常漂亮，有机会的话，各位可以去看一下。我们处在一个山区，住在这里生活品质非常好，这是冬天的景色。

前面介绍了一下我的国家和我工作的校园，接下来介绍一下今天要讲的内容。

遥感是一种通用的语言，从一开始我们就在讨论这些内容，一直到最近，大家才能更好地理解该通用语言。这种通用语言可以不断演进，因为我们可以生产不同的产品，可以制造不同的仪器。在这里我会介绍一下欧洲和中国的空间合作项目，我认为这是一个非常重要的太空合作项目，现在双方都有一些数据访问策略，在未来大家还会有更多类似的地方，大家一起不断开发更好的卫星、更好的传感器。

接下来我会给大家展示一些具体的应用内容，这是欧洲空间的宏观计划，这里面有很多不同的可用类型，在接下来的6～7年，会有更多的卫星进入该计划，我们开发的是高光谱卫星，其在检测植被作物健康、土壤状况等方面，都有非常重要的作用。这是中国的空间星座计划，中葡间有非常相似的星座，相信在不久的未来，中国将成为空间星座研究方面的第一。如果把这些放在一起，我们可以解决分辨率的问题，刚才印尼的同事也谈到了，他们其实在90分钟更新一次，我们希望他们能够宣布数据融合和分析的计划。未来产品的改进空间还很大，如产出更高分辨率的图像、提高时间的分辨率、增强数据融合和分析能力、开发先进的人工智能和机器学习技术，还需要提升互操作性和全球合作水平，以及拓展气候与环境监测领域，等等。

这里有一个数据，具体可能涉及农业，预计到2050年地球人口将达到100亿，怎么养活这100亿人口？这里面的任务很艰巨，我们需要很好地规划。除了农业之外，林业同样重要，我们即将面临一些挑战。海洋监测也是一个重点，我们本次论坛的主题就是关于空天海洋的。谈到欧洲和中国的卫星情况，海洋监测都是很重要的话题，包括数据等，另外还有其他的层面。

谈到卫星成像方面的优势，我们要做一些应用，在这些应用当中，这是让大家非常困扰的图片，因为我们无法检测到浮游污染等，这是我们面临的挑战，如何解决这些问题？这些问题很复杂，因为有应用方面的挑战，也有其他的包括浮游生物的问题，浮游生物在表面形成非常薄的一层，其顶部会形成辐射效应。

还有关于海事的应用，就是追踪船舶的问题，在水域当中怎样能够更好地监测到船舶，比如他们是不是在从事一些非法的活动或者是不是犯罪分子等，我们可以在这些图像中用 AI 技术等自动提取出来，用于包括水体水道、洪水灾害的确定和建模，还有水资源演变的追溯分析和建模等方面。

还有更多使用观测数据的应用，葡萄牙有大面积有序种植的栗树。除了栗树之外，还有板栗树，其成长是不容易的。我们用卫星或无人机的方法成像，形成栗树的自动检测和监测，并将其逐棵分开，以便更好进行管理操作。这里显示的是我们用自动生成图形进行的比较，以及在不同环境下植被的覆盖情况。这里面有多模态的分析，如发现新树木或未来有植物检疫需求的树木，都要对它们进行分析，这就是板栗树的自动检测。

另外，大家也可以关注哨兵二号卫星在火灾后多图像监测的有效性，这里面还有无人机的影像对比，目标是通过使用哨兵二号的图像监测受森林火灾影响的区域。另外还有无人机的图像，这是整个火灾的状况，可以展现出使用 DNBI 对研究区域火灾严重程度的分类结果。

这也是使用哨兵二号的情况，无人机获得了多光谱的数据，我们将其与哨兵二号的数据进行比较，这幅图像显示，两者具有相似的效果。

另外一个应用是，怎样通过卫星来监测水，目标是监测水是不是受到一些入侵物的侵扰。这是通过无人机和哨兵二号卫星传输的水葫芦图像的对比情况。

另外是葡萄园的种植情况，也是两者之间的比对，我们协同使用哨兵二号卫星和无人机进行多光谱的数据采集，为葡萄栽培、管理、改善和优化提供服务，葡萄园主正在使用这样的技术管理他们的葡萄园，同时，他们希望我们开发出新的产品，包括进行合理的葡萄园管理。对于这一诉求，我们还是进行比对，大家看一下比对的图像，通过比对，根据扩展的 BBCH 方案，获得 A 地块和 B 地块的葡萄园采集和葡萄种植的照片，了解整个葡萄园的情况。

这是关于杏仁的生产，也是我们正在开发的项目，该项目对于电气公司、废物处理公司很重要，他们要考虑项目中的植被问题。在这个项目里，我们开发了用户界面，用户通过该界面可以进行植被的综合管理。用 AI 的方式进行森林的监测，可以看到植被树木的生长情况。这是植被的成像系统，有非常高的分辨率，我们利用这些阴影计算植被的高度等，而且也可以了解植被的生长情况，便于评估这个区域是否需要优化等。这也是植被的情况。

谈到全球合作，第一个是欧洲航天局和中国科技部之间的合作项目，该项目利用多源对地观测技术进行地质灾害的观测和评估，我们应用了一些方案，包括灾害识别等。第二个项目涉及监测地表的位移和灾害情况。

下一个是多种地质灾害监测，如重工业区的多种地质灾害监测，包括山体滑坡、地面沉降和地裂缝等。左边是鞍山矿区的地面情况，右边是抚顺矿区的地面情况，这是我们利用多源地球观测技术进行地质灾害监测评估的结果。

另外，我们使用多个来源的机器学习卫星数据，来分析采矿、水管理甚至文化遗产的保护情况。因为在中国很多矿山已经使用了 AI，我们利用数据结合机器学习技术不断拓展应用领域，包括对这些实际场景的模拟。

这是小浪底工程，是小浪底水利枢纽项目，可以看到小浪底的变化情况。这是个非常好的项目，叫 Dragon5，我们使用时间序列的断点，分析长时间的变化。我们看一下哨兵一号、哨兵二号卫星的监测情况。还有用不平衡的技术改进机器学习模型训练，以检测地震边缘。在利兹大学我们开展了一个用于检测地震边缘的项目，并尝试对结果进行干预，如看到检测信息和可疑状况，就可以发出警报。这是用 AI 替换掉原来非常耗时的方法，如噪声水平的监测，我们用了干涉方法之后，用时明显缩短。

这是一个概览，在这个公司我们和巴西、土耳其、法国都有合作，进行高速公路、桥梁等监测。这是一个试点项目的情况，我们一共监测了 500 千米（高速公路）。这是一个平台，通过该平台，可以了解监测区域的地势地貌。很遗憾我无法讲得太深，因为我这里放了太多的内容。

我想把我的想法跟大家分享一下，在不远的未来，这些问题就是大家应该一起致力于解决的问题，我们应该培养下一代具有全球眼光的专家、科学家，让他们成为领导者。除此之外，我们应该部署在一些当前不熟悉的、未知的知识领域。例如，刚才我讲的那些内容，要确保我们的程序、流程都没有问题，这样我们就可以进入独特的研究领域，大家都可以获得一些需要的数据，像欧洲航天局一样，我相信未来会有更多机构参与推进地球观测科学。

谢谢各位的聆听，谢谢！

整合遥感和近地表地球物理学，为沿海管理和抗灾能力提供信息

布莱德·艾伦·韦默　上海交通大学海洋学院长期教学副教授

> 通过分析海岸线的"地质记忆"及其对现代地貌的影响，结合卫星遥感和地球物理工具，研究者可动态监测海岸线变迁，识别人类活动与自然因素的相互作用。未来，跨学科技术融合与通用地球模型的开发将进一步提升预测精度，为海岸韧性管理和灾害预警提供科学支撑。

今天我们介绍的内容主要是遥感技术和地球物理学的结合，这方面我也研究了好几年。首先给大家介绍一个比较简单的概念，我们在考虑海岸线的时候，无论它在什么地方，海岸线本身都是具有记忆的。什么意思？例如，200 年前海岸线是什么样子？当时海平面比现在低很多，有河流网络、三角洲等不同的地形，但近年来海平面不断上升，这就是我们所说的地质学现象。这一切的变化对现在海岸线的外观都有一些不同的影响，

地下地质和地球表面形态之间的关联，可以用遥感技术进行理解，这就是今天我要演讲的话题。

如果我们有这样的遥感技术，那可以用来做什么？我们可以从卫星上面收集很多信息，这是印度东海岸孟加拉湾高分辨率的卫星数据，可以用这些信息了解人类对海岸线的影响。比如，在不同的空间尺度上正在发生的情况。这里的图虽然是黑白的，但卫星通过遥感的方法得到了一些数据，可以把这些观测值跟现场的观测情况做对照。例如，在这个数据里面，有没有误差？首先看一下卫星遥感图像获得的数据，再看一下人类对于环境所产生的影响，最后分析两者之间的联系。我们的想法是，希望能够更好地了解海岸线的某些位置，即在哪里发生了变化，这些都是我们必须了解的基本参数。现在海岸线对将来推测海平面是否会上升都有重要作用，我们会在这里做一个基线，看一下哪个地方会受到风暴或者海平面上升的影响。

这里还有其他方面的应用，可以用遥感技术为实地调查补充信息，在这里可以收集卫星的数据。接下来可以构建海平面上升的模型，可以通过激光雷达或者卫星图像生成模型来获得帮助。非常有挑战的一点是，怎样了解近海海底的特征。我跟同事们一直在思考，在这方面花了很多时间，如图所示，这里有一个基线，在哪里发生了变化？地形发生了什么变化？理解这些对于了解风暴和海平面上升具有重要意义。

我们看一下这幅图，得到什么样的信息或者判断，这取决于你问谁。我们可以问一下不同的地貌专家或者多学科背景的专家，也可以是之前在沿海系统从事过研究的个人，不一定非得是地质学家。看看他们对不同的地形、地貌有哪些不同的看法。他会告诉我们表面特征发生了什么样的变化，这对我们将来预测海平面上升或者风暴肆虐的影响非常重要，这就是现在面临的挑战之一。基于语义的定义，如你在哪里？系统之间怎么划分？这些问题看似比较简单，但有时候并不好处理。

我前面也提到过，目前的海岸线下面到底是什么样的。这里有一幅图，是美国得克萨斯州海岸线的情况，这是多年前我做研究的时候生成的一幅图，问题是哪些改变是自主发生的？哪些是被迫发生的？特别是我们是怎么分析每一段海岸线的。例如，这里有一些沙丘，如果我们看一下得克萨斯州海岸线或者美国东海岸或者是印度、澳大利亚的海岸线，可以看到它们是比较孤立的地质特征，这就是我们所说的强迫特征。

我们从20世纪90年代中期开始这方面的研究，这是当时的一些论文，当时的想法就是构建框架地质学。首先我们需要思考出一个框架，再进行大规模建模。另外，海岸环境之间也存在不同的互动，如海滩环境、沙丘系统、近海水域之间发生的互动。这里是沙丘，它们彼此之间是互相影响的，我们可以看一下，风暴来了会带来怎样的影响。图中展示的是风暴对环境的影响，我们可以建模，以便更好地了解风暴对环境的影响。如果你想了解整个海岸线的恢复力，比如一场暴风雨过后，海岸线是怎么恢复的。这就是我们要观察的内容。我这个模型已经是简化了的模型，这就是我们试图理解的内容。

现在我们使用不同的工具，包括遥感等技术观测地面。不是简单地说只观察地表，可以用一些探地雷达或其他工具，为我们提供一些关于地下结构的照片，帮我们了解电导率、电阻率这些反映地质特征的数据。除此之外，还可以使用其他方法，比如电磁的方法，这里我们使用探地雷达法。有些工具只在海岸某些部分起作用，因为其无法完全覆盖整个沿海的生态系统，而有些工具在一些地形复杂的地方是比较好用的。

如图所示，这里我们是用电磁抛物面绘制的框架地质，为了做测量，我们带着工具在海岸线走了100千米，我们的想法就是，把这些数字高程的模型和激光雷达相结合，就可以测量地下结构的变化情况，我们可以更好地了解水文、地下水、淡水等的不同情况，对不同的地质层，用不同的工具制作成像，以衡量不同地质的特性。

现在我们考虑一下，比如有这样一个空间，我们在研究的时候要做很长时间的统计数据采集，无论是空间上的还是时间上的，都可以运用一些统计建模来帮助我们更好地了解。这是我们的时间序列分析，用时间序列分析模拟尺度的依赖性，填补缺失数据，以帮助我们预测未来的值。因为每个空间数据序列都可以被视为时间序列，所以可以在数据里提取一些有意义的信息。我们可以用不同的方法建模，如自回归模型，因为它们彼此之间肯定是有关联关系的，这里还有一些比较复杂的模型，建模需要足够长的数据集，这就是我们所说的长程依赖LRD。海岸线自己也是有记忆的，我们可以做一个分析，分析一下在建模中的记忆是什么样的。

这里有更多的例子，是我们针对海岸时间序列所做的分析，这是我跟美国地质勘探局的同事一起做的，他们当时花了很长时间，通过激光雷达、卫星、航空等手段来记录海岸线本身的变化，并把这一切跟地下地质框架的变化联系起来。他们在计算海岸线变化的时候，侧重看所分析地方的沙子缺了多少，有多少海岸线正在被侵蚀。例如，所分析地方的沙子没有了，是否跟近海的地质有关？还是跟这个地方的地质构造有关？我们可以得到更多的雷达数据，来解决这些问题。

这是之前我们在得克萨斯州做的研究，我们做了很长时间空间数据序列的研究，收集了大量数据，可以了解基础地层地质的情况，还了解到这里曾经存在一个非常古老的河道，但现在已经被埋在地表下，我们再也看不到了。

通过这样的方式，可以使用相关参数进行LRD建模，这个参数可以用于区分框架结构的强度、尺度及相关的控制状况，看它的范围是什么样的，这里涉及短程依赖性、远程依赖性或者二者都有。

如果存在更强的远程依赖性，这里有一个非常强大的工具可以用来刻画，我们可以将其归结为单个参数，该参数可以表示尺度独立性和自由行为。回到LRD量化与框架地质相关的尺度依赖性，这是帕特雷岛中部地区，里面的古水道将该岛进行了分割。我们这里可以计算海滩的宽度是多少，或者算一下沙丘高度是多少，然后进行比较，这一切都得益于遥感数据。LRD向SRD转变的规模是这样的：大型古河道的源头是最大的，向北逐渐收小，较小的古河道对现有海滩和山丘的形成影响不大，小河道的影响力远不如大河道。

再看一下构造地质学如何阐释海岸的演化。回到2万年前，这是旧的河道系统，随着海平面上升，近海环境和陆上环境、海岸线之间存在着物质和能量的交换，这是旧石器时代的情形，沉积物逐渐增加，这种沉积是持续性的，随着时间的推移，沙丘高度发生变化。

在这里，我谈一下心得和未来展望，将遥感和地球物理学结合起来，能为沿海的管理和恢复力的研究提供大量信息，这里有很多令人兴奋的事，我们可以尝试实现空海合作。该研究方向促进地球物理成像和卫星遥感领域跨学科合作，以提高海岸线变化的评估精度。这些研究包括进一步发展地球物理工具，以提供一些无缝的跨岸数据，如通过卫星图像的改进、采集，我们能提供一些补充信息；另外，通过机器学习、人工智能和统计建模，可解决海岸线位置不确定性的问题，我们通过实际观察和地下验证，开发出通用的地球模型，在沿海地质中寻找像指纹一样的信息。

所以，开发通用的地球模型，将相关数据整合到地理空间的环境中，以便进行跨学科地访问和更轻松地理解和更新数据，为沿海的复原力和韧性研究提供数据支撑。因为跨领域，所以信息有互补性。

感谢各位的聆听，谢谢！另外，我要感谢下面的合作伙伴，包括中国海洋大学、得克萨斯大学、夏威夷大学、滑铁卢大学、同济大学、上海交通大学、密歇根大学等，谢谢！

近海台风强度变化科学实验

汤杰 亚太台风研究中心主任

> 基于全球热带气旋威胁加剧的背景，通过多平台协同观测、捕捉台风精细结构，结合国际合作，整合空-天-海-地数据，改进台风路径与强度预测模型，使预测准确率提升5%～20%。还通过火箭、舰艇等设备强化近海观测，并建立全球数据共享平台。未来计划深化多国协作，利用新型卫星与无人机技术，聚焦台风生成机制、海气耦合效应及城市影响研究，为灾害预警与防灾韧性提升提供科学支撑。

非常感谢主持人的介绍，我叫汤杰，来自亚太台风研究中心。很荣幸今天跟大家分享我们有关台风强度做的一些实验，这些实验也是沿海地区变化项目的一部分。

这是袭击海南的台风"摩羯"，9月5日刚登陆广东，9月7日就到了越南，之后进入日本袭击了东京，台风的强度越来越大，而且侵袭了不同国家，其中，很多沿海地区首当其冲。

放眼全球，各地都有不同类型的热带气旋，大家对其称谓也不一样，有些地方叫飓风，有些地方叫气旋或风暴。根据世界气象组织的统计，世界气旋当中 1/3 是热带的，其中一半是由台风引起的，这是台风的产生背景。对于生命财产而言，热带气旋是最大的威胁之一，图片上是世界气象组织的一些数据。

我们有很多不同的观测站，但这些观测站很少有布点在沿海海洋区域的，我们现在缺乏高质量的观测数据，这对于一些区域来讲是致命的。基于这一背景，15年前世界气象组织推出了亚太区域联合台风观测计划（T-PARC），有美国、日本等国参加。这是日本科学家当时采集的情况，我们需要国际合作来提高预测的精确度。

大概在十几年前，CMA 推出了一个新的项目。我们可以从不同角度来看一下，因时间有限，我只给大家分享一些地空结合的案例，这是过去几年无人机拍摄的，还有一些借助雷达、飞艇、滑翔机、水上舰艇等采集的信息。

如图所示，这是滑翔机的航迹，这是距着陆点 10 千米的位置。这是 2012 年的上海，我们放了一个雷达，就可以更好地采集信息，捕获了一些很有意义的信息。我们也和一些机构合作，这是 Nangka 从海南起飞的无人机。这是台风"浪卡"中无人机起飞情况，这是上海与四川合作的，我们捕捉到了台风"浪卡"的内部情况，我们也携带了机载激光雷达可以捕捉台风的结构。我们还用飞机开展活动，飞机大约可以飞到 4000 米的高空。我们还有一架小型飞机，用来探测一些精细的尺度结构、捕捉风力等。

我们也用另外一台无人机来观测 100 米高的状况，这是接近台风内核区的情况，100 米、500 米，看台风从不同高度入海。我们从此地将整个结构都捕捉下来了，这是我们对情况做的更全面的捕捉。除此之外，我们也跟行业合作，差不多两年前在海南部署了一些火箭，这是火箭起飞时发出的声音。

总的来说，我们使用了气象卫星帮我们做了不少监测，这是一个结构图。我们还使用 SAR 卫星捕捉台风的情况，比如上周的时候，捕捉到了"摩羯"台风的情况，在它登陆海南之前，我们就做了一些准备工作，所以捕捉到了它的结构，从中可以很好地了解到它，进而了解到台风的结构。

我们还使用不同的卫星把它们收集的情况集合在一起来观察，这是三年前台风"烟花"的情况，这是"烟花"生成初期的情况，在它开始登陆之前我们一共捕捉到了 19 个图像，我们将其整合在一起。

我们还使用卫星了解其他大洋的情况，如太平洋台风（热带气旋）的情况，从中可以更好地了解台风的半径。我们还使用更多卫星捕捉其他台风的情况，这是超级台风"Gaemi"，我们使用天目一号气象卫星对其进行捕捉，也将其放到了模型中进行预测。在"Gaemi"生成期间，我们使用了不同数据，了解台风行进的情况。蓝色是改进区，使用了我们的一些数据,这样就可以用一些数据做预测,让我们更好地改进模型的预测结果,更好地了解台风的行进轨迹和强度。

这就是我们通过卫星监测取得的结果,非常有用。最重要的是,我们在网站上放置了很多数据,在数据上线之后,全球对该数据的下载量超过9万次。

总结一下,过去几年我们做了很多工作,主要是收集了很多数据,了解了台风对城市环境的影响,我们也在多个平台上积累了很多数据。现在基于太空、天空、海洋、陆地等多平台监测数据,我们生成了台风领域的预测模型。通过这种多平台监测台风的方法,可以把台风的预测准确度提高5%~20%。

这是另外一个例子,是之前我们在智利做的预测,我们相信在接下来的五年,可以使用卫星、无人机或者其他设备,更好地预测全球台风行进情况,帮助我们了解台风的生成、发展,以及预测台风的登陆点。

这是我今天要介绍的最后一页幻灯片,期待更多科学家加入平台,希望将来可以有更多的平台,包括不同的卫星平台、无人机平台,帮助我们收集更多的数据。在接下来的五年,希望更好地了解台风环境下海洋与大气的相互作用,以及其对于城市环境的影响,也期待有更多的国际合作,期待通过WMO同WWRP合作。

这就是我今天介绍的内容,谢谢各位!

推进深空探索:挑战与机遇

安麦特·哈姆迪·塔坎　土耳其航天局空间技术专家

> 土耳其计划分阶段推进月球探测,目标是2026年实现硬着陆,后续开展软着陆及科学任务,但面临技术、经济及人才短缺等挑战。通过国际合作,土耳其正联合多国高校与研究机构建立深空探索联合实验室,同时整合人工智能等技术,不断提升能力。演讲强调与中国的合作成果,包括共同开发小行星防御、自主导航系统等项目,并呼吁全球协作克服深空探索的技术壁垒,推进可持续的月球与深空探测计划,为土耳其航天能力提升奠定基础。

女士们、先生们,大家下午好!我叫安麦特,在这里感谢浦江创新论坛邀请我参加今天的会议。我本人之前是学机械工程的,后来在土耳其攻读了关于地球空间的工程硕士,已在北航获得了一个硕士学位,目前在北京攻读有关地球空间的博士学位。

我从2003年2月开始,一直在北京工作。在此之前,我在土耳其航天局工作,我是一名太空技术专家,今天我把土耳其在太空技术方面的探索跟大家做一个分享。

首先介绍一下土耳其的有关情况,然后给大家介绍我们在这方面开展的国际合作,最后告诉大家在这方面我们还面临哪些挑战，以及还有哪些机会。

土耳其航天局成立于2018年，我们国家在深空探索方面有10个目标，像我曾经工作的部门主要致力于月球和深空探索。我们有一个项目，希望能够向太空输送航天员。所有这些项目都是由土耳其航天局资助的。但很遗憾，现在我们在这方面才刚刚起步，还没有相关的顶尖科学家，希望将来会有。

我介绍一下土耳其的月球探索项目，现在我们的规划基本分为两个阶段，原本希望能够在2024年登陆月球，但现在已经推迟到2026年，所以再过18个月，我们便可以硬着陆月球了，这是第一个阶段。第二个阶段的目标是可以实现软着陆，让月球探测器在月球上执行一些探索性的任务，并希望用自己的系统做到这一点，但现在我们还没有准备好，我们期待有更多的国际合作，可以帮助我们进入近地轨道，这样就可以使用混合动力火箭到达月球。

这是现在的情况，Delta公司是我们国防部的一部分，还有Tubitak Space，它是一个研究院，主要研究空间技术，它的角色和中国空间技术研究院类似。除此之外，这是一个建成的发射基地。后面这是用于探索脉动式点火的设施，这也是一个军方的项目。这也是一所非常重要的大学，这次他们的校长也来到了这里。这就是我们在深空探索方面所做的工作，包括月球登陆等。卫星能够到达较低轨道，这是第一阶段，我估计第一阶段还会花几个月的时间，目标是在月球硬着陆。这里有一个循环发动机，被点燃大概需要10秒时间，接下来我们期待把它用在其他深空探测项目上。

接下来我想分享一下国际合作方面的内容，以及我们在这个领域的月球探索之旅是如何开始的。我们的主要目标是进行深空探索，包括月球探索，我会给大家介绍一些更为详细的内容。另外，我们还有近地天体的研究工作，目前我们也在做一些小行星的防御项目，现在希望使用人工智能帮助我们更好地进行月球和深空探测工作。我们也在申请跟伙伴一起完成这个项目，包括中国的合作伙伴，也包括其他地方的合作伙伴，该项目包括实施交换生计划及举办一些研讨会和培训活动，后面我还会提到该项目。

这是我们项目的启动情况，当时我们和科学家面对面地讨论了关于月球探测和空间工程方面的话题，这是9月在巴黎举行的国际宇航大会（IAC），当时我们讨论了很多话题，包括国际合作展望、月球勘探计划等。

这是2022年在海口举行的"联合国/中国空间探索与创新全球伙伴关系研讨会"，会上谈到了美国的太空计划及中国探月工程（CLEP）等。这是在中国合肥举办的论坛，即第一届深空探测（天都）国际会议，当时我也做了报告。同时，我还是国际月球科研站（ILRS）的负责人，我们和中国同行一起讨论月球战略规划、联合探索、合作任务等。

这是2023年举办的第二十五届中国科协年会——深空探测高端研讨会。会上，我们和国际业界分享了很多通过产学研合作开展月球和深空探测活动的经验。

这是"嫦娥八号"，计划于2028年发射，它将作为月球基站的探测车和机器人，参与初始阶段的联合演示，包括科学目标的确立、路线图的规划和全球任务设计等。以上是第一阶段的情况，图中展示的是模拟示意图，这是国际研究站的第一阶段，希望大家在广阔的太空探索中都有更多斩获。

这是国际月球科研站（ILRS）的大项目，空间科学遥感站由中国提出，由多个国家合作开发，旨在成为一个可扩展、可持续的项目。这一计划是使遥感站在月球表面和轨道上长期自主运行。

这里既有挑战又有机遇，先说挑战，月球和深空探索是人类雄心勃勃和对技术要求最高的计划，这里有3个层面的挑战：技术层面、经济层面和其他层面。

第一，技术层面的挑战。我们尝试不同的技术、不同的策略和方法，想办法克服这些挑战，这些挑战是诸多方面的，我会详细谈谈其中的一些挑战，我们想要达成这样的目标，即如何更好地进行国际合作。关于发射和推进技术方面的挑战，有发射和推进技术、着陆动力学和机动性技术、极端条件的挑战和自主运营的状况4个层面。我们和中国的合作伙伴找到了一些方法，正逐个克服这些挑战。

第二，经济层面的挑战。资金对我们来说是巨大的挑战，因为资金很重要，土耳其也发生了一些危机，但我们有信心有办法克服这些危机，也可以找到一些潜在投资者来投资我们的项目，有些投资者对我们的项目非常感兴趣。另外是培训和专业知识的缺乏，我们现在希望能够加强培训和人才培养，以获得一些专业知识。

第三，其他挑战，包括政府层面和人为方面的挑战。人为因素有时候也是不可避免的，相信我们能够克服这些挑战，我们也愿意和包括中国同行在内的大家合作。

现在我们到哪一步了？土耳其目前还没有专门的深空探测实验室，我们有很多来自中国和其他国家的机会，希望建立这样一个深空探测实验室。我们会成功的，在土耳其我们有最好的高校，也有一些这样的知识。目前，我们利用在航空技术方面的丰富经验，与土耳其最好的高校和中国最知名的深空探索研究机构建立了深空探测项目的联合实验室，包括嫦娥的任务及其他的任务，我们也参与其中。联合深空实验室的建立，不仅增强了高校的研究能力，也为下一步航天工程师参与这些合作做足了准备。这两个机构此次的合作，标志着我们向深空探索迈进了更为重要的一步，而且我们也愿意为其他有意愿的机构的进一步合作提供典范。这里有比较好的项目，包括月球的探测项目、小行星的防御计划和自主航天器的导航系统等，这些都是很重要的。

我们正在推进这些项目的实施，当然我们的态度是开放的，欢迎其他机构和高校与我们合作，我们也计划在这个领域当中使用最先进的技术，中国在这方面做了很多工作，也有很好的技术，希望借助人工智能和其他方式更好地进行月球和深空探索。

这就是土耳其在深空探索方面的故事，谢谢大家的聆听！

深海高精度导航和定位技术

王姝湘　中国科学院声学研究所东海研究站深海科学与信息技术研究室主任

> 聚焦深海高精度导航与定位技术，构建基于北斗时空基准的水下导航星座，通过声波传输实现深海长航时、低成本定位，同时介绍国产 6000 米级深海信标的应用潜力。成果将为海洋资源勘探、军事安全及极地科考提供关键技术支撑，助力我国海洋装备自主化突破。

感谢主持人的介绍，我来自中国科学院声学研究所东海站，也就是深海科学与信息技术研究室，很荣幸今天能和大家分享一下我们的研究主题——"深海高精度导航和定位技术"。

一、研究的背景和意义

时间和空间是人类基本活动信息，全球导航卫星系统无法直接为行业中的用户提供定位服务，因有海水屏障和其他原因，海域占地球表面的71%。所以，作为海洋勘测、资源开发和军事使用的重要手段，航行器是极其重要的，而高精度导航定位是水下航行器运行的必要条件，因为水下航行器只有获取有效信息才能安全运行，并且顺利返回。

水下航行器的导航通常基于惯性导航，但是受体积、重量、功耗、成本等的限制，惯性导航无法满足长时间、长距离航行的安全要求。例如，在极地区域的冰层下这种复杂的工况中，航行器无法很好地运行，因为水下平台无法获得长时间的导航定位，这样海洋活动就不能满足需要。还有一些海洋观测、搜救打捞、工程建设、资源勘探开发、海底测绘、极地探险等海洋活动，由于导航器不能满足工作要求，所以无法完成。

谈到水下高精度导航，因能力有限，已经成为制约新技术、新装备、海洋信息等进一步应用的主要因素。由于这些短板和缺点，面对当前复杂的国际形势和深海活动，以及长时间深海航行的需要，实现高精度导航定位成为亟须解决的难题。

二、技术发展和应用现状

水下定位模式可分为两个方向，即短基线和超短基线。通过相位差的延迟，USBL通过测量声学与定位之间的相位差，可以进行定位。SBL的基线长度是米级，固定在船底，不如USBL那样灵活。有关水下目标的跟踪与定位，常用的设备有ROV、AUV、UUV、拖曳体等。

谈到SBL的话题，USBL的工作深度为6000米，工作频段为8 kHz～30 kHz，信号形式是单频或宽带信号。定位距离分为低频和中频，低频8千米、12千米，中频6千米、7千米。有效定位精度RMS ≤ 0.1米，±5/1000波动。这是其运行情况。

现在谈谈 USBL 的信标，有几个国内的产品大家可以看到，包括 Sonardyne 公司的兼容超短基线定位系统及 GAPS 超短基线定位系统，这些都可用于海底定位。

接下来看一下这些浮标的系统，这是底层的基底，可以使用表面的浮标作为导航定位中的基站。它的最大工作深度为 6000 米，而且我们可以看到，最大的作用距离可达到 18 千米，比 USBL 系统高，而且可以做到垂直定位，有效水平、定位精度都非常高。

我们认为，LBL 导航定位系统可以应用在导航追踪定位方面，特别是对深海水下航行器的位置进行定位。从这个图可以看到，一共有 3 个水下航行器，它们都适用于深海大范围、高精度、多目标的导航和定位。

现在给大家介绍一下，这是我们的潜艇相对定位系统，在这方面我们获得了中国科学院重大仪器专项的支持。从这个图大家可以看到，这是我们海底基站的情况，最大的工作深度可以达到 6000 米，水下位置和站点之间的观测精度能达到 1 厘米，水下观测时间可以达到 24 个月。

也可以将声学导航用在定位和追踪方面，我在这里一直跟大家说导航和定位，但这并不是同一个功能。声学导航和定位是不一样的，对用户而言，定位时只需知道 AUV 的位置即可，这只需一种声学定位技术。

USBL 用在 AUV 导航的时候，需要将定位信息通过光纤传输给 AUV，或者把 USBL 放在 AUV 上面，这样不仅结构复杂，而且其性能指标还不及 LBL，因此并不适用于 AUV 导航。但是 USBL 通常可用于水面舰艇，对 AUV 进行追踪和定位。USBL 最佳定位区域为阵列下面 60°锥角范围内，且如在浅海，其性能可能会下降。

这种方法基于潜艇信标，适合追踪和导航深海下的航行器，大家现在看到的是用于水面舰艇的追踪定位通信、用于 AUV 导航定位的海底阵列。这是潜艇的信标，这是通信传感器，这是导航传感器。除此之外，潜艇信标可以用在定位、跟踪、通信等方面，但主要用于 AUV 导航定位的海底阵列。

大家现在看到的是我们的导航及通信换能器，AUV 只需固定在一个传感器上面，就可以实现导航和通信功能。在其他应用当中，这是 LBL、DVL 组合的一个导航系统，是个法国的系统。我们团队还开发了基于 LDR 的惯性组合导航系统，这是我们跟惯性导航组合的一体化系统。这是我们当时在千岛湖做的测试，把 LBL、DVL 和光速导航组成一体化系统。这是在千岛湖某水面舰艇模拟 1～4 个信标条件下的 UUV 组合航行实验，我们可以完全获取惯性组合导航系统的轨迹，蓝色是 GPS，红色是惯性组合导航系统，粉色是 LBL 的轨迹，我们认为最佳的输出区域应在 2 米以内。

这里是 AUV 的水下对接，采取了声光结合的方式，引导距离为 2 千米，可以看到，水下声学定位技术在整个航行器的水下应用中非常重要。

三、发展趋势和研究进展

现有装备并没有形成体系，只能进行短期工作，而且海上作业比较复杂，成本较高。

所以我们依托海洋领域前沿技术，把北斗时间和空间基准传输到水下，在海底构建长期水下导航星座，利用声波发送，可以非常精准地实现导航定位，使AUV用户获得精确位置，满足用户对深海大规模、长航时、高精度、低成本导航定位系统的需求。

在这方面也有几个不同的系统，这个系统可以连续三年进行ICE方面的测试，导航精度低于5米，现在也积累了长期的经验。这是深海信标，可以帮助我们更好地了解水下导航定位和通信，水下导航定位和通信系统可以用于水下航行器的定位指示和释放回收。在这方面，我们具有完全的自主知识产权，水下导航定位和通信系统重量轻、体积小、成本低。这些是一系列深海信标，它们都是国产的，且具有不同的模式，一共有4种安装模式，即一体化、二分式、三分式和OEM式，可以满足不同平台的需求，最大工作深度为6000米、最大负荷为5000千克、最长工作时间为24个月。现在很多人还在开发这样的产品，我们的产品也在不断升级。希望我们可以尽自己最大的努力，生产出更多种新产品，满足国家海洋工业的需求。

谢谢各位！

中国月球和深空任务光谱有效载荷介绍

舒嵘　中国科学院微小卫星创新研究院党委书记兼副院长

> 从2007年嫦娥一号首次搭载激光高度计构建月球三维模型，到嫦娥四号、嫦娥五号突破激光测距、多普勒雷达导航及光谱成像技术，中国逐步实现月球软着陆、样本返回及火星探测。未来规划包括2030年前载人登月、木星探测及国际合作，通过光谱技术深化月球资源分析、行星环境研究，推动数据共享与联合任务开展，为深空科学探索提供核心技术支撑。

女士们、先生们，大家下午好，很荣幸跟大家分享关于中国月球和深空任务光谱有效载荷方面的工作。

众所周知，太阳系非常宏大，通过深空探索可以更好地了解生命的起源、进化的历史等，也可以推进技术进步，更好地保护星球。这里面的科学任务有很多，包括深空探索以及寻找外星系统，包括环境与生命信号等，还有其他的一些应用可能性，比如更好地理解月球和地球的演化。

如果谈到深空这个话题，我认为深空探测是要探测环境的复杂性，如太阳光温度、压力等各个层面都有很多不同之处。有效载荷是一个很好的切入点，通过有效载荷我们可以更好地进行深空探索。

在深空我们做了很多研究，有效载荷有助于我们开展研究。如果谈到载荷的设计，我们会考虑能耗、体积、温度、适应性等，这些都是很重要的科学层面问题，都是有效载荷的重要方面。

我给大家分享一些里程碑式的工作。2007 年，嫦娥一号在西昌卫星发射中心发射升空，嫦娥一号是中国政府主导的第一个月球探测器；2013 年，中国首次执行月球软着陆任务；2020 年，嫦娥五号采集月球样本交给国家天文台；2021 年，天问一号第一次完成火星登陆探测；2025 年，天问二号要开展小行星探测，嫦娥七号和嫦娥八号用于国际月球科研站的实验；2028 年，要通过天问三号进行火星探测，中国将会是第一个从火星上取回样本的国家，根据规划，天问三号会在 2031 年返回；2030 年前，要发射木星探测器。现在我们也在做一些项目，其中关于木星的项目叫"天问四号"，这也在我们的计划当中。以上这些都是我们的里程碑。

在 2030 年前后，中国会有载人的月球着陆，现在我们正在制作环月球的卫星，两年后会详细了解月球表面，为载人着陆做准备。对于载人着陆的轨迹，应该是在月球的中部地区，刚才教授也说了，中国在开展月球研究的大项目，中国政府为国际合作提供了很多机会，未来可共同开展很多任务，包括嫦娥八号、天问三号、天问四号，我们的有效载荷将有助于国际合作的开展。

尤其在国际月球科研站（ILRS）项目中，我们可以在仪器仪表、设备及其应用、数据和样品的处理等方面，广泛开展国际合作。在 ILRS 项目中，有 5 个科学任务和目标，我跟大家分享一下我们团队的工作。

从 2007 年到现在，我们的团队参与了上面所列的所有项目，从嫦娥系列到天问系列都有我们的身影。

第一个是在 2007 年，这是第一次，我们把激光带到了月球，在嫦娥一号和嫦娥二号中，我们测量了月球的三维地形。右边显示的是地球图片，这是动态地形模型（DTM），通过使用激光高度计，可以提供 1 Hz 的数据。

众所周知，着陆器在月球着陆之后会面临很大的危险，这也是很多着陆项目失败的原因。自 2010 年开始，我们就开发了 3 种不同的传感器，用于月球的着陆。

①激光测距传感器，用于测量着陆器和月球之间的距离，这点非常重要，这便是有效载荷。因为这个距离很关键，我记得上次一个美国公司的着陆器着陆的时候，因为镜头的盖板没有移动，所以失败了。

②多普勒激光雷达导航，可以提供几个方面的加速度，着陆器通过这些数据可以知道其着陆高度，这是激光三维成像传感器第一次在月球上使用。大约在距月 100 米高的时候，传感器就稳定下来，可以捕捉三维的月球表面，它会计算和测量安全的着陆点。它的尺寸差不多是 5 米 ×5 米，我们会找到一个 5 米 ×5 米的区域，在此区域降落。我们认为，这是一种安全的着陆方法，之前在月球背面，嫦娥四号、嫦娥六号着陆都非常成功，在这个项目中，我们也是起到了非常重要的作用。

③在降落之后，还需使用可见光和红外线成像仪。这里就是月球车，可以更好地观察月球表面的情况，这是它的光谱，从 0.45～2.4 微米，属于可见光谱，这是一个成像的光谱仪，通过外部设备对光谱仪进行控制。在嫦娥五号和嫦娥六号上，我们还提供了一个比较小的光谱仪。对于嫦娥五号和嫦娥六号来说，当时的目的就是要在月球表面采回一些样本。光谱仪就需要采集一些相关的光谱数据，以帮助我们明确在什么地方采取措施最好。获得位置反馈后，我们就实现了相关目标。

这是嫦娥五号、嫦娥六号之间的区别，嫦娥六号在这里加入了一些新的频段。嫦娥五号、嫦娥六号都已经执行了月球项目计划，但它们的着陆点是不一样的，这里有一张我们通过 LMS 拍的照片，这方面我们取得了一些科学探索的成绩。有些杂志也对嫦娥四号着陆点采集的岩石样品做了分析，我们还基于嫦娥五号的信息进行了更多研究。

现在我们正为嫦娥七号做有效载荷的计算，两周后计算结果就可以送到北京进行确认。嫦娥七号主要是开展一些科研任务，如通过一些检测了解月球的能量，了解月球土壤的组成等。

所以，我们也为嫦娥七号配备了一个光谱仪，以便更好地了解月球的环境状况，它的波段是 0.45～10.00 微米，分辨率应该低于 10 纳米，这是在可见光和红外线内的分辨率。除此之外，空间分辨率为 0.2～0.3。它的运行轨道是 55 千米 ×190 千米，这是它的轨道情况，我们有 200 个不同的模型。在关键区域的勘探中，我们可以通过高空间分辨率和高灵敏度的光谱成像，来了解月球表面的情况。

在嫦娥七号里，我们的着陆器里还有月球漫游车和中继卫星，它们可以把地球和月球连接在一起。这里展示的是光谱成像仪，我们在嫦娥三号、嫦娥四号上面都安装了一个光谱成像仪，这是我设计的。在嫦娥七号上使用了拉曼（Raman）光谱仪，就不用原来的光谱成像仪了。拉曼光谱仪的重量低于 6 千克，而且灵敏度、分辨率很高，结构非常紧凑。也可以做一些远程检测。这是 RLS 的主要规格，距离 1～2 米，里面包括了拉曼光谱仪检测技术，可以在阳光下工作。

下面给大家介绍一下天问一号的工作情况，天问一号本身也有一个轨道，这是它的运行轨道，我们当时的目标是让它在火星上更好地做探测。这里是一些规格及 MMS 发布的数据。

除此之外，我也负责月球表面成分探测器（祝融号），这个仪器一共有 3 个不同的光谱仪：激光诱导击穿光谱仪（LIBS）、激光诱导荧光光谱仪、短波红外光谱仪，除此之外还有一个微成像器，是集 3 个光谱仪为一体的仪器。对于 LIBS 来说，它可以获得研究对象的元素信息，我们在月球表面探测车上面安装了一个相机，上面还有一个透镜，可以收集更多的数据。

这是为模拟探测火星环境所做的实验平台，目的是探测火星环境的情况，让它能够适应不同的温度、压力，以及针对不同情况对仪器做不同的校准。在天问二号的任务中，我们也配备了一个可见光的红外成像光谱仪，它的光谱波段处于 0.45～4.50。

总结一下，中国深空探测正在进行中，且按照计划进行，光谱检测技术在任务执行中起到了非常重要的作用。例如，探测的时候会做一些地质探测和取样工作，接下来还会在更多任务当中发挥更大的作用。将来在这方面我们也会有很多的国际合作，期待跟我们的伙伴在有效载荷、数据处理和样品采集等方面开展更多合作，也希望接下来在嫦娥八号和天问四号、天问八号等项目中，有更多的国际合作。

谢谢各位！

空间科学合作新范式

张永合　中国科学院微小卫星创新研究院副院长

> 通过微卫星集群、人工智能驱动平台及"一带一路"框架下的中葡联合实验室，展示多层次合作的实践路径，强调数字化技术对整合资源与青年人才培养的重要性。未来将通过开放合作、跨学科融合及模块化教育体系构建，突破传统壁垒，打造可持续的国际协作生态，推动空间科学从基础研究到应用落地的全链条创新。

今天我跟大家分享的主题是"空间科学合作新范式"。谈到合作，我们希望合作里面包含兴趣，能乐在其中，如果大家了解国际空间合作的话，就知道全世界都有这方面的合作，且都有一些创新点和新现象，过去五年、十年，变化非常大。在该领域的合作受到越来越大的影响，为了推进国际空间合作，我们需要新的范式，这也是为什么我称之为新空间和新挑战。

对于过去的合作模式进行研究和分析，探索空间科技合作的新趋势，对我们来说很有用处，因为它可以帮助我们拓展更好的合作途径和获得更好的合作结果。

这是综合评估模型联盟（IAMC）的国际合作网络，我们通过这样的合作，在过去20年内形成了很好的合作关系，包括与德国、法国、葡萄牙、巴西、阿联酋、巴基斯坦、印尼等国家，今天很多同仁都来自IAMC。我们今天讨论的是航天合作，其不只是空间科学，还包括一些应用、学术等，我们的合作是多层次的。

分享一下SVOM，它是政府间一种很好的合作模式，也是双方合作的很好范式，是中法两个政府推出的伽马（Gamma）射线爆发检测的合作任务。我们通过SVOM取得了很好的成就，过去十年间，中国国家航天局、欧洲航天局、法国国家空间研究中心的合作取得了很好的成就。通过SVOM合作，构建了非常复杂的系统来实现对地观测，该系统响应速度快，自主性也很强。很重要的一点是，这里面有个链接，一共涵盖40多个不同的地面站，沿着赤道，确实吸引了很多朋友。

这个项目于 2004 年起步，当时是中国科学院和企业在 CAS 合作，2006 年召开了会议，我是其中一员。我们一共研究了 3 年，非常快地设计出了系统，2004 年开始，2008 年我们就完成了。这一轮的回顾，接下来的五年继续看一下这个平台，看一下有荷载的配置应该是多少，我们每次都有相应的研讨会，但决策做起来非常艰难。再过五年，在上海 PRR 改变了这个配置，原来想要法国的技术，后来我们觉得得做自己的，如 X 光射线摄像机是法国 USA 这边的，还有意大利的方案，然后就没有其他方案了。在中国，我们可不可以做？但我们觉得这个太贵了，我们也没有这样的技术。法国的同事决定由他们来做，另外还有德国的支持。

2024 年 6 月在西昌发射升空，中法双方都很高兴，这是中法科学家将近 20 年的努力结果，我们举办了为期 3 天的研讨会，这里有很多新闻报道，非常好地展示了有效荷载运营。

（视频）这是央视的报道，当时有 30 分钟，我这里只展示了 1 分钟。为什么用放风筝来做比喻呢？因为中法建交合拍了一部影片叫《风筝》，中央电视台给我们讲了其中的故事，并在发射之前的半年时间里，拍了此视频。也就是在说中法合作的时候，我们可以追溯一下历史，从历史当中寻求好的故事，可以让双方更好地弥合差距。

SMILE 项目是中国科学院和欧洲航天局的合作项目，目标是推进 X 光成像，这也需要大概 10 年的时间，2026 年该项目应该能正式推出。SMILE 项目给了我们相关体验，我们的工程师在那里待了一年左右。我们发现有效载荷不是随意整合的，是由欧洲航天局做的，我们把我们的平台拿到了欧洲航天局，卫星完成之后交到这里。

ESA TOO 是由中国科学院设定的一个项目，这个项目获批之后，欧洲航天局也特别计划给予支持。欧洲航天局要给我们资助，作为他们可以拿到数据的回报，对于这种合作，我们也进行了多次回顾和评估，也做了很好的内部演示，这是按照我们自己的日程表来做的。

SMILE 项目开始时，欧洲航天局不认为我们能完成这颗卫星的研制。但因为当时我们有 12 位的相机，也确定了日程表，而且已经努力了 7 年。在此之前，也进行了一些研究，参考了 ESA 和 MPE。2013 年由国家航天局批准立项，经 2013—2015 年的研究，2017 年任务正式启动。

如图所示，这是 MPE 的总监，这是我们当时的合影，这 3 位都是高级别的人物。目前我没有看到下一个五年、下一个十年有像这么大的项目。所以我们在考虑新的微卫星集群（CATCH），这将是我们自己的场域，我们也做出了第一个样机，这里面有具体的情况，希望有更多的合作伙伴进入 CATCH 项目。

接下来我们还有更多的合作计划，包括关于十颗卫星的计划，应该就是在 9 月 18—20 日，我们会去法国的图卢兹做一个飞行评审。我们还有一个研讨会，准备讨论接下来的工作该怎么做。

这是CATCH新的开放合作模式，使用这样一个新的平台、使用人工智能驱动技术，在这方面我们也得到了多方面的资金支持，希望这次有更多的实体能够发展它们在建立先进科学微卫星方面的能力，如它们可以建CATCH，我们可以给它们一些支持。它的有效载荷也都在不同范围内，这也是我们将来的合作领域。

STARLab是中国和葡萄牙之间的太空和海洋联合实验室，关注一些主要的科学挑战，如宇宙、全球气候、蓝色经济等。这是我们的国家实验室，是"一带一路"项目在上海、青岛等地的实验室，也得到了MOST、FCT的支持，接下来会跟更多的专家一起合作。在这里，我们也遇到了合作伙伴，接下来还会讨论下一步的合作工作。

如图所示，这是之前的合作伙伴，我们希望能够把空天、海洋两方面研究结合在一起，建立一个垂直网络，帮助我们观察海洋。除此之外，我们还建立了IAMC，这是与巴基斯坦太空与高层大气研究委员会共建的联合实验室，在合作项目中，我们已经签订了谅解备忘录，建立了一个合作实验室，这是外方的CAS副主席，当时我们见过面。接下来希望能够把这个合作实验室提升为国家级实验室。

这是我们跟11个阿拉伯国家的"813"卫星合作项目，是一个教育项目，我们在一起讨论了很多关于创新的内容。所以我们有很多工作，我们也有很多特别年轻的工程师，他们有的来自阿联酋，给我们做讲座。在上海、南通，我们也有不同的团队开展讲座、培训、教育，中国现在也有很多年轻的学生，阿联酋也需要更多的工程师，我们在这方面可以开展更多合作。之前我们也做了很多讨论，我认为这是一个非常好的合作项目。这是BRIN卫星项目，可以联合开展基础设施建设和教育培训。

现在我也意识到，我们仅凭自己研究院的力量还是不够的，希望我们的兄弟单位及中国科学院，跟我们一起开展合作。

这是接下来的新计划，不仅讨论各式各样的计划和项目，我们有很多合作伙伴，他们都需要我们给他们做更多的培训。如果我们有更多的工程师，就可以做更多的工作，很多时候我们会发现在中国和国外不一样，在中国有很多工程师，在国外我们也需要更多的工程师。之前我们也做了一些准备工作，给研究生、博士生做了一些培训。接下来，希望能够举办一个有关卫星设计的研讨会，希望有更多的本科生参与进来，了解这方面的信息。我们的目标是，能够有更高等级的科技方面的交流，Farid在这里准备了30页幻灯片，里面有很多内容，如果有需要的话，我们可以邀请更多的人，特别是教授，给我们做演讲。

在这里得感谢数字技术，现在我们已经进入数字化时代，我们有一些数字化模块，这些都可以整合到系统中，我们现在已经有了一个卫星数字技术实验室，这是我们必须要做的工作。与此同时，我们也需要跟其他国家建立云连接，可以在不同语言集群下建立工作关系，可以看到很多研究院正在开发这方面的技术。

我们的计划就是实现从教育到应用的转化，中国科学院现在一共有3所大学，北京有中国科学院大学，上海有上海科技大学。上海科技大学离本次论坛的地点只有一千米，杭州有国科大杭州高等研究院，舒嵘先生和我在杭州高等研究院有办公室。我们在这里可以做两周的对外培训，即前面几天可以在杭州，后面几天可以在上海张江园区进行培训。我们在上海科技大学等不同的地方举办了讲座。后期培训也可以去临港开展，临港是个非常不错的地方，在那边有天文馆，还有很多的设施，在那边也有很多学生，还有不同的产品线，这些都给我们的培训提供了条件。

这是我们未来的计划。我们已经有了很多经验，接下来的五年可以做得更好。

接下来介绍一下我们学院的情况，首先是中国科学院微小卫星工程部门，成立已经超过20年。除此之外，还有第二个园区、第三个园区，我们的研究包括通信导航、遥感等，现在我们已经发射了126颗卫星，这些卫星也都在轨运行。在本月，我们还会发射两颗卫星，明年还有一个计划，就是要准备发射100颗通信卫星，目前正在建设这样一个平台，这应该是一个合作平台。

能够给合作伙伴做分享对我来说也是非常好的机会，让大家了解我们之前的合作经验，以及未来的合作策略，希望彼此之间可以有更多的合作，真正在一起工作，谢谢各位！

工程设计流程数字化转型面临的机遇和威胁

高法睿　中国科学院卫星数字化技术重点实验室副主任

> 探讨工程数字化转型的机遇与挑战，以技术演进史为脉络，对比蒸汽机与人工智能对社会的颠覆性影响。通过3D打印火箭、生成式设计等案例，揭示AI如何将传统数月工程周期压缩至数天，推动效率与质量的量子级跃升。呼吁平衡技术工具与人文思维，保留工程师对物理原理的深刻理解，通过"智能体辅助决策"优化流程，在保持人类主导的前提下，构建高效、安全的未来工程生态，打破官僚主义与工具局限的桎梏。

非常感谢主持人的隆重介绍，感谢主办方给我一个机会在这里演讲。我今天将从有趣的角度给大家介绍一下这个主题，我会回顾历史，然后展望未来，以及讨论一下工程数字化转型所面临的机遇和挑战，这应该是很有意思的话题。

我先介绍新技术给我们带来的影响，接下来介绍新技术对社会的影响，其中包括人工智能带来的技术和对社会方面的影响，以及人工智能的到来对时间尺度的改变。

新技术对生活的影响是什么？现在的社会跟之前已经不太一样了，现在我们生活得非常舒适,过去采矿非常危险,现在采矿类的一些工作岗位已经不存在了。大家听说过电话交换机吗?从1连到2,这已经被取代了。尤金·帕克教授是天体物理学领域颇有影响力的人物之一,当年我学天体物理学时有幸上过他的课,并且跟他关系比较好。100年前如果要跟计算机对话,必须经过专人操作当时有一台这样的计算机。现在服务器代替了人工,这是100年来的重要进展。

技术改变了我们的生活,到底是怎么改变的呢?主要是效率发生了巨大的变化,如现在需要人的地方更少了,因为机器可以帮我们完成更多工作。同样的任务、同样的难度、同样的复杂程度,但所需要的时间却越来越短了。例如,你要建金字塔,当时耗费30年约10万名工人,这是非常了不起的,考古学家都觉得确实很难。但现在从物流的角度而言应该怎么做?我们现在的工作环境更安全了,需要投入的资源少了,时间也更短了。这是哈利法塔,它的建造用了五六年。这两个案例充分展示了新技术给工程带来了变化。

另外新技术带来了更高的质量,这是我在那里工作时的场景,我非常喜欢这张照片,这张照片很有意思。你要卖东西的话,要知道它的具体成分、功效及安全性,确定你是否需要这样卖。我们要利用新技术提高效率、提高质量,保证它有更高的可靠性、安全性,鲁棒性增加了,运营效率也提高了。

再看一下汽车行业,这是汽车行业过去100年间效率的演进情况,可以看到效率得到了极大提高。如果谈到技术,我们就要考虑历史,历史给了我们一个很重要的概念叫通用技术,在过去300年时间里,最重要的通用技术就是蒸汽机技术。它是一台运行非常良好的蒸汽机,有一个活塞。现在还在研究热力学,从18世纪第一代蒸汽机到现在,已经经历了一代又一代。

随着时间的推移,技术也在不断演进,刚才谈到了第一代蒸汽机。第一艘轮船是20世纪初下水的,这是第一艘由蒸汽驱动的轮船。进入21世纪,更多的发明不断涌现,包括智能驾驶汽车、月球着陆器、土星5号运载火箭、高效的涡轮风扇、发动机等。这是材料的进步和制造技术的进步,物理原理其实差不多。早年物理学的原理是有的,但是技术并不是很多,因为大家有梦想,所以才有今天的技术。

如果跟19世纪初的人谈论蒸汽机是干什么的?他们是可以想象的,当然也只是幻想而已。如果有个时空机的话,你跟他们讲应用,他们会说这是一个魔术。所以你要相信魔力般幻想,你要有这种幻想,才能向科学迈进。

再看一下技术的演进,蒸汽机逐渐进入它的极限区间,技术水平不能再提高了。而从宏观的角度讲,工业演进,包括工业1.0是机械化,工业2.0是电气化,工业3.0是自动化,现在的工业4.0是数字化,这是不同时期的工业演进情况,现在数字化已无处不在。

再看一下空间工程,如卫星行业在哪里?空间工程或者空间项目和其他项目有本质上的不同，因为它是量身定做的，比如你做一件事包括做空间站，现在只有两个空间站，并不是几百上千个，如果一个产品工程师让他做的话，他每天可以完成几百上千个任务，但是空间站不是这样的，它是定制化的。包括做星座，这些都是量身定制的任务。如果要量身定做一辆车的话，会很漂亮，但是价格也会很高。这就是很多空间项目费用很高的原因，如果不进入大规模生产，就不太可能低成本完成任务，在空间站的问题上，更是如此。我们讨论的是科学任务，如进入其他的行星、研发着陆器等，这些任务不可能进行大规模生产，怎么能使这些任务的成本低一点？我们将降低任务成本的过程叫流程工程学，这也就是 AI 起作用的时候了。

相关行业谈到 AI，认为它是高度复杂的精细学科，涉及大模型、自然语言、语音识别、数字孪生、生成式、机器学习、神经网络、机器人、传感器技术、3D 打印、图形处理等，但它的原理跟蒸汽机类似。光看这些图片就知道不是这么容易的，我们要以协同的方式解决这些问题，必须把力量结合在一起完成这样的任务。

我们从 AI 中能获得什么呢？效率得到了很大的提高，包括量子级的效率提高。例如，这是一个空间站，我们借助 AI 设计框架，能更好地保证它的安全，也可以进行持续改进。AI 可以帮助我们使用材料、工具、制造技术和设计技术，使整个设计思路都实现飞跃，包括高度复杂的设计等。

我给大家举几个例子，传统上火箭的推进器，里面有很多不同的气管，需要很多时间来完成，包括加注、混合等，前面嘉宾也谈到了，要设计这样一个类型，从传统来讲是很难的，可能需要 6 个月时间才能完成。现在有了 3D 打印，5 天之内就可以完成。谈到创新周期、速度的变化，之前是构想几个月、设计半年、制造半年，在一两年后测试，现在 5 天就可以完成了。以前制造时间甚至超过测试时间，现在很多都发生了变化，还有更多的事情正在发生变化。

我的同事也在空间领域工作，当时我在读博，他在慕尼黑工业大学，我们当时讨论，3D 打印的火箭能不能在 2050 年实现？他觉得我们应从小事开始，以后能不能做到我们不知道。

在 2023 年的时候，出现第一个由 3D 打印的火箭，85% 的部件由 3D 打印完成，在 2015 年设想的时候，这个百分比还是不够高，没有那么狂野。首先，大家要敢于想象，不要太保守。从原材料到发射器成品仅用不到 60 天，如何做到这一点的？要做到这一点，一定要有关键技术，可以用来帮助我们打印并且测试，这样一个发射器的产生，仅用了 2 个月的时间。这里需要关注 3 个关键学科内容：①材料，必须要掌握关键材料；②人工智能控制流程；③传感器分析。我们所说的 3D 打印，不仅仅需要 3D 打印知识，还需要更多行业的专业技能，这样一个流程必须是非常可靠、可重复的，这是我们必须掌握的关键技术。

再看一下这幅图，我也非常喜欢这幅图。从第一台蒸汽机到人类第一次登月，差不多用了 260 年的时间。这是一个语言模型，它代表的就是人工智能，这是一个自然语言的模型，第一个语言模型是 ELIZA，从那时起一直到 ChatGPT 出现，这之间差不多有 60 年，所以速度提升了很多。如果 60 年前问某个人 ChatGPT 有没有可能出现，你觉得他会怎么回答呢？所以我觉得技术进步非常了不起。

因此，我们再次看到技术进步非常重要，我们需要非常好的计算能力、数据存储能力。一方面是我们可以想象到的，另一方面是现实，两者之间应该有界限和区别。很重要的一点是，我们要获得这些重要的技术。人工智能对整个社会的影响非常大，它对人类社会的影响可能超过了蒸汽机。我本人不是社会学家，也不会深入讲述这个问题，当然我乐意倾听针对这个话题的讨论。

另外，我想讨论一下时间进度，当时我在攻读博士学位时，也了解到时间尺度和空间尺度的重要性。我在这里也想讨论一下这个问题，到底是什么决定了产品开发的时间范围？最近就这个问题我问了我的同事，我问同事做这个项目要花多长时间？他说需要五年。我说是不是可以像《星际迷航》里面的麦考伊博士一样？他说这个是不可能的，这就是我们正面临的挑战。我又问为什么 6 个月之内我们做不到这一点？他说，除非你去买。所以我的判断是，现在主要是工具不给力。

这是人类的大脑，由于工具不先进等因素，我们的设计速度被减慢了。大脑会适应工具，工具越好，创造事物的速度就越快。接下来可以采取什么样的行动？我们将与一个未来的微卫星开发助手交流，例如它的名字叫 FGAI。它说："'Farid，我能为你做什么？'"我说："'我想探索系外行星，我们可以开始讨论相关内容。假设 IAU（国际天文学联合会）的探测范围是什么？'"它说："'很好，但这个说法听起来像是中式英语。'"这种混合了中文和英文的回答，我们首先要做一些观察。

我们的极限就是想象力，这需要一个决策过程，而决策过程并不由技术或制造决定。首先，我们要制定一个计划，还需要制定一些规范。接下来可以制造出一个机器，在此基础上，又可以重新制定任务，得到一个新的结果。我们的目标是什么？就是希望在一周之内达到想要的结果。在未来，我认为在第一阶段主要是受到用户信息获取的限制；第二、第三阶段，我们可能要用一周的时间做好，且主要取决于算力和数据库质量，也就是说，我们在这一时间内需要收集大量信息，发现它们的连贯性、不连贯性等，并优化；第四阶段主要取决于生产流程的速度，以及我们的测试原则，可能一个月之内就可以做好。所以我认为，在将来我们可以使用这样一个智能体来提问，这非常重要，这也是我们的学生必须要学习的东西。

这是我个人的浅见，在这里我还想说一下存在哪些机遇和威胁。要知道天下没有免费的午餐，技术进步还会有什么样的结果呢？

这是我十多年前买的一本书，我把这本书也带回了中国，作者是英国历史学家尼尔·弗格森（Ferguson）。当时一直没有机会读，现在我又找到这本书了，看了一下这本书的内容。他的观点就是这样，工程学更像是一门艺术，而不是科学。他说非语言交流对于良好的工程设计至关重要，特别是对一些图纸、图表的绘制非常重要。在我刚开始做研究的时候，我知道数学非常重要。我那时在德国西部的亚琛工业大学学习，我还记得当时跟一位建筑师进入一个房间，建筑师跟我说学习这个非常重要，后来我就学习了航空航天。这就是为什么后来我学了这个专业，研究了计算流体力学，这一切都是兴趣使然。

我非常荣幸，能够受到一些著名教授的教育，像凯什（Keshe）教授，他是欧洲重点实验室的主任，我曾在他的研究所里工作，当时他们在研究超高音速飞行器，我跟他的博士生一起学习。他这个人非常好但也非常直接，有次我给他看了一下最新的 CFD 结果，他看了我的图表后，告诉我有速度分布问题、压力问题等，他说计算要重新做，大家都被他搞糊涂了，但最后我们发现他说得是对的。他对 CFD 并不是特别了解，但对量子物理学有一些了解，当然这都是 25 年前的事了。25 年前我还是个非常年轻的学生，他给我留下了深刻的印象，他的话对我来说鼓舞人心。

另外，我的灵感来自费雷特（音）博士，因为我开始是学航空航天的，后来才研究卫星，他从来没有做过非常复杂的热分析，他做分析的时候就是用铅笔和纸。这个人非常好，拥有很多专利，他跟我说我的计算又错了。后来他成了部门负责人，他说你在做计算的时候非常专注，你希望能够从数字角度把它做正确，但你要知道我们需要做物理验证，这个过程非常棘手。像这些学者，他们可以从物理的角度来看到底是对还是错。我们需要有这样一种直觉，能看出它是对的还是错的。所以我们要提醒年轻工程师，让他们了解这一点，我们不能过分依赖计算，未来在涉及 AI 的时候，这是我们需要牢记的。

这个人叫艾萨克·阿西莫夫（Isacc Asimov），他拥有生物学博士学位，在这方面拥有非常深厚的学术根基，他的故事讲得非常好，也推出了著名的 Foundation 系列丛书，他谈到了技术演进变化非常之大，现在只有少数人掌握某项技术，知道某些事物运行原理的人会越来越少，未来应该是什么样的？我们会越来越依赖新技术，但我们的技能却越来越少，实际结果会怎么样？

另外一个有关科幻的，谈到了《星际迷航》下一代的情况，这是计算机的界面，这里没有按钮，都是触摸屏，这是 1987 年当时的想象。人们说苹果是从《星际迷航》中偷出来的 IP，因为《星际迷航》中在 20 世纪 80 年代具有很强的预见性，只有显示屏而没有键盘。这里由两个工程师、一个指挥官就可以掌控，星际迷航的工作方式和其他是不一样的。

机器和人类的协作是怎么做到的？机器执行复杂的工作，在《星际迷航》中你可以看到，人类是解释信息，把信息传递给这样的机器，这是一种哲学，包括在宇宙飞船、航天飞机上应该有这样的哲学，我们应该从哲学开始。这里有一些颇具哲学意味的思路，这个决策往往也需要有哲学的成分，所以我们不要过度依赖 AI，AI 是给我们提供支持的，我们是主人，要尽可能保持主人的地位。所以我们需要最佳实践，以保证人的创造力，保证人的聪明才智，否则我们会失去一切。

谈到数字孪生，我第一次看到数字孪生也是来自《星际迷航》，是这个男孩持续的梦想，当然这是科幻小说。

谢谢各位！

第15章

量子科技论坛：未来之光——量子计算和量子器件的科技创新

1 论坛概况

世界正处于百年未有之大变局中，科技创新已成为推动经济社会发展的重要引擎。量子科技作为21世纪最具颠覆性的前沿领域之一，与人工智能一起正引领着新一轮科技革命和产业变革的浪潮。以量子计算、量子通信和量子测量等为代表的量子科技，其发展具有重大科学意义和战略价值，已经成为全球科技大国竞争的重要方向。

量子计算作为量子科技的核心细分领域，相较于量子通信和量子测量等，吸引了世界科技企业更广泛的关注。量子计算利用量子叠加与量子纠缠等量子力学基本原理来进行并行计算，理论上可以为一些复杂问题求解提供指数级加速，是未来算力跨越式发展、解决人工智能对算力无止境需求的最关键方案。当前，量子科技创新和产业发展还处在初始阶段，但围绕量子计算机研制的上游环境测控系统和下游云平台和算法、软件开发等产业链已经迎来发展的黄金时代，促成了基础物理学、信息科学与设备工程的思想融合。这些发展有望解决新材料设计、生物药物研发、通信安全、人工智能等复杂的科学与工程问题，在科技、经济和社会领域产生深远影响。

本次论坛以"未来之光：量子计算和量子器件的科技创新"为题，紧扣时代脉搏，汇聚国内外量子科技领域的顶尖专家和学者；通过搭建国际组织、政府部门、科研机构、企业等多方跨界对话平台，促进量子科技领域的国际交流与合作，共同探寻量子科技的发展趋势和前沿问题，共同构建协同、共赢、开放的量子科技创新生态。

2 嘉宾致辞

时任上海市人民政府副秘书长尚玉英的致辞

尚玉英　时任上海市人民政府副秘书长

> 上海是我国量子信息技术重要策源地，在国家科技创新重大战略的引领下，在科技部的指导支持下，上海把推进量子科技发展放在国际科创中心建设的重要位置，不断加强战略谋划和系统布局。在政策支持方面，上海出台《上海打造未来产业创新高地发展壮大未来产业集群行动方案》，强化全链条布局支持，积极培育量子科技产业。在战略科技力量建设方面，着力推动国家实验室上海基地、中国科学院在沪院所、高水平研究型大学和创新企业深度融合，协同开展关键核心技术攻关。同时，以产业化应用为导向，加快量子科技成果的转化应用。

尊敬的傅小锋副司长、潘建伟院士，各位领导、各位嘉宾，大家上午好！

今天，我们齐聚浦江之畔，共同见证2024年浦江创新论坛量子科技专题论坛的盛大开幕。在此，我谨代表上海市政府，向本次论坛的顺利举办表示热烈的祝贺！向各位远道而来的国内外专家学者和业界精英，表示诚挚的欢迎！

当前，世界正处于百年未有之大变局中，科技创新已成为推动经济社会发展的重要引擎。量子科技作为世界科技最前沿、最具颠覆性的领域之一，正引领着新一轮科技革命和产业变革的浪潮，不断改变着世界的面貌。20世纪90年代以来，量子科技迅猛发展，美国、欧盟、日本等相继开始了量子科技研发与应用。中国作为量子科技领域的"后来者"，近年来取得了一系列重要突破。

上海是我国量子信息技术重要策源地和量子基础设施布局的重镇，一直以来都高度重视量子科技，支持量子科技前瞻性研究。特别是近年来，在国家科技创新重大战略的引领下，在科技部的指导支持下，上海把推进量子科技发展放在国际科创中心建设的重要位置，不断加强战略谋划和系统布局。政策支持方面，在出台的《上海打造未来产业创新高地发展壮大未来产业集群行动方案》中，特别围绕量子计算、量子通信、量子测量等领域，出台了相关政策，强化全链条布局支持，积极培育量子科技产业。在战略科技力量建设方面，着力推动国家实验室上海基地、中国科学院在沪院所、高水平研究型大学和创新企业深度融合，协同开展关键核心技术攻关。同时，以产业化应用为导向，促进高校、科研机构与企业之间的深度融合，加快量子科技成果的转化应用。

目前，上海已经集聚培育了一批顶尖的量子科技科研团队，建设了高水平的实验室和科研平台，在量子计算、量子通信、量子模拟和量子精密测量等领域，取得了一系列重大成果。比如，量子通信方面，"墨子号"量子卫星成功研制升空，在全球首次实现卫星与地面之间量子通信，上海科研团队成功实现了远距离量子密钥分发，为信息安全提供了强有力的保障。在量子计算领域，上海科研团队为"祖冲之二号""九章"等量子计算原型机的研制做出突出贡献，这些原型机性能全球领先。在量子精密测量领域，首次实现了基于激光冷却技术的空间冷原子钟，为下一代精密传感技术带来全新的发展机遇。

面向未来，上海将持续推进量子科技和产业创新高地建设，坚持前沿探索，深化基础研究布局，强化高水平人才引育。我们将瞄准量子计算、量子通信、量子精密测量等核心技术加快攻关突破，积极推进整机与仪器设备研制；强化企业科技创新主体地位，帮助企业拓展应用场景，加速产品更新迭代，促进量子科技产业培育壮大，积极抢占未来发展"制高点"。

本次量子科技专题论坛的举办，为我们提供了一个交流合作、共同发展的平台。希望通过这个平台，汇聚全球量子科技领域的智慧和力量，共同探讨量子科技的发展趋势和未来方向，推动量子科技的创新与应用。也借此机会，诚挚地邀请国内外的专家学者、业界精英来上海工作、学习、交流，共同推动量子科技的繁荣发展。

最后，衷心祝愿本次论坛取得圆满成功！谢谢大家！

科技部前沿技术司副司长傅小锋的致辞

傅小锋　科技部前沿技术司副司长

> 近年来，世界各国纷纷加大对量子科技的投入，抢占量子科技发展的制高点。我国也高度重视量子科技的发展，将其作为国家战略科技力量的重要组成部分，纳入国家科技创新体系。在各方的共同努力下，我国量子科技取得了一系列重大突破，在量子通信、量子计算和量子精密测量等领域取得了世界瞩目的成果。上海作为我国科技创新的重要阵地，肩负创建具有全球影响力的科技创新中心的使命，在量子科技领域发挥了重要的引领作用。

尊敬的尚玉英副秘书长、建伟院士、屈炜主任，各位领导、各位嘉宾，大家上午好！

非常高兴来到美丽的上海，参加2024年度浦江创新论坛量子科技专题论坛。在此，我谨代表科技部，向论坛的举办表示热烈的祝贺！向各位领导、专家学者和业界精英表示诚挚的问候！

量子科技是新一轮科技革命和产业变革的前沿领域，具有重大的科学意义和战略价值。近年来，世界各国纷纷加大对量子科技的投入，抢占量子科技发展的制高点。我国也高度重视量子科技的发展，将其作为国家战略科技力量的重要组成部分，纳入国家科技创新体系。在各方的共同努力下，我国量子科技取得了一系列重大突破，在量子通信、量子计算、量子精密测量等领域取得了世界瞩目的成果。

上海作为我国科技创新的重要阵地，肩负创建具有全球影响力的科技创新中心的使命，在量子科技领域发挥了重要的引领作用。上海市委、市政府高度重视量子科学技术的发展，积极布局量子科技和产业，加大对量子科技的投入，取得了显著的成效。今天，我们在这里举办量子科技专题论坛，就是要进一步加强交流合作，推动量子科技的创新发展。

本次论坛以"未来之光：量子计算和量子器件的科技创新"为题，紧扣时代脉搏，具有重要的现实意义。我们希望通过这个平台，汇聚国内外量子科技领域的顶尖专家和学者，共同探讨量子科技的发展趋势和前沿问题，为量子科技的发展提供智力支撑。

同时，我们也希望各位专家学者和业界精英能够充分利用这个平台，加强交流合作，共同攻克量子科技领域的关键核心技术，推动量子科技的产业化发展。科技部将一如既往地支持量子科技的发展，加大对量子科技的投入，为量子科技的创新发展创造良好环境。

最后，预祝本次论坛取得圆满成功！谢谢大家！

3　嘉宾演讲实录

贝尔不等式：从好奇心到安全保障

Artur Ekert　英国皇家科学院院士、牛津大学教授

> 科学界对随机事件的研究由来已久，对于整个随机性或者最初的随机性本质是什么，以及它究竟是主观还是客观的一直存在疑惑。人类的好奇心是驱使我们了解量子力学随机性的原动力。人们利用1和0字符串的随机组合进行加密，另一端进行解密。约翰·贝尔通过实验验证了贝尔不等式，间接证明了爱因斯坦对于量子物理的想法是对的。贝尔不等式是从哲学角度对实验主义提出的质疑。值得信任的实体是安全通信的关键。年轻学生要有自己的观点和自己的判断。贝尔不等式或许有朝一日会被违背，自由意志会像自由排列的0和1一样随机出现。但无论如何，科学是无止境的。

非常感谢主办方对我的邀请，今天非常荣幸再次回到上海，我看到了非常熟悉的面孔。尤其是这边的同事和朋友，他们来自本地的科研院所。

我今天主要聚焦的是一个非常基础的信息，我之前受邀时，都不知道说什么比较好，因为我觉得在座的都是非常重要的科学家、技术人员、技术专家，我会思考一下将要讲什么，也许做些简单的返璞归真式的演讲，希望大家能够见微知著，看看基础式的科学究竟是怎样的。与此同时，看看基础科学是如何帮助我们进一步推动各个领域的发展。

我自己的演讲会讲到两种不同的叙述路线，一个叙述从好奇的角度来了解整个随机性，当然还有量子方面的现象。另外一个叙述就是我们在设计整个系统和体系时，尤其在通信时，我们是不是能够很好地保证安全。

说到这一部分，自然而然会引出量子物理学或量子力学，所有这些都是非常简单、通俗易懂的问题。也许不会涉及太多的技术应用和落地，但是无论怎样我都会觉得这是一个非常好的机会，所有量子力学的发展都来自基础科学的研究及前期技术的积累。

刚刚说到有两种不同的叙述路线，第一种是关于人类好奇心的说法。在古希腊时期，人们就被各种各样的好奇心驱使，想要了解这样一种随机性。之后我们又试图了解整个量子力学方面的随机性，然后进行定性分析。大家可以看到在整个时间脉络表格上，最下方我们会有这样一种完美的密码设计，这也是一个非常重要的科技贡献。在科研方面，我们一直想要了解所有的工具，量子物理学方面的底层逻辑，我们会有新的想法不断涌现出来，为什么会在这里？原因之一是这样一种影响是非常深远的，在未来值得我们深究。

首先来说说随机性，大家想一想，随机性有两种方法可以进行解读或理解，其中之一是大家能够感受到一些东西是随机的，或者是了解某一个物体的来源时可能会有随机性。其次自然界有各种各样的随机性，有时候可以用知识解读，有时候事物突然一下就蹦出来了，这种情况下就是自然界和宇宙的随机性，这样一种哲思可以让我们追溯到古希腊的贤哲身上，其中之一就是亚里士多德。科学的本质是什么？大家可以思考一下，无非是因果关系，如果我们想知道在这个事情发生的时候，接下来会因为它发生什么事情，大家看一下所谓的随机性是不是就是对这样的一种因果关系的打破呢？从这个维度上看，我们是不是就不太能以科学的角度去理解了？因为它真的是太随机了，或者是在它的时代，从科学的角度来理解就会有这样的关系。因果关系一旦打破，就变成一种随机性。但是我们可以看到，有些时候我们会忽略一些现象，比如说 16 世纪吉罗拉莫·卡尔达诺也是一个非常著名的贤哲。他会说如果你是一个理性的赌徒，随机性就变得非常重要了。你要知道这个概率是大是小，才能更好地进行赌博。从本质上来说，我在量子物理学也经常说到这一点，他本人找到了两个非常重要的元素，让我们更好地了解量子物理学，甚至他的一个研究远超近代史上的量子物理学家。他提到了一些量子学相关的等式，通过这样的等式能够更好进行密码的发明和破译，现在是两个非常重要的工具，可以让我们利用好量子物理学。回头看，早在16世纪就有这么伟大的科学家取得了量子物理学方面的一些成就，是非常不容易的。

我们究竟要如何去了解随机性，或者说哪一种说法大家会更加认可呢？比如，公元前德谟克利特会说这是一种主观的理解，随着这些原子，自然界中的颗粒都会遵循既定的路径。他们觉得随机性其实并不是客观存在于自然现象中的，更多的是一种主观的感觉和在知识加持下的主观理解。这是第一种学派，也就是整个随机性都是基于主观的认知的。同一时期在古希腊，大概公元前270年有这样一位思想家伊壁鸠鲁，他觉得随机性是客观的。也许在东西方文化之中，第一种说法或学派应该是更加主流的。这样一个随机事件的研究由来已久，并且对我们而言是一个自然而然的事情。整个随机性或者是最初的随机性本质究竟是什么？它是主观还是客观的？为此我们要看面对着哪些问题，其实有非常多统计学家一直想在这方面进行量化分析，我们就针对这样的随机性进行量化分析，但是总会有问题出现。概率论的经典定义就是把所有可能发生的事件先进行统计，然后我们看到某一个事件在所有可能发生事件中所占的比例，这就是我们看到的一个A事件可能发生的概率了。但是有一个非常重要的前提条件，所有的这些不同事件发生的概率一开始应该是相等的，这就是我们看到的问题，在自然界和生活中这样的先决条件不一定是一直存在的。现在这样的问题在之后就能得到解决，苏联的数学家柯尔莫哥洛夫更多的是从数学的角度来阐述这个问题，他说他不在乎这些是主观还是客观的，概率是什么，概率就是能够满足他认为正确公理的任何东西，只要是他能够借以解释所有的客观存在的这些东西，只要符合公理，那就没问题，这就是他所说的概率。大家可以看看，柯尔莫哥洛夫本人已经把概率论做到测量和统计意义上的研究了，因此他们更多的是加之于数学的分析之上，概率论并不是一个复数，而是非复数。某个事件一定会发生的时候它的概率会变成1，与此同时所有的事件的概率相加最后会得到1，这就是他所观察到的一些数学意义上的概率论方面的研究和相关的结论。

我们可以将单独事件的概率进行相加，其实主要问题还是存在，比如说我们要去理解并且解析概率，包括原始概率，还有我们说到的量子物理学。对于卡拉迪加（音）也不得不关心的物理学，显然我们这时可能会忽略了这样一个公理。可以在实验中采用单一排他性的方式进行实验。但是我们也可以有一些经典的实验，如果是学习量子物理学，第一个实验或者是卡拉迪加实验，但我们在学习更多实验的过程中，如果粒子从源到给定的选择，情况可能就不一样，会采取两条相互排斥的路径，而不是说P1+P2，整个量子物理学就会有所谓的干扰因素。量子物理学也就是我们需要去研究，比如说关于研究一个项，那就是干扰项，更为有意思的一点是，再回到我们初始的概率，至少人们会认为在一开始的时候，对于量子的描述并没有太多的概念，这样的话我们就只能来做一些统计学的预测，这也是典型的一种方式。比如用图中的分束器来做简单的实验，我们在上面进行光子的发射，要么是反射的，要么是透射的，每次都可以重复这样的实验，重复无数次。这种经典直觉告诉我们，同样的初始条件会导致同样的结果。在这种特殊的情况下，我们会有两种不同的结果，其实量子的随机性似乎有所不同，尤其从历史上来讲，量子物理学的历史包括20世纪20—30年代，那时候对于整个量子物理学的理解并不太理想，或许对于量子物理学它可能是一样的，也有一些是不一样的，可能还是需要加入一些参数进去。比如一些潜在的变量，我们需要了解，是否会有这种潜在的变量，在一开始我们做出的预测并不是完美的。我们需要去解这些方程式，从这样的客观缘由来理解随机性。

接下来在1935年，也提出了我们称之为"忧虑"的故事。对于我来讲，当我还是年轻学生时，我反复读了这篇论文，然后强烈推荐这篇论文，这篇文章很具有历史价值，虽然这是1935年的论文，是爱因斯坦的论文，这上面可能有一些负面的说法。但对于量子物理学来讲，事实证明这是一篇非常具有影响力的论文。对于我来说，爱因斯坦的这篇论文写得非常好，叙述比较简洁，非常容易理解，相比来说尼文博思（音）的文章就非常晦涩，很不容易理解。

爱因斯坦的想法对于我们当时的年轻人来讲是非常具有启发性的，这样一些思想，还有论文叙述的方式是非常有意义的。爱因斯坦在论文中提出了我们看到的一些问题。比如量子力学描述的完整性，以及量子态，还有在分束器之前的光子是完整的，也有可能不是。你需要在描述中添加这样的预测或者确定性，在爱因斯坦提出了问题之后，约翰·贝尔在实验室进行相应的实验，约翰·贝尔是来自北爱尔兰贝尔法斯特的一位物理学家，当时在欧洲核子研究中心工作，他的工作主要涉及加速器，他其实也是将爱因斯坦提出的观点进行转换，转换为他自己的想法。他说，其实可以将爱因斯坦的一些观点进行实验，将其想法转化成实验的载体。同时，他也对一些局部的隐变量进行了描述。而且这其实也是对两个子系统之间的相关性做了一些解释。从图中可以看到他正在做的实验，左边是约翰·贝尔。图上是他的不等式，可以看到不等式中的数字是小于2的，这其实就证明了爱因斯坦当时的想法是对的。量子力学预测的值是2的平方根。这个就是我们说到的贝尔不等式，可以用简单的方式来进行解释。但这不是我今天要讲的重点。

他至少是从哲学的角度提出了实验主义者的陈述，是自然且深刻的陈述，就像真正的随机性一样，随机性是有这种主观性的，尤其是对于科学整体的角度来说。在这个图中是约翰·克劳斯，他也是1972年在伯克利，不顾导师的建议，自己去做了相应的实验。对于学生来说这是很好的榜样，虽然在一开始，我们有一些不太成熟的想法时，导师可能不太同意或不太建议你去做相应的实验，但有些人不顾导师的建议，坚持自己的想法，这对于年轻学生来讲是一个榜样，年轻学生要有自己的观点和判断。十年之后，也就是20世纪60年代，约翰·贝尔的论文发表了，相关学术刊物还收录了他的文章，这个实验被证明是具有价值的，很好地解释了随机性来自哪里。

我也非常有幸认识这几位科学家并和他们有过相关的合作。他们希望能够理解底层的逻辑，能够理解为什么会发生这样的量子事件。其实在真实的世界中大家可能会觉得他们提出的这些问题只是纯粹的哲学问题，可能没有引起太多人的共鸣。但是从实际的角度来讲，尤其在哲学的状态下，我们需要进行探究。

接下来再讲另外一个故事，是关于人类要去寻求完美的系统和体系。前面说到的底部的叙述是我们想要设计一个完美的系统，能够实现通信。其实有很多场景假设，但仍然有经典的场景。我们想要实现一种完美的、安全的通信状态。但如何实现这一点呢？人们会有不同的观点。比如说在古代的时候，关于安全通信，其实有相应的系列讲座是关于过去的一些密钥、密码系统和量子密码，研究能否获得一种完美的通信方式。但是这个答案是一个问号，因为提出的系统以及我们所了解的系统，虽然有些系统比较简单，我们称之为不可破坏、一次性的路径。但是在实际的通信中，可能还是会有其他的因素。我们又回到了随机性，需要一串随机的 0 和 1，这是完全不同的，而且它也是保密的，这是真正随机的字符串，也就是说只有他们知道，其他人是不知道的。任何自然语言都有它的特点，有其相关统计学的特征，我们可以进行解密和加密，所有的密钥以及相关的字符串，都以一定的频率出现。它不是 0 和 1 这么简单，在整个加密过程中，我们都可以用到非常复杂的统计学原理。密钥的分配也是完全随机的，我们是一个一个数进行添加的，通过这样的方式，就能够进行相关的加密，所有的由 1 和 0 组成的字符串都可以通过随机数据统计的方式把它变成相关的密钥。这样一些 0 和 1 的随机组合，大家都不知道它究竟是如何进行排列的，因为就是随机的。一旦有了这样的密钥，我们就能进行相关的解密。同样在另一端加密时也是以 0 和 1 作为抓手，进行相关的随机排列。通过这样的 OPT 一次一密的方法，我们能够真的看到相关伟大的统计学家是如何证明了加密以及解密的安全性。所有的预设条件是要成立的，所有的数字排列必须是完全随机的，这也是为什么我们说 OPT 一次一密。如何一开始能够发现这样的密钥是另外一回事了，无论如何这是一个非常具有随机性的加密方式。如果真的在历史上看到了这样一些现象，比如要去使用或者是处理这样的密钥，很可能因为它是一次一密的，之后就会出现破译的情况。现在的问题在于，大家会说好的，我们就有一个完美的密钥了，为什么不使用它呢？大家可能会觉得我们直接用就好了。但之后会涉及整个密钥的分配问题。密钥必须要保证绝对意义上的安全才行，但是现在很难做到这一点。

第二点，对于所有生活中实践的诉求，都能够带来相关的安全保障，但是它并不能带来绝对意义上的安全保障。在密钥分配问题之后，我们说到的 1935 年爱因斯坦发表的文章，也就是说会出现序列性通信的可能性，爱因斯坦对其作出了相关的定义。他说到如果在不干扰整个体系或系统的情况下，我们可以确定预测某个物理量的值就存在于该物理量相对应的现实元素中，现在他希望能够做的就是在整个测量之前对相关的物理值测量进行定量分析。也就是在整个测量之前，我们先要证明它是存在的，基于这个存在再去做后续的测序和测量。这是我们看到的最基本的原则。

对于我而言，看一看这个定义，我们说到安全，说到加密的通信，说到各种各样的量子力学方面的能力，任何的通信都是物理的方式，无论是光子，还是说电流，还是说其他的方式，它们都只是信息的一个传达和传输的载体而已。为此我们必须进行相关载体的信息方面的测量，如果这能满足的话，或者说如果这样一个物体确实是物理世界中存在的，当然了在这方面我们可以做各种各样的实验，并且在我之前，其实也会了解到这并不是完完全全一直会成立的，当然在有些场景上我们甚至可以证明它确实不太会存在。因此我们在设计整个系统时，必须要去验证或者去反复论证这样一个存在的物理元素是不是确实有的，然后才能更好地继续观察，基于这样的观察进行物理值的测量。现在可以看到一些结论，光子其实不具有预定的偏振值，并且这些值在测量之前不存在。这样的测试是否违反贝尔的不等式呢？为此我们可能要进行相关的窃听测试，大家可以看看我自己和两位非常重要的科学家约翰·保罗·帕斯特和约翰·沃伦所进行的合作，在离牛津不远的地方他们有自己的研究所、实验室，我们看到有许许多多研究在那边出现，可能之后研究所、实验室已经私有化了。但是他们会聚焦于其他工作的方面，我非常了解沃伦，并且我经常会和他交流这方面的真知灼见，他和保罗被这样的想法吸引住了，那时候我们真的是没有发表这样的论文和研究成果，主要是当地的管制和管理的原因，甚至没有让它问世。在一番游说之后，尤其是和相关的杂志、文章的出版社沟通之后，我们最终能够进行发表，像这么重要的科研文件，没有理由变成机密文件，我们更多希望通过这样的方式进行科学方面的交流。

大家可以看看这是我们整个量子加密方面的雏形，我们看到了两种不同的叙述，一方面是基础，基础方面我们有了量子物理学。现在我们看到的是另一个方面，就是贝尔不等式的确是有自身价值，尤其是实践价值，我们不仅仅只是为了它去做科研，更多的是基于这样的哲思来思考，它究竟如何影响了整个世界观、价值观的。我还想告诉大家，还有一点是我意料之外但是非常美好的事物，就是整个独立的加密方法。必须要澄清的一点是，如果你和一个数学家沟通所有的这些物理实体，所有的这些数学意义上的存在，其实都不是客观存在的。我们可以用各种各样的实验去证明，贝尔不等式是不是被违背了。但是我们要进行一些相关的测试。在这方面大家的自由度并不是特别大，要去了解这个不等式的违反条件比较难。当然你可以另辟蹊径，比如说我看到了这样一个贝尔不等式的违背，是不是从本质上来说，我们只有一个方法能够做到这点？这是从结果去反推。如果我给大家一个黑盒，你根本就不知道里面有什么，可能有各种各样的东西，有一个开关，你打开开关，看到里面是一堆0和1。如果这真的是违背了贝尔不等式，他就没问题了，但是在这个情况下你一开始就不知道黑盒中有什么，甚至都不信任给你这个黑盒的人。但是他们可能会说，根据贝尔不等式了解到这样的设计原理，但是一开始这样的黑盒究竟从何而来，你根本就不知道，这样的人和公司，或者实体，你根本就不知道，甚至没有信任可言，你是不是连最后的黑盒都不太信任，直接否认它的存在？这就是加密或安全通信方面的重要意义，我们肯定需要一个相关设备，而且这个设备来自于你信任的实体，如果真的没有任何信任的实体，给你这样一个通信工具，你根本就不会使用它的通信手段。所有这些都是自检的设备。如果你信任的话，就即拿即插即用。所有东西都会受制于各种各样的自由度，但是无论怎样，我们可以看看或者思考一下，它会不会违背贝尔不等式。这是一个非常新颖的思维模式，让我们能够从另外一个角度反观当今的通信手段。我们现在可以非常精确地来看看整个贝尔不等式违背的情况，甚至是非常准确地验证。在此之后还可以进一步来看是不是在很久之前，我们的科学家就能够想到这点。今天我们也许能够做到，在相关加密方面有工具可以使用，2002年来自中国的科学家和同行发表了这样一篇文章，是和牛津大学还有德国科学家联合完成的，那就是量子加密方面的测试，测试的是贝尔不等式。

　　说完两种不同的叙述之后，它们出现了融合，大家还是会去交流贝尔不等式的研究，人们会觉得突然一下贝尔不等式就变得这么重要，并且对于我们的实践也有重大意义，它不仅只是理论研究，纸上谈兵了。现在关于是否把基础科学和我们相关的加密手段连点成线，所有的这些就有了实际意义。除此之外还需要更多了解设备的加密，所有这些都需要找到相关的漏洞，究竟在漏洞研究方面我们做了什么？在这两种思维或是这两个叙述融合之后，会有"九章"出现，还有今天来到现场的潘建伟教授，他们做了非常多的实验，这并不仅仅是哲理或哲学意义上的好奇心问题，于我而言，很有意义的一点是当我在1991年开始这方面工作时，作为牛津大学的博士生，每个人都跟我说别做这个事，没什么意义，如果你想了解科学，为什么要学量子科学呢？我说我就是想投身于科学，如果我真的不想做科学，我也会找到自己喜欢的事情。但是现在我就想聚焦于量子科学的研究。大家可以看到，有这么多好点子、好想法在2001年就已经落地了，甚至这样的量子通信还应用到了卫星通信上，这是一个非常有意义的事情，我从未没有想过90年代初我能够赋能太空、卫星方面的通信。在贝尔不等式研究实验方面，有非常多有识之士作出贡献，2002年获得诺贝尔奖的科学家就是深耕这样的领域，并且聚焦于设备以及相关仪器的加密。

　　总结陈词时，我们需要扪心自问这样的烦恼忧虑真的到此为止了吗？我们是不是从此高枕无忧了呢？我们还需要学习，很多问题需要自发提出，很多问题需要得到回答。有一群这样的科学家会觉得，在超决定论的世界中，隐私或安全的概念也许毫无意义，也许贝尔不等式就没有用武之地了。这样的说法也许会与日俱增，但是我想说贝尔不等式可能有朝一日会被违背，你的自由意志也会像我们自由排列的数据0和1一样随机出现，这都是概率，这不仅只是加密学。在这样一个超决定论的世界中说隐私或者安全的概念确实是有一点苍白、没有意义了。无论怎么样，科学的尽头应该是无止境的，在浩瀚无垠的量子通信以及量子科学、量子物理学之中，还是需要相关的土壤和基础让我们进一步研究和探索，谢谢！

中国的量子信息研究

潘建伟　中国科学院院士、中国科学技术大学杰出讲席教授、
中国科学院量子信息与量子科技创新研究院院长

> 我们所面临大规模安全量子通信的挑战，来自于现实设备不完美所造成的安全漏洞。速度是量子计算具有的巨大优势。"墨子号"量子卫星的未来计划包括实现日间量子密钥分发，并将通过构建低轨卫星星座以增强全球通信覆盖，扩展量子通信距离并实现更远距离的密钥分发。在量子计算和模拟领域，我们计划在未来5年实现几百到上千个量子比特相关操控，实现量子模拟研究高温超导、量子相变等效应。未来10～15年内，有望将量子比特数量扩展至数万个甚至几十万个，并在量子纠错助力下实现通用量子计算的进一步研究。

大家好！首先要感谢主办方的邀请，让我有这样的机会给大家介绍我们在中国的量子信息研究工作。

昨天我其实决定稍稍改变我的话题，我本来是想要讲我们的量子纠缠与量子叠加，今天改为讲一下量子信息的研究情况，会有更广泛的视角，讲一讲在中国我们所做的量子信息研究的工作。

我来自中国科学技术大学的中国科学院量子信息与量子科技创新研究院，其实该研究院得到了中国科学院和教育部的共同支持，另外，我们在研究过程中，比如说由中国科学技术大学主办的项目，还有上海技术物理研究所及中国科学院微小卫星创新研究院等科研机构，还有其他的高校比如清华大学、北京大学、上海交通大学、华东师范大学都参与了我们中心的工作。

我们主要研究关注点是三部分：

第一，量子通信。像Artur Ekert先生刚刚也提到这一点。

第二，基于光子成渝量子通信（QC）网络研究，主要由中国科学技术大学、山西大学、上海交通大学负责。

第三，通过量子中继器纠缠QC，他们也会有相应具体工作的细分和分配。我们通过量子中继器纠缠QC这部分工作，主要是由中国科学技术大学人员负责，我们希望比如通过卫星实现全局的通信，我们跟SIGP中心进行合作，共同找到基于卫星的通信解决方案。

除此之外，我们的工作在光子及计算模拟方面，也涵盖了量子比特。朝阳今天也在这里，他的团队就是在做我们的信息处理及模拟方面的工作；另外，包括来自中国科学技术大学及南京大学、深圳等不同地方的团队也在做相应的工作，他们主要是负责超导

系统。

我们有来自其他不同大学的团队,包括清华大学、山西大学及我们自己的中国科学技术大学(USTC),最近我们也有新的项目,这些项目是很有潜力和前途的。其中包括我们的光学时钟和频率传播等方面及量子信息处理,有在清华大学、USTC,以及来自深圳的大鹏,他们也对我们这些工作做出了很大贡献,尤其在半导体的通信等方面。

另外还有其他的团队在研究长期解决方案,希望能够找到新的可能性,能够实现一个顶级的系统发展,当然这些是比较长期的项目。

刚刚说到的光学时钟等也是我们中心研究的领域,之后我们会有同事跟大家具体分析一下他们在中国所做的工作。

接下来,我这部分主要是讲一讲我自己的工作组及团队的一些工作,主要是在量子通信方面,其实对于大规模安全量子通信,我们是面对着一些挑战的。我们需要去克服因现实设备不完美造成的安全漏洞,这样的漏洞可能主要由不完美单光子源及不完美单光子的探测器造成的,这是我们可能面对的安全漏洞。

所以,对第二个漏洞,我们就需要进行单光子探测,使它变得更加完美,其次我们需要克服光纤中的指数、光子损耗,并延长量子通信距离,这是我们所面对的挑战。

为了解决非理想的单光子源带来的安全漏洞,我们有两个这样的方案:

1. QKD(量子密钥分发)。包括我们在内的两个独立团队在 100 千米光纤上实现右偏带的 QKD,我们演示了独立于测量设备的 QKD 不受任何检测的影响,2007 年在 100 千米光纤上,我们团队也得出了相似结果,两个独立团队的结果都比较类似。

2. 在 2013 年是按照 DIY(自制)方案可以演示独立于测量设备的 QKD,在那之后我们又做出了这样的实验,看到了可以实现在 500 千米以上的 MDI-QKD(测量设备无关量子密钥)安全距离在现场光纤中可以达到的距离,这是在现场光纤中达到 500 千米以上,在盘状光纤中可以达到 1000 千米以上的结果,所以借助 MDI-QKD 及可控的 DIY 光源,在不可信设备仍处于 Charles Bennett(查尔斯·贝内特)可信外壳之外的情况下,相关人员只需确保自己不会因设备缺陷或操作失误无意中创建侧信道,即可借助现实设备实现信息理论上安全的 QKD。

所以另外一点就是我们如何进一步提升或者延长量子的通信距离呢?一种可能的解决方案就是利用量子中继器实现纠缠量子的通信网络,2001 年有人提出了单光子量子中继器方案,这个方案要求在数百千米传播距离后具有亚波长量级超高相位的稳定性,这是很难进行实验和实施的。

所以 2007 年的时候,我们就提出了双光子量子中继器方案,这个方案只需要有几百厘米量级的稳定性。在 2008 年的时候我们也报告了采用双光子方案的第一个量子中继器节点,利用两个有几百米光纤连接激光冷却的原子系统,2008 年研究中可以看到我们要求寿命延长是 8 个数量级左右。我们首先要实现长距离量子通信,量子的中继器存储时间必须足够长,以确保每个节点都确定创建纠缠对,同时存储量子态必须以足够高的效率转换为光子,以建立远程的纠缠,这样的话才能够实现远程纠缠。从图上可以看到我们 2008 年的结果,这个 2008 年实验中寿命为 1 微秒,检测的效率为 35%。在左图可以看到,寿命必须提高 8 个数量级才能满足 500 千米的量子中继器的要求。此后很多技术也得到了发展,包括采用对磁场不敏感的时钟态,使用环形腔来提高检索的效率。

同时,我们也使用这种三维的光学仪器来确定每个原子的位置。环形腔的使用提高了检索效率,光晶格约束能够抑制原子碰撞引起的互作用,把所有的成绩加总到一起的时候,也就是 2016 年,我们最终有所成就。

从这些方面可以看到我们整个团队的效率是非常高的。那么在对相关信息进行存储及提取时,我们能够更好地实现跨越 500 千米的相关通信,或者是说我们支持了相关的量子中继器从而实现 500 千米的量子通信,现在是 800 纳米左右的规格。

因此,我们要改变这样的 800 纳米的波长,改造成适用于我们整个量子通信方面的波长,通过这样的方式已经把它的波长进行了相关的转换。与此同时,我们已经实现了非常长距离的量子存储器之间的量子纠缠,最近我们成功实现了首个基于纠缠的多节点量子网络。

当然了,我们已经取得了部分阶段性的成果,但是量子中继器的实用化可能还需要十年攻关时间。2003 年当我聚焦于整个量子中继器方面制定规范的时候,我们的确要探寻一个适用于全球量子通信设备的解决方案。

另外有望实现这一点的量子通信,可能更多的就要用于外太空。如果是这样,大家可以看到,外太空有一些相关的优势,比如说它不受陆地曲面和屏障的阻碍;与此同时,大气层有效厚度在纵向看只有 10 千米。在这样的情况下,整个外层空间其实没有去相关现象,这就是比较好的基础,让我们能够更好地做长距离的量子通信。

在 2003 年的时候,我们在量子中继器方面开展工作的同时,还开展了新的项目,更多的是进行基于卫星的量子通信方面关键技术攻关。我们花了十多年时间开发相关技术,具体而言就是低轨卫星量子通信的关键技术,并且进行了相关的地面测试,验证了单光子作为纠缠光子穿过大气层的可能性。

与此同时,我们还成功克服了卫星到地面信道的高光子损耗;此外,我们还克服了地面与卫星量子通信所有相关的苛刻条件,比如高速运动及振动的情况。因此,在整整 14 年艰辛攻关之后,我们在 2016 年发射了第一颗量子卫星 Micius("墨子号"),它主要承载 3 个非常重要的任务。

在这样的情况下,与使用 1200 千米的光纤通道相比,它的效率高出 20 个数量级。与此同时,我们看到第二点,通过整个卫星的量子纠缠分布,严格在爱因斯坦局限性条件下的量子非局域性检验已经完成。

最后的任务是什么?更多的就是我们整个地面与卫星之间的量子远距离传输,我们都知道量子的远距离传输对于整个量子网络的构建非常重要。

在 3 个任务完成之后，我们会利用 Micius 卫星作为可信任的中继器。根据我之前和博士生导师的合作，我们可能会更多地进行国际合作，比如说加拿大、印度，还有南非，我们都希望能够更好地进行国际层面的合作，以此进一步增加我们相关的鲁棒性，与此同时通信能力，也就是卫星和地面的通信能力也能够进一步提高。

现在我想跟大家说的一点是什么呢？还有一个非常有意义的应用，在单光子 QKD 之后，我们可以看到在这样的场景之下，哪怕这样的卫星被敌人所控制，可能会出现这样一种认证情况，我们 QKD 还是能够很好地保证应用的安全。

就是说通过量子纠缠验证 QKD 的安全性，在 4 年之前我们已经能够实现跨几千千米的量子纠缠验证了。

下来我想跟大家简要地介绍一下我们在整个量子计算方面所开展的实验，可能在整个功能完备的量子计算机实现之前，我们要花非常多的时间，为了确保量子计算研究的健康发展，科学家或者说量子科学界为最终实现我们量子计算机的工作做了阶段性目标预定，总共有 3 个：

第一，量子计算优势。意味着速度提升可能会变得非常大，具有压倒性的巨大优势，任何传统意义上的计算机可能都无法在合理时间内完成同样任务，而且经典计算的算法和硬件的改进也不可能实现颠覆性突破。

第二，一旦我们展现出整个量子计算的优势，我们希望能够特异性构建量子计算机或者模拟器，以此高效模拟复杂量子系统的演化通路，通过这样的方式，我们就能够更好地了解并且研究高温的超导机制。

第三，可能要花十年到二十年才能实现，就是一个通用的可编程量子计算机，如果我们能够开发出相关的技术的话，就能够更好地去开展后续的科研工作。

为什么我们说量子计算的优势如此重要呢？因为我们可以借此揭示经典物理学与量子物理学之间的本质区别，像利用贝尔实验反驳爱因斯坦的局部现实理论一样，利用量子纠缠宝贵的知识资源，我们可以建立这样的一种相关量子计算优势。

谷歌是第一个宣布具有量子计算优势的公司，当时是在 2019 年，对于搭载 53 个超导量子比特的量子处理器 Sycamore，我们会发现在经典计算机计算同时，或者在同样时间内完成相关任务的话只需要两个 GPU 即可完成。这样的一个优势，可能不仅仅只是我们的希望，而已经转化成了现实。

因此，在 2021 年，我们当时"祖冲之一号"这样的处理程序可以编程为 62 量子位超导处理器，并且利用 66 量子位超导量子处理器实现了非常强大的量子计算优势，这样的话采用任务的难度或者执行的难度比我之前所说的谷歌 Sycamore 高出了 6 个数量级，与此同时我们实现了一点，就是高达 51 个超导量子比特的真正的纠缠，也就是我们所说的超导系统。

与此同时，我们在相关量子计算方面已经形成深厚的技术积累。在2020年我们用到了"九章"机器，它显示出了强大的量子计算优势。同样我们用到了76个光子，大家可以看到整个采样速度是目前已知最优算法经典超级计算机的10^5倍。近期我们推出了"九章"4.0版本，现在探测到的光子数将达到3000个，这也能够帮助我们进一步收集数据。

第一里程碑其实已经完全落地，但是通用容错的量子计算机仍然道阻且长，幸运的是量子模拟可能会在短期内带来重要的应用，现在我们看到了这一点。最近我们采用了一种自下而上的方式，利用相互作用的光子首次观测到分数量子霍尔态，我们用这样的方法设计并制造了一种新型超导谐振器，称为等离子体谐振器。这样的谐振器，其中只能容纳一个微波光子，会阻止第二个光子进入，成功模拟了电子间互相排斥的行为。

通过这样的方式，我们真的模拟出了电子的行为，如刚刚所说的排斥行为。通过这样的一个方式，我们就能够打造出人工的磁场，这样在光子运动过程中会出现相关的Berry相位（几何相位），通过这样的能力构建和观察，我们为霍尔态观察及相关的光子运动背离相位的观察提供了一条新的途径。

接下来，我想跟大家介绍一下我们在超冷原子量子模拟方面的工作，之后也会有其他演讲人讲到这个话题。与其他量子系统相比，超冷原子在量子模拟方面有几个独特优势，原子相互作用可以精确地控制，而且我们可以利用拉曼技术合成人工规范场，还有我们可以通过如F18核共振调节原子间相互作用的强度，可以看到通过这样的一些方式，就可以实现我们的一些哈密顿量。

从2007年起我们开始做这样的项目，到2016年的时候我们已经可以并行生成约600个原子对的原子纠缠，之后我们不断提高纠缠生成质量。

我们以高保真度成功演示了超过1200个原子对的原子纠缠现象，通过这样的技术我们还演示了哈密顿量以及任意分子束统计量，这是在2017年取得的成就。随着这些技术的发展，我们已具备实现费米子哈伯德模型量子模拟的能力，这是很有前景的应用方向。

另外，我们成功制备了这种具有较大费米能量的均匀费米气体。通过采用低传递动量的布拉格光谱技术，我们观察到了第二次噪声衰减现象，由此揭示了热导率的临界发散特性，这是我们几年前取得的研究成果。

除此之外，我们还开发了动量分辨微波光谱，并且观察到了配对的超流态。在这样的技术基础之上，我们还可以进一步将费米气体加载到3D平顶光学晶格中，实现超过80万个原子的3D均质的费米子哈伯德模型，我们也观察到了自旋结构因子的临界发散，为反铁磁相变提供了确凿证据。

我们最近在做的是收集数据，希望能够实现单带超流体，并研究有吸引力的费米子哈伯德模型中的BCS（超导态）、BEC（玻色-爱因斯坦凝聚）的交叉相变现象。我们其实还在做其他的工作，包括致力于中性原子规范电势的量子模拟及分子超冷化学的量子模拟。接下来几年我们计划实现超过 1000 个原子的操作，研究可扩展多部分纠缠和纠错，并模拟强相关的拓扑物质，以及费米子哈伯德模型，当然还有超冷化学、动力学等。

另外一个重要的话题是，为了实现这种通用容错的量子计算，我们正在开展超导系统中的量子纠错研究，那在 2022 年我们能够证明实现的可能性，也就是实现了一个距离 3 的表面编码逻辑量子位，后来谷歌将码距大小增加到了 5，展示了表面码的可扩展性。

在上个月谷歌也实现了距离为 7 的表面码，证明了量子纠错的有效性。我们其实稍稍有些滞后，我们还在研究码距等于 5 和 7 的表面代码逻辑量子位的可扩展性和表面码阈值，俞大鹏博士以及他们的课题组也完成了超越盈亏平衡点的离散变量逻辑量子比特编码。当然我们也希望使用离散变量打破平衡点，去开展进一步的探索，能够使用离散变量的编码逻辑量子比特，这些其实就是我们第三大里程碑的工作，在最后我也想说说未来的计划。

在未来，或许说在未来的 10～15 年，我们相信通过城域量子通信网络，以及结合量子中继器连接的纠缠量子的通信，包括一些现在已经成熟的技术和现有的成就，如量子卫星远距离通信，将这些技术相结合，可能在接下来的 6～10 年，实现 1000 千米距离的量子通信。

同时我们也可以实现更大的距离，但是对于我们的量子通信来说还存在技术上的挑战，比如"墨子号"。低轨卫星无法覆盖整个地球，所以解决方案就是由多颗低轨卫星组成量子星座，来构建更高效的网络，并且基于 O 的量子卫星其实具有更长的系泊时间。所以我们可以有更好更高效的网络，但是先决条件是要确保卫星在太阳的辐射背景下工作，这跟其他的太阳辐射相比，我们是比较低，所以要确保它在太阳辐射背景下工作。

2017 年我们在白天实现了长距离自由空间的 QKD，证实了量子星座的可行性，这是两年前我们所取得的成就。现在，我们的结果和成果也达到了十几千米，可以看到这个重量也是有所减少，减少到了 100 千克以内，我相信在未来还可以实现更大的优化，还可以开发重量更小的便携式的地面站。大规模量子通信网络其实提供了一个新的平台，为我们的量子计量研究带来了新的平台，比如我们可以借助长距离的量子隐形传态，建立量子增强望远镜的阵列，在不直接传输星光情况下实现干涉，这样我们就可以大大增加基线长度。

所以，基线长度从 100 米可以增加到 1 千米，甚至可以到 1000 千米，这样我们就可以大大增强我们的方便率，这也是非常有用的。

目前来说，我们也在开发，包括我们从 2017 年开始，也是在进行这样的新开发和研究，我们还计划实现超过万千米规模的纠缠分发，就是要借助 GEO 卫星，借助全局纠缠分布我们可以在远程的原子钟中纠缠 N 个原子，并且极大地改善原子钟的短期不稳定性，这是我们要做的一方面工作。

另外一个方面，是我们的卫星，它还搭载着分束不稳定性为 10^{-19} 超精密光学时钟，可以提供精确数字信息共享，长期不稳定性也会得到改善。

我们也可以提供一种新的时间单位，秒的定义，近期我们也完成了稳定度和不确定度均在 $5×10^{-18}$ 以下光钟，验证了构建大规模光钟通过的卫星网络的可行性，除此之外在外太空和物理的噪声可以忽略不计。光钟分束不稳定性甚至可以达到 10^{-21}，并且可以实现超精密信息共享的网络和长基线的干涉仪。因此，除了 GEO（地球同步轨道）卫星搭载的原子光钟外，我们其实还会在未来 5 年，将开发分束不稳定性关键技术并探索其在 GEO 卫星上的可行性。

对于接下来 5 年研究，我们主要在量子计算和模拟领域，未来五年计划是要实现几百到上千个量子比特相关操控，实现量子模拟研究高温、超导、量子霍尔效应等概率，这是希望接下来 10～15 年，量子比特数量可以扩展到数百万个，从而在量子纠错帮助下，为通用量子计算进行研究。

谢谢。

从单个原子到信息处理的量子科学

Dan Stamper-Kurn　加州大学伯克利分校教授、加州量子计算挑战研究院主任

> 量子科技发展需要全球共同合作，研究机构也要发挥自身主导作用来做量子科研。学术研究需要找到基础研究方向，也需要找到研究平台与方法。量子作为非常年轻的科学领域，学术界的创新尤为重要，可以带来颠覆性技术。学术界保持工作的真实性尤为重要。我们应该努力工作以适应现实世界的需求，只有忠于现实的工作才能取得真实的进展，不应该有夸大炒作的成分。量子科学是多学科的交叉融合，不仅仅是工程师和计算科学家，还需要很多其他领域的人员参与，科研人员可以从不同背景的研究人员中学到很多东西。镧系原子在光作用下可以被观测到旋转，并会出现包括排斥、不稳态等各种各样的反应，我们希望通过这样的介导方式找到更多新的元素。

非常感谢主办方对我的邀请，今天非常荣幸能与新老朋友共聚一堂，共同参与这场量子科技方面的革命。现在我们说到更多的是应用，一直到量子科学、信息处理方面的应用。为此，我们要说到超冷原子，这可能是一个比较新的概念，超冷原子的量子科学也是非常重要的抓手，它让我们了解到量子物理学。量子力学发展至今，已经跨越了

100多年的历程，据我了解，"量子力学"作为专业术语首次出现在文献中，距今正好100年。虽然量子物理学听起来新颖，但量子力学理论早已存在。

我们来看一下量子力学，最早的时候大家在思考什么？量子力学方面我们要怎样去理解呢？在这方面，我要说到超冷原子和光是如何交互的，之前的演讲中，我们也了解到这方面的部分信息。这是一张广为人知的照片，当时举办了量子力学的一次国际会议，与会者都是量子力学的先驱人物，他们了解到量子力学和光子的本质，开始思考究竟光是什么，量子力学有怎样的法则和规则，在接近0度的时候，会发生什么？这种可见光会变得更加可见？甚至有人会问光究竟是什么，光的本质是什么。其实这些都是一些非间接的证据，就是通过辐射对于辐照的感知能够了解量子力学。在今天不是要去谈论过去的知识，在创新的论坛一定要聚焦未来。

再来看看现在的量子力学究竟有什么新颖之处，更多的我们看到的是技术，与此同时，我们也看到工程方面面临的挑战。我们都相信量子力学是有现实意义和应用潜力的，量子纠缠和不同粒子之间的作用可以更好地实现技术突破。比如，不仅可以让大家赚钱，还能更好地推进人类渐进式的发展，从中探清整个人类发展的轨迹。的确，量子力学是一个包罗万象的概念，欧盟委员会把量子技术作为一个非常重要的旗舰技术，之后我们会说到量子计算，其实它也能给我们带来非常好的结果。还有量子相关的模拟等，不一而足。在我的演讲中，我相信所有的内容，比如超冷原子和光，它们不仅是一种物质，更是一种资源，适用于量子信息科学各个方面。我们有这样的一个平台，能够通过各种实验，通过多方合作取得显著进展。

我们在刚刚简要的介绍之后，跟大家稍微谈一下今天演讲的大纲。有一些案例，其实都是来自我自己实验室的实验。

第一个实验聚焦于原子，看看如何聚焦于单原子以及单原子的阵列，要看到光和原子之间的耦合，在相关的量子信息技术方面，我们已经取得了各种各样的进展。比如我在此会说到一些量子计算方面原子阵列的时钟电路读出，量子通信方面的原子超材料分拆成超辐射和亚辐射，还有光和原子之间的相互作用，再来看看整个量子模拟方面所做的实验。

第二个大的话题是关于比较新的实验，在这方面，我们希望能够更好地了解如何生产超冷原子和超冷粒子。整个激光冷却过渡的金属原子是我们要说到的大话题，在此基础上，我们首次运用激光冷却原子钛进行了相关的量子模拟。

之后我要说到第三点是整个科学界集体的团队努力，这是在量子计算挑战研究所做的亚太范围区工作，所有这些使我们能够联合不同地区的科学家就我刚刚所说的话题进行倾力合作。

刚刚说到的实验之一是腔量子电动力学（QED），这是我在杰夫·肯博（音）身上学到的，当时我是一个博士后学生。今天的演讲算是对他的致敬，他不久前去世了，希望通过这样的方式好好铭记他，因为我从他身上学到了很多，受益匪浅。在 QED 方面，有一个相关的光学谐振器，在腔内会有许多量子物体以及腔体光的作用，QED 的结构和架构非常灵活，让我们了解到量子力学及相关功能的实现。例如，在 QED 系统上，我们能够进行更加精准的灵敏量子系统检测，这样的一种量子系统是可以驱动的，从而更好地和光学腔进行信息交互和分享。与此同时，腔内也会有一个非常特定的检测器，我们就能够通过高效的方式进行相关的量子力学方面信息的收集。比如说，大家可以看到这里就是其中的一个例子。

另外一个功能，是整个腔内的光子可以进行交互及相互作用，这样的一种光是具有决定性的。我们可以更好地看到光照射到物体上进行反射，然后通过这种决定性的方式把光反射到下一个或另一个物体上，通过这种发生在腔内的媒介式作用，实现了自组织相位，也促成了立体模型的构建。

还有另外一个方面，在我的实验室中也进行了相关的模拟。整个概念是什么？可以把前面两个功能结合到一起，这样就能够在分享信息时进行可靠的信息检测，并且整个保真度都非常高，所有检测器信息的收集都可以帮助我们更好地控制量子力学的动态。我们如何进行量子的纠错呢？我们就可以在量子计算方面进行思考。与此同时，还有一些物理方面的考量，比如可能会存在非平衡性量子态，或者平衡态的出现，所有这些也都与量子力学息息相关。基于这样或那样的原因，可以说我们整个团队及全球的科学界都在长期致力于这方面的量子力学研究。

在我职业的初期阶段，我们思考的是如何把超冷物质和腔内的光子进行相关的结合。一方面，有非常传统的方法，如进行磁陷阱和光陷阱中原子系统相关的操作，当时我们很难去控制原子在腔内的数据及腔内原子的位相，因此不得不开展海量、多样化的重复实验演算。之后有了新的进展，我们可以看到有一个新的技术革命出现了，有完全不同的方法，让我们能更好地处理并且利用好这样的超冷原子，这也是整个量子物理学的一个方面，我们用到光镊中的单个原子，在我们的实验中一直学习，如何用到这样的原子光镊阵列。现在大家看看原子光镊的阵列是什么，我们在腔内进光，其中有非常多的光束打入。在每一种相关的情况下，我们会进行相关原子的加载，然后把它放到相关镊子的陷阱之中，每一个都会受到相关的辐射和辐照，之后会有各种各样这样的陷阱，在所有的陷阱中都会进行激光的冷却和原子的相互作用，要么是一个原子被限住，要么没有原子被限住，这是具有决定论的意义和色彩的。在这个情况下，我们需要决定限制哪些原子的运动，哪些不要让它受限，而应进行自由移动的。现在主要的想法是，7～8年前，当我们进行激光原子冷却的时候，或者是利用这样的原子进行相关限制的时候，可以看到原子会发光，并且整个激光会被这样的一些原子反射出来，我们也就可以看到在哪些陷阱中是有原子被限制住的，通过原子光镊的阵列就看清楚了所有的一切。这是我整个实验室的原始实验搭建和模型，用到了 16 种不同的激光陷阱，并且用到了不同的原子降温光束，所有的这些蓝色标识的地方显示了这一点，可以看到单个原子所在的位置。

获得这样的图片之后，我们组织了整个原子光镊，开始找到了一个新的起始点，看看是否能够用到另外一套全新的原子光镊进行新一轮原子的处理，因此在这方面，我们的确做了非常多创新的、有意义的事情和实验。在我们的工作中，我们将原子负载加载的阵列能力和腔的量子动力学结合起来，在伯克利建立了我们的实验装置，会有一个光纤，在有两个镜子中间有非常长的间隔，保持非常紧密、聚焦的光学节点。这样腔内的原子就会与腔内的光子发生强烈的相互作用，通过拉动光子可以看到两面反射镜离得很远，现在可以放置高分辨率光学物镜横向穿过这个腔，原子光镊被填满，我们在这个阵列上达到了12个原子。这是我们详细统计的数据，还包括实验设置的细节。这个实验在开始时是非常复杂的，进展比较缓慢。后来我们对于光镊的实验也进行了简化，这样我们就可以将原子放在一个具有协同性的光腔里，测量单个光子及单个原子的耦合。

我们在这个系统中首先要做的一点，是能够在腔中探测到原子，知道它是否存在，以及它在腔内的位置，主要专注于探测，我们很快意识到有些重要的东西可以提供给光镊阵列的物理学。在这个实验中，比如我们会有典型的序列，在量子计算机腔中，首先把原子加载到陷阱中的序列，在腔中加载量子比特，然后用相机进行成像，将这根光镊填满，看看哪些是空的，可以使用这个阵列来实现量子计算或量子模拟，我们可以使用相机来收集这些光，收集到检测的相机上。在此基础上进行计算。其实这种方法是比较缓慢的。这是操作中的瓶颈之一。比如有时相机并不是足够好，也就是说可能需要几分钟，甚至更长的时间，所以是比较缓慢地了解到这样的状态。这其实太慢了。

另外，它的测量是全局的，当你测量了所有的量子比特的状态后，它就成为全局的测量。我们希望能够使用光腔解决两个问题，可使检测读出的速度更快，也可以利用光在腔内的定位，使它只适用于单个原子，这样我们就可以在测量单个原子状态时，有更高的效率。把原子放在光腔内就可以测量。

我们也是基于腔的单原子状态进行检测，尝试对光镊的状态进行完整的表征。光镊可能会包含一个量子比特，这个量子比特处于"1"或"0"的逻辑状态，我们想要区分这两种状态，也有可能光镊处于第三种状态，这是在我们状态空间之外的，可能是因为原子丢失了。我们想知道这个量子比特是否被破坏了，可能因为原子落入了其他内部的量子态，这种量子态不是我们逻辑空间的一部分，因此，我们想要快速区分这些状态。我们需要保持高保真度，尝试把光镊放入光腔，让光从中散射出来，用腔来收集光。然后快速检测其状态，我们发送的光使处于其中的两个超精细状态之一的原子出现共振。可以看到探测器上出现一个明亮的信号，我们可以重复同样的测量，并应用一些光。比如从"0"这个逻辑状态开始，原子会有不同的状态，或者光镊是空的，这其实就是通过测量，我们有相应的一些数据来解释区分这三种状态。我们会在一个测量空间中探测光子数量，第二个测量的间隔中是用光子探测到的光子数量，我们在这上面做了一些对比。

这是我们的数据集群，在第一次影像检测时是暗的，第二次检测图像中是亮的。如果这个光镊中缺少原子，两次都会是暗的结果。其实这也是一个比较有用的阈值。这个测试是非常快速的，甚至可以在微秒、毫秒的范围内完成。对于做这样的一些检测和测试，在实际执行中，我们也做了电路的测量，建立一个原子阵列，在原子阵列中测量一个原子。我们用最小的电镊或者光镊的阵列来做这个实验，只测两个原子，并应用了最简单的量子电路。这只是一个拉姆齐序列，我们展示了对量子比特的干预测量，它不会干扰第二个量子比特的一致性。

接下来我将更多地介绍一下量子模拟及光学领域中其他更多的话题。我们不仅考虑一种不同的配置，还考虑在腔内配置一系列光学镜或一系列镊子镜，这是放置在腔内特定位置原子阵列，我们希望在实验中了解它的物理属性、物理学方面的情况。在光腔中我们会有这样一个驻波腔（音），上面是腔内电场的函数，我们用颜色来编码。光腔中一些区域的腔场是正值，这是我们获得的相关图片。在这幅图中，哈密顿量是一个开放的系统，哈密顿量描述了其中一部分，更重要的是描述了这些原子可以从光中取出一个光子，并将其放入光腔中，可以看到所有的原子耦合到了同一个腔场。也就是在腔场中发射的光是所有原子单独发射的光的总和。我们看到腔内的值是0，对于这些原子的放置，我们要看在哪些腔场的位置是正值，去看它的函数，正函数是否是一样的。去看一下这个场是否只是由一个原子产生的。因此，我们会看到一个原子产生的光腔，对于每个原子介质集体的响应大于单个原子的响应之和，我们也得到了N个平方光子。在我们的研究中，希望采用一种数字化的方式，在系统中进行直接行为的探测，这张图给大家展示了集体缩放的情况。这里有光的量及从腔中发射的光子的速率，在最理想的状况下，我们在腔中有8个原子，它的强度是64倍，在N平方的测量中，它的测量值并没有达到64倍。这是系统的实际物理特性的一部分，每个陷阱中的原子都在这个位置附近。会看到它抑制了原子相关的响应。

同时在这里也给大家展示一下这张图，左边图中的数据包括单原子发射、半整数间距，以及整数间距。如果原子耦合到电场的正信号，可以看到下一个原子就会与A1耦合，如果在理想状态下，我们放在空腔中的偶数和奇数原子之间是交替的，空腔中单个原子会将光散射到空腔中，而空腔中的两个原子根本不会散射光。两个原子正好抵消了原子发出的光。在我们的实验中，其实对于"0"和"1"之间没有一个完美的变化，这其实是一种不同的现象。事实上亚辐射原子系统散射的光是较少的。

不只是由原子产生的，还有原子作用于或者说反射的。如果把原子放在空腔内的位置进行耦合，耦合度是0。也就是说，原子不应该把任何光散射放在光学的恢复中。如果说有一些波动，不管是什么原因出现这个波动，因为热或者其他原因，可能会看到，就像在观察节点的右边一样，这些原子会因为波动，在腔中产生正值电场的位置，在腔中循环。尤其是我们在这里做这样的配置，如果原子向右波动的话，可以看到这种系统可能就会被破坏，它的对称性就会出现。除此之外，还有相应的 Dicke 模型，皮特是这方面的建模先驱者之一，在理论方面及对于整个系统的理解都是非常深入的。当然，在 Dicke 模型这方面，我们也有自己相关的系统，或者说宏观系统，我们在苏黎世已经开始了这方面的研究。大家可以看到我们有成百上千个原子，其实它们分布在相关的腔内，对于整个 Dicke 模型的转型，的确会让我们更多地在宏观系统中进行观察和审视。在这样的情况下，我们是不是有整个相位和宏观系统中改变的不同之处呢？在光场中，对光进行调试，与此同时改变光的相位，我们调整整个光的进光，可以看到，系统似乎正在经历整个相位的改变和过渡。我相信这样的数据是比较有意思的，并且大家可以看到，腔内光场的动态变化也很有意思。大家可以看看，许多的物理系统的测量，或者说在整个物理系统之间进行测量的数据，我们都已经找到。我们也可以看到，这是整个非对称性的动态。大家可以看看一周期的时间，原子在震荡的过程中，并且在空腔的光场之内，并没有一个固定的轨迹。如果我们真的整个去进行相关的原子、粒子方面的泵动，大家会看到我们会有或正向或负向的腔场出现，这就是我们所说的相位改变。我们总共对 20 个原子的情况进行了记录。

同样，我们还做了更多的这方面系统的研究，像这样一个数据，我们找到了一些非常重要的临界耦合点，或者是节点相关的情况。大家可以看到在整个相位改变方面，我们从 6 到 7 到 8 到 16 到 20 个原子，可以在这些原子数量方面做相关的比较。有一个比较激动人心的实验数据，也和我们整个的量子物理相关。在这方面，我们会有相关的介观系统，在这样的情况下，在纳米磁体中我们会看到超顺磁性的情况，这样的现象把它温度降下来，我们把整个磁体进行相关的处理，保证它的体量足够大，与此同时，对这样的介观系统，能够吸引到足够的自由能量，进行相关的能量维持。通过这样的能量波动，我们能够更好地看到整个纳米磁体中展现出的超顺磁性，同样的这种物理学现象出现在相关的原子层面之上。在整个实验过程中，时间很短，100～200 毫秒，对称性是如何被打破的？之后出现了这样的相位改变。介观系统会从一个状态切换到另外一个状态，我们可以通过调控实验条件进行这样的切换，再观察其中的动态。在这方面是不是有足够的自由能量可以为我们所用。这就是我们所说的腔内的原子，也是我想跟大家说的实验。

还有另外一个实验，我们想要了解是不是错失了什么。这张图是化学元素周期表，每次我展现出化学元素周期表的时候，大家都会觉得我是个老古董了。其中我已经把重要的元素和量子力学或者是量子物理学相关的元素都标记了出来。大家可能会问，这是不是已经把所有的元素都显示出来了，我们是不是在所有的范围内进行选择就能做量子物理的实验了呢？我们要做的就是看到这样一个超流动性的相关的研究。其实这也和我们整个量子物理学息息相关。对于这方面的内容，我们需要了解超流体的拓扑结构，比如有关自己的平衡态的旋转动作。与此同时，还会有一些物质可能会有这样一种结构性的动作：进行耦合。这也会看到有各种各样交互的原子，还有各种交互耦合现象。我们会看到其实没有哪一种单独的化学元素是完全研究透了的，大家看一看，如果我们再来看看外围的这些元素，有两个元素族，比如说一方面在左侧，其实在它们的原始状态下，是没有太多相关的耦合或者是旋转体、旋转态出现的。在这种情况下，我们真的是无法利用光作为介导让它作为相关的旋转或导致其他动作出现。当然还有另外一个族的元素，比如在镧系原子方面，我们可以看到，在光的作用或辐照之下，可以看到旋转是能够实现的。在旋转过程中这些原子似乎会出现各种各样的反应，甚至排斥，甚至不稳态的现象。通过这样的介导方式，希望能够找到新的元素。再看一看在不同的原子层面上，是否能够找到12个，比如说我们用蓝色框出来的这些元素，中间原子在通常情况下可以有比较好的实验表现，在这些方面，我们应该是可以进一步深究的。

当然了，我们还会进行钛的激光冷却。在这方面，我们必须把它打造成原稳态。如果是需要一万秒的时间，这个时间可能就比较长了。与此同时，我们会出现亚稳态。整体而言，激光冷却钛方案如图所示，如果要实现最终的目标还是道阻且长的。可以看到，整个钛原子真的是比较难处理的，因为它具有非常强的散射力。与此同时，我们也需要学习如何让整个原子进入原稳态。有非常简单的激光处理或者冷却实验，用的就是整个激光冷却，在钛原子上的作用，我们希望它们能够进入原稳态的状态，还会有这样的光泵。我们可以看到，打造这样一种陷阱其实就是想要保证这样一个实验方式是行之有效的，这是我们用iPhone的摄像头捕捉原子态的情况，并且这是首次激光冷却和捕获的原子态，真的是非常美丽。的确我们可以看到整个磁光阱（MOT）的数量是1×10^5左右，加载率是3×10^6左右，整个实验的设计是非常科学合理的。

现在直接过渡到最后一个话题，其实刚刚潘教授说了非常多有益的信息，我们必须要有这样一个卫星巡航任务，的确有非常多的专家会分享自己的观点，每个人都会倾听。全球国家似乎都已意识到，我们必须共同合作，并且要发挥非常积极的作用，才能够更好地为科学进步做贡献。在这样的时间轴方面，我们可以看到，美国联邦政府已经聚焦于这方面并开始努力，希望能够更好地推动量子力学在美国的发展，他们做了什么？之后，推出了一系列量子研究所，所有的这些其实都是由我们国家自然科学基金委员会资助的。加州大学伯克利分校就已经有了4个这方面的中心进行相关量子力学的研究。所有的这些研究机构其实在6年期的研究中都进入了第4年，有时我们也会问一下自己，是否真的已经实现了自己国家（美国）对我们的科研要求，我们也需要发挥自身的主导作用来更好地聚焦于量子力学方面的科研。当然，在美国我们也需要找到一个方法，更好地贴近科研的现实及实验。在这方面我们需要聚焦于某个精专科学领域，开展相关的研发工作。有时候科学家会觉得，如果我不熟悉的话，就避而不谈，的确在这方面我们有非常多的挑战，也看到了非常好的发展。谷歌在整个量子计算机方面已经开始了进展。

与此同时，IBM 也建立了各种各样的量子方面的实验室，并且把整个量子模拟带到了全新高度。推出了各种各样的系统，还有量子科技方面的企业应运而生。之前我读到一个新闻，说到量子比特的公司，其实它的市值已经达到 20 亿美元，并且获得了非常多的公共和私营的投资。大家可以看一下 Quantum（量子），这也是一些非常重要的量子计算机相关的实验实体，也有非常多的公司希望在整个技术的加持下能够实现量子计算机的商用化。基于整个的行业的如此规模投入，我们才能有这么丰富的资源来解决现在量子科学及信息方面的挑战和问题。为此，我们一定要让所有的学界学者加入我们，共同打造一个全新、完整的生态。

大家可以看看整个的发展脉络，这是我们做量子科学方面的实验室，一切都始于我们最开始做的科学基础研究，大概就是在 20 多年前。当时，我们思考整个量子计算在学术机构方面应该有怎样的发展，学术机构应该发挥怎样的作用。我们希望能够在这方面找到答案。

我们要做的，就是找到基础研究方面的实体，希望能够找到前进方向，为量子科学指明前路。我们也希望能够找到平台和方法，让整个业界进一步探究他们想要探究的那些复杂的问题。我们现在已经意识到这还是一个非常年轻的科学领域，没有人能了解所有问题的答案。我们需要开发创新的方法，带来颠覆性的技术，包括我们开发的镊子平台，可能在很多年前并没有被关注，现在包括哈佛大学在内的学术研究室、学术界实验室扮演着非常重要的角色，现在哈佛大学正在运行着世界上最强大的量子计算机之一，这是一个非常好的展示平台，对于技术路线图的展示，这是我们可以发挥的作用。对于量子技术的发展，在后续的标准等方面，现在也是很受关注的。或许在未来几年，我们这个行业就会对现在的技术进行淘汰，我们在学术界就应不断去演化，不断去适应。

还有很重要的一点，对于学术界来讲，一定要让我们的工作保持真实性。我们努力工作应该要适应现实世界的需求，不应该有夸大，不应该有炒作，应该是忠实于现实世界的工作，才能够取得真实的进展。

这就是我们所面对的挑战，包括我们在伯克利的计算挑战研究中心所做的工作。给大家展示一下，这是我们研究组今年对研究机构的结构进行重组后的结果。在加州，也有其他大学跟我们一起进行研究工作。也有来自 MIT（麻省理工学院）的研究人员。我们的研究范围涉及非常多学科和领域，这是一个多学科的研究方式，这是一个很好的机会，让我们从不同背景的研究人员身上学到很多不同的学科知识，通过共同努力来实现量子技术的发展，这不只是靠我们的工程师、计算科学家，还需要其他学科人员的参与。这是我们中心的介绍，我们也非常高兴，看到了我们在上海跟中国有这样的一些合作及互访活动，我们学到了不同方法并共享经验。只有通过真正的协作，才能创造出具有价值的成果。

这就是我最后的总结部分，感谢我的研究团队，这上面都是我们研究团队的成员，包括不同的团队，没有时间给大家详细介绍了。非常感谢大家。

里德堡原子碰撞与飞行原子量子比特视角

AJaewook Ahn　韩国科学技术院教授、韩国物理学会分会主任

> 光镊作为强聚焦的激光束，可以实现整个光阱的打造，从而以便捷的方式实现原子加速、单原子抛接，以及里德堡原子碰撞之后的原子飞行（Flying-atom）。使用飞行原子技术可以观察到静电捕集器、光阱移动和里德堡光束的交互时间等。光镊操控原子方式可分为绝热（Adiabatic）和非绝热（Diadiabatic）两种。绝热方法在避免跃迁的精密操作中非常有用，非绝热方法可以更快地移动原子，因为原子无需始终保持在最低能量状态。

大家上午好！非常感谢主办方对我的邀请。今天，我想跟大家说的就是飞行原子，今天的演讲主题就是"里德堡原子碰撞及飞行原子量子比特视角"。在说这些内容之前，我想给大家介绍一些背景信息。一直以来，我们从教科书上了解到各种各样的技术，其中会分为量子通信和量子计算，量子计算主要是关注我们整个统计学方面量子比特的架构，有两个部分NLLCC（非本地—本地经典通信）包括本地的运营及非常经典的通信。因此，所有这些应该是本地的内容；另一方面，量子通信包括两个量子比特，这两个量子比特：

第一，量子内存可以是固态的。

第二，飞行原子，更多的就是光子本身。

今年有两个非常激动人心的实验，技术层面上已经出现：

第一，光线追踪的技术。

第二，里德堡原子碰撞及相关飞行原子的研究。

这两个技术对于量子计算及量子相关技术已经逐渐实现了融合，并且实现了相互补足。因此，对于飞行原子可以打造相关的原子内存，与此同时也有量子比特这样的架构搭建视角。了解了这地些背景知识之后，我们就能够更好地找到今天演讲的脉络和大致方向，以便让大家更好地理解。

关于演讲内容，首先我要跟大家简要介绍一下这是一个科普性质的内容，讲的是光镊中的原子物理学，先给大家做一些原子方面知识的引导和预热，比如整个绝热控制的一些捷径，原子加速、单原子抛接，以及里德堡原子碰撞之后原子飞行或飞行原子，大家可以看到这样的光镊情况，这一方面的内容是比较简单的，整个光镊是一个非常聚焦的激光束，可以实现整个光陷阱的打造。

第15章 量子科技论坛：未来之光——量子计算和量子器件的科技创新

当然，对于整个微观和宏观的物体，我们会进行相关的固定和移动，都是利用光镊，对于这种光镊，我们会看到光镊中的原子经历 AC-Stark 位移，尤其往高强度位置位移，我们看到光镊是原子截断谐波陷阱，大家可以看到截断高斯式及截断谐波陷阱光束轮廓是这样的，与此同时 Omega0 是我们用到的激光强度，并且也是我们看到的光镊用到的基本频率段。

一旦原子进入到光镊区域之内或区域场之内，我们可以看到这样的整个弱负载，大概是 P 小于 0.5，或者 P 最多是 1，P 是 1 就是强负载，大家可以看到 2002 年的相关研究，我们计算了相关原子数量在整个光镊下的原子数量。与此同时，整个负载率还有整个平均原子数量等，大家可以看到整个弱负载碰撞封锁和强负载下的情况，我们看到 β 和 γ 值，大家可以看到数值的差异。尤其是在这样的实验中，我们可以看到光镊下的原子会有所不同，那么 γ 和 β 一个是赫兹级别，另一个是千赫兹级别，大家可以看到整个区域的分布是非常广的，因此整个 P 值大概是 50% 或者 50% 的可能性。

这意味着在这样的区域内，有 50% 的可能性会出现一个原子被捕获，另外 50% 的可能性就是没有任何原子，即零个原子被捕获。

当我们一下打开那么多光镊的时候，从统计学意义来看，大概 50% 的原子可以限制住一个原子，但是另外 50% 就是空的了，这就是我们的整个预算法，通过打造更小的阵列，就能够更自由地进行观测和监测。

基于这样的机制，我们采用的是经典负载调整式阵列，进行更小体量的原子观察，像这个一样。我们再看看整个具体实验操作仪器或搭建，我相信大家应该比较熟悉了，这样的一个实验装置并不是那么高端或高精尖，这是一个玻璃管，玻璃管内部我们会有相关的光场陷阱，在陷阱方面会有相关温度的控制。与此同时，我们会对整个量子物理学方面相关内容进行定义，也会对本地或地球本身磁场干扰区进行划分。

在这样的情况下，我们会找到相关的旁路通径，可能你看不太清楚，但是我们用到了非常多的微仪器或微型器械，以此更好地检测到相关的粒子信号，所有这些我相信都能够帮助我们更好地进行原子塑形、引导和切割。

这种情况下这是我们的检测器，这是我们整个追踪或陷阱光束及光束区域，与此同时我们会进行整个原子检测，还有展示区域，大家可以看到特殊情况下会有两种不同的激光光束。

大家可以看到这样的区域之中，我们用到的是 70～80 纳米光束，在这里是 480，这边是 S2，这边是冷却区，对于整个陷阱还要进行相关的后置冷却，大家可以看到这边的温控方面，其实每一个光镊都会有自己的小舱，整个光镊数量其实取决于具体情况，在我们实验中，大概有 200 个左右，并且我们取得的是兆赫兹水平。

在光镊抛出和捕获原子方面，像原子棒球游戏一样，大家可以看到像原子的投掷和接球的情况。通过光镊一面整个原子会像棒球一样在其中运动，但是另一面接球的时候，相当于我们通过光镊引导让它最终被捕获的过程。如果出现弯球，它的轨迹是弯曲的，这方面出现了原子云团，可能会导致我们在光镊操作的时候不是那么方便。

为了更好地解决这样的问题，我们必须要把这样的一个位置或原子的位置，一个接着一个进行调整，当然你也可以让它自由飞行进行光镊的穿刺，通过穿过这样的云团，能够找到原子并最终进行原子的接球，这方面我们会觉得这是一个比较好的小技巧，让大家最终能够在大量层面上进行整个原子阵列的排序。

当然，这是整个的物理原理。大家可以看一下，我们当然需要不断加快进行释放，这是我们通过光镊进行释放，进行相关的接球接住原子，最终进行降速或减速。

整个等式写在这里了，整个光镊内部会用到谐波陷阱，会出现相关的谐波震荡。在这样的情况下，对于光镊而言是参考框架，一旦出现位移，这样的参考位点可能就会让我们找到原来的位置并进行相关比对。

相关图片大家可以看到整个谐波振动，同样大家可以看到，这样的一个谐波振动如果我们一旦释放，或者说如果您在这个时候进行释放，这样的原子可能会以恒定的速度进行飞行，这就意味着在假说上可以通过光镊把原子放在中性位置，这就是我们可以看到的相关定位方法。当然，在定位之后也可以看到这样的位移趋势。

但是，一旦它减速或者速度降下来之后，我们可以看到这样的一种分布就会变得更广一点，并且整个位移的幅度也更大，会看到有更高的、更大的振幅。当然，这是在我们整个光镊内部出现的。

如果我们仔细地做，就可以完全地控制。假如有不同的场景，刚刚已经解释了一种场景，还有另外一种情况。在飞行的阶段我们可以看到，原子有很大的位移，比我们预设的镊子位置有更大的位移，最坏的情况下原子可能就会失去原有的位置，从位置变化上可以看到它被击中，这种现象呈现出谐波性。

这个谐波可能会被截断。在许多情况下，要么捕获，要么去重新捕获，这取决于不同的基础过程。在飞行阶段，有时候我们可能没有办法达到特定的速率。可能它会远离镊子。所以，这其实有时候很难解释的。在这样的一个结构上，有些情况下它是不允许进行加速的，很重要的一点是在我们接近经典的或已知最大加速度下，我们可以进行加速，像这条黑色的线，它要考虑到温度，我们为什么要进行原子加速，因为温度上升非常快，甚至可以达到最大限值。

所以，我们需要找到一种更好的方式，我们需要进行加速，使用某一种方式加速，同时又能够使它的加热最小化。或者说一个简单的方式，比如"击球"方法，这可能会非常慢，如果你慢慢移动它，它可能会保持温度，这样温度上升的话球就会往上移。

所以，我们要保持它的温度，保持它的温度其实就是所谓的振动，我们使用不变量确保温度在一个最佳范围内，绿色的这条线代表恒定的速度，恒速，我们也看到相应的位置和时间不变的恒速线。

在粒子中，当然会有类似的方法，我们使用的是逆向工程不变量的方法。我们有这样的一个振动包，可以保持它的速度不变，在平均速度不变的情况下，速度是相同的，就可以看到它的分布，可以看到平均速度是非常高的。

如果温度升得非常高，它可能就会有一个非常高的尖峰出现，在我们实验中可以观察到原子的 STA（热激活迁移）引导，可以保持它的加速度一直到它的时限，或者说达到了陷阱的寿命，或者寿命达到 6000 秒，我们可以保持它的加速度，大约是 10 个 g，再乘以 6000 秒，可以进行这样的加速计算和保持。

其实在理论上，它是可行的，但是在技术实现上，可能现在还不太可行。当然我们也可以去想一下其他的路径求解，比如说不是从零速度开始，我们可以考虑有限的速度，比如在我们的三个实验中，我们会有不同的速度设置，包括零的速度及有限的速度，还有一个不断扩大的速度，我们去看一下 STA 的求解。

可以看到，气温是没有增加的，这是比较好的一个结果，另外我们也可以把这个路径进行弯曲，比如说 90°的弯曲路径，这是我们做的原子微型的莫斯实验。

我们其实是可以用更好的引导方式来做引导，这是原子碰撞、里德堡原子碰撞、原子池的游戏，这是比较困难的实验，b 是我们的碰撞参数 b，它会自动将目标项目远离碰撞的原子，轨迹会碰撞 b 的部分，轨迹碰撞 b 的部分是作为碰撞参数的函数，这个函数是为零，这是正面的碰撞。

这是我们所做的具体测试，就是刚刚说到的里德堡原子碰撞。我们也用光镊加速器，加速到完全确定的程度，飞行状态下，我们也看到碰撞参数 b 是可控的参数，原子 A 和 B 可以碰撞，可以在不同路径上产生碰撞，也可以在有弹性及非弹性的路径上产生碰撞，我们可以进行分析，也可以去进行重新捕获，这样在碰撞事件之后进行重新捕获。

如果说没有任何的事情发生，我们是可以计算的，也就是说我们只能计算障碍的总数，包括它的弹性、非弹性的路径和过程。基本上，对于这一类的原子实验，包括对于单一原子我们做了很多的实验，也对不同的状态下的单原子进行测试，这是我们的测试，包括碰撞半径与相应的数值。

这是单原子弹性碰撞的剖面，包括在不同速度及不同可读状态下做的测试，还包括进行的验证，可以看到它是 99% 的弹性，这是一个剖面图。对于这样的实验，从长远来看，其实从我们采样实验角度来讲是有优势的。

我们不仅可以做这样的并行碰撞，还可以做其他的碰撞试验，它是一个更加可控的方式和方法，所以这是比较有用的一种方法。

在讲到我们的量子计算背景时，我们提到了里德堡原子相互作用，这是空间原数据，两个原子相互作用，他们离得很远，这样可能会产生可读的碰撞，这样的激励过程中，原子会进入到一些其他激励和相互作用，这其实是两个层面的动态过程，我们可以对相位进行测量，以它作为时间的函数测量，也可以作为冲击函数测量。这是我们做的实验。

这是 γ7 的测量，这是我们对状态做的测量。这上面是在我们的实验误差范围内，这里给大家展示了相应的结果，虽然没有那么好的准确性，但还是在我们实验误差范围内，这是我们原子飞行量子位量子计算，当然我们可以看到有不同的结构和架构，传统或现在的架构，比如有说静态的，同时也有局部的，或者是有时间序列的。

随着原子的移动，看到它的状态可能就会少了静止的状态，比如这是我们 Gate Zone（量子门区域），这是两个量子比特。一旦原子沿着某子方向去移动，我们就可以有类似的操作，它可以堆叠成这样的三维结构，像我们假设的那样。

非常感谢，谢谢大家的聆听。

利用量子纠缠增强测量精度

尤力　清华大学教授

> 当我们把一系列原子放在由 X、Y、Z 轴构成的三维空间中，即可检测到量子比特。当所有原子都找到了旋转方向后，可以观测到信号出现，但与此同时，噪声也随之出现，个别原子随之受到干扰，位置精度从而降低。通过测量单个原子，可以了解干扰信号并计算方差，从而观测到整个信号噪声情况。例如，如果数值变小，则可能出现纠缠现象，体现出原子间的相互作用特性。在多原子体系系统中，零磁化强度会形成无衰变子空间。在这个空间中，通过状态的调整会形成回声并带来子序列，即逆转时间序列。

首先，我要感谢主办方对我的邀请，让我有机会在这里演讲。并且看到了这么多老朋友，我们好久不见了。

绝大多数的人都知道我是一个理论学家，但我的博士论文其实聚焦于实验物理学。我有一个相关的同学，他在中国读完了本科，也了解了非常多技术的全新内容。我觉得如果只是做理论和计算，那还不够。之后我在理论方面也进行了相关的深耕，在博士后的时候进行理论研究。15 年前回到中国，并且当时有机会开展这方面的实验，也通过这样的实验，今天才能够在这里跟大家做演讲。

当我们看到这样一种干扰的时候，这样一个粒子是自己在干扰自身。哪怕在这里有一个粒子，走到半途中就退回来，这样的干扰信号在最终都出现了，我们也可以看到在这方面的进入的粒子，我们也可以获得相关的统计学数据。这样我们会有更多的信噪比，对于整个量子纠缠而言，就是要让不同的粒子进行交换，通过它们不同的交换来提高精度，这就是我们清华大学要做的项目。

这是今天演讲的主要内容，如果没有时间说完所有的内容，可以首先总结一下。我们要知道这样一个精度的极限,线性干涉测量和非线性干涉测量是怎样的。通常情况下,我们会针对单个粒子开展这方面的工作,对于光束的粒子分离会看到不同的光束路径,这也会给我们带来相关的优势。通常情况下,我们花了40多年来研究这个话题,很多在我之前的先驱人士也聚焦于此,他们真的是看到这方面是有机会的,并且有应用的潜力。粒子增强精度可以给我们带来精度测量的增益,是有自己的用武之地的。如果感知是非常重要的,那传感就是非常重要的一环,因为它就是一个粒子,我们需要一开始就聚焦。

首先来看这样一个精度的极限在哪里,比如看看量子比特,这是一个非常复杂的内容,我们要看到各种各样的量子比特,不同维度、不同空间的信息,大家可以看到我们有越来越多的参数,比如这样一个相关的角,还有不同的场域,每一个点都可以把它对焦到球形的面上,究竟这样的一个量子位是什么,其实代表的就是原子的位置。在这个空间中,我们会有X、Y、Z轴,这样三个轴就构成了这样一个空间。这三个轴之间不会有交互,哪怕在这方面有任何的量子位也可能会出现一定的不确定性。如果我们真的把一系列的原子都放到这里来,会怎么样?最好的情况是什么呢?我们可以做的是什么?就是按照这样的方式去做,所有的旋转都找到了一个旋转方向,照这样来看,可以看到信号出现,与此同时噪声也出现。这是我们看到的一个研究,看到在这方面可以检测粒子的路径,一个光子可能在这儿,也可能在那边出现,这就是我们所说的噪声,这是需要在球面上才能看到的情况。我们看到有个别的粒子出现了干扰的情况。在这种情况下,我们是不是能够保证相关的精度,我们也可以通过这样的方式去不断了解这样的相位变化。我们在2015年开始了引力波方面的研究,并通过这非常重要的研究了解这方面的敏感度。究竟如何能够实现高精度,更是涉及光子数量的大小和数量级的高低,大概会有2000瓦的能量,还有相关的激光束,这就可以创造出这么多数量的光子。如果我们要达到这样一个精确的限度或极限,就要达到这些数量级。有了这样的精度,我们就能精确地测量比如太阳与地球之间的距离,如果我们和每个人都讲这件事,有些人可能会觉得这就是天方夜谭,但是我们在理论上已经验证了这点,并且可以做到。这也是传统经典理论方面所认定的极限。最终有相关的科学家已经无限趋近于这样的极限,但是在量子增强及感知增强的技术研究方面,能够让我们做得更好。

再来看看如何能够做量子增强精度这方面的研究,以提高它的量子纠缠度以及敏感度。当我们做相关统计推断的时候,可以根据单个光子去了解它们的干扰信号,可以计算它们的方差,可以看看整个的信噪比究竟是怎样的。如果这样的一些光子出现了纠缠,那整个的数值可能会变小,因为它们可能是相关的,或者是完全不相关的。如果是前者的话,整个的敏感度都会增加,这就是一个最基本的想法。现在我们就用到一个非常简单的图表的方案,为此我要借此机会感谢杰夫·坎贝尔(音),他在这方面做出的贡献。在磁场方面我们看到了有这方面的惯性,并且还有相关的相位变化,我们可以看到在这样的非交流或非交通的粒子移动轨迹方面有这样的原则,需要增加光子的数量,这样代表着辐照也会增加，与此同时如果只是一个单模式，这就是大概的曲线。整体而言，我们可以看到有大量的光子出现的时候，我们可以看到两者之间的重合，并且可以看到两者之间小的倾角，我们可以对比两者之间的差异，并且了解这方面的不确定性，这样就更好地了解了测量精度的上限。大概在1985年，有这么多的科学家，而我当时只是一个本科生，他们就开始这方面的研究了。他们看到的是这样一种不确定性加持下的原则及相关的分布，看一看他们是怎么具体分析的。他们看到的是这样的方向或另外一个方向，让他们能够基于这个方向更好地调整角度，以此来更精准地进行相关的测量，尤其是在光场下进行测量，并且提高测量的灵敏度、敏感度，而且考虑所有粒子运动的轨迹。这是很多年前我们看到的相关研究成果。

现在让我们用这样一种语言来重新描述一下一些相关的经典意义上的传统极限。这个是我们海森堡理论中的一个限制，我们可以进行两个镜子之间距离的测量，末端的镜子是在这里，这里是有振荡，也可以看到基态是这样的高斯分布，当我们在测量的过程中，尤其是对相关态的测量中，去看它有多少的偏移，可以看到这个面上的移动只是平移，通过挤压波或电磁波的压缩，可以沿着这个方向来压缩。如果有位移的时候，这个状态下更敏感，分布更窄。对于光子在压缩的时候。在这样的一种模式下，有这样一个纠缠。这样就可以探测到一个小的位移，这也就意味着达到了超过经典极限的标准量子极限也有缺点，非常敏感的特性。

对于量子的测量，比如上面所说，过了30年之后，同样的想法得到了真正的应用，并且带来了一种科学价值。有10多个团体参与了这样的研究，包括自2019年开始会使用这样一种挤压光或压缩光，这种压缩光是在50 dB（分贝）水平噪声。也就是说超过75%的噪声是被挤压掉了，这其实通过干涉仪的方式可能没有这么好的效果，而引力波的探测其实在这三维空间中可以做到这点，有这么高的灵敏度，有2倍高的高度。距离虽然只是3 dB的噪声，但在探测到的引力方面是会增加10倍水平。

另外，对于光学原子钟上的纠缠，在受影响的原子上面进行了测量，有机器挤压或压缩的原子分布的记录，有更高的灵敏度，也得到了报道，报道类似挤压的状态，提高了灵敏度。这个是增强的因子，可以达到10 dB。这样的技术确实有很多的价值，我们如何进一步做得更好，或者是进一步优化，其实有很多人在做相应的研究，包括这三位男士，他们也是来自贝尔实验室。在我们说到的挤压或在线性信息与挤压中，挤压的状态都是粒子的干扰纠缠。比如说有可能通过放大这个信号来提高信号的噪声比，这三位也提出了相应的建议。在这张图上解释了他们的想法，如在非经典的分布中，我们如何使用这种经典的测量方式测量纠缠态，这其实是非常困难的。后续我们要跟进，比如说时间逆转的进化，通过互动会进化成一个交互的系统，通常会进行这样的挤压，会有逆转的、逆向的操作，状态会回到经典的状态。位移是比较小的，更加容易检测，也有很多研究，其实也在进行。但是他们用这种基于参数的光来做是比较难的，包括我们小组及其他的研究组也在沿着这个方向推动，其他的研究组也提出了一些新的想法和新的结果。这个是由 MIT 的研究组提出的逆转或反向的操作，可以达到有限的扩展，可以扩展到几百个。

接下来我简要地介绍一下我们的工作。在这张图上面我们主要看的是它的相干自旋态、压缩自旋态，这是其中的经典状态。我们只测量势能状态下小的角度。左边的这位先生在他们课题组中首先提出挤压的想法，在清华我们也是继续进行挤压和压缩，一直到这个位置。可以看到单元子的状态分布方向。这个状态是什么？其实是一个比较平衡的 Dicke（狄克）态，最大的状态或者是平衡的 Dicke 态，比如说我们看到两端自旋 1/2 的粒子，之后如果它是凝聚的，就会形成这样的联合磁铁，这是初始磁化为 0 的状态，我们可以先等待，添加调整的参数，最终的状态就是这样的 Dicke 态。

同样，也可以做得更好，比如说在单个自旋下，我们可以在单个自旋中有 3 个分量，而不是自旋的 1/2，这样可以使总的角动量为 12 000，在进行旋转测量时，就可以达到 N 灵敏度的极限，同时也做了它的相转变的研究，使用机器学习及人工智能技术使这样的过程加快。除此之外，我们发现总是有 10 dB 左右的增量会被限制在这里，这说明我们的测量能力，测量大规模纠缠的非高斯态的能力比较有限。在疫情期间，我们没有其他事情可做，就在想可以来做这件事，看看怎么进行改进。后来带领两个学生研究了这个系统，这个系统有 3 个自旋分量，两个相互作用，自旋交换相互作用。另一个单粒子相互作用调整，相对的能级状态会进行磁化。这样我们就可以进行调整。这是振荡器，这是什么意思？也就是说，它是一个钟摆的形状，是一个小能量的斜坡的振荡器，振荡周期是恒定的。最后在选择区可以看到，有进一步增加的能量变成了转子，这就是循环动态的启用，超越经典极限的非线性干涉的测量。我们会使这样的系统演化一段时间，然后进行反向的演化。我们会让它继续演化，这其实是一个非常实用的反转或者说是一个逆向的非线性参数，我们可以得到 7 dB 增强，使用机器学习，通过这些技术来帮助我们进行神经网络及参数的设计，可以得到 12 dB 的结果。

在这样多体的系统中，它会存在一种无衰变的子空间，因为磁化的强度为零，所以在放大的状态下会形成一个无衰变的子空间，就像这样的，这是一个好的磁场，量（原）子的分布就是这样，在最大值下进行挤压，调整它的状态，但是它会有回声。这个回声会带来一个子序列，这就是一个逆转的时间序列。这个是我们的环境磁场，我们可以达到 7 dB，实际上是 20 dB 以上的压缩，但我们没有检测到。

接下来做一个简要的总结，也给大家展示一下我们所做的其他工作。我刚刚讲到了传感器，也就是我们这种旋转的上升器，它有 3 个能级。这是它的旋转图示，它可以在 3 个空间或者是 3 个单独的空间中旋转。例如，在 SKL 的子空间中，我们可以进行这样的挤压或者压缩，可以沿着两个不同的方向进行压缩，可以得到两组不同的自旋的数值分布，这样就可以来测量这两个旋转。还有其他的，比如 NTT 的超平方根，我们可以进行分析来看是否会有更高的灵敏度。这是时间晶体，但是我们还需要进一步的探索。其他的我就不介绍了，时间也到了。

这是我前面讲到的内容的总结，这个内容我也讲过很多次了，有些人也听过几次，这里想把重点的部分给大家再总结一下，以便大家更多地了解今天的重点，可以更多地去了解这样的想法，以及它的价值。量子比特和经典精度的极限，如果在相互作用的经典状态下，就是我们所说的纠缠态。对我们的理解而言，更为重要的一点是，就是在量子纠缠之后，我们需要进行解纠缠，把最终态和整个的经典态进行相关分离的分别检测。这就是我们所说的量子技术或量子之间的关联。如果我们不去审查任何信号，可能我们就要回到第一步了，和这样的一个态及之前的态相比会给我们带来更高的基数值。在这样的情况下，当我们有这样一个微弱信号的时候，并且可以加入这样的信号，一切都可以更清晰、更容易地进行检测。

我的演讲结束了，谢谢。

迈向无耗散拓扑电子学

谢心澄　中国科学院院士、复旦大学物理与信息科学交叉中心主任、北京大学讲席教授

> 拓扑学是数学的一个分支，它研究的是物体在连续形变下保持不变的性质。换句话说，拓扑学关注的是物体的形状和结构在拉伸、压缩、弯曲等连续变形状态下保持不变的特性。因此，咖啡杯和甜甜圈的拓扑结构是一致的。能量耗散现象在电子学器件中普遍存在，但是在小型器件中对能量及能量耗散的测量并不容易。通过改进拓扑器件的设计，可降低甚至消除能量耗散。拓扑绝缘体拥有特殊的边缘态，使得电子在边界上传输时像在金属中那样没有任何电阻，也不产生能耗。而加入比较大的陈数的拓扑绝缘体是减少能量耗散的重要方法。

好的，首先我想要感谢我们的主办方，感谢邀请我，就像主持人刚刚所说的，今天我要跟大家分享的题目其实是我们最近的一个研究介绍，介绍一下我们最近的研究进展，是关于拓扑材料和器件的。

演讲题目是《迈向无耗散拓扑电子学》，这是北京大学物理学院与复旦大学一起在做的项目，这是我们在北京大学的博士，另外我们也与复旦大学江教授合作，还与北京大学孙庆丰教授合作，要感谢他们。或许大家已经知道了我们拓扑方法，这是在我们最近非常热门的话题，这上面我列举了一些基本图片给大家展示一下我们的拓扑性。

右边是咖啡标记（图案），我们看到了研究几何体连续变形和不变形的性质。在拓扑等价的前提下，我们可以将甜甜圈形状进行变化，我们进行这样的变化之后，在拓扑形状上依然保持一致，没有变化。

同样的，在左手边及右手边的图片上，大家可以看到我们这种拓扑不等的情况。这个图片上的形状就没有办法直接从左边到右边进行变化，必须把它进行剪切，才能够得到右手边的形状，这就是我们拓扑不等的情况。

这几张幻灯片表示的是数学中几何与拓扑的理念，拓扑在群中不同的形状会有不同的陈述，通常拓扑是数学概念，这样的数学概念已经存在了多年。但是在物理学体系中，尤其是在 20 世纪 70 年代初及 80 年代的时候，我一开始发现了霍尔效应，这是物理上可测量的量。

当我们在讲量子霍尔效应的过程中，我们也需要讲讲经典霍尔效应，也就是经典的霍尔效应，我们基本上会在一些普通的物理课上学到，比如可以用一个简单的系统，我们把它想象成一个电子的系统，在垂直卡拉狄加燃料存在的情况下，带电离子的粒子存在，就像所谓的洛伦兹力，这是我们叠加速度的提示。在金箔加上垂直磁场后，在横向两个端面之间存在电势差，这个电势差与磁场强度乘以纵向的电流成正比，如果是沿着 Y 方向的电压差，我们得到的是这个电压，如果是把电压除以 X 方向的电流，我们得到的是横向电阻。

整个阻力是垂直的方向，这是我刚刚说到的经典霍尔效应，它是一条直线，但是这种经典的霍尔效应其实在一些特定的情况和条件下，会有一些偏差，会有一些偏离。如果施加一个强的磁场，你的样本会有相对高的质量磁化率，它的流动性在经典的行为下，我们可以看到偏差，也会看到平的点。在图中可以看到经典的霍尔效应，它是一条直线，这种直线只会在磁场相对弱的情况下出现。

它的精度很高，可以达到 9 位或者 10 位数的准确度，在硅的样本中会发现，包括最近实验中的二维样本，我们会发现不同的结构会有不同的流动性，不管使用什么样的样本，得到的数字是一样的，这就是我们说到的拓扑表现。

像前面说到的数学理念拓扑变化，我们可以把这样的一个咖啡杯转变为甜甜圈的形状，这里也是一样的。不同样本属于同一个拓扑集，所以它们会有相同的形状或者会有这样的平台，我们可以很容易看到在这里，比如在阻力地方 $H \times 1^2$，H 是常数，1 的平方，我们可以看到有非常精确的结果，可以达到 9 位或者 10 位数精确度，前面已经提到了。

所以我们改变了它的外部条件、内部条件，比如这个地区，这里是区域磁场，我们改变它的外部条件，但是内部是同样的，所以会有比较高的精度，主要就是因为它的拓扑量。可观测物理量或者电阻对系统连续的微小改变，这一部分是保持不变的，这是 1 比 2，这是 1 比 3，以此类推。

前面说到了拓扑数等于 1、3，可以看到这就是我们说到的拓扑数，所以它能够得到比较好的准确度。这就是我刚刚说到的小结部分，这是我们量子霍尔态提供量子态的粒子，这也是非常好的拓扑量和结构。

这是不同的拓扑态，另外我们再仔细看一下左手边，左手边是我们的绿色这条线。在扰动很小的情况下，霍尔电阻根本不会改变，我们再回到这里，在这个地方进行测量，测量霍尔电阻率，整个电阻都在所有电阻电流下进行，那可以在这里进行电压的测量，这是电流的方向。

再回到这里，拓扑不同于之前已知的所有物质状态，纵向的电阻总是为零，类似于这样的超导体。所以可以看到它的阻力为零，这就促使我们思考是否可以使用这种完美的拓扑量——零电阻，用在我们的器件上，我们知道零电阻是与零耗散相关，这就是一个想法，我们是否可以使用这样的拓扑器件。

前面我也说到，从数学的角度看，我们可以写出这样的一个导电公式还有 Chern 数（陈数）。像这上面我们所写出来的，N 可以在下面的表达式中表现它的电导，这就是我们说到的 Chern 数。所以在数学上来讲，拓扑量其实是直接体现在物理测量的量中、数值中。这上面是 2016 年诺贝尔奖获得者，其因为发现关于拓扑相变和物质拓扑项理论最初的实验而获奖，也是因为发现或者实现了拓扑效应及拓扑的霍尔效应而得到了诺贝尔奖。

刚刚说到的是数学公式，我们再来看看整个的霍尔效应，或者量子霍尔效应具体的图或者物理示意图是怎样的，我刚刚说到了这样系统是二维的，二维的电子系统，并且会有相应的一些垂直磁场及相应的场力，如果大家看一看带电粒子在磁场中的运动，就可以看到它们整个旋转轨迹是怎样的。

整个电子中心大家可以看到它在图中的中心位置，我们看到的是它的圆形运动轨迹，我们已经进入图的中央，这是一个非常简单的运动模式，但是在它的物理性质方面，可以看到电子沿着一定的方向旋转，但是从一端到另一端不带任何的电荷，因此只是一个本地的运动。

另一方面，如果整个电子旋转轨迹中心和我们整个边缘相连的话，因为一部分的样本在通常情况下可能会有一个非常大的墙体阻断，很可能就会回弹。这是偏离轨道或者跳出轨道，一旦出现了这样的情况，我们可能就会失去这样的一种旋转。与此同时，我们可以看到这样一种带电的转移，大家可以看到电子能从一端移到另一端，还是很有用的。

再来看看整个磁场方向，它可以决定整个电子旋转的运动方向及旋转的轨迹。在整个样本中，我们看到它的带电量在右侧到左侧其实已经显示出来了。

在底端则是另一个方向，从左端移到了右端，这就是带电荷的旋转轨迹或移动轨迹，这样的旋转会带有一定的电阻，但是此时电阻为零，因为这样的情况是发生在 H 台上，如果说有边缘方面的物体，我们看到的是什么？按照电子打圈的轨迹判断，一定要有相应的电阻，待电子把它拖到下边缘，这样才能形成这样的电阻。

从上端边缘到下端边缘，大家可以看看，因为它功能的考量，它的整个电阻非常低，并且我们可以看到整个上下圆电阻非常小，这也是为什么我们有完美的诱导，从一端到另一端，这也是为什么我们会有这样的平行项电阻是零，也是因为这样的特性，我们希望能很好地利用一些物理特性来打造相应的电子元器件。

再看看分束量子效应大概是什么样的，这里我不多说了，但是我想说的是什么呢？事实上在这样的霍尔效应中可以找到这样的点，并且还有 2 个点甚至 3 个点，这边是 4 个，看看这样的点的霍尔效应，它比之前要大 3 倍。与此同时，我们可以看到整个分束量子霍尔效应，之后如果我们反过来看只有它的三分之一了，这也是为什么前人获得了诺贝尔奖，因为哪怕只是这样的现象，其实表面上看起来差不多，但是底层的分析是完全不同的。

我们其实有三分之一的电子带电，这是非常不寻常的现象了，因为我们整个密集系统之中，最基本的元素粒子，或者说粒子就是电子，那么电子最小电荷单位就是电荷本身带的原电荷单位，如果我们把电子带电量乘以 2 的话，整个就会变成超导性质，就是说可能对于整个系统而言我们就会有两倍的电子带电量。

但是如果只有三分之一的话，这就是一个非常不同寻常的现象了，这也是我们为什么会说到在我们整个密集物理学方面的新兴现象，也正是因为这些粒子和电子的具体情况，我们可能会看到一些现象，可能一时无法解释其中的奥秘，或者说我们无法看到单个粒子的情况，对于这样一些密集分布的电子或带电的粒子，的确值得我们深究。其实在粒子物理学方面，我的同事们已经开始了这方面的工作，如果你真的了解物理特性，或者了解核物理、分子物理学，或者了解这些知识在密集系统中的使用，我会觉得这些粒子不一定是完全真实或者完全现实的粒子。无论怎样，我们可以看到它的带电量可以减到正常水平的三分之一，这就是我们看到的新兴现象，现在我们用到分束量子霍尔效应，更好佐证新兴现象的重要性。

当然，这并不是我们今天主要的话题，我们主要的话题是试着解释，我们如何能够将边缘态用到整个电子器械或者电子设备之中，因为它们没有任何电阻，电阻为零。如果我们已经有一些整个边缘的粒子的话，就可以看到它只会按照轨迹不断地旋转、移动，并且它们是只能单向进行移动的。

这就是我们所说的量子霍尔效应，如果真的要打造电子元器件，比较强的磁场存在能够帮助我们实现这样的一个量子霍尔效应，这可能是非常难实现的事情，如果要打造这么强大的磁场，造价肯定不菲，尤其在强磁场的加持之下，我们可以看到其中到很多粒子，都会受到影响。这也是为什么有时候我们会推荐不用打造那么强的磁场。

通过量子霍尔效应，我们能够实现这一点，清华大学的相关研究小组其实已经首先注意到了这样的量子霍尔效应的存在。与此同时，我们在量子霍尔方面看到了这样的情况，但是并没有整个磁场加持，此时磁场强度为零，只看到了相关量子霍尔效应。

大家可以看到这里有一些相关设备，它们在量子霍尔效应加持下能够运作，这一点才是最重要的。

　　这边请大家可以看，通过图示方法我们能够很好地了解这样传统的微电子学大概情况，其实它是比较随机的，其中会有各种各样的物体，如果你把人、或者其中的物、或者汽车进行移动的话，其实非常难调头或者转向，大家可以看到一切都拥堵到了一起。

　　但是如果有了这样的拓扑绝缘体，其实一切都改变了。在这种情况下我们就到了边缘态之中并且没有任何电阻，这里所有运动物体根本不会相撞，像行驶在高速公路一样，尤其是单向道高速公路。正是因为单向道，大家并不会碰撞，而且能够并行不悖，有条不紊地进行各方面运动。

　　而且大家可以看到，这方面电阻为零。与此同时，我们真的实现了这样的无耗散拓扑电子学元器件。我们再来看看这一方面的文献，比如说通过谷歌 Scholar（学者）引擎搜索，我们可以看到其实有非常多的无耗散电子学方面的引述。比如说这个引用，大家可以看到其中引用的这句话就是说手性边缘传输消除了局部电阻率只留下了接触电阻。与此同时，我们可以看到手性边缘态的电子器件是无耗散的，大家可以看到没有本地的电阻，就相当于没有能量的耗散，但是这只是一个直观的结论，我们还是要判断它究竟是对还是错，我们是不是需要去论证一下呢？

　　在我们讲拓扑电子学之前，我们不妨看一个模型，看看这样的耗散和整个电阻之间的关系和关联，我们现在可以用到玩具模型给大家展示一下，比如说在这个方面我们会有量子霍尔效应，我们会有左侧到右侧的通道，在底部我们也会有从右侧到左侧的通路。与此同时，我们可能还会有一个中心在两者之间，它可以让我们从上端边缘到下端边缘，因此会有两个通路。与此同时，中间还会有一个中心设置。

　　这样简单的系统，其实我们可以计算整个系统的电阻，就是根据它的散耗来计算。为此，我们要考虑其中的概率，从上端、从下端、从中心路径通过的概率是多少，这样总的电阻其实可以用两种方式来进行表达。

　　①常量表达；

　　②与 R 值相关。

　　这样的常量是接触电阻，它是客观存在的，尤其是任何与样本接触的面都会一直存在，在整个元器件或者设备内部，正是因为反射内容，我们会新增电阻值，现在电阻为零而已，这也是我们看到的现象。因此，这样的电阻可以通过这两种方式予以表达。

　　如果我们真的想要进一步了解整个耗散情况，我觉得很重要的环节是看其中的耗散功能，以及它的性质是怎样的。

　　这是最为简单的模型，之后我再跟大家进一步介绍详情。这一方面，左侧是比较高水平的。假设温度是零或者很低，这种情况下会怎么样呢？

　　在中心进行集中的话，如果说到了散射中心，我们可以看到分布的函数是二阶函数，一个是在高的，另外一个是在低的阶跃函数，是二阶函数，已经不再是之前的分布，不再是平衡的分布了。最终，在系统中我们会有这样的一些机制，它会有这样的池域机制，像我们说到阶跃函数，如果出现了阶跃函数在低或者是高的地方，阶跃会发生在高和低的能量之间。

这样的话就会出现平衡的状态，对于这样的分布，我们可以看到耗散发生的时候，它其实是远离等式的，或者说远离非平衡等价分布的。

这样的话会出现耗散，这是一个简单的系统，却是很重要的系统，我们可以用两种方式进行重写，进行它的总电阻重写。

虽然说我们知道热耗散是很重要的问题，尤其从物理学角度来讲，但是在小的器件中如何测量热及测量热的耗散并不容易，就像是在2016年的时候，那个时候STM（扫描隧道显微镜）的器件有芯片、有超导的芯片，可以测量局部温度，可以达到在10纳米的范围内再进行局部温度测量。

通过这样的设备，我们可以进行比如说在智能的小型设备中局部温度的测量，这是在石墨烯中的QH耗散实验，这里就不详细介绍了，因为时间不够，我只是想要强调一下，在零电阻下，人们会觉得不会有任何的耗散，因为他们发现局部的温度是很高的，在低的部分，低边缘部分局部温度是很高的。

我们说到量子霍尔效应中，就说到了电阻为零，局部的温度会有升高，所以这是我们的理论模型，我就不详细讲了。从这个模型中我们可以看到，在图中，这是石墨烯在中间，这是具有边缘重构功能的六端石墨烯器件。

在这些上面可以看到定性得出零电阻的结果，这里是我们把能量放在这里，费米能量在这里。这里费米能量是0.9，可以看到有加热情况，我们在进行分析的时候，尤其是在详细分析过程中，前面我说到了能量耗散函数、分布函数，我们都需要进行详细的分析。比如说在这里，这个中间是有散射的中心。

当区域电子到达耗散或者是散射中心之前，我们需要去观察，可以看到它是有等效分布的。在到达散射中心之后，这个地方我们会看到一个阶跃函数的平衡分布。样本中我们看到了它新的分布，这是简单模型显示完全相同的能量分布。载流子能量分布比能量耗散的阻力起着更为重要的作用，这部分我就跳过了。

其实现在已经有很多人意识到了，很多器件比如实验中的器件，在这些区域都是会有耗散的，会有耗散的传输，事实上，所有的器件和设备都出现了这样的耗散，这种耗散现象也发生在其他的拓扑器件中。

我们进行系统设计的时候，要满足相应的规则，比如说这是我们提出的公式，在公式中可以看到传入通道及反向散射的通道，这是我们提出的公式，在设计电子的系统时候，我们要满足这些规则，只要满足这样的规则，我们就能够很好地控制这样的耗散。

这一部分也跳过了。

对于这些设备，如果在设计的时候稍稍有些改动的话，比如我们对这个设备做一些改变，那么对于这样的耗散，这里可以做一个分流器或者集流器。总的来说，我们可以做这样的一个设备来控制耗散，只要满足相应的规则，同时对于高的 Chern 数其实非常重要，尤其在设计的时候。

时间到了，我就讲到这里，谢谢。

量子网络能超越数字计算机吗？

Peter Drummond　　澳大利亚斯威本科学技术大学教授、澳大利亚科学院院士

> 量子优越性是指量子计算机能够在比传统计算机更快的时间尺度上回答更加复杂的难题。40 年来，科学家们试图找到更多关于量子优势的初步证据。高斯玻色采样（GBS）在随机数生成方面提供了量子优势。相干伊辛机（coherent ising machine，CIM）作为量子计算架构，旨在通过量子力学实现量子加速，以解决优化的问题。利用低阶经典采样器（low order classical samplers）的实验数据，证实了"九章 1 号""九章 2 号"等量子计算机的优势，但实验结果仍与理想模型存在显著差异，需要超级大型计算机的进一步模拟和参数调整来验证量子优势。

首先，感谢主办方的邀请，这里要特别感谢共同的合作者布隆格（音）先生，还有来自谷歌 AI，以及斯宾格大学研究所的同事。还有跟我们一起合作的合作伙伴，包括在加州的合作机构——NTT 研究机构的主任，感谢他们。从他们身上我得到了很多的支持和帮助。

最主要的问题是在量子计算的背景下，我们都想知道量子的优势是什么，今天我们已经讲了很多量子优势代表的是什么，费曼在 1983 年的文章表示，无法在经典计算机上来模拟量子力学，这也引发了根据量子力学定理运行量子计算机的想法。在 40 年之后，我们颇受鼓舞地看到，量子优势有了第一个证据。其中比较有意思的一点是在复杂性层次的结构中向上移动，最下面可以看到是多项式时间复杂度，即容易解决的问题，再往上涉及比较难的问题，再往上是 NP（非确定性多项式时间）等一些问题。对于这些难题，尽管没有证据去证明可以准确地解决，现在有越来越多的证据表明，通过计算机的调用可以解决甚至一些更难的问题，这是需要设计相应的网络来解决的。对于量子网络，量子计算机是一个量子门的网络，这将经典的逻辑带入量子领域，量子力学还有其他的用途，我们会有更多通用的量子网络，量子通信的想法也包括更多的小规模的专用设备。

第一个问题，首先我们要看到高斯玻色采样（GBS），这是由阿伦森和阿奇波夫最早提出来的，这其实是一个很难解决的问题，但是它是可能找到答案的。在很多的情况下，

如果说答案是错误的,那我们就认为它是错误的。但是我们要试图尝试量子优势,去分解一个大的质因数。如果要做这样的定性分析,现在是比较难的,尤其是在量子计算机上。但是大家看一看GBS高斯玻色采样,通过这样的方式能够产生数字计算机上的答案。与此同时,我们也能够验证查实一下这样的答案是正确还是错误的,这就是我们所说的量子优势。我很高兴地说,有一些最好的实验其实就是在中国开展的,这的确也归因于中国有非常好的发展机会。比如在中国、加拿大都开展了类似的实验,但是我们大概的理念就是有这样一个输入项,到整个系统处理之后会有输出项,所有随机数的分布可以把它记下来形成公式。也可以去计算,让计算机或公式告诉我们整个的分布究竟是怎么样的,这样就能够生成一些数字,并且用传统的方法去完成数字生成。

另外一个问题,说到量子网络,更多的人认为它像发射机,也是包含量子网络的原理。我们希望能够解决相关的一些问题,通过这样一个发射机,很有用,能够帮助我们解决一些日常相关的问题,尤其是在数学意义上这样一些复杂的问题。在数学方面也可以看到,斯坦福大学2014年就开始了这方面的研究和实验,并且他们也推出了相关的研究笔记。现在我们可以看看在之后这样一个发展将会何去何从,如何帮助我们去塑造相关的量子优势。

现在来看量子优势的主张有哪些,GBS高斯玻色采样让我们有怎样的优势,能够通过一个测试用例来揭示相关的量子优势,并且我们能够检验这样的答案是正确还是错误的。可以用它来分析数据,开展各种各样的测试。CIM机器可以让我们更好地研究量子网络的应用,它现在已经进入了相关的量子版图。

GBS如果能够完美地执行,应该是有实现量子优势的能力的。大家能够看到我们做了大量的计算,以此来产生大量的随机数,我们今天可以看到它们能够实现指数级随机数产生的跃升,这是我们观察到的一个巨大的量子优势。我们究竟可以做什么?在其他实验中是很难做的,但是在这里我们就能够生成一些分布的数字。可以看到,首先进行数据生成,然后再来检测它是对还是错,可以通过GBS的统计特性来完成,这样我们就有了一个非常好的技术。同样也用到了量子网络去化解这样的难题。大家可以看到,通过这样一个理论基础或者是一致性框架,我们就可以更好地采样数据,前提是样本量足够。

再来看看实验的结果,它与理想的GBS有所不同,那就是真实数据的情况,只要是真实数据,情况有时候事与愿违。我们看到了3份来自中国的实验报告,在这里的误差,在现在实验中的误差,第一份是100个标准差,第二份是50个标准差,当然我们在这方面有不同的实验方法。用到的是高标准的实验,当然还用到了传统的随机数的产生方法。也正是因为这个原因,我们看到有个漏洞,也许我们可以去生成一些这样经典的样本数据,甚至做得更好,并且降低整个误差数量。为此,我们就能用到量子计算机。比如第一个是压扁状态的采样器,这与整个量子的输入项很像,或者是像我们这样的高保真度的经典输入。为此，如果我们用这样的方法去做实验的话，大家可以看到会有非常好的结果，但是如果和更大体量的量子计算机比较的话，它可能还不是那么好。当然，它有一定的量子优势。

另外一个方法就是低阶的经典采样器，可以看到谷歌量子在这方面就是这么做的，我们要做的就是去生成数字，然后选择样本来匹配低阶的累计量，现在的问题在于我们只能做到三阶的正确结果，在高阶累计量上损失是比较惨重的。我们要知道这的确比单纯的量子计算机的输出尤其是在低阶方面做得更好，但是我们现在要去做高阶的累计量，这是看到的另外方法。

近期第三个方法也应运而生，就是我们的张量网络经典采样器，这样的方法比之前的九章 1 号和 2 号做得更好，同时我们也比 Borealis 做得更好，也用到了更加简化了实验模型。因此，在整个九章 3 号方面它也能做得更好，用到的就是刚刚所说的简化的实验模型。之所以能做到这一点，就是因为指数级的复杂和缓慢计算需要大型的超级计算机去完成相关任务，这就是全球范围内对超级计算机的需求所在。

我想说一下，尽管这是一个比较好的方法，但它并不是长远的解决方案，尤其是在采样方面。现在有一个有意思的问题，这些比较真的能给我们带来相关的结论吗？我们究竟能够从中了解到什么关于量子优势方面的信息呢？其实并不能了解太多。首先，假设参数是已知的，但实际的参数肯定会有或多或少的误差，并且原则上我们是可以去进行这些错误纠正的。我们也需要在计算机方面获得相应的反馈，事实上我们可以评估一下，整个实验中正确的参数可能是怎样的。是不是所有的数据都是可获得的？是不是在公共域里已经有了？所有的数据集是不是也都能够获得？是不是有相关的物理模型？是不是我们有这样的数据能够使用？在仿真时要考虑这些问题，在做的时候，这些参数是不是需要手工校正或改进，有时候它们真的不那么正确。当这样做时就会发现，会出现这样一些不太好的模型，在实验中很难继续推进。这样的差异性，比如在最底层，如果这样的标准偏差有 50 个标准差，其实可以减少到 2～5 个标准差，或者是 3 个标准差。我觉得这一点是非常有必要的，就是去预判这样的参数是否正确，现在究竟发生了什么。

对于下一个问题，如果能够模拟 GBS 在整个相空间中进行模拟的话，当然可以做到这一点，至少现在是可以做到的，是不是也能够用到这样一些相关的方法去做样本的计数呢？当然是可以这么做的，相空间的方法是能够让我们使用连续的时变量，我们可以用此来进行近似的数据生成，这样的近似法可以给我们提供另外一个佐证，表明需要用到量子优势。与此同时，我们已经开展了相应的技术生成。大家可以看到，在这方面，也许只需短短几秒钟，就可以在自己的手提电脑上就可以运行。如果在这方面我们有成百上千个输出频道，通过这样的输出频道产生大量的输出项和数据，我们也可以用量子跃迁的样本去做，也可以基于现实的动态和检测去做相关的量子模拟。这是一个非常好的做法。20世纪90年代，我们已经开始了这方面的研究，对于相关的问题我们是能够以这样的方式进行计算的，虽然当时是很难的，但是我们的确可以把它转化为量空间的计算，并且把我们的采样和样本放到这个上面去进行计算。这也帮助我们更准确地生成相关的技术文档。

现在来看一看不同项目之间的比较，并且来解释一下比较过程中得到的差异。大家可以看在左上角，假设所有的这些参数并不是完全正确的，所有的参数在这里都不是那么准确。测试的错误（蓝色线条）显示越来越高，在这样的空间中我们的实验并不是很好。事实上大家可以看到在后面，棕色与紫色整个的线条显示出当我们调整到或者纠正样本的数值之后，它的错误数量也下来了。这是我们看到的量子跃迁方法的使用情况。在这样的图表中，右边有一些统计学数字，我们在量子计算机方面并没有得到正确的答案，但是很清晰的一点是，如果改进参数的话，的确能够让我们改善最后的结果，这也让我们进一步相信量子计算机会形成量子的优势。

最后在下面的图表中，大家可以看到，关于样本粒子量之间的相关性，蓝色的是实验的结果，其实已经表现出了比较好的结果。在第3个样本，这是谷歌的样本，完全是白板，这是谷歌采样器的第3个，在4阶时就完全失败了。这就是关于量子计算机方面的比较，这个也是类似的比较。质量要比之前好得多，可以看一下原始数据及原始的参数，蓝色的部分表现并不好。虽然其他方面也有一些改进，但还没有达到完美的程度。所以，GBS系统最大的一个优势，是我们能够知道物理的情况，然后进行测试，并且也跟现有的类似的方式来进行比较。个人认为这样的方式是比较好的，现在我们也可以有相应的证据，看到了它的优势所在。实验本身有非常好的结果的。

这个是Borealis版本，加拿大的版本，从这上面可以看到，结果并不是很好。总的来讲，我们可以去模拟GBS，这可以给我们带来比较好的结果，比如给出以前未知的准确参数，通过这样一个模拟的方法，我们可以生成更加准确的参数值。即使是用改进的最新的经典基准，我们都可以看到更加准确的参数值，或者说至少比较一样的、经典的、GBS的方法，在经典样本中做得是比较相似的。但随着GBS方式的进一步改进，会得到更好的结果。

我们可以用此来解决很多更加有趣的问题，包括在工业应用方面的一些问题，有了量子计算机，我们可以做很多工作。比如我们可以使用D函数的方法，在机器上用非常小的量子体系来进行操作，可以达到比目前实验更高的量子水平。这样的解决方式，可能比传统经典的方法更加快速。

这个Ising模型就是我们的相干伊辛机，这是一个非常复杂的自旋网络，通过这种模型来解决比较难的问题。背后的原理是比较简单的，我们可以操作一个参数放大器的网络，这个网络有两个比较稳定的状态，就像量子在挤压或者压缩一样。你发现当这个增益增加的时候，这个网络最终会达到主要的输出是基态的地方，最后它会收敛到正确的答案。这样就可以获得解决难题的方法。

这是我们相干耦合的 CIM，具有相干耦合的键，也是一个很好的模型来解决问题，比如使用蒙特卡洛函数法，通过这样的函数法来做量子的越阶，并且可以在更多的量子力学范围内来演化这个系统。这是完全可解的问题，这是一个单一的振荡器，这个系统会有池域，就像量子比特一样，它通过产生一个量子而停滞，最终并为两种状态，为此可以得到解。

我们也可以去想，如果在开始实验的时候使用量子态，而不是这样一个真空态，那会发生什么。我们不使用真空态，在量子态中有叠加，确保它能够集中每个位置。或者是纠缠态可以带来相当显著的量子加速，同样的在这里，我们通过量子加速来找到这样一个解。我们确实发现，大家看这里，我们的解其实是可以非常快速地求解到的，跟慢的或者说是其他的来比较，比如与正常的一种真空状态相比，如果以这种真空态作为初始条件，它不会有这么快。这是我们看到的求解时间的巨大变化。我们也希望在此之后还能进一步扩张和扩大，能够有更大的规模上的运用。

最后总结一下今天说的这些点。首先，GBS 的输出统计数字是可以进行检查的。在其他情况下，其实没有发现这一点的。据我了解，在其他的例子中没有这一点，如果大家有不同的看法可以告诉我。另外，有新的参数并且是接近量子优势的，可以使用 Ising 相干机这种不同的网络，更加实用也更大。虽然 CIM 更加实用，但并非完全量子化，我们从这些模拟中也看到了量子优势的潜在途径是使用纠缠的初态，以非常低的损耗运行系统。这就是我今天的演讲，谢谢。

量子信息产业发展现状及展望

米磊　中科创星创始合伙人

> 量子科技领域是典型的长周期投资赛道，需要更多的耐心资本，更需要有懂技术的投资人参与进来。过去十年间，全球量子科技领域的企业数量和投融资规模经历了一轮爆发式增长。国内量子初创企业在成长过程中面临的困境主要包括技术挑战、商业化障碍、人才短缺、资金投入不足、产业链不完善等问题。应加大对量子科技领域的资金支持，政府可以通过设立专项基金、提供税收优惠、风险投资等方式，为量子初创企业提供资金支持。同时，鼓励社会资本投入量子科技领域，形成多元化的资金支持体系。

抱歉，我的幻灯片是中文的，我也只会说中文，请大家多多担待。

非常感谢科委的邀请，让我来把我们在量子领域投资方面的情况和思考做一些分享，前面的专家主要是在讲非常专业的量子科研方面的进展,那我这边主要分享一下可能在我们量子产业和量子投资方面的思考。

分两部分:第一,量子行业的大概情况思考。首先从宏观经济形势来看,从工业革命以来,整个经济分为康波周期,为什么有康波周期呢?因为整个科技革命周期也就是五六十年,所以推动经济发展周期也是五六十年。现在处在全球经济下滑的萧条阶段,实际上意味着上一轮由集成电路革命推动的信息化革命已经步入尾声,尤其随着摩尔定律已经接近极限。所以,到了尾声之后下一次科技革命一定是智能化的,是以人工智能为代表的智能化革命,也包括了集成电路之后的创新,如光子计算、量子计算、量子信息还有其他领域,从能源领域到材料领域、生命科学领域都会有更多的突破。

从信息科学的领域来看,光子加量子可能是未来支撑我们 AI 的底层技术创新。再从科技革命大的演进规律来看,200 多年前是机械革命,以蒸汽机为代表的机械革命,第一次工业革命;第二次工业革命是人类掌握了电子作为能量载体,我们就进入了电气化时代。

过去六七十年,电子作为信息载体,我们就进入了集成电路时代,之后可能再下一步就是未来智能化时代,光子作为信息的载体和量子作为信息的载体可能就是下一个时代。所以,它是机电、光算不断演进的过程。

所以我们觉得信息产业的发展可能就是从电子到光子再到量子的过程,过去可能我们整个信息产业都是建立在集成电路的基础上,把电子作为信息载体,就是用半导体的材料控制很多的电子形成我们传统的冯·诺依曼计算机架构,但是随着摩尔定律接近极限,下一步的潜在方式就是用光子作为信息载体,也就是将很多个宏观光子组合在一起,电子和光子目前更多还是利用它的强度,不管是电流强度还是光强来作为探测 0 和 1 的依据。

同时,未来有可能以量子作为信息载体,从量子传感到量子通信,再到量子计算,这可能是量子领域目前主要的三个发展方向。从光子存储到光子显示,光子信息领域的应用场景相对来说更为广泛。

但是我们觉得目前从光子的角度来说,集成电路其实也是整个下一步硅光的基础,因为所有的产业是在所有底层技术上一层层长出来的,所以光子产业一定要建立在整个集成电路基础之上。下一步量子产业该如何发展?量子产业也不是凭空长出来的,有没有大规模制造的可能性?它如何操控量子?它可能也会建立在过去的集成电路半导体基础之上,甚至在过去光子产业的基础之上,这样才能催生量子产业的高速增长,否则它的成本是没有办法降下来的。

如果成本降不下来,我们就难以发展我们的产业。实际上,电子的成本是最低的,所以集成电路是最先发展起来的,而且电子的控制也是这三个领域中最容易的。其次就是光子,为什么光子发展得比电子慢?就是因为光子控制和操控难度比电子大很多,光学仪器的这些不论是光源,还是探测器,还是操控光子的元器件,包括机械精度都远大于电子,所以导致光子一定是在电子到达瓶颈之后才能够高速增长。

但是,量子跟光子也存在一样的问题,量子现在更加昂贵,它比光子还要贵很多,所以导致量子只能应用在目前最高端的领域。例如,量子传感精度很高,电子精度最低但是最便宜,其次是光子,最高是量子,它的精度越来越高、能力越来越强,但是越来越贵。跟我们买车一样,劳斯莱斯好比量子,卖得太贵了,所以用户太少。所以,这实际上是我们现在面临的一些挑战。

其实从产业的角度来看,目前量子产业主要包括量子通信、量子计算和量子传感,而且我们觉得从现在来看,光子在量子产业里是非常重要的一些工具和基础,量子计算里面有很多技术路线的底层技术都跟光子技术分不开,包括量子通信,量子通信本身跟光通信原来很多技术也是分不开的。包括量子传感、量子精密测量,这里面也用到大量的光学技术。所以,我们觉得量子产业的发展是离不开光子作为底层的技术支撑的。

目前来看,整个全球的量子计算应该是量子产业最大的领域。所以,我们觉得量子计算是非常重要的领域。当然,量子通信一定是在量子计算落地之后会迎来它的大发展。还有就是量子传感其实在很多领域,如医疗领域、探矿领域、国防领域都有很多应用。

根据信通院截至去年(2024年)9月的数据,全球目前大概有400家量子公司。当然,肯定还有没有统计到的,这里面美国最多,156家,接下来是中国,103家。所以从2016年之后整个量子公司有一个高速增长的情况出现,而且这里面量子计算大概占到了一半的数量。所以,量子计算应该说是整个量子领域里面应该说是最热门的方向,在产业领域也是一样的。

量子计算本质上还是要去解决现在摩尔定律无法解决的问题。因为现在随着AI发展,算力的瓶颈是越来越严重的。所以说,随着量子计算的发展,将来一定要解决现在传统计算面临的挑战,尤其是它的能力问题和它的功耗问题。

量子计算现在的发展路线也有很多,包括离子阱、光量子、中性原子、半导体这些方向,我们最早比较看好的是超导,我们未来还是从量子计算如何落地的角度思考,这么多路线以后哪些技术路线有可能胜出,有可能胜出的一定是能够大规模量产,而且是可大规模、低成本量产的技术路线,有可能在将来产业竞争中胜出。

所以它得像集成电路那样可以大规模、低成本地制造,这也是为什么今天大家对中性原子讨论得比较多,这个方向我们觉得有可能小型化、成本降低、可大规模操控。包括光量子,基于硅光体系的未来芯片化的光量子,如果突破的话,也非常有可能大规模制造的。

所以说我们在超导、还有光量子和中性原子、半导体领域都投了相关的公司,当然量子计算机的产业链还存在一些上游,上游包括超导所用的稀释制冷机,包括上游激光器,还包括一些真空系统,测控组件还是有非常多的上游零部件产业链,这些也在量子产业发展中非常重要,因为一个产业发展最核心还是它的产业链成熟度,必须要让产业链上下游非常成熟之后产业才能够高速增长,才能把成本降下来。所以,关注产业链的成熟度也非常重要。

而且还有很重要的一点就是下游市场需求,这个也非常重要,所以我们非常关注这些龙头企业,包括运营商还有一些大的 IT 公司,他们对量子计算的这些应用需求,也是带动量子计算非常重要的领域。

根据麦肯锡的 2021 年报告,它预测量子计算在 2030 年左右可能会有一个突破,预测到 2035 年有 3000 亿～7000 亿美元市场的价值。当然,这个还有待验证,因为要想预测精准还是不容易的。但大家都充分认可量子计算在未来巨大的商业价值,这是大家的共识,尤其是在 AI 领域,包括药物研发、材料研发,在很多的领域,他们对量子计算未来的需求还是非常明确的。

实际上,量子通信领域一定随着量子计算突破会迎来更大的发展。因为公共安全问题是大家比较关注的问题,所以我们中国在量子通信领域也比较重视,不仅是移动、电信和联通,好多公司都有相关的领域建设。

但是目前我们还是比较看好:一是量子通信技术上的进展,另外一个就是在后量子密码方面。因为随着量子计算的临近,大家都看到了一旦量子计算取得突破,整个过去的传统密码都将像废纸一样,是否存在后量子密码或者抗量子密码——未来能否应对量子计算机时代的新密码学出现?若不能,将来所有的信息安全都是没有办法保证的。因此,最近几年,后量子密码领域无疑成为大家非常关注的焦点。

还有一部分就是关于量子传感和精密测量。实际上,刚才说的所有的这些传感和测量,其实也是可以用不同的技术实现,不管是电子、光子还是量子的技术,尤其是量子传感本身借助了大量的光子或者是磁力,或者是电子,或者是原子的自身底层特性,去做这样的传感检测。所以因为它越来越微观,它的精度比原来大幅提高,但是它带来的挑战是因为它精度非常高、成本也非常高,所以应用面相对较窄,只能应用在最高端,过去解决不了的应用才有它的用武之地。

所以磁力计包括更高端的核磁共振,包括量子陀螺等这些领域都是越来越高端的领域。

所以量子精密测量也有非常好的前景,根据现在市场规模预测下来其实也是不小的,所以这块也是一个非常值得关注的领域。其主要应用在生物医疗、能源动力还有探矿,包括 AI for Science(智能科学)领域。

对文章的发表情况,我们也做了一些统计。纵观全球的文章,目前子领域论文发表量比较多的国家是中国、美国、新加坡、俄罗斯、日本、意大利。

我们也梳理了国际国内量子领域具有高学术背景的科学家榜单,这些均为该领域知名资深学者。同时,量子领域的投资这几年也是越来越热了。

从 2019 年到 2023 年，4～5 年的时间美国企业融资额最高，有 40 亿美金，中国 17 亿美金，还是不错的，接下来是加拿大，也是非常强，还有英国、澳大利亚这几个国家都属于量子企业发展比较快、融资额比较大的情况，目前主要还是集中在天使轮和 A 轮。说明量子产业还处在一个发展的早期和萌芽期。我们中科创星在量子领域，应该是最活跃的投资机构，对我们国内一些比较知名量子计算机的公司都有支持，如本源量子、九章量子、中科酷原、瀚海量子，包括量子精密测量的微至科技。本源量子是中科大成立的一家公司，主要是做超导和半导体领域的量子计算；九章量子则是陆朝阳老师创办的光量子计算机初创公司，依托其团队在光量子领域扎实的科研基础发展而来。

中科酷原是中国科学院精密测量研究院孵化的中性原子计算机企业；瀚海量子源自中国科学技术大学的团队，主要基于量子的 AI for Science 计算能力，面向研发和计算领域开展创业布局。

因为量子计算机目前也不可能取代传统的经典计算机，所以短期的方案一定是跟现有的超级计算机融合，在自己最擅长的领域做计算，传统经典计算机更擅长的领域还是要用传统的计算机，所以未来可能是量子超级融合的方案。

刚才是关于量子领域我们的一些投资情况，下面我用 5 分钟简要介绍一下中科创星情况。中科创星是一家专注于科技成果转化的机构，源自中国科学院。我们团队过去是在光学领域做成果转化，现在主要围绕西安、北京、上海三地，依托高校和科研院所推动科技成果转化工作。

我们的投资策略是"投早、投小、投长期、投硬科技"，目前已投资 480 家硬科技企业，其中 80% 都是源自高校、科研院所及海归科学家创业团队。在布局上，我们在多个领域都较早切入：比如 2013 年布局光子技术，2014 年布局半导体，2015 年布局商业航天，2016 年布局 AI 自动驾驶，2017 年布局新能源，2018 年布局量子计算。我们的投资具有较强的前瞻性。在国内，能够如此早地布局兼具前瞻性与想象力的领域，既需要魄力，也伴随着挑战。所以我们在 2019 年就以天使轮投资了智谱 AI 这家大模型公司，布局非常早；2022 年就已经开始布局核聚变领域，去年还投资电动飞机相关公司。所以，投资硬科技和前沿技术，确实是一件非常有意思的事情。

上海高质量的孵化器建设方面得到了市科委的支持。高质量孵化器就是围绕未来产业，以量子、核聚变、人形机器人、合成生物学这些前沿领域开展投资与探索，以此推动更多技术加速产业化进程，早日走向应用。

同时我们认为，投资理念需要不断迭代升级。所以，我们在 2023 年提出了 ESK 的价值投资 3.0 理念。因为像巴菲特这样非常知名的投资家，他强调的是经济价值——正如芒格说他"不投半导体"，因为半导体从财务回报上看，好像没有那么划算，单纯从经济投资角度是不太容易得到投资人的喜爱。但是这只是看经济回报，后来大家发现只看经济回报也会出现很多问题。

比如后来出现安然财务造假事件，以及很多环境污染和生态保护问题，可持续发展面临挑战，所以大家又提出了一种关注企业可持续发展的投资理念和评价框架——"环境、社会、公司治理"（ESG），考虑社会价值的投资理念，我们后来认为这个还不够，我们还考虑知识价值，就是 ESK。我们希望我们投资的企业一定是推动了知识价值的进步，同时创造了经济价值，也创造了良好的社会价值。这 3 个价值都能做到，这就与中国传统文化"立德、立言、立功"的精神相契合，所以我说这是中国文化跟前沿科技的完美结合。否则，若行业仅追求纯粹的经济回报，难免会产生很多的挑战和问题。

同时我们现在在做一个科技成果转化的深度孵化模式，过去我们投资机构只是从天使投资到 VC 到 PE 的阶段，但是再往早期有很多的科技成果是难以转化出来的，很多的科技成果是在实验室里面，没能走到天使投资人投资的那一步，所以我们希望我们去做一些更早期的孵化，能够帮助科学家们把他们的技术，我们不光给他们提供早期孵化的资金，还能给他们提供人才，给他们提供投后服务，帮助他们去把技术变得更加成熟，能够走出实验室，面向市场。所以这是我们在探索的新方向，这也是我们刚才讲的基于 ESK 的价值发现模型，一定首先从知识价值角度去看，它能否创造新的知识价值，尤其是能否给人类社会和文明带来新的产品、新的技术，只有这样才能值得把它推向市场，使其带动我们整个经济生产。

我们也给我们在孵企业搭建一个三人服务小组，他们分别是项目经理、技术经理和投资经理。通过这个三人团队去深入地帮助科学家们，帮助他们把技术转化出来，让科学家们可以专注于他们的技术、专注于他们的科研，其他商业上的事情由我们的团队尽早补全完善。这样强强联合，加速转化。

我们还在西安做了光电子芯片平台，累计大概投入 15 亿元。从 4 英寸、6 英寸、8 英寸平台都做了，还包括硅光平台，这帮助我们的光芯片企业能够加速成长。这是我们平台从 2016 年一直到现在建设的历程。我们有一个孵化园区，现在在上海也在做我们的园区，还有整个投后服务，这些我就快速略过，投后服务不说了。所以我们希望未来能够帮助更多科学家创业，助力他们的企业成长为更多的硬科技创新企业。

谢谢大家！

量子技术中的原子与光子

Peter Domokos 匈牙利科学院院士、匈牙利 HUN-REN Wigner 物理学研究中心副主任

> 原子可以与光进行相互作用，可以与光"对话"，也可以成为光的操作对象，这就是原子的重要意义。原子和光子可以结合起来，增强原子间的相互作用，这将对高效的量子信息传输和量子相变研究起到关键作用。原子可以通过增强集体

> 耦合来处理量子信息和进行量子传感，并具有量子模拟的潜力。光腔量子电动力学（quantum electrodynamics，QED）可以应用于诸多场景，体现出其在量子信息处理和量子传感等多种量子技术中的发展潜力。

首先感谢主办方邀请我出席论坛，我在这里受到了主办方的款待，非常感谢。

今天我讲的是比较具体的话题，主要专注于量子技术中的原子和光子。一开始我来给大家介绍一下背景，从它的根源来讲。

在费曼的演讲中，1959年在加州理工学院的会议上所做的演讲，标题很独特——"底部有足够的空间"，指的就是原子，由7个原子组成的回路。费曼提出这样的想法，后面我们也可以看到，要遵循不同的规律和定律。在他的文章中也提到了量子化学或超化学的概念。1983年、1984年，彼德也提出了说法，就是我们关于用原子电路来作为量子模拟器的概念和想法。对于费曼提出的观点，他认为对于原子，我们可以进行大规模生产，它可以绝对完美，非常有趣的是，认为原子相对于电路具有优势的观点是相同的。而且我们也看到了，所有这些可以与不同原子，或者是相同原子的事实来做分析，去进行行为的分析。对于量子技术来说，它是处于离散能的能级，可以很好地解决，而且它对于场是比较敏感的，对磁场或者激光场是非常敏感的。原子可以是光源，自然就会与生命相互作用。光也可以成为量子操作的对象，能够与光子进行交互。或者说可以与光子"对话"，这就是对原子的定义。

原子和光子可以结合起来，重力场最主要的目标是最大化或增强原子之间的相互作用，这是最早期的实验。这是从2000年年初开始的实验，在今天早上Dan的介绍中也提到了原子可以在光学的谐振器定位，有一种模式，就是在空间和光谱中，特别是原子之间有很强的相互作用。这是光的模式，受激热的快速通道，这是从原子状态，从一个超精细的状态到另外一个状态，我们看到这个中间有一个绝热的转换器，这是腔的模式，是经典的激光器。这是一个确定性的单道光子源控制的质量参数，通过对这个参数的控制，我们看到可以产生一个任意波函数的单道光子。这个系统之后又得到进一步的发展，达到了更高级的水平，它可以实现双向量子信息的转换。这个原子的状态可以是叠加态，量子的存储状态可以是波谐，可以进入到一个超精细的状态。这上面看得不是很清楚。但是它有很高的保真度，在这样的转换过程中，可以实现高的保真度。在原子、光子的界面上，有单个原子及单个光子的界面上，可以来对比一下，如果这个腔的模式有多体系统相互作用，与许多原子的相互作用它的强度会增加，会有集体增强。包括在今天早上我们也提到了温度的情况。

在这样的温度情况下，原子核的读数器可以被定位，放在一个明确的位置，这样可以增强它的耦合。这是光学的谐振腔中多体的物理，这也是一个非常有趣的可能性。这是对量子的模拟。这个腔膜介导的谱中有奇怪的相互作用，它们可以与系统中的其他原子来进行耦合，模拟包括今天早上也讲到了我们引用的量子相变，包括 Dipole（偶极子）模型的超辐射，可以用来进行量子的模拟，在一定的功率之下，这是比较稳定的配置，这是关于一定阈值的稳定构形。这个就是一种持续的相变或者相的转移。下面也列出了研究小组，他们也对此做了演示，对于这种特殊现象的不同方面也进行了研究。

我会着重讲另外一个。我们要看看是否是一阶量子的相变，一阶量子的相变不同于连续的阶跃或者跳跃，会有不连续性，这其实也是有很多讨论的。主要的讨论是关于基于事实的方法。这个是密度的矩阵，在密度矩阵中，它是线性的，我们需要研究高级对称性的稳态级。来看一下这两种非常不同的状态，怎么会同时出现呢？我们要看一下是否以双稳的形式，具有经典的不同解。这样的连续性仍然是保持的。它是两者的混合，这是从 0 到 1 的参数变化方式。这一类相变是在 QED 的系统中观察到的，这是 2017 年的结果。在理论这部分我也做出了相应的贡献。

在进入介绍这个系统的实验之前，我想要跟大家再说一说，在这个小的系统中一个相位及相变的问题。它其实是不同于哈密尔的热平衡。因为它总是与原子进行这样的耦合，同时我们必须考虑这个系统的定态或者稳态，这种稳态是由驱动的动态平衡来产生的。使用的是能量的相干形式，注入系统和耗散，关键是耗散，至少是部分的耗散要被检测到，这是关键。有些场是从空腔泄露到探测器，其实是可以从基于越阶在接触的地面上来定义该序的参量，来看它非平衡态的变化，因为一些控制的参数是在不断变化的，这是一种自组织的情况，对于一阶来说这是关键的区域，这是关于一阶的简单例子。这就是我们所做的实验，在左手边是实验的装置，其实它也是比较简单的实验装置。首先是准备原子，然后在陷阱中加入原子，重新装载到两个磁光阱中，将这个磁性传输到一个空腔中，用于偶极子的电势，在空腔中是有这样的晶格，会把它加载到晶格中，然后我们进行系统的探测。可以看到它是比较稳定的，它没有强的耦合状态，被单个原子或单个原子之间耦合耗散的乘数是十分之一。我们第一个做了这样一个实验，已经做了相关的简化，大家可以看到，这样一个正位及原子相关的系统，离本身的原子比较远，我们可以看到有共振器。在这样的情况下，我们会有一个原子的相变。通过这样的方式，我们希望能够降低模式的谐振，与此同时降低整个腔振动的影响。

整个腔的赫兹数已经描述出来，N 取到了 10^4，在腔膜方面及共振的情况、腔内的情况都可以看到。在这样的共振位移中，其实没有找到太多的光，这也是为什么可以看到光其实被原子阻挡了，这也是光照不进来的原因。这会让我们有相关的监管和监测的体系。我们需要关注整个时间分辨的观测，通常情况下大概是几百个毫秒。最开始整个的传输是封闭的，在这样的阶段，我们已经开启了腔内模式，在这样的模式下，所有的光都被反射回来了。当然整个系统还有另外一个维度的解决方案，将所有的原子都转换到另外一个态中，大家可以看到，原子不太会和整个的腔形成耦合。于是就会有这样一个反趋势的转移，在这两个传输之间，我们有一种混合模式。绿色原子让光透入，但是红色的原子或绿色的原子，则阻断了光线的传播，因此把它们分别标记出来。

同时有部分原子会因此消失，留下的只是一些高光标记的原子，通过这样的方式，我们实现了最终的传输。之后还有一件事情，我会给大家提供更多的细节。整个的热光子数量，或者是这方面的技术，我们也可以进一步干扰光的折射和反射。整个热能系统的噪声也会不断走高。

好的，刚刚用了一半的演讲时间，通过视频介绍了模拟是怎样的，原子我们用红色高光标记，与此同时在镜像前进行相关的传输。可以看到绿色的粒子出现。在这样的相位转变过程中，我们就了解了整体的过程是怎样的。并且可以看到整个的态势其实是不稳定的，处在一个不稳定态中。当然我们可以加速整个态转变的过程，现在我们可以看到，这样一个数量值增加了好几个数量级。与此同时，可以看到这样一个态的转化从10%增加到90%，这就是我们看到的态转变的过程。

我们再来改变一下整个状态转变的过程。再来看看转变过程是怎样的，大家可以看到这是我们最终得到的测量数据。从中可以看到整个行为发生了非常大的变化，与此同时出现了相位的转变。这体现出一点，在趋近于极限值的时候，相位的改变可以让我们更好地理解，这就是技术上的细节，可以看到在计算过程中已经体现出来。同样当腔内热相出现，整个扩散会从0阻隔或0阻挡一直到之后的阈值的水平，同样大家可以看到，在整个过程中，我们光子的数量变化情况。

好的，这样一个情况其实也会让我们进一步关注最开始的状态，我们再来看一看这个相位转变之后一切是如何趋于稳态的，为此我们又该如何应对这样一种效应呢？我们设计了这样一种相位改变的系统，主要是基于静态相位的。在这里我们可以看到这是一个阻断的相位，整个相位可以转化为高量的状态，在这里我们也可以看到有3个泵力实现相位的转变，出现了一定模式下的位移。现在正在进行这样的系统计算，大家同样可以看一下这是相位图，我们用到的就是相关的参数。在我们的X轴和Y轴上分别显示出不同的数据指标，并且划分为不同的域，黄色部分更多的是指转化为绿色态，但是当我们随着整个泵强度增加，态会转换为阻隔态和绝隔态。当一定的强度出现之后，整个的状态也会发生变化，也会引发另外一个相位的转变，就是我们所说的光学双稳态的状况，这会是一个非常经典的态势，会把两种不同的性质合二为一，形成双稳态。

在相图左下角大家也可以看到，原子处于一种非常基态的形态，现在可以给大家解释两个系统的数据或者相关的迟滞现象。我还忘记说了，在这样较窄的区域，其实需要我们提出相关的解决方案。这样一种透明的相，其实都是我们整个静止态解决方案的一部分，这样一种双稳态其实是由F_1、F_2两个最基本的态形成的双稳态。为了探究其中的奥义，我们做了第一个实验，我在整个区域中，在横向和纵向上给了不同的参数，大家可以看到通过改变我们泵力数值，会出现迟滞现象，时间窗口也缩小，可能就会出现一定的损失情况。因为整个原子似乎在这个情况下被冻结了。虽然时长比这个转换更长，

第15章 量子科技论坛：未来之光——量子计算和量子器件的科技创新　517

但是无论怎样我们观察到了这个现象。

还有一点要跟大家分享的，就是两个解决方案。首先聚焦于绿色部分，大家可以看到这两个数据在这两个数值之间进行横跳，纵轴取 0 值的时候，它出现了遮挡和阻隔现象，一旦是蓝色的曲线，它虽然处于这样的阻隔状态，但是整个系统在我们看来，这个事件发生的时机是非常随机的，当然也会引发其他相位的出现，如果整个系统是深深地围绕在整个阻隔状态下出现的话，那么大家可以看一下它会慢慢地位移到绿色的高量曲线上来。与此同时，原子也会出现，当然整个速度也会增加。大家可以看到，随着速度的增加，也会有更多的光线照进来，原子数量相应减少。当然了，因为有一些限制因素，整个系统其实在不同的相位之间横跳了几次，这就是我们看到的情况。这是我想给大家提供的解释。

接下来想跟大家讲述的是，具有两种腔模式的基态双稳态，主要讲讲其中的一种，即阻隔态，比如说出现了一定的上下浮动，或者说不太稳定，或者是出现了这样一种冻结的现象，当然整个光可以来到我们的谐振器之间，并且我们会有这样的泵力作用于粒子上，这时我们可以看到有越来越多的光线进入我们的系统，与此同时在整个阻隔状态下，原子数量会减少，这是我们看到的一个泵力系统。

另外一个则是一个线性的激光系统，我们来看一下它对整个原子的影响。可以看到两个通道，其实都是非线性的。我们可以假定，一方面用到我们两种腔模式进行相关的相位改变的耦合。在这种情况下，这样的一种通信具有非常大的响应性，这边并不是腔模式，只用它的泵力，在整个相位图方面，我们同样也去做了相关的计算，这 4 张图分别对应 4 个不同的原子数量。在第三个原子数量方面，整个相位图体现出双稳态或者双相态的情况。在整个系统中，我们的力度基态在两种情况下都是非常稳定的，这就是我们所说的双稳基态。当然在这里有一个非常小的弧形，在这样弧形的沿线，整个的位置变化，这里有个角度。这也是在这样一个相位下的原子数量，同时大家如果看到更多的原子数量，或者看到全部曲线长度的话，就能够更好地了解基态双稳态整体曲线的情况，这是我想跟大家说的，不同双稳态之间的切换或相位的改变。

我还有点时间，给大家总结一下下一个实验的概况。这也是类似于前面介绍的实验，是关于散射的问题，来自亚辐射原子阵列的散射。这张图中的不是单原子，而且也没有这样的光镊。有一个原子陷阱，对于这个原子，如果我们将这样的散射放到这样的模式中来进行相消干涉，这样，它就不会进行光的散射。相干的这部分确实是这样的，但是它的周围会有一种波动，从这上面可以看到。在我们的系统中，它是一个梯度的，也就是说它与这个模态或者是模式是解耦的，有一些地方是与模态强烈耦合。我们可以进行这样的分裂，然后作为原子数量的函数，原子共振的频率，在这样的设置中，设置为原子的共振频率。这就是我们所说的新型散射体的体系。它有非常大的变化，但是在这个系统中它是固有的，或者这是系统固有的，我们会进行噪声的检测。这个系统是线性的，刚说到了它是在线性的散射范围内，这里是相同的信号。这个是真空的 rib（拉比）分裂，这里有几千个数量，我们可以看到有两个峰对应的是真空态，可以进行特征的提取，比如说线宽或多或少其实是恒定的，另外对于光子的散射速率也是线性的，这就表明了它们是处于饱和的状态。这是线性散射体的体系介绍。

从这些数据对应的图表中，我们可以看到从总数的数据中得出的基础数据，其中包括我们对散射率所做的推广。这是我们做的另外一个系统观察结果，这是在线性的散射体下的状态，这个场的极化是没有包含垂直的分量，这是线性状态下的调度器。在输入的这部分，这种极化是缺少的。这两个是混在一起，这是垂直的偏振，信号是垂直极或者是垂直极化的地方，这个信号被检测到是垂直的，这是原子的旋转。在这个散射中，因极化而旋转。从腔中也得到这种对称的残缺，其实在真空状态下，腔的魔力也会被激发，会刺激原子成像到垂直极化的模式中。

最后我们做个总结，腔体的 QED 系统它有很多应用场景，可适用多种量子技术，包括量子的信息处理和量子的传感。由于具有很强的集体原子光子的耦合，具有许多原子的腔体 QED 其实是一个特定的量子模拟的平台，而且我们在很多粒子中也证明了一阶相变中的磁滞，并且也分析了跃迁中波动的有限尺寸的缩放。对于原子或者量子的模拟，我们可以有更多的研究，比如说在一个特殊的系统中，来研究它的相变。

好的，谢谢！

利用原子进行射频传感

James Shaffer　加拿大量子谷创意实验室首席科学家

> 量子谷创意实验室的工作旨在发展量子技术，消除技术发明风险，进行成果转化并最终将技术商业化。里德堡原子传感器利用高度激发的原子作为天线，拥有自动校准能力，可以测量并读出光学数值，具有射频传感领域的高精度和稳定性。里德堡原子传感器在高精度量子传感和成像技术中具有广泛的应用前景，我们现在正将该技术由实验室样机推向工程样机，并即将推向市场。里德堡原子传感器可以测量铯原子的 60 余种不同态，并观测不同态下的基本结构。与此同时，考虑原子和无线电波段耦合现象可以更好地改善各种指标。

首先，我要感谢主办方，感谢邀请让我有这个机会来给大家做一个发言，还要感谢主办方的接待。

我这里要讲的关于基于原子进行射频的传感，这是我们量子谷创意实验室的工作，我们也有相应的技术进行商业化，我们旨在开发量子技术并将其商业化，我们希望消除技术发明风险，能够成立像 Wave Ryde 等这样的一些公司来进行技术转化。在今天的演讲中，首先要给大家展示一下可能感兴趣的一些问题，这些问题可能在我们的量子技术中，在未来的发展中都需要我们去关注的。

另外，我们也会讲到在以商业为导向的发展中，量子技术有多么复杂，同时也会讲到垂直整合的方面。我也是 Wave Ryde 公司 CTO（首席技术官），刚刚说到了我们企业主要是为了将实验室技术进行商业转化，这里是我们讲到的里德堡原子传感器，这上面展示的是我们偶极天线，通过电子在金属中运动，可以进行电器读数。左手边的是偶极天线，我们用了不同的激光场照亮它，把它放置在 Rb（铷）电场中，这里原子集合类似蒸汽室，具有吸收的特性。可以看到激光束改变，可以确定射频场偏振等方面的变化，这是一个正负，它的相位其实更加复杂，只是在这里我会简化进行展示。

在两张图中，这是里德堡原子传感器概念图，整个概念图看上去简单，但是真正深入研究后会感觉非常复杂。从基本的思路来看，我们能看到这样的逻辑：在过渡区扫描激光时，激光的共振会被原子吸收；我们会添加第二束激光。在这种情况下，他们就会将系统激发到某一种状态，实际上可以观测到电磁感应的透明，可以在狭窄的频率范围内通过传输。

对于读取子多普勒射频场来说这很重要，可以在热蒸汽室中做这样的工作。第二张图可以看到它相移了 180°，抵消了共振吸收，这里面是探针。在射频场中有一个跃迁共振发生，两者之间跃迁及分裂，两个窄的传输峰之间频率差可以告诉我们场的正负是多少，进行极化可以作为一个绝对功率传感器，作为校准的参考。

现在我们把赋值连接起来，把射频场赋值进行连接，可以通过原子的结构进行追踪和测量，这就是基本的思路。还可以从另外一个角度看，可以用一种更现代量子方式，比如我们使用场改变原子的吸收属性，这里涉及原子跃迁的过程，或者说这些原子是强散射体。当射频场辐射到这个原子集合系统时，会影响探测激光的吸收。

它究竟有哪些优点和优势呢？

首先它是自校准的，因为它与原子的基本常数和属性相关，并且它有非常好的稳定性，还可以在线。与此同时，我们可以用技术实现这一点，可以做得很小，可以感测亚波长，并且可以成像，还有一点非常重要，它可以光学读出，比天线更具有颠覆透明性，它还有非常不错的载波带宽。通常情况下，我们会用到 150 技术，会将其性能增强到兆赫兹或者太赫兹级别。与此同时，我们偏振歧视可能会比较大，而且可直接读出，在室温下可以操作，并且还有 WAP-C 型。

因此我们第一点是什么呢？我们会觉得这肯定比整个无线电波段接收更加灵敏，但这还是非常有用的，为什么？因为它可以有更多的功能。其实现在它的敏感性增加了，就意味着我们一定要让所有现在的元器件变得更加敏感，有些量子技术会给你带来新的功能，这可能是之前在传统技术上没有看到的，也许之后可以给大家举例来进一步说明。

其实有这样的标准无线电波段很重要，相关的公司已经建立了这方面的标准。通常情况下，他们会在公司层面上制定并且使用这些标准。因此，我们开始测量精密测量整个铯原子结构，尤其进行精密测量的时候我们大概测试了 60 多个不同态，看看原子在这些态下的基本相关结构。

与此同时，我们也会考虑其中的场极原子、与无线电波段相关的耦合现象，通过这样的方式可以更好地改善其中各种各样的指标，所有的测量结果都很明显展现出大概是在 50 kHz 层面之上，我们可以看到其实都能够更好地满足我们测试的需求，如果我们再看这边 3 个的话，其实它能够帮助我们更好地了解电子的行为，甚至了解这个内核情况。

还有一点要说明的是我用的是双光子的技术，我们还会用多普勒带宽，我们看到用两个光子进行读数的时候可能会出现错配情况，因此我们也用到多普勒宽带技术，为了改善这样的技术其实已经推出了特别的体系。在这个情况下，我们可以进行相关态的消除。大家可以看到，这是我们看到的一个光谱分辨率的情况，双光子方案是 2π 乘以 3.5 MHz，三光子则是 200π 乘以 21.9 kHz，大家可以看到这就是我们所说的双光子情况，我之前已经跟大家描述过了。这里的读数就是我们看到的双光子的情况。

在 150 或者 160 的水平上，可以看到相关热能情况，其实可以看到所有光子情况并且关注它们的速率情况，这方面没有看到太多的原子或者没有太多关注原子情况，大家可以看到整个取值范围或者分布比较窄，主要考虑到我们用的光束，以及取决于整个激光辐照的走向。

所有的其实都有利于我们之后的目标实现，推出相关实战方面的应用，当然我刚刚说到了灵敏度很重要，在这一方面我们的确可以看到灵敏度比较低的情况，尤其在接收器方面是这样的，在这方面大概是负 160 多 dB，其实我们用到更多的可能是电子工程的语言进行解读。还有一点关于方法的话可能有些复杂，要有相关的设备，我们有相关的符合要求的激光光栅，以此让我们有相关读数，这是非常复杂的一点。

因为我们必须要不断调试整个的激光参数，当我们看到相关的频次或者频率的时候，再来看不同的频率同时进行实验的时候他们的结果是怎样的。大家可以看看这边大概 100 多个单位，与此同时这是计算值，这是真实值，最后看到的是我们读出来的曲线和数值，EIT 一次实验中是高于平均值的，在平行实验中我们可能会有相关的读数，这样的读数方面有 RF 的指标，我们在这方面可以做更多、更复杂的不同相位的实验，以获得更多的读数。

还有一点就是我刚刚说到的传统方法的改良，我们要更改 RF 感应频率，为此我们要改变我们的激光，甚至我们要有相关更宽的带宽，甚至要在纳米级别操作。不知大家是否了解相关的试验，试验中我们可能要用到相关激光，然后进行修饰，再次使用，这就比较复杂。

第15章　量子科技论坛：未来之光——量子计算和量子器件的科技创新

我们现在怎么做呢？可以看到，我们要在不同的射频频率段之间疯狂、快速地迁移或跳动，这真的是很大的工作量。其实我们可以有敏捷激光的概念，同时也可以有相关参考频率段，为此我们可能会运用水这个介质，与此同时我们也可以更好地进一步拓展我们整个激光光谱及访问权限。

与此同时我们也可以有这样的光电开关，我们找到我们想要用的态，可能之后再把另外一个元件增加到我们整个模组之中，或者加到我们调节器之中，我们可以在不同的射频频率之间快速切换，显示出我们做了不同的态非常快速的跃迁和转换。

大家可以看到图中已经展现出来，我们要做的是什么呢？做一些看似比较高端的事情，这边可能更多的是做耦合激光敏捷性的示例。大家可以看到在整个传感和感知频率中，我们可以进行自由的频率切换，并且可以覆盖的频率段非常大。

还有技术方面的一点非常重要，我们之前说到更多的是电磁场，但是只有电磁场透明度是不够的，这也是为什么我们希望在这样的场内会有更多不同物质的加入，以此能更好地去提高它的反射和支撑性能。

例如我们会用到这样的蒸汽电池，其实它的大小和我们整个辐照区域，以及想要检测的物体大小应该差不多，这样我们就能更好地模拟整个激光辐照及激光辐照之后它产生的效应。

大家可以看到整个蒸汽电池它的设计或者结构是怎样的，我们在其中会有一个统一的场，与此同时还会有些事故场或者紧急的处理事件场，这种情况下我们可以把它变得更具透明度，把它的壁做得更薄一点就可以了。与此同时，我们也希望整个蒸汽电池结构一定要合理并且不会被折断，这是另外的例子。

用到这样的概念我们就可以更好地做放大器，有些时候它的原子其实并不是特别敏感，这里我们要打造相关的架构，大家可以看到这里是一个晶体结构，这边我们可以把放大器的效应放大，与此同时把整个波段贴得更近一点，交互的时候大家可以看到整个RF，整个强度能够更好地接收到、检测到。因为整个信号强度增大了，我们能更好地定位原子具体的位置，这也取决于这样的器械最基本的结构和架构是什么，如果了解这一点之后，大家可以看到这就是我们的物件。大家可以看到这是我们整个标准场，这是放大的幅度，与此同时可以看到BIT的情况，尤其是在整个谐振腔行为方面，大家可以看到完整的数据和图谱——这是一条静态相关曲线。

与此同时我还想把这个展现给大家，这是更好的图示，这是光子晶体蒸汽电池，也用到了DBM功率天线，这会有一定的CIT，以及穿透现象，左侧是我们看到的RF（射频）传输功率情况，这是两个层级不同的模式和模型，可以让大家稍微参考一下。

这是我们研发的改良版放大器，其放大的范围或者放大的程度可能是10倍之上，放大器由不同材质做成，甚至如果可以的话，我们可能用到的是CDB放大器，进行RF场监测。如果你觉得有必要的话，也许您可以在这一方面做进一步改良，甚至能做得更好。

我们思考一下这些原子是如何处理数据的，我们这里有电磁数据处理，为此我们必须要为原子量身定制这些反馈和接收信号的方案，大家可以看看它现在的反馈是怎样的。

我们做的第一件事情就是处理数据，为此我们可能也要在构造自己设备的时候思考这一点。

我可能用了很多的时间，之后的相关细节我可能就会略过一点了。还有一点和我刚刚所说的内容应该是息息相关的，我们回到之前这个数据方面，你也知道我们会从光子方面获得各种各样的数据，并且数据的范围更广，在这样的一些电池方面，必须要关注原子所处环境的基本情况，这个情况下我们可能要实现整个电池壁的极化，如此才能让蒸汽电池发挥最大的功效。

同时在小型蒸汽电池之中，我们要给它配置非常灵敏的反馈及相应的反馈机制，这就要我们很好地了解表面的情况，或者表面上附着了什么物质，尤其在这样的蒸汽电池上，或者表面上应该有什么性质，为了做到这一点，我们必须要深刻理解表面科学。

我也希望能够去做一些相关的蒸汽电池表面的涂层，并且思考一下是不是能够用到相关的最好材料去打造电池涂层，为什么要做到这一点？那之后我们怎么做呢？我们可以更多地了解光子的传输或者是电子的光子传输，这类问题我们可以通过X光的辐照的方式进行研究：当X光辐照到样品表面时，会产生光电子并释放部分能量。通过观察能量释放过程，我们就能了解它的表面究竟发生了什么变化，或者系统之中发生了什么情况，这只是其中的一个案例。

大家再看看下面的案例，它也是由外层、更好的中间层、最底层的玻璃层组成，这就是我们可以黏合连接的方案，把它应用到我们蒸汽电池之中，这就是我们看到的比较好的表面。我们可以使用这样的表面打造不同程度的连接，这也是我们所使用的一点方法。

现在想和大家讨论的是，在SPS（表面科学）方面，我们可以关注不同材料及相关特性。例如，观察玻璃时，既可以分析其中的钠含量，也能比对不同玻璃材料之间的性质差异。同时，还可以研究其中氧化物的组成情况，甚至还可以看看它的纯度情况。

同时，我们也能观察氧化物的特性，天然的氧化物具有无序性，大家可以看看它会发生什么样的变化。氧化层是在硅外面，通过它可以看到硅本身，可以看到玻璃。其中一个研究重点是观察物质如何黏连在表面上，尤其是硅及铯如何附着在硅的表面上。在蒸汽室的制造中，我们通常会用到硅酸盐玻璃，这就是相关的粒子。以上是对两个蒸汽室表面科学的展示。

上面这一层铯是粘在了材料的上层，而在硅酸盐材料的下方，铷的渗透会更深，不过它可能会停留在硅的表面，受到的限制会更多。这里同样是关于蒸汽室表面的研究——这里涉及钠元素，它是来自离子键的钠。在钠移动时，我们通过电场将钠移到玻璃一边，另一边会留下氧气，氧会与硅结合起来形成化学键。这是硅表面的另外一个部分，而这

第15章 量子科技论坛：未来之光——量子计算和量子器件的科技创新

是在玻璃表面上的原子，另外还能观察到硼元素，大家可以看一下。

还有对于铯元素，它被填充在里面，显然更多地取代了原本存在于蒸汽室中的钠。当蒸汽室被盖住后进行冷却时，会发生自主结合现象，这些原子会全部混合在一起，不仅混合在一起，而且在玻璃中会有一些通道，原子或者是碱金属原子会通过这样的通道进行扩散，进入到里面被吸引。

这方面是可以进一步深入挖掘的，对于这项技术其实我们还可以进行深入的了解，去了解它的表面会是怎样的，以及它的表面原子内部体积会有怎样的变化。另外，我们也会看到信号进入系统之后，我们在进行信号处理方面，做了很多的工作。

这个是一个匹配的滤波器，我们在匹配滤波器领域也做了很多研究。这是一款针对真实数据设计的匹配滤波器，射频脉冲是正方形的，这种设计可以优化信噪比，接下来会给大家介绍为什么要做这些方面的工作。

对于原子的响应，从实验数据中看到原子响应中存在明显脉冲旁瓣抑制现象；如果有越来越短的脉冲，原子就越来越难做出反应。这里的红色曲线代表短脉冲下原子响应的傅里叶变换结果，黑色曲线是高斯脉冲响应曲线。我们看到，如果是长的脉冲的话，就没有太大的差异，但是如果是短的脉冲，这种高斯匹配滤波器就会错过很多的能量。

当然还可以做另外比较难的研究，比较棘手的研究，就是前面描述的三光子系统，可以使用 EIT 和 EIA 组合创建。这里给大家展示的是脉冲压缩现象，我们可以用原子本身实现脉冲的压缩，其本质是对规则方形脉冲的响应，蓝色曲线则代表包含码相压缩的响应，这种压缩可以实现更加精确的脉冲计时。

这其实是大家熟知的过程，这里再给大家看一些我们所做的多种属性组合的描述。这是 5G 基站 28 GHz 频段的现场测试，这是在小的蒸汽室中进场的，如果没有中国的技术是没法做到这一点，（中国技术）解决了测量技术中电子透明度受干扰的问题，使我们能在近距离环境中放置传感器，这是蒸汽室中射频信号波动的测量结果，是实时的，同步的信号，这是 5G 的同步信号，这些信号由原子实时接收。图中粉色曲线代表平均的信号，黄色部分则是由我们测量镜头捕获的图像。通过这类测试和研究，我们学到了很多，比如说手机探测、自主计时，还有从空间站发射的光束识别等，这些其实都是非常重要的技术特性。

我们也可以利用这些信号来检测和解码。这是信号处理过程，信号就是上一页给大家展示的信号，它可以检测到不同的入射光束及基站的信号，这是 5G 低端配置与高端配置的对比结果。

这是信号的实时解码图，我那张图已经被拿掉了。这里呈现的是我们的实验仪器配置与设置，包括原型机、用于数据处理的设备，以及所有的激光装置、相应的信号处理模块、蒸汽室等核心组件，还有信号传输和读数的光纤。在 2011 年的时候，我们首次提出了这样的想法，然后就开始进行实验。左边是我们 2011 年实验室的样子，我们大概就是在这样的环境中开始实验:实验台架、光束、光束路径,以及与蒸汽室相关的部件,还有稳定的激光行走腔。在3年前,我们已经启用更好的机架,大家可以看到右手边Ware Ryde机架,借助它可以进行现场测试了。技术是Ware Ryde公司的,他们也正在开发α系统,可能明年会上市。这是我们的设备,大概尺寸大家可以看到,从一开始到现在已经减小了很多,蒸汽室也被拴在盒子上,所以整个设备已经是微型化或者小型化的。还有在频率上,我们大约有300 MHz到105 000 MHz带宽,可以检测到整个范围内的信号,这对5G非常重要。如果是8000 MHz带宽,要进行基站测试的话,可能要进行2～3次谐波测试,这是传统技术不能做到的,如果不改变天线、不带混频器,是无法做到这一点的。

我就讲到这里,感谢我们的合作者,以及支持者。

原子与分子量子模拟的新道路

Immanuel Bloch　德国科学院院士、慕尼黑大学教授、马普量子光学研究所主任

> 量子模拟已经在超导体、超流体等诸多领域进行了相关研究,且与量子器械、量子设备相关。量子模拟需要考虑稳定性和纠错,这是及时部署的重要组成部分。只有在充分考虑模拟系统中可能出现的各种情况后,我们才能更好地理解和进行量子模拟。粒子在反转的过程中沿着整个光栅进行移动,从而形成磁极化,围绕双极中心反转与旋转形成的旋转云可以用量子模拟进行测量。我们通过晶格与光镊的结合,并在晶格中对原子进行分类,将光镊的控制引入光晶格的可扩展世界,以此实现对原子阵列1.5小时的连续操控,原则上可以无限循环,以此证明晶格与光镊结合的可行性。

非常感谢主办方对我的邀请,我现在通过线上的方式来到浦江创新论坛。现在说到的是"原子与分子量子模拟的新道路"。

这是一份演讲大纲,我们将探讨该领域在技术准备状态上是否有新的进展,以及相关的技术考量,是否存在关联的一些电子物理问题。最后,我想跟大家说说展望,以及未来该何去何从。

现在我们有两种方式:第一是量子模拟,可以及时进行部署,另外还有数字的方法,也就是说我们可能会在外部进行部署。现在我们会用到各种不同的平台。对于量子模拟,其实大家也知道,纠正错误和保持稳定性是非常重要的。哪怕是有过失误差出现时,仍然会有校准的问题。在这个系统中,我们意识到需要考虑很多方面的问题。只有这样,我们才能够更好地了解量子的模拟。

现在已经有非常多的平台来进行量子模拟，相关的研究涉及超导体、超流体及 GUS（通用酉算符综合）等，主要的应用是聚焦于粒子阱及相关的科研，所有的这些都与量子器械、量子设备相关。目前来看，我们在这方面是否具备相关潜力，能否打造出超级性微波，来进行更好的镜的设计呢？打造中国的光学相关的通道。在这里我们可以看到光干扰，我们也可以利用这里的电势更好地把粒子束缚在这样一个阱之中。下面展示更多的是与我们相关的量子气体显微图像，我们的确获得了非常好的显微镜观测图像。这已经显示出成百上千个原子粒子在显微镜下的大量图像影像资料。

来看整个模拟电子方面，不仅要了解它的位置、究竟是什么粒子，还要知道是否出现了旋转情况。我们会遇到向上旋转、向下旋转，同时还有粒子有或无的情况，实现这一点的原因（或方法），就是要有创新意识。让我们能够更好地提升相关粒子的分辨率，这一点非常重要。尤其是在系统设计中应该有所考虑。如果思考一下我们究竟要做什么，其实我们在每一个实验中都会进行测试，都会用到我之前所说的方式进行相关的配置。一旦有了这样相关的配置方式，我们一遍又一遍地来做实验，不断微调改善这些配置，直到配置变得最好，就可以找到最优解了。

还有一点非常重要，我们不仅要检测密度、电荷量或其他性质，对于超晶格，也需要进行相关研究，了解晶格之间的连接，以及键的连接，这很重要。我们也可以看到，这种双层系统，可以通过 X 和 Y 方向的测量来了解其密度，并且探究其连接能量的大小。与此同时，我们还会借助已展现出的测试维度，比如其中的电流，这也是量子模拟在该系统中非常好的应用。

现在我们再来看看整个模型，或者说模拟的模型，大家不妨看一看这个费米子哈伯德模型，通过这样的模型，我们看到了交互性非常强的电子，我们会用一些空穴离域的做法，以此更好地提高它的阶位。当然会有 T、J 型号之间的竞争。

现在我要解释一下，整个系统是如何发挥作用的。整个物理系统的布置与分布是怎样的？我们会利用光场，充分挖掘阱的潜能。这些都属于物理层面的信息，我们会开展各类实验，存储相关的信息，这也是我们的核心做法。再来看一下蓄水池式的装置，涉及电压、相关化学电势等的因素，这更利于我们了解量子的相位，通过模拟器可以了解其中的密度。如果观察到这样一个区域的粒子数量，也有助于我们更好地了解这些粒子，掌握它们不同态的过渡情况。从不同位置，大家可以看到，从光栅作用之后不同区域的情况。如果大家想在现有基础上更进一步了解，将会发现左边出现旋转情况。在该系统中，我们既能了解旋转的结果，也能观察旋转相关的函数。

如果我们能观察到所有粒子在不断移动，同时看到这个"洞穴"也在移动，且线状分布的粒子也随之移动，那么在这一过程中，能源成本确实是很高的。其实不仅是单个粒子的反转，而且涉及不同粒子之间键的作用，还会涉及整个能源的成本和消耗。这也是在位置或距离上发生的改变，这种改变体现为线性能量（或成本）的显著增加，这在

QCD（量子色动力学）方面已经体现出来，这可以让我们更好地找到新粒子。目前体系中发生的正是这样的情况。这就是我所说的一些磁极化子的形成过程。在反转过程中，我们看到它沿着整个光栅移动，反转也在持续进行。在出数据层面，其结构呈现为以中心为核心的双极结构。那么，这种反转的相关性究竟是如何产生的呢？它是围绕着这样一个双极中心去进行相关反转、旋转的，所有的旋转结构其实真的形成了一种旋转云，这是我们可以进行测量的，也可以用量子模拟进行测量，这也是我们第一次找到了这样结构的影像资料和图像。当然我们也会针对不同颜色开展相应的测量和模拟，并且发现相关研究已经达成共识——尤其是在低阶函数方面，的确让我们能够更好地理解更大范围的相关性。

再来看一下这个非常复杂的背景结构，其实我们希望能更好地了解极化子的结构分布，或者它们的微观结构，了解它们分布的大概情况。这是二维极化子从诞生到死亡整个过程的模型，通过显微镜观察极化子不断运动的情况，大家可以看到从左侧到右侧它的相位发生变化。与此同时，它甚至成了液态的粒子，这就是我们所说的标准液态的出现。我们肯定要思考整个二维极化子的密度，并且一定要看到这方面的正态分布。

在超导方面，可以找到非常多的提升配对能量的方法，这是一个标准的场景，整个温度是比较低的，如何提高配对能量，或者在更高温度上如何提高配对能量？为此，我们和理论专家进行相关的讨论。如果我们真的有这样一种混合式的情形，这种"洞穴"在低阶的情况下出现，这个旋转出现在高阶的情况下，那么这可能会有一种更高的能量配对的情况或机制。我们需要更高的黏合能力，这也是为什么我们需要更高的温度来帮助我们实现这点。当然了，我们可以在显微镜下看到这点，看到它的配对过程。有意思的是，2013年中国出现了超导相关发现，借此我们开始深入了解镍酸盐超导的情况。在这一研究场景中，我们也看到了较好的IBC行为，这是我们第一次发现量子超导体新的配对范式和相关的机制，并且找到能够实现这点新的物质。在这一领域，我们如何通过宏观热力学的定量测量与新兴微观的真实空间的定量测量相结合，从而更深入地了解潜在参数，挖掘潜在关联，并以此形成更深层次的洞见，进而探索更优的解决方案。我刚刚也说到了，还有一些比较好的亮点，他们做的工作非常可圈可点。在整个充满吸引力的交互过程中，我们注意到普林斯顿的相关研究，不仅涉及系统整体挫败效应，同时，我们也邀请中国团队构建了大型三维系统。那么，在这种情况下，我们在低温环境观察到的实验现象，是否能够进一步扩大研究规模？

未来值得关注的一点是，将这种测量和控制初始量子态的数字化能力与强大的模拟技术及直接的系统建模相结合——这不仅能实现对量子控制系统的高效模拟，还可用于观察其时间演化的过程。所以我认为这两者的结合是非常重要的，这些系统的前景是非常光明的。

我认为我们同样具备很强的编程能力，希望从中得到这样一个奇妙的结果，利用受控碰撞来产生受控纠缠。在极性分子研究方向上，许多团队正在致力于将光晶格与光镊子相结合，实现对这些分子长程相互作用的控制。近两年来这两个领域均取得了突破我们在费米气体中已能达到超低温，温度 T 超过了 T_{TFI}（陷阱费米温度），最近甚至达到了 2 倍，并观测到了新的散射共振。哥伦比亚大学的比尔研究小组最近也取得了惊人的成果，他们成功地从这些极性分子中制备出了玻色-爱因斯坦凝聚体。

这是将晶格和镊子结合在一起的技术。我们从最近的这张实验照片中知道，一个容纳了超过两万个原子的晶格呈现出明显的自组织现象。在这类晶格中，原子能被精准分类，并且光镊控制技术也真正融入了光晶格的可扩展体系。

这也是最新的一些结果，我们实际上会使用它来实现原子阵列的连续操作，不必循环运行这个实验。如果原子有丢失时，我们可以将新的原子从加载区带入存储区，将镊子的阵列或原子的阵列存储在光晶格中。在实验中我们进行了 1.5 个小时的连续操作，以此证明它是可以做到的，原则上可以无期限做到。

最后要感谢和我一起工作的团队，这是我们的团队，由充满激情的博士生组成：Petar Bojovic、Timon Hilker 等。在他们的共同努力下，我们团队收获了很多的成果。这是我们做的电流实验，也是和莫尼伯格（音）小组一起做的相关实验室。

这是分子团队，也给我们带来了新的研究方向，是由陆新宇（音）带领的团队。目前团队正处于学习分子的阶段，而在学习过程中，他们也获得了很多的乐趣，这对于未来极性分子研究，是非常有前景的，谢谢大家的关注，也祝愿会议圆满成功。

这是来自慕尼黑的照片，身后是阿尔卑斯山，送给大家，谢谢。

第16章

绿色低碳创新论坛：科技创新塑造未来能源产业新格局

1 论坛概况

绿色发展是高质量发展的底色，新质生产力本身就是绿色生产力。绿色低碳创新论坛聚焦绿色低碳专业领域前沿热点和发展动向，前瞻识别具备高水平技术突破、高潜能产业化前景的技术创新，致力于以科技创新驱动新产业、新模式、新动能，发展新质生产力。

为应对气候变化，全球已经达成了减少化石能源消费和生产的共识。提高未来能源技术竞争力，是我国在全球气候治理背景下参与全球产业竞争的基石。本届论坛将聚焦氢能、生物质能、光伏电池、新型储能等未来能源细分赛道，邀请国内外行业专家交流探讨不同技术路线中涌现出的前沿技术，以及在产业化进程中的重大突破，链接产业、金融资源，推动科技、产业、金融的良性循环。

2 嘉宾致辞

上海市虹口区委常委、副区长关也彤的致辞

关也彤　上海市虹口区委常委、副区长

全球气候变暖导致的自然灾害频发、资源不可持续等问题已成为全人类共同

> 的挑战。虹口区深入贯彻党的二十大和二十届二中、三中全会精神，在上海市委、市政府领导下，坚定推进碳达峰、碳中和战略进程。绿色低碳创新论坛将推动虹口区实现产业绿色低碳化和绿色低碳产业化。在空间布局上，虹口区形成"一区一带多核"布局，聚集多个功能性平台机构。在产业发展上，虹口区通过论坛打造国际交流平台，引进绿色低碳企业，推进科技、产业、金融的良性循环发展。在建筑节能上，虹口区正在积极打造低碳园区、零碳建筑。

尊敬的各位领导、各位来宾，大家上午好！

今天，我们齐聚虹口，共同参加由科技部和上海市政府共同主办的"2024绿色低碳创新论坛"，共商绿色低碳发展的美好未来。在此，我谨代表虹口区，向始终给予虹口关心和支持的上海市科学技术委员会表示衷心的感谢，向参加本次论坛的各位领导、专家学者和企业家表示热烈的欢迎！

全球气候变暖导致的自然灾害频发、资源不可持续等问题，已经成为全人类共同面临的巨大挑战。中国制定的"碳达峰、碳中和"目标，既是应对当前自然环境问题的必然选择，也是向全人类做出的庄严承诺。

近年来，虹口区以习近平总书记考察上海和视察虹口时的重要讲话精神为引领，深入贯彻落实党的二十大和二十届二中、三中全会精神，在市委、市政府的关心领导下，坚定不移地推进"碳达峰、碳中和"战略进程，积极推动经济社会发展全面绿色转型。

自2018年举办第一届论坛以来，绿色低碳创新论坛已经连续六届在虹口区举办，为推动虹口区产业绿色低碳化和绿色低碳产业化发挥了重要作用，助力虹口区一步步将习近平总书记回信中提出的"低碳生活新时尚"远景图转化为实景图。

在空间布局上，虹口区目前形成了以北外滩现代服务业集聚区和北中环科创产业集聚带为基础，以多个绿色产业园区为核心的"一区一带多核"布局，聚集了上海环境能源交易所、全球绿色金融领导力组织（GF60）、绿色技术银行、上海市能效中心、上海市节能环保服务业协会、上海市循环经济协会、船舶能效管理中心、北外滩国际航运绿色发展共同体等多个功能性平台机构。

在产业发展上，虹口区通过举办各类论坛活动，打造绿色低碳领域国际对话交流平台。今年虹口区先后引进了以华夏大地、绿水新航、联电时代、格力绿能等为代表的一批绿色低碳企业，汇聚了中国绿色低碳服务产业链的上下游企业，构建了较为完整的绿色低碳服务产业新格局。此外，虹口区大力支持科技创新，围绕绿色航运、绿色金融、绿色贸易、绿色技术及碳资产交易五大重点领域，推进科技、产业、金融的良性循环发展。

在建筑节能上，虹口区积极打造绿色低碳园区、低碳社区、零碳功能区等低碳示范标杆，其中上海国际航运服务中心、北外滩来福士等均已获得中国绿色建筑认证、美国

LEED认证、英国BREEAM认证三项国际权威认证，瑞虹企业天地已获得WELL金级认证和LEED金级认证。与此同时，北外滩世界会客厅、白玉兰广场、友邦大剧院及建设中的上海北外滩中心等，也正在积极创建零碳建筑或超低能耗建筑。

这些成果离不开各位领导、各位朋友的指导和大力支持。对此，我谨代表虹口区再次向大家表示衷心的感谢，并诚挚邀请大家会后沿北外滩走走逛逛，共同感受虹口绿色低碳生活的美好城市氛围。

最后，祝愿各位身体健康，事事顺意，并预祝本次活动取得圆满成功，谢谢大家！

上海市科学技术委员会二级巡视员郑广宏的致辞

郑广宏　上海市科学技术委员会二级巡视员

> 《中共中央 国务院关于加快经济社会发展全面绿色转型的意见》对能源绿色低碳转型提出具体要求，科技创新是实现能源绿色低碳转型的关键。上海作为科技创新高地，聚焦清洁能源、智慧电网、新型储能、氢能与燃料电池等领域，推动了一系列重大科技项目，并取得了显著成绩。未来，上海将强化基础研究、深化产学研合作、加强国际合作，共同推动能源科技创新，实现未来能源产业的可持续发展。

尊敬的各位嘉宾，女士们、先生们，大家上午好！

今天，我们齐聚上海，隆重召开"2024绿色低碳创新论坛"。在此，我谨代表上海市科学技术委员会，对各位嘉宾的到来表示最热烈的欢迎，同时也借此机会，向长期以来关心和支持上海科技创新的各位领导、各位专家表示衷心的感谢！

本次论坛的主题是"科技创新塑造未来能源产业新格局"，在应对全球气候变化的背景下，这一主题意义重大。能源是经济社会发展的命脉，是人类生存和发展的基础。随着科技的不断进步，全球能源格局深度调整，能源革命加速推进，我们正处在一个能源转型的关键时期。

《中共中央 国务院关于加快经济社会发展全面绿色转型的意见》对积极稳妥推进能源绿色低碳转型提出了具体要求。如何实现化石能源清洁高效利用、非化石能源的产业化加速、新型电力系统的构建及推动形成未来能源产业新格局，是摆在我们面前的重大课题。科技创新，无疑是破解这一课题的关键。

上海作为中国的科技创新高地，始终走在能源科技创新的前沿。近年来，我们聚焦清洁能源、智慧电网、新型储能、氢能与燃料电池等前沿领域，持续推动了一系列重大科技项目，取得了具有国际竞争力的显著成绩。

一是集聚创新要素，攻克一批能源关键共性技术。我们加快推进高性能光伏组件、钙钛矿太阳能电池、70 MPa加氢储氢等核心技术研发，引导光伏、新型储能、氢能这三类标志性产品的发展，运行全国首套200 kW高温固体氧化物电解水制氢系统，发布全国首台镁基固态储运氢车，完成燃料电池汽车系统研制并实现整车验证，实现核心技术国产化，推进建设全球首座10 MW小型模块化钍基熔盐反应堆核电站。

二是加强产研联动，建设科技成果转化功能性平台。在科技部和上海市政府的推动下，我们加快推进绿色技术银行建设，以绿色"技术＋金融"的模式，推进绿色甲醇等未来能源全链条科研布局和产业发展，加快能源技术成果转移转化。我们推动上海交通大学联合宁德时代、闵行区试点建设未来能源与智能机器人产业科技园，挖掘龙头企业的产业、前瞻布局和创新需求，推动园区内的大中小企业高效联动，形成创新链、产业链、资金链和人才链的融合，让企业快速成长。

三是培育科创企业，推动能源产业链上下游协同发展。我们充分把握风光驱动、风储联动、光储联动等清洁能源多能互补的机遇，支持企业联合产业上下游、主导开展产学研融通创新，聚焦多种储能应用场景，围绕机械储能、超级电容、热储能、锂电池、钠电池、液流电池等路线全方位布局，培育了奥威科技、上海派能、纬景储能等一批重点企业，不断提升未来能源的产业能级与核心竞争力。

然而，我们深知科技创新的道路永无止境，能源产业的未来机遇与挑战并存。我们期待与各位一道，共同探讨如何进一步深化能源科技创新，如何加强国际合作，如何促进能源科技成果的转化应用，构建开放、合作、共赢的能源创新生态。在此，我提出以下3点倡议。

一是强化基础研究，突破能源科技瓶颈。能源科技创新需要扎实的基础研究作为支撑。我们将进一步加大能源基础科学中前瞻性技术、颠覆性技术的研发投入，加快共性技术和关键技术的科研布局与攻关突破，支持原始创新，把握未来能源产业发展机遇。

二是深化产学研合作，加速科技成果转化。我们将充分发挥绿色技术银行等技术转移转化服务平台功能优势，促进能源领域产学研合作交流，推动能源科技从实验室走向市场，实现科技成果与产业需求的精准对接，真正惠及经济社会发展。

三是加强国际合作，共享能源创新成果。能源问题是全球性问题，需要全球智慧和全球行动。我们将秉持开放共享的理念，加强与各国在能源科技创新领域的交流与合作，共同应对能源挑战，促进全球能源可持续发展。

女士们、先生们，我们将继续秉承开放合作的态度，与全球伙伴共同努力，推动能源科技创新，实现未来能源产业的可持续发展，为构建人类命运共同体做出新的更大的贡献。

最后，预祝本次论坛取得圆满成功，谢谢大家！

3　嘉宾演讲实录

驾驭未来：巴西可持续能源转型政策

奥索里奥·科埃略·内托　巴西科技创新部副秘书长

> 巴西制定了 2030 年减排 50%、2050 年之前实现碳中和的战略目标，并通过增长提速项目、RenovaBio 生物燃料计划、未来燃料项目、国家氢能项目、天然气项目、低碳农业园项目等典型案例推动能源转型。这些项目通过科技创新部统筹跨部门协作来完成，并得到了国家基金和公共基金的支持。巴西期望深化与中国在能源转型领域的战略合作。

尊敬的各位来宾，大家上午好！非常感谢主办方的邀请，我本次演讲的主题是"驾驭未来：巴西可持续能源转型政策"。

首先向大家介绍深度支持巴西能源转型的政策和国家基金。巴西总统卢拉强调能源战略的重要性，并传达出相应的理念。聚焦能源转型，巴西制定了相应的政策，并采取了一系列的行动和举措。巴西是全球第二大生物燃料生产国和消费国、全球第六大汽车市场、全球第七大石油生产国。因此，巴西可通过发展生物燃料等可持续能源推进能源转型。从能源结构上看，巴西的可再生能源占比目前已超过 45%，在主要经济体中名列前茅。更为重要的是，巴西的国内市场非常广阔，新的产业化政策应运而生，可持续能源是有效推动能源转型的一个重要方向。与联合国的气候变化目标相对应，巴西确定了到 2030 年温室气体排放量比 2005 年下降 50%、于 2050 年之前实现碳中和的战略目标。为了实现该战略目标，巴西正在制定相应的政策，并采取相应的行动。

在此，向大家介绍几个案例。案例一是卢拉总统履职初期推行的新的增长提速项目，涉及能源转型的两个维度和相应的措施。在能源转型和安全维度，项目总预算是 1109 亿美元，我们希望可以建立起一个全新的产业，但这项工作面临能源平等性、能源安全性和能源可持续性发展三大挑战。在高效和可持续性交通运输维度，总预算是 717 亿美元，包含了所有的交通运输模式，我们希望可以通过设立不同的子项目搭建基础设施，进而实现能源转型的目标。

案例二是名为"RenovaBio"的巴西国家生物燃料计划，旨在提高交通运输领域使用生物燃料的比例。我们扩大乙醇等生物燃料的生产规模，进一步提高可再生能源的比例，减少二氧化碳气体的排放量。我们还建立了碳排放计算系统，可定量监测各家企业的碳排放量，企业必须购买碳排放指标，并保证实际的碳排放量不超过指标限额，否则将面临处罚和制裁风险。目前，巴西共有 356 家生物乙醇授权生产商、60 家生物柴油授权生产商和 6 家生物甲烷授权生产商。巴西已明确提出相应目标，希望可以进一步增加生物燃料的产量，推动生物燃料的发展。

案例三是名为 "Fuel of the Future" 的未来燃料项目，上周刚刚由巴西众议会批准通过，待参议院批准通过后方可正式生效。该项目的主要任务是使用氢能、生物燃料和电力以减少二氧化碳的排放量，旨在发展可再生能源、应对气候变化。需要强调的是，其中非常重要的一个举措就是制定生物燃料、绿色柴油、CCUS 等方面的国家计划。

案例四是巴西国家氢能项目，这是我们目前正在论证的一个项目。巴西科技创新部对本国氢能的发展进行了研究，并提出了很多 2035 年之前必须要实现的目标。例如，2025 年之前要建立氢能工厂，2030 年要在不同的低碳发展领域上具有更强的竞争力，2035 年之前要建立氢能中心，包括低碳氢能中心。在巴西建立这样的氢能设施是我们共同的目标，也是非常大胆的目标。但我相信，通过相应的政策和举措，这些目标是可以实现的。

案例五是名为 "GAS PARA KMPREGAR" 的天然气项目，包括沼气和生物甲烷、氢能、工业热电联产、CCUS 技术四大维度。我们必须通过相应的措施加快天然气的发展。

案例六是低碳农业园项目。我们希望可以减少农业方面的二氧化碳排放量，鼓励相应的生产商通过科技创新实现节能降碳，同时降低生产成本。巴西是农业大国，因此有必要制定相应政策以进行农业改革，进一步推动农业转型。

巴西将如何实现以上目标？需要构建成熟的全方位管理系统，由科技创新部牵头组建相应机制并出台绿色转型的政策，并由采矿部、农业部、教育部等部门共同落实。新政府高度重视科技创新在推动绿色转型中的作用，我们希望政府职能部门、高校院所、企业、民间团体能共同努力，加强能源转型方面的科技创新。

国家基金和一些公共基金将为政策的执行提供支持。巴西将为不同的项目分配相应的基金，获得资助的有大学、研究机构等不同的公共机构，且涵盖了不同的学科领域。因此，我们要从整个国家的角度来宣传政策，以及分配资金。巴西与中国都是非常大的国家，科技创新只靠科技创新部来推动是不够的，我们需要更多人的共同合作。

这些基金是如何设立的？事实上，它们的来源非常多样化，一部分来源于税收，主要用于巴西范围内的科技创新。过去 13 年，巴西的基金来源一直较为充沛，大量公共基金被用于支持巴西的科技创新。此外，政府设立了专项基金全面支持开发和创新的项目，去年基金规模为 130 亿雷亚尔，预计今明两年将提高至 200 亿雷亚尔。

科技创新部的秘书处由 Daniel 先生负责，下辖多个部门，不同的基金均由科技创新部统一协调。此外，科技创新部设有很多面向社会公开征集的项目。今年由科技创新部直接管理的涉及能源转型的项目，资金规模共计 21 亿雷亚尔。此外，国家银行、国际银行及巴西的机构都将支持科技创新部的项目，刚才提及的一些国际组织也将与科技创新部携手并进。巴西和中国要在各领域加强合作。事实上，巴中两国已经开展了很广泛的合作，尤其是在能源转型与能源创新方面。希望双方在此基础上，共同推动制定能源转型政策，进一步扩大全球影响力。

以上就是全部内容，欢迎大家会后交流。谢谢大家！

碳中和目标驱动绿色低碳设计创新

汪华林　中国工程院院士，华东理工大学资源与环境工程学院党委副书记、院长

> 在碳中和目标下，绿色低碳设计需融合科技、人文与社会视角，实现绿色化与数字化协同发展。华东理工大学提出了到2060年将二氧化碳和污染物排放量降低至2030年的八分之一的目标。化工行业要通过原料、工艺和燃料替代来实现低碳与绿色发展的目标。要通过电和氢的结合将污染物转化为原料，并建立碳污数智管控平台与绿色标准体系。将二氧化碳加氢转化为燃料和将生物质脱氧转化为燃料是化工行业未来实现绿色低碳转型的新机遇。华东理工大学在化工绿色标准、水煤浆气化、海上平台污染治理、甲醇制烯烃热废水回用等领域取得突破，推动原料燃料由线性消耗向循环利用模式转变。

尊敬的各位来宾，非常荣幸能够围绕"碳中和目标驱动绿色低碳设计创新"这一主题，结合团队研究成果与各位开展深入交流。本报告将从绿色低碳设计的新要求、新路径、新实践3个维度展开论述。

第一部分是绿色低碳设计的新要求。根据中国21世纪议程管理中心的研究成果，人类社会发展可划分为4个阶段。公元前340年到公元1800年的漫长演进过程中，大气二氧化碳浓度从400 ppm降至280 ppm；而近300年的人类活动使该指标增长到了412 ppm。人类活动使整个地球的碳循环速度提高了一万倍，植树、造林等传统生态修复手段不能有效降低大气中的二氧化碳含量，减排是硬道理。

从第一次工业革命至今，全球经济高速发展，化石能源消耗量大幅增加，仅仅依靠科技无法解决资源和环境问题，必须从科技、人文和社会的整体角度来解决这一问题。数据显示，公元1700年的全球经济总量约为公元元年的8倍，也就是这1700年的全球经济年均增长率只有0.1%左右；而公元2000年的全球经济总量约为公元1700年的309倍，也就是这300年的全球经济年均增长率达到了1.9%左右。由此可见，近300年来，科技创新是经济社会发展的主要引擎。科技发展需要依靠人才，培养人才需要依靠教育，因此科技、教育、人才三位一体统筹是比较好的发展方式。

当前，我们进入了第六轮经济快速增长期，增长的动力源于可持续发展、绿色化学，整个经济增长由绿色化和数字化双轮驱动。但是二者的发展速度不一样，数字化发展快，绿色化发展慢，因此绿色化成为整个经济社会发展中最薄弱的环节。相较于绿色化，数字化较为简单，是 0 和 1 之间的转化和调控。对绿色化来说，人类已经发现的化学元素就有一百多种，而碳、氢、氧等元素又可以组成成千上万种不同结构的有机物，所以其更为复杂困难。我认为，30～50 年之后，绿色化将会成为更有前途、更有希望的领域。

以二氧化碳温室气体排放为例，根据 Nature 上的分析研究，整个地球正处于最危险的时刻，必须通过"三箭齐发"才能将整个地球的升温幅度控制在 1.5 ℃ 以内：煤炭消耗量降低 90%、油气消耗量降低 50%、从大气中捕集二氧化碳并封存起来。

以上仅仅是从气候变化指标方面提出的要求。如果我们再从其他 8 个方面的指标对地球进行"体检"，就会发现生物圈完整性、新污染物、生物地球化学循环、淡水使用、土地系统变化 5 个指标目前也"亮红灯"，同样值得高度关注。海洋酸化、大气气溶胶、平流层臭氧消耗 3 个指标目前"亮绿灯"，这些给了人们信心。二三十年前，臭氧层消耗是一个突出的问题，经过全人类共同努力，该指标目前已经被控制在安全范围之内。这说明，通过共同努力，5 个目前超标的指标也可以得到控制。

化工是经济社会发展的支柱产业之一，但其"三废"和二氧化碳排放量也处于全国工业领域前列。一方面，我国化工行业的温室气体排放强度约为国际领先水平的 2.5 倍，我国在原料、燃料、工艺 3 个方面均与领先国家存在显著差距；另一方面，化工行业具有高温高压、易燃易爆等典型特点，成为我国碳减排"难啃的硬骨头"。

我们提出了"翻转极限"的建议，从 2030 年开始一直到 2060 年，二氧化碳和污染物排放量每 10 年降低一半，也就是在这 30 年内实现"减半、减半、再减半"，通过"彻底的再设计"来推动"显著的结构转型"。2005—2020 年，我国已经完成了一次"减半"。到 2060 年，如果能够实现煤炭消耗量降低 90%、油气消耗量降低 50% 的目标，则二氧化碳和污染物排放量将有望降低至 2030 年的八分之一。

第二部分是绿色低碳设计的新路径。数字化和绿色化之间是双向奔赴的关系，要用绿色化的手段和方法降低数字化过程中的能源消耗和碳排放量，同时用数字化的方法促进绿色化过程的实现。可通过原料、燃料、工艺 3 个方面的替代来实现低碳与绿色发展的目标，这也是碳中和背景下绿色设计的路线图。

首先是化工原料替代设计。我们把全球近 300 年来的各种污染物置于时空坐标下进行分析，横坐标是全球的空间尺度，纵坐标是百年的时间尺度。红色的点表示大气污染物，蓝色的点表示水中的污染物，黄色的点表示固体污染物，此外还有光、热、声、磁 4 种非物质污染物用灰色的点表示。可以看出，污染物的空间尺度与时间尺度总体上呈正相关关系，即污染物的空间分布越广，其存在时间也越长。当然，也有一些固体污染物虽然存在时间较长，但空间分布较为集中，如核废料、钢渣等，这些也较为可控，一一般不存在扩散的风险。但对于废玻璃、废塑料、重金属离子等污染物，以及二氧化碳、甲烷等温室气体，它们空间分布很广，存在的时间也很长，必须引起高度重视。对于种类如此多的污染物，如何将其转化为战略资源呢？主要靠电和氢的结合，电是能量来源，氢是还原剂，也就是通过外部能量输入将污染物加氢还原为有用的原料，实现"变废为宝"。当然，在此过程中也有可能会产生新的污染物，但污染物的总量是下降的。因此，在未来的绿色低碳技术中，加氢和电转化将成为主要技术。

其次是化工燃料替代设计。要构建绿电、绿氢、生物质等零碳燃料替代和行业全流程电气化应用的绿色化工标准。

最后是工艺系统集成耦合优化设计。要构建碳污排放监测网络和碳污大数据平台，建立碳污数智管控平台与绿色标准体系。

我们设计了一个碳污排放管理体系的模型，具体如下所示。

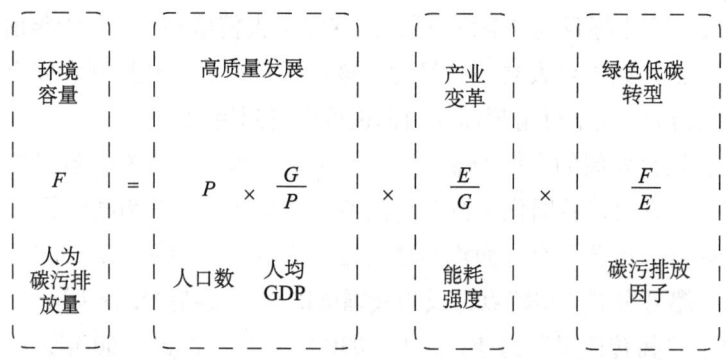

从上面的模型可以看出，人为碳污排放量 = 人口数 × 人均 GDP × 能耗强度 × 碳污排放因子。人为碳污排放量需要靠环境的容量来抵消，如果实现了碳中和，即人为的碳排放量等于环境的碳吸收量，就可以使大气中的二氧化碳含量不再升高；如果人为的碳排放量小于环境的碳吸收量，则可以降低大气中的二氧化碳含量。为了降低人为碳污排放量，需要推动传统产业的绿色低碳转型，以降低碳污排放因子；同时要加快发展新质生产力，推动产业变革，以降低单位 GDP 的能耗强度。

目前，全球已有 10 个国家出台了 20 多项绿色设计的相关评价体系，包括绿色产业、绿色城镇、绿色街区、绿色装备、绿色文旅、绿色测评的体系。其中，绿色产业包含了化工行业的绿色设计。这也是绿色设计国际标准工作委员会正在推进的工作。

第三部分是绿色低碳设计的新实践。化工绿色低碳设计框架如下所示。

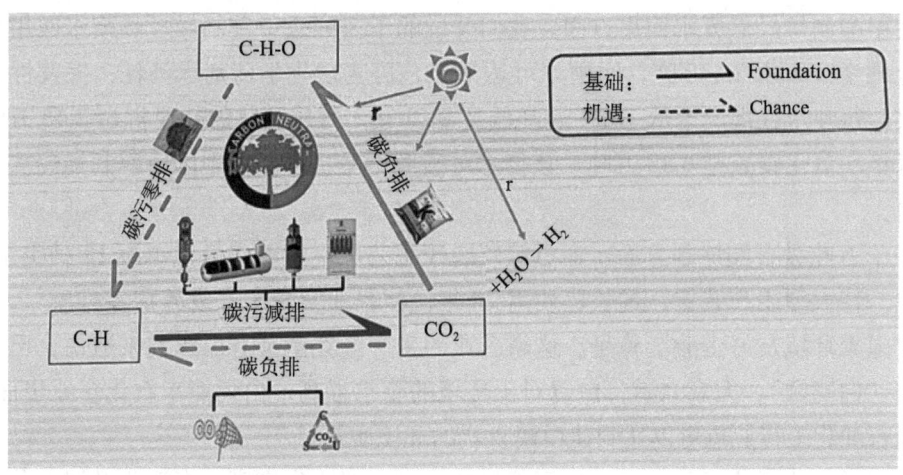

整个体系用三角形来表示。左下角是碳氢化合物，也就是煤炭、石油、天然气等化石能源的主要成分，其燃烧后将排放出二氧化碳（右下角）；而绿色植物可以通过光合作用吸收二氧化碳并合成生物质，也就是将二氧化碳转化为含有碳、氢、氧等元素的有机化合物。过去70年，我们华东理工大学主要围绕上图中的两条实线箭头开展研究工作。

下一个70年的新机遇，将围绕两条虚线箭头展开。一是将二氧化碳加氢转化为燃油、航油等燃料；二是将生物质脱氧转化为石油、天然气等燃料。这二者的结合，就是本领域当前科技创新的重要任务。

我国已经发布近100项化工行业绿色低碳的相关标准，其中，《化工园区低碳运行管理规范》这1项国家标准正在审批，近90项行业标准已经发布。华东理工大学团队参与编写了14项化工低碳节能设备相关标准，其中国家标准1项、化工行业标准13项。

在从碳氢化合物到二氧化碳的低碳绿色设计方面，"九五"期间，我们华东理工大学通过工艺突破，牵头开发了多喷嘴对置式水煤浆气化技术，将优质煤、高硫石油焦转化为一氧化碳和氢气，打破了通用电气、壳牌、西门子等外国企业的长期垄断。"十二五"期间，我们又通过设备突破，牵头开发了单喷嘴冷壁式粉煤加压气化技术，将煤气化的原料扩大到了劣质煤、生活垃圾、污泥等。罗马俱乐部是可持续发展领域的著名机构，俱乐部成立50年之际出版的《翻转极限：生态文明的觉醒之路》写道："水煤浆气化技术是中国从化石能源时代转型为再生型能源时代的一个选择。"

在海上平台污染治理方面，原先采用的是两段式方法，废水需要先通过斜板分离器，再在气浮除油器中添加药剂和空气进行浮选。我们华东理工大学开发的新型一段式物理法工艺，采用模块化分离新装备，只通过气浮即可实现油水分离，不再使用药剂。该方法最大的优点是几乎不产生油泥、浮渣和挥发性有机物，同时水处理系统减重75%，单位能耗降低90%。该方法已在亿吨级渤海油田实现应用，每天可处理生产废水2.4万吨。

在甲醇制烯烃热废水回用方面，我们开发的千万吨级甲醇制烯烃热废水回用系统每天可处理生产废水2.4万吨，回用率可达98%，可实现化学药剂零消耗、挥发性有机物零排放，每吨水处理成本从10.74元降低至2.29元，每年回收的热量折合2.48万吨标准煤，每年二氧化碳减排6.88万吨。该技术可破解干旱、半干旱地区甲醇制烯烃热废水回用难题。

在千万吨级石油炼制方面，加氢旋硫脱硫工艺已应用于中石化镇海18种类型60余套大型、特大型生产装置，最长已使用20年，使企业实现了"废弃物零排放"，并获得首批"国家环境友好企业"称号。这家企业的生产区经常会有白鹭前来造访，已经形成了一个"白鹭园"。大家知道，白鹭对于环境的要求很高，白鹭能来石化企业里面安家，这说明石油化工行业也可以达到让白鹭喜欢的环境质量。

在石油树脂无废工厂方面，恒河新材料的石油树脂生产废物资源化及绿色装置，可综合利用有机废物、废液与煤浆旋流混合进入气化炉燃烧制氢，年制氢量达到3.6万标方。

在危险废弃物制高值化学品方面，浙江凤登绿能环保自主研发的"危险废弃物制高值化学品低碳技术"，每年危废利用规模达20万吨，产出锂电池用碳酸氢铵22万吨、低碳氢气4000万标方，捕集液体二氧化碳9万吨，碳减排幅度达到75%，真正实现了"变废为宝"。该技术成果经鉴定属世界首创，总体达到国际领先水平，破解了危险废物种类多、成分复杂、低碳利用难等难题。

除了燃料、原料替代，未来绿色化工可进一步探索石油装置中分子管理的经济价值，实现低碳绿色炼化一体化。此外，巴西同仁刚才提到的将生物质转化为燃料的路线，目前我们也在积极推进。我们希望通过绿色设计，将地下原料燃料"线性消耗"的旧模式，升级为地上原料燃料"循环利用"的新模式，期待与各界同仁携手，朝着"让地球更美好"的共同目标努力。

最后，欢迎各位到访华东理工大学，谢谢大家！

面向可再生能源转型的系统思考

毕晓涛　加拿大工程院院士、不列颠哥伦比亚大学化学工程与生物工程系教授、UBC清洁能源研究中心主任

为了实现能源转型，需要提高能源利用效率、发展可再生能源、推进电气化。加拿大提出了2020年实现碳达峰、2050年实现碳中和的目标，为了实现这一目标，需要将绿色电力和生物燃料供应都提高20%。中国提出了2030年前实现碳达峰、2060年前实现碳中和的目标，为了实现这一目标，需要大幅降低煤炭等化石燃料

的占比。加拿大和中国要大力发展风电、光伏和储能技术，并开发高效、低成本的生物燃料转化技术。

尊敬的各位来宾，非常荣幸受邀参加本次会议，我分享的主题是"面向可再生能源转型的系统思考"。

首先，关于能源转型，国际可再生能源机构提出了在2050年实现净零排放的目标，并根据这一目标制定了解决方案。能源利用效率的提高对实现净零排放的贡献度为25%，正如之前几位演讲嘉宾所言，中国企业的能源利用效率普遍偏低。此外，可再生能源对实现净零排放的贡献度为25%，电气化的贡献度为20%，氢能的贡献度为10%，生物碳捕集的贡献度为14%，化石碳捕集的贡献度为6%。氢能来自哪里？通过电解水可以生成氢，但这种情况需要消耗额外的电力，如果没有电气化，就不能实现氢能的获取，因此电气化的总贡献度可达30%。

我有两个问题想与各位同仁探讨，一是如何实现电力系统的碳减排，二是如何优化利用可再生能源。接下来，我将通过两个案例来介绍当前的进展和策略。首先是加拿大，作为资源非常丰富的国家，如何进一步降碳？其次是中国，作为能源需求庞大的国家和全球制造中心，如何进行能源转型？

我要遗憾地告诉大家，加拿大未能实现《京都议定书》和《哥本哈根协议》确定的温室气体减排目标。现在，加拿大提出了新的目标：2030年的碳排放量比2005年降低40%，2050年实现碳中和。从2020年实现碳达峰到2050年实现碳中和，中间只有短短30年的时间，加拿大将采取怎样的策略和行动计划呢？

近年来，不列颠哥伦比亚省实施了面向2030年的"清洁不列颠哥伦比亚"行动计划。建筑、交通运输、工业等行业分别制定了降碳目标。例如，在电气化与氢能方面的目标是，2030年新销售的90%的小型机动车为纯电动车；在生物能源方面的目标是，2030年船舶与航空所用的30%的燃料为液体生物燃料。此外，在提高能源利用效率、减少二氧化碳直接排放量等方面，该地区也提出了具体的目标。从研究者的角度来看，我们要监督政府是否能够实现目标，以及如何实现既定的目标或完成行动计划。

首先关注能源的需求端，未来几年的能源需求还会增长多少？根据不列颠哥伦比亚省的数据，到2030年，随着人口和经济总量的增加，在没有干预的情况下，整体的能源需求还会继续增加；如果通过上述行动计划进行干预，则整体的能源需求有望保持稳定，同时能源结构也将朝着绿色化方向转型。

然后关注能源的供给端，不列颠哥伦比亚省拥有丰富的可再生能源吗？根据测算，绿色电力和生物燃料都存在20%的缺口，要么自给自足，要么依赖进口。政府制定了相应的目标，但有没有思考如何才能实现目标？我们通过研究，发现理想与现实之间存在着不小的差距。

如何将绿色电力供应量提高20%呢？不列颠哥伦比亚省目前还有很多尚未开发的水能，不过在加拿大建设一座水电站至少需要10年，已经来不及了。另一种选择是太阳能，不过由于纬度较高，加拿大的太阳辐射强度较低，因此也不合适。风能是唯一的可行选择，为了满足2030年的需求，我们需要加快建设风力发电机，并使风力发电装机容量以年均14%的速度快速增长。

如何将生物燃料供应量提高20%呢？要最大化利用现有的生物质能，可以通过生物质燃烧替代天然气的使用，可以将生物质用于发电，也可以用生物氢和生物燃料来替代现有的石油。哪种路径的降碳潜力最大呢？这需要根据从生物质能到不同能源的热转化途径，使用公式计算温室气体排放量的变化：

温室气体减排量＝被替代化石燃料排放量－生物质加工排放量。

通过以上简单公式，我们就可以知道每种路径的碳减排潜能有多大。可以看出，如果使用绿电进行生物质燃料的热转化，则生物质加工排放量将降低到0，温室气体减排量将达到最大。

根据计算结果去衡量现有的自然资源，这是我们对加拿大政府的整体建议。短期内（2030年之前），需要依靠风能额外供应20%的电力，并制定支持政策，鼓励使用生物质能进行工业、区域和住宅供热供暖，以取代天然气。从中长期来看（2030—2050年），要增加风能和太阳能发电量，并部署储能技术，以适应风电、光伏的波动性。要开发高效、低成本的生物燃料转化技术，使生物燃料应用于航空、船舶等长距离运输工具。

以上是加拿大的情况，再看中国，情况有所不同。2020年，中国提出了"二氧化碳排放力争于2030年前达到峰值，努力争取2060年前实现碳中和"的目标。2020—2030年，中国的年均经济增速预计在4.5%～5%，为了在2030年前实现碳达峰，中国计划在"十四五"时期将单位国内生产总值能耗降低13.5%。从碳达峰到碳中和，中国给自己定的目标是30年，与加拿大一致；美国和日本大约是40年；而欧洲国家大约是70年，因为他们早在20世纪80年代之前就实现了碳达峰，所以他们有更多的时间可以缓慢地降低碳排放。因此，中国确实有非常雄心勃勃的目标。

客观地说，中国制定的这个目标非常具有挑战性。这是因为在中国的能源结构中，煤炭、石油、天然气等传统化石能源依然占到70%～80%。如果要降碳，就要逐步降低以煤炭为代表的化石能源的比例。从中国不同行业的碳排放量来看，排放量最大的是电力生产；其次是工业，中国是制造大国，工业消耗了最多的电力；第三是交通。因此，要实现能源转型，中国必须首先进行工业转型，即从传统制造业和房地产业转型为高端制造业、服务业、旅游业、教育业等。

对中国的能源转型而言，降低煤炭的比例是重中之重。2023年，中国总体的电力碳排放强度（单位发电量的二氧化碳排放量）是583 gCO_2/kWh，而煤电的碳排放强度是1001 gCO_2/kWh。目前，中国60%的发电量仍然依靠煤炭。要实现碳达峰、碳中和的目标，首先需要持续扩大绿电的占比、降低煤电的占比，特别是要加快关停排放量大的小型煤电厂。

对绿电而言，目前中国的水力发电占比约为 16%，风力发电占比约为 7.8%，太阳能发电占比约为 4%，核能发电占比约为 4.8%。水电与核电相对稳定，但风电和光伏仍然面临着波动较大的问题，需要加快发展储能技术，以保证电力系统的供应平稳。此外，生物质发电也有很大的发展潜力，假如中国能将所有的生物质资源都用来发电，大约可以替代 13% 的煤电。

我们对中国能源转型的建议是，短期内（2035 年之前），大力发展光伏、风电，并通过生物质—煤混燃发电，实现生物质资源的利用，同时继续发展电动汽车；中长期（2035—2060 年）内开发更多光伏、风能，并建设更多储能电站，同时将生物质废弃物转化为液体生物燃料，以实现长距离航空和海上运输的脱碳。

由以上两个国家的案例可以看出，全球的生物燃料、绿氢、绿氨、绿色甲醇等可再生能源都存在短缺。同时，在清洁能源生产（如风力涡轮机、太阳能电池板、电解器、气化器等）和利用（如电动汽车、热泵）方面，存在对低成本、高效率设备的巨大市场需求。此外，为了建立安全的可再生能源供应链，很多国家或地区都出台了激励或补贴政策。

最后来谈一谈可再生能源相关物资或设备的全球贸易。据统计，木屑颗粒的主要出口国是加拿大和美国，主要进口国是英国和日本；废弃食用油的主要出口国是中国，主要进口国是美国；棕榈油的主要出口国是马来西亚和印度尼西亚，主要进口国是美国和欧洲国家；生物乙醇的主要出口国是巴西和美国，主要进口国是加拿大；太阳能电池板的主要出口国是中国，出口到全世界各个国家；电动汽车的主要出口国也是中国，但受政策限制，美国和欧洲国家不允许中国的电动汽车进入本国市场，因此只能出口到南美洲国家等发展中国家。

我们是否应该将废弃食用油、绿色甲醇和可持续航空燃料出口到其他国家？从经济层面来说没问题，因为低成本的生物燃料在全球市场上非常有竞争力，特别是在提供了大额补贴的国家。但是对出口国来说，它们同样需要通过这些绿色燃料降低本国的碳排放量，因此需要通过激励机制或关税保护措施，促进生物燃料的本国利用。

以上就是全部内容，欢迎大家前往不列颠哥伦比亚大学参观，谢谢大家！

泰国可持续航空燃料（SAF）的能源政策展望

努翁·楚拉库　泰国国家能源技术中心低碳研究组主任

泰国积极引入可持续航空燃料（SAF）以减少航空领域碳排放量，推动实现

> "2030年减排40%、2050年碳中和、2065年净零排放"的目标。泰国企业已启动SAF项目，并在机场设立供应SAF的设施。修订后的泰国国家能源计划提出，要通过3个阶段的努力，在2037年将SAF的占比提高到5%～8%。泰国将通过政策支持跨部门合作，吸引各方参与，共同推动SAF发展，加速降碳进程。

大家上午好！我来自泰国国家能源技术中心，非常荣幸能够在此发言，衷心感谢主办方的盛情邀请。泰国国家能源技术中心致力于进一步减少二氧化碳的排放。泰国正朝着到"2030年实现将温室气体排放量减少40%、到2050年实现碳中和、到2065年实现净零排放"的目标稳步前进。

我们发现，航空领域排放了大量的二氧化碳，应该成为推动碳减排的一个主攻方向。泰国拥有6000多万人口，平均每人每年排放约5吨二氧化碳。不过，假如一名泰国人前往法国参加奥运会再回到泰国，这个过程就消耗了其半年的二氧化碳排放指标。因此，泰国希望引入由可持续原料生产的可持续航空燃料（SAF），以实现航空领域碳减排50%～80%的目标。

如何使用相应的可再生材料制造SAF？一种方法是使用废弃食用油、棕榈油等油脂作为原料，通过氢处理酯类和脂肪酸（HEFA）技术、醇到喷气燃料（ATJ）技术等途径制造SAF。泰国和周边的马来西亚、印度尼西亚都是棕榈油生产大国，随着SAF需求量的不断增加，棕榈油的消耗量也在不断增加，需要平衡内部需求与国际出口之间的关系。另一种方法是通过二氧化碳加氢制造SAF，但这一过程需要绿电、绿氢等提供能量，难度较大。

在进行SAF项目规划时，需要考虑温室气体、碳汇、温室气体减排持久性、水资源、土地资源、大气资源、环境保护、废弃物和化学污染、地震影响、人权和劳动者权益、土地使用权、水资源使用权、地方和社会发展、粮食安全14项因素。要使用可持续性原料，并且从全周期维度整体评估SAF的减碳效果。

目前，泰国的几家民营企业已经启动了SAF项目。这些项目大多以废弃食用油为原料，既实现了"变废为宝"，也避免了废弃食用油被不法食品加工商二次利用，生产出对人体健康有害、甚至存在致癌风险的不合格食品。我们也开展了一些合作项目，包括与日本公司的合作。

泰国及其他许多国家的机场通常设有燃料储备设施。泰国的主要机场均设有两套燃料储备设施，一套供应传统航空燃料，另一套供应SAF，航空公司可以在二者之间自由选择。在这一过程中，我们始终致力于维护基础设施的安全和高效运行。据我所知，其他一些国家也纷纷效仿泰国的做法，实现了SAF的供应。泰国的交通运输政策规划办公室负责制定交通政策和未来交通计划，政策制定过程也得到了德国国际合作机构（GIZ）的协助。泰国致力于营造一个开放包容的市场环境，形成跨部门、跨行业的合作机制，推动二氧化碳排放量持续降低。

近期，泰国的国家能源计划已被修订，并将 SAF 纳入其中。第一阶段是 2026—2029 年，目标是将 HEFA 技术应用于 SAF 的生产，同时使 SAF 的占比达到 1%～2%。第二阶段是 2030—2032 年，目标是将 HEFA 和 ATJ 技术应用于 SAF 的生产，同时将 SAF 的占比提高到 3%。第三阶段是 2033—2037 年，目标是通过 ATJ 技术促进 SAF 产能的扩大，同时在全球范围扩大 SAF 的需求，将 SAF 的占比提高到 5%～8%。例如，新加坡在航空领域减碳方面也非常积极，新加坡机场对于起降航班的碳排放有明确要求，这些航班就可以使用由泰国生产的 SAF。我们期待，2037 年的 SAF 每日使用量将达到 186 万升。

最后简单做一下总结。SAF 为航空领域的减碳提供了重要途径。可靠和可持续的原料供应对于大规模推广 SAF 至关重要，我们需要获取兼具经济性和可持续性的原料。政府部门和私营企业需要共同努力来应对挑战，政府负责制定交通发展规划和相应的投资计划，希望能够吸引到更多利益相关方，如航空公司、飞机制造商及机场等，需要各方的共同合作才能推动政府关于 SAF 的计划早日实现。航空业向 SAF 的转型离不开可持续的融资模式，如为 SAF 提供税收减免或补贴。

我们深知，航空领域的能源转型必须开始。我们要向民众广泛宣传能源转型的重要意义，让大家知道目前一架飞机从泰国飞到法国的碳排放量，以及通过降碳可以减少的碳排放量。我们希望通过非常简单的模型向民众宣传减碳计划，谢谢大家！

钙钛矿叠层组件产业化进展报告

范斌　昆山协鑫光电材料有限公司董事长

> 光伏产业中，光伏组件成本占系统总造价的比重持续降低，提升光电转换效率是未来降低光伏成本的核心路径。晶硅太阳能电池的光电转换效率已接近理论上限，钙钛矿技术是未来进一步提升太阳能电池效率并实现商业化应用的唯一选择。昆山协鑫光电材料有限公司自 2013 年起开展钙钛矿技术研发，目前在 2 m^2 的钙钛矿单结组件上达到了 19% 的光电转换效率，在 2 m^2 的钙钛矿/晶硅叠层组件上达到了 26% 的光电转换效率。未来，钙钛矿/晶硅叠层组件将达到更高效率并加速市场化，为光伏产业带来质的飞跃。

各位专家、各位朋友，大家上午好，我非常荣幸向大家分享我们在钙钛矿太阳能电池方面的技术进展。

首先介绍光伏产业的现状。我们发现，在光伏电站的建设过程中，光伏组件本身的成本占比并不高。在中国，几年前光伏组件的成本占系统总造价的50%～60%。当前，随着光伏组件成本的持续下降，即使是在劳动力成本较低的中国，组件成本占系统总造价的比重也降到了30%以下；而如果是在劳动力成本较高的欧洲、日本等地区，该比例甚至低于10%。这说明，光伏电站系统的成本主要来自土地、人工、支架等辅助因素，作为发电主力的光伏组件成本占比并不高。

在此背景下，进一步降低光伏组件成本对降低光伏系统整体造价和光伏度电成本的意义已较为有限，更重要的是光伏组件光电转换效率的提升。根据市场数据，组件效率每提升1百分点，光伏系统整体造价可降低约5分钱；另一种算法显示，光电转化效率每提升1百分点，光伏度电成本可降低7%。由此可见，提升光电转换效率是未来降低光伏成本的核心路径。

如何进一步提升光伏组件的光电转换效率？晶硅太阳能电池的实验室效率在2016年为26.8%，目前仅提升至27.3%，平均每年提升幅度小于0.1百分点。这表明，晶硅太阳能电池的实验室效率已接近29%的理论上限，未来难以实现重大突破。与此同时，钙钛矿太阳能电池展现出巨大潜力。目前，钙钛矿太阳能电池的实验室效率已达26.4%，非常接近晶硅太阳能电池的实验室效率。更重要的是，钙钛矿/晶硅叠层电池的效率已达到34.6%，显著高于晶硅单结电池的效率。钙钛矿单结电池的理论效率上限是33%，而钙钛矿/晶硅叠层电池的理论效率上限是45%。由此可见，若要进一步提升太阳能电池效率并实现商业化应用，钙钛矿技术是目前唯一可行的选择，其他技术难以在降低成本的同时实现效率提升。

接下来介绍我们协鑫光电材料有限公司的发展情况。2013年，我们公司开始从事钙钛矿太阳能电池的研究，是全球最早开展钙钛矿太阳能电池产业化开发的企业之一。2016年，公司从厦门迁至苏州，并于2019年迁至昆山。目前，我们的股东包括凯辉、宁德时代、腾讯、红杉、IDG等一线投资机构。2023年，我们已顺利实现对股东的承诺，即在2 m^2 的钙钛矿单结组件上达到了18%的光电转换效率。

我们正在不断缩小实验室级别的小尺寸组件与产业化应用的大尺寸组件之间的光电转换效率差距。2018年，我们研发的65 cm×45 cm尺寸钙钛矿组件的光电转换效率仅为13%，到了2021年，该尺寸钙钛矿组件的光电转换效率已提升至17%。2021年，我们研发的2 m×1 m尺寸钙钛矿组件的光电转换效率仅为10%，比小尺寸组件整整低了7个百分点。经过不懈努力，2023年11月，我们研发的65 cm×45 cm尺寸钙钛矿组件的光电转换效率已提升至20.6%，2 m×1 m尺寸钙钛矿组件的光电转换效率已提升至18%，二者之间仅相差2.6个百分点，这充分体现了我们在量产技术上的显著进步。2024年3月，我们研发的2 m×1 m尺寸钙钛矿组件的光电转换效率达到了19%，实现了380 W的功率输出，该结果经过了中国计量科学研究院的认证。

以上是我们在大尺寸钙钛矿单结电池方面取得的成就，接下来介绍钙钛矿/晶硅叠层电池。我们知道，晶硅太阳能电池的结构，中间是串联在一起的晶硅太阳能电池片，两侧由两层胶膜和两层玻璃将其层压在一起。而钙钛矿/晶硅叠层电池的结构，是将钙钛矿组件置于前板玻璃与胶膜之间，晶硅组件的结构保持不变。我们的长期目标是将量产叠层组件的光电转换效率提升至35%以上。目前，量产晶硅单结组件的平均光电转换效率为22%～23%，这意味着叠层组件的光电转换效率有巨大的提升空间。与此同时，对于钙钛矿/晶硅叠层电池，我们公司首创的并联方案可兼容异质结、背接触等所有晶硅路线，可见我们并不会替代现有的晶硅产能，而是要对其进行赋能，通过钙钛矿产业与晶硅产业的融合发展推动光伏发电成本的持续下降。

目前，我们开发的 $0.2~m^2$ 实验室尺寸钙钛矿/晶硅叠层组件的光电转换效率最高纪录为27.34%，$2~m^2$ 商业尺寸叠层组件的光电转换效率最高纪录为26.36%。我们计划在明年将叠层组件尺寸扩大至 $2.88~m^2$，与现有的晶硅单结组件标准尺寸一致，并进一步提升叠层组件的光电转换效率。从正面看，我们的叠层组件是全黑色的，太阳光将先穿过钙钛矿层，再到达晶硅层。

在成本方面，钙钛矿/晶硅叠层组件在玻璃和胶膜的用量上与晶硅单结组件完全一致。我们只是在晶硅单结组件的结构里额外引入了钙钛矿层，成本就预计将上升20%～25%，但未来叠层组件的光电转换效率预计可提高60%，届时叠层组件的单瓦成本将比晶硅单结组件降低20%以上。此外，若组件效率显著提高，则达到相同电站规模所需组件的数量将相应减少，土地、支架和人工成本也将随之下降。因此，钙钛矿技术的发展有助于光伏技术实现质的飞跃，是效率进一步提升和成本进一步降低的关键步骤。

最后介绍组件级叠层的概念。钙钛矿与晶硅的叠层方式分为串联、四端和组件级3种。通过理论计算可知，四端和组件级叠层的理论效率上限略微高于串联叠层。同时，如果采用串联叠层方式，钙钛矿材料的带隙宽度必须严格控制在 1.7 eV 左右，只要稍有偏离，叠层组件的光电转换效率就会大幅下降。而如果采用四端和组件级叠层方式，只要将钙钛矿材料的带隙宽度控制在 1.4～2.2 eV，叠层组件就都将保持较高的光电转换效率，也就是钙钛矿材料配方的调节空间将远远大于串联叠层组件。

为了实现这些目标，我们需要进行材料配方优化、电极优化和光学优化，并引入大量人工智能手段进行开发。我们建设的全球首条钙钛矿 100 MW 产线于 2021 年投产，生产的是 $2~m^2$ 的钙钛矿单结组件；同时，我们正在建设首条 GW 级叠层产线，预计将于今年投产，将生产 $2.88~m^2$ 的钙钛矿/晶硅叠层组件。

回首过去，我们在 2021 年首次建成 $2~m \times 1~m$ 的大尺寸钙钛矿组件产能，但光电转换效率仅为 10%；2022 年，该尺寸钙钛矿组件的光电转换效率提升至 14%；2023 年，该尺寸钙钛矿组件的光电转换效率提升至 18%，同时 $0.2~m^2$ 叠层组件的光电转换效率达到 26.3%；2024 年，$2~m \times 1~m$ 大尺寸叠层组件的光电转换效率达到 26%。2025 年，我们计划在 $2.4~m \times 1.2~m$ 大尺寸叠层组件上实现 27% 以上的光电转换效率，届时，钙钛矿/

晶硅叠层组件将加速进入市场。谢谢大家！

保加利亚氢能技术和电动汽车充电基础设施的发展

维克多·伊万诺夫·博耶夫　保加利亚科学院电化学和能源系统研究所副所长

> 保加利亚科学院电化学和能源系统研究所在锂电池、超级电容器、氢燃料电池、能源材料、电化学理论等领域开展了深入研究，并在铅酸电池领域取得了国际认可的成就。在氢能技术领域，研究所在电解槽、燃料电池、氢能储存系统和氢能基础设施等方面开展研究，主要有以下3项成果：一是设计了基于固体聚合物电解质膜（PEM）的电化学氢能压缩机，实现了高压、高纯度氢气的获取；二是将无轨电车改造为氢燃料电池/蓄电池混合动力客车，在氢燃料电池传动系统技术方面积累了丰富的经验；三是建设了包含氢能加注站的户外综合能源实验室，并提供了电网模式和孤岛模式2种运行模式。研究所期待与中国及其他国家的机构和组织建立战略合作伙伴关系，通过技术交流和合作推动可持续发展和低碳技术进步。

女士们、先生们，大家好！我是保加利亚科学院电化学和能源系统研究所的副所长，感谢主办方的邀请。由于健康原因，我无法现场出席今天的会议，但是非常荣幸能以视频的方式向大家分享保加利亚氢能技术和电动汽车充电基础设施的发展情况。

保加利亚科学院电化学和能源系统研究所位于首都索非亚，自1967年成立以来，经过57年的发展，已成为保加利亚电化学和能源系统领域的权威研究机构。研究所在锂电池、超级电容器、氢燃料电池、能源材料、电化学理论等领域开展了深入研究，并在铅酸电池领域取得了国际认可的成就。研究所不仅与日本、美国、挪威等国家的多家公司合作申请了多项专利，还与中国等国家保持紧密合作。例如，我们与淄博火炬能源有限责任公司进行了技术合作，我们撰写的《铅酸蓄电池科学与技术》一书也被翻译成包括中文在内的多种语言。

我们研究所开展的研究工作与欧洲能源转型及绿色技术密切相关。2020年前后，欧盟通过一系列关于绿色转型与可持续发展的战略性文件。欧盟计划在2030年将温室气体排放量较1990年减少55%，2050年实现碳中和。《氢能路线图》等文件强调了氢能技术的重要性，作为能源转型的关键技术，氢能将有助于实现可持续和低碳发展的未来。

保加利亚国内有两份关于节能降碳的战略性文件，一是保加利亚的复苏和韧性计划，二是国家氢能路线图。根据这两份文件，到2025年保加利亚计划拥有120辆氢燃料电池车、5座氢能加注站及2个氢谷项目（氢谷项目预计在2026年完成），到2030年氢燃料电池车的数量将增加至 600 辆、氢能加注站的数量将增加至 14 座。目前，保加利亚已有 1 辆氢燃料电池车和 1 座氢能加注站。

我们研究所目前的研究工作主要集中在氢能技术领域，涵盖电解槽、燃料电池、氢能储存系统和氢能基础设施等方面。这些研究是氢能生态系统的一部分，涉及氢能储存、运输和使用。截至目前，我们有 9 个欧盟投资的项目正在运行，并与超过 15 个国家开展合作，充分体现了我们研究所在推动保加利亚氢能技术发展中所发挥的重要作用。

最近几年，保加利亚主要资助了 3 个氢能技术项目，包括科研基础设施计划的"能源储存和氢能"项目，国家科学计划的"交通运输和民用低碳能源"项目，能力中心的"清洁能源制备、储存、利用的技术与系统"项目。我们研究所在这些项目中扮演了至关重要的角色，接下来对其做详细介绍。

我们的第一项研究工作是实验室级别氢能压缩机的研发和设计。基于电解槽和燃料电池领域的经验和专业知识，我们设计了基于固体聚合物电解质膜（PEM）的电化学氢能压缩机，利用纯电化学过程实现了氢分子的质子化。PEM 的功能是作为质子传导的介质，当阳极一侧有低纯度氢气输送进来时，氢分子将在阳极质子化，质子通过 PEM 传导到阴极，并重新被还原为氢分子。阴极一侧完全密封，随着氢气的不断生成，阴极一侧的气压将持续升高，从而获得高压、高纯度的氢气。PEM 对氢分子具有高选择性，阴极生成的氢气体积纯度可达到 99.72%，且压力可达到十几个大气压。该技术同时具有高电流密度、高能源效率、低欧姆电阻和无噪声等优点，但其缺点是 PEM、气体扩散电极（GDE）的耗材成本较高，PEM 由 Nafion 膜、PBI 膜组成，GDE 则含有铂颗粒。压缩机样机有单电池型和堆叠型两类，堆叠型压缩机的工作温度范围为 20～80 ℃。可以看出，电解槽制备的低纯度氢气只有 1 个大气压，而经过堆叠型压缩机之后的高纯度氢气最高可达 16 个大气压，且氢气纯度大于 99.97%。通过不断地测试，我们确定了堆叠型压缩机各部分的气压，我们希望压缩机内部的氢气压力能够均匀升高，从而延长 PEM 的使用寿命。未来，我们将进一步开发选择性催化剂，特别是基于非贵金属催化剂，并优化气体动力学设计，提升压缩机的整体性能。

我们的第二项研究工作是将无轨电车改造为氢燃料电池/蓄电池混合动力客车。这项工作通过氢混合增程技术对无轨电车进行改造，体现了保加利亚氢燃料电池技术在交通运输领域的应用潜力。从经济角度看，这项工作对旧有车辆进行了更新改造，并在氢燃料电池传动系统技术方面积累了丰富的经验。此外，我们为混合动力客车的氢燃料电池传动系统开发了相应的数学模型和测试台架，并建立了 3D 模型以展示无轨电车升级后的外观。这项工作的燃料电池来自加拿大巴拉德动力系统公司。我们将氢燃料电池与现有的无轨电车线网相结合，改造后的混合动力客车可以在两种独立模式下工作，一种是现有的集电杆搭接线网获取电能的模式，另一种是燃料电池模式。未来，我们将进一步优化数学模型，将氢燃料电池传动系统技术应用于重型越野车辆上，并尝试将这些经验应用于氢燃料电池机车的试点项目，同时寻求与业界的进一步合作。

我们的第三项研究工作是氢能基础设施建设。我们在首都索非亚建设了首个氢能加注站，这是保加利亚氢能基础设施的早期项目之一。目前，保加利亚境内只有这一座氢能加注站，而距离最近的一座加注站位于650千米外的匈牙利首都布达佩斯。一辆HYUNDAI（现代）品牌的NEXO氢燃料电池车，加注氢能后的最大续航里程为550千米，这意味着它在保加利亚加注氢能后没有办法到达下一个加注站。保加利亚目前建设的这一座氢能加注站适用于卡车、公交车等大型车辆的低压加注，以及小客车的高压加注。需要指出的是，这座氢能加注站并不是独立的设施，而是户外综合能源实验室的一部分。该实验室还包含太阳能电池板、风能发电机模拟器、电化学储能系统等模块，用于研究清洁能源的制备、储存和利用。通过这种设计，我们可以研究可再生能源的来源，以及如何通过电化学储能、氢储能等方法将其储存起来。该系统有电网模式和孤岛模式两种运行模式。在电网模式下，该系统可以直接与电网进行能源交换；而在孤岛模式下，该系统则独立运行，适用于没有电网或电网不稳定的情况。孤岛模式由不同的储能系统支持，如铅酸电池、锂电池、液流电池、飞轮储能系统和超级电容器等。这种设计为每个系统提供了单独研究或与其他系统进行综合研究的灵活性，也为电网融合和独立运行提供了可行的解决方案。

我们期待与中国及其他国家的机构和组织建立战略合作伙伴关系，通过技术交流和合作推动可持续发展和低碳技术进步。我们可以在低碳技术领域开展联合研发项目，进行知识分享与经验交流，通过示范项目展示创新低碳解决方案，或者合作建设基础设施以支撑科学研究和性能测试。

最后，我要向我们氢燃料电池部门的科研人员致敬，并对他们分享的信息表示感谢。谢谢大家！

第 17 章

上海国际计算生物学创新论坛：计算生物学赋能生物医药创新

1 论坛概况

2024浦江创新论坛上海国际计算生物学创新论坛于9月9日在张江科学会堂举行。

计算生物学作为推动生命科学发展的重要学科，具有巨大应用潜力和市场价值，各国也高度重视计算生物学发展，尝试利用计算生物学方法和技术破解生物医药行业的难题。上海作为生物医药科技创新实力最强、活力最足的区域之一，需要配置核心要素资源、吸引全球人才、抢占制高点，实现计算生物学高质量发展，进一步赋能生物医药科技创新和产业发展。

本论坛旨在搭建提升上海计算生物学创新水平的资源对接与生态服务平台，吸引全球计算生物学相关领域人才，通过强化学科交叉、交流创新前沿、挖掘场景需求、迸发创新火花，提升上海计算生物学综合实力和竞争力，进一步赋能生物医药科技创新和产业发展。

2 嘉宾演讲实录

离子通道药物研发——AI时代的创新和机遇

王长元　中国人民银行上海总部货币信贷调研部副主任

> 离子通道发挥着非常重要的作用，迄今为止它已经成为重要的药物靶点家族之一。

大家好，下面我给大家汇报一下我们在离子通道方面的研究进展，特别是回顾一下我们在与人工智能相互结合、相互促进方面的工作。

1984年，人类首次克隆了第一个离子通道，从此开启了离子通道研究和药物研发的新篇章，请大家注意这真的是开辟了药物研发的时代。至此之后，历时近40年，人类已经克隆出来大约400个离子通道，在人类基因组中有400余个编码离子通道的基因，是一个庞大的家族。

离子通道发挥着非常重要的作用，迄今为止它已经成为重要的药物靶点家族之一，这张图所示为一个不完全统计情况，在临床上的药物约有18%是靶向离子通道的，常见的药物大致可以分为以下几个类型，其实很多药物类型大家都非常熟悉：

① 抗心律失常药物；

② 镇痛药物；

③ 抗癫痫、抗惊厥药物；

④ 降血压药物。

除此之外，还有抗肿瘤药物、皮肤病药物、肾脏药物也是靶向离子通道的，离子通道作为重要的药物靶点家族一直备受国际大制药公司关注。过去10余年，美国FTA批准的离子通道药物如这张图所示，近期大家特别关注的是十几年来第一个外周镇痛离子通道药物——Vertex公司的VX-548。大家知道，20余年来镇痛药物已经没有新型药物靶点被发现了，而镇痛药物目前来讲仍然是人类和制药界面对的痛点，大家都知道美国的阿片危机及面对全世界各种癌症晚期患者是非常痛苦的。

给大家分享一个实例，来说明一下离子通道药物是多么重要。这个药物叫"普瑞巴林"，它的分子结构非常简单，有点类似我们的神经递质GABA，这个药物的商品名叫"Lyrica"，在美国是家喻户晓的一个镇痛药物。这个药物2004年被批准上市，它是非常独特的离子通道药物，作用在钙离子通道独特的亚基上，用于治疗神经痛，接下来有一系列的新增药物被逐渐批准。该药物是迄今为止最成功的离子通道药物，也是最成功的镇痛药物。它的峰值销售额达到了 78 亿美元 / 年，现在它专利到期后每年的销售额仍有 20 亿美元，这是迄今为止在镇痛领域小分子药物难以企及的高度。

相比国际离子通道药物，我们中国的离子通道药物还处于相对追赶的阶段，客观地讲是起步阶段，我们的离子通道药物研发和离子通道研究绝大部分在大学和科研机构，目前来讲没有和国际中小型离子通道专业药物公司相媲美的公司。

上海药物所一直以来非常重视离子通道药物的研究，我的博士生导师就是在药物所开展离子通道药物研究的。我大概 2010 年回来，那个时候药物所决策建立了上海药物所离子通道药物研发平台，我们的陈凯先院士、丁健院士、蒋华良院士都是那个时候的决策者。我们建设这个平台大概历时 5 年，投资数千万元，其到今天为止仍然是系统完备、综合能力最高的离子通道药物研发平台，它使国内的科研机构第一次具备了从源头开展离子通道药物研发的能力。

这个平台主要依托相对经典的计算生物学和人工智能的方法，通过更加传统的高通量筛选、基于荧光的全自动电生理及手动膜片钳等方法进行离子通道药物的研发。我们建立这个平台投以重金，不光是硬件，更重要的是我们培养了一支有较高科学素养的团队，搭建了稳定的离子通道研究平台。从离子通道的发展角度来讲，我们认为离子通道是一个无尽的还处于起步阶段的研究领域。

大家看一个统计数据，离子通道总共有 400 余个成员在人体中，仍然有一半的功能未知，即使我们的冷冻电镜已经这么的强有力，仍然有很多离子通道结构是未知的，到今天为止每年仍然还有新型离子通道结构被鉴定出来。因为这些功能未知，所以药物研发还有很长的路要走。

我们这个平台做了什么工作？我们这个平台的第一份工作或主要工作是发现新型离子通道，如今天的计算生物学创新大赛瞄准的靶点是 NMDA 通道，这个通道是由外国科学家首次发现和克隆的，如果我们要推动原始创新，就必须要有由中国科学家发现、鉴定和理解的通道，我们这个平台迄今为止发现了 4 个新型离子通道，接下来快速给大家过一下。

(1) Clcc1

Clcc1 是 30 余年来第一个内质网的阴离子通道，大家知道内质网是释放钙离子的，它需要平衡的阴离子通道，我们团队第一次鉴定出来 Clcc1 是一个阴离子通道，并且发现了它和渐冻症可能存在的相关性。整个项目历时 8 年，我的一个学生读完博士时还没有完成。

(2) 新冠病毒离子通道 2-E

大家知道新冠病毒在过去几年深刻影响了全球，我们的一份工作就是证明新冠病毒基因也可编码一个离子通道，我们也找到了小分子激动剂可以有效抗病毒，且在体内外都有活性，特别是我们发现它有自己的新型特点。例如，这个病毒会诱导细胞产生很大的囊泡，和细胞一样大的囊泡，囊泡里装着活病毒颗粒，然后就可以看到抗体抵抗病毒传播的过程。

我们发现这个事情之后获得了国际同行的认可，那个时候我们没有解析出来，但我们的同行MIT的教授把结构解析了出来，从而使我们的研究完成了闭环。这份工作我们从基因通道发现开始，完成了它的功能研究，完成了小分子发现，基本完成了候选药物的研究，实现了原始创新的基本闭环，可惜的是我们这个离子通道并没有真正走向临床，用到患者身上去，因为很多形势都在发生变化。

在药物研发方面我讲的主要是我个人参与合作的工作，还有很多的同行工作、同事工作没有放进来。我们这个离子通道药物迄今为止有两项研究，有一项正在开展，两项研究都完成了一期，二期还有多项临床前研究。大家看一看，两个抗癫痫药物正在推进二期临床试验，整个管线也有一些创新，针对我们自己克隆和发现离子通道推动药物的研发工作是非常困难的，我们的很多通道既没有结构也没有小分子调节剂，所以我们期待通过本次交流和大家沟通，大家有兴趣可以跟我们探讨。

我们的药物所平台协调非常荣幸得到了上海市科技委员会和上海市生物医药科技产业促进中心的认可，承担了本次大赛的湿实验的验证工作。

谈到离子通道，我是原创新药研究全国重点实验室主任，在我们这个实验室改组的过程中上级要求我们加了两个字"原创"，为什么叫原创？我们知道中国的生物医药经过长足发展目前稳居第二方阵的前列，我们与第一方阵最大的差距是原始创新药物的研发，这是我们的重大短板。

我们这个实验室是2023年初获得科技部的正式批复，被命名为"原创新药"，当时我们的陈凯先院士是这个名字重要的决策者。我们作为原始创新药物是"一揽子"通盘考虑，有众多策略和众多规划在执行，其中最重要的一点是计算生物学和人工智能方面，上海药物所一直非常重视计算生物学和人工智能在推动原创药物方面的角色和它发挥的功能。药物所早在2000年就成立了药物发现与设计中心，这个中心也是陈凯先院士创建的。这么多年来，这个中心在计算生物学和药物设计方面取得了丰硕的成果，由于时间问题我不一一介绍了。

我本人也在最早的时候参与了计算生物学和药物研发的合作，我只是讲了我博士期间的一份工作，大家请看此图。这份工作在2003年左右启动，当时我们就开展了基于结构的虚拟筛选，当时叫Virtual Screening，我在读书时代标注了我的导师是经典传统的电生理离子通道学者，我与蒋华良院士做了这份工作，找到了一些小分子调节剂，这是国内比较早的把计算生物学和离子通道研究紧密结合的工作之一，我回国后和相关同事又做了一系列工作，在各个方面累计发表科研论文十几篇，当然我们更期待的是计算生物学真正用于药物研发。

本次特别感谢科委和生物医药创新中心让我们作为本次大赛的出题人之一，我们建议选择一个离子通道作为我们此次大赛具有挑战性的靶点。下面，我来介绍一下凌越，凌越是我们的品牌，我们在实验室重组之后启动了"凌越"计划，它是一揽子的行动方案，包括领航、天梯、奇点，我们非常荣幸在药物筛选方面由"凌越"冠名，我们在出题之初希望这个题目具有充分的挑战性，给选手以发挥的空间，大家知道，第一是这个通道没有结构，我们出题的时候还没有任何结构；第二是功能几乎未知，没有人说它是什么，以便确定一个研发方向。我们希望此次大赛能够给国内计算生物学的青年才俊们施展才华的空间。

这个通道很多人都有了解，大家知道 GluN3A 亚型通道或通道亚型实际上是谷氨酸受体通道庞大家族的一个亚型，只是近些年才被首次克隆，也是国外的科学家克隆出来的，大家报告了一些可能和某疾病相关的小分子，但是选择性都不好。因此我们团队特别感兴趣，这么一个新发现的通道是否能够作为新型药物靶点。

经过此次大赛，我特别欣喜地看到我个人基本实现了赛事的初心，我们发现了一大批有创新思想、颠覆性思维的团队和同学，提出了一系列具有创造性的技术路线，共有 86 支团队参加，针对 1800 余个化合物开展了各种各样的技术路线，绝大部分都把人工智能很好地融入到整个技术路线中，最后发现超过 1000 个活性分子，其中有很多分子最后被证明具有较好的活性和选择性。

今天祝贺各位获奖的同事，我们期待这次大赛只是一个起点，只是一个启动的时刻，接下来同事和同学们将继续进行算法的更迭，继续提升分子的活性，进而真正地回答 GluN3A 通道亚型可能的生理、病理功能，从而推动候选药物的研发。

最后提四点展望，即如何把计算生物学和人工智能与离子通道药物研发更好地融合在一起。

第一，在座的各位有很多在做深层次的模型，我们能不能做一个生成式离子通道药物发现模型？生成式离子分子发现已经成为了现实，那么在离子通道领域如何实现候选分子的发现？我想这是一个尚待完成的新课题。

第二，离子通道的动态行为学解析。今天上午我听了很多参赛选手的报告，大家是人工智能领域非常好的专家，但是对于蛋白的了解，以及蛋白靶点本身的特征和离子通道本身的特征的了解，我个人认为大家理解得不是特别深刻，也比较遗憾大家没有在这个过程中与离子通道的专家去讨论。离子通道相对于其他药物靶点的蛋白修改有非常不同的特征：第一，它是量子式的，它有一个开关，是一直开或一直关的状态；第二，它的动态特征非常复杂，在离子通道领域是一个长久的命题，虽然现在解析了这么多的静态结构，但是对于离子通道动态上如何调控一直是一个未解之谜。

第三，离子通道的病理机制解析。我们若想说明一个通道是否为潜在的药物靶点，则对它的病理机制或疾病机制的解析是至关重要的。人工智能在理解了离子通道动态的机制，找到了小分子探针之后，还可以做什么？我特别期待同事们能够在前两者的基础上推动和离子通道病理相关的这一类疾病的机制解析,这也是我们在开发真正的原创药物中绕不开的一步。只提出分子、靶点却不知道机制,这作为一个原创药物是不可能站得住脚的。

第四,从我的角度来讲更加激动人心,更加给予重大期待,也更加具有挑战性。我刚才讲过,现在人类离子通道的基因编码家族已经扩展到了 400 余个,近 10 年来全球又报告了 18 个新型离子通道,其中 4 个是我们团队或合作或为主报告的。但是我们报告的这些通道还没有一个能成为药物靶点,所以几乎所有重要的离子通道鉴定功能和小分子发现、药物研发都是国外的科学家主导的,还有没有新型离子通道呢?我们的经验证明还有很多新型离子通道,几乎每年都会有 1 个以上的新型离子通道被发现、被克隆、被鉴定出来。但是现在的鉴定手段是非常传统的,我们很多时候是依赖经验或依赖经典的分子克隆手段,或是依赖其他传统手段,或是偶然发现的。那么人工智能可不可能帮助我们挖掘新型离子通道呢?

我想提醒一下,这些所谓的离子通道可能和我们现在已知的所有离子通道类型都是完全不同的。比如说我们找到了新冠病毒里的离子通道,我们现在的研究不仅在做新冠病毒,还在做很多病毒,我们发现几乎每一个病毒的基因组都编码 1 个以上的离子通道,可是病毒的离子通道在全球的知识领域中几乎是完全空白的,比起其他学科领域,如果说其他学科长到 10 岁了,那么病毒的离子通道领域大概还在 0 天。但是病毒的种类又特别多。据不完全估计,病毒按种来算大概有数百万种,按属级来算大概也有若干个,特别庞大,在庞杂的基因中,在功能位置、结构位置类型也不知道的情况下,挖掘出潜在的新型病毒离子通道是非常具有挑战性的工作。我们正在和国内非常顶尖的人工智能团队开展深度合作,我们也欢迎更多对此感兴趣的老师、同学去寻找真正的原创,去寻找真正由我们国家的科学家团队挖掘出来的新型离子通道,找到新分子,发现候选药物,搞明白它的病理机制,最后推出中国原创的靶向离子通道的新药,期待我们有机会携手合作。

谢谢大家!

基于人工智能的药物发现平台开发,以心脏保护疗法为例

彼得·费迪南迪　匈牙利赛梅维什大学副校长

> 我们有一个专有的人工智能驱动的药物开发平台,不仅可以用于心血管相关的适应证,还可以用于肿瘤学相关的适应证,以及寡核苷酸药物序列相关研究。所以微小 RNA 的研发具有非常好的潜力,我们团队经验也非常丰富,拥有数十年的药物研发相关经验,能够很好地进行从药物开发到二期临床概念验证的试验。

这是我今天分享的提纲，首先我会给大家介绍一些关于我们的微小 RNA 的知识产权，包括不同小核酸类型，还有人工智能驱动的药物研发平台。后续我们可以找到更多序列来供制药行业使用，同时我们也在缺血性心脏病方面有所研究和开发。因为每年会有 800 万缺血性心脏病患者，我们的首轮投资已经拿到了 600 万欧元，我们现在要进一步持续投资 150 万欧元。

我们看到缺血性心脏病是全球非常可怕的健康杀手，我们这些产品很可能会成为爆款。可以看到对于心梗，现在世界上尚无治愈性疗法，另外我们可以看到产品的市场价值，包括急性心梗、心衰，因为心梗之后可能会出现心衰的问题，我觉得这在中国实际上也是心血管疾病的一大负担。

如图所示，这是我们的管理团队，我们有来自世界各地各个领域的专家，可以看到我们有首席创新官还有项目负责人，包括我们转化项目的负责人等。在新冠疫情期间我们开始了针对 mRNA 的技术开发和深挖，用于新冠疫苗的开发，我们使用 mRNA 的手段开发出的疫苗获得了诺贝尔奖。

现在我们有超过 20 项临床试验在开发 10 种靶向 mRNA 靶标。可以看到我们现在在做二期关于心衰的研究，有一个产品最近被诺和诺德以高达 10.25 亿欧元的价格收购，还有一个项目是处于一期对心衰部分进行的研究，还有聚焦更多外周动脉疾病的研究。

就我自己和我们公司来看，我们公司内部有人工智能驱动的药物开发平台，可以创造更好的竞争价值，我们有自己的内部设施，有专业的知识和技能开发我们的 mRNA 疗法，从分子发现到 RNA 的一些概念验证研究，我们都可以自己做。同时我们在心脏病领域有深厚的专业知识，我们从 2003 年以来在这个领域完成了 350 多个临床前和临床的项目，我们有人工智能驱动的药物发现工具，包括我们专有的平台。

可以看到对于心梗，我们目前仍然没有有效的关于心脏保护的药物上市，是不是因为保护心脏的分子机制太复杂了呢？我们可以看到如果有人心脏病病发了或有人出现心梗的情况，那么在整个机制中可以看到不同的相关靶点设计。

从我们知道这个机制开始一直到现在，实际上已有 30 多年的时间，在这 30 多年里我们做了很多研究，目前市场上仍然有我们的很有效的药物可以更好地保护心脏。可以看到不同的研究和不同的机制探索，或许真的是因为这个分子机制太复杂了。

这里包括了很多不同的部分，如腺苷缓激肽、阿片类、前列腺硝酸醇、尿皮素等不同的因素，我们也有非编码的 RNA 等不同的影响，整个机制是非常复杂的。对心脏的保护还出现了无反应的情况，由此可以看出对于心脏的保护还是欠缺的。对于心脏保护信号遗传学上无反应的特点，研究可以看到梗死的面积、微血管的阻塞等。

我们有多种途径可以进行心脏保护的，我们仍然需要更多组学研究，帮助我们了解在整个分子网络中应该更好地靶向哪些不同的靶标。我们的心脏保护可以引起心脏基因表达的显著变化，并且我们需要无偏差的组学方法和网络的分析，来发现更好的靶标。

对我们来说，我们现在看到了一些研究和探索，但仍然需要多靶点的策略，我们也看到了一篇讲到了减少心肌缺血再灌注损伤多靶点的策略的文章，文章里是通过 mRNA 疗法，该疗法是多靶点的方法，它有着自己的优势和挑战。

在知识产权方面，我们已经建立了微小 RNA，已经申请了 4 个微小 RNA 家族的专利，覆盖了 2000 多万种不同的寡核苷酸序列。我们是最早开始这方面研发的团队之一，现在最早的专利也是很老的专利了，我们最近看到了其他微小 RNA 家族，会很快研发出新的微小 RNA。

我们是如何发现这些内源性、保护性微小 RNA 的呢？因为我们用到了组学技术，看到了组学技术在心肌梗死模型和预处理、后处理中的保护作用，我们建立了动物模型，检测了微小 RNA，也看到了微小 RNA 表达的特征。当出现缺血的情况后，这些微小 RNA 会增加，我们看到了前处理和后处理后 RNA 的改变，我们也进行了干预处理，通过这样的方式我们发现这些微小 RNA 是心肌梗死所下调的，而且前处理和后处理能起到很好的拮抗作用，我们将这些微小 RNA 进行了专利申请，之后也进一步研发了这些保护性微小 RNA。

例如，对于微小 RNA 我们需要有一个模拟的分子，包括 miR-208b，我们需要一个抑制剂来很好地模拟内源性适应系统。

这些做法我们现在还在研发当中，我们进行了药代动力学的研究还有耐受的研究，找到了非常好的药代动力学的验证方法；我们也进行了体内的概念验证。通过动物研究，我们可以看到小鼠经过微小 RNA 转染之后，能够拥有良好的心肌梗死的预防能力。关于该研究成果，我们发表了一些文章，目前我们公司已经在这个项目中投资了几百万欧元，且在大型动物的体内研究验证中又进一步投资了 200 万欧元。

我们看一下 miR-125b 的作用机制，涉及了一些通路，包括代谢性途径，以及神经元的发育和调节，在这些过程中我们发现它发挥了重要的作用，此外还包括 mRNA 及新 RNA 调控的过程。正如我们前面展示了这个机制能够在小鼠体内起到心脏保护的作用，我们已经进行了概念验证的研究。

接下来讲讲我们是如何发现这种具有保护性的内源性 miR-450a 的呢？我们发现了范式家族后很快进行了大动物的体内验证，看到底是哪种微小 RNA 有保护作用。我们找到了一种非常复杂的实验设计，我们通过冠脉的结扎诱导心肌梗死，通过这种预处理或提前预治疗的方式，看到了不同 MicroRNA 介导的保护作用，最终找到了 14 个不同的序列，这些序列都能起到一定的保护性作用。在这 14 个序列中有一个可以申请专利，我们将 miR-450a 进行了专利的申请，这也是一种保护性的序列。

专利协调包括了几百万个序列，最近我们正在研发分子，并进行了逐个验证，我们看到了分子在个体的细胞系统中能够起到保护心脏的作用，我们也正在进行小动物的体内研究、PKPD 研究、药代动力学和药物动力学的研究。可以看到在体内的概念验证方面，以及其他动物、大型动物中，我们进一步加大投资，在两年期间进一步投资 400 万欧元。

我们看一下它的作用机制，图中所示为我们不同的分子序列，包括不同的靶点，这是我们网络分析的结果，对微小 RNA 进行网络分析，可以看到这些高度保守的序列在小鼠、大鼠中，也可以看到这些基因，在上方有一系列的基因，这些在不同的物种中，也和心脏的保护相关。

同时，我们进行 GO 分析时，在下一页会有介绍。这些微小 RNA 能够发挥一些代谢作用进行细胞功能的调控，还有 mRNA 的调控及微小 RNA 的调控，这是非常基础的调控机制，对于非编码和编码的 RNA 网络都能发挥保护心脏的作用。

我们现在有了专有的人工智能驱动药物研发工具，帮助我们更好地筛选靶点，同时能够帮我们更好地设计 MicroRNA 的序列。我们也正在研发一系列的工具，这边的网站也是为各位科研工作者准备的开发网站（如图），大家可以在这个网站上得到认证后进行使用，这对于我们的新型 MicroRNA 研发及作用机制的阐释都是非常重要的，我们可以反向进行开发，如加入一些细胞信号通路，我们还可以逆向运行，看究竟哪一个 MicroRNA 能够靶向多个信号通路。

最近我们也发表了相关文章，文章非常多，我就不细讲了，但是我们的软件通过了很多已发表文章的验证、科研项目的验证，我们目前也正在发表我们的概念验证研究，包括针对 miR-125b 及 miR-450a 的体内的概念验证，我们也在撰写一些综述文章来阐释如何开发这一系列的分子。

我们看到目前的投资和目前所获得的一些专利主要是涉及这 3 种 MicroRNA，我们现在的研发阶段是体内的概念验证和小动物的概念验证，我们还需要进一步投资来进行大动物的概念验证，最后进入临床试验阶段，这一点我们非常希望能够通过一些灵活的方式来进一步进行我们项目的拓展和进度的确保。我们只需要两年的时间进行概念验证，就可以进一步进入新的研发阶段。

我们最近进行了体内的验证，也进行了最新的投资，可以进行进一步的大动物概念验证研究，另外我们还看到一些新开设的公司也正在进行相关的工作。

最后作为总结，我们的专有的人工智能驱动的药物开发平台，不仅可以用于心血管相关的适应证，还可以用于肿瘤学相关的适应证，以及寡核苷酸药物序列相关研究。所以微小 RNA 的研发具有非常好的潜力，我们团队的经验也非常丰富，拥有数十年的药物研发相关经验，能够很好地进行从药物开发到二期临床概念验证的试验。目前我们仍然在进一步寻求投资，以推动药物研究来进行大型动物概念验证阶段的一些项目。

我的分享到此结束，感谢大家。

AI 在医疗领域的探索和应用

乔楠　华为云医疗首席科学家

> 整个医疗、医药是非常大的领域，涉及很多技术，也涉及很多生态伙伴，这块要真正做好的话还是需要大家共同努力，支持我们医药产业的健康发展。

大家好，尊敬的各位领导、专家，大家好，很荣幸在这里跟大家分享我们在 AI 医疗领域的一些应用和探索，这张图是我的简单经历，我在中国科学院获得生物信息学的博士，后来在诺华制药做抗肿瘤药物的研发，之后在上海的埃森哲，成立了 AI 实验室，我们研究 AI 怎么样应用到行业中，为各行各业带来价值。加入华为之后我的重点回到了医疗领域，我们能怎么样应用华为的 AI、云和大数据技术来为行业研发出相应的产品，方便大家使用呢？

2018 年的时候我们评估过 AI，大家认为这是很好的技术，当时主要是在机器学习领域做一些算法和工具。当时我们评估 AI 在行业的渗透率大概是 4%～5%，但是现在我们可以看到 2024 年 AI 在行业的渗透率的增长已经极大地加速，远远超出我们之前的预期。

AI 这些年发展非常快，尤其是在 2022 年 ChatGPT 发布，今年 Sora 发布后，生成式 AI 在科研领域、生物医药领域，以及不同行业中都带来了很大的想象空间，大家意识到 AI 离我们没有那么远，尤其是在行业里，它对行业的价值是很大的。

我们知道现在中美之间的竞争非常激烈，尤其是在高科技领域，2023 年开始美国就对中国高端的 AI 算力芯片进行封锁。AI 是相对非常复杂的技术，它的技术栈非常深，如果要构建全栈 AI 能力的话我们就需要有芯片、算子层、深度学习框架、AI 平台，每一层的技术栈实际上都是非常难的，但是幸运的是我们从 2019 年就发布了"华为全栈全场景框架"，并且发布了华为的"昇腾 AI 芯片"，2023 年开始华为的昇腾 AI 芯片已经应用到了各行各业中，支持中国各行各业中 AI 的发展。

谈到大模型，我们知道大模型往行业中应用，大家听得最多的就是 ChatGPT 和 Sora，一个是大语言模型，一个是视觉生成模型，分别面向语言的和视觉的场景，但是在行业里我们面临的场景会更加复杂，所以 2023 年的时候我们提出了"盘古大模型"整体架构，分三层技术架构，最底层的盘古大模型我们分成五类模型，包括视觉、自然语言、多模态、预测和科学计算，这些模型很多是通过我们过去几年在不同领域积累的一些技术和方法来打造的。

大家知道华为是一家 ICT 公司，我们在各个行业是没有行业数据和行业 Know-How 的，在给面向行业的客户提供服务的时候，我们通常会与客户和伙伴一起基于华为的技术大模型，以及客户和伙伴的一些数据来共同打造面向行业的基础大模型，通过这些基础大模型来完成更多的行业场景应用。所以基于这样三层的技术架构，我们的盘古大模型已经服务了各行各业的很多客户。

今天主要从 4 个方向分享。

(1) 基因

基因是我们医疗健康的基础，也是我们制药的基础，像前面高老师讲的靶点发现，我们怎样通过大规模的基因测序，以及各种队列的研究，研究出针对某些疾病的重要基因？这些基因是我们早期研究的靶点，但是基因的数据有它自己的特点，基因数据不是文本的数据类型，不是图像的数据，而是我们通过多组学数据不同的组学基因在不同的生物学水平上面定量的表示，通常在生物信息学上会表示成二维矩阵，这个二维矩阵每一行是一个基因，每一列是一个样本，我们需要做各种各样的聚类分析，去分析在不同的条件下有哪些基因发挥的作用比较重要。

大家知道人类有 2 万多个基因，形成了一个复杂、相互作用的网络，大部分的生物学现象都是基于该网络来实现和完成的，所以它是一个具有网络性质的数据。另外，像在生物学通路里我们知道 P53 通路，它会有一种层次性信号调控，调节到核里，也会有一些信号直接作用到核里，会有一种层次性调控关系。这些都是基因基础的性质。

我们在 2019 年开发了一个算法叫"AutoGenome"，我们提出了一种针对基因数据的比较好的深度学习框架，叫"残差全连接网络"，我们知道何恺明老师提出的《Residual Net》在计算机视觉的应用效果非常好，但是它是基于 CNN 的架构，我们发现残差全连接网络针对基因的多组学数据建模的效果更好，在工具里我们又使用了很多自动机器学习的方法，如自动深度学习、架构搜索和自动的参数调优，这方便了我们研究人员对基因数据进行建模。

(2) 多组学 +AI

第二个工作是对于多组学数据，我们怎样进行整合？这一直是基因研究里比较有挑战性的问题，我们研究生物学现象的时候可以看到不同的生物学水平里组学的变化是否一致，能够通过多组学数据的研究来做个性化治疗、靶点发现、药物重定向，有很多生物医学的问题都是基于多组学的数据研究的。但是多组学数据建模有一个问题，不同的组学数据，像基因表达、基因突变、拷贝数变化、假计划，这些不同的组学数据的数据分布差异非常大，我们不能简单地把它们连接到一起构建深度的学习模型中。

AutoOmics 提出的核心方法是先针对每一种组学构建单独的模型，接下来将它们最后一层隐含层取出来，连接到一起，来构建最终的模型。它的假设是我们认为每一个单组学模型最后一层隐含层提取的信息相对来说是比较抽象的高维度信息，如可能是 pathway 级别的信息，我们在里面把高维度信息整合，这是最有效的方法，可以更好地整合多组学信息。我们对这些工具在很多生物医学问题上都做了验证，效果很好。这是我们与郑教授一起合作做的药物重定向的验证，左边的图是深度学习网络，基于这个方法用了自动学习的方法自动搜索架构、自动搜索参数，来找到非常新颖的药物重定向的网络。这个工具与其他学术工具相比，比如图中所展示的这些多组学建模工具，我们在各个指标上都有优势。

这是在协和医院做的研究，主要是希望找到针对肺腺癌 EGFR-TKI 疗法有效的 biomarker，因为 EGFR-TKI 这个疗法有一半的患者是不会有身体响应的。为了做这个工作，协和医院收集了近两百个代谢物，几十名患者，两百多个代谢物，很快构建了一个模型，对于这个模型我们会给出一个详细的目标，可解释性就是哪些代谢物对于这个病人的 response，特质是更加重要的，我们也会给出来。最后协和医院从这些特征重要性里选出排前十的代谢物作为这个病人的 bell marker。

这两年呼吸道疾病患者特别多，对于治疗呼吸道疾病最重要的是能够快速鉴定它的病源到底是什么，这个工作是我们与中国医科院合作的，我们在医院检验科对样本做完测序后上传到系统上，这个系统会自动对序列进行分析比对并进行预测，快速鉴定出这个序列可能含有的病源是什么，我们通过 AI 能够发现潜在的未知病源，这对于我们对传染性疾病的识别和防治会有很重要的价值。

2019 年，阿联酋启动了一个国家基因组计划，要做百万人的全基因组测序，这个工作也是基于我们基因分析的云平台，数据产生后直接传到云平台上进行测序和分析，然后进行后面的科研。项目最大的挑战是它的计算量非常大，它在测序实验室里每天会产生 1 PB 的数据，也就是说平台每天都要分析这么大量的数据，由于基于云架构可以快速对计算资源和存储资源进行扩容，支持大项目可以顺利完成。

（3）药物研发

我们知道药物研发最大的挑战是研发周期比较长，研究人员通常要花费 10 年时间，投入数十亿美元的研发经费，但实际上它的成功率只有 10%。为什么现在这些高科技公司愿意投入到这个领域中，因为它流程长，为了做这个工作，协和医院收集了几十位患者的两百多个代谢物，很快构建了一个模型，对于这个模型我们会给出一个详细的目标，要鉴定的内容是哪些代谢物的特征对这个病人产生身体响应来说是更加重要的。最后，协和医院选出这些特征重要性排名前十的代谢物作为患者的 bell marker。另外，虽然它是高投入，但实际上回报率非常高。

中国在创新药研发里其实是第二梯队，而且中国的制药行业的药物研发产业链为中低端产业链，我们实际上还存在很多问题，因此怎样提升医药产业系统，或者实现我们经常说的弯道超车、换道超车，AI 制药是最好的机会，因为美国 Exscientia 的数据显示，AI 制药不仅能够缩短 70% 的药物设计时间，还能够提升 10 倍药物设计成功率。

我们制药行业和半导体行业非常相似，半导体行业会有专门做芯片设计的公司，有 EDA 软件公司，还有专门做代工厂的，制药行业也是这样的。但是我们在制药行业药物设计软件领域相比欧美国家一直是比较弱的，AI 制药的核心是药物设计，所以制药行业要设计软件，就像 EDA 软件一样，可以针对它的每一个流程研究有哪些方法可以提升效果，其中也有很多地方都有新的算法工具可以提升效果另外这也是我们想真正抓住这波机会、真正赶超欧美，这是非常关键的一个技术点。

大家知道 AlphaFold 这些年非常有名，大家也知道 DeepMind 每年投入了非常多研发资源，那它真正有什么价值？最终在哪个行业能够产生重要的价值？DeepMind 成立 Isomorphic Labs 的目标就是做 AI 制药，而且它相信 AI 制药这个产业有超过 1000 亿元的市场空间。

我们在 2021 年的时候，联合上海药物所发布了盘古药物分子大模型，这个大模型专门针对小分子的预训练大模型，因为这些年对小分子的研究比较多，累积的数据非常多，我们收集了 17 亿个化合物，提出了针对小分子的新颖的大规模预期内用框架。我们基于华为的昇腾 AI 芯片用两百多个 NPU 训练了一个月得到了这个大模型。有了这个大模型后，我们将其用于药物设计里的很多任务，效果都非常好。

对于药物分子大模型，我们用 AI 做药物设计，它是我们的核心引擎，另外我们知道 AI 可以做设计，但是当我们真正做药物研究的时候设计出来的分子是静态的，我们光看一个静态的分子是远远不够的，所以另外一个非常重要的对 AI 制药的补充是分子动力学模拟，通过分子动力学模拟我们可以更加精准地计算靶点的结构或靶点跟配体更精确结合的情况，做更精确的评估。SPONGE 是我们和北大的高毅勤教授合作开发的纯自研的一套分子工程学模拟库，本身也是开源的，有一个很大的开源社区，大家可以看一下，基于 SPONGE 可以开发出一系列针对药物设计的一些模拟方法。

在药物设计上我们可以简单地将其分为 3 个阶段：
①靶点的发现；
②药物的筛选；
③先导物优化。

我们通过大规模的筛选计算看大分子库里有哪些分子可以更好地结合。传统的做法是让老药化学家去做设计，而现在我们用药物分子大模型就像调各种各样的参数一样，让 AI 设计出这些分子，设计出分子后通过实验进行验证，验证的结果可以送去迭代优化。

所以整个药物设计过程包含很多步骤。

我们 2023 年发布了盘古辅助制药平台，这个平台覆盖了药物设计的 3 个阶段中数十个功能点，每一个功能点我们都投入了很多研发力量，能够使它的指标和精确性有进一步的提升。我们的这个平台，有很多药企和医药研发团队在使用，取得了很好的成果。

通过盘古辅助制药平台，我们可以把药物设计的门槛大大降低，让大量的生物团队或生信团队可以很方便地利用新工具和新方法做药物设计。这张图中是一些案例，这个工作是西安交通大学梁利斌教授团队基于他前期发现的新靶点花费大概两周的时间找到了一个新的分子，当然后期我们在分子实验、细胞实验、动物实验上都得到了验证，这个抗生素后来发现是一类分子，有可能是一类新的抗生素。

微芯是一家深圳的公司，公司的中心项目是抗肿瘤药物研发，他们大概使用了我们的平台两三年的时间，通过盘古辅助制药平台，他们原来做药物设计的只有两三个人，现在基本上他们所有的研发人员都可以利用平台快速做药物设计，极大地提升了他们研发人员的效率，并且活性验证的成功率也提升了40%。

旺山旺水是一家苏州的制药公司，他们的一个方向是做中枢神经药物研发，在这项工作里，他们最关心的是药物能不能更好地进脑。对此平台有一个重要的分子属性叫血脑屏障透过性，他们优化的方向是一方面提高结合率，一方面提高血脑屏障透过率，设定这两个指标后大模型设计出一系列的分子，其中有一个分子就比他们手动设计的分子效果更好。他们已经为这项工作申请了专利。

安泰维是南科大孵化的一家公司，他们利用了平台多靶点优化的方式，一方面可以通过平台分子优化的功能进行双靶点的优化，另一方面提高了分子的活性，也降低了病毒的毒性，优化之后的小分子实验效果很好。

另外，若AI要往下发展，则重要的是与BT（生物技术）的结合，如大规模的表型筛选、大规模高通量筛选。除此之外，还需与器官芯片和类器官技术结合，因为器官芯片和类器官输出可以产生大规模的高增量数据，这些数据可以很好地与药物分子大模型融合，可以让我们构建更好的模型，对于药物设计和药物评估我们可以做得更好、更快。

我们与深圳湾实验室合作，他们有一套非常先进的高通量筛选平台，我们将盘古药物分子大模型与高通量筛选平台结合，可以构建非常高质量的AI精选分子库，极大地缩短它筛选的周期。另外，我们可以缩短它的迭代周期，每一轮迭代的数据都可以反馈到盘古药物分子大模型里，使下一轮筛选的指标和效果得到进一步提升。

（4）医疗

医院里各种场景非常多，如诊前、诊中、诊后，对于这些场景，传统上我们会构建各种细分的小模型让它做得更好，现在随着大模型的发展我们有能力构建一个针对医院临床场景更强大的模型，让它能够考虑到我们临床的知识法规、临床的路径知识图谱，以及不同区域的医院医生的诊疗习惯，来构建一个统一的大模型服务医院场景。

我们做了一些场景，包括在长海医院里我们基于盘古药物分子大模型构建的病历生成场景，以及门诊病历的输入和住院病历的输入，医生和病人在门诊过程中对话自动录入大模型，门诊结束后大模型基于门诊的对话自动生成完整的门诊病历，这个时候只要医生最终确定病历的内容就可以自动录入病历，可以极大节省门诊的时间。在住院病历盘古大模型也可以自动调阅病人住院的病历来生成它的病历史。

我们与润达医疗合作，润达医疗积累了大量检验信息，医院检验的科目众多，项目也很多，有四千多项，一般患者很难理解这些检验科目的专业术语，基于盘古大模型和润达做的医疗知识图谱文档，我们一方面可以针对患者做检验报告的智能问答，另一方面医护人员可以上传患者的检验报告，对其进行更精准的解读。

在中医药领域，我们联合了天士力，于今年 5 月发布了数智本草大模型，因为中医药本身是非常大的领域也是非常复杂的领域，它有很多种理论基础。在这方面，我们通过大语言模型学习大量文献古籍，这些文献古籍可以服务于院校或基层医院，在问答的过程中我们同时会给出文献和古籍的出处，这对于中医药的学习和知识的普及有很大的帮助。

另外，它可以用于一些临床研究报告的初审生成，如果我们想建立一些新的研究项目的话，那么我们在几分钟内就可以完成 8 万字的报告，这大大节省了研发人员的时间。

同时，因为中药有大量的天然产物，这些天然产物是巨大的宝库，能不能针对这些天然产物做更好、更准确的 AI 辅助药物设计也是我们一起做的工作。我们基于大量的天然产物数据对药物分子大模型进行微调，并设计了一整套针对天然产物的 AI 辅助药物设计工作流程，它的效果也很好。

整个医疗、医药是非常大的领域，涉及很多技术，也涉及很多生态伙伴，这一块要真正做好的话需要大家共同努力，支持我们医药产业的健康发展。

我今天给大家分享的主要是这些，谢谢大家。

AI 在临床诊疗中的应用，从帕金森病谈起

王坚　复旦大学附属华山医院神经内科主任

> 我是一名临床大夫，我所关注的临床研究就聚焦在帕金森病"最后一千米"。

谢谢李老师的介绍，也非常荣幸有机会参加今天的论坛。尊敬的陈凯先院士，各位专家同仁，大家下午好。前面几位演讲者都是高屋建瓴，站在很高的维度上谈平台，我常年一直聚焦的领域不太一样，我是一名临床大夫，我所关注的临床研究就聚焦在帕金森病"最后一千米"。陈凯先院士上次说过临床的源头其实来自临床的需求，最后服务于临床的"最后一千米"，我尝试从这个角度谈一谈个人的一些体会。

AlphaGo 已经是很久远的事情了，自 AlphaGo 战胜了李世石后，AI 在很多领域都高歌猛进。2017 年，在医疗领域受 AI 影响最直观的领域是皮肤，皮肤的计算机视觉图形识别是最容易率先开展的领域。

这些年我们不知不觉中进入了老龄化社会，神经退行性疾病不仅是医疗的问题，更是社会的问题。作为神经退行性疾病中的代表性疾病，帕金森病已经带来了非常沉重的社会负担，这也是我所从事的领域。我所从事的领域不像皮肤科领域那么直观，一下子看到

病变的图形特征。对我们来说，我们所做的一些影像，特别是功能与分子影像给了我们非常大的帮助，借助 AI 技术可以让我们对这些影像的分析、判读能力有很大的提高。

帕金森病是一种由脑多巴胺功能障碍引发一系列的行为学的改变的疾病，我们通过对多巴胺转运体的一些分子影像结果的解读，结合葡萄糖代谢网络疾病特异性的分子影像解读，可以把健康人和帕金森病患者做非常好的区分，有不错的特异性和敏感性的表现，把我们原有人工所能达到的等级又提升一级。

但在临床现实需求里，光把患病人群与健康人群做区分，显然还是远远不够的。在我们这个领域里特别有挑战性的一件事就是在早期帕金森病患者中，帕金森病其实细分有十几种，刚开始它们表型的特点有非常多相似的地方。我怎样在更早的阶段做出更好的判断？像我们的一些葡萄糖代谢网络技术，结合 AI 分析，可以让我们在特异度和敏感度方面上更高的台阶。这是我们前面所做的工作，也是国外一些团队的验证结果。

帕金森病中少见的类型叫"进行性核上性麻痹"，它是一种 Tau 蛋白异常沉积的疾病。我们通过新型的显像示踪剂，以及 PET 分子影像技术，对它进行可视化分析。PET 分子影像技术有一个好处是可以连续动态成像，这样可以帮助我们在更早的阶段做更好的早期诊断、鉴别诊断，甚至疾病严重度的随访。如果有一个靶向药靶向在这个环节还可以做靶点的测量，以判断这个靶向药是不是通过这样的靶点起作用。我们用了一个新型 Tau 蛋白显像示踪剂，在一个比较大的分支选项队列里与 AI 领域的专家合作，帮助我们对帕金森病特殊的 PSP 类型进行不同亚型的区分，让我们对其有更好的认识，对不同的转归规律更好地分层。接下来如果能有一些靶向药的话，就能够在更早的阶段有更好的分型分层，以及治疗方面的评估。

前面的分子影像学的高精尖技术，可以自然触及帕金森病的核心病理、生理机制，但它也有短板，它的可及性有一个很大的限制。帕金森病也有外在的行为学特征，如果我们对其有一些分析就可以给我们带来很大的帮助。例如，在初筛早期诊断中，如表情，大家知道帕金森病患者有一种"面具脸"，如眨眼次数非常少、口微张，在 AI 分析里相应的分析可以帮我们检测帕金森病的早期症状。

计算机视觉分析可能会给这些特殊疾病领域带来一些非常重要的线索，当然对帕金森病而言更具特征的行为学的表现还不是一个表情，而是一些异常特征行为模式所展现出来的特征。例如，我们做速度和幅度的快速衰减分析时，平时只能靠肉眼观察，但用了 AI 就可以做很多定量分析。

该领域工作不仅有横向的工作，也有纵向的随访，对于帕金森病这类神经退行性疾病，纵向的随访至关重要，如果也有这个表现的话你可以看到刚才我说的快速衰减疾病特有的行为范式。AI 分析可以做非常精细的定量分析，中间有停顿，中间的幅度和速度快速衰减，前几秒和后几秒到什么时候有什么样的快速衰减，对于分析普通的帕金森病和 PSP 特殊的帕金森综合征等特殊的类型可能有非常好的区分效果。

这么多的特征提取，与我们临床里应用最广泛的 clinical ratings 之间的相关性都非常不错。

实际上视频技术也是非常大的便利，大家知道帕金森病是使患者行动不便的慢性病，且不说在疫情防控期间这些人外出受限，就算疫情现在过去了，你让他们频繁到医院来做评估对他们来说也是非常大的挑战，视频技术可以在居家场景里做识别，对动作的规范也没有严苛的要求，哪怕是用在线视频这类很普及的技术做定量分析，也有不错的表现。

这是用 AI 的评分和专家组共识的评分，量化了几十个行为学的特征，包括幅度、犹豫等，做这样的一个比较，目前有不错的表现，当然还有很大的空间做提升。

不仅在研究层面，在产业层面也有专门深耕这个领域的公司所做的帕金森病行为学特征的 AI 分析已经获得了经营许可。在上海也申请了这种医疗新技术方式跟我们在做合作，申请往前推进，争取早日在临床医院包括后续的居家管理。大家可以看到帕金森病患者除了面部表情和 FingerTaping 特征，还有一个重要的特点是步态上的障碍，有时候有一种"冻结步态"，第一步怎么迈也迈不开，一旦迈出来就好了，步态所展现出来的行为学特征的信息量太大了。我看过拜登一个人在海滩上走路时的步态，以我专业的眼光看他的步态动作是减少的，如果有一天拜登被诊断为帕金森病，希望大家不要过于意外。

刚才说的这些主动行为的范式，其好处是更敏感，某些方面更特异，因为它检测的是 capacity（最大的潜能），在疾病的很多状态里可以除掉很多噪声，但是对受试者有很多的负担。

在业界的一些前沿工作中可以看到这样的无线电波检测，结合 AI 分析，可以与各种临床量表有非常好的一致性，它能够监测病情纵向进展的趋势，甚至可以用来对运动波动改善疗效进行评估。

这方面的有些监测看起来你觉得跟这个并没有太多关联的行为学特征，其实在过去这些年也有一些探索和尝试。在睡眠中呼吸起伏的信号，很多人觉得这与帕金森病没有多少关系。其实在这方面也是用了无线电信号结合传感器的技术，完全可以从中提取非常重要的行为学特征，这些特征能够反映这个疾病的严重度指标，这不会给患者带来任何负担。这是 *Nature Medicine* 发表的研究成果，其所展现出来的表现，还是非常令人吃惊的。

手机里有很好的传感器，而手机又是人手一个，那怎样借助手机里自带的传感器来做特定的行为范式测试，来对疾病有更好、更便捷的评估，也是一个研究方向，我们把手机放在裤腰带上测步态，如果是放在手上抓着它的话则可以测量震颤（如图）。

现在，与 AI 结合的分析技术不仅对于传统影像方面有精准性的提升，同样对于外表型里的步态，还有跟疾病最特异相关的快速连贯性动作，做计算机视觉的分析，给这个领域带来了非常深远的影响。

可能在很多领域中，包括早期诊断，因为我们知道神经退行性病变是慢性、渐进性的过程，这些行为学的特点是已经使用肉眼不能察觉的技术，能够更好地进行特征提取和判读，那么就有机会让我们从高危人群里把正在往帕金森病转化的人识别出来，能够在更早的阶段中区分出十几种帕金森病中哪些是普通的帕金森病，哪些是特殊的帕金森综合征，以及它们的病理、生理基础和疾病转变的规律，它们的干预方法所存在的差异。慢病的长程管理等都是这个领域中正在研究的一些技术。

其实，医生对AI也有一些排斥，大家在想是不是用不了多久AI就会取代医生的工作、取代简单重复的工作。其实我一直觉得，"Frenemies"亦敌亦友这个词比较好，我们让AI做那些很繁琐的事情，而让医生把更多的精力腾出来做那些更具创造性、更具挑战性、更具引领性的事情，提升我们的效率。

在过去几年中，我们的团队还做了另外一方面的尝试，我们建立了一个帕金森病慢病管理平台，这是国际运动障碍学会推荐的唯一的中文APP，这上面已经有两万多个注册账号，我们有很多关于健康的宣教，我们希望把相关人群引导到这个平台，为他们提供健康资讯，以及免费的专业健康咨询，我们引导他们把带有语音、表情这样具有特征性内容的视频上传，平台上就会有很多语音和视频素材，后续可以请一些合作者对这些素材进行定量AI分析，进而为用户提供更好的素材。这样的话，患者就可以在家里进行判断、管理疾病，也可以使医护人员通过平台对患者进行随访。

这是我们正在做的努力，因为慢性疾病光靠在医院的诊疗是远远不够的，患者绝大部分时间都是在家里休养，我们怎样用语音上传以后的定量分析，哪怕只是语音这么一个维度，也完全有可能提供非常多的疾病特异性特征，帮助我们做早期诊断、鉴别诊断和客观的病情随访。

还有一点就是怎样形成闭环，这个闭环的自然整合非常重要，这么多维度怎么整合？我们需通力合作，非常重要的一点是一定要能形成闭环，比如说这样一个监测分析能够做更好的分型，为治疗提供关键决策方面的参考。例如，除非患者了解过冻结步态，否则他根本意识不到这是冻结步态，或者在当做脑深部电刺激治疗时，监测到患者有一些异动，那么无论是程控还是药物推荐，都会有非常大的区别。形成这样的闭环，可以为患者争取到更好的治疗方面的利益，能够更大幅度地提高患者的依从性。

这是我今天跟大家分享的内容，非常感谢大家的聆听，我们的团队也非常期待与在座的各位有更多合作、交流、互补、共赢的机会。谢谢。

多维数据驱动的脑疾病探索

赵兴明　复旦大学计算神经科学与类脑智能教育部重点实验室副主任、教授

> 我们的目标是打造一个多病种、跨维度的中国人的多维度脑科学数据平台，我们对每一名被试者都会收集基因、影像、行为、认知等多模态数据。

大家好，刚才有老师说 AI 有多么重要，我其实就是做计算的，我觉得 AI 非常重要的一点是我们要有高质量的数据才能够训练出有用的模型，虽然现在大家都讲数据，但是大规模、高质量、多模态、多维度的数据还是非常缺乏的。我们围绕脑疾病讲一下最近在做的多维数据挖掘方面的工作。

刚才王坚主任说了，近些年由于我们社会节奏加快，人们生活和工作压力增大，包括帕金森病在内的脑疾病的发生率越来越高，不像其他疾病，我们对脑疾病的理解非常少，我们还不知道脑疾病的发病机制是什么。因此，脑疾病多次被列入上一次发布的"全世界最前沿的 125 个科学问题"，也就是说我们能不能治愈神经退行性疾病？我们能不能有效诊断和治疗精神障碍疾病？自闭症的病因是什么？到目前为止我们仍不清楚。因此，脑疾病被列入了多个国家的脑科学计划，包括我们国家的脑科学计划。

尽管我们投入了非常多的资金来研究各种各样的脑疾病，但是我们对脑疾病了解得还是不清楚，这主要是因为脑疾病非常复杂。比如说我现在展示的是大家经常看到的关于脑描述的一张图片，就是大脑的形态和分区长什么样。很多时候我们讲脑疾病的时候会说脑功能发生了障碍，脑回路发生了异常，脑里面哪一根血管出现了问题，这些我们可以利用先进的影像技术去监测。同时，我们真正的大脑应该长这个样子，我们脑里有不同类型神经干细胞，这一簇一簇不一样的、一团一团的都是不同类型的神经元细胞。到目前为止，我们仍然不知道大脑里到底有多少种类型的神经元细胞，这些细胞在脑疾病里扮演什么样的角色。我们的大脑中有 860 亿神经元，通过千亿神经突触连接在一起，那么大脑里的神经元就通过突触形成了非常复杂的神经网络。在不同的部位和组织中神经元细胞的类型是不一样的，这些神经元的连接在不同的位置若发生异常的话会影响我们的脑功能。我们可以用先进的单细胞组学技术来看我们大脑里到底有哪些神经元细胞类型，我们还可以利用空间组学的技术来看一看大脑的不同部位会涉及哪些神经元细胞，它们是怎样连接和通信的。

我们的每一个细胞里还涉及非常复杂的微观过程，比如说基因组上的突变，突变影响基因组的表达，基因表达进一步在基因中进行翻译后形成蛋白，蛋白又经历翻译后修饰。这么复杂的过程会影响我们大脑的功能，也在脑疾病中起到非常重要的作用。对于细胞里这些复杂的微观过程，我们可以利用先进的分子组学技术，如基因组学、转录组学、蛋白质组学、代谢组学，利用这些组学技术可以观察细胞里的微观过程。

因此，对我这种不是纯粹的脑科学科班出身的人来讲，我觉得大脑其实是一个多尺度的复杂系统，在微观层面涉及各种类型的分子和不同类型的细胞，在结果层面会涉及大脑形成各种神经元回路，在宏观层面会涉及大脑的行为学功能。

这些我们都可以用数据来定量描述，在不同层面我们可以看到大脑的结构和功能是什么样的。例如，我们在微观层面可以利用分子组学、单细胞组学等来看一看分子的功能和细胞类型的组成；在界观层面可以利用影像组学来看一看大脑在界观层面的回路是什么样的；在宏观层面，我们可以利用行为组学和表型组学来看一看大脑的结构和功能，以及表型的外在表现。

目前，在各国的脑科学计划和各国的大型科学计划资助下，已经产生了很多脑科学数据。例如，ABCD是美国专门针对脑科学发育的一个数据集，涵盖了1000多名9～11岁的青少年大脑发育的队列；ABIDE是专门针对自闭症的数据集，这两个数据集是专门的影像数据集，国内经常使用的是美国开发的专门针对阿尔茨海默病的多模态数据集。近些年，国际上的数据有一个非常明显的趋势，就是从单模态数据集开始向多模态数据集转变。这些数据为我们研究脑科学提供了非常宝贵的资源，但是中国作为世界第一人口大国到目前为止还没有一个被国际认可的全面多维度的脑科学数据平台。

在这种背景下，我们从2018年开始，在上海市"脑计划"资助下构建了"张江国际脑库"数据平台，这个数据平台包含6个队列，分别为精神分裂症队列、抑郁症队列、脑卒中队列、阿尔茨海默病队列、自闭症队列和健康人队列，每一个队列我们都收集了影像组学数据、行为认知数据、基因组学数据、转录组学数据、代谢组学数据、微生物组学数据。整个数据收集过程中不可能每一个模态都有，但是我们会尽量保证每一个人组的数据涉及其影像组学、行为认知和基因组学数据。

我们的目标是打造一个多病种、跨维度的中国人的多维度脑科学数据平台，我们对每一名被试者都会收集基因、影像、行为、认知等多模态数据，被试者包括2岁半发病的自闭症儿童、16岁发病的抑郁症青少年、20岁到30岁发病的精神分裂症和脑卒中患者，以及60岁以后经常发病的阿尔茨海默病患者。你可以看到我们整个张江国际脑库几乎涵盖了人类的整个生命周期。

由于我们的队列涉及多个不同的疾病，为了保证我们的数据具有可比性，我们设计了标准化客观比较的数据采集流程，对于影像、血液、样本、认知评估、行为量表、环境评估和肠道菌群这些样本的采集设计了统一的标准，可以保证我们不同的队列具有一定的可比性。

我们也开发了一个门户网站。在我们的门户网站上，有关于张江国际脑库的介绍，也有关于每一个队列中每一个模态数据的介绍，如果大家对这个网站感兴趣的话可以在线提交申请我们的数据，这是供学术界免费使用的，后台会有数据管理委员来审核每一项申请。

接下来围绕我们张江国际脑库和国际公共的数据，汇报一下我们在不同维度数据上关于脑科学的探索，特别是在脑疾病机制方面做的探索。

我们构建了一个人类大脑发育的时空细胞图谱。到目前为止，我们通过收集目前已经发表的人脑组织单细胞测序数据，已经鉴定了71个细胞的亚型，涵盖了人脑的15个发育阶段和63个脑区。这个数据库叫STAB2，已经更新到了2.0版本。我们除了人类以外将小鼠的脑发育细胞图谱也构建出来，这样我们就可以跨物种比较一下，看看人和动物在大脑发育过程中有什么样的异同。

我们构建人脑发育的时空细胞图谱主要的目的是想看一下在大脑的发育过程中，不同的脑区细胞类型的组成是不是一样的。这个图中，每一行是一个脑区，每一列是一个细胞类型，每一个点代表的是细胞类型在这个脑区所占的比例。我们发现同一个细胞类型在不同的脑区中，同一个时间点所占的比例是不一样的，我们也发现不同的细胞类型在同一个脑区和不同的发育阶段中它所占的比例也是不一样的。这告诉我们大脑里细胞类型的组成具有非常强的时间和空间特异性。这些对于我们理解脑疾病有非常重要的作用。

我们发现一个非常有意思的现象：一些症状和机制相似的脑疾病可能会影响相同的细胞类型，比如说我们发现阿尔茨海默病和帕金森病都是神经退行性疾病，都会影响兴奋性神经元细胞类型，这可以为我们理解疾病的发病机制和未来的细胞治疗提供一定的指导。

接下来，我讲一下基因组学和其他组学结合方面有助于我们理解脑疾病的一些工作。

对于各种各样的脑疾病，我们都已经发现基因组变异在脑疾病发病机制中有着非常重要的作用。我们前期发现如自闭症、精神分裂症等疾病的遗传率非常高。因此，在以往的研究里做了大量大规模的JavaScript研究，也发现了很多与脑疾病相关的变异位点，但不幸的是，我们到目前为止很难找到一种能够解释脑疾病发病机制的变异位点。主要的问题是我们发现这些基因组的变异大部分位于基因组的非编码区域，非编码区域的变异离基因是非常远的，这对于我们理解脑疾病的基因组的机制是非常困难的。因此，我们尝试挖掘一下非编码区的变异在脑疾病里是怎样起作用的，为此我们研究了14种脑疾病，我们发现它们的基因组变异大部分是位于非编码区，但是我们通过进一步的挖掘发现，它们具有非常强的调控功能，但是非编码区的变异大部分是基于调控元件区域。

如果我们去看到非编码区变异调控元件的基因，就会发现这些基因就是与我们所报道的脑疾病相关的风险基因。

基于我们所发现的非编码区变异调控元件，我们特别构建了脑疾病组织特异性基因调控网络，我们对14种脑疾病的5种组织构建了组织特异性基因调控网络。基于这个基因调控网络，我们进一步构建了疾病的关联网络。

在疾病关联网络中，每一个节点实际上就是一个脑疾病，如果有一条线将两种疾病连在一起，就意味着这两种疾病在基因调控上有一定的共性。如图中所示，这有不同颜色的边，每一种颜色代表着一种组织。理论上，我们期望看到这个网络里紫色的边最多，因为紫色的边与蓝色的边是脑组织。但非常有意思的是，我们看到这里面有非常多橙色的边，橙色的边实际上是小肠组织特异性基因调控网络，也就是说很多的脑疾病在小肠组织里有一定的趋同机制。

有一次我们发现很多脑疾病有很强的共性，如帕金森病是一种神经退行性疾病，我们发现它与抑郁症和精神分裂症具有非常强的共性，我们通过调研发现早期患过抑郁症或精神分裂症的人在晚年患帕金森病的概率是非常大的，因此我们通过这样的基因调控网络构成的疾病关联网络可以发现很多有趣的现象。

我们前面提到的小肠组织能够把不同的脑疾病关联在一起，因为我还有一些工作是关于肠道微生物的，所以还特别关注了一下肠道组织。在前面提到的 14 种脑疾病里，目前市场上有很多治疗药物，我们看了一下药物的靶点，发现这些靶点所负责的组织除脑组织以外，很多为附近的小肠组织。这其实令我们非常惊讶，因为我们期望治疗脑疾病的药物能够通过血脑屏障到达大脑组织，但是很多实际使用的药物是靶向肠道组织，从而起到疗效的。我们觉得这个发现可能为我们将来开发新的脑疾病治疗药物起到一定的提示作用，所以我也管这个发现叫"脑病肠治"。

当然，这还有待进一步验证，基于我们前面发现的很多脑疾病具有一定的趋同机制，我们把研究范围进一步拓宽。为此我们利用 UK Biobank 里大量电子病历构建了一个共病网络，根据共病网络我们发现了非常有意思的现象，很多脑疾病除了自身有一定的共同机制和并发症状外，与其他疾病也有很高的并发概率，如神经疾病与内分泌疾病之间有很强的并发现象、精神疾病与肠胃疾病之间有非常强的并发现象，我们发现这可以进一步回应前面为什么会发现很多脑疾病药物实际上是靶向肠道组织的，这也可能对共病的机制有一定的作用。

我们还想进一步了解一下非编码区域的变异在脑疾病里到底是怎样起作用的，我们知道基因组上每一个基因上游都会有一个 promoter 区域，非编码区域的变异很多位于 Enhance 区域，Enhancer 区域通过远程调控会靶向 promoter 区域，进而调控 TARGET 基因表达。针对脑疾病我们构建了脑组织特异的 Enhancer 和 Promoter Interaction network，我们预测了脑组织里可能的 Enhancer 和 Promoter Interaction，对于隐含的 Enhancer 和 Promoter Interaction 我们进一步预测了很多脑疾病新的可能的风险基因。我们对这些风险基因做了进一步挖掘后发现，这些风险基因具有非常强组织和细胞类型的特异性。

例如，对于阿尔茨海默病，我们发现它除了富集在神经元细胞里，还会富集在新型胶质细胞里。一般我们讲到阿尔茨海默病就会想到小胶质细胞，认为小胶质细胞在阿尔茨海默病里会起到非常重要的作用，但是我们研究发现新型胶质细胞也会起到非常重要的作用。

另外，我们发现非编码区变异在早期就起到了很多作用，我们知道很多脑疾病是在人成年以后才开始表现出症状，但实际上我们的研究发现这些非编码区的变异在人刚出生的时候就已经表现出了一定的症状。

我们进一步尝试去解释非编码区的变异在脑疾病里是如何起作用的。前面王坚主任也提到在脑疾病里我们经常用影像看大脑的结构和形态。因此，我们在这里考虑用脑影像的特征来定量化描述大脑的结构形态。另外，我们还考虑不同的细胞类型在脑疾病中所起的作用。

我们总共考虑了26类脑疾病类型和123种囊肿型的特征，以及8种细胞类型。基于这些数据我们开发了孟德尔随机化因果推断模型，我们开发这个模型的初衷是假设非编码区的变异会影响大脑结构形态的变化，进而会影响大脑疾病症状的出现，或这些突变会引起大脑疾病的产生，进而影响大脑结构形态的变化，但实际上到底是哪种我们不知道。

接下来，我们基于我们开发的孟德尔随机化因果推断模型的框架，来看一下不同的脑疾病里遗传的突变是怎样起作用的。

例如，对于阿尔茨海默病来讲，我们分析在兴奋性神经元里对应的基因突变首先是引起了阿尔茨海默病症状的产生，进而影响了特定脑区结构形态上的变化。这些发现可以帮助我们理解遗传突变因果调控的路径到底是什么，对于开发对应的靶向药物可能会有一定的指导作用。

我前面讲的是基因组学和各种其他组学结合在理解脑疾病方面的一些工作。接着前面讲的阿尔茨海默病来说，在我们的阿尔茨海默病队列里，早期我们收集了两百多名阿尔茨海默病患者的血液样本，我们获得了他们血液转录组数据。基于这些血液转录组数据，我们发现有一个特定的信号通路叫作 I 型干扰素信号通路，这个信号通路在阿尔茨海默病的4个阶段里的主观认知下降（SCD）阶段里表达特别低，而且这个信号通路能够很好地将 ICD 和另外一组的患者区分开来。也就是说 I 型干扰素信号通路可以帮助我们筛选 ICD 病人。

我们进一步发现 I 型干扰素信号通路上游有一个调控因子叫 STAT1，STAT1 能够对 SCD 有非常好的预后作用。在阿尔茨海默病的疾病进展里下一步会发展成 MCI（轻度认知障碍），也有一些 ICD 病人不会发展为 MCI，STAT1 基因可以很好地帮助我们预测哪些患者会发展成 MCI，我们在美国的数据集上做了验证，效果非常好。

我们进一步结合单细胞组学数据，看一看在阿尔茨海默病患者体内哪些细胞类型发生了变化。我们将前面的血液转录组数据做了 deconvolution，发现阿尔茨海默病患者体内中性粒细胞和 B 淋巴细胞发生了显著的改变，而我们发现这种改变的模式在前面的血液转录组数据里，我们进一步拿着美国研究所的脑组织数据做了验证，发现在脑组织里这种模式仍然是可以重现的，这个细胞类型的变化是一致的。反过来想一下，B 淋巴细胞和中性粒细胞实际上是与免疫相关的，我们发现 I 型干扰素信号通路其实也和免疫相关，这暗示了阿尔茨海默病除了是老年疾病外也可能是免疫疾病，而且我们发现这些细胞类型对于未来的阿尔茨海默病细胞治疗有一定的提示作用。

在脑疾病里，对于我前面提到的分子组学数据，相对来说分子组学数据是比较匮乏的，我们最常见的实际上是影像数据，在临床里最常见的影像数据是磁共振影像数据。在阿尔茨海默病诊断的时候，PET 影像数据是金标准，但是 PET 影像非常贵，我们在上海做一张磁共振影像也就 100 多块钱，但是你做一张 PET 影像可能要 8000～10 000

块钱，可能还约不到。因此，我在想我们能不能利用临床上丰富的磁共振影像数据达到PET影像的效果。所以我们开发了一个 AI 系统，能够基于磁共振影像数据生成两个 PET 指标，一个是 FDG-PET，一个是 AV45-PET，这两个 PET 指标在临床上经常被用来判断、诊断和筛查阿尔茨海默病患者，我们的这个 AI 系统预测出这两个指标后进一步结合磁共振影像数据对患者做诊断，来判断其到底是阿尔茨海默病的哪个阶段。

首先我们看一下我们的 AI 系统，它所预测的 PET 指标到底准不准？这上面是两个 PET 指标，我们看一下它们与真实的 PET 指标之间的一致性，你可以看到从趋势上来说我们所预测出来的 PET 指标与真实的 PET 指标之间的一致性非常强。然后进一步看它的临床应用能力，我们发现我们所预测的 PET 指标能够很好地将阿尔茨海默病不同阶段的患者区分开，我们还看了一下这些 PET 指标与临床的量表之间的一致性怎么样，我们拿了临床的 MMSE，这是用来诊断阿尔茨海默病常用的量表，我们发现我们预测的 PET 指标与临床的量表的指标之间也有非常好的一致性。

最后我们看一下 AI 系统诊断阿尔茨海默病的精度如何，我们拿了 4 个国际公用数据集针对 ADMC，也就是阿尔茨海默病的不同阶段漏洞做了一些测试，我们发现我们所开发的 AI 系统性能都是最好的，其实我们在 MCAI 的两个阶段里都具有非常好的区分能力，可能对于临床诊断阿尔茨海默病能够有一定的帮助。

最后，感谢张江国际脑库的合作者和相关工作人员，以及一些项目的资助方，还有我们课题组的一些同学和同事。

谢谢大家。

第 18 章

未来能源论坛：推动未来能源技术革命，加快绿色低碳转型发展

1 论坛概况

新时代新征程呼唤技术与产业革命，未来能源是赢得新一轮科技革命和产业变革的关键所在，是人类社会可持续发展的关键所在，准确把握全球未来能源发展趋势，加强未来能源科技创新和国际合作交流，是开辟未来能源新赛道的战略抉择。

本次论坛主持人为上海新能源中心主任黄瓒，莅临本届论坛的国内外著名专家学者、企业代表有：中国工程院院士、上海交通大学碳中和发展研究院院长黄震，中国科学院院士、中国科技大学校长包信和，上海科学院院长孙真荣，上海科学院纪委书记方勤，上海市科学技术委员会二级巡视员郑广宏，中国科学院上海高等研究院副院长魏伟，中国能建首席科学家罗必雄，中核集团首席科学家刘永。本次论坛聚焦未来能源发展，进行深入研讨、思维碰撞，将为加快推动全球能源高质量发展提供新观点、新思路、新理念，并将集聚全球智慧，实现全球能源的治理、共建、共享。

2　嘉宾讲演实录

船海动力能源变革与绿色燃料技术

黄震　中国工程院院士、上海交通大学碳中和发展研究院院长

> 当前，船海动力能源变革推动全球航运业正加速进入低碳发展新阶段，绿色燃料技术的发展成为能源安全及可靠性的坚实保障。同时，船动力系统第三次革命以环保化、智能化、高效化为核心，从传统燃油动力向绿色燃料与数字化技术全面转型，进一步推动我国船舶工业迎来"脱碳、低碳及零碳"发展的新时代。

尊敬的各位领导、各位专家和各位嘉宾，非常高兴也非常荣幸有这个机会在浦江创新论坛，以未来能源为专题，来做报告。大家目前非常关注应对气候变化、减缓气候变化，控制二氧化碳的排放。因此，可以看到现在大气中二氧化碳的浓度达到了 423 ppm 左右，工业革命以前是多少呢？只有 275 ppm。如果标注上第三次工业革命时间，就可以看到由于化石能源的大规模使用，极大地提高了劳动生产力，这 200 多年来人类社会大繁荣、大发展，但也产生了非常严重的环境问题，包括 PM2.5、SOx、NOx，也排放了大量二氧化碳，引发了非常严峻的气候变化问题。

迪拜举行 COP28 会议时，与会者正在争辩两个词汇，一个叫"Phase down"（逐渐减少），一个叫"Phase out"（逐渐淘汰）。减少什么？淘汰什么？当时的讨论话题就是化石能源。最后达成了全球共识"Transitioning Away From Fossil Fuels"，也就是要转型脱离化石能源，这可以说是人类历史上第一次把化石能源作为一个主题进行转型脱离。

大家了解阿联酋包括周边国家和中东地区都是以化石能源特别是石油作为一个国家的经济命脉，这些国家在中东地区达成全球共识，要转型脱离化石能源，这是一件非常重要、具有里程碑意义的事，被媒体称为"化石燃料时代逐步退出的开始"（Beginning of the End）。到目前为止，全球已经有 150 多个国家宣布将在 2050 年前后要实现零碳或碳中和。大家知道，我们国家是世界上二氧化碳排放量最大的国家，根据中国工程院的一个统计数据，大约 88% 的二氧化碳来自化石能源利用过程，我们在 4 年前正式向全世界宣布了"3060"目标，即碳达峰、碳中和的目标，也就是我国 2060 年之前要达到碳中和，可以说，面向碳中和的目标，我们正面临着一场史无前例的从化石能源走向新能源的能源绿色转型。

讲到能源绿色转型，我画了这样一张图，这也是未来能源绿色转型的一个基本逻辑。首先，从能源的供给侧来看，最重要的是大量使用可再生能源，逐步进行脱碳，最

终走向零碳，得到大量绿色电力，同时化石能源对我国来说是一个兜底的存在，不可能没有化石能源，但化石能源即使作为一种保障性、调节性能源也要增加CCS（碳捕获与封存）、CCU（碳捕获与利用）技术。所以很可能在2035年前后会形成这样一种标准配置：不用CCS、CCU技术，就不能用化石能源发电。当然，这些年核能也作为一种保障性、调节性能源在持续发展。在需求侧，经常讲能电气化尽电气化，或者称作"再电气化"，加个"再"字主要是因为自法拉第发现电磁感应后人类就已经进入电气化时代。但是现在整个电力所占终端能源比例不高，全世界约20%，我国不到30%。因此，实现未来大量绿电的过程叫"能电气化尽电气化"。

二次能源除了包括电力外，还包括燃料，那么燃料如何实现绿色化呢？燃料绿色化是在电气化发展的过程中转型为间接电气化。将来可以摆脱对石油资源的依赖，直接利用绿电做燃料，现在已实现了绿电制氢，包括用绿电做各种各样的合成燃料，如绿色甲醇、绿氨、绿色合成生物柴油等。此过程中想要做燃料就要进一步使用碳源，可以采用生物质作为碳源，也可以将通过碳捕集技术得到的二氧化碳作为碳源。

通过再电气化和间接电气化，实现将电力燃料进行脱碳的目的，最后可以做3个替代，用绿电替代灰电，用绿色燃料替代由石油、煤制取的燃料，用绿色原料替代不可再生的原料。将来用水就可以制氢，氢是非常重要的原料，可以用二氧化碳作为原料，也可以用生物质炭作为重要原料，这些都是可再生的，这是一个基本的逻辑。因此，在这样一种能源绿色转型的大趋势中，绿色电力将是未来最重要的二次能源。同时，能源的转型一定是基于绿电的能电气化尽电气化过程，对于不能电气化的领域怎么办？可以使用基于绿电的可再生燃料，既可以作为新能源存储，又可以实现非电能源燃料的脱碳。

再来看今天的主题——船海动力能源的变革。为什么讲船海动力？因为船海动力是一个比较特殊的领域。

首先，我们来看一下船海动力在全球货运中的重要性，全球货运总量的80%由船舶来承担，其中99%是用往复式发动机为船舶提供动力的，到现在为止依旧由其提供动力。为什么船舶动力这么重要呢？2022年，全球航运业二氧化碳排放量达到了10亿多吨，10亿多吨相当于什么量级呢？如果按照排放量多少来排列，中国是排放量最多的国家，美国第二、印度第三、俄罗斯第四、日本第五，10亿吨相当于全球排名第六的排放国这么一个排放量、这么一个排放水平。因此，整个船舶动力的减碳成为非常受人关注的问题。这些年船海动力能源变革和减碳有几个非常重要的政策文件。2023年7月7日，国际海事组织进一步收紧了对船海动力整个未来减碳排放的要求，2050年之前必须要达到所有船舶不仅是零碳排放，而且要是温室气体净零排放。

另外，2023年欧盟正式把全球空中航运和海上航运纳入了欧盟碳市场（EU-ETS），欧盟碳市场也就是50%的国际航线和全部欧盟航线，所有5000吨以上的船舶都纳入其中。2024年开始，40%的排放量要纳入ETS，2025年开始为70%，2026年开始为

100%。为什么这几年绿色燃料引起了大家的高度关注呢？就是因为欧盟把航海动力排放纳入 ETS 欧盟碳排放交易体系。同时，欧盟的《欧盟海运燃料条例（FuelEU maritime）》是在 2025 年生效的，明确规定商业客货船舶只要停靠欧洲经济区（EEA）港口即需遵守此规定，并要对相关船舶的能源消耗进行全生命周期计算，最后会对相关船舶进行奖励或处罚，目前全球的造船行业正在加速转型脱离化石能源，这就是一个大的趋势。有关船海动力能源变革的路径包括以下几条。

第一条路径为"能电气化尽电气化"，船舶也不例外。我们讲内河航运经常是点对点的，还有近海船舶的点对点运输，将来电驱动的船舶、绿电驱动的船舶一定是发展方向。我们知道，中远海运今年下水两条船，都是能装载 700 箱的集装箱货轮，是长江航线上最大的标准集装箱货轮。在 700 箱集装箱中，有 20～30 箱用来装电池，用于给船舶提供动力，从南京到武汉只要换集装箱就行了，这就是换电的模式，我认为这种模式将来会适用于内河航运中，或者是像上海到宁波、上海到温州那种点对点的沿海航运，电动船的换电模式将是一个非常重要的发展方向。另外，将来还可以继续使用柴油、重油，但是必须要加 CCS 技术把二氧化碳捕集起来。目前，欧盟还没有明确政策要求加 CCS 技术。

第二条路径叫绿色燃料船舶，是我们讲的不能电气化的领域。举个例子，从上海到鹿特丹、纽约、洛杉矶，这些航线需要用远洋货轮运输货物，而远洋货轮在未来是不可能用电池来驱动的。因此，这个发展方向一定是用绿色燃料替代现在的柴油、重油来实现净零碳排放。下面来看看绿色燃料技术，目前我认为通过不断进步的科技，我们完全可以用可再生资源来做绿色燃料。我们可以用二氧化碳作为碳源，也可以用生物质作为碳源，还可以用空气中 78% 的氮气作为氮源。我们用风、光做绿电输入，我们做各种各样的绿色燃料，这也是未来的发展方向。我们可以做氢、甲烷、甲醇、二甲醚、氨、合成柴油、合成航空煤油，将来所有这些都可以广泛应用到汽车、轮船、航空、固定发电站中。这就是未来发展方向，最重要的是可以摆脱对石油的依赖，实现零碳排放或净零碳排放。

这样一种用绿电做燃料的路线，既解决了燃料的脱碳问题，也解决了可再生能源，特别是新能源风光储能的问题。我们看右边这张图，这张图是我引用的一张图，我们来看，横坐标是储能的规模，纵坐标是储能的时间，飞轮储能是一个短期储能，电池储能也就是几个小时的储能，在右上角的是可再生燃料，既可以长时间使用，又可以大规模使用，还可以把弃风弃光的绿电和用不了的电做成燃料给储存下来。所以将来我们用绿电来做氢、氨、合成燃料，既提供了绿色燃料，又是一种新型储能方式，可以实现跨季节、大规模的广域共享。

譬如说我们在东北做了绿色甲醇，上半年生产的下半年可以用，也可以把绿色甲醇通过渤海湾的港口运到上海来，可以广域共享。所以，这一定是将来绿色燃料发展的一个重要方向。讲到绿色燃料，首先必须要讲氢燃料，氢燃料大家比较了解，通常有这么几种制作方法：碱性电解水制氢技术、PEM 制氢、高温水蒸气电解制氢技术等。这类技术很多,且都在发展,最成熟的还是碱性电解水制氢技术。目前的主要问题是对氢的储存和运输来说需要能耗,要么走高压路线,要么走极低温路线,这个问题也是一个挑战。当然,我认为最大的挑战还是氢目前是一个危化品,其爆炸极限是非常广的,为 4.0%～75.6%,这限制了很多领域,特别是我们讲的船海动力,在下面的发动机舱里面用氢的话会带来很多安全性问题。

我在最右下角画了一个图,氢是非常重要的能源载体,可以用氢进一步发展下游燃料,不管是做氨、绿色甲醇还是合成油都要用氢,这些过程不见得一定直接用氢,但是它作为能源载体非常重要。讲到绿氨,其制作技术相对成熟,最成熟的是 Haber-Bosch 工艺,这个工艺很多年前就已被发明了。目前,国内一直在使用 Haber-Bosch 工艺,但工艺路线不一样,未来要做的是通过电解水制氢和空分得到氮气来合成氨气。Haber-Bosch 工艺条件很苛刻,能耗比较高,需要 200 个大气压以上、500 ℃的高温,能不能把它变得更柔和一点?温度下降到 300 ℃以下,压力在 100 个大气压以下或几十个大气压就能合成它?

当然,现在有很多新技术,比如前几年 *Science* 发了一篇文章,用等离子法、电化学法来合成燃料,这些都是未来技术的发展方向。另外,合成燃料也可以把燃烧过程倒过来做,燃烧过程是碳氢燃料通过在氧气中燃烧产生二氧化碳和水,把产生二氧化碳和水的化学反应过程倒过来进行,将产生的物质作为燃料,但前提是必须输入能量,这个能量就是绿电。因此,这也是一条非常重要的路线,美国诺贝尔化学奖获得者乔治·奥拉是最早提出这个路线、最早做示范工程的,他有一本书叫《跨越油气时代:甲醇经济》,书中讲了 2011 年在冰岛建了第一个二氧化碳循环工程,也就是二氧化碳加氢工程做甲醇,是用地热发电可再生制氢,把补给的二氧化碳合成 4000 吨/年,一直在做示范,这也是最早的一个样板工程。最近几年,绿色甲醇的研究特别热。据有关统计,现已公开签约备案批复的有 70 多项绿色甲醇相关研究,总投资将近 4000 亿元,研究主要分布在东北、内蒙、新疆等,无外乎有以下 3 条主要路线。

第一条路线实际上就是将城市垃圾、动物粪便通过厌氧发酵形成沼气,把沼气的主要成分甲烷转化成合成剂,最后合成甲醇,这条路线国外做得比较多。上海最近也在准备投资建一个利用上海城市湿垃圾做合成绿色甲醇的项目,这个项目存在废水问题、厌氧发酵需要时间等一系列问题,上海准备变废为宝,做一个示范工程。

第二条路线目前是主流路线,是用生物质气化来做绿色甲醇,东北和内蒙古主要走这种路线。通过生物质气化生成一氧化碳、二氧化碳再加氢,但氢比例太低,需要通过电解水制氢来提高氢的比例,最后制成绿色甲醇。这条路线到现在为止还属于雷声大、不下雨的状态,目前主要瓶颈还是在生物质气化技术上,如何做到规模化、大型化等问题也在攻关。相信对中国来说,可能未来 2～3 年内就可以做到比较大的规模,技术会逐渐成熟。

第三条路线是用绿氢加二氧化碳合成绿色甲醇。在这条路线中,可以用生物质燃烧得到二氧化碳，也可以用空气直接捕集得到二氧化碳，然后用二氧化碳加氢来做绿色甲醇。

大家也关注到，因为现在DHE技术的成本非常高，欧盟也有一些临时性政策，只要能满足欧盟总的28.2克/兆焦的碳排标准，那么将来把该技术普及到煤电厂、火电厂也是能够被认可的，但是要做到这个标准是非常困难的。所以目前只有这3条主要路线，但是相信随着科技的进步，最近几年我国一定会在这一块有非常快的进展。

从拉动视角来看，汽车电气化发展非常快，而船舶是很难电气化的，因此主要拉动力还是那些大的国际海运公司，像马士基、达飞、中远海运等都在拉动整个产业。最近几年，可以看到甲醇船舶订单量快速增长，因为如果不用绿色甲醇，就要买高额碳证，所以这是一个重要的市场。其中，中船集团与法国达飞号称签了2023年以来最大的一个集装箱订单，金额为211亿元，建造15 000 TEU级甲醇双燃料集装箱船。中远海运、达飞、马士基都纷纷与上海港、上海市人民政府签约，希望未来上海能够为他们提供绿色燃料。氨动力这几年也逐渐被大家认可，像有的比利时船公司与一些挪威公司计划向中国企业订购世界上第一艘氨动力集装箱船，计划2026年投入运营，这是一个发展动态。

除了绿色甲醇、绿氨，上海交通大学在做一个非常有挑战性，同时具有变革性、颠覆性的技术，用二氧化碳电催化来合成燃料。首先，二氧化碳分子非常稳定，需要活化就要有好的催化剂，要做成燃料，不光要有碳，除了碳源还要有氢源，所以还需要有氢，那就必须要有水，要加氢。另外，它的反应需要消耗很多能量，这些能量是由太阳能和绿电来提供的。这几年二氧化碳还原也是一个非常热的话题，如果要还原成两个碳以上，那么它的选择性、转换效率会变得非常低，完全是不可行的，难度非常高。因此，用二氧化碳直接来还原这条路要做到在将来实用化和规模化是非常困难的。我们要做的是用二氧化碳直接来做合成柴油、合成航空煤油，所采用的路线是用零碳电力技术，用水和二氧化碳供电解，最后制成一氧化碳加氢，这就是合成气，通过费托合成可以合成柴油甚至航空煤油。在上海市科学技术委员会、国家发展改革委的支持下，设立了这么一个项目，目前正在执行中，包括二氧化碳电催化还原的机理和电解材料研究、高温和低温的两条供电解路线及二氧化碳和水电解，还包括高效可再生合成燃料合成系统的开发。

如图所示，从入口输入二氧化碳和水，将来会输入绿电，出口是希望得到的合成油，可以看到左边整个原理样机已经完全建成了，实验室经过一两年的努力，已经建成一个合成燃料系统，对整个费托的合成燃料做了非常好的设计，我们的团队也对催化剂和产物构效分布做了研究。费托合成微反应器是一个分布式微反应器，不是做很大的规模化的；对合成燃料做分析，第一步是做合成柴油，相关实验表明，合成柴油将来在发动机里面能够烧得更好、更充分。这是当时留作纪念的第一瓶合成燃料，就是合成柴油。因此，根据现在的目标，这个阶段主要是包括催化剂、电解材料、核心部件的制备，也包括能高效还原二氧化碳的相关关键技术的研发。计划到2026年要做成分布式可再生合成燃料制备系统，到2028年实现高一致性长寿命的电解池堆规模化制造；到2030年实现可再生燃料系统的批量化、规模化发展，不光有绿色甲醇、绿氨可以直接用来做柴油、航空煤油，将来通过二氧化碳可从电场补给，也可通过未来的方向分布式数控（DNC），加上风光的绿电，通过可再生制备装置，可以实现规模化制造，将来可以得到用于车、船、航空器燃料；同时，也可用于固定电站的发电，当然也可再去发电。最重要的是有了这种能源就不再依赖于化石能源，完全可以独立于化石能源了。

最后是一个展望。以图示说明未来的船海动力，横坐标是船舶总吨位，纵坐标是航行距离，在一个非常短的距离里面，包括一个摆渡船、小型船，将来氢能的利用也是有可能的。吨位高的话，内河航运、沿海短途船舶电驱动是一个方向，未来对于大功率的，可以达到 30×6 的发动机，运行功率可达几万千瓦的大发动机，包括航行距离非常远的，涉及氨、甲醇、二甲醚、合成柴油、合成甲烷的船舶，传统的柴油、传统的发动机都可以用，但必须要加 CCS 技术。你也许会问，到底未来哪一种燃料能胜出？现在真的是一个大变局，真不好说。因此，要判断哪一种燃料将来能够规模化利用，有 5 个特性可以用来判断。

一是发动机可用性。这种燃料在发动机里面到底可不可用，可用性怎么样很重要，氨、甲醇、二甲醚等的可用性也很重要。

二是燃料可持续性。将来所有的船舶是要到世界各大港口的，每到一个地方就要去加注，若加注不到燃料，那可持续性就有问题。

三是燃料安全性。分为两个方面，一方面是所谓的易燃易爆性，如氢在船舶底层的舱里面就不好用；另一方面是毒性，如果这个燃料有很强的毒性，那就会有非常大的问题，不光是船里面，加注、运输都会产生一系列问题。

四是燃料标准法规完备性。因为所有东西，如码头上要建一个大的氨的燃料库，如果没有标准是干不成的。所以安全、法规标准，包括发动机、船舶、码头的标准，目前来说都要大力去发展。

五是燃料大规模制备的经济性。因为最后要在经济上有一定竞争力，常规的在市场上可以买到的燃料，如船上经常用的重柴油、轻柴油，传统的甲醇、氨都是用煤制作的。大家经常看到的是每吨多少元，我认为每吨多少元不合理，因为大家知道热值是最重要的量值，所以以每兆焦多少元来衡量更科学。因为一吨柴油相当于两吨甲醇，电价在 0.2 元/度左右，比较接近于现在市场常规的传统方法制备的燃料，在电价 0.3 元/度左右的时候就会高上一些，但基本上都是在 5000 元/吨左右，5400、5500 元/吨，大概是这么一个价格。这里有这么几方面。

一方面，绿色燃料的成本取决于碳源和氢源的成本，氢源的成本主要取决于绿电价格，因为用绿电制氢将来是一个发展方向，碳源的成本主要取决于生物质或碳捕集成本，做燃料需要考虑碳和氢这两个方面。

另一方面，成本价格不能光从内部来说，还要从外部来看，不仅要从静态看，还要从发展的角度去看，若未来继续用重柴油，将来就要支高额的碳证费用或碳税，这样一来整个成本会提高，包括欧盟的碳关税、碳配额都是相关的，因此用绿色燃料虽然有一个所谓的溢价，但是溢价会变得越来越小。这里面核心还是氢的来源，因为氢是重要的能源，氢又取决于绿电，绿电具有零边际成本效应。因此，一旦有大规模的风、光基地以后，不消纳白不消纳，不用白不用，所以这一块甚至将来可以用弃风、弃光，多余的电可以做成燃料储存下来，这就是零边际成本效应。

刚才讲到绿色燃料制备需要有绿电、氢源、碳源、氮源，今年6月、7月有两个重磅消息，6月底我国的光伏和风电装机规模首次超过了煤电装机，7月整个光伏和风电装机达到了12.1亿千瓦，超过12亿千瓦是什么概念？我国在2020年向世界宣布，2030年的目标是12亿千瓦以上，也就是说我国提前6年半完成了12亿千瓦的目标，从2020年到2030年，一半的时间都没有到，所以我国新能源利用规模一直是世界第一的，同时有大量绿电。

此外，我国又是一个农业大国，有非常丰富的秸秆资源和其他资源，因此做一个未来展望，上海正在建设一个全球航运中心，其理应成为全球绿色航运加注中心，但是后面还要加一句话，中国一定能够成为全球绿色燃料的主要产地和供应国，以往我们到中东去买油，将来很可能全世界各国向中国买绿色燃料，可以给韩国、日本，也可以给新加坡甚至全世界供油，这也是我对未来的一个展望。

就讲到这里，谢谢大家。

化工与制药行业脱碳的考虑：热量与能源、战略、安全与韧性

琼·科迪纳　英国皇家工程院院士、谢菲尔德大学化工学院院长

> 化学和制药行业的脱碳需要战略规划和系统观念，利用新能源替代化石能源，关键是要采用适用的技术并对系统优化管理，需要从经济、技术安全、韧性等多方面考虑。特别是业内人士的洞见将为政府、产业和投资部门的决策提供重要的依据和支撑。

非常感谢主办方的邀请，我很高兴能够来到这个论坛，我很荣幸，非常感谢。刚刚我听了一个关于航运行业的演讲，另外还有一个非常重要的行业，就是化学制药行业，其对中国和英国来说都是非常重要的。

我们都知道，现在有一些全球性问题，要实现全球的愿景，就需要减排，需要保证能源的安全，并且要对气候变化做出应对，这些对中国和英国来说都非常重要。根据国际能源组织的数据，可以看到25%的二氧化碳排放量来自这些工业，这些工业还占据了

40% 的全球能源消耗量。我第一次到南通时参观了一些当地工厂，在南通化学工厂旁边有很多居民。可以看到，中国和很多其他国家还在不断发展，需要越来越多的工业用品，所以能源消耗也越来越多。

我们希望通过大量生产工业产品来提升生活质量，我们可以看到有 5% 的二氧化碳排放量都是来自热力生产，同时，我们需要很多的热循环。脱碳是一项非常昂贵的技术，但必须要实现脱碳，才能让我们能够持续可行地发展。麦肯锡公司预测，2050 年前的整体脱碳成本可能要达到 21 万亿美元，之前的演讲者介绍了非常多技术路线可以帮助脱碳，但是实现这些技术需要大量的投资，在经济上也是一项重大的挑战。

当前存在很多问题，也有很多风险，需要政府来支持这些基建开发，在英国皇家化学学会和皇家工程师学会，我们刚刚写了一篇报告，是关于英国所需要的一些基础设施建设，指出了英国需要更加长期的能源战略，就像中国一样。与此同时，我们需要技术进步，也需要经济上的考量。同时，还有资源、材料、可用性的问题，不仅仅是量的问题，还有质量的问题。之前还听到了演讲者说未来可能会有核聚变技术，当然为了实现这一技术需要更多新型材料，比如说未来要制造氢型飞机，让飞机搭载氢燃料肯定需要新的材料，那这些材料也是需要发展的。我们现在有很多安全性问题，包括很多关于新材料的安全性问题，同时需要在气候变化面前保持恢复力和韧性。所以在英国，目前大部分工业行业用的还是化石燃料，我们需要在这方面做出改变。

我就不去讲这些脱碳细节了，因为之前的演讲者已经介绍了很多技术路线，我想跟大家讲一讲我们的一位博士生的研究工作。假设您在一个化工企业，或者说您在一个制药企业，那么您就知道这个行业是需要很多氢气和化工原材料的，但是在很多偏远的地方和农村地区，这些能源他们可能没有办法轻松得到，所以每一个公司都需要有自己的战略来实现脱碳，也需要投资了技术。他们投资电池吗？这可能需要几年时间才能有一个更好的电池技术。他们需要投资太阳能技术还是风电技术呢？如果遇到不刮风、没有太阳的天气，或没有风电发电怎么办？是不是就要考虑能源存储技术了？还有很多工业企业也需要有稳定的能源供应，他们的系统至少能够支撑 15 ~ 25 年。如果投资于当前的技术，使这个技术发展很快，但 5 年之后被淘汰了该怎么办呢？这笔投资可能是非常重大的，因此有的企业可能就想：要不我再等几年再做决定，先保持现状。所以我们就要知道什么时候投资、投资于哪种技术，还要知道什么时候价格是最好的。如果在做这种技术那么换燃油的时候该怎么换？换哪种？所有这些都需要做决策。同时，这些化工企业的生产、制药企业的生产都是大批量的，一个小小的变动就可能会带来很大的影响，有时候这些化工企业或制药企业会面临很艰难的问题。

我们这边有很多指标，其中包括资本投入、运营成本、维护成本、安全问题、社会问题，这些参数考虑的都是帮助人们、公司去选出最优的脱碳技术和替代方案。右边都是来自专家的意见，借助的是 Fuzzy logic 模糊的概念，有一些关键的决策驱动因子和一些次要的评估标准，如果要去决定它们是哪些权重都可以进行调整，对不同公司来说评估标准的重要性都是有差异的。这个模型可以根据市场情况进行适配并提供指引。例如，什么时候换燃油、什么时候做混合燃油、什么时候进行投资等。如果有热电联产的工厂想换燃油，那么在某一个市场条件之下选择混合燃油是最优的，还有的时候需要改变底层的技术。

之前有一个案例，这个案例用的是电气化，不是生物质能源，当然不同的案例结果肯定是不一样的。大家能够看到，我们可以去做很好的需求预测，能够使用多标准决策工具，包括能源效率的标准、能源存储的要求等，在这个模型中还可以考虑到碳的定价问题，因为这在不久的将来是每一家公司都不可忽略的成本，能够帮助公司、厂房制定自己的能源使用策略。

我们有很多模型，来自世界各地的同事都可以搭建这种模型。但是想一想，在过去100年内许许多多的监管机制都是通过事故才逐渐完善的，因为有人失去生命才逐渐有新的监管要求、安全要求。我们必须改变这样的模式，不希望再出现亡羊补牢的情况，希望能够未雨绸缪，预测式制定新的标准、新的规则。在出现事故之前、在任何生命逝去之前做出决策、做出设计、做出发展，让整个工艺流程更加安全、更加有韧性。所以我们在脱碳的过程中有很多安全性挑战，比方说有技术变革的速度极快，而且外部事件发生频率越来越高，自然灾害、技术方面的危害等，还有不断涌现的新风险，以及很多国家和地区的这种技术准备度还不足，可以到发展较早的国家和地区去学习经验。

例如，在氢气方面的安全性就是非常重大的影响因素，氢气能源密度比较高，在英国可以看到很多投资人都在投产氢气的设施设备，但他们可能并不完全理解氢气作为新材料、新燃料的安全影响。比方说，有的时候有些设备是氢气与天然气共用的，这种时候必须要在设计阶段考虑到安全性，需要新的政策和监管，也需要更加适合氢气的新材料。这种材料不仅要用在航空器上面，还要用在整个生产加工过程中，要让整个工艺全生命周期更加有韧性。我的同事正在评审一些关于氢气安全性的论文，可以看到在这个领域所发表的论文数量在过去几年都在飞速上涨。在欧洲有一个叫HySafe的氢气安全项目，有一些公司和学术界人士加入，共同做氢气安全性的研究，帮助人们更好地理解如何更好、更安全地实现能源转型。大家可以看到，通过这个研究已经发现非常多的氢气相关风险了，如液体或者说因为冷冻所带来的一些材料物理性能的变化，该研究还涵盖了运输的过程、传感器、材料使用等。

我的PPT里面信息比较多，大家稍后若需要我可以把这个文件分享给大家，我想让大家都能够意识到安全的重要性。大规模氢能应用是非常具有挑战性的，其需要非常高的质量，需要有非常严密的焊接，这些都是需要对人员进行培训来完成的，同时要避免氢气的泄露。在一家化工厂，如果想建一个氢气的存储装置，就需要有一个非常远的存储距离，需要经过计算来得出氢气的存储装置爆炸半径。如果需要在船舶和飞机上使用氢燃料，就没有办法使用这种可制的爆炸半径了，所以就要更好地理解如何正确设计，要求掌握更多的信息、开展更多的研究。

我们再来讲一讲关于应力腐蚀开裂的情况。我们都知道，在很多化工企业中有很多焊接件，这对氢气存储来说是不理想的，甚至还有氢致开裂，所以需要很频繁地进行工厂的检查、巡检，之前有一个氢气和氨的存储装置，因为出现了金属疲劳的情况，所以就出现了泄漏的情况，因此对于氢气的存储和特性，以及存储装置的要求都要有更深的理解。现在还有很多全球危机，包括前几年的疫情，还有不断加剧的气候变化。我之前在美国德州管理过一家化工厂，所以也希望能够应对气候危机。我们目前的状况也变得更糟糕了，需要去适应发展工艺流程，帮助实现气候的恢复，并且需要了解一些因素，在这里我们开发了两种方式去更好地评估它的韧性。一种是通过专家系统，另一种是通过多模块、多准则的评估。在这个流程中，我们帮助一个化学工厂找到了一个比较好的评估方式，在早期的设计过程中就去评估它们的韧性和弹性。

刚刚前面讲到了很多不同的材料，现在不同的国家可能没有办法对这些材料进行电气化或电化，在中国有很多电车，但是在很多其他国家没有。全球可能需要很多资源，例如铜来进行电气化，并且在过去几年可以看到这些原材料被大量获取，这当然也会对环境产生非常大的影响。

我们现在对这些材料的挖掘需求是越来越高的，所以在未来需要减少对能源、对原材料的挖掘，以及政策也需要进行相应的改变。作为化学和工程方面的专家，我其实也是在研究净零新材料的开发，并且在这方面做了很多研究，希望通过更好的一些设计帮助解决供应的问题。在英国有这样的供应危机，我们希望把产品的生命周期延长，并且希望能够在设计产品之初想到可再生，不断重复利用这些资源，还希望把基础设施变得更加可持续，希望这些能源是更加高效地被使用，减少对于传统能源的依赖，使用更多电气化、电池等。当然这其实是一个比较难实现的过程。

我是一名工程师，我认为在现在这个时代，需要携起手来，学界、社会界、产业界一起合作，才能够去改变这个世界。所以要认识到脱碳的重要性，以及可以使用多准则决策来更好地做出关于脱碳的解决方案，并且要进行更多的投资，要考虑到安全性和这些原材料的供给和复原、韧性、评估，并且需要全球合作。我很荣幸能够来到今天的会场给大家做这个演讲。

非常感谢！

绿色燃料合成技术进展和未来部署

魏伟　中国科学院上海高等研究院副院长、研究员

> 绿色燃料大规模制备，经济性是实现燃料在航运业规模化应用的关键，推动绿色燃料技术的研发与应用，对上海打造全球绿色燃料加注中心与供给中心具有重要战略意义。同时，绿色燃料的发展也面临研究挑战，期望在未来的发展中对此有充分的认知。

非常荣幸能来市科委新能源中心组织的创新论坛。大家都知道，上海市主要领导非常重视绿色燃料这一块，也做了很多部署。在市科委的领导下，凝聚了一支队伍，正在不断形成上海市绿色燃料以解决国际航运中心的燃料需求。在刚才的报告中，大家看到黄院士已经把前期的背景都很详细地讲解过了，我选几个重要的点和大家汇报一下。

大家都知道绿色燃料，特别是在2023年国际海事组织（IMO）和国际民航组织（ICAO）相关规定标准出来以后，这几年国内发展得非常快，当然近期也得到了国家各个部委，如国家发展改革委的重视，我们也看到国家发展改革委上个月底征求完意见稿后，在绿色燃料方面国家有相应支持和相应部署。绿色燃料主要指的是长途运输燃料，基本上集中在四类：绿色甲醇、可持续航空燃料（SAF）、绿氨和绿色汽车上的燃料，这方面的应用都讲过了，我在两大组织的相继推动下，提出了比较激进的措施，同时与欧盟相关的法规或碳关税、边际调节机制结合在一起，这对行业能够起到极大的推动作用。

目标大家都看到了，根据目标推导来看，对于绿色航运、海运和航空飞机燃料需求是巨大的。可以看到绿色燃料如果按目标IMO措施来推算，绿色燃料需求应该是在亿吨级的（指全球），根据ICAO关于可持续航空燃料的标准来看，倒推下来也是亿吨级规模，上海怎么应对？基本上就集中在几种长途运输绿色燃料上。开始黄院士给我们讲了很多内容，这方面大家比较好地结合了，包括我们做的绿色甲醇，数据也好，现在预计规模为2800万吨，投资估计在4000亿元。如果把可再生能源加上，那么2800万吨和4000亿元远远不够。在这个过程中大家可以看到，不论是以二氧化碳为原料，还是绿电结合，成本都是比较高的。SAF基本上用的废弃油脂，当然未来的使用量还是有一定的限定。目前，绿氨和可再生能源结合的成本的确很高，中国现在对于绿色甲醇的规划备案很好，但这么多规模的成本基本没有低于5000元/吨的，运用到加注站基本上没有低于6000元/吨的。在这个过程中基本上2吨绿色甲醇能替代1吨目前长途运输的船用燃料，这2吨绿色甲醇给船运行业带来了巨大的成本，我们对此也做了相应的比较，绿色甲醇目前价格为5000～6000元/吨，远高于目前的传统汽车油价格。现在只有欧盟的两个标准，

未来如果在全球范围内推行开来以后，中国在里面到底有什么样的话语权？美国怎么认识这个过程？在这些过程中需要制定很多标准。

另外，IMO 和 ICAO 对原料的规定不一样，IMO 比较严格地规定了生物质，对于二氧化碳，明确限定为在生物质转化中释放的二氧化碳，以及在空气中直接捕集的二氧化碳，这可能带来更高的成本。大家知道，空气捕集的二氧化碳的成本接近 300 美元/吨。对于生物质，各个区域生物质的量差别很大，特别是对上海来说生物质的量更少。各个区域到底发展什么样的技术路径存在大量问题，我认为对上海来说，需要关注上海到底要发展什么样的技术路径，或者什么样的产业，才能把国际航运中心支撑起来。这和上海未来的定位密切相关。用未来定位来梳理以下内容，看上海有什么样的资源，特别是绿色燃料的生产端，看看究竟应该采用哪些路径。IMO 和 ICAO 规定生物质是最重要的原料，但是上海就这么大，生物质是非常有限的，用于绿色燃料生产的量也非常有限，在这一块上海要考虑到底应该怎么部署利用生物质合成燃料这条路径。

此外，在这个过程中一定会用到可再生能源。来看看在这个过程中上海的可再生能源量有多大，未来期望值比较大的是深海风电，前段时间统计了总装机容量，约 2930 万千瓦的规划量。给大家一个数字是什么意思呢？我们知道 1 吨绿色能源从可再生能源转化来，大约需要多少电呢？基本上为 10 000～13 000 度电。在这个过程中反推回来拿出 20% 的绿电用于绿色燃料，我认为这在上海比较有前景。

未来可以看到，上海的资源已经框定了，上海的技术路径是需要弄清楚上海的技术在什么地方。上海科委的确在 10 年前，也就是从"十三五"开始布局，形成了一些优势技术的积累，后续需要梳理全国在这个领域的各种技术路线所具有的优势，看看能不能为上海所用。在上海市科学技术委员会的带领下，形成了比较完备的技术路径，发展绿色燃料过程中需要的量并不是太多，但是未来发展过程中不能仅依靠政府的政策或补贴来长期发展产业。部署发展产业以后，一定要有未来颠覆性技术，颠覆性技术在这里不能给大家展示，但是已经理出来未来的 12 条路径，对于绿色甲醇、绿氨、汽车油、SAF，理出来 10 条路径。上海已经把这个过程勾勒出来了，后期要看市委、市政府怎么部署这个产业，或者是往前驱动相关发展。以下快速汇报一下我们团队这几年研究的几个典型案例。

第一，绿色甲醇合成研究进展。国际可再生能源组织已经做了非常详尽的描述，绿色甲醇、合成甲醇的这条路径，比较激进地限定了二氧化碳的来源，就是以生物质二氧化碳作为原料，利用可再生能源合成甲醇的过程。对于用绿色甲醇代替船运传统燃料的过程有明确要求。我认为目前我国几乎没有一吨绿色甲醇符合标准，所以在这个过程中可能要做很多工作。我们团队这几年在国内做二氧化碳加氢来合成甲醇的整体路径研究，所以在未来的发展过程中，我国对绿色甲醇这条发展路径做了很多规划。20 世纪 90 年代，车载燃料做了很多试点，车的试点、陆运的试点都做了大量工作，也出了若干标准，但是由于各种各样的原因没有推行起来。

IMO出台政策以后这几年发展得很快，目前成本还是比较高的。当然从研究的角度来说，目前能够看到最大的一套装置是5000吨的装置，冰岛的是4000吨的，科学院在甘肃的那套是1000吨的。在这个过程中所达到的指标、所达到的区域经济性都有一定的规模和经济性，但其实这几年很多企业来找我谈过，在这块我认为是2030年甚至2035年以后用的技术，目前成本太高，想要产业化应用或现在能用得上的话，就必须降低30%～50%的成本，在这个过程中未来新的颠覆性技术必须实现低压低温过程。低温的过程是放热的过程，怎么样在低温下实现，这几年我做了相关探索，现在和企业也正在期望能够做10万吨，这种技术如果研发出来，成本基本上在4000元左右，或者3500元左右。

第二，二氧化碳加氢直接做航空燃料，我们称之为可持续燃料。其实在航空燃料规定过程中，可以看到IMO要求二氧化碳必须是生物质转化过程中的二氧化碳，还有空气中捕集的二氧化碳。而ICAO要求的是电源排放的二氧化碳，我认为这个比较务实，现在的火电厂、钢铁厂做一个过渡是大家认可的，在这个过程中我认为目前二氧化碳加氢作为可持续燃料存在一定的商机。我带团队在这方面做了大量工作，包括二氧化碳合成航煤的硫分，可以看到选择性和转化率应该都是比较高的。航空燃料有长链烃的、异构烃的，还有芳烃的，这块能不能用二氧化碳来直接合成？在这方面，我们的实验室基本上具备条件了，今年也正在和企业做千吨级的，大家希望能做一套示范出来。

第三，我国可再生能源和2.5亿千瓦的装机容量相结合。黄院士谈到了，就是用二氧化碳和水做合成气，合成气再往下做，因为我国合成气再往下做SAF的话，SAF有相关前期工作基础和相应产业化，这一块我认为比较快。我们以前做过许多二氧化碳和水常温常压下直接合成气的研究，在这一过程中如果能把几个指标大幅提高，就能和可再生能源非常好地结合在一起。

这几年可以合成多种多样的产物，在工程化方面走得比较快一些，可以看到现在实验室建的电极就是超大的，国际上最大的电极是1000个/平方厘米左右，比电脑稍微大一点，因为电脑这么大基本上就是400～500吨的产量，而且是常温常压过程。在国家和科学院的支持下，今年建成了10 000吨的处理量。10 000吨大概有多重呢？就像桌子这么大，是即插即用的，整体类似于一个集装箱，拉到现场基本上就可以用。合成气出来以后，大家可以看到它的转化率比二氧化碳加氢高得多。

串起来以后大家看它的积极性，甲醇的例子和SAF的例子大家可以看到，在不同的电解情况下，在电价为0.2元/度左右时合成甲醇的成本基本在3000元左右，我认为明年大家就能看到万吨级装置运行了。对SAF来说如果按元/度出来的成本大概6000多元，因为投资远低于现在的投资，如果3元/度、4元/度以后，大家都知道SAF目前的销售价为1.5万～2万元，前段时间我也给客户承诺，我说做出来的成本基本上能够保障在上海的产业能够发展起来，不受原料的限制。

第四，绿氨。绿氨被认为在中国有应用场景，特别是在船运行业。一方面，目前用绿氨把氢替代了，对于该过程中的成本，中国虽然规划了一些项目，但是最终成本基本上我认为在 10 000 元左右。我认为未来可再生能源最简单的就是空气或氮气，大家知道空气中 78% 是氮气，可以用空气制出来氮气和水，这几年科技界非常重视通过可再生能源直接合成绿氨。

我在实验室一直做研究，从后面的结果可以看到，不论是效率，还是制备的氨的浓度，基本上具备放大的条件了。我说企业今年能做一个百吨级的，百吨级的比刚才显示合成气的池子大，所以在这个过程中我认为未来绿氨燃料的解决可能更超前一点，这是未来更有潜力的技术。我认为在这方面上海有这种技术积累，不受原料的限制，未来可用。前期很多内容黄院士都已经讲过了，我认为未来可再生能源中的太阳能能够为脱离化石能源提供碳源。另外，在生物质利用过程中，很多过程还需要优化，需要与未来可再生能源衔接。大家一定不要忘了欧盟前期部署的 P2X 过程，可再生能源和绿电的结合，我国目前的传统产业不论是化工行业还是钢铁制备行业，亦或是未来的绿色燃料行业，这个过程要被给予极大的关注。

方才快速和大家分享了一下我现在的一些技术进展和自己对未来绿色燃料的一些看法，很多观点供大家参考，谢谢！

面向绿色经济的国际能源合作

丹尼尔·科曼　美国艺术与科学院院士、加州大学伯克利分校教授

> 我们要解决气候变化问题，就要去解决这些国内国际的差异，就像在泰坦尼克号上重新排列甲板上的椅子一样，因为不同的国家有不同的政策。各国加强在清洁能源领域的合作尤为重要，以此应对全球气候挑战。

大家好，我很高兴能够参加浦江创新论坛，我将进行一个远程演讲，希望能够引起你们的兴趣，如果大家对我讲的内容感兴趣，可以联系加州大学的实验室，我这里负责的是可再生能源实验室，同时我也是能源与资源小组及公共政策学院的一名成员。你们也可以访问实验室网站，网址是 http://rael.berkeley.edu，如果说你们使用推特也可以来关注我们的实验室账号，用户名是 @dan-kammen，可以更好地了解我们实验室的一些工作。

今天，我想和大家谈谈两件事，即我们如何进行国际合作，来实现我们清洁能源的目标。首先，要讲一讲大家对于这个问题所达成的一些共识，我们都知道不同国家的政

治是有很多不同变化的，但是必须要记住，如果说要解决气候变化问题就要去解决这些国内外的差异，就像在泰坦尼克号上重新排列甲板上的椅子一样。比如说美国承诺2045年实现碳中和，加利福尼亚州希望在2045年能够实现碳中和，以及中国、南非和尼日利亚希望2060年实现碳中和，有一些欧洲国家所设定的时间线更早，但是所有这些加起来，在顶部蓝色部分，希望把全球气温升温控制在3摄氏度以内。如果超过这个温度，就会造成一些严重的后果。

我们知道，在未来还要尽可能把这个升温控制在1.5℃以内，也就是在本世纪中叶减少排放量，之后实现碳的负排放，但是很多国家和地区并没有按照计划来进行。在这里，我们也要考虑一些商业活动所导致的一些排放，并且要谨记目标，就是在2060年或2070年实现排放归零。如果不采取行动，那么以后这些气候的损伤、损害可能是现在的2倍多，如果升温达到2℃以上，将对环境产生更大的损伤，包括极端热浪、生物多样性丧失、生态系统功能丧失等，所以需要达到将升温控制在1.5℃以内的目标。我们在伯克利的团队研发了一些能源模拟的系统，希望能够实现这些碳目标，以及在不同的地方，如北美西部、智利、加利福尼亚、墨西哥、尼加拉瓜和亚洲等地建立了模型。

现在我们针对中国也发布了一些论文和模型，并且对日本、孟加拉、马来西亚东部及非洲都发布了一些特定的关于能源转化、能源转型的模型，我们也研究了肯尼亚和乌干达的能源转型案例，并且已经发布了相关模型，大家可以在我们的实验室网站上找到，我们也找到了一些低成本和低碳的能源路径，希望能够帮助我们实现碳目标，也帮助中国实现碳目标。举一个例子，这是北美西部的一个在2050年的建模场景，黑色线是一年中能源需求变化，在这里有个节点是2050年和2045年达成碳目标，浅蓝色代表风能，黄色代表太阳能，深蓝色代表水力发电，橙色部分代表储能，包括锂离电池、氢储能等。这些橙色线如果说变化为负值，就会进行储能。

在这里，可以看到有些其他颜色，比如说红色代表地热能，还有一些紫色代表少量核能，这些是非常可靠的能源解决方案。我们没有办法用很多时间谈论这个模型的细节，这其实是一个近线性值模型帮助我们以分析的方式跟踪和追踪每个发电场、每根输电线，以及每个地区主要的绿色能源政策，并且我们希望能够设定一个能源发电总量，它必须等于我们的一个储备边际，大约15%，加上新发电的一个比例。此外，大家可以在实验室网站上看到更多关于这个模型建模的细节。我们最近在这个建模平台上也研究了一些新案例，包括2024年5月在日本发表的一篇论文，发现氢能可以在日本的能源结构中扮演非常重要的角色。高达10%的日本能源可以通过氢能进行转型，氢能可以用于日本工业、运输及能源储存，这是一篇开源论文，大家可以去下载。

我们还针对肯尼亚做了研究，因为肯尼亚有非常出色的地热资源，以及很好的风能和太阳能，他们可以通过可再生能源投资去不断地创造就业，节省资金。尤其是开发当地的地热能，可以看到红色这根线其实是一个非常好的地热能，并且地热能也可以是24小时，连续7天都可用的。强调这些是因为我们做了非常深入的研究，其实这个图形就是日本的一个案例，右上角可以看到灰色和黑色的部分都是煤炭，在未来希望把它归零，以及对日本这个模型来说，希望核能及氢能也能扮演非常重要的角色，以及在风能和太阳能方面，希望在本世纪中叶这两种可再生能源可以主导整体的能源结构。当然，我们也需要大量储存这些可再生能源。我们也讲到了氢能，因为在日本近海风能可以更好地提供氢能。在北海道以北和南部的冲绳地区有很多能源，可以以其作为来源进行更多的能源生产。

展望未来，我们需要考虑一件事情，就是能够去做什么样的一个政策引导？刚刚其实和大家展示了我们的一些建模工作，发现这个建模对政策的制定者来说其实也是非常有借鉴意义的，我们希望通过政策来更好地影响整个气候。在这里，给大家介绍一下肯尼亚的案例，然后会和大家讲讲美国和加利福尼亚的案例，之后可能再和大家讲讲中国和其他地方的一些案例。首先，来看一看这些不同国家的情况，然后希望能够再加强国际合作，来推动清洁能源项目发展。

看一下加利福尼亚的案例，加利福尼亚承诺将其碳收入的35%用于低收入和边缘化社区，这叫环境正义的一种投资，或者叫具有包容性的一种增长投资，也就是每年大约有40亿美元被定向投入到低收入和边缘化社区。在加利福尼亚还会有一些比较好的碳回收、碳减排的跟踪设备，也可以用不同的维度来衡量这些投资的可行性。

中国深圳也有很多电动汽车行业在发展，并且也带来了非常多的就业机会。在加利福尼亚的案例中，对他们来说2010年的目标是20%的电力来自可再生能源。加利福尼亚晚了3年才实现这个目标，2020年的目标是1/3的电力来自可再生能源，但是加利福尼亚在3年半前提前实现了这个目标。也就是说，2013—2016年，加利福尼亚20%～33%的电力都来自可再生能源，这也证明了可再生能源的低成本和部署的便捷性。加利福尼亚2030年精准能源目标是实现50%的能源来自可再生能源，2030年我们进一步提高了该目标，为60%。

我强调这一点，是因为加利福尼亚现在已经能够部署足够的可再生能源。2年前，加利福尼亚州95%的能源需求基本上是在春季消耗的，可以使用可再生能源来满足春季的需求，在白天有很多可再生能源，如太阳能，可以向社区邻居输送一些绿色电力。这些都是投资于清洁能源的一些例子，这可以帮助我们让整个经济都往更加高效、更加可持续的方向发展。我们可以看到，加利福尼亚向清洁能源转型的经验是非常有意义的，加利福尼亚的自产可再生能源主要是太阳能和风能，有一些是进口能源，有一些是合成天然气。加利福尼亚的太阳能也越来越多了，并且加利福尼亚鼓励进行更多的能源存储，所以傍晚和清晨的能源需求是完全可以通过清洁能源自给自足的。

在美国东部现在的价格还是比较高的，但是在美国不同的地区，通过不同的路径可以看到有很多能源的转型。如果看一下电池怎么充电，就知道电力价格比较低的时候可以去充电，而它放电的时候价格就比较高，并且很多能源是可以进行储备的，所以可以用更好的可再生能源去充当我们的电池能源。当然，也可以利用更多可再生能源和其他技术构造未来的清洁能源路径。在美国把它叫作鸭子的背景曲线，也就是说在深夜可能会有一个平坦的曲线，大概晚上12点到早上6点需求比较低。在晚上随着商业和家庭的用电需求达到高峰，用电量会慢慢上升。白天电网所需的电力也越来越少，如果安装的太阳能越来越多，鸭子背部的曲线就往下凹陷了。

  2023年时，加利福尼亚已经成为净电出口州，这是我们的一个目标，即在满足自给自足的清洁能源需求的情况下，可以向其他地方输送低成本清洁能源。与此同时，还可以用大型公用设施来进行储能及分布式存储。我在加利福尼亚的家里有这样一种新能源网车队，可以给出租车、商用车辆、私家车辆供能，还可以在电价浮动之后进行充电和放电，这样可以进行能源的转换。不过，现在在加利福尼亚只允许绿色氢能和蓝色氢能，也就是进行碳捕获获得的氢能，灰色氢能还是不允许的，现在只是简单地分离天然气来制造氢能。我的实验室也和中国进行了密切合作。可以看到有些教授，如胡教授、来自清华大学的于教授、来自重庆大学的教授，他们来过我们的实验室。

  我们能看到在中国有很多大学，包括重庆大学、清华大学都是来和我们开展合作，共享数据、工具的，这样我们就可以形成一支更大的清洁能源研究者团队。我们看到电动汽车发展很好，同时还有离岸风能的发展。中国现在已经有超过2亿辆电动汽车，这个数字还在增长，加州现在已经不是排名世界第二了，英国现在超过了加州，加州可能只有4000万辆电动汽车。再来看一下这些分析，我们的结果是通过我们的合作，通过这些私营公司和大学的合作得来的，可以看到有一家公司叫 pair mobility，位于深圳，这家公司主要会去分析大型城市中心的气候影响，这些大型城市中心的汽车保有量很高，他们的研究发现电动汽车的使用降低了气候的影响和排放污染。我的一位研究生和博士生，还有一位研究同事，包括在中国、美国、英国的研究者同事们都在研究如何抓住清洁能源。这是我们的一个合作项目，我们和深圳市政府合作，希望把出租车全都换成电动汽车，当时换成了比亚迪的电动汽车，争取一年之内达到电动汽车占比为95%。对此，我们面临着一些挑战。

  其中一个挑战是出租车都需要充电，这就需要排队去充电，需要大量时间。所以我们要开发一些数据解决方案，去解决一些热点地区、繁忙的充电站的充电问题。我们就看到现在这个图上面大部分充电站已经被占用了，只有少数是可用的，像深圳火车站、深圳商业区都是充电最热门地区。我们通过数据的分享做出了一个新的充电方案，我们设计了一款移动应用程序，司机们可以在这里实时了解到哪里有空位，哪里可以插队充电或选择另外一个充电站获得奖赏。另外，我们现在有一个项目正在开展中，是在成都开展的一个项目，通过全面系统性方式，不仅仅连接所有电动车、私家车，还连接两轮的自行车、电动自行车等。

我们现在也正在支持中国电动自行车、汽车在海外的发展,可以看到有些地方有充电站,有些地方做换电。通过这些学习,伯克利的同事和成都的同事、肯尼亚的同事都进行了跨国协作。我们现在还面临一个问题,是一个很大的问题,中美在气候谈判上是否真的能够达成一致?我们都知道2023年10月的时候签署了《阳光之乡声明》,我们看到很多学生来自美国,也有中国学生做了分析,我们在2030年的时候可能要把电动车的使用量翻三倍。中国现在已经很快就要实现这个目标了,但是美国和欧洲需要加速这种可再生能源的使用。

我们真正的担忧是什么呢?其实我们能够看到有很多可再生能源现在是缺失的,即使有这么惊人的指数级增长,也仅仅能达到绿色的线条,这就是我们所需要的。我们正在部署的、已经部署的这些可再生能源,也真的要去醒一醒了,如果中美之间不合作就真的达不到未来的目标。

在过去这些年中,从现在到2030年这段时间中,如果不去加大合作,2030年的目标就达不到了,所以必须要做出改变,我们会呼吁美国的政府,需要在座的各位呼吁中国的政府,来继续加强中美之间清洁能源部署的合作,希望下一次见到各位的时候,能够再次看到中美两国元首是共同走在一起,携手并进的。到时候中美之间能够去谈一谈我们又重回到合作之路,来共同应对气候挑战。

我想我们也会和大家合作,我们有机会实现清洁能源目标,大家想了解更多信息的话可以访问我们实验室的网站,我的社交媒体账号也写在屏幕上面了,希望我的演讲能够让大家有所收获。谢谢大家!

磁约束核聚变能研发的进展与展望

刘永 中核集团首席科学家、核工业西南物理研究院科技委主任

> 核聚变能是人类最理想的万年能源,这是全球共识,但依然面临核特性问题导致的科学与技术挑战,比如说等离子稳态、耐高能、轰击材料等,希望在科学家们的努力下早日实现聚变能的商业化应用。

尊敬的包校长、各位领导、各位朋友,下午好!非常感谢会议组织方给我提供这样一个机会,有幸给大家分享一下关于核聚变的进展和对未来的展望。

最近对核聚变的关注比较多,原因是方方面面的。其中,在能源转型的大背景下,人们对核能,尤其是对未来的核能充满了各种期待。因此,很多人问:核聚变到底是什么?搞了几十年了,到底什么时候能用?遇到了什么问题呢?尤其最近民营资本大幅涌

入这个领域，大家期望值越来越高，是不是马上就能实现了？可能也未必。今天我给大家分享一下关于这个方方面面的事情。报告分两部分：一是核聚变能的来龙去脉，二是聚变能面临的挑战。

核聚变离我们不远，我们每天都在感受阳光，阳光就来自核聚变，而且人类在地球上已经实现了核聚变，但目前是不可控的。所以说我们要做的事情就是可控核聚变，就好比人造太阳这么一个逻辑关系。它的优势非常明显，资源丰富，固有安全性比较好。但一说发展核电，人们就有这样那样的顾虑和担忧。实际上我在这里说，核电本身是安全的，核聚变可以更安全。

实现核聚变很复杂，人类已经探索了50年，现在被嘲笑是"永远的50年"，复杂的事情实际上原理并不复杂，原理实际上很简单，就是两个氢原子核，典型的氘和氚并在一起，就是这么简单的一个原理。但是它需要的条件非常苛刻，除了氘、氚以外，实际上最终希望实现的是氘氘聚变，因为氘氘聚变才是真正的取之不竭，但氚的来源还是受限的。我们探索其他方法，如月球上的氦-3和氘、氚也能发生反应，还有现在挑战性更大的氢硼聚变等。实现核聚变的方式也是多种多样的，今天我的题目是磁约束，太阳实际上是由一种重力约束把它约束在一起的，惯性约束就是激光，美国在前年开始取得比较大的进展，我今天把题目限制在磁约束，就是托卡马克实现的。原理上很简单，就是一个汽车轮胎一样的环和若干个线圈产生很强的磁场，使高温的东西被约束在里面就行了。

这是一个原理图，实际上是非常复杂的，一个反应堆差不多要30米高，就是10层楼这么高，要实现起来还是非常难的。难在什么地方呢？需要比较高的密度、比较高的离子温度、比较长的时间，一瞬间不行，需要长时间稳定维持这个状态，这是实现聚变的几个基本条件。这样的条件对从事聚变工作的我们来说，有点惭愧，我们被人嘲笑是"望山跑死马"，很多年前就差不多了，实际上还是很遥远。刚才的聚变装置相当于一个锅炉，把中子导出来，把冷水加热，跟常规火力发电没有什么区别。

现在的一个比较大的国际热核聚变实验堆项目建在法国东南部的普罗旺斯，差不多有200亿欧元，目标是500万千瓦聚变，其实并不高，一般一个标准的电站是百万千瓦级，它也就只是50万千瓦的热功率而已。输入输出的产出大于十，也就是说一份能量进去，10份能量出来，这是它的基本目标。

建造这么一个反应堆，也就是刚才说的庞然大物，中国在里面占了9.1%，接近10%的份额，不同的国家来承担不同的部件，主要实物贡献大概是这样。那么它的规模有多大呢？它的高30米，直径28米，总共有18个线圈，每一个线圈重300多吨。这么一个真空室有8000吨重，和埃菲尔铁塔重量相当了，可见它还是很大的。首先验证实现它就要用这么大的东西来做，可见基本上穷尽了人类科学技术乃至装备制造业水平。这么一个工程从过去十几年就在做，一个劲儿在拖期，可见挑战性还是很大的，这是2023年的照片，这是 2024 年 2 月的照片。实际上这个项目原来预定 2025 年左右建成，但现在还在不断拖期，可见它的挑战性很大。这个项目是一个重大核能领域的国际合作项目，也是我国聚变研究规划中最重要的组成部分之一，通过国际合作掌握这样的技术，做出我们自己的贡献，同时分享整个项目的成果。

与此同时，各个国家都在做这件事。这里举几个例子，美国民营公司通过超导技术提升建设相关装置的效率，我展示一下内部情况，相关事情太多，只举几个例子。这些公司、大学合作的一个主要方面是高温超导技术实现强磁场，是现有可能技术上的突破。这方面英国也在做，英国 JET 装置是最著名的欧盟合作项目，同时英国政府在推动相关的计划，由于时间关系不详细介绍。日本也有自己的一些规划，建全超导大型装置已经实现了运行，同时在不断升级改造。韩国等不同国家也在做，这些都是 EAST 的合作方，都在七方之中，七方共 30 多个国家，欧盟是其中一方，包含 20 几个国家。

国内怎么样呢？国内起步并不晚，20 世纪 50 年代起步，20 世纪 60 年代建立专门的研究所做这个事情，但受制于当时的科学技术和装备制造业发展比较缓慢，近几年可以说是飞速地发展。这也是我们首先介绍的来自核工业西南物理研究院的一个图谱，从一代到二代，再到现在的三代，也就是"环流三号"。目前是国内参数最高、规模最大的装置，这是一个常规非超导的托卡马克装置，电流可以到 3 兆安，也就是说这个装置在现在的运行装置里面可以排到前三。

该装置自 2000 年建成以后不断取得进展，2022 年实现了 1 兆安的最大电流，并实现运行。这个过程受到了国内外广泛关注，比如说在建成当年被评为国内"十大进展"、国资委两大进展、"央企十大国之重器"等，作为 20 项科技进展在中关村论坛上发布。不是说进展到底真的有多大，而是说明社会对它的直接关注程度很高，希望能够更快一点。另外，2023 年和 2024 年有两个突破，核聚变领域原来没有国际标准，是中国创立了第一个国际标准，并在 2023 年发布。除此之外，还有很多单位，比如说中科院等离子体物理研究所，以及今天在座的包校长的团队，是我国大学里面历史最悠久的中国科技大学团队，从建校就有等离子体物理专业。在上海还有民营企业能量奇点，在浦东新区。除此之外，国内有两大院所，一个是中科集团，另一个是等离子体所，它们推动 ITER 装置不断取得进展。这里给出了两个主要参数，一是 2021 年实现了 1000 秒运行，二是 2023 年有 403 秒的高约束模等离子体运行，这两个各有优势，某种情况下可以实现互补。能量奇点在今年 6 月刚刚把装置建成，这个企业在上海发展的历史并不长，也就两三年时间，它能够选择上海这个地方，是因为上海确实是一片创新沃土，上海的优势资源可以得到充分利用，比如说超导技术。

不仅是上海，全球有 40 几家企业都在做，包括星环聚能、新奥集团，还有河北廊坊的一个民营石化企业。随着企业的介入，毫无疑问肯定会加快聚变发展。这些企业技术路径五花八门，什么都有，就算聚变实现不了，在探索的路上，有心栽花花不开，但是柳已经成荫了。所以这些企业对技术发展肯定有极大的推动作用。但是也不排除个别公司在融资宣传的时候有夸大其词的现象。就像美国的 Helion Energy 公司，大家在网上一搜就能看到，它在 2023 年 5 月 10 日发布一个消息，说 2028 年他们就要卖 5 万千瓦聚变的电给著名的微软公司，到今年还剩 4 年了，今天可以负责任地说，可能性不大。在座的每一个人都能看得到，4 年很快就来了，一瞬间就来了。对于这些公司，尽管有夸大其词的现象，但他们的介入对整个行业的推动作用是毋庸置疑的，作为聚变工作者我非常欢迎。

他们的探索方式五花八门，刚才讲的 JET、西南物理研究院的"环流三号"、合肥的 EAST 都是托卡马克装置，而且都是基于氘氚的，还有仿星器、场反位形、多极场等，除了氘氚燃料，甚至还有氢硼的，你能想到的这里边都有了，所以非常多。这个我还要提一下，我们在上海附近的一个科技大学的团队，在做上海市和国家发展改革委支持的一个大科学装置的预研项目，叫"磁惯性约束装置"，就在张江。

一般认为聚变有三大挑战：第一是燃烧等离子体物理问题，像烧煤炭一样要把它点着，点着以后不断自己烧，"火柴"不能拿下去，火柴灭了也不行，要保持上亿度的温度一直稳定地燃烧，这个我们还没有完全掌握。第二是材料问题，面对那么强的中子流，如果长时间发电，则长期辐照材料可能损伤，比如说不锈钢，你看着很硬，但是在中子辐照情况下辐照一两个月可能就变脆了，就垮了。第三是聚变要烧氚，氚在自然界中几乎不存在，要用锂来产生，氚要支持循环利用，这 3 个挑战实际上已经把聚变界的人搞得焦头烂额，尽管解决这些问题都是有希望的，但是需要时间，需要不断布局相关的项目。除此之外，这些能够帮助他们，比如说强场，磁场越强，聚变越容易。从某种意义上说，这几项相关技术在加快聚变发展，比如说超导，上海也是高温超导重镇，高温超导、高场强磁场磁体的实现能够加快等离子体运行控制，人工智能技术的加持能够使这些技术得到快速发展，也受到了广泛关注，这些都是加快聚变发展的一些因素。各个国家都在布局，国际合作在做，我们也不断在做，比如一个著名观点，在 2035 年前后要走"Go/Nogo"的判断，就是到底怎么做，我们基本上也在这个状态下、在这个时间尺度里考虑这个问题。

在规划里面讲，国家核能发展三步走：热堆、快堆、聚变堆。现在在中国内地广泛使用的是热堆，从南到北、从广西到东北，基本上都有热堆核电站。快堆在中国已经发电、已经上网，那就看聚变堆，聚变堆核能的发展也是三步：实验堆、示范堆、商用堆——"小三步"，现在我们正在建造。从某种意义上来讲，ITER 装置是试验堆的第一步，在筹划实验堆阶段，前面的原理实验没有问题，规模实验已经做得很好，燃烧实验也正在做，那么就到了一个关键点上：实验堆怎么做。中核集团给出了一个发展路线图，希望在 2035 年左右能够建一个用来演示、完全没有商用价值的装置，已经很快了，魏教授在讲他们这样一个技术差不多需要三五年，我们希望差不多十多年能够使用这个技术，绝对快不起来。谁说2035年前实现商用化一定是骗人的？不排除有一个聚变界的马斯克出来，把传统聚变打倒在地，我们对此非常欢迎。既然人们说聚变能是万年能源，万年能源这二三十年、三四十年只是历史的一瞬间而已，那么从这个意义上来说发展不算特别慢。把当前计划做好，把大科学实验做好，下一步要布局好氘氚的燃烧实验。

最后做个总结，作为前沿颠覆性技术，核聚变已经成为大国未来能源主动权的必争之地，各个国家都把目标锁定在本世纪中叶，民间的说法比这个要乐观得多。在2023年我国国务院国资委在做未来产业规划的时候，将核聚变列为未来能源。现在来说，作为聚变界人士要做好规划、保持定力，快也快不起来，要正视挑战，逐步推进，目标就能实现。

最后通过一个视频结束我的报告，谢谢各位！

中国未来能源的技术路线图和产业化前景

罗必雄　中国能源建设集团首席科学家、全国工程勘察设计大师

> 未来能源是形成新质生产力的重要阵地，长时储能、高空风能、先进核能、氢基燃料都将是推动能源绿色低碳转型、培育未来产业的重要技术方向，这也是中能建一直践行的技术底线！

尊敬的包校长、各位领导、专家下午好！今天跟大家共享一下未来能源的几项技术路线和产业前景的展望。新质生产力的一个核心就是要布局未来产业，对于未来产业、未来能源有几件事要解决：长时储能、高空风能、先进核能、氢基燃料。

一、未来能源概述

未来能源要体现几个方面，包括未来产业、未来制造、未来信息、未来材料。未来能源包括新型可再生能源、风光替代、新型储能、绿色氢气、衍生品及核能，它的特质是技术含量高、碳排放量低，还有取之不尽、用之不竭。我们说的新型能源体系有几个方面：一是绿色电力，这是基础；二是研究绿色燃料，比如说今天上午大家分享了很多氢气的绿色可再生的持续原料；三是做算力、人工智能，绿色也是要研究的范畴。

二、长时储能

新型电力系统架构，第一要加快绿色电力对化石燃料的替代，由于绿色可再生能源特性必须要进行储能，除间歇式以外，还有风光资源分布和市场的需求极不匹配，市场在东南，但是风光都在西北或西南部，所以对储能要求特别高，尤其是长时储能。另外，要打造基于大数据的人工智能新型电网，对供应端、需求端管网进行科学的管理调度交易。长时储能包括压缩空气储能和重力储能，氢基燃料也需要长时间储能，因为它储能的时间跨度可以达到一年甚至更长。

压缩空气储能是依靠大型地下洞穴、天然洞穴或人造洞穴这样的储气室进行储气，分为压缩、储气、加热、膨胀、冷却过程，随着深冷液化、超临界等技术取得突破，可作为抽水蓄能的有力补充，甚至可以比它更好，因为抽水蓄能对生态环境、地理条件要求特别高。建设时间从规划到建成一般为 8 年，压缩空气储能从选厂址到最后建成一般最快 2 年。压缩空气储能可以用地下盐穴，也可以用废弃的矿井、人工洞室或储气罐完成。低温等温压缩、中温绝热压缩或高温绝热压缩，这些在理论上应该说都很成熟。现在的压缩空气储能所达到的最大功率是 300 兆瓦，储能时间是 4 小时以上，效率可以达到 70%，抽水蓄能差不多 75% 的水平。下一步将会研制 60 万～100 万千瓦的更高容量的压储，效率有望突破 75%，这样应该实现与抽水蓄能完全一样的容量和效率。此方面已在运行，还没有做到满负荷，因为用的是盐穴，盐穴里面的漏水处理还需要一段时间。除了盐穴，还在西北一些地方开发了一些人工造穴的储能。

重力储能是用电力提升重物，将电力存储为重力势能；释放时通过释放重力势能，经转换带动发电机发电。重力储能采用的是模块化设计，扩容性强，所以应用起来非常方便，现在应用的是山体斜坡式和矿井式，功率 50～100 兆瓦不等。这里有一个模块化设计，调节许可达 100 兆瓦也可达吉瓦，可结合当地场景、废弃的矿井等进行灵活组合。当前的转化效率可以达到 80%，已经超过了抽水蓄能水平，但是大家要知道，重力储能还没有广泛推广，如果这个产业被带起来了，规模化、市场化推广效率和产业化水平就会提高，以后它的造价就会更低，因而其成本就会更低、容量会更大、效率会更高，也会更环保，这是重力储能的发展方向。典型的，我们做了一个 60 兆瓦/360 兆瓦时的重力储能示范项目，也是国家首台套，前面的压缩空气储能也是国家首台套，对于这些案例希望大家有时间可以一起交流，一起加快推进长时储能产业化。

三、高空风能

传统风能利用的大都是大陆上的摩擦风，后续要开发海上风电，不管是陆上风电，还是海上风电，地域、海域的条件都相对有限。高空风能资源更丰富，功率密度更大、风向平稳、开发潜力巨大。

高空风能中最好的风资源是 1000～10 000 米的对流层，现在国际上高空风电有陆基式和空基式两种。陆基式是将发电机放到陆地上，空基式就是将发电机放到空中，这里面空基式又有伞梯式、滑翔式、固定翼式等几种。现在伞梯式技术路线中试已经完成，在安徽绩溪成功发电，为了要做到规模化、大型化、商业化的效果，所以这个项目在 2023 年作为一个国家重大研发专项展开。

当然，要做到大型化、规模化、商业化存在着高空风能捕获、高效空地能量传输、长时稳定控制等挑战，也就是说在高空中，风能耦合以后怎么把能量通过一根缆绳传递到地下，地下怎么通过传统装置将其转化成电能。2023 年，科技部专家把这一项国家重点研发计划定义为一个原创性和颠覆性技术项目，我现在作为这个项目的负责人，希望业界在这方面有兴趣的都可以参与进来一起来研究。这个系统包括空中飞行组件、牵引组件、地面组件、一体化设计及协调控制。我们希望此专项到2027年形成一套技术体系和标准，同时把一套样机做出来。

四、先进核能

刚才专家说了，20世纪80年代确定了一个热堆、快堆、聚变堆的三步路线，中国的热堆全球在建＋在役规模台数全球第一，热堆方面中国从进入前三开始走自主路线，中广核从大亚湾开始和法国合作，从2代、2代＋到3代，做得非常稳也非常成熟。这个过程其实是从引进消化吸收，到创新，再到领先。还有的是目前正在做的快堆，热堆2代＋的技术从经济上来讲是最好的，尤其是远海一带。为什么还要往聚变堆发展呢？是安全性。10年前布局了内陆长江的3个核电站，后来"福岛事件"以后都停了。其实法国核电绝大部分都是在内陆，但是这里人类的认知有限，万一出事我们承受不起，所以现在在热堆做好的同时还在加快快堆建设。快堆包括钠冷快堆、铅冷快堆和气冷快堆，钠冷快堆工程应该说马上投产了，就是规模化、商业化；铅冷快堆现在正在研究建造首个示范项目；气冷快堆处于实验阶段。钠冷快堆把燃料放在钠的池子里面，主要的传输系统用了钠—钠—水三回路系统，优势首先是能够增值，铀燃料利用率比压水堆提高100倍。另外，可以将压水堆产生的长寿命废物进行相变处理，减少废物量。

快堆还可以跟压水堆形成"二元体系"，成为叠加发展的主力核电堆型，更好地实现能源安全，构建完整先进的燃料循环体系。现在钠堆2021年实验堆已建成，2023年已经投运640兆瓦，下一步商用快堆将推广到1吉瓦的堆型。一体化快堆要突破先进反应堆、燃料、先进后处理等关键技术，不断创新以保证重大科技成果落地。中电工程全面参与了快堆研究和工程设计，今天参加的华东院是我们的主力设计单位，广东院也参与了设计咨询。我们还有一个公司是在西班牙收购的，2020年1月，这个公司成为刚才刘总介绍的IERT项目的参与方，去年3月参与了IERT项目核心的部件和供货。这是我们全资收购的公司，大家去西班牙也可以去这个公司进行交流。

五、氢基燃料

理论技术前面魏总介绍了很多，我从应用上给大家做分享。绿色燃料就是绿氢从哪里来？绿碳从哪里来？绿氢就是风光制绿氢，这个路线应该说都成熟了，只是需要解决怎么样更加规模化、更具经济性的问题。绿碳从哪里来？可以从生物质里面来，我国生物质资源很丰富，可以从中捕集二氧化碳，也有很多其他路径。

现在的路径是发展绿色燃料，基于我国现实的条件，怎么发展？我国有两个经济带，一个是沿海经济带，长江从北到南这条经济带为外向型经济；另一个是长江经济带，两带中间的交汇点是上海，所以上海的位置很重要。今天做绿色燃料，由于上海"五个国际中心"的地位，首先科研中心和市场、交易要放到上海。从哪里来呢？第一步是从东北来，东北的风光非常好，风电度电成本可以做到一度 0.2 元以下，现在 0.2 元是敏感数。东北的生物质非常丰富，可以送往上海。另外，湖南、湖北和江西也是生物质的来源，绿电和绿氢成本高一些，最后有几个综合的问题。

关键的几件事：

第一，如何气化？生物质无论怎么气化，耦合合成的费托反应都比较成熟。

第二，化工耦合合成需要稳定的系统，但是风光新能源是间歇系统，系统耦合也有相当大的难度。

第三，认证，尤其是国际社会科学理事会 ISSC 的燃料认证难度更大。

我们现在在这三方面发力，从生物质的收储到生物质的处理，再到怎么样分解，绿色风光怎么制绿电、制绿氢，怎么合成、怎么储、怎么运、怎么算、怎么认证，整个产业链还是很复杂的，但从理论上、实际上都已贯通，要做的是怎么样加快工程落地，迅速把产业化技术打磨成熟、把造价降下来提升竞争力。

这就是我的分享，谢谢大家！

"双碳"目标下流程工业脱碳面临的机遇和挑战

包信和　中国科学院院士、中国科学技术大学校长

> 流程工业脱碳的关键是大规模和廉价地获得绿氢，自然界本身没有氢能，氢能是可再生能源规模化高效利用的重要载体。借鉴德国的发展经验，推动流程工业脱碳发展进程将成为全球流程工业脱碳的重要路径选择，进而将对流程工业碳中和的实现产生深远影响。

各位嘉宾大家下午好！很高兴有这个机会来做这样一个交流。首先声明，这里有很多东西可能是"一孔之见"，请大家批评指正。我今天希望更多地聚焦于流程工业脱碳，想谈一谈氢能同二氧化碳的问题，刚刚好多专家都谈到了这样一个问题。

这里想跟大家讲一个是中国人的承诺，我们一直讲，我们不是说被逼着去减碳，而是我们必须做这样一个事情。这里几张图是我们团队做的，可以看到中国长三角与日本能源消费的状况与二氧化碳排放情况，颜色黑的是煤，宽度是量。从这个图可以看到，中国长三角与日本整个能源结构有很大差别，二氧化碳排放的结构也有很大的差别。

总体来看，人均 GDP、单位 GDP 二氧化碳排放结构有很大的差别，这些不是因为中国技术比人家差。我们的技术还是非常不错的。但我认为很大的一个原因是产业结构在这里需要做一些调整。大家可以看到，中国能源结构主要还是以煤为主，大概占 60%。一个非常重要的事情是什么？二氧化碳的排放。从后面可以看到，实际流程工业大概排

放了60%～70%的二氧化碳，是很大的量，产业结构、能源结构综合的效率偏低，工业过程排放严重，这是一个非常重要的问题。把这张图放大可以看到，整个水泥、钢铁、化工领域二氧化碳排放量占了非常大的比例，我认为未来要减碳将在流程工业方面动很大的脑筋。

这张图一直希望跟大家讲清楚一件事，从底层逻辑来讲到底有没有可能达到碳中和？假如说底层逻辑达不到也不可能，因为能量守恒大家都知道，要发展总归需要能量。现在二氧化碳排放有两条路，一条路是碳资源，化石资源燃烧发电；另一条路是把碳作为还原剂，把钢铁、铝里面的氧拿掉变成二氧化碳。现在的利好之处是用可再生能源发电这件事能做，包括产生热量、产生动力，包括还原都能做，其中的电解铝、电解铜做得非常好。

大家都知道，有些领域是不能电气化的。大概有个估计，到2050年电气化可能达到60%左右，就是还有40%左右不能电气化，中国排放的二氧化碳一年大概有120多亿吨，假如40%不能电气化的话，就还有40亿吨左右的二氧化碳，就不可能达到碳中和。这里有一个非常好的解决方法，就是引入"氢"。为什么大家特别关心氢呢？因为氢能做和氧的反应，和碳差不多，但能量稍微少一点，但它排放出来的是水。另外，氢是很好的还原剂，碳能做的还原的事情氢也能做。有了氢以后，不管能电气化40%也好，还是不能做也好，从这个逻辑上来说可以不用碳来做。氢可以通过电解水方法制备出来。负碳技术以后从底层来讲有可能做到碳中和，就看我们怎么做。

这里我认为可再生能源是核心，因为要发展能量守恒必须需要能量，没有能量的发展是不可能的，所以一定要有可再生能源。氢能是关键，可通过可再生能源来制备，所以可再生能源是基础的基础、核心的核心，有了氢才能继续做后面的事。今天讲两个方面，一是氢能，二是二氧化碳。氢能希望聚焦工程，特别是流程工业的低碳。前面我也跟大家讲了，实际上当今的能源体系大家都知道，电力+液体燃料是能源体系。刚刚好多专家讲到核能，电肯定是必不可少的，接下来可替代液体燃料的能源大家认为是氢。大家知道氢是从取之不尽的水中可以获得的，所以整个能源体系从逻辑上来讲是完备的。

氢产生能量以后变成水，水反过来又变成氢。这里最关键的问题就是水如何变成氢。假如说化石能源变成的氢就是灰氢，因为它也要排放二氧化碳，接下来在化石能源变氢的过程中去掉二氧化碳，就叫蓝氢，最终希望通过可再生能源把水变成氢，就叫绿氢。这一点我一直在讲，氢实际上是可再生能源的搬运工。什么意思？氢像电一样，不能说搞氢能，电从哪来？一定是从一次能源来，氢一定是从一次能源来。假如说没有一次能源，是没办法来制氢的，而且效率不可能高，制出的氢气量比一次能源量还要小一点。以前都是这么讲，但最近看，直接从地下可以挖出来氢矿，我们把它叫白氢，中国也设了项目做白氢研究，据说量还不小，未来怎么样就不知道了。

我认为氢里面最关键的问题是规模化廉价制氢，迄今为止基本上95%以上的氢都是化石能源制来的，煤气化、天然气、甲醇制氢、焦炉气制氢，大概价格为11～15元/千克，而且会排放大量二氧化碳，现在想电解水制氢是不是非常好？大家可以看到，假如用电解水制氢，那么氢的价格大概为40元/千克或更高。所以电解水制氢一定要走下去。据统计，长三角2023年底氢价格为15元/千克左右，还不一定完全都是绿氢。中国也好、世界也好，真正绿氢的占比可能小于5%，现在在大规模制氢还是依靠化石能源。未来电解水制氢一定是必经之路，要绿色发展就一定要这样做。现在有不同的方法，一个最成熟的是碱性的膜，后面PEM技术也比较成熟，现在大家非常重视PEM，PEM未来也会发展，但是有一个比较大的问题就是会用到贵金属，价格会比较高一点。现在在研究碱性膜电解水制氢，最近做得非常多，而且有比较好的发展。我认为未来发展应该会往高温方向走。

现在制氢发展趋势，第一就是在PEM碱性成熟的情况下，可能未来就是大家非常重视碱性膜，因为不需要贵金属效率也比较好。第二是高温制氢，要降低氢成本或价格有两条路：第一条路是提高效率，现在差不多一千克氢50度电左右，要是提高到38度电、40度电左右效率肯定就提高了；第二条路是最关心的电价。这里画了一个图，关于电解水制氢的几种路线：一个是碱性的，一个是质子膜的，还有一个是高温的。大家看到这里电解需要的电压，水的真正平衡电压是1.2伏左右，真正的电解液电解基本都在1.7～1.8伏。也就是说1.2除以1.8就是效率，当中还有0.5伏的电压是过电位损失掉了，过电位产生热量，在高温情况下过电位就小了，效率一定会高。我认为未来是非常重要的。

这里可以看到，降低电价就是一个非常重要的方法，因为电的成本达到70%。这里有一个公式给大家做一个简单计算。电价乘以50加5元就是一千克氢的价格，不管氢的价格是多少就看电的定价，假如说电价0.3元一度，20元/千克氢的价格是少不了的，假如0.15元的电价就需要12.5元的氢，不算利润基本上就少不了了，不管你怎么忽悠，氢的价格与电价是耦合的，因为能量守恒。大家基本上有这样一个估计，我们也在做研究。

现在从煤气化来讲做得好的10元/千克，未来CCS碳价加上去会达到15元/千克左右，预计到2050年技术进步后，电解水可能就会达到12～13元/千克。前面讲了电解水未来的方向，一个是碱性膜，因为价格相对便宜，不会用到贵金属。第二，高温，温度高了效率就高了，假如低温情况下效率最高达到70%多，高温情况下效率达到90%以上都可以。我这里有一张图是高温的，这是另外一种可能性，现在高温基本上都是七八百摄氏度，是传导氧离子的。国外趋势希望未来中温，300～500℃，不传导氧离子，传导质子，因为质子比较小，传得快，氧离子比较大，传得慢，就需要较高的温度，而且效率较低一点，此方面现在国外在做，国内相对较少。我认为可能未来多少年以后，电解水要突破可能就会是中温质子膜的突破，具体到什么时候不知道。

前面讲的给大家做一个总结：电解水随着温度的变化，平衡电位大概是1.2伏，1安每平方厘米的过电位最高可以达到0.5伏左右，加上去以后到1.6伏、1.7伏左右。在低温情况下、升温情况下最高的能源效率可能就70%左右，因为它消耗掉了，但是到了高温情况下能够达到90%多，这就是为什么大家一直希望做这个。前面讲到氧离子传导和质子传导，电解水基本要达到一定的传导速率才能做膜，然后来做电解水。从这个地方看，假如氧离子传导的话，基本上就要800℃、900℃甚至1000℃。假如用质子传导基本上就是400℃左右，这就是为什么大家一直在动脑筋，希望能用质子传导做电解水。

关于发展方向，高温有很多人在做，包括在座的王老师也在做，国内外也在做，有很多挑战，我认为第一步的高温是氧离子传导的，第二步的高温就应该是中温情况下质子传导的。有了氢以后到底怎么传出去？大家也想了很多方法，包括用管道、甲醇、氨这些，我认为这些在技术上都没有问题，把氢变成甲醇技术上没有问题，氢变成氨技术上也没有问题。但是关键是什么？经济性到底在哪里？现在看假如绿氢做合成氨大概6000～7000元/吨，甲醇也是4000～5000元/吨，这里面的含氢量不多，所以经济性值得考虑。

接下来马上要问，有了氢以后怎么办？大家说燃料电池，现在城市用车的燃料电池与插电式电动车还是很难比较的。但是现在有人讲，重卡或矿山车也有人在用，关键问题就是价格和基础设施这套东西没有用起来。我认为氢现在要用的地方可能还在各层工业，如化工、水泥、钢铁这些方面，因为它不存在安全问题，不存在其他问题，就是替代，需要有足够的氢去替代。大家知道，化工里面炼制、炼化排放的二氧化碳很多，主要是耗氢，要是把氢替代掉当然非常好。1吨钢正常的高炉炼钢排放1.8～1.9吨二氧化碳，10亿吨钢就是15亿～18亿吨的二氧化碳，一定要解决这个问题。这里原理比较简单，就是把原来用碳还原铁变成金属铁变成用氢还原变成金属铁，但这个事情到底怎么做？宝武做了很多研究，现在估计，到了2050年碳中和时低碳冶金会占到50%左右，包括短流程废钢铁也会占很大比例，我认为这是非常重要的一个方面。

现在提出两种可能性，第一，风光电用可再生能源，一定要用高温电解水制氢，做出的氢温度是高的，效率很高，直接用它炼钢，低温电解水氢效率不高还要再加热，这个是不合算的。第二，有没有可能从未来走到电还原？最近我到西部去看，电解铝、硅铝这些都是用电的方法去做的，假如这些未来小型化以后有没有可能做？这并不是不可考虑的问题。因为现在电解铜、电解铝规模已经做到很大，有没有可能往下做？假如能做到这一步就是非常好的。也有人做估计，用电解方法哪些可行，哪些不可行。

水泥本身要排放二氧化碳，是从碳酸钙变成氧化钙，1吨水泥本身就要排0.6吨左右的二氧化碳，再加上加热，大概要排0.7吨的二氧化碳。在中国假如水泥问题不解决，就不可能达到碳中和。水泥里的二氧化碳解决方法并不简单，没有什么其他路子好走。第一，二氧化碳排放以 CCS 埋藏；第二，用氢做还原，还要加足够的碳进去变成一氧化碳，有了一氧化碳以后，做化工或别的什么很快可以把一氧化碳变成可用的东西，变成化工产品，所以这个东西实际上是一个过程，在水泥里面做的过程，这个事情我们实验室也在做，到底哪个方法未来会走到这个里面去，待进一步研究。这里提出一个方法，假如说氢、煤粉进去以后是排出一氧化碳，把一氧化碳用来还原铁，不用焦炭，将还原铁的两个过程耦合在一起，加上等离子加热，算下来可以降低 50% 的二氧化碳排放量，这个过程实际上也都在做，估计也不是一天两天能够做出一些成果的。

关于二氧化碳的处理，这也是大家非常关心的事情，二氧化碳来源有两条路，一是不转化，包括变成可口可乐；二是埋到地下，现在看来经济性是有问题的。我们现在就在想有没有可能转化，让 CCUS 用起来，有没有这个可能性？这是化学家们一直想做的事情。今天讲一讲有没有可能把它用起来。这里还是要跟大家讲能量守恒，物质不变这个事情。二氧化碳能量最低，要把二氧化碳活化用起来非要给这么多能量进去才能把它用起来，同时二氧化碳是碳加氧，真正有用的是碳氢氧，要加氢进去。要把二氧化碳用起来就要加氢，能量用起来可以看到能量一定大于 100%，因为效率不可能达到 100%。二氧化碳实际上是可再生能源的搬运，没有可再生能源就不要谈二氧化碳处理，因为能量是守恒的，不可能通过外面的能量来处理二氧化碳，而且要处理二氧化碳一定要有足够的能量来做。

现在二氧化碳处理化学方法有 3 种：一种是光催化，一种是热催化，一种是电催化。今天不讲光，简单讲讲热和电。热，大家讲得最多的是催化方法，温度把二氧化碳加氢变成甲醇，有了甲醇以后什么东西都能用了，对于甲醇国家需求也很大，希望把二氧化碳做成绿色甲醇，这件事情能不能做？二氧化碳制甲醇，和一氧化碳制甲醇道理上一样，化学上没有多大的区别，是可以比较的。这个过程 100 多年了都在做，它的问题在什么地方？大家都非常清楚。这里有个很大的问题，二氧化碳制甲醇一定要加氢。这里给大家算一个数字，6 千克的氢做 32 千克的甲醇，这个分子反应式是这样，不能变的。假如说这个氢 20 元一千克算便宜的，甲醇现在 3 元一千克都不到，也就是说 120 元的氢做大概 80 元的甲醇，经济性肯定不行，除非价格非常高，或者其他东西的价格非常高，包括烯烃也是这样。这样到底能不能做甲醇？我简单做了一个计算。

可以看到，绿电是电解水制的，假如说 0.45 元一度电，那么电解水制氢，甲醇肯定做不了。假如说 0.15 元一度电，而且二氧化碳价格达到 200 元/吨，即碳价到 200 元/吨左右，这个时候用二氧化碳加氢做甲醇有它的经济性。从这一点来看，不是说甲醇不能做，而是在这个地方一定有它的边界条件。从科学上来讲，现在甲醇温度基本在 300 度左右，平衡转化率 14% 左右。大家希望未来反应温度更低，因为是热力学控制反应，它的效率就可以达到 40% 左右，效率高了以后价格肯定就会降下来。我们有团队做了测算，现阶段用氢去做，甲醇 5000 元/吨左右，假如说 0.15 元一度电，碳的补贴达到 400 元左右，投资 50 万吨的甲醇，甲醇的价格可以做到 2200 元/吨左右，这个时候就能和现在相比。所以做甲醇也好，做合成氨也好，一定有它的边界条件，什么时候可做，什么时候不可做。

关于电催化，二氧化碳处理很多人都在做研究。电催化有两类，一类是高温，大家说把它做成 C_2，还有一种是高温合成气，反应到底怎么做？一个高温反应、一个低温反应怎么做？我自己的实验室有人做低温电解，直接把二氧化碳电解变成乙烯，整个效率也都非常高。二氧化碳电解电位 1.4 伏左右，但现在低温情况下过电位大概需要达到 2 伏以上。也就是说过电位和合成电位加起来，现在二氧化碳处理电槽压基本上是 3.5 伏左右，1.5/3.5，实际上效率就是 40% 左右，也就是说低温情况下二氧化碳不管怎么转化效率就是 40%，发电能源效率百分之五六十，能源效率 40% 肯定做不下去，而且这个事情是本真性的，不是通过改进就能有很大变化的，本真就是这样，过电位可以降低一点。大家可以看到，假如说温度提高到 800℃ 左右，那么从这条理论线上来讲效率可提高到 80% 左右。

我一直在讲，为什么电化学最终一定要向高温发展呢？就是要降低过电位，这是理论上非常重要的方面。有人也做了这样一个工作，在高温情况下把二氧化碳变成合成气，变成一氧化碳。加上甲烷去耦合，大家可以看到直接把二氧化碳变成合成气（一氧化碳），每立方米大概要 3.46 度电。加入甲烷以后相对来讲效率非常高，1 立方米的合成器大概 1.3 元。所以在现阶段，假如做这件事情还是有其经济性的，那大规模怎么做是另外的事情。

我认为现阶段可以探索的事情，就是二氧化碳加水，用高温方法电解做成合成气，或者是分开电解，或者一起电解变成合成气，加上绿氢以后把合成气在零排放情况下变成烯烃、甲烷等其他物质，按此方式计算基本上规模做到一定程度，就有一定的经济性。所以，从绿电煤化工整合方面，习近平总书记曾经在几个地方都讲到，未来在中国可能还要可再生能源和化石能源融合，一下子将化石能源去掉不大可能。融合什么呢？绿电、绿氢用进去，把化石能源最大的耗能、排放二氧化碳的问题解决。我认为科学研究现阶段要做这个事比较好。

今天讲这些事情，包括碳中和之路大家都知道，现阶段研究投资的人相对较多，未来怎么把这个鸿沟很好地填起来就非常重要。我们在中国科大也建立了碳中和研究院，就是按照刚刚讲的方向在做，特别是叠层燃料电池、大规模储能、先进制氢、流程工业等方面，希望未来有机会能够跟大家做一些合作交流。

最后再一次感谢大家！

氢气：未来能源重要原料

迈克尔·默勒　西门子能源发电集团中国战略项目执行总监

> 氢能是科学界和产业界关注的热点，它是真正零污染的新能源，也是重要的储能介质。未来随着氢能技术的进步与发展，相信在不久的将来，伴随氢能这个领域中颠覆性技术的出现，氢能有望成为终极能源，让我们拭目以待，迎接氢能源时代的到来！

很高兴邀请我来到今天的会议，很高兴能够参加今天的论坛。

尊敬的各位嘉宾、女士们、先生们，还有各位院士专家、教授，今天想和大家浅谈一下关于氢能的一些见解。为什么氢能对我们来说，对脱碳来说如此重要？为什么氢能对能源体系来说如此重要？在发电行业怎么样利用氢能这种能源？今天会关注以下几个话题。

第一，关于氢能在未来能源格局中的地位。第二，讲一下西门子的燃气轮机，怎么样研究燃气轮机的升级，以及公司的一些情况。可以看到，氢能很多专家已讲过了，对氢能的发展来说有很多挑战，我们的目标就是要缓解气候变暖，要应对很多严峻的挑战，花费非常多的精力去减少二氧化碳排放。与此同时需要减少对天然气的使用，加大对可再生能源的利用，并在长期中希望能够利用氢能，加强储能，以此提升能源的效率。这可以通过绿色的电气化来实现。

此外，很重要的一点就是将发电和耗电进行有机结合。在这里我们叫"行业耦合"，因为行业耦合是对经济脱碳来说非常关键的一个要点，它可以带来80%以上的脱碳效率，以及能够实现整体系统的效率提升，也能够解决供应的一些挑战，可以帮助可再生能源的生产。当然，我们的目标就是减少温室气体排放、提升能源效率，以及降低对化石能源的依赖。

现在的整体情况是怎么样的？讲到可再生能源，希望各行各业能够提高对可再生能源的利用率，现在由于一些因素，各行各业可再生能源利用率只有40%不到，所以希望在未来能够更好地对可再生能源进行电气化，生产可再生能源，并将可再生能源更好地利用到减排倡议中，以及各行各业中。看一下关于氢能的未来市场趋势。我觉得对行业脱碳来说，氢能扮演着非常重要的角色，这样一种波动性可再生能源需要可持续燃料作为灵活的联合循环发电，以及将绿色氢能利用到这些电厂中的可持续循环发电，氢能可以帮人们从天然气中获取进行碳捕获，用蓝色氢能替代天然气，并且减少二氧化碳的排放。相关的收益或者说好处，就是通过燃气轮机去燃烧氢气，能够将现在的一些设备进行升级来使用氢能生产更多可再生能源。

接下来，我想和大家简要介绍一下燃气轮机。大家都知道氢气有很多不同的特性，它有一些物理特性。例如，氢气密度比较低、分子也比较小，所以它的分散度比较高，也就是说比起天然气单位消耗的量也比较少；同时，燃烧度更高，它的燃烧范围比较宽，为4%～75%，但是天然气只有5%～15%。可以看到，燃烧氢能的温度适用范围比较广，就要对一些系统设备，比如说输送设备、燃料设备等进行改装。除此之外，氢能的燃点比天然气低19倍，所以它很易燃，还可自燃，相比天然气有超过10倍的自燃率。它还有比较高的耐热度，达200℃以上。它比起天然气耐燃度超过200℃，所以现在需要一个更高的耐燃度。在这里可以看到，如果说加了更多氢气进去，可能就需要有更高的温度。

鉴于这么多挑战，人们需要更新升级很多设备，因为需要应对它的一些物理特性，也需要进行更快的反应和火焰速度。当然还有它的易燃易爆性要去解决。同时，较高火焰温度载荷不完全也会导致局部热点，增加氮氧化物排放量。因为不同的氢气掺混比例对火焰速度的影响不是线性的，所以50%的掺混比例之后火焰速度会越来越快。西门子是怎么做的呢？我们也做了很多分析，做了一些高精度的CFD仿真，同时做了大量测试，也会在真实的情况下做测试，并使用增材制造来进行快速硬件设备成型，在现场做这种测试，在柏林有燃烧测试中心，会送去做测试。

在整个系统设计中，如果要有更高的氢气掺混比例就要修改一下系统，我们在氢气掺混比例比较低的时候不需要做修改，或者在10%、3%的地方掺混比例只需要做一些小改动，只需要改一下燃烧气、燃油供应系统或保护系统，稍微做一下调整就可以适配。如果氢气掺混比例高达50%、70%、100%，就需要一个全新的燃烧器设计，要把整个燃烧监控系统进行重新改造，必须要确保整个燃料供应系统适应这么高的氢气掺混比例，也要有一个更好的控制系统，到100%氢气燃烧器就需要有新的监控系统，所以这个改动是非常巨大的。

这一页概述一下当前的燃气轮机，如何能够满足未来可持续发展的需求呢？我们看到了氢气大概在30%～50%，最高可能有75%的氢气掺混比例，目前也有目标希望达到100%氢气的燃烧目标，这是在2030年之前的雄心壮志。现在这些蓝色的地方是在研发中的一些项目，也会在客户方做一些测试。在新的发电厂中，也会采用一个制氢的解决方案，还会用西门子的燃气轮机。燃气轮机有新的轮机设计，会去考虑掺混站，有整个发电站系统要求，还会去为这个新型发电站设计氢气的存储装置，最后整个解决方案还有一套保护系统，同时还要求解决方案能够去监控整座电厂表现，甚至能够实现一个智能数字孪生系统，还可以使用热泵、热存储来达到最后的无碳发电体系。

在这边给大家展示一个案例：在瑞典芬斯特有一个零排放示范工厂，用到了太阳能光伏电解制氢技术。现在这个规模比较小，但是目前整个系统已经达到了零排放，有很多合作伙伴，有很多大学、公司跟我们在这个项目上开展合作，这也是由欧盟来资助的，项目为期3年。当年对部分现有燃气轮机进行升级，让它们未来可以使用氢气，这样后期可以做更多的升级，未来氢气燃料有很大的发展潜力。因此，我们也会采取措施适应这些变化，比如对现在的这些燃气轮机做更好的监控，在未来氢气掺混比例更高的时候也能够保证无风险的运行状况。

对我们来说，主要的一个挑战是在能源转型时期做好管理，去确保整个体系不会有太大的波动。当然，这需要进行更加详细的分析才能够确定要怎么去做现有设备的升级，才能够更好地燃烧氢气。我们现在也在世界各个地方都安装了很多设备，需要对它们进行批量升级、改装及新安装一些设备，然后做测试，再做认证。除此之外，还有一个比较小型的燃气轮机的产品组合，它们的能源输出功率都比较低，是一些比较小型的燃气轮机。目前，它的氢气掺混比例可能是在15%～30%，也有几个燃气轮机氢气掺混比例可以达到75%。这边还有一张整个系统的照片，这是拍摄自客户端系统的照片，可通过防火保护系统、气漏监测系统对它们进行保护。同时，系统有很大的灵活性，甚至还有燃烧氢气的调整系统、监控系统及燃油供应系统等。当然，这一切参数都是根据项目来进行设置的，也可以采取这种模块式方法来迅速地进行装机、测试和运营。

最后，西门子已经有一个氢气就绪，称作 H_2Ready 的项目，可以帮助公司降低电厂未来改造成本，在未来氢气越来越重要的世界中，本公司将会是您理想的合作伙伴。我们可以在保障安全性的前提下提高效率、降低成本，也可以在保持较低前期投资的同时，在后期阶段以较小的付出进行改造，并根据掺氢燃烧时间、路线要求提供优化的设备配置。此外，公司还能够去做测试、做认证，有各种各样的解决方案，都是经过德国和中国认证的。

这就是我分享的内容，感谢大家。

第 19 章

Web3.0 创新论坛

1 论坛概况

数据是数字经济发展的核心要素,大规模、高价值数据的共享流通和高效协同是数字经济发展的根本动力。Web3.0 依托分布式协作机制,支持数据的去中心化管理和对数据主体的隐私保护,可实现数据要素收益的按价值公平分配,是支撑数据要素流通的重要载体。

论坛将围绕国内外 Web3.0 技术与产业发展趋势、创新成果和产业化应用等方面,邀请相关政府部门负责人、院士、知名学者、行业专家、龙头企业负责人等政产学研各界杰出代表共同剖析前沿趋势、分享实践案例、探索解决方案,以期推动我国乃至全球范围内数据要素市场的繁荣与可持续发展。

2 嘉宾致辞

上海市科学技术委员会副主任屈炜的致辞

屈炜　上海市科学技术委员会副主任

Web3.0 的蓬勃发展,将为数字经济创造全新发展机遇,助力网络强国、数字中国建设。近年来,上海市通过政策引导、资金支持、平台搭建等措施,促进 Web3.0 技术的开发和应用。后续,将通过支持 Web3.0 开源分布式操作系统技术研

> 究和技术攻关、着力构建 Web3.0 技术产业生态、加强 Web3.0 技术国际合作与交流等，持续推动 Web3.0 技术的产业化和市场化。

尊敬的郑志明院士，各位女士、先生，大家下午好！

我们共聚于此，一起参加本次 Web3.0 创新论坛。我代表上海市科学技术委员会对各位嘉宾的到来表示热烈的欢迎和衷心的感谢！

随着数字技术的发展，数据已经成为新时代最宝贵的资源之一。区块链、隐私计算等 Web3.0 底层核心技术，以其独特的去中心化、隐私保护和数据共享流通特性，为数据要素市场的繁荣与可持续发展提供了强大的技术支撑。上海积极拥抱 Web3.0 技术，通过政策引导、资金支持、平台搭建等措施，促进 Web3.0 技术的开发和应用。2023 年，上海市科学技术委员会推动成立了市级新型研发机构——上海浦芯未来互联网技术研究院，目前该研究院已取得阶段性成果。围绕 Web3.0 技术创新和生态打造，后续还将重点开展以下三方面工作。

一是支持 Web3.0 开源分布式操作系统技术研究和技术攻关。通过支持上海浦芯未来互联网技术研究院与高校、科研机构和企业的紧密合作，持续推动 Web3.0 开源分布式操作系统迭代升级，推动隐私计算技术持续突破发展，满足工业规模化应用需求，并关注区块链与人工智能等领域的发展趋势。

二是着力构建 Web3.0 技术产业生态。以政策扶持、市场引导等方式吸引更多企业和人才加入 Web3.0 技术的研发与应用，形成良好的产业生态，推动 Web3.0 技术与实体经济深度融合，面向航运贸易等典型场景，推动基于 Web3.0 开源底层操作系统枢纽节点建设与跨境连接。

三是加强 Web3.0 技术国际合作与交流。积极搭建国际交流合作平台，汇聚全球 Web3.0 技术人才和资源，鼓励跨学科研究，促进不同领域专家和团队的交流与合作，以期在 Web3.0 技术领域取得更多突破性进展。

在本次论坛期间，我们有幸邀请到来自学术界、产业界的多位代表，他们将为我们带来精彩的分享。我相信通过这次深入的交流和讨论，我们能够更好地理解 Web3.0 技术的发展趋势，探索其在各个领域的应用潜力，为推动 Web3.0 技术的产业化和市场化贡献力量。最后，预祝本次论坛取得圆满成功。

谢谢大家！

3 主旨演讲

隐私计算

郑志明　中国科学院院士

> 隐私计算是国家亟须发展的关键技术，涉及国家安全、经济秩序和社会治理，是国家数字经济建设和国家治理的重大战略需求。从博弈论视角看，隐私计算参与方必须遵守协议规则，追求最大效用，达到纳什均衡。数字经济参与方的非规则博弈是隐私计算的核心问题。未来要发展面向社会群体的隐私度量、跨尺度的隐私建模和全流程的隐私评估分析理论。

各位领导、专家，我今天分享的是与 Web3.0 密切相关的一个技术：隐私计算。

众所周知，Web3.0 是个综合性的技术，涉及区块链、隐私计算、智能合约、AR、VR、数字孪生等技术，但其核心是保证可信，区块链和隐私计算是最核心的东西，效率肯定要通过智能的方法得以提升。

什么叫隐私计算？在座的一百个人有一百种说法，它的重要性没有问题。在这次论坛上，我们主要讲隐私计算的整个发展历程，包括发展阶段、优点和面临的困局，以及未来发展方向。最后提出我们的思考，即整个隐私计算架构要真正解决的最关键的科学和技术问题。

随着数字经济的发展，隐私计算成为国家亟须发展的关键技术，涉及国家安全、经济秩序和社会治理。无论是国内还是国外，实际上对于隐私计算都有自己的战略规划。习近平总书记作出了重要指示，国务院也出台了明确的规划。但是如何平衡个人信息和商业秘密的保护，以及促进数据高效流通使用、赋能实体经济，把这些问题处理好，是隐私计算要解决的核心问题。在社会治理方面，隐私安全也是我们现阶段面临的重大需求。因此，隐私计算成为国家数字经济建设和国家治理的重大战略需求。

2023 年 7 月 6 日，习近平总书记在南京市紫金山重点实验室考察时重点关注的问题——网络信息安全的根问题，解决了没有？我们现在谈新质生产力，国防领域和军事领域也在谈新质战斗力，实际上真正的新质生产力和新质战斗力的提升，要靠基础创新。基础创新能力的增强是关键问题，而核心在于是否摸清楚了根问题、根问题解决到了什么程度，这直接决定了新质生产力和新质战斗力的水平。

下面，我讲讲整个隐私计算发展的历程。

隐私计算的发展历程大概分成 3 个阶段：第一阶段在 20 世纪 90 年代之前，发展时间不长，20多年；第二阶段接近20年；第三阶段就是现在正在兴起的阶段。

第一阶段的隐私计算基于规则博弈的数据加密理论，典型代表人物是姚期智先生。他的核心思想是基于数据加密这样的传统惯性，使用密码工具对个人信息进行加密，进而构成多方计算模式。首先，大家在这个过程中都要遵守规则，所以说是基于规则博弈的通过密码技术的数据加密技术。这里的典型技术是同态加密、多方安全计算及数据传输等技术。这些技术的出现极大地推动了隐私计算的发展，在这个过程中，我们很多的研究人员拿到了图灵奖。这一阶段基于密码加密技术构成了多方计算的态势，不同的算法有不同的复杂度，各有优劣。

在初期，对于小数据范围，以及专门通道或专门模块的情况下，你做得好，就能起到很好的作用。但是到了20世纪90年代以后，就面临着大数据背景下数据挖掘的相关问题。从数学本质来讲，数据挖掘就是一种基本的记录特征，它是全局性的，是随机知识发现的过程。隐私计算、隐私加密是一种局部的隐私安全保证，这两者很难兼顾。如果要把传统数据加密技术的范围扩大，会碰到一个问题，它有局限性，协议比较难，而且它的计算开销太大，难以适应面向隐私的数据挖掘。

在这种情况下，慢慢地发展出第二阶段技术，大数据是我们这个时代或今后很长一段时间的时代要求，那么怎么处理这件事。紧跟着，又发明了另外一种隐私计算方法，就是所谓的数据脱敏与不确定性方法。不确定性方法实际上就是联邦计算。联邦计算就是在过去数据加密方法的基础上，能够把精度的地方弱化，使得计算的开销能够从本质上降下来，来适应大数据时代。这是这个阶段还在做的事情。第一阶段的数据加密现在也在做，并不是说有了第二阶段，第一阶段就结束了。我要谈的是第一阶段中的问题，有了这个问题以后，第二阶段开始了。第二阶段我把精度稍微降一点，本质上是把计算开销降下来。从科学上来讲，这是基于模糊数学和差分攻击的方法形成了第二阶段的主要特征，即所谓的数据脱敏。第一阶段是数据加密，第二阶段是数据脱敏，把敏感性降下来，把成本降下来，它成了一种折中方案，这里的典型技术就是匿名化和差分隐私。匿名化本质上就是基于模糊数学来做的，这方面潜力非常大。现在所谓的匿名化数据脱敏技术，是模糊数学的浅层次应用，模糊数学里的数据技术实际上可以用到这上面。实践证明，计算的开销确实降下来了，但也有缺陷，因为精度不再那么高，在精度要求不太高的情况下，这种方法是有效的。

还有一个方法就是所谓的差分隐私，它其实基于差分攻击和差分隐私技术，其基本特点是不发布、只查询，可以应用到很多领域。

应该讲，现在隐私计算里应用范围最广的就是联邦计算。联邦计算主要是为了降低多方联合计算场景下隐私加密的高计算成本，通过强化不确定性，实现数据不动计算动，或者是计算不动数据动。联邦计算的主要内容就是联邦学习、联邦查询。

第二阶段的数据脱敏、联邦计算这两个最主要方法的效果还是不错的，说明在面向大数据时确实可以找到的一些实际、真实的应用价值。但是在应用这个技术的时候，一定要知道它的不足在什么地方，对于不足怎样给它加力，使它优化迭代或创新方法，使得它更好用、范围更广、效率更高。我讲的这个不足，并不是说这个东西不能用，而是说它的技术发展空间还是很大的。

谈到数据脱敏，它有应用也有局限性。它的局限性就是因为它发出来的都是概率参数，因此信息受损、发布失真、精度受损、共享受限，所以应用时要注意这几个问题。联邦计算也有它的局限性，就是性能受限，在大数据环境下，你别以为它是高效的，有时候也是很低效的。

前两个阶段的问题还有一个大前提，就是隐私计算的参与方必须遵守协议规则，也就是基于规则的博弈。从博弈的观点来看，大家都遵守规则，来追求最大的效益，以达到大数据均衡，这是隐私计算最核心的思想。所以要求各参与方要诚实、群体行为要理性、多方博弈要遵守规则，这是前两个阶段隐私计算必须要遵循的 3 个规则，也是大数据时代我们要遵循的一个最基本前提。我们知道文科发展了几千年，但谁知道文科的核心思想是什么？文科的追求是什么？文科是什么？说到底，文史哲政经法是文科最基本的内容。文史哲是干什么的？是建立社会共识的。政经法是干什么的？是建立社会规则的。由建立社会共识和社会规则，进而形成基本的社会秩序，这是文科的使命。但不管是中国还是西方，这种共识规则为什么折腾了几千年，还要那么多政府机构来管理？因为"五育"造就的社会个体是不可信的，特别是大数据时代给了社会群体更小的颗粒度，意味着个体的自由度提高了，所以在大数据时代，社会治理不包括经济治理，这就亟须建立区块链和隐私计算这种可信平台，来适应大数据时代。

基于这样一种认知，我们开始全力研究非规则博弈下的隐私计算。当然，这里面涉及现在的数字经济参与方的非规则博弈，要研究非规则博弈见隐私计算现在的核心问题。前面的隐私计算不管是公司还是高校的研究都是基于规则博弈的，可能在国内这方面的研究并不多。但是，我们真正要把中国的数字经济和数字工作做好，这部分研究是非常重要的。这里要面对现在实际研究的挑战，就是要去掉前面的假设，我们要实事求是地承认从个体层面来讲有不诚实的趋向，从群体行为来讲有不理性的状况，而且这不是偶然现象。从多方博弈角度来讲，不遵守规则的情况经常发生。所以研究面向非规则博弈场景下隐私计算的新理论和方法，是我们整个研究团队最近几年最重要的任务之一，北京航空航天大学董进院长的上百人研究团队也在研究，而且取得了一些进展和成果。怎么研究？那就是要实事求是地承认你一旦这么研究以后，必须把现代的数学、物理方法用到隐私计算问题中去。所以首次提出了面向非规则博弈场景的后纳什隐私计算理论。从公开的数据和资料来看，我们的高精尖平台研究的东西在国际上是先进的。

下面我把基于规则博弈和基于非规则博弈的隐私计算大体框架的研究体会归纳一下。整个隐私计算根本问题到底是什么？我们要做的是如何实现基于规则博弈和基于非规则博弈的隐私计算，要研究好这个问题，就要使得对于隐私计算根本问题的研究结果可支撑、可计算、可博弈、可度量、可评估。真正的根本问题有5个，我相信无论是对于Web3.0，还是对于其他问题，只要涉及可信、安全，就跳不出这些框架性的5个问题。我与董进院长有一些共识，我们现在在长链里做的是1.0版，正在努力做2.0版，这里我们提出的问题已经很清楚了，解决这个问题还需要逐步迭代。

第一个问题，它的数学问题到底是什么？大概是三大类问题：不确定性、复杂系统、随机动力学理论。那么，不确定性到底研究什么？复杂系统框架大，哪些东西要摘出来？不管是规则还是非规则，哪些是重要的？研究透以后是很有帮助的。还有随机动力学理论到底是什么？也是个很大的问题。目的就是探索新型隐私计算的复杂系统与体系安全等基础数学问题。现在我们谈到区块链，谈到可信安全的时候，都是一密了之，就是加密、密码，这是完全错误的。如果一个系统靠一种方法就能解决，那这个问题就简单了。所有我们过去谈到的一些所谓的安全方法，实际上都是简单方法，对于体系安全，必须要从新的视角来看，这是我提出的数学3个方法，必须要从这个角度来看它，才能判定它的体系。例如，长安链的体系安全，就是结构稳定性，也就是能够抗得起多强的干扰，从技术角度来讲就是能经得起多强的攻击，所以这个体系的结构稳定性抓住了，那么你就知道它有多强的安全性。

第二个问题，规则博弈引导下的高效隐私计算方法。现在效率上不来，有些就涉及技术问题，包括跨域安全的通用隐私计算构建、高效协同的联邦学习计算框架，还有软硬件融合的隐私计算优化方法，在这些方面，长安链有它独到的方式。这里还涉及很多具体的技术科学问题，每一个问题都非常关键。总的目的就是发展安全高效的联邦学习理论与跨域安全、高效协同、软硬件融合的隐私计算新技术。实际上，在这个过程中，技术也是要不断迭代优化的。

第三个问题，面向非规则博弈场景的隐私计算理论。这里要考虑把人的特点加进去，就是非理性假设下的演化博弈建模。现在的博弈一般都是静态博弈，演化博弈虽然现在也在发展，但还是处于初创阶段，而且都是基于规则博弈的，所以非理性假设下的演化博弈是新的方向，只有这样才能适应非规则博弈情况，还有异质隐私约束的后纳什分析，以及抗恶意攻击的动态自适应激励方法。这个问题主要是发展非理性假设下的演化博弈建模、后纳什分析和动态自适应激励技术分析，我们现在还在持续加力研究，希望在本质问题的研究上有所突破。

第四个问题，心理学问题。基于信息心理学的个体隐私度量理论，怎样认识一个人的个体行为，主要从3个角度：一是从数据认知度量；二是从行为度量；三是从信任阈值度量。这里也涉及很多基本问题，主要是发展基于信息心理学认知度、个体行为度量和成员信任阈值度量的理论和方法。

第五个问题，群体隐私评估理论，它是基于信息社会学的理论。这也是群体隐私的计算理论，增加了社会的复杂性。过去，群体隐私计算方法是有的，但是脱离了背景，应该要考虑回到真实背景下怎样来做隐私计算。因为群体认知是非常复杂的过程，它的逻辑关系很复杂，互相之间的影响也很复杂，对于这种复杂问题，只能建立跨尺度的模型和进行全局分析。只有小尺度的分析和建模，以及大尺度的分析，才能真正地把群体隐私分析做好。全流程隐私安全的预测与评估也涉及很多要做的事情，在这个方面，我们做的工作还是很多的，有些文章也非常好，总的目的是发展面向社会群体的隐私度量、跨尺度的隐私建模和全流程的隐私评估分析理论。

这就是我们这么多年对隐私计算整个发展的认知，也是我们觉得隐私计算能够推动Web3.0发展，或者能够推动社会建立安全可信信息体系的相关分享内容，谢谢大家聆听。

4 专题报告

区块链的技术挑战分享

陈婧　上海浦芯未来互联网技术研究院首席专家、
清华大学计算机科学与技术系教授

> 区块链已经发展了一段时间，到了Web3.0时代，随着应用范围的不断扩大，无论是融入经济体系，还是在确保数据隐私安全方面，区块链都将面临更多挑战，需要业界共同努力解决。

大家好，很荣幸有机会和大家分享我对区块链领域的一些思考。

首先给大家回顾一下区块链和分布式账本的基本结构。我们希望它是全局可读、全局可写，以及全局不可篡改。但是如果我们只看这三条，它和一个数据库并没有什么区别，所以一个区块链或分布式账本与数据库最大的区别在于第四条：它其实并不需要一个集中的管理员对它进行操作，它采用分布式的管理方式。如果所有的管理都集中于一个人或一个机构，那么这个人或这个机构本身就很容易变成一个被攻击的对象。

区块链和分布式账本的应用在业界已有很多，包括用区块链进行公证和存储，这个在法律界已经有了相关判例。例如，在交易方面，区块链可以对混乱的数据进行有序的排序，甚至能够提供一个虚拟可信的第三方，这一点对于密码学里很多的构造是非常重要的。密码学中很多的技术可能都是基于一个可信第三方的假设，现实中，这个可信的第三方可能很难找到。例如，在跨国、跨部门法律区域的应用中，很难找到一个大家都接受的第三方作为中介，而区块链就可以作为虚拟的基于全世界的分布式平台的第三方。

这样做，一是降低了费用，二是我们无需再寻求具体的第三方。

今天结合我在学术界和工业界的体会和观察，跟大家探讨一下在区块链领域我们面临的一些具体技术问题和挑战。其中可能包括很多方面，如智能合约领域、经济与金融领域、隐私和安全领域，以及可扩展性问题，最后 AI 和区块链还有很多很有意思的碰撞。由于时间关系，我集中讲前面的三条。

首先说一下智能合约。它是随着区块链，特别是以太坊以及区块链共识协议出现而出现的另外一个非常重要的创新技术，也是区块链今天得以大规模应用的不可或缺的技术。之前有一个重要的统计，截至 2020 年 2 月，在区块链上已经产生超过 10 亿美元的经济产值，这个数字在当年的影响力非常大，被很多人认为是区块链在经济与金融领域发展的一个里程碑。在接下来的几年，这个数据又获得了非常大的增长，到今天为止，我们看到有些网站上的这个数据已经超过了 500 亿美元。

什么是智能合约？它和现实中的自动柜员机的形式类似。它里面有一些现成的操作程序，可以给你反馈现成的结果。一是智能合约是一个分布式环境下的计算机程序，这和柜员机不同，柜员机是一个独立的非分布式环境下的小程序，它也不需要第三方，而且它的规则是可追踪、不可逆转的。通常智能合约有非常多的优势，如可编程、结果非常可信。我们经常听到在区块链上智能合约出现各种各样的问题，或者产生阻塞。我们研究的时候，经常开玩笑说智能合约这个东西不太智能。二是智能合约与合约还有很大的区别，其作为一个计算机程序，与法律上的合约有很大的出入，写得不太好的、不太智能的智能合约已经在区块链中造成了非常大的影响，给用户造成了一定的经济损失，可能隔一段时间还会爆出一个很大的问题。

智能合约的应用很广泛，所以造成了拥堵问题，说明它的发展被很多人认可，而这种认可因为和这个系统本身可扩展的速度产生了不匹配，所以在这个系统里造成了很大的拥堵，如导致合约确认时间变长、费用增加加快、不太能够被预测等，这些都是智能合约面临的非常具体的问题。

智能合约是用什么语言写的？这在学术界也有很多探讨，包括最高层次的语言被用来做智能合约，到中层的我们自己设计的智能合约语言，还包括比较底层的汇编层级的语言，甚至更加底层的其他语言，可能都已经被拿来尝试和探讨能不能用来做一个智能合约。通常会被问到的问题包括：你对智能合约语言有什么看法？将来会不会出现一种新的智能合约语言，统一智能合约领域？这种情况其实在工业界已经出现多次了。例如，手机接口、实时的信息工具，还有很多其他的通信协议、标准等，我们往往看到的是多个标准共存，如果我们试图去统一这个领域，结果可能会把这个领域变得更加的多样化，所以将来在智能合约领域很可能会出现一种多合约语言并存的趋势，就好像操作系统一样，因为每种合约语言可能都有自己相应的优势和适用的场景。对设计智能合约的人来说，选择怎样的语言来设计智能合约语言，这会涉及系统的可用性、安全性和效率等很多问题。

我提几个之前碰到的关于智能合约的问题。例如，在什么时候需要图灵完备的问题。我们知道图灵完备语言的优势很明显，功能很强大，你能想到的功能基本都能用这个语言来实现，但其问题和局限性也很明显：一个是安全问题，另一个则是运行效率。

其次就是经济和金融在区块链上的体现，这是除了底层架构之外在区块链上很重要的问题。区块链上的用户活动最终归结到经济和金融方面的应用和问题，基本上在区块链上的Macroeconomics（宏观经济）和Microeconomics（微观经济），我们可能既需要跟传统理论结合，同时也需要有很大程度的创新，因为一个分布式的经济环境和传统的经济环境有很大区别。之前也有很多学者做过探索，但是总体来说这个领域还是非常大且非常空旷的。

提到经济和金融，又要回到智能合约这个方面，因为智能合约确实是很重要的东西，经济活动最终都是通过智能合约实现的。智能合约的主要技术与优势，如表达度非常高，系统效率与计算开销都可以通过一二层合理的搭配实现，包括系统的安全性和可信性。

我们讨论经济和金融，就必须要讨论监管、货币政策等相关制度，因为制度是金融安全很重要的保障。制度方面研究的领域非常宽广，像经济学里的博弈论、制度设计，包括理性、非理性等方法，都可以用这些方法设计制度和政策，还有管理方式。设计完成后，如何与区块链连接，很大程度上可以将智能合约作为工具，把这些政策与制度写入智能合约，使它们在执行中能够自动得到满足，这是一个非常大胆、非常新的想法。在这个方面，我们也在做探索。好处是什么？就是可以用技术促进政策的相容性，要知道政策逻辑和商业逻辑之间有没有冲突，或者政策对于商业逻辑会产生怎样的影响。我们可以用博弈论的方式来实现和分析，分析之后还可以在智能合约上用形式化的方法进行分析，看看这两个逻辑之间是否产生冲突，如果产生冲突，说明政策可能需要进行调整，不然对经济方面的影响比较大。在经济和金融方面是两大块研究：一个是经济理论本身的研究；另一个是用智能合约实现经济理论方面的研究，这些是急需的，也是我们非常想做的。

研究区块链真的是非常在乎隐私保护，也比较依赖量子计算，区块链是新技术的试金石，很多新技术都可以在区块链中得到第一时间的应用，这也对新技术提出了非常多的挑战。例如，区块链在量子计算领域的应用研究已经有了非常大的进展，但是在实用性方面与实际需求还有一定差距，所以最大的挑战不是我们完全没有解决方案，而是我们的解决方案可能还不太切合实际。我们要不断地提升区块链在量子计算领域的应用水平，而这需要更新的理论来实现。

最后是区块链与AI的交互。AI可以为区块链做什么？AI提供了一个很强大的分析工具，可以帮我们发现区块链上潜在的安全隐患。这个领域有很多研究人员从事区块链上交易类型分析和节点分析等工作，如将AI用在区块链上，可以分析股票价格、天气信息等。那么，区块链可以给 AI 带来什么？其实很大程度上是安全的运行环境，如可信模型，这个是 AI 现在经常被人诟病的地方，我们已经越来越不能理解 AI 的底层逻辑，我们是否还能相信现在 AI 所做的东西就是我们真的想让它做的东西，这些东西可能都是区块链可以为 AI 提供的技术。总体来说，这里面有很大的发挥空间。

总之，经过这十几年的发展，区块链技术从最初非常简单的设计，到现在已经发展出很多新技术，而随着区块链技术的进一步发展，有很多更新的技术挑战变得越来越相关，这些挑战亟待我们去解决。今天主要讲了我们还需要做哪些工作，而这些工作也不是某一个单独的学科可以解决的，如计算机或经济，甚至是计算机中的系统或理论，这是一个多学科交叉的领域，需要各学科人员共同研究和作出贡献。

元计算、人工智能和 Web3.0

成秀珍　山东大学计算机科学与技术学院院长、教授

> 元计算是人工智能底层核心技术，从弹性算力、可信数据、智能算法 3 个维度为人工智能提供支撑。元计算可以有效解决 Web3.0 面临的挑战，并加速其未来发展。

感谢组委会的邀请。

我分享的这个题目特别大，元计算、人工智能、Web3.0 这三者会共存。Web1.0 基本上出现于 2004 年之前，用户的权限是只读，而且管理方式是去中心化的。Web2.0，用户的权限变成了可以编写，管理方式也是去中心化的，因为数据全部是由平台管控的。Web2.0，用户有权限可以往里面写数据，比较常用的应用就是抖音、微博等，但用户对数据是没有所有权的。Web3.0 目前处在探索阶段，用户完全拥有自己产生的内容数据，数据归用户所有，而且区块链是其中的一个核心技术。基于区块链技术，才能在零信任和开放式的环境下实现多方合作，用户可以拥有数据的所有权。在零信任的环境之下，区块链才可以实现合作和数据的可信流转共享，而整个架构就是去中心化的。

Web3.0 的定义到底是什么？它到底有没有一个定义，也很难讲，但是大家有一个共识，即 Web3.0 是下一代的互联网。

我们对 Web3.0 进行了定义，其是基于去中心化的基础设施，但是这个去中心化不是 Web3.0 带来的，它是基于互联网的，是各个服务商共同组成的全球的互联网。Web3.0 是去中心化的，不管谁提供的基础设施都是不可信的，要确保数据的主权和安全。去中心化的基础设施就需要区块链和整个全球网络的深度融合，来实现可信与安全的目标。确保数据的主权与安全，数据为用户所有，用户要维护自己的数据，要打破数据垄断，增

强数据的安全性和隐私保护。以用户为中心就需要引进人工智能技术，需要智能地理解用户需求，为用户提供个性化服务，优化用户体验，强调用户自身的体验，所以Web3.0的目标之一是去中心化，需要一个安全可靠的去中心化的基础设施，需要满足用户对数据安全和主权的需求，而且需要更加智能地搜索结果和服务。

根据DappRadar的统计，最近全球Web3.0应用总数的增长已经放缓，但是仍处于持续增长的阶段。

下面3点总结了Web3.0发展的挑战。

一是算力。Web3.0的开放性和泛在性决定了它需要云边端各层级算力资源，尤其是在资源受限的端层，构建Web3.0基础设施需要弹性算力支持。Web3.0的开放性不仅体现为开源性，基本上将来所有的应用都要往终端迁移，甚至一个VR设备也可以，不需要携带手机和计算设备，也不需要携带其他设备，走到哪里只要有一个VR眼镜就可以了，所以也不仅是指环境的开放性。泛在性无处不在，Web3.0将来的应用肯定是无处不在的，所以它需要底层算力的支持，只靠云肯定是不行的，从用户的角度考虑用户的体验，我们就需要后台提供弹性算力。所以Web3.0的发展，面临的第一个挑战就是弹性算力的支持。

二是数据。在Web3.0这个环境中，数据归用户所有，需要安全可靠的数据共享。Web3.0处在开放性和零信任的环境中，前面有专家提到过零信任，因为数据都归用户所有，但是要实现很多功能，还需要数据的可信流转共享。我们团队称其为数链融合，就是大数据和区块链的融合，以数为本，以链求真，从数据的产生到存储、到使用、到共享，最后甚至到删除，对整个数据生命周期进行管控。虽然数据归用户所有，但是用户的数据存在哪里？可能从区块链就需要去中心化的存储技术，所有这些都是和区块链挂钩的，所以我们需要可信的数据流转共享，这涉及所有的软硬件设备，它们共同组成一个可信数据空间，要在这个数据空间中对数据进行管控。

三是算法。刚才提到Web3.0的理念是以用户为中心，所以需要智能算法去更好地理解用户的需求，增强用户的体验。Web3.0的应用，从开放性和泛在性的角度需要开放算力支撑，因为数据归用户所有，所以数据必须可信，否则没法流转共享，没法共享就无法实现Web3.0的很多功能。以用户为中心，我们需要智能算法更好地理解用户的需求，提升用户的体验，能够提供弹性算力、可信数据，以及智能算法新的智能计算，我们称其为元计算，它是一种新计算范式。

我们一直在做计算范式研究，它其实一直在更新，从60多年前的服务端和服务器开始，基本上是沿着3条线发展：第一条线是后端。主要是后台服务器、网格计算，一直到2000年的云计算。我之前的报告提出网络计算之所以没有发展起来，是因为企业介入少，我个人认为也是因为网络性能不够，2000年之前网络还比较差，而且各个单位自己买了一大堆设备，好多单位都在重复相同的工作，后来因为网络越来越发达，这些工作就主要集中到云端上，这条线现在还在。第二条线是PC端。首先是20世纪80年代的桌面计算，慢慢发展到对等计算，与我们生活密切相关的可能就是PC端计算，我们从网上下载各种各样的视频，用的是P2P的协议。第三条线是设备端。从20世纪90年代开始，物联网设备参与到计算中，而且最近两年物联网设备数量越来越多，呈爆炸式增长，其采集的数据也呈爆炸式增长。设备多了，数据就多了，终端处理不了，开始将数据往云端上送，边缘计算这个概念就被提出来了。

边缘计算实现了信息世界和物理世界的融合，实现了云边端的整合与协同，数据在边缘截留，不到万不得已时，能在边缘侧处理就在边缘侧处理。边缘计算的目标就是实现云边端的协同，把数据截留在边缘侧，提高数据处理的实时性和安全性。基本上一个主流的计算范式在工业界是能够活下来的，每十年更新一次，2010年边缘计算在美国被提出，2016年大家就有各种各样的名目，最后统计到边缘计算是中国人做的。边缘计算并不是这个计算范式的终点，和现在技术密切相关的很多问题没有解决，在此列出3个：一是现有物联网终端设备资源未被充分发掘。物联网设备其实是由几十个微控制器、微处理器提供的算力，相当于一台台式机，物联网终端设备的计算能力和存储能力，特别是计算能力变得越来越强，而很多设备无处不在，这些设备如果把资源整合起来，就能提供很庞大的算力。二是信任缺失，设备异构带来了服务间算力藩篱，设备与设备之间缺少信任，协议与协议之间缺少信任，服务商与服务商之间也缺少信任。其实这个问题我们只能接受现状，特别是Web3.0、工业互联网等新一代信息技术的应用，虽然实际情况是部分信任，但假设情况只能是零信任。三是缺少强容错的计算能力。从计算这个角度，这么多年一直追求结果的正确性，靠的是算法的完整性及数据的准确性。我们不去证明这个结果可信，只要算法是正确的，数据是正确的，那么结果就是正确的。

在未来考虑前两个挑战时，我们要充分挖掘终端设备的计算能力，而且考虑到在零信任的情况下有很多人为因素，我们就需要系统强容错。区块链的一大特性就是强容错，只有系统具备强容错能力，才能解决前面提到的两个问题。要解决这3个问题，就需要我们提到的元计算。元计算的目标是整合挂在网上的所有资源，提升设备利用率，对用户或应用来讲提供的是弹性算力供给。从数据的角度看，零信任环境下的容错计算，实现数据的可信流转共享。从算法的角度是实现资金化自驱动融合，构建资金化职能。从Web3.0的角度就是提升用户的体验。将来我们把挂在网上的资源用起来，不需要带着计算设备，走到哪里只需要一个VR设备，网上的数据对你来说是可信的，虽然这个数据不一定流通，它还在用户手里，但是你还可以用，而且算法都是智能的，那么我们未来的世界就会非常美好。元计算就是在开放的零信任环境下整合算力资源，打通数据壁垒，构建自进化智能的新质生产力技术。

元计算和人工智能有什么关系？它们的发展史是高度契合的，因为人工智能需要算力和计算范式的支撑。元计算其实是人工智能的底层技术。

元计算环境下我们要做什么？元计算是在开放的零信任环境下整合算力资源，实现数据的流转共享，构建自进化智能的新质生产力技术。元计算是人工智能的底层核心技术，从弹性算力、可信数据、智能算法3个维度为人工智能提供支撑。元计算可以有效解决Web3.0面临的挑战，加速其未来的发展。

以上是我的结论。谢谢大家！

后量子时代的隐私计算

郁昱　上海交通大学计算机科学与工程系教授

> 密码技术是国家安全领域的三大支撑技术之一，也是其中唯一的数据信息技术。信息安全或数字安全具有保密性、完整性、可认证性和不可抵赖性等属性。密码学的发展并非一帆风顺，会受到量子计算等先进技术的降维打击。

各位领导，各位专家，我从后量子时代的视角谈一下隐私计算。我们先谈一下最近兴起的一个概念——后量子密码，以及产业界和学界在后量子密码领域开展的工作。最后谈一下后量子密码和隐私计算的结合。

我们说没有网络安全就没有国家安全，安全的底层用了很多密码技术，刚才郑志明院士说不能一密了之，还需要其他技术的结合。密码是安全领域的三大支撑技术之一，密码技术也是其中唯一的数据信息技术，密码技术无所不在。例如，它是以多少个0的前缀开始的，其输出为某一个值。这时候如果这个哈希函数比较安全，想要破解我们只能用暴力方法去一个一个地试。区块链用到的数字签名技术，私钥对应着账户的所有权，公钥对应的是地址，所以密码技术无处不在。

我们关心的是信息安全或数字安全的几大属性，包括保密性、完整性、可认证性和不可抵赖性。保密性就是这个消息不希望被除了你和我以外的人看到。很多时候我们希望消息没有被篡改，收到的信息是原封不动的，而不是被改动的，或者被改动的消息可以被检测出来，这就是消息的完整性。还有可认证性，每一笔银行转账之后，我要验证对方是不是真实或冒充的，要确保这个人今天转了账，明天没有转账。这些相关的安全属性都有密码算法或依赖保障。

密码学其实有很多年的历史，现代意义上的密码学始于20世纪70年代，算法包括RSA。我们还有安全多方计算等技术。其实很早时有一个信息论意义上的安全性，虽然没有开启密码学，但它却是现代密码学的开端——公钥密码。如果谁想给我发消息，我就把公钥公布出来，大家都可以看到，大家想给我发消息就用公钥把密文发给我，只有有私钥的人才可以解密。之前需要对称加密，在我们通信之前先要找到一个保密的房间，我们需要商定好，就用这一对密钥做对话，之后这个人可能回到北京，我们可以在互联网上进行安全的交流，所以是需要在一个机制里安全地共享这个密钥。但是公钥密码机制诞生以后，对称密码机制就不需要了。

现代密码学基于数学的底层问题。大家比较了解的就是大数分解问题，两个数相乘，至少在 N 平方复杂度的代价里就可以解决。但是当把两个数乘出来以后要分解，在经典意义上这个是很困难的，还有很多安全问题要解决。

密码学的发展并非一帆风顺，它遇到了来自更先进技术的降维打击，如量子计算，有的人认为人工智能也可以把密码学问题搞定，但没有给出相关证明。20 世纪 90 年代一位数学家提出了量子算法，如果有一台量子计算机，可以把现代密码学底层的困难问题很高效地破解掉，如大数分解问题、离散对数问题等，但只是理论破解，因为一定规模的量子计算机还没有造出来。最近量子计算高速发展，似乎离梦想照进现实已经不远了，这个趋势就是说马上要来了，所以我们要未雨绸缪。例如，一个格问题。两个绿色的向量可以认为是一组基，蓝色的向量也可能是一组基。最短向量问题，我定义一个原点，就是 O 点，哪一个格点离这个原点最近？二维很容易看到，三维也很容易看到，但这里面有一个概念，它的参数就是这个维度，当这个维度达到 512 时，那么这个问题是否还困难？后面没有办法想象了，至少画图画不出来，这时候这个问题的困难性就取决于我们拿了哪一组基。蓝色的基，它们的位置相对垂直，最短的格点就是这组基里最短的向量。绿色的基，它们的位置相对任意，最坏的情况下是一个 NP 问题，目前来说不知道有多项式的解决方法，这个问题已经好多年了，最早可以追溯到两三百年前。现在计算机可能找不到一个非常高效的算法，量子计算在解决这些问题方面也没有太大的优势。后量子密码或抗量子密码这样的一个概念，希望设计一个算法，这个算法仍然跑在笔记本甚至手机上，但是量子计算机也没有很高效的算法去解决。设计的这个算法有很多要求：一是安全，二是高效。现在有很多不同的技术路线，有一些被破解了，如 2011年提出来的，12 年后被别人破解，这也是一个需要时间检验的密码算法。

早在 2015 年，美国国家安全局就提出了后量子密码迁移计划，从 2016 年开始，直到 2024 年 8 月才正式定标，并发布了完整的文件。正式定标了 3 个算法，其实有 4 个算法，但是这 3 个算法已经完全把参数固化下来。我们国家现在也在举行密码算法设计竞赛。据说 2024 年要开始公开征集，由于一些规则还没有完全定下来，大概率今年年底会发布征集后量子密码算法的通知。后量子密码算法其实在产业界已有很多应用，如谷歌、IBM 等大厂都做了一些应用，一些初创企业也提出了后量子密码的解决方案。

我们也做了一个库，不光支持 3 个标准算法，也自研了一些和它们对标的算法。同时它们的底层也用到了很多对称密码，如哈希函数、分组加密，我们其实也对底层算法做了一些替代和开源的库。我们这些算法与其对标的算法相比，还是有一些先进性的，在相同的安全强度或在我们更安全的情况下，我们算法的效率稍微高一点，我们的算法在国际公钥密码年会或密码学的顶级会议上也进行了发表。如果使用格密码，其计算效率还可以，不会比 ISA 差很多，但是它的尺寸还是很大的。如公钥，美国的算法可能需要 1000 个字节，我们的算法可能只需要 900 个字节。它的密文长度也是很大的，1 kB 甚至更大。后面我们还做了基于哈希算法的签名，后来发现格问题也可用量子算法来解，实际上格密码就不再抗量子攻击了。这个时候，我们又搞了一个基于哈希函数的，哈希函数仍然存在，而且哈希函数不再安全了，可能后面区块链都不存在了，所以我们用一个最保守的方案做了一个后量子密码迁移方案。这个方案是用来做效率测试的，在中国电信的网关上做了后量子密码迁移的工作。密码算法的国标还没有出来，很多时候用的是混合模式，就是还在用国密算法，再加一道锁，把后量子密码迁移进去，可以理解为 PQC 加了一道冗余操作，但是一旦量子计算出来，这个系统仍然是安全的。

接下来说一下隐私计算。隐私计算存在几个技术路径，其中纯密码学的技术路径叫作多方安全计算，我们保障这些数据在传输和存储的静态过程中的完整性、保密性等。我们能不能在动态的情况下仍然保障它的安全性，这个就是关注同态加密或隐私计算的情况。MPC 的问题可以追溯到"两个百万富翁的问题"。后面我们其实可以把这个问题进行扩展，这里是计算一个比较函数，后面可以计算任意函数，可以把参与方推广到很多方。20 世纪 80 年代，那个时候有作者写了一篇论文说这个场景很有价值，其实作者自己都不相信这个场景很有价值，只是为了发一篇论文。2000 年之后，就有人开始做 MPC 的实现，2011 年之后有的人想把它应用起来，包括做一些密态训练和密态推理。密态训练可能做不起来，一些公司都在做密态推理。

要谈安全性，必然有"坏人"（攻击者），"坏人"其实有很多模型，就像刚才说的基于规则博弈，你就要遵守这些规则，我们称为"半诚实"模型。恶意的节点可能会偏离这个规则，但是这个时候你的安全方案要能够有一种方法，如果有人偏离这个协议，你需要能够把它找出来。这个时候"坏人"的数量也有一定的比例，如诚实的人占大多数，"坏人"的数量小于一半；"不诚实"的人占大多数，"坏人"的数量大于一半。还有一个维度，你这个协议是经典安全，只是对经典计算机安全，还是对于量子计算机这个协议仍然是安全的。安全多方计算有两大技术路线，各有优劣。刚才郑志明院士提到了一个非常重要的底层协议，叫作不经意传输。1980 年的图灵奖获得者提出：我有两个消息，接收者想从里面拿一个，它有两个安全保障，我不希望发送者知道我这两个消息被对方拿走了哪一个，这是对发送者安全性的要求。接收者不能贪心，只能拿一个，这就构成了计算意义上 MPC 一个重要的底层基础协议。在这之前，其实好多公钥密码的组件都是离散对数，它不具备抗量子的安全性，也有基于格和基于编码的方案，它们之间用的最多的还是不抗量子的，因为它的效率还是比较高的。

后面还有一个 OT 扩展协议。我们能不能先做少量的 OT，然后将它分成大量的 OT，这就是先做少量，然后用这些少量的种子再生成 OT，这其实是 OT 的两种方法。下面一种方法也是抗量子的方法，我们在编码问题和解线性码问题上做了相关工作，并且为这个问题建立了一个自动化的评估工具。同时我们也设计了新的抗量子的OT协议，是基于格问题的变种问题做的底层的不经意抗量子传输协议，其通信代价比现有协议降低了50%左右。后面我们找了中国科学技术大学，他们研究了量子密钥分发，量子密钥分发是为了做安全通信。我和物理学家聊了一下，实际上量子密钥分发只能用于安全通信，如果能做OT，那么数据还可以可信地流动起来，但是物理学家听不太懂，我们和他们进行了合作，把量子密钥分发设备改造成不经意的传输协议，这是基于物理的量子纠缠原理做的不经意传输协议。此外，我们还设计了一些抗量子密码协议，尤其是混淆电路，做了它的计算效率和通信效率的提升。这里面有一个比较有意思的工作，设计混淆电路。每一次通信只需要一个比特，在这之前需要一个安全参数大小的比特，当然它有其他的代价，就是计算效率会比较低。我们希望把"半诚实"的安全性提升到更高的安全性，同时带来最小代价的膨胀，我们发现从原来的安全性提升到更高的安全性，没有膨胀。双向通信可能是少许膨胀。

以上就是我的分享，谢谢大家！

Web3.0生态及其治理挑战

李超　北京交通大学计算机科学与技术学院副教授

> Web3.0有链下治理和链上治理两种治理模式，二者的区别在于决策是在区块链以外还是在区块链以内形成的。链下治理模式主要依靠参与方互相牵制、协商、达成共识的方式推进。

大家好，我是李超，非常荣幸有机会来到Web3.0创新论坛，汇报我们在Web3.0生态治理及其安全方面所做的工作。

从Web1.0到Web3.0的演变，几位专家已经介绍得非常详尽了。总体来说，Web3.0更加强调用户可拥有性。如果用Web3.0基金会的定义，Web3.0的三要素包括用户拥有、安全与去中心化。随着Web的演变，Web2.0时代的中心化应用在Web3.0时代大多有了去中心化版本。Web3.0生态也逐渐向2C、2B和2G这3个维度拓展。在强调去中心化和用户拥有这两个特点的Web3.0生态背景下，如何实现有效、安全的治理，成为了一个新挑战。什么是Web3.0中的治理？如果我们把Web3.0生态比作一片海洋，其中的每个项目都像一艘轮船，我认为Web3.0的治理就像是这些轮船的船舵。因为在Web2.0时代，每一个项目都有一个掌舵者，但是在Web3.0强调去中心化的情况下，一般项目不敢说自己有一个掌舵者，因此在"失去船长"的情况下，这艘船如何安全地拟定航路就成为一个新的问题。

"治理"这个词由来已久，在早期的英国，它是指个人对国家的统治；到了近代，转变为一个机构对国家的统治。20世纪90年代，经济学家和政治学家为其赋予了更多含义，如公司治理、全球治理等。因为有一些问题，如气候、难民、战争等，通常不是一个国家能够进行决策的，而需要多个国家互相斡旋并形成决策。有一位教授对治理进行了如下定义：治理是内涵广泛的概念，不管治理的主体、客体和方式是什么，小到一个家庭决定今天晚上吃什么，大到俄乌冲突是否要停火，都在治理的范畴之内。他认为，治理就是形成决策的过程，这些问题最终都需要一个答案。

在Web3.0强调去中心化的环境下，形成这样一个决策有的时候是比较困难的。例如，Web3.0中有一个很著名的事件，被认为是Web3.0首次打破"code is low"的标志性事件。这个事件大致是说，以太坊曾因一个漏洞，导致大量资金被黑客盗取，于是社区里很多人希望回滚到当时的状态，回滚到攻击发生前，把这些钱拿回来，但是回滚就违背了"code is low"这个精神。这件事情怎么办？到底要不要把钱拿回来？实在没有人敢拍板。于是当时社区搞了一个非正式投票，投票结果是大部分人还是想要把钱拿回来，最后社区也确实这么做了，回滚了状态，把钱拿了回来。这样一次决策通常被认为是Web3.0中的一种全民公投现象，比较接近现实生活中的英国脱欧、苏格兰独立公投等事件。

据我们观察，Web3.0项目治理模式大体上可以分成链下治理和链上治理两种，区别在于决策是在区块链以外还是在区块链以内形成的。以太坊和比特币通常采用链下治理模式，这个模式大致可分成3个部分。如果有人要改变这个区块链系统，首先要形成一个提案，然后将这个提案提交到社区进行广泛讨论，如果获得社区认可，最后就可以在主链上实施和落地。更具体来说，这个提案的发起者需要基于这个社区的模板撰写文档，这个文档需要在社区平台以及开发者会议等多个场合争取支持，这个过程中提案会不断迭代，从初审状态达到最终状态，在这个过程中提案在任何阶段都有可能停滞或被撤销。以太坊基于这种模式诞生了大量对Web3.0影响深远的提案。例如，金融领域影响比较大的ERC-20和ERC-721分别确立了Token和NFT标准。此外，EIP-4844对以太坊如何提升性能进行了部署，EIP-1559改变了以太坊的收费模式，EIP-4337改变了以太坊客户端的功能，EIP-3675将以太坊的共识协议从PoW转向PoS。这些提案的诞生以及部署都是通过链下治理模式完成的。

与之相对应的另一种模式为链上治理。大家可以看到，链下治理的决策是在区块链以外形成的，而链上治理的决策就是在区块链以内形成的。链上治理也可以分成3个步骤。首先，用户可以质押自己的金钱获得投票权，然后利用这个投票权去投票。在整个过程中，无论是用户质押代币或投票选举委员会，还是委员会对提案进行投票，所有的操作都会被记录在链上，我们将其称为链上治理模式。但是，链上治理模式也存在一些比较明显的安全问题，如2020年发生的Web3.0首次恶意收购事件。我们就这个问题的研究也于2023年在CCS（ACM计算机与通信安全大会）上有幸获得杰出论文奖。接下来，我讲一下链上治理中的恶意收购攻击。

在这个事件中，攻击者的目的是要夺取这个目标区块链的治理权或控制权，这个其实非常简单，因为链上治理模式中谁占据了治理委员会谁就变相地控制了这个区块链系统。攻击者是怎么做的？他质押了大量的代币获得高昂的投票权，具体来说，他在27分钟之内把这些投票权分配给自己控制的20个傀儡，这20个傀儡自然而然地形成了新的委员会，并替代掉原来的社区委员会，这20个傀儡就可以通过任何对他们有利的提案。当然被攻击的区块链也没有闲着，他们也呼吁社区的人们把投票权聚焦在自己人身上，让自己人与攻击者控制的傀儡打擂台，这个事件最终的结果是社区的人们没有打过傀儡，这个社区委员会离开了他们从事多年的项目。这个事件为Web3.0敲响了警钟：你的中心化Web3.0的项目做了五六年，到最后"桃子"被摘了，而且产生了不好的影响。我们的工作就是试图帮助这些Web3.0项目的开发者应对和克服这种恶意收购攻击。对链上治理的流程进行了形式化，建立了攻防模型，并且通过构建博弈模型求解均衡。我们发现，通过仔细选择治理模型的关键参数，如治理模型允许一个投票者最多投多少票、允许这个委员会最多有多少人、这个委员会通过一个提案至少需要多少票，可以最大化地帮助这个项目的社区方抵御突然而来的攻击。我们验证了这个方法的有效性。

其他的研究发现，链上治理模式还有其他问题，如中心化问题和治理权固化现象。刚才提到20人组建的社区委员会，大家不管怎么选总是那20个人，这就导致治理权长期被少量人占有，可能会造成长期治理僵化问题。另一种情况我们称之为"影子统治者"现象。有些人虽然没有在明面上参与社区委员会的投票和治理，但实际上因为他有很高的投票权，在暗地里能够一票否决掉社区委员会任何的提案。例如，社区委员会不支持他的提案，他就投票把社区委员会中不支持他的人剔除，这属于暗地里对区块链系统进行"统治"的现象。除此之外，中山大学的研究还发现了选举操纵问题，他们发现有些投票者有组织、有计划地进行投票，形成利益小团队，或者投票者和被投票者存在经济往来，因为区块链上的转账记录也被记下来。还有"女巫攻击"现象，有一些委员建立了很多小号，利用这些小号将不明真相观众的票引流到自己身上。

我们发现链上治理有这么多的问题，那么链下治理是不是更加安全有效？其实也不尽然。之所以能明确发现链上治理这么多问题，是因为所有的数据都在链上，可供大家查询和追溯。但是，链下治理最大的问题就是所有事情发生在区块链以外，没有被区块链记录，一切都是很不明确的。围绕链下治理，首先要问一个问题，到底是谁在治理？2024年以太坊开发者大会上有一位行业领军者给出了一个答案，以太坊是以类似的洋葱模型去治理的。洋葱模型表明，以太坊有6个相关的治理参与方，从内而外分别是核心开发者、以太坊提案倡导者、共识参与者、节点运营者、用户，以及最外层、最广阔且比较虚拟的概念——社区。

2024 年有一项针对以太坊治理参与方的现状调研。调研报告显示，目前以太坊有 10 个维护不同客户端的核心开发团队，但是这其中也存在一些问题：虽然有 10 个核心开发团队，但有 1 或 2 个拥有极高的市场占有率。这项报告也对以太坊将治理提案提请论坛讨论的情况进行了调研，发现虽然一些热门提案在社区里的影响很广泛，但大量提案没有在论坛上经过讨论，确实存在一些提案偷偷摸摸通过的现象。这次调研还针对节点分布和共识参与者展开。例如，节点分布方面，调研发现 1/3 以上的节点部署在美国，因此这些节点在参与过程中可能受到所在地政府的潜在影响。共识参与者属于学术界，特别是对 PoW 和 PoS 开展长期研究的学者。

总体来看，这位专家认为链下治理模式主要依靠参与方多方牵制协商，最后达成共识，来推进治理。以太坊存在一些有争议的事件，如 EIP-999 事件：因为协议存在漏洞，一大笔钱被盗。当时开发者想要挽回损失，但是社区反对，因此该提案没有通过；又如 EIP-1057 事件试图更新以太坊核心 PoW 控制协议，虽然开发者团队非常支持这次更新，但是以太坊社区坚决反对，这个提案最终也没有通过；"The Merge" 事件，以太坊将自己的控制协议从 PoW 更新成 PoS，社区非常支持，但是 PoW 矿工极力反对。总体来看，从这些事件可看出，社区支持什么，它就通过什么，好像有这样一种倾向。

总结来说，我们通过对当前 Web3.0 生态的治理模式进行调研，发现其两种模式各有特点，既有优点也有缺点。链下治理模式更加侧重于社区链下交流意见，过程比较旷日持久，但是其形成的决策可能更容易受到社区的广泛认可，不容易出现问题。链上治理模式则因高度的自动化及高效性，整个治理决策可由 20 个人决定，所以流程更快，但其可能存在中心化以及安全性问题。

借鉴这些实践中总结的经验，我们未来在构建可持续创新驱动且可信治理体系时，首要问题是明确谁治理以及如何治理。要解决这个问题，我们需要定义一组参与治理的治理方；定义好治理方之后，需设计一套可能融合链上治理和链下治理的体系，进而构建一个决策系统，让无序的人既快又好地生成决策结果。

最后，我们需要跨学科合作，利用博弈论和技术设计方面的知识去设计合理的经济激励模型，确保整个治理过程既长效又安全。

征信与区块链加速融合，助力金融机构"焕羽新生"

陈良贵　上海市联合征信有限公司总经理

区块链是一种去中心化、公开透明的信任系统，是智能革命的中控系统。区块链可以加速公共数据和企业数据的融合，我们应积极推动区块链在各行各业的应用，最终推动整个新质生产力的发展。

非常感谢主办方给我这样一个机会向大家报告区块链在行业中的应用。刚才各位专家、教授都讲了技术理论，今天我借这个机会，向大家汇报区块链在行业中的应用情况。

第一，介绍一下公司的基本情况；第二，讲一下区块链和征信，以及Web3.0的关系；第三，讲一下应用场景。

上海市联合征信有限公司是一家新成立的公司，2023年底划给了上海数据集团有限公司（简称"数据集团"），数据集团也是一家非常年轻的集团，在2022年9月28日成立。数据集团是在数据成为第五大生产要素这个大背景下成立的。大家知道，数据流通和区块链是密切联系的，最近上海市委主要领导一直在提，今后数据的流通主要靠区块链这个基础设施。对于数据集团来说，主要就是按照国家数据局提出的数据要"供得出、流得动、用得好、保安全"4个要求开展业务。还要有基础设施，基础设施方面有两家区块链公司，还有数字信任公司，还包括平台。上海市联合征信有限公司是做数据运营、大数据政企业务，以及生态业务的。

上海市联合征信有限公司于2020年由中国人民银行发放牌照，和中国人民银行征信中心形成互补。我们的产品体系以公共数据为主，结合社会商业数据，形成了数据类、报告类和定制类三大类产品。我们主要服务于金融机构、企业和政府部门，所以我们公司名称带了一个"市"字，也承接了一部分政府职能。我们的主要作用是推动社会信任数据和金融信贷数据这两类割裂数据的融合发展。众所周知，这两类数据一类掌握在地方政府手中，另一类掌握在中国人民银行手中，这两类数据怎样融合起来，给这些场景提供更好的服务？我们公司的业务主要聚焦在3个场景，征信公司主要是为企业做服务的，我们公司可以给企业提供供应链金融服务，为企业治理提供解决方案，包括企业供应商的管理和招投标。

在政府服务方面，我们公司主要做社会信用体系，包括科研诚信等，还包括科技部提出的企业科创指数、上海企业的科创指数，另外还为政府相关的行政管理做一些支撑工作。

我对Web3.0的了解不是特别深入，尤其在Web3.0基础设施成果发布之后，我体会最深的一句话就是，"我的数据我做主"。我们知道，"数据二十条"提出在数据的收益分配中，第一次分配要以效率优先、兼顾公平，第二次分配要考虑统筹。在目前的基础格局之下，个体数据价值非常小，如运营商的数据都是个体数据，个体数据单独拿出来没有价值，但是运营商会对其进行开发，包括我们在互联网上的数据。

区块链/Web3.0与元宇宙的关系。刚才大家都在说区块链要去中心化，但是我认为是多中心化，有一位专家也讲到，不是一个中心，而是多个中心，包括信任也是，不是去信任，而是增加信任。这位专家还讲了一个观点，现在的智能革命由两类技术在推动：

一类是人工智能、物联网、云计算、大数据等。他认为这类技术推动了智能革命的发展。另一类是区块链技术。他认为区块链技术是整个智能革命的中控系统，它在某种程度上是踩刹车，是在控制节奏，它是一种生产关系，包括刚才北京交通大学李超副教授讲的区块链在治理中的作用，在整个智能革命发展过程中区块链就是一种生产关系，它今后要影响到整个全球治理。

征信与区块链的关系。征信的问题和数据的流通，包括数据获取、数据融合问题，因为存在信任上的问题，正好对应了区块链的一些特征——可追溯、增加信任、去中心化、安全等，这些正好与征信问题对口，所以我们认为征信的发展可以完全依托区块链。

区块链可以加速公共数据和企业数据的融合。部分公共数据存储在大数据中心，由政府管理，出于安全考虑，政府不敢把数据拿出来使用。现在通过区块链技术，能够做到强监管、保安全，进而降低融资成本。现在这些企业，包括很多机构，尤其是数据提供方能够上链的话，则可以加速数据流通，降低银行开发金融产品的成本，从而进一步降低融资成本。长远来看，如果社会各方都能在这个链上发挥作用，其实就构成了一个信任的社会体系，区块链的战略意义正在于此。

银行业务和政务业务中区块链的使用情况统计显示，上海市政府使用区块链占比在全国来说并不高，我们应大力推动区块链在各行各业的使用，尤其是在监管服务领域，包括不动产管理等。

接下来，介绍一下区块链在我们这个行业的应用。我们集团正在承接Web3.0可信数据流通与治理重点实验室的工作，和上海交通大学一起做的。基于这个实验室，我们也开展了Web3.0相关场景的建设研发工作。我们集团有两家区块链公司，其中浦江数链已被打造成为国家区块链网络中上海的节点。主要是在董进院长的大力支持和推动下，我们承接了这项工作，整个架构就是"1+1+N"，有1个平台的算力基础设施，已经达到了1000台的算力，预计2024年底预计可以达到1200台的算力。还有一个"1"是公共基础服务，包括数字身份、签署等。"N"就是N个应用场景，大的有政府侧，主要由大数据中心实施，另外就是千行百业的场景，这个是我们打造的城市链。

金融场景。依托浦江数链，我们围绕金融机构的需求，依托区块链构建了适用于这个场景的框架。其中，企业是核心需求方，金融机构也有很多场景上的需求，包括获客、风险防范、经营管理。还有一些国企央企的治理需求，以及政府侧的行业监管等。就监管机构而言，包括中国人民银行、上海市委金融委等，数据监管机构则包括大数据中心和数据局，这些要素共同构成了区块链应用的整体框架。

场景应用的业务流程，首先是采集数据，包括从金融机构、政府及社会层面获取的数据，其中，金融数据是金融信贷数据，政府层面的数据是公共数据，社会层面的数据是商业性数据，这三类数据融合后，再根据金融机构的需求开发出很多的场景。这些场景也是应用于金融机构全生命周期环节，之后再把数据返还给我们，形成闭环。

区块链实施路径分为3个阶段：一是2024年聚焦数字化，以数据上链为主；二是2025年重点推动场景化，也就是推动智能合约；三是2026年推动"区块链＋应用"的平台化。

接下来给大家汇报4个案例，包括授权链，以及围绕普惠金融、绿色金融、科技金融所做的实际案例。

第一个案例是授权链。我们在金融行业使用数据一定要经过授权，不管数据属于企业还是个人，不管这个数据给谁用，用在哪里，一定要经过授权。以前的授权是如何办理的？个人和企业去银行办理的时候要签订一份纸质的授权书，这很不方便，而且我们拿着授权书去大数据中心获取数据时也有风险。还可以传一张白纸过去，也可以传一张A公司的授权书，去查B公司的数据，因为没有做到实时监管，都是事后备案或事后查看。这时我们提出要打造一条授权链，可以应用在多个场景中。刚才说到核验难、调阅难、签署难，这些都是纸质授权书的缺点。形成授权链之后，我们就知道谁来授权，授权使用什么数据，用在哪个场景，给哪些人授权，而且可以一键多授权。今后的场景不是一家提供数据，可能是银行＋信保＋政府等多个方面，那么在这个授权链上可以一键多授权，包括监管查询也很方便。这是授权流程，只需在客户端、银行端，或者银行的客户系统中点一下，确认对哪些东西进行授权即可，或者通过随身办也可以。我们的鉴权方要查看一下是不是这个企业来授权，通过密钥的解锁来判断电子授权凭证是否真实可靠。行权方就是银行的客户经理，他们拿到授权书去获取政府、银行、保险公司的数据并在场景上应用。整个流程就是这样的。我们办事的速度和效率，包括今后的审计效率，都大大提高了。

这是整个授权链的技术架构和实施路径。我们有一个授权服务平台，在这个授权平台上有一套信息存证和溯源链，这也是基于浦江数链的基础设施打造的。

第二个案例是普惠金融。现在的数据融合难度很大，有银行的数据、政府的数据、客户的数据，还有第三方的数据，这些数据怎么获取，大家互相没有信任，不可能把数据拷贝给对方，除非花钱。花钱买来的数据，第二天更新以后就会马上失去价值。数据融合技术怎么实现？就是区块链加隐私计算。我们做了大数据普惠平台，各个银行都在调用这个平台的数据，中国工商银行调用量是最大的。按照大数据中心的想法，这些数据全部要上链，要进行监管，监管内容包括这些数据用到了哪些场景，用了哪些数据。还有和中国工商银行联合推出的普惠金融贷，包括授权链、隐私计算平台等，通过调用公共数据开展普惠金融业务。

航贸链中有一个应用场景是"沪贸批次贷"，是由我们和上海亿通国际股份有限公司、中国信保几家企业联合推出的。原来也是线上做的，但是没有引入区块链，这里面还存在一些问题。银行的模型不愿意打开给你看，中国信保保险公司的行为银行也不能及时获取，导致银行贷款之后对保险后续的动作不清楚。所以当时这些信息差导致了这个场景效率低的问题。我们之后引入了"3+N"模式，上海亿通国际股份有限公司提供航贸评分，征信提供征信评分，信保提供信保评分，每个银行提供获客或信贷模型，这样就形成了依托区块链，大家都作为这个链上的一个节点，区块链加隐私计算的白名单模式，进入到了主动授信的模式。原来只是形成了白名单，把这个白名单给银行，银行把这个名单录入风控系统，然后建模。按道理，这个白名单不能公开，因为是非授权的。现在通过区块链的模式，银行的模型就部署在我的节点上，这样银行拿到的就不是企业的数据，而是每家企业授信额度的结果，这在某种程度上解决了安全和信任的问题。

流水贷在湖南、江西、广西都已经开始实施，但在上海还在推进实施中。流水贷是什么？每家企业都可以在多家银行贷款，但是这些信息银行之间是不共享的。例如，我在中国建设银行贷款，接下来在中国工商银行贷款，贷款信息对于风险判断是很有作用的，但是这两家银行之间的信息不共享，这就需要联合征信发起一条流水贷款的区块链，把每家银行或主要银行作为链上的节点，我们可以查询这个企业在某一家银行的贷款和还款情况，可以解决很多问题，包括贷款以后要对企业进行跟踪，如现在有些中小企业的贷款并没有用于发展经营，而是作为其他用途，这些都可以追踪。这就是我们打造的多头分析产品。

第三个案例是绿色金融。绿色低碳备受关注，上海市也是如此。2024年初我们上线了绿色金融服务平台，该平台被定位为上海市国际绿色金融枢纽的一个基础设施，平台能够解决市场、金融机构和企业之间的绿色低碳信息不对称问题。目前平台上已有28家银行，我们的核心业务就是通过人工智能对绿色主体和绿色项目进行认定。绿色金融链打造的目的就是实现认证结果上链、数据上链、政务上链。

最后，重点汇报第四个案例——科技金融。科技金融非常重要，当前全市都特别关注科技金融，虽然目前还没有全方位使用，但是我们已经做了一些基础工作。银行对于科技型企业的投资非常谨慎，它们觉得科技型企业比一般企业的风险高，所以想投又不敢投，因为没有办法判断，很多科技型企业都是亏损的，我们一直说投早、投小、投硬科技，具体怎么投？之前的科创投，在公司还没有成立的时候就能发现这个企业的科创策源能力，如米哈游公司，所以希望能够及早地发现企业的科创能力。后来根据这些需求，我们设计了企业的科创力评分指标，对企业的科创能力进行评分，大概有6个维度，包括5个正面维度和1个负面维度。最近，科技部提出了企业科创指数，他们的维度和我们异曲同工，我们也希望我们的科创力指数被上海市科学技术委员会采纳，变成整个上海市的科创力指数。这是一个很好的指标，而且应用效果很好，上海股权托管交易中心"专精特新"第一批上板企业都是通过我们的科创力指数筛选出来的。科创力指数也已经被中国工商银行、交通银行等多家银行采用。

未来我们要做产业链金融等，与区块链相关的产品有两个。刚才说到投早、投小、投硬科技，具体怎么投？其实科技型企业在早和小的时候没有别的花样，就是看它的科技团队，看团队的成果。我们与上海市科技人才发展中心合作，该中心有很多科技人才数据，我们就通过科技人才数据找到成果，然后跟企业匹配，我们搞了一个人才贷。围绕着知识产权贷，通过区块链，交通银行作为一个节点，征信作为一个节点，在它的模型中提供了一个社保数据，能够大幅提高客户的营销能力。我们和中国建设银行合作的科创人才贷，也是通过公共数据和区块链的模式，在投早投小里，人才是关键。

区块链的整体发展，尤其是应用侧的发展，肯定要花大力气推进基础设施能力建设。我们在国家数据局的领导下责无旁贷，也会与董进院长一起做好基础设施建设工作。在产业生态营造方面，政府要发挥组织作用，包括培养并发挥好头部企业的作用，以及中游企业上链、用链的作用，最终实现整个产业链的协同推进。人才方面，还是坚持引进和自主培养相结合。

最后，区块链作为解决生产关系领域相关问题的技术，最终目的还是为生产力发展服务，我们希望在应用侧发挥用链的积极性，积极推动区块链在各行各业的应用，推动整个新质生产力的发展。

中国太保区块链创新应用

连理　中国太平洋保险（集团）股份有限公司区块链及物联网首席专家

> 中国太平洋保险（集团）股份有限公司（简称"中国太保"）有3种类型的区块链应用场景，即存证溯源、数据协作和价值共享，致力于通过应用区块链技术，打造具有影响力的保险行业生态，并赋能新型可信的生态圈商业模式。

非常感谢上海浦芯未来互联网技术研究院邀请我给大家汇报中国太保在区块链方面的应用。一是对中国太保的介绍，二是区块链的整体规划，三是中国太保在区块链方面的实际应用场景和案例，四是未来展望。

中国太保是上海市属国企，也是上海市属国企中唯一的保险机构、国内领先的综合性保险集团，还是首家在三地上市的保险公司。中国太保以成为行业发展龙头为愿景，做精做深主业，是一家包括产险、健康险、寿险等9家专业子公司的覆盖保险全牌照的集团公司，为客户提供全方位的风险保障解决方案、财富规划和资产管理服务等。我们也因时而变，推进大健康、大区域和大数据的战略。

在服务国家战略方面，我们积极履行企业的社会责任。保险公司不仅要发挥经济补偿作用，在风险管理、社会管理和资金融通方面也具有相应的专业优势，中国太保在促进对外开放、推动区域发展、支持乡村振兴、助力健康中国建设方面都开展了相关工作，也在加快融入新发展格局。

在中国太保的区块链规划和愿景上，我们希望通过应用区块链技术，打造具有影响力的保险行业生态，并赋能新型可信的生态圈商业模式。在3年前，我们就基于开源长安链技术构建了自己的技术平台，该平台已具备数据协同、隐私计算、数字资产等能力，我们主要关注保险行业和场景中的实际应用，所以我们在个人服务、健康医疗等方面做了一些具体的设想和规划，并在保险行业的获客引流、理赔等方面做了实际探索，真正实现了可信、开放、互联、多元的保险生态圈构建。

我们关注的是区块链作为联盟链在行业中的应用，包括类别和层级，这里没有包含最新的Web3.0，我们更关注商业应用领域，从行业需求的角度，大概分为三类：一个是存证溯源，主要会找一些具备高业务价值，甚至具备法律效益的存证溯源场景进行推进。二是多方协作，基于可信数据流通，包括解决多对多数据接入的复杂度问题，类似供应链和版权交易等，包括供应链金融。三是在可信数据协作的基础之上，我们认为区块链更加应该发挥价值共享，即"1+1＞2"的作用，包括在跨境贸易、数字资产等方面应该发挥区块链多方协作、价值共享，最终能够使得各方获利的作用。

针对这些不同的场景，我们做了一些尝试，当然更多的也是看到国家在"数据二十条"中特别提到了与数据要素流动相关的4个制度，以及提出区块链和隐私计算应该作为数据要素流通的一个重要支撑技术，鼓励条件成熟的场景和地区开展相应的试点。对于保险行业，特别是对于中国太保，很有效地增加业务开展所需要的数据，可以促进保险产品及服务的创新，因为保险本质上是基于数据的业务，我们需要做精算、风险减量工作，有效数据的供给可以大大增加我们在这方面的创新能力，最终能做到降本增效，提高市场竞争力，这是数据有效应用可以带来的价值。

技术应用方面，我们也会考虑不同的事项，总体上区块链还是存在"不可能三角"问题的破解与权衡，即在分布式、安全性和可扩展性等三方面需要做一定的权衡。特别是金融机构在应用技术时需考虑：一是平台支撑方面，需要结合自身的长期规划。最近上海市也在推动将浦江数链作为城市级的基础设施，那么我们也在考虑是不是将所有的数据都放在云上，还有本地节点需要做相应的部署，以及金融机构将来要面临接入不同底层区块链时的兼容问题。二是从数据安全角度，除了技术侧的加密和隐私计算等，更多还是会考虑自身及数据供给方的合规性要求，包括授权机制，特别是和政府部门、跨行业机构合作时，更多地要考虑双方的合规性。三是从产品赋能角度，包括底层区块链产品和技术的成熟度、成本及运维情况，都是我们要从多方面考虑的关键事项。

接下来给大家介绍中国太保的区块链应用场景，分为3个方面：存证溯源、数据协作、价值共享。

存证溯源。我们基于开源的长安链做了太保数字产品平台，相应地进行了私域数字藏品的尝试，包括线上化营销、引流、转化，取得了一定的效果。还做了数字保管箱，包括传统保单的数字化及数字的原生资产，如数字藏品及未来的数字身份等。我们提出基于区块链做一个有保险公司背书的数字保管箱，对于数字保管箱保管内容存储，以及给保管人指定的传承方面进行了一些初步探索和尝试。当然，也是希望将来数字保管箱能够对包括电子保单、区块链保单在内的各类数字单证，以及包括数字藏品在内的原生数字资产实现更好的保管和流通，这也是存证溯源场景的应用。

数据协作。保险公司有两块比较大的业务：健康保险和车险。一个是对医疗数据的需求，另一个是对车险数据的需求。在医疗数据方面，从区块链的智能理赔场景切入，主要是希望借助区块链打造跨领域，特别是为医疗数据的主管部门打造医疗和保险数据共享的通道，实现主动式理赔服务。主动式理赔服务是指用户不需要自己额外上传信息，就可以实现自动化理赔。我们在宁波地区做了相关落地应用，也取得了比较好的效果，包括寿险和健康险公司的相关产品也实现了智能理赔和主动理赔的相关服务。用户只要在首次授权时完成绑定，系统会发出一个主动通知，客户选定特定条目之后就可以自动报案和进行后续理赔，客户不需要提供额外的材料和发票等，这是一种比较实时的理赔体验。

2024年度"沪惠保"是中国太保首席承保的惠民类保险产品，也是在上海市医疗保障局和金融监管总局上海监管局指导下开展的服务项目。在2024年的"沪惠保"中我们做了一个升级，就是把区块链和隐私计算用在了主动理赔服务上：用户出院之后，系统会自动报案，根据免赔额条件来判断是否启动后续的理赔流程。体验上，我们提供了主动便捷和高品质的理赔服务，并且简化了流程，只需在购买保险产品时完成相应的授权，进行相应的授权信息上链存证，理赔时则不需要二次授权。"沪惠保"将来还会进行深度创新，为企业的商业类健康保险应用医疗数据奠定了坚实的基础。感谢上海浦芯未来互联网技术研究院、浦江数链等公司的大力支持，2024年7月1日产品正式上线，服务过程中应用区块链存证技术进行全程授权跟踪和核验，利用隐私计算确保数据和投保数据在最小范围内的交互，从而有效防止数据泄露。当然，整个服务也是基于全上海市的基础设施和自主可控的长安链体系，确保整个医保数据合规合用，严格遵守个人信息保护法等相关法律。

价值共享。我们认为在数据要素流动的基础上，联合可以让参与联盟链的各方更好地获得价值。在车险方面，我们联合行业机构开展了初步工作。一是针对工业和信息化部颁布的L3以上智能网联车的试点政策。将来会出现人机共驾，其中一段时间是车机自动驾驶，另一段时间是人为驾驶，这期间发生事故怎么界定？怎么为相应的风险做保障？我们也联合一些头部企业做了封闭道路测试，主要是基于主机厂在区块链上存证的可信车机技术来做定责算法，这里也用到了持续数据在区块链上的存证，以及基于隐私计算的模式，这样赋能推出了新的基于L3车机责任险的保险产品，助力智能网联生态发展，以及整个智能网联车企品牌服务。当然，在这个过程中，我们也可以提供基于可信数据的理赔服务，如出现事故之后，可以基于可信的车机数据直接进行查看和理赔，为用户带来更好的体验，提高用户满意度，助力社会整体治理。

在农业场景上，农业保险是助力现代农业发展很重要的手段，我们希望联合农业科技公司，与包括银行在内的相关生态合作，打造上海市一级的农业保险服务链。各方合作构建优质农产品全程溯源体系，再结合区块链上的保险模式，来帮助上海市优化农业生态，共同助力农业风险减量，确保农民增产增收。最终希望这个模式能够推进上海市优质农产品保险体系的形成，打造农业保险服务生态圈，建设现代都市农业保险生态体系。整个过程也打通了上海市农业农村委员会的财政双向数据要素流动，以及争取区块链上的可信数据得到惠农政策的支持。

未来展望。一是从场景及中国太保的角度，重点关注商业健康保险，包括一站式理赔、快赔、智能理赔的规模化应用。我们非常关注医疗和车辆两部分的数据要素流动，数据要素流动可以发挥更大的作用，数据要素的规模和应用场景应该进一步拓展，更好地助力健康中国及智能网联车的发展。未来将进一步扩展价值共享的场景，发挥中国太保风险减量、参与社会治理的职能。二是从技术迭代的角度，重点关注分布式身份技术（DID）及可验证凭证（VC）。将来对于企业或个人，或者物联网相关 DID 技术的应用，包括数据可信流转，DID 和 VC 应该做出更好的支撑。智能合约在目前我们看到的大部分场景上的应用有效性还不足，主要因为智能合约对联盟各方是一个公开的逻辑，但是在后续数据驱动业务流程上，智能合约应该可以做更深入的应用。隐私计算的算法逻辑，包括具体技术发展，我们认为特别是在信创体系的 MPC 上，应该有更好的、更深入的信创基础设施，这样才能更好地开展隐私计算的实际应用。

赋能升级方面包括两个层面：一个是城市级的基础设施，长安链数链公司在这方面做了很多工作，我们希望在基础设施产品化能力、服务能力、技术能力上有更大的提升，能够提供更多的类似法律效力存证的服务。

依托跨行业的保险服务机制，以及各地方数据局的推动，我们能够在行业数据与政府公共数据的数据要素流动方面建立更完善的机制，为保险产品的创新和应用提供支撑。

以上就是我今天的分享，感谢大家的聆听！

BME 的 Web3.0 活动和挑战

哈桑·查拉夫　布达佩斯科技经济大学校长、电气工程学院院长

> 区块链、数字资产、去中心化身份与可验证凭证、隐私计算与零知识证明是 Web3.0 的四大支柱。四大支柱协同发展，促使 Web3.0 应用成为可能。Web3.0 是一个非常基础的开发应用工具，如何用好这个工具不仅是匈牙利面临的问题，也是整个欧洲都将面临的挑战。

大家下午好！我给大家分享一下匈牙利布达佩斯技术与经济大学的Web3.0活动和挑战。对于所有的政府和银行，Web3.0的机遇都是非常大的。

我先给大家分享一下我们大学的背景信息。布达佩斯科技经济大学是欧洲最古老的大学之一，其主要的建筑物已经有150年的历史，如果大家有机会去匈牙利，非常欢迎大家来参观。布达佩斯科技经济大学的图书馆非常漂亮，有100多年的历史，不仅保留了古色古香的韵味，还融入了IT、信息科技及Web3.0等非常前卫的元素。布达佩斯科技经济大学始建于1782年，在200多年之前就已经开始了教学活动，共培养出5位诺贝尔奖得主，如2023年12月，弗兰克教授获得了诺贝尔奖。学校目前共设有8个学院，拥有2万多名学生，还有很多的硕士、博士项目，还有几千名中国留学生。

我们有很多项目在欧洲进行，所以这也是为什么我介绍的场景都是关于欧盟的，不仅是在匈牙利的，因为匈牙利只有1000万人口。因此，很多时候我会从欧盟的层面来说。

我们先讲一下Web3.0和互联网演变。例如，Web1.0和Web2.0，还有语义网，语义网也就是Web3.0的定义。第二个定义是去中心化、隐私、个人数据，不仅是加密，还有很多的可能性。对于公司、行业的从业者来说，也对于数据的使用者来说，我们都非常依赖Web3.0。关于Web3.0的内容，首先是愿景，即重构互联网的愿景。2015年我们就开始了对Web3.0的研究，包括很多的应用和不同的基础设施。基础设施非常重要，我们应该使用什么样的基础设施？使用什么样的沟通方式和方法？很重要的一点就是它的分布方式。

另外，用户拥有自己的数据，并且构建了数据系统，这个系统是非常庞大的。从用户的角度，我们有一些限制和隐私，因为不能把自己的数据分享给所有人，所以数据保密是非常严格的，需要遵循相应的法律法规，如数据和凭证可以标记化，这就是Web3.0的5个支柱。大家对于Web3.0的5个支柱已经非常熟悉了，但是如果从科技的更深层面考虑，如技术变革，每15年我们都会遇到新的科技变革，如从1985年开始，到2000年、2015年。同样地，从Web1.0到Web2.0，再到Web3.0，每隔15年就会有一次革新，总是基于之前的技术取得突破，然后建立新的技术。第一个是静态的，第二个是交互式的，第三个是关于个人数据的，这是我们必须要考虑的问题。

我们看一下Web3.0跟汽车的类比。最开始的时候为汽车的1.0版本，我们可以看到把所有人都结合在一起。2.0就像联网汽车，是交互式、互动式的。3.0就是自动驾驶，是分布式的，所以Web3.0和汽车的发展是完全一样的。我们现在处于Web3.0的时代也是汽车3.0的时代，所以Web3.0有非常多的技术。第一个是区块链技术，还有一个是数字资产。所以谈到Web3.0的时候，区块链是主要的支柱，但是我们还有其他支柱，几个支柱通力合作，才能让Web3.0的应用成为可能。

区块链是关键的技术之一。我们有不同的应用方法，第一个是公用的。我们知道信任非常重要，我们需要有一个值得信赖的环境。例如，我们得到了授权，得到了公众的许可，所以我们在使用不同应用时需要不同的授权。在区块链当中，人是非常少的一部分。在欧洲，我们有不同的 Web3.0 应用。第一个是加密的，第二个是公司的，然后在能源、农业等领域都可以用企业的 Web3.0，四个应用都应用到欧洲。

Web3.0 是一个非常基础的开发应用工具，如何用好这个工具不仅是匈牙利面临的问题，也是整个欧洲都面临的问题。我们现在最大的挑战就是欧洲区块链服务基础设施（EBSI），这是一个非常好的区块链，能够实现更好的应用。但是我们需要与欧盟的数字身份钱包兼容，获得 EBSI 修订版本的支持，这是一个非常不好解决的问题。比如说不同的身份可以验证凭证，我可以使用来自罗马尼亚的数据、来自俄罗斯的数据，EBSI 能够确保 27 个国家的系统是协调一致的，这个是非常经典成熟的应用。现在在欧洲我就可以把我的学历或者关键信息都放在手机电子钱包里。比如说在意大利有一个小的凭证，小的票据，你有没有足够的信用去做，不需要来自一个国家的，因为中国也是一样，中国地大物博，有很多不同的城市，我们有很多不同的规则，跟欧洲的物流是一样的，为什么？因为数据可以跨越国界。

另外一个很大的挑战是在欧洲的数据空间，有公共公司和私人公司，他们控制了数据，这个就变成了一个问题，就是问责制。Web3.0 为什么不容易？比如说我可以分享数据，其他人可以通过应用使用我的数据，这个是非常开源的平台。我们有单独的云提供服务，比如说工业数据云，当然还可以通过物联网，把这些数据连接起来，从这些感应器上把数据收集起来，然后做成应用，所以我们的想法就是要打造一个欧盟统一的数据平台，但是目前我们还没有实现。我们有非常多的项目，每一个项目都是基于 Web3.0 的项目，Web3.0 已经到来。

这是另外一家企业使用 Web3.0 的例子。例如，我不知道能源的价格，我可能什么都不知道，并且我还想少付一点电费。那我们怎样进行预测呢。这是一个非常简单的场景，这个项目跟匈牙利国家银行合作，还跟伦敦的高校一起进行合作，它们想把能源变得越来越便宜。

看一下其他 Web3.0 活动，我把它们分成 3 个部分：第一个部分是工业区块链应用，我们有很多来自 AI 服务提供商的数据可以用于工业领域。第二个部分是工业金融科技，如中国人民银行会发行很多数字货币。第三个部分是银行的去中心化部分，如我想要银行的数据，但是我不想去银行的各个部门办理业务。

总结一下，Web3.0 技术已经到来，它已经不再是未来，我们目前已经在使用了。另外，布达佩斯科技与经济大学作为匈牙利非常强的教育中心，已经将 Web3.0 相关技术放入教学大纲中。

第 20 章

全球创业投资大会：WeStart 主论坛——重构·新生

1 大会概况

本次大会以"重构·新生"为主题，聚焦"创业""投资"两大视角，汇集政界、学界、业界精英，以高端对话释放创投发展机遇信号，共同探讨在新形势与大变革环境下，如何构建创投新范式、激发科创新动能。同时，大会通过打造"1+N 创投嘉年华"，充分发挥投融资对接作用，常态化打造国际化创投平台，共建"为项目找资本，为资本找项目"的创投盛会。本次活动由科技部、上海市人民政府主办，科技部成果转化司、上海市科学技术委员会承办，上海市科技创业中心、上海国有资本投资有限公司、中金资本运营有限公司、清科管理顾问集团有限公司、深圳市创新投资集团有限公司、深圳市达晨财智创业投资管理有限公司、中科创星科技投资有限公司、上海科创金融研究院、上海技术交易所有限公司和上海《华东科技》杂志社有限公司联合承办。

2 嘉宾致辞

科技部副部长陈家昌的致辞

陈家昌　科技部副部长

> 实践充分证明，创业投资不仅是科技型中小企业成长壮大的助推器，也是科技创新和产业创新融合发展的黏合剂。在以科技创新引领现代化产业建设的历史

> 征程中，我国创业投资面临新形势、新机遇，也面临新挑战，期待广大创业投资机构能够践行长期主义，做好耐心资本。

尊敬的刘多副市长，尊敬的屠光绍理事长，尊敬的拉斯洛·博迪什副国务秘书，尊敬的各位来宾，女士们，先生们：大家上午好！非常高兴参加WeStart 2024全球创业投资大会，首先我谨代表科技部对这次大会的召开表示热烈的祝贺，向参会的国内外科技工作者、创业者、投资人士表示诚挚的问候和衷心的感谢。

习近平总书记指出，中国式现代化关键在科技现代化，全面建成社会主义现代化强国关键看科技自立自强。党的二十届三中全会强调，构建同科技创新相适应的科技金融体制，加强对国家重大科技任务和科技型中小企业的金融支持，完善长期资本投早、投小、投长期、投硬科技的支持政策。本届大会围绕创业投资，以支撑高水平科技自立自强为目标，着力打造科技产业与金融深度融合的高水平对接平台，这是贯彻落实党的二十届三中全会和全国科技大会部署的具体行动。

实践充分证明，创业投资不仅是科技型中小企业成长壮大的助推器，也是科技创新和产业创新融合发展的黏合剂。在以科技创新引领现代化产业建设的历史征程中，我国创业投资面临新形势、新机遇，也面临新挑战。衷心希望本次论坛围绕创业投资的理论和实践，深入研讨：如何进一步完善政策环境和管理制度，引导形成金融资本投早、投小、投长期、投硬科技的长效机制；如何进一步发挥政府引导基金作用，鼓励科技领军企业、科研机构参与创业投资，发展壮大耐心资本；如何进一步拓宽退出渠道，支持建立健全科技型企业上市融资、债券发行、并购重组的绿色通道制度；如何进一步强化企业创新主体地位，推动创新链、产业链、资金链、人才链深度融合；如何促进科技创新和产业创新深度融合，助力发展新质生产力；等等。

我们期待广大创业投资机构能够践行长期主义，做好耐心资本。在更好地服务科技型企业的同时，也实现自身发展。希望初创企业坚持苦练内功，提高自身的创新能力。欢迎海外投资机构对中小企业进行投资，中国开放的大门只会越开越大，投资科技就是投资未来。

最后，预祝本次大会取得圆满成功，谢谢大家！

上海市人民政府副市长刘多的致辞

刘多　上海市人民政府副市长

> 上海构建了科技、产业、金融循环体系，打造了创投集聚高地。目前，上海

> 独角兽企业、瞪羚企业众多，技术成交额创新高。在此过程中，着力培育原始创新成果，构建优质初创企业集聚地，打造创业投资发展加速器。未来将优化创新创业生态，欢迎更多创投机构落地。

尊敬的陈家昌副部长、屠光绍理事长、拉斯洛·博迪什副国务秘书，尊敬的各位专家、创业者、投资人，各位嘉宾：大家上午好！很高兴和大家相聚在此，共同参加WeStart 2024全球创业投资大会。首先，我谨代表上海市政府，向出席本次活动的各位嘉宾表示热烈的欢迎，向一直以来关心支持上海科技事业发展的各界朋友表示衷心的感谢！谢谢大家！

习近平总书记在2024年全国科技大会、国家科学技术奖励大会、两院院士大会上指出，中国式现代化要靠科技现代化作支撑，实现高质量发展要靠科技创新培育新动能。近年来，上海按照国家战略部署，加快向具有全球影响力的科技创新中心迈进，持续强化科技创新策源功能，深化体制机制改革，推动要素集聚，着力构建科技、产业、金融高水平循环体系，不断提升创业投资的发展活力，打造具有世界竞争力的创业投资集聚发展新高地，加快培育发展新质生产力。截至2023年底，全市共有独角兽企业65家、瞪羚企业63家，数量分别位居全国第二和全国第一；高新技术企业达到2.4万家。2023年，全市技术合同成交额达到4950亿元，创历史新高。上海正日益成为全球极具吸引力的创新创业与投资热土之一。

在此过程中，着力培育原始创新成果的种子库，围绕前沿科技领域和未来产业方向持续深化科技战略布局，在集成电路、生物医药、人工智能、空天、海洋、能源、材料等领域产生一批重大原创成果。加快构建优质初创企业的集聚地，持续构建主体多元、类型多样、有梯度、有层次的创新创业载体及培育体系。目前上海已有各类科创载体近600家，其中国家级科技企业孵化器65家，国家备案众创空间60家，国家大学科技园14家。2023年以来，以高质量孵化器建设为重要抓手，聚焦生物医药、大模型、人形机器人等前沿领域赛道和硬科技领域，推动超前孵化、深度孵化、孵投联动的模式创新，加快培育硬科技企业。聚焦前沿科技和未来产业领域，成立了规模达1000亿元的三大产业母基金和未来产业基金，更好带动社会资本投早、投小、投硬科技。持续完善政策支持体系，发布了《上海市人民政府办公厅关于进一步推动上海创业投资高质量发展的若干意见》，完善投融资服务，强化对早期项目的发现与投资培育。

面向未来，我们将持续优化创新创业生态，扎实做好科技金融这篇大文章，更好培育科技领军企业和高增长企业，赋能先进生产力发展。我们热烈欢迎更多的创投机构落地上海、投资上海，共同将上海打造成为全球创业投资的首选地。

本次大会汇聚了众多科技和金融领域的专家大咖，是分享经验、交流思想、探讨合作的重要平台。希望大家在本次大会上碰撞思想火花、深入沟通交流，为上海加快构建创业投资新范式、激发科技创新新动能贡献智慧和力量。

最后，预祝本次大会取得圆满成功，谢谢大家！

匈牙利文化与创新部副国务秘书拉斯洛·博迪什的致辞

拉斯洛·博迪什　匈牙利文化与创新部副国务秘书

> 匈牙利政府通过强化"政产学研"协同机制，10年间科研投资增长3倍，研究院数量翻番，12所大学跻身QS排名前5%，企业创新指数位列全球第五。重点推进两大旗舰项目：一是面向全球大学生的创新创业计划；二是政府主导的"创业工厂"。匈牙利以政策支持、教育赋能与产业实践相结合的模式，持续提升创新转化能力，构建开放型科创生态系统。

尊敬的各位领导，我非常荣幸能在浦江创新论坛的WeStart 2024全球创业投资大会上发言。匈牙利是一个高科技与创新并存的国家，我们非常荣幸可以参与今天的大会，接下来我们将通过一些关键数据和大家分享我们的成果。

匈牙利总人口不足1000万人，是一个比较小的国家，但人均GDP居全球第27位，全球创新指数排第33位。此外，匈牙利共有11人获得诺贝尔奖，可见匈牙利在创新发展方面的竞争力是非常强的。

匈牙利也需要加强政府、产业以及大学的合作，强化"政产学研"协同机制。匈牙利政府一直注重科创方面的发展，在过去的10多年中，匈牙利科研投资增长了3倍，研究院数量翻倍，12所大学跻身QS排名前5%。在匈牙利，很多企业的创新能力非常强，在全球创新指数（GII）排名中，匈牙利位列第五。

过去几年，匈牙利创新指数增长迅速。我想要强调的是两大旗舰项目，通过这些旗舰项目，匈牙利旨在增强创新企业实力，提升科技创新产出。一是面向全球大学生的创新创业计划，目的是遴选年轻人加入项目，使其成为创新的载体，并鼓励更多跨国企业到匈牙利创新创业。这是一年期的项目，通过这个项目，大学生可以学习创新的生态体系，在大学中就可以创建自己的企业。在匈牙利就读的来自全球的大学生，都可以加入这个旗舰项目。二是"创业工厂"，这是匈牙利政府主导的项目，旨在让创新创业的领域更加活跃。政府帮助创新企业开拓新的海外市场，鼓励它们"走出去"，目前已有12家企业加入该项目。

3 嘉宾演讲实录

特邀演讲

投贷联动与科技金融

屠光绍　上海新金融研究院理事长

> 风险投资存在不足，银行体系资源又非常丰富，但只靠银行的信贷间接融资来支持科技创新，是难以做到有效匹配的。在以间接融资为主的格局中，发展科技金融需要通过相应机制将大量的银行资源引导至科技领域，投贷联动是重要抓手。作为国际金融中心和全球科技创新中心，上海应该迈出更大的步伐，健全投贷联动的模式和机制。

尊敬的陈家昌副部长，尊敬的刘多副市长，尊敬的匈牙利贵宾，各位嘉宾，各位朋友：大家上午好！

科技创新已经成为高质量发展、中国式现代化建设的主旋律。科技当然要创新，但是科技创新离不开金融资源的配置，离不开金融服务的支持。金融如何服务好科技创新？这是整个金融系统面临的重要问题。中央专门提出了金融"五篇大文章"，其中科技金融作为"五篇大文章"之首，充分说明在科技发展当中，金融支持非常重要。金融体系庞大，金融资源也很丰富，如何将金融资源组合好，真正适应科技创新与创新创业的需要，尚无现成做法，需要探索。特别是在机制建设方面，需要下功夫，真正使金融资源在配置与服务科技创新创业方面发挥有效作用。

为什么要谈投贷联动？这是金融体系中的具体问题，怎么看待这个问题？首先谈一下科技金融和科技创新的情况。从7个方面的具体数据来了解目前金融体系与科技创新之间的关系：一是金融服务需求量大，但是科技金融供给仍然不足。二是从金融资源体量与流向看，金融体系资源是非常丰富的，但是科技金融资源还不足。三是从融资结构和行业体系来看，银行占据主导地位，以间接融资为主，银行体系的金融资源丰富。但相对来讲，融合科创企业自身所需要的，特别是早期的直接投资（风险投资）在结构上存在问题。四是从科技产业投资要求期限来看，我们的投资周期比较短，这也是结构性匹配的问题。五是从私募股权（PE）投资的资金来源与科创企业的资金渠道来看，本来应该是多元化的投资渠道，但目前比较单一，这同样也是结构问题。六是从投资资金的进入与退出平衡看，"募、投、管、退"存在循环不畅的问题。七是从科创投资资源的利用状况来看，存在"资本扎堆"现象。从这7个方面可以看出，科技金融在体系、结构、配置等方面还需要进一步改进。

目前，从直接融资和间接融资的整体情况来看，怎样才能更好地服务科技创新？我们面临两个问题：一个是科技创新投资不足；另一个是在银行体系资源丰富的情况下，如何实现资源的有效配置。创业投资非常重要，但是仅靠创业投资来支持科技创新也是不够的。必须推动创新创业直接投资和银行间接融资的丰富资源的有效结合、匹配、互动。因此，投贷联动已成为目前配置金融资源的一个非常重要的环节。为什么投贷联动这么重要而发展这么多年还存在不足呢？

下面分析科技创新创业的具体作用。在以间接融资为主的格局下，发展科技金融需要建立相应机制，引导大量信贷资源流向科技领域，投贷联动则是重要抓手。科技创新创业的发展需要形成一个完整的链条，投贷联动中的"投"能强化科技创新创业的第一个作用。第二个作用是放大效应。第三个作用是发挥金融体系的整体作用。科技企业成长与发展需要其自身需求与金融供给的有效匹配，所以金融服务是关键环节。科技创新创业企业的成长阶段不同，从创立、启动、研发投入，到成果转化，最后到市场应用，是全周期成长的过程。投贷联动正是金融服务科技过程与环节的匹配。最早的环节是风险投资，包括种子轮、天使轮投资，能够帮助企业解决发展初期的资金短缺问题。这个阶段银行资金难以介入，因为银行信贷的匹配度是不够的。等企业发展壮大后，银行的部分金融工具便可介入，形成带动效应。同时，金融服务科技的风险与收益是匹配的，金融服务科技的定位与功能也是匹配的。投贷联动就是以贷促投，最后投资是要退出的。当企业发展到一定程度，贷款就会发挥重要作用，这有利于促进投资循环，所以又被称为以贷助投。以贷助投的关键是推动科技企业发展。最后是投贷联动，这会增强金融服务科技产业的发展合力。

投贷联动已有广泛基础，同时也产生了很好的效益，可从两个方面阐述。从总体效益来讲，可通过比较科技投资与银行科技贷款的相关性来研究。地方科技企业、创新企业发展良好，一定是投贷联动的结果。地方的创业投资、风险投资、科技投资发展得好，与银行贷款的相关性就强，就能产生带动效应，其相关系数非常高。从微观角度进行样本分析，如对企业和金融机构的分析。浦发硅谷银行现已更名为上海科创银行，这是上海科创投资发展的重要标志。从银行投贷联动的情况来看，金融机构的投贷联动对于科技企业是非常重要的。

现在要加快投贷联动的发展，需要我们健全科技金融体系，以支持企业的科技创新，促进投贷联动加快发展需要从以下几个方面着手：第一，推动投资领域发展，大力发展股权投资，特别是风险投资中的科技创新投资。第二，健全投贷联动的模式和机制，包括外部投贷联动机制、内部投贷联动机制、混合投贷联动机制。上海作为国际金融中心和全球科技创新中心，在投贷联动方面应该迈出更大的步伐，通过实践完善投贷联动的机制和制度。第三，推动商业银行经营有序转型。商业银行要向更多科技创新领域配置金融资源，要向科技产业、科技创新企业靠近，如发展知识产权质押贷款、扩大信用贷款规模。另外，还要进一步向科技企业靠近，从而实现投贷联动，推进风投贷、并购贷。同时还要参与风投市场，完善科技创新企业信用评价体系。第四，优化投贷联动发展生态。在市场机制、监管政策、政府资源等方面加大支持力度。

进一步深化科创板改革　不断优化创新生态

王红　上海证券交易所副总经理

> 科创板作为资本市场服务新质生产力的生动实践，在支持高水平科技自立自强、推动完善资本市场基础制度方面发挥着日益重要的作用。要优先支持新产业、新业态、新技术领域突破关键核心技术的硬科技企业在科创板上市，促进创新资本的形成。

尊敬的陈家昌副部长、刘多副市长、屠光绍理事长、匈牙利贵宾，各位领导，各位嘉宾：大家上午好！非常感谢主办方，今天我有机会参加本届全球创业投资大会，与海内外的专家朋友共同探讨如何发挥创新资本和科技创新的协同效应，更好地赋能新质生产力的发展，促进高水平科技自立自强。

近年来，党中央多次就做好科技金融这篇大文章、发展新质生产力作出重要部署。服务新质生产力是资本市场义不容辞的责任，为了贯彻落实新"国九条"要求，中国证监会制定了一系列配套制度规则，不断完善资本市场"1+N"制度体系，先后发布支持科技创新的16条措施和深化科创板改革的8条措施，以提升资本市场对新产业、新业态、新技术的包容性和适应性。科创板作为资本市场服务新质生产力的生动实践，在支持高水平科技自立自强、推动完善资本市场基础制度方面发挥着日益重要的作用。下面结合科创板的建设，围绕形成世界一流创新生态，与大家做一个交流。

第一，科创板聚焦硬科技特色，加快促进新质生产力发展。设立科创板并试点注册制，是习近平总书记亲自宣布、亲自部署、亲自推动的一项重大改革，承担着服务科技创新、深化资本市场改革的重大使命。5年多来，在中国证监会的领导下，在科技部等国家部委的指导下，在上海市委、市政府的大力支持和社会各界的关心下，科创板和注册制的效应不断放大，逐步成为支持高水平科技自立自强、加快发展新质生产力的重要力量。

一是坚守服务硬科技的初心使命，打造战略性新兴产业集群。科创板已经成为我国硬科技企业发展的首选。截至2024年8月底，科创板共有574家上市公司，首发募集资金额超过9000亿元。产业集聚和板块效应不断增强，新一代信息技术、生物医药、高端装备公司占比达到80%，科技创新由点的突破迈向系统的提升。其中，集成电路领域企业有115家，贯通整个芯片设计、制造、封测，以及软件、设备、材料等全产业链环节；生物医药领域企业达111家，涵盖创新药、医疗器械、医药研发外包服务、体外诊断等领域，动力电池等新能源领域，碳纤维、超导材料等新材料领域，以及工业机器人、轨道交通设备等高端装备领域企业也初具规模。

二是显著提升资本市场的包容性，畅通不同类型、不同发展阶段科技型企业的融资渠道。依据市值、利润、综合投入、现金流等约束条件，设置了多元化的上市条件，允许科创属性比较突出的未盈利企业、特殊股权架构企业上市，如中芯国际、百济神州等一大批在原有制度下无法上市的企业，都登陆了科创板。目前，已有54家未盈利企业、8家特殊股权架构企业、7家红筹企业及20家第五套标准上市企业在科创板上市，并展现出良好的发展势头。其中，19家未盈利企业上市后实现了盈利，4家第五套标准上市企业于2023年实现盈利，14家第五套标准上市企业2023年收入超过1亿元，科技成果产业化取得重大突破。

三是充分发挥创新引领作用，培育科技创新的排头兵和生力军。科创板上市公司研发投入连创新高，2023年达到1560亿元，同比增长14%；研发投入在营业收入中的占比中位数为12%，是全部A股上市公司平均值的3倍。关键核心技术攻关取得重大突破，累计有136家次公司获得国家科学技术进步奖等国家级科技奖项，累计形成发明专利超过10万项，平均每家公司的发明专利达到185项。其中，中芯国际、信科移动等企业专利数量超过1万项。产业链、供应链自主可控水平大幅提升，三成公司的产品或在研项目在行业内具有首创性，六成公司的核心技术达到国际和国内先进水平，35家公司在细分行业或单项产品上排名全球第一，两成公司排名全国第一。一批科创板上市公司积极面向人工智能、基因技术、量子信息等未来产业加快投入布局，科技创新催生了新发展动能，支撑公司经营质量持续向好。2023年，科创板共实现营业收入1.4万亿元，以2019年为基期，营业收入和净利润复合增长率分别达到23%和24%。

四是深化关键制度改革，更好地服务高水平科技自立自强。科创板着力为科技型企业提供全链条、全生命周期的金融服务。再融资方面，不断精简、优化发行条件，缩短审核和注册期限，建立小额快速融资渠道，提高融资便利性，已有29家公司通过这一方式实现了定增。并购重组方面，进一步支持收购未盈利科技型企业，鼓励产业链上下游整合，适度提高对融资估值的包容性。累计有20余家公司先后推出并购重组方案，助力提升产业链协同效应。股权激励方面，为适应科技型企业吸引人才、留住人才、激励人才的需要，大幅优化激励对象、规模和价格限制等相关规定，累计有409家公司推出660余单股权激励计划，占科创板上市公司总数的71%。

第二，科创板助力优化创投生态，科技、产业、金融良性循环正在加速形成。习近平总书记在2024年全国科技大会、国家科学技术奖励大会、两院院士大会上系统阐述了科技强国的5个基本要素，其中一个是要形成世界一流的创新生态和科研环境。科创板的示范引领效应实现了一二级市场投融资的有序联动和协同发展，促进了科技人员和创新资本在资本市场的价值实现，畅通了创投资本"募、投、管、退"全链条，引导各类先进生产要素向发展新质生产力集聚，推动创新链、产业链、资金链、人才链深度融合，促进科技、产业、金融良性循环。

一是激发科技人才创新活力，打造"高精尖缺"人才队伍。科创板的推出激发了科学家创新创业的热情，也推动了企业主导的产学研深度融合。科创板集聚了一支超过23万人的科技人才队伍，超六成公司的创业团队由科学家、工程师等科研人才或行业专家组成；近三成公司的实控人兼任核心技术人员；超七成公司深化产学研合作，通过博士后工作站、共建实验室、股权投资、项目合作等方式，与高校科研院所建立联系，推动创新链和产业链精准对接；超四成公司与高校联合培养人才，培育支撑国家重大战略需要的科技人才。

二是充分发挥资源配置功能，壮大长期耐心资本。科创企业在科创板上市，激发了创投资本投早、投小、投长期、投硬科技的积极性。超九成公司在上市前获得创投资本的支持，平均每家获投金额超过9亿元。科创板首创首发前股份询价转让制度，既满足创新资本的退出需求，又避免减持冲击市场，实现了长期投资者与风险投资人的有序接力，畅通了资本循环。截至2024年8月底，共有85家科创板上市公司、135批次完成询价转让，总成交额达到570亿元。科创板指数产品不断丰富，规模超过1500亿元。科创板已成为境内外机构化、指数化程度最高的板块，机构投资者持仓比例已经超过七成，机构化特征日益显现。

三是优化市场服务，形成共建、共治、共享的创新格局。上海证券交易所（简称"上交所"）充分发挥市场组织者的功能优势，搭建覆盖科技型企业、创投机构、资本市场的全链条一体化信息资源沟通平台，推动形成政策、资本、产业等各类创新要素高效循环的科技型企业培育生态。自2019年以来，上交所已经连续举办八届股权投资机构交流会，联合创投机构以多元化方式加强企业培育。通过科创沙龙形式，共同举办投后企业交流会近百场，覆盖科技型企业1000家次，推动产业链上下游的紧密合作与协同发展。同时，还联合国家中小企业发展基金，以及深创投、上海科创投、同创伟业等多家机构，开展战略性新兴产业专精特新专题活动，服务粤港澳大湾区、上海"五个中心"建设，促进区域经济布局优化和结构调整。

第三，进一步发挥科创板的纽带作用，做好科技金融大文章。当前我国正处于推进强国建设、民族复兴伟业的关键时期，上交所将牢牢把握高质量发展这个首要任务，牢记初心使命，全力建设科创板，坚持以改革助稳定、促发展、优服务，做好科技金融这篇大文章，不断优化创投生态，推动新质生产力蓬勃发展。

一是继续发挥科创板的试验田功能，促进创新资本高效循环。以贯彻落实"科八条"

为契机,开启高质量建设科创板的新篇章,强化科创板硬科技定位,严把入口关。优先支持新产业、新业态、新技术领域突破关键核心技术的硬科技企业在科创板上市,促进创新资本的形成。优化科创板上市公司股债融资和并购重组制度,探索建立轻资产、高研发的认定标准,推动再融资储架发行试点案例率先在科创板落地。支持科创板上市公司开展产业链上下游并购整合,进一步完善询价转让制度,优化私募股权创投基金退出反向挂钩制度,促进创投资本投资、退出、再投资的良性循环。

二是加强全链条监管,创造更加公平、更有活力的市场环境。完善强监管、严监管的制度机制,更好地弥补市场失灵,切实做到既管得活、又管得住。从严打击科创板欺诈发行、财务造假等乱象,切实保护中小投资者合法权益。严格执行退市制度,坚持既退得下、又退得稳,加速形成市场优胜劣汰机制,打造高质量上市公司群体。

三是深化系统化、立体化服务,推动形成促进新质生产力发展的合力。持续丰富完善股票、债券、基金、不动产投资信托基金(REITs)等多元化产品体系,为科技型企业提供全链条、全生命周期的金融服务。通过公开监管标准、优化申报前咨询沟通、加强主动对接、开展市场培训等方式,进一步提升服务科技创新的覆盖面和精准度。持续倡导理性投资、价值投资和长期投资理念,大力发展指数化投资,吸引更多长期资金进入资本市场,壮大耐心资本。优化与创投机构的常态化对接机制,积极开展针对投资机构需求的培训和调研,更好地引导创投资本投早、投小、投长期、投硬科技,合力孵化、培育、壮大科技型企业。

中国式现代化要靠科技现代化作支撑,建设世界科技强国是我们共同奋斗的目标。非常感谢大家长期以来对上交所和科创板建设的关心与支持,未来我们愿意继续加强合作、同心共进,共同为建设社会主义现代化强国贡献上交所的力量。

从成果到市场:创新大业中大学的角色与挑战

郭毅可　香港科技大学首席副校长

> 大学在今天的创新中具有三大重要性:一是知识创造、传播与创新创业;二是跨学科合作与多样性;三是对经济和社会的影响。今天的大学教育面临一个非常大的挑战,即要培养什么样的学生。以前的大学教育主要以就业为导向,目标是让学生毕业后找到工作。但如果想让学生毕业后从事创新性的工作,那么培养目标和培养方法就大有不同了。

各位领导,各位嘉宾:早上好!我想讲的是创业过程中大学的角色和面临的挑战。世界上第一个发挥人口红利作用并变成发达国家的是美国。1979—1999年,美国

GDP以每年5.5%的速度增长了20年。另一个国家是日本，1985—1993年增长速度达到14.5%，但签订《广场协议》之后，日本经济失去了动力。40多年的改革开放，使我国发生了翻天覆地的变化，人均GDP增长非常快，已接近中等发达国家水平。但是，近些年来增长率有所下降，过去几年曾经跌到2.1%，2024年是5%左右。从低收入国家走向高收入国家的阶段类似：先起飞，再下降，然后开放。进入中等收入阶段以后，基本就是整合、模仿，从事产业链下游的工作。我们以往依靠整合技术、研发技术、模仿和开放的模式已显不足。随着劳动力价格的不断提高，经济发展对自主创新的需求越来越高，这是我国发展的不二选择，没有其他路可走。因此，创新创业是中华民族最重要的发展途径。

创新有很多路径，从历史上看，创新可以围绕一个人展开。例如，爱迪生，一生拥有1093项专利。以专利为基础，可以形成个人的创新生态，包括公司、实验室等。历史上，除了爱迪生，还有乔布斯，现在还有马斯克。也有一种创新是围绕关键技术展开的，例如，晶体管，当时有家公司叫仙童，是由8个人创立的，以仙童公司为核心派生出了1000家公司，包括现在一些很有名的企业，如惠普等，再往后甚至英伟达都源于这条脉络，都是从半导体晶体管领域衍生出来的，集成电路领域则衍生出了硅谷。今天的人工智能，如OpenAI大模型，围绕大模型形成了一大批企业，包括大模型垂直、大模型生态、大模型基础设施、大模型应用等领域。还有一种创新是围绕国家研究机构展开的。例如，德国的弗劳恩霍夫研究所，相当于我国的中国科学院。这是德国的一种创新机制，这些国家研究机构拥有很多衍生公司，这也是一种创新模式。最后是围绕大学展开的创新，也会产生出色的创新企业，最有名的是斯坦福大学，其创造了互联网奇迹。斯坦福科技园把地租给大公司，如惠普，逐步发展形成硅谷。据斯坦福大学统计，相关公司有2700多家，斯坦福大学的学生（包括毕业生）有3000多人。但是教授创业的并不多，260名教授参与创办了243家公司。创业中的一个很重要的因素是学生，要培养学生自己创业，而不是教授自己创业。大学在今天创新中的重要性日益凸显。2024年8月26日，麻省理工学院前校长发表了一篇非常有名的文章，他说一所强大的大学可以铸就强大的美国。从这里可以看出大学对于创新的重要性。

大学在创新中有三大重要性。ChatGPT在回答"大学在创新中的三大重要性"时提到：一是知识创造与传播；二是跨学科合作与多样性；三是经济和社会影响。大学的创造力并非单纯以专利数量衡量，大学的角色主要体现为知识传播、人才培养、经济和社会影响。下面结合香港科技大学的实践讲一下。

第一，知识创造与传播。当今大学教育面临的非常大的挑战是培养出什么样的学生。过去的大学教育侧重职业教育，当前需要培养学生掌握技术，了解市场和文化。一是基础与专业课程教育；二是设计与市场技能；三是人文与艺术熏陶。教育有4个圈，除了专业知识的教授，还要做知识面的拓展，包括艺术、人文、社会的分析。

第二，跨学科合作与多样性。当前大学教育不再是以往的垂直性教育（如数学系、物理系等以专业为主），而是矩阵结构，垂直性教育虽然还在，包括工学院、理学院、商学院、医学院、人文学院，还有很多的系，但更重要的是跨学科。未来社会的挑战涉及未来生命、未来生活、未来工作、未来文化。香港科技大学在此方面努力实践，于广州南沙设立南沙校区，清水湾校区拥有工学院、科学院、理学院、商学院，这是传统架构。在广州校区则没有设立院系，而是建立了跨学科架构，如社会、信息、系统等，是按照社会挑战设置的架构。两个校区形成互补：一个侧重技术研究；另一个则以应用为主。

第三，经济和社会影响。大学研究有 3 个方面，即教学、研究、技术转化。以社会影响为导向，学校形成了各种各样的架构，其中最重要的是技术转化，也就是创新。香港科技大学一共有 1747 家相关公司，虽然不如斯坦福大学，但是数目也已经相当巨大。我们的专业利用率达 33%，高居全国第一。从这些意义上来说，我们的经济与社会价值巨大。我们的培养能力高居全国第二，仅次于清华大学。

李泽湘教授的个人实验室，在 30 年的发展过程中创造了 50 多家公司，他教过的学生一半以上都在创业，创造的社会价值估计超过 2000 亿港元。这只是一个实验室，这样的教授我们也不止一位。最重要的一点就是，要把教育全面推向创新企业培养，现在香港科技大学设立了自己的基金，助力培育自己的产业。以这种新的方式，不仅培养人才，也培育企业。

最后汇报一下，在上海市政府的支持下，我们已在徐汇滨江创业楼建立了香港科技大学上海中心。

教育是我们人生中最重要的一个环节，从生到死。教育方法必须改变，用过去的教育方法来教育学生就是剥夺他们的明天，他们的明天是不一样的。当然，生活在一个生机勃勃、充满创业氛围的中国，我们不能让他们只是接受职业教育，我们要改变教育理念：大学不仅是学习的地方，更是面向未来的实验室。

主题演讲

引导耐心资本　助力科创发展

戴敏敏　上海国有资本投资有限公司总裁

> 壮大耐心资本是一项战略性、全局性的系统工程，既需要政府规划引导、科学政策支持，也需要市场机制调节、微观主体努力，才能实现政府有形之手与市场无形之手的有机结合、优势互补。国有资本已经成为国内耐心资本的压舱石，

共享创新　共塑未来：构建科技创新开放环境
——2024浦江创新论坛

> 要勇于承担技术攻关组织者、创新资源整合者、产业布局主导者的责任，通过市场化方式整合内外部资源，加快强链补链，着力构建现代化产业体系。

尊敬的各位来宾、各位领导，女士们、先生们：大家好！很高兴代表上海国有资本投资有限公司（简称"上海国投公司"）参加本次 WeStart 2024 全球创业投资大会，我今天的演讲题目是《引导耐心资本　助力科创发展》。

上海国投公司是上海市属三大国有资本投资运营平台之一，公司紧紧围绕服务国家战略和上海投资建设，牢牢记住上海市政府赋予的新定位、新使命、新任务，全力当好服务上海科技创新和策源孵化的主力军、促进三大先导产业和未来产业发展的主引擎、落实国资布局优化和结构调整的主平台，努力为服务国资国企改革、培育壮大新质生产力、打造世界级产业集群作出突出贡献。2024 年 4 月，根据上海市委、市政府的战略部署，上海国投公司与上海科技创业投资（集团）有限公司（简称"上海科创集团"）实施联合重组。我们以提供耐心资本、战略投资为己任，正在加快建立覆盖创新链、产业链、贯穿全生命周期、全产品线的基金矩阵。基金矩阵包括上海集成电路、生物医药、人工智能三大先导产业基金，上海国有资本投资母基金、上海未来产业基金这 5 支旗舰级母基金，还有上海创业引导基金、重点产业赛道子基金、并购基金、市场化 VC 基金、S 基金、天使基金等。目前，公司资产总额超过 1300 亿元，在管基金 13 支，管理规模达 1700 亿元，预计 2025 年超过 2000 亿元。我们坚持不懈地服务国家战略目标，大力布局科创投资，已投硬科技企业近 2000 家，上市 132 家，其中科创板 74 家。其中，三大先导产业占比超过 90%，投资金额近 1000 亿元，投早、投小项目超过 1600 个。

当前，人类社会已进入大科学时代，新一轮科技革命和产业变革与我国加快转变经济发展方式形成历史性交汇。面向前沿领域及早布局、提前谋划变革性技术、夯实未来发展的技术基础、加快形成新质生产力是我国实现产业升级不容错过的重要战略机遇，是抢占发展制高点、培育竞争新优势、集聚发展新动能的先手棋。2023 年以来，习近平总书记围绕发展新质生产力作出一系列重要论述，科学解答了什么是新质生产力、为什么要加快发展新质生产力、怎样发展新质生产力等一系列事关中国式现代化建设全局的重大理论和现实问题。习近平总书记多次强调，科技创新是发展新质生产力的核心要素，要以科技创新引领产业创新。因此，大力发展新质生产力必须坚定不移地把科技创新作为主攻方向，这既是推动科技创新与产业创新深度融合的必然选择，也是因地制宜加快发展新质生产力的必然要求。

实践证明，科技创新风险高、投入大、周期长，需要长期稳定的资金投入。2023 年中央金融工作会议指出，我国金融体系规模已经很大，但资金配置不均衡，融资结构不合理，急需提高融资效率，解决耐心资本不足问题。2024 年 4 月 30 日，中共中央政治局会议明确提出，要积极发展风险投资，壮大耐心资本。耐心资本具有坚持价值投资、投资周期长、能够逆周期布局等优势。增加耐心资本，可以为科技创新提供稳定的资金来源，支持企业在研发、创新和市场培育上的长期投入。同时，还可以优化金融市场和投资环境，降低市场短期波动和投机行为带来的不稳定性，提高投资环境的可预见性，吸引更多长期投资者进入市场，促进国内一级市场与二级市场深化改革、统筹联动和健康发展。

壮大耐心资本是一项战略性、全局性的系统工程，既需要政府规划引导、科学政策支持，也需要市场机制调节、微观主体努力，才能实现政府有形之手与市场无形之手的有机结合、优势互补。在这个过程中，国有资本坚持政府引导、市场化运作的基本原则，既体现了政府宏观层面的政策意图，又遵循了市场化的运作机制，已经成为国内耐心资本的压舱石。截至2023年，国内各级政府积极投早、投小、投硬科技，全面布局天使、科技成果转化、创投、产业投资等各类基金，基金数量超过2000支，目标规模约12万亿元，认缴规模约7万亿元。在新设立基金中，国资出资占比超过80%。面对当前复杂严峻的国内外形势，国有资本作为耐心资本的主力军和引导者，必须承担起重大使命，发挥好重要作用。

上海市委、市政府高度重视科技创新投入机制，陈吉宁书记、龚正市长强调，要大力推动上海国际金融中心和科创中心联动，引导培育长期资本、耐心资本，进一步促进"科技－产业－金融"良性循环，并多次要求上海国资平台加快整合优势资源，赋能科技创新与产业创新。按照上海市委、市政府的要求，近年来我们积极进行探索与实践。

一是聚焦科创策源，积极培育新兴产业。充分发挥国有资本的功能性作用，主动贯彻国家战略，加速布局前瞻性、战略性新兴产业，掌握前沿核心技术，激活产业发展新动能。我们正在实施大院、大所、大企、大家、大赛的协同机制对接，精准捕捉"0-1"科创信号源，系统布局"1-10"转化孵化，接续投资"10-100"的商业化和产业化。我们已经和国内一大批一流高等院校、科研院所、国家级实验室、行业链主企业等开展合作，通过专业化平台和市场化机制，着力打通科技成果转化"最后一公里"。我们学习借鉴AngelList等国际先进模式，搭建面向未来的科创公司孵化平台。

二是强化资源整合能力，积极打造全链条科创产业赋能服务体系。国有资本要发挥风向标作用，勇于承担技术攻关组织者、创新资源整合者、产业布局主导者的责任。通过市场化方式，整合内外部资源，加快强链补链，着力构建现代化产业体系。我们正在与央企、优秀民企、各类金融机构加强深度合作，构建多元化、多层次的投融资渠道，对科创企业形成全方位支持，助力优质产业项目落地，促进创新链、产业链、资金链、人才链协同联动。我们设立了科创赋能专业平台，与地方政府、科技园区合作共建新型孵化器，着力构建投资＋金融增值、技术＋成果转化、产业＋生态链接、人才＋吸引保障，以及综合赋能"五位一体"的增值服务体系。

三是充分发挥"压舱石"作用，为耐心资本提供机制保障。国有资本要从投资、接续、退出等方面助力耐心资本落地，陪伴企业跨越周期。在投资端，我们目前管理的千亿规模主力基金存续期都超过12年，有的达到15年。在接续端，我们发起设立了上海国资体系的第一支S基金。在退出端，我们正在与一流的金融投资机构、产业龙头、上市公司加强合作，聚焦重点产业与优质项目，加快布局并购基金。

展望未来，我们将坚定不移贯彻落实党中央和上海市委、市政府要求，紧紧围绕科技创新和产业发展，着力发挥国有资本的核心功能，提升国有资本的核心竞争力，坚持市场化、专业化机制，不断深化交流合作，积极探索机制创新，为加快发展新质生产力、扎实推进高质量发展作出应有的贡献。

资本赋能产业　　创新引领未来

单俊葆　中金资本运营有限公司董事长

> 根据今天中国有限合伙人（LP）结构的变化，我们在做股权投资的过程中强调双向赋能，向上要为出资方提供服务和赋能，向下要为被投企业提供支持。今天我们面临很多挑战，但我们始终相信，波动和周期改变不了趋势，时与势仍然在我们这边，国家对科技创新的支持，创投、风投的相关政策和措施，都体现了中国经济的底蕴和韧劲。

尊敬的各位领导、各位来宾：大家上午好！很高兴在这样一个美好的季节来到美丽的上海，再一次感受龙头城市在创新、创业、创投方面的活力和激情。2024年还没有走出资本寒冬，上半年募、投、退全面承压，募资整体依然很困难，基金的募集数量同比下降49%；投资也更趋于谨慎，投资案例数量同比下降了38%；退出方面出现了断崖式下跌，特别是A股的首次公开募股（IPO），同比下降了74%。

作为全球私募股权两大市场，看一下中美市场的对比。在2018年之前，中国私募股权市场，也就是VC、PE的市场募资额与美国的差距逐年缩小，但是2019年以后这个差距又重新拉大。从投资额看，2018年我国投资额超过美国，但2019年以后重新被美国反超，且差距逐渐拉大。2020年之前，我国每年诞生的独角兽企业数量超过美国，2021年以后这个数据又被美国超过，且差距也在逐渐拉大。这当中有很多原因，其中一个重要原因就是缺少资本的源头活水。撒切尔夫人有一句振聋发聩的话：欧洲高新技术产业之所以落后美国，不单单是由于科技水平落后，还有一个重要原因就是风险投资至少落后美国10年。我们今天逐渐对资本赋能产业、创投助力创新形成共识，整个时代的钟摆也日益摆向了以科技创新为主题、以人民币投资为主力的新时代。我国也频频出台一些新政策，如2023年国务院常务会议提出加快形成以股权投资为主、"股贷债保"联动的金融支撑体系，"新国九条"，"创投十七条"，还有中央金融工作会议及最近召开的党的二十届三中全会，都提到要支持科技创新，支持风险投资、私募股权投资，壮大耐心资本。

我们在市场上仍然感觉面临巨大挑战，尤其是二级市场一直承压，这些压力也传导至一级市场。但我想说的是，市场周期可能处在一个低点，但我们在关注市场周期的同时，也应该关注另外一个周期，即新技术革命的周期，我们可能恰恰处在起点或刚走出起点不远的地方。我们看到中国科技从过去的"跟跑"到今天的"并跑"，甚至在一些领域开始"领跑"。科技成果转化就像一朵朵浪花，此起彼伏。中金资本运营有限公司（简称"中金资本"）累计管理资本规模超过5600亿元，一直在做多赛道、多行业、多阶段的投资，我们感受到的是整个海平面的变化，所以我们对中国科技创新的未来潜力和发展前景充满信心。

来看美国的数据，互联网泡沫形成后，包括2008年金融危机的阶段，私募股权投资的一些项目，按照TVPI（总价值倍数）的数据，后来都取得了比较好的回报。私募股权投资是一个长周期、跨周期的操作，有时恰恰需要逆周期的思维。如果去查2013年、2015年的信息，当时谈及较多的也是资本寒冬、IPO停摆。但看2013年、2015年投的项目，现在在五六倍回报、二三十倍回报的项目比比皆是。中国后来开展了多层次资本市场改革，科创板、北交所、全面注册制相继推出。所以今天做的股权投资，真正要退出的时候是五六年、七八年以后，大家可以预测一下七八年以后中国资本市场的情况。所以我想说的是，私募股权投资在估值重构的时候将会获得好的时机。

当然，在下一轮周期到来的时候，有些是可以回来的，有些是回不来的。美国私募股权投资的最主要LP是养老金、捐赠基金，包括市场化的金融机构，它们有一个共同特点就是以财务回报为主的单一诉求，也就是美国风险投资、私募股权市场从财富管理、资产配置工具开始注重财务回报，当然同时也助力了其创新创业。中国在新规之前的LP也是以金融机构（特别是银行理财）为主，所以当时的主力也是单一追求财务回报。但今天看，中国的LP结构中占比最高的是政府引导基金，其次是产业集团，包括上市公司，其最大不同就是多元诉求。中国私募股权市场过去可能走过了"洋为中用"这一段，但是今天要结合中国的实践，走中国特色的私募股权之路。这些LP，包括政府引导基金、政府平台公司，需要做资本招商，要配合政府做双招双引，也就是资本招商、赋能招商和并购招商。产业集团也不是给你钱一投了之，你也需要为其产业链提供服务，无论是孵化性投资、战略性投资，还是并购性投资，都要服务产业链。总体来讲，两大类投资人都在延链、补链、强链上有很高的诉求，这就使得中国的私募股权投资管理面临更高的要求，提供财务回报只是一个基本诉求，同时更要做好服务和赋能。

中金资本取得了8年10倍的增长，近几年推出了ToG（面向政府）战略，特别是与政府平台公司加强合作。我们管理着北京市的科创母基金，其也是国内最早提出投早、投小、投硬科技的基金，另外还有5个省的省级基金、30多个地级市的基金。我们在4个方面赋能区域经济发展，即"育好苗、搬大树、借外力、优生态"。在ToB（面向企业）方面，我们与大的产业集团合作，如与保时捷联合推出了新能源汽车基金，还和一些大的民营上市公司联合成立了很多基金，围绕产业链做服务产业链的工作，也做了一些老树发新芽、腾笼换鸟的工作。

在投资端讲究3个关键词：前沿、数字、出海。前面也提到，由于当前中国LP结构的变化，所以在做股权投资的过程中，我们提出双向赋能：向上要为出资方提供服务和赋能，向下要为被投企业提供支持。首先就是品牌支持，因为中金资本背靠中国国际金融股份有限公司（以下简称"中金公司"），中金公司是中国领先的投资银行，所以我们把投资、投行、研究三位一体联动起来，支持企业上市前的融资、定价发行，以及上市后的市场维护。在这个过程中，我们不满足于"1"，而要实现"6+1"，"1"后面再加6个方面的赋能，以丰富标准动作，目前有30多个标准工作，围绕金融、商务、国际化、政府资源、人力资源等。

今天我们投资的更多标的是科技创新企业，所以中金资本也要为科技创新企业提供系统的服务，其中最重要的是科技投行。对于一名科学家来讲，一个长板———一项技术或专利会让他成功；但对于一名企业家来讲，一个短板可能就让他失败。我们经常走进大院、大所听科学家讲项目，听着激动，但回来想想却没法行动，很重要的原因就是缺少一个可融资主体。科学家、科研机构、大学持股比例是多少？怎么进行股权激励？谁来运营这家公司？是博士生还是职业经理人？中金公司作为金融投行，帮助很多企业实现上市，在打造上市主体方面是专家。我在中金资本工作了23年，前13年都是在做这方面的工作，但最近10年在做投资，特别是做科技创新的投资，越来越感受到我们缺少科技投行。首先，需要打造一个可融资主体，吸引机构化的投资者进行投资，这需要系统地培养科技投行、科技经纪人的能力。其次，数字化工具赋能也变得更重要，我们已经投了1400多个直投项目、380多个基金，穿透投了6000多个项目，直接或间接投资将近8000个项目，对应5600多家创业公司，因此一定要靠数字化来赋能投资管理。同时，我们也建立了生态圈的数字家园——中金资本会，我们的LP、被投企业与被投子基金、合作机构共同建立了一个数字家园。

今天我们面临很多挑战，但我们始终相信，波动和周期改变不了趋势，时与势仍然在我们这边。国家对科技创新的支持，创投、风投的相关政策和措施，都体现了中国经济的底蕴和韧劲。就像朱熹在诗中描写的意境：趁着时代大潮的艨艟巨舰在水中自在航行，"向来枉费推移力，此日中流自在行"。中金资本愿意与大家携手同行，共同迎接中国私募股权市场的新纪元。谢谢大家！

耐心+创新：新质生产力下的创业投资

陈玮　深圳市东方富海投资管理有限公司董事长

> 金融行业变成服务行业必须要有两个特征：一是不能挣太多钱，金融挣太多钱，实业就挣不了钱了；二是必须躬身入局，必须服务实体经济。发展新质生产力必须要有创新的生态，需要重构创新体系。

谢谢主持人，各位领导，各位来宾，很高兴有这样一个机会同大家分享一下我对中国创投的一点看法和理解。单俊葆董事长已经讲了中金资本对整个行业的分析，我从事这个行业25年，现在是体感最差的时候，我们这个行业弥漫着非常严重的悲观气氛。从数据上可以看出这个行业现在受到重视，国家对这个行业的重视程度从来没有像现在这么高。当然，中国发展到现在这个阶段，加强这个行业的重视程度可能也是不二选择。

中国经济总量距离美国曾经越来越近。我国GDP最高时占美国GDP的比重超过70%，现在占61%。中国股市牵动了所有人的神经，如果它不好，中国的经济可能就不会好。我们经历了很多经济周期，如2001年的美国互联网泡沫危机、2008年的美国次贷危机、2012年的欧洲主权债务危机。这次让人很难受，因为以前的危机都是某个事件引起或输入型的，这次则是多重因素引发的，所以这次需要大智慧。

党的二十届三中全会明确提出，要进一步全面深化改革。这次我们需要新的思想解放。党的二十届三中全会提出的目标任务非常具体，关键看怎么落实。原来那套方式肯定不行了，靠房地产、靠出口、靠大宗商品等推动中国经济发展的时代过去了。房地产的下跌对于中国经济，特别是地方经济影响非常大，现在很多地方卖地的收入仅为原来的10%左右，所以很多地方政府财政比较困难。要发展新质生产力，金融必须变革。中央金融工作会议已经提出了"五篇大文章"，核心意思就是金融的地位和作用都发生了改变。金融机构的地位下降了，作用也改变了，金融行业必须变成服务行业，而变成服务行业必须要有两个特征：第一，不能挣太多钱，金融挣太多钱，实业就挣不了钱了；第二，必须躬身入局，必须服务实体经济。金融机构要想回到过去比较难，所以金融体系必须变革。这个变革就是要从债权模式向股权模式转变。

和美国相比，中国的贷款余额更多，是美国的2.7倍。中国股市总市值只有美国的1/7，美国为72万亿美元，中国只有11万亿美元。但中国房地产市场规模很大，总价值大概有65万亿美元，如果这些资产都能变现的话，可以把美国、半个欧洲、日本全都买下来。房地产市场规模大，其吸金效应很强。从这个角度讲，中美经济结构不一样，我们硬的东西多，美国软的东西多；美国股市大，我们房市大。所以，新质生产力下的金融逻辑一定要进行重大变革，以贷款及债券为主的融资模式要向直接融资模式转变。这也是为什么 2023 年以来中央这么重视创投，因为直接融资最需要的就是长期和耐心资本。中国要发展新质生产力，必须有一个创新的生态。我们缺原创，缺诺贝尔奖获得者，也缺把科学家大脑中的想法变成商业成果的能力，这个体系需要重新建立，需要重构创新体系。重构创新体系包括：一是鼓励创新文化；二是培养创新人才，中国培养了最多的本科生、硕士、博士，我们的工程师已经有 6000 多万人；三是优化创业环境；四是充实创业资本；五是完善创业资本退出机制。

近一百年改变人类生活的技术大都来自美国。硅谷模式的核心是创新，鼓励创新，鼓励叛逆，宽容失败。宽容失败、鼓励创新非常重要。另外，我们确实需要耐心资本，需要投入期限足够长的资金。2007 年我做的第一个基金是"5+2"基金，是中国最早的"5+2"基金。现在看来，中国 A 股近十年上市公司的平均创业年限是 12 年，所以"5+2"是不够的。非常可喜地看到，上海推出了长达 15 年的未来产业基金，这才与创投相匹配。中国需要长期资本，现在长期资本总量还是太少。2003 年特斯拉成立，亏损了 17 年，上市后又亏损了 10 年，而一旦盈利，两年就可以把过去的亏损赚回来。我看到一个研究者把美国前 7 家巨头公司放到中国的资本市场进行模拟，看这 7 家巨头公司在中国能不能上市，结果一家都上市不了。OpenAI 到现在为止每天都在亏损，但它的市值已经高达 800 亿美元。美股 1980—2018 年上市公司中 47% 的企业是科技类企业，其中 40% 在上市后是亏损的。第五套标准是创新之光，如果没有第五套标准，中国的科技创新将面临极大阻碍，因为科技创新是一场长跑，还需要一棒一棒地接力，金融市场一定要给予支持。中国的投资规模总量有限，虽然现在有 14 万亿元，但对中国这么大一个国家来说仍显不足。另外，大部分资金是国有的，现在约 80% 的资金来自政府引导基金和国有企业，这些资金使用效率不高，监管比较严格。此外，整个创投生态也有待完善。

从中美创新生态比较来看，无论在天使投资、风险投资、私募股权投资，还是在并购交易领域，中国与美国都存在比较大的差距。换句话说，我们的 M2 超过 300 万亿元，银行总规模超过 400 万亿元。我们不是没钱，而是资金结构不合理，大部分资金投向了债券，一定要将其向股权转移。硅谷的创业投资总额有 518 亿美元，美国整体为 1324 亿美元，而中国的创业投资总规模才 275 亿美元，约为硅谷的 50%、美国的 20%。美国在人工智能领域的投资达 672 亿美元，中国只有 77 亿美元，美国约为中国的 8.7 倍。美国发布的大模型有 109 个，中国只有 20 个，我们不能差太远，而人工智能的发展需要大量投入。可喜的是，无论是中央政治局会议的召开还是"国十七条"的发布，对创业投资的定位都是前所未有的，核心就在于早期投资要作为一个重要的市场来抓。

另外就是资本退出方面。2024 年的数据非常差，只有不到 100 家。如果中国不突破 100 家，行业生态面临严峻挑战，发展前景也会受到影响。中国现在退出机制的主要问题在于二级市场比较差，IPO 数量和募资量都在断崖式下跌，跌幅达 70% 多，这在历史上是非常少见的。此外，中国独角兽企业与美国独角兽企业的差距较大。中国现存在独角兽企业有 380 家，退出榜单的就有 256 家，存活率只有 60%。美国在榜的独角兽企业有 722 家，只退出了 71 家，存活率高达 90%。可见，中国的独角兽企业曾经很多，但是失败率也非常高，所以我们现在必须高度重视二级市场，要把二级市场做好。

最后，提几点建议：一是尊重行业特点，遵循行业惯例，构建创投友好型发展环境。实际上，现在 GP（普通合伙）的日子很难过，这段时间好一点，此前和非法融资仅一步之遥，现在要进行穿透式监管。按基金来考核，而不是按照项目来考核，这是非常重要的。美国也是一样的，谁也不能保证一个项目成功，但是基金合规即可。二是形成银行、保险、社保、母基金等多层次的长期资本供应体系。三是国有资本应率先成为耐心资本。上海在这方面做得非常好，未来基金期限 15 年起，我们要向上海学习。四是政府引导基金和市场化母基金并重。中国纯母基金比例太低，占中国创投资金的比例不足 4%，市场上资金太少。2018 年以后，民营企业几乎全面退出了创投行业，所以我们一直在呼吁，能不能让社会资本进入，让民营企业进入。民营企业进入面临的问题非常多，第一是没信心；第二是没钱；第三是税收太高，买股票几乎没税，但投资的税收高达 35%。五是建立多元、畅通、便利、高效的创投基金退出体系，大力发展 S 基金。六是推动资本市场发展。股市能不能搞好，关系到中国未来的创新发展。我们也给中国证监会提出意见：增量管得严没问题，建议适当放宽存量。

最后，中国要发展市场经济，就必须尊重市场规则。市场经济可以有特色，但市场经济的基本规律还是要遵循的。规则一旦确定就不能轻易变动。创新的核心是企业家，因此要尊重企业家，因为企业家的创造力是无法计量的，也是无法预计的。谢谢！

投资服务新质生产力　助力科技成果转化

李家庆　君联资本管理股份有限公司总裁

> 范式变化会导致置身其中的各个角色的定位发生重大变化，投资机构内部提出要从 Hunter（猎人）向 Farmer（农民）的转变。作为一名基金服务者，要"吃着碗里的、看着锅里的、盯着田里的"："碗里的"是对现有产业的优化升级，"锅里的"是壮大新兴产业，"田里的"是布局未来产业。扮演好服务者的角色，对于基金管理行业，或者以前所谓的金融投资机构来说是个巨大的挑战。

现在的中国股权市场，是我从业经历中从未遇到过的，所以谈不上总结，更多的是与大家共同学习和摸索。首先是环境变了，这一点必须得承认。这并不是简单的周期性问题，两年前就有人提出，事实上这是一种范式的变化。什么叫范式的变化？就是生存环境发生了剧烈变化。在这种情况下，无论是国家、行业、企业，还是我们每个人，都要去适应这种变化。在这个变化过程中，今天人们提及更多的是科技创新成为关键驱动力。当科技创新被提到如此高度的时候，我们需要知道这背后的原因是什么。不光有地缘政治因素，也有宏观经济发展因素，还有技术发展周期因素，所有这些因素聚合在一起，这是我从未遇到过的。很多时候从宏观角度上来看，因素很多，但微观体验不一样，这是多个因素的叠加，导致我们要适应这种变化。

在这种情况下，我们谈及较多的是耐心资本、科技创新和产业创新相融合。环境变化导致了范式变化，范式变化会导致置身其中的各个角色的定位发生重大变化。第一，政府的定位发生变化。地方政府的领导非常辛苦，经常到各地走访调研企业。我们发现地方领导跟我们差不多，也在举行各种项目的决策会，开展行业调研。可见，如今地方政府的功能定位已经发生了很大变化。第二，企业的定位和责任也发生了很大变化。科技创新与产业创新相融合很重要的一个抓手是企业，因为企业是创新的主体。作为企业，我们也要顺应这些变化，"条条大路通罗马"，以前我们更多的是"自选动作"，如今"规定动作"比较多。从中长期来看，我们还是"百花齐放，百家争鸣"的，但在中短期，在这样的氛围下，更多的还是"规定动作"。第三，投资机构的角色转变。这种情况下投资机构的决策定位到底是什么？昨天活动开幕时领导也提到，地方政府在基金引导，包括创新孵化、投后增值服务等方面，做了很多资源的准备。技术服务也好，投后管理也好，作为专业技能行业，我们的角色是什么？如果政府什么都能做，国有资本有意愿、有能力、有资源做的时候，我们这样相对市场化的投资机构的定位是什么？这给我们提出了很多新的要求，带来了新的挑战。例如，投资机构内部提出要从 Hunter（猎人）向 Farmer（农民）的转变。以前我们的投资经理和专业人员更像猎手，带着钱出去，凭借聪明才智、所谓的非共识和胆量及勇气出去打猎，打着了回来就可以吃饱，但第二天还饿，还得出去打。但今天要从这个模式转向 Farmer 模式，也就是说，我们要有能力在今天的环境中扮演好服务者的角色。

很多人让我谈一谈对金融服务、科技创新的理解。我的理解就是，我们既不是金融，也不是科技创新，我们是服务。能不能扮演好服务者的角色，成为金融服务科技创新的一个基础设施，这对于基金管理行业或以前所谓的金融投资机构来说是个巨大的挑战，而能够适应这种挑战的基金管理人或金融机构，才有可能赢得五年、八年、十年后更加美好的未来。在这个过程中，我们在 2024 年的实践中获得了一些体会。

一是基金募集要更系统化。我们从来不依赖单一渠道，也不会完全依赖银行或第三方财富管理公司等民间渠道，我们之前募集资金的百分之七八十来自机构。一个标志性的事件就是，2023 年 7 月全国社保基金专项基金的设立，这是我们第一次看到一个国家级基金以专项基金的方式，而且以长周期的方式来支持科技创新。这在其他地方是没有过的，这是第一种模式，其实际效果也非常好。第二种模式类似北京市的产业基金，由北京市政府100%出资，将1000亿元分到8个领域，每个领域都由市属基金管理人和独立市场化的第三方基金管理人负责基金管理。第三种模式是上海推出的1000亿元基金，我们也会参与其中，做出自己的贡献。

二是投资过程要更精细化。我们经常说投早、投小、投硬科技，但今天所说的很多硬科技虽然早，但并不小，有些在天使轮就有3亿～4亿元的投入。所以我们内部更多叫投早、投新、投硬科技，关键它要"新"，小不小无所谓。我们经常发现一些公司第一轮融资就是4亿元、5亿元或10亿元。另外，在这个过程中要花大量时间和精力陪伴企业长周期成长。所以我刚才提到的基金，包括全国的社保基金，是12～15年的资金，这样的长期资金才能让我们做长周期、大规模的事情，即我们所说的"大、难、长"。不要在这个时间点随随便便创业，创业不容易，门槛是很高的，而且资金量投入很大、周期较长。

作为一名基金管理者或服务者，经常"吃着碗里的、看着锅里的、盯着田里的"。"碗里的"就是今天说的"专精特新"。经过几年的努力，中国现在基本有十一二万亿元营收规模的"专精特新"企业。这些企业大多数是创业创新，不完全是底层技术创新和高壁垒的硬科技创新。对这部分企业来说，投资周期通常相对会短一点，因为它们的产品、技术、商业模式，甚至收入、利润相对比较明确。这部分还要做，尽管基金周期长，但是作为LP来讲，还是需要有一些短期回钱快、长期回钱多的业务，这就是既要、也要、还要，所以这是现实，我们也需要做一些这种项目。"看着锅里的""盯着田里的"更多的是前瞻性产业，即体现新质生产力的产业，这些都不是两三年可以完成的事情。换句话说，这些都是面向2030—2035年的事情。中短期内的事情对我们来说有影响，但影响不会太大。

三是投后管理和增值服务更专业化。作为一个专业人员，我百分之五六十的精力都放在了投后管理方面，包括形成行业解决方案、对接行业客户和地方政府。支持基础研究、科技成果转化也很重要。我们每年都会拿出一部分资金去支持中国科学院各个研究所中做基础研究的青年学者，我们将其称为君联学者计划。同时，我们也会和相关的地方政府和园区合作。

四是退出路径要更多元化。五年、八年之后，我们再总结现今资本市场在国家发展中扮演的角色，以及其是否发生了变化。对此，我们抱有信心，我们对中长期发展特别有信心，对中短期发展我们基本不用关注，关注也没用。

我们有以下几点需要思考：一是风险投资和私募股权投资的角色定位在发生变化，我们也没办法照抄硅谷和美国的模式，因为我们的经济体制和资金来源，以及今天风险投资和私募股权投资所承担的角色和责任都有本质的不同。二是发展新质生产力，无论是政府、企业，还是机构，都需要保持长期心态。我们内部经常提"君联的可持续发展公式"，其核心就是专业创新、开放赋能与责任担当，用这样的心态来面对当今的环境变化和挑战相对客观理性。悲观还是乐观，其实没什么意思，更多的还是要客观理性来看待。无论是做企业的人，还是做投资、做服务的人，面临的都是从未遇到过的重大环境变化，要相互支持、共渡难关。三是投资策略需要调整，要更加注重长期价值而非短期回报。四是科技成果转化是一个连续的、长周期的、复杂的、高风险的过程。在这个过程中，科学家、企业家、投资机构等各类要素和生产力要结合起来，要形成新的生产关系，持续推动科技成果的商业化。我特别希望，无论是地方政府还是财政资金，一方面要高度重视科技创新和创投行业；另一方面，各方更多的是一种合作关系，而不是非此即彼的关系。我们也要调整好心态，要用一种开放合作的心态，用一种相对灵活的心态，用相对灵活柔软的身段与所有的利益关联方合作，来支持科创产业的发展，使得创业、创新和创投行业能够行稳致远。

今天的活动是科技部和上海市政府主办的，科技部之前有一个非常好的探索，就是科技成果转化基金。当时，这支基金出了 5 亿元，我们出了 12 亿元，组建了一个规模达 17 亿元的基金，用于投资一些科技成果转化的入沪、出沪项目，效果非常好，特别值得其他地方借鉴。科技部当时有个非常好的机制：投资 4～5 年之后，我们作为 GP 基金管理人可以通过"成本＋利息"的方式回购这部分资金，使得这部分资金快速回笼，再去支持下一个基金，去支持更多的创新创业公司。其不是以招商引资为目的，也不完全是以长期股权收益为目的，而是以投资支持科技成果转化为目的，效果非常好。我们今天特别希望看到更多这样资金的涌现，一方面对科技创业者非常有利；另一方面使得创投行业本身也能够得到源头活水，快速回笼周转资金，进而支持更多的基金管理人和创业企业。

创新新势力

闫俊杰　上海稀宇科技有限公司创始人

> 我们内部有一句话，"从群众中来，到群众中去"，核心就是人工智能领域的发展目标应该是服务普通人。同时，服务普通人这件事本身也能够对用户产生很大的价值，这个过程本身能够提供很好的数据，让模型变得更好。在算力有限的情况下，怎么提高技术水平？就是追求在同样精度范围内怎么让模型变得越来越快。

大家好，非常荣幸有机会来做分享。前面多位嘉宾都提到了两件事：一是中国和美国的资本环境有很大区别；二是人工智能领域很重要，但是中国的人工智能跟美国的人工智能也有很大的区别。今天跟大家来分享一下，作为一个在中国的人工智能领域的创业公司，我们因为资本市场、技术的区别，到底应该采取什么样的路径？中国跟美国到底有多大的差距，到底应该怎么来弥补？

我们是中国最早的一家做大模型的创业企业，我们创业的时候还没有ChatGPT，ChatGPT问世前一年我们就已经成立。为什么成立这家公司？核心原因只有一点，创业之前我已经做了超过10年的人工智能技术研发，写了很多篇论文，带了很多团队，也做了很多产品。我发现一件事，人工智能虽然看起来很好，但当时做的产品都离用户太远，如当时做的人脸识别功能及其他各种各样的东西。在中国能做得比较大的产业，很多时候它的特点都是要能够服务好用户，我们正是抱着这样的想法创立了这家公司。刚创业的时候，我们很快意识到一件事情，研发通用人工智能非常困难，因为它不是需要10%的提升，而是需要很多技术突破，所以我们第一时间想到的就是必须把它当成长周期的事情来做。虽然这很难，但有幸能够得到一些创投资金的支持，让我们能做这件事情。

中国公司与美国公司的区别在于，跟美国公司讲这些东西很难，可以保持5～10年的耐心。但对大部分中国公司来说，更现实的路径就是分阶段推进，明确每个阶段应该做什么事，应该得到什么样的结果，这些问题都要想得很清楚。这也是我们做公司的思路：我们认为人工智能技术研发是长周期的，需要把它分成几个阶段。一项技术初期可以从简单应用开始，当技术成熟后再向复杂应用拓展。美国公司的特点是人才顶尖、资金充裕。我们内部有一句话，"从群众中来，到群众中去"，核心就是人工智能领域的发展目标应该是服务普通人。同时，服务普通人这件事本身也能够对用户产生很大的价值，这个过程本身能够提供很好的数据，让模型变得更好。我们从一开始就确定了这一目标，同时这也是我们的发展路径。

接下来为大家分享一组数字：我们公司每天交互的token总量已经达到3万亿个，相当于3000人一生的文本信息处理量。同时，每天还可以生成2000万张图片，以及超过7万小时的语音。据我所知，这一规模在中国创业公司中是最大的。有了这个规模之后，与美国公司相比会是怎样的？大部分公司不会披露具体的token总量，如在手机等移动端上的第三方数据，但可以与不同公司的产品进行对比。例如，与ChatGPT对比交互时长，我们2023年交互时长只有ChatGPT的3%，一年多之后，随着产品数量的增长和技术的变化，我们所有产品每天用户的交互时长已经达到了ChatGPT的53%，这个增长超出预期。交互时长就是指每天与用户的交互时间，仅我们自己的产品就超过了4亿分钟。

这个变化的核心点有以下几个方面：第一，模型性能提升，用户更愿意使用。第二，模型不光性能提升了，成本也变低了。前段时间看到国内行业陷入"内卷"，企业打价格战，赚不到钱。但这件事也有了积极的变化，其在于让社会上的人们都觉得模型可以用了，所以价格战导致中国企业模型使用量快速增长。第三，因为国内市场竞争很激烈，企业都要做得很好才能具备竞争力，导致中国模型的竞争力在海外也很强，其实是促进了竞争力的提升。第四，模型在全球有五六千万的用户注册量，其只占全球人口的0.8%。所以可以看到，虽然人工智能在过去两年内快速增长，但其相比于手机和互联网还处于渗透率比较低的阶段。从1%到100%，只在于解决两个问题：一是渗透率如何变得更高；二是使用深度如何能够更深，也就是解决更复杂的任务。

我们一直在做持续的技术创新，本质上只有三点：第一点，错误率能够持续降低。让人工智能模型从有时候惊艳、有时候不靠谱，变成持续靠谱。对应指标就是错误率。第二点，能够像人一样处理无限长的输入和输出。对于人工智能模型来说，其会面临几千个token、几万个token，但人的一生是个连续的过程，这涉及很多"Transformer底层架构"的改进。第三点，具有多模态性。ChatGPT处理的主要是文本的输入与输出，但实际上对大部分人来说，信息交互主要还是通过图片、视频、语音完成，如何让模型具有多模态能力，这也是需要提升的一个方面。我们认为，技术开发要在这3个方面进行持续的投入。

在做这件事的时候，中国公司与美国公司有非常大的区别，因为对大部分美国投资公司来说，资本可以认为是无限的，算力也可以认为是无限的。在这种情况下，美国公司的路径就是堆算力，这可能是对的，但客观来说这对中国公司不太适用。原因在于：第一，中国公司没那么多资金，这是客观的限制。第二，即使有那么多资金，也没法把它变成足够多的算力，因为有算力的限制。在这种情况下，中国公司如何提高技术水平？从我们的认知来说，同样范围内快就是好的，我们追求在同样精度范围内如何让模型变得越来越快。当我们让模型变得越来越快的时候，假设算力变多了，我们就能让其渲染的次数更多，从而得到一个更好的模型。特别是从2024年下半年开始，中国公司与美国公司在人工智能领域已经出现了技术分歧，技术分歧虽然有客观原因，但其一定程度上能够越来越多地让中国的人工智能行业发展出自己的核心竞争力。

围绕"快就是好"，我们做了很多技术创新，包括混合专家式结构的模型。做创新是比较奢侈的，每一次失败都会影响好几个月，非常难。但也正是经历了技术创新，我们才能够越来越有信心地往下做，即使有算力和各种各样的限制。技术研发出来后，对公司来说会产生比较大的变化，使整个团队和组织获得更好的研发方法论，这个价值是无限的。我们做了技术创新之后，还是获得了很好的效果，当把这些图片、视频和文字通过生成技术合在一起时，就能够获得多模态的图片、视频和文字，组合起来能带来更大的变化。

虽然整体环境还有差距，而且中美还有很多地缘政治问题，但至少在面向用户开发产品和工具时，只要模型做得好，还是能够迅速赢得用户口碑和商业价值的。我们的产品和模型，都可以在B端的开放平台上体验。感谢大家！

全球创业投资发展

迈克尔·卡尔顿　英国国际贸易部前首席投资官

> 2023年全球风投市场继续增长，成为推动创新和经济增长的强劲力量。美国仍然是全球风投市场的领先者，其中的主要力量是硅谷。近几年欧洲风投实现了非常快速的增长，但也面临着挑战。与美国相比，欧洲市场比较分散，有着不同的语言和监管体系，这使得跨境的规模化发展更加复杂。其中，英国是欧洲最大的风投市场，伦敦仍然是英国的风投中心。

大家早上好，非常高兴能够回到上海，感谢浦江创新论坛，感谢WeStart 2024全球创业投资大会邀请我分享关于全球创投的看法。创投是创新的重要引擎，推动了创业企业及全球新技术的发展。接下来我会介绍美国、欧洲（特别是英国）和中国的风投发展情况，以及探讨不同地区如何推动创业的未来发展。

风投是全球经济非常重要的一部分。2023年全球风投市场继续增长，尽管面临很多阻力，仍达到4450亿美元，这个数据低于2021年的高峰，但也已经比疫情前要高。这是受全球经济的影响，如利率的上升和地缘政治的不确定性。但是，风投的总体趋势依然是非常强劲的，并且是推动创新和经济增长的一股强劲力量。美国仍然是全球风投市场的领先者，不管是全球总的投资量还是其他方面。2023年，美国创业企业吸引到2300亿美元的风投，占到全球的一半。硅谷是美国技术和创新生态的中心，仍然是一股主要力量。同时，其他地区也很活跃，包括纽约、奥斯汀和迈阿密。美国风投市场的主要趋势：单笔投资额超过1亿美元的交易占美国2023年风投总量的60%，这凸显出资本正越来越集中于少数创业企业。

欧洲风投近几年也有非常显著的增长。2023年欧洲创业企业筹集了1200亿美元的资金，远远超过疫情前的水平。增长源于一系列的因素，包括越来越成熟的创业生态系统、政府支持政策及越来越多的独角兽企业。德国、法国、瑞典在欧洲风投领域占据非常重要的地位，尤其是德国的柏林，已成为创业企业的聚集中心，在金融科技、移动出行和绿色技术方面表现出色。欧洲的投资基金业扮演着重要角色，支持欧洲的创业公司，也为资金提供者提供担保。虽然取得了进步，但是欧洲仍面临挑战：市场比较分散，有着不同的语言和监管体系，这使得跨境的规模化发展变得更加复杂。但是，大家也在努力创造一个更加统一的市场，如欧盟发布资本市场倡议，旨在促进跨境投资。

英国同样也是重要的风投市场，尽管脱欧带来了一系列不确定性，但在2023年，英国创业企业吸引到大约300亿美元的风投资金，使英国成为欧洲最大的风投市场。伦敦仍然是英国创业企业的聚集中心，能够吸引金融科技和绿色科技公司。英国超过中国，在2024年上半年成为美国之外科技领域融资最多的国家。英国政府也在采取行动支持风投，如发布企业投资倡议、种子投资倡议，为投资者投资早期公司提供一系列激励。英国的银行也提供了很多创业融资，确保英国的投资能够进入创业企业。目前英国仍面临很多挑战，脱欧带来了很多不确定性。英国拥有非常强劲的金融服务产业，同时也具备世界一流的大学和研究机构，因此仍然能够吸引非常多的风投。

中国是全球风投领域非常重要的一个国家，但近年来也面临着挑战。2023年，中国创业企业筹集了大约700亿美元的风投资金，低于之前几年，这是受到监管变化，以及对外国投资审查越来越严格的影响。尽管存在这些挑战，中国依然在互联网商业、人工智能、电动车等领域领先。蔚来等公司获得了很多风投资金，还有很多其他中国公司也是如此。中国政府积极支持风投，最近的一系列政策都在支持创新创业。中国主要风投市场更加注重宏观投资，对国外资金审查越来越严格，更加注重国内的投资，而且倾向于投资和国内战略相吻合的一些项目，如半导体和绿色发展项目。

比较美国、欧洲（特别是英国）及中国的风投市场可看到很多共同点，也存在很多不同。美国依旧拥有全球最大的创新生态体系和最成熟的市场，吸引了大量的全球风投资金。欧洲（特别是英国）市场规模较小，但是增长潜力很大，且初创企业的创新能力突出。中国虽然最近面临监管方面的挑战，但仍是全球风投的重要阵地，且非常重视国内科技水平的提升。一个重要的国际趋势：风投资金越来越集中于少数几个产业当中，包括金融科技、人工智能、绿色科技等。我最近看到65亿美元的投资投向了OpenAI，20亿美元投向了一家德国科技企业。面向未来，中国的风投资金将会继续增长，这主要受技术扩张和消费者形态改变、需求变化等的影响。美国依然会非常重视科技的提升，尤其是在应对气候变化、宇宙空间探索等方面。欧洲（特别是英国）将会非常重视金融科技和绿色科技。中国将会持续推动国内重要战略领域的增长，如人工智能。我们将会继续看到，对具有可持续发展社会影响力的相关技术，以及环境、社会与治理（ESG）相关的投资将增长。这些投资的增长趋势已经非常明显了，而且很多风投资金是专门针对这些领域的。

全球风投资金的发展趋势会带来非常多的机会，但也面临很多风险。美国还是龙头，但是欧洲（特别是英国）和中国将会不断跟进。每个市场都有自己的挑战和机遇。当我们继续向前进的时候，风投资金将会扮演一个重要角色来塑造未来的创新发展，推动创新的持续增长，并解决我们面临的重大挑战。

投早投小投长投硬　共建硬科技创业雨林生态

米磊　中科创星创始合伙人

> 未来时代一定是硬科技创新的时代，硬科技是中国未来在全球并跑、领跑的核心技术。如果说金融是一个人的血液，实体经济是肌肉，虚拟经济是脂肪，那么硬科技就是人的骨头。科创板就是要让更多金融的血液流向硬科技和实体经济，这样经济才能更强大。

大家下午好！非常高兴今天在我们 WeStart 大会上分享关于"投早投小投长投硬"和"打造硬科技创业生态"的想法。

自 2024 年起，全国上下高度重视新质生产力，我相信这必将引领一场科技创业的浪潮。为什么说现在硬科技创业迎来了最好的时代呢？从工业革命以来，每 50 年、60 年就会出现一个康波周期（繁荣—衰退—萧条）。现在就处在上一轮康波周期的尾声，即集成电路革命催生的信息化时代的尾声，所以现在全球经济下滑、经济形势严峻是必然的。但是每一次危机背后，都孕育着下一个时代的伟大公司。如今的顶尖企业，大多是在上一轮集成电路革命和信息化时代中崛起的。因此，下一个时代的革命必将诞生于 AI、光子、量子、可控核聚变等前沿领域。最困难的时刻，往往是孕育未来种子的时候。随着集成电路革命逐渐步入尾声，AI 的革命即将到来。

整个社会都认为经济处于下行状态，对此很多人持悲观态度，其实我们回头去看，每一个时代伟大的公司都是在泡沫破裂的时候才出现的。从电气化革命到电子革命，电子作为信息的载体就是集成电路的时代，过去一百多年是电子的时代，未来一百年一定是光子和 AI 的时代。从中国经济形势来看，现在面临的挑战是人口红利不再有了。过去很多高歌猛进的企业，如今都面临各类问题，但也有少数企业抓住了新时代创新的红利。创新的红利来源于我们拥有大量的科研人员和工程师。中国每年有一千万大学生毕业，数量位居全球首位。我们不能再像过去那样依靠工人，而要依靠最先进的工程师。以华为、比亚迪、宁德时代为代表的中国顶尖企业，正是充分利用了中国工程师红利典范。未来的企业，谁重视研发，谁把中国的工程师红利、科学家红利用好，谁就是中国最有前途的企业。

中国发展到了解决关键核心技术问题的时候。虽然我们的经济总量已位居全球第二，但在材料、设备、仪器、工业软件等核心技术方面与发达国家的差距仍然很大。然而，正是这些差距带来了巨大的创业、投资的机遇。如今的创业机会与过去截然不同，这是我们提出硬科技概念的原因。未来的时代必然是科技创新的时代，而硬科技将成为这一时代的核心。硬科技不仅是中国实现全球并跑、领跑的核心技术，更是一种精神和志气，是推动国家实力提升的重要力量。人工智能、半导体、光芯片、新材料、新能源、智能制造、航空航天、信息技术等都是硬科技的领域。科创板的七大领域与硬科技的领域基本重合。我们将硬科技比喻为经济的"骨头",而实体经济则是"肌肉"。国家推出科创板的目的,就是要让更多金融的血液流向硬科技和实体经济,从而增强经济的整体实力。然而,现在的问题是,股市中许多企业质量不高,导致老百姓对市场信心不足。因此,科创板的使命就是通过引领中国经济向创新驱动发展转型。我们从成立第一天开始,坚持"投早投小投长投硬"的原则,迄今已投了480多家硬科技企业,包括2013年布局光子技术、2014年投向半导体、2015年进入商业航天领域、2019年关注了大模型、量子聚变和核聚变,这些投资均处于非常早期的阶段。当初选择硬科技,是因为我们坚信硬科技未来30年都将是科技创新的底层基础和核心驱动力。从任何一个时代来看,投资硬科技都是正确的选择,今天投资硬科技更是到了更加关键的时刻。

金融对于科技的支持非常重要,仅有科技而缺乏金融的支持是难以突破的。正是金融制度的创新,使得过去早已存在的技术真正落地,并最终催生了工业革命。金融创新的重要性在历次的工业革命中得到了充分体现:工业革命始于科技,成于金融,兴于产业。例如,从第一次工业革命的股份制,到现代银行制度,再到资本市场,均加速了工业化进程。早期的资本市场主要是为铁路的建设筹集资金。到了第二次工业革命时期,美国当时尚未成为全球科学中心(科学中心仍在欧洲),但却成了当时技术的应用中心和资本中心。以摩根为代表的国际化投行投资了电气、铁路和钢铁行业,这就是当时金融创新的支持。第三次工业革命出现了雷达、无线电、微波技术,那为什么诞生了风险资本?是因为这一时期需要专业的人来做好资源配置工作。全球第一家风险投资公司——美国研究与发展公司(ARD公司)在这一时期诞生。ARD公司由麻省理工学院(MIT)的校长创办,投了MIT的很多技术,后来才把整个风险投资的赛道做起来。由于ARD公司当时有一个项目创造了高达5000倍的回报,便催生了硅谷投资半导体的热潮。由此可见,风险投资就是为了支持科技创新和工业革命而产生的。

随着工业革命的发展,我们发现历次的科技革命演进愈发复杂,不确定性逐步增加,周期越来越长,使得历次工业革命的难度越来越大。例如,光刻机的零件数量已达到10万个,对精度和技术的要求空前提高,复杂性也随之显著增加。第四次工业革命,以可控核聚变为例,技术周期要50年,现在展现出周期更长,以及对超复杂、超宏观、超微观、超极端环境的挑战。这些都是新一轮科技革命即将诞生的新领域和新方向,也对金融制度提出了新的要求。因此,下一步金融制度的改革和创新将会成为中国科技创新发展的重要环节。

上海全力打造高质量孵化器,营造"投早投小投长投硬"的环境。这一环境正在不断优化,我们与张江集团、浦东共同打造上海首批高质量孵化器,希望能够探索出一套支持新一轮科技革命的新方法和新路径,突破传统的投资模式。因为传统的投资模式已经出现了很多风险和挑战，所以需要不断摸索适应新时代需求的解决方案。在传统的早期风险投资模式下，高质量孵化器通过早期资金的支持，能够帮助科学家在没有成立公司之前，就获得一定的资金支持，使技术实现转化进入种子基金阶段，再逐步进入天使基金和 VC 阶段，这是一个循序渐进的过程。我们面向顶尖科学家进行人才孵化，从科学家个人（PI）到知识产权（IP）再到公开上市企业（IPO），形成一个成果转化的全链条。围绕 AI、可控核聚变、量子、人形机器人等前沿领域，我们将加大投资力度，中国当前亟须建立"投早投小投长投硬"的风险投资体系，以支持硬科技领域的持续发展，为新一轮科技革命提供强有力的支撑。

我们建议，科技强国建设要打造一个完善的证券体系。从万亿级到千亿级的母基金，再到几十亿和几亿的投资机构，直至初创企业，形成一个完整的融资链条，来帮助创业者更好地融资。硬科技投资可以同时实现立德、立言和立功，即兼顾社会价值、知识价值和经济价值。我们提出了 ESK 的价值投资理念，这可能是未来非常有意义的方向。巴菲特是典型的价值投资 1.0，美国的 ESG 理念在此基础上加了社会价值，形成了价值投资 2.0。而我们现在提出的 ESK 就是价值投资 3.0。最后，我们希望与大家一起建设硬科技创业的"雨林生态"，共同培养更多的硬科技企业，助力实现中国梦，谢谢大家。

为创新注入科技金融新动能

葛亮　时任浦发银行总行科技金融部副总经理

> 科技的本质是效率的提升，而金融的本质也是追求效率，投资回报率就是效率的体现，所以金融必将会向科技聚集，推动科技发展。服务科技企业最难的问题在于科技企业出现得早，它有不确定性，而这也是魅力所在。产生新动能的第一点在于构建生态，形成联盟，聚合资源，精准滴灌。

尊敬的各位创业者、投资人们，大家知道现在是资本的寒冬，但是今天特别热闹，接下来由我给大家分享一个主题：为创新注入科技金融新动能。

第一个关键词，创新。创新是人类进步的源泉，科技创新是人类社会进步的核心动力。

第二个关键词，科技金融。从科技创新到经济发展，科技金融使得人类社会产生巨大变化。从纺织业开始，机器逐步取代了人类的手脚，推动经济快速发展，也带来了金融资本的聚集。而金融资本随着经济发展形成了金融业态。科技的本质在于提升效率。金融的本质同样是追求效率，投资回报率正是效率的体现。因此，金融必然会向科技聚集，进一步推动科技发展。从工业革命以后，人类社会就遵循这样的发展循环。西方发达国家在金融资本向科技聚集的效率上领先我们约50年。发达国家和发展中国家的差距，就在于发达国家率先发展了科技。因此，不掉入中等收入国家发展陷阱的唯一路径就是发展科技，始于科技，成于金融。

党的二十届三中全会提出，要构建与科技创新相适应的科技金融体制，强调加强体制性、系统性的建设。科技金融体系的核心目标是服务科技企业的发展。科技企业发展有其独特的规律，如果不了解这一规律，我们就无法构建相应的金融体系。浦发银行在这一领域进行了原创性探索。从种子期到上市期，科技企业需要截然不同的要素组合。利用全金融的要素资源，为科技企业提供全生命周期的服务，这是我们对科技金融的解读。接下来，服务科技企业的难点在哪里？关键在于其不确定性。

第三个关键词，新动能。新动能的核心在于构建生态、形成联盟，聚合资源，精准滴灌。以往是一个科技型企业，在生命周期的各个阶段寻找要素。而现在，我们需要构建一个以科技企业为核心的生态体系，将商业银行、政府部门、投资机构、龙头企业、交易所等资源全部放在企业的周围共同服务。浦发银行正在构建这样的生态，交易所也在同步推进。通过构建生态，我们能够实现互联互通，让生态中的所有参与者实现互联互通。科技企业只需接入一点，即可全网触达。国家正在主导建立这一体系，而过去市场在组建这个体系。浦发银行作为组建这个体系的参与者之一，致力于整合资源，通过物理连接可以实现化学反应。构建生态的目的在于使市场中的资源连通并产生化学反应。通过交易要盘活存量，同时引入增量。增量的关键在于耐心资本"投早投小投硬"。这是我们都知道的，但也是最难的一步。2023年的3万亿元，其有多少来自商业银行？22万亿元，基本上占65%。在中国整个金融体系中，商业银行占据85%的资本份额。

现在，人工智能来了。如果说蒸汽机代替了人类的手脚，让人类社会发生了翻天覆地的变化，那么未来人工智能将代替人类最宝贵的大脑，人类社会又将会发生怎样的变革，是不是更加深刻？所以，我们要拥抱人工智能，商业银行也应以数字化的方式驱动数字金融变革式的发展。第一，用人工智能、大数据等技术构建一个科技雷达系统，精准分析硬科技企业的科技含量。第二，用人工智能、大数据、建模的手段建立一个数智风控体系，从而有效防范金融风险。第三，在前两个的基础上形成爆款产品，来服务科技企业。

这是对产品的摸索。第一，科技创新力评价模型。科技创新的核心在于人，而团队的研发能力是关键。第二，企业创新力的核心是能不能从样品到产品，从产品到商品，能不能实现商业化。第三，有没有资本力量来完成，最终形成科技雷达画像。在一千多个数据里面，我们找出了这三项的拟合度最高、相关性最强、最敏感的内容，通过构建大模型，最终形成科技金融评价体系模型。第四，智能风险控制系统，在科技创新评价模型的基础上，进一步开发智能风险控制系统，结合六位一体的模拟防控金融风险模型，最终我们形成5+7+X的产品。这种产品的特点是全周期、数智化、多融通、可定制。只有基于大模型的产品才能定制,定制过程非常简单,只需输入参数即可完成。针对不同的群体,如做硬件和做软件的企业,以及做人工智能和做机器人的企业,参数需求各不相同,这才会出现差异化的配置。

举个例子,过去我们到银行贷款的时间长则三个月,短则一个月,平均时间60天。而我们通过这个系统性的建设,形成的产品享受了T+1的服务,仅需两天即可完成。在过去6个月里,我们对4000家科技型企业投放了200亿元贷款,平均每家企业5亿元,最小的企业获得5万元贷款。这里面很多还是没有盈利的企业,甚至很多还是孵化器里的企业。这充分体现了以数字化的方式驱动商业银行科技金融变革式发展的趋势。浦发银行做到了贷早、贷小、贷硬科技,将商业银行资源与现代化人工智能大模型技术成功结合形成金融的新质生产力,为服务科技创新提供支持。这也是米总刚才提到的,金融本身在自我迭代、自我生长。

此外,我本人代表浦发银行,与新华社联合发布了中国首支科技金融战略性新兴产业指数。这个指数的目的,一是让产业看懂金融,了解科技金融的发展方向,如每年520%以上的复合增长率。二是让金融看懂产业,通过5条产业曲线,让战略产业找到金融,主动寻求金融的帮助,让金融导入产业,形成"科技+产业+金融"的良性循环。我们希望和在座的各位一道,共同书写科技金融的新篇章,为新质生产力注入金融力量,陪伴科技企业实现伟大梦想,谢谢大家!

早期投资的新投资逻辑

吴世春　梅花创投的创始合伙人

> 什么是耐心资本?暂时退不出来就是耐心资本,退得出来就是对LP更友好的良性资本。什么是硬科技?还没有做出来的是硬科技,做出来的是制造业,如果很多企业都做出来,就是产能过剩的制造业。什么是投资独角虎的逻辑?硅谷是投资独角兽,它们的单一衡量标准是估值超过10亿美金,而投资独角虎指的是它们能够自我造血,在冬天也能够猎食。

很高兴受到邀请进行这样的分享。刚才听到两个非常重要的词——耐心资本和硬科技。给科技和资本加上形容词,好像变得很高大上了,但实际上,什么是耐心资本?暂时无法退出来就是耐心资本,退得出来就是对有限合伙人(LP)更友好的良性资本。什么是硬科技?还没有做出来的是硬科技,做出来的就成了制造业,如果很多企业都做出来了,就是产能过剩的制造业。我们对创业者的要求是硬科技,创业者对投资人的要求是耐心资本。然而,我不太赞成在这些词前面加上形容词,因为这些形容词会使得这些东西失去它原本的意义。我们一直坚持投早期，为什么投早期？因为在早期阶段确实能够挣到钱，能够从里面挖掘出可以实现增长的项目，同时在这个赛道中形成自洽的逻辑和竞争优势。

十年前，正值"双创"热潮，我们到现在已经投了600多家公司。其实有很多项目一开始我们也不确定它们是否属于硬科技，但是投着投着发现它们就是硬科技，如大掌门、小牛电动、理想汽车等。其中，理想汽车后来成为造车新势力的第一名。我是第一个提倡投小镇青年的投资人，我认为小镇青年是当下创业者的一类主力军，他们是真正PSD群体——不躺平依然怀揣改变命运的信念。接下来，我分享几个关键点，1个愿景，"LongChina"，这是我们的投资愿景；3个标签："投早期投小投硬"，投小镇青年、脱口秀演员；4项创业品质：心力强大、认知深刻、格局宽广、心态积极；投资逻辑：人、事、时、值的逻辑。我们是全领域投资，独角虎理论是2016年被提出的。独角虎是能够自我造血、占据一个领域制高点的企业。至于全领域投资，我们认为投资火箭和投资衬衫其实都可以找到相通的逻辑。

当前，投资难、募资难、退出难，我们正处于从业二十多年来最难的时刻。但现在这个时候如何找到一个新时期的逻辑呢？企业要求创投机构成为耐心资本，国家要求投硬科技，地方政府要求招商落地，既要、又要、还要。今天可能是硬科技，过三年就从"硬"到"微软"再到"变软"。几年前，消费芯片还是硬科技，现在可能已经过剩了，已经不符合科创板的上市要求。创业者就像跑步者，可能你跑步的时间点告诉你终点是哪里，当你跑到那个地方，创业到那个地方的时候，收入、利润也达到了，却被告知不符合硬科技的标准了。我觉得科技的发展是波浪式前进、螺旋式上升的过程，需要创业者有不断调整自己方向的能力，以及适应"第二曲线"的能力。新周期带来了新的环境，我觉得创业者最重要的能力就是自我进化能力，不断进化才能不断地适应环境。而且创业者的周期也值得深思，就像5年前被定义为硬科技的领域，到了现在可能已经是产能过剩的制造业了。

我们以退定投，要能够提前5~8年判断退出机会，到底是哪种退出方式？是IPO、并购还是分红退出？不同的退出方式没有什么高低贵贱之分，只要能够退出就是一个良性的投资结果。我们有3条投资逻辑，第一，投资独角虎的逻辑，因为硅谷是投独角兽，独角兽就是估值超过10亿美元的。独角虎能够自我造血，即使经历最后一轮投资它也能够活下来，更重要的是，它必须具备在冬天也能猎食的能力。2016年，我提出来投独角虎的逻辑，把独角兽变成独角猪和独角虎，猪和虎的个头差不多，但是只有虎，冬天才能活下来。这是一个多维度的评价标准。第二，投资小镇青年理论，小镇青年往往是"打不死的小强"，是真正最皮实的创业者。投资小镇青年的理论是2017年提出来的，没有后路的小镇青年更容易坚持长期主义，遇到困难不会乱，能面对各种各样别的机会和诱惑。第三，人、事、时、值的逻辑。这个逻辑提出于2018年。此外，还有以退定投、以单定创，投一个项目要知道它可能的退出逻辑是什么，并以此指导项目发展。

以单定创，一个企业的核心是创造需求，而不是满足需求。企业的意义就是创造订单，不断地获取订单，而不是先去搞科研或者长时间闭门造车。在投资过程中，有几个忠告。首先就是投资未来的稀缺性，敢于在非共识的无人区里独行。很多项目在早期并不被看好，存在看不懂、看不上、看不起的情况。如果不能下定决心投资，可投可不投，那么答案一定是不投，很多领域掺杂太多的情感或情怀，投资不能给LP赚钱，就不应该投。

有什么资源打什么仗，不要加杠杆、不要高负债。现在很多投资加的杠杆过高，如短债长投，最终难以形成长期资本。投资是一个反人性、逆周期的过程，人群扎堆的地方往往挣不到大钱。我觉得挣钱的逻辑就是在别人看不上的地方，你能够坚持下来，挣到百倍、千倍，这些一开始往往是别人看不上的。还有投资能力是综合性的，你要能够看得见、看得懂、帮得上、退得出。基金得有品牌，有谈判能力，有帮被投资者渡过难关的能力，有帮他们在关键时候协调分歧的能力，这需要很长时间去掌握，一旦掌握，将终身受益。在早期投资中，一个新行业投资窗口期短，所以要做行研，但其作用被严重高估了。例如，投资新能源车有可能就是2015—2016年这两年，往前可能成为历史，往后可能基本上没有机会。我们就是在那个时候投的理想汽车第一轮，往后还有哪一轮？除了小米造车以外，哪个还能造车成功？那个时候你去做一个行业调研，把新能源汽车研究的很透，有用吗？没用的，因为过了那个时间点，这个领域就没有投资机会了。

优秀的投资人不预设立场，可能昨天是A立场，今天要推翻A立场，要改变自己的观点，每次投资要重新思考，不要固化自己的思维。看透本质是投资的核心，本质是什么？就是投资的终局、赔率和规律。对于中国的投资人来说，未来的机会依然在中国，只有在中国，我们才能够"上主桌"。在欧美市场，我们难以进入主流；在东南亚市场，机会有限，规模太小，所以我们要扎根中国。

科技企业如何借资本之力

方娜　沪硅产业总裁助理

> 对于科创企业，特别是早期的科技企业而言，架构设计和资本选择对于企业长足发展非常重要。硅产业之所以能够走到今天，最核心的一点还是持续自主研发。外部机会需要天时地利人和，打铁还需自身硬，这样，合适的资本都会找过来。

沪硅产业是平台性公司，我们的主营业务全部都在子公司层面上。作为国内第一个实现了12英寸大硅片技术突破并量产供应的企业，我们不仅承担着国家的战略任务，同时也是在充分市场化竞争中成长起来的科技企业。目前，我们在中国境内及芬兰的赫尔辛基有4个生产基地，海内外员工有2800人，技术密集、人才密集。与此同时，半导体制造业最大的特点就是资本密集，这些特点意味着高门槛、高投入、长周期。

高门槛我本来不想讲的，但某种意义上对于资本、投资人而言，这一点尤为重要。很多人可能很难看懂为什么还有非常多的技术要突破，非常多的研发工作要去做。但是从市场上来看，我们看到了遍地开花的半导体项目，看到了这么多的硅片产能，认为这个市场已经过剩了。这是我们行业，包括国内很多高科技产业面对的问题，即中低端严重内卷，高端严重不足。高投入不仅意味着高的资金投入，同时也意味着高的研发投入。对于企业而言，从技术研发到成果落地，再到实现效益，这一过程需要经历漫长的周期。对于投资人来说，见到投资回报、实现退出需要更长的时间。硅产业集团发展历程，可以分为3个阶段。

第一阶段，2015—2016年。硅产业集团是在2015年底成立的，成立以后我们在2016年上半年迅速收购了芬兰的一家上市公司，完成了对法国Soitec的战略投资，同时在国内我们控股收购了上海新生和新奥科技，通过并购整合的方式我们非常快速地实现了全球化的产业布局。第二阶段，在2019—2020年科创板推出以后，我们第一时间启动了科创板的首次公开募股（IPO），并于2020年成功上市，这对于重资产的科技企业而言是非常关键的一步。在这个阶段，我们围绕着半导体硅片的主营业务，开始拓展产业孵化，围绕半导体材料进行横向布局。第三阶段，2021年至今，我们采用了多元化的融资方式，充分利用资本市场和二级市场的股权与债券融资，结合各种金融工具的使用及项目层面的私募基金的融资。在扩大产能的同时，我们还围绕产业链的上下游进行纵向投资布局。

在整个过程当中，我个人认为有3个核心点值得关注。并购整合和产业孵化是我认为科技企业特别是大型科技企业发展过程中很重要的两个方面，是科技企业很重要的双轮驱动。以硅产业集团为例，我们充当的角色就是资本。在并购整合过程中，我们用到了很多金融工具，如境外的并购贷款及国内贷款等，使得硅产业集团在成立仅半年、注册资本仅有20亿元的情况下，完成了近30亿元的并购。这个过程当中除了资金之外，更重要的是对收购标的的业务整合，以及整合完成后各个子公司之间协同效应的最大化发挥。

产业孵化不太一样，异质晶圆和光掩膜是两个典型的孵化案例。这个过程中，我们觉得架构设计和外部资本的选择对于早期的科创企业非常重要。新硅聚合是我们第一个异质晶圆的承载主体，是一个典型的科技成果转化项目。这个项目发起设立的时候，我们选择了沪硅产业控股作为核心主体，并引入以战略合作客户为主的外部资本，帮助我们将最有价值的技术从实验室走向了产业化，最终走向市场。光掩膜项目有所不同，我们核心团队里面的主要成员都是经验非常丰富的业内人士，因此从一开始我们采用的就是参股的形式发起设立。在外部资本选择上，鉴于光掩膜项目的重资产属性及承担着国家战略的特点，我们引入了大型的国有资本，包括国家集成电路产业基金、地方产业基金及地方政府的支持，同时叠加着行业内的战略投资，搭建初始架构。对于科创企业，特别是早期的科技企业而言，架构设计和资本选择对于企业未来的长期发展至关重要。

另外，对于硅产业集团最重要的一点就是持续融资的能力，自2020年硅产业集团上市以来，资本运作几乎没有中断。2020年上市，2021年启动了50亿元的定增，2022年发行，2022年底启动了科创债，2023年成功发行。在这个过程当中，我们以最重要的业务板块，12英寸大硅片的二、三期扩产项目为载体，在子公司层面累计完成80亿元的股权融资。从2020年到现在，我们在一、二级市场上，通过股权和债权融资累计募集资金超过160亿元。围绕二期项目，我们在2022年完成了50亿元的二级市场定增和50亿元的外部股权融资。在这个过程当中，我们发现最为核心的一点是资本的合理配置，选择什么样的资本进入，选择什么样的融资方式，是股权还是债券，都需要结合企业自身情况来看。以硅产业集团为例，围绕股权融资，我们与各类资本和投资人进行了深入沟通，但最终的选择也是基于整个项目的战略性，以及行业的高投入、长周期特点，这些同时也是限制条件。最终，我们引入的资本还是以国有为主的大体量资金为核心，同时加上少量行业内的战略投资人。资本结构的调整基于资金和机构本身的属性，以及叠加的边界条件和限制。

我们发现，只有与企业拥有相同的底层逻辑和长期的战略共识的投资人才能携手走下去，并在企业长期发展过程中形成助力。资本进入能够给企业带来什么？很显然是持续的研发投入和资源整合带来的技术突破，以及在充分的资金支持下产能的扩充。以硅产业集团为例2020年IPO时，我们的12英寸大硅片每个月产能仅为15万张，而到2024年，我们产能已提升至60万张/月。三期项目达产后，我们的产能可以达到每月120万张。在短短几年内实现产能翻番再翻番，这一切离不开资本的支持。此外，资本纽带的作用还体现在国际市场的助力，以及我们并购整合后的海外渠道，进一步开拓国外市场，提高市场份额。这不仅使我们实现大硅片"0的突破"，还使得我们的全球市占有率从最早的微乎其微提升到后面的2%、3%，直到今天成为全球第六大硅片商，在国际上有一席之地，这些离不开资本的支持。同时，企业对于资本也有更高的要求，我们除了引资以外，还需要引智。企业发展需要资金和资源。投资人可以站在产业链的角度，甚至有一些更大规模、更长历史的投资机构，可以站在更宏观的市场和经济的角度看待问题。我们希望，好的资本能够把企业治理、实现长期战略目标的经验带到企业中，助力企业取得更大的成功。

挑选两个重要的方面来说，在资本纽带下，特别是从目前国内的生态环境来讲，半导体技术领域的生态体系建设是非常重要的。围绕产业链的协同发展，我们能够发现，具有共同的战略属性的资本，对于整个国内生态体系的建设，包括像我们这样的半导体企业，在推动国产化过程中起到了至关重要的作用。随着企业的发展，基于科创企业高门槛的属性，我们发现企业越来越多与资本结合，同时我们也参与到产业中，开始布局产业链上下游的纵向投资。

某种程度上，科技企业与资本之间形成了一个闭环。资本在企业发展过程中发挥的作用毋庸置疑，但对于一个科技企业来讲，最核心的还是技术。虽然企业在发展过程中使用了很多资本方式，有大量资本支持，无论是并购整合还是打造生态系统，硅产业集团能够走到今天，最核心的一点还是持续的自主研发和自身发展。外部机会需要天时地利人和，但打铁还需自身硬。合适的资本主动找到优秀的企业，科技和资本的结合绝非一蹴而就。真正实现科技与资本的深度结合需要双方具备前瞻性的战略眼光、敏锐的市场洞察力和果敢的决断能力。其实沪硅产业集团发展到今天，最大的一笔融资发生在 2022 年，我们在上半年完成了 50 亿元的二级市场定增，加上 50 亿元的一级市场的股权融资。二级市场发行在 3 月完成，50 亿元定增在 6 月到位。在这个过程中，很多一二级市场投资人具有基于底层逻辑的相互信任，双方管理团队非常惊人的决断力也是值得钦佩的。

科技企业与资本之间，与其说是借力和助力的关系，我更愿意讲，我们是在寻找相同属性的彼此。只有能够在同一个频道上形成共振，才能一起携手走下去，才能一起扛过我们过去两年及至当前行业发展和金融市场短周期的挑战，共享在更长周期中可持续发展带给彼此的红利，谢谢大家！

4 圆桌论坛

圆桌论坛 1

主持人：

  周　琳，新华社记者。

嘉　宾：

  贾冰雁，深圳市创新投资集团有限公司东南投资部负责人；

  张　剑，新微资本管理合伙人 / 执行副总经理；

  王光熙，联想集团副总裁 / 联想创投管理合伙人；

  刘　锋，华登国际投资执行董事；

  孙维琴，上海张江科技创业投资有限公司副总经理；

  李　伟，上海司南园科私募基金管理有限公司总经理。

周琳：在耐心资本提出以后，您觉得现在新一轮交叉性的、长周期的科技革命，会对创投市场带来哪些新的改变？这些改变会如何重塑我们的投资理念？

贾冰雁：刚才提到了未来产业革命和科技创新对于创投提出了新要求、新挑战，同时创投机构也面临市场环境变化与新的机遇。从变化的角度，我觉得有以下几个方面。第一，投资的热点领域发生了迅速的变化。两三年前，大家还在投传统产业，但是目前基本上国内所有的创投机构都把投资热点瞄准了新兴产业，如人工智能、量子计算、生物技术、创新药等。中国的投资领域正在快速进入成熟期，新能源、新材料的投资热点也在短时间内迅速变化。第二，投资阶段的前移趋势。在中国投资的阶段在迅速前移，前几年我感觉大家比较偏好投一些成熟期、成长期的项目，但是这几年资本市场变化很快。很多在上市前属于成熟期的投资，可能目前是估值倒挂，退出的时候出现亏损。往前投，投早、投小，坚持做一个耐心、长期的投资，这也是目前整个创投行业发生的变化。第三，LP 资金来源的变化。在座的创投机构同行都有一个相同的体验，LP 的资金来源以前可能还会有社会资本参与，但是 2023 年以来，我们很多的资金都来自于政府或者是国资。2024 年上半年 LP 来源中，80% 都是国资，国资有各种各样的诉求，包括招商引资、返投，这对于创投机构各方面的能力也提出了新的要求。第四，退出渠道变得多元化。以前我们统计有多少家公司上市了，现在从上半年的资本市场来看，通过 IPO 的渠道变窄了。很多投资机构在探索更多的退出方式，包括并购、转让、回购等。我们集团也有一个 S 基金，现叫作接续基金，旨在帮助急需要退出的基金份额接续过来。这都是目前整个创投行业发生的变化，也是创投机构面临的挑战。

国办 17 条的发布，使创投机构未来在先导性的价值判断、长期性的资本支持、长期的价值培育等方面可以发挥特别重要的作用。从全国科技大会和相关政策中，我们也感受到了国家对于创投行业的重视，我相信未来创投行业会迎来更多的发展机遇。

周琳：了解到新微资本（以下简称"新微"）是一家以硬科技投资为核心的企业，科研实力非常强，呼应了习近平总书记提出的科技和产业的融合，我也知道贵公司专注于以集成电路为核心的新一代信息技术产业及其他相关战略性新兴产业的投资。请问新微资本在选择被投企业时主要考虑哪些方向？怎么样挑企业、选企业，怎么样陪企业长跑？

张剑：新微关注以集成电路为核心的新兴技术相关领域，自 2001 年成立以来，初心就是做科技成果转化，围绕主要的合作方中国科学院上海微系统所，从上游材料的研发，到芯片、传感器、设备到系统，再到行业应用，都有全方位布局。某种程度上，我们的投资围绕着电子信息行业的上下游，上游偏半导体，下游偏机器和人工智能应用的领域。新微主要做"四链融合"。中国科学院作为技术原始创新的国家队，有原始创新能力和科技苗圃资源。在人才链和创新链的基础上，我们通过资本的作用进行资源整合，打造了一条从早期到成长期再到并购基金的基金链，贯穿企业的生命周期。虽然最早是投早、投小，但是随着企业的壮大，我们不仅仅是投早、投小，而是围绕着创投的生命周期进行投资和布局。

新微的产业链也在不断地发展壮大。这些年从上游到下游累计投资布局了大概100家相关的硬科技企业。依托人才链、创新链、资金链及产业链的布局，我们有了对项目筛选、把握和投资布局的能力。在我们的体系内，会有一批苗圃慢慢长起来，进入个体孵化器。目前在上海有4个孵化器，有2个产业园。苗圃孵化出来的种子进入产业园后，进行加速和孵化，通过我们的资金支持进一步助推，形成一定的前景，并实现项目的孵化和壮大。同时，随着产业龙头的发展，上下游之间形成了较好的生态，特别是现在强调产业协同和赋能。产业龙头带动了我们早期的投资和孵化。这十多年来我们累计培育了十几家上市公司，以早期为主，通过上下游的努力共建产业生态。我认为这本身是一个正反馈效应。

周琳：联想创投是近年来独角兽类企业投资成功率最高的CVC机构之一，请问联想创投在早期挖掘并培育高潜力的独角兽企业方面有怎样的经验？

王光熙：不仅是独角兽企业，许多"专精特新"类的企业也占据了我们近300家被投企业中相当高的比例，可能已经超过1/3。大部分企业在投资时并没有"专精特新"的称号，我们不是奔着"专精特新"去投的。回顾过去，大概从2012年开始，集团开始做早期科技布局，做了12年，这个过程当中积累了很多的经验教训。我们总结早期科技投资主要有3点。第一，确定战略定位和初心。我们没有偏离过我们的初心和定位，围绕集团的整体生态，做充分的拓展和延展，在更广阔的IT大赛道中进行布局。在这个过程中，VC的角色也在不断变化，我们顺应这种变化，不断调整与市场、创业者及大环境之间的互动。第二，投资需要长期产业理解。科技投资不同于其他赛道，很难赶上风口。在科技赛道需要有长期的对于产业的理解和研究，我们坚持以研究驱动投资，每年会固定拿出2~3个月的时间聚焦产业研究，并每两三年对产业大趋势进行迭代，每年都会做一些研究和更新。在2015年和2016年，我们就投物联网、边缘计算、云计算、大数据与智能互联网的各环节，并坚持了5~6年，而且不断迭代。最近两三年，我们围绕无人机智能布局，包括在数字域、物理域、具身智能方面的应用。第三，双向赋能与多方协同。我们有优势去做大量双向赋能，甚至与地方政府合作，做三向的互动和互相赋能。国内越来越多的原始创新出来以后，VC能够扮演的角色非常重要。例如，在供应链的合作和企业出海的计划中，可以帮助很多软硬件企业迈出国门。我们在海外业务时间比较长，布局非常完整，同时在国内拥有两三千亿的制造能力，规格较高，能够帮助很多企业在早期解决柔性生产问题。此外，我们专门成立了相应的"形成计划"和"光明计划"，帮助企业打破早期的困境，我们这几年越来越看到这些实践的价值及实际效果。我们长期打造VC生态，其最底层的逻辑还是源于对中国科技创新的信仰，这一点是我们过去12年坚持投资的核心驱动力。

周琳：感谢，你刚才讲到有一个词让我印象深刻，初心和信仰，所有的投资都是想着跨前一步，能够给被投企业提供更多的赋能。印象很深的是，联想给一些高校捐过一些算力,算力的捐赠能够支持早期的基础研究。

王光熙:我们也资助了很多青年科学家,纯粹资助一些我们比较看好的新兴方向的年轻科学家,用捐款的方式,搞了很多年的学术委员会,其中有些人未来也许能够成为院士。这些事我们做得比较多,现在来看也很有意义,不是奔着回报率,产出往往是自然而然的,他们有很多创业公司,他们的学生去做创业公司,跟我们的合作也非常多。

周琳:华登国际是中国半导体行业成长过程中非常关键的一家资本注入者,用"不离不弃"这四个字来形容是非常贴切的。我们特别希望能够请教一下,在"百年未有之大变局"、外部环境严峻复杂的背景下,华登国际怎么样为中国,为上海的半导体产业成长壮大注入力量和方案?

刘锋:各位嘉宾大家好,我是华登国际的刘锋。华登国际于1987年在美国成立,1994年被财政部、科技部邀请加入中国。那个时候国内科技类的项目比较少,我们投了小天鹅、科龙、创维,一直到2000年中芯国际成立,2001年我们向中芯国际投资了5000万美元。随后在2004年、2005年,我们成为中微的原始股东,一直陪伴它成长到现在,已有约20年了。在我们看来,从2005年到现在的20年,中国集成电路行业,包括产业链、政策、人才,这些要素都是发展最好的。现在的资金一定比20年前、10年前多很多,主要原因在于整个行业都发展特别快,尤其是2018年、2019年开始,科技相关的投资基金快速增长。投资机构的数量也急剧上升,2023年管理基金人数已有一万多人,芯片设计类的公司在过去5年里新增了一两万家。大量资金流向了不同的机构,其中一部分可以到好的机构里扶持好的公司,但也有一些资金流向了一些初创公司或者缺乏创新的公司,它们可能在泡沫里面存活一段时间。

在过去20年,我们从底部到一个高峰,现在又处于一个调整的阶段。现在这个阶段,不管是对投资行业,还是创业企业都是一个比较好的阶段,所有的要素比原先都好,这个阶段也是我们比较适合、擅长的。2005—2015年,我们资金不多,项目也少,可以一个季度、两个季度,甚至三个季度看好了再去投。而现在,资金热度较高,在看不清楚一个企业真实状况时,很多资金就投出去了。

展望未来,如果正确的资金能够流入正确的企业和行业,对于这些行业都是有帮助的。2000年,我在上海的一家台湾公司做芯片工程师,2004年从这家公司离开时,我体会到了股权的价值。当时公司给我的员工期权是一股0.15美元,我离开时回购了七八千股,并逐年兑现。那个时候我没有接触过股权的价值,但我在2004年到了美国一家上市公司工作时,才发现美国工程师的工资水平差别不大,但是他们很在乎公司给的股权激励。如今,中国企业逐渐注重对员工的股权激励,现在更多的创业者也愿意通过创业证明自己的价值,这更多体现在股权价值上。这是一个观念的转变,我们正在慢慢转变,我相信这个过程不会太久。中国人都很聪明,各个行业都可以发展出比美国企业更好、更适合中国企业行业发展的政策、方法和资源。

科技的创新、重塑、重生，会突破原有的思维，带来全新的变化。我相信未来一定比过去好很多，谢谢。

周琳：上海张江科技创业投资有限公司（以下简称"张江科投"）立足张江高新区的科创优势，推动创新链、产业链、资金链、人才链的深度融合，助推科技成果孵化和科技企业蜕变。请问张江科投在创投市场环境变化的背景下如何布局，如何为企业提供更好的赋能？

孙维琴：张江科学城在市场上一直有很多的传说。前几天，由黄晓明主演的电视剧《赤热》发布，讲述了中国集成电路的发展史，很多原创的故事来源于张江科学城的创业者和创始人。张江科投，顾名思义，诞生于科技投资，是张江集团旗下、专注于科技股权投资和生态科技营造的平台。我们的基因是"投早投小投硬"，深耕张江，"孵早""孵小"。张江科学城主要发展三大产业，即信息技术、人工智能和生命健康，以及我们早期投资的重点产业。孵化器与投资在我们的工作中高度协同，张江药谷平台和张江的孵化器从 0 到 1 成功培育了 35 家上市公司，极具原创性。我们的股权投资板块投资了傅利叶智能，这是一家做智能和机器人研发的企业。它在创业期的时候，我们参与了天使轮的投资，这个案例可证明我们专注于企业初创期的投资。在张江科技投资投的 125 个项目中，70% 以上是 B 轮以前的投资，被投企业中的 50% 以上都是专精特新的"小巨人"企业。随着企业的发展，我们的孵化和投资模式也在进行变革和迭代。

在生命健康领域，2023 年我们的天使投资基金完成了首发，中国科学院上海药物所所长亲自担任天使投资基金投决会的主席，把药物所的科技成果转化项目第一时间在张江落地转化和孵化投资。同样，在光电子和未来硬核科技领域，我们与中科创星合资设立了"创新之光"基金。上海作为第一批高质量孵化器的城市，聚焦硬科技领域，对未来物质、未来能源、未来生命等方面进行早期项目投资。同时，高质量孵化器配套天使投资基金，通过早期投资加速企业发展。国资创投可能在效率上与市场化创投相比还是不够快，反应不够迅速。为此，我们这两年通过两大产业领域里面的两只风险投资基金进行主动管理——张科垚坤聚焦数字信息领域，张科禾润聚焦生命健康领域。通过市场化的手段，我们对融资的企业进行快速响应，做到持股式的孵化。

科创板开闸后，一批半导体项目涌入资本市场。十年前，在张江科学城发展半导体的时候，华登作为外资资本在投半导体、装备、材料等项目，当时市场没有多少。被投对的一点是时间，国资用自有资金投资，没有很硬性的说多少年要退出，美元资本在当时的时间里面，比人民币的容忍时间更长。当下，我们也觉得需要用时间换空间，我们今天做的非常早期的孵化、投资技术成果的转化，至少需要 10 年的周期让企业成长、发展。资本回报也需要拉长时间，如果 GP 都有很大的压力要马上退出，那怎么样能够长期陪跑早期项目、陪伴未来企业成长呢？

这个创投论坛环节非常精彩，汇聚了不同资本的视角，国有资本与外资资本共同加持硬核科创企业的早期孵化和投资。同时,在企业成长过程中,各类资源和资本的接力,使得企业能够快速地跑起来。

周琳:作为临港集团联合团队共同设立的面向早期科创型企业的私募股权投资基金,请您从创投角度谈一下,我们怎么跟硬科技企业一起成长和发展?临港集团又是上海科技全新的地标,我们怎么样在这样的创新热土上、在这个白纸上画一个蓝图?

李伟:大家好,我是来自临港司南基金的李伟。我们这只基金是临港集团作为主要发起人设立的,是一只面向早期投资的天使基金。基金的设立初衷是和临港集团旗下的产学研平台、高质量孵化器平台、科技服务平台紧密联动,发掘优质的早期项目和科技成果转化项目。同时,我们链接产学研资源,助力企业发展,推动上海市特色园区的打造。我们对于培育和投资一些早期的硬核级企业,有以下几点看法。

第一,创投基金需要从传统的财务投资人转向合作伙伴,甚至是联合创始人的角色。早期的投资企业在公司管理、战略制定、法人治理结构等方面往往不够成熟,需要外部资源帮助他们一起制定战略。第二,我们对于初创企业要能够辅助其降本增效。在创业初期,企业应避免非必要的重资产投入,要用好我们的科学仪器共享平台和高质量孵化器的资源支持早期研发。同时,用好园区的专业服务力量,能够做一些辅助的科研工作,将团队的主要时间都用在核心研发上。第三,如何在核心研发和产业化方面提供帮助?大部分创投机构作为网络资源枢纽,可以链接到大专院校,为初创企业横向研发提供一些智力支持和解决方案。另外,在产业化辅助方面,虽然当前环境市场不佳,但我们投资了很多其他的企业,产生一些合作的化学反应,实现抱团取暖。现在我们投的一些企业,其实已经有一些合作的案例,这种合作基于创投作为同一个股东的信任基础,不是停留在纸面上的,而是可以真正落地。第四,陪伴投资。创投机构应该建立多轮投资机制,避免这种撒芝麻或浅尝辄止的投资方式。在初创企业取得阶段性成果后,我们可以引导有效资金投入进去。当然,创投基金也是一个金融产品,具有一定的风险。第五,创投应该从资金端更加重视服务端。创投未来的繁荣发展与我们的创新创业高质量发展是相辅相成的。创投机构应该更好地去理解创业,甚至是参与到创业中去,这样能够把自己所有的资源有效调度起来,避免浪费,从而把效率发挥到最大。这是我的想法,谢谢大家。

圆桌论坛2

主持人:

房　瞻,清科创业合伙人。

嘉　宾:

徐　军,上海股权托管交易中心股份有限公司党委书记/董事长;

邬　曦,达晨财智创业投资管理有限公司合伙人;

仲　骊，中国银行上海市分行投资银行与资产管理部副总经理；
章　锟，上海国投孚腾资本管理合伙人；
饶雪莹，金浦投资/上海金科基金合伙人；
鞠　铭，上海科技创业投资（集团）有限公司引导基金部总经理。

房瞻：第一个问题问鞠铭总经理，上海科技创业投资集团既是GP，也是LP，同时管理规模非常大，是一家综合实力非常强的国资投资机构。刚才几组数据您听到了，整体市场面临"四难"的问题，您对"四难"问题怎么看，以及是否会去"啃最难啃的骨头"（即投资量大、周期长、风险大的项目）？

鞠铭：作为国资的耐心资本和长期资本，我从"募投管退"4个方面谈一下国资可以"啃硬骨头"，也有能力"啃硬骨头"。无论是上海科创还是国投，作为大型国投创投平台，资金实力雄厚，从这个角度来说，国资"啃硬骨头"有它的基础。对于公司来说，掌握这样的资本实力，应该去"啃硬骨头"。既有母基金的功能，也有直投的功能，重大项目必然会积极参与，同时还会带领我们广大的创投伙伴，特别是子基金，共同参与"啃骨头"，这个是"募"方面的体现。母基金会控制一定的比例，如引导基金参与子基金的比例是25%。目前来说，投资额度是一亿元，并不是非常大，今后是否能够扩大参与子基金的额度，有待进一步观察。

"投"。目前的资本寒冬对于国资来说是一个机会，因为很多项目是需要国资去扶持和投资的，像之前为什么会产生寒冬？一部分原因是大家追热点和抢概念，抢到最后的结果是价格虚高，这是我们看到的原因。国资不会这样去做，作为母基金肯定不会参与这样的投资。我们对于硬科技的投资趋向，需要去发现水下项目，其实"投早投小投硬"不是一个新概念，任何时候都要投小、投早、投硬科技的项目。前面一轮的圆桌论坛也提到了，像中微的项目、在张江创业的半导体项目都是早、小、硬的项目。从国投母基金的角度来说，更考量投资机构的领投比例、独家投资的比例及技术投资的比例，这是对子基金提出的要求，也是一个引导。国投资本具备天然的耐心资本和长期资本的属性，可以去"啃硬骨头"，因为国投是用资本金去投资。当然，国投的三大先导和未来产业有周期，我觉得周期还是可以放长的，所以，国资国投有这样的天然属性应该去"啃硬骨头"。投什么？我们不追热点、抢概念，如果市场能投的，国资不一定参与而让市场投。

管理难，小公司的资源禀赋比较弱，特别希望国投能够对接资源。国投在筹划投后管理的平台，作为一个大型投资平台，国投拥有丰富的资源，甚至能够对接外省市的资源。一些项目周期长、额度大，国资资本具有一定禀赋，但未来的持续投资能力仍需进行策划。现在碰到很多大项目，一轮轮的投资频率高、投资额度很大，从国资角度来说持续投资能力还需要重点策划，这是"管"的体现。

"退"，简单来讲，现在是多元化退出，有各种各样的退出方式。我要讲的是，作为国投的母基金,特别是引导基金,我们可以留出足够的空间和时间,供 GP 去退出。这也是我们母基金的一大特色和优势。谢谢。

房瞻:我们知道,金浦一直专注投资硬科技,在现在是 AI 等大模型热的时期,我们如何通过硬科技投资来赋能实体经济,以及如何平衡经济价值和社会价值?

饶雪莹:金浦并不一直都是投硬科技,我们成立 15 年来,已投资了 400 多个项目,管理规模 650 亿元,投资布局随着行业的变迁和迭代而变化。10～15 年前,我们围绕上海金融中心建设,主要投资了一些金融行业,当时大量金融企业还没有上市,没有做资本化和改制。在 2.0 时代,我们投了上半场的 TNT、消费升级、文娱,下半场的半导体等。进入 3.0 时代,我们开始聚焦硬科技,"投早投小"。现在,我们随着国家实体经济的发展脉络在布局。硬科技是骨骼,实体经济是肌肉,金融是血液。我们还是一个金融机构,处于风口浪尖,国家对金融行业重新定位,并对西方金融模式提出了质疑。到现在这个阶段,是不是符合我们国家的特色和时代的特色呢?未必。金融要有服务性和人民性,这给我们带来了一些新的思考角度。

首先,以我们金浦为例,我们可以"投早投小投硬科技",通过服务科技来彰显我们的服务性。与多地地方政府合作,根据当地的产业结构做产业杠杆,保障了人民性,不仅做了国家和社会需要的事情,也让我们感觉到了自己的工作在时代洪流中具有一定的意义。再说到必要性,现在的"募投管退" 4 个环节,可以总结为"两头卡,中间难","两头卡"是因为人民币的募资和 LP 的多元结构,与美国及西方现代金融存在差异。我们现在的长线资本,如保险、银行、理财等,在它们真正变成耐心资本之前,50% 以上需要地方政府给我们相互的支持和赋能,我们必须要去看地方需要什么。需要的是招商引资,实体经济的发展。我们投的一些硬科技项目往往有一个特点,它需要大量上游的零部件、原材料,下游又需要很多的基础设施和建设,在整个产业的带动上,通常能够实现一比几十的经济增长,在再就业方面也至少达到一比十几的带动。这正是地方政府和实体经济所需要的。在产业带动能力方面,我们帮助地方政府实现招商引资与产业集聚,这使得他们愿意把钱给到我们。同时,撬动社会资本,真正形成我们"募投管退"中的第一个环节——募资。

具体投的东西怎么做?比如,这几年重点布局的昆天科技,一方面,通过可回收的发动机,真正为国防军工事业做出更高效率、更低成本的方案;另一方面,这也让人类对于未来载人、载物的幻想落地。国家希望能够把新能源汽车这个赛道的"弯道超车"经验复制到低空经济领域。目前空域管理已推进,并在这方面进行大规模布局,未来绿色交通出行的方式让老百姓在生活当中感知到。可以看到,在飞行的安全、适航的符合性及经济运营方面,这一领域是真正算得过来的。它的带动作用和对实体经济的改变,能够复用到新能源产业、大商飞产业,以及下游系统的建设上。底层逻辑就是房地产落下一个大的 GDP 空白,谁能够把它填起来,谁就能够把就业拉动起来。

之前我们重点布局新能源车上半场的电动化，现在我们继续布局下半场的智能化。汽车行业在这一部分已经非常卷了，中央层面第一次提出要防范内卷，甚至恶性竞争，为什么我们仍然看好这样的行业呢？我们还是希望深耕这一领域。原因在于，它的底池足够好。2023年新能源车的销量达到了三千万台，即便在一辆车上做1000元的生意，如果能够做到供应商的一轮融资和二轮融资，那就是60亿元，并且这是每年，是一个非常大的市场规模。所以我们即便是卷，仍然要留在里面。关键在于找准环节，李书福董事长说过，中国最缺的不是造车的人，而是上游的原创性的东西，包括传感器、算法、零部件。这些领域在原创、性价比、性能上确实有一些稀缺性的环节，这也是我们在极力布局的方向。我们对目标企业的要求是一个六边形，非常全面，既要达到在这样卷的过程中形成性价比成本控制的能力，也要在性能上不输，甚至更优。我们也看到很多企业在大环境下，降低成本的同时，把自己的壁垒越建越高，我们希望继续扶持这些企业。

AI对人的改变非常大，从大模型到具身智能，AI可以把千行百业全部重新做一次。我们的投资是在AI的基建，AI的尽头是能源，是算力，也有说是电力。AI的基础建设怎么样能够更高效地把这些算法、数据跑起来，我们做了一些部署，包括服务器的架构、芯片层、网络层，再到液冷。整个数据中心耗能很高，我们希望能够做到更加绿色化，现在国家也提出了PUE的要求。PUE就是整个算力能耗占IT设施能耗的比值，要求达到1.25以下。其实，目前有很多技术，包括液冷技术现在还没有达到这个水平。

总结来说，现在投资机构面临着各种各样的挑战，包括商业模式的"四难"问题，但我还是觉得我们是比较幸运的，一方面我们可以见证这些变迁；另一方面我们作为亲历者，可以在这个过程中尽量做一些符合推动需求与供给、具有迁移拉动作用的事情，做出自己的贡献，谢谢。

房瞻：面临风险、不确定性，达晨财智是如何看待、处理这些风险的，挑选项目、做投后管理，做退出有没有一些经验给大家分享？

邬曦：大家一直在说技术创新和产业创新，其实对于风投或者创投来讲，我们这个行业其实也需要创新，作为机构来讲也需要创新。在大环境紧张的情况下，投资机构面临两大问题：第一，机构怎么保证活下来；第二，如何保证具备更好的适应性。唯一的办法还是创新。对于我们有一定发展历史的机构来讲，在机构当中要形成新的创新文化，要做一些之前没有做过的事情，用新的办法做一些事情，这可能是最要紧的。我们这几年在做一些探索，总结下来两句话，以创新对创新。以简单对复杂。以创新对创新是什么呢？现在的技术和产业创新来得太快、太猛了，我们必须要有一个创新的办法来应对这一切。简单对复杂就是说现在的变化太多了，什么东西是根本？我们抓住这个根本，抓住这个所谓的"简单"，才能应对复杂的局面。

以创新对创新，对于我们来讲是什么意思呢？至少对于创投机构来说，有3个方面的问题。第一，整个创投机构知识体系的再造。原来机构中做投资的都是学金融、学经济的人，现在有更多理工科背景的人，为什么招这样的人？为了跟外部的知识体系建立一个更畅通的链路，这样才能和专家对上话，形成一个内外循环的知识体系。第二，资源的再造。比如，我们投了150家上市公司，上市后我们就退出了，他们在产业上对我们以后的上市公司意味着什么？其实，中国的产业是有一个阶段的，我们原来投的上市公司大部分还是集成创新的公司，现在大家提到的"卡脖子""专精特新"更往上游走，其实是供给这些应用场景的零部件、系统，刚好原来投的这些应用场景可以验证上游，尤其是早期的投资项目。第三，组织的创新。比如，达晨现在拥有二百多人，原来我们投资一线，对项目情况一清二楚。现在成为管理人以后，是隔一层的。如何使知识、资源循环更加畅通？关键在于更平台化的操作。既要更平台化，同时还要保持弹性，要随时能够深入一线，又要保持对市场的热度，这可能需要更分散化的方式。我们认为这一点是根本的逻辑。

投前更加精准地去捕捉项目，或者投后更好地去赋能，都是围绕这个逻辑展开的。我们是一个纯财务型投资机构，怎么往准产业投资机构去走，我们可能相比专业VC来讲还是不一样的。有一点好处在于，我们原来投的企业足够多，投了700多家企业，自然会形成一些产业图谱，如风光电储。在这些图谱中我们可以看到这些企业在上游、中游、下游的分布情况。这样，我们能够逐步完善，或者把这些事情引向深入，以此围绕这样的逻辑展开工作。

房瞻：银行资金天然是厌恶风险的，我们仍然处在融资难的阶段，大家也呼吁有更多的金融机构和耐心资本进入行业，但是金融机构进入股权投资天然存在一些问题，您认为哪些资金有望成为耐心资本？银行业未来如何参与股权投资？

仲骊：耐心资本有两个层面的理解，一个层面就是时间。无论是资金的属性，还是投资的目标或产业周期，耐心资本需要较长的时间周期，所以我们一般会把产业资本、国有资本、保险资金等视为耐心资本的主力军。另一个层面是怎么样让更多的资本变成耐心资本。每一个投资者在投资时都非常谨慎，而且一定有他的预期。但在运作过程中，因为受到各种因素的影响，有些资产会偏离原来的路径，到了退出这个阶段。其实，更多的是资产来决定我们的耐心度。比如，资产的经营情况、企业未来战略、产业的周期及能看到的现金流，这些能够决定投资人去还是留，也会影响投资人下一个阶段的投资。我们说募资比较难，好资产比较少，再加上要丰富退出路径，如果三者结合在一起，我感觉其实很多投资是很耐心的。

资金进入创投或者股权市场的难点，我想从3个方面进行分析。一是资金需求。如果我们的资金诉求相对比较单一，如只看它的收益，只看产业结构，只看产业周期，在信息相对比较充分或金融服务比较丰富的市场，很快就能够找到它的合作伙伴。但是如果这个资金的需求非常多元化，既要考虑收益，也要考虑退出，还要考虑现金流、返投及KPI，那可能找到合作伙伴或相适应的合作伙伴的半径就会变小。二是市场渠道。一些资金体量比较大的，如保险资金、产业资本，对于自己的定义、定位、资产的准入包括一些准入的规则非常清晰，所以很快能够找到自己的路径。有些资金体量相对比较小，对自己要投什么样的行业，是比较早期的，还是中期的，还是到PE阶段，也不是特别清楚。再加上可能有一些竞业的成分在其中，所以找到投资路径就会比较窄。三是退出路径。这更能够决定投资人的投资意愿，通过不断丰富S基金、并购基金，以及上市公司的并购重组，不仅能提振投资人的信心，还能吸引更多的投资人来到创投或者股权市场。

银行和我们私募股权基金打交道已经十几年了。十几年前，银行是以消费者的形式切入，慢慢地了解私募基金和被投企业。十几年过去了，银行和私募股权基金合作的方式、手段、路径更丰富了。"募投管退"是私募股权基金非常重要的环节，银行也愿意在这4个环节提供全方位的服务。举例来说，银行可以通过综合化的基金公司，如中国银行有科创母基金和中银基金，他们可以直接通过投资基金，也可以通过资管产品进入创投或者股权市场。比如，我们的管理或投资环节，如果本身就是一个合伙人或者管理人，那这就是我的职责。现在的商投行一体化，会把一些信息交流或者资产互换作为合作的重要手段。商业银行有传统的存、贷、汇、结这4个法宝，可以与产业深度融合，通过投贷联动实现协同发展，也可以跟政府开展招银联动。再比如，在2024年，我们与上海市科委共同发布了支持早期企业的"惠信贷"的贷款产品。在退出环节，无论是境内外的并购、重组、上市、REITs、再融资，中国银行会依托自身的服务能力和覆盖范围，以全球化、综合这两个着力点，集合所有金融伙伴的生态圈增强资产流动性，进一步提高私募股权基金的效率和效益，共同助力上海科创金融的发展和建设，谢谢。

房瞻：从您的角度来看，今年的S交易和去年的有什么变化，S市场是不是能够解决我们现在市场的流动性问题？

章锟：我们是上海国投发起设立的一个市场化的基金管理公司，当时联合了上汽集团、临港集团、宁德时代和B站等一系列产业方，一起做的基金管理公司。从成立到现在，我们管理了一只母基金——上海国资母基金，规模为200亿元。我们也有一只二级市场基金（S基金），于2022年年底成立，到目前为止投资运行了一年半左右。我们还有几只直投基金，其实对于不同阶段的合作伙伴我们都有不少的合作机会。

我们这只S基金是联合了浦东新区引领区母基金一起设立的，规模是20亿元，目标规模是百亿元，并采取边募边投的方式。从现在整体环境来说，S基金市场肯定会越来越大，但目前中国S交易渗透率相对于美国同期来说，差距还是比较大，美国差不多有1/10的渗透率，这其中有几个原因。所谓的S交易并没有单独的S基金去做，很多都是现有的LP进行直接转让。现有的LP通常了解这个份额本身情况。这几年大规模的基金陆续退出，上午在主论坛中心有嘉宾专门提到了相关数据。2018年之前的几年，中国PE、VC的量跟美国接近，投资端略有超越，到今天还是往上走。换句话说，这表明S

基金的供给量是非常庞大的。尤其是2024年，S基金市场的变化让大家有更多的动力想要通过S交易的方式进行部分退出。

买方市场的确也是增长的。举一个例子，刚才说到我们S基金成立是在2022年年底，有很多个地方的政府平台公司在过去的这半年多也来与我们进行交流，厦门、成都陆续成立了S基金。中国做S基金最重要的还是对于项目的判断，这一点跟我们做直投是一样的。这不是简单成立一个S基金公司就能够做好的，还要相对综合，我们还是有很大的直投团队，这样S基金才比较好去做。后续，我们真正看好的资方，像刚才嘉宾提到的银行、保险，尤其是保险长线的资金进来以后，将对接续和退出方面有非常好的推动作用，如专门做母基金和S基金这部分，应该有非常好的打头阵、先锋队作用。

房瞻：上海股权托管交易中心（以下简称"股交中心"）下属有上海S基金交易平台，是我国第二家S基金交易平台，于2021年开始试运行。目前S交易在进场交易方面有没有一些经验或者哪些难点、痛点问题，以及股交中心对S交易规范性建设方面有什么看法或建议？

徐军：用股交中心的数据给大家做一些分享。到8月31日，我们已经做了219亿元的S交易和70亿元的份额质押，2024年年底私募基金和创业投资的交易和融资的金额能突破300亿元。从国内交易平台来说，我们做的是比较多的，有108单的交易挂牌，成交了88单。从另外一个角度来说，S交易现在是很热的，我们2024年上半年成交的整个份额比去年同期翻了一番，但是金额基本持平，这反映了今年S交易的特点，有两个方面。一方面，市场是比2023年更活跃了；另一方面，价格在往下降。当然，因为不同基金的价格不同，没有办法进行横向比较。如果大家关注富航资本出的一个关于上半年S市场的报告，2024年上半年是190亿元，2023年是143亿元。我们判断2024年整个S市场的量是在400亿元左右。S市场越来越热，一般认为2020年是S市场的元年，从2021年和2022年，S市场的复合增长率快速增加，到了2022年是顶峰，2023年S市场的交易量往下走了，这实际跟整个市场的情况有很大的关系。

根据平台统计的数据，单笔一亿元以下的交易，占到总交易的5/6，但是金额只贡献了1/6。单笔一亿元以上的交易，占1/6的交易，贡献了5/6的交易额。我们比较特殊，既获得了中国证监会的批复，目前在全国还是唯一一家，同时也受到了国资支持。上海市国资委为我们单独出台了文件，而且已经发布两份文件了。第一份文件是关于国资参与S交易的规定，使得上海国资可以在我们平台进行交易，也得到了国资的认可。无论是政策文件还是市场特点，我们的交易主要还是在国资领域，其中约90%与上海本地的国企有关。买方是大家比较关心的，买方最大的就是金融机构，其中保险资金、MC等是我们主要的买方。从市场来看，国资之间比较容易交易，如地方国资和中央的金融机构之间、地方国资之间等。

堵点和风险在于成交周期普遍比较长。欧洲两三个月就达成了一个规模很大的S交易。央企基金6个月内能不能做到成交仍是一个问题。其实我们受各种各样的因素影响成交时间比较久，包括很多信息不对称、尽调时间比较长、中介服务定价缺乏等，导致成交起来比较难。从风险的角度来说，在目前这样一个市场里面做S交易，所有的统计都是S交易量多，其实具有确定性的交易有限，交易的风险主要是在定价的环节。

关于下一步希望或者建议，我从以下几个方面来说，作为市场参与者，第一，要做很多基础的事情。比如，我们2023年做了估价系统，并开发了S基模，针对私募不喜欢且不希望公开报价的情况，我们也建立了撮合平台。同时，上海市国资委出了文件，浦东新区通过新区立法给我们份额质押提供了上位法的规范，使得我们质押在法律上有所依据。还有很多基础工作需要去做，如S基金联盟，这是一个绝对的买方市场。第二，要做创新，包括股权和债券、股债联动、固收产品之间的产品链接，这些我们正在与有关的金融机构一起合作。科创投天使引导基金已经在我们这里成交了17单，总额达5亿元，同时他们又投了20个项目，我们全程提供"募投管退"服务。中国银行、清科集团是我们生态圈的合作伙伴，金浦集团是买家，孚腾资本是买家，达晨创投实际也是我们的客户。功能性市场的好处在于能够探索很多产品，有很多规范性的事情可以在我们平台上实现。

最后，我想说，我们这个平台是为所有参与这个市场的人而建设的，欢迎大家一起与我们共建和共享这样的平台，谢谢！